Das Reichsgesetz

über die

Beurkundung des Personenstandes

und die

Eheschließung

vom 6. Februar 1875.

Das Reichsgesetz

über die

Beurkundung des Personenstandes

und

die Eheschließung

vom 6. Februar 1875.

Mit Kommentar in Anmerkungen

sowie

sämmtlichen für das Reich und die einzelnen Bundesstaaten
ergangenen Ausführungsbestimmungen.

Herausgegeben

von

Dr. Paul Hinschius,
Geheimem Justizrath, ord. Professor an der Universität Berlin.

Dritte, vermehrte Auflage.

Berlin.
J. Guttentag, Verlagsbuchhandlung.
1890.

Vorrede.

Die Erschöpfung des Vorrathes der im Jahre 1876 erschienenen zweiten Ausgabe des vorliegenden Kommentars hat die Veranstaltung einer neuen Auflage erforderlich gemacht. Der Umstand, daß die inzwischen veröffentlichten Entwürfe eines bürgerlichen Gesetzbuchs für das Deutsche Reich und des Einführungsgesetzes dazu nicht nur einzelne Aenderungen des jetzt geltenden Personenstandsgesetzes aufweisen, sondern auch das neben demselben in Frage kommende Eherecht einheitlich regeln, konnte mich nicht abhalten, dem Wunsche der Verlagshandlung nach Bearbeitung einer neuen Auflage zu entsprechen, wenngleich in derselben bei der obwaltenden Sachlage die Verweisungen auf das weitschichtige Particularrecht neben der Bezugnahme der gedachten Entwürfe wiederholt werden mußten. Einmal läßt es sich immer noch nicht übersehen, zu welcher Zeit und in welcher Gestalt die erwähnten Entwürfe Gesetzeskraft erlangen werden. Sodann aber ist seit längerer Zeit in der Bearbeitung des Personenstandsgesetzes ein Stillstand eingetreten. Abgesehen von dem Kommentar von Fitting und dem hervorragenden Werk von v. Sicherer, Bearbeitungen, welche ich bei der früheren Auflage noch nicht benutzen konnte und deren Erscheinen jetzt mehr als zehn Jahre zurückliegt, kommen von neueren Schriften nur solche in Betracht, welche, wie die späteren Auflagen von Wohlers und die für die Standesbeamten werthvollen Arbeiten von v. Erichsen, wesentlich rein praktischen Zwecken dienen. Eine Bearbeitung, welche die durch das Reichsgerichtsverfassungsgesetz und die Neugestaltung der Verwaltungsorganisation in Preußen herbeigeführten Veränderungen, ferner das seit dem Beginne dieses Jahrzehnts erwachsene reichhaltige Material, selbst nur das in der Zeitschrift „Der Standesbeamte" niedergelegte, berücksichtigt, fehlt augenblicklich ganz. Es dürfte daher der Versuch, diese Lücke auszufüllen, trotz des oben hervorgehobenen Bedenkens gerechtfertigt erscheinen.

Was den Charakter der Bearbeitung betrifft, so verweise ich in dieser Beziehung auf die Worte der Vorrede der ersten Auflage:

„Mein Bestreben ist es gewesen, in dem Kommentar die technische Seite des Gesetzes, welche die Standesbeamten vor Allem berührt, ferner aber auch die spezifisch juristische Seite desselben und seinen Einfluß auf das bisher bestehende Recht klar zu legen. Die Motive und die sonstigen legislatorischen Materialien, welche gerade in ersterer Beziehung eine sehr geringe Bedeutung haben, sind . . . nur insoweit herangezogen, als sie wirklich für das Verständniß der einzelnen Gesetzesparagraphen von Bedeutung sind."

Gegenüber dem Werk von v. Sicherer, welchem ich einzelne Berichtigungen verdanke, habe ich nicht nur an der Kommentarform, sondern auch daran festhalten zu sollen vermeint, lediglich unmittelbar mit den Vorschriften des Reichsgesetzes in Verbindung stehende Fragen zu erörtern.

Endlich habe ich es für zweckmäßig erachtet, wie in der zweiten Auflage die sämmtlichen Ausführungsverordnungen mit den inzwischen ergangenen Ergänzungen und Abänderungen abdrucken zu lassen und mich dabei bemüht, möglichste Vollständigkeit zu erreichen.

Der Herausgeber.

Inhalts-Verzeichniß.

Verzeichniß der abgekürzt angeführten Werke.

Allgemeines Kirchenblatt für das evangelische Deutschland. Stuttgart 1852 ff.

v. Bar, Theorie und Praxis des internationalen Privatrechts. 2. Aufl. Hannover 1889. 2 Bde.

Bartels, Ehe und Verlöbniß nach gemeinem und particulärem Rechte in der Provinz Hannover. Hannover 1871.

Baumeister, das Privatrecht der freien Hansestadt Hamburg. Hamburg 1856. 2 Bde.

Bertram, das nassauische Privatrecht. Wiesbaden 1873.

Böhlau, mecklenburgisches Landrecht. Bd. 2, Abth. 1. Weimar 1872.

Bornemann, systematische Darstellung des preußischen Civilrechts. 2. Aufl. Berlin 1842. 6 Bde.

Büff, kurhessisches Kirchenrecht. Cassel 1861.

Dernburg, Lehrbuch des preußischen Privatrechts. 4. Aufl. (Bd. 1 u. 2), 3. Aufl. (Bd. 3). Halle 1884.

v. Erichsen, die Führung der Standesregister. 6. Aufl. Berlin 1890.

— Erfordernisse, Form und Beurkundung der Eheschließung. 2. Aufl. Berlin 1883.

Esmarch, das im Herzogthume Schleswig geltende Recht. Schleswig 1846.

Falk, Handbuch des schleswig-holsteinischen Privatrechts. Altona 1825. 5 Bde.

J. Fitting, d. Reichsges. über die Beurkundung des Personenstandes &c. Zweibrücken 1876. (2. Aufl. 1877).

Förster, Theorie u. Praxis des heut. gemeinen preußischen Privatrechts. 3. Aufl. Berlin 1873. 5. Aufl. b. v. Eccius 1887. 4 Bde.

Die Gesetzgebung des Deutschen Reichs. Mit Erläuterungen &c. her. von Gaupp, Hallweg, R. Koch, Neubauer, Solms, Sydow, Turnau, Vierhaus. Berlin und Leipzig 1883. 5 Bde.

Gruchot (jetzt Rassow und Küntzel, Beiträge). Erläuterung des preuß. (jetzt: des deutschen) Rechts. Hamm 1857 ff. Berlin 1865 ff. (bis jetzt 34 Bde.).

Hauber, württembergisches Eherecht der Evangelischen. Stuttgart 1856.

Heimbach, Lehrb. des particulären Privatrechts der zu den O.-A.-Gerichten zu Jena und Zerbst vereinten großh. und herz. sächs., fürstl. reuß., fürstl. schwarzburgischen und herz. anhaltischen Länder. Jena 1848. 2 Thle.

P. Hinschius, das preußische Gesetz üb. d. Beurkundung des Personenstandes und die Form der Eheschließung v. 9. Mai 1874. Berlin 1874.

Johow, Jahrbuch für endgültige Entscheidungen der preußischen Appellationsgerichte. Berlin 1872 ff. 8 Bde.

Johow (und Küntzel), Jahrbuch der Entscheidungen des Kammergerichts. Berlin 1881 ff.

Kah, die Ehe und das bürgerliche Standesamt nach badischem Recht. 2. Aufl. Heidelberg 1862.

— das badische Landrecht. 3. Aufl. Mannheim u. Straßburg 1874.

Kirchliches Gesetz- und Verordnungsblatt. Berlin 1878 ff. (für die evangelische Landeskirche der älteren Provinzen Preußens).

C. F. Koch, Allgemeines Landrecht für die preuß. Staaten mit Kommentar. 8. Aufl. Herausg. von Achilles, P. Hinschius, Johow, Vierhaus. Berlin und Leipzig 1884. 4 Bde.

Lang, Handbuch des im Königreich Württemberg geltenden Personen-, Familien- und Vormundschaftsrechts. Ellwangen 1871; Supplement dazu 1872.

G. Mandry, d. civilrechtliche Inhalt der Reichsgesetze. 3. Aufl. Freiburg i. Br. 1885.

Paulsen, Lehrbuch des Privatrechts der Herzogth. Schleswig und Holstein. 2. Aufl. Kiel 1842.

Petersen, d. Code Napoléon u. d. deutsche Civilgesetzbuch. II. Eherecht, in Hauser, Zeitschrift für Reichs- und Landesrecht. Nördlingen, Jahrg. 1875, S. 220 ff.

Philippi, die Civilstands-Gesetze in der preuß. Rheinprovinz. 3. Aufl. Elberfeld 1865.

A. Reger, das Gesetz über Heimat ꝛc. v. 16. April 1868. Ansbach 1884.

Richter, Lehrbuch des kathol. und evangel. Kirchenrechts. 8. Aufl. Herausg. v. Dove und Kahl. Leipzig 1886.

Riedel, das bayrische Gesetz üb. Heimat, Verehelichung und Aufenthalt v. 16. April 1868. 4. Aufl. Nördlingen 1868. 5. Aufl. b. von L. A. v. Müller. Nördlingen 1881.

Roth, bayrisches Civilrecht. Tübingen 1871 ff. 3 Thle.

Roth u. v. Meibom, kurhessisches Privatrecht. Marburg 1858. Bd. 1.

Sammlung von Gesetzen, Verordnungen ꝛc. betr. die Justizverwaltung in Elsaß-Lothringen. Straßburg 1877 ff.

B. G. Schmidt, Vorlesungen über das im Königr. Sachsen geltende Privatrecht. Leipzig 1869. 2 Bde.

Schulte, Handbuch des kathol. Eherechts. Gießen 1855.

v. Seyfried, d. Reichsges. üb. d. Beurkdg. d. Personenstandes ꝛc. mit d. für das Großh. Baden erlassenen Vollzugsvorschriften. Mannheim u. Straßburg 1876.

v. Sicherer, Reichsgesetz über die Beurkundung des Personenstandes ꝛc. Erlangen 1879. (Neue unveränderte Ausgabe 1881.)

Siebenhaar, Kommentar z. bürgerlichen Gesetzbuche f. d. Königr. Sachsen. Leipzig 1864. 3 Bde.

Der Standesbeamte, Organ für die Interessen der Standesämter im Deutschen Reich. Berlin 1875 ff.

Stiegele, das Reichsgesetz ꝛc. nebst d. württemberg. Einführungsgesetze ꝛc. Stuttgart 1876.

Stölzel, deutsches Eheschließungsrecht. Hft. 1. Berlin 1875. Hft. 2. 1876.

— das Eheschließungsrecht im Geltungsbereich des preuß. Gesetzes v. 9. März 1874. Berlin 1874.

— das Recht der väterlichen Gewalt in Preußen. Berlin 1874.

Völk, d. Reichsges. üb. d. Beurkdg. d. Personenstandes ꝛc. 3. mit d. königl. bayer. Vollzugsvorschriften versehene Aufl. Nördlingen 1876.

K. Weber, d. Reichsges. üb. d. Beurkdg. d. Personenstandes ꝛc. mit Einleitung u. Erläuterungen. Erlangen 1875.

Windscheid, Lehrbuch des Pandektenrechts. (zuerst) Düsseldorf 1862. 3 Bde.

Wohlers, das Reichsgesetz über die Beurkundung des Personenstandes ꝛc. 3. Aufl. Berlin 1886.

Zachariä, Handbuch des franzöf. Civilrechts. 7. Aufl. Herausg. v. Dreyer. Heidelberg 1886. 4 Bde.

Einleitung.

Die Ehe, die Vereinigung von Mann und Weib zur dauernden und ungetheilten körperlichen und geistigen Lebensgemeinschaft, ist die Grundlage der Familie und damit auch die Grundlage aller weiteren menschlichen Verbindungen zu Gemeinden und Staaten. Sie interessirt den Staat nicht allein deshalb, weil sie die Voraussetzung desselben bildet, sondern auch weil es der Regelung der äußeren Verhältnisse der Ehegatten zu einander, zu den Kindern und zu dritten Personen, sowie ihrer Wirkung auf das Vermögen der ersteren und zwar in einer dem inneren Wesen der Ehe entsprechenden Gestalt bedarf.

Die Ehe ist also ein Rechtsinstitut. In den rechtlichen Beziehungen der Gatten zu einander erschöpft sich aber das Wesen der Ehe nicht. Die innigste Gemeinschaft, welche von Menschen geschlossen werden kann, erzeugt auch eine Reihe sittlicher Beziehungen, welche von der rechtlichen Regelung unabhängig sind.

Diese sittliche Seite der Ehe zur Geltung zu bringen, ist die Kirchengemeinschaft, als die Vereinigung der Menschen zur Gottesverehrung, vorzugsweise bestimmt.

Die Grenzen zwischen Recht und Sittlichkeit sind aber nicht unabänderlich fest gezogen, vielmehr flüssige. Die Frage, inwieweit sittliche Gebote in rechtliche umgesetzt werden sollen, kann verschieden beantwortet werden und ist je nach der Auffassung der verschiedenen Völker und Zeiten in verschiedener Weise praktisch gelöst worden.

Während das römische Recht die sittliche Natur der Ehe nicht zur rechtlichen Nothwendigkeit gemacht hat, ist die katholische Kirche von der Tendenz beherrscht gewesen, nicht nur die sittliche Seite der Ehe durch ihre religiöse Beziehung ganz zu absorbiren und damit die ethischen Postulate in Betreff des gegenseitigen Verhältnisses der Ehegatten als spezifisch christliche Gebote hinzustellen, sondern auch von der, die Erfüllung der letzteren im umfassendsten Maße durch rechtliche Vorschriften zu sichern. So hat sich in dem das Mittelalter beherrschenden katholischen Eherecht die rechtliche, sittliche und religiöse Seite der Ehe vollkommen identifizirt, wodurch es allein möglich geworden ist, in der damaligen Zeit eine Einheit im Eherecht zu schaffen und zugleich den sittlichen Momenten der Ehe die gebührende Berücksichtigung zu schaffen.

Trotz dieser Betonung der religiösen Seite der Ehe, welche ihren entschiedensten Ausdruck in der derselben beigelegten Sakramentsnatur gefunden hat, hat aber die katholische Kirche noch über das Mittelalter hinaus keine besondere religiöse Eheschließungsform aufgestellt, vielmehr an dem Satze des römischen Rechtes, daß die bloße Willensübereinstimmung der Verlobten genüge (consensus facit nuptias), festgehalten, und wenn sie auch stets beansprucht hat, daß die neuen Ehegatten für ihre Ehe den Segen der Kirche, die priesterliche Trauung, nachsuchen sollten, diese doch niemals für eine wesentliche, die Rechtsgültigkeit der Ehe bedingende Form erklärt.

Ja, selbst als sich die Mißstände der formlosen Eheschließung immer mehr aufdrängten, hat sie den früheren Standpunkt im Principe nicht aufgegeben. Die Vorschrift des Trienter Konzils (1545—1563), daß künftighin die Ehe allein wirksam vor dem Pfarrer des Domizils des einen oder andern der Verlobten und vor wenigstens zwei Zeugen geschlossen werden dürfe, führte nur eine Beglaubigungsform, aber nicht einen religiösen Akt als wesentlich ein. Daß ein solcher, die priesterliche Trauung, nicht nothwendig sei, und daß der Rechtsform genügt werde, wenn der Pfarrer sich bei der Entgegennahme des Ehe-Konsenses rein passiv verhalte, ist bis auf den heutigen Tag unbestrittene Rechtsauffassung in der katholischen Kirche geblieben.

Als die Reformation eintrat, war die Zeit gekommen, die Mißbräuche und Härten, welche das System der katholischen Kirche mit sich brachte, die weite Ausdehnung der Ehehindernisse (z. B. wegen Verwandtschaft und Schwägerschaft) und die völlige Unlöslichkeit der Ehe dem Bande nach, zu beseitigen. Wenn die evangelische Kirche gleichfalls noch den früheren Standpunkt, daß die religiöse Seite und die dieser von einer bestimmten Kirchengemeinschaft gegebene Gestaltung die rechtliche Normirung der Ehe beherrschen müsse, zum Theil festhielt, so hat sie doch andererseits schon damals den berechtigten Fortschritt gethan, die rechtliche Seite der Ehe wieder der weltlichen Obrigkeit, dem Staat, als ihm zugehöriges Gebiet, zu überweisen und damit die Anschauung der katholischen Kirche zu negiren, welche jede Befugniß des letzteren, die ehelichen Verhältnisse, soweit es sich nicht um Vermögensrechte handelt, zu regeln, in Abrede stellt. Praktisch gestaltete sich die Entwicklung dahin, daß protestantisch-kirchliches und staatliches Eherecht identisch wurden. Die Ehegesetzgebung lag in der Hand der Landesherren, welche die Stellung als weltliche und als kirchliche Gesetzgeber vereinigten. Die Ehebehörden waren gleichfalls sowohl landesherrliche als auch kirchliche Organe. Thatsächlich beherrschte also der Staat das Eherecht. Erst im Verlaufe dieses Entwicklungsstadiums, nämlich seit dem 18. Jahrhundert, ist gerade die kirchliche Form, die Trauung durch den Geistlichen, welche die evangelische Kirche in ihren Anfängen und bis zu der gedachten Zeit mit Luther nur als eine „feine christliche Ordnung“ und als einen zur Ehe hinzutretenden kirchlichen Segensakt betrachtet hatte, wesentliche Bedingung der gültigen Eheschließung geworden.

So ist denn das Resultat der Entwicklung ein eigenthümliches: katholischerseits die volle Beherrschung des Eherechtes durch die Kirche, aber keine religiöse Eheeingehungsform; protestantischerseits ein materielles, von staatlichen Gesichtspunkten beeinflußtes und der staatlichen Gesetzgebung unterworfenes Eherecht, trotzdem daneben eine spezifisch kirchliche Form der Eheschließung.

Das Fundament, auf welchem sich die bisherigen Zustände hatten bilden können, war die Zugehörigkeit der ganzen oder des größten Theils der Bevölkerung zu ein und derselben Kirche. Sobald der Grundsatz der Toleranz und demnächst der der Parität anerkannt war und eine Mehrheit von Kirchen und Sekten in einem staatlichen Gemeinwesen als existenzberechtigt nebeneinander standen, mußten die bisherigen Verhältnisse unhaltbar werden. Ein anderes als ein konfessionell, katholisch oder evangelisch gestaltetes Eherecht gab es nicht. Die Toleranz und die Parität ließen es immer mehr und mehr unangemessen erscheinen, ein solches konfessionelles Recht anderen Religionsverwandten aufzudrängen. Die Zulassung eines besonderen und eigenen Eherechts für jede Konfession und religiöse Sekte war andererseits, ohne die Zerstörung der Rechtseinheit und Herbeiführung von Kollisionsfällen für gemischte Ehen, nicht möglich. Unter diesen Verhältnissen blieb und, weil sie noch heute fortdauern, bleibt allein eine einheitliche Regelung des Eherechtes durch den Staat von seinem Standpunkte aus übrig, indem er es dem Gewissen des Einzelnen überläßt, die religiösen Gebote zu befolgen, welche seine Kirche oder Religionsgesellschaft aufstellt.

Wesentlich vorbereitet hat diese heutige und moderne Auffassung die naturrechtliche Lehre des vorigen Jahrhunderts. Wenngleich sie bei der Aufstellung eines abstrakten Eherechtes und in der Auffassung der Ehe als eines rein civilrechtlichen, der Disposition der Kontrahenten unterliegenden Vertrages das Wesen der Ehe verkannte und ihre sittliche und religiöse Seite nicht gehörig berücksichtigte, so bleibt ihr doch das Verdienst, die Idee eines nicht konfessionellen und von der Kirche unabhängigen Eherechtes klar entwickelt zu haben.

Hatte man früher den größten, aus dem bisherigen konfessionellen Eherecht hervorgehenden Uebelständen durch vereinzelte Maßregeln abgeholfen — diese hatten schon im Jahre 1580 die Einführung der fakultativen Civilehe in den Provinzen Holland und Westfriesland und im Jahre 1653 die der obligatorischen in England veranlaßt —, so stellte nunmehr im 18. Jahrhundert das Preußische Landrecht von 1794, beherrscht von dem Einfluß der Naturrechtslehre, ein allgemeines, für alle Konfessionen geltendes staatliches Eherecht auf. Allerdings beging es dabei die Inkonsequenz, daß es als Ehe-Eingehungsform den rein kirchlichen Akt der priesterlichen Trauung bestehen ließ, — offenbar deshalb, weil man damals an eine Verweigerung derselben seitens der protestantischen Geistlichen nicht dachte und für den Fall einer Renitenz der katholischen in der Uebertragung der Befugnisse auf die ersteren (s. A. L.R. Th. II Tit. 11 § 443) ein ausreichendes Mittel gefunden zu haben glaubte.

Die volle Konsequenz, welche dem Preußischen Landrechte mangelte, zog zuerst die französische Gesetzgebung. Nachdem die Konstitution vom 14. September 1791 die Ehe für einen contrat social erklärt hatte, führte die loi qui détermine le mode de constater l'état civil des citoyens vom 20. September 1792 die Civilstandsregister und die obligatorische Civilehe ein, und Beides ist in dem am 11. März 1803 dekretirten zweiten Titel des ersten Buches des Code civil: „des actes de l'état civil" (art. 34—101) beibehalten, während der durch Dekret vom 17. und 21. März desselben Jahres genehmigte Theil des Gesetzbuches (art. 144—311) ein einheitliches staatliches Eherecht enthält.

In der That war damit das durch die frühere Entwicklung des Eherechtes entstandene Dilemma, daß der Staat entweder die Kirche zur Befolgung seiner Grundsätze durch äußeren Zwang anhalten, oder daß er selbst seine Gesetze den Satzungen der Kirche unterordnen muß, auf die allein mögliche Weise gelöst.

In Preußen war — soweit das Allgemeine Landrecht in Geltung steht — diese Auseinandersetzung zwischen Staat und Kirche hinsichtlich des Eherechtes im Ganzen erfolgt, aber die Form der Eheschließung bot gerade der Kirche und der Geistlichkeit die Möglichkeit dar, das Gesetz des Staates durch Verweigerung der zur Ehe nothwendigen Trauung unwirksam zu machen.

Was das übrige Deutschland betrifft, so schieden sich hier die Länder, in denen die französische Gesetzgebung eingeführt war, also die preußische Rheinprovinz [1]), die bairische Rheinpfalz [2]), Rheinhessen [3]), das Hessen-Homburgische Oberamt Meisenheim [4]), von denen, welche die fremde Gesetzgebung unberührt gelassen hatte. In diesen letzteren behielt das frühere konfessionell ausgebildete und gesonderte Eherecht Geltung, ja dieser Zustand blieb auch für solche Länder, welche die französische Gesetzgebung angenommen hatten, so für Baden und für das oldenburgische Fürstenthum Birkenfeld, nicht ohne Einfluß, insofern als im erstgedachten Lande nach Einführung des zum badischen Landrecht umgearbeiteten Code Napoléon i. J. 1809 durch das Edikt vom 6. Juni 1811 [5]) die Pfarrer sämmtlicher christlichen Konfessionen zu Beamten des bürgerlichen Standes behufs Führung der Standesbücher in ihren Sprengeln ernannt wurden, und für Birkenfeld das Organisations-Edikt vom 2. September 1817 [6]) angeordnet hatte, daß außer der durch Art. 165 des Code angeordneten Form zur Gültigkeit der Ehe noch die kirchliche Form nothwendig sein sollte.

Als im Jahre 1848 die Trennung von Staat und Kirche die Losung der Parteien geworden war, stellten die von diesen Anschauungen beeinflußten deutschen Grundrechte das Princip der obligatorischen Civilehe und der bürgerlichen Standesbuchführung auf. Ihre §§. 20, 21 lauteten:

> „Die bürgerliche Gültigkeit der Ehe ist nur von der Vollziehung des Civilaktes abhängig; die kirchliche Trauung kann nur nach der Vollziehung des Civilaktes stattfinden. Die Religionsverschiedenheit ist kein bürgerliches Ehehinderniß. Die Standesbücher werden von den bürgerlichen Behörden geführt."

Unter dem Einfluß dieser in den Grundrechten zum Ausdruck gekommenen Anschauungen wurde die obligatorische Civilehe und die bürgerliche Standesbuchführung in Anhalt-Köthen und Dessau durch Gesetz vom 24. September 1849 [7]) und in Frankfurt a. M. durch die beiden Gesetze vom 19. November 1850 [8]), in Kurhessen dagegen nur die erstere durch Gesetz vom 29. Oktober 1848 [9]) eingeführt. Die Verfassungen anderer deutscher Staaten, so die preußische vom 5. Dezember 1848, die oldenburgische vom 18. Februar 1849, die schwarzburg-sondershausen'sche vom 12. Dezember 1849, die waldeck'sche vom 23. Mai 1849, die mecklenburgische vom 10. Oktober 1849, die Reuß-Schleizer vom 30. November 1849, und die anhalt-bernburgische vom 28. Februar 1850, welche unter dem Einfluß der Bewegungen des Jahres 1848 zu

---

[1]) Philippi, die Civilstands-Gesetze i. d. preuß. Rheinprovinz. 3. Aufl. Elberfeld 1865. S. XVII.

[2]) Siebenpfeiffer, Handbuch der Verfassung, Gerichtsordnung 2c. Rheinbaierns. 3, 207 ff.

[3]) Köhler, Handbuch der kirchl. Gesetzgebung des Großh. Hessen-Darmstadt. 1847. 2, 682, 706, 716.

[4]) Lottner, Sammlung der für die preuß. Rheinprovinz ergangenen Gesetze. 7, 202.

[5]) Bad. Regierungsblatt v. 1811. Nr. XVI. S. 65 ff., vgl. dazu Stälin in Dove u. Friedberg, Zeitschr. für Kirchenrecht 5, 188.

[6]) Diese Vorschrift ist durch das Gesetz vom 24. August 1870 (u. A. abgedruckt im Allgemeinen Kirchenblatt v. 1871. S. 559) beseitigt worden. Ueber d. Verhältnisse im ehemaligen Großherzogthum Berg vgl. Philippi a. a. O. S. XIX. u. Stälin a. a. O. 4, 366.

[7]) Friedberg, das Recht der Eheschließung. Leipzig 1865. S. 678. 679. 772.

[8]) Gesetz- und Statuten-Sammlung der freien Stadt Frankfurt a. M. Bd. 10 (Frankfurt 1853) S. 345. 354, s. auch Friedberg a. a. O. S. 662. 765.

[9]) Sammlung v. Gesetzen für Kurhessen. Bd. 11. Jahrgang 1846 bis 1848. S. 133 ff.; Friedberg a. a. O. S. 745. 806.

Stande gekommen waren, nahmen zwar die erwähnten Bestimmungen der Grundrechte auf, behielten aber ihre Ausführung späteren Gesetzen vor [1]). Diese sind indessen niemals ergangen, ja zum Theil auch die betreffenden Verfassungsurkunden selbst bald wieder beseitigt worden [2]). Ein gleiches Schicksal hatten die schon erwähnten Gesetze für Anhalt und Kurhessen, da in dem ersteren Lande das Gesetz vom 18. November 1851 die obligatorische kirchliche Trauung wieder herstellte [3]), und in Kurhessen die Verordnung vom 13. April 1853 [4]), welche freilich nicht von den Ständen genehmigt war, das Gesetz von 1848 für die Anhänger der bestehenden christlichen Kirchen außer Wirksamkeit setzte. So blieb die obligatorische Civilehe allein in Frankfurt a. M. bestehen, und im Uebrigen war es schon viel, wenn wenigstens eine verfassungsmäßige Verheißung der Einführung der Civilehe und der bürgerlichen Standesbuchführung in den revidirten Staatsgrundgesetzen, wie in der preußischen Verfassungsurkunde vom 31. Januar 1850 (Art. 19), ausgesprochen wurde.

Außerdem war es eine dauernde Folge der Bewegungen des Jahres 1848, daß in Braunschweig und in Hessen-Homburg noch in demselben Jahre [5]) und in Hamburg im Jahre 1849 [6]) durch Einführung der Civilehe für diesen besonderen Fall die Eheschließung zwischen Christen und Juden ermöglicht, sowie in Oldenburg [7]) die fakultative Civilehe eingeführt wurde.

Ferner verstand man sich auch dazu für den Fall, daß die Anhänger der christlichen Kirchen eine Eheeingehung vor dem Geistlichen ihrer Konfession nicht ermöglichen konnten, durch die Gewährung der Nothcivilehe zu helfen. Theils geschah dies noch unter dem fortwirkenden Einfluß der Bewegungen des Jahres 1848, theils gab aber dazu die verschärfte Geltendmachung eines rigorosen Standpunktes seitens der Geistlichkeit der christlichen Kirchen Veranlassung. Es gehören hierher die Gesetze, welche für Lübeck (vom 27. April 1852 [8])), für Württemberg (vom 1. Mai 1855 [9])), für Baden (vom 3. Oktober 1860 [10])) und für das Königreich Sachsen (vom 20 Juni 1870 [11])) ergangen sind.

---

[1]) Friedberg a. a. O. S. 665. 667. 668. 670. 704. 738.

[2]) Friedberg a. a. O.

[3]) Friedberg a. a. O. S. 679.

[4]) Samml. v. Gesetzen 2c. für Kurhessen. Bd. 13. Jahrg. 1853. S. 33; Friedberg a. a. O. S. 746.

[5]) Braunschweiger Gesetz vom 23. Mai 1848 bei Friedberg a. a. O. S. 814, Hessen-Homburger Gesetz vom 21. Juni 1848.

[6]) Verordn. v. 24. Oktober 1849, s. Friedberg a. a. O. S. 676.

[7]) Gesetz vom 31. Mai 1855 bei Friedberg a. a. O. S. 767.

[8]) Friedberg a. a. O. S. 739 ff. 805. Hier ist aber auch zugleich die fakultative Civilehe gestattet worden, da der §. 1 des Gesetzes lautet: „In allen anderen Fällen dagegen, in welchen die christliche oder jüdische Trauung von den Verlobten nicht begehrt wird, oder nicht statthaft ist, muß die Ehe, wenn sie civilrechtliche Wirkungen haben soll, nach den Vorschriften dieses Gesetzes geschlossen sein."

[9]) Friedberg a. a. O. S. 682. 777.

[10]) A. a. O. S. 687. 784.

[11]) U. A. abgedruckt bei Dove und Friedberg., Zeitschr. für Kirchenrecht 9, 460; aber §§. 16. 17 beschränken die Statthaftigkeit auf den Fall, daß jeder Theil einer andern vom Staate anerkannten Religionsgesellschaft angehört. — Auch in Anhalt war wenigstens mit landesherrlicher Erlaubniß für jeden Einzelfall die Nothcivilehe gestattet, Ges. v. 18. November 1851, ausgedehnt durch Ges. v. 2. April 1868 auf Bernburg (Ges.-Samml. für Anhalt. Bd. 4. 1870. S. 1145).

Endlich hatte die Nothwendigkeit, eine staatliche Eheschließungsform für die Anhänger der nicht anerkannten christlichen Kirchen zu schaffen, zur Gewährung der Civilehe für die s. g. Dissidenten und Juden geführt. Für beide war in Altpreußen schon durch die Verordnung vom 30. März 1847 (für Dissidenten) und das Gesetz vom 23. Juli 1847 (für Juden [1])) die Civilehe als einzige Eheschließungsform festgesetzt. In Betreff der ersteren wurde dieselbe auch in Anhalt-Bernburg (Gesetz vom 13. Februar 1851 [2])), in Württemberg (durch das vorher erwähnte Gesetz, s. S. 5 Anm. 9), in Nassau (durch Gesetz vom 19. November 1863 [3])), in Sachsen-Weimar (durch Gesetz vom 9. April 1864 [4])), in der Provinz Hannover (durch Verordn. vom 29. September 1864 [5])), in Bayern (durch Gesetz vom 2. Mai 1868 [6])), in Reuß jüngerer Linie (durch Gesetz vom 19. Oktober 1872 [7])) als Ehe-Eingehungsform offen gelassen; obligatorisch aber eingeführt für Anhänger „solcher Religionsgesellschaften, welche weder der protestantischen noch der römisch-katholischen Kirche angehören", in Sachsen-Coburg-Gotha (durch Gesetz vom 2. Juli 1863 [8])), für Dissidenten im Königreich Sachsen (durch das schon citirte Gesetz, s. Anm. 11 S. 5) und in Schwarzburg-Sondershausen (durch Gesetz vom 1. März 1872 [9])).

In Hamburg ist später durch das Gesetz vom 17. November 1865 [10]) die Führung der Civilstandsregister, sowie die Vornahme der Eheaufgebote auf staatliche Beamte übertragen, aber die Civilehe als fakultative fortbestehen gelassen, welche das Gesetz vom 1. Juli 1861 eingeführt hatte.

Dagegen sah sich Baden in Folge der Konflikte, welche die Einführung der Nothcivilehe hervorrief [11]), veranlaßt, durch Gesetz vom 21. Dezember 1869 [12]) die obligatorische Civilehe einzuführen.

Dieser Zustand blieb bis zur Errichtung des Norddeutschen Bundes und während der Dauer desselben in Deutschland bestehen. Der Bund selbst erließ nur ein Gesetz betreffend die Eheschließung und die Beurkundung des Personenstandes von Bundesangehörigen im Auslande (vom 4. Mai 1870), welches für solche die fakultative Civilehe insofern gestattete, als es dem Reichskanzler die Befugniß gewährte, diplomatischen Vertretern des Bundes oder Konsuln desselben die Ermächtigung zu den erforderlichen Amtshandlungen zu ertheilen [13]).

[1]) Friedberg a. a. O. S. 786. 793.

[2]) Friedberg a. a. O. S. 738. 803.

[3]) A. a. O. S. 754. 813.

[4]) A. a. O. S. 754. 815.

[5]) U. A. abgedruckt in Dove und Friedberg, Zeitschr. für Kirchenrecht 8, 479.

[6]) A. a. O. 8, 485.

[7]) Abgedruckt im Allg. Kirchenblatt f. d. evang. Deutschland. Jahrg. 1873. S. 148.

[8]) Friedberg, Recht der Eheschließung. S. 750. 809.

[9]) Abgedruckt im Allg. Kirchenblatt f. d. evang. Deutschland. Jahrg. 1873. S. 417.

[10]) Hamburg, gedruckt bei Meißner 1865.

[11]) Friedberg, der Staat und die katholische Kirche im Großherzogthum Baden. Leipzig 1871. S. 69 ff.

[12]) Abgedruckt in der eben citirten Schrift von Friedberg S. 322; bei Dove und Friedberg, Zeitschr. für Kirchenrecht 10, 113; auch bei Kah, die Ehe und das bürgerliche Standesamt nach badischem Recht. 2. Aufl. Heidelberg 1872. S. 47.

[13]) Bundesgesetzblatt von 1870. S. 599. Dasselbe ist nunmehr Reichsgesetz. s. Ges. betr. die Verfassung des Deutschen Reichs v. 16. April 1871 Reichsgesetz-Bl. S. 63 und dazu Reichsgesetz-Bl.

Kurz vor der Begründung des Deutschen Reiches war der Beschluß des vatikanischen Konzils, welcher die päpstliche Unfehlbarkeit dogmatisirte, gefaßt, und bald begannen sich die verhängnißvollen Folgen desselben, vor Allem durch die altkatholische Bewegung und durch die Konflikte mit der preußischen Regierung, geltend zu machen.

In Folge dessen brachte der Abgeordnete Dr. Völk während der Reichstagssession des Jahres 1872 eine Resolution ein, dahin lautend,

„der Reichstag wolle beschließen:

Es sei dem Reichskanzler gegenüber die Erwartung auszusprechen, daß dem Reichstage bei seinem nächsten Zusammentritte Gesetzentwürfe vorgelegt werden

1) über die Einführung der obligatorischen Civilehe;

2) über die Ordnung der Civilstandsregister."

Diese Resolution wurde vom Reichstage in seiner Schlußsitzung vom 19. Juni 1872 mit 151 gegen 100 Stimmen angenommen (stenogr. Berichte I. Legisl.=Periode III. Sess. 1872. Bd. 2 S. 1150 ff.). Da aber derartige Gesetzentwürfe bei der Eröffnnng der Reichstagssession des folgenden Jahres nicht vorgelegt wurden, richtete der Antragsteller Dr. Völk eine darauf bezügliche Interpellation an die Reichsregierung. Die darauf erfolgende Antwort, daß der Entwurf eines Gesetzes über die Civilstandsregister (nicht aber über die Civilehe) im Reichskanzleramt ausgearbeitet worden und erst dem Bundesrath vorgelegt werden müsse (s. Sitzung vom 29. März 1873, stenogr. Ber. I. Legislat.=Per. IV. Sess. 1873. Bd. 1 S. 136) war so wenig befriedigend, daß sich Dr. Völk und der Verfasser dieses Kommentars vereinigten, einen von dem letzteren ausgearbeiteten Entwurf über die bürgerliche Form der Eheschließung beim Reichstage einzubringen, indem sie diesen Schritt damit motivirten, daß in der früheren Session die Einführung der obligatorischen Civilehe in erster Linie gefordert, die der Civilstandsregister aber etwas Sekundäres sei, sowie daß es immer nothwendiger erscheine, die Selbständigkeit des Staates und seiner Gesetzgebung durch die ihm zu Gebote stehenden Mittel vor den Uebergriffen der einzelnen Kirchen zu wahren (citirte stenogr. Ber. Bd. 3 S. 165). Das Resultat der am 23. April 1873 vorgenommenen ersten Berathung, bei welcher namentlich seitens der Centrumsfraktion Bedenken gegen die Kompetenz des Reiches zum Erlasse des beantragten Gesetzes erhoben wurden, war die Ueberweisung der Vorlage an eine Kommission (angeführte stenogr. Ber. Bd. 1 S. 265). Bald darauf wurde die Vorlegung des verheißenen Gesetzentwurfes über die Civilstandsregister seitens des Bundesrathes immer zweifelhafter, und deshalb sahen sich die beiden Antragsteller veranlaßt, nunmehr dem Reichstage auch einen ebenfalls von dem Herausgeber verfaßten weiteren Gesetzentwurf über die Beurkundung des bürgerlichen Standes (citirte stenogr. Ber. Bd. 3 S. 403) zu unterbreiten, welcher demnächst am 6. Mai 1873 der zur Berathung des ersten Entwurfes eingesetzten Kommission überwiesen wurde (a. a. O. Bd. 1 S. 521).

Um die Schwierigkeiten, welche aus dem Mangel jeglicher vorheriger Verständigung mit der Reichsregierung erwuchsen, möglichst zu beseitigen, hatten die Gesetzentwürfe die nähere Organisation der Standesämter den Landesregierungen überlassen, ferner war die Geltung des

---

v 1870. S. 647. 656; ferner Ges. betr. die Einführung von deutschen Bundesgesetzen in Baiern v. 22. April 1871 (Reichsgesetz=Bl. S. 87), in Elsaß=Lothringen v. 8. Februar 1875 (Ges.Bl. f. Els.=Lothr. S. 9).

Gesetzes für die Bundesstaaten, in denen schon allgemein obligatorisch die staatliche Standesbuchführung und die Civilehe in Kraft war, ausgeschlossen, und endlich jede das materielle Eherecht betreffende Bestimmung vermieden worden. Daß dieses letztere, soweit es ein konfessionelles war, also für einen großen Theil Deutschlands, mit der Einführung der obligatorischen Ehe einer Aenderung bedürfen würde, und daß die Gesetzentwürfe selbst in den Materien, welche sie regelten, eine nicht gerade erwünschte Mannigfaltigkeit offen ließen, hatten sich die Antragsteller nie verhehlt. Sie hielten es aber für politisch richtiger, nicht durch ein weiter uniformirendes Detail die Aufnahme der Gesetzentwürfe zu erschweren und zunächst die Prinzipien der staatlichen Standesregisterführung und der Civilehe zum Reichsrecht zu erheben, weil damit ein unwiderstehlicher Zwang zur Beseitigung des konfessionellen Eherechtes gegeben war, während andererseits die Hereinziehung von Vorschriften des materiellen Eherechtes den Gegnern nur ein erwünschtes Mittel gewähren konnte, die ganze Maßregel zum Scheitern zu bringen.

Die Reichstagskommission schloß sich bei ihren Berathungen diesen Auffassungen an und arbeitete im Uebrigen im Einverständniß mit den Antragstellern die beiden Gesetzentwürfe zu einem einzigen zusammen, indem sie diesen zugleich in den Einzelnheiten soweit möglich mit dem Reichsgesetze vom 4. Mai 1870 betr. die Eheschließung von Bundesangehörigen im Auslande in Uebereinstimmung zu bringen suchte.

Nachdem die Kommission ihren Bericht erstattet (a. a. O. Bd. 4 S. 682), gelangte derselbe am 4. Juni 1873 zur zweiten Berathung, diese mußte aber wegen der auf Antrag eines Mitgliedes der Centrumsfraktion beantragten Auszählung des Hauses und der dadurch konstatirten Beschlußunfähigkeit desselben schon bei §. 1 abgebrochen werden (a. a. O. Bd. 2 S. 950). Bis zum Schlusse der Session gelangte der Gegenstand nicht mehr zu nochmaliger Verhandlung.

Beim Beginn der neuen (2.) Legislaturperiode im Jahre 1874 war die Lage der Sache in zweierlei Beziehungen wesentlich verändert. Einerseits war durch das Gesetz vom 20. Dezember 1873 (Reichs-Ges.-Bl. S. 379) die Kompetenz des Reiches auf das gesammte bürgerliche Recht ausgedehnt worden, und der wiederholten Einbringung des Gesetzentwurfes konnten nun die früheren Bedenken nicht mehr entgegengesetzt werden.

Dagegen war dieselbe aber inzwischen durch die Entwicklung der Verhältnisse in Preußen wesentlich erschwert worden.

Hier hatte die Regierung im Jahre 1859 die Ausführung des Artikels 19 der Verfassungsurkunde durch Vorlegung eines die fakultative Civilehe adoptirenden Entwurfes eingeleitet, diese Vorlage, welche die Zustimmung des Abgeordnetenhauses gefunden hatte, war indessen im Jahre 1860 vom Herrenhause verworfen worden, und ein im folgenden Jahre dem letzteren vorgelegter gleicher Entwurf hatte das Schicksal des früheren getheilt [1]). Seitdem hatte die Regierung keinen neuen Versuch zur Ausführung der gedachten Bestimmung der Verfassung gemacht, ja selbst nicht einmal einen solchen Entwurf mit der Vorlegung der Entwürfe zu den sog. Maigesetzen während der Session des Landtages von 1872 bis 1873 eingebracht, obwohl die Tendenz dieser Gesetze einen solchen als nothwendige Ergänzung bedingte.

---

[1]) Friedberg, Recht der Eheschließung. S. 730 ff.

Erst in der folgenden Sitzungsperiode wurde das bisher Versäumte nachgeholt, indem der Kultusminister am 10. Dezember 1873 dem Abgeordnetenhause einen Gesetzentwurf über die Beurkundung des Personenstandes und die Form der Eheschließung, welcher das Princip der obligatorischen Civilehe adoptirt hatte, überreichte. Motivirt war dieser Schritt durch die Schwierigkeiten, welche die unter Verletzung der Maigesetze nichtig vorgenommenen Anstellungen katholischer Geistlicher und die Ausbreitung der altkatholischen Bewegung der bisher bestehenden kirchlichen Ehe-Eingehungsform gegenüber hervorgerufen hatten, ferner aber auch durch den Hinweis auf die Verschiedenheit des Rechtszustandes in der Monarchie, das Fehlen einer Eheschließungsform für Personen, von denen der eine Theil innerhalb, der andere außerhalb der Kirche stehe, und für die Mitglieder solcher Religionsgesellschaften, deren Geistlichen die Befugniß zu Trauungen mit bürgerlicher Wirkung abgehe, sodann endlich durch die Hervorhebung der Mißstände, welche die bisherige kirchliche Eheschließungsform in Betreff der Eingehung gemischter Ehen und der Wiederverheirathung geschiedener Personen hervorgerufen habe.

Der Entwurf mit einzelnen Modifikationen erlangte die Zustimmung des preußischen Landtages und wurde, während der Reichstag schon eröffnet war, als Gesetz über die Beurkundung des Personenstandes und die Form der Eheschließung vom 9. März 1874 in der Gesetz-Sammlung vom 16. desselben Monats (S. 95) publicirt [1]).

Das Gesetz sollte vom 1. Oktober 1874 ab Wirklichkeit erlangen. Dadurch trat an die beiden Abgeordneten, welche bisher die Einführung der Civilstandsregister und der obligatorischen Civilehe im Reichstage fortgesetzt befürwortet hatten, und welche die weitere Verfolgung ihrer früheren Bestrebungen auch in der diesjährigen Reichstagssession für Pflicht hielten, die Frage heran, ob es gerathener sei, in dem neuen einzubringenden Entwurfe das eben publicirte, aber noch nicht einmal in Kraft getretene preußische Gesetz zu beseitigen oder dasselbe durch eine ähnliche Vorschrift, wie in dem früheren Entwurfe, welche die Geltung des Reichsgesetzes für alle Gebiete mit allgemeiner obligatorischer Civilehe und Civilstandsregister-Führung ausschloß, aufrecht zu erhalten. Sie wählten das letztere und suchten in dem von dem Herausgeber dieses Kommentars ausgearbeiteten Entwurf (stenogr. Berichte des Reichstages, II. Legislatur-Per. I. Session 1874 Bd. 3 S. 204) den Anforderungen der materiellen Rechtseinheit, soweit es nach Lage der Verhältnisse möglich war, insofern gerecht zu werden, als der Entwurf sich dem neuen preußischen Gesetz auf das engste anschloß und ferner den Grundsatz der allgemeinen obligatorischen Civilstandsregister-Führung und Civilehe zum Reichsrecht erhob, so daß den Landesgesetzgebungen derjenigen Länder, in denen derselbe bereits partikularrechtlich sanktionirt war und auf welche die Detailbestimmungen des Entwurfes keine Anwendung finden sollten, die Möglichkeit genommen war, ihn im Wege der Partikulargesetzgebung zu beseitigen.

Die drei Berathungen fanden diesmal ausschließlich im Plenum in den Sitzungen vom 24., 26., 27. und 28. März 1874 (citirte stenograph. Berichte Bd. 1 S. 537, 578, 597, 641) statt, und der Entwurf wurde mit einigen Amendements von der Majorität des Hauses (bei der namentlichen Abstimmung über § 1. stimmten für diesen 180 gegen 81 Stimmen) angenommen.

Während der Debatten hatte der Bundesrath in dieser Angelegenheit, welche nunmehr

---

[1]) Vgl. dazu meinen Kommentar zu dem im Text gedachten Gesetz. Berlin 1874. S. 7 ff.

schon zweimal im Reichstage verhandelt worden war, noch keine feste Stellung genommen. Dies geschah erst im Verlaufe der Zwischenzeit bis zur nächsten Session, welche noch im Herbste des Jahres 1874 eröffnet wurde. Der Bundesrath billigte zwar das Princip des beschlossenen Gesetzentwurfes, und wenn er auch seine Zustimmung zu demselben verweigerte, weil er eine Vervollständigung desselben gerade nach den Richtungen hin wünschte, in welchen diese bei dem bisherigen negativen Verhalten der Reichsregierung von den Antragstellern nicht hatte vorgenommen werden können, so trat er doch nunmehr aus seiner bisherigen Reserve heraus. Am 6. Januar 1875 wurde dem Reichstag ein vom Bundesrath beschlossener neuer „Entwurf eines Gesetzes über die Beurkundung des Personenstandes und die Eheschließung" vorgelegt, über dessen Tendenz und Verhältniß zu dem vom Reichstage in der vorigen Session beschlossenen die nachfolgenden Motive (Drucksachen des Reichstages II. Legislatur-Periode, II. Sess. 1874, Nr. 153 S. 19 ff.; s. auch stenogr. Ber. ders. Session, 3. Bd. S. 1047 ff.) das Nähere ergeben:

„Der Deutsche Reichstag hat in seiner Sitzung vom 28. März 1874 aus Anlaß eines Antrags der Abgeordneten Dr. Hinschius und Dr. Völk einem Gesetzentwurfe

über die Beurkundung des Personenstandes und die Form der Eheschließung

seine Zustimmung ertheilt. Obwohl der Bundesrath das Princip des Entwurfs billigte, mußte er doch aus mehrfachen Rücksichten Bedenken tragen, denselben in der vorgelegten Fassung zu genehmigen, und ersuchte demgemäß den Herrn Reichskanzler, unter Betheiligung der Bundesregierungen einen anderweitigen Entwurf aufstellen zu lassen.

In Folge dessen sind die Bundesregierungen um Abgabe ihrer schriftlichen Aeußerungen ersucht worden. Nachdem diese vollständig eingegangen waren, hat sich der Justizausschuß unter Zuziehung einiger Autoritäten des Kirchenrechtes einer eingehenden Berathung des gesammten Materials unterzogen. Hierbei überzeugte man sich, daß in dem Entwurfe des Reichstags eine geeignete Grundlage für das Gesetzgebungswerk dargeboten, derselbe jedoch in mehrfacher Hinsicht einer Aenderung und Vervollständigung bedürftig sei. Für nicht annehmbar wurde zunächst die Bestimmung im §. 49 Abs. 1 erachtet, wonach die Einzelbestimmungen des Gesetzes in denjenigen Theilen des Bundesgebies keine Anwendung finden sollen, in welchen eine bürgerliche Standesbuchführung und Eheschließungsform bereits landesgesetzlich besteht. Man vergegenwärtigte sich, daß es der Stellung der Reichsgesetzgebung nicht entspreche, sich mit der Schaffung eines blos subsidiären Rechts zu begnügen, daß vielmehr die Aufgabe des vorliegenden Gesetzgebungswerkes darin bestehen müsse, in der von ihm umfaßten Materie ein einheitliches, in allen Bundesstaaten gleichmäßig zur Anwendung gelangendes Recht herzustellen.

Die Erwägung, wie dieses Ziel zu erreichen sei, führte aber zu der weiteren Erkenntniß, daß der stoffliche Inhalt des Gesetzes über diejenigen Grenzen hinaus, welche sich der Reichsentwurf gesteckt hatte, erweitert werden müsse. Man überzeugte sich zunächst von der Nothwendigkeit, neben dem formellen auch das materielle Eheschließungsrecht in den Bereich des Gesetzes zu ziehen. Um eine ungefähre Anschauung von der Mannigfaltigkeit der Bestimmungen zu gewähren, welche über die Erfordernisse zur Eingehung einer Ehe und über die Ehehindernisse zur Zeit innerhalb Deutschlands bestehen, genügt ein Blick auf den in den beiden größten Staaten vorhandenen Rechtszustand, wie sich derselbe für Preußen in der Schrift des Dr. A. Stölzel,

Das Eheschließungsrecht im Gebiet des Preußischen Gesetzes vom 9. März 1874. Berlin 1874.

zusammengestellt findet, für Baiern aber sich aus der in der Anlage abgedruckten Zusammenstellung ergiebt.

Die Schwierigkeit, die es für die Standesbeamten hat, ein so verschiedenartig gestaltetes Eheschließungsrecht zu übersehen und danach die ihnen obliegende Entscheidung über die Zulässigkeit einer Eheschließung zu treffen, ist bereits bei Erlaß des in dem einen Bundesstaate, Preußen, ergangenen Gesetzes empfunden worden und hat zu einer Resolution des Preußischen Abgeordnetenhauses geführt, in welcher eine einheitliche Regelung der rechtlichen Grundsätze in Betreff der Schließung der Ehe für erforderlich erklärt und die Preußische Regierung um die alsbaldige Vorlegung eines dahin zielenden Gesetzentwurfes ersucht wurde.

Die Aufgabe, diesem Bedürfnisse gerecht zu werden, fällt, wenn jetzt durch ein Reichsgesetz die bürgerliche Form der Eheschließung allgemein eingeführt wird, naturgemäß der Reichsgesetzgebung zu, da dieselbe die Hinwegräumung der Hindernisse, welche sich dem von ihr angenommenen Principe in den Weg stellen, nicht der Landesgesetzgebung überlassen darf, sondern selbst in die Hand nehmen muß, wie denn auch nur sie im Stande ist, ein über die Grenzen der einzelnen Bundesstaaten sich erstreckendes einheitliches Recht herzustellen.

Die angedeutete Schwierigkeit ist nicht etwa blos für den Bundesstaat Preußen vorhanden; sie besteht in gleichem und noch höherem Maße für andere Staaten, namentlich für Baiern, in dessen Ländergebieten eine große Zahl der verschiedenartigsten partikulären Rechtsbildungen gelten.

Auch ist die Mannigfaltigkeit des bestehenden Rechtszustandes nicht der alleinige Grund, welcher dessen Vereinfachnng erheischt; noch gebieterischer treibt zu einer solchen Reform die Thatsache, daß dieser Zustand theilweise noch unter Herrschaft kirchlicher Satzungen steht. Beseitigt sind die letzteren beispielsweise in dem Geltungsbereiche der kodifizirten Partikular-Gesetzbücher, namentlich des Preußischen Allgemeinen Landrechts, des code civil und des Badischen Landrechts. Außerhalb dieser Gebiete bildet für Katholiken das kanonische Recht, für Protestanten das protestantische Kirchenrecht, für Juden vielfach das mosaische Recht die Hauptgrundlage des geltenden Eheschließungsrechts oder doch die maßgebende Norm für einzelne bestimmte Ehehindernisse. Im Zusammenhange hiermit befindet sich das Recht zur Dispensation von Ehehindernissen vielfach in den Händen kirchlicher Behörden. Die Ueberzeugung, daß dieses letztere Verhältniß mit der Einführung der bürgerlichen Form der Eheschließung unhaltbar wird, liegt bereits dem §. 44 Abs. 1 des Reichstagsentwurfes zu Grunde. Eine gleiche Unvereinbarkeit besteht aber in Betreff der kirchlichen Ehesatzungen überhaupt. Sie sind einerseits wegen ihres konfessionellen Charakters zur Anwendung durch den Standesbeamten nicht geeignet, indem sie insbesondere keine Entscheidungsnorm für gemischte und Dissidenten-Ehen darbieten, insoweit nicht die Landesgesetze diese Lücke ausgefüllt haben. Andererseits stehen die von ihnen aufgestellten Ehehindernisse theilweise in so untrennbarem Zusammenhange mit dogmatischen Lehrsätzen, daß einem bürgerlichen Beamten nicht zugemuthet werden darf, ihr Vorhandensein zu erforschen und festzustellen.

Ein blos stückweises Eingreifen in das bestehende Recht würde bei dieser Lage der Sache nicht zum Ziele führen; es mußte vielmehr als unerläßlich erkannt werden, in dem Reichsgesetze einen vollständigen Ersatz für das bisherige Eheschließungsrecht zu schaffen und damit das letztere, soweit es nicht in einzelnen Bestimmungen ausdrücklich aufrecht erhalten wird, außer Geltung zu setzen.

Eine zweite Richtung, in welcher sich eine Vervollständigung des Reichstagsentwurfs geboten zeigte, bezieht sich auf die Organisation der Standesämter. Der Reichstagsentwurf (§§. 1, 45) überläßt die Bestellung der Standesbeamten und die Einrichtung der Aufsichtsbehörden den Landesregierungen und nimmt aus den Organisationsvorschriften des Preußischen Gesetzes nur die beiden Sätze herüber, daß die Gemeindebeamten zur Uebernahme des Amts eines Standesbeamten verpflichtet seien, und daß Geistlichen dasselbe nicht übertragen werden dürfe. Diese ganz allgemeine Regelungsweise mußte in doppelter Hinsicht einer Aenderung unterworfen werden. In einem Gesetze, dessen Hauptzweck in der Schaffung einer einheitlichen Form für die Beurkundung des Personenstandes und der Eheschließung besteht, erscheint es nicht rathsam, sich in Betreff der diesem Zweck dienenden Behördenorganisation auf die Aufstellung eines bloßen Rahmens zu beschränken, welcher von den Regierungen der einzelnen Bundesstaaten in ganz verschiedenartiger Weise ausgefüllt werden könnte, weil dies die Gefahr mit sich führen könnte, daß auf diese Weise die gleichmäßige Ausführung und Anwendung des Gesetzes beeinträchtigt werde. Sodann mußte in Berücksichtigung gezogen werden, daß für den einen Bundesstaat, Preußen, die Aufrechterhaltung derjenigen Einrichtung des Civilstandswesens dringend wünschenswerth erscheint, welche für den größten Theil dieser Monarchie erst kürzlich durch das Gesetz vom 9. März 1874 festgestellt worden ist.

Der hierbei hauptsächlich zu Grunde gelegte Gedanke, daß die Standesbuchführung im Auftrage und unter Aufsicht des Staats den G e m e i n d e n obliegt, würde verdunkelt oder doch seiner gesetzlichen Anerkennung beraubt werden, wenn das Reichsgesetz den Satz, daß die Gemeindebeamten zur Uebernahme dieser Geschäfte verpflichtet sind, ohne die Bedeutung und nähere Bestimmung, welche ihm im Zusammenhange des Preußischen Gesetzes beiwohnt, in sich aufnehmen, die weitere Ausführung aber lediglich den Landesregierungen überlassen wollte.

Aus dieser doppelten Rücksicht wurde es für erforderlich erachtet, die Grundsätze für die Organisation der Standesämter in das Gesetz selbst aufzunehmen und sich hierbei, sowie bei der Regelung der Aufsichts- und Beschwerde-Instanz — soweit es ohne Beeinträchtigung der Interessen der übrigen Bundesstaaten thunlich war — an das Vorbild des Preußischen Gesetzes anzuschließen.

Dies sind die Erwägungen, aus welchen der vorliegende Gesetzentwurf hervorgegangen ist."

Schon am 12. Januar 1875 erfolgte die erste Berathung (angef. stenogr. Berichte S. 960 ff.), die zweite in den Sitzungen vom 14., 15., 16., 18. und 19. Januar (a. a. O. S. 987, 1011, 1047, 1067, 1091), die dritte am 23. Januar 1875 (a. a. O. S. 1216). In der Sitzung vom 25. desselb. Monats endlich fand die Abstimmung über den ganzen Entwurf statt, und derselbe wurde dabei mit 207 gegen 72 Stimmen, also mit bedeutend größerer Majorität als der vorjährige, angenommen. Erhebliche Aenderungen hatte derselbe nur wenige erfahren, und diese betrafen den Abschnitt von den Ehehindernissen. Der Bundesrath stimmte den abändernden Beschlüssen des Reichstages zu, und der Entwurf wurde in dieser Fassung als G e s e t z ü b e r d i e B e u r k u n d u n g d e s P e r s o n e n s t a n d e s u n d d i e E h e s c h l i e ß u n g vom 6. Februar 1875 im Reichsgesetzblatt Nr. 4 S. 23 unterm 9. desselb. Monats publicirt.

War somit auch die im Jahre 1872 vom Reichstage beschlossene Resolution (s. oben

S. 7) erst nach dreimaliger weiterer Verhandlung des Gegenstandes erledigt worden, so wurde dafür auch ein hochwichtiges Resultat erreicht. Die Eheschließung und Civilstandsregister-Führung ist in ihrer formellen Seite von der Kirche losgelöst, und der Staat damit in Betreff einer die persönlichen Interessen der Staatsbürger auf das tiefste berührenden Angelegenheit in einer Zeit des brennenden kirchlichen Konfliktes von seiner Abhängigkeit von der Kirche befreit worden.

Für das ganze Deutsche Reich war ferner die Einheit der Eheschließungsform und die Beurkundung des Personenstandes erreicht [1]) und so für ganz Deutschland ein Zustand ver-

[1]) Die Tragweite dieses Fortschrittes wird erst durch die nachfolgende Zusammenstellung des bisher bestehenden Rechtes hinsichtlich der Beurkundung der Personenstandes, welche auf Grund der dem Reichstage vom Bundesrathe am 24. Mai 1872 zugegangenen Uebersicht (stenogr. Berichte der I. Legisl.-Per. III. Sess. 1872. Bd. 3. S. 469. 624) unter Berücksichtigung der seitdem stattgehabten Veränderungen gemacht worden ist, in das rechte Licht gesetzt:

1. Preußen staatliche Civilstandsregister für alle Staatsangehörigen a. im Bezirk des Appellhofes zu Cöln, geführt durch die Bürgermeister (Gemeindevorsteher, auch besonders beauftragte Gemeindebeamte), b. in Frankfurt a. M. durch eigene Standesbuchführer, c. in allen übrigen Theilen der Monarchie durch die Bürgermeister in den Städten, in Landgemeinden durch besonders ernannte Beamte, namentlich Gemeindebeamte oder Vorsteher der aus mehreren Gemeinden eines Kreises zusammengesetzten Verwaltungsbezirke (Amtsvorsteher, Amtmänner, Landes-, Kirchspiel-Voigte u. s. w.).

2. Baiern a. staatliche Civilstandsregister in der Pfalz durch die Bürgermeister, b. in den Landestheilen östlich des Rheins für Evangelische und Katholiken Kirchenbücher durch die Pfarrer, für Dissidenten und Juden Register je nach den Landestheilen theils durch die Distriktspolizeibehörden, theils durch die Vorsteher der Kultusgemeinden, bez. Rabbiner, theils durch die christlichen Pfarrer.

3. Königreich Sachsen für Evangelische und Katholiken durch die Pfarrer oder besonders dazu bestellte kirchliche Beamte, für Juden Register über Geburten, Verehelichungen und Sterbefälle durch die Vorsteher der jüdischen Religionsgemeinden, für Dissidenten Civilstandsregister durch die Gerichte.

4. Württemberg für Evangelische und Katholiken Kirchenbücher durch die Pfarrgeistlichen, für Juden Register durch die Rabbiner, für Dissidenten und diejenigen, welche eine Nothcivilehe geschlossen, durch den Bezirksrichter, Kirchenbücher für einzelne keiner Kirche zugetheilte Evangelische und Katholiken durch den Pfarrer des Wohnorts, Register für Juden an Orten ohne Rabbiner durch den christlichen Ortsgeistlichen.

5. Baden allgemein Civilstandsregister durch die Bürgermeister.

6. Großherzogthum Hessen a. in Rheinhessen allgemein Civilstandsregister durch die Gemeindevorsteher, b. in den Provinzen Starkenburg und Oberhessen für Evangelische und Katholiken Kirchenbücher durch die Pfarrer, welche auch die Geburtsfälle, Trauungen und Sterbefälle der Mennoniten in ihre Bücher einzutragen haben.

7. Mecklenburg-Schwerin für Evangelische und Katholiken Kirchenbücher durch die Geistlichen, für Juden Register durch den Vorstand der jüdischen Gemeinde, für Dissidenten Civilstandsregister durch die Ortsobrigkeiten.

8. Sachsen-Weimar für Evangelische und Katholiken Kirchenbücher durch die Pfarrer, für Juden Register durch den Rabbiner, bez. Vorbeter, für Dissidenten durch die Civilgerichte.

9. Mecklenburg-Strelitz für Evangelische Kirchenbücher durch die Pfarrer, für Juden Civilstandsregister durch den Landesrabbiner.

10. Oldenburg a. im Fürstenthum Birkenfeld allgemein Civilstandsregister durch den Standesbeamten, b. in Oldenburg und Lübeck für Christen, Juden und Dissidenten durch die Geistlichen der anerkannten Religionsgesellschaften.

11. Braunschweig für Lutheraner, Reformirte und Katholiken Kirchenbücher durch die Pre-

wirklicht, welchen das preußische Gesetz vom 9. März 1874 nicht einmal für die preußische Monarchie herbeigeführt hatte, indem es das rheinische und frankfurter Recht in Geltung beließ.

So groß dieser Fortschritt war, so ist es doch noch höher anzuschlagen, daß das Gesetz, dem zukünftigen deutschen Civilgesetzbuch vorgreifend, das Recht über die Erfordernisse der Eheschließung, abgerechnet von nicht schwer wiegenden Ausnahmen, einheitlich geregelt und dadurch vor Allem ein für ganz Deutschland gleichmäßiges Recht in Betreff der Ehemündigkeit und der verbotenen Verwandtschafts- und Schwägerschaftsgrade aufgestellt hatte.

diger, bez. Opferleute, für Juden Civilstandsregister durch den Rabbiner oder Vorstand der jüdischen Gemeinde, bez. den Pfarrer der Parochie, für Dissidenten den Kirchenbuchführer der evangel.-lutherischen Parochie.

12. Sachsen-Meiningen für Christen Kirchenbücher durch den Geistlichen, für Juden entsprechende Bücher durch den israelitischen Lehrer.

13. Sachsen-Altenburg für Christen Kirchenbücher durch den Geistlichen.

14. Sachsen-Coburg-Gotha für Christen Kirchenbücher durch den Pfarrer, Kirchner oder Schuldiener, für Nichtchristen Civilstandsregister durch das Justizamt (Stadtgericht).

15. Anhalt Register für Evangelische und Katholiken durch den Geistlichen, bez. niederen Kirchendiener, für Juden durch den staatlich ermächtigten Vorsteher der Kultusgemeinde, für Dissidenten, sowie keiner Gemeinde angehörige Katholiken und Juden durch die Kreisdirektionen.

16. Schwarzburg-Rudolstadt für Evangelische und Katholiken Kirchenbücher durch die Geistlichen.

17. Schwarzburg-Sondershausen für Evangelische und Katholiken Kirchenbücher durch die Geistlichen, für Juden Register durch die Vorsteher der Synagogengemeinden, für Dissidenten durch die Justizämter.

18. Waldeck für Evangelische und Katholiken Kirchenbücher durch die Geistlichen, für Juden in Waldeck dieselben Kirchenbücher durch den evangelischen Pfarrer, in Pyrmont Register durch den Vorsänger, bez. Vorsteher der Judengemeinde, für Dissidenten durch den Geistlichen, wenn ein solcher bei einer mit Korporationsrechten versehenen Religionsgenossenschaft angestellt und vom Landesdirektor bestätigt ist.

19. Reuß ältere Linie Geburts-, Trau- und Sterbe-Register für Christen und Juden durch die Pfarrer.

20. Reuß jüngere Linie Kirchenbücher für Christen und Juden durch die Pfarrer, Civilstandsregister durch die Justizämter.

21. Schaumburg-Lippe Kirchenbücher für Christen durch die Pfarrer.

22. Lippe Kirchenbücher für Christen durch die Pfarrer, Register für Juden durch die Obrigkeiten (Aemter und Magistrate).

23. Lübeck in der Stadt Lübeck allgemein Register durch das Stadt- und Landamt, in den Landbezirken und Travemünde für Christen durch den Geistlichen, für Juden durch den Rabbiner.

24. Bremen allgemein Standesregister in der Stadt durch ein Mitglied des Senates, in Vegesack und Bremerhaven durch das Amt, im Landgebiete durch die (protestantischen) Kirchspielprediger.

25. Hamburg allgemein Civilstandsregister durch besondere Beamte in der Stadt und den Landherrschaften, in den Landgemeinden durch die herkömmlich damit betrauten Kirchenbehörden.

26. Lauenburg für Christen und Dissidenten Kirchenbücher, lediglich geführt durch die evangelisch-lutherischen Prediger, für Juden Register durch den Civilstandsbeamten der Altonaer oder Lübecker Synagogengemeinde.

27. Elsaß-Lothringen allgemein Civilstandsregister durch die Maires und deren Beigeordnete.

Ueber die Rechtsgültigkeit der Civilehe in ihren verschiedenen Gestalten vgl. oben S. 4 ff.

Zugleich waren dabei alle besonderen, kirchlichen Ehehindernisse als staatlich rechtsgültige Ehehindernisse gefallen und die Dispensation von den staatlichen Ehehindernissen den bisher vielfach auch hierfür allein kompetenten geistlichen Behörden entzogen. Weiter war die Emancipation des Staates von dem konfessionellen Eherecht in Betreff der Ehescheidung und nicht minder in Betreff der Gerichtsbarkeit herbeigeführt, indem jede durch die Zugehörigkeit zu einem Glaubensbekenntniß bedingte, besondere Gerichtsbarkeit beseitigt worden ist.

Für ganz Deutschland war also im Wesentlichen die Rechtseinheit des Eheschließungsrechtes in der dem modernen Staat allein entsprechenden Weise, d. h. unter Loslösung desselben von dem Recht der einzelnen Konfessionen durch das neue Reichsgesetz verwirklicht worden.

In Gemäßheit des §. 83 des Reichsgesetzes erließ der Bundesrath unterm 22. Juni 1875 eine Ausführungsverordnung (Centralblatt für das Deutsche Reich Nr. 28 S. 386), welche sich indessen darauf beschränkte, die Registereinrichtung anzuordnen und einige allgemeine Vorschriften über die Standesregisterführung zu geben. So blieb den einzelnen Landesregierungen auch über den in den §§. 84, 40, 11, 66, 70 des Gesetzes festgesetzten Umfang hinaus noch ein weites Gebiet zur näheren Regelung überlassen. Die ergangenen Bestimmungen — sie sind in den Anlagen abgedruckt — weisen sowohl in ihrem Charakter, als auch in ihren Einzelvorschriften eine große Mannigfaltigkeit, und zwar eine größere, als erforderlich war und wünschenswerth ist, auf. Namentlich ist es zu beklagen, daß für Preußen keine ausführliche Instruktion gegeben worden ist. Eine solche würde für die anderen Staaten von maßgebender Bedeutung gewesen sein, während die eingehenden Instruktionen kleinerer Staaten, wie z. B. Hessens und Lippes, so viel Zweckmäßiges sie auch enthalten, selbstverständlich einen die Einheit fördernden Einfluß nicht äußern konnten. —

Gegenüber dem Jahre 1876, in welchem der vorstehende Theil der Einleitung abgeschlossen worden ist, hat sich die Sachlage in zwei Richtungen verändert.

Einmal ist in Folge der Einführung der Reichsjustizgesetze durch die deutsche Civilproceß-Ordnung vom 30. Januar 1877 seit dem 1. Oktober 1879 für das ganze Deutschland, wenige Ausnahmen abgerechnet (s. das Einführungsgesetz zur C.P.O. v. 30. Januar 1877 §. 16 Nr. 5 und 6) die Einheitlichkeit des Verfahrens in Ehesachen (C.P.O. §§. 568 ff.) herbeigeführt.

Ferner liegen seit 1888 der Entwurf eines bürgerlichen Gesetzbuches für das Deutsche Reich und der Entwurf eines Einführungsgesetzes zu demselben vor. Der erstere regelt §§. 1231—1244 einheitlich die Ehehindernisse und läßt, abweichend von dem Personenstandsgesetz, welches das Partikularrecht noch in einer Reihe von Fällen (§. 29 Abs. 4 u. 5 und §. 18) für maßgebend erklärte, dasselbe nur noch hinsichtlich der Erlaubniß zur Eheschließung für Landesbeamte und Ausländer (§. 1243) fortbestehen. Ferner ist, abweichend von dem gedachten Gesetz, welches in dieser Beziehung gleichfalls auf die Landesgesetze verweist (§. 36), die Ungültigkeit (Nichtigkeit und Anfechtung) der Ehe (vgl. §§. 1250—1271) ebenfalls einheitlich normirt, und dasselbe gilt weiter auch hinsichtlich der Auflösung der Ehe (§§. 1440—1465), während das Personenstandsgesetz in Bezug auf das Scheiderecht nur eine einzige in dasselbe eingreifende Vorschrift (§. 77) enthält.

Als Eheschließungsform endlich hat der Entwurf (§§. 1245—1249) die obligatorische Civilehe beibehalten.

Der Entwurf des Einführungsgesetzes schreibt (Art. 28 §§. 44, 50) die Nothwendigkeit des eigenthümlicher Weise in dem ersten Entwurf nicht berücksichtigten Aufgebotes vor und enthält nur wenige durch diesen gebotene Abänderungen des Personenstandsgesetzes (§§. 28—40, 41, 52, 53, 55), da davon abgesehen ist, das letztere einer vollständigen Revision zu unterziehen und es im Ganzen aufzuheben (vgl. Motive S. 139).

In eine Kritik der Vorschriften der beiden Entwürfe [1]), namentlich der geplanten Veränderung der Form der standesamtlichen Eheschließung einzutreten, ist hier nicht der Ort. Jedenfalls sind die Entwürfe den rechten Weg gewandelt, auf welchem allein das Eherecht, soweit es sich um die personenrechtliche Seite der Ehe handelt, seiner Einheitlichkeit entgegengeführt werden kann, und möge das Schicksal der Entwürfe sein, welches es wolle, immerhin wird man sich von der von ihnen eingeschlagenen Bahn nicht entfernen können.

---

[1]) Vgl. P. Hinschius im Arch. f. d. civ. Praxis 74, 55 ff., v. Scheurl, a. a. O. S. 187; Klöppel und Gruchot, Beiträge 33, 70 ff.; Berolzheimer, Gutachten aus dem Anwaltsstande, Berlin 1888. Heft 4 S. 255 ff.; O. Bähr i. d. Kritischen Vierteljahrsschr. 30, 530 ff.; Menger im Arch. f. sociale Gesetzgebung, her. v. G. Braun, Tübingen 1889 2, 28; O. Gierke, d. Entwurf eines bürgerl. Gesetzbuchs und das deutsche Recht. Veränderte Auflage. Leipzig 1889. S. 397 ff., 448 ff.; O. Mayer und L. Jacobi, Gutachten für den 20. Juristentag 1889. Bd. 2 S 92 ff., 110 ff., und Verhandlungen desselben Bd. 4 S. 339 ff.

Gesetz

über

die Beurkundung des Personenstandes

und

die Eheschließung

für das Deutsche Reich.

Vom 6. Februar 1875.

(Nr. 1040. Reichs-Gesetzblatt von 1875. No. 4. S. 23 ff.)

Gesetz

über

die Beurkundung des Personenstandes und die Eheschließung.

Vom 6. Februar 1875.

(Nr. 1040. Reichs-Gesetzblatt 1875. No. 4. S. 23 ff.)

Wir Wilhelm, von Gottes Gnaden Deutscher Kaiser, König von Preußen ꝛc. verordnen im Namen des Deutschen Reichs, nach erfolgter Zustimmung des Bundesraths und des Reichstags, was folgt:

Erster Abschnitt. Allgemeine Bestimmungen.

§. 1. Die Beurkundung der Geburten, Heirathen und Sterbefälle erfolgt ausschließlich durch die vom Staate bestellten Standesbeamten mittels Eintragung in die dazu bestimmten Register.

§. 2. Die Bildung der Standesamtsbezirke erfolgt durch die höhere Verwaltungsbehörde.

Die Standesamtsbezirke können aus einer oder mehreren Gemeinden gebildet, größere Gemeinden in mehrere Standesamtsbezirke getheilt werden.

§. 3. Für jeden Standesamtsbezirk ist ein Standesbeamter und mindestens ein Stellvertreter zu bestellen. Für den Fall vorübergehender Behinderung oder gleichzeitiger Erledigung des Amtes des Standesbeamten und der Stellvertreter ist die nächste Aufsichtsbehörde ermächtigt, die einstweilige Beurkundung des Personenstandes einem benachbarten Standesbeamten oder Stellvertreter zu übertragen.

Die Bestellung erfolgt, soweit nicht im §. 4 ein Anderes bestimmt ist, durch die höhere Verwaltungsbehörde.

Geistlichen und anderen Religionsdienern darf das Amt eines Standesbeamten oder die Stellvertretung eines solchen nicht übertragen werden.

§. 4. In den Standesamtsbezirken, welche den Bezirk einer Gemeinde nicht überschreiten, hat der Vorsteher der Gemeinde (Bürgermeister, Schultheiß, Ortsvorsteher oder deren gesetzlicher Stellvertreter) die Geschäfte des Standesbeamten wahrzunehmen, sofern durch die höhere Verwaltungsbehörde nicht ein besonderer Beamter für dieselben bestellt ist. Der Vorsteher ist jedoch befugt, diese Geschäfte mit Genehmigung der höheren Verwaltungsbehörde anderen Gemeindebeamten widerruflich zu übertragen.

Die Gemeindebehörde kann die Anstellung besonderer Standesbeamten beschließen. Die Ernennung der Standesbeamten erfolgt in diesem Falle durch den Gemeindevorstand unter Genehmigung der höheren Verwaltungsbehörde.

In der gleichen Weise erfolgt die Bestellung der Stellvertreter.

Die durch den Gemeindevorstand ernannten besonderen Standesbeamten und deren Stellvertreter sind Gemeindebeamte.

§. 5. Die durch die höhere Verwaltungsbehörde erfolgte Bestellung und Genehmigung zur Bestellung ist jederzeit widerruflich.

§. 6. Ist ein Standesamtsbezirk aus mehreren Gemeinden gebildet, so werden der Standesbeamte und dessen Stellvertreter stets von der höheren Verwaltungsbehörde bestellt.

Ein jeder Vorsteher oder andere Beamte einer dieser Gemeinden ist verpflichtet, das Amt des Standesbeamten oder des Stellvertreters zu übernehmen.

Die landesgesetzlichen Vorschriften, nach welchen den Vorstehern der aus mehreren Gemeinden gebildeten Verbände die gleiche Verpflichtung obliegt, werden hierdurch nicht berührt.

§. 7. Die etwa erforderliche Entschädigung der nach §. 4 von den Gemeinden bestellten Standesbeamten fällt der Gemeinde zur Last.

Die in §. 6 Absatz 2 und 3 bezeichneten Beamten sind berechtigt, für Wahrnehmung der Geschäfte des Standesbeamten von den zum Bezirk ihres Hauptamtes nicht gehörigen Gemeinden eine in allen Fällen als Pauschquantum festzusetzende Entschädigung zu beanspruchen.

Die Festsetzung erfolgt durch die untere Verwaltungsbehörde; über Beschwerden entscheidet endgültig die höhere Verwaltungsbehörde.

Bestellt die höhere Verwaltungsbehörde andere Personen zu Standesbeamten oder zu Stellvertretern, so fällt die etwa zu gewährende Entschädigung der Staatskasse zur Last.

§. 8. Die sächlichen Kosten werden in allen Fällen von den Gemeinden getragen; die Register und Formulare zu allen Registerauszügen werden jedoch den Gemeinden von der Zentralbehörde des Bundesstaats kostenfrei geliefert.

§. 9. In Standesamtsbezirken, welche aus mehreren Gemeinden gebildet sind, wird die den Standesbeamten oder den Stellvertretern zu gewährende Entschädigung und der Betrag der sächlichen Kosten auf die einzelnen betheiligten Gemeinden nach dem Maßstabe der Seelenzahl vertheilt.

§. 10. Den Gemeinden im Sinne dieses Gesetzes werden die außerhalb der Gemeinden stehenden Gutsbezirke, den Gemeindevorstehern die Vorsteher dieser Bezirke gleich geachtet.

§. 11. Die Aufsicht über die Amtsführung der Standesbeamten wird von der unteren Verwaltungsbehörde, in höherer Instanz von der höheren Verwaltungsbehörde geübt, insoweit die Landesgesetze nicht andere Aufsichtsbehörden bestimmen.

Die Aufsichtsbehörde ist befugt, gegen den Standesbeamten Warnungen, Verweise und Geldstrafen zu verhängen. Letztere dürfen für jeden einzelnen Fall den Betrag von einhundert Mar nicht übersteigen.

Lehnt der Standesbeamte die Vornahme einer Amtshandlung ab, so kann er dazu auf Antrag der Betheiligten durch das Gericht angewiesen werden. Zuständig ist das Gericht erster Instanz, in dessen Bezirk der Standesbeamte seinen Amtssitz hat. Das Verfahren und die Beschwerdeführung regelt sich, insoweit die Landesgesetze nicht ein Anderes bestimmen, nach den Vorschriften, welche in Sachen der nichtstreitigen Gerichtsbarkeit gelten.

§. 12. Von jedem Standesbeamten sind drei Standesregister unter der Bezeichnung:

Geburtsregister,
Heirathsregister,
Sterberegister

zu führen.

§. 13. Die Eintragungen in die Standesregister erfolgen unter fortlaufenden Nummern und ohne Abkürzungen. Unvermeidliche Zwischenräume sind durch Striche auszufüllen, die wesentlichen Zahlenangaben mit Buchstaben zu schreiben.

Die auf mündliche Anzeige oder Erklärung erfolgenden Eintragungen sollen enthalten:

1. den Ort und Tag der Eintragung;
2. die Bezeichnung der Erschienenen;
3. den Vermerk des Standesbeamten, daß und auf welche Weise er sich die Ueberzeugung von der Persönlichkeit der Erschienenen verschafft hat;
4. den Vermerk, daß die Eintragung den Erschienenen vorgelesen und von denselben genehmigt ist;

5. die Unterschrift der Erschienenen und, falls sie schreibensunkundig oder zu schreiben verhindert sind, ihr Handzeichen oder die Angabe des Grundes, aus welchem sie dieses nicht beifügen konnten;

6. die Unterschrift des Standesbeamten.

Die auf schriftliche Anzeige erfolgenden Eintragungen sind unter Angabe von Ort und Tag der Eintragung zu bewirken und durch die Unterschrift des Standesbeamten zu vollziehen.

Zusätze, Löschungen oder Abänderungen sind am Rande zu vermerken und gleich der Eintragung selbst besonders zu vollziehen.

§. 14. Von jeder Eintragung in das Register ist von dem Standesbeamten an demselben Tage eine von ihm zu beglaubigende Abschrift in ein Nebenregister einzutragen.

Nach Ablauf des Kalenderjahres hat der Standesbeamte jedes Haupt- und jedes Nebenregister unter Vermerkung der Zahl der darin enthaltenen Eintragungen abzuschließen und das Nebenregister der Aufsichtsbehörde einzureichen; die letztere hat dasselbe nach erfolgter Prüfung dem Gerichte erster Instanz zur Aufbewahrung zuzustellen.

Eintragungen, welche nach Einreichung des Nebenregisters in dem Hauptregister gemacht werden, sind gleichzeitig der Aufsichtsbehörde in beglaubigter Abschrift mitzutheilen. Die Letztere hat zu veranlassen, daß diese Eintragungen dem Nebenregister beigeschrieben werden.

§. 15. Die ordnungsmäßig geführten Standesregister (§§. 12 bis 14) beweisen diejenigen Thatsachen, zu deren Beurkundung sie bestimmt und welche in ihnen eingetragen sind, bis der Nachweis der Fälschung, der unrichtigen Eintragung oder der Unrichtigkeit der Anzeigen und Feststellungen auf Grund deren die Eintragung stattgefunden hat, erbracht ist.

Dieselbe Beweiskraft haben die Auszüge, welche als gleichlautend mit dem Haupt- oder Nebenregister bestätigt und mit der Unterschrift und dem Dienstsiegel des Standesbeamten oder des zuständigen Gerichtsbeamten versehen sind.

Inwiefern durch Verstöße gegen die Vorschriften dieses Gesetzes über Art und Form der Eintragungen die Beweiskraft aufgehoben oder geschwächt wird, ist nach freiem richterlichen Ermessen zu beurtheilen.

§. 16. Die Führung der Standesregister und die darauf bezüglichen Verhandlungen erfolgen kosten- und stempelfrei.

Gegen Zahlung der nach dem angehängten Tarife zulässigen Gebühren müssen die Standesregister jedermann zur Einsicht vorgelegt, sowie beglaubigte Auszüge (§. 15) aus denselben ertheilt werden. In amtlichem Interesse und bei Unvermögen der Betheiligten ist die Einsicht der Register und die Ertheilung der Auszüge gebührenfrei zu gewähren.

Jeder Auszug einer Eintragung muß auch die zu derselben gehörigen Ergänzungen und Berichtigungen enthalten.

Zweiter Abschnitt. Beurkundung der Geburten.

§. 17. Jede Geburt eines Kindes ist innerhalb einer Woche dem Standesbeamten des Bezirks, in welchem die Niederkunft stattgefunden hat, anzuzeigen.

§. 18. Zur Anzeige sind verpflichtet:

1. der eheliche Vater;
2. die bei der Niederkunft zugegen gewesene Hebamme;
3. der dabei zugegen gewesene Arzt;
4. jede andere dabei zugegen gewesene Person;
5. die Mutter, sobald sie dazu im Stande ist.

Jedoch tritt die Verpflichtung der in der vorstehenden Reihenfolge später genannten Personen nur dann ein, wenn ein früher genannter Verpflichteter nicht vorhanden oder derselbe an der Erstattung der Anzeige verhindert ist.

§. 19. Die Anzeige ist mündlich von dem Verpflichteten selbst oder durch eine andere aus eigener Wissenschaft unterrichtete Person zu machen.

§. 20. Bei Geburten, welche sich in öffentlichen Entbindungs-, Hebammen-, Kranken-, Gefangen- und ähnlichen Anstalten, sowie in Kasernen ereignen, trifft die Verpflichtung zur Anzeige ausschließlich den Vorsteher der Anstalt oder den von der zuständigen Behörde ermächtigten Beamten. Es genügt eine schriftliche Anzeige in amtlicher Form.

§. 21. Der Standesbeamte ist verpflichtet, sich von der Richtigkeit der Anzeige (§§. 17 bis 20), wenn er dieselbe zu bezweifeln Anlaß hat, in geeigneter Weise Ueberzeugung zu verschaffen.

§. 22. Die Eintragung des Geburtsfalles soll enthalten:

1. Vor- und Familiennamen, Stand oder Gewerbe und Wohnort des Anzeigenden;
2. Ort, Tag und Stunde der Geburt;
3. Geschlecht des Kindes;
4. Vornamen des Kindes;
5. Vor- und Familiennamen, Religion, Stand oder Gewerbe und Wohnort der Eltern.

Bei Zwillings- oder Mehrgeburten ist die Eintragung für jedes Kind besonders und so genau zu bewirken, daß die Zeitfolge der verschiedenen Geburten ersichtlich ist.

Standen die Vornamen des Kindes zur Zeit der Anzeige noch nicht fest, so sind dieselben nachträglich und längstens binnen zwei Monaten nach der Geburt anzuzeigen. Ihre Eintragung erfolgt am Rande der ersten Eintragung.

§. 23. Wenn ein Kind todtgeboren oder in der Geburt verstorben ist, so muß die Anzeige spätestens am nächstfolgenden Tage geschehen. Die Eintragung ist alsdann mit dem im §. 22 unter Nr. 1 bis 3 und 5 angegebenen Inhalte nur im Sterberegister zu machen.

§. 24. Wer ein neugeborenes Kind findet, ist verpflichtet, hiervon spätestens am nächstfolgenden Tage Anzeige bei der Ortspolizeibehörde zu machen. Die Letztere hat die erforderlichen Ermittelungen vorzunehmen und dem Standesbeamten des Bezirks von deren Ergebniß behufs Eintragung in das Geburtsregister Anzeige zu machen.

Die Eintragung soll enthalten die Zeit, den Ort und die Umstände des Auffindens, die Beschaffenheit und die Kennzeichen der bei dem Kinde vorgefundenen Kleider und sonstigen Gegenstände, die körperlichen Merkmale des Kindes, sein vermuthliches Alter, sein Geschlecht, die Behörde, Anstalt oder Person, bei welcher das Kind untergebracht worden, und die Namen, welche ihm beigelegt werden.

§. 25. Die Anerkennung eines unehelichen Kindes darf in das Geburtsregister nur dann eingetragen werden, wenn dieselbe vor dem Standesbeamten oder in einer gerichtlich oder notariell aufgenommenen Urkunde erklärt ist.

§. 26. Wenn die Feststellung der Abstammung eines Kindes erst nach Eintragung des Geburtsfalles erfolgt oder die Standesrechte durch Legitimation, Annahme an Kindesstatt oder in anderer Weise eine Veränderung erleiden, so ist dieser Vorgang, sofern er durch öffentliche Urkunden nachgewiesen wird, auf Antrag eines Betheiligten am Rande der über den Geburtsfall vorgenommenen Eintragung zu vermerken.

§. 27. Wenn die Anzeige eines Geburtsfalles über drei Monate verzögert wird, so darf die Eintragung nur mit Genehmigung der Aufsichtsbehörde nach Ermittelung des Sachverhalts erfolgen.

Die Kosten dieser Ermittelung sind von demjenigen einzuziehen, welcher die rechtzeitige Anzeige versäumt hat.

Dritter Abschnitt. Erfordernisse der Eheschließung.

§. 28. Zur Eheschließung ist die Einwilligung und die Ehemündigkeit der Eheschließenden erforderlich.

Die Ehemündigkeit des männlichen Geschlechts tritt mit dem vollendeten zwanzigsten Lebensjahre, die des weiblichen Geschlechts mit dem vollendeten sechszehnten Lebensjahre ein. Dispensation ist zulässig.

§. 29. Eheliche Kinder bedürfen zur Eheschließung, so lange der Sohn das fünfundzwanzigste, die Tochter das vierundzwanzigste Lebensjahr nicht vollendet hat, der Einwilligung des Vaters, nach dem Tode des Vaters der Einwilligung der Mutter und, wenn sie minderjährig sind, auch des Vormundes.

Sind beide Eltern verstorben, so bedürfen Minderjährige der Einwilligung des Vormundes.

Dem Tode des Vaters oder der Mutter steht es gleich, wenn dieselben zur Abgabe einer Erklärung dauernd außer Stande sind, oder ihr Aufenthalt dauernd unbekannt ist.

Eine Einwilligung des Vormundes ist für diejenigen Minderjährigen nicht erforderlich, welche nach Landesrecht einer Vormundschaft nicht unterliegen.

Inwiefern die Wirksamkeit einer Vormundschaftsbehörde oder eines Familienrathes stattfindet, bestimmt sich nach Landesrecht.

§. 30. Auf uneheliche Kinder finden die im vorhergehenden Paragraphen für vaterlose eheliche Kinder gegebenen Bestimmungen Anwendung.

§. 31. Bei angenommenen Kindern tritt an Stelle des Vaters (§. 29) derjenige, welcher an Kindesstatt angenommen hat. Diese Bestimmung findet in denjenigen Theilen des Bundesgebietes keine Anwendung, in welchen durch eine Annahme an Kindesstatt die Rechte der väterlichen Gewalt nicht begründet werden können.

§. 32. Im Falle der Versagung der Einwilligung zur Eheschließung steht großjährigen Kindern die Klage auf richterliche Ergänzung zu.

§. 33. Die Ehe ist verboten:

1. zwischen Verwandten in auf- und absteigender Linie,
2. zwischen voll- und halbbürtigen Geschwistern,
3. zwischen Stiefeltern und Stiefkindern, Schwiegereltern und Schwiegerkindern jeden Grades, ohne Unterschied, ob das Verwandtschafts- oder Schwägerschaftsverhältniß auf ehelicher oder außerehelicher Geburt beruht, und ob die Ehe, durch welche die Stief- oder Schwiegerverbindung begründet wird, noch besteht oder nicht,
4. zwischen Personen, deren eine die andere an Kindesstatt angenommen hat, so lange dieses Rechtsverhältniß besteht,
5. zwischen einem wegen Ehebruchs Geschiedenen und seinem Mitschuldigen.

Im Falle der Nr. 5 ist Dispensation zulässig.

§. 34. Niemand darf eine neue Ehe schließen, bevor seine frühere Ehe aufgelöst, für ungültig oder für nichtig erklärt ist.

§. 35. Frauen dürfen erst nach Ablauf des zehnten Monats seit Beendigung der früheren Ehe eine weitere Ehe schließen.

Dispensation ist zulässig.

§. 36. Hinsichtlich der rechtlichen Folgen einer gegen die Bestimmungen der §§. 28 bis 35 geschlossenen Ehe sind die Vorschriften des Landesrechts maßgebend.

Dasselbe gilt von dem Einflusse des Zwangs, Irrthums und Betrugs auf die Gültigkeit der Ehe.

§. 37. Die Eheschließung eines Pflegebefohlenen mit seinem Vormund oder dessen Kindern ist während der Dauer der Vormundschaft unzulässig.

Ist die Ehe gleichwohl geschlossen, so kann dieselbe als ungültig nicht angefochten werden.

§. 38. Die Vorschriften, welche die Ehe der Militärpersonen, der Landesbeamten und der Ausländer von einer Erlaubniß abhängig machen, werden nicht berührt. Auf die Rechtsgültigkeit der geschlossenen Ehe ist der Mangel dieser Erlaubniß ohne Einfluß.

Ein Gleiches gilt von den Vorschriften, welche vor der Eheschließung eine Nachweisung, Auseinandersetzung oder Sicherstellung des Vermögens erfordern.

§. 39. Alle Vorschriften, welche das Recht zur Eheschließung weiter beschränken, als es durch dieses Gesetz geschieht, werden aufgehoben.

§. 40. Die Befugniß zur Dispensation von Ehehindernissen steht nur dem Staate zu. Ueber die Ausübung dieser Befugniß haben die Landesregierungen zu bestimmen.

Vierter Abschnitt. Form und Beurkundung der Eheschließung.

§. 41. Innerhalb des Gebietes des Deutschen Reichs kann eine Ehe rechtsgültig nur vor dem Standesbeamten geschlossen werden.

§. 42. Zuständig ist der Standesbeamte, in dessen Bezirk einer der Verlobten seinen Wohnsitz hat oder sich gewöhnlich aufhält. Unter mehreren zuständigen Standesbeamten haben die Verlobten die Wahl.

Eine nach den Vorschriften dieses Gesetzes geschlossene Ehe kann nicht aus dem Grunde angefochten werden, weil der Standesbeamte nicht der zuständige gewesen ist.

§. 43. Auf schriftliche Ermächtigung des zuständigen Standesbeamten darf die Eheschließung auch vor dem Standesbeamten eines anderen Orts stattfinden.

§. 44. Der Eheschließung soll ein Aufgebot vorhergehen.

Für die Anordnung desselben ist jeder Standesbeamte zuständig, vor welchem nach §. 42 Abs. 1 die Ehe geschlossen werden kann.

§. 45. Vor Anordnung des Aufgebots sind dem Standesbeamten (§. 44) die zur Eheschließung gesetzlich nothwendigen Erfordernisse als vorhanden nachzuweisen.

Insbesondere haben die Verlobten in beglaubigter Form beizubringen:

1. ihre Geburtsurkunden,
2. die zustimmende Erklärung derjenigen, deren Einwilligung nach dem Gesetze erforderlich ist.

Der Beamte kann die Beibringung dieser Urkunden erlassen, wenn ihm die Thatsachen, welche durch dieselben festgestellt werden sollen, persönlich bekannt oder sonst glaubhaft nachgewiesen sind. Auch kann er von unbedeutenden Abweichungen in den Urkunden, beispielsweise von einer verschiedenen Schreibart der Namen oder einer Verschiedenheit der Vornamen absehen, wenn in anderer Weise die Persönlichkeit der Betheiligten festgestellt wird.

Der Beamte ist berechtigt, den Verlobten die eidesstattliche Versicherung über die Richtigkeit der Thatsachen abzunehmen, welche durch die vorliegenden Urkunden oder die sonst beigebrachten Beweismittel ihm nicht als hinreichend festgestellt erscheinen.

§. 46. Das Aufgebot ist bekannt zu machen:

1. in der Gemeinde oder in den Gemeinden, woselbst die Verlobten ihren Wohnsitz haben;
2. wenn einer der Verlobten seinen gewöhnlichen Aufenthalt außerhalb seines gegenwärtigen Wohnsitzes hat, auch in der Gemeinde seines jetzigen Aufenthalts;
3. wenn einer der Verlobten seinen Wohnsitz innerhalb der letzten sechs Monate gewechselt hat, auch in der Gemeinde seines früheren Wohnsitzes.

Die Bekanntmachung hat die Vor- und Familiennamen, den Stand oder das Gewerbe und den Wohnort der Verlobten und ihrer Eltern zu enthalten.

Sie ist während zweier Wochen an dem Raths- oder Gemeindehause, oder an der sonstigen, zu Bekanntmachungen der Gemeindebehörde bestimmten Stelle auszuhängen.

§. 47. Ist einer der Orte, an welchem nach §. 46 das Aufgebot bekannt zu machen ist, im Auslande belegen, so ist an Stelle des an diesem Orte zu bewirkenden Aushanges die Bekanntmachung auf Kosten des Antragstellers einmal in ein Blatt einzurücken, welches an dem ausländischen Orte erscheint oder verbreitet ist. Die Eheschließung ist nicht vor Ablauf zweier Wochen nach dem Tage der Ausgabe der betreffenden Nummer des Blattes zulässig.

Es bedarf dieser Einrückung nicht, wenn eine Bescheinigung der betreffenden ausländischen Ortsbehörde dahin beigebracht wird, daß ihr von dem Bestehen eines Ehehindernisses nichts bekannt sei.

§. 48. Kommen Ehehindernisse zur Kenntniß des Standesbeamten, so hat er die Eheschließung abzulehnen.

§. 49. Soll die Ehe vor einem anderen Standesbeamten als demjenigen geschlossen werden, welcher das Aufgebot angeordnet hat, so hat der letztere eine Bescheinigung dahin auszustellen, daß und wann das Aufgebot vorschriftsmäßig erfolgt ist und daß Ehehindernisse nicht zu seiner Kenntniß gekommen sind.

§. 50. Die Befugniß zur Dispensation von dem Aufgebot steht nur dem Staate zu. Ueber die Ausübung dieser Befugniß haben die Landesregierungen zu bestimmen.

Wird eine lebensgefährliche Krankheit, welche einen Aufschub der Eheschließung nicht gestattet, ärztlich bescheinigt, so kann der Standesbeamte (§. 42 Abs. 1) auch ohne Aufgebot die Eheschließung vornehmen.

§. 51. Das Aufgebot verliert seine Kraft, wenn seit dessen Vollziehung sechs Monate verstrichen sind, ohne daß die Ehe geschlossen worden ist.

§. 52. Die Eheschließung erfolgt in Gegenwart von zwei Zeugen durch die an die Verlobten einzeln und nach einander gerichtete Frage des Standesbeamten:

ob sie erklären, daß sie die Ehe mit einander eingehen wollen,

durch die bejahende Antwort der Verlobten und den hierauf erfolgenden Ausspruch des Standesbeamten, daß er sie nunmehr kraft des Gesetzes für rechtmäßig verbundene Eheleute erkläre.

§. 53. Als Zeugen sollen nur Großjährige zugezogen werden. Verwandtschaft und Schwägerschaft zwischen den Betheiligten und den Zeugen, oder zwischen den Zeugen unter einander steht deren Zuziehung nicht entgegen.

§. 54. Die Eintragung in das Heirathsregister soll enthalten:

1. Vor- und Familiennamen, Religion, Alter, Stand oder Gewerbe, Geburts- und Wohnort der Eheschließenden;
2. Vor- und Familiennamen, Stand oder Gewerbe und Wohnort ihrer Eltern;
3. Vor- und Familiennamen, Alter, Stand oder Gewerbe und Wohnort der zugezogenen Zeugen;
4. die Erklärung der Eheschließenden;
5. den Ausspruch des Standesbeamten.

Ueber die erfolgte Eheschließung ist den Eheleuten sofort eine Bescheinigung auszustellen.

§. 55. Ist eine Ehe für aufgelöst, ungültig oder nichtig erklärt worden, so ist dies am Rande der über die Eheschließung bewirkten Eintragung zu vermerken.

Die landesgesetzlichen Vorschriften, nach welchen es zur Trennung einer Ehe einer besonderen Erklärung und Beurkundung vor dem Standesbeamten bedarf, werden hierdurch nicht berührt.

Fünfter Abschnitt. Beurkundung der Sterbefälle.

§. 56. Jeder Sterbefall ist spätestens am nächstfolgenden Wochentage dem Standesbeamten des Bezirks, in welchem der Tod erfolgt ist, anzuzeigen.

§. 57. Zu der Anzeige verpflichtet ist das Familienhaupt, und wenn ein solches nicht vorhanden oder an der Anzeige behindert ist, derjenige, in dessen Wohnung oder Behausung der Sterbefall sich ereignet hat.

§. 58. Die §§. 19 bis 21 kommen auch in Beziehung auf die Anzeige der Sterbefälle zur Anwendung.

Findet eine amtliche Ermittelung über den Todesfall statt, so erfolgt die Eintragung auf Grund der schriftlichen Mittheilung der zuständigen Behörde.

§. 59. Die Eintragung des Sterbefalles soll enthalten:

1. Vor- und Familiennamen, Stand oder Gewerbe und Wohnort des Anzeigenden;
2. Ort, Tag und Stunde des erfolgten Todes;
3. Vor- und Familiennamen, Religion, Alter, Stand oder Gewerbe, Wohnort und Geburtsort des Verstorbenen;
4. Vor- und Familiennamen seines Ehegatten, oder Vermerk, daß der Verstorbene ledig gewesen sei;
5. Vor- und Familiennamen, Stand oder Gewerbe und Wohnort der Eltern des Verstorbenen.

Soweit diese Verhältnisse unbekannt sind, ist dies bei der Eintragung zu vermerken.

§. 60. Ohne Genehmigung der Ortspolizeibehörde darf keine Beerdigung vor der Eintragung des Sterbefalles in das Sterberegister stattfinden. Ist die Beerdigung dieser Vorschrift entgegen geschehen, so darf die Eintragung des Sterbefalles nur mit Genehmigung der Aufsichtsbehörde nach Ermittelung des Sachverhaltes erfolgen.

Sechster Abschnitt. Beurkundung des Personenstandes der auf See befindlichen Personen.

§. 61. Geburten und Sterbefälle, welche sich auf Seeschiffen während der Reise ereignen, sind nach den Vorschriften dieses Gesetzes spätestens am nächstfolgenden Tage nach der Geburt oder dem Todesfall von dem Schiffer, unter Zuziehung von zwei Schiffsoffizieren oder anderen glaubhaften Personen, in dem Tagebuch zu beurkunden. Bei Sterbefällen ist zugleich die muthmaßliche Ursache des Todes zu vermerken.

§. 62. Der Schiffer hat zwei von ihm beglaubigte Abschriften der Urkunden demjenigen Seemannsamte, bei dem es zuerst geschehen kann, zu übergeben. Eine dieser Abschriften ist bei dem Seemannsamte aufzubewahren, die andere ist demjenigen Standesbeamten, in dessen Bezirk die Eltern des Kindes, beziehungsweise der Verstorbene ihren Wohnsitz haben oder zuletzt gehabt haben, behufs der Eintragung in das Register zuzufertigen.

§. 63. Ist der Schiffer verstorben oder verhindert, so hat der Steuermann die in den §§. 61 und 62 dem Schiffer auferlegten Verpflichtungen zu erfüllen.

§. 64. Sobald das Schiff in den inländischen Hafen eingelaufen ist, in welchem es seine Fahrt beendet, ist das Tagebuch der für den Standesbeamten des Hafenorts zuständigen Aufsichtsbehörde vorzulegen.

Diese hat beglaubigte Abschrift der in das Tagebuch eingetragenen Standesurkunde dem Standesbeamten, in dessen Register der Fall gehört (§. 62), behufs Kontrolirung der Eintragungen zuzustellen.

Siebenter Abschnitt. Berichtigung der Standesregister.

§. 65. Die Berichtigung einer Eintragung in dem Standesregister kann nur auf Grund gerichtlicher Anordnung erfolgen. Sie geschieht durch Beischreibung eines Vermerks am Rande der zu berichtigenden Eintragung.

§. 66. Für das Berichtigungsverfahren gelten, insoweit die Landesgesetze nicht ein Anderes bestimmen, die nachstehenden Vorschriften.

Die Aufsichtsbehörde hat, wenn ein Antrag auf Berichtigung gestellt wird, oder wenn sie eine solche von Amtswegen für erforderlich erachtet, die Betheiligten zu hören und geeignetenfalls eine Aufforderung durch ein öffentliches Blatt zu erlassen. Die abgeschlossenen Verhandlungen hat sie demnächst dem Gerichte erster Instanz vorzulegen. Dieses kann noch weitere thatsächliche Aufklärungen veranlassen und geeignetenfalls den Antragsteller auf den Prozeßweg verweisen.

Im Uebrigen finden die für Sachen der nichtstreitigen Gerichtsbarkeit geltenden Vorschriften Anwendung.

Achter Abschnitt. Schlußbestimmungen.

§. 67. Ein Geistlicher oder anderer Religionsdiener, welcher zu den religiösen Feierlichkeiten einer Eheschließung schreitet, bevor ihm nachgewiesen worden ist, daß die Ehe vor dem Standesbeamten geschlossen sei, wird mit Geldstrafe bis zu dreihundert Mark oder mit Gefängniß bis zu drei Monaten bestraft.

§. 68. Wer den in den §§. 17 bis 20, 22 bis 24, 56 bis 58 vorgeschriebenen Anzeigepflichten nicht nachkommt, wird mit Geldstrafe bis zu einhundertfünfzig Mark oder mit Haft bestraft. Die Strafverfolgung tritt nicht ein, wenn die Anzeige, obwohl nicht von den zunächst Verpflichteten, doch rechtzeitig gemacht worden ist.

Die bezeichnete Strafe trifft auch den Schiffer oder Steuermann, welcher den Vorschriften der §§. 61 bis 64 zuwiderhandelt.

Die Standesbeamten sind außerdem befugt, die zu Anzeigen oder zu sonstigen Handlungen auf Grund dieses Gesetzes Verpflichteten hierzu durch Geldstrafen anzuhalten, welche für jeden einzelnen Fall den Betrag von fünfzehn Mark nicht übersteigen dürfen.

§. 69. Ein Standesbeamter, welcher unter Außerachtlassung der in diesem Gesetze gegebenen Vorschriften eine Eheschließung vollzieht, wird mit Geldstrafe bis zu sechshundert Mark bestraft.

§. 70. Gebühren und Geldstrafen, welche in Gemäßheit dieses Gesetzes zur Erhebung gelangen, fließen, insoweit die Landesgesetze nicht ein Anderes bestimmen, den Gemeinden zu, welche die sächlichen Kosten der Standesämter (§§. 8, 9) zu tragen haben.

§. 71. In welcher Weise die Verrichtungen der Standesbeamten in Bezug auf solche Militärpersonen wahrzunehmen sind, welche ihr Standquartier nicht innerhalb des Deutschen Reichs, oder dasselbe nach eingetretener Mobilmachung verlassen haben, oder welche sich auf den in Dienst gestellten Schiffen oder anderen Fahrzeugen der Marine befinden, wird durch Kaiserliche Verordnung bestimmt.

§. 72. Für die Landesherren und die Mitglieder der landesherrlichen Familien, sowie der Fürstlichen Familie Hohenzollern erfolgt die Ernennung des Standesbeamten und die Bestimmung über die Art der Führung und Aufbewahrung der Standesregister durch Anordnung des Landesherrn.

In Betreff der Stellvertretung des Verlobten und in Betreff des Aufgebots entscheidet die Observanz.

Im Uebrigen werden in Ansehung der Mitglieder dieser Häuser die auf Hausgesetzen oder Observanz beruhenden Bestimmungen über die Erfordernisse der Eheschließung und über die Gerichtsbarkeit in Ehesachen nicht berührt.

§. 73. Den mit der Führung der Standesregister oder Kirchenbücher bisher betraut gewesenen Behörden und Beamten verbleibt die Berechtigung und Verpflichtung, über die bis zur Wirksamkeit dieses Gesetzes eingetragenen Geburten, Heirathen und Sterbefälle Zeugnisse zu ertheilen.

§. 74. Unberührt bleiben die landesgesetzlichen Vorschriften, welche

1. Geistlichen und Kirchendienern aus Anlaß der Einführung der bürgerlichen Standesregister und der bürgerlichen Form der Eheschließung einen Anspruch auf Entschädigung gewähren;
2. bestimmten Personen die Pflicht zu Anzeigen von Geburts- und Todesfällen auferlegen.

Wo die Zulässigkeit der Ehe nach den bestehenden Landesgesetzen von einem Aufgebote abhängig ist, welches durch andere bürgerliche Beamte als die Standesbeamten vollzogen wird, vertritt dieses die Stelle des von den Standesbeamten anzuordnenden Aufgebots.

§. 75. Innerhalb solcher Grenzpfarreien, deren Bezirk sich in das Ausland erstreckt, bleibt das bestehende Recht für die Beurkundung derjenigen Geburten und Sterbefälle, sowie für die Form und Beurkundung derjenigen Eheschließungen maßgebend, für welche ein Standesbeamter nach den Vorschriften dieses Gesetzes nicht zuständig, dagegen nach dem bestehenden Recht die Zuständigkeit des Geistlichen begründet ist.

Im Geltungsgebiet des preußischen Gesetzes vom 9. März 1874 ist unter dem bestehenden Recht dasjenige Recht zu verstehen, welches vor dem Inkrafttreten jenes Gesetzes maßgebend war.

§. 76. In streitigen Ehe- und Verlöbnißsachen sind die bürgerlichen Gerichte ausschließlich zuständig. Eine geistliche oder eine durch die Zugehörigkeit zu einem Glaubensbekenntniß bedingte Gerichtsbarkeit findet nicht statt.

§. 77. Wenn nach dem bisherigen Rechte auf beständige Trennung der Ehegatten von Tisch und Bett zu erkennen sein würde, ist fortan die Auflösung des Bandes der Ehe auszusprechen.

Ist vor dem Tage, an welchem dieses Gesetz in Kraft tritt, auf beständige Trennung von Tisch und Bett erkannt worden, so kann, wenn eine Wiedervereinigung der getrennten Ehegatten nicht stattgefunden hat, jeder derselben auf Grund des ergangenen Urtheils die Auflösung des Bandes der Ehe im ordentlichen Prozeßverfahren beantragen.

§. 78. Ehestreitigkeiten, welche in Bayern vor dem Tage, an welchem dieses Gesetz daselbst in Kraft tritt, durch Zustellung des Beschlusses über Zulässigkeit der Klage anhängig geworden sind, werden von dem mit der Sache befaßten Gericht bis zur rechtskräftigen Entscheidung nach Maßgabe der bisher geltenden Gesetze durchgeführt.

Daselbst kann die Auflösung der Ehe auf Grund eines die beständige Trennung von Tisch und Bett verfügenden Urtheils geltend gemacht werden, nachdem das Gericht auf Anrufen eines Ehegatten in dem nach Artikel 675 Absatz 1 und 2 der Prozeßordnung in bürgerlichen Rechtsstreitigkeiten vom 29. April 1869 vorgesehenen Verfahren die Auflösung des Bandes der Ehe ausgesprochen hat.

Das Verfahren in streitigen Ehesachen richtet sich in Bayern in den rechtsrheinischen Gebietstheilen nach den Bestimmungen des Hauptstückes XXVI. der genannten Prozeßordnung, in der Pfalz nach den Bestimmungen des Artikels 69 des Gesetzes über die Einführung dieser Prozeßordnung.

§. 79. Dieses Gesetz tritt mit dem 1. Januar 1876 in Kraft. Es bleibt den Landesregierungen überlassen, das ganze Gesetz oder auch den dritten Abschnitt und §. 77 im Verordnungswege früher einzuführen.

§. 80. Die vor dem Tage, an welchem dieses Gesetz in Kraft tritt, nach den Vorschriften des bisherigen Rechts ergangenen Aufgebote behalten ihre Wirksamkeit.

§. 81. Auf Geburts- und Sterbefälle, welche sich vor dem Tage, an welchem dieses Gesetz in Kraft tritt, ereignet haben, an diesem Tage aber noch nicht eingetragen sind, findet das gegenwärtige Gesetz mit der Maßgabe Anwendung, daß der Lauf der vorgeschriebenen Anzeigefristen mit dem Tage beginnt, an welchem dieses Gesetz in Kraft tritt.

Ein Gleiches gilt für den Fall, daß auch nur die Vornamen eines Kindes an diesem Tage noch nicht eingetragen sind.

§. 82. Die kirchlichen Verpflichtungen in Beziehung auf Taufe und Trauung werden durch dieses Gesetz nicht berührt.

§. 83. Die zur Ausführung dieses Gesetzes erforderlichen Bestimmungen werden, soweit dieselben nicht durch eine vom Bundesrathe erlassene Ausführungsverordnung getroffen werden, von den einzelnen Landesregierungen erlassen.

§. 84. Welche Behörden in jedem Bundesstaate unter der Bezeichnung: höhere Verwaltungsbehörde, untere Verwaltungsbehörde, Gemeindebehörde, Gemeindevorstand, Gericht erster Instanz zu verstehen sind, wird von der Zentralbehörde des Bundesstaates bekannt gemacht.

§. 85. Durch dieses Gesetz werden die Bestimmungen des Gesetzes vom 4. Mai 1870, betreffend die Eheschließung und die Beurkundung des Personenstandes von Reichsangehörigen im Auslande, nicht berührt.

Der Reichskanzler kann einem diplomatischen Vertreter oder einem Konsul des Deutschen Reichs die allgemeine Ermächtigung zur Vornahme von Eheschließungen und zur Beurkundung der Geburten, Heirathen und Sterbefälle, wie für Reichsangehörige, so auch für Schutzgenossen ertheilen. Diese Vorschrift tritt mit dem 1. März 1875 in Kraft.

Urkundlich unter Unserer Höchsteigenhändigen Unterschrift und beigedrucktem Kaiserlichen Insiegel.

Gegeben Berlin, den 6. Februar 1875.

(L. S.) **Wilhelm.**

Fürst v. Bismarck.

Gebührentarif.

I. Gebührenfrei sind die nach §§. 49 und 54 oder zum Zwecke der Taufe oder der Beerdigung ertheilten Bescheinigungen.

II. An Gebühren kommen zum Ansatz:

1. für Vorlegung der Register zur Einsicht, und zwar für jeden Jahrgang	eine halbe Mark,
für mehrere Jahrgänge zusammen jedoch höchstens . . .	ein und eine halbe Mark,
2. für die schriftliche Ermächtigung nach §. 43 und für jeden beglaubigten Auszug aus den Registern mit Einschluß der Schreibgebühren	eine halbe Mark.
Bezieht sich der Auszug auf mehrere Eintragungen und erfordert derselbe das Nachschlagen von mehr als einem Jahrgange der Register, für jeden weiter nachzuschlagenden Jahrgang noch	eine halbe Mark,
jedoch zusammen höchstens	zwei Mark.

Kommentar

zum

Gesetz über die Beurkundung des Personenstandes und die Eheschließung.

Vom 6. Februar 1875.

(Nr. 1040. Reichs-Gesetzblatt von 1875. No. 4. S. 23 ff.)

Wir Wilhelm, von Gottes Gnaden Deutscher Kaiser, König von Preußen ꝛc.

verordnen im Namen des Deutschen Reichs, nach erfolgter Zustimmung des Bundesraths und des Reichstags, was folgt:

Erster Abschnitt.

Allgemeine Bestimmungen.

§. 1.

Die Beurkundung der Geburten, Heirathen und Sterbefälle erfolgt ausschließlich [1]) durch die vom Staate bestellten Standesbeamten [2]) mittels Eintragung in die dazu bestimmten Register [3]).

---

§. 1. [1]) **ausschließlich.** Durch die Bestimmung des §. 1 ist, obwohl das Gesetz keine allgemeine kassatorische Klausel enthält, die Führung der staatlichen Personenstandsregister durch andere als die vom Staate mit diesen Funktionen betrauten Beamten, insbesondere die Führung von Registern durch Beamte der Kirchen oder Religionsgesellschaften für staatliche Zwecke und mit staatlich anerkannter Wirkung ausgeschlossen. Zugleich sind alle bisherigen derartigen Einrichtungen in den einzelnen deutschen Staaten (vergl. die in der S. 13 Anm. 1 gegebene Uebersicht) damit vom Tage des Inkrafttretens des Gesetzes (s. §. 79), d. h. v. 1. Jan. 1876 ab, beseitigt worden. Den Geistlichen und Religionsdienern bleibt es allerdings unbenommen, für die Zwecke ihrer Kirchen oder Religionsgesellschaften Register zu führen, diese haben aber in Betreff der Geburten, Heirathen und Sterbefälle keine Beweiskraft für das Gebiet des staatlichen Lebens und gelten daher auch nicht mehr als öffentliche Urkunden, wennschon sie in anderer Beziehung, falls die betreffende Kirche die Stellung einer Anstalt des öffentlichen Rechts im Staate hat, z. B. hinsichtlich der Taufe, Konfirmation und der Einsegnung der Ehe, diesen Charakter tragen. Damit erledigt sich die auf Mißverständniß meiner Ausführungen in der 2. Aufl. beruhende Polemik v. Sicherer's S. 2 N. 2.

[2]) **vom Staate bestellten Standesbeamten.** Die Standesbuchführung ist danach eine staatliche Angelegenheit, und die Standesbeamten üben in ihrem Amte staatliche Funktionen aus, selbst wenn sie Gemeindebeamte (§. 4) sind. Unmittelbare Staatsbeamte werden sie aber in Folge dessen trotzdem nicht, wenn ihnen die Standesbuchführung blos mit Rücksicht auf ein anderes Amt (§. 4 Anm. 30) übertragen ist.

[3]) **Register.** Nur die Beurkundung in den vorgeschriebenen Registern, nicht eine anderweite, z. B. auf besonderen Bogen oder in besonderen Protokollen, ist statthaft und nur eine solche hat die

§. 2.

Die Bildung der Standesamtsbezirke erfolgt durch die höhere Verwaltungsbehörde [3a]).

Eigenschaft einer öffentlichen Urkunde. Wenn die sächs. V. v. 6. Nov. 1875 §. 10 den Standesbeamten und ihren Stellvertretern die Befugniß zur Protokoll-Aufnahme im Sinne des Ges. v. 20. Mai 1867 (G. u. V.Bl. S. 131 ff.) beilegt, so bezieht sich dies nicht auf die nach dem Reichsgesetze durch Eintragung in die Standesregister vorzunehmenden Beurkundungen, da das Reichsrecht durch partikuläre Anordnungen nicht beseitigt werden kann, vielmehr handelt es sich dabei nur um anderweite Amtshandlungen der Standesbeamten, welche sie vorzunehmen haben.

Die Vorschriften des Gesetzes über die Beurkundung durch die erwähnten Register gelten im Gebiete des Reiches, sie gelten aber weder für alle Reichsangehörigen, noch ist ihre Geltung schlechthin für alle Ausländer ausgeschlossen, vielmehr finden sie auf alle im Deutschen Reich ortsanwesenden Personen Anwendung, gleichviel ob diese Reichsangehörige oder Ausländer sind, auf die nicht ortsanwesenden allerdings ausnahmsweise in den Fällen der §§. 61. 71 und der auf Grund des §. 71 ergangenen kaiserlichen Verordnungen v. 20. Jan. 1879 u. v. 4. Nov. 1875 (s. Anlagen No. 1 u. 2). Andererseits verpflichten sie aber von den ortsanwesenden Personen nach völkerrechtlichen Regeln diejenigen nicht, welche das Recht der Exterritorialität genießen, also nicht die Chefs, die Mitglieder, die Familien, das Geschäftspersonal und die nichtdeutschen Bediensteten der beim Deutschen Reich beglaubigten fremden Missionen (deutsch. Gerichts-Verf.-Ges. §§. 18. 19). Da es sich aber bei der Anzeige von Geburts- und Sterbefällen nur um eine Beurkundung, welche ihrem Wesen nach den Akten der freiwilligen Gerichtsbarkeit gleichsteht, handelt und nach völkerrechtlichen Grundsätzen die Exterritorialen sich derartiger Beurkundungsorgane in dem Staate, bei welchem sie beglaubigt sind, bedienen können, v. Bar, internationales Privatrecht 2, 648, so sind sie, wenngleich niemals verpflichtet, doch immer berechtigt, an den deutschen Standesbeamten die Anzeige eines Geburts- oder Sterbefalles zu erstatten oder erstatten zu lassen, und der Standesbeamte ist nicht befugt, die Beurkundung wegen der Exterritorialität des Geborenen oder Gestorbenen oder gar des Anzeigenden abzulehnen. Wegen der Eheschließungen s. u. §. 41 Anm. 49.

§. 2. [3a]) **höhere Verwaltungsbehörde.** Die Bestimmung, welche Behörden darunter zu verstehen sind, ist nach §. 84 des Gesetzes der Centralbehörde jedes Bundesstaates überlassen worden. Nach den in Gemäßheit des gedachten §. ergangenen Anordnungen sind die höheren Verwaltungsbehörden in Preußen die Oberpräsidenten, Reskr. d. Min. d. Innern u. d. Justiz v. 1. Dez. 1875 Nr. 1 (auch in Lauenburg, vgl. Ges. v. 23. Juni 1876, G.S. S. 169, wodurch die Bekanntmachung v. 16. August 1875, s. 2. Aufl. dieses Kommentars S. 444, beseitigt worden ist); in Baiern die Kreisregierungen, Kammern des Innern, V. v. 14. Okt. 1875 §. 1; in Sachsen die Kreishauptmannschaften, V. v. 6. Nov. 1875 §. 1; in Württemberg die Civilkammern der Kreisgerichtshöfe, seit 1879 der Landgerichte und die Kreisregierungen in Gemeinschaft, unter Aufsicht der Ministerien der Justiz und des Innern, an welche in Anstandsfällen zu berichten ist, Min. Bekanntm. v. 15. Sept. 1875 Nr. 1, Ausführungsges. z. Reichs-Gerichtsverfassungsges. v. 24. Januar 1879, Reg.Bl. S. 3, Art. 6, 7; in Baden das Justizministerium, Dienstweisung v. 18. Dez. 1875 §. 1, 3, 4; in Hessen, für welches die V. v. 3. Nov. 1875 Art. 1 das Prinzip ausspricht, daß jede Gemeinde in der Regel einen Standesamtsbezirk bildet, das Justizministerium, s. die cit. V. Art. 7 u. 20 und die Bekanntmachung des Justizmin. v. 22. Dez. 1875, die Bildung d. Standesamtsbezirke betr. (Reg.Bl. S. 840, Stdesb. v. 1876 S. 39); in Mecklenburg-Schwerin das Ministerium des Innern, V. v. 14. Aug. 1875 §. 2 und Bekanntm. d. genannten Min. v. 15. Dez. 1875, betr. die Standesamtsbezirke und die Besetzung der Standesämter (Reg.Bl. S. 241 u. Stdesb. 1876 S. 26); in S.-Weimar das Staatsministerium, Depart. d. Justiz, V. v. 9. Okt. 1875 § 4; in Mecklenburg-Strelitz die Landesregierung, V. v. 14. Aug. 1875 § 2 u. V. v. 20. Dez. 1875, betr. die Bildung der Standesbezirke, welche nicht von der Landesregierung, sondern von dem Großherzog erlassen ist (offiz. Anzeiger S. 247); in Oldenburg das Staatsminister., Depart. der Justiz, mit Ausnahme des Fürstenthums Lübeck, wo an dessen Stelle die Regierung

Die Standesamtsbezirke können aus einer oder mehreren Gemeinden [4]) gebildet, größere Gemeinden [5]) in mehrere Standesamtsbezirke getheilt werden.

---

tritt, V. v. 8. Nov. 1875 Art. 3; in Braunschweig das Staatsminister., Depart. des Innern, Staatsmin. Bek. v. 9. Septbr. 1875 Nr. 1; in S.-Meiningen die Ministerialabtheilung der Justiz, V. v. 26. Okt. 1875 Art. 2 u. Bek. v. 8. Dez. 1875 die Bildung der Standesamtsbezirke rc. betr. (Samml. d. ldesh. V. S. 1293; Stdesb. 1876 S. 69); in S.-Altenburg das Minister. Abth. d. Innern, V. v. 30. Oktbr. 1875 §. 1, Bek. des letzteren v. 22. Nov. 1875, d. Bildung d. Standesamtsbez. betr. (G.S. S. 170; Stdesb. 1875 S. 261); in S.-Coburg-Gotha d. Staatsminister., V. v. 1. Nov. 1875 §. 4; s. auch §. 2 das.; in Anhalt die Regierung, Abth. des Innern, V. v. 8. Okt. 1875 §. 1; in Schwarzburg-Rudolstadt das Minist., Justizabtheilung, V. v. 15. Okt. 1875 §. 4; in Schwarzburg-Sondershausen dieselbe Behörde, wie in Schwarzbg.-Rudolst., V. v. 16. Okt. 1875 §. 4; Bek. v. 27. Nov. 1875 die Bildung d. Standesamtsbezirke betr. (G.S. S. 197; Stdesb. 1876 S. 91); in Waldeck der Landesdirektor, Bek. v. 23. Nov. 1875 Nr. 1; in Reuß älterer Linie die Landesregierung, V. v. 4. Nov. 1875 §. 4, Bek. der letzt. v. 7. Nov. 1875, d. Abgrenzung der Standesamtsbezirke betr.; in Reuß jüng. Linie d. Minister., V. v. 16. Okt. 1875 §. 2; in Schaumburg-Lippe die Regierung, V. v. 11. Dez. 1875 §. 1; in Lippe (Detmold) die Regierung, V. v. 20. Nov. 1875 §. 1, Bek. v. 17. Dez. 1875 d. Bild. d. Standesamtsbezirke u. die Bestellung d. Standesbeamten betr. (Stdesb. 1876 S. 41); in Lübeck der Senat, Bek. v. 7. Okt. 1875 §. 1; in Bremen der Senat, V. v. 10. Dez. 1875 §. 2; in Hamburg der Senat, V. v. 6. Dez. 1875 §. 1, s. auch §§. 5, 6 das.; in Elsaß-Lothringen die Bezirks-Präsidenten, Bek. vom 19. Nov. 1875.

Da das Gesetz davon ausgeht, daß die Standesbezirke den Gemeinden möglichst entsprechen sollen (s. §. 2 Abs. 2, §§. 4 u. 6), und dieses Prinzip bereits den bisherigen Organisationen in dem Geltungsbereiche des preuß. Gesetzes v. 9. März 1874 (s. §§. 2, 3, 6 desselben), in den Ländern des französischen Rechts, vgl. Gesetze v. 28 Pluviose VIII und 18 Floreal X (17. Febr. 1800 und 8. Mai 1802), u. A. bei Philippi S. 156, 158, und in Baden, s. Ges. v. 21. Dez. 1869 §. 1, G. u. V.Bl. Nr. 40, auch bei Kah, Ehe rc. S. 74, zu Grunde lag, so konnte das Reichsgesetz in diesen Ländern ohne Aenderung der bisherigen Einrichtungen durchgeführt werden, vgl. für die Pfalz auch d. bair. Min.Entsch. v. 19. Okt. 1875 §. 7. Für die übrigen Staaten s. die in dieser Note Abs. 1 citirten Bekanntmachungen über die Bildung der Standesbezirke.

§. 3 des erwähnten preußischen Gesetzes schrieb vor, daß in den Landgemeinden die Abgrenzung der Standesamtsbezirke auf Vorschlag des Kreisausschusses in den Provinzen Preußen, Brandenburg, Pommern, Schlesien und Sachsen (s. Kreisordn. v. 13. Dez. 1872 §§. 130, 182, G.S. S. 661), in den anderen nach Anhörung der Gemeindebehörden erfolgen sollte. Eine derartige Beschränkung setzt das Reichsgesetz nicht fest, mithin ist die betreffende Bestimmung des preußischen Rechtes aufgehoben, d. h. die erwähnten Behörden haben kein Recht mehr auf Vorschlag oder Anhörung, dagegen ist die thatsächliche Aufrechterhaltung des bisherigen Zustandes zur Informationsgewinnung für die höhere Verwaltungsbehörde nicht ausgeschlossen. So ordnet auch die bair. Min.Entsch. v. 19. Okt. 1875 Nr. 6 die vorherige gutachtliche Anhörung der Distriktverwaltungsbehörden, die mecklenburg-schwerin. V. v. 14. Aug. 1875 §. 10 die der betheiligten Obrigkeiten an.

[4]) **aus einer oder mehreren Gemeinden.** Zwischen Stadt- und Landgemeinden ist nicht unterschieden, es können daher auch Landgemeinden oder Theile derselben, wie dies das erwähnte preuß. Ges. §. 3 Abs. 3 zuließ, einem städtischen Standesamtsbezirke zugeschlagen werden. Das für diesen Fall ebendaselbst der betreffenden Stadtgemeinde gewährte Zustimmungs- bez. Ablehnungsrecht muß für beseitigt erachtet werden, weil das Reichsgesetz allein die höhere Verwaltungsbehörde entscheiden läßt.

Die meckl.-schwerin. V. v. 14. Aug. 1875 §. 10 ordnet als Regel Anschluß an die Parochien an, ähnlich die s.-weimar. V. v. 9. Okt. 1875 §. 8; die anhalt. V. v. 8. Okt. 1875 §. 4;

§. 3.

Für jeden Standesamtsbezirk ist ein Standesbeamter [6]) und mindestens ein Stellvertreter [7]) zu bestellen [8]). Für den Fall vorübergehender Behinderung oder gleichzeitiger Erledigung des Amtes des Standesbeamten und der Stellvertreter [9])

---

die schwzb.=rudolst. und die schwzb.=sondersh. V. v. 15., bez. 16. Okt. §. 8 die Berücksichtigung der bisherigen Parochial=Verbindung. Auch die bair. Min.Entsch. v. 19. Okt. 1875 Nr. 2 gestattet die Vereinigung mehrerer Gemeinden, welche bisher einen Pfarrsprengel gebildet haben, zu einem Standesamtsbezirk. Soweit dadurch das Prinzip des Gesetzes wegen des regelmäßigen Zusammenfallens der Gemeinde= und Parochial=Verbindung nicht verletzt wird, sind solche Anordnungen nicht unstatthaft.

In Lippe sind nach §. 2 d. V. v. 20. Nov. 1875 unter den Gemeinden die Stadtbezirke und die einzelnen Bauernschaften in den Aemtern zu verstehen.

[5]) **größere Gemeinden,** und zwar gleich viel, ob Stadt= oder Landgemeinden. Dadurch ist §. 2 Abs. 4 des preuß. Gesetzes, welcher die Theilung blos auf größere Stadtgemeinden beschränkt, aufgehoben. Die Entscheidung ruht gleichfalls allein in der Hand der höheren Verwaltungsbehörde, nicht mehr, wie bisher im Geltungsbereiche des erwähnten preuß. Gesetzes, in der Hand des Gemeindevorstandes, welcher vorher die Gemeindevertretung anzuhören und demnächst zu seinem Beschlusse die Genehmigung des Oberpräsidenten einzuholen hatte.

Für die Entscheidung, welche Gemeinden zu den größeren zu rechnen sind, kommt es wesentlich darauf an, ob die Geschäfte der Standesbuchführung von einem Beamten bewältigt werden können oder nicht.

§. 3. [6]) **ein Standesbeamter,** nicht mehrere (auch nicht umgekehrt ein Standesbeamter für mehrere Standesamtsbezirke, so auch v. Sicherer S. 9, in letzterer Beziehung a. A. nach Wohlers S. 8 die dort blos ihrem Inhalte nach mitgetheilten Reskr. d. preuß. Min. d. Innern v. 2. Dez. 1874, 20. Feb. 1876 und 24. Okt. 1879), etwa für verschiedene Gemeinden ein und desselben Standesamtsbezirkes oder zur Führung je eines der vorgeschriebenen drei Register.

[7]) **mindestens ein Stellvertreter,** also auch mehrere. Ein solcher hat die Beurkundung vorzunehmen, wenn der Standesbeamte thatsächlich oder rechtlich (s. §. 13 Anm. 42) am Amtiren verhindert oder die Stelle des Standesbeamten erledigt ist. Wenn er fungirt, so hat er die Stellung und Rechte des eigentlichen Standesbeamten.

Seine Eigenschaft als Stellvertreter hat er bei der Vollziehung der Verhandlungen und sonst kenntlich zu machen, durch die (voll auszuschreibenden, s. R. d. preuß. Min. d. Innern v. 13. März 1878, Wohlers S. 9, nicht abzukürzenden) Worte: in Vertretung, B.R.V. §. 7 u. Formular A 1 dazu, s. auch die bad. Dienstw. §. 6; J. f. Reuß jüng. L. §. 26. Die Unterlassung dieser Bezeichnung wird aber dem Eintrag nicht die Beweiskraft nehmen, da er als Standesbeamter zu fungiren befugt war.

[8]) **bestellen.** Die bad. Dienstw. §. 4 ordnet generell an, daß die Stellvertreter der regelmäßigen Standesbeamten die dienstältesten Gemeinderäthe, in den Städten die Bürgermeister und die Beigeordneten sind. Vergl. auch u. §. 4 Anm. 18.

Für Oldenburg s. die besondere Birkenfeld betreffende Vorschrift in Art. 6 d. V. v. 8. Nov. 1875.

[9]) **des Standesbeamten und der Stellvertreter.** Eine Anzeigepflicht der lokalen Gemeindebehörden an die nächste Aufsichtsbehörde (s. folg. Anm.) für den Fall, daß der Standesbeamte oder der Stellvertreter die Anzeige nicht selbst bewirken können, statuiren die meckl.=schwer. V. v. 14. Aug. 1875 §. 12; die meckl.=strel. V. v. 14. Aug. 1875 §. 12; die s.=weimar. V. v. 9. Okt. 1875 §. 13; das s.=meining. G. v. 27. Nov. 1875 Art. 6; die s.=altenb. V. v. 30. Okt. 1875 §. 6; die s.=cob.=gothaische V. v. 1. Nov. 1875 §. 12; die schwarzb.=rudolst. V. v. 15. Okt. 1875 §. 13; die schwarzb.=sondersh. V. v. 16. Okt. 1875 §. 12; die V. v. Reuß ä. L. v. 4. Nov. 1875 §. 14; die V. v. Reuß j. L. v. 16. Okt. 1875 §. 11.

ist die nächste Aufsichtsbehörde [10]) ermächtigt, die einstweilige Beurkundung des Personenstandes einem benachbarten Standesbeamten oder Stellvertreter [11]) zu übertragen.

Die Bestellung [12]) erfolgt, soweit nicht im §. 4 ein Anderes bestimmt ist, durch die höhere Verwaltungsbehörde [13]).

Geistlichen und anderen Religionsdienern [14]) darf das Amt eines Standesbeamten oder die Stellvertretung eines solchen nicht übertragen werden.

---

[10]) **die nächste Aufsichtsbehörde,** darunter kann nur die unmittelbar über dem Standesbeamten stehende Behörde, d. h. nach §. 11 des Gesetzes die untere Verwaltungsbehörde, eventuell die durch die Landesgesetze statt derselben anderweit bestellte Aufsichtsbehörde verstanden werden. Vgl. hierzu die Anm. 60 u. 61 zu §. 11. Besondere Bestimmungen für den hier in Rede stehenden Fall finden sich nur in der sächs. V. v. 6. Nov. 1875 §. 2, nach welchen die betreffende Befugniß, wenn das Standesamt einer Stadt mit revidirter Städteordnung (v. 24. April 1873, G. u. V.Bl. S. 295) betheiligt ist, von der Kreishauptmannschaft, sonst von der regelmäßigen Aufsichtsbehörde, der Amtshauptmannschaft, ausgeübt wird.

[11]) **benachbarten Standesbeamten oder Stellvertreter.** Durch diese Anordnung ist auch zugleich die Pflicht der genannten Personen, sich den gedachten Geschäften zu unterziehen, festgesetzt. Wenn v. Sicherer S. 14 N. 16 gegen diese Annahme einwendet, daß sich dies aus dem Wortlaut des Ges. nicht entnehmen läßt, weil mit der Ermächtigung der Aufsichtsbehörde nicht ohne Weiteres die Annahmepflicht gegeben sei, so ist dies richtig, aber die Anordnung unterstellt nothwendiger Weise, wenn sie überhaupt praktikabel sein soll, eine solche Pflicht. Bei der gegentheiligen Annahme würde in den vorausgesetzten Fällen die Standesbuchführung auf so lange, bis nach §. 4—6 ein neuer Standesbeamter oder Stellvertreter bestellt ist, eine Unterbrechung erleiden, und das will das Gesetz gerade vermeiden, weshalb es auch hier der nächsten Aufsichtsbehörde, welche sonst die Standesbeamten nicht zu bestellen hat, diese Befugniß gewährt. Dagegen sagt das Gesetz nicht, daß der vorübergehend betraute Standesbeamte oder Stellvertreter die Funktion ohne Entschädigung zu übernehmen hat. Ausdrücklich billigen eine solche, deren Festsetzung der Aufsichtsbehörde überwiesen ist, zu die meckl.-schwer. und meckl.-strel. V. v. 14. Aug. 1875 §. 12, die schaumb.-lipp. V. v. 11. Dez. 1875 §. 11.

Der interimistisch Beauftragte wird unter der erwähnten Voraussetzung auch ermächtigt sein, die Geschäfte des ihm einstweilen kommittirten Standesamtes in dem Lokale seines eigenen Bezirkes wahrzunehmen und zu diesem Behufe die Register des ersteren in seinem Geschäftslokal zu verwahren. S. auch Anm. 49 zu §. 7.

[12]) **Bestellung,** s. Anm. 15 zu §. 4.

[13]) **höhere Verwaltungsbehörde,** s. §. 2 Anm. 3a.

[14]) **Geistlichen und anderen Religionsdienern.** Unter Geistlichen sind die Religionsbeamten der vollprivilegirten christlichen Kirchen, unter andern Religionsdienern die der übrigen Religionsgesellschaften gemäß der Terminologie des R.Str.G.B. §§. 130a, 166 u. 337, mit welcher die des preußischen Landrechts, s. Th. II Tit. 11 §§. 19, 59, 66, 96 übereinstimmt, zu verstehen. Vgl. auch meinen Kommentar zu den preuß. Kirchengesetzen des Jahres 1873. Berlin 1873, S. 30 ff.

Das preuß. A. L.R. Th. II Tit. 11 §. 59 definirt den Begriff des Geistlichen dahin: „Diejenigen, welche bei einer christlichen Kirchengemeinde zum Unterricht in der Religion, zur Besorgung des Gottesdienstes und zur Verwaltung der Sakramente bestellt sind, werden Geistliche genannt." Diese Definition des Geistlichen der privilegirten Kirchen stimmt weder zu dem katholischen noch zum protestantischen Kirchenrecht. Nach dem ersteren ist derjenige Geistlicher, welcher die Ordination, sei es auch nur die niedrigste Weihe, ja sogar derjenige, welcher allein die Tonsur erhalten hat (Richter-Dove-Kahl, Kirchenr. §§. 103, 114, 158; mein Kirchenrecht der Katholiken und Protestanten Bd. I S. 106, 117; Zimmermann in Dove und Friedberg, Zeitschr. f. Kirchenrecht 14,

S. 129). Nach dem letzteren ist die Ertheilung der Ordination ebenfalls das Entscheidende, wenngleich dieselbe in der evangelischen Kirche eine andere Bedeutung als in der katholischen Kirche hat (Richter-Dove-Kahl §. 203; Jacobson, evangel. Kirchenrecht des preuß. Staates S. 246). Die Ordination verlangt das A. L.R. a. a. O. §. 63 auch, aber außerdem noch, daß der Betreffende zu den im §. 59 a. a. O. gedachten Handlungen bestellt ist. Für das Gesetz, welches nicht blos für das Gebiet des A. L.Rs. erlassen ist, also nur ein und denselben Begriff des Geistlichen aufgestellt haben kann, darf die landrechtliche Definition nicht als entscheidend erachtet werden. Praktisch ist aber die Differenz zwischen der landrechtlichen und kirchlichen Anschauung gleichgültig. Die evangelische Kirche kennt für die Regel keine absoluten Ordinationen (d. h. solche, welche nicht auf ein bestimmtes Amt erfolgen), vgl. Jacobson a. a. O. S. 246, 358. Was die katholische Kirche betrifft, so sind die niederen Weihen heute blos Durchgangsstufen, welche den katholischen Theologen während ihrer Vorbereitungszeit ertheilt werden. Die Subdiakonats- und Diakonatsweihe erhalten die Kandidaten gewöhnlich bei ihrem Eintritt, bez. während des Aufenthaltes im Priesterseminar, und die Priesterweihe erst, wenn sie zur Seelsorge qualifizirt sind. Dann wird ihnen aber zugleich die Approbation für diese gegeben. Kandidaten der Theologie, welche die Ordination noch nicht empfangen haben, werden also zu Standesbeamten bestellt werden können.

Ob auch Geistliche, welche auf ihr Amt resignirt haben oder emeritirt sind? Protestantische unzweifelhaft, denn diese verlieren im Allgemeinen die Rechte des geistlichen Amtes, also auch die Qualität als Geistlicher durch Niederlegung oder Entziehung ihrer Stellen, da die Ordination ihnen keine dauernde, besondere Befähigung verleiht; vgl. A. L.R. Th. II Tit. 11 §§. 104, 105; Jacobson a. a. O. S. 419; Richter-Dove-Kahl §. 204; Büff, kurhess. Kirchenr. S. 281; Braun in Zeitschr. f. Kirchenrecht 17 S. 301 ff. Auf solche passen übrigens auch nicht die für die Ausschließung der Geistlichen obwaltenden Gründe, daß der Geistliche bei der Standesbuchführung mit den Anforderungen seiner kirchlichen Beamtenstellung nicht in Konflikt kommen soll, und dem Volk auch äußerlich der Grundgedanke des Gesetzes, die Trennung des staatlichen und kirchlichen Gebiets, zum Bewußtsein gebracht werden muß.

Mit Bezug auf das preußische Gesetz v. 9. März 1874, das eine gleichlautende Vorschrift im §. 4 enthielt, hat ein Reskr. der Min. d. Inn., d. Justiz u. d. geistl. Angelegenh. v. 19. Aug. 1874 (preuß. Min.Bl. f. d. inn. Verwaltung v. 1874 S. 196; Stdesb. 1875 S. 10) die Zulässigkeit der Bestellung emeritirter Geistlicher anerkannt. Für katholische Geistliche, welche die Priesterweihe erhalten haben, kann dies aber nicht gelten, weil diese die durch die Ordination ihnen zu Theil gewordene besondere Befähigung nach katholischer Auffassung nie wieder verlieren können und daher auch nach ihrem Ausscheiden aus dem Amte von ihrer Kirche immer noch als Geistliche betrachtet werden, vgl. §. 107 A. L.R. a. a. O. Selbstverständlich ist das aber nur so lange maßgebend, als die katholische Kirche — und zwar vom staatlichen Standpunkt aus beurtheilt — berechtigt ist, sie als ihr zugehörig zu betrachten. Daher wird ein katholischer Geistlicher, welcher sein Amt niedergelegt hat und Protestant geworden ist, zum Standesbeamten bestellt werden dürfen.

Wenn Stiegele S. 66 N. 12 gegenüber der hier, auch von v. Sicherer S. 15 N. 15 und von Fitting S. 16 gebilligten Auffassung unter „Geistlichen" nur den aktiven Kirchendiener begriffen wissen will und meint, daß es gegenüber dem Zweck des Gesetzes nur auf die Qualität des Pfarrers ankomme, so trägt er eine Beschränkung in das Gesetz hinein, welche dasselbe dadurch, daß es sich der Terminologie des R.Str.G.B. angeschlossen hat, s. Abs. 1 dies. Anm., deutlich genug verwirft. Auch würde es sicherlich dem Zwecke des Gesetzes widersprechen, daß ein katholischer Hülfsgeistlicher zum Standesbeamten bestellt wird, welcher nachher, wenn er die nach katholischem Kirchenrecht erforderliche Ermächtigung des Pfarrers oder Bischofs, Eheschließungen zu assistiren, erhalten hat, von dieser Gebrauch macht.

Die etwa von einem Geistlichen als Standesbeamten vorgenommenen Funktionen und Einträge würden indessen nicht der Wirksamkeit und Beweiskraft entbehren, denn das Gesetz erklärt die Geistlichen und Religionsdiener nicht für unfähig, das Amt zu übernehmen, sondern verbietet blos die Uebertragung desselben an sie. S. auch Mandry, der civilrechtliche Inhalt der Reichsgesetze. 3. A. Freiburg i. Br. S. 112 N. 6.

§. 4.

In den Standesamtsbezirken, welche den Bezirk einer Gemeinde nicht überschreiten [15]), hat der Vorsteher der Gemeinde [16]) (Bürgermeister [17]), Schultheiß, Ortsvorsteher oder deren gesetzlicher Stellvertreter [18])) die Geschäfte des Standes-

---

§. 4. [15]) **Standesamtsbezirken, welche den Bezirk einer Gemeinde nicht überschreiten.** Für diese ist die reichsgesetzliche Regel, daß der an der Spitze der Kommunalverwaltung stehende Beamte, eventuell dessen gesetzlicher Stellvertreter die Standesamtsgeschäfte besorgt. Ausnahmen finden statt: a) wenn die höhere Verwaltungsbehörde einen besonderen Standesbeamten bestellt, b) wenn die Gemeindebehörde die Anstellung solcher beschließt, c) wenn der Vorsteher der Gemeinde die Geschäfte mit Genehmigung der höheren Verwaltungsbehörde anderen Gemeindebeamten überträgt.

Wegen der aus mehreren Gemeinden gebildeten Bezirke vgl. §. 6.

[16]) **Vorsteher der Gemeinde.** Dadurch hat der an der Spitze der Gemeindeverwaltung stehende Beamte bezeichnet werden sollen. Dies entspricht dem bisher in Preußen, mit Ausnahme des Gebietes von Frankfurt a. M. — wo die Standesbuchführung eigenen Standesbuchführern übertragen war (Ges. v. 19. Nov. 1850 §§. 5, 6, o. S. 4) —, sowie dem in den Ländern des französischen Rechts und in Baden früher geltenden Recht, s. Anm. 3a zu §. 2 S. 31. Das letztere ist nur insoweit modifizirt, als die gesetzlichen Bestimmungen, welche die in Anm. 15 erwähnten Ausnahmen ausschlossen oder beschränkten, durch das Reichsgesetz beseitigt sind. — Vgl. auch d. preuß. Min.R. v. 1. Dez. 1875 Nr. 5.

[17]) **Bürgermeister,** in Baden nach d. Dienstw. §. 2 in den Städten, auf welche das Ges. v. 24. Juni 1874 üb. d. Verfassg. 2c. d. Stadtgemeinden (G. u. V.Bl. S. 337) Anwendung findet, der Oberbürgermeister. Wo mehrere Bürgermeister vorhanden sind, hat der erste, weil dieser der eigentliche Vorsteher der Gemeinde ist, die Geschäfte wahrzunehmen, in Baden soll jedoch in Gemeinden, welche zwei Bürgermeister oder einen Oberbürgermeister und Beigeordneten haben, der Gemeinderath aus diesen die ordentlichen Standesbeamten (ohne daß es einer Genehmigung der Aufsichtsbehörde bedarf, Stdesb. 1886 S. 209) bestimmen, Dienstw. §. 2. Im Uebrigen vgl. hess. V. v. 3. Nov. 1875 Art. 2; waldeck. Bek. v. 23. Nov. 1875 Nr. I; brem. V. v. 10. Dez. 1875 §. 2.

[18]) **gesetzliche Stellvertreter.** Hier ist von der Wahrnehmung der Geschäfte als wirklicher Standesbeamter, nicht als stellvertretender Standesbeamter die Rede.

Wer der gesetzliche Stellvertreter ist, bestimmt sich nach den Städte- und Gemeinde-Ordnungen, nicht nach den etwa bisher geltenden Gesetzen über die Beurkundung des Personenstandes, für Preußen vgl. z. B. Städteordn. für die sechs östlichen Provinzen v. 30. Mai 1853 §. 29 (G.S. S. 261), für Westfalen v. 19. März 1856 §. 29 (G.S. S. 237), für Schleswig-Holstein v. 14. April 1869 §. 28 (G.S. S. 589); über Baden s. Anm. 8 zu §. 3; für Hessen V. v. 3. Nov. 1875 Art. 2. Für Württemberg vgl. noch d. Erl. d. Min. d. Justiz u. d. Innern, die Besorgung der Standesamtsgeschäfte durch die Ortsvorsteher und deren Stellvertreter v. 15. Mai 1880, Stdesb. 1880 S. 135.

Darüber, wer zu bestimmen hat, ob der Gemeindevorsteher oder der gesetzliche Stellvertreter desselben die Standesamtsgeschäfte zu führen hat, ist nichts ausdrücklich im Gesetze bestimmt. Der §. 3 Abs. 2, welcher die Bestellung des Standesbeamten in die Hand der höheren Verwaltungsbehörde legt, entscheidet ebenfalls nichts, weil er die im §. 4 festgesetzten Ausnahmen ausdrücklich vorbehält, und es sich gerade fragt, ob der letztere für diesen Fall eine solche anordnet. Dies ist zu bejahen, denn der gesetzliche Stellvertreter des Vorstehers der Gemeinde ist, wie namentlich die Stellung der Worte in der Parenthese zeigt, im Sinne des Gesetzes ebensogut, wie der erste Vorsteher der Gemeinde, durch das Gesetz berufen, und es wird daher, falls er nicht durch einzelstaatliche Anordnung (s. vor. Abs.) verpflichtet wird, die Geschäfte selbst zu führen, nur einer desfallsigen Anordnung des ersten, mit der Geschäftsvertheilung betrauten Vorstehers bedürfen, wie denn auch das preuß. Gesetz, dessen Vorschriften man zum Muster genommen hat, im §. 2 bestimmt: „Der Bürgermeister ist jedoch befugt, diese Geschäfte widerruflich einem Beigeordneten oder einem sonstigen Mitgliede

beamten wahrzunehmen [19]), sofern durch die höhere Verwaltungsbehörde [20]) nicht ein besonderer Beamter [21]) für dieselben bestellt ist. Der Vorsteher ist jedoch befugt, diese Geschäfte mit Genehmigung der höheren Verwaltungsbehörde [22]) anderen Gemeindebeamten [23]) widerruflich zu übertragen.

Die Gemeindebehörde [24]) kann die Anstellung besonderer Standes-

---

des Gemeindevorstandes zu übertragen." Daß diese Bestellung widerrufen werden kann, ergiebt sich dann von selbst. Für die Dauer derselben ist aber der gesetzliche Stellvertreter selbstständiger Standesbeamter, nicht bloßer Bevollmächtigter des ersten Gemeindevorstehers, der etwa dessen Anweisungen zu folgen hätte. Damit widerlegt sich auch die Ansicht v. Sicherer's S. 13, welcher den Eingang des §. dahin auffaßt, daß nur der Vorsteher der Gemeinde zum Standesbeamten, der Stellvertreter desselben aber blos zum Stellvertreter im Standesamt berufen ist, und daher zur Uebertragung des Standesamtes an den Stellvertreter im Gemeindeamt die Genehmigung der höheren Verwaltungsbehörde verlangt.

Wenn der Bürgermeister, Schultheiß u. s. w. als Standesbeamter fungirt, so kann für ihn von der Gemeindebehörde kein besonderer Stellvertreter bestellt werden, vielmehr hat sein sonstiger Stellvertreter (s. Abs. 2 dieser Anm.) nöthigenfalls für ihn zu amtiren, Stdesb. 1886 S. 209. Vgl. noch unten Anm. 28.

[19]) **wahrzunehmen.** Die erwähnten Beamten sind also verpflichtet, die Geschäfte wahrzunehmen. Ueber die Erzwingung dieser Verpflichtung vgl. Anm. 35 zu §. 6.

[20]) **höhere Verwaltungsbehörde,** s. Anm. 3a zu §. 2. Eine allgemeine Anwendung von dieser Befugniß der staatsseitigen Anstellung der Standesbeamten macht die hamb. V. v. 6. Dez. 1875 §. 5.

[21]) **besonderer Beamter.** Beschränkt in der Auswahl ist die höhere Verwaltungsbehörde nur durch §. 3. Abs. 3, sonst nicht. Demgemäß können auch richterliche Beamte dazu bestellt werden. Eine ausdrückliche Verpflichtung, eine solche Bestellung in der Gemeinde seines Wohnortes anzunehmen, statuirt die hess. V. v. 3. Nov. 1875 Art. 3 für jeden Ortsgerichtsvorsteher und jedes Ortsgerichtsmitglied.

[22]) **mit Genehmigung der höheren Verwaltungsbehörde.** Dadurch ist das preuß. Gesetz v. 9. März 1874 in doppelter Weise geändert worden, erstens insofern als dasselbe (§. 2, s. Anm. 18) dem Bürgermeister allein die Uebertragung auch an solche Mitglieder des Gemeindevorstandes gestattete, welche nach der Kommunalverfassung nicht seine gesetzlichen Stellvertreter sind, und zweitens insofern als nach demselben ferner die Gemeindebehörden, nicht aber der Gemeindevorsteher die Anstellung eines besonderen Standesbeamten, welcher auf Vorschlag des Gemeindevorstandes vom Oberpräsidenten zu ernennen war, beschließen konnten.

Nach dem Reichsgesetze steht die Befugniß dazu allein dem Vorsteher, und zwar auch dem der Landgemeinde zu unter der Bedingung, daß er die Uebertragung an andere Gemeindebeamte, als seinen gesetzlichen Stellvertreter, vornehmen will. Das Bedürfniß einer solchen Uebertragung, ebenso wie die Qualität der ausgesuchten Person, hat die höhere Verwaltungsbehörde zu prüfen.

[23]) **anderen Gemeindebeamten,** d. h. jedem Kommunalbeamten, welcher nicht nach der Kommunalverfassung gesetzlicher Stellvertreter des Gemeindevorstehers ist, gleichviel ob er Mitglied der Gemeindebehörden ist oder nicht. Der Gemeindebeamte ist danach auch verpflichtet, das Amt zu übernehmen, s. auch u. §. 6 und Weber, Reichsges. 2c. S. 97. Doch bestimmt die bad. Dienstw. §. 3, daß die Uebertragung seitens des Ortsvorstehers an einen andern Gemeindebeamten nur mit dessen Zustimmung stattfinden soll.

Der Gemeindeschreiber in Elsaß-Lothringen ist kein Gemeindebeamter im Sinne des §. 4 Abs. 1, s. d. Generalprokuratorsv. v. 11. März 1879, Sammlung d. Justizverwaltung f. Els.-Lothr. 4, 217; Stdesb. 1890 S. 65.

[24]) **Gemeindebehörde.** Aus dem §. 84, nach welchem die Centralbehörde jedes Bundesstaates zu bestimmen hat, was unter Gemeindebehörde zu verstehen ist, sowie aus dem Gegensatze zu dem Worte Gemeindevorstand im folgenden Satze ergiebt sich, daß bei der Beschlußfassung nicht blos das

die Kommunalgeschäfte führende Kollegium, der Magistrat, sondern auch das neben demselben, nur zur Konkurrenz bei wichtigen Geschäften berufene Kollegium, die Stadtverordnetenversammlung, die sog. Bürgervorsteher, der Gemeindeausschuß u. s. w. hat betheiligt werden sollen. Diese Auffassung theilen auch die in Folge des §. 84 ergangenen einzelstaatlichen Ausführungsbestimmungen.

Gemeindebehörde sind in Preußen die Gemeindebehörde, bez. diejenigen Gemeindebehörden, welche nach der Kommunalgesetzgebung der einzelnen Landestheile über die Errichtung neuer Gemeindeämter zu beschließen haben, Min.R. v. 1. Dez. 1875 Nr. 5 — d. h. nach der Städte-Ordn. für die 6 älteren östlichen Provinzen v. 30. Mai 1853 §§. 35, 56, d. St.O. f. Westfalen v. 19. März 1856 §§. 35, 56, d. St.O. f. d. Rheinprovinz v. 15. Mai 1856 §§. 34, 53, 74, d. St.O. f. Schleswig-Holstein v. 14. April 1869 §§. 60, 63 der Magistrat in Konkurrenz mit der Stadtverordnetenversammlung, nach d. revid. St.O. f. Hannover v. 24. Juni 1858 (G.S. f. Hannov. v. 1858 Abth. 1 S. 14) §§. 38 ff., 80 ff. der Magistrat und die Bürgervorsteher, — nach der Landgem.O. v. 14. April 1856 für die 6 älteren östlichen Provinzen §. 8, v. 19. März 1856 für Westfalen §§. 23, 24, 41, v. 22. Sept. 1867 für Schleswig-Holstein §§. 14, 15, 18, 23 der Gemeindevorstand, bez. Gemeindevorsteher mit den Gemeindeverordneten, bez. der Gemeindeversammlung, nach den Ordnungen für die Rheinprovinz v. 23. Juli 1845 §§. 44, 72, 85 ff. und v. 15. Mai 1856 der Bürgermeister und Gemeindevorsteher in Konkurrenz mit dem Gemeinde-(Schöffen-)Rath, nach d. hannov. Landgem.O. v. 28. April 1859 (Ges.S. f. Hannov. v. 1859 Abth. 1 S. 393) §§. 22 ff., 51 ff. der Vorsteher und Gemeindeausschuß, nach der kurhess. Gem.O. v. 23. Okt. 1834 für die Städte und Landgemeinden (Samml. v. Ges. Bd. 7 S. 181) §. 36 der Ortsvorstand, Stadtrath und Gemeindeausschuß, nach d. nassauischen Ges. v. 26. Juli 1854 §§. 3, 5, 24 27 ff. (V.Bl. 1854 S. 166) der Gemeinderath mit dem Bürgerausschuß, bez. der Gemeindeversammlung; in Baiern, 1. in den rechtsrheinischen Bezirken in den Gemeinden mit magistratischer Verfassung die Magistrate in Konkurrenz mit den Gemeindebevollmächtigten, in den übrigen Gemeinden die Gemeindeausschüsse, 2. in der Pfalz dagegen die Gemeinderäthe, V. v. 14. Okt. 1875 §. 2; in Sachsen in den Städten mit revidirter Städte-Ordn. der Stadtrath im Einvernehmen mit den Stadtverordneten, in den übrigen Städten der Stadtgemeinderath, auf dem Lande der Gemeinderath, V. v. 6. Nov. 1875 §. 3; in Württemberg der Gemeinderath und Bürgerausschuß, Min.Bek. v. 15. Sept. 1875 §. 2; in Baden die Gemeinde, Dienstw. §. 3; in Meckl.-Schwerin in den Städten die Magistrate, während in den übrigen Gemeinden die für diese bestehenden Gemeindeverfassungen entscheiden, V. v. 14. Aug. 1875 §. 6; in S.-Weimar der Gemeinderath, in Ermangelung desselben die Gemeindeversammlung, V. v. 9. Okt. 1875 §. 5; in Meckl.-Strelitz dieselben Behörden, wie in Meckl.-Schwer., V. v. 14. Aug. 1875 §. 6; in Oldenburg die Gemeindevertretung, V. v. 8. Nov. 1875 Art. 3; in Braunschweig in den Städten der Magistrat unter Mitwirkung der Stadtverordneten, in den Landgemeinden der Gemeinderath; Bek. v. 9. Sept. 1875 Nr. 2; in S.-Meiningen in den Städten der Gemeindevorstand und der Gemeinderath, in den Dörfern der Schultheiß, bez. die Gemeindeversammlung, V. v. 26. Okt. 1875 Art. 3; in S.-Altenburg der Stadtrath unter Mitwirkung des Bürgervorstandes, bez. der Stadtgemeinderath, in den ländlichen Gemeinden der Gemeinderath, bez. die Gemeindeversammlung, V. v. 30. Okt. 1875 §. 2; in S.-Coburg-Gotha der Gemeindevorstand unter Mitwirkung des Gemeindeausschusses, bez. der Gemeindeversammlung, V. v. 1. Nov. 1875 §. 5; in Anhalt in den Städten die Gemeindevorstände, in den Dörfern, selbstständigen Domänen-, Ritterguts- und Forstbezirken die betreffenden Polizeiverwaltungen, V. v. 8. Okt. 1875 §. 3; in Schwarzb.-Rudolstadt der Stadtrath, bez. Gemeinderath, in Ermangelung des letzteren die Gemeindeversammlung, V. v. 15. Okt. 1875 §. 5; in Schwarzb.-Sondersh. die Stadtverordnetenversammlung, in Landgemeinden der Gemeinderath, V. v. 16. Okt. 1875 §. 5; in Waldeck der Gemeinderath, Bek. v. 23. Nov. 1875 Nr. I 3; in Reuß ält. L. der Gemeinderath, bez. die Gemeindeversammlung, V. v. 4. Nov. 1875 §. 5; in Reuß j. L. dieselben Behörden wie in Reuß ä. L., V. v. 16. Okt. 1875 §. 4; in Schaumburg-Lippe die nach der Städte-, bez. Landgemeinde-Ordn. kompetente Behörde, V. v. 11. Dez. 1875 §. 4; in Lippe in den Städten der Magistrat und das Stadtverordnetenkollegium, in den Bauerschaften die Dorfsversammlung, V. v. 20. Nov. 1875 §. 1; in Bremen in den Hafenstädten

beamten [25]) beschließen [26]). Die Ernennung der Standesbeamten erfolgt in diesem Falle durch den Gemeindevorstand [27]) unter Genehmigung der höheren Verwaltungsbehörde [28]).

In der gleichen Weise [29]) erfolgt die Bestellung der Stellvertreter.

---

der Gemeindeausschuß, in den Landgemeinden der Gemeindeausschuß, bez. die Gemeindeversammlung, V. v. 10. Dez. 1875 §. 2; in Lauenburg in den Städten der Magistrat, bez. der Bürgermeister und das Stadtverordnetenkollegium, in den Landgemeinden der Gemeindevorstand und die Gemeindeverordneten, bez. die Gemeindeversammlung, Bek. v. 16. Aug. 1875; in Elsaß-Lothringen der Gemeinderath, V. v. 19. Nov. 1875.

Nach den Vorschriften der hessischen V. v. 3. Nov. 1875 Art. 2 bleibt für die Bestellung besonderer Standesbeamter kein Raum. Ebensowenig ist dieser Fall in der Lübecker Bek. v. 7. Okt. 1875 und der Hamburger V. v. 6. Dez. 1875 vorgesehen.

[25]) **besonderer Standesbeamten**, d. h. von Personen, welche nicht Gemeindevorsteher, deren gesetzliche Stellvertreter oder Gemeindebeamte sind, s. Abs. 1 dieses §.

[26]) **beschließen**, selbstständig, ohne daß es der Genehmigung der höheren oder einer anderen Behörde bedarf, denn eine solche ist nicht vorgeschrieben. So auch v. Seyfried S. 7.

[27]) **Gemeindevorstand**, d. h. im Gegensatz zur Gemeindebehörde (s. Anm. 24) das die Geschäfte leitende Kollegium, bez. wo ein solches nicht vorkommt, der Gemeindevorsteher.

Nach den auf Grund des §. 84 erlassenen, in Anm. 24 citirten Anordnungen ist der Gemeindevorstand in Preußen bald der Magistrat, der Gemeindevorstand, Gemeindevorsteher, Bürgermeister, der Vorsteher, Ortsvorstand, Gemeinderath; in Baiern 1. in den rechtsrh. Landesth. in Gemeinden mit magistratischer Verfassung der Magistrat, in den übrigen der Gemeindeausschuß, 2. in der Pfalz der Gemeinderath, V. v. 14. Okt. 1875 §. 3; in Sachsen in den Städten mit revidirter Städteordnung der Stadtrath, in den übrigen der Stadtgemeinderath, auf dem Lande der Gemeinderath; in Württemberg der Gemeinderath; in Baden der Gemeinderath; in Meckl. Schwerin, in den Städten der Magistrat, sonst die nach der besonderen Gemeindeverfassung kompetente Behörde; in S.-Weimar der Gemeindevorstand im Sinne der dortigen Gesetzgebung; in Meckl.-Strelitz dieselben Behörden wie in Meckl.-Schwer.; in Braunschweig in den Städten der Magistrat, auf dem Lande der Gemeinderath; in S.-Meiningen der Magistrat, Bürgermeister, Schultheiß oder Gemarkungsvertreter; in S.-Altenburg der Stadtrath in den Städten, sonst der Gemeinderath, bez. die Gemeindeversammlung; in S.-Coburg-Gotha der Gemeindevorstand im Sinne der dortigen Gesetzgebung; in Anhalt der Gemeindevorstand in den Städten, in den Dörfern, selbstständigen Domänen-, Ritterguts- und Forstbezirken die betreffenden Polizeiverwaltungen; in Schwarzb.-Rudolstadt der Bürgermeister. bez. Schultheiß; in Schwarb.-Sondersh. in Stadtgemeinden der Stadtrath (Magistrat), in Landgemeinden der Gemeindevorstand; in Waldeck der Gemeindevorstand im Sinne der Gemeindeordnung a. a. O. Nr. 4; in Reuß ält. Lin. der Gemeindevorstand im Sinne der dortigen Gesetzgebung, bez. die Vertreter exkommunalisirter Ritter- und Kammerguts-Gemeinden; in Reuß j. Lin. der Gemeindevorstand im Sinne der dort. Gesetzgebung; in Schaumburg-Lippe die nach der Städte-, bez. Landgemeinde-Ordn. kompetente Behörde; in Lippe der Magistrat u. der Dorfsvorsteher; in Bremen in den Hafenstädten der Gemeinderath, in den Landgemeinden der Gemeindevorsteher; in Lauenburg in den Städten der Magistrat, bez. der Bürgermeister, in den Landgemeinden der Gemeindevorsteher; in Elsaß-Lothringen der Bürgermeister, bez. stellvertretende Beigeordnete.

Ueber Hessen, Lübeck und Hamburg s. Anm. 24.

[28]) **höheren Verwaltungsbehörde.** Solange diese Genehmigung nicht ertheilt ist, ist der Betreffende noch nicht Standesbeamter, und wenn er als solcher amtirt, z. B. eine Eheschließung vornimmt, sind seine Amtshandlungen nichtig, vgl. Stdesb. 1889 S. 33.

[29]) **In der gleichen Weise,** wie die Bestellung der Standesbeamten, soll auch die Bestellung ihrer Stellvertreter erfolgen. Für die in den Anm. 21 bis 27 gedachten Fälle ergiebt sich die Art der Bestellung von selbst aus dem Gesagten. Zweifel lassen nur die Fälle, wo der Gemeindevorsteher

Die durch den Gemeindevorstand ernannten besonderen Standesbeamten und deren Stellvertreter sind Gemeindebeamte [30]).

§. 5.

Die durch die höhere Verwaltungsbehörde erfolgte Bestellung und Genehmigung zur Bestellung ist jederzeit widerruflich [31]).

---

oder dessen gesetzlicher Stellvertreter als Standesbeamter fungirt. Hat der erstere die Standesbuchführung übernommen, so ist ihm in seinem gesetzlichen Stellvertreter im Kommunalamte auch schon sein Stellvertreter im Standesamte von selbst gegeben. Da er aber die Führung der Geschäfte selbst einem anderen Gemeindebeamten übertragen kann, so wird er auch auf dieselbe Weise unter Uebergehung des gesetzlichen Stellvertreters einen der erwähnten Beamten zum stellvertretenden Standesbeamten mit Genehmigung der höheren Verwaltungsbehörde zu ernennen befugt sein. Dasselbe muß Anwendung finden, wenn der Stellvertreter im Kommunalamte nach getroffener Anordnung eigentlicher Standesbeamter ist. Dieser selbst kann kraft seiner Vertretung des ersten Vorstehers von der dem letzteren im Absatz 1 gewährten Befugniß nur Gebrauch machen, wenn er die Kommunalgeschäfte zeitweise als erster Leiter führt.

[30]) **Gemeindebeamte.** Der betreffende Schlußabsatz ist ein vom Reichstage in dritter Lesung angenommenes Amendement Miquel, es sollte dadurch klargestellt werden, „daß die betreffenden Beamten in der Hierarchie der Gemeindebeamten stehen und der Kontrolle und Aufsicht des Magistrats unterworfen sind", also nicht unmittelbare Staatsbeamte, wenngleich sie staatliche Funktionen wahrnehmen, s. stenograph. Berichte des Reichstages S. 1226, 1228 (vgl. auch Stdesb. 1879 S. 250). Daraus folgt aber nicht, daß alle andern Standesbeamten unmittelbare Staatsbeamten sind, vielmehr gilt dies nur von denjenigen, welche die Staatsbehörde in Gemäßheit des §. 7 letzter Abs. bestellt (vgl. auch §. 4 „sofern nicht ein besonderer Beamter bestellt ist"), so auch Erl. d. preuß. Min. d. Innern v. 28. Juni 1878, Wohlers S. 15, Stdesb. 1879 S 250 u. 1887 S. 37.

Daß der Beschluß über die Bestellung anderer als der Gemeindevorsteher zu Standesbeamten jedem der Register vorzuheften, und des Auftrages in den Köpfen der Urkunden zu erwähnen ist, wie dies in der Rheinprovinz geschah, s. Philippi a. a. O. S. 4, schreibt das Reichsgesetz nicht vor. Diese Formalitäten brauchen also nicht mehr beobachtet zu werden. Die Legitimation der Standesbeamten ergiebt sich zur Genüge aus den bei den betreffenden Behörden über ihre Anstellung geführten Akten.

Da die in Abs. 4 dieses §. gedachten Standesbeamten Gemeindebeamte sind, so stehen sie, abgesehen von ihrer Unterordnung unter die Aufsichtsbehörden in der im Gesetz geordneten Standesregisterführung, im Uebrigen, namentlich in Bezug auf die Disciplin und die Erwirkung von Urlaub unter den Kommunalbehörden, bez. den diesen vorgesetzten Behörden, vgl. Stdesb. 1878 S. 82 u. 1885 S. 110; (über Sachsen ebendas. 1878 S. 230). Weiter folgt auch daraus, daß hinsichtlich ihrer Pensionsberechtigung die für die übrigen Gemeindebeamten geltenden Normen zur Anwendung kommen, und daß sie, wenn den letzteren eine solche gebührt, wie den städtischen Beamten nach der preuß. Städte-Ordn. v. 30. Mai 1853 §. 56 Nr. 6 und §. 65, ihnen ebenfalls ein Recht auf Pension zusteht. Vgl. Stdesb. 1885 S. 110.

§. 5. [31]) **jederzeit widerruflich.** Die Widerruflichkeit der Wahrnehmung der Funktionen durch die Vorsteher der Gemeinden und ihrer gesetzlichen Stellvertreter ist zwar hier nicht ausgesprochen, sie ergiebt sich aber daraus, daß nach §. 4 die höhere Verwaltungsbehörde auch für diese Fälle immer einen besonderen Beamten zu bestellen befugt ist. Das Gesetz legt den erwähnten Kommunalbeamten eine Pflicht auf, gewährt ihnen aber kein Recht. Vgl. auch die Motive des Entwurfs S. 23: „§§. 3—6 handeln von der Bestellung des Standesbeamten, welche in allen Fällen nur auf Widerruf erfolgen soll." So auch Fitting S. 17 u. v. Sicherer S. 17 N. 20.

Das von den Kommunalbeamten zu führende Standesamt muß mit der Entziehung oder Niederlegung des Kommunalamtes ebenfalls verloren gehen (s. auch Stdesb. 1876 S. 153; 1877 S. 102; 1879 S. 66 u. V. d. preuß. Min. d. Inn. v. 25. Juni 1882, Stdesb. 1882 S. 101), und kann auch

§. 6.

Ist ein Standesamtsbezirk aus mehreren Gemeinden gebildet, so werden der Standesbeamte und dessen Stellvertreter stets[32]) von der höheren Verwaltungsbehörde[33]) bestellt.

Ein jeder Vorsteher oder andere Beamte einer dieser Gemeinden[34]) ist verpflichtet, das Amt des Standesbeamten oder des Stellvertreters zu übernehmen[35]).

---

in letzterem Falle von ihnen nicht vorbehalten werden, weil sie nur kraft des Kommunalamtes Standesbeamte sind, und damit die Qualität, auf welche hin ihnen gesetzlich das Standesamt beigelegt wird, verloren gegangen ist. Sollen sie also das Standesamt weiter führen, so müssen sie entweder nach Abs. 1 des §. 4 durch die höhere Verwaltungsbehörde oder auf Grund des Abs. 2 als besondere Standesbeamte bestellt werden. Uebereinstimmend Fitting S. 11 u. v. Sicherer S. 16 N. 17.

Auch die vom Vorsteher der Gemeinde widerruflich mit der Standesregisterführung betrauten anderen Gemeindebeamten (s. §. 4 Abs. 1 a. E.) verlieren mit ihrem Kommunalamte das Standesamt. Denn auch hier fällt die Voraussetzung, unter welcher ihnen der Vorsteher das letztere übertragen konnte, fort. A. M. Weber a. a. O. S. 97, welcher nur den Fortfall der Verpflichtung zur Fortführung des Standesamtes und die Haftbarkeit der Staatskasse für die Entschädigung des betreffenden Standesbeamten annimmt, ohne zu beachten, daß für diesen Fall nach dem klaren Wortlaut des Gesetzes die Qualifikation überhaupt beseitigt ist. Gegen ihn auch Fitting S. 18 und v. Sicherer S. 16 N. 18.

Zu beachten ist aber, daß die Bestellung der auf Grund eines Gemeindebeschlusses von der Gemeindebehörde ernannten besonderen Standesbeamten und Stellvertreter nicht durch die letztere (so Fitting S. 18), sondern nur die dazu erforderliche Genehmigung der höheren Verwaltungsbehörde von dieser widerrufen werden kann. Das ergiebt der Wortlaut des §. 5, ebenso v. Sicherer S. 16.

Aus den entwickelten Gesichtspunkten ergiebt sich, daß, was die Statthaftigkeit der Niederlegung des Standesamts betrifft, 1. bei Bezirken, welche den Bezirk einer Gemeinde nicht überschreiten, der das Standesamt versehende Gemeindevorsteher, Gemeindevorsteher-Stellvertreter oder der von dem ersteren mit der Verwaltung des Standesamts betraute Gemeindebeamte, 2. bei Bezirken, welche den Bezirk mehrerer Gemeinden umfassen (s. §. 2 Abs 2), der als Standesbeamter fungirende Gemeindebeamte einer der verbundenen Gemeinden auf das Standesamt nur bei gleichzeitiger Niederlegung des Gemeindeamtes verzichten kann, 3. daß aber in anderen Fällen die Niederlegung beliebig freisteht, so auch v. Sicherer S. 17.

§. 6. [32]) **stets** d. h. bei allen aus mehreren Gemeinden bestehenden Standesamtsbezirken cessiren die den Vorstehern der Gemeinden, bez. dem Gemeindevorstand im § 4 gegebenen Befugnisse.

[33]) **höhere Verwaltungsbehörde.** S. Anm. 3a zu §. 2.

[34]) **jeder Vorsteher oder andere Beamte einer dieser Gemeinden,** s. Anm. 16 u. 23 zu §. 4; wozu in Sachsen auch die Gemeinderathsmitglieder gehören, Min. Entsch. v. 25. Febr. 1878, Stdesb. 1878 S. 82. Gleich stehen ihnen die Vorsteher der Gutsbezirke, vgl. §. 10 dieses Gesetzes und preuß. Kreisordn. v. 13. Dez. 1872, Fassung v. 19. März 1881 §. 21 Abs. 2. „Die Amtsbezirke bestehen aus einer oder mehreren Landgemeinden oder aus einem oder mehreren Gutsbezirken, beziehungsweise aus Landgemeinden und Gutsbezirken;" §. 31 Abs. 1 u. 2: „Für den Bereich eines selbstständigen Gutsbezirkes ist der Besitzer zu den Pflichten und Leistungen verbunden, welche den Gemeinden für den Bereich ihres Gemeindebezirkes im öffentlichen Interesse gesetzlich obliegen. — Derselbe hat insbesondere die §§. 29 und 30 aufgeführten obrigkeitlichen Befugnisse und Pflichten" (d. h. gewisse polizeiliche Befugnisse) „entweder in Person oder durch einen von ihm zu bestellenden zur Uebernahme des Amtes befähigten Stellvertreter auszuüben" (vgl. auch Kreisordn. f. Schleswig-Holstein v. 16. Mai 1888, G. S. 139, §. 21 Abs. 2 u. §. 28, fast wörtlich gleichlautend).

[35]) **übernehmen.** Eine Erzwingung der Uebernahme der betreffenden Aemter durch Exekutiv-

Die landesgesetzlichen Vorschriften [36]), nach welchen den Vorstehern der aus mehreren Gemeinden gebildeten Verbände die gleiche Verpflichtung obliegt, werden hierdurch nicht berührt.

---

strafen empfiehlt sich hier ebensowenig, wie in dem Anm. 19 zu §. 4 gedachten Fall, weil inzwischen für die Standesbuchführung gesorgt werden muß, und von einem widerwillig Gezwungenem kaum eine sorgsame Verwaltung des Amtes zu erwarten ist. Daher hat für Preußen allerdings auf Grund des §. 3 Abs. 5 des preuß. Gesetzes der Min. d. J. durch Reskr. v. 3. Aug. 1874 (preuß. Min.Bl. f. d. inn. Verwalt. S. 165) vorgeschrieben, daß nach protokollarischer Vernehmung des renitenten Verpflichteten und bei erklärter Weigerung desselben ihm eröffnet werden soll, daß auf seine Kosten die Geschäfte einem Dritten übertragen und die entstehenden Kosten im Wege der Administrativ-Exekution eingezogen werden würden, was demnächst zu geschehen habe.

Mit dem Ausscheiden aus dem Gemeindeamt erlischt die Pflicht zur Uebernahme des Standesamtes, aber der zum besonderen Standesbeamten bestellte Gemeindebeamte kann in diesem Falle das Amt fortführen, bis die höhere Verwaltungsbehörde seine Bestellung widerruft, s. Abs. 1 dieses §. u §. 5, Stdesb. 1887 S. 169.

[36]) **die landesgesetzlichen Vorschriften.** Damit ist aufrecht erhalten worden die Schlußbestimmung des §. 3 des preuß. Gesetzes, dahin lautend:

> „Dieselbe Verpflichtung" (d. h. für denjenigen Bezirk, zu welchem der Bezirk ihres Hauptamtes gehört, das Amt eines Standesbeamten oder Stellvertreters zu übernehmen) „haben die besoldeten Vorsteher der aus mehreren Gemeinden eines Kreises zusammengesetzten Verwaltungsbezirke (kommissarische Amtsvorsteher, Amtmänner, Hardesvoigte, Kirchspielvoigte ꝛc.) mit Ausnahme jedoch der Amtshauptleute in der Provinz Hannover und der Amtmänner im Regierungsbezirk Wiesbaden."

Nach dieser Vorschrift sind von der Verpflichtung frei die eigentlichen Amtsvorsteher, d. h. die vom Kreistage vorgeschlagenen, vom Oberpräsidenten ernannten Vorsteher der Amtsbezirke (s. Anm. 34), denn ihr Amt ist ein unbesoldetes Ehrenamt, während die kommissarischen Amtsvorsteher eine Remuneration erhalten, s. §§. 8, 21, 56, 58, 69 der preuß. Kreisordn.

Ist der Amtsvorsteher aber zugleich Gutsvorsteher, so ist er auf Grund des Abs. 2 dieses Paragraphen und des §. 10 zur Uebernahme des Amtes verpflichtet. Das Amendement v. Seydewitz zum Abs. 2 dieses Paragraphen, den Satz hinzuzufügen: „sofern demselben nicht gleichzeitig die Verwaltung eines größeren Bezirks als unbesoldetes (Ehren-)Amt obliegt", welches diese Konsequenz beseitigen wollte, ist abgelehnt worden, s. stenogr. Ber. S. 999.

Eine Vereidigung der Standesbeamten, welche bisher noch nicht in anderweiter Eigenschaft den Staatsdienereid abgeleistet haben, ist im Gesetze nicht vorgeschrieben. Da sie aber staatliche Funktionen zu vollziehen haben, erscheint eine solche nicht unstatthaft. Das Reskr. d. preuß. Min. des Inn. v. 3. Juni 1874 (preuß. Min.Bl. f. d. innere Verwalt. S. 161, vgl. auch R. v. 6. Febr. 1876, Wohlers S. 9) hat gleichfalls, obwohl das preuß. Ges. v. 9. März 1874 ebensowenig wie das Reichsgesetz eine Vereidigung vorschreibt, diese in dem erwähnten Umfange angeordnet. Dieselbe Vorschrift ist gegeben für Baiern Min. Entschl. v. 20. Nov. 1875 Nr. 11, Fitting S. 275; für Sachsen V. v. 6. Nov. 1875 §. 10 (vgl. dazu auch V. v. 20. Febr. 1879, G. u. V. Bl. 53 u. Stdesb. 1879 S. 109); Meckl.-Schwerin V. v. 14. Aug. 1875 §. 8; Oldenburg V. v. 8. Nov. 1875 Art. 7; Meckl.-Strelitz V. v. 14. Aug. 1875 §. 8; Anhalt V. v. 8. Okt. 1875 §. 5; Schaumburg-Lippe V. v. 11. Dez. 1875 §. 6. Generell schreibt die Vereidigung vor für Hessen d. V. v. 3. Nov. 1875 Art. 5; blos die Verpflichtung an Eidesstatt dagegen d. Lippische V. v. 20. Nov. 1875 §. 4; ebenfalls nur eine derartige Verpflichtung, sofern nicht der Standesbeamte auf Grund einer gemeindeamtlichen Stellung (§. 4 Abs. 1 u. §. 6 Abs. 2 des Ges.) berufen ist und also auf den bei Uebernahme des Gemeindeamtes abgeleisteten Diensteid verwiesen werden kann, s. weim. V. v. 9. Okt. 1875 §. 9; s. meining. G. v. 27. Nov. 1875 Art. 14; s. altenb. V. v. 30. Okt. 1875 §. 5; s. cob.-goth. V. v. 1. Nov. 1875 §. 7;

§. 7.

Die etwa erforderliche Entschädigung[37]) der nach §. 4 von den Gemeinden[38]) bestellten Standesbeamten fällt der Gemeinde zur Last[39]).

Die in §. 6 Absatz 2 und 3 bezeichneten Beamten[40]) sind berechtigt, für Wahrnehmung der Geschäfte des Standesbeamten von den zum Bezirk ihres Hauptamtes nicht gehörigen Gemeinden[41]) eine in allen Fällen als Pauschquantum[42]) festzusetzende Entschädigung zu beanspruchen.

---

schwarzb.-sondersh. V. v. 16. Okt. 1875 §. 9; reuß. ält. L. V. v. 4. Nov. 1875 §. 10; reuß. j. L. V. v. 16. Okt. 1875 §. 8; eine eidliche Verpflichtung in dem zuletzt gedachten Umfang d. schwarzb.-rudolst. V. v. 15. Okt. 1875 §. 9. Die für Mecklenburg, Anhalt und Schaumburg-Lippe vorgeschriebene Eidesformel ist die christliche. Aus Anlaß einer Interpellation im Reichstage, stenogr. Ber. 2 Leg. Per. III Sess. 1875/76 S. 1032 ff. (Stdesb. 1876 No. 14 ff.) hat aber die mecklenburgische Regierung erklärt, daß das Formular nur auf Angehörige der lutherischen Kirche berechnet sei und gegebenen Falls die Formel auch anderen Glaubensbekenntnissen angepaßt werden würde.

Die Gültigkeit und Beweiskraft der Amtshandlungen des Standesbeamten ist durch seine vorgängige Beeidigung nicht bedingt, da das Reichsrecht ein solches Erforderniß nicht aufgestellt hat.

§. 7. [37]) **die etwa erforderliche Entschädigung.** Damit hat die Annahme ausgeschlossen werden sollen, daß alle von den Gemeinden bestellten Standesbeamten eine Entschädigung erhalten sollen. Eine Verpflichtung, ohne eine solche das Amt zu übernehmen, besteht nach dem Reichsgesetze (§. 4) nur für die Gemeindevorsteher und deren gesetzliche Stellvertreter. Ferner sind durch den Ausdruck „etwa" auch die vorhandenen besonderen gesetzlichen Bestimmungen aufrecht erhalten worden, so namentlich §. 3. Abs. 5 des preußischen Gesetzes: „Jeder Gemeindebeamte . . . ist verpflichtet, für denjenigen Bezirk, zu welchem der Bezirk seines Hauptamtes gehört, das Amt eines Standesbeamten oder Stellvertreters zu übernehmen."

Uebrigens verbietet es das Gesetz auch nicht, den Gemeindevorstehern und deren gesetzlichen Stellvertretern für die Verwaltung des Standesamtes eine Entschädigung zu gewähren. Darüber haben die Gemeindeorgane nach Maßgabe ihrer durch die Gemeindeordnung bestimmten Kompetenz zu befinden, so d. württemb. V. v. 4. Oktober 1876, Reg.Bl. S. 381, Stdesb. 1876 S. 301; meining. J. §. 87; d. cob.-goth. V. v. 1. Nov. 1875 §. 9 und die J. für Reuß j. L. §. 27, welche, falls eine Vereinbarung mit der Gemeindevertretung nicht zu Stande kommt, Entscheidung des Landrathsamtes, eventuell des Ministeriums eintreten läßt.

[38]) **Gemeinden,** damit können nur die nach §. 4 Abs. 2 von der Gemeindebehörde bestellten besonderen Standesbeamten und die vom Gemeindevorsteher nach §. 4 Abs. 1 betrauten anderen Gemeindebeamten gemeint sein. Die Höhe der Entschädigung ist in diesen Fällen ebenfalls mit den kompetenten Gemeindeorganen zu vereinbaren.

Eine feste Besoldung erhalten die Standesbeamten nicht, und können sie auch nicht erhalten, weil sie in allen Fällen widerruflich angestellt werden.

[39]) **Last.** Von der Gewährung einer Entschädigung des Standesbeamten aus Staatsmitteln handelt der Abs. 1 nicht. Eine solche kann nur vorkommen, wenn die höhere Verwaltungsbehörde nach Maßgabe des §. 4 einen besonderen Standesbeamten oder Stellvertreter ernennt, selbst wenn der ernannte ein Gemeindebeamter ist oder wenn im Fall des §. 6 Abs. 2 ein anderer als ein Gemeindebeamter von der erwähnten Behörde zu den gedachten Aemtern bestellt ist. In diesen Fällen hat die Gemeinde niemals die persönliche Entschädigung für den Standesbeamten oder den Stellvertreter zu tragen, s. auch Abs. 4 dieses §.

[40]) **die in §. 6 Abs. 2 und 3 bezeichneten Beamten,** d. h. jeder Vorsteher oder Gemeindebeamte oder Gutsvorsteher einer der den gemeinschaftlichen Standesbezirk bildenden Gemeinden, bez. Gutsbezirke, und die Anm. 36 zu §. 6 genannten Beamten.

[41]) **Gemeinden,** gleichviel, ob sie von den zum Bezirk ihres Hauptamtes gehörigen Gemeinden

Die Festsetzung [43]) erfolgt durch die untere Verwaltungsbehörde [44]); über Beschwerden entscheidet endgültig [45]) die höhere Verwaltungsbehörde [46]).

---

eine Entschädigung erhalten oder nicht. Die Regelung dieser ist ein Internum, welches die fremden Gemeinden nicht berührt. Eine Pflicht der Gemeinde oder Gemeinden des Hauptamtes, ihren Gemeindebeamten für die Verwaltung der Standesgeschäfte eine Entschädigung zu gewähren, besteht aber nicht, so auch das preuß. Ob.-Verwalt.-Ger. v. 20. Januar 1877, Entsch. 2, 79; Stdesb. 1877 S. 258; vgl. auch V. d. preuß. M. d. Inn. v. 8. Juni 1878, Stdesb. 1878 S. 154, wonach es für den Fall, daß der Gemeindebeamte Anstand nimmt, blos für die Entschädigung der Nebengemeinden das Standesamt fortzuführen und deshalb sein Gemeindeamt niederlegen will, Sache der Hauptgemeinde ist, ihn durch Remunerirung zur Fortführung der beiden Aemter willig zu machen, nicht aber eine Entschädigung aus der Staatskasse gewährt werden darf.

[42]) **als Pauschquantum.** Bei der Festsetzung desselben wird als hauptsächlich bestimmender Faktor die Seelenzahl und die danach sich berechnende approximative Zahl der auf die zugeschlagene Gemeinde fallenden Standesakte mit in Betracht gezogen werden müssen. Von einer ratirlichen Vertheilung der festgesetzten Entschädigung auf die Hauptgemeinde und die zugeschlagene Gemeinde (s. §. 9) kann, falls es sich nur um eine solche handelt, nicht die Rede sein, weil die erstere entweder gar keine Entschädigung zu leisten hat oder diese aus einem ganz anderen Fundamente gewährt wird. Allein dann, wenn eine Mehrheit von Nebengemeinden in Frage steht, kommt für die Repartirung der von ihnen aufzubringenden Entschädigung auf jede einzelne der Maßstab der Seelenzahl zur Anwendung. So v. Sicherer S. 23. Damit widerlegt sich auch die Behauptung von Völk S. 37 ff., daß zwischen §. 7 Abs. 2 u. §. 9 ein Widerspruch obwaltet. Vgl. auch zu §. 7 meining. J. §. 87 u. lippische V. v. 20. Nov. 1875 §. 5.

[43]) **Festsetzung.** Nach einzelnen Ausführungs-V. bedarf es, falls der beanspruchte Betrag eine bestimmte Minimalsumme nicht überschreitet, einer besonderen Festsetzung nicht, s. meckl.-schwer. u. meckl.-strel. V. v. 14. Aug. 1875 §. 11; Instr. f. Reuß j. Lin. §. 27.

[44]) **untere Verwaltungsbehörde.** In Gemäßheit des §. 84 sind als solche bestimmt: in Preußen in den Stadtgemeinden die Gemeindevertretung, in den Landgemeinden der Kreisausschuß, Ges. über d. Zuständigkeit d. Verwaltungs- u. Verwaltungsgerichtsbehörden v. 1. Aug. 1883 (G.S. S. 231) §. 154 Abs. 2, welches jetzt für die ganze Monarchie in Kraft getreten ist, Landesverwaltungsgesetz v. 30. Juli 1883 (G.S. S. 195) §§. 155, 163, Kreisordn. für Hannover v. 6. Mai 1884 (G.S. S. 181) §. 120; für Hessen-Nassau v. 7. Juni 1885 (G.S. S. 193) §. 114; für Westfalen v. 31. Juli 1886 (G.S. S. 217) §. 102; für die Rheinprovinz v. 30. Mai 1887 (G.S. S. 209) §. 104; für Schleswig-Holstein v. 26. Mai 1888 (G.S. S. 139) §. 155 und Ges. über die allg. Landesverwaltung u. die Zuständigkeit der Verwaltnngs- und der Verwaltungsgerichtsbehörden i. d. Provinz Posen v. 19. Mai 1889 (G.S. S. 108) Art. I; in Baiern die Distriktsverwaltungsbehörden, V. v. 14. Okt. 1875 §. 4; in Sachsen die Amtshauptmannschaft unter Mitwirkung des Bezirksausschusses, V. v. 6. Nov. 1875 §. 2; in Württemberg die Oberämter als Gemeindeaufsichtsbehörden, Bek. v. 15. Sept. 1875 Nr. 3; in Baden die Amtsgerichte im Benehmen mit den Bezirksämtern, Dienstw. §. 12; in Hessen das Kreisamt im Einvernehmen mit der Aufsichtsbehörde, d. h. dem Amts-, bez. Landgericht, V. v. 3. Nov. 1875 Art. 4, 7 u. Ausführungs-V. z. deutsch. Ger.Verf.Ges. v. 14. Mai 1879, Reg.-Bl. S. 197, §. 14; in Meckl.-Schwerin die als besondere Behörde gebildete Civilstandskommission, welche aus 3 Mitgliedern besteht, V. v. 14. Aug. 1875 §. 3, Bek. v. 15. Dez. 1875; in S.-Weimar das Amtsgericht, V. v. 9. Okt. 1875 §. 3 u. Ges. betr. die Landesgerichte v. 8. März 1879, Reg.Bl. S. 65, §. 7; in Meckl.-Strelitz die als besondere Behörde neuorganisirte Civilstandskommission, bestehend aus einem Vorstande und einem Sekretär, V. v. 14. Aug. 1875 §. 3, Bek. v. 14. Dez. 1875; in Oldenburg a. im Herzogthum die Verwaltungsämter und die Magistrate der Städte erster Klasse, b. im Fürstenthum Lübeck die Verwaltungsämter und der Magistrat der Stadt zu Eutin, c. im Fürstenthum Birkenfeld die Regierung, falls aber in den zu a. und b. gedachten Städten die Ge-

Bestellt die höhere Verwaltungsbehörde [47]) andere Personen [48]) zu Standesbeamten oder zu Stellvertretern, so fällt die etwa zu gewährende Entschädigung der Staatskasse zur Last [49]).

---

schäfte des Standesbeamten durch den Bürgermeister wahrgenommen werden, das gleichnamige Verwaltungsamt, V. v. 8. Nov. 1875 Art. 3; in Braunschweig die Kreisdirektionen, Bek. v. 9. Septbr. 1875 Nr. 1; in S.-Meiningen die Amtsgerichte, G. v. 27. Nov. 1875 Art. 1 u. Ges. v. 16. Dez. 1878, betr. die Ausführungsbestimmungen z. deutsch. Gerichtsverfassungsges., Samml. d. Verordn. S. 43, §§. 7, 16; in S.-Altenburg bezüglich der städtischen Standesämter die Kreishauptmannschaften, bez. der ländlichen die Amtsgerichte, V. v. 30. Okt. 1875 §. 3 u. Ausführungsg. z. deutsch. G.V.G. v. 12. März 1879, G.S. S. 9, §. 6; in S.-Coburg-Gotha die Amtsgerichte, V. v. 1. Nov. 1875 §. 3 u. Ausführungsg. z. d. G.V.G. v. 7. April 1879, cob. G.S. S. 85, goth. G.S. S. 63, §. 7; in Anhalt die Kreisdirektionen, V. v. 8. Okt. 1875 §. 1; in Schwarzb.-Rudolst. die Amtsgerichte, V. v. 15. Okt. 1875 §. 3 u. G. betr. d. Ausführung d. G.V.G. v. 1. März 1879, G.S. S. 27, §. 6; in Schwarzb.-Sondersh. die Amtsgerichte, V. v. 16. Okt. 1875 §. 3 u. Ausführungsg. z. d. G.V.G. v. 16. Mai 1879, G.S. S. 89, §. 16; in Waldeck die Kreisamtmänner, Bek. v. 23. Nov. 1875 I Nr. 1; in Reuß ält. Linie die Amtsgerichte, V. v. 4. Nov. 1875 §. 3 u. Ges. v. 21. Nov. 1878, Aenderungen der Ger.Verfassung betr., G.S. S. 187, §. 3 Abs. 3; in Reuß j. L. die Amtsgerichte, V. v. 16. Okt. 1875 §. 3 u. Ausführungsg. z. deutsch. G.V.G. v. 22. Febr. 1879, G.S. S. 3, §. 6; in Schaumburg-Lippe die Aemter, V. v. 11. Dez. 1875 §. 3; in Lippe die Verwaltungsämter, V. v. 20. Nov. 1875 §. 1 u. Min.Verf. v. 22. Sept. 1879 G.S. S. 821, Stdesb. 1879 S. 237; in Lübeck das Stadt- und Landamt, Bek. v. 7. Okt. 1875 §. 2; in Bremen für die Stadt Bremen eine Kommission des Senats, für Vegesack und Bremerhaven der Senatskommissar für die Hafenstädte in Verbindung mit den Aemtern, für das Landgebiet der Landherr, V. v. 10. Dez. 1875; in Hamburg die besonders gebildete „Aufsichtsbehörde für die Standesämter", bestehend aus einem Mitgliede des Senats und einem ebenfalls dem Senate angehörigen Stellvertreter, V. v. 6. Dez. 1875 §. 2; in Elsaß-Lothringen die Kreisdirektoren, V. v. 19. Nov. 1875.

Für Mecklenburg-Schwerin vgl. noch V. betr. Festsetzung d. Kosten der Standesämter v. 8. März 1879 (Reg.Bl. S. 25, Stdesb. 1879 S. 86) §. 1 und für Mecklenburg-Strelitz dieselbe V. v. 8. März 1879, Offiziell. Anzeiger S. 9.

[45]) **endgültig.** Ein weiterer Instanzenzug ist ebenso wie der Rechtsweg ausgeschlossen.

[46]) **höhere Verwaltungsbehörde.** Die höhere Verwaltungsbehörde ist auch hier die oben Anm. 3a zu §. 2 bezeichnete, nur ist für den hier in Frage stehenden Fall als solche bestimmt in Preußen der Bezirksausschuß, Ges. betr. die Zuständigkeit der Verwaltungs- u. der Verwaltungsgerichtsbehörden v. 1. Aug. 1883 §. 154 Abs. 2 (vgl. dazu o. Anm. 44). In Sachsen die Kreishauptmannschaft in Konkurrenz mit dem Kreisausschuß, V. v. 6. Nov. 1875 §. 1; in Württemberg die Kreisregierung, Bek. v. 15. Sept. 1875 Nr. 3; in Baden das Justizministerium im Benehmen mit dem Ministerium des Inn., Dienstw. §. 12.

[47]) **höhere Verwaltungsbehörde,** d. h. die im §. 6 Abs. 1 gedachte, also in den einzelnen Staaten nicht die in Anm. 46, sondern die in Anm. 3a zu §. 2 näher bezeichnete.

[48]) **andere Personen,** als die in §§. 4 und 6 gedachten Beamten.

[49]) **Staatskasse zur Last.** Diese Vorschrift entspricht dem §. 5 Abs. 4 des preuß. Ges. v. 9. März 1874. In Preußen sind die Ober-Präsidenten ermächtigt, den Standesbeamten in diesen Fällen ein Pauschquantum bis zum Betrage von 75 Mark jährlich für je 1000 Einwohner des Standesamtsbezirkes (ungefähr 1 Mark für jeden Akt), den Stellvertretern aber je 1 Mark für jeden von ihnen wirklich aufgenommenen Akt zuzubilligen, und nur für höhere Remunerationen ist die Genehmigung des Ministers des Innern vorbehalten, Min.R. v. 7. Mai u. 31. Aug. 1874, M.Bl. f. d. innere Verord. S. 225, 226, Stdesb. 1874 S. 17, u. v. 21. Juli 1877, Wohlers S. 20. Auch hat für die Regel der Standesbeamte aus dem ihm als Remuneration zugebilligten Pausch-

§. 8.

Die sächlichen Kosten [50]) werden in allen Fällen [51]) von den Gemeinden

---

quantum den Stellvertreter nach Verhältniß der von demselben aufgenommenen Akte zu entschädigen, V. v. 20. Nov. 1874 u. v. 18. März 1885, a. a. O. S. 21.

Wegen der Entschädigung der interimistisch mit der Standesbuchführung eines benachbarten Bezirkes auf Grund des §. 3 Abs. 1 betrauten Standesbeamten enthält der §. keine Vorschrift. Die meckl.-schwer. und die meckl.-strel. V. v. 14. Aug. 1875 §. 12, sowie die schaumb.-lipp. V. v. 11. Dez. 1875 §. 11 bestimmen für diesen Fall, daß die Entschädigung dem vertretenen Standesamtsbezirke nach Maßgabe des §. 9 des Reichsgesetzes zur Last fällt, sofern nicht der Standesbeamte, bez. der Stellvertreter nach §. 7 Abs. 4 (d. h. vom Staate, durch die höhere Verwaltungsbehörde) bestellt war, während die anhalt. V. v. 8. Okt. 1875 §. 9 die Entschädigung unter allen Umständen dem Standesamtsbezirke auferlegt. Das erstere ist das Richtige, denn die interimistische Standesbuchführung ist auf Kosten desjenigen wahrzunehmen, der für den Fall, daß die regelmäßige Amtsführung nicht unterbrochen worden wäre, die Entschädigung für diese zu zahlen gehabt hätte.

§. 8. [50]) **sächlichen Kosten.** Zu diesen gehören alle Ausgaben, welche geleistet werden müssen, um die zur ordnungsmäßigen Geschäftsführung der Standesbeamten erforderlichen Einrichtungen zu treffen und zu unterhalten, sowie die für diese nothwendigen Bedürfnisse zu beschaffen, also die Kosten für ein etwa zu miethendes Lokal, für die erforderliche Mobiliareinrichtung, Heizung und Beleuchtung desselben, für die Bedienung (Remuneration der Unterbedienten), für die Kanzleibedürfnisse und für das Geschäftsinventar, namentlich das Dienstsiegel, s. z. B. R. d. preuß. Min. d. Inn. v. 4. Juni 1874, Stdesb. 1877 S. 11, lipp. V. v. 20. Nov. 1875 §. 6; württemb. V. v. 20. Dez. 1875 §. 1; hess. V. v. 3. Nov. 1875 Art. 6; weimar. V. v. 9. Okt. 1875 §. 11; meining. G. v. 27. Nov. 1875 Art. 16 Abs. 2; altenb. V. v. 30. Okt. 1875 §. 7 Abs. 3; cob.-gothaische V. v. 1. Nov. 1875 §. 11 Abs. 2; rudolstädt. V. v. 15. Okt. 1875 §. 11 Abs. 2; sondershaus. V. v. 16. Okt. 1875 §. 10 Abs. 2; V. v. Reuß ä. L. v. 4. Nov. 1875 §. 12 Abs. 2, während nach meckl.-schwerin. u. strelitz. V. v. 14. Aug. 1875 §. 9, anhalt. V. v. 8. Okt. 1875 §. 5 u. lübeck. V. v. 2. Okt. 1875 §. 5 Abs. 2 die Kosten für die Dienstsiegel auf die Staatskasse übernommen sind.

Das Halten der in den einzelnen Staaten veröffentlichten Gesetzes-, Verordnungs- oder Amtsblätter, welche die Standesbuchführung betreffende oder für dieselbe wichtige Erlasse publiziren, ferner das Beschaffen von literarischen Hülfsmitteln, z. B. Zeitschriften, welche die Standesbuchführung zum Gegenstand haben, erscheint ebenfalls auf Kosten der Gemeinden statthaft, denn das Gesetz- und Verordnungs- und ein gewisses literarisches Material muß der Standesbeamte im Interesse des Dienstes behufs seiner Orientirung im Amtslokale zur Hand haben, und es ist ihm daher nicht zuzumuthen, diese Hülfsmittel aus eignen Mitteln zu beschaffen. Selbstverständlich wird aber eine derartige kleine Handbibliothek Inventar des Standesamtes und muß demselben dauernd verbleiben, vgl. hierzu auch d. preuß. Ob.Präs.Verf. v. 24. Jan. 1876 S. 69, Stdesb. 1876 S. 69, s. ferner auch Stdesb. 1877 S. 75 u. 1889 S. 177. Weiteres über diese Frage in ders. Zeitschr. 1875 S. 206, 236.

Die Kosten für Schreibehülfe sind nur dann zu den sächlichen Kosten zu rechnen, wenn der Standesbeamte die Arbeit nicht allein bewältigen kann, sonst muß sie der Standesbeamte aus dem ihm etwa als persönliche Entschädigung gewährten Pauschquantum tragen, Stdesb. 1886 S. 210.

Was die entstehenden Postporti betrifft, so bestimmt das Reichsgesetz §. 47 nur, daß das Porto bei einem im Auslande zu bewirkenden Aufgebot dem Antragsteller zur Last fällt. Die sonstigen Porti sollen nach der meckl.-schwer. und meckl.-strel. V. v. 14. Aug. 1875 §. 9, d. J. f. Reuß j. L. §. 16 und d. lippischen V. v. 20. Nov. 1875 §. 6 zu den sächlichen Kosten gerechnet werden, indem gleichzeitig angeordnet wird, daß die von den Standesbeamten ausgehenden Schreiben zu frankiren sind. Dagegen sind nach d. württemb. J. §. 5 und hess. J. zu §. 16 die Portokosten einschließlich der Kosten der erforderlichen Retourbriefe von den Betheiligten zu verlegen und nach d. J. für Reuß ält. Lin. §. 12 und d. meining. § 66 sollen die durch Aufgebote veranlaßten Porti durch die Antragsteller getragen werden. In Sachsen ist vielfach die Wiedereinziehung des Portos für die Aufgebots- und Eheschließungsermächtigungen üblich, Stdesb. 1877 S. 201.

Nach d. bair. M.E. v. 20. Jan. 1876 u. 24. Nov. 1876, Stdesb. 1876 S. 85, 339 u. 1877 S. 27, Just.M.Bl. 1876 S. 357 sollen die Porti, welche nicht im internen Verkehr der Standesämter, sondern durch Anträge und besondere Verhältnisse der Interessenten, z. B. in Vollzug der §§. 27, 43, 46, 66, oder durch deren Verschulden erwachsen sind, von diesen getragen werden. Den Gesichtspunkt der Verschuldung verwirft dagegen d. Besch. d. preuß. Just.M. u. Min. d. Inn. v. 31. Mai 1879, Stdesb. 1879 S. 174, indem er die Porti den Interessenten nur in den ausdrücklich vorgeschriebenen Fällen (§§ 27 u. 47) auferlegt wissen will. Das preuß. Min. d. Inn. v. 22. Febr. 1875 (M.Bl. f. d. i. V. v. 1875 S. 62; Stdesb. 1875 S. 81, vgl. auch Stdesb. 1878 S. 257) erachtet es für unzulässig, den Gemeindebehörden die Frankirung der auf Ersuchen der Standesämter, namentlich in Aufgebotssachen von ihnen abzusendenden Schreiben zur Pflicht zu machen, empfiehlt aber mit Rücksicht auf die Weiterungen, welche die Wiedereinziehung des Portos von der für verpflichtet zu erachtenden Person zur Folge haben würde, daß die Gemeindebehörden unter gegenseitigem Verzicht auf eventuelle Erstattungsansprüche stets die Frankirung eintreten lassen, und der cit. Besch. v. 1879 bemerkt mit Rücksicht hierauf, daß die Porti für die betreffende Korrespondenz, soweit sie von den Gemeinden verlegt sind, als sächliche Kosten von diesen getragen werden sollen, die Staatskasse aber, welcher diese Kosten an sich nicht zur Last fallen, Min. d. Inn. v. 15. April 1876, M.Bl. f. d. i. V. S. 101, Stdesb. 1876 S. 203, die den Staatsbehörden in der Korrespondenz mit den Standesämtern entstehenden Porti auf sich nehmen werde. (Dadurch sind die Mittheilungen Stdesb. 1875 S. 67 u. 69 bedeutungslos geworden.) Für Preußen vgl. noch Wohlers S. 21 ff. und v. Erichsen, Führung SS. 77, 81, 95, 97, 186.

Da das Reichsgesetz dem Antragsteller die Kosten, zu denen auch die Porti gehören, nur in den Fällen der §§. 27 u. 47 zur Last legt, und ferner der §. 16 desselben von kostenfreier Führung der Register spricht, so muß angenommen werden, daß das für die nothwendigen Sendungen, z. B. der Aufgebotsexemplare entstehende Porto der Gemeinde, um deren Register es sich handelt, zur Last fällt. Insoweit ist der Standpunkt des cit. preuß. Besch. v. 1879 der richtige. Dagegen steht nichts entgegen, die durch Verschulden der Interessenten entstandenen Mehrporti von ihnen einzuziehen, wennschon es praktisch rathsamer ist, wegen der Weiterungen, welche die Feststellung des Verschuldens in den einzelnen Fällen machen würde, davon abzusehen.

Wegen der Formulare s. Anm. 52 zu dies. §.

Die Festsetzung der von den Gemeinden zu tragenden sächlichen Kosten steht, wo solche nöthig wird, nach der mecklenb.-schwer. V. v. 8. März 1879 §. 2, Reg.Bl. S. 25, Stdesb. 1879 S. 87 der Civilstandskommission, nach dem s.-meining. G. v. 27. Nov. 1875 Art. 5 und dem Ges. v. 28. Dez. 1878, betr. d. Ausführungsbestimmungen d. deutsch. G.V.G., Samml. d. Verordn. S. 43, §§. 7, 16, 17 Abs. 2 dem Amtsgericht, der s.-cob.-goth. v. 1. April 1875 §. 9 u. d. Ausführungsges. z. d. G.V.G. v. 7. April 1879, cob. G.S. S. 88, goth. S. 63, §. 7 den Amtsgerichten und in höherer Instanz dem Staatsministerium, der schwarzb.-rudolst. V. v. 15. Okt. 1875 §. 12 u. G. betr. d. Ausführung d. G.V.G. v. 1. März 1879, G.S. S. 27, §. 6, der schwarzb.-sondersh. V. v. 16. Okt. 1875 §. 11 u. Ausführungsges. z. d. G.V.G. v. 16. Mai 1879, G.S. S. 89, §§. 13, 16, der V. f. Reuß ält. Lin. v. 4. Nov. 1875 §. 13 u. Ges. v. 21. Nov. 1879, Aenderungen d. Gerichtsverfassung betr., G.S. S. 187 §. 3 Abs. 3, und f. Reuß j. Lin. v. 16. Okt. 1875 §. 10 u. Ausführungsges. z. deutsch. G.V.G. v. 22. Feb. 1879, G.S. S. 3, §. 6 den Amtsgerichten zu, d. h. den Behörden, welche die untere Verwaltungsbehörde im Sinne des §. 7 Abs. 3 (s. Anm. 44 dazu) bilden. Die württemb. Bek. v. 15. Sept. 1875, welche die Vollziehung der §§. 7—9 den Oberämtern und Kreisregierungen als den Gemeindeaufsichtsbehörden unter der Oberaufsicht des Ministeriums des Innern zuweist, begreift darunter offenbar auch die Festsetzung der Kosten in Streitfällen.

Auch für diejenigen Staaten, in welchen keine besonderen Bestimmungen für den fraglichen Fall vorhanden sind, wird das in den citirten Verordnungen enthaltene Prinzip, daß die in §. 7 Abs. 3

getragen; die Register und Formulare zu allen Registerauszügen [52]) werden jedoch den Gemeinden von der Zentralbehörde [53]) des Bundesstaats kostenfrei [54]) geliefert.

---

des Ges. gedachten Behörden zu entscheiden haben, für maßgebend erachtet werden müssen, so auch preuß. O.Verw.G. v. 29. Juni 1878, Entsch. 4, 385. Das Reichsgesetz bietet außer dem §. 7 Abs. 3 keine andere Vorschrift zu analoger Anwendung dar, denn der §. 11 handelt nur von den die Amtsführung der Standesbeamten kontrolirenden Aufsichtsbehörden, und unter ihre Funktionen fällt die Festsetzung der betreffenden Kosten nicht.

Der Rechtsweg über die Feststellung der sächlichen Kosten ist, da es sich hier nicht um Privatrechtsansprüche handelt, ausgeschlossen, so preuß. Kompetenzgerichtshof v. 15. April 1882, M.Bl. f. d. i. V. S. 96.

Nicht zu den den Gemeinden zur Last fallenden sächlichen Kosten gehören besonders entstehende Ausgaben (einschließlich der Porti) welche durch anderweitige, den Standesbeamten auferlegte Funktionen entstehen, z. B. durch Erstattung der Anzeigen an die Straf- und die Vormundschaftsgerichte preuß. J. M. Bl. 1875 S. 196, Stdesb. 1875 S. 160, 1876 S. 183, 203, 1880 S. 46, und durch die Anfertigung statistischer Zusammenstellungen, Stdesb. 1877 S. 90 u. 1878 S. 113. Vgl. dazu Anm. 70 zu § 12.

[51]) **in allen Fällen**, d. h. auch wenn die höhere Verwaltungsbehörde solche Personen, welche aus der Staatskasse zu entschädigen sind, zu Standesbeamten ernannt hat.

[52]) **Register und Formulare zu allen Registerauszügen**, die Vordrucke zu den Haupt- und Nebenregistern (s. §§. 12, 14) und zu den daraus wörtlich zu entnehmenden Abschriften, s. g. Auszügen (s. §. 15), nicht andere Formulare, also namentlich nicht die Formulare für Bescheinigungen über Eheschließung, zum Zweck der Taufe und Beerdigung, für das Aufgebot und für die Ermächtigung zur Vornahme einer Eheschließung (s. §. 43), B.R.B. §. 6. Die Kosten für die Beschaffung dieser letztgedachten Formulare sind sächliche, welche die Gemeinden zu tragen haben. S. auch Anm. 54.

[53]) **Zentralbehörde**, diejenige oberste Staatsbehörde, und welche ressortmäßig die Beaufsichtigung des Standesregister-Wesens fällt, in Preußen das Min. d. Inn.; in Baiern das Staatsmin. d. Inn.; in Sachsen die Min. d. Inn. und der Justiz; in Würtemberg die eben gedachten Ministerien; in Baden das Min. der Justiz; in Hessen desgl.; in Meckl.-Schwerin das Min. d. Innern, V. v. 14. Aug. 1875 §. 1; in S.-Weimar das Staatsmin. Dep. d. Justiz, V. v. 9. Okt. 1875 §. 2; in Meckl.-Strelitz die Landesregierung, V. v. 14. Aug. 1875 §. 1; in Oldenburg das Staatsmin., Dep. d. Justiz, B. v. 8. Nov. 1875 Art. 1; in Braunschweig das Staatsmin., Bek. v. 9. Sept. 1875 Nr. 1; in S.-Meiningen die Minist. Abthl. f. Justiz, V. v. 26. Okt. 1875 Art. 1; in S.-Altenburg das Ministerium, Abthl. des Innern, V. v. 30. Okt. 1875 §. 1; in S.-Coburg-Gotha das Staatsministerium; in Schwarzb.-Rudolstadt das Minist., Justizabtheilung, V. v. 15. Okt. 1875 §. 2; in Schwarzb.-Sondershausen desgl., V. v. 16. Okt. 1875 §. 2; in Anhalt das Staatsministerium; in Waldeck der Landesdirektor; in Reuß ält. Lin. die Landesregierung, V. v. 4. Nov. 1875 §. 2; in Reuß j. Lin. das Ministerium; in Schaumburg-Lippe die Regierung; in Lippe die Regierung; in Lübeck der Senat, V. v. 7. Okt. 1875 §. 1; in Hamburg und Bremen desgl; in Elsaß-Lothringen (nach Aufhebung des Oberpräsidiums) das Ministerium, Abth. II für Justiz und Kultus, Ges. v. 4. Juni 1879, R.G.Bl. S. 165, V. v. 23. Juli 1879 §§. 1, 3 Nr. 1, 3, G.Bl. f. Els.-Lothr. S. 81, u. V. v. 5. Juni 1882, a. a. O. 1882 S. 81.

[54]) **kostenfrei**, d. h. auf Staatskosten. Vgl. hierzu auch sächs. V. v. 6. Nov. 1875 §. 14; s.-weimar. G. v. 9. Okt. 1875 §. 11; s.-mein. G. v. 27. Nov. 1875 Art. 16; s.-altenb. V. v. 30. Okt. 1875 §. 7; s.-cob.-goth. V. v. 1. Nov. 1875 §. 11; schwarzb.-rudolst. V. v. 15. Okt. 1875 §. 11; schwarzb.-sondersh. V. v. 16. Oktbr. 1875 §. 10; V. f. Reuß ält. Lin. v. 4. Nov. 1875 §. 12; Instr. f. Reuß j. Lin. §. 27.

Die meckl.-schwerin. und -strelitz. V. v. 14. Aug. 1875 §. 9 bestimmen abweichend von den citirten Anordnungen, daß auch diejenigen Formulare, welche durch die mecklenburgischen Ausführungs-

§. 9.

In Standesamtsbezirken, welche aus mehreren Gemeinden gebildet sind, wird die den Standesbeamten oder den Stellvertretern zu gewährende Entschädigung [55]) und der Betrag der sächlichen Kosten [56]) auf die einzelnen betheiligten Gemeinden [57]) nach dem Maßstabe der Seelenzahl vertheilt.

§. 10.

Den Gemeinden im Sinne dieses Gesetzes werden die außerhalb der Gemeinden stehenden Gutsbezirke [58]), den Gemeindevorstehern die Vorsteher dieser Bezirke gleich geachtet.

§. 11.

Die Aufsicht über die Amtsführung [59]) der Standesbeamten wird von der unteren Verwaltungsbehörde, in höherer Instanz von der höheren Verwaltungsbehörde [60]) geübt, insoweit die Landesgesetze nicht andere Aufsichtsbehörden [61]) bestimmen [62]).

---

verordnungen und Instruktionen verbindlich vorgeschrieben sind, den Standesämtern gleichfalls kostenfrei geliefert werden sollen. Eine ähnliche Vorschrift enthält auch die anhalt. V. v. 8. Okt. 1875 §. 5.

§. 9. [55]) **zu gewährende Entschädigung.** Vergl. Anm. 37 ff. zu §. 7. S. auch lipp. V. v. 20. Nov. 1875 §. 5.

[56]) **sächlichen Kosten.** An diesen participirt die Hauptgemeinde im Gegensatz zur Entschädigung (s. Anm. 37 zu §. 7).

[57]) **betheiligten Gemeinden.** Darunter sind mit Rücksicht auf das Anm. 42 zu §. 7 und Anm. 56 Bemerkte, soweit es sich um die Vertheilung der dem Standesbeamten und dem Stellvertreter zu gewährenden Entschädigung handelt, die nach §. 7 Abs. 2 dazu verpflichteten Gemeinden, zu denen die Hauptgemeinde nicht zu gehören braucht, soweit dagegen die Vertheilung der sächlichen Kosten in Frage steht, stets sämmtliche zum Standesamtsbezirk gehörenden Gemeinden zu verstehen.

§. 10. [58]) **Gutsbezirke,** für Preußen s. Anm. 34 zu §. 6; für Meckl.-Schwerin u. -Strelitz V. v. 14. Aug. 1875 §. 6; für Anhalt V. v. 8. Okt. 1875 §. 3; für Reuß ält. Lin. V. v. 4. Nov. 1875 §. 5; für Lippe V. v. 20. Nov. 1875 §. 2.

§. 11. [59]) **Aufsicht über die Amtsführung.** Die Stellung der gleich zu erwähnenden Behörden bedingt es, daß sich die Standesbeamten in zweifelhaften Fällen an sie behufs Auskunft und Belehrung zu wenden haben. J. f. Württemberg §. 19; f. Oldenburg §. 1; f. Reuß j. Lin. §. 1.

[60]) **untere Verwaltungsbehörde, in höherer Instanz von der höheren Verwaltungsbehörde.** Diese sind, und zwar

die **unteren Verwaltungsbehörden** in Preußen a) in den Landgemeinden und Gutsbezirken der Landrath als Vorsitzender des Kreisausschusses, b) in den Stadtgemeinden der Regierungspräsident, c) im Stadtkreise Berlin der Oberpräsident, Ges. über die Zuständigkeit d. Verwaltungs und Verwaltungsgerichtsbehörden v. 1. Aug. 1883 §. 154 Abs. 1 (s. Anm. 47 zu §. 7), d) im Bezirk des Oberlandesgerichts zu Köln die Staatsanwaltschaft des Landgerichts, §. 154 Abs. 2 des cit. Ges. v. 1. Aug. 1883, preuß. Ausführungsges. z. Gerichtsverfassungsgesetz v. 24. April 1878, G.S. S. 230, §§. 58, 107 Abs. 2, R. d. Min. d. Inn. u. d. Justiz v. 1. Juli 1879, J.M.Bl. S. 271 (wegen der Beseitigung der früheren Besonderheiten für Frankfurt a. M. s. Ausführungsges. z. deutsch. Gerichtsverfassungsges. v. 28. April 1878 §. 107 Abs. 2); in Baiern in den Landestheilen rechts des Rheins die Distriktsverwaltungsbehörden, in München der Magistrat, in den einer Kreisregierung unmittelbar untergeordneten Städten, soweit daselbst nicht nach §. 4 Abs. 2 das Reichsges. besondere Standesbeamte und Stellvertreter sind, die Kreisregierungen, Kammern des Innern, V. v. 14. Okt. 1875 §. 5 (ferner Anm. 61); in Sachsen die Stadträthe in den Städten mit revidirter Stadtordnung, sonst die Amtshauptmannschaften, V. v. 6. Nov. 1875 §. 2; in den übrigen Bundesstaaten mit Ausnahme von Württemberg, Baden, Hessen und Elsaß-Lothringen (s. darüber Anm. 61) die in Anm. 44 zu §. 7 angegebenen Behörden.

Höhere Verwaltungsbehörden sind in Preußen a) in den Landgemeinden der Regierungspräsident, bez. der Minister des Innern, b) in den Stadtgemeinden der Oberpräsident, bez. der gedachte Minister und c) im Stadtkreise Berlin der letztere, cit. Ges. v. 1. Aug. 1883 §. 154 Abs. 1; in Baiern die Kreisregierungen, Kammern des Innern, wo aber diese die Aufsicht in unterer Instanz führen, das Staatsministerium des Innern; in Sachsen die Kreishauptmannschaften, V. v. 6. Nov. 1875 §. 1; in Württemberg die den Oberamtsgerichten, d. h. jetzt den Amtsgerichten, vorgesetzten höheren Justizbehörden, Ges. v. 8. Aug. 1875 Art. 1, d. h. die Landgerichte und das Oberlandesgericht, Ausführungsges. z. Reichsgerichtsverfassungsges. v. 24. Jan. 1879, Reg.Bl. S. 3, Art. 1, 2, 6, 7, 14, 15; in S.-Weimar die Landgerichte unter Oberaufsicht des Staatsmin., Dep. der Justiz, V. v. 9. Okt. 1875 §. 4 im G. betr. d. Landesgerichte v. 8. März 1879, R.Bl. S. 65, §. 7; in S.-Coburg-Gotha die Landgerichte unter Oberaufsicht des Staatsministeriums, V. v. 1. Nov. 1875 §. 4, Ausführungsges. z. d. G.V.G. v. 7. April 1879, cob. G.S. S. 85, goth. S. 63, §. 5; in Schwarzb.-Rudolstadt die Landgerichte unter Oberaufsicht des Minist. Justizabtheilung, V. v. 15. Okt. 1875 §. 4 u. Ges. betr. d. Ausführung d. G.V.G. v. 1. März 1879, G.S. S. 27, §. 6; in Schwarzb.-Sondershausen das Minist., Justizabtheilung, V. v. 16. Okt. 1875 §. 4 u. Ausführungsges. z. d. G.V.G. v. 16. Mai 1879, G.S. S. 89 §. 16; für die übrigen Bundesstaaten mit Ausnahme von Baden, Hessen und Elsaß-Lothringen die Anm. 3a zu §. 2 aufgeführten Behörden.

[61]) **Landesgesetze nicht andere Aufsichtsbehörden.** Vgl. dazu Motive zu §. 10 (jetzt §. 11 des Gesetzes) S. 23: „§. 10 regelt die Ausführung über die Standesbeamten im Anschluß an §. 7 des preußischen Gesetzes, jedoch im Interesse derjenigen preußischen und außerpreußischen Gebietstheile, in welchen das Gesetz v. 9. März 1874 nicht gilt, mit der Einschränkung, daß sowohl bestehende Landesgesetze, welche eine andere Art der Aufsichtsführung über die Standesbeamten angeordnet haben, wie z. B. der Code civil und das badische Landrecht, unberührt bleiben, als auch den einzelnen Bundesstaaten die Möglichkeit offen gelassen wird, eine anderweitige Regelung der Aufsichtsführung, z. B. ausschließlich durch die Gerichte, für die Zukunft zu bestimmen. Die Frage, in welcher Weise eine solche Bestimmung zu treffen sei, entscheidet sich nach der Verfassung des Einzelstaates. Der in Abs. 1 des §. 10 a. E." (jetzt §. 11) „und an anderen Stellen dieses Gesetzes (z. B. §. 69)" — (jetzt §. 70) — „gebrauchte Ausdruck „Landesgesetze", soll, gleich wie derselbe Ausdruck in den dem Reichstage zur Berathung vorliegenden Justizgesetzen, jede verfassungsmäßige Rechtsnorm umfassen und keineswegs die einzelne Bundesregierung nöthigen, den Weg der Gesetzgebung zu beschreiten, wenn landesverfassungsmäßig die Regelung im Wege der Verordnung zulässig ist."

Nach dem Code civil art. 53 — also im Oberlandesgerichtsbezirk Köln und in Elsaß-Lothringen — hatten die Oberprokuratoren bei den Gerichten erster Instanz die Aufsicht über die Standesbuchführung (vgl. auch Stdesb. 1876 S. 86), an deren Stelle jetzt die ersten Staatsanwälte bei den Landgerichten getreten sind, s. Anm. 60 zu d und V. v. 1. Dez. 1879, Ges.Bl. f. Elsaß-Lothringen S. 100, Dienstanweisung f. die Standesbeamten v. 1882, bez. 1885 u. 1887 §. 1; ebenso ist es in der Pfalz bei der Aufsicht der Staatsanwälte geblieben, bair. V. v. 14. Okt. 1875 §. 5; in Baden führen die Aufsicht die Amtsgerichte und in höherer Instanz die ihnen vorgesetzten Gerichtshöfe, Ges. v. 9. Dez. 1875 §. 4, Dienstw. §. 10, in Hessen unter Oberaufsicht des Ministeriums des Innern und des Justizministeriums in erster Instanz die Amtsgerichte, in oberer Instanz die Landgerichte, V. v. 14. Mai 1879 z. Ausführ. d. deutsch. Gerichtsverfassungsges. §. 14, Reg.Bl. S. 201; in Württemberg die Amtsgerichte, G. v. 8. Aug. 1875 Art 1 u. Ausführungsges. z. Reichsgerichtsverfassges. v. 24. Jan. 1879, Reg.-Bl. S. 3, Art 1, 2.

Für Elsaß-Lothringen vgl. noch über die durch die Amtsrichter in Betreff der Standesregister ihres Amtssitzes jährlich, der übrigen ihres Amtsbezirkes gelegentlich vorzunehmenden Revisionen Min.V. v. 21. April 1881, Sammlung d. Justizverwaltung 6, 75, Stdsb. 1890 S. 82.

[62]) **bestimmen.** Die Kosten der Aufsicht, insbesondere auch die für Visitationen haben die Ge-

Die Aufsichtsbehörde ist befugt, gegen den Standesbeamten Warnungen, Verweise und Geldstrafen zu verhängen[63]). Letztere dürfen für jeden einzelnen Fall[64]) den Betrag von einhundert Mark[65]) nicht übersteigen.

Lehnt der Standesbeamte die Vornahme einer Amtshandlung ab[66]), so kann er dazu auf Antrag der Betheiligten durch das Gericht angewiesen werden. Zuständig ist das Gericht erster Instanz[67]), in dessen Bezirk der Standesbeamte seinen

---

meinden, welchen §. 8 nur die sächlichen Kosten der Standesbuchführung auferlegt, nicht zu tragen. Sie fallen vielmehr dem Staate zur Last, soweit sie — das Reichsgesetz entscheidet darüber nicht — nicht etwa nach dem bestehenden Verwaltungsrecht von den höheren Kommunalverbänden, wie z. B. in Preußen von den Kreisen, Stdsb. 1876 S. 267, übernommen werden müssen. Denn die Standesbuchführung ist eine staatliche Angelegenheit, und es sind nur die sächlichen Kosten für die Standesbuchführung selbst durch das Gesetz den Gemeinden auferlegt (§. 8).

63) **Warnungen, Verweise und Geldstrafen zu verhängen.** Dazu bemerken die Motive S. 24: „Im §. 10 Abs. 2" (jetzt §. 11 Abs. 2) „ist der Aufsichtsbehörde abweichend von dem Preußischen Gesetze eine Strafbefugniß dem Standesbeamten gegenüber eingeräumt, weil eine solche in der Rheinischen Civilstandsgesetzgebnng besteht, sich dort nach den gemachten Erfahrungen als nicht entbehrlich herausgestellt hat und auch von denjenigen Bundesstaaten für wünschenswerth erachtet wird, welche durch das gegenwärtige Gesetz die bürgerliche Standesbuchführung neu erhalten."

Eine Beschwerde gegen eine derartige Straffestsetzung der Aufsichtsbehörde an die höhere ist nicht ausgeschlossen. Nähere Bestimmungen darüber enthalten die hess. V. v. 3. Nov. 1875 Art. 8; die lippische V. v. 20. Nov. 1875 §. 8.

Da es sich in solchen Fällen nur um disciplinare Ahndung handelt, so ist die strafrichterliche Verfolgung wegen derselben Pflichtwidrigkeit (s. z. B. §. 69 des Gesetzes) daneben nicht ausgeschlossen.

Zur Aufgabe der Aufsichtsbehörde gehört auch unzweifelhaft die Vornahme von Visitationen und Revisionen an Ort und Stelle (auch s.-weim. Bek. v. 13. Dez. 1875 Nr. 1).

64) **für jeden einzelnen Fall**, d. h. für jeden Fall der Verhängung. Wenn also die Pflichtwidrigkeit nicht abgestellt wird, so kann später wegen derselben eine nochmalige Strafe verhängt werden, wenn diese dann auch mit der ersten zusammengenommen 100 Mark übersteigt.

65) **einhundert Mark.** Insoweit ist Art. 50 Code civil, welcher nur eine Strafe bis 100 Frcs. zuließ, beseitigt, nicht aber insoweit als das Gericht erster Instanz (jetzt das Schöffengericht) die Strafe festzusetzen hat.

66) **Lehnt der Standesbeamte die Vornahme einer Amtshandlung ab.** Mit diesen Worten wird im Gegensatz zu den im Abs. 2 bestimmten Aufsichtsbehörden über die allgemeine Verwaltung der Standesbuchführung die Kompetenz der Gerichte festgesetzt. Letztere haben danach nur auf Antrag der Betheiligten einzuschreiten, wenn der Standesbeamte eine Amtshandlung d. h. eine Beurkundshandlung und eine dazu nothwendige Vorbereitungshandlung, wie den Erlaß des Aufgebots, verweigert und diese Weigerung sich nicht als eine bloße Verletzung seiner Dienstpflicht zu ordnungsmäßiger und prompter Amtsführung darstellt. Wenn die Weigerung also ohne Grund oder gar aus Bequemlichkeit geschieht oder keine Beurkundshandlungen oder ihre nothwendigen Vorbereitungen betrifft, z. B. trotz §. 16 Abs. 2 die Vorlegung der Standesregister zur Einsichtnahme oder zur Ertheilung eines Auszuges abgelehnt wird, so kann die Aufsichtsbehörde nach Abs. 2 ebenfalls einschreiten, nur darf sie den Standesbeamten, welcher die begehrte Amtshandlung nicht für gesetzmäßig hält, nicht dazu zwingen, vielmehr ist dazu lediglich das Gericht kompetent. So auch v. Sicherer S. 17.

67) **Gericht erster Instanz.** Bestimmt sind als solche in Gemäßheit des §. 84 des Ges. in Preußen die Civilkammer des Landgerichts, in dessen Bezirk der Standesbeamte seinen Amtssitz hat, Min. R. d. Min. d. Inn. u. d. Justiz v. 1. Juli 1879, J. M.Bl. S. 154, Stdesb. 1879 S. 158, unter a; in Baiern das Amtsgericht, V. v. 14. Okt. 1875 §. 6 u. Ausführgsges. z. Reichsgerichts-

Amtssitz hat. Das Verfahren und die Beschwerdeführung regelt sich, insoweit die Landesgesetze [68]) nicht ein Anderes bestimmen, nach den Vorschriften, welche in Sachen der nichtstreitigen Gerichtsbarkeit gelten [69]).

---

verfassgsges. v. 23. Februar 1879, G. u. V.Bl. S. 273, Art. 15; in Sachsen die Amtsgerichte, V. v. 6. Nov. 1875 §. 4 u. Ausführgsges. z. Ger.Verf.Ges. v. 1. März 1879, G. u. V.Bl. S. 53, §§. 1, 13; in Württemberg die Amtsgerichte, Ges. v. 8. Aug. 1875 Art. 1 und Ausführgsges. z. Reichsgerichtsverfassgsges. v. 24. Januar 1879, Reg.Bl. S. 3, Art. 1, 2; in Baden die Amtsgerichte, Ges. v. 9. Dez. 1875 §. 4; in Hessen die Amtsgerichte, V. v. 3. Nov. 1875 Art. 7 u. Ausführgs.G. z. deutsch. Ger.V.G. v. 14. Mai 1879, Reg.Bl. S. 197, §. 14; in Meckl.-Schwerin die Amtsgerichte, V. v. 14. Aug. 1875 §. 7 u. Ausführgs.G. z. deutsch. Ger.V.G. v. 17. Mai 1879, Reg.Bl. S. 131, §. 62; in S.-Weimar die Amtsgerichte, V. v. 9. Okt. 1875 §. 6 u. Ges. betr. die neu zu errichtenden Landesgerichte v. 8. März 1879, Reg.Bl. S. 65, §. 7; in Meckl.-Strelitz die Amtsgerichte, V. v. 14. Aug. 1875 §. 7 u. V. z. Ausf. d. Ger.Verf.Ges. v. 17. Mai 1879, Offiz. Anzeiger S. 167, §. 56; in Oldenburg das Amtsgericht, V. v. 8. Nov. 1875 Art. 4; in Braunschweig das Amtsgericht, Bek. v. 9. Sept. 1875 u. Ausführgsg. z. deutschen Ger.Verf.G. v. 1. April 1879, G. u. V.V. S. 131, §. 20; in S.-Meiningen das Amtsgericht, G. v. 27. Nov. 1875 Art. 3 u. G. v 16. Dez. 1878 betr. Ausführungsbestimm. z. deutsch. G.V., Samml. d. V. S. 43, §§. 7, 16, 17 Abs. 2; in S.-Altenburg die Amtsgerichte, V. v. 30. Okt. 1875 §. 3 u. Ausführgsg. z. deutsch. G.V.G. v. 22. März 1879, G.S. S. 9, §. 6; in S.-Coburg-Gotha die Amtsgerichte, V. v. 1. Nov. 1875 §. 6 u. Ausführgsg. z. d. G.V.G. v. 7. April 1879, cob. G.S. S. 85, goth. S. 63, §. 5; in Anhalt die Amtsgerichte, V. v. 8. Okt. 1875 §. 2 u. Ausführgsg. z. d. G.V.G. v. 10. Mai 1879, G. S. 9, 427, §. 16; in Schwzb.-Rudolstadt die Amtsgerichte, V. v. 15. Okt. 1875 §. 6, G. betr. die Ausführg. d. G.V.G. v. 1. März, G. S. 27, §. 6; in Schwzb.-Sondershausen die Amtsgerichte, V. v. 16. Okt. 1875 §. 6 u. Ausführgsg. z. d. G.V.G. v. 16. Mai 1879, G.S. S. 89, §§. 13, 16; in Waldeck das Landgericht, Bek. v. 23. Nov. 1875 § 5 u. G. v. 1. September 1879, Reg.Bl. S. 79, wodurch das preußische Ausführgsg. z. d. G.V.G. v. 24. April 1878 in Waldeck eingeführt ist; in Reuß ä. L. die Amtsgerichte, V. v. 4. Nov. 1875, §. 6 u. Ges. v. 21. Nov. 1878, Aenderungen d. Gerichtsverfassg. betr., G.S. 187, §. 3 Abs. 3; in Reuß j. L. die Amtsgerichte, V. v. 16. Okt. 1875 §. 5 u. Ausführgsg. z. deutsch. Ger.V.G. v. 22. Februar 1879, G.S. S. 3, §. 6; in Schaumburg-Lippe die Amtsgerichte, V. v. 11. Dez. 1875 § 5, u. V. v. 13. Aug. 1879, Landesverordn. 13, 301; in Lippe die Amtsgerichte, V. v. 22. Sept. 1879, G.S. S. 821; Stdesb. 1879 S. 237; in Lübeck das Amtsgericht, Bek. v. 7. Okt. 1875 §. 3 u. AusführgsV. z. deutsch. G.V.G. v. 12. Februar 1879, Samml. d. V. S. 17, §§. 49 No. 6 u. 50; in Bremen die Amtsgerichte, V. v. 10. Dez. 1875 §. 2 u. Ausführgsg. z. Ger.V.G. v. 17. Mai 1879, G. Bl. S. 107, §. 71; in Hamburg die Amtsgerichte, V. v. 6. Dez. 1875, §. 3 u. Ges. betr. die nicht streitige Gerichtbarkeit v. 25. Juli 1879, G.S. S. 253, §. 6 Abs. 3.; in Elsaß-Lothringen das Landgericht.

[68]) **Landesgesetze**, s. Anm. 61. Besondere Vorschriften in dieser Beziehung enthält d. hess. Ges. v. 3. Dez. 1875.

[69]) **welche in Sachen der nichtstreitigen Gerichtsbarkeit gelten.** Gegen die den Standesbeamten zur Vornahme einer Amtshandlung anweisende gerichtliche Verfügung hat derselbe seinerseits kein Beschwerderecht, vielmehr hat er die Handlung unweigerlich zu vollziehen. Er gehört, wie der Wortlaut des §. ergiebt, nicht zu den Betheiligten. Vielmehr hat er die Stellung einer Behörde, nicht einer Partei und muß in dieser seiner Eigenschaft den Anweisungen der vorgesetzten Behörde folgen. Da letztere die Verantwortlichkeit trägt, so liegt für ihn auch nicht das geringste Interesse zur Beschwerde vor. Ueberdies haben auch nach dem hier maßgebenden Verfahren in Sachen der nichtstreitigen Gerichtsbarkeit die Gerichte kein Beschwerderecht gegen die Verfügungen der vorgesetzten Gerichtsbehörden, so R. des Kammergerichts zu Berlin v. 22. Nov. 1875 und Verf. desselben v. 29. Mai 1878, Johow, Jahrb. d. preuß. Appellationsger. 8, 24, vgl. dazu Stdesb. 1875

§. 12.

Von jedem Standesbeamten sind drei Standesregister [70]) unter der Bezeichnung:

Geburtsregister,

Heirathsregister,

Sterberegister

zu führen.

S. 275, 1876 S. 59, 1879 S. 19. s. ferner Stölzel a a. O. 1876 S. 105, v. Sicherer S. 165. Nur wird es dem Standesbeamten unbenommen bleiben, von dem Einzelfalle der Aufsichtsbehörde Mittheilung zu machen und so die Prüfung der gerichtlichen Verfügung vom Standpunkte der Aufsichtsführung und ein gegenseitiges Benehmen der Aufsichts- und Gerichtsbehörden zu veranassen. Das ist auch das einzige Mittel, die Schwierigkeiten, welche aus einer verschiedenen Auffasung der Aufsichts- und der Gerichtsbehörden für einzelne Fälle, z. B. über den Begriff der Berichtigung (s. unten zu §. 65) entstehen, zum Austrag zu bringen, vgl. Stölzel, Kritische Vierteljahrsschr. N. F. 2, 243. In Preußen bilden die Civilsenate der Oberlandesgerichte die einzige und letzte Beschwerdeinstanz, Ausführungsges. z. deutsch. Gerichsverfassungsges. v. 28. April 1878, G.S. S. 230 §§. 49, 57. In Baiern richtet sich das Verfahren jetzt nach Art. 163—168 des Ausführungsges. z. Reichscivilproceßordn. v. 23. Februar 1879, G. u. V.Bl. S. 63.

§. 12. [70]) **Von jedem Standesbeamten sind drei Standesregister.** Damit ist ausgedrückt, daß die Standesbuchführung eine einheitliche sein soll, also alle drei Register von einem oder wenigstens unter der Verantwortlichkeit eines und desselben Standesbeamten geführt werden müssen. Die Bestellung je eines besonderen Standesbeamten für das Geburtsregister, für das Heirathsregister u. s. w. ist mithin unzulässig. Indessen kann da, wo mehrere Stellvertreter vorhanden sind, im Wege der inneren Geschäftsvertheilung bestimmt werden, daß der erste, resp. zweite Stellvertreter in dieser Eigenschaft der Regel nach in Fällen der einen oder andern Art eintritt, so auch preuß. Min. Erl. v. 26. Mai 1874, Min.Bl. f. d. i. V. 127, Stdesb. 1875 S. 3; bair. Min.Entschl. v. 20. Nov. 1875, Fitting S. 275; v. Sicherer S. 11 N. 4.

Ferner ergiebt die Vorschrift in Verbindung mit der des §. 13 über die fortlaufende Numerirung der Eintragungen, daß in Standesamtsbezirken, welche aus mehreren Gemeinden bestehen, nur je ein Register, nicht etwa für die verschiedenen Gemeinden besondere Geburts-, Heiraths- und Sterberegister geführt werden sollen. Dieser Grundsatz war schon bisher in Preußen, dessen Ges. v. 9. März 1874 im §. 8 eine ganz gleichlautende Vorschrift wie §. 12 des Reichsgesetzes enthält, in Geltung, s. den Abs. 1 a. E. cit. preuß. Min.Erl., und ist auch ausdrücklich anerkannt in der angef. bair. Min.Entschl., in den Instr. f. Württemberg §. 2; Hessen zu §. 12 Abs. 5; Meckl.-Schwerin §. 2; M.-Strelitz §2; Oldenburg §. 3; Meiningen §. 9; Reuß. ä. L. §. 2; Reuß j. L. §. 2; Schaumburg-Lippe §. 2.

Eine Zerlegung jedes der drei Register in mehrere Teile für einen Jahrgang der Zeitfolge nach ist statthaft, wenn der Jahresband zu stark werden sollte, s. B.R.V. §. 3, jedoch muß dann beim Abschlusse eines Theils ausdrücklich auf den folgenden Theil verwiesen werden. Andererseits können auch in kleineren Bezirken die Eintragungen für mehrere Jahrgänge in einem Bande oder Theile vereinigt werden, aber es sind diese dann in demselben zu sondern, und es ist jeder Jahrgang für sich abzuschließen. Dies ist indessen nur beim Hauptregister möglich, weil das Nebenregister nach Ablauf des Jahres nicht im Büreau des Standesbeamten bleibt (s. §. 14). Vgl. auch die J. f. Hessen zu §. 12 Abs. 4; f. M.-Schwerin, -Strelitz und Reuß j. L. a. a. O.; f. S.-Weimar §. 3; Meiningen §. 10; Schwzb.-Rudolst. §. 3; Schwzb.-Sondersh §. 2.

Ueber die äußere Einrichtung der Standesämter und die äußere Ordnung der Geschäfsführung enthält das Gesetz nichts. Die näheren Bestimmungen geben abgesehen von einzelnen Vorschriften der B.R.V. die von den Einzelstaaten erlassenen Anordnungen.

Die Standesämter führen nicht den Titel: Kaiserlich deutsches, sondern Königlich preußisches, Großherzoglich badisches u. s. w. Standesamt und ebenso ein Dienstsiegel mit dem Landeswappen (vgl. Anm. 50 a. E. zu §. 8). Das Gesetz überläßt das Standesamtswesen den Einzelstaaten und macht dasselbe nicht zur Reichssache, s. z. B. sächs. V. v. 6. Nov. 1875 §. 13: s.-weim. V. v. 9. Okt. 1875 §. 10; s.-mein. V. v. 26. Okt. 1875 Art. 5; s.-cob.-goth. V. v. 1. Nov. 1875 §. 8: schwzb.-rudolst. V. v. 15. Okt. 1875 §. 10; Reuß ä. L. V. v. 4. Nov. 1875 §. 11; Reuß j. L. V. v. 16. Okt. 1875 §. 9; J. für Lippe I u. III.

Die die äußere Ordnung der Geschäftsführung regelnden Bestimmungen betreffen:

1. Die Geschäftslokale der Standesbeamten, deren Beschaffung und Unterhaltung den Gemeinden kraft ihrer Verpflichtung, die sächlichen Kosten zu tragen (§§. 8, 9), obliegt, vgl. hierzu Anm. 50 zu §. 8, und zu welchen nur ausnahmsweise bei Unmöglichkeit, ein besonders ständiges Amtslokal zu beschaffen, ein nebenbei auch zu anderen Zwecken benutztes Privatzimmer wird verwendet werden dürfen, vgl. für Baiern Stdesb. 1877 S. 145; J. f. Meiningen §. 2.

2. Die Geschäfts- und Dienststunden der Standesbeamten, s. bair. Min.Entsch. v. 5. Dez. 1875 V Nr. 4; sächs. V. v. 6. Nov. 1875 §. 12; Instr. f. Württemberg §. 1; Hessen zu §. 12 Abs. 8; Reuß j. L. §. 24; Schaumb.-Lippe §. 6; Lippe Nr. II; Elsaß-Lothringen §. 10.

Mangels besonderer desfallsiger Vorschriften ist der Standesbeamte, allerdings unter Kontrole der Aufsichtsbehörde (nach d. J. für Meiningen §. 5 nur mit Genehmigung derselben), berechtigt, die Geschäftsstunden zu bestimmen, und zwar nach Maßgabe des Bedürfnisses seines Bezirkes, auch wird zur Erledigung eiliger Fälle (s. z. B. §. 23 des Ges.) Sonntags eine den Verhältnissen angemessene Geschäftsstunde anzusetzen sein, vgl. auch R. des preuß. Min. d. Inn. v. 28. Dez. 1874 (M.Bl. f. d. i. V. 1885 S. 1; Stdesb. 1875 S. 49, ferner 1876 S. 31). Ueberdies hat der Standesbeamte auch dafür Sorge zu tragen, daß er oder sein Stellvertreter außerhalb der Geschäftsstunden in dringlichen Angelegenheiten angegangen werden kann, so auch z. B. J. für Meiningen §. 5.

3. Die Fälle, in denen ein Amtiren außerhalb des Geschäftslokales gestattet ist, wozu nur bei Eheschließungen ein Bedürfniß vorliegt (s. u. zu §. 52).

4. Die Urlaubsertheilungen an Standesbeamte, vgl. Anm. 30 Abs. 3 zu §. 4.

5. Die Aufbewahrung der Register an sicheren Orten, s. sächs. V. v. 6. Nov. 1875 §. 16; bad. Dienstw. §. 26; hess. Instr. zu §. 12; J. f. S.-Weimar §. 3; f. Lippe Nr. V, und die Fälle, in welchen die Register aus den Amtslokalen entfernt werden dürfen, E. des preuß. M. d. Inn. v. 21. Sept. 1880, Stdesb. 1880 S. 213.

6. Die Sammlung und Aufbewahrung der Akten und Verhandlungen, welche nicht in die Register eingetragen werden, B.R.B. §. 9; bair. Min.E. v. 5. Dez. 1875 V Nr. 7; bad. Dienstw. §§. 27, 36; J. f. Meiningen §. 29; J. f. Lippe Nr. V.

Eine Rückgabe der von den Betheiligten eingereichten Atteste, Schriftstücke x. ist nicht unstatthaft, jedoch wird der Standesbeamte beglaubigte Abschriften auf Kosten der Antragsteller zurückzubehalten haben, s. sächs. V. v. 6. Nov. 1875 §. 16; J. f. Lippe Nr. V, vgl. Stdesb. 1875 S. 143. Daß die letzteren die betreffenden Kosten zu tragen haben, ist auch in der i. Stdesb. 1885 S. 102 mitgetheilten Entscheidung des preuß. Ministers d. Inn. anerkannt, welche aber zugleich ausspricht, daß beglaubigte Abschriften nur von solchen zurückzugebenden Urkunden anzufertigen sind, welche für den Beweis der Gültigkeit der Standesamtsakte und der Rechtmäßigkeit des Verfahrens bedeutsam sind. Richtig ist, daß hierbei ein gewisses Ermessen des Standesbeamten obwalten muß, und daß auch manche Urkunden ohne Rückhaltung einer Abschrift wieder weggegeben werden können.

7. Die Trennung der Register und Akten von den sonstigen Akten, namentlich derer, welche die Standesbeamten als Gemeindebeamten zu führen haben, bair. Min.E. v. 5. Dez. 1875 V Nr. 6; württemb. J. §. 2; hess. J. zu §. 12.

8. Die Führung der erforderlichen Verzeichnisse und Kontrolen, B.R.B. §. 10; vgl. auch V. d. preuß. M. d. Inn. v. 7. März 1878, Stdesb. 1878 S. 73.

9. Die Zustellung standesamtlicher Verfügungen, J. f. Meiningen §. 88.

10. Ueber die Sprache, in der die Register zu führen sind, ist im Gesetze nichts bestimmt. Sie ist also die deutsche, auch für Reichsangehörige, welche nicht deutscher Nationalität sind, jedoch verbleibt es für Elsaß-Lothringen bei den Vorschriften des Ges. v. 31. März 1872, betr. d. amtl. Geschäftssprache daselbst (s. G.Bl. f. Elf.-Lothr. S. 159), s. B.R.V. §. 12 (das Nähere darüber s. im Stdesb. 1890 S. 66). Ein Antrag von Parczewski, dem §. 13 den Absatz hinzuzufügen: „In den ehemaligen polnischen Landestheilen sollen auf Verlangen der Parteien die ad 1 bis 6 erforderlichen Eintragungen sowohl in der deutschen als auch in der polnischen Sprache erfolgen", ist abgelehnt (stenogr. Bericht S. 1236), dagegen auf Antrag des Prinzen Radziwill eine Resolution angenommen worden, „daß die Standesbeamten in den Landestheilen mit polnischer Bevölkerung angewiesen werden, diejenigen Vornamen, welche in beiden Sprachen eine verschiedene Form haben, zwar in deutscher Schreibweise in die Register einzutragen, die polnische Form aber in Klammern beizufügen" (a. a. O. S. 1237). Vgl. hierzu Stdesb. 1876 S. 108 und die Anleitung z. Geschäftsführung d. Standesbeamten im Reg.-Bez. Posen v. 12. Nov. 1876 Art. 24 Abs. 2, Stdesb. 1877 S. 77. Der Beobachtung dieses Verfahrens steht das preuß. Ges. betr. die Geschäftssprache 2c. v. 28. Aug. 1876 (G.S. S. 386) §. 10 nicht entgegen, da es sich hierbei nicht um den Gebrauch der polnischen Sprache, sondern nur um die Verdeutlichung einer deutschen Eintragung handelt, so auch v. Sicherer S. 34 N. 1.

Dieses zweckmäßige Verfahren, welches für die Zukunft manche Zweifel beseitigt, wird auch auf andere Landestheile mit gemischter Sprache übertragen werden können. Reichsgesetzlich steht dem nichts entgegen. —

Reichsgesetzlich sind die Standesbeamten nur verpflichtet, die im §. 12 angeordneten Register zu führen und die durch die Führung derselben bedingten Geschäfte wahrzunehmen. Die Führung anderer, den Personenstand betreffender Register, welche aber selbstverständlich nicht die rechtliche Bedeutung der reichsgesetzlichen Standesregister haben (s. §. 15 des Ges.), ist ihnen indessen nicht verboten. Vgl. Motive S. 24: „Die in Württemberg längst bestehende und dort als zweckmäßig erkannte Einrichtung besonderer Familienregister, welche neben den Kirchenbüchern geführt werden, soll durch die Bestimmung dieses §. unberührt bleiben." — Diese Familienregister wurden dort bisher für jede Ortsgemeinde in der betreffenden Parochie geführt, und zwar in der Art, daß Jeder, der einen eigenen Haushalt hat, auf besonderem Blatte nach alphabetischer Ordnung verzeichnet und auf dem Blatte nach vorgedrucktem Formular jede Veränderung in seiner Familie, sowie jede die Familie betreffende Nachricht aus den Kirchenregistern eingetragen wurde. Die Führung dieser Familienregister ist durch Verf. d. Min. d. Just., d. Inn. u. Kirchen- u. Schulwesens v. 26. Febr. 1876, Stdesb. 1876 S. 138, 151, 230, den Standesbeamten übertragen und durch die Verf. d. gedachten Minister v. 2. Juni 1880, Stdesb. 1880 S. 142, näher geregelt worden. Auch für Hessen hat d. Ausschr. d. Ministeriums d. Justiz v. 26. Febr. u. 10. Juli 1876 lit. B. Stdesb. 1876 S. 260, die Führung solcher Register gestattet.

Ueber die Belastung der Standesbeamten mit Nebengeschäften ist bei den Debatten des Reichstages mehrfach geklagt worden (s. stenogr. Berichte S. 1003 ff., 1109). Darauf wurde von dem Bundesraths-Bevollmächtigten Unterstaatssekretär Dr. Friedberg erklärt (a. a. O. S. 1100), daß bei Erlaß der Ausführungsverordnung, welche der §. 80 (jetzt §. 83) dem Bundesrath vorbehält, dieser auf das peinlichste darauf bedacht sein wird, den Standesbeamten nicht Auflagen zu machen, die geeignet sein könnten, das Ehrenamt ihnen zu verleiden, sondern daß, was an ihm ist, er dazu beitragen wird, jedem Ehrenamt auch diesen Charakter eines Ehrenamtes zu erhalten, und darum alle subalternen Thätigkeiten, die von Anderen als Ehrenbeamten erfüllt werden können, von ihnen fern zu halten. Die B.R.V. hat diese Grenzen eingehalten, aber durch anderweitige, namentlich einzelstaatliche Bestimmungen sind den Standesbeamten noch eine Reihe von Nebengeschäften auferlegt, weil diese nur von den mit der Standesregisterführung bekannten Personen wahrgenommen werden können. Hierher gehören:

1. Die Anfertigung der durch §. 7 des Reichsimpfgesetzes v. 8. April 1874 (R.G.Bl. S. 31) vorgeschriebenen Impflisten, preuß. Cirk.V. v. 19. April 1875, Stdesb. 1875 S. 98; vgl. für Preußen ferner a. a. O. S. 101 (und wegen Berlin und Charlottenburg, wo die Polizeibehörden,

nicht aber die Standesbeamten die Listen zu führen haben, a. a. O. S. 275); für Baiern s. B. betr. d. Vollzug des Impfgesetzes v. 24. Febr. 1875 §. 6 (Ges. u. V.Bl. S. 117); hess. J. a. E. Nr. II; mecklenb.-schwer. Bek. v. 24. Jan. 1877, Stdesb. 1877 S. 34; meining. Bek. v. 6. Jan. 1881, Stdesb. 1881 S. 17; coburg-goth. Bek. v. 7. Febr. 1883, Stdesb. 1883 S. 42; anhalt. V. v. 8. Okt. 1875 § 12; J. f. Reuß ä. L. §. 18 Nr. 1; J. f. Reuß j. L. §. 36; J. f. Lippe Nr. XV C.

2. Die Anfertigung der Auszüge für die Führung der Militärstammrollen, s. Reichsmilitärgesetz v. 2. Mai 1874 §§. 32, 70 (R.G.Bl. S. 45), deutsche Wehrordnung v. 22. Nov. 1888 (Berlin 1888) §. 45 u. §. 46; für Preußen vgl. Stdesb. 1875 S. 84, 238, 239, 1876 S. 155, 300; für Baiern Min.Entsch. v. 6. März 1876, Stdesb. 1876 S. 127; Sachsen Min.V. v. 27. April 1876, G. u. V.Bl. S. 231, Bek. v. 16. Jan. 1877, Stdesb. 1877 S. 35, u. Min.V. v. 27. April 1876, G. u. V.Bl. S. 231, v. Seydewitz, Cod. d. sächs. Kirchen- u. Schulrechts. Suppl. Leipzig 1879 S. 218; bad. Dienstw. §. 42; hess. J. a. E. Nr. I; mecklenb.-schwer. Bek. v. 26. Okt. 1876, Stdesb. 1876 S. 324; weimar. Bek. v. 10. Jan. 1876, Stdesb. 1877 S. 12; meining. V. v. 8. Dez. 1880, Stdesb. 1881 S. 3; coburg-goth. v. 15. Dez. 1880, a. a. O.; oldenb. V. v. 8. Nov. 1875 Art. 15; anhalt. V. v. 8. Okt. 1875 §. 11; J. f. Reuß ä. L. §. 17; schaumb.-lipp. V. v. 11. Dez. 1875 §. 15; lippische V. v. 20. Nov. 1875 §§. 11, 12 u. J. f. Lippe Nr. XV B; waldeck. Bek. v. 20. Mai 1876 §. 11, R.Bl. S. 51; J. für Elsaß-Lothringen §. 70.

3. Die Zusammenstellung der für die Bevölkerungsstatistik erforderlichen Notizen (Ausfüllung der den Standesbeamten zugestellten Zählkarten), preuß. Min.R. v. 20. Nov. 1874, Min.Bl. f. d. i. Verw. S. 280; Stdesb. 1875 S. 42; s. auch a. a. O. S. 67; bair. Min.Entschl. v. 23. Dez. 1875, Amtsb. d. Staatsm. d. Inn. S. 753; sächs. V. v. 25. Nov. 1875, G. u. V. Bl. S. 397, Stdesb. 1876 S. 5; württemb. Min.V. v. 14. März 1876, Reg.Bl. S. 101, Stdesb. 1876 S. 179 (und wegen der Gebühren dafür V. v. 23. Sept. 1876, Stdesb. a. a. O. S. 317); bad. Dienstw. §. 24; hess. Min.V. v. 15. Dez. 1875 u. dazu M.V. v. 26. Jan. 1877, Stdesb. 1877 S. 59; J. f. S.-Weimar §. 26 (u. Bek. v. 27. Jan. 1877, Stdesb. 1877 S. 52); oldenb. V. v. 8. Nov. 1875 Art. 12; braunschw. V. v. 6. Nov. 1875, Ges. u. V. Samml. S. 469 u. Abänderungs-V. v. 16. Mai 1877, G. u. V.S. S. 221, Stdesb. 1877 S. 37; s.-meining. G. v. 27. Nov. 1875 Art. 13, Min.Ausschr. v. 22. Okt. 1877 (Reg.B. S. 1143, Stdesb. 1877 S. 259); anhalt. V. v. 1. Dez. 1875, G.S. S. 365; J. f. Schwzb.-Rudolst. §. 26; f. Schwzb.-Sondersh. §. 25; J. f. Reuß ä. L. §. 18 Nr. 3; J. f. Reuß j. L. §. 37; J. f. Schaumburg-Lippe §. 12; J. f. Lippe Nr. XV D.

4. Die Erstattung von Anzeigen über Geburts- und Sterbefälle, welche eine Bevormundung erforderlich machen, an die zuständigen Gerichte, s. preuß. Vormundschaftsordn. v. 15. Juli 1875 §. 16; bair. M.E. v. 5. Dez. 1875 II Nr. 4 betr. die Anzeige der unehelichen Geburten; über Sachsen s. Stdesb. 1877 S. 242; mecklenb.-schwer. V. v. 4. Juni 1879, Reg.Bl. S. 445, Stdesb. 1879 S. 183; oldenburg. V. v. 8. Nov. 1875 Art. 10 u. J. §. 14 (u. dazu Stdesb. 1877 S. 35 u. 1879 S. 29); anhalt. V. v. 8. Okt. 1875 §. 10 Nr. 1; J. f. Reuß j. L. §. 35; J. f. Schaumb.-Lippe §. 8; J. f. Lippe Nr. XV A, u. J. f. Bremen §. 26 u. Bemerkung dazu v. 7. Januar 1876, Stdesb. 1877 S. 51.

5. Die Zusammenstellung und Einreichung von Todtenlisten für Zwecke der Erbschaftssteuer-Verwaltung, für Preußen s. Cirk.R. d. Fin.Min. u. Min. d. Inn. v. 15. Aug. 1874, Min.Bl. f. d. i. Verw. S. 243, Stdesb. 1875 S. 17, Ges. v. 30. Mai 1873 betr. die Erbschafssteuer §. 2?, G.S. S. 329, Cirk.V. des Fin.Min. v. 2. Dez. 1873, Stdesb. 1875 S. 13; für Meckl.-Schwerin u. -Strelitz d. V. v. 14. Aug. 1875 §. 16; meckl.-schwerin. V. v. 6. März 1876, Reg.Bl. S. 63, Stdesb. 1876 S. 148; für Oldenburg V. v. 8. Nov. 1875 Art. 11; für Braunschweig Bek. v. 30. Aug. 1876, G. u. V.S. S. 369, Stdesb. 1876 S. 275; für Anhalt V. v. 8. Okt. 1875 §. 10 Nr. 2; für Reuß ä. L. J. §. 18 Nr. 2; für Reuß j. L. J. §. 34; für Lippe J. Nr. XV E.

6. In der preuß. Rheinprovinz die wöchentliche Mittheilung der Sterbefälle an die Ge-

§. 13.

Die Eintragungen[71]) in die Standesregister erfolgen[72]) unter fortlaufenden

---

meinden zur Veröffentlichung und die vierteljährige Anzeige derselben an die Kreisphysici unter Angabe der Krankheit und des Namens des behandelnden Arztes, s. Philippi S. 12.

7. In Baden die jährliche Einreichung der Liste der 6-jährigen Kinder an den Ortsschulrath, Dienstw. §. 42; über Sachsen s. Stdesb. 1881 S. 227; Weimar, V. v. 26. Jan. 1883 Stdesb. 1883 S. 33; Schwarzburg-Rudolstadt M.V. v. 9. Juni 1882, Stdesb. 1882 S. 155; Reuß ä. L. V. v. 28. Dez. 1881, G.S. S. 128, Stdesb. 1882 S. 11.

8. In Anhalt, V. v. 8. Okt. 1875 §. 10 Nr. 3, bez. in Lippe, J. Nr. XV H, die Abführung der Hebammen-Unterstützungs-Kassen-Beiträge, resp. der Gebühren für den Landhebammenfonds.

Die Standesbeamten, nicht minder die Gemeinde- und Ortspolizeibehörden sind dem Ersuchen eines anderen Standesbeamten Folge zu leisten verpflichtet, B.R.V. §. 15.

§. 13. [71]) **Die Eintragungen.** Die hier und §. 14 Abs. 2, sowie §. 16 Abs. 3 gemeinten Eintragungen, selbstständige von v. Sicherer S. 31 genannt, sind Protokolle, d. h. in Gegenwart der Betheiligten fixirte Verhandlungen, welche unmittelbar und direkt in die Standesregister selbst eingeschrieben werden. (S. auch u. Anm. 86.) Ein besonderes Protokoll neben dem Standesregister wird dabei nicht geführt; ein solches hätte auch nicht einmal die Beweiskraft des §. 15, weil es kein ordnungsmäßig geführtes Standesregister ist. In §. 14 Abs. 3 werden unter Eintragungen solche verstanden, welche am Rande einer selbstständigen Eintragung gemacht werden. Endlich bedeutet Eintragung sowohl die selbstständigen wie auch die Randeintragungen, vgl. §. 14 Abs. 1, §. 15 Abs. 1, 3, ferner Abs. 2—4, denn beiderlei Arten von Eintragungen können auf mündliche oder schriftliche Anzeige geschehen, und bei beiden können Zusätze, Löschungen oder Abänderungen vorkommen.

Ueber die Verhandlungen a) mit Blinden, b) mit Tauben, c) mit Stummen, d) mit Taubstummen und e) mit der deutschen Sprache nicht mächtigen Personen enthält das Gesetz nichts, ebensowenig hat die B.R.V. darüber etwas bestimmt. Etwaige partikularrechtliche Vorschriften (s. z. B. preuß. Allgem. Gerichtsordn. Th. II Tit. 3 §§. 4—8, Tit. 2 §§. 37, 38) anzuwenden, so Stdesb. 1879 S. 258, hat das Bedenken gegen sich, daß dadurch die Einheit in der Form der Standesbuchführung gestört wird, ferner aber auch das, daß die betreffenden Vorschriften fast überall nur für gerichtliche oder notarielle Verhandlungen gegeben sind und allein für diese passen, vgl. auch v. Sicherer S. 39. Man wird daher anzunehmen haben, daß der Standesbeamte ein Verfahren innezuhalten befugt und verpflichtet ist, welches ihm die nöthige Sicherheit in Betreff des Verständnisses der Erklärung, dem Erklärenden aber die Garantie für die richtige Eintragung seiner Erklärung in das Register giebt.

Mithin wird a) dem Blinden ein Beistand zu bestellen sein, der ihm die Eintragung vorzulesen und dies mit seiner Unterschrift zu bezeugen hat, s. auch württ. J. §. 2; hess. J. zu §. 13, vgl. auch Stdesb. 1877 S. 166 und ein Beispiel bei v. Erichsen, Führung S. 217.

b) Taube, welche lesen können, werden schriftlich zu befragen sein. Die nach ihren schriftlichen Antworten in das Register niedergeschriebene Erklärung muß ihnen zum eigenen Durchlesen vorgelegt und dann mit einem darauf bezüglichen Vermerke von ihnen unterschrieben werden, s. auch lipp. J. zu §. 13 u. J. f. Elsaß-Lothringen §. 13, vgl. auch Stdesb. 1876 S. 329, 221; Beispiel bei v. Erichsen a. a. O. S. 26.

c) Schreibenskundige Stumme sind im Stande, auf die vorgelegten Fragen schriftlich zu antworten. Danach kann der Standesbeamte die Eintragung machen und hat nur einen Vermerk über die schriftliche Befragung in das Register einzutragen, s. auch lipp. J. a. a. O. u. J. für Elsaß-Lothringen a. a. O.

d) Mit Taubstummen, welche lesen und schreiben können, kann schriftlich verhandelt und ihnen die Eintragung zum Durchlesen hingegeben werden, worüber wieder vom Standesbeamten der entsprechende Vermerk zu machen ist, s. auch lipp. I. a. a. O. V. d. preuß. M. d. Inn. v. 8. Nov. 1876, Stdesb. 1876 S. 332, 339, Beispiel bei v. Erichsen a. a. O. S. 157.

Hinsichtlich der Taubstummen, welchen die Lesens- und Schreibenskunde abgeht, wird der Standesbeamte sich erst überzeugen müssen, ob sie handlungsfähig sind. Bejahenden Falls ist mit ihnen durch einen Dolmetscher zu verhandeln und dies im Protokolle mit der Unterschrift des Dolmetschers zu attestiren, so auch die hess. V. v. 3. Nov. 1875 Art. 11; I. für Lippe u. Elsaß-Lothringen a. a. O., vgl. Stdesb. 1876 S. 339, 1877 S. 228, 1889 S. 245; v. Erichsen S. 159. Die württ. I. §. 3 schreibt ohne Unterscheidung, ob die betreffenden Personen lesen und schreiben können, für Taube, Stumme und Taubstumme die Zuziehung eines Dolmetschers vor.

e) In derselben Weise ist mit den der deutschen Sprache unkundigen Personen zu verfahren, falls der Standesbeamte nicht gleichzeitig der fremden Sprache mächtig ist. Nur wird hier der Dolmetscher, bez. der Standesbeamte den Sprachunkundigen die deutsch gefaßte Eintragung in Uebersetzung vorzulesen und dies in der Eintragung zu attestiren haben. Vgl. preuß. G. betr. die Geschäftssprache ꝛc. v. 28. Aug. 1878 (G.S. S. 389) §. 9, welchen v. Sicherer S. 37 N. 19 ohne Grund auch auf die Dolmetscher bei Verhandlungen mit Taubstummen bezieht. Durch §. 9 u. 10 des cit. Ges. sind die betreffenden Vorschriften der preuß. Min.Erl. v. 8. Juni, 3. Sept. u. 30. Dez. 1874, M. f. d. i. V. 1874 S. 141, 195, u. 1875 S. 2, Stdesb. 1875 S. 4, 11, 49 beseitigt. Vgl. zu a—e auch Stdesb. 1882 S. 29 ff., die citirten I. für Württemberg u. Lippe und die hess. V. a. a. O.

Für den Bereich des preuß. Ges. v. 9. März 1874 hat der Min. d. Inn. in dem cit. Erl. v. 8. Juni 1874 in Betreff der Sprachunkundigen angeordnet: „Der jedesmaligen Bemerkung, daß ein Dolmetscher und welcher zugezogen sei, wird es nicht bedürfen, da die den Akten der Standesbeamten innewohnende publica fides ohne Weiteres zu der Annahme führt, daß die von dem Standesbeamten protokollirte Erklärung auf einer ihm ordnungsmäßig gewordenen und von ihm sprachlich verstandenen Mittheilung beruhe." Dieser Grund trifft aber nicht zu. Der öffentliche Glaube wohnt nur solchen Akten inne, welche ordnungsmäßig aufgenommen sind, und es fragt sich gerade, ob die Konstatirung der Beobachtung besonderer Förmlichkeiten in den hier erwähnten Ausnahmefällen dazu gehört. Ordnungsmäßig ist, wie für die gewöhnlichen Fälle der §. 13 und die Natur der Sache ergiebt, eine Eintragung, bei der der Standesbeamte die Erklärung richtig verstanden und der Erklärende dies durch seine Unterschrift konstatirt hat. Für die Regel bedarf es keiner Feststellung des ersteren Erfordernisses, das versteht sich hier von selbst. In den Ausnahmefällen liegt die Sache aber anders, und hier beweist auch in einzelnen Fällen (z. B. beim Tauben, beim Sprachunkundigen) sogar der Vermerk „vorgelesen, genehmigt" nicht einmal, daß der Erklärende die Eintragung genehmigt hat. Darum muß in solchen Fällen das Geeignete kurz in dem Protokoll (der Eintragung) vermerkt werden. Geschieht dies nicht, so ist die Anfechtbarkeit der Eintragungen, falls nur das Vorliegen eines Ausnahmefalles erwiesen ist, sehr erleichtert, und ferner bleibt es zweifelhaft, ob die Gerichte in entstehenden Streitfällen eine so laxe, wie die erwähnte Praxis für begründet erachten werden. Anordnungen, welche der hier vertheidigten Meinung entsprechen, enthalten übrigens auch die cit. Instruktionen für Württemberg und Hessen a. a. O.

Nach den Erlassen dess. Ministers v. 23. Sept. 1874, a. a. O. S. 195, Stdesb. 1875 S. 11, v. 13. Juli 1878, Stdesb. 1878 S. 169, v. 15. Dez. 1879, Stdesb. 1880 S. 58, vgl. auch a. a. O. 1880 S. 203; 1882 S. 150; 1883 S. 30; 1889 S. 245; v. Erichsen, Führung S. 159 u. f., sollen die Kosten für Dolmetscher aus der Staatskasse zu zahlen sein. Diese Kosten, welche allerdings die betreffenden Personen, weil sie das Gesetz verpflichtet, ihre Erklärungen vor dem Standesbeamten abzugeben, nicht zu tragen haben, dürften indessen zu den sächlichen Kosten der Standesbuchführung zu rechnen sein, die nach §. 8 den Gemeinden zur Last fallen. Dem Staate legt das Gesetz keine anderen Kosten als die für die Entschädigung der Standesbeamten (§. 7 Abs. 4) und für die Beschaffung der Register und Formulare auf.

[72]) **erfolgen.** Daß der Standesbeamte sie selbst eigenhändig schreiben muß, ist nicht angeordnet. Es kann dies also auch von einem Andern geschehen, so auch v. Sicherer S. 40. Daher ist

Nummern [73]) und ohne Abkürzungen. Unvermeidliche Zwischenräume sind durch Striche auszufüllen, die wesentlichen Zahlenangaben [74]) mit Buchstaben zu schreiben.

Die auf mündliche Anzeige oder Erklärung erfolgenden Eintragungen sollen enthalten:

1. den Ort und Tag der Eintragung [75]);

---

die Anwendung von Formular-Vordrucken oder Impressen statthaft und zweckmäßiger Weise allgemein durch die B.R.B. §§. 1, 7 vorgeschrieben. Die württemb. J. §. 2 Abs. 5 verlangt eigenhändige Eintragung des Standesbeamten, was aber durch d. Min. V. v. 21. Aug. 1876, Reg.Bl. S. 365 Stdesb. 1876 S 276, für die Eintragungen im Nebenregister beseitigt ist.

Erforderlich ist dagegen, daß der Standesbeamte der Verhandlung anwohnt, weil er für die richtige Eintragung des Verhandelten verantwortlich ist, so auch d. bair. Min.E. v. 5. Dez. 1875 V Nr. 5; bad. Dienstw. §. 8; J. f. Hessen zu §. 13; Meckl.-Schwerin u. M.-Strelitz §. 5; S.-Weimar §. 9; Meiningen §. 22; Oldenburg §. 8; Reuß j. L. §. 7; Lippe Nr. II und Elsaß-Lothringen §. 7.

Daß die Verhandlung oder die Eintragung die Familie oder nahe Verwandte des Standesbeamten betrifft, schließt gesetzlich seine Thätigkeit nicht aus; so auch für Eheschließungen R. d. preuß. Min. d. Inn. v. 22. Sept. 1874, M.Bl. f. d. i. V. S. 197, Stdesb. 1875 S. 11; bair. Min.E. v. 5. Dez. 1875 III Nr. 5; J. f. S.-Weimar §. 22; f. Schwzb.-Rudolst. §. 22, f. Schwzb.-Sondersh. §. 21; f. Lippe zu §. 42. Die J. f. Württemberg §. 1, für Hessen zu §. 17 und Meiningen §. 7 (vgl. ferner für Elsaß-Lothringen Stdesb. 1877 S. 233) empfehlen aber dem Standesbeamten, in solchen Fällen seinen Stellvertreter amtiren zu lassen. Dagegen verbietet das bad. Ges. v. 9. Dez. 1875 §. 7 dem Standesbeamten, Beurkundungen aufzunehmen, welche ihn selbst, seine Ehefrau und Kinder betreffen, und ebenso schreiben die weimar. Bek. v. 23. Aug. 1882, Stdesb. 1882 S. 197, und die J. für Reuß ä. L. §. 6, für Elsaß-Lothringen §. 8 vor, daß der Standesbeamte die Beurkundung der Geburten, Eheschließungen und Sterbefälle, welche ihn oder seine Familie angehen, durch den Stellvertreter bewirken lassen soll. Die Uebertretung dieses Verbotes, welche den Standesbeamten disciplinarisch strafbar macht, schließt aber die Gültigkeit des Aktes und die Beweiskraft der Eintragung nicht aus, denn das Reichsgesetz hat den Standesbeamten zu der Vornahme solcher Handlungen nicht für unfähig erklärt und kann nicht durch das Landesrecht abgeändert werden, so auch v. Sicherer S. 9, 13.

Dagegen fehlt es dem Akte an der Beweiskraft und an der Gültigkeit, wenn der Standesbeamte vor sich selbst in dieser Eigenschaft eine Anzeige, z. B. über die Geburt eines Kindes oder einen Sterbefall, macht oder eine Erklärung, z. B. den Eheschließungswillen, abgiebt, preuß. Min.E. v. 8. Nov. 1876, Stdesb. 1876 S. 332. 339, bair. Min.E. v. 24. Nov. 1876, Stdesb. 1877, S. 74, Elsaß-Lothringen Stdesb. 1877 S. 233, vgl. auch Stdesb. 1880 S. 176, denn hier mangelt es an dem nothwendigen Erforderniß, daß der Standesbeamte und der Anzeigende oder Erklärende verschiedene Personen sein müssen. Vgl. auch v. Sicherer S. 10 N. 2.

[73]) **fortlaufenden Nummern.** Jede Eintragung muß also mit einer besonderen fortlaufenden Nummer versehen sein, damit die Vollständigkeit des Registers kontrolirt werde. Eine vorgängige Paragraphirung der Blätter jedes Registers, welche der Code civil Art. 4 vorschreibt, ist nicht angeordnet.

[74]) **die wesentlichen Zahlenangaben.** Als solche, welche mit Buchstaben zu schreiben sind, müssen angesehen werden die in §. 22 Nr. 2, §. 59 Nr. 2, §. 13 Nr. 1 in Verbindung mit §. 54 (Eintragung in das Heirathsregister), §. 53 (Alter der Zeugen, s. auch §. 54 Nr. 3), §. 54 Nr. 1 (Alter der Eheschließenden) vorgeschriebenen, so auch die Formulare A 1, B 1 u. C 1 zur B.R.B. und d. J. f. Württemberg §. 3; f. Hessen zu §. 13; f. Lippe Nr. VII; f. Meiningen §. 17; bad. Dienstw. §. 20.

[75]) **Ort und Tag der Eintragung.** Der Ort muß angegeben werden, weil der Standes-

2. die Bezeichnung der Erschienenen [76]);

3. den Vermerk des Standesbeamten, daß und auf welche Weise er sich die Ueberzeugung von der Persönlichkeit der Erschienenen verschafft hat [77]);

---

beamte nur für einen bestimmten Bezirk bestellt ist und nur daraus erkannt werden kann, ob er innerhalb desselben fungirt, der Tag, um festzustellen, daß er zu der betreffenden Zeit schon oder noch die Eigenschaft als Standesbeamter besessen hat; vergl. auch v. Seyfried S. 22.

Mit Rücksicht auf das Bemerkte bestimmt sich, wie genau die Ortsangabe gemacht werden muß. Bei aus einer Gemeinde oder aus mehreren ganzen Gemeinden bestehenden Standesamtsbezirken wird selbst beim Amtiren außerhalb des Amtssitzes (s. unten §. 52 Anm. 6) eine einfache Ortsangabe genügen, während allerdings in diesem Fall beim Vorhandensein von Personen mit gleichem Vor- und Familiennamen und ferner wenn der Standesamtsbezirk auch einzelne Theile von Gemeinden umfaßt und in einem solchen amtirt wird, die Angabe der Straße und der Hausnummer nothwendig werden kann, v. Sicherer S. 35.

Die Angabe des Jahres ist nicht verlangt, weil sich dieses aus dem betreffenden Register-Jahrgang, in welchem die Eintragung erfolgt, von selbst ergiebt. Die Formulare zu B.R.B. enthalten aber, was namentlich mit Rücksicht auf die zu machenden Auszüge und auf den Umstand, daß in dem laufenden Jahrgange auch Eintragungen über Geburts- und Sterbefälle des vorhergehenden Jahres zu Anfang des laufenden gemacht werden müssen, praktisch erscheint, auch die Angabe des Jahres, vgl. auch J. f. Württemberg §. 3; Hessen zu §. 13 und Meiningen §. 16. Nur bei der Beurkundung der Eheschließung ist der Tag mit Buchstaben zu schreiben, vgl. Anm. 74.

[76]) **Erschienenen,** d. h. solcher vor dem Standesbeamten Erschienener, welche bei der betreffenden Eintragung als solcher in irgend einer Weise wie die Zeugen der Eheschließung, die Dolmetscher und die Beistände der Blinden, s. Anm. 71, betheiligt sind, vgl. Fitting S. 51, v. Sicherer S. 173.

Soweit nicht die Art der Bezeichnung der Person durch das Gesetz, vgl. §. 22 Nr. 1, §. 54 Nr. 1 u. 3, §. 59 Nr. 1, vorgeschrieben ist, wird die Angabe des Vor- und Familiennamens, des Standes oder Gewerbes und des Wohnortes genügen, v. Seyfried S. 22; Fitting S. 52; v. Sicherer S. 36. Prädikate (Fräulein, Herr rc. — Graf, Baron rc. gehört dagegen zum Namen —) sind nach den Formularen der B.R.B. nicht zu gebrauchen. Um eine richtige Eintragung der Namen und die Uebereinstimmung derselben mit den Unterschriften zu erzielen, empfiehlt es sich, den Anmeldenden vorher seinen Namen auf eine Tafel oder einen Zettel schreiben zu lassen oder selbst den Namen erst auf einem Hülfsblättchen zu notiren, J. für Meiningen §. 14. In zweifelhaften Fällen wird die Schreibweise des Geburtsscheines oder anderer öffentlicher Urkunden, insbesondere der früheren Kirchenbücher, weimar. V. v. 5. Juni 1879, Stdesb. 1879 S. 158, oldenb. Ausschr. v. 12. Juli 1876, Allg. Kirchenblatt f. d. evang. Deutschld. 1876 S. 736 festzuhalten sein. Vgl. überhaupt noch die Instruktionen für Weimar §. 7 Abs. 4; Meiningen §. 18; Schwzb.-Rudolst. §. 7 Abs. 4; Schwzb.-Sondersh. §. 6 Abs. 4; Lippe zu §. 13; Bremen §. 35 Nr. 2, 3, u. Stdesb. 1875 S. 31, 162; 1876 S. 115; 1877 S. 248.

[77]) **von der Persönlichkeit der Erschienenen verschafft hat.** Ob dem Standesbeamten der Erschienene persönlich bekannt oder von ihm persönlich bekannten Personen rekognoszirt worden ist, oder endlich sich durch glaubhafte Legitimationspapiere (vgl. Stdesb. 1878 S. 245) und welche ausgewiesen hat. Wenn die brem. J. §. 7 letzt. Abs. stets die Anerkennung eines Erschienenen durch eine andere bei dem Akte betheiligte Person ausschließt, so ist dies nur insoweit richtig, als es sich um Fälle handelt, wo eine Interessenkollision, wie z. B. bei der Rekognition des einen Verlobten durch den andern, des Zeugen durch den Verlobten (nicht aber des Verlobten durch die Zeugen), vorliegt, s. auch Stdesb. 1877 S. 110. Auch ist die Feststellung der Identität durch eine anzustellende Befragung nicht absolut ausgeschlossen, Stdesb. 1876 S. 133. Unstatthaft erscheint aber eine Bemerkung dahin, „daß der Erschienene von unzweifelhafter Identität ist“, oder gar dahin, „daß der Erschienene dem Standesbeamten unbekannt sei“, s. J. f. Württemb. §. 3; f. Hessen zu §. 13; f. Lippe Nr. VII; f. Meiningen §. 15. Die Unterschrift des Rekognoszenten ist nicht gefordert,

4. den Vermerk, daß die Eintragung den Erschienenen vorgelesen und von denselben genehmigt ist;
5. die Unterschrift der Erschienenen und, falls sie schreibensunkundig oder zu schreiben verhindert sind, ihr Handzeichen [78]) oder die Angabe des Grundes, aus welchem sie dieses nicht beifügen konnten [79]);
6. die Unterschrift des Standesbeamten [80]).

---

also nicht nöthig, s. die Formulare des Bundesraths A 1, B 1, die cit. Instr., preuß. Min.Erl. v. 10. Juli 1878, M.Bl. f. d. i. V. S. 186; ferner Stdesb. 1875 S. 171, 1878 S. 229, für die Unterschrift eine Präs.V. i. Stdesb. 1875 S. 166; v. Sicherer S. 39 N. 24, welcher bei seinem Hinweis auf die ebenfalls nicht geforderte Unterschrift der Ehezeugen übersieht, daß der Rekognoszent nicht zum Zustandekommen der Aktaufnahme mitwirkt und nach Nr. 3 nicht zu den Erschienenen im Sinne des Gesetzes gehört (vgl. Anm. 76).

[78]) **ihr Handzeichen.** Die Angabe eines Grundes für das Fehlen der Unterschrift ist nur nöthig, wenn der Erschienene weder unterschreiben, noch ein Handzeichen machen kann; indessen erscheint es zweckmäßig, auch für den Fall der Unterkreuzung einen entsprechenden Vermerk hinzuzufügen.

[79]) **nicht beifügen konnten.** Daher kann, wenn ein Geburts- oder Todesfall von einem Juden am letzten Tage der Frist angezeigt wird und dieser ein jüdischer Feiertag ist, bei der Unterschriftsverweigerung des Anzeigenden ein Vermerk dahin gemacht werden: Der Erschienene verweigert wegen des Sabbats, jüdischen Neujahrs 2c. seine Unterschrift.

Das Fehlen der Unterschriften der Erschienenen, selbst wenn sie dieselbe nach Abgabe der bindenden Erklärung aus irgend einem Grunde, z. B. auch wegen bloßer Wankelmüthigkeit, verweigern, nimmt der Beurkundung nicht die Beweiskraft, da dieselbe auf dem öffentlichen Glauben des Urkundsbeamten beruht, so auch v. Sicherer S. 40.

[80]) **Unterschrift des Standesbeamten** oder seines Stellvertreters. Denn wenn letzterer eine Verhandlung aufnimmt, ist er derjenige, welcher die Funktionen des Standesbeamten versieht. Eine besondere Erwähnung der Verhinderung des regelmäßigen Beamten und ihres Grundes, wie sie in der Rheinprovinz (s. Philippi a. a. O. S. 4) stattfand, ist nicht vorgeschrieben.

Die Unterschrift des Standesbeamten ist erforderlich, um der Eintragung die Eigenschaft und Beweiskraft der öffentlichen Urkunde zu geben, also absolut nothwendiger Bestandtheil der ersteren. Vergißt der Standesbeamte die Unterschrift zu leisten, so kann er sie später noch nachholen. Ist er vorher gestorben oder sonst die Nachholung unthunlich, so bedarf es einer wiederholten Anzeige und der nochmaligen Aufnahme der Verhandlung, vgl. auch Stdesb. 1881 S. 222, 1889 S. 210. Wo dies nicht möglich, bleibt nichts übrig, als daß der Akt in anderer Weise bewiesen wird. Im Wege des Berichtigungsverfahrens (s. §§. 65 ff.) läßt sich, so nimmt Philippi a. a. O. S. 6 an, die fehlende Unterschrift des Standesbeamten nicht ergänzen. Denn die Herstellung des Merkmals der publica fides ist keine Berichtigung der Standesregister.

Haben der Standesbeamte oder sein Stellvertreter den Eintrag nicht selbst geschrieben, sondern dies durch einen Andern thun lassen, so müssen sie doch die Unterschrift eigenhändig darunter etzen.

Wenn die Eintragungen aus irgend einem Grunde während der Verhandlung abgebrochen werden, z. B. einer der Verlobten auf die an ihn gerichtete Frage vor der Eheschließung zurücktritt, so kann die Eintragung nicht vom Standesbeamten vollzogen werden, vielmehr ist die Eintragung zu durchstreichen und der Sachverhalt am Rande mit der Unterschrift des Standesbeamten zu vermerken, Stdesb. 1876 S. 250; 1877 S. 87.

Die Beifügung des Dienstsiegels unter jede Eintragung, die von einzelnen Aufsichtsbehörden in Preußen verlangt worden ist, s. Stdesb. 1875 S. 238, 275, ist nicht erforderlich. Das amtliche Standesregister ist als solches auch ohne die Siegel kenntlich. Nur für die Attestirung der Auszüge schreibt der §. 15 die Besiegelung vor. Daraus, sowie aus dem Mangel jeglicher Stelle dafür in

Die auf schriftliche Anzeige[81]) erfolgenden Eintragungen[82]) sind unter Angabe von Ort und Tag der Eintragung zu bewirken und durch die Unterschrift des Standesbeamten zu vollziehen[83]).

Zusätze, Löschungen[84]) oder Abänderungen sind am Rande[85]) zu vermerken und gleich der Eintragung selbst besonders zu vollziehen[86]).

---

den Formularen der B.R.B. ergiebt sich, daß sie bei den Eintragungeu selbst nicht zu erfolgen hat, s. auch Stdesb. 1877 S. 63.

Andere Vermerke als die hier unter Nr. 1—6 und in den §§. 22, 24, 54, 59, 61 vorgeschriebenen und als die zur Feststellung der Erfüllung derselben in den zu Anm. 71 unter a bis e erwähnten Ausnahmefällen nothwendigen Vermerke, wie z. B. etwaige statistische Uebersichten erleichternde Zusätze, gehören nicht in die Standesregister, J. f. Meiningen §. 13 und Stdesb. 1875 S. 67.

[81]) **schriftliche Anzeige,** vgl. §§. 20, 24, 26, 55, 58, 62. Die Anzeigen selbst werden zweckmäßig zu besonderen, nach den verschiedenen Gegenständen und nach Jahren gesonderten Sammelakten zu nehmen und so aufzubewahren sein; s. B.R.B. §. 9.

[82]) **Eintragungen.** Auch sie müssen unter der fortlaufenden Nummer, also zwischen den au mündliche Anzeige geschehenen gemacht werden, sofern sie sich nicht wie die auf Grund der §§. 26 u. 55 erfolgten auf eine schon stattgehabte Eintragung beziehen, und daher am Rande derselben z bewirken sind.

Bei den allgemein zum Gebrauche vorgeschriebenen Vordruckregistern sind die Worte des Vordrucks — abgesehen von dem Falle des §. 55 — (unter Angabe der Zahl der Zeilen oder Worte am Rande) zu streichen, und es ist der Inhalt der Anzeige an dem Rande einzutragen, vgl. B.R.B. §. 8 und das Formular C 4 dazu; bair. M.E. v. 5. Dez. 1875 I Nr. 4; hess. J. zu §. 13.

Eine wörtliche Eintragung der Anzeige, welche mannigfach Unnöthiges, wie z. B. die Eingangs- und Schlußformeln, enthält, auch ihrer Fassung nach sich nicht stets zur wörtlichen Uebernahme in die Register eignen wird, ist nicht erforderlich, es genügt, wenn die nach Vorschrift der in Frage kommenden Paragraphen einzutragenden Daten und Angaben aus ihr entnommen werden, und in der Eintragung auf die erfolgte schriftliche Anzeige unter näherer Bezeichnung derselben verwiesen wird; so für Preußen, Reſk. des Min. d. Inn. v. 1. Juli 1874, M.Bl. f. d. i. Verw. S. 150; Stdesb. 1875 S. 9, und für Baiern die M.E. v. 5. Dez. 1875 I Nr. 10; Stdesb. 1875 S. 9; dasselbe Verfahren setzen voraus die B.R.B. §. 8, d. bad. Dienstw. §§. 18, 22; die J. f. Meiningen §. 21 und Oldenburg § 6.

[83]) **vollziehen.** Die Vollziehung geschieht dadurch, daß der Standesbeamte seine Unterschrift zuletzt unter das Protokoll setzt und dasselbe dadurch abschließt. In den Fällen des Schlußabsatzes dieses Paragraphen ist die Unterschrift auch unter die Vermerke am Rande zu setzen, ihr geht aber, wenn dieselben anf Grund mündlicher Erklärungen vor dem Standesbeamten gemacht werden, die Unterschrift der Betheiligten voraus.

[84]) **Löschungen.** Ueber Erleichterungen von Löschungen in den Vordrucken, welche für eine mit einer Null endenden Jahreszahl (wie 1880) nicht passen, vgl. Stdesb. 1880 S. 23 und S. 97 (Preußen, Meiningen).

[85]) **am Rande.** Zu diesem Behufe ist in den vom Bundesrath vorgeschriebenen Registern neben dem Vordruck ein entsprechender, freier Raum für die Randbemerkungen offen gelassen. Abgesehen von etwaigen Löschungen oder Durchstreichungen der gedruckten Worte des Vordrucks (vgl. das Formular C 4 des Bundesraths) sind Durchstreichungen, Korrekturen, Rasuren und Tilgungen durch Aetzmittel im Text des Registerprotokolls ebenso wie Einschiebungen von Zeilen in den Vordruck oder den Text des Geschriebenen unzulässig. Wenn eine Durchstreichung der Worte des Vordrucks erforderlich erscheint, oder wenn bei dem Niederschreiben ein Schreibfehler oder ein Versehen vorgekommen ist, so muß die Verbesserung unter entsprechender Verweisung an geeigneter Stelle und unter Angabe der gelöschten Worte oder Zeilen am Rande bemerkt und durch die Unterschrift der Erschienenen und des Standes-

§. 14.

Von jeder Eintragung in das Register ist von dem Standesbeamten [87]) an

---

beamten vollzogen werden, ohne daß im Kontext der Eintragung selbst etwas geändert wird. Vgl. bair. M.E. I Nr. 3; I. f. Oldenburg §. 5; Meiningen §. 20; Reuß ält. L. §. 3; Reuß j. L. §. 5; Lippe Nr. VII; Schaumburg-Lippe §. 3. Deshalb ist das im Stdesb. 1875 S. 223 vorgeschlagene Verfahren, Verbesserungen im Kontexte selbst vorzunehmen und dieselben am Schlusse vor den Worten: „vorgelesen, genehmigt" durch Vermerk kenntlich zu machen, unstatthaft, s. auch das. S. 113. Ebensowenig erscheint es zulässig, andere als die Worte des Vordrucks zu durchstreichen, so v. Sicherer S. 43 und Stdesb. 1877 S. 114, wo unrichtiger Weise gesagt ist, daß geschehene Löschungen am Rande zu vermerken seien, obwohl der Absatz seinem Wortlaut nach nur die Löschung am Rande vermerkt, d. h. die Löschung an dieser Stelle vollzogen wissen will, und bei der erstgedachten Auffassung auch Zusätze im Text gemacht und blos am Rande vermerkt werden müßten, s. auch Stdesb. 1877 S. 35; Beispiele für eine solche Löschung bei v. Erichsen, Führung S. 38.

Derartige Verbesserungen kann aber der Standesbeamte selbst nur so lange vornehmen, als die Eintragung noch nicht durch seine Unterschrift abgeschlossen ist, v. Sicherer S. 41, denn §. 13 handelt von der Art und Weise, wie der Standesbeamte sich bei der Bewirkung einer Eintragung verhalten soll, nicht aber davon, was mit einer schon erfolgten zu geschehen hat. S. auch I. für Elsaß-Lothringen §. 16. Später müssen sie auf dem Wege des Berichtigungsverfahrens (§§. 65 ff.) erfolgen.

Während für die Regel, wenn der Vordruck einer Nummer zur Eintragung nicht ausreicht, der folgende unausgefüllte unter Versehung mit derselben Nummer benutzt werden kann, ist dies bei Randvermerken nicht immer möglich, weil diese öfters erst nach der Ausfüllung der folgenden Vordrucke gemacht werden müssen. Hier bleibt nichts Anderes übrig, als unten an das betreffende Registerblatt ein neues Blatt anzuheften, es mit dem Dienstsiegel zu befestigen, mit derselben Nummer wie das Registerblatt und als Fortsetzung desselben zu bezeichnen, sowie dasselbe in den Band des Registers einzuschlagen, so auch bair. M.E. I Nr. 5 und die I. für Lippe Nr. VII zu §. 13; Stdesb. 1876 S. 325 (Mecklenburg-Schwerin). Beispiel bei v. Erichsen, Führung S. 61.

[86]) **vollziehen.** S. die Anm. 83 u. 85.

Aus der allgemeinen Vorschrift des §. 13 ergiebt sich, daß die Standesregister im Gegensatz zu den Kirchenbüchern, deren Form eine tabellarische ist, in protokollarischer Form geführt werden. Auf diese Weise lassen sich, weil die Eintragungen fortlaufend hintereinander erfolgen, später unbefugte Einschaltungen leichter verhindern. Die Uebersichtlichkeit ist dadurch zu erreichen, daß zu den einzelnen Registerbänden die durch die B.R.B. §. 10 vorgeschriebenen alphabetischen Namenregister fortlaufend kurrent gehalten werden. Formulare für diese sind durch die Anordnungen einzelner Landesregierungen vorgeschrieben, s. z. B. die Beilagen 4 ff. der bair. M.E. v. 5. Dez. 1875; sächs. V. v. 6. Nov. 1875 §. 15; I. f. S.-Weimar §. 11; Oldenburg §. 7; Schwzb.-Rudolst. §. 11; Schwzb.-Sondersh. §. 10; Lippe Nr. VI; ferner v. Erichsen, Führung S. 75, 196, 239.

Wie diese ergeben, können die Register auch mehrere Jahrgänge umfassen, s. auch Stdesb. 1875 S. 98, oder neben dem Register für jeden Jahrgang auch solche für mehrere zusammen geführt werden; I. f. Hessen zu §. 14 u. dazu Min.V. v. 6. Jan. u. v. 10. Juli 1876, Stdesb. 1876 S. 102, 259. Für größere Standesamtsbezirke oder für Städte mit mehreren Bezirken erscheint die Anlegung und Fortführung eines Zettelkataloges über die Eintragungen praktisch, s. Stdesb. 1875 S. 70, 221.

§. 14. [87]) **von dem Standesbeamten.** Daß der Standesbeamte die Eintragung selbst zu schreiben hat, würde zwar einer sich auf die Worte steifenden Auslegung entsprechen, nicht aber dem Sinne und Zwecke des Gesetzes. Da der Standesbeamte sich bei der Haupteintragung fremder Schreibhülfe bedienen kann (s. Anm. 72 zu §. 13) und hier seine abschließende und die erforderliche

demselben Tage [88]) eine von ihm zu beglaubigende Abschrift [89]) in ein Nebenregister [90]) einzutragen [91]).

Nach Ablauf des Kalenderjahres [92]) hat der Standesbeamte jedes Haupt- und

---

Garantie gewährende Unterschrift genügt, so muß dies auch für das Nebenregister als ausreichend erachtet werden, s. auch J. f. Lippe zu §. 14; v. Sicherer S. 44.

[88]) **an demselben Tage.** Zur Kontrole der Einhaltung dieser Vorschrift wird der Standesbeamte dem Beglaubigungsvermerk das Datum beisetzen müssen, wofür sich auch in den vorgeschriebenen Formularen der nöthige Vordruck vorfindet, s. B.R.V. §. 2 u. Anm. 98. Vgl. auch J. für Hessen zu §. 14; für S.-Weimar §. 6; Lippe zu §. 14.

[89]) **beglaubigende Abschrift,** welche der Eintragung im Hauptregister genau entsprechen muß. Es ist aber nicht erforderlich, die Fehler mit den am Rande stattgehabten Verbesserungen (Anm. 85 zu §. 13) zu übernehmen, sondern es genügt, wenn nur der durch die Verbesserung hergestellte richtige Text in der Abschrift fixirt wird, so auch d. hess. J. zu §. 14 u. J. für Elsaß-Lothringen §. 23 Nr. 1; vgl. ferner Stdesb. 1875 S. 113, weil das im Hauptregister Gelöschte nicht existirt, und für das Nebenregister, welches nicht Original ist, die Angabe der Entstehung der Eintragung im Hauptregister keine Bedeutung und keinen Werth hat. S. auch Fitting S. 60, v. Sicherer S. 45; Stdesb. 1877 S. 55; v. Erichsen, Führung S. 41 N. 3. Dagegen Stdesb. 1876 S. 129.

Hiernach werden also nicht zwei gleiche, von den Erschienenen zu unterschreibende Urschriften, wie dies z. B. Code civil Art. 40 anordnet, geführt.

[90]) **Nebenregister.** Dieses ist dem Hauptregister gleich und weicht nur darin von ihm ab, daß es nicht die Originalunterschriften der Interessenten enthält, und daß unter jeder Eintragung sich der Beglaubigungsvermerk: „Die Uebereinstimmung mit dem Hauptregister beglaubigt, . . . am . . . ten . . . 187 . Der Standesbeamte J.", befindet, s. auch B.R.V. §. 2. Vgl. über das Nebenregister den Aufsatz i. Stdesb. 1880 S. 74 ff.

Nach d. bair. Min.Bek. v. 28. Sept. 1876, Stdesb. 1876 S. 307, sollen die Nebenregister, soweit es angänglich, um Gefährdung bei Brandfällen u. s. w. möglichst zu verhüten, gesondert von den Hauptregistern an einem sicheren Ort aufbewahrt werden.

[91]) **einzutragen,** s. Anm. 87.

Die Anordnung des Abs. 1 bezieht sich auch auf die Randeintragungen und Randvermerke (§. 13 Anm. 71 u. 85), welche nach Abschluß der selbstständigen Eintragungen vorgenommen sind, solange das Nebenregister noch nicht der Aufsichtsbehörde (Abs. 2 dieses §.) eingereicht ist, denn das letztere soll mit dem Hauptregister in Uebereinstimmung gebracht werden, J. f. Weimar §. 6; Meiningen §. 24; Schwarzb.-Rudolstadt §. 6; Schwarzb.-Sondershausen §. 5 und Elsaß-Lothringen §. 23. Wenn die J. für Weimar u. Schwarzb.-Rudolstadt a. a. O. unter Berufung auf das Formular B 1 des Bundesraths eine besondere Beglaubigung der Uebereinstimmung der Nachtragsvermerke mit denen des Hauptregisters für überflüssig erklärt haben, so war diese Berufung nicht zutreffend und unrichtig, und die betreffenden Vorschriften sind später auf erfolgte Erläuterung des Reichskanzleramtes im Sinne der Nothwendigkeit der Beglaubigung abgeändert worden, weimar. Bek. v. 12. Juni 1876, Reg.Bl. S. 110; Stdesb. 1876 S. 222, u. schwarzb.-rudolst. Nachtrag v. 7. Juni 1876, G.S. S. 67, Stdesb. 1876 S. 214. Vgl. übrigens auch Stdesb. 1864 S. 276 (Mecklenburg-Schwerin).

[92]) **Nach Ablauf des Kalenderjahres,** d. h. sofort nach dem Jahresschluß, mithin am 1., nicht erst am 2. Jan., Stdesb. 1886 S. 66, denn es ist ja möglich, daß schon am 1. Jan. ein standesamtlicher Akt, z. B. bei lebensgefährlicher Erkrankung eines Verlobten die Vornahme einer Eheschließung (§. 52), vorgenommen werden muß. Auch ist die Arbeit des Abschließens so gering, daß sie dem Standesbeamten selbst am Feiertag zugemuthet werden kann. Die Geburts- und Sterbefälle, welche sich in dem verflossenen Jahr ereignet haben, aber erst im laufenden zur Anzeige gebracht sind, müssen in das Register des neuen Jahres eingetragen werden. Denn nicht die Geburts- und Sterbefälle als solche, sondern die darüber aufzunehmenden Anzeigeverhandlungen bilden die Standesakte,

jedes Nebenregister unter Vermerkung der Zahl der darin enthaltenen Eintragungen [93]) abzuschließen [94]) und das Nebenregister der Aufsichtsbehörde [95]) einzureichen [96]); die letztere hat dasselbe nach erfolgter Prüfung [97]) dem Gerichte erster Instanz [98]) zur Aufbewahrung zuzustellen.

---

und diese sind in das Register des Jahres, in welchem sie vorgekommen, einzutragen. So für Preußen das Reskr. d. Min. d. Inn. v. 29. Dez. 1874, Stdesb. S. 43, auch a. a. O. S. 74, 97; ferner ebenso die bair. M.E. v. 5. Dez. 1875 I Nr. 14; J. f. Hessen zu §. 14; f. S.-Weimar §. 10; f. Meiningen §. 26; f. Schwzb.-Rudolstadt §. 10; f. Schwzb.-Sondersh. §. 9; f. Reuß ält. L. §. 2; f. Reuß j. L. §. 3; f. Lippe zu §. 14 u. Elsaß-Lothringen §. 25. Ueber solche Fälle sind Nachträge zu den alphabetischen Registern (f. Anm. 86 zu §. 13) desjenigen Jahrganges, in denen die Geburt oder der Todesfall sich ereignet hat, anzulegen, wie dies auch die eben citirten Anordnungen für Baiern, Hessen, Lippe und Elsaß-Lothringen vorschreiben, f. ferner Stdesb. 1875 S. 83, 97.

[93]) **enthaltenen Eintragungen,** dieser allein, nicht der etwaigen neben denselben befindlichen Randvermerke; letztere werden nicht mitgezählt, preuß. M.R. v. 18. Juni 1875 (Stdesb. 1875 S. 126); bair. M.E. v. 5. Dez. 1875 I Nr. 15; J. f. Württemberg §. 5; f. Lippe zu §. 14.

[94]) **abzuschließen,** selbstverständlich unmittelbar hinter der letzten Eintragung, so daß also noch unausgefüllte Formulare ausgeschlossen werden, f. z. B. bair. M.E. I Nr. 16; J. f. Meiningen §. 25.

Die Beigabe einer Abschrift des alphabetischen Registers ist durch die B.R.B. nicht vorgeschrieben, wohl aber durch einzelne partikularrechtliche Anordnungen, wie die bad. Dienstw. und die J. für Hessen zu §. 14, wogegen sie in Sachsen, Stdesb. 1871 S. 226 ausdrücklich ausgeschlossen worden ist. Mangels einer besonderen Vorschrift der Zentral- oder der Aufsichtsbehörde kann das mit der Aufbewahrung des Nebenregisters betraute Gericht (f. Anm. 98) die Einreichung einer solchen Abschrift nicht verlangen, da ihm keine andern Rechte als die im §. 14 gewährten zustehen, f. auch Stdesb. 1877 S. 54.

Wegen der Abschließung eines in mehrere Theile zerlegten Registerjahrganges während des Laufes des betreffenden Jahres f. Anm. 70 zu §. 12 u. bair. M.E. I Nr. 13; J. f. Hessen zu §. 14; Weimar §. 3; Meiningen §. 25; Schwzb.-Rudolstadt §. 3.

Formulare für Abschließungen bei v. Erichsen, Führung S. 65 und in d. J. für Elsaß-Lothringen §. 25. Die Zahl der Eintragungen ist in dem Abschließungsvermerk mit Buchstaben, nicht mit Ziffern anzugeben, V. des Oberstaatsanwalts v. Elsaß-Lothringen v. 12. Okt. 1888, Sammlung der Justizverwaltung 13, 290; Stdesb. 1890 S. 10 N. 7.

[95]) **Aufsichtsbehörde,** f. Anm. 60 u. 61 zu §. 11.

[96]) **einzureichen,** d. h. binnen einer angemessenen Frist, also innerhalb 8—14 Tage nach dem Jahresschluß, sofern nicht partikularrechtlich eine solche vorgeschrieben ist. Eine höchstens 8-tägige Frist setzen fest sächs. V. v. 6. Novbr. 1875 §. 18; hess. V. v. 3. Nov. 1875 Art 9; meckl.-schwerin. und strel. V. v. 14. Aug. 1875 §. 14; schaumb.-lipp. V. v. 11. Dez. 1875 §. 13; J. für Reuß j. L. §. 3 — eine 14-tägige d. bad. Dienstw. §. 26, eine Frist bis zum 15. Jan. des neuen Kalenderjahres die J. für Meiningen §. 27 und Lippe zu §. 14; bis zum 31. Jan. die J. für Elsaß-Lothringen §. 26; bis zum 15. März die abgeänderten J. für S.-Weimar §. 10 und Schwzb.-Rudolst. §. 10, dagegen nur bis zum 5. Jan. die Anleitung f. d. Reg.-Bez. Posen, Stdesb. 1877 S. 91, wogegen nach der abgeänderten J. für Schwzb.-Sondershausen §. 9 die Einsendungsfristen durch die Aufsichtsbehörde festgesetzt werden sollen.

[97]) **erfolgter Prüfung,** darüber, ob die Vorschriften über die Führung der Standesregister, namentlich die des §. 13 beobachtet worden sind, f. auch bad. Ges. v. 9. Dez. 1875 §. 25; bad. Dienstw. §. 137; hess. V. v. 3. Nov. 1875 Art 9; schaumb.-lipp. V. v. 11. Dez. 1875 §. 13. Wennschon sich diese Prüfung ohne die Sammelakten des Standesbeamten nicht vollständig vornehmen läßt, ist doch die Einreichung derselben, abweichend vom Code civil art. 44 nicht vorgeschrieben, vgl. Fitting S. 61. S. aber J. für Elsaß-Lothringen §. 28.

Eintragungen, welche nach Einreichung des Nebenregisters in dem Hauptregister gemacht werden, sind gleichzeitig [99]) der Aufsichtsbehörde in beglaubigter Abschrift mitzutheilen. Die Letztere hat zu veranlassen, daß diese Eintragungen dem Nebenregister beigeschrieben werden [1]).

---

[98]) **Gerichte erster Instanz.** Dies sind die Anm. 67 zu §. 11 bezeichneten Gerichte, jedoch mit folgenden Ausnahmen: in Preußen das Amtsgericht, innerhalb dessen der Standesamtsbezirk liegt, falls aber dieser mehreren Gerichtssprengeln angehört, das vom Justizminister im Einvernehmen mit dem Minister des Innern zu bezeichnende Gericht, und im Bezirk des Oberlandesgerichts zu Köln das Landgericht, Bek. v. 1. Juli 1879, J.M.Bl. 154; in Hessen die Registraturen der Amtsgerichte, Ausführungsv. z. deutsch. Ger.Verf.Ges. v. 14. Mai 1879, Reg.Bl. S. 197, §. 14 Nr. 2; in Waldeck das Amtsgericht, und zwar bei einem mehreren Amtsgerichten angehörigen Standesamtsbezirk das vom Landesdirektor im Einvernehmen mit dem Oberlandesgericht bestimmte, Bek. v. 23. Nov. 1875 I Nr. 5 u. Ges. v. 1. Sept. 1879, Reg. Bl. S. 79, wodurch das preuß. Ausführungsges. z. G.V.G. in Waldeck eingeführt ist.

Die Zuständigkeit ist im Reichsgesetz nicht näher bestimmt, gemeint ist offenbar das Gericht, in dessen Sprengel der Sitz des Standesamtes sich befindet, selbst wenn der Standesbeamte seinen Wohnsitz außerhalb jenes haben sollte. Dieser Grundsatz muß auch dann zur Anwendung kommen, wenn der Standesbezirk in mehreren verschiedenen Gerichtssprengeln liegt, jedoch ist durch besondere einzelstaatliche Anordnungen (s. vor. Absatz) für diesen Fall mitunter eine besondere abweichende Bestimmung getroffen.

Wenn das Standesamt und das nach den allgemeinen Vorschriften zur Aufbewahrung der Nebenregister zuständige Gericht ihre Geschäftslokale in demselben Gebäude haben, wird von dem dem letzteren vorgesetzten Gericht ein anderes erster Instanz mit der Aufbewahrung betraut werden müssen, weil sonst der Zweck der Bestimmung, die Sicherung der Nebenregister vor Unfällen, welche die Hauptregister betreffen, nicht erreicht werden kann.

[99]) **gleichzeitig**, d. h. sofort an demselben Tage, d. hess. J. zu §. 14 schreibt eine Frist von 24 Stunden vor. Die Sammlung solcher Abschriften und die Einreichung derselben in bestimmten längeren Perioden, z. B. alle Viertel- oder Halbjahre, ist demnach unzulässig.

[1]) **dem Nebenregister beigeschrieben werden.** Dies geschieht durch einen Beamten des Gerichts, bei welchem dasselbe aufbewahrt wird, vgl. Stdesb. 1877 S. 186 (Sachsen), 1888 S. 18 (Preußen). Der Vermerk muß der mitgetheilten beglaubigten Abschrift wörtlich entsprechen und ist ebenfalls von dem eintragenden Beamten unter Beifügung des Datums zu beglaubigen. Das vorgeschriebene Verfahren ist auch hinsichtlich derjenigen Eintragungen, welche auf Anordnung des Gerichtes erfolgen, zu beobachten. Das Gericht kann sie nicht etwa ohne Weiteres unter Umgehung der Aufsichtsbehörde in dem bei ihm aufbewahrten Nebenregister vornehmen, so auch J. für Lippe zu §. 14 letzt. Abs.

Behufs Kontrolirung der Erfüllung der den Standesbeamten im Abs. 3 auferlegten Verpflichtung ist in einzelnen Staaten vorgeschrieben, daß die Standesbeamten mit den Nebenregistern ein summarisches Verzeichniß der nachträglichen Eintragungen und Berichtigungen, welche im letzten Jahre zu früheren Jahrgängen des Hauptregisters erfolgt sind oder eine Vakat-Bescheinigung den Aufsichtsbehörden einzureichen haben, s. meckl.-schwerin. und -strel. V. v. 14. Aug. 1875 §. 14; J. f. S. Weimar §. 10; Meiningen §. 27; Schwzb.-Rudolstadt §. 10; schaumb. lipp. V. v. 11. Dez. 1875 §. 13. Unstatthaft ist das bloße Einheften der übermittelten beglaubigten Abschrift in das Nebenregister, Stdesb. 1876 S. 29.

Wenn sich nachträglich herausstellt, daß der Standesbeamte bei der Uebertragung in das Nebenregister Fehler gemacht hat, so ist das letztere auf Veranlassung der Aufsichtsbehörde vom Gericht dem Standesbeamten zur Berichtigung zuzustellen, anders das Kammergericht 1878, Johow, Jahrb. d. Entsch. d. Kammergerichtes 1, 20, welches die Berichtigung durch das Gericht selbst vorgenommen wissen will, aber nicht beachtet, daß das letztere keine Pflicht und auch kein Recht zur Herstellung

§. 15[2]).

Die ordnungsmäßig geführten Standesregister[3]) (§§. 12 bis 14) beweisen diejenigen Thatsachen, zu deren Beurkundung sie bestimmt[4]) und welche in ihnen ein-

---

des Nebenregisters hat und ihm dadurch, daß die Aufsichtsbehörde bei der nach §. 14 Abs. 2 vorzunehmenden Prüfung die Unrichtigkeiten übersehen und nicht dem Standesbeamten sofort zurückgegeben hat, weder eine solche Pflicht aufgebürdet, noch ein solches Recht gegeben werden kann, vgl. auch a. a. O. S. 21 Anm. *.

[2]) **§. 15.** ist ausdrücklich aufrechterhalten durch §. 16 Nr. 2 des Einführungsges. z. Reichs-Civ.Proz.Ordn. v. 30. Jan. 1877, R.G.Bl. S. 244, lautend:

„Unberührt bleiben ferner 2. die Vorschriften des bürgerlichen Rechts über die Beweiskraft der Beurkundung des bürgerlichen Standes in Ansehung der Erklärungen, welche über Geburten und Sterbefälle von den zur Anzeige gesetzlich verpflichteten Personen abgegeben werden."

Wenn diese Vorschrift nur von den gesetzlich verpflichteten, nicht gesetzlich berechtigten Personen spricht, so ergiebt sich aus §. 13 Abs. 1, nach welchem die proceßrechtlichen Vorschriften der Reichsgesetze durch die C.P.O. nicht berührt werden, daß der §. 15 auch in Betreff der Erklärungen der zuletzt gedachten Personen nicht geändert ist. Nicht minder aber folgt aus §. 13 Abs. 1, daß auch für die nicht in §. 16 Nr. 2 gedachten Beurkundungen (z. B. die Eheschließungsurkunde) der §. 15 aufrechterhalten ist, mit dem sich übrigens insoweit — abgesehen von einer verschwindenden Ausnahme, nämlich der Beurkundung über die Auffindung eines neugeborenen Kindes §. 24), — die §§. 380, 382 d. R.Civ.Proz. decken, vgl. v. Sicherer S. 54, 55.

[3]) **Die ordnungsmäßig geführten Standesregister,** d. h. die den Vorschriften des Gesetzes gemäß geführten, sowohl das Haupt- als auch das Nebenregister. Inwieweit Abweichungen zwischen beiden Exemplaren, welche bei ordnungsmäßiger Führung nicht vorkommen können, die Beweiskraft schwächen, unterliegt der freien richterlichen Beurtheilung, s. Abs. 3 dieses §. Wenn v. Sicherer S. 53 dem Hauptregister unbedingt den Vorzug giebt, so ist dies gegenüber Abs. 3 nicht richtig. Das Hauptregister kann möglicherweise nicht ordnungsmäßig geführt sein, z. B. Zahlenangaben, die in Buchstaben zu machen waren, mit Ziffern wiedergeben, während das Nebenregister korrekt geführt ist.

Zu der ordnungsmäßigen Führung gehört auch, daß die Eintragung sowohl durch einen gültig (§§. 2—6) bestellten (s. auch O. Fischer, die Ungültigkeit der Ehe, Jena 1890 S. 38 ff.), als auch durch den zuständigen Standesbeamten erfolgt ist. Außerhalb seines Bezirkes ist kein Standesbeamter (abgesehen von dem Falle des §. 3 des Ges.) Amtshandlungen vorzunehmen befugt, s. §§. 12, 17, 56, und nur innerhalb dieses hat er die publica fides. Amtirt er in einem andern Bezirke, selbst in Betreff solcher Personen, welche in seinem Bezirk wohnen, so steht er jedem Privatmanne gleich, und die Eintragungen, welche er in die Standesregister des letzteren etwa mit Vorwissen des zuständigen Standesbeamten vollzogen hat, sind ohne Beweiskraft, so auch Völk, S. 147 Anm. 5; Fitting S. 13; Stiegele S. 145 Anm. 181; v. Sicherer S. 6; Mandry, civilrechtl. Inhalt der Reichsgesetze, 3. A. S. 113 N. 7.; V. d. preuß. Min. d. J. v. 10. Nov. 1879, Stdesb. 1879 S. 279. Vgl. auch noch unten zu §. 42.

[4]) **zu deren Beurkundung sie bestimmt.** Es entscheidet also der Zweck, dem die einzelne Eintragung dient. Das Geburtsregister beweist z. B. nicht die Religion der Eltern, nicht die Eheschließung derselben, sofern diese allein in Frage steht, das Heirathsregister nicht die Vornamen und das Alter der zugezogenen Zeugen, soweit es sich um andere Verhältnisse, als ihre Fähigkeit, der Eheschließung zu assistiren, handelt. Gegen diese Annahme Völk a. a. O. S. 56. Er ist der Meinung, daß die Standesregister zur Beurkundung aller der Thatsachen bestimmt sind, welche nach der Anordnung des Gesetzes in das betreffende Register eingetragen werden sollen (s. §§. 22, 54, 59). Diese Auffassung ignorirt aber die Bedeutung der Worte: „zu deren Beurkundung sie bestimmt sind", und faßt diese als gleichbedeutend „mit Thatsachen, welche in das Standesregister einzutragen sind". Gerade die Wahl der Text-Fassung zeigt, daß ein Unterschied zwischen den einzelnen Theilen der

getragen sind, bis der Nachweis der Fälschung, der unrichtigen Eintragung oder der Unrichtigkeit der Anzeigen und Feststellungen, auf Grund deren die Eintragung stattgefunden hat, erbracht ist.

Dieselbe Beweiskraft haben die Auszüge [5]), welche als gleichlautend mit dem Haupt- oder Nebenregister bestätigt und mit der Unterschrift und dem Dienstsiegel des Standesbeamten [6]) oder des zuständigen Gerichtsbeamten [7]) versehen sind [8]).

Eintragung je nach ihrer Bedeutung und Beziehung auf den in Frage stehenden Akt, je nachdem sie zum wesentlichen Kern desselben gehören oder nur behufs näherer Bezeichnung der in Frage kommenden Personen angeführt werden, zu machen ist. Die Völk'sche Ansicht führt dahin, daß der Zeuge, welcher einer Eheschließung assistirt hat, schlechthin sein Alter in allen Beziehungen, wo dasselbe rechtlich in Frage kommt, durch Berufung auf die Heirathsurkunde beweisen könnte, und doch verlangt das Gesetz, wenn es sich um die Ehemündigkeit desselben Zeugen und die Nothwendigkeit des Konsenses seines Gewalthabers handelt, die Beibringung der Geburtsurkunde, §. 45, schließt also selbst für diesen Fall die Völk'sche Auffassung aus. Welcher Richter wird, wenn die Eheschließung, z. B. behufs des Erbrechts der Ehefrau, nachzuweisen ist, diese auf Grund der Geburtsurkunde eines von dem Ehegatten erzeugten ehelichen Kindes als erwiesen annehmen? Vgl. übrigens auch die J. für Lippe zu §. 21 Abs. 2; Stiegele S. 83; v. Seyfried S. 3; und die ausführliche Erörterung bei v. Sicherer S. 49 ff.

[5]) **Auszüge,** d. h. Auszüge aus den Registern, nicht aus der einzelnen besonderen protokollarischen Eintragung. Diese letztere muß der Auszug mit allen dazu gehörigen Ergänzungen (Randeintragungen und Randvermerken) und Berichtigungen (vgl. §. 16 Abs. 3, §. 22 Abs. 3, §§. 25, 26, §. 55 Abs. 2, §. 65) vollständig wiedergeben; er ist nichts als eine beglaubigte Abschrift derselben, s. auch B.R.B. §. 4 und Aa, Bb, Cc dazu. Den Auszügen stehen die zum Zwecke der Taufe, der Beerdigung, der kirchlichen Trauung ertheilten Bescheinigungen (§.§. 49, 54; Gebührentarif 1) nicht gleich, sie haben auch nicht die Beweiskraft der Geburts-, Sterbe- und Heirathsurkunden.

[6]) **Dienstsiegel der Standesbeamten,** nicht einem sonstigen amtlichen Siegel, welches der Standesbeamte in einer anderen Eigenschaft führt.

[7]) **zuständigen Gerichtsbeamten,** des Gerichtsbeamten, welcher die Nebenregister aufbewahrt, denn ein anderer kann nicht in die Lage kommen, solche Auszüge zu attestiren. Diesen im Einzelnen zu bestimmen, ist Sache der Geschäftsvertheilung bei den Gerichten. Inwiefern beglaubigte Abschriften solcher Auszüge Beweiskraft haben, und darüber, wer solche Abschriften vidimiren kann, entscheiden die desfallsigen allgemeinen Vorschriften.

Eine Bestimmung darüber, wie der Beweis der sonst durch die Standesregister zu führenden Thatsachen zu erbringen ist, wenn gar keine Register vorhanden gewesen oder dieselben vernichtet oder sonst verloren gegangen sind, — derartige Vorschriften weisen auf z. B. Code civil art. 46 („Lorsqu'il n'aura pas existé de registres, ou qu'ils seront perdus, la preuve en sera reçue tant par titres que par témoins; et dans ces cas les mariages, naissances et décès pourront être prouvés tant par les registres et papiers émanés des pères et mères décédés que par témoins") und das bad. Gesetz v. 9. Dez. 1875 §. 10 — enthält das Gesetz nicht, denn eine solche Vorschrift fällt nicht in seinen Rahmen. Es versteht sich übrigens auch von selbst, daß die betreffenden Thatsachen durch andere Beweismittel erwiesen werden können. §. 1 handelt nur von ihrer Beurkundung mit öffentlichem Glauben.

Ebensowenig giebt das Gesetz eine Vorschrift über die Wiederherstellung zerstörter oder vernichteter oder über die nachträgliche Herstellung gar nicht geführter Register. Ist nur das eine, Haupt- oder Nebenregister, zerstört, so ist eine Restitution durch Herstellung einer beglaubigten Abschrift möglich, so auch d. cit. bad. Ges. §. 26. Für den andern Fall s. dasselbe §. 27 und Dienstw. §. 43; vgl. v. Seyfried S. 181. Sonst werden mangels derartiger Vorschriften die etwa geführten Kirchenbücher und die dem statistischen Büreau übermittelten Zählkarten zunächst als Anhaltspunkte für die Ermittelung der stattgehabten Standesakte zu benutzen und dann die betreffenden

Inwiefern durch Verstöße gegen die Vorschriften dieses Gesetzes über Art und Form der Eintragungen die Beweiskraft aufgehoben oder geschwächt wird, ist nach freiem richterlichen Ermessen zu beurtheilen [9]).

§. 16.

Die Führung der Standesregister und die darauf bezüglichen Verhandlungen erfolgen kosten= und stempelfrei [10]).

Gegen Zahlung [11]) der nach dem angehängten Tarife zulässigen Gebühren [12])

Personen nochmals zu vernehmen sein. Auch ist es zweckmäßig, durch eine öffentliche Bekanntmachung alle Interessenten aufzufordern, behufs ihrer nochmaligen Vernehmung vor dem Standesbeamten zu erscheinen. Die aufgenommenen Verhandlungen werden dann zu besonderen Aktenstücken für Geburts=, Todesfälle und Eheschließungen zu sammeln und statt der vernichteten Standesregister aufzubewahren sein, s. auch R. d. preuß. Min. d. Inn. v. 15. Jan. 1876 (M.Bl. f. d. i. V. S. 3) u. Stdesb. 1876 S. 69; vgl. auch v. Sicherer S. 409.

[8]) **versehen sind.** Aus der Vorschrift des Abs. 2 ergiebt sich, daß die Aufsichtsbehörde selbst keine beweiskräftigen Auszüge aus den Nebenregistern zu ertheilen befugt ist.

[9]) **beurtheilen,** vgl. Anm. 3 zu diesen §.

§. 16. [10]) **kosten- und stempelfrei.** Die Kostenfreiheit ist festgesetzt, weil die Führung der Standesregister vorwiegend im allgemeinen und öffentlichen Interesse erfolgt, ferner aber auch um jedes pekuniäre Motiv, welches von der Nachsuchung der Taufe und der kirchlichen Trauung abhalten könnte, auszuschließen.

In Preußen war die Stempelfreiheit für Geburts=, Tauf=, Aufgebots=, Ehe=, Trau=, Todten= und Beerdigungsscheine schon durch §. 2 Nr. 12 des Gesetzes, betr. die Aufhebung, bez. Ermäßigung gewisser Stempelabgaben v. 26. März 1873 (G.S. S. 131) festgesetzt worden. In Braunschweig ist dies geschehen durch Ges. vom 27. Dez. 1875, G. u. V.S. S. 501; Allg. Kirch. Bl. f. d. evang. Deutschl. 1876 S. 696.

Durch Abs. 1 sind die abweichenden Vorschriften der bisherigen Landesgesetzgebung beseitigt worden; ausdrücklich anerkannt i. d. bair. Min.Bek. v. 8. Mai 1876, Staatsmin. Amtsbl. d. Inn. S. 227, Stdesb. 1876 S. 187, u. in d. Bek. des elsaß=lothring. Generaldirektors der Zölle v. 13. Dez. 1875, Stdesb. 1876 S. 70.

Eine Ausnahme von der Kostenfreiheit macht §. 47. (Vgl auch zu §. 52.) Ueber die Erstattung baarer Auslagen enthält das Gesetz im Uebrigen keine Bestimmung, jedenfalls bezieht sich die Bestimmung des Abs. 1 nicht darauf. Deshalb kann die Wiedererstattung von den Betheiligten gefordert werden, so für das Berichtigungsverfahren d. weimar. Bek. v. 11. Sept. 1876, Stdesb. 1876 S. 301. Wegen der Porto=Auslagen s. Anm. 50 zu §. 8.

[11]) **Gegen Zahlung** an die vorlegende Behörde. Ist dies der Standesbeamte, so hat er, ist es das Gericht (§. 14), dieses die Gebühren aber nicht für sich einzuziehen; s. u. Anm. 13.

[12]) **Gebühren.** Diese hat der vorlegende Beamte zu berechnen und gleich einzuziehen.

Die vom Standesbeamten vereinnahmten Gebühren fallen an die Gemeinden, so ausdrücklich die württemb. J. §. 5; bad. Ges. v. 9. Dez. 1875 §. 31, bad. Dienstw. §§. 45—47; J. für S.=Weimar §. 25; Meiningen §. 86; anhalt. V. v. 8. Okt. 1875 §. 14; J. f. Schwzb.=Rudolst. §. 25; f. Schwzb.=Sondersh. §. 24; f. Reuß j. L. §. 30; lippische V. v. 20. Nov. 1875 §. 6, (die bair. Bek. v. 7. Nov. 1877 hinsichtlich der nach §. 27 für die Ermittelung des Sachverhaltes zu entrichtenden Gebühren, Stdesb. 1877 S. 257) und sind zur Deckung der sächlichen Kosten zu verwenden; umfaßt der Standesamtsbezirk mehrere Gemeinden und ergeben sich etwa Ueberschüsse, so sind diese nach §. 9 auf die betheiligten Gemeinden zu vertheilen, so auch die cit. Anordnungen für Reuß ält. und j. L. und Lippe.

Auf Grund des §. 70 des Ges. ist aber durch die württemb. J. §. 5 angeordnet, daß der Bezug der Gebühren auch den Standesbeamten selbst mit Genehmigung der Aufsichtsbehörde überwiesen werden kann; die J. für Meiningen §. 86 erklärt, daß sie durch besondere Vereinbarung

müssen die Standesregister[13]) jedermann[14]) zur Einsicht vorgelegt[15]), sowie beglaubigte Auszüge (§. 15) aus denselben ertheilt werden[15a]). In amtlichem Interesse[16])

---

zwischen der Gemeinde und dem Standesbeamten dem letzteren nach erfolgter Abrechnung überlassen werden dürfen. Allgemein weist sie das hessische Ges. v. 3. Dez. 1875 Art. 9 den Standesbeamten zu.

Ueber die für die Gemeindekasse erhobenen Gebühren ist nach der B.R.V. §. 10 Nr. 4 eine besondere Kostenliste zu führen, s. auch das Formular Nr. 9 z. bair. M.E. v. 5. Dez. 1875; württemb. J. §. 5; bad. Dienstw. §. 47; J. f. S.=Weimar §. 25; f. Meiningen §. 86 Abs. 5; f. Schwzb.=Rudolst. §. 25; f. Schwzb.=Sondersh. §. 24; f. Reuß ält. L. §. 14; f. Reuß j. L. §. 30 und Lippe Nr. VI.

Diese Liste wird übrigens mit der über die zu verhängenden Strafen (s. §. 68 Abs. 3 u. §. 70), wie dies das bair. Formular thut, verbunden werden können.

Nach d. Ges. f. d. Fürstenthum Birkenfeld v. 1. März 1876, G.Bl. f. Birkenfeld 8, 67, fließen die Gebühren zur Landeskasse (Art. 1).

[13]) **Standesregister.** Diese sind sowohl das Haupt= als auch das Nebenregister. Daß letzteres nur dann vorgelegt werden soll, wenn das Hauptregister unzugänglich oder nicht mehr vorhanden ist, oder nur unter diesen Voraussetzungen Auszüge aus dem Nebenregister ertheilt werden dürfen, sagt das Gesetz nicht; so auch Fitting S. 69 u. v. Sicherer S. 56. Wohl aber beschränkt die bad. Dienstw. §. 43 die Ertheilung von Auszügen aus demselben auf diese und ähnliche Fälle. Die Gebühren für die Vorlegung der Nebenregister und für die Ertheilung von Auszügen aus denselben fallen den Gemeinden zu, nicht den Gerichten, welche die Nebenregister aufbewahren, weil sie ebenfalls zu den in Gemäßheit dieses Gesetzes (s. u. §. 70) zur Erhebung gelangenden gehören, bair. Min.Bek. v. 30. Jan. 1877 Nr. 6, Stdesb. 1877 S. 41, jedoch bestimmt mit Rücksicht auf §. 70 das cit. badische Gesetz §. 31, bad. Dienstw. §. 45, daß sie in die Staatskasse fließen.

[14]) **jedermann,** also sind die Motive, aus welchen die Einsicht verlangt wird, gleichgültig; es können daher z. B. Versicherungs=Agenten u. s. w., welche in ihrem Geschäftsinteresse die Einsicht verlangen, nicht (so Stdesb. 1877 S. 231) zurückgewiesen werden.

[15]) **zur Einsicht vorgelegt,** das kann nicht heißen, wie im Stdesb. 1875 S. 263 angenommen wird, daß der Standesbeamte auch verpflichtet ist, auf schriftliche Anfragen von Privatpersonen selbst die Register durchzusehen und Auskunft zu ertheilen. Eine solche Last hat ihm das Gesetz nicht auferlegt, was sich auch daraus ergiebt, daß jedermann Zugang zu den Standesregistern hat und nöthigenfalls die Durchsicht durch einen Bevollmächtigten bewirken lassen kann. Andererseits ist aber dem Standesbeamten unverwehrt, sofern er dadurch seinen laufenden Geschäften nicht entzogen wird, auf schriftliche Anfragen nach Durchsicht der Register Auskunft zu geben, dann hat er aber Gebühren und Porto einzufordern.

Da die Register jedermann zur Einsicht offen stehen, so ist der Standesbeamte auch befugt, den Zeitungen Notizen über Geburts= und Sterbefälle, Eheschließungen und Aufgebote zuzustellen. Kosten dürfen dadurch allerdings nicht erwachsen, s. auch Stdesb. 1875 S. 179. Vgl. noch u. zum Gebühren=Tarif I.

[15a]) **ertheilt werden.** Stempel dürfen also neben den Gebühren nicht gefordert werden. Das schließt das Gesetz durch seine Fassung aus, so auch die schwarzb.=sondershaus. Min.Bek. v. 27. November 1876, G.S. S. 193.

[16]) **amtlichem Interesse,** d. h. wenn öffentliche Behörden für ihre Amts= und Geschäftsverwaltung, z. B. Kriminalgerichte, Vormundschaftsbehörden (Johow, Jahrb. d. preuß. Appellationsgerichte 7, 32), in Baiern die Bezirksärzte, Stdesb. 1877 S. 90, Kommunalbehörden nicht aber blos im Interesse von Privaten, vgl. Stdesb. 1877 S. 163, 1880 S. 55, dies verlangen. Einen Unterschied zwischen inländischen und ausländischen Behörden macht das Gesetz nicht, und so schreibt auch die hess. J. zu §. 16 vor, daß die Vorschrift ebenfalls auf die letzteren Anwendung findet. Ferner ist nach der hess. V. v. 3. Nov. 1875 Art. 19 dem Bürgermeister oder Beigeordneten, wenn sie nicht die Standesregisterführung haben, stets die Einsichtnahme der Standesregister gebührenfrei

und bei Unvermögen [17]) der Betheiligten ist die Einsicht der Register und die Ertheilung der Auszüge gebührenfrei zu gewähren.

Jeder Auszug einer Eintragung muß auch die zu derselben gehörigen Ergänzungen und Berichtigungen enthalten [18]).

Zweiter Abschnitt.

Beurkundung der Geburten [19]).

§. 17.

Jede Geburt eines Kindes ist innerhalb einer Woche [20]) dem Standesbeamten des Bezirks, in welchem die Niederkunft stattgefunden hat [21]), anzuzeigen.

---

zu gestatten, auch sind die im amtlichen Interesse erforderten Aufzeichnungen stets zu ihrer Verfügung zu halten.

Die B.R.V. §. 11 ordnet an, daß Geistlichen und anderen Religionsdienern die Einsicht der Register kostenfrei zu gestatten ist. Wenngleich diese Vorschrift von der Voraussetzung aus gerechtfertigt erscheint, daß bei diesen ein amtliches Interesse vermuthet wird, so kann sie doch blos für die Geistlichen und Religionsdiener, welche im Standesamtsbezirke fungiren, gelten, nicht für alle fremden Geistlichen. Auch steht das Recht ihnen allein in Person zu, nicht etwaigen Bevollmächtigten derselben, und bezieht sich nur auf die Register, nicht auf die Sammelakten, so die J. für Meiningen §. 28, f. Reuß j. L. §. 32 und f. Lippe zu §. 16.

Die hess. Instr. zu §. 16 weist die Standesbeamten an, auf Wunsch der Geistlichen und Religionsdiener auch kurzgefaßte Notizen über Geburts- und Sterbefälle und die angeordneten Aufgebote an zum Voraus bestimmten Tagesstunden zu deren Verfügung zu halten. Ein desfallsiges Ersuchen ist an sie von dem Ober-Präsidenten der Provinz Schlesien gerichtet, Stdesb. 1877 S. 113.

[17]) **Unvermögen.** Dasselbe ist dem Standesbeamten nachzuweisen, am besten durch Attest der Ortsbehörde. Dies schreiben obligatorisch vor die sächs. V. v. 6. Nov. 1875 §. 16, die hess. J. zu §. 16 u. die J. f. Meiningen §. 86 Abs. 8. Beliebig erlassen kann der Standesbeamte die Gebühren, wenn sie ihm nicht zufallen (s. Anm. 12 zu dies. §.), nicht.

[18]) **enthalten,** s. Anm. 5 zu §. 15. Der Standesbeamte hat daher auch jegliche Zumuthung, welche im Interesse der Verdeckung gewisser Thatsachen, z. B. der Unehelichkeit und nachträglichen Legitimation, an ihn seitens der Betheiligten gestellt wird, zurückzuweisen, s. auch Stdesb. 1875 S. 209; 1890 S. 116.

Ferner ergiebt der Abs. 2, daß, wenn ein Registerauszug später mit dem Antrag vorgelegt wird, eine inzwischen erfolgte Randeintragung auf demselben zu vermerken, für diesen Vermerk keine Gebühren zu berechnen sind, v. Erichsen, Führung S. 70 N.*.

Was das Verhältniß der §§. 12—16 zu den früher geltenden Vorschriften der einzelnen Landesgesetze über die staatliche Standesbuchführung betrifft, so hat das Reichsgesetz letztere einheitlich für den ganzen Umfang des Reiches regeln wollen, seine Aenderungen treten daher an Stelle der bisherigen Bestimmungen, und damit sind auch solche Vorschriften, welche sich wohl mit denen des Reichsgesetzes vereinigen ließen (s. z. B. Anm. 73 zu §. 13), aufgehoben, denn gerade nur die ausdrücklich normirten Punkte sind als wesentliche, gesetzlicher Regelung bedürftige erachtet worden, das Uebrige hat der Ausführungsverordnung frei, also auch ungehemmt durch die bisherigen Vorschriften überlassen bleiben sollen.

§. 17. [19]) **Beurkundung der Geburten.** In das Geburtsregister, durch welches die Beurkundung der Gebühren erfolgt, gehören die in §§. 22, 24, 25, 26. 62, 81 Abs. 2 gedachten Eintragungen.

[20]) **innerhalb einer Woche,** d. h. spätestens am siebenten Tage nach der Geburt, den Tag der letzteren nicht mitgerechnet. Durch hineinfallende Sonntage und Feiertage wird der Fristlauf nicht

§. 18.

Zur Anzeige sind verpflichtet:

1. der eheliche Vater;
2. die bei der Niederkunft zugegen gewesene Hebamme [22]);
3. der dabei zugegen gewesene Arzt;
4. jede andere dabei zugegen gewesene Person [23]);

---

gehemmt, so auch hess. J. zu §. 17 u. preuß. M.E. v. 29. Okt. 1879, M.Bl. f. d. i. V. 1880 S. 26, Stdesb. 1880 S. 57.

[21]) **Niederkunft stattgefunden hat,** ohne Rücksicht darauf, ob die Eltern oder die Mutter dort ihr Domizil haben oder nicht, so auch J. für Lippe zu §. 17. Nach d. bair. Staatsmin.Bek. v. 29. März 1880, G. u. V.Bl. S. 133, Stdesb. 1880 S. 81, sind die auf dem Bodensee eintretenden Geburts- und Sterbefälle, wenn sie sich in der unmittelbaren Umgebung des Seeufers ereignen, durch den Standesbeamten des Uferbezirks, sonst durch den Standesbeamten des Bezirks zu beurkunden, in welchem das Schiff, auf dem die Geburt erfolgt oder von dem die Leiche aufgenommen ist, seinen regelmäßigen Standort hat.

Wenn die Eintragung durch den nichtzuständigen Standesbeamten gemacht ist (vgl. auch §. 15 Anm. 3), so entbehrt sie der Beweiskraft, ebenso Mandry d. civilrechtl. Inhalt 3 A. S. 113 N. 7. Der Abs. 3 §. 15 (s. Stdesb. 1888 S. 270) kann hier keine Anwendung finden, da dieser nur von Verstößen hinsichtlich der Art und Form der Eintragungen selbst handelt. Nach d. bair. M.E. v. 5. Dez. 1875 V Nr. 3 ist dem Standesbeamten des Wohnortes eine beglaubigte Abschrift der zu machenden Eintragung zu übermitteln, welche dieser aber nicht in sein Register einzuschreiben, sondern nur zu den Sammelakten des betreffenden Jahrgangs zu nehmen und über welche er im alphabetischen Register einen entsprechenden Vermerk zu machen hat, ebenso nach d. hess. Min.V. v. 21. Jan. 1876, Stdesb. 1876 S. 107; den Nachträgen z. J. f. Schaumburg-Lippe v. 13. Febr. 1877, Stdesb. 1877 S. 61; f. Lippe v. 22. März 1877, G.S. S. 9, Stdesb. 1877 S. 91; f. Bremen v. 25. Febr. 1876 §. 4, Stdesb. 1877 S. 9, welcher im Gegensatz zu den bisher citirten Anordnungen die Uebersendung an alle Standesbeamte eines deutschen Wohnorts vorschreibt, während die ersteren nur auf die Standesbeamten desselben Bundesstaates bezogen werden können. Dagegen sind nach d. coburg-goth. Min.V. v. 24. Okt. 1877 §. 2, G.S. S. 190, Stdesb. 1879 S. 250, nur über Sterbefälle von Nichtdeutschen Sterbeurkunden an die vorgesetzte Gerichtsbehörde zur Beglaubigung und Weiterbeförderung an das Staatsministerium einzusenden. Einverleibung der von auswärts übersandten standesamtlichen Urkunden in die Sammelakten und Aufnahme von Vermerken in die alphabetischen Register ordnen an die Bekanntmachungen für Weimar v. 20. Juli 1877, Schwarzburg-Rudolstadt v. 13. Aug. 1877, G.S. S. 71, Reuß ä. L. v. 18. Aug. 1877, Stdesb. 1877 S. 181, 192, 225; die cit. cob.-goth. V. §. 1; d. cit. Bremer Nachtrags-Instruktion §. 1; das meining. Ausschr. v. 11. Sept. 1877, Reg.Bl. S. 929, Stdesb. 1877 S. 210 (unter Aufhebung des Ausschr. v. 13. Juni 1876, Stdesb. 1876 S. 230, 292) u. d. J. für Elsaß-Lothringen §. 28. Ein preuß. Min.Erl. v. 1876, Stdesb. 1876 S. 332, gestattet ein solches Verfahren. Uebrigens ist auch durch Verträge der Austausch von Standesurkunden zwischen verschiedenen Staaten geregelt, vgl. Fitting S. 39 Note *, Stdesb. 1877 S. 67 für Baiern. Wegen der Geburtsfälle in der Familie des Standesbeamten s. Anm. 72 zu §. 13 a. E.

§. 18. [22]) **Zugegen gewesene Hebamme.** Der Vermerk, daß die unter 1—3 bezeichneten Personen zugegen gewesen sind, ist wesentlich für die Beweiskraft, und wenn er fehlt, kann die Aufsichtsbehörde das Berichtigungsverfahren (§. 65 ff.) veranlassen. Beschl. des Kammergerichts v. 7. Jan. 1884, Johow, Jahrb. d. Kammerger. 4, 347.

[23]) **Person.** Die Anzeigepflicht desjenigen, in dessen Wohnung oder Behausung die Niederkunft erfolgt ist, welche das preußische Gesetz v. 9. März 1874 §. 14 Nr. 5 statuirt, hat das Reichsgesetz

5. die Mutter, sobald sie dazu im Stande ist.

Jedoch tritt die Verpflichtung der in der vorstehenden Reihenfolge später genannten Personen nur dann ein, wenn ein früher genannter Verpflichteter nicht vorhanden oder derselbe an der Erstattung der Anzeige verhindert ist [24]).

§. 19.

Die Anzeige ist mündlich [25]) von dem Verpflichteten selbst [26]) oder durch eine andere aus eigener Wissenschaft [27]) unterrichtete [28]) Person zu machen.

---

fallen lassen, weil sie überflüssig ist und zu großen Belästigungen führt, s. Motive S. 25, vgl. auch Stdesb. 1879 S. 9.

Unrichtig ist es, wenn Weber S. 116 solche Personen, welche erst „bald nachdem das Kind das Tageslicht erblickt hat", hinzugekommen sind, für anzeigepflichtig erachtet, diese sind nur, weil sie aus eigener Wissenschaft unterrichtet sind (§. 19), anzeigeberechtigt, so auch v. Sicherer S. 69, s. ferner Stdesb. 1876 S. 168.

[24]) **an der Erstattung der Anzeige verhindert ist.** Die Verpflichtung der unter Nr. 2—5 genannten Personen ist nur eine subsidiäre und durch das Nichtvorhandensein oder die Behinderung der vorher verpflichteten bedingt. Ohne daß der Betreffende von den den Eintritt seiner Verpflichtung bedingenden Thatsachen Kenntniß hat, entsteht dieselbe für ihn nicht.

Selbstverständlich ist die Anzeige, wenn sie nicht innerhalb der Frist gemacht ist, immer nachzuholen, auch darauf geht die Verpflichtung.

§. 19. [25]) **mündlich.** Auf Grund dieser Anzeige hat der Standesbeamte, sofern er keinen Anstand findet (§. 21), die Eintragung in das Geburtsregister nach Maßgabe der §§. 13 u. 22 vorzunehmen. Der Anzeigende hat dieser beizuwohnen und sie zu unterschreiben.

Ueber die Qualifikation des Anzeigenden schreibt das Gesetz nichts vor. Er muß aber die Fähigkeit zu Wahrnehmungen und zur Reproduktion solcher besitzen. Der wahnsinnige eheliche Vater ist zur Anzeige daher weder berechtigt noch verpflichtet, ebensowenig sind Anzeigen von Kindern, d. h. Personen, welche das 7. Jahr nicht vollendet haben, anzunehmen. Minderjährige sind von der Erstattung der Anzeige dagegen nicht ausgeschlossen; stehen sie aber dem Kindesalter näher, als der Großjährigkeit, so wird, falls sie wirklich aus eigener Wissenschaft unterrichtet sein sollten, zunächst ihre Wahrnehmungs- und Reproduktionsfähigkeit festzustellen sein. Blos Personen über 16 Jahre zuzulassen, so Stdesb. 1878 S. 76, ist durch nichts gerechtfertigt, andererseits ist in dem Fall, Stdesb. 1876 S. 142, 166, die Geburtsanzeige durch einen 10-jährigen Knaben mit Recht zurückgewiesen worden.

[26]) **Verpflichteten selbst,** d. h. dem im gegebenen Falle unter Berücksichtigung der Reihenfolge des §. 18 Verpflichteten.

[27]) **aus eigener Wissenschaft,** womit nicht gesagt ist, daß die Person nothwendig dem Akt der Niederkunft selbst beigewohnt haben muß, da das Gesetz selbst §. 18 u. §. 19 die bei der Geburt anwesend gewesenen und die aus eigener Wissenschaft unterrichteten Personen unterscheidet und die Erlangung eigener Wissenschaft auch ohne Sinneswahrnehmung möglich ist, so auch Beschl. d. O.L.G. Kiel v. 24. Juli 1888, Stdesb. 1889 S. 9, s. ferner Stdesb. 1880 S. 143 ff., vgl. Anm. 23 a. E., Daß hinsichtlich der Geburtsfälle allein die §. 18 Nr. 1—5 bezeichneten Personen als aus eigener Wissenschaft unterrichtete Personen zu betrachten seien, so eine Aufsichtsbehörde nach Stdesb. 1877 S. 115, steht geradezu im Widerspruch mit dem Wortlaut des §. 19. Die Wissenschaft des Anzeigenden hat der Standesbeamte auf geeignete Weise festzustellen und am Ende der Eintragung einen Vermerk darüber zu machen s. das Formular A 3 zur B.R.V., württ. J. §. 6; hess. J. zu §. 19; J. für Meiningen §. 33, welche sich blos auf die anwesenden Personen beziehen. Wenn die Wissenschaft nicht durch Anwesenheit beim Geburtsakt erlangt ist, so genügt ein Vermerk dahin, daß der Anzeigende aus eigener Wissenschaft unterrichtet ist. Es braucht aber nicht angegeben zu werden, auf welche Weise diese Wissenschaft erlangt worden ist, V.-d. preuß. Min. d. Inn. v. 27. April 1878, M.Bl. f. d. i. V.

§. 20.

Bei Geburten, welche sich in öffentlichen [29]) Entbindungs-, Hebammen-, Kranken-, Gefangen- und ähnlichen Anstalten, sowie in Kasernen ereignen [30]), trifft die

---

S. 78, Stdesb. 1878 S. 115, 150; J. für Elsaß-Lothringen §. 30. Entgegengesetzt hess. J. zu §. 19.

[28]) **unterrichtete Person.** Die Berechtigung zur Anzeige ist also nicht bloß auf die Verpflichteten (s. Anm. 24, 26) beschränkt. Die Verbindlichkeit des Verpflichteten ist erloschen, sowie eine auch nur berechtigte Person die Anzeige macht. Eine solche darf nicht zurückgewiesen werden, wenn sie genügend unterrichtet ist, s. Stdesb. 1875 S. 167. Daher ist das Verlangen der württemb. J. §. 6, daß der eheliche Vater stets in erster Linie und jeder früher Verpflichtete vor dem in späterer Reihe Verpflichteten, ebenso hess. J. zu §. 18; Bremer J. §. 11; Stdesb. 1877 S. 155 (bair. Reg.Verf.), ähnlich Völk S. 64 N. 3, zur Anzeige angehalten werden soll, nicht gerechtfertigt, so auch v. Sicherer S. 71 Anm. 10 u. v. Kübel, württemb. Gerichtsblatt 12, 298, Stdesb. 1877 S. 5.

§. 20. [29]) **öffentlichen.** Oeffentliche Anstalten sind solche, welche dem Staate oder öffentlichen Korporationen oder Anstalten (z. B. den Land- und Stadtkommunen, den Kirchen) gehören, oder welche allgemeinen, nicht Privatzwecken dienen und von öffentlichen Beamten geleitet werden, im Wesentlichen übereinstimmend v. Sicherer S. 73 u. weimar. Staatsmin. V. v. 24. April 1881, Stdesb. 1881 S. 97 (im Hinblick auf Gemeindearmenhäuser). Zu eng fassen den Begriff d. württemb. J. §. 8 („aus Anstalten des Staats und der öffentlichen Korporationen"), und die Bremer J. §. 12 („nur die vom Staate, der Stadt Bremen oder einer anderen Gemeinde des bremischen Staats unterhaltenen derartigen Anstalten, welche vom Staate ausdrücklich als öffentliche Anstalten im Sinne der gedachten Gesetzesbestimmungen erklärt werden"). Das preuß. M.R. v. 20. Jan. 1875, M.Bl. f. i. V. S. 34; Stdesb. 1875 S. 66; die hess. J. zu §. 20 und die lippische J. zu §. 20 lassen als öffentliche Anstalten alle solche gelten, welche juristische Persönlichkeit (Korporationsrechte) besitzen und mit einem zur Vertretung nach außen berechtigten Vorstand versehen sind, die bair. Min.Bek. v. 13. Dez. 1875, Amtsbl. d. Staatsm. d. J. S. 713, Stdesb. 1876 S. 3, alle, welche juristische Persönlichkeit haben. Diese Auffassung ist nicht richtig, denn das Recht der juristischen Persönlichkeit ist lediglich ein dem Privatrechtsgebiete angehöriges Recht und durch seinen Besitz wird keine öffentlich-rechtliche Stellung gewährt. Auch braucht eine rein privatrechtliche Stiftung, welche juristische Persönlichkeit und also auch immer einen nach Außen hin zur Vertretung berechtigten Vorstand, als handelndes Organ besitzt, darum noch nicht öffentlichen Zwecken zu dienen, wie z. B. eine Familienstiftung mit einem Hause, in welchem arme Verwandte des Stifters mit ihren Familien freie Wohnung erhalten, so auch v. Sicherer S. 73 Anm. 3; Stdesb. 1882 S. 102.

Wenn behauptet worden ist, Stdesb. 1880 S. 136, 1881 S. 102, daß sich der Begriff der öffentlichen Anstalten nach den Ausführungsbestimmungen richtet, so erscheint dies nicht haltbar. In erster Linie bestimmt sich dieser Begriff nach dem Staats- und Verwaltungsrecht der Einzelstaaten, und nur insoweit, als das Organ, welches die Ausführungsbestimmungen erlassen hat, nach der Verfassung des Einzelstaates öffentliches Recht zu setzen oder das bestehende abzuändern befugt ist, ist die Behauptung richtig. Eine maßgebende, z. B. die Gerichte bindende Bedeutung hat daher das cit. preuß. Min.R. für Preußen nicht.

[30]) **ereignen.** Der Umstand, daß die Geburt bloß innerhalb der Mauern der Anstalt sich ereignet hat, ist allein nicht maßgebend, um die Vorschrift des §. 20 eintreten zu lassen. Die Person, welche geboren hat, muß auch in die Anstalt zu dem Zwecke, welchem diese dient, aufgenommen und der leitenden Thätigkeit des Vorstehers unterworfen sein. So wörtlich die J. für Lippe zu §. 20. Die Entbindung der Frau eines Portiers, welcher in einer solchen Anstalt seine gesonderte Wohnung hat, ja selbst die Entbindung seiner eigenen Frau in seiner Dienstwohnung ist der Vorsteher nicht schriftlich anzuzeigen berechtigt. Der Zweck des Gesetzes ist der, die Amtsthätigkeit des Vorstehers nicht durch die persönliche Anzeigepflicht zu überlasten, und Anstalt heißt nur der den Zwecken derselben dienende Raum, nicht der Mauernkomplex, innerhalb dessen sie sich befindet. Die Richtigkeit dieser

Verpflichtung [31]) zur Anzeige ausschließlich den Vorsteher der Anstalt oder den von der zuständigen Behörde [32]) ermächtigten Beamten. Es genügt eine schriftliche Anzeige in amtlicher Form [33]).

§. 21.

Der Standesbeamte ist verpflichtet [34]), sich von der Richtigkeit der Anzeige

---

Ansicht ergiebt auch der Schlußsatz, denn über andere Fälle, als die vorhin charakterisirten, kann der Vorsteher keine Anzeigen in amtlicher Form machen. So v. Seyfried S. 61; Stdesb. 1889 S. 185 186; v. Sicherer S. 74, welcher aber andererseits N. 4 sagt, daß die betreffende Person den Vorsteher amtlich untergeben sein muß, ebenso Stdesb. 1880 S. 136; 1881 S. 102, was auch auf die Frau des Portiers zu treffen würde, obwohl diese nicht zu dem Zweck, welchem die Anstalt dient, in dieselbe aufgenommen ist. Auf jede Geburt in den Räumen der Anstalt bezieht den §. Stiegele S. 87 („nach dem Wortlaut des Gesetzes").

Nach dem Erlaß des preuß. Kriegsministers v. 11. Sept. 1874, Stdesb. 1874 S. 182, welcher sich allerdings nur auf die Sterbefälle bezieht, ist der nächste mit Disziplinargewalt versehene Vorgesetzte zur Anzeige verpflichtet. Das bair. Kriegsmin.R. v. 26. Dez. 1875, Amtsbl. d. Staatsm. d. J. v. 1876 S. 17, Stdesb. 1876 S. 67, schreibt vor, daß Anzeigen über Geburts- und Sterbefälle, a) wenn sich dieselben in Kasernen, durch den Regiments- oder Bataillons-Kommandeur, wenn sie in Militär-Lazarethen, durch den Chefarzt, wenn sie in einer militärischen Strafanstalt sich ereignen, durch den Kommandanten, bez. in dessen Vertretung durch den Aufsichtsoffizier zu erstatten sind. (Vgl. ferner wegen der Gendarmerieschule und der Gendarmenkasernen E. v. 10. März 1876 i. Stdesb. 1876 S. 135.) Die Bek. des württemb. Kriegsmin. v. 8. Jan. 1876, Reg.Bl. S. 48, Stdesb. 1876 S. 103, bestimmt, daß Geburten in Kasernen von dem nächsten mit Disziplinarstrafgewalt versehenen Vorgesetzten des Familien- oder Haushaltungsvorstandes und bezüglich der Garnison-Verwaltungsbeamten vom Vorstand der betreffenden Verwaltung; Geburten in Lazarethen vom Chefarzt, in Reservelazarethen von der Lazarethkommission anzuzeigen sind.

Mit der Entlassung der betreffenden Person aus der Anstalt hört die Verpflichtung des Vorstehers auf, also hat er z. B. nicht mehr die zur Zeit des Geburtsfalles noch nicht feststehenden Vornamen des Kindes später anzuzeigen, vgl. auch Stdesb. 1882 S. 102.

Ereignet sich dagegen der Geburtsfall während des Transportes der Person nach der Anstalt und wird sie mit dem Kinde aufgenommen, so wird man eine Anzeigepflicht des Vorstehers als vorliegend annehmen müssen, da nunmehr Mutter und Kind unter seine amtliche Leitung gelangen und die Aufnahme in die Anstalt wenigstens schon vorbereitet war.

[31]) **Verpflichtung.** Hinsichtlich der Berechtigung kommt auch für diesen Fall die Vorschrift des §. 19 zur Anwendung, was irrigerweise mehrfach, vgl. Stdesb. 1875 S. 113; 1889 S. 185, verneint worden ist, obwohl der §. 20 nur von einer Verpflichtung, nicht von einer Berechtigung handelt. Uebereinstimmend weimar. Staatsmin. R. v. 24. April 1881, Stdesb. 1881 S. 98; Fitting S. 15 N. 2; Stiegele S. 87 Anm. 4; v. Sicherer S. 72; Stdesb. 1889 S. 186.

[32]) **zuständigen Behörde,** d. h. derjenigen, deren Leitung die Anstalt untersteht, und welche die Verwaltung derselben zu regeln hat.

[33]) **in amtlicher Form,** also derjenigen, welche für anderweitige Amtsakte des Vorstandes maßgebend ist. Die Beidrückung des Siegels wird erforderlich sein, wenn sie sonst für die amtlichen Erklärungen des Anzeigenden vorgeschrieben ist. So auch J. f. Lippe zu §. 20; Stdesb. 1889 S. 178, (Ein Formular für Elsaß-Lothr. s. Stdesb. 1883 S. 9.) Auch die Vornamen des Kindes (§. 22 Abs. 3) können in der gedachten Weise angezeigt werden.

Ueber die Eintragung auf Grund der Anzeige s. o. Anm. 82 zu §. 13.

§. 21. [34]) **verpflichtet,** also nicht bloß berechtigt. Sowie sich Zweifel ergeben, ist die Feststellung vorzunehmen.

(§§. 17 bis 20), wenn er dieselbe zu bezweifeln Anlaß hat, in geeigneter Weise[35]) Ueberzeugung zu verschaffen.

§. 22.

Die Eintragung des Geburtsfalles[36]) soll enthalten:

1. Vor- und Familiennamen[37]), Stand oder Gewerbe und Wohnort des Anzeigenden[38]);
2. Ort[39]), Tag[40]) und Stunde[41]) der Geburt;

---

[35]) **in geeigneter Weise**, namentlich durch Vernehmung von Personen, welche über die erfolgte Geburt und die Familienverhältnisse Auskunft zu geben im Stande sind, ohne daß diese zu den §. 18 aufgezählten Verpflichteten zu gehören brauchen, so auch die J. für Württemberg §. 9, Hessen zu §. 21 und Lippe zu §. 21. Auch können auswärtige Auskunftspersonen im Wege der Requisition (s. B.R.B. §. 15) vernommen werden. Ferner kann sich der Standesbeamte das Kind vorzeigen lassen und behufs Besichtigung des Kindes die Wohnung der Eltern betreten. Die Befolgung aller zu dem gedachten Zweck getroffenen Anordnungen kann der Standesbeamte durch Geldstrafen erzwingen, s. §. 68 Abs. 3, vgl. Fitting S. 62, 76; v. Seyfried S. 62; v. Sicherer S. 21.

Die behufs Feststellung der Richtigkeit der Anzeige erwachsenen Verhandlungen und Schriftstücke sind zu den Sammelakten zu nehmen, so auch J. für Meiningen §. 23.

§. 22. [36]) **des Geburtsfalles.** S. hierzu die Formulare A 1 bis A 3 der B.R.B. Vgl. ferner die Beispiele bei v. Erichsen, Führung S. 17 ff.

[37]) **Vor- und Familiennamen**, d. h. die gesetzlich dem Anzeigenden zustehenden Namen, doch kann, wo Doppelnamen in Gebrauch sind, dem gesetzlichen Namen der herkömmliche in Klammern beigefügt werden. Für Preußen ist durch d. Min. d. Inn. die Eintragung der in Hannover üblichen Stättenamen unter Beifügung des Familiennamens (z. B. Osterhof geborener Hobbeling) mit Recht für unstatthaft erklärt, zulässig dagegen die Eintragung: Hobbeling, genannt Osterhof, Stdesb. 1888 S. 235. Vgl. ferner Anm. 76 zu §. 13.

[38]) **des Anzeigenden.** Im Falle des §. 20 wird statt dessen die Anstalt, der Ort derselben, die unter der Anzeige stehende offizielle Bezeichnung des Vorstandes und das Datum der Anzeige zu vermerken sein. Doch ist das Datum nicht nothwendig. In den Beispielen bei v. Erichsen, Führung S. 49, 50 fehlt es.

[39]) **Ort**, die Ortschaft. Vgl. Anm. 75 zu §. 13. Im Interesse der Aufstellung der Militärstammrollen ist mitunter die Beifügung des Gemeinde- oder Gutsbezirks oder des Kreises vorgeschrieben, Stdesb. 1877 S. 10; 1878 S. 147.

[40]) **Tag.** „Die Eintragung des Jahres, in welchem sich der einzelne Vorgang zugetragen hat, ist nicht für erforderlich erachtet worden, weil jedes Register nur die Eintragung aus einem durch allgemeine Ueberschrift ersichtlich gemachten Jahrgang enthält. Nur in den Auszügen aus den Registern muß die Jahreszahl (gemäß §. 9 des preuß. Ges., jetzt §. 13), in Buchstaben ausgedrückt werden." So die Motive zu dem preuß. Ges. S. 27, die das Reichsges. stillschweigend adoptirt hat. Die Formulare zur B.R.B. enthalten auch die Angabe des Jahres. Mit Rücksicht darauf, daß in den laufenden Jahrgang auch die Geburten des vorhergehenden, wenn sie erst nach dem Schlusse desselben angezeigt sind, eingetragen werden, s. Anm. 92 zu §. 14, ist dies praktisch. S. auch die folgende Anm.

[41]) **Stunde.** Diese ist ebenso wie der Tag wesentlich, also in Buchstaben auszudrücken, s. Anm. 74 zu §. 13 u. J. f. Lippe zu §. 22. Dabei ist Tageszeit stets durch Vormittags und Nachmittags auszudrücken, s. die Formulare z. B.R.B. A 1 bis A 2, vgl. auch die J. f. Lippe a. a. O. und Stdesb. 1875 S. 167.

Für Fälle, wo die Geburt eines Kindes gerade um 12 Uhr Mittags oder Mitternachts erfolgt, muß die Zeit durch 12 Uhr Vormittags oder 12 Uhr Nachmittags bezeichnet, oder das Wort: „Mittags" im ersteren Fall unverändert gelassen und für Mitternacht: „in der Nacht vom ... um zwölf Uhr" gesetzt werden, J. für Elsaß-Lothringen §. 18; Stdesb. 1875 S. 106; 1877 S. 115, 187;

3. Geschlecht des Kindes [42]);
4. Vornamen [43]) des Kindes;
5. Vor- und Familiennamen [44]), Religion [45]), Stand oder Gewerbe und Wohnort der Eltern [46]).

---

v. Erichsen, Führung S. 25 N. 2. Wenn Stdesb. 1875 S. 111; 1876 S. 208, 209 der Vormittag vom vollendeten Glockenschlag der Mitternachtsstunde gerechnet wird, so ist demgegenüber darauf hinzuweisen, daß allein der Zeiger der Uhr die Zeit in entscheidender Weise angiebt, und der Glockenschlag, welcher einen bestimmten Zeitraum in Anspruch nimmt und bei vielen Uhren nicht korrekt regulirt ist, nur darauf aufmerksam machen soll, daß der Zeiger eine bestimmte Stelle der Uhr erreicht hat.

[42]) **Geschlecht des Kindes.** Bei Zwittern entscheidet das nöthigenfalls durch ärztlichen Befund festzustellende vorwiegende Geschlecht, s. l. 20 D. de stat. hom. I 5, Seuffert, prakt. Pandektenrecht §. 41; ebenso nach §. 46 des sächs. b. G.B. Dies muß auch für das Gebiet des preuß. L.R. gelten. Nach §. 19 Tit. I Th. 1 haben zwar die Eltern, bez. nach zurückgelegtem 18. Jahre die betreffenden Personen selbst zu bestimmen, „zu welchem Geschlechte sie sich halten wollen", jedoch ist diese Wahl für die Rechte Dritter nach §. 22, 23 nicht präjudizirend, vielmehr haben die letzteren die Befugniß, auf Entscheidung durch den Befund von Sachverständigen anzutragen. Da es sich bei der Geburtseintragung um die Feststellung der Thatsache der Geburt des Kindes eines oder des anderen, mithin des vorherrschenden Geschlechts und um einen gegen Jedermann wirkenden Beweis handelt, nicht um die Beurkundung der Wahl der Eltern, so kann hierbei nicht der Wille der letzteren, bez. des Zwitters selbst maßgebend sein, sondern nur der objektive Thatbestand entscheiden. A.M. eine Ob.Präs.Verf. i. Stdesb. 1876 S. 103; gegen diese auch v. Sicherer S. 78. Sollte das Kind so mißgebildet sein, daß das Geschlecht nicht durch ärztliche Untersuchung bestimmt werden könnte, müßte ein dahin lautender Vermerk im Geburtsregister gemacht werden, v. Sicherer S. 79.

[43]) **Vornamen.** Ueber die Wahl derselben s. S. 82 Anm. 48.

[44]) **Vor- und Familiennamen,** s. Anm. 76 §. 13 und Anm. 37 zu diesem §.

[45]) **Religion.** Diese ist mit der dem Landesstaatskirchenrecht entsprechenden, nicht mit einer willkürlich von dem Anzeigenden oder von den Eltern oder von dem Standesbeamten gewählten Bezeichnung zu vermerken. Die Angabe: „christlicher Religion" ist nicht genügend. Wohl aber reicht in Altpreußen der Vermerk: „evangelisch" aus, da das Wort hier sowohl die Lutheraner und Reformirten umfaßt, es kann daher bei den der unirten Landeskirche angehörigen Personen keinen Grund zur Berichtigung abgeben, daß ein Lutheraner oder Reformirter in dieser Weise bezeichnet ist, Beschl. d. Kammerger. v. 21 Jan. 1884; Johow, Jahr. d. Kammerger. 4, 348; Stdesb. 1884 S. 201.

Nach d. sächs. Min.V. v. 3. Nov. 1876, Stdesb. 1876 S. 327, ist die Bezeichnung: „evangelisch" zu vermeiden und die: „evangelisch-lutherisch" oder „evangelisch-reformirt" zu gebrauchen. Vgl. auch Stdesb. 1880 S. 14.

[46]) **der Eltern.** Bei unehelichen Kindern ist nur der Name der Mutter einzutragen (wegen der Gebiete des französischen Rechts s. aber §. 25 Anm. 59), und zwar auch in denjenigen Gegenden, wo es Sitte war und ist, daß das uneheliche Kind mit dem Namen des Schwängerers der Mutter oder desjenigen, welchen diese als Schwängerer bezeichnet, genannt wird, Stdesb. 1878 S. 1 (Schleswig-Holstein), S. 270 (Mecklenburg), Stdesb. 1880 S. 187 (Oldenburg, Hannover). Dies ergiebt sich aus der Natur der Sache, folgt übrigens auch aus §. 25 und daraus, daß nur der eheliche Vater die Anzeigepflicht hat.

Aus der Vorschrift, daß die Namen der Eltern eingetragen werden sollen, in Verbindung mit §. 26 („Wenn die Feststellung der Abstammung eines Kindes") folgt, daß die Eintragung nicht nur die Thatsache der Geburt (so die badische Regierung in der Begründung des Entwurfs zum Einführungsges. v. 9. Dez. 1875, Verhandlungen d. Ständeversammlung 1875/1876, Beilageheft 4 zu den Protokollen d. II. Kammer S. 26, 58, und v. Seyfried S. 65 ff.), sondern auch, soweit die Beweiskraft des Geburtsregisters reicht, die für die Abstammung des Kindes rechtlich erheblichen

Thatsachen, d. h. also die Abstammung von der Mutter ergeben soll, während sich die Vaterschaft aus anderen Thatsachen feststellt. Diese werden nicht durch Eintragung im Geburtsregister beweiskräftig beurkundet (s. Anm. 4 zu §. 15), sind aber, wie die Thatsache, daß die Mutter mit dem betreffenden Manne verheirathet ist, in der Eintragung zu vermerken, weshalb der Standesbeamte sich nach §. 21 von der Richtigkeit der Anzeige nöthigenfalls Gewißheit zu verschaffen hat, so auch Völk S. 61; v. Sicherer S. 84 Anm. 22; v. Erichsen, Führung S. 31 N. 2 (gegen: preuß. M.R. v. 1874, M.B. f. d. i. V. S. 279; Stdesb. 1875 S. 42; 1880 S. 28 u. 1882 S. 249). Das preuß. Ober-Tribunal bemerkt in dem Erk. v. 11. Feb. 1876 Entsch. 77, 387; Oppenhoff, Rechtsprechung in Strafsachen 17, 108, und im Wesentlichen damit übereinstimmend das Reichsgericht I. Straf-Sen. in dem Urth. v. 10. Nov. 1879, Stdesb. 1880 S. 17, entgegen der Ausführung im Stdesb. 1879 S. 263, „es sei nicht zu bezweifeln, daß die in dem Geburtsakte beurkundete Thatsache, daß das Kind von den darin als Eheleute bezeichneten Eltern abstamme, für den Beweis der ehelichen Erzeugung von Bedeutung und geeignet ist, die eheliche Abstammung vorläufig und bis dahin, daß der Inhalt der Geburtsurkunde widerlegt ist, darzuthun, wogegen es sich von selbst verstehe, daß, wenn die Rechtsbeständigkeit der Ehe zwischen den in einer Geburtsurkunde als Eheleuten bezeichneten Personen selbst streitig wird, der bezüglichen Angabe dieser Urkunde keine Beweiskraft beizulegen sei, sondern es der Beibringung der Heirathsurkunde bedürfe". In dem ersten Theil dieser Ausführung wird indessen der Umstand verkannt, daß das Geburtsregister nicht die Rechtsbeständigkeit der Ehe bis zum Beweise der Unrichtigkeit (R.C.P.O. §. 383 Abs. 2), mithin auch nicht die eheliche Abstammung, welche von der Gültigkeit der Ehe abhängig ist, beweisen kann, und der zweite Theil widerspricht der vorangehenden Annahme, insofern er der betreffenden Beurkundung die Beweiskraft lediglich dadurch entzogen wissen will, daß die Rechtsbeständigkeit der Ehe bestritten wird. Eine solche Unterscheidung ist unzulässig. In der That hat die Eintragung keine Beweiskraft dafür, daß die Mutter mit dem als Ehemann bezeichneten Vater gültig verheirathet ist, sie begründet nur, weil der Standesbeamte den betreffenden Umstand behufs der Vormerkung zu untersuchen hat, eine lediglich faktische Vermuthung, welche bis dahin, wo sie bestritten wird, als der Wahrheit entsprechend gilt, welche aber im anderen Fall denjenigen, welcher nach den Regeln der Beweiskraft die Rechtsgültigkeit der Ehe zu beweisen hat, nicht von der Beweiskraft entbindet und nicht berechtigt, den Beweis durch den betreffenden Vermerk zu führen. So auch v. Sicherer S. 80 ff., wenn ich ihn recht verstehe, und Mandry S. 115 N. 12.

Zu beachten ist, daß nicht jedes Kind, welches in einer weder durch Tod noch Scheidung aufgelösten Ehe geboren wird, ein eheliches, sowie daß nicht jedes von einer Frau nach Beendigung ihrer Ehe geborene Kind unehelich ist. Vielmehr ist der Rechtszustand in dieser Beziehung folgender:

1. Für den Geltungsbereich des preuß. Landrechts kommen in Frage §. 1 dess. Tit. 2 Th. II:

> „Die Gesetze begründen die Vermuthung, daß Kinder, die während einer Ehe erzeugt oder geboren werden, von dem Manne erzeugt sind."

Die Praxis des preuß. Obertribunals, s. Plen.-Beschl. v. 5. Sept. 1842, Präjudiz Nr. 1181 a, Entsch. 8, 73, hat diese Vorschrift dahin ausgelegt, daß die Vermuthung der Ehelichkeit auch solchen Kindern zu Statten komme, welche zwar nicht in der Ehe erzeugt, wohl aber in der Ehe geboren sind, d. h. also z. B. dem 24 Stunden nach der Hochzeit von der Ehefrau geborenen Kinde, und diese Auffassung kann, da sie auch vom Reichsger.Urth. v. 12. Mai 1887, Entsch. 18, 288, angenommen ist (dafür auch Dernburg, preuß. Pr.R. 3, 126; Eccius in Förster, preuß. Pr.R. 5. Aufl., 4, 122), als die herrschende bezeichnet werden. Richtig erscheint dagegen die Meinung, daß als ehelich nur solche Kinder gelten, welche frühestens am 210. Tage nach der Eheschließung geboren sind und somit in der Ehe erzeugt sein können, vgl. Bornemann, System d. preuß. Pr.R. 2. Ausg., 5, 267; Förster, pr. Pr.R. 3. Aufl., 3, 596; Koch, Kommentar zu §. 1 a. a. O. Anm. 3 a. E. In demselben Sinn hat auch eine konstante Praxis des Münchener Oberappellationsgerichts für das bairische Rechtsgebiet des preußischen Landrechts (Ober-, Mittel- und Unterfranken) sich entschieden, s. Roth, bair. Civilrecht I 420, 421.

Ferner bestimmt §. 19 a. a. O.:

„Ein Kind, welches bis zum Dreihundertzweiten Tage nach dem Tode des Ehemannes geboren worden, wird für das eheliche Kind desselben geachtet"; und

§. 40: „Wird die Ehe durch richterlichen Ausspruch getrennt: so hat das nachgeborne Kind die Rechte eines ehelichen, wenn es bis zum Dreihundert und zweiten Tage nach rechtskräftig erkannter Scheidung zur Welt gekommen ist";

d. h. nach dem Tage der Publikation des rechtskräftig gewordenen Urtheils (s. Koch, Kommentar zu §. 40 Anm. 27).

Endlich §. 22 a. a. O.:

„Hat die Wittwe wider die Vorschrift der Gesetze (Tit. 1 §. 20)" — s. aber jetzt §. 35 dieses Gesetzes — „zu früh geheirathet, dergestalt, daß gezweifelt werden kann, ob das nach der anderweitigen Trauung geborene Kind in dieser oder in der vorigen Ehe erzeugt woroen: so ist auf den gewöhnlichen Zeitpunkt, nämlich den Zweihundert und siebenzigsten Tag vor der Geburt, Rücksicht zu nehmen",

d. h. die Geburt muß spätestens auf den 270. Tag nach der Auflösung der Ehe fallen.

2. Für das Königreich Sachsen bestimmt das bürgerliche Gesetzbuch §. 1771:

„Für ehelich zu achten sind Kinder, welche von einer Ehefrau nach dem einhundertzweiundachtzigsten Tage von Eingehung der Ehe an bis zum Ende des dreihundertundzweiten Tages nach Beendigung der Ehe geboren werden. Dies gilt, selbst wenn die Ehe nichtig ist, ausgenommen wenn der die Nichtigkeit begründende Thatumstand beiden Ehegatten zur Zeit der Eingehung der Ehe bekannt war."

§. 1776: „Wird ein Kind während der Ehe am einhunderteinundachtzigsten Tage nach Eingehung der Ehe oder vorher geboren, so gilt dasselbe als ein eheliches, wenn der Ehemann seine Vaterschaft ausdrücklich oder stillschweigend anerkennt."

§. 1779: „Hat sich eine Wittwe oder geschiedene Ehefrau zu einer Zeit, wo die Geburt eines Kindes aus der ersten Ehe noch möglich ist, anderweit verehelicht und entsteht Zweifel, ob ein in der neugeschlossenen Ehe geborenes Kind aus dieser oder aus der früheren Ehe stamme, so ist anzunehmen, daß das Kind, wenn es innerhalb zweihundertsiebenzig Tagen, von Beendigung der ersten Ehe an, geboren wird, der ersten, außerdem der zweiten Ehe angehört."

Unter der Beendigung der Ehe ist jede Auflösung derselben, Tod des Ehemannes, Aufhebung der Ehe in Folge Nichtigkeitserklärung oder Scheidung zu verstehen; in beiden letzten Fällen ist der Zeitpunkt der Beendigung der Tag der Rechtskraft des richterlichen Erkenntnisses, s. Siebenhaar, Kommentar zu §. 1771.

3. Für das Geltungsgebiet des Code civil vgl. folgende Artikel (nach der deutschen Uebersetzung bei Philippi a. a. O. S. 102):

„Art. 312. Ein während der Ehe empfangenes Kind hat den Ehemann zum Vater. . . .

Art. 314. Ein Kind, das vor dem hundertundachtzigsten Tage nach der Heirath geboren ist, soll in folgenden Fällen von dem Manne nicht verleugnet werden dürfen:

1. wenn er vor der Heirath Kenntniß von der Schwangerschaft erhalten hatte;
2. wenn er bei Aufnahme der Geburtsurkunde gegenwärtig war und diese entweder von ihm unterzeichnet worden ist oder seine Erklärung enthält, daß er im Unterschreiben unerfahren sei;
3. wenn das Kind nicht lebensfähig erklärt worden.

Art. 315. Die eheliche Geburt eines Kindes, welches dreihundert Tage nach Auflösung der Ehe geboren ist, kann angefochten werden."

Hierzu ist zu bemerken, und zwar zu Art. 312, daß das Kind frühestens am 180ten Tage nach der Abschließung der Ehe oder, was dasselbe ist, am 181ten Tage von dem Tage der Eheschließung ab, diesen Tag mit eingerechnet, nach anderer Ansicht aber am 180ten Tage, den Tag der Eheeingehung mitgerechnet, zu Art. 315, daß es spätestens am 300ten Tage, den Tag der Auflösung mit eingerechnet, geboren sein muß, s. Zachariä, franzöſ. Civilrecht Bd. 3 §. 546, S. 426 ff.

Die erst erwähnte Kontroverse hat aber für den Standesbeamten keine praktische Bedeutung, weil das Kind so lange nicht für unehelich zu erachten ist, als es der Vater nicht verleugnet hat.

4. Das badische Landrecht hat in Artikel 312, 314, 315 dieselben Vorschriften wie der Code civil.

5. Nach der altenburg. Eheordnung v. 12. Mai 1837, G.S. S. 102, §§. 149, 151, 152, in der Abänderung durch das Ges. v. 29. Mai 1876, G.S. S. 194, §. 5 gilt das Kind, welches vom 182ten Tage ab und welches bis zum 302ten Tage nach der Auflösung geboren ist, als eheliches.

6. Das weimar. G. v. 6. Juni 1853, Reg.Bl. S. 163, vermuthet für die Rechtmäßigkeit eines Kindes, „wenn das Bestehen der Ehe, in welcher die Mutter lebte, bezüglich noch lebt, innerhalb des Zeitraumes vom Beginn des 210ten bis zum Ende des 302ten Tages von der Geburt des Kindes an zurückgerechnet, verfällt."

7. In den Gebieten des gemeinen Rechts, so namentlich in Hannover (Stdesb. 1875 S. 150), Baiern, s. Roth a. a. O. S. 420, in Württemberg, s. Lang, württemb. Personenrecht S. 381, in Nassau, s. Bertram, nassau. Privatr. S. 582, in Kurhessen, s. Roth u. v. Meibom, kurhess. Privatr. 1, 478, in Reuß j. L., s. die J. §. 11, gilt der durch die Praxis ebenfalls recipirte Satz, daß dasjenige Kind die Vermuthung der Ehelichkeit für sich hat, welches am 182ten Tage nach der Eheschließung geboren ist, s. Windscheid, Pandekten §. 56; Stölzel, das Recht der väterlichen Gewalt S. 5.

Partikularrechtlich wird das im „7. Monat nach der Hochzeit" geborene Kind, „den Monat zu 30 Tagen gerechnet", fürstl. hess. Reskr. v. 25. Aug. 1653, Samml. der Landesordnungen B. 2 S. 186, als ehelich vermuthet, s. Stölzel a. a. O. S. 6.

In Neuvorpommern und Rügen wird die Präsumtion der Ehelichkeit auf jedes in der Ehe geborene Kind angewendet, s. Stölzel a. a. O. S. 6, und ebenso in Mecklenburg, s. Böhlau, mecklenb. Landr. B. 2 S. 14 Anm. 5.

Die nach Auflösung der Ehe geborenen Kinder werden als eheliche vermuthet, wenn ihre Geburt spätestens noch mit dem Ablauf des 10 Monats erfolgt ist. Diese Frist wird theils so berechnet, daß man den 302ten Tag oder den 300ten Tag entscheidend sein läßt, für das erstere Stölzel a. a. O. S. 6; Roth, bair. Civilr. S. 420; für das letztere die Praxis in Hannover, s. Stdesb. 1875 S. 150, Roth u. v. Meibom, kurhess. Privatr. a. a. O. S. 477; Lang, württemb. Personenrecht S. 381; hess. Min. Bek. v. 1878, Stdesb. 1878 S. 197; d. J. für Meiningen §. 39 und für Reuß j. L. §. 11. Den ersteren Termin hat auch das bair. Landrecht Th. I Kap. 3 §. 2 Nr. 9 angenommen.

Weitere und eingehendere Nachweisungen zu 1—7 bei v. Sicherer S. 84 ff.

8. Der Entw. e. bürg. Ges.B. erklärt sowohl die während der Ehe empfangenen, als auch die vor der Ehe empfangenen und nach deren Abschluß geborenen Kinder für eheliche und legt der vom 181ten bis zum 302ten Tage der Geburt reichenden gesetzlichen Empfängnißzeit eine absolute Bedeutung bei. Ferner kann die Unehelichkeit eines innerhalb des 300. Tages nach Auflösung der Ehe geborenen Kindes nur vom Ehemanne selbst und, falls er gestorben ist, von Andern allein dann, wenn er das Anfechtungsrecht nicht verloren hat, geltend gemacht werden, §§. 1466 ff., Motive 4, 648, vgl. dazu Gierke, d. Entw. e. bürg. Gesetzb. Leipzig 1889, S. 59, 454.

Ueber das Verhalten des Standesbeamten in den Fällen, in welchen nach den vorstehend angeführten gesetzlichen Vorschriften das Kind nicht für ehelich zu erachten, ist Folgendes zu bemerken:

Da die Formulare zur B.R.B. (s. A 2) das Kind nicht selbst direkt als ehelich bezeichnen, sondern nur die Fassung enthalten, daß von der Ehefrau des N. oder von der verwittweten N. ein Kind geboren sei, so präjudizirt — abgesehen von dem nachher noch zu besprechenden Falle, daß der Ehemann selbst die Geburtsanzeige gemacht hat — eine solche Eintragung dem ehelichen, bez. unehelichen Geburtsstand des Kindes nicht. Durch die Heirathsurkunde (eventuell den früher üblichen Kopulationsschein) oder durch die Sterbeurkunde (Todtenschein), bez. durch das mit dem

Attest der Rechtskraft versehene Scheideurteil kann später der entscheidende Tag der Eheeingehung oder der Eheauflösung festgestellt werden, und unter Berücksichtigung des aus dem Geburtsregister erhellenden Geburtstages des Kindes ist der Zeitraum leicht zu berechnen, welcher über seine Ehelichkeit oder Unehelichkeit entscheidet. Indessen ist die Art der vorgeschriebenen Eintragung die für eheliche Kinder regelmäßige und darum wird aus ihr auch für die Regel auf die Ehelichkeit des Kindes geschlossen werden. Mit Rücksicht hierauf, sowie in Anbetracht der gesetzlichen Vorschriften, welche den Kindern für den Fall, daß sie innerhalb einer zu kurzen Frist nach Eingehung der Ehe oder innerhalb einer zu langen nach der Auflösung derselben geboren sind, die Ehelichkeit absprechen, hat man es für angemessen erklärt, solche Verhältnisse, wenn der Standesbeamte Kenntniß von ihnen erhält, schon bei der Eintragung selbst zu erwähnen, also falls die nach obigen Angaben entscheidenden Daten der Eheschließung, bez. der Eheauflösung feststehen oder aus dem Heirathsregister des die Geburtsanzeige entgegennehmenden Standesbeamten sich ergeben, einzutragen: von der Ehefrau des X, welche mit diesem am .... die Ehe geschlossen hat, oder von der Ehefrau des am .... verstorbenen X, oder von der laut Erkenntniß des Gerichts vom .... geschiedenen Ehefrau des X, und wenn diese Daten nicht feststehen, das Wort: angeblich, hinzuzufügen, so Stdesb. 1875 S. 203; 1877 S. 115, 203; 1878 S. 207; die J. f. Reuß j. L. §. 10; die J. f. Bremen §. 30 lit. a; die Geschäftsanleitung d. Regier. zu Posen v. 12. Nov. 1876, Stdesb. 1877 S. 92; d. weimar. Staatsmin. Besch. v. 1877, a. a. O. S. 226: die V. des elsaß-lothring. Oberstaatsanwalts v. 4. Okt. 1887, Samml. 12, 382; Stdesb. 1890 S. 18 N. 18. Andererseits haben aber zunächst der Erlaß des preuß. Min. d. J. v. 20. Dez. 1877, M.Bl. f. d. J. 1878 S. 46, Stdesb. 1878 S. 105 u. 1882 S. 237, 253, Besch. dess. v. 25. Nov. 1888, Stdesb. 1889 S. 9, u. V. v. 15. Nov. 1889, M.Bl. f. d. i. V. S. 203, Stdesb. 1890 S. 41; ferner d. V. d. sächs. Min. d. J. v. 27. Juni 1882, Stdesb. 1883 S. 122; weimar. Staatsmin. R. v. 22. Sept. 1880, Stdesb. 1880 S. 229 (unter Abänderung des cit. Besch. v. 1877) die Aufnahme der gedachten Daten mit Rücksicht auf die Gefahr absichtlich oder unabsichtlich falscher Angaben untersagt. In der That ist aber diese Gefahr nicht so groß, denn wenn auch der Standesbeamte die Vorlegung der Heirathsurkunde oder der Sterbeurkunde des Ehemannes oder des rechtskräftigen Scheideurtheils nicht erzwingen kann, so bleibt es ihm für die Fälle, wo ihm kein urkundlicher Nachweis geliefert ist, offen, dies durch das Wort angeblich festzustellen.

Die Erörterung der gedachten Fragen kann der Standesbeamte doch nicht ganz vermeiden. Zunächst bestimmt sich die Anzeigepflicht des Vaters bei einem nach der Scheidung von der früheren Ehefrau geborenen Kinde danach, ob dasselbe gesetzlich für ein eheliches oder außereheliches zu erachten ist.

Ferner ist ein derartiger Vermerk, falls der Vater die Geburt eines zu früh in der Ehe geborenen Kindes anzeigt und die Ehelichkeit desselben bestreitet, gar nicht zu vermeiden (s. aber die J. für Lippe zu §. 22 Abs. 4), weil bei seiner Unterlassung und bei der Unterschriftsleistung des anzeigenden Vaters unter der Geburtsurkunde ein Anerkenntniß der Vaterschaft zu dem betreffenden Kinde seinerseits angenommen werden kann, s. Code civil, Art 314 (S. 87), preuß. A. L.R. II 2 §. 16, sächs. b. G.B. §. 1774; und für das gemeine Recht Stölzel a. a. O. S. 7; v. Sicherer S. 87 Anm. 51, und er nach der altenb. Eheordnung v. 13. Mai 1837 §. 149 das Recht verliert, das Kind deshalb zu verleugnen, weil er sich in einer natürlichen Unfähigkeit befunden, seiner Ehegattin in der Konceptionszeit beizuwohnen, oder ihr thatsächlich nicht beigewohnt hat, vgl. überhaupt v. Sicherer S. 87 ff., während Stiegele S. 90 N. 84 meint, daß es von den Umständen abhänge, ob in einer protestlosen Anzeige durch den Ehemann eine Anerkennung des Kindes liege, da derselbe nicht nach §. 18 Nr. 1 sondern nach §. 19 die Anzeige erstattet haben könne, aber übersieht, daß, wenn er die Anzeige nach §. 19 macht, er es ausdrücklich erklären müßte, daß er die Anzeige nicht als Verpflichteter erstatte, und daß in dieser Erklärung ein Protest gegen die Anerkennung der schrift liegen würde.

So weit bekannt, ist bisher von keiner derjenigen Centralbehörden, welche das vorhin gedachte Verbot erlassen haben, die Aufnahme einer Verwahrung des Vaters gegen die Vaterschaft untersagt worden,

Bei Zwillings- oder Mehrgeburten ist die Eintragung für jedes Kind besonders und so genau zu bewirken, daß die Zeitfolge der verschiedenen Geburten ersichtlich ist[47]).

Standen die Vornamen des Kindes zur Zeit der Anzeige noch nicht fest, so sind dieselben nachträglich[48]) und längstens binnen zwei Monaten[49]) nach

---

vgl. das Formular bei v. Erichsen, Führung S. 47, und dazu S. 48 Anm. 3. Da das Reichsgesetz über diesen Punkt ebenso schweigt wie über die vorher berührten Punkte, so wird auch ein Vermerk über diese letzteren konsequenterweise nicht für unstatthaft zu erachten sein.

Dagegen hat der Standesbeamte, wenn das Kind innerhalb eines die Vermuthung der Ehelichkeit begründenden Zeitraumes geboren ist, auf den Umstand, daß die Eheleute faktisch schon Jahre lang getrennt gelebt haben — z. B. der Mann befindet sich seit mehreren Jahren im Zuchthaus — bei der Eintragung keine Rücksicht zu nehmen, weil hier das Kind, solange nicht die Unehelichkeit auf Klage des Vaters durch Erkenntniß festgestellt ist, als ehelich gilt, und ein etwaiger Vermerk über das Getrenntleben der Eheleute im Geburtsregister gar keine rechtliche Bedeutung, nicht einmal als Beweismittel für den etwaigen später vom Ehemann anzustellenden Prozeß hat. Vgl. auch J. f. Meiningen §. 39 Abs. 3 und Reuß j. L. §. 11.

Für den Fall, daß die Anzeige nicht vollständig bewirkt wird, und mithin die Eintragung nicht den Vorschriften des §. gemäß gemacht werden kann, enthält das Gesetz keine ausdrücklichen Bestimmungen. Die Anzeigepflicht umfaßt aber der Natur der Sache nach die Angabe aller zur Eintragung nöthigen Data, wie dies auch die Strafbestimmung im §. 68, in welchem der §. 22 mit angezogen ist, zeigt. Die Vervollständigung der Anzeige kann, abgesehen von der nach §. 68 Abs. 1 statthaften Strafe, auch durch Anwendung der dem Standesbeamten freistehenden Ordnungsstrafen (§. 68 Abs. 3) erzwungen werden. Bei nicht vollständig zu erlangender Ergänzung wird die Eintragung nur zulässig sein, wenn wenigstens der Ort und Tag der Geburt, das Geschlecht des Kindes sowie sein Name angegeben ist. Hinsichtlich der nicht ermittelten Thatsachen wird im Register die Bemerkung: unbekannt, zu machen sein, s. J. f. Meiningen §. 23 u. f. Lippe zu §. 13. Vgl. auch Stdesb. 1875 S. 109; über den Fall einer unvollständigen schriftlichen Anzeige s. auch J. für Reuß ält. L. §. 4. Spätere Vervollständigungen, welche sich der Standesbeamte zu beschaffen angelegen lassen sein muß, sind am Rande nachzutragen (§. 13).

[47]) **ersichtlich ist.** Hat sich die Zeitfolge nicht ermitteln lassen, so muß dies bei der Eintragung jedes der in Frage stehenden Kinder vermerkt werden, s. auch hess. J. zu §. 22. Der Standesbeamte hat keine Befugniß, die im preuß. A.L.R. I 1 §. 16 event. vorgeschriebene Entscheidung über die Rechte der Erstgeburt durch Loos vorzunehmen oder zu veranlassen, weil er nur die Thatsache der Geburt zu konstatiren hat, so auch v. Sicherer S. 77 N. 5.

Daß Zwillings- oder Drillingsgeburten vorliegen, braucht nur dann eingetragen zu werden, wenn die Zeitfolge der Geburt sich nicht hat ermitteln lassen, sonst können mehrere Eintragungen blos hintereinander erfolgen, v. Sicherer S. 77. Doch schreibt die J. für Bremen §. 36 lit. c für alle Fälle eine entsprechende Bemerkung bei jeder Eintragung vor. Dies ist auch sonst durch einzelne Aufsichtsbehörden (Hessen, Stdesb. 1878 S. 197; Pommern, Stdesb. 1885 S. 95) angeordnet und wird, weil es sachgemäß und zweckmäßig erscheint, Fitting S. 78, Stdesb. 1879 S. 43; 1886 S. 169, vielfach beobachtet, v. Erichsen, Führung S. 27, 28 N. 5, S. 29.

Bei zusammengewachsenen Zwillingen kommt es darauf an, ob die Verbindung der Art ist, daß wegen der Verschmelzung der wichtigsten inneren Theile kein Leib getrennt und allein seine Funktionen fortsetzen könnte, oder ob dies letztere nach der Art der Verbindung möglich ist. Im ersteren Fall darf nur eine, im letzteren müssen zwei Eintragungen gemacht werden. Vgl. v. Sicherer S. 77 N. 6 und die Nachweisungen daselbst.

[48]) **nachträglich.** Diese Bestimmung findet ihre Begründung in der gerechten Rücksicht auf die weitverbreitete und tiefwurzelnde Sitte, die Namengebung mit der Taufe zu verbinden, und in der Erwägung, daß namentlich bei den Mitgliedern der evangelischen Kirche vielfach die Taufe eines Kindes erst längere Zeit nach Ablauf der ersten Lebenswoche desselben erfolgt.

Die Vorschrift findet aber nur dann Anwendung, wenn die Vornamen noch nicht feststehen. Ist dies der Fall, so kann der Standesbeamte die Eintragung blos deshalb, weil die Taufe noch nicht vollzogen ist, nicht ablehnen, und nicht eine Bescheinigung des taufenden Geistlichen darüber, welche Vornamen das Kind bei der Taufe erhalten hat, abwarten.

Was die Wahl der Vornamen betrifft, so ist diese insoweit unbeschränkt, als nicht landesgesetzlich in dieser Hinsicht besondere beschränkende Bestimmungen bestehen. In den Gebieten des französischen Rechts kommt das Gesetz vom 11. Germinal XI s. Philippi a. a. O. S. 22, 160 (über Rheinhessen s. Hess. J. zu §. 22) und für das Großherzogthum Berg das Dekret v. 12. Nov. 1809 Art. 23 zur Anwendung (unrichtig daher die Entscheidung in Stdesb. 1884 S. 49) nach welcher nur die in den Kalendern üblichen und aus der alten Geschichte bekannten Namen zugelassen sind; nach der Hess. J. zu §. 32 können (abgesehen von dem französischen Rechtsgebiete) nur übliche Vornamen gebraucht werden; in S.-Weimar, M.Bek. v. 18. Febr. 1876, Stdesb. 1876 S. 130, dürfen nicht diejenigen Vornamen gewählt werden, welche der Vater oder ein anderer Ortseinwohner gleichen Familiennamens trägt, während nach d. J. f. Meiningen §. 37 der Standesbeamte nur thunlichst (ohne Zwangsrecht) darauf hinweisen soll, daß solche Vornamen vermieden werden. Aus der Natur der Sache folgt, daß in allen Rechtsgebieten unanständige oder anstößige Vornamen ausgeschlossen sind und ihre Eintragung vom Standesbeamten abgelehnt werden kann, so ausdrücklich die J. f. Meiningen §. 38; Nachtr. J. f. Weimar v. 22. Okt. 1878, Stdesb. 1878 S. 230; vgl. ferner Stdesb. 1875 S. 52, Stdesb. 1877 S. 234 (Elsaß-Lothringen) u. Stdesb. 1880 S. 262; Völk S. 67; Stiegele S. 91 N. 86; v. Sicherer S. 98 N. 56. Daß im deutschen Sprachgebiet von Elsaß-Lothringen französische Vornamen zurückzuweisen sind, Stdesb. 1877 S. 234, ist eine unhaltbare Anordnung, s. auch Stdesb. 1880 S. 262. Nicht unstatthaft ist die Wahl von Vornamen, welche sich als Abkürzungen anderer darstellen, wie z. B. Toni, Grethe, Stdesb. 1885 S. 14 (Entsch. d. Kammerger.). Die Vorschriften, welche die Wahl der Vornamen allein mit Rücksicht auf den kirchlichen Charakter der Taufe beschränken, können mangels besonderer landesgesetzlicher Vorschriften nicht mehr in Betracht kommen.

Wenn der Standesbeamte einen Vornamen als ungesetzlich ablehnt, so verweigert er eine Amtshandlung, und es ist dagegen nur die Beschwerde an das Gericht nach §. 11 Abs. 3 statthaft, V. d. preuß. Min. d. Inn. v. 12. Dez. 1876, Stdesb. 1877 S. 1.

[49]) **zwei Monaten.** Diese sind kalendermäßig zu berechnen. Ist also das Kind am 2. Febr. geboren, so müssen die Namen spätestens bis zum 2. April angezeigt sein. Falls der korrespondirende Tag im Monat fehlt, endet die Frist am letzten Tage desselben, eine am 31. Dez beginnende, also am 28. oder 29. Febr. des folgenden Jahres, vgl. auch hess. J. zu §. 27; übereinstimmend Völk S. 72; v. Seyfried S. 74, 82; Stiegele S. 91 N. 87; v. Sicherer S. 99 N. 59.

In dieser Vorschrift liegt ein indirekter Zwang, die Taufe binnen 2 Monaten vornehmen zu lassen. Allerdings ist diese für die Namengebung nicht nothwendig, wie umgekehrt der taufende Geistliche weder ein Recht noch eine Pflicht hat, sich darum zu bekümmern, ob die Geburtseintragung rechtzeitig erfolgt ist, s. auch J. f. Reuß j. L. §. 12. Vergl. ferner J. f. S.-Weimar §. 14; f. Schwarzb.-Rudolstadt §. 14; f. Schwzb.-Sondersh. §. 13 u. Anm. 51 S. 35.

Da mit dem Ablauf der Frist die Verpflichtung zur Anzeige der Vornamen nicht aufhört, vielmehr die Erstattung der Anzeige nach §. 68 erzwungen werden muß, so ist die Eintragung, solange die Vornamen nicht angezeigt und eingetragen sind, unvollständig, nicht unrichtig. Der Standesbeamte kann daher die später angezeigten Namen ohne Weiteres eintragen, und es bedarf nicht erst des Berichtigungsverfahrens nach §. 65. Das letztere hatte zunächst e. Erk. d. preuß. O. Tr. v. 11. Okt. 1878, Stdesb. 1878 S. 249 und auch R. d. preuß. Min. d. Inn. v. 26. Nov. 1878, M.Bl. f. d. i. V. 1879 S. 3 angenommen, später aber hat sich sowohl das O. Tr. in der Entsch. v. 28. Juni 1879, J.M.Bl. S. 408, Stdesb. 1879 S. 209, und der Min. d. Inn. i. d. R. v. 5. Febr. 1880, M.Bl. f. d. i. V. S. 50, Stdesb. 1880 S. 42, der ersteren richtigen Ansicht angeschlossen, vgl. auch Stdesb. 1880 S. 13; v. Erichsen, Führung S. 20 N. 13.

Sind dem Kinde bei der Taufe andere Namen als bei der Eintragung beigelegt worden, so entscheiden die letzteren, so auch J. f. Lippe zu §. 22; V. des preuß. M. d. Inn. v. 19. Febr. 1875,

der Geburt anzuzeigen [50]). Ihre Eintragung erfolgt am Rande der ersten Eintragung [51]).

M.Bl. f. d. i. V. S. 62; Stdesb. 1875 S. 82; v. Sicherer S. 101. Diese sind wegen des Zweckes, den die Eintragung in das Geburtsregister zu erfüllen hat, allein die für das bürgerliche Leben maßgebenden, und das um so mehr, als die Namengebung nicht zum Wesen der Taufe gehört.

Eine Hinzufügung neuer Vornamen zu den erst eingetragenen oder eine Aenderung der erst gegebenen im Standesregister, mag eine solche selbst innerhalb der zweimonatlichen Frist von dem zur Namengebung Berechtigten beantragt werden, ist unstatthaft. Was die Vermehrung der Vornamen betrifft, so hat der Berechtigte mit der ersten Namengebung sein Recht ausgeübt, und damit ist ein für allemal die Bezeichnung des Kindes festgestellt. Ebensowenig kennt das Gesetz eine Aenderung der Vornamen, und da in solchem Falle weder die Voraussetzungen einer Berichtigung des Standesregisters (s. §. 65) noch einer Eintragung auf Grund des §. 26 vorliegen, so ist mangels besonderer, landesgesetzlicher Vorschrift eine darauf bezügliche Eintragung unstatthaft; s. preuß. M.R. v. 29. Mai 1875, M.Bl. f. d. i. V. S. 141, Stdesb. 1875 S. 105; v. 5. Nov. 1876, cit. M.Bl. 1876 S. 252; Stdesb. 1876 S. 326; v. 27. Aug. 1877 (im Einverständniß mit dem Reichsjustizamt), Stdesb. 1877 S. 219; für Rheinland s. noch Stdesb. 1877 S. 242; bair. Staatm.V. v. 8. Aug. 1881, Stdesb. 1881 S. 186, nach welcher bei ordnungsmäßig erlangter Erlaubniß zur Aenderung der Vor- und Familiennamen die beglaubigten Urkunden von den Distriktsverwaltungsbehörden den Standesbeamten zuzustellen und von diesen zu ihren Sammelakten unter Eintragung in das alphabetisch- Register zu nehmen sind; sächs. V. v. 12. Febr. 1877, Stdesb. 1877 S. 42; weimar. Staatsmin.Besch. v. 22. April 1880, Stdesb. 1880 S. 98; J. für Lippe zu §. 26; Appell.Ger. Ratibor, Johow, Jahrb. d. preuß. Appell.Ger. 7, 8, Stdesb. 1878 S. 17; preuß. O.L.G. zu B., Stdesb. 1885 S. 262; Appell.Ger. zu Altenburg, Stdesb. 1877 S. 62; vgl. ferner Stölzel i. Stdesb. 1876 S. 104; Stdesb. 1876 S. 330; Stdesb. 1878 S. 95; 1889 S. 253; Fitting S. 79; v. Sicherer S. 102. Dagegen ist eine Hinzufügung neuer Namen für statthaft erklärt i. Besch. d. meckl.-schwerin. Civilstandskommission v. 31. Okt. 1876 §. 4, Stdesb. 1876 S. 325, vom Obergericht zu Hannover, Stdesb. 1877 S. 110, einem zweitinstanzlichen bair. Gericht, Stdesb. 1878 S. 267, vgl. ferner Stdesb. 1875 S. 274, 1876 S. 91, 1877 S. 22. Diese gegentheiligen Ansichten beruhen theils auf der unrichtigen Annahme, daß nach §. 22 Abs. 3 die bei der Taufe gegebenen Namen die entscheidenden und die bei der standesamtlichen Anzeige bezeichneten nur provisorische seien, theils darauf, daß jede Veränderung des Vornamens als eine Veränderung des Personenstandes angesehen wird, während der Vorname in der That nichts über die Zugehörigkeit zu einer Familie entscheidet und, wenn er auch zur Bezeichnung der Person, namentlich innerhalb der Familie dient, doch kein Standesrecht bildet.

Wenn dagegen landesgesetzlich besondere Vorschriften über die Veränderung oder Vermehrung der Vornamen bestehen, wie für Baden d. V. v. 16. Dez. 1875, die Aenderung der Vor- und Familiennamen betr., §. 5, G. u. V.Bl. S. 407, und für Bremen, J. v. 10. Dez. 1875 §. 35 Abs. 5, 6, und die Eintragung als Randvermerk gestattet ist, so steht einem solchen Verfahren, welches das Reichsgesetz nicht verbietet, nichts entgegen, so auch v. Sicherer S. 102, 103, vgl. übrigens auch Anm. 65 a. E. zu §. 26.

[50]) **anzuzeigen.** Die Verpflichtung dazu kann nur der haben, welcher in Folge des ihm zustehenden Erziehungsrechts zur Namengebung berechtigt ist, also der Vater, eventuell die Mutter, bezw. der Vormund und im Falle des §. 24 die Ortspolizeibehörde, s. auch hess. J. zu §. 22; v. Sicherer S. 77.

Andererseits wird angenommen, s. preuß. Min.R. v. 23. April 1875, Stdesb. 1875 S. 8; J. f. Lippe zu §. 22 und Stdesb. a. a. O. S. 109, daß alle im §. 18 genannten Personen zur Anzeige verpflichtet sind. Dies ist aber deshalb nicht richtig, weil die Pflicht der daselbst unter 2 bis 4 aufgeführten Personen sich nur auf das, was sie selbst aus eigener Anschauung wahrgenommen haben, bezieht. Ferner sind die gedachten Personen, weil sie den säumigen Berechtigten (Vater 2c.) nicht zur Namengebung zwingen können, vielfach nicht in der Lage, die Anzeige zu machen, und können unmöglich wegen Verletzung der angenommenen Anzeigepflicht für den Fall, daß der Berechtigte die Vornamen noch nicht gewählt hat, nach §. 68 bestraft werden. Endlich kommt in Betracht, daß die erwähnten Personen auch kein Mittel haben, den Vater oder Vormund anzuhalten, ihnen die Vornamen des Kindes mitzutheilen. So auch v. Sicherer S. 99.

Berechtigt zur Anzeige ist dagegen jeder, welcher aus eigener Wissenschaft unterrichtet ist, also der taufende Geistliche, der bei der Taufe gegenwärtige Küster und Pathe, Stdesb. 1876 S. 117; 1877 S. 115, 116; 1880 S. 127, 144.

Ist das Kind noch vor der Anzeige, aber nach der Namengebung gestorben, so ist eine solche über die letztere zu erstatten und zu beurkunden. Wenn es aber vor der Namengebung gestorben ist, so ist eine solche unmöglich geworden. In diesem Falle ist eine darauf bezügliche Anzeige zu machen und hierüber das Nöthige im Register am Rande zu vermerken; vgl. u. Anm. 51.

Ueber die Innehaltung der zweimonatlichen Frist hat der Standesbeamte eine besondere Kontrole zu führen, s. B.R.B. §. 10; bair. M.E. v. 5. Dez. 1875 Beil. 7; bad. Dienstw. §. 58; I. f. Lippe Nr. VI.

Die persönliche Anzeige ist auch hier, abgesehen von dem Falle des §. 20, vorausgesetzt, s. auch bad. Dienstw. §. 56, I. f. Lippe zu §. 22. Vgl. ferner Anm. 57 zu §. 24. Soll aber der an einen andern Ort, vielleicht 100 Meilen weit versetzte Beamte, welcher sein Kind an seinem früheren Amtsdomizil in das Geburtsregister hat eintragen, aber erst an seinem neuen hat taufen lassen, blos um dem Standesbeamten des ersteren die Vornamen anzuzeigen, dorthin reisen? Die sächs. Min. Bek. v. 7. Juli 1883, Stdesb. 1883 S. 161, erklärt für diesen Fall eine schriftliche pfarramtliche Anzeige des Geistlichen, welcher das Kind getauft hat, an den Standesbeamten des Geburtsregisters und Eintragung des Randvermerkes durch den letzteren auf Grund dieser Anzeige für statthaft, während der preuß. Min.Erl. v. 22. Mai 1885, M.Bl. f. d. i. V. S. 101, Stdesb. 1885 S. 174, im Einverständniß mit dem Reichsjustizamte dieses Verfahren mit Recht für unzuläsſig hält, weil die schriftliche Anzeige nur im Ausnahmefalle des §. 20 gestattet sei. M. E. wird die Anzeige bei dem Standesbeamten seines gegenwärtigen Wohnortes genügen, denn erst hier hat sich der betreffende, der Anzeige bedürftige Fall ereignet, und der §. 17 gebietet nicht absolut, daß auch die Namen unter allen Umständen bei dem Standesbeamten, in dessen Bezirk die Niederkunft erfolgt ist, angezeigt werden müssen. Die betreffende Namensanzeige hat der Standesbeamte ebenso wie im Falle des §. 81 Abs. 2 in sein Register einzutragen. Der Vater oder Vormund kann sich dann einen Auszug ertheilen lassen und diesen zur Vervollständigung der Geburtseintragung dem Standesbeamten, der diese aufgenommen hat, übersenden. A. M. Völk S. 221 und v. Sicherer S. 100 Anm. 63, welche die Nothwendigkeit der mündlichen Anzeige bei dem Standesbeamten des früheren Wohnorts unter allen Umständen fordern, aber die Fragen nicht aufwerfen,, ob der Standesbeamte des früheren oder gegenwärtigen Wohnorts nach §. 68 Abs. 3 die erforderlichen Strafen verhängen soll, und ob man einem Vater, welcher außer Stande ist, die Kosten für eine weite Reise zu erschwingen, nach §. 68 Abs. 1 und Abs. 3 in Strafe nehmen kann. Wenn mich v. Sicherer der Inkonsequenz beschuldigt, weil ich die Beurkundung der Anerkennung des unehelichen Kindes nach §. 25 allein dem Standesbeamten des Geburtsregisters zuweise, so übersieht er, daß für den letzteren Fall die Erklärung in einer gerichtlichen oder notariellen Urkunde ausdrücklich der vor dem Standesbeamten gleichgestellt ist, also hier die bei der Geburtsanzeige hervortretende Schwierigkeit durch die Erklärung vor Gericht oder vor Notar beseitigt werden kann. Die I. für Meiningen §. 34 verweist den Standesbeamten auf die Requisition des Gerichts des Wohnortes des Verpflichteten, wogegen sich das Bedenken erheben läßt, daß das Gesetz ein solches Verfahren nicht kennt. Wenn endlich Stiegele S. 92 N. 89 bemerkt: „Offenbar genügt hier eine Erklärung unter Vorzeigung eines Auszugs der ersten Eintragung, auf dessen Rand dann der requirirte Standesbeamte (d. h. der des jetzigen Wohnsitzes) diese Erklärung (über die Vornamen) beisetzt und beurkundet, dem requirirenden überschickt, welcher auf Grund dieser Mittheilung, die er zu seinen Sammelakten nimmt, hiernach seine Eintragung ergänzt", so hat v. Sicherer a. a. O. diesem Vorschlag schon mit vollem Recht entgegengehalten, daß dann die Vornamen auf einem fliegenden Blatt, nicht im Register beurkundet werden würden, sowie daß dieser Beurkundung auf dem Auszuge nach §§. 1 u. 15, dem Randvermerk aber als einer bloßen Verweisung auf eine nicht beweisende Urkunde die Beweiskraft abgehen würde.

§. 23.

Wenn ein Kind todtgeboren oder in der Geburt verstorben ist, so muß die Anzeige spätestens am nächstfolgenden Tage [52]) geschehen. Die Eintragung ist

---

[51]) **Eintragung.** Vgl. §. 13 u. B.R.R. §. 7 nebst Form. A 1. In dem Anm. 50 Abs. 4 erwähnten Falle wird der Randvermerk dahin zu fassen sein: zeigte an, daß das rc. Kind am . . ., ehe es Vornamen erhalten, gestorben sei. Die J. für Reuß j. L. §. 13 und für Meiningen §. 41 bemerken nur, daß von der Erklärung Vermerkung im Register zu machen sei, nicht aber des Näheren, wie, ebenso v. Sicherer S. 100 Anm. 64. Dagegen läßt d. weimar. Staatsmin.R. v. 5. Sept. 1882, Stdesb. 1882 S. 206, es genügen, wenn der Standesbeamte, sobald ihm der Tod des Kindes angezeigt und von ihm im Sterberegister beurkundet ist, seinerseits auf Grund des letzteren einen Randvermerk dahin macht: „Das Kind ist, ehe es Vornamen erhalten hat, gestorben (s. Nr. . . . des Sterberegisters)", (s. auch v. Erichsen, Führung S. 27, welcher eine im Wesentlichen gleichlautende Formel giebt), weil das Gesetz keine Verpflichtung auferlege, den vor der Namengebung erfolgten Tod des Kindes zu dem Geburtsregister anzumelden. Das ist zwar richtig, aber nicht zutreffend. Nach §. 22 muß die Geburtseintragung die Vornamen des Kindes enthalten, um vollständig zu sein. Solange diese nicht haben eingetragen werden können, ist sie unvollständig und soll daher nach §. 22 Abs. 3 binnen 2 Monaten vervollständigt werden. Darauf geht die Anzeigepflicht mit. Ist die Namengebung nicht mehr möglich, so fällt die Pflicht damit nicht fort, sondern dieselbe verwandelt sich, weil sie principiell auf Vornahme der zur Vervollständigung des Registers dienenden Anzeige gerichtet ist, auf die Mittheilung, daß die Namengebung nicht habe erfolgen können. Dies festzustellen, hat der Standesbeamte nicht nur das Recht, sondern auch die Pflicht (§. 21), und zwar nicht zum Sterbe-, sondern zum Geburtsregister. Die Möglichkeit zur Ausübung dieses Rechtes und die Erfüllung dieser Pflicht wird ihm, dem Standesbeamten, aber durch das gestattete Verfahren entzogen. Und wenn das Reskr. die hier vertretene Auffassung für den Fall, daß der Tod des Kindes wegen Absterbens an einem anderen Orte nicht in dem Sterberegister desselben Standesbeamten eingetragen, also das von ihm als zulässig bezeichnete Verfahren ausgeschlossen ist, für zutreffend erklärt, so zeigt diese Inkonsequenz, welche im Gesetz keine Rechtfertigung findet, gerade, daß es selbst die Anzeigepflicht in der hier dargelegten Bedeutung anerkennt und sie für den regelmäßigen Fall nur aus rechtlich nicht durchschlagenden Opportunitätsrücksichten leugnet. Ist das Nebenexemplar bereits abgegeben, so kommt auch §. 14 Abs. 3 zur Anwendung.

Ueber die erfolgte Eintragung des Geburtsfalles ist auf Verlangen des Interessenten, wie der Gebührentarif I ergiebt, nach dem Reichsgesetze eine Bescheinigung zum Zwecke der Taufe zu ertheilen, um die Uebereinstimmung der Taufnamen mit den in das Geburtsregister eingetragenen Namen zu sichern, vgl. auch preuß. Min.R. v. 27. März 1875 (M.Bl. f. d. i. Verw. S. 93; Stdesb. 1875 S. 97); J. f. Reuß j. L. §. 12; f. Lippe zu §. 17. — Die Instr. für Meckl.-Schwerin und Strelitz §. 7 (vgl. dazu Stdesb. 1876 S. 325); S.-Weimar §. 13; Schwarzb.-Rudolstadt §. 13; Schwarzb.-Sondershausen §. 12; Reuß ä. L. §. 8; Schaumb.-Lippe §. 7 schreiben vor, daß eine solche Bescheinigung stets von Amtswegen auszustellen und auszuhändigen ist.

§. 23. [52]) **nächstfolgenden Tage.** Diese Abweichung in der Frist erklärt sich daraus, daß blos der Tod beurkundet werden soll, denn nur zum Beweise dieses ist das Sterberegister bestimmt, s. §. 15 u. Völk a. a. O. S. 75. Die Frage, ob das Kind nach der Geburt gelebt habe, d. h. ob ein Rechtssubjekt entstanden ist, bleibt also eine offene, welche der Richter im Streitfalle zu entscheiden hat. Entgegengesetzter Meinung v. Sicherer S. 105, 106, welcher die Eintragung als beweiskräftig dafür betrachtet, daß das Kind todtgeboren oder in der Geburt verstorben ist, ebenso Mandry S. 115 N. 12; Stdesb. 1882 S. 150; v. Erichsen, Führung S. 218, welcher aber entgegen dem Wortlaut des §. 23 davon ausgeht, daß die Eintragung die Thatsache, daß das Kind todtgeboren oder in der Geburt gestorben ist, enthalten muß. So auch Anm. 53.

Auch wenn der nächstfolgende Tag ein Sonntag oder Feiertag ist, muß die Anzeige an diesem geschehen. Die Fassung bildet einen ausdrücklich beabsichtigten Gegensatz gegen §. 56. Ein Amende-

alsdann mit dem im §. 22 unter Nr. 1 bis 3 und 5 angegebenen Inhalte[53]) nur im Sterberegister zu machen[54]).

---

ment, auch hier, wie in dem letzteren: „Wochentag" zu setzen, ist abgelehnt worden mit Rücksicht darauf, daß in den hier fraglichen Fällen (z. B. wegen Verdachts des Kindesmordes) öfter Ermittelungen angestellt werden müssen und für die Einleitung derselben keine Zeit zu verlieren ist, s. stenogr. Ber. S. 1009, 1010, 1237.

[53]) **im §. 22 unter Nr. 1—3 und 5 angegebenen Inhalte.** Doch wird es zweckmäßig sein, das Kind als todtgeboren oder als in der Geburt verstorben zu bezeichnen. So auch das Formular C 4 zur B.R.B., welches zugleich angiebt, in welcher Weise der Vordruck zu löschen ist. Wenn Völk a. a. O. mit Rücksicht darauf annimmt, daß durch die Eintragung der Thatsache, das Kind sei in der Geburt verstorben, nunmehr auch das Versterben in der Geburt, d. h. die Nichtexistenz eines Rechtssubjekts bewiesen werde, so konnte die B.R.B. die Vorschrift des §. 23 nicht ändern. Vgl. auch Anm. 52.

[54]) **im Sterberegister zu machen.** Auf Kinder, welche nicht während des Geburtsaktes, sondern auch nur wenige Minuten nach der Geburt, d. h. nach ihrer vollständigen Trennung von der Mutter verstorben sind, bezieht sich der §. 23 nicht. Für solche Fälle ist eine besondere Geburts- und Sterbefall-Eintragung den allgemeinen Vorschriften gemäß zu machen, so auch bair. M.E. v. 5. Dez. 1875 II Nr. 2; J. f. Württemberg §. 10; f. Hessen zu §. 23; J. f. Reuß j. L. §. 8; f. Lippe zu §. 23. Der Standesbeamte wird daher unter Umständen, wo die Voraussetzungen des §. 23 zweifelhaft sind, den Sachverhalt auf das sorgfältigste durch Befragung des Anzeigenden und nöthigenfalls durch weitere Ermittelungen (§. 21) klar stellen müssen, denn, falls das Kind selbst nur wenige Minuten nach der Geburt, d. h. der völligen Trennung vom Mutterleibe gelebt hat, muß es auch im Geburtsregister eingetragen werden. Darauf weist besonders hin die bad. Min.B. v. 10. Aug. 1876, G. u. B.Bl. S. 221, Stdesb. 1876 S. 259. Wenn in dem letzteren Fall irrigerweise blos eine Eintragung auf Grund des §. 24 im Sterberegister gemacht wäre, müßte die Löschung im Berichtigungsverfahren herbeigeführt und eine nachträgliche Beurkundung des Geburts- und auch des Sterbefalls (s. auch §. 27) gemacht werden, v. Erichsen, Führung S. 218 N. 3.

Was die Anzeige und Beurkundung von Frühgeburten betrifft, so läßt darüber der 2. Nachtrag z. Bremer J. den 180. Tag der Schwangerschaft, Stdesb. 1877 S. 17, e. sächs. Min.R. a. a. O. S. 2 und die meckl.-schwer. Civilstandskommission, Stdesb. 1876 S. 176, den Ablauf des 6. Kalender-Monats, d. bad. Min.B. die 28. Schwangerschaftswoche, Stdesb. 1888 S. 249, entscheiden, und im Stdesb. 1875 S. 210, 226; 1876 S. 160 wird der vollendete 7. Kalender-Monat für maßgebend erklärt. Nach einer anderen Ansicht sollen (so hess. Revisionsbemerkungen, Stdesb. 1877 S. 27, Provinzialrath v. Schlesien a. a. O. S. 113) alle Todtgeburten mit menschlicher Gestalt (im Gegensatz zu eigentlichen Mißgeburten) ohne Rücksicht auf ihre Lebensfähigkeit angezeigt und eingetragen werden. Diese Auffassung hat auch der bair. Cassationshof, Stdesb. 1876 S. 263, 319 insoweit getheilt, als er eine unbedingte Anzeigepflicht in betreff der bezeichneten Todtgeburten annimmt, aber die Frage, ob die Geburt die Lebensfähigkeit mit Rücksicht auf ihre Reife (Ausgetragenheit) besessen habe, nach Umständen auf die Amtsobliegenheiten des Standesbeamten hinsichtlich des Eintrags im Standesregister von wesentlichem Einflusse sein läßt, obwohl sich nach dem Reichsgesetz die Pflicht zur Anzeige und das Recht und die Pflicht des Standesbeamten zur Beurkundung im Register deckt und keine Anzeigepflicht für Thatsachen besteht, welche nicht beurkundungsfähig sind. Die gedachte Auffassung des schlesischen Provinzialraths ist übrigens in einer im Auftrag des Ministers des Inn. erlassenen Ober-Präsidialverfügung v. 25. Febr. 1890, Stdesb. 1890 S. 57, für unhaltbar erklärt und verfügt worden, daß die Eintragung davon abhängig zu machen ist, ob die betreffende Leibesfrucht erkennbar vor Ablauf des 7. Kalendermonats oder des 210. Tages der Entwickelung im Mutterleibe todtgeboren worden ist, und daß eine nach kürzerer Entwickelungszeit geborene Frucht, selbst wenn sie menschliche Form besitzt, nur in dem Fall eingetragen werden soll, daß sie thatsächlich in oder nach der Geburt gelebt hat. Nach v. Sicherer S. 63 ff. kommt es weder auf die Reife oder Ausgetragenheit, noch auf die Lebensfähigkeit, noch auf einen bestimmten

§. 24.

Wer ein neugeborenes Kind [55]) findet, ist verpflichtet, hiervon spätestens am nächstfolgenden Tage Anzeige bei der Ortspolizeibehörde zu machen [56]). Die Letztere hat die erforderlichen Ermittelungen vorzunehmen und dem Standesbeamten des Bezirks von deren Ergebniß behufs Eintragung in das Geburtsregister Anzeige zu machen [57]).

Zeitpunkt der Schwangerschaft, sondern lediglich darauf an, ob die Leibesfrucht so weit entwickelt ist, daß sie lebend hätte geboren werden können, und deshalb sollen nicht nur die reif und frühzeitig geborenen, sondern auch die unzeitig geborenen Früchte unter die Anzeigepflicht fallen und dieselbe sich blos nicht auf die völlig unreifen Früchte, Fehlgeburten und Molen oder falschen Früchte erstrecken. Wenn v. Sicherer dabei meine Auffassung in der 2. Aufl. dieses Kommentars, daß eine Leibesfrucht, welche überhaupt nach medizinischen Erfahrungen nicht lebensfähig ist, nicht eingetragen werden solle, bekämpft, so habe ich das, was er eine Entwickelung bis zur Möglichkeit, lebend geboren zu werden, nennt, nach medizinischer Erfahrung mit Lebensfähigkeit bezeichnet, und nur hinzugefügt, daß nach der letzteren diese Lebensfähigkeit mit dem vollendeten siebenten Schwangerschafts- oder Mondes- (nicht Kalender-) Monat (zu 28 Tagen gerechnet), also wenn die Frucht 196 Tage alt ist, eintritt. Ist es auch nicht zu bezweifeln, daß vereinzelt menschliche Leibesfrüchte zwischen dem 175. und 182. Tage der Schwangerschaft geboren und nach der Trennung vom Mutterleibe noch längere Zeit am Leben geblieben sind (vgl. v. Sicherer S. 60 N. 3 und Stdesb. 1877 S. 116), so soll doch die Eintragung immer nur ein Kind, also eine Leibesfrucht, welche man schon als solches betrachten kann, betreffen, und zur Beurtheilung, ob ein solches geboren war oder nicht, bietet die gedachte medizinische Erfahrungsregel sowohl dem Anzeigepflichtigen, wie auch dem Standesbeamten einen Anhalt, ohne daß damit gesagt ist, daß dieser nicht etwa in zweifelhaften Fällen versagen könnte, und daß in solchen die Einholung eines ärztlichen Gutachtens ausgeschlossen sein soll. Jedenfalls kann es darauf, ob die Frucht menschliche Form hat oder nicht (Stdesb. 1877 S. 113), oder ob die unreife Frucht sich bewegt hat oder nicht (a. a. O. S. 116), nicht ankommen, weil Leibesfrüchte, welche nicht bis zu der gedachten Entwickelung gediehen sind, eben nicht als Kinder bezeichnet werden können.

Ob das Kind bereits beerdigt oder dies noch nicht geschehen ist, weil z. B. ein Arzt noch medizinische Untersuchungen am Leichnam anstellt, erscheint für die Eintragung gleichgültig, s. Stdesb. 1876 S. 209, 210.

Die Eintragungen über aufgefundene Leichen neugeborener Kinder können, weil hier die Voraussetzungen zur Eintragung eines Geburtsfalles fehlen, nicht nach §. 23, sondern nur nach §. 58 Abs. 2 erfolgen, Stdesb. 1876 S. 341.

§. 24. [55]) **ein neugeborenes Kind**, d. h. dem äußeren Anscheine nach neugeborenes und lebendes, s. Anm. 54 zu §. 23.

[56]) **der Ortspolizeibehörde zu machen.** Der Finder hat nur diese Anzeige zu erstatten, weil er von der Verpflichtung, für die Feststellung des Personenstandes Sorge zu tragen, frei bleiben soll.

Ueber die Ortspolizeibehörde vergl. f. Sachsen V. v. 6. Nov. 1875 §. 3; f. S.-Altenburg v. 30. Okt. 1875 §. 4.

[57]) **Anzeige zu machen.** Persönliche ist nicht vorgeschrieben, sie kann also unter Mittheilung der nach Abs. 2 für die Eintragung nöthigen Angaben schriftlich durch den Leiter der Ortspolizeibehörde erfolgen. Diese hat zugleich das Recht, dem Kinde die Namen, namentlich den Familiennamen beizulegen, da sie die Anzeige machen soll und dabei die Namen anzuzeigen hat, so auch Fitting S. 85; v. Sicherer S. 108. Daß sie dies auch der Behörde oder Anstalt, bei welcher das Kind untergebracht ist, überlassen kann, so v. Erichsen S. 62 N. 3, ist richtig.

Von dem Recht, die Vornamen erst nachträglich anzuzeigen, was ebenfalls schriftlich zu geschehen hat, wird die Ortsbehörde ebenfalls Gebrauch machen können, vgl. Anm. 49 u. 50 zu §. 22.

Die Anzeigen sind zu den Sammelakten des Geburtsregisters zu nehmen, B.R.B. §. 9.

Die Eintragung[58]) soll enthalten die Zeit, den Ort und die Umstände des Auffindens, die Beschaffenheit und die Kennzeichen der bei dem Kinde vorgefundenen Kleider und sonstigen Gegenstände, die körperlichen Merkmale des Kindes, sein vermuthliches Alter, sein Geschlecht, die Behörde, Anstalt oder Person, bei welcher das Kind untergebracht worden, und die Namen, welche ihm beigelegt werden.

§. 25.

Die Anerkennung eines unehelichen Kindes[59]) darf in das Geburtsregister nur

---

[58]) **Eintragung.** Behufs derselben ist der Vordruck zu durchstreichen, s. B.R.V. §. 8. Beispiel bei v. Erichsen, Führung S. 61.

§. 25. [59]) **Anerkennung eines unehelichen Kindes.** Vergl. dazu Motive S. 24: „§. 24 (jetzt 25) mußte im Gegensatze zu §. 15 des Reichstagsentwurfs und §. 21 des Preußischen Gesetzes eine Erweiterung der Fassung mit Rücksicht auf das Rheinische Recht erfahren, welches nicht blos eine Anerkennung unehelicher Kinder durch den Vater, sondern durch die Mutter kennt." S. Code civil:

„Art. 334. Die Anerkennung eines unehelichen Kindes soll in einer authentischen Urkunde erfolgen, wenn sie nicht in dessen Geburtsurkunde enthalten ist.

Art. 335. Diese Anerkennung kann zum Vortheile solcher Kinder, welche in Blutschande oder Ehebruch erzeugt sind, nicht stattfinden.

Art. 336. Die Anerkennung durch den Vater, ohne die Anzeige und das Zugeständniß der Mutter, hat nur in Rücksicht des Vaters Wirkung.

Art. 338. Ein uneheliches, wenngleich anerkanntes Kind kann auf die Rechte eines ehelichen Kindes keinen Anspruch machen. Die Rechte der unehelichen Kinder sollen im Titel: von der Erbfolge bestimmt werden";

womit die Art. 334, 336, 338 des badischen Landrechts übereinstimmen.

Soweit es sich um den Vater handelt, dessen Name in das Geburtsregister nur dann eingetragen werden darf, wenn er das Kind in der im §. 25 gedachten Weise anerkannt hat, macht die Anwendung des Reichsgesetzes auf die Gebiete des französischen Rechts keine Schwierigkeit. Wohl aber ist dies der Fall hinsichtlich der Mutter. Die Rechte des unehelichen Kindes gegen sie treten nach Art. 334, 341 des Code civil erst durch Anerkennung der Mutterschaft oder durch Feststellung auf dem Wege des Prozesses ein. Nimmt auch die französische Doktrin zum Theil an, daß der Name der unehelichen Mutter in der Geburtsurkunde eingetragen werden kann, ja vereinzelt auch, daß die im Art. 56 des Code aufgeführten Personen — zu diesen gehört abweichend von §. 18 Nr. 5 des Reichsges. die Mutter nicht — zu dieser Angabe gezwungen werden dürfen (s. Zachariä, franz. Civilr. 1, 155 Anm. 3), so ist sie doch andererseits der Ansicht, daß in solchen Fällen die Eintragung im Geburtsregister für den über die Niederkunft der Mutter und über die Identität des Klägers mit dem außerehelichen Kinde der Mutter zu führenden Beweis oder wenigstens für den Beweis der Identität nicht als Beweismittel geltend gemacht werden kann, s. Zachariä a. a. O. 3, 156 Anm. 3; Aubry et Rau, cours de droit civil français, 4 éd. tom. VI. §. 570 p. 204, 205.

Nach dem Reichsgesetz haben die im §. 18 Nr. 2 bis 4 aufgeführten Personen die Anzeigepflicht, welche auch den Namen der Mutter mit umfaßt, und es wird daher derselbe in Deutschland immer eingetragen werden müssen, vgl. auch J. f. Hessen zu §. 22; v. Sicherer S. 82; Fitting S. 73, 81. Wenn dagegen die bad. Dienstanw. §. 54 Abs. 2 vorschreibt, daß der Name der Mutter nur dann eingetragen werden soll, wenn er „von dem Anzeigenden dem Standesbeamten mitgetheilt wird", so hält sie damit an der vorhin gedachten, in dem beseitigten bad. Ges. v. 21. Dez. 1869 §. 40 sanktionirten Rechtsauffassung, daß die Eintragung nicht den Beweis der Abstammung des Kindes von der Mutter liefert (s. auch Anm. 46 zu §. 22) fest und stellt eine wegen des Widerspruchs mit dem Reichsgesetz nichtige Vorschrift auf. Allerdings hat bei der Berathung des badischen Vollzugsgesetzes v. 9. Dez. 1875 (s. Anm. 46 zu §. 22) die Majorität beider Kammern sich darauf berufen, daß unter Eltern im §. 22 Nr. 5 nur diejenigen, welche dies im rechtlichen

dann eingetragen werden, wenn dieselbe vor dem Standesbeamten [60]) oder in einer gerichtlich oder notariell aufgenommenen Urkunde [61]) erklärt ist [62]).

Sinne sind, zu verstehen seien, also das Landesrecht über den Begriff der Eltern zu entscheiden habe, indessen hat diese Annahme nicht den mindesten Halt, und wenn sie richtig wäre, dürfte der Name der Mutter im Gebiete des französischen und badischen Rechts nur dann eingetragen werden, wenn sie das Kind anerkannt hat, nicht aber schon, wenn bloß ihr Name angezeigt ist, so auch v. Sicherer S. 83. Mit Rücksicht hierauf und in Anbetracht der Vorschrift des §. 15, daß die ordnungsmäßig geführten Standesregister die Thatsachen, zu deren Beurkundung sie bestimmt sind, beweisen, fragt es sich, ob jene Ansicht der französischen Jurisprudenz noch für die französischen Rechtsgebiete Deutschlands maßgebend und richtig erachtet werden kann. Dies muß verneint werden. Der §. 15 des Reichsges. enthält eine Bestimmung über die Beweiskraft der Standesregister, welche überall zur Anwendung kommt und allen entgegenstehenden Vorschriften derogirt. Daher wird die Abstammung des unehelichen Kindes von der Mutter durch die Eintragung in das Geburtsregister bewiesen, vgl. auch Anm. 46 zu §. 22. Allerdings wird das Kind, welches die Rechte aus der Mutterschaft geltend machen will, nöthigenfalls noch seine Identität mit dem als unehelich in die Standesregister eingetragenen Kinde darzuthun haben. Dieser Identitätsbeweis kann der Natur der Sache nach nicht durch das Geburtsregister geführt werden, und weil sich also hierauf der §. 15 des Reichsgesetzes nicht bezieht, wird der Art. 342 des Code civil als noch in Kraft stehend angesehen werden müssen. Der materielle Grundsatz des französischen Rechts, daß das uneheliche Kind Rechte gegen die Mutter nur durch Anerkennung oder Verurtheilung derselben erwerben kann, bleibt unberührt, nur ist für den Fall der Klage auf die Mutterschaft dem Kinde der Beweis durch das Reichsgesetz erheblich erleichtert worden.

Ebenso gilt die im §. 18 Nr. 5 der unehelichen Mutter auferlegte Verpflichtung jetzt auch in den Ländern des französischen Rechtes. Ist die erstere in Folge ihrer eigenen Anzeige als Mutter des Kindes eingetragen, so kann darin allerdings, weil die Anzeige kraft Gesetzes gemacht werden muß, keine Anerkennung der Mutterschaft, welche die Rechte des unehelichen Kindes begründet, liegen, wohl aber bildet sie ein Beweismittel für die Mutterschaftsklage des Kindes, Fitting S. 73; v. Sicherer S. 70. Wenn dagegen die Mutter, ohne daß sie zur Anzeige verpflichtet war (vgl. §§. 18 u. 19), freiwillig die Anzeige gemacht hat, so wird darin eine Anerkennung des Kindes gefunden werden dürfen.

Für die übrigen Rechtsgebiete Deutschlands, in denen die unehelichen Kinder schon als solche, lediglich in Folge ihrer Geburt, Rechte gegen die Mutter haben — s. preuß. A. L.R. II 2 §§. 614 ff., 639 ff. Anh. §. 94 zu §. 592; sächs. b. Gesetzb. §. 1874; für das gemeine Recht vgl. Windscheid, Pandekten §. 56 b; Falck, schleswig-holstein. Privatr. 5, 29 ff.; Roth u. v. Meibom, kurhess. Pr.R. 1, 604; Bertram, nassauisch. Pr.R. 603; Roth, bair. Civilrecht 1, 464; Lang, württemberg. Personenr. S. 442; Baumeister, Hamburg. Privatr. 2, 215; Böhlau, mecklenburg. Landrecht 2, 41; ferner auch nach d. E. e. B.G.B. f. d. Deutsche Reich §§. 1868 ff. — kann nur eine Anerkennung durch den Vater in Betracht kommen.

Ein Beispiel einer Randeintragung auf Grund des §. 25 giebt das Formular A 4 zur B.R.B.

Widerruft der Anerkennende später das Anerkenntniß des unehelichen Kindes, so kann dieser Widerruf nicht im Wege des Berichtigungsverfahrens eingetragen werden, denn die früher auf Grund der Anerkennung statthafte Eintragung enthält nichts Unrichtiges, da das Anerkenntniß abgegeben war. Ebensowenig ist aber die Eintragung auf Grund des §. 26 statthaft, denn dadurch wird die einmal eingetretene Rechtswirkung des Anerkenntnisses nicht ohne Weiteres beseitigt, vielmehr hat über den Einfluß des Widerrufs auf dieselbe der Richter, nicht der Standesbeamte zu entscheiden, s. auch Stölzel i. Stdesb. 1876 S. 140; v. Sicherer S. 114.

60) **vor dem Standesbeamten.** Vor jedem beliebigen Standesbeamten oder dem Standesbeamten, in dessen Register die Geburt des Kindes eingetragen ist? Für das letztere (abgesehen von dem hier nicht in Frage stehenden Fall der Anerkennung bei der Heirath) preuß. M.E. v. 8. April 1876, Stdesb. 1876 S. 159 (S. 102), E. d. M. d. Inn. u. d. Justiz im Einverständniß mit dem

Reichsjustizamt v. 20. Mai 1878, M.Bl. f. d. i. V. S. 115, Stdesb. 1878 S. 137; weimar. Min.Bek. v. 2. Sept. 1880, Stdesb. 1880 S. 221; J. für Elsaß-Lothringen §. 33 (s. auch Stdesb. 1890 S. 19 u. 20); preuß. Kammerger. 1880, Johow, Jahrb. d. Kammerger. 2, 301, Stdesb. 1880 S. 187, s. ferner Stdesb. 1879 S. 121; 1880 S. 70; 1886 S. 163; 1889 S. 236; v. Erichsen, Führung S. 35 N. 1 b. Andererseits wird aber angenommen, daß die Abgabe des Anerkenntnisses vor jedem beliebigen Standesbeamten erfolgen kann, in den jetzt gemißbilligten hess. Revisionsbemerkungen i. Stdesb. 1877 S. 27, 28; 1883 S. 206, 213; 1890 S. 9. Eine dritte Ansicht, v. Seyfried, S. 79; v. Sicherer S. 112, geht dahin, daß die Anerkennung außer vor dem Standesbeamten des Geburtsregisters auch vor demjenigen, welcher entweder für den Anerkennenden oder für das anzuerkennende Kind als Standesbeamter des Wohnsitzes zuständig ist, erklärt werden kann. Wenn v. Sicherer gegen die erste, überwiegend in der Praxis festgehaltene Ansicht bemerkt, daß das Reichsgesetz nicht vorschreibe, daß die Anerkennung blos vor dem Standesbeamten des Geburtsregisters abgegeben werden dürfe, so würde daraus folgen, daß der Akt von jedem beliebigen Standesbeamten, nicht aber blos von dem von v. Sicherer bezeichneten aufgenommen werden könnte, da das Reichsgesetz der Zuständigkeit ebenfalls nicht erwähnt. Die zweite Ansicht, welche dies letztere für richtig erachtet, stützt sich darauf, daß, wie ein jeder Notar und jedes Gericht zur Aufnahme der Anerkennungsurkunde zuständig sei, auch jeder Standesbeamte eine solche Zuständigkeit besitzen müsse. Dabei wird aber übersehen, daß nicht jeder Standesbeamte Urkundsperson für alle beliebigen Standesakte ist, und daß sich in diesem Punkte seine Urkundungsbefugniß wesentlich von der der Gerichte und Notare unterscheidet. Hält man dies fest, so kann das unter Vermeidung des Ausdrucks: einem Standesbeamten gebrauchte Wort: dem nur einen bestimmten Standesbeamten bedeuten und, da unmittelbar vorher von der Eintragung in das Geburtsregister die Rede ist, nur denjenigen, welcher das letztere führt, also die Eintragung in dasselbe machen kann, bezeichnen. Dazu kommt endlich, daß ein Bedürfniß, einen anderen Standesbeamten für zuständig zu erachten, wegen Statthaftigkeit der Abgabe der Anerkennung in gerichtlicher oder notarieller Form nicht vorliegt. Für diese Ansicht auch Entsch. d. Reichsger. v. 28. Okt. 1889, Stdesb. 1890 S. 10, 25.

Ist der Geburtsfall schon eingetragen, so ist die Anerkennung als Randvermerk in protokollarischer Form aufzunehmen; wird die Geburt des unehelichen Kindes durch den außerehelichen Vater selbst angezeigt, so ist die Anerkennung in die Eintragung über den Geburtsfall selbst aufzunehmen — und dasselbe gilt für das Gebiet des französischen Rechts, wenn die Mutter die Anzeige macht und das Kind anerkennt —, s. auch B.R.V. Formular A 3; bair. M.E. v. 5. Dez. 1875 II Nr. 3; württemb. Min.V. v. 20. Dez. 1875 §. 11; hess. J. zu §. 25 (und dazu Revisionsbemerkungen Stdesb. 1877 S. 27); J. f. Meiningen §. 42; Reuß j. L. §. 9. Wenn v. Sicherer S. 112 bemerkt, daß die Erklärung der Anerkennung auch als selbstständige Eintragung mit fortlaufender Zahl unter Durchstreichung des Vordrucks beurkundet und auf Grund dieser Eintragung nach §. 26 am Rande der früheren Eintragung des Geburtsfalles vermerkt werden kann, so ist ein solches Verfahren allerdings durch das Gesetz nicht ausgeschlossen, aber dasselbe ist viel umständlicher als das vorher bezeichnete und, soweit mir bekannt, kaum üblich. Unter allen Umständen ist aber die Beurkundung der Anerkennung in einem vom Standesbeamten besonders aufgenommenen Protokoll (nicht im Standesregister) unstatthaft und beweisunkräftig, da der Standesbeamte nicht anders als durch die Standesregister zu beurkunden berechtigt ist, vgl. §. 15 u. Stdesb. 1880 S. 102; 1889 S. 171. Im Gebiete des französischen und badischen Rechts ist aber die Eintragung der Anerkennung im Falle des Art. 335 des Code civil vom Standesbeamten abzulehnen, s. auch bad. Dienstw. §. 62.

Ist der Geburtsfall gar nicht in das Standesregister eingetragen, so kann der Standesbeamte die Erklärung über die Anerkennung der Vaterschaft nicht aufnehmen; vgl. auch Stdesb. 1877 S. 119; 1886 S. 163. Nach einem R. d. preuß. M. d. g. Ang. v. 21. Juni 1875 (Stdesb. 1875 S. 160 u. 1879 S. 3) darf aber ein Vermerk darüber in dem Kirchenbuche, welches den Geburtsfall enthält, gemacht werden; ebenso bair. M.E. v. 5. Dez. 1875 II Nr. 5 und braunschw. Konsistorialausschreiben v. 16. Dez. 1876, allg. Kirchenblatt f. d. evang. Deutschland 1877 S. 368. Beweiskraft hat dieser Vermerk indessen nicht, s. §§. 1 u. 79. Ein Bedürfniß, die Anerkennung in solchen Fällen in die Standesregister einzutragen, liegt auch nicht vor, weil sie durch notarielle oder gerichtliche Urkunden festgestellt werden kann. Ueber die Anerkennung bei der Heirath s. Anm. 63 zu §. 26.

Die Zuziehung zweier Zeugen zu der Anerkennungsurkunde, wie sie vom französischen Recht Code civil Art. 334, 34, 38, s. Philippi a. a. O. S. 109, vorgeschrieben war, ist nach dem Reichsgesetze nicht mehr erforderlich; v. Seyfried S. 80; v. Sicherer S. 110.

Für das Gebiet des preuß. Landrechtes ist zu bemerken, daß das preuß. Ges. betr. die Abänderungen des Abschn. 11 Tit. 1 Th. II rc. v. 24. April 1854 (G.S. S. 53) durch §. 25 nicht geändert wird, nur bildet jetzt die von dem Standesbeamten aufgenommene Erklärung des unehelichen Vaters ein dem §. 13 des erwähnten Gesetzes entsprechendes Anerkenntniß.

Durch die sächs. V. v. 6. Nov. 1875 §. 10 ist dem Standesbeamten ausdrücklich das Recht der Protokollaufnahme im Sinne des Gesetzes v. 20. Mai 1867 (G. u. V.Bl. S. 131), d. h. mit der Wirkung des öffentlichen Glaubens beigelegt worden.

[61]) **Urkunde.** Ein richterliches Erkenntniß, so Völk S. 81, ist hier nicht gemeint. Dies ist keine gerichtlich aufgenommene Urkunde. Wie die Motive ergeben, ist als Subjekt zu „erklärt" der Vater, bez. die Mutter zu denken. Das Gericht erklärt in einem Urtheile auch nicht die Anerkennung, sondern stellt die Vaterschaft oder Mutterschaft fest, s. auch §. 26; ebenso v. Sicherer S. 110 N. 15. Wird eine notarielle oder gerichtliche Urkunde vorgelegt, so ist auf Grund derselben ein Randvermerk bei der Geburtseintragung zu machen und die Urkunde zu den Sammelakten zu nehmen; B.R.B. §. 9; hess. J. a. a. O. Daß der Antrag in diesem Falle nur mündlich durch den Vater (bez. die Mutter) oder durch einen Bevollmächtigten unter Darlegung einer notariellen oder gerichtlichen Vollmacht gestellt werden darf, so Stdesb. 1886 S. 65, bestimmt das Gesetz nicht, und es ist unzulässig, dies darauf zu gründen, daß dasselbe nur ausnahmsweise schriftliche Anzeigen zuläßt. Denn um eine solche, auf deren Grund der Standesbeamte eine beweiskräftige Beurkundung vorzunehmen hätte, handelt es sich hier nicht, vielmehr blos um Ersichtlichmachung der durch die gerichtliche oder notarielle Urkunde erfolgten und bewiesenen Anerkennung im Geburtsregister, vgl. auch v. Sicherer S. 109. S. ferner u. Anm. 67 a. E.

Wenn, nachdem die Vaterschaft (bez. die Mutterschaft in den Gebieten des französischen Rechts) zu einem Kinde von einer Person anerkannt ist, sich noch eine zweite Person als Vater oder Mutter in der vorgeschriebenen Form bekennt und die Eintragung beantragt ist, so darf der Standesbeamte diese nicht ablehnen, vielmehr muß es den Betheiligten überlassen bleiben, die eine oder andere Eintragung im Prozeßwege anzufechten, v. Seyfried S. 78.

Nach der bair. M.E. v. 5. Dez. 1875 II Nr. 4 ist von dem Anerkenntnisse eines unehelichen Kindes durch den Vater seitens des Standesbeamten der Vormundschaftsbehörde Mittheilung zu machen.

[62]) **erklärt ist.** Es fragt sich 1. ob der §. 25 auch Anwendung auf ein bereits empfangenes, aber noch nicht geborenes Kind Anwendung findet. Für das Gebiet des französischen und badischen Rechts wird dies von v. Seyfried S. 79, Fitting S. 89 und v. Sicherer S. 110 unbedenklich für zulässig erachtet und von letzterem für die übrigen Rechtsgebiete nicht für unstatthaft erklärt. Es soll die Erklärung der Anerkennung von dem Standesbeamten, in dessen Bezirk der Anerkennende seinen Wohnsitz hat, im Geburtsregister als selbstständige Eintragung unter Durchstreichung des Vordrucks vermerkt und, wenn später der Geburtsfall eingetragen ist, am Rande der Eintragung desselben ein Vermerk über die bereits stattgehabte Anerkennung angebracht werden. M.E. ist aber eine derartige Eintragung, wenn schon die Anerkennung eines Kindes vor der Geburt an sich statthaft und rechtswirksam ist, unzulässig. Denn in einem solchen Fall existirt noch kein Kind, und es ist also das Ereigniß, welches eine Eintragung im Geburtsregister rechtfertigt, noch nicht eingetreten. Die erfolgte Eintragung der Geburt ist aber nach §§. 25 u. 26 Voraussetzung der Eintragung der Aenderung der Rechtsstellung des Kindes. Ganz abgesehen davon, daß es zunächst gar nicht sicher ist, ob das Kind auch im Standesbezirke des die Anerkennungserklärung aufnehmenden Standesbeamten geboren wird, also die Eintragung des Geburtsfalles in seinem Register zu erfolgen hat (§. 16), kann auch der Fall eintreten, daß das Kind, weil die Mutter während der

§. 26.

Wenn die Feststellung der Abstammung eines Kindes[62a]) erst nach Eintragung des Geburtsfalles erfolgt oder die Standesrechte durch Legitimation[63]),

---

Schwangerschaft verstirbt, gar nicht zur Welt kommt, und dann weist das Geburtsregister eine Eintragung auf, welche sicherlich nicht in dasselbe gehört. S. auch V. d. Oberstaatsanwalts f. Elsaß-Lothringen v. 1888, Stdesb. 1890 S. 19 N. 20. Dagegen wird der §. 25 auf die Anerkennung von Findelkindern (§. 24) analog anzuwenden sein, v. Sicherer S. 114.

§. 26. [62a]) **Feststellung der Abstammung eines Kindes.** Damit ist die Feststellung der Vaterschaft oder auch (mit Rücksicht auf das französische Recht) der Mutterschaft eines Kindes, also z. B. die eines unehelichen Kindes (mit Ausnahme des Falles des §. 25), d. h. durch Erkenntniß, ferner die Feststellung des Vaters oder der Mutter eines Findelkindes durch Anerkenntniß derselben oder durch Erkenntniß gemeint; vgl. auch v. Sicherer S. 117. Was die Feststellung der Vaterschaft durch gerichtliches Urtheil betrifft, so muß dasselbe nach Maßgabe des §. 293 d. R.C.P.O. in Folge eines darauf gerichteten Klageantrages ausdrücklich über diese erkannt haben und rechtskräftig geworden sein, nicht bloß gelegentlich der Verurtheilung zu Alimenten die Vaterschaft als erwiesen angenommen haben, Mandry, civilrechtl. Inhalt S. 114 N. 10. Mit Bezug hierauf ist zu bemerken, daß in Baiern, nicht nur nach bair. Landrecht Th. I Kap. 4 §. 9 Nr. 4, ferner auch im Gebiete des gem. Rechts und der hier unverändert geltenden §§. 619, 620 des preuß. A. L.R. II 2, v. Sicherer S. 117 Anm. 4, ferner in den thüringischen Fürstenthümern, Heimbach S. 230, und J. für Meiningen §. 43, die Verurtheilung zur Alimentation des Kindes nicht durch die Feststellung der Vaterschaft bedingt ist, anders nach kurhess. Gerichtsgebrauch, Roth u. v. Meibom, kurh. Privatr. 1, 609, und nach dem jetzt geltenden preuß. R., s. das Anm. 60 cit. Gesetz v. 1854. Den letzteren Standpunkt theilt auch der Entw. z. bürg. Ges.B. f. d. Deutsche Reich §§. 1571 ff., nur daß nach demselben die besondere rechtskräftige Feststellung der Vaterschaft, weil aus ihr blos die Alimentationspflicht des unehelichen Vaters hervorgeht, s. Gierke S. 480 ff., keine weitere praktische Bedeutung als die rechtskräftige Feststellung der Unterhaltspflicht hat.

[63]) **Legitimation.** Die Legitimation des unehelichen Kindes durch nachfolgende Ehe, welche sowohl nach dem preuß. A. L.R. II 2 §. 598, als auch in den übrigen Provinzen Preußens und in den sonstigen gemeinrechtlichen Ländern Deutschlands nach gemeinem Recht (vgl. Grefe, Hannovers Recht 3 Aufl. 2, 63; Bartels, Ehe 2c. S. 261; Roth u. v. Meibom, kurhess. Privatr. 1, 479; Falck, schleswig-holstein. Privatr. 5, 31; Paulsen, Privatr. d. Herzogth. Schleswig und Holstein 2. Aufl. S. 281; Esmarch, d. i. Schleswig geltende Recht S. 93; Roth, bair. Civilr. 1, 422; Lang, württemb. Personenrecht S. 383 (und dazu wegen der im Ehebruch erzeugten Kinder Stdesb. 1877 S. 165); Heimbach, Privatr. d. zu den O.A.Ger. Jena u. Zerbst vereinigten Länder 1, 220; 2, 49; Baumeister, hamb. Privatr. 2, 54) stattfindet, kann eingetragen werden, wenn außer der Heirathsurkunde — bei vor Geltung dieses Gesetzes geschlossenen Ehen dem Trauschein, bez. der nach Maßgabe der früheren Gesetzgebung (z. B. von Dissidenten) beizubringenden Urkunde — auch die Vaterschaft des Ehemannes zu dem vor der Ehe erzeugten Kinde feststeht, weil sonst die Voraussetzungen der Legitimation durch nachfolgende Ehe nicht dargethan sind, vgl. Gruchot, Beiträge zur Erläuterung des deutschen Rechts 17, 815 ff. Der Ehemann wird also die Vaterschaft entweder bei Nachsuchung der Eintragung vor dem Standesbeamten anerkennen müssen, oder es muß eine früher darüber ausgestellte, vor Gericht oder Notar oder dem Standesbeamten (§. 25) aufgenommene Urkunde (so nach der heff. J. zu §. 26) — nicht aber eine vor dem Pfarrer abgegebene Erklärung, Keyßner i. Stdesb. 1879 S. 2 — oder endlich ein früher ergangenes, mit dem Attest der Rechtskraft versehenes Urtheil (s. Anm. 62a) beigebracht werden; vgl. auch württemb. J. §. 12; J. für Meiningen §. 44. Dagegen ist es nicht erforderlich, daß die Mutter den Ehemann auch als Erzeuger des Kindes anerkennt, Stdesb. 1879 S. 162.

Auf dem vorstehend charakterisirten Standpunkt steht auch der Entwurf. e. bürg. Ges.B. f. d. Deutsche Reich §§. 1579, und Motive 4, 925 ff.

Für das Königreich Sachsen gedenkt zwar §. 1780 des bürgerlichen Gesetzbuches:

„Außereheliche Kinder erwerben durch die nachfolgende Ehe ihrer Eltern, von Eingehung der Ehe an, alle Rechte ehelicher Kinder",

nicht ausdrücklich der Feststellung der Vaterschaft des heirathenden Mannes durch dessen Anerkenntniß oder durch Urtheil, indessen ergiebt sich die vorgängige Nothwendigkeit derselben daraus, daß das Gesetz die Wirkungen nur eintreten läßt, wenn der heirathende Mann auch wirklich Vater des Kindes ist, und dies konstatirt sein muß.

Für das Gebiet des französischen Rechts, welches ebenfalls die Legitimation durch nachfolgende Ehe kennt, s. Code civil:

„Art. 331. Uneheliche Kinder, mit Ausnahme der in Blutschande oder Ehebruch erzeugten, können durch die nachfolgende Ehe ihrer Eltern legitimirt werden, wenn diese sie entweder vor ihrer Heirath gesetzlich anerkannt haben oder in der Heirathsurkunde selbst anerkennen",

kommt mit Rücksicht auf das früher (s. Anm. 59 zu §. 25) Bemerkte in Betracht, daß auch eine Anerkennung durch die Mutter nothwendig ist. Die erzwungene Anerkennung (durch Urtheil) hat dieselbe Wirkung, wie die freiwillige (s. Zachariä, französ. Civilr. 3, 446 ff.). Deshalb bedarf es auch eines Anerkenntnisses der Mutter, bez. eines sie verurtheilenden rechtskräftigen Erkenntnisses.

Dasselbe gilt für Baden, da der Art. 331 des badischen Landrechts mit dem angeführten Art. 331 des Code civil übereinstimmt, ferner für die Provinz Rheinhessen, J. f. Hessen zu §. 26.

Im Geltungsbereich des bairischen Landrechts, s. Th. I Kap. 5 §. 8 Nr. 2 u. 3, ist die Legitimation auf die im Konkubinate (liberi naturales), nicht auf alle außerehelich erzeugten Kinder (spurii) beschränkt, und es wird ferner die Zustimmung des zu legitimirenden Kindes erfordert, welche jedoch bis zum Nachweis des Widerspruchs vermuthet wird, s. Roth, bair. Civilr. a. a. O. S. 422. Die zuerst erwähnte Voraussetzung ist also festzustellen, die zweite nicht, weil für ihr Vorhandensein die Vermuthung spricht, vgl. auch Motive z. Entw. e. bürg. Ges.B. f. d. Deutsche Reich 4, 922.

Fraglich erscheint es, wo die bei der Eheschließung abgegebene Legitimations- oder Anerkennungs-Erklärung einzutragen ist, ob in das Heirathsregister oder blos am Rande der Geburtseintragung des zu legitimirenden Kindes unter Beziehung auf die eben stattgehabte Eheschließung. Im Standesb. 1875 S. 279; 1876 S. 61, 80, s. auch die Regierungsverfügung das. S. 102 (vgl. auch S. 132, 135, 188; 1877 S. 93), meckl.-schwer. Civilstandskommission, Stdesb. 1876 S. 325, ebenso Stdesb. 1877 S. 36, 44, wird davon ausgegangen, daß die Eintragung in das Heirathsregister unstatthaft sei, weil die Legitimationserklärung die Unterschrift des Erklärenden zur Voraussetzung habe, diese aber für das Zustandekommen der Ehe nach §. 50 nicht erfordert werde. Letzteres entscheidet aber nicht, denn die Eintragung der Eheschließung hat nach §. 54 in Verbindung mit §. 13 Nr. 5 (s. auch Formular B 1) die Unterschrift der Eheschließenden zu enthalten. Es ist also vollkommen möglich, die Legitimationserklärung in das Heirathsregister aufzunehmen, und zwar an den Schluß der Erklärung über die Eheschließung vor die Worte: „vorgelesen, genehmigt u. unterschrieben" zu setzen. Das Formular der B.R.B. läßt dafür freilich keinen Raum, aber dadurch ist die gesetzliche Unzulässigkeit noch nicht erwiesen. Wenn weiter eine Oberpräsidialverfügung s. Stdesb. 1875 S. 198, annimmt, daß §§. 25 und 26 ausschließlich die Aufnahme in das Geburtsregister vorschreiben, und daß nur diese ein rechtsgültiges Anerkenntniß bildet, so steht davon in den gedachten §§. nichts. Ueberdies handelt es sich hier gar nicht um die Frage nach dem Beweise der Legitimation, sondern nur um die Herstellung eines Erfordernisses derselben. In den Ausführungen im Stdesb. 1877 S. 127, 255 u. 1878 S. 15, 21 welche sich gegen die Statthaftigkeit der Aufnahme in das Heirathsregister aussprechen, wird gerade der letztere Punkt übersehen, und nicht minder, daß das Reichsgesetz nicht verlangt, daß die Voraussetzungen der Legitimation im Geburtsregister beurkundet werden müssen, da der Randvermerk des §. 26 nur über die erfolgte Legitimation Auskunft zu geben, aber nicht ihre Voraussetzungen herzustellen bestimmt ist, vgl. auch v. Sicherer S. 114; v. Erichsen, Führung S. 35, 120; Stdesb. 1890 S. 3. Demgemäß kann die Aufnahme der Legitimationserklärung in das Heirathsregister nicht als unstatthaft gelten, für die Länder des französischen Rechts ist sie sogar durch Art. 331 des Code civil (s. o. S. 93) geboten, und da das Reichsgesetz die partikularrechtlichen Bestimmungen über die Voraussetzungen der Legitimation nicht geändert hat, so ergiebt sich daraus ein weiteres Argument für die hier vertheidigte Ansicht. Adoptirt ist diese übrigens auch in der bad. Dienstweisung §. 120 u. der hess. J. zu §. 26 (vgl. auch hess. Revisionsbemerkungen Stdesb. 1877 S. 27); in der V. des preuß. Min. d. J. (im Einverständniß mit dem Reichsjustizamt) v. 5. Mai 1877, Stdesb. 1877 S. 121; 1878 S. 9 u. V. hess. Min. v. 20. Mai 1878, Stdesb. 1878 S. 137; in d. V. des General-Prokurators f. Elsaß-Lothringen v. 14. Dez. 1876, jur. Zeitschr. f. Elsaß-Lothringen v. Puchelt u. Meuer 2, 49; Stdesb. 1877 S. 217; J. f. Elsaß-Lothringen §. 56; in dem Besch. d. weimar. Staatsmin. v. 16 Juni 1880, Stdesb. 1880 S. 177, anscheinend auch i. d. J. f. Lippe zu 25, u. Reuß j. L. §. 9. Vgl. auch Stdesb. v. 1876 S. 116, 129. Nicht deutlich, aber eher für die entgegengesetzte Meinung die J. für Württemberg §. 12 u. f. Meiningen §. 42. Die J. für Reuß j. L. §. 9 u. f. Meiningen §. 42 schreiben vor, daß von einem bei der Eheabschließung abgegebenen Anerkenntniß der Vaterschaft dem Vormundschaftsgericht Mittheilung gemacht werden soll. Dies wird überall erfolgen müssen, weil damit der Vater die väterliche Gewalt über das Kind erhält und die Vormundschaft endet.

Wird die Aufnahme der Anerkennungserklärung im Heirathsregister für statthaft erachtet, so ist nach §. 26 noch der Vermerk im Geburtsregister zu machen und auf das Heirathsregister zu verweisen, Stdesb. 1877 S. 28. Wenn das Geburtsregister von einem anderen Standesbeamten geführt wird, so muß die Eintragung bei diesem auf Grund der Heirathsurkunde von den Betheiligten beantragt werden. In Preußen sind die Standesbeamten angewiesen, Beschl. d. Min. d. Inn. v. 6. Juni 1879, Stdesb. 1879 S. 149, diese zu solchen Anträgen zu veranlassen, letztere zu Protokoll zu nehmen und dasselbe mit der Heirathsurkunde dem Standesbeamten des Geburtsregisters behufs Vornahme des Randvermerks auf Kosten des Antragstellers zu übersenden, vgl. auch v. Erichsen a. a. O. S. 50, 120 N. 2. V. Erichsen S. 120 will, wenn der Standesbeamte das Geburts- und das Heirathsregister führt, die Aufnahme der Anerkennung in die Heirathsurkunde unterlassen und sie nur als protokollarischen Randvermerk in Verbindung mit dem Vermerk über die erfolgte Eheschließung verbunden wissen, s. auch S. 43. Ein solches Verfahren ist aber kaum weniger umständlich, als das erstgedachte.

Bei durch sog. Hofreskript bewirkter Legitimation ist in den preußischen Gebieten des Allg. Landrechts, A.L.R. II 2, §. 2, 601 ff., sofern es sich nicht um Führung des adeligen Namens handelt, das vom Justizminister vollzogene, sonst das auf Grund der königlichen Entscheidung ergangene Patent (s. Kab. Ordre v. 16. Jan. 1840, G.S. S. 17) vorzulegen; wenn aber das Kind durch Familienvertrag in die Familie des Vaters aufgenommen ist (§. 604 a. a. O.), auch der Familienvertrag in beglaubigter Form. Im letzteren Falle muß ferner dargethan werden, daß sämmtliche betheiligten Glieder der Familie zugestimmt haben, was aber bei weitverzweigten alten Familien unmöglich ist, da das Landrecht kein Verfahren zur Ermittelung etwaiger unbekannter Interessenten festgesetzt hat.

Hinsichtlich der in den gemeinrechtlichen Provinzen Preußens geltenden Legitimation durch landesherrliches Reskript (vgl. Roth u. Meibom a. a. O. S. 480; Falck a. a. O. S. 37) sind für die ehemals kurhessischen, schleswig-holsteinischen, nassauischen, frankfurter und großherzoglich-hessischen, sowie hohenzollernschen Landestheile die in Altpreußen geltenden Vorschriften über die Art der Ertheilung für maßgebend erklärt worden, s. die Erlasse vom 10. Nov. 1866, G.S. S. 733, v. 7. Mai und 28. Aug. 1867, G.S. S. 632 u. 1440, und v. 25. April 1870, Justizmin.Bl. S. 126, vgl. auch Stölzel, vät. Gew. S. 10, 11.

Auch in den übrigen gemeinrechtlichen Ländern Deutschlands kommt diese Art der Legitimation vor, s. Windscheid, Pandekten §. 522, so in Baiern, s. Roth, bair. Civilr. a. a. O. S. 428, wo sie vom König, in Württemberg, wo sie vom König nur bei Adligen, sonst durch die Civilkammern des Landgerichte, s. Lang, württemb. Personenr. S. 385, württ.

Annahme an Kindesstatt[64]) oder in anderer Weise eine Veränderung erleiden[65]),

---

J. §. 12, u. Ausführungsges. z. Reichsger.Ver.Ges. v. 24. Jan. 1879, Reg.Bl. S. 3, Art. 6, 7, in Hessen, wo sie durch landesherrliches Reskript, J. zu §. 26, in S.-Weimar, wo sie auf dieselbe Weise, in Hamburg, wo sie von den Amtsgerichten ertheilt wird, s. Baumeister, hamb. Privatr. 2, 54; G. betr. die nichtstreitige Gerichtsbarkeit v. 25. Juli 1879, G.S. S. 253, §. 6 Abs. 2.

Ebenso ist sie nach dem sächs. bürg. Gesetzb. §. 1783 durch den König statthaft.

Auch d. Entw. e. bürg. Ges.B. f. d. Deutsche Reich §§. 1583 ff. hat diese Art der Legitimation als s. g. Legitimation durch Ehelichkeits-Erklärung mittelst einer Verfügung der Staatsgewalt, deren Organ die Landesgesetzgebung bestimmt, beibehalten.

In allen diesen Ländern genügt die Vorlegung des betreffenden Reskriptes, die Voraussetzungen der Rechtsgültigkeit desselben hat der Standesbeamte nicht zu untersuchen.

Dem Code civil und ebenso dem badischen Landrecht ist diese Art der Legitimation unbekannt, jedoch ist sie in der preuß. Rheinprovinz nach der Kab.Ordre v. 6. Nov. 1827, vgl. auch Reskr. des Justizmin. v. 1. Febr. 1828, s. Philippi a. a. O. S. 106, 231, 232, gestattet; über die Stelle, welche sie ertheilt, gilt dasselbe, wie in den übrigen preußischen Provinzen.

Die dem altdänischen Recht angehörige Legitimation, Echtigung zu Dinge, Ehelichkeitserklärung des Kindes durch den Vater vor Gericht, welche sich noch in den dänischen Gebieten Schleswigs erhalten hat, Falck a. a. O. S. 38; Stölzel a. a. O. S. 12, muß durch die Ausfertigung der betreffenden Gerichtsverhandlung dargethan werden.

Die weiter im preuß. Landrecht noch vorkommende Legitimation durch gerichtliches Erkenntniß, welches der Mutter die Rechte einer Ehefrau des Schwängerers beilegt, und die Legitimation der Brautkinder durch gerichtliches Anerkenntniß des Vaters (§§. 592—594, 597, 598, 2, II) ist durch §. 22 des Ges. v. 24. April 1854 (s. S. 91 Anm. 60) in Preußen aufgehoben, nicht aber im Geltungsgebiet des preuß. Landrechts in Baiern; die Legitimation zum besseren Fortkommen, A.L.R. 633 ff. a. a. O.; Heimbach a. a. O. 1, 26, ist unpraktisch, sie könnte auch nicht eingetragen werden, da sie an den Standesrechten des Kindes nichts ändert, §. 665 A. L.R. a. a. O.

[64]) **Annahme an Kindesstatt.** Unter der Herrschaft des preuß. Landrechts ist in Preußen die Beibringung des schriftlichen Adoptionsvertrages mit der Bestätigung des Amtsgerichtes des Wohnsitzes des Annehmenden erforderlich, vgl. II, 2, §§. 666, 667 u. Ausführungsges. z. Ger.Ver. Ges. v. 24. April 1878 §. 26 Abs. 2 Nr. 2; Turnau, d. Justizverfassung in Preußen 1, 200, und dieselbe Behörde ist jetzt auch für die übrigen preuß. Gebietstheile dafür zuständig, in Baiern mit der Genehmigung des zuständigen Landgerichts, Ausführungsg. z. Reichsger.Ver.Ges. v. 23. Febr. 1879, G. u. V.Bl. S. 273, Art. 28 f. Roth, bair. Civilr. 1, 426. In allen diesen Rechtsgebieten ist also der Adoptionsvertrag mit der Bestätigung der betreffenden Behörde dem Standesbeamten vorzulegen.

Dies gilt auch für die sonstigen gemeinrechtlichen Theile Deutschlands, so namentlich in Baiern, Württemberg und Hamburg. Während in Hamburg das Amtsgericht den Vertrag bestätigt, Ges. betr. die nicht streitige Gerichtsbarkeit v. 25. Juli 1879, G.S. S. 253 §. 6, geschieht dies in Baiern durch das zuständige Gericht des Annehmenden oder des Angenommenen, vgl. Roth, bair. Civilr. a. a. O. S. 424; Baumeister, hamb. Privatr. a. a. O. S. 54. In Württemberg, wo das Amtsgericht, nur bei Exemten I. Klasse die Civilkammer des Landgerichts damit betraut ist (württemb. J. §. 12), herrscht Streit, ob die Zuständigkeit sich nach dem Wohnsitze des Annehmenden oder des Adoptivkindes bestimmt, für welche letztere Ansicht sich der höchste Landesgerichtshof entschieden hat, s. Lang a. a. O. S. 176, 178.

Auch in S.-Coburg, S.-Weimar (vgl. auch Stdesb. 1881 S. 33), Schwarzb.-Rudolstadt, Schwarzb.-Sondershausen und in Dessau-Köthen ist gerichtliche Bestätigung erforderlich, s. Heimbach a. a. O. 1, 220; 2, 49; in Bremen Bestätigung durch die Vormundschaftsbehörde, Besch. v. 23. Jan. 1873 (G.Bl. S. 157).

In Sachsen bedarf es nach §. 1787 d. b. G.B. eines „vor Gericht geschlossenen oder anerkannten und von dem Landesherrn des Annehmenden genehmigten Vertrages"; ebenso in Reuß ä. L. nach erstattetem Bericht der Landesregierung, s. Ges. v. 1. Sept. 1868 §. 8 (G.S. S. 281).

In den Ländern des französischen Rechts und in Baden kommen für die Annahme an Kindesstatt (hier auch Anwünschung oder Ankindung genannt) in Betracht die mit dem badischen Landrecht übereinstimmenden Vorschriften des Code civil.

„Art. 353. Beide Theile, sowohl der, welcher zu adoptiren beabsichtigt, als der, welcher sich adoptiren lassen will, müssen sich vor dem Friedensrichter" (in Baden: Amtsrichter, jetzt in der preuß. Rheinprovinz und Elsaß Lothringen ebenfalls) „des Wohnortes des Adoptanten stellen, um dort über ihre wechselseitige Einwilligung eine Urkunde aufnehmen zu lassen.

Art. 354. Der Theil, welcher die Sache betreiben will, hat in den nächsten 10 Tagen dem Königl. Oberprokurator (in der preuß. Rheinprovinz und in Elsaß-Lothringen dem Staatsanwalt) bei dem Landgerichte, in dessen Bezirk der Adoptant seinen Wohnsitz hat, eine Ausfertigung dieser Urkunde zu überreichen, um dieselbe zur Bestätigung des Gerichtes zu bringen."

(In Baden fällt die Mitwirkung des Kronanwalts fort, s. Kah, bad. Landr. S. 96.)

„Art. 355. Das Gericht in ordentlicher Rathskammer versammelt" (Baden: der Amtsrichter) „untersucht, nachdem es sich die erforderlichen Aufschlüsse verschafft hat:

1. ob alle gesetzlichen Bedingungen erfüllt sind,

2. ob die Person, welche adoptiren will, sich eines guten Rufes erfreut.

Art. 356. Das Gericht erkennt sodann, nach Vernehmung des Königl. Oberprokurators (Staatsanwalts), ohne sonstige andere Prozeßform und ohne Entscheidungsgründe anzuführen, mit folgenden Worten: Die Adoption hat statt oder: hat nicht statt.

Art. 357. Diese Entscheidung des Landgerichts wird auf Anstehen derjenigen Partei, welche die Sache betreiben will, binnen Monatsfrist nach der Entscheidung, dem Appellationshofe (in Baden: dem Appellationsgericht, jetzt ebenso in der preuß. Rheinprovinz und in Elsaß-Lothringen dem Oberlandesgericht, Ausführgsg. z. deutsch. Ger.Verf.Ges. v. 24. April 1878 §§. 49, 58 und elsaß-lothring. Dienstanweis. §. 34), vorgelegt, welcher bei seinem Verfahren eben die Formen, wie das Landgericht beobachtet und ohne Angabe der Entscheidungsgründe erklärt: Das Urtheil ist bestätigt; oder: das Urtheil ist aufgehoben; und es hat folglich Adoption statt, oder nicht statt.

Art. 358. Jedes Erkenntniß des Appellationshofes (Baden: Appellationsgerichtes, jetzt in Baden, in der preuß. Rheinprovinz und in Elsaß-Lothringen des Oberlandesgerichtes), welches eine Adoption zuläßt, soll in öffentlicher Sitzung verkündigt und an denjenigen Orten, und in solcher Zahl von Exemplaren, wie das Gericht es für angemessen findet, angeschlagen werden.

Art. 359. In den nächsten drei Monaten nach dem Erkenntnisse soll, auf Ansuchen des einen oder des andern Theils, die Adoption an dem Orte, wo der Adoptant seinen Wohnsitz hat, in die Civilstandsregister eingetragen werden.

Diese Eintragung geschieht nur auf Vorzeigung einer förmlichen Ausfertigung des von dem Appellationshofe (Baden: Appellationsgericht, jetzt ebenso in der preuß. Rheinprovinz und in Elsaß-Lothringen Oberlandesgericht) erlassenen Erkenntnisses; die Adoption bleibt ohne Wirkung, wenn sie nicht binnen dieser Frist eingetragen worden ist."

Danach muß also die Adoption in das Geburtsregister des Wohnortes des Adoptivvaters eingetragen werden, und zwar mit fortlaufender Nummer, wie wenn dem leiblichen Vater ein Kind geboren ist. Der §. 26 setzt freilich nur eine Eintragung am Rande der Geburtseintragung des Adoptirten voraus. Da indessen das Reichsgesetz die vom Art. 359 angeordnete erstgedachte Eintragung nicht direkt ausschließt und diese allein die Wirkung hat, die Adoption zur Perfektion zu bringen, so wird sie nicht nur zulässig sein, sondern der Standesbeamte, welcher die nach §. 26 vorgeschriebene Eintragung bei der Geburtseintragung des Adoptirten machen soll, wird sich vorerst nachweisen lassen müssen, daß die im Art. 359 vorgeschriebene Eintragung innerhalb der drei Monate geschehen ist, weil sonst die Adoption keine Wirkung hat. So auch Fitting S. 102 ff.; v. Sicherer S. 120. Vgl. ferner die cit. elsaß-lothring. Dienstanw.

Außerdem kommt für das französische und badische Recht noch die Anwünschung durch Testament (Code civil Art. 366 und bad. Landrecht Art. 366; Zachariä, Handbuch d. französ. Rechts Bd. 3 §. 561) und für Baden noch die Adoption durch Heirathsvertrag in Betracht, s. bad. Landr. Art. 345 a:

„Es bedarf ferner zur Anwünschung jener früheren Pflege nicht, wenn eine volljährige Mannsperson ein uneheliches, vom Vater noch nicht anerkanntes unmündiges Kind einer Frauensperson, die sie heirathet, mit deren Einwilligung mittelst des Heirathsvertrages anwünscht, wo alsdann auch dieser Vorgang keinen eigenen Förmlichkeiten unterliegt."

Einer Beurkundung im Standesregister bedürfen diese beiden Arten der Anwünschungen zur Erlangung der Rechtswirksamkeit nicht. Es ist deshalb darüber lediglich ein Randvermerk im Geburtsregister nach §. 26 einzutragen, Fitting S. 104; v. Seyfried S. 81; v. Sicherer S. 122, doch verlangt d. elsaß-lothring. Dienstanw. §. 34, daß der Standesbeamte bei einem Antrag auf Eintragung einer testamentarischen Anwünschung wegen seines Verhaltens beim ersten Staatsanwalt anfragen soll.

[65]) **in anderer Weise eine Veränderung erleiden.** Eine solche Veränderung kann herbeigeführt werden:

1. durch Einkindschaft, sofern dadurch die Stiefeltern die Rechte der leiblichen Eltern, der Stiefvater die Rechte des leiblichen Vaters über das von dem andern Ehegatten aus einer früheren Ehe in die sog. Einkindschaft gebrachte Kind erlangen, so im Geltungsbereich des preuß. A. L.R. §§. 732 ff. 2, II; nach dem größeren Theil der in Baiern geltenden Statuten, s. Roth, bair. Civilr. a. a. O. S. 432; Stölzel a. a. O. S. 17, und S.-Meiningen, Ges. v. 17. Nov. 1875 Art. 10. Vorzulegen ist im Gebiete des A. L.R. ein darüber vor dem Amtsgericht vollzogener und von diesem bestätigter Vertrag, A. L.R. a. a. O. §. 721; im Geltungsgebiet der gedachten bairischen Statuten gewöhnlich ebenfalls ein gerichtlich konfirmirter Vertrag. Nur da, wo die Einkindschaft allein vermögensrechtliche und erbrechtliche Wirkungen hat, so nach einzelnen bairischen Statuten, nach württembergischem Landrecht und nach hamburger Recht, s. Roth a. a. O.; Reyscher, württemb. Privatr. §. 692, und Lang, württemb. Personenrecht S. 380; Baumeister, hamb. Pr.R. 2, 150, kann eine Eintragung nicht erfolgen, so auch württemb. J. §. 12, denn dann handelt es sich nicht um Veränderung der Standesrechte. Derselben Ansicht v. Sicherer S. 122. Der Entw. e. bürg. G.B. f. d. Deutsche Reich beseitigt übrigens das Institut der Einkindschaft ganz, s. Motive 4, 486.

2. im Gebiete des preuß. Landrechtes durch diejenigen Rechte, welche den Personenstand betreffen und über die gewöhnlichen Wirkungen der Adoption hinaus in einem Familienvertrage beigelegt worden sind, d. h. Familienrechte in der ganzen Familie des Annehmenden im Gegensatz zu dem sonst blos zwischen den Annehmenden und dem Angenommenen entstehenden Verhältniß (II 2 §§. 703, 710), auf Grund des in derselben Form wie die Einkindschaft zu vollziehenden Vertrages.

3. durch Illegitimitätserklärung eines als ehelich eingetragenen Kindes in einem spätern rechtskräftigen gerichtlichen Urtheil für das Gebiet des preuß. A. L.R., vgl. II 2 §§. 2 ff., 17, 19 ff., 40, für Württemberg J. §. 12, für das gemeine und französische Recht, s. o. Anm. 46 zu §. 22, für Sachsen §§. 1771 ff. des b. G.B. (s. ebendas.); vgl. ferner Entw. e. bürg. G.B. f. d. Deutsche Reich §§. 1472 ff.

4. durch Legitimitätserklärung eines als unehelich eingetragenen Kindes in einem rechtskräftigen Erkenntniß; vgl. ferner Entw. e. bürg. G.B. f. d. Deutsche Reich §. 1632.

5. durch rechtskräftige Nichtigkeits- oder Ungültigkeitserklärung der Ehe, aus welcher die als ehelich eingetragenen Kinder entsprossen sind, wenn diese dadurch die Rechte ehelicher Kinder verlieren, vgl. für den Geltungsbereich des preuß. Landrechts deff. II 2 §§. 50 ff.; für das gemeine Recht s. Stölzel a. a. O. S. 6, 7; für Württemberg insbesondere Lang a. a. O. S. 402 und J. §. 12; für das Königreich Sachsen s. bürg. G.B. §§. 1771, 1782; für das Gebiet des franzö-

so ist dieser Vorgang, sofern er durch öffentliche Urkunden[66]) nachgewiesen wird, auf Antrag eines Betheiligten[67]) am Rande[68]) der über den Geburtsfall vorgenommenen Eintragung zu vermerken.

---

sischen Rechts Code civil und bad. Landr. Art. 201, 202; vgl. ferner Entw. e. bürg. G.B. f. d. Deutsche Reich §§. 1562 ff.

In den zu 3 bis 5 gedachten Fällen ist das mit dem Atteste der Rechtskraft versehene Erkenntniß des Gerichts beizubringen oder der Eintritt der Rechtskraft dem Standesbeamten nachzuweisen, s. auch hess. I. zu §. 26.

Durch die Feststellung der Abstammung eines Kindes oder durch eine Veränderung in den Standesrechten eines solchen kann zugleich eine Veränderung des Familiennamens herbeigeführt werden, indessen wird diese nicht als solche durch besonderen Vermerk im Geburtsregister eingetragen, v. Sicherer S. 123.

Ebensowenig kann dies nach dem Reichsgesetz bei einer unter Zustimmung des Landesherrn, bez. der kompetenten Behörde erfolgten Aenderung des Familiennamens, selbst nicht einmal, streng genommen, bei der Nobilitirung geschehen, v. Sicherer S. 123. Jedoch ist ein solcher Vermerk und zwar für die Regel im Geburts- und auch eventuell im Heirathsregister aus praktischen Gründen gestattet worden in Baden, V. v. 16. Dez. 1875 §§. 4, 5 (G. u. V.Bl. S. 407); in Hessen, V. v. 3. Nov. 1875 Art. 13, s. auch I. zu §. 26 (hier jedoch nur auf Anweisung der Aufsichtsbehörde); in Oldenburg in der im Anhalt an das Ges. v. 10. Sept. 1878, Stdesb. 1878 S. 221, erlassenen Staatsmin.Bek. v. 13. Mai 1879, Stdesb. 1879 S. 142 (hier auch im Geburtsregister der etwaigen minderjährigen Kinder in väterlicher Gewalt); in der I. für Meiningen §. 45, für Bremen §. 35 (hier in allen die fraglichen Personen betreffenden Registereintragungen), und d. Dienstanw. f. Elsaß-Lothringen §. 35 (hier nur am Rande der Geburtseintragung), ferner durch Cirk.Erl. des preuß. Min. d. Inn. v. 12. März 1887, Stdesb. 1887 S. 89, M.B. f. d. inn. V. 1887 S. 91 (vgl. auch Stdesb. 1889 S. 253), und der sächs. Min. d. Inn. hat die Vermerkung im Geburts- und Heirathsregister wenigstens in einem Spezialfall (Stdesb. 1888 S. 81) zugelassen. Erfolgt eine solche Eintragung, so ist auch das alphabetische Namensverzeichniß zu vervollständigen. Für Baiern ist dagegen durch Min.Erl. v. 8. Aug. 1881, Stdesb. 1881 S. 218, die Eintragung in den Standesregistern ausdrücklich verboten und nur die Aufbewahrung der Urkunde über die Namensänderung bei den Sammelakten und die Vervollständigung des alphabetischen Registers vorgeschrieben. Vgl. übrigens auch Anm. 49 zu §. 22.

[66]) **öffentliche Urkunden,** hierher gehören namentlich gerichtliche und notarielle Urkunden, Auszüge aus den Standesregistern, aber auch die gerichtlichen Erkenntnisse (und auch, s. vor. Anm., die behördlichen Urkunden über die Gestattung der Namensänderung). Welche für den einzelnen Fall erforderlich sind, darüber s. vorige Anm.

[67]) **auf Antrag eines Betheiligten.** Dies sind in den Fällen der Anm. 63, 64, 65 Nr. 1 das Kind und die Eltern bez. der Vater, bei Erweiterung der Familienrechte (s. Anm. 63 S. 94 und Anm. 64 Nr. 2) auch die übrigen Familienglieder, in den Fällen der Anm. 62, 65 Nr. 3 bis 5 diejenigen, welche in den Prozessen als Parteien aufgetreten sind, also im Falle der Nichtigkeitserklärung einer Ehe wegen eines öffentlichen trennenden Ehehindernisses, welche auf Antrag der Staatsbehörde ergangen ist, die Staatsanwaltschaft, R.Civ.Proz.Ordn. §. 586. Ist die Nichtigkeitserklärung durch Klage eines Dritten herbeigeführt, so kann auch dieser den Antrag stellen.

Wegen der Wirksamkeit ausländischer Erkenntnisse s. u. zu §. 55.

Für die Nachsuchung der Eintragung dieser Veränderungen ist weder eine Verpflichtung noch eine bestimmte Frist vorgeschrieben, weil das eigene Interesse stets einen der Betheiligten zur Stellung der nöthigen Anträge veranlassen wird. Die Eintragungen sind also auch noch statthaft, wenn das betreffende Kind oder dessen Eltern bereits verstorben sind, so auch preuß. O.Trib. v. 8. März 1876, Entsch. 77, 386; v. Sicherer S. 124.

Wenn die württemb. I. §. 12 vorschreibt, daß die Eintragung von Vermerken nur auf mündlichen Antrag erfolgt, so ist dies nach dem Reichsgesetz nicht erforderlich, s. auch o. Anm. 61, und

§. 27.

Wenn die Anzeige eines Geburtsfalles über drei Monate [69]) verzögert wird [70]), so darf die Eintragung nur mit Genehmigung der Aufsichtsbehörde [71]) nach Ermittelung des Sachverhalts [72]) erfolgen [73]).

Die Kosten dieser Ermittelung [74]) sind von demjenigen einzuziehen, welcher die rechtzeitige Anzeige versäumt hat.

Dritter Abschnitt [75]).

Erfordernisse der Eheschließung.

§. 28.

Zur Eheschließung ist die Einwilligung [76]) und die Ehemündigkeit [77]) der Eheschließenden erforderlich.

---

die Anordnung paßt nicht für die Fälle, wo seitens der Staatsanwaltschaft die Nichtigkeits- und damit die Illegitimitätserklärung von Kindern herbeigeführt ist, denn hier ist eine schriftliche Requisition und Uebersendung des mit dem Attest der Rechtskraft versehenen Erkenntnisses ausreichend.

[68]) **am Rande,** nach Maßgabe des §. 13 Schlußabs. und nach dem Vorbilde des Formulars A 4 zur B.R.B., s. auch hess. J. zu §. 26; Stdesb. 1890 S. 130.

§. 27. [69]) **drei Monate.** Wegen der Berechnung s. Anm. 49 zu §. 22; v. Sicherer S. 125.

[70]) **verzögert wird.** Bei erheblicher Verspätung der Geburtsanzeige erscheint ein Zweifel an ihrer Richtigkeit begründet.

Für die Anzeige selbst gelten die allgemeinen Vorschriften, sie muß also für die Regel mündlich seitens eines dazu Verpflichteten bez. Berechtigten erfolgen. S. weimar. V. v. 30. Jan. 1876 (Stdesb. 1876 S. 120).

[71]) **Aufsichtsbehörde,** d. h. der unmittelbar vorgesetzten. Vergl. im Uebrigen §. 11 und Anm. 60, 61 dazu.

Die Verfügung der Aufsichtsbehörde ist zu den Sammelakten des Geburtsregisters zu nehmen B.R.B. §. 9.

[72]) **Ermittelung des Sachverhalts.** Diese wird die Aufsichtsbehörde durch den Standesbeamten anstellen lassen können und ihrerseits nur zu leiten haben, vgl. J. für Oldenburg §. 15; hess. Min.V. v. 13. Jan. 1876, Stdesb. 1876 S. 132; andererseits bad. Dienstw. §. 140, überhaupt v. Erichsen, Führung S. 37, 81 ff.

[73]) **erfolgen,** und zwar nach Maßgabe des Formulars A 3 zur B.R.B. Es ist also die Genehmigung der Aufsichtsbehörde stets in der Eintragung zu erwähnen. Fehlt es an diesem letzteren Vermerk, so wird dadurch die Beweiskraft des Standesregisters geschwächt, und es findet dann §. 15 Abs. 2 Anwendung, v. Sicherer S. 127.

[74]) **die Kosten dieser Ermittelung,** wozu auch die Porti gehören, s. Anm. 50 zu §. 8, werden durch die Aufsichtsbehörde festzusetzen sein und können von ihr oder in ihrem Auftrage durch den Standesbeamten eingezogen werden; nach d. hess. J. zu §. 27 und d. J. für Meiningen §. 46 werden sie durch die Aufsichtsbehörde erhoben.

[75]) **Dritter Abschnitt.** Dieser Abschnitt ist in Preußen zufolge V. v. 14. Febr. 1875, G.S. S. 93, schon am 1. März 1875 in Kraft getreten.

§. 28. [76]) **Einwilligung.** Damit ist nicht nur der auch in den früheren Gesetzbüchern, preuß. Landr. II 1 §. 36; Code civil art. 146; bad. Landr. Art. 146; sächs. b. G.B. §. 1588 ausgesprochene selbstverständliche Standpunkt, daß es ohne Einwilligung keine Ehe giebt, wiederholt, sondern, vgl. Motive S. 24 „durch den an sich selbstverständlichen Abs. 1. soll zugleich ausgedrückt werden, daß die Entschließung der Nupturienten nicht durch die Erklärungen ihrer etwaigen Gewalthaber ersetzt werden kann. Willensunfähigen, wie Trunkenen, Wahnsinnigen fehlt die Möglichkeit der Einwilligung, und Betrug, Zwang, Irrthum schließen die Einwilligung aus. Ueber die Fragen, welche Folge eine ohne freie Selbstbestimmung geschlossene Ehe habe, und inwieweit der Irrthum von Einfluß sei auf den Bestand der Ehe, will der Entwurf keine Entscheidung treffen, es vielmehr beim bisherigen Rechte in den einzelnen Bundesstaaten belassen (vgl. §. 35 Abs. 2)" — jetzt §. 36 Abs. 2.

Wegen der Willensunfähigen vgl. für das Gebiet des preuß. Landrechts I, 4.

„§. 23. Rasende und Wahnsinnige sind den Kindern unter sieben Jahren gleich zu achten (§. 20).

§. 24. So lange den Personen, welche mit Anfällen einer solchen Krankheit behaftet sind, noch kein Vormund bestellt ist, gilt die Vermuthung, daß sie ihren Willen bei völliger Verstandeskraft und nicht während eines Anfalls ihrer Krankheit geäußert haben.

§. 25. Sind aber dieselben unter Vormundschaft gesetzt, so kann, so lange diese dauert, auf das Vorgeben, daß die Erklärung in einem lichten Zwischenraume erfolgt sei, keine Rücksicht genommen werden.

§. 26. Von Willenserklärungen der Blödsinnigen, die unter Vormundschaft genommen worden, gilt das, was von Unmündigen verordnet ist (§§. 21, 22).

§. 28. Personen, welche durch den Trunk des Gebrauchs ihrer Vernunft beraubt worden, sind, so lange diese Trunkenheit dauert, den Wahnsinnigen gleich zu achten (§. 23).

§. 29. Ein Gleiches gilt von denjenigen, welche durch Schrecken, Furcht, Zorn oder andere heftige Leidenschaft in einen Zustand versetzt worden, worin sie ihrer Vernunft nicht mächtig waren."

Für das Königreich Sachsen b. G.B.

> „§. 1592. Personen, welche des Vernunftgebrauches beraubt sind, können eine Ehe nicht schließen" (vgl. auch §. 4 des Ges. v. 5. Nov. 1875).

Das Ehegesetz für d. Herzogthum Gotha v. 15. Aug. 1834, G.S. Th. II S. 605, erklärt für ganz verboten „die Ehen mit gerichtlich oder durch zwei Aerzte für wahnsinnig oder völlig blödsinnig erklärten Personen und zwar ohne Unterschied, ob beide Theile oder nur ein Theil geisteskrank ist", damit spricht es aber anderen willensunfähigen Personen die Möglichkeit, eine Ehe einzugehen, nicht zu, denn §. 1 gestattet eine solche nur denjenigen, „welche eine rechtsverbindliche Einwilligung zu geben fähig sind".

Die Eheordnung für S.-Altenburg v. 12. Mai 1837 §. 165 bestimmt: „Ehen, welche ohne freie Einwilligung beider Theile, namentlich während einer Geisteszerrüttung &c. eingegangen worden sind, können als nichtige getrennt werden."

Der Code civil und das bad. Landr. erklären im Art. 146 in Uebereinstimmung mit dem Reichsgesetze nur:

> „Ohne Einwilligung giebt es keine Ehe",

worunter ebenfalls eine rechtsverbindliche Ehe zu verstehen ist, s. Zachariä, franz. Civilr. 3, 11; Scherer, Zeitschr. f. Kirchenrecht 22, 293.

Derselbe Grundsatz kommt auch in den gemeinrechtlichen Ländern Deutschlands zur Anwendung, vgl. Schulte, kathol. Eherecht S. 74; v. Scheurl, d. gem. deutsche Eherecht S. 123; Richter-Dove-Kahl, Kirchenrecht S. 1057; Bartels, Ehe S. 101; Lang, württemb. Personenr. S. 193; für die thüring. Staaten Heimbach a. a. O. 1, 144; für Baiern vgl. die Zusammenstellung in den Motiven des Entwurfs S. 43; s. auch bair. Landr. Th. I Kap. 6 §. 3:

> „Sowohl zur gültigen Verlobung als wirklichen Verehelichung wird 1. von beiden kontrahirenden Haupttheilen die Einwilligung erfordert, seynd demnach 2. all jene davon ausgeschlossen, welchen es an Willen oder genugsamen Begriff bey der Sache mangelt."

und auch d. Entw. e. b. Ges.B. f. d. Deutsche Reich §. 1231 (§. 64) steht auf demselben Standpunkt, Motive 4, 10.

Der Standesbeamte wird sich demnach zu vergewissern haben, ob nicht die erwähnten, die Willensunfähigkeit ausschließenden Umstände bei den behufs der Eheschließung vor ihm erschienenen Personen obwalten. Vgl. hess. u. lipp. J. zu §. 28; meininger §. 47.

Nach gemeinem Recht können übrigens Geisteskranke in lichten Zwischenräumen eine gültige Ehe schließen. Nach einzelnen Partikularrechten, wie dem preuß. A. L.R. a. a. O. §. 25 und dem angeführten goth. Ehegesetze, trifft dies aber nicht zu für solche Geisteskranke, welche gerichtlich für wahnsinnig erklärt oder unter Vormundschaft gestellt sind. Die französische Doktrin streitet über die Gültigkeit der in solchen Zwischenräumen abgeschlossenen Ehen, s. Zachariä a. a. O. S. 12 N. 2, und Petersen S. 238.

Das bisherige Recht über die Ehehindernisse des Irrthums, des Betruges oder Zwanges läßt der §. ebenfalls in Geltung. Da der Standesbeamte nur festzustellen hat, ob die Kontrahenten ihren Ehekonsens äußerlich frei abgegeben und die erwähnten Hindernisse für die Regel erst nach der Eheschließung behufs ihrer Ungültigkeitserklärung oder Anfechtung zur Sprache gebracht werden, so mag in dieser Beziehung nur auf die einschlägigen Gesetzesstellen und die Literatur verwiesen werden: preuß. A. L.R. II 1 §§. 38—44; I 4 §§. 31 ff., 75—83; sächs. b. Ges.B. §§. 1592, 1593, 1595—1598, 1624, 1625 u. sächs. Ges. v. 5. Nov. 1875 §§. 4, 9; s. goth. Ehegesetz §§. 135—137; s. altenb. Eheordn. §§. 165, 168—179; Code civil und bad. Landr. Art. 180, 187, vgl. dazu Zachariä a. a. O. S. 60, namentlich Anm. 3 und Petersen S. 238, 239; Scherer i. Ztschr. f. Kirchenrecht 22, 306; für die Gebiete des gemeinen Rechts auf Schulte a. a. O. S. 103 ff., 119 ff.; v. Scheurl, a. a. O. S. 135 ff.; Richter-Dove-Kahl S. 1057 ff.; insbesondere für Hannover auf Bartels a. a. O. S. 103, 106, 108; für Nassau Bertram a. a. O. S. 527, 528; für Baiern die Motive S. 43; für Württemberg Lang a. a. O. S. 209 ff. (über die eigenthümliche Behandlung der gedachten Ehehindernisse im Entw. i. b. Ges.B. f. d. Deutsche Reich §. 1259 Nr. 1, 2, Motive 1, 192; 4, 71, s. P. Hinschius i. Arch. f. civ. Praxis 74, 65, 69; Gierke S. 401). Uebrigens weist die J. für Hessen zu §. 28 den Standesbeamten an, falls die freie Willenserklärung durch Betrug, Zwang oder Irrthum ausgeschlossen ist, die Eheschließung abzulehnen.

Ueber die Einwirkung des §. 28 und §. 39 auf die in einer Reihe deutscher Länder früher geltenden Ehehindernisse der Entführung und der Impotenz vgl. zu §. 39.

[77]) **Ehemündigkeit.** Der Entwurf hatte das Alter der Ehemündigkeit mit Rücksicht auf den allgemeinen in ganz Preußen seit dem Ges. v. 21. Dez. 1872, G.S. 1873 S. 1, geltenden Termin auf das vollendete 18. resp. 14. Lebensjahr ohne Zulassung der Dispensation festgesetzt und war damit noch über die in einzelnen Theilen Deutschlands, namentlich Baierns, geltende römisch-kanonische Altersgrenze von 14, bez. 12 Jahren hinausgegangen. Die Erhöhung des Termines auf 20, bez. 16 Jahr (s. Abs. 2) und die Zulassung der Dispensation hat der Reichstag auf Grund eines dahin lautenden Amendements der Abg. Dr. v. Schulte, Dr. Marquardsen und Genossen angenommen, stenogr. Berichte S. 1011 ff.

Durch diesen Paragraphen wird also u. A. beseitigt: 1. das vorhin erwähnte preuß. Gesetz; — 2. §. 1589 des sächs. Gesetzb., der hinsichtlich der Altersgrenze des weiblichen Geschlechtes mit dem Reichsgesetz übereinstimmt, für das männliche dieselbe aber auf die Volljährigkeit, das erfüllte 21. Lebensjahr, festsetzt; — 3. Code civil Art. 144, 145, welche als Altersgrenze das zurückgelegte 18., bez. 15. Jahr normiren und dem Landesherrn die Dispensation gewähren, s. dazu §. 40 des Reichsgesetzes; — 4. bad. Landrecht Art. 144, 145, welche dieselben Vorschriften wie der Code enthalten, und welche auch das Ges. v. 9. Dez. 1875 für aufgehoben erklärt hat; — 5. altenburg. Eheordn. §. 44 lit. c, mit der Altersgrenze von 21 Jahren für das männliche Geschlecht; — 6. gothaisch. Ges. v. 5. Febr. 1869, Allg. Kirch.Bl. f. d. evang. Deutschland 1872 S. 301, mit dem Volljährigkeitstermine als Grenze für das männliche Geschlecht; das dadurch in Betreff der Altersgrenze des weiblichen nicht modifizirte Ehegesetz §. 3 hatte für dieses denselben Termin, wie das Reichsgesetz, festgesetzt; — 7. die mecklenburg. V. v. 10. Febr. 1869, a. a. O. 1869 S. 340, welche für Männer die Volljährigkeit (hier 25 Jahre); — 8. das hamburg. Gesetz v. 3. Juni 1870 Art. 5, das für Männer ebenfalls die Majorennität (hier aber 21 Jahre) verlangte.

Ueber weitere bisherige, nunmehr beseitigte partikularrechtliche Verschiedenheiten s. Richter-Dove K. R. 7. Aufl. S. 921; Heimbach a. a. O. 1, 122; 2, 21.

Der E. e. bürg. Ges.B. f. d. deutsche Reich §. 1253 wiederholt den Abs. 2 des §. 28, nur, daß er statt „vollendeten“ setzt „zurückgelegten“ und den Zusatz macht, daß durch Volljährigkeitserklärung die Ehemündigkeit nicht begründet wird.

Die Ehemündigkeit des männlichen Geschlechts tritt mit dem vollendeten zwanzigsten Lebensjahre, die des weiblichen Geschlechts mit dem vollendeten sechszehnten Lebensjahre [78]) ein. Dispensation [79]) ist zulässig [80]).

§. 29 [81]).

Eheliche Kinder [82]) bedürfen zur Eheschließung, so lange der Sohn das

---

[78]) **vollendeten sechszehnten Lebensjahre**, d. h. die Ehemündigkeit tritt mit dem Beginn des 21., bez. des 17. Jahres ein. Das Reichsgesetz sagt über die Berechnung nichts. Da es die Ehemündigkeit einheitlich für ganz Deutschland regeln will, so können die partikularrechtlichen Vorschriften über die Zeitberechnung nicht angewendet werden, denn diese könnten zu verschiedenen Ergebnissen führen. Mit Rücksicht darauf, daß die Fassung des Reichsgesetzes der preußischen Gesetzgebung über die Altersstufen und über die Ehemündigkeit, cit. Ges. v. 21. Dez. 1872, G. v. 9. Dez. 1869, G.S. S. 1199 u. A. L.R. I 1 §§. 25, 26; 4, §§. 20, 21 nachgebildet ist, wird man daher die preußisch-rechtliche Berechnungsart, Förster-Eccius 1, 98 und Dernburg 1, 152, allgemein zur Anwendung bringen müssen, so auch v. Sicherer S. 149.

Wegen einer Ausnahme von der Vorschrift des §. 28 Abs. 2 vgl. §. 72 Abs. 3.

Gesetzliche Vorschriften, die den Alterstermin für ein gültiges Verlöbniß niedriger festsetzen als das Ehemündigkeitsalter, s. z. B. sächs. b. Gesetzb. §. 1570, welches ein solches für Männer bei erfülltem 18. Lebensjahre für statthaft erklärt, sind nicht beseitigt, denn das Reichsgesetz normirt nur die Eheschließung, und um diese handelt es sich bei derartigen Vorschriften nicht. Wenn aber gesetzliche Bestimmungen, wie z. B. des preuß. A. L.R. II 1, §. 76, ein Verlöbniß nur unter der Voraussetzung gültig sein lassen, daß zwischen den Verlobten eine rechtsbeständige Ehe stattfinden kann, so ändert sich durch den reichsgesetzlichen vorgeschriebenen Ehemündigkeitstermin auch der Termin für die Eingehung des Verlöbnisses.

Für den Standesbeamten ergiebt sich das Alter der Eheschließenden aus den nach §. 45 Nr. 1 beizubringenden Geburtsurkunden.

[79]) **Dispensation,** diese ertheilt (vgl. zu §. 40) der Landesherr in Baiern, Württemberg, Hessen, Oldenburg, Braunschweig, S.-Altenburg, Anhalt, Reuß ä. u. j. L., — das Justizministerium in Preußen, Baden, Meckl.-Schwerin, S.-Weimar, S.-Meiningen, Schwzb.-Rudolstadt, Schwzb.-Sondershausen, Waldeck, — der Minister d. Innern in Sachsen, — das Ministerium in S.-Coburg Gotha, Lippe und Elsaß-Lothringen, — die Landesregierung in Meckl.-Strelitz, — die Regierung in Schaumburg-Lippe; — der Senat in Lübeck, Bremen und Hamburg.

Die Original-Dispensationsurkunde ist zu den Sammelakten des Heirathsregisters zu nehmen, B.R.B. §. 9.

[80]) **zulässig.** Da das Reichsgesetz der Dispensationsbefugniß keine besondere Beschränkung setzt und eine einheitliche Regelung beabsichtigt, so sind etwaige partikularrechtliche Vorschriften, daß bei der Dispensation unter eine gewisse Altersgrenze nicht heruntergegangen werden kann, z. B. die des cit. preuß. Gesetzes v. 31. Dez. 1872, daß keine Ehe von Männern vor dem 18. Jahre statthaben soll, beseitigt, so auch Mandry, d. civilrecht. Inhalt S. 504.

Die Großjährigkeitserklärung oder Jahrgebung steht der Dispensation nicht gleich, denn die Gestattung derselben beruht auf anderen Gründen als die Festsetzung des Ehemündigkeitsalters, und die Ehemündigkeit läßt sich nicht als Folge der Großjährigkeit betrachten, ganz abgesehen davon, daß das Befinden über die Gewährung der Großjährigkeit und der Dispensation von dem Mangel der Ehemündigkeit in den Händen verschiedener Behörden (in Preußen der ersteren beim Vormundschaftsgericht, der letzteren beim Justizminister) ruht und bei den verschiedenen partikularrechtlichen Bestimmungen über die Großjährigkeit die beabsichtigte Einheit des Rechtes in Frage gestellt sein würde, so auch Mandry a. a. O. S. 505; A. Fuchs bei Gruchot 29, 762.

[81]) **§. 29.** Vgl. M. Duncker, vergleichende Darstellung d. in Preußen i. d. landrechtl.

fünfundzwanzigste, die Tochter das vierundzwanzigste Lebensjahr nicht vollendet[83]) hat, der Einwilligung des Vaters[84]), nach dem Tode des Vaters[85]) der Einwilligung der Mutter[86]) und, wenn sie minderjährig[87]) sind, auch des Vormundes[88]).

Bezirken vor dem Reichsgesetz hins. d. älterlichen u. vormundschaftl. Heirathskonsenses bestandenen Rechts mit dem gegenwärtigen, Breslau 1877; Goldenring bei Gruchot 21, 655 ff.

[82]) **Eheliche Kinder.** Die legitimirten stehen ihnen gleich, s. S. 92 Anm. 63, ebenso die den ehelichen gleichstehenden aus Putativehen, so auch Stiegele S. 107 N. 118, in Preußen selbst dann, wenn der Vater nicht im guten Glauben war und nicht die väterliche Gewalt (A. L.R. II 2, §. 54) über sie erlangt, Goldenring a. a. O. S. 667.

[83]) **das vierundzwanzigste Lebensjahr nicht vollendet.** Der Entwurf hatte für Söhne die Altersgrenze von 30 Jahren festgesetzt. Der Paragraph beruht sachlich auf den Amendements Dr. v. Schulte und Genossen, und den Unteramendements Dr. Bähr, stenogr. Ber. S. 1018 ff., sowie formell auf dem dieselben schließlich anders redigirenden Antrag Dr. Bähr dritter Lesung, a. a. O. S. 1238.

[84]) **Einwilligung des Vaters,** d. h. des leiblichen. Diese ist aber nur nöthig, solange die Kinder die erwähnte Altersgrenze nicht erreicht haben; ob sie dann noch in väterlicher Gewalt stehen oder nicht, ob sie zur ersten oder zweiten Ehe schreiten, ist gleichgültig, v. Sicherer S. 292.

Aufgehoben sind durch §. 29 alle gesetzlichen Vorschriften, welche

1. die Kinder für die Lebensdauer des Vaters bei ihrer Verheirathung an seinen Konsens binden, so z. B. preuß. A. L.R. II 1, §. 45; sächs. b. G.B. §§. 1571, 1600; bair. Landr. Th. I Kap. 6 §. 4 und eine Reihe bair. Statuten, s. Roth, bair. Civilr. 1, 289 und die Zusammenstellung der Motive S. 45; goth. Ehegesetz §. 4; altenb. Eheordn. §. 18; s. weimar. G. üb. d. Form u. Wirkung d. Eheverlöbnisse v. 2. Nov. 1848 §. 2; ferner das württemb. Recht, s. Lang, württemb. Personenr. S. 215;

2. welche die Nothwendigkeit des Konsenses von der Dauer der väterlichen Gewalt abhängig machen und damit einen solchen auch nach dem reichsgesetzlich festgestellten Alter blos deshalb erfordern, weil die väterliche Gewalt noch fortwährt; hierher gehören z. B. die Calenberg'sche Kirchenordnung von 1569, bez. 1615, geltend in einem Theile Hannovers (s. Stölzel, preuß. Eheschließungsr. S. 36, 39; Hinschius, preuß. Personenstandsgesetz S. 127) und eine Reihe bairischer Statuten, wie das Bamberger Recht (s. die Zusammenstellung in den Motiven S. 45; Roth, bair. Civilr. 1, 289);

3. diejenigen, welche neben dem lebenden Vater auch noch die Einwilligung der Mutter verlangen, s. sächs. b. G.B. §§. 1571, 1600; goth. Ehegesetz §. 4; altenb. Eheordn. §. 18; ferner gehören hierher die in Neuvorpommern, im Bezirk des Justizsenats Ehrenbreitstein, in den meisten hannoverschen Distrikten (Stölzel, preuß. Eheschließungsr. S. 25, 27, 39, 43, 45, 47), in Schleswig-Holstein (Falck a. a. O. 4, 327; Stölzel a. a. O. S. 54, 56), in Kurhessen (Roth u. v. Meibom a. a. O. S. 320; Stölzel a. a. O. S. 60), in Nassau (Bertram a. a. O. S. 515; Stölzel a. a. O. S. 65), in Baiern (Roth, bair. Civilr. 1, 289; Zusammenstellung der Motive S. 44 45); in Württemberg (s. Lang, Personenr. S. 215) geltenden Bestimmungen;

4. welche bei der zweiten Heirath mündiger Söhne und Töchter den Konsens der Eltern rechtlich für entbehrlich erklären, so das schlesw.-holstein. Recht (s. unter Nr. 3);

5. im Gebiete des französischen Rechts: a) Art. 148 des Code civil, wonach Söhne vor Zurücklegung des 25., Töchter vor der des 21. Lebensjahres die Einwilligung ihrer Eltern beibringen müssen, vgl. Scherer i. Ztschr. f. Kirchenrecht 22, 293 ff., b) Art. 151—154 des Code civil, nach denen die Kinder nach Vollendung der zu a gedachten Grenze vor der Eheschließung ein ehrerbietiges Ansuchen (acte respectueux) behufs Erbittung des Rathes der Eltern an diese zu richten haben. Die entsprechenden Art. des bad. Landrechts nebst Art. 154 a hat auch das bad. Ges. v. 9. Dez. 1875 §. 1 für aufgehoben erklärt, s. auch v. Seyfried S. 43.

Sind beide Eltern verstorben [89]), so bedürfen Minderjährige [90]) der Einwilligung des Vormundes [91]).

Dem Tode des Vaters oder der Mutter steht es gleich, wenn dieselben zur Abgabe einer Erklärung dauernd außer Stande sind [92]), oder ihr Aufenthalt dauernd unbekannt [93]) ist.

Die Einwilligung des Vaters muß für die Ehe mit einer bestimmten Person ertheilt werden, weil diese nur mit einer solchen geschlossen werden kann. Ist sie unter einer Bedingung ertheilt, so muß auch diese erfüllt sein, Fitting S. 114; v. Sicherer S. 158.

85) **nach dem Tode des Vaters,** oder in dem Abs. 3 dieses §. gedachten Falle. Ersterer ist durch Beibringung der Todesbescheinigung oder eines rechtskräftigen Todeserklärungs-Urtheils dem Standesbeamten darzuthun, s. aber §. 45 Abs. 3, 4.

86) **der Mutter,** selbst der aus eigener Schuld dem Bande nach geschiedenen oder wiederverheiratheten, v. Sicherer S. 155. Damit ist das bisherige Konkurrenzrecht der Mutter neben dem Vater (s. Anm. 84 Nr. 3) beseitigt. Ihr Recht entsteht erst durch den Fortfall des Vaters. Aufgehoben ist ferner die Vorschrift des A. L.R. II 1, §. 49, daß nur minderjährige vaterlose Waisen, also nur solche, welche das einundzwanzigste Jahr nicht zurückgelegt haben, des Konsenses der Mutter bedürfen. Es kommt jetzt für den Geltungsbereich des preußischen Landrechts lediglich darauf an, ob die Kinder das Abs. 1 festgesetzte Alter vollendet haben oder nicht.

Vgl. übrigens über die Fälle, in denen der Konsens der noch lebenden Mutter entbehrt werden kann, Abs. 3 dieses §.

87) **minderjährig.** Nach dem Reichsges. v. 17. Febr. 1875, R.G.B. S. 71, das am 1. Jan. 1876 in Kraft getreten ist, beginnt die Großjährigkeit im ganzen Deutschen Reiche mit dem vollendeten 21. Lebensjahre.

Diejenigen Minderjährigen, welche venia aetatis, also die Rechte der Volljährigen erlangt haben, stehen den letzteren gleich, bedürfen also nicht des Konsenses des Vormundes.

88) **Vormundes.** Der Konsens dieses wurde schon bisher fast überall nach dem Rechte der einzelnen deutschen Staaten erfordert.

„Besteht keine Vormundschaft neben der Mutter, weil die letztere die Vormünderin ist, so genügt die Einwilligung der Mutter", Motive S. 27. Wenn das preuß. Ob.Trib. Straf-Sen. II v. 3. April 1879, Oppenhoff, Rechtsprechung in Strafsachen 20, 184 verlangt hat, daß die Mutter in diesem Fall die Genehmigung in doppelter Eigenschaft zu geben hat, so ist dies ein übertriebener Formalismus.

Der Konsens ist zu den Sammelakten zu nehmen, B.R.V. §. 9. Wegen des französischen Rechts s. u. Anm. 96 a. E.

89) **beide Eltern verstorben,** s. Anm. 85.

90) **Minderjährige,** s. Anm. 87. Verschwender als solche verpflichtet das Gesetz nicht zur Einholung eines Konsenses, und es sind damit und durch §. 39 die entgegenstehenden Vorschriften, z. B. des A. L.R. II 1, §. 55, des s.-goth. Ehegesetzes §. 4 aufgehoben.

91) **Vormundes,** dessen Qualität durch Beibringung der Bestallungsurkunde nachzuweisen ist. Wegen des französischen Rechts s. u. Anm. 96.

92) **dauernd außer Stande sind.** Damit ist gemeint, daß der zur Konsensabgabe berechtigte Elterntheil durch fortdauernde und namentlich die Willensfähigkeit beeinträchtigende Umstände, vor Allem durch Geisteskrankheit an der Erklärung seiner Genehmigung verhindert ist. S. auch u. Anm. 93.

Der etwa in solchen Fällen dem Vater oder der Mutter bestellte Kurator hat also nicht den Konsens zu geben. Aehnliche Vorschriften, welche nunmehr beseitigt sind, enthalten das preuß. A. L.R. II 1, §. 56; sächs. b. G.B. §. 1574; kurhess. V. v. 28. Dez. 1829 §. 27; altenb. Eheordn. §. 28; v. Sicherer S. 158.

Wenn der Vater aus einem anderen als den Abs. 1 gedachten Gründen, z. B. wegen Verschwendung, unter Vormundschaft gestellt ist, so liegt der Fall nicht vor, und es bleibt dem Vater sein

Eine Einwilligung des Vormundes ist für diejenigen Minderjährigen nicht erforderlich, welche nach Landesrecht einer Vormundschaft nicht unterliegen [94]).

Einwilligungsrecht gewahrt. Dasselbe gilt, wenn etwa den minderjährigen Kindern aus vermögensrechtlichen Gründen bei Lebzeiten des Vaters ein Vormund bestellt wird. Der letztere hat dann keinen Konsens zu geben, Fitting S. 111, v. Sicherer S. 158.

[93]) **Aufenthalt dauernd unbekannt ist.** Diese Voraussetzung liegt dann vor, wenn der Betreffende seit längerer Zeit seinen gewöhnlichen Aufenthaltsort verlassen und von ihm seitdem oder seit Eingang der letzten Nachrichten für längere Zeit keine Kunde eingetroffen ist. Es darf auch unter Umständen bei bekanntem Aufenthaltsort von der Einholung der Einwilligung abgesehen werden, denn bei sehr weiter Entfernung und erschwerter Kommunikation (z. B. wenn sich Jemand im Innern Afrikas aufhält) kann auch ein dauerndes Außerstandesein angenommen werden.

Ob ein solcher Fall vorliegt, hat der Standesbeamte oder das im Beschwerdewege angegangene Gericht festzustellen (§. 11 Abs. 3), vgl. auch hess. J. zu §. 29. Es können zu diesem Behufe z. B. Bescheinigungen der Ortspolizei- oder Gemeindebehörde des letzten Wohnsitzes des Vaters von dem betreffenden Verlobten verlangt und ihm auch nach §. 45 Abs. 4 eine eidesstattliche Versicherung abgenommen werden, Stdesb. 1890 S. 19; v. Erichsen, Führung S. 124 N. 2, 5.

Darüber, daß im Fall der dauernden Verhinderung des Vaters bei minderjährigen Kindern neben der Mutter auch der Vormund den Konsens geben, eventuell ein solcher bestellt werden muß, s. Entsch. d. sächs. Justizmin., Stdesb. 1886 S. 249.

Durch die Vorschriften des Abs. 3 sind diejenigen partikularrechtlichen Bestimmungen, welche für einzelne der unter diese gehörigen Fälle die Einholung der Einwilligung einer richterlichen oder anderen Behörde statt des Konsenses der Eltern anordnen, s. preuß. A. L.R. II 1, §. 57; goth. Ehegeſ. §. 4; altenb. Eheordn. §. 26 Abs. 2, §. 27; kurhess. V. v. 28. Dez. 1829 §. 27 (s. dazu Stölzel, preuß. Eheschließungsr. S. 60), fortgefallen.

[94]) **nach Landesrecht einer Vormundschaft nicht unterliegen.** Hiermit sind 1. solche Gebiete gemeint, in denen die Mutter nach dem geltenden Recht die Gütergemeinschaft mit den Kindern fortsetzt und dann zufolge des Gesetzes kraft elterlicher Gewalt, nicht kraft eingeleiteter Vormundschaft die Vertreterin der Kinder ist. In Frage kommen hier Schleswig-Holstein, Paulsen, schlesw.-holstein. Privatr. §. 165; das frühere Herzogthum Nassau, nass. Vorm.O. von 5. Juni 1816, Nassauisch. Archiv 4, 200; 5, 5; 8, 25, 30; das Gebiet des lübischen Rechts im Bezirk des Appellationsgerichts Greifswald, s. Stölzel, deutsch. Eheschließungsr. S. 21 Anm. 1; Lippe, s. lipp. J. zu §. 29 Abs. 6; Wismar, s. J. f. Mecklenb.-Schwerin §. 8; vgl. auch Motive S. 26; in Oldenburg die früher holsteinischen Landestheile (Ahrensböck, Siblin, Süsel, Gnissau, Stockelsdorf und Curau), ferner die Stadt und Landgemeinde Varel, Städte Oldenburg und Delmenhorst, die Aemter Vechta, Damme Abth. I u. II, Cloppenburg, Löningen u. Friesoythe, s. Stölzel, deutsch. Eheschliessgsr. S. 55; das Herzogthum Coburg a. a. O. S. 62; Bremen a. a. O. S. 76. — 2. S.-Weimar, wo nach §§. 1—3, 16, 19, 20, 71 d. Ges. über d. elterl. Gewalt u. d. Vormundschaftswesen v. 27. März 1872, Reg.Bl. S. 101, Minderjährige der Vormundschaft dann nicht unterliegen, wenn und solange sie in der elterlichen Gewalt ihrer Mutter oder Wahlmutter stehen oder wenn sie eine gültige Ehe eingegangen sind, sollte dieselbe auch durch Tod oder durch Scheidung getrennt sein. Für diese Minderjährigen ist also der Konsens des Vormundes nicht erforderlich, s. J. f. S.-Weimar §. 17. Ferner gehören hierher Reuß ä. L., Stölzel a. a. O. S. 70, endlich in Baiern die Gebiete des Ansbacher, Bamberger, Castellischen, Deutschordischen, Dinkelsbühler, Eichstädter, Erbacher, Fuldaer, Hohenlohischen, Kaufbeurenschen, Nördlinger, Oettingen-Oettingischen, Pappenheimischen, Rothenburger, Sachsen-Coburgischen, Schweinfurter, Thurnauer, Weißenburger, Windsheimer, Würzburger Rechtes, wo der Mutter die Vertretungsbefugniß, freilich meistens im Zusammenhange mit der allgemeinen Gütergemeinschaft (s. Nr. 1 dieser Anm.) zusteht, Roth, bair. Civilr. 1, 453; Stölzel a. a. O. S. 83; v. Sicherer S. 159. Ueber Hessen s. J. zu §. 29 Nr. 1.

Inwiefern die Wirksamkeit einer Vormundschaftsbehörde [95]) oder eines Familienrathes [96]) stattfindet, bestimmt sich nach Landesrecht [97]).

---

[95]) **Vormundschaftsbehörde.** Die Fassung des Absatzes läßt es zweifelhaft, ob in Gemäßheit der vorhergehenden Bestimmungen (Abs. 1 u. 2) der Konsens des Vormundes unter allen Umständen erforderlich ist, und allein über die Mitwirkung der Vormundschaftsbehörde oder eines Familienrathes neben dem Vormunde das Landesrecht entscheidet, oder ob der letztere ausschließlich bestimmt, inwieweit der Konsens der Behörde oder des Familienrathes neben oder auch statt des Vormundes einzutreten hat. Die Motive zum Entwurf a. a. O. bemerken: „Was unter Einwilligung „der Vormundschaft" zu verstehen sei, soll der Bestimmung des Landesrechtes überlassen bleiben, weil gegenüber den bestehenden gänzlich verschiedenen Vormundschaftsordnungen eine einheitliche Regelung unausführbar ist. Wo also die Mitwirkung eines Vormundschaftsrichters erfordert wird, oder wo der Familienrath und nicht der Vormund die Einwilligung ertheilt (Code Art. 160), hat es hierbei sein Bewenden." Die Motive entscheiden sich also für die zweite Auslegung. Allerdings hatte der §. in der Fassung der Regierungsvorlage statt: „Vormund" das wohl überlegte Wort: „Vormundschaft", und dieses letztere ist erst bei den wiederholten Aenderungen, welche der §. erfahren hat (s. Anm. 83), durch Vormund ersetzt worden. Indessen ist damit keine Aenderung des §., soweit er sich auf die hier in Rede stehende Frage bezieht, beabsichtigt worden. Die Tendenz der ursprünglichen Fassung, das bestehende Recht aufrecht zu erhalten, ist demnach unberührt geblieben und sie kann nur zur Ausführung gelangen, wenn man die Auffassung der Motive auch jetzt noch als maßgebend anerkennt. Vgl. auch Stölzel, deutsches Eheschließungsr. S. 9, 26, 27; namentlich aber Dernburg, d. Vormundschaftsrecht d. preuß. Monarchie, 2. Aufl. Berlin 1876, S. 274; v. Sicherer S. 303 u. Fitting S. 117.

Erfordert wird neben dem Konsense des Vormundes (und zwar auch des gesetzlichen, vgl. Stdesb. 1879 S. 20) noch die obervormundschaftliche Einwilligung im Gebiete des preuß. A. L.R. II 1, §. 54: „Der Vormund kann seinen Konsens ohne Genehmigung des vormundschaftlichen Gerichts nicht ertheilen"; — eine Vorschrift, welche nach §. 47 der preuß. Vormundschaftsordn. v. 5. Juli 1875 in Kraft geblieben ist, Johow, Jahrb. d. preuß. Appellationsger. 7, 60; Stdesb. 1877 S. 75, außerdem in dem Gebiete der preußischen Monarchie nur noch in dem früheren Fürstenthum Hohenzollern-Sigmaringen nach dem dort durch V.O. v. 12. Mai 1810, Samml. d. Gesetze Bd. 1 S. 49 eingeführten österreichischen Ehepatent v. 16. Jan. 1783 §§. 8, 9; in Baiern nur da, wo das preußische Landrecht und das österreich. b. Gesetzb. v. 1811 (s. §§. 49, 50) gilt, ferner nach dem sächs. b. G.B. §. 1921 („der Vormund kann zur Eingehung einer Ehe des Pflegebefohlenen seine Einwilligung nur mit Genehmigung des Vormundschaftsgerichtes ertheilen"), nach dem s.-gothaischen Ehegesetze §. 4, nach dem s.-meining. Ges. v. 27. Nov. 1875 Art 9; J. für Meiningen §. 49, nach der altenb. Eheordn. §. 36 und der altenb. V. v. 30. Nov. 1875 §. 9 und der schwarzb.-rudolst. J. §. 17. In Anhalt-Dessau-Köthen ist eine solche Genehmigung nur nöthig, wenn neben dem Vormunde die Mutter nicht vorhanden oder diese selbst Vormund ist, Stölzel a. a. O. S. 64; vgl. überhaupt noch v. Sicherer S. 166 ff.

In den erwähnten Rechtsgebieten wird sich also der Standesbeamte auch den Konsens der Vormundschaftsbehörde beibringen lassen müssen. S. auch Anm. 88 Abs. 3.

Ein Konsens der Vormundschaftsbehörde ist dagegen in Baiern (abgesehen von den erwähnten Gebieten; Roth, bair. Civilr. 1, 286), in Württemberg, Lang, württemb. Personenr. S. 217 u. württemb. J. §. 13, in Meckl b.-Schwerin, J. §. 8, in S.-Weimar, J. § 9, in Meckl b.-Strelitz, J. §. 8, in Reuß ält. L., J. §. 11, in Lippe, J. zu §. 29, und in Bremen, Vormundschafts-Ordn. v. 14. Mai 1882 §. 40, Stdesb. 1882 S. 146, nicht erforderlich.

[96]) **Familienrathes.** So — ohne Konkurrenz des Vormundes, vgl. Anm. 95 — nach Art 160 des Code civil, welcher mit Rücksicht auf die durch §. 29 bewirkten Aenderungen lauten muß (ebenso auch v. Sicherer S. 173; Scherer a. a. O. S. 294):

„Wenn keiner der Eltern am Leben ist, oder wenn dieselben sämmtlich dauernd außer Stande sind, oder ihr Aufenthalt dauernd unbekannt ist, so können ihre Söhne oder Töchter, welche noch minderjährig sind, nur mit Einwilligung des Familienrathes sich verheirathen."

Diese Vorschrift kommt auch für emancipirte Minderjährige zur Anwendung, s. J. f. Elsaß-Lothr. §. 42 Nr. 1; Philippi a. a. O. S. 57; Stölzel, a. a. O. S. 39; Fitting S. 112 u. v. Sicherer S. 173.

Die erwähnten Rechtssätze sind maßgebend für Rheinhessen, s. hess. J. zu §, 29 a. E., und für Birkenfeld, s. J. für Oldenburg §. 11d (in der Berichtigung durch Bek. v. 23. Nov. 1878, Stdesb. 1879 S. 2), Stölzel a. a. O. S. 48, 56, endlich auch für Elsaß-Lothringen a. a. O. S. 78.

Der Familienrath kann sich übrigens nur vor dem betreffenden Friedensrichter, jetzt Amtsrichter, versammeln (Code civil Art. 406) und daher ist seine Einwilligung durch Ausfertigung des dort gefaßten Beschlusses dem Standesbeamten nachzuweisen, s. Philippi a. a. O. S. 58.

In der preußischen Rheinprovinz ist zufolge der preuß. Vormundschaftsordn. v. 5. Juli 1875 §§. 51 ff., 71 ff. der Familienrath als regelmäßige Institution fortgefallen, und wo er gebildet wird, tritt er an Stelle des Vormundschaftsgerichtes, §. 75. Da nach der weiteren Vorschrift des §. 48 a. a. O. die dem französischen Familienrath zugewiesene Thätigkeit bei der Eheschließung des Mündels dem Vormundschaftsgericht übertragen ist, so wird dies allein ohne Konkurrenz des Vormundes den Heirathskonsens zu geben haben, so auch Dernburg a. a. O. S. 171.

Der mit dem Code civil gleichlautende Art. 160 des bad. Landrechts hat durch das Ges. v. 9. Dez. 1875 §. 2ª folgende Fassung erhalten: „Wurde nach dem Tode des Vaters eine Vormundschaft bestellt, so bedürfen minderjährige Kinder außer der Einwilligung der Mutter in die Ehe auch diejenige des vom Familienrathe ermächtigten Vormundes. — Sind beide Eltern gestorben oder zur Abgabe der Erklärung dauernd außer Stande, so können Söhne oder Töchter, solange sie nicht ein und zwanzig Jahre alt sind, nicht heirathen, ohne daß der Vormund mit Ermächtigung des Familienrathes die Einwilligung ertheilte."

Ist die Mutter dagegen am Leben, so konkurrirt nach französischem Rechte (Code civil art. 149) der Familienrath nicht. Es bedarf daher, wenn die Mutter nicht selbst die Vormundschaft führt (s. v. Anm. 88 Abs. 2), außer ihrer Einwilligung noch der des Vormundes nach Abs. 1 des §. 29. Vgl. Dernburg a. a. O. S. 171, Fitting S. 111 ff.; v. Sicherer S. 174; hess. J. zu §. 29 und Art. 160 des bad. Landrechts in der neuen Fassung; auch Stdesb. 1880 S. 209.

[97]) **Landesrecht.** S. vorige Anm.

Der §. 29 in Verbindung mit §. 39 ergiebt, daß die Einwilligung anderer Personen, als der im ersteren bezeichneten, nicht mehr erforderlich ist. Dadurch sind alle Vorschriften aufgehoben, welche in Ermangelung der Eltern auch den Konsens der Großeltern erforderten, so insbesondere preuß. A.L.R. II 1 §§. 50 bis 52; sächs. bürgerl. Ges.B. §. 1571 (vgl. §. 1600); Code civil und bad. Landr. Art. 150 (vgl. hierzu auch bad. Ges. v. 9. Dez. 1875 §. 1 Nr. 1); goth. Ehegesetz §. 4; altenb. Eheordn. §. 22; ferner (Motive S. 27 zu §. 30) „eine Reihe partikulargesetzlicher Bestimmungen, welche neben der Eltern und Vormünder auch der „nächsten Verwandten" Einwilligung erfordern (s. Stölzel, preuß. Eheschließungsrecht S. 25, 28, 30, 39, 46, 47; Frankfurter Reform III 1 §. 2); in denselben liegt unverkennbar eine unnöthige Erschwerung der Eheschließung; die Vorschriften sind außerdem zu unbestimmt und sehr lästig in der Handhabung, weshalb sich die Praxis bereits darüber weggesetzt hat (Stölzel a. a. O. S. 25, 67)"; vgl. auch v. Sicherer S. 152.

Andererseits ist aber der Konsens der im §. 29 gedachten Personen unter den angegebenen Voraussetzungen stets erforderlich. Damit entfallen auch diejenigen Vorschriften, welche das Recht auf den elterlichen Konsens durch bestimmte, den Verlust der elterlichen Rechte nach sich ziehende Vergehen der Eltern verwirkt erklären, wie sie in Württemberg, s. Hauber, Recht und Brauch der evang. lutherischen Kirche in Württemberg 1, 51 ff., bisher in Geltung waren, s. ferner altenb. Eheordn. §. 25., und auch preuß. L. R. II 1 §. 48, oder solche, welche unter besonderen Voraussetzungen den Konsens nicht erfordern, s. z. B. §. 24 der altenb. Eheordn., wonach der elterliche

§. 30.

Auf uneheliche Kinder [98]) finden die im vorhergehenden Paragraphen für vaterlose eheliche Kinder gegebenen Bestimmungen Anwendung.

Konsens dann nicht nöthig ist, wenn der Schwängerer eine sonst unbescholtene Jungfrau oder Wittwe ehrbarer Eltern zur Wiederherstellung ihrer Ehre oder zur Legitimation der Kinder heirathen will und die Eltern des Schwängerers den fleischlichen Umgang wissentlich zugelassen haben. Weitere Nachweisungen bei v. Sicherer S. 156. Vgl. ferner bad. Ges. v. 9. Dez. 1875 §. 3 und dazu v. Seyfried S. 91; überhaupt noch Mandry S. 520.

Darüber, welche der im §. 29 gedachten Personen die Einwilligung zur Eheschließung zu geben haben, bestimmt der Zeitpunkt der Eheschließung. Wenn daher vorher in Betreff derselben eine Aenderung eintritt, (z. B. durch Tod des Vaters), so muß trotz des etwa bereits gegebenen Konsenses des fortgefallenen Berechtigten die Genehmigung des an seine Stelle Eintretenden eingeholt werden, weil eben das Vorhandensein der Erfordernisse nach dem Zeitpunkt, in welchem die Ehe geschlossen wird, zu bemessen ist, so auch Bartels S. 139: v. Sicherer S. 175. Daraus folgt auch zugleich, daß, wenn derjenige Berechtigte, welcher seine Einwilligung gegeben hat, diese bis zur Eheschließung widerruft, der Standesbeamte die letztere nicht vorzunehmen berechtigt. Denn wenn man auch die Ansicht vertritt, daß die einmal ertheilte Einwilligung nur aus gesetzlichen Gründen widerrufen werden darf, vgl. Bartels S. 139; Roth u. v. Meibom 1, 490, so ist doch der Standesbeamte nicht befugt, seinerseits zu befinden, ob der Widerruf gültig ist, sondern nur das Gericht, vgl. auch Fitting S. 114; v. Seyfried S. 93; v. Sicherer S. 175, Goldenring bei Gruchot 21, 690.

Die partikularrechtlichen Vorschriften über die Einwilligung zum Verlöbniß werden durch §. 29 nicht berührt. Dadurch können allerdings Inkonsequenzen entstehen, sofern andere Personen die Einwilligung zum Verlöbniß, andere eine solche zur Eheschließung zu geben haben. In Sachsen sind indessen die mit dem Reichsgesetz nicht mehr zu vereinbarenden Vorschriften des sächs. b. G.B. §§. 1570 ff. über die Nothwendigkeit des Konsenses der Eltern und Großeltern zum Verlöbnisse der Kinder, bez. Enkel, durch das Ges. v. 5. Nov. 1875 §. 1 beseitigt, und das Hess. Ges. v. 12. Apr. 1877, Reg.Bl. S. 104; Stdesb. 1877 S. 105, bestimmt für die Provinzen Starkenburg und Oberhessen Art 2, daß das Verlöbniß zu seiner Gültigkeit der Einwilligung derjenigen Personen bedarf, welche dieselbe zur Eheschließung zu geben haben.

§. 30. [98]) **uneheliche Kinder.** Diese bedürfen also bis zur Vollendung des 25., bez. 24. Lebensjahres der Einwilligung der Mutter und, wenn sie minderjährig sind, der des Vormundes, die allein, eventuell in Verbindung mit der der Vormundschaftsbehörde (s. Anm. 95 zu §. 29) genügt, wenn die Mutter todt oder nach §. 29 Abs. 3 zur Abgabe des Konsenses außer Stande ist. Die Vorschriften des Abs. 2 u. 3 §. 29 finden auf sie ebenfalls Anwendung, Näheres darüber bei. v. Sicherer S. 177.

Die bisherigen Vorschriften über die Nothwendigkeit der Einwilligung anderer Personen, namentlich der Großeltern, z. B. preuß. A. L.R. II 1, §. 48 ff.; sächs. bürg. G.B. §§. 1572, 1600, oder des außerehelichen Vaters, der nach §. 4 des goth. Ehegesetzes seinen Konsens zu geben hatte, wenn er in das Kirchenbuch eingetragen war und die Erziehungskosten für das Kind vollständig bestritten hatte, entfallen gleichfalls.

Wegen des französischen Rechts vgl. Motive S. 27:

„Hiervon weicht das rheinische Recht ab, in dem es dem außerehelichen Vater nach erfolgter Anerkennung des unehelichen Kindes die Vaterrechte, ebenso aber auch der Mutter erst nach erfolgter Anerkennung die Mutterrechte gewährt (Code civil Art. 334 ff., s. Anm. 59 zu §. 25). Die Folge davon ist, daß vor erfolgter Anerkennung weder der außereheliche Vater, noch die außereheliche Mutter, nach erfolgter Anerkennung aber sowohl diese als jener in die Ehe einzuwilligen haben. Soll in diesem Punkte die wünschenswerthe Einheit geschaffen werden, so ist dies am einfachsten dadurch zu bewerkstelligen, daß das Erforderniß der Einwilligung des außerehelichen Vaters,

§. 31.

Bei angenommenen Kindern [99]) tritt an Stelle des Vaters (§. 29) [1]) derjenige,

---

auch wenn er das Kind anerkannt, fallen gelassen und allgemein das uneheliche Kind dem vaterlosen Kinde gleichgestellt wird."

Da nach Artt. 158, 160 des Code civil, auch wenn die Mutter allein das Kind anerkannt hat, kein Familienrath konkurrirt, so ist außer ihrem Konsense die Mitwirkung des Vormundes nur dann erforderlich, wenn ein solcher neben ihr bestellt ist, s. auch Zachariä a. a. O. 3, 520 u. Anm. 8 dazu. Für Rheinpreußen vgl. Dernburg a. a. O. S. 171, für Rheinhessen hess. J. zu §. 30. In Baden ist der Art. 158 durch das Anm. 96 citirte Gesetz aufgehoben, und es kommt nach §. 30 des Reichsgesetzes jetzt die Vorschrift des modifizirten Art. 160 auch hier zur Anwendung. Vgl. Fitting S. 115; v. Sicherer S. 181.

Ist aber das Kind nicht anerkannt oder hat es die Mutter nach der Anerkennung verloren, oder ist diese nach §. 29 Abs. 3 verhindert, so würde demselben während seiner Minderjährigkeit, falls es nicht schon einen Vormund besitzt, nach Art. 159 des Code ein besonderer Vormund zur Ertheilung des Heirathskonsenses beizuordnen sein, so auch für Rheinhessen die hess. J. zu §. 30; v. Sicherer S. 179 Anm. 11.

In der Rheinprovinz wird aber über nicht anerkannte Kinder eine regelmäßige Vormundschaft geführt, s. preuß. Vormundschaftsordn. v. 5. Juli 1875 §. 12, Dernburg a. a. O. S. 135. Für diese Fälle hält man nach Analogie des Art. 160 die Einwilligung des Familienrathes für nöthig. Im Sinne des Reichsgesetzes wird aber anzunehmen sein, daß der allgemein bestellte Vormund den Konsens zu geben hat, denn einmal kennt dasselbe nicht die Einwilligung eines ad hoc zu bestellenden Vormundes, läßt also eine solche nicht zu, und ferner ordnet der Code Art. 160 die Zuziehung des Familienraths für diesen Fall nicht an, so auch Stölzel, deutsch. Eheschließungsrecht S. 27 Anm. 2, und Dernburg a. a. O. S. 172; während nach v. Sicherer S. 180 das Vormundschaftsgericht den Vormund ad hoc in denselben Fällen zu ernennen hat, in welchen bisher der Familienrath den Vormund zur Ertheilung der Einwilligung ernannte. Für Baden kommt der modifizirte Art. 160 des Landrechts (s. S. 106, 107) zur Anwendung.

Was den Entw. e. bürg. Ges.B. f. d. Deutsche Reich betrifft, so steht derselbe insofern auf einem prinzipiell abweichenden Standpunkt, als er einmal eine Einwilligung des Vaters, eventuell der Mutter (§§. 1238 ff.), bei unehelichen Kindern bloß der Mutter (und zwar bis zur Zurücklegung des 25. Jahres) ausschließlich unter dem Gesichtspunkt der den Eltern schuldigen Ehrerbietung und der Wahrung der Interessen der Eltern und der Familie verlangt, daneben aber noch eine Zustimmung des Vaters oder der Mutter für geschäftsunfähige Kinder in ihrer Stellung als gesetzlicher Vertreter fordert, vgl. §. 1232 („Eine Person, welche in der Geschäftsfähigkeit beschränkt ist, bedarf zur Eheschließung der Einwilligung des gesetzlichen Vertreters"). Bei dieser komplizirten Regelung der hier fraglichen Punkte mag nur bemerkt werden, daß sich der wesentliche Inhalt des §. 1232 dahin auflösen läßt, daß 1. Minderjährige über 7 Jahre zur Eheschließung der Einwilligung des Vaters, wenn sie in der elterlichen Gewalt des letzteren stehen, wenn aber der Mutter die elterliche Gewalt in Folge des Todes des Vaters oder aus anderen Gründen zukommt, der Einwilligung der Mutter oder, falls eine elterliche Gewalt über die Kinder nicht obwaltet, der des Vormundes bedürfen, sowie daß den letzteren diejenigen Großjährigen gleichstehen, welche wegen Verschwendung entmündigt, des vormundschaftlichen Schutzes für bedürftig erklärt oder vorläufig unter Vormundschaft gestellt worden sind, vgl. P. Hinschius im Arch. f. civil. Praxis 74, 68, 73.

§. 31. [99]) **angenommenen Kindern.** Vgl. dazu Motive S. 27: „Das Institut der Annahme an Kindesstatt hat in den drei großen deutschen Rechtssystemen des gemeinen Rechts, des Rheinischen Rechts und des preußischen Landrechts eine verschiedene Gestalt angenommen. Seine Wirkung ist im Gebiete des Rheinischen Rechtes eine so wesentlich andere, als im Gebiete des preußischen Landrechts und des gemeinen Rechts, daß es sich nicht empfehlen kann, in diesem Punkte einen für alle drei Rechtsgebiete gemeinsam gültigen Satz aufzustellen. Nach dem Code begründet die Adoption keinerlei Familiengemeinschaft; die leiblichen Eltern verbleiben daher in ihren bisherigen Rechten und

welcher an Kindesstatt angenommen [2]) hat [3]). Diese Bestimmung findet in denjenigen

sie, nicht die Adoptiveltern, haben den Heirathskonsens zu ertheilen (Art. 343; Zachariä, franz. Civilrecht §§. 545a ff.). Diesem Zustande entgegen wird man gegenwärtig nicht das Erforderniß eines Heirathskonsenses der Adoptirenden einführen wollen. Nach dem preußischen Landrecht dagegen bedarf es bei Konkurrenz von leiblichen Eltern und Adoptiveltern nur des Heirathskonsenses des Adoptirenden (II 1 §. 47). Diese Bestimmung beruht auf der Erwägung, daß der Adoptirende an Stelle der leiblichen Eltern tritt und deshalb in einem näheren Verbande zu dem Adoptirten steht, als dessen leibliche Eltern. Thatsächlich liegt die Sache ebenso im Gebiete des gemeinen Rechtes, wenn auch das letztere nur bei der Adoption vaterloser Kinder (der arrogatio) und bei der Adoption durch einen Ascendenten (der adoptio plena) die väterliche Gewalt dem Adoptivvater zuerkennt, während die Adoption im Gebiete des preußischen Landrechts in allen Fällen die väterliche Gewalt begründet. Der rechtliche Unterschied in der Wirkung der römisch-rechtlichen arrogatio, beziehungsweise der adoptio plena einerseits und der adoptio minus plena andererseits hat sich jedoch (ebenso, wie die Bedeutung der väterlichen Gewalt) in der gemeinrechtlichen Praxis erheblich abgeschwächt (vgl. Stölzel, das Recht der väterl. Gewalt §§. 3, 7, 17; Bertram, nassauisches Pr.R. §. 1691), so daß es ungerechtfertigt wäre, durch strenge Festhaltung des römischen Rechtes bei Entscheidung der Frage über den Heirathskonsens Veraltetes neu zu beleben. Für das Gebiet des gemeinen Rechtes läßt sich daher in diesem Punkte ebenso verfahren, wie für das preußische Landrechtsgebiet bereits mit Recht verfahren ist, d. h. schlechthin für alle Adoptivkinder den Konsens des Adoptivvaters (des plene wie des minus plene adoptans und des arrogator) verlangen. Neben dem Adoptivvater auch der Adoptivmutter oder mit dem sächsischen Gesetzbuche den leiblichen Eltern (§§. 1573, 1600) eine besondere Berücksichtigung zu Theil werden zu lassen, liegt kein ausreichender Grund vor.

Nach Aufhebung des Adoptionsverhältnisses, sei es durch Tod des Adoptivvaters, sei es durch Rückgängigmachung der Adoption, ist selbstverständlich die Sachlage ebenso zu beurtheilen, als wenn keine Adoption in Mitte gelegen hätte."

[1]) **tritt an Stelle des Vaters** (§. 29), d. h. des leiblichen Vaters nur der Adoptivvater. Auch gilt dies bloß für die Dauer des Adoptionsverhältnisses, s. vorige Anm. Wenn also das Adoptionsverhältniß durch Tod oder auf andere Weise aufgehoben ist, so hat der leibliche Vater und, wenn er verstorben oder dauernd zur Abgabe der Erklärung außer Stande ist (§. 29), die leibliche Mutter die Einwilligung zu geben, s. auch Goldenring bei Gruchot 21, 669. Dasselbe wird anzunehmen sein, wenn der Adoptivvater dauernd außer Stande ist, die betreffende Erklärung abzugeben. Dagegen nehmen die J. f. Weimar §. 17 Nr. 4 Abs. 2 lit. a; f. Meiningen §. 49 lit. a; f. Schwarzb.-Rudolstadt §. 17 Nr. 4 Abs. 2 lit. a und f. Schwarzb.-Sondershausen §. 16 Abs. 2 lit. a an, daß in diesem Falle nur die leibliche Mutter, nicht aber der leibliche Vater das Recht zur Einwilligung habe. Diese Auffassung läßt sich zwar mit dem Wortlaut des Gesetzes, nach welchem der Adoptivvater an Stelle des leiblichen Vaters tritt, rechtfertigen. Da aber beim Tode des Adoptivvaters erst der leibliche Vater eintritt, und dem Tode der erwähnte Fall des §. 29 Abs. 3 gleichsteht, so entspricht die oben vertretene Auffassung mehr dem Sinn des Gesetzes, welchem es widerspricht, den leiblichen Vater neben der Mutter ganz auszuschließen, so auch v. Sicherer S. 183. Die Frau oder Wittwe des Adoptivvaters hat in allen diesen Fällen keinen Konsens zu geben.

Die Adoptivmutter hat keinen Konsens zu geben. Die Annahme des Gegentheils würde dazu führen, daß bei einer Adoption durch ein Ehepaar sowohl der Adoptivvater, wie auch die Adoptivmutter die Einwilligung zu geben hätten. Weil indessen die Motive (s. vor. Anm.) der Adoptivmutter keine Berücksichtigung zu Theil werden lassen wollen, so kann unter demjenigen, welcher an Kindesstatt angenommen hat, nur der Adoptivvater verstanden werden. Derselben Ansicht Stölzel, deutsch. Eheschließungsrecht S. 23 Anm. 8; v. Sicherer S. 184 ff. Dagegen sprechen Dernburg, preuß. Pr.R. 3. A. 3, 44 N. 20 und Mandry, civilr. Inhalt S. 520 N. 13 der Adoptivmutter das Konsensrecht zu.

[2]) **an Kindesstatt angenommen.** Da eine Annahme an Kindesstatt im Rechtssinne vorliegen

Theilen des Bundesgebietes [4]) keine Anwendung, in welchen durch eine Annahme an Kindesstatt die Rechte der väterlichen Gewalt nicht begründet werden können [5]).

---

muß, so bezieht sich die Vorschrift nicht auf das von einigen Rechten besonders normirte Verhältniß zwischen Pflegeeltern und Pflegekindern. Der für die Verheirathung dieser erforderte Konsens der Pflegeeltern (s. z. B. preuß. A.L.R. II 1 §. 48 und 2 §. 758; goth. Ehegesetz §. 4) ist beseitigt, und es kommt auch für Pflegekinder nur der Konsens der nach §. 29 berechtigten Personen in Betracht, selbst wenn diese die leiblichen Kinder verlassen haben (s. Anm. 97 S. 107).

Wenn das s.-meining. Ges. v. 27. Nov. 1875 Art. 10 zu §. 31 verordnet, daß durch die im Einkindschaftsvertrage erfolgte Bestellung des Verlobten zum rechten Vater der Vorkinder der Verlobten eine väterliche Gewalt des ersteren begründet wird, und damit die Nothwendigkeit eines Konsenses desselben festgesetzt werden soll (vgl. auch I. für Meiningen §. 49 lit. a), so widerspricht dies dem Reichsgesetz, welches nur den Konsens des leiblichen und des Adoptivvaters fordert, und im §. 39 alle weiteren Beschränkungen ausschließt. Aus demselben Grunde bedarf es auch da, wo die Einkindschaft die Rechte der leiblichen Eltern gewährt, s. Anm. 65 zu §. 26, nicht der Einwilligung des Einkindschaftsvaters, vgl. auch Goldenring bei Gruchot 21, 669, v. Sicherer S. 189.

[3]) **hat.** Auf eheliche Kinder allein kann die Bestimmung des ersten Satzes trotz der Erwähnung des Vaters nicht bezogen werden. Wenn durch die Adoption des unehelichen Kindes, wie z. B. nach preuß. und sächs. Recht, die Rechte der väterlichen Gewalt begründet werden, muß die Vormundschaft aufhören und es ist daher für solche Fälle die Anwendung des §. 30 des Gesetzes ausgeschlossen. Ebensowenig liegt ein Grund vor, der unehelichen Mutter ein Recht zu wahren, welches selbst der eheliche Vater verliert. Es ist daher völlig zutreffend, wenn v. Sicherer S. 118 die Bestimmung so auslegt, als ob sie lautete: „Bei angenommenen Kindern hat der Adoptivvater das Recht der Einwilligung in demselben Umfange, wie bei ehelichen Kindern der leibliche Vater."

[4]) **denjenigen Theilen des Bundesgebietes,** d. h. den Ländern des französischen Rechts. S. auch die folg. Anm.

[5]) **nicht begründet werden können.** Hinzuzudenken ist: nach dem geltenden Recht, vgl. Code civil Art. 348 ff. und badisches Landrecht Art. 348 ff. In diesen Rechtsgebieten (s. auch I. für Hessen zu §. 31) finden also für die Ehen der Adoptirten die Vorschriften des §. 29 Anwendung. Ebenso soll dies auch in Mecklenburg, s. d. I. für Schwerin u. Strelitz §. 8; in Reuß ält. Linie nach der I. §. 11 Nr. 3 für den Fall Geltung haben, daß das Kind bei Lebzeiten des leiblichen Vaters von einem anderen als von einem Verwandten in aufsteigender Linie adoptirt ist, weil unter dieser Voraussetzung die Rechte der väterlichen Gewalt nicht begründet werden. Die Annahme erscheint aber nicht haltbar, denn nach dem §. 31 kommt es für die Geltung des Satzes 1 nicht darauf an, daß die Annahme an Kindesstatt in einem besonderen Fall nicht die väterliche Gewalt erzeugt, sondern darauf, daß dieselbe in dem betreffenden Rechtsgebiete überhaupt gar nicht durch Adoption, also in keinem Falle entstehen kann. Vgl. auch die Motive in Anm. 99 S. 109, welche gerade den von den Instr. gemachten Unterschied für beseitigt erklären. Die richtige Auffassung in der I. für Württemberg §. 13 Nr. 3; s. Hessen zu §. 31 und s. Lippe zu §. 31, s. auch Stölzel a. a. O. S. 23 Anm. 6; v. Sicherer S. 187.

Der Entw. e. bürg. Ges.B. f. d. Deutsche Reich, für welchen der zweite Satz des §. 31 bei der von ihm erfolgten Regelung der Annahme an Kindesstatt (§§. 1601 ff.) nicht mehr in Frage kommen konnte, bestimmt abweichend von §. 31 in §. 1239: „In Ansehung einer an Kindesstatt angenommenen Person tritt an die Stelle der nach den Vorschriften des §. 1238 erforderlichen Einwilligung der leiblichen Eltern die Einwilligung desjenigen, welcher die Person an Kindesstatt angenommen hat, oder, wenn die Person durch die Annahme an Kindesstatt die rechtliche Stellung eines gemeinschaftlichen ehelichen Kindes zweier Ehegatten erlangt hat, die Einwilligung des Ehemannes und nach dessen Tode die Einwilligung der Ehefrau. — Die Einwilligung der leiblichen Eltern ist auch dann nicht erforderlich, wenn die Annahme an Kindesstatt wieder aufgehoben ist."

§. 32.

Im Falle der Versagung der Einwilligung [6]) zur Eheschließung steht großjährigen [7]) Kindern die Klage [8]) auf richterliche Ergänzung [9]) zu [10]).

---

§. 36. [6]) **Im Falle der Versagung der Einwilligung.** Der entsprechende Paragraph des Entwurfes lautete: „Im Falle der Versagung der Einwilligung zur Eheschließung findet Klage auf richterliche Ergänzung statt. — Das Gericht entscheidet nach freiem Ermessen." Die jetzige Fassung hat der Paragraph bei der zweiten Berathung im Reichstage durch Annahme des Amendements von Hoverbeck erhalten, und dabei ist es auch nach Ablehnung weiterer Aenderungsanträge in der dritten Berathung verblieben (stenogr. B. S. 1027 ff., 1239 ff.).

Durch die jetzige Fassung ist:

1. der in dem überwiegenden Theile Deutschlands früher bestehende Rechtszustand, daß auch minderjährige Kinder (s. Anm. 87 zu §. 29) auf Konsensertheilung gegen ihre Eltern klagen konnten, beseitigt, also insoweit namentlich: preuß. A. L.R. II 1 §. 68; sächs. b. Ges.B. §. 1602; goth. Ehegesetz §. 6; altenb. Eheordn. §. 30; ferner das gemeine katholische wie auch protestantische Eherecht, s. Richter-Dove-Kahl S. 1071; vgl. auch Lang, württemb. Personenr. S. 217.

2. Weiter ist das bisher mitunter anerkannte Recht des Verlobten des Kindes, die Klage gegen die Eltern desselben zu erheben, s. z. B. preuß. A. L.R. II 1 §. 68; goth. Ehegesetz §. 6; altenb. Eheordn. §. 30; revidirte Erläuterungen z. Anhaltischen Landesordn. zu Tit. 5 und 6 §§. 3, 4 (Anhalt. Ges.Samml. Bd. 1 S. 147), aufgehoben (s. stenogr. Berichte S. 1027, 1030).

3. Andererseits ist aber die Ergänzungsklage, wo sie gar nicht statthatte, wie in den Ländern des französischen Rechts (auch in Baden, s. Ges. v. 9. Dez. 1875 §. 5) eingeführt oder, wo sie bisher eine andere Bedeutung besaß, so bei den Katholiken Hannovers, s. Bartels a. a. O. S. 119, umgestaltet worden.

4. Bestehen geblieben ist das bisherige Recht, insofern dasselbe bestimmte Vorschriften über die Gründe der Versagung des Konsenses enthält, s. z. B. preuß. A. L.R. II 1 §§. 58—67; sächs. b. Ges.B. §. 1603; goth. Ehegesetz §. 5; altenb. Eheordn. §. 31; die zu 3 cit. Erläuterungen z. Anhalt. L.O. (fast wörtlich wie das preuß. A. L.R.); denn die Vorschrift des Entwurfes, welche in dieser Hinsicht und hinsichtlich der Beweiswürdigung das freie Ermessen des Richters entscheiden lassen wollte, ist im Reichstage gefallen; v. Sicherer S. 194.

Wo aber derartige Vorschriften nicht bestehen (vgl. unter Nr. 3), da hat dieses Ermessen über die Weigerungsgründe zu entscheiden, s. auch stenogr. Bericht S. 1028, 1034; v. Sicherer S. 198; vgl. hierzu noch die Rechtsfälle bei Gruchot 21, 610.

[7]) **großjährigen,** s. vorige Anm. unter Nr. 1. Der Entw. e. bürg. Ges.B. f. d. Deutsche Reich §. 1238 Abs. 3: „Dem Kinde steht der Anspruch auf Ertheilung der Einwilligung gegen den Vater oder die Mutter zu, es sei denn, daß ein wichtiger, nach den Umständen des Falles die Verweigerung rechtfertigender Grund vorliegt", will aber den vor. Anm. zu 1 gedachten Rechtszustand wiederherstellen, vgl. Motive 4, 28.

[8]) **die Klage.** Darunter ist nicht unter allen Umständen eine im Wege des Civilprozesses zu verhandelnde förmliche Klage zu verstehen, vielmehr nur ein Antrag auf Herbeiführung der richterlichen Entscheidung, s. auch stenogr. Bericht S. 1032. Ob also die Verhandlung im gewöhnlichen Civilprozesse vor den für solche kompetenten Gerichten, so z. B. in Preußen mit Ausnahme der bairischen Gebietstheile, oder vor einem andern, z. B. dem Vormundschaftsrichter (so in den preußischen, ehemals bairischen Gebietstheilen, Stölzel, preuß. Eheschließungsr. S. 62) erfolgt, bestimmt sich nach der Landesgesetzgebung, welche durch die Vorschrift des §. 32 nicht berührt wird; s. auch v. Scheurl, deutsch. Eherecht S. 178; v. Sicherer S. 192; Motive z. Entw. e. bürg. Ges.B. f. d. Deutsche Reich 4, 29. Nach dem Urth. des Reichsger. III. Sen. v. 8. Mai 1888, Entsch. 21, 43; Stdesb. 1888 S. 161; Bolze, Praxis des Reichsger. i. Civilsachen 6, 316 No. 825 soll dagegen nur die Verhandlung im Prozeßwege vor den ordentlichen Civilgerichten zulässig sein, so auch Völk S. 97, da das Wort: Klage nach dem herrschenden Sprachgebrauche von einem vor dem Prozeßrichter

sich bewegenden prozessualischen Verfahren zu verstehen sei. Daß diese Bedeutung die gewöhnliche ist, kann zugegeben werden. Wenn man indessen erwägt, daß kein Bedürfniß vorgelegen hat, hinsichtlich des fraglichen Punktes in die Gerichts- und Prozeßorganisation der einzelnen Staaten einzugreifen, und daß es sich um die Ertheilung einer Einwilligung durch den Richter statt des Vaters oder der Mutter handelt, so ist es nicht unberechtigt, den Ausdruck: Klage in dem weiteren Sinn als Antrag auf richterliches Gehör und richterliche Konsensertheilung aufzufassen. Der Entw. e. bürg. Ges.B. f. d. Deutsche Reich §. 1238, s. vor. Anm., weist die Verhandlung allerdings vor die Prozeßgerichte, Motive 4, 29.

In denjenigen Theilen, in denen die Ergänzungsklage erst neu eingeführt wird, haben die Landesregierungen das Erforderliche in der fraglichen Beziehung anzuordnen, s. §. 83; Anm. 6 Nr. 3; württemb. Ges. v. 8. Aug. 1875 Art. 3, 38; bad. G. v. 9. Dez. 1875 §. 5; mangels einer solchen Bestimmung wird die Klage bei der Civilkammer des Landgerichts, deutsch. Gerichtsverfassungsges. §§. 23, 70, Koch u. v. Struckmann, C.P.O. f. d. Deutsch. Reich 5. A. S. 640 Anm. 7, anzubringen sein. Für das gewöhnliche Civilgericht auch Fitting S. 117; v. Sicherer S. 143. Dies muß selbst für die Fälle gelten, wo die bisher kompetenten Behörden durch das Reichsgesetz ausgeschlossen werden, s. die folg. Anm.

[9]) **richterliche Ergänzung,** d. h. die Ergänzung durch ein staatliches Gericht. Damit entfällt die bisherige Berechtigung von Verwaltungs- und kirchlichen Behörden, den Konsens zu suppliren, wie sie bisher z. B. in Nassau bestand, wo die Regierung, bei Evangelischen das Konsistorium, Stölzel a. a. O. S. 65, 66, die gedachte Befugniß hatte. Vgl. auch v. Sicherer S. 192. Ueber die Beseitigung der Kompetenz der bisherigen Ehegerichte in Württemberg s. das Anm. 8 angeführte Gesetz.

[10]) **zu.** Von elternlosen bevormundeten Personen spricht der §. nicht. Er schließt also auch die bisher nach dem Landesrecht zustehende Berechtigung des Minderjährigen, auf Konsensertheilung gegen den Vormund zu klagen, aus. Die Beschwerde über denselben beim Vormundschaftsgericht wird durch den Wortlaut des §. 32 aber nicht beseitigt. Vgl. auch J. f. S.-Weimar §. 17. Einzelne Rechte, so das preuß. Landrecht II 1 §§. 69—71 und §. 6 des goth. Ehegesetzes, gestatten dem Vormundschaftsgericht, die mangelnde Einwilligung des Vormundes durch Dekret zu ergänzen, gewähren aber demselben das Recht, dagegen auf richterliche Entscheidung zu provoziren. Da diese Klage nach Lage der Sache gegen den Mündel gerichtet werden muß, das Reichsgesetz aber eine richterliche Ergänzung des Konsenses bei Minderjährigen ausschließt, so muß angenommen werden, daß die Provokation des Vormundes auf richterliches Gehör beseitigt worden ist. Die Statthaftigkeit der Ergänzung des Konsenses durch das Vormundschaftsgericht bleibt aber bestehen, s. auch §. 29 Abs. 5. Vgl. ferner Stölzel, deutsch. Eheschließungsrecht S. 25 Anm. 5, welcher allerdings unrichtiger Weise annimmt, daß trotz der Ergänzung des Konsenses durch das Vormundschaftsgericht der Standesbeamte bei fortgesetzter Weigerung des Vormundes die Eheschließung ablehnen müsse. Dagegen Goldenring bei Gruchot 21, 680. Letzterer hält, ebenso wie v. Sicherer S. 167 N. 38, die Klage des Vormundes gegen den Mündel, wenn das Vormundschaftsgericht die Einwilligung desselben ergänzt hat, noch für zulässig, weil das Reichsgesetz die landesgesetzlichen Vorschriften über die Vormundschaft nicht beseitigt habe. Indessen will das Reichsgesetz jeden Prozeß zwischen Minderjährigen und ihren Vertretern über die Konsenserklärung ausschließen, und dazu gehört auch die hier in Frage stehende Provokation. Gegenüber der Klage des Vormundes würde man dem Mündel eine Widerklage auf Ertheilung des Konsenses nicht versagen können, das würde aber mit §. 32 in direkten Widerspruch treten. Auch in Lübeck und Bremen kann bei grundloser Konsensverweigerung des Vormundes die Vormundschaftsbehörde die Genehmigung ertheilen, Stölzel a. a. O. S. 75, 76. Ueber weitere hierher gehörige partikularrechtliche Vorschriften s. v. Sicherer S. 168 ff.

Die Klage des Verlobten desjenigen Theiles, welchem das Vormundschaftsgericht den Konsens versagt, auf Ergänzung desselben (s. z. B. das preuß. A. L.R. II 1, §. 71, und goth. Ehegesetz §. 6) ist nach der Anm. 6 Nr. 2 ebenfalls künftig unstatthaft; v. Sicherer S. 167 Anm. 58.

§. 33.

Die Ehe ist verboten [11]):

§. 33. [11]) **Die Ehe ist verboten.** Vgl. dazu Motive S. 29: „Die hier unter Nr. 1—3 ausgesprochenen Eheverbote verstehen sich von selbst; sie gewinnen ihre eigentliche Bedeutung für den Entwurf im Zusammenhange mit §. 38 (jetzt §. 39) dahin, daß alle Vorschriften des bisherigen Rechtes, welche die Ehe über die unter 1—3 bezeichneten Grade hinaus verbieten, außer Kraft treten; diese Beschränkung entspricht — abgesehen von einer einzelnen unten zu besprechenden Abweichung — dem Standpunkte des preuß. Landrechts (Th. II Tit. 1 §§. 3, 4, 7, 8). In viel weiterem Umfange verbietet das gemeine Recht und die auf dem Eherechtsgebiete in den gemeinrechtlichen Landestheilen besonders thätig gewesene Partikular-Gesetzgebung die Ehe wegen Verwandtschaft und Schwägerschaft. Eine innere Berechtigung hat diese Mannigfaltigkeit nicht. Sie ist im Verhältnisse der einzelnen Bundesstaaten zu einander eine Folge der einstigen staatlichen Selbstständigkeit dieser Theile und des Strebens ihrer früheren Gesetzgebung, von solchen Eheverboten des auf den Grundsätzen der katholischen Kirche beruhenden Eherechts sich zu befreien, welche dem protestantischen Eherechte widersprechen. Während die katholische Kirche und damit das gemeine Eherecht der Katholiken die Ehe bis zum vierten Grade der Verwandtschaft und Schwägerschaft verbot, gaben einzelne Partikularrechte den vierten Grad, andere auch den dritten Grad gleicher Seitenlinie, andere auch den dritten Grad ungleicher Seitenlinie frei; wieder andere gingen zurück auf die im mosaischen Rechte einzeln aufgezählten Eheverbote, und noch andere bildeten sich eine eigene, oft sehr ausführliche Verwandtschafts- 2c. Skala, innerhalb deren sie die Ehe untersagten.

Die betreffenden Einzelbestimmungen für Preußen siehe bei Stölzel, preuß. Eheschließungsrecht nach dem Register daselbst unter „Ehehindernisse (Schwägerschaft, Vormundschaft)“; für Baiern die Zusammenstellung am Schluß der Motive unter 7ª u. 7ᵇ. — Vgl. auch sächs. Gesetzb. §§. 1608—1613.

In die Mitte zwischen das Eherecht der gemeinrechtlichen Bezirke und des preußischen Landrechts stellte sich der Code, indem er wegen Verwandtschaft die Ehe außer in der geraden Linie und zwischen Geschwistern, weiter zwischen Onkel oder Großonkel und Nichte, sowie zwischen Tante oder Großtante und Neffe, wegen Schwägerschaft aber mit dem Bruder oder der Schwester des gewesenen Ehegatten verbot (Art. 162, 163). Das preußische Landrecht kennt von diesen Eheverboten des Code nur das der Ehe zwischen der älteren Tante und dem Neffen (Th. II Tit. 1 §. 8).

Erfahrungen in der Richtung, daß die landrechtlichen Eheverbote wegen Verwandtschaft und Schwägerschaft zu lax seien, sind nicht gemacht worden. Im Gegentheil haben sich jüngst fast sämmtliche Appellationsgerichte im Gebiete des preußischen Landrechts entschieden für die Aufhebung des Eheverbots zwischen der älteren Tante und dem Neffen, im Uebrigen aber für Beibehaltung der Vorschriften des Landrechts ausgesprochen. Mit Recht wird geltend gemacht, daß die Ehe zwischen der älteren Tante und dem Neffen, wenn man nicht überhaupt die Ehe im dritten Grade ausschließen will, kaum anstößiger sei, als die Ehe eines jüngeren Mannes mit einer älteren Frau. Wenigstens müßte, wenn man das Eheverbot zwischen Neffe und älterer Tante für Preußen beibehalten und auf das Reich ausdehnen wollte, das Eheverbot zwischen Nichte und Onkel, sowie auch zwischen Neffe und jüngerer Tante hinzutreten, da für alle diese Fälle gleichmäßig die Rücksicht auf den respectus parentelae zutrifft. Aber einmal hat es etwas Bedenkliches, in ein so großes Rechtsgebiet, wie das des preußischen Landrechts, ohne eine zwingende Nothwendigkeit neue Eheverbote wegen Verwandtschaft einzuführen, und eine solche hat sich in keiner Weise geltend gemacht; dann empfiehlt es sich überhaupt nicht, die Ehe zwischen Personen civilrechtlich zu verbieten, zwischen denen eine außereheliche Geschlechtsgemeinschaft strafrechtlich nicht unerlaubt ist. Auch würde die Aufnahme solcher Eheverbote, welche für einzelne Theile des Bundesgebietes neu sind, in das System des gegenwärtigen Entwurfs deshalb nicht passen, weil derselbe hinsichtlich der rechtlichen Folgen einer gegen die Eheverbote geschlossenen Ehe die Vorschriften des bisherigen Rechts maßgebend sein läßt, es aber an solchen Vorschriften für jedes neu eingeführte Eheverbot fehlt.“

Durch Nr. 1 — 3 des Paragraphen werden also beseitigt insbesondere: preuß. A. L.R. II 1

1. zwischen Verwandten in auf- und absteigender Linie [12]),
2. zwischen voll- und halbbürtigen Geschwistern [13]),
3. zwischen Stiefeltern und Stiefkindern, Schwiegereltern und Schwiegerkindern jeden Grades [14]),

ohne Unterschied, ob das Verwandtschafts- oder Schwägerschaftsverhältniß auf ehelicher oder außerehelicher Geburt [15]) beruht, und ob die Ehe [16]), durch welche die Stief- oder Schwiegerverbindung begründet wird, noch besteht oder nicht [17]),

---

§§. 3, 4, 5, 6, 7 — 10 nebst der Kab.Ordre v. 22. Dez. 1843 (G.S. v. 1844 S. 47); sächs. bürgerl. Ges.B. §§. 1608 – 1613; Code civil und bad. Landr. Art. 161—164 (s. dazu Scherer in Zeitschr. f. Kirchenrecht 22, 293; ferner 164ª und 164ᵇ des letzteren — vgl. auch bad. Ges. v. 9. Dez. 1875 §. 1 Nr. 2; goth. Ehegesetz §. 2 lit. b — d; altenb. Eheordn. §. 4 Nr. 2, §§. 9 — 10; anhalt-dessauische V. v. 27. Juni 1823 §§. 1 — 6 (G.S. Bd. 1 S. 148).

[12]) **in auf- und absteigender Linie**, d. h. zwischen allen Ascendenten (Eltern, Großeltern u. s. w.) einerseits und allen Descendenten (Kindern, Enkeln u. s. w.) andererseits.

[13]) **voll- und halbbürtigen Geschwistern**, d. h. mögen sie beide Eltern (vollbürtige) oder nur allein den Vater oder die Mutter gemeinsam (halbbürtige, auch ungenau im gewöhnlichen Leben: Stiefgeschwister genannt) haben. Kinder, welche die Ehegatten beiderseitig in die Ehe gebracht haben, s. g. zusammengebrachte Kinder, können eine Ehe mit einander eingehen, denn sie sind nicht mit einander verwandt, noch verschwägert, s. auch I. für Lippe zu §. 33; Fitting S. 120; v. Sicherer S. 198.

[14]) **Stiefeltern und Stiefkindern, Schwiegereltern und Schwiegerkindern jeden Grades.** Die Nr. 3. betrifft das Ehehinderniß der Schwägerschaft, worunter man das Verhältniß des einen Ehegatten zu den Verwandten des andern versteht. Deshalb sind Stiefeltern und Stiefkinder mit einander nicht verwandt, sondern verschwägert.

Der Ausdruck jeden Grades bedeutet soviel wie Verschwägerte in der auf- und absteigenden Linie, also ist z. B. die Ehe verboten zwischen einer Wittwe und dem Großvater ihres verstorbenen Ehemannes, zwischen dem Stiefvater und der Tochter seiner Stieftochter (d. h. der Tochter seiner Ehefrau aus einer früheren Ehe).

[15]) **auf ehelicher oder außerehelicher Geburt**, d. h. es ist gleichgültig, ob die Verwandtschaft der in Frage stehenden Person zu dem einen Ehegatten auf ehelicher oder außerehelicher Geburt beruht; auch wenn das letztere der Fall ist, kann er den andern niemals heirathen, also z. B. nicht der Ehemann die außereheliche Tochter seiner verstorbenen Ehefrau oder die eheliche bez. außereheliche Tochter dieser ersteren. Vgl. auch I. für Meiningen §. 51.

Was das Verhältniß zum außerehelichen Vater betrifft, so kann dies durch gerichtliches, die Vaterschaft aussprechendes Urtheil, oder durch ausdrücklich ausgesprochenes oder in der Behandlung des Kindes liegendes stillschweigendes Anerkenntniß des außerehelichen Vaters festgestellt werden, s. auch v. Sicherer S. 197.

In den Gebieten des französischen und des badischen Rechts ist hier die Anerkennung des unehelichen Kindes, s. Anm. 59 zu §. 25, gleichgültig, denn diese kommt für die Begründnng des Rechtsverhältnisses zwischen Eltern und Kindern in Betracht, das hier in Frage stehende Verbot beruht aber auf der natürlichen Verwandtschaft, Fitting S. 119; v. Seyfried S. 98; v. Sicherer S. 197, 194.

[16]) **Ehe.** Aus dem Worte, sowie aus den Worten: Stiefeltern rc. ergiebt sich, daß das Band, welches zwischen dem einen Gatten und den Verwandten des andern die Schwägerschaft herstellt, eine Ehe sein muß. Der uneheliche Beischlaf erzeugt zwischen dem Manne und den Verwandten der Frau, mit welcher er konkumbirt hat, kein Schwägerschaftsverhältniß im Sinne des Reichsgesetzes, d. h. das kanonisch-rechtliche Ehehinderniß der sog. außerehelichen Schwägerschaft (affinitas illegitima), welches

für die Katholiken in einzelnen deutschen Landestheilen, z. B. in Hannover galt, auch vom sächs. G.Buch §. 1613 für die auf- und absteigende Linie, und in der altenb. Eheordn. §. 10 in etwas weiterem Umfange anerkannt ist, entfällt. Es steht also der Ehe eines Mannes mit der Tochter derjenigen Person, mit der er außerehelich den Beischlaf vollzogen hat, oder der Ehe einer Wittwe mit demjenigen, welcher ihre Tochter geschwängert hat, nichts entgegen; so auch v. Sicherer S. 198, 199 und v. Scheurl i. Zeitschr. f. Kirchenrecht 13, 400 u. 16, 20 und dessen Eherecht S. 204, welcher letztere am erstgedachten Ort eine Ausfüllung dieser „unleugbaren Lücke" wünscht, während Stölzel, preuß. Justizmin.Bl. 1876 S. 215, auch in Zeitschr. f. Kirchenrecht 14, 112 hervorhebt, daß der §. 33 „wohlbewußt" aus „wichtigen praktischen" Gründen, die auf außerehelichem Beischlafe beruhende Schwägerschaft nicht als Ehehinderniß anerkannt habe, und der Entw. e. bürg. Ges.B. f. d. Deutsche Reich §. 1236, Motive 4, 21, die Ausfüllung der angeblichen Lücke ebenfalls von der Hand gewiesen hat.

Ebensowenig wie der außereheliche Beischlaf, genügt ein einfaches Verlöbniß zur Herstellung des reichsgesetzlichen Ehehindernisses der Schwägerschaft, mit anderen Worten das aus der sog. quasi-affinitas oder Quasi-Schwägerschaft hervorgehende Hinderniß zwischen dem einen Verlobten und den Verwandten des anderen, das z. B., in Neuvorpommern und Rügen, im Bezirk des Justizsenates Ehrenbreitstein, in Hohenzollern (s. Stölzel, preuß. Eheschließungsrecht, S. 20, 22, 26, 31), in einem Theile Baierns (s. die Zusammenstellung der Motive S. 50), in Württemberg (s. Lang. württemb. Personenrecht S. 139) in Geltung stand, ist gleichfalls als staatliches Hinderniß aufgehoben, d. h. es kann z. B. der Vater die Braut seines Sohnes, die Mutter den Bräutigam ihrer Tochter heirathen.

Da endlich die Schwägerschaft nach dem Reichsgesetze nur obwaltet zwischen dem einen Ehegatten und den Blutsverwandten des andern, nicht den Verschwägerten desselben, dasselbe mithin die sog. affinitas secundi generis nicht kennt, so ist auch das zum Theil recipirte römisch-rechtliche Eheverbot der l. 15 D. de ritu nupt. XXIII. 2 zwischen dem Stiefvater und der Wittwe des Stiefsohnes, sowie zwischen der Stiefmutter und dem Ehemanne der verstorbenen Stieftochter, bisher z. B. in einzelnen Theilen Hannovers für die Protestanten anerkannt, s. Stölzel, preuß. Eheschließungsrecht S 39, 42, 51, beseitigt.

[17]) **noch besteht oder nicht,** es dauert also das Eheverbot auch nach der Auflösung der Ehe durch Tod oder durch Ehescheidung fort. War aber die Ehe nichtig oder ungültig und ist sie annullirt worden, so hat sie rechtlich keinen Bestand gehabt, und es ist alsdann die Stiefverwandtschaft oder Schwägerschaft nicht begründet worden, Stiegele S. 121 u. 142; v. Sicherer S. 200. Dagegen Stdesb. 1876 S. 126 u. v. Scheurl i. Ztschr. f. Kirchenrecht 16, 22 und Eherecht S. 205. Wenn am ersteren Ort darauf hingewiesen wird, daß das Verhältniß der Stief- oder Schwägerverbindung während der Dauer der Ehe zweifellos rechtlich bestanden hat, so ist dabei übersehen, daß nur die rechtlich gültige Ehe das Verhältniß begründet und mit der Annullation derselben festgestellt ist, daß keine solche vorlag. v. Scheurl versteht dagegen unter Ehe auch eine bloß faktisch bestehende, indem er auf den § 34 hinweist, übersieht aber dabei, daß hier die Fälle der Scheidung, welche eine rechtlich bestehende Ehe, und Fälle der Nichtigkeit und Ungültigkeit, welche eine bloß faktisch bestehende Ehe voraussetzen, in ein und denselben Satz behandelt werden, also daß Ehe hier in einer besonderen Bedeutung genommen ist, die das Wort im Anfang des §. nicht hat. Dazu kommt, daß die Worte dieses §. „noch besteht oder nicht" sich ungezwungen nur auf den rechtlichen Bestand der Ehe beziehen lassen. Auch für die Putativ-Ehe gilt nichts anderes, da dieselbe nur Rechtswirkunggen für den gutgläubigen Gatten gegen den anderen und für die Kinder gegen die Eltern erzeugt, v. Sicherer S. 200; v. Scheurl, cit. Zeitschr. 16, 24 u. Eherecht S. 204.

Auf die Descendenten des einen Gatten, welche erst nach der Auflösung der Ehe mit dem anderen erzeugt sind, erstreckt sich das Verbot nicht, es steht also nichts entgegen, daß der Mann die Tochter seiner geschiedenen Frau heirathet, welche diese in einer zweiten Ehe geboren hat, denn die Personen, zwischen welchen die Stiefverbindung entstehen soll, müssen während des Bestandes der dieselbe vermittelnden Ehe gelebt haben, und eine aufgelöste Ehe kann die Stiefverbindung nicht

4. zwischen Personen, deren eine die andere an Kindesstatt angenommen[18]) hat, so lange dieses Rechtsverhältniß besteht[19]),

---

erzeugen, vielmehr überdauert bloß die durch eine Ehe begründete Stiefverbindung den Bestand der ersteren, v. Sicherer S. 203; v. Scheurl, Zeitschr. 16, 21 u. Eherecht S. 204.

Abgesehen von dem in Abs. 1 dieser Anmerkung besprochenen Punkt giebt der Entw. e. bürg. Ges.B. f. d. Deutsche Reich in §. 1236 den §. 33 Nr. 1—3 aber in folgender Fassung wieder: „Eine Ehe kann nicht geschlossen werden 1. zwischen Verwandten in gerader Linie; 2. zwischen Geschwistern, ohne Unterschied der Vollbürtigkeit oder Halbbürtigkeit; 3. zwischen Verschwägerten in gerader Linie. — Ein Verwandtschaftsverhältniß im Sinne des ersten Absatzes Nr. 1, 2 besteht auch zwischen dem unehelichen Kinde sowie dessen Abkömmlingen einerseits und dem Vater des Kindes sowie den Verwandten des Vaters andererseits. Ein Schwägerschaftsverhältniß im Sinne des ersten Abs. Nr. 3 besteht auch zwischen dem einen Ehegatten und denjenigen Personen, welche nach Maßgabe der vorstehenden Vorschrift Verwandte des anderen Ehegatten sind. — Ein Schwägerschaftsverhältniß im Sinne des ersten Absatzes ist auch dann als vorhanden anzusehen, wenn die erste Ehe, durch welche es begründet sein würde, ungültig ist, die Ungültigkeit aber nicht auf einem Formmangel bei der Eheschließung beruht." Vgl. dazu Motive 4, 21.

[18]) **die andere an Kindesstatt angenommen.** Vgl. dazu Motive S. 30:

„Was zu Nr. 4 die Adoptivverwandtschaft angeht, so hindert dieselbe nach gemeinem Rechte, welchem das baierische Landrecht gefolgt ist, sowohl während ihres Bestandes, als auch nach ihrer Aufhebung die Ehe nicht blos zwischen dem Adoptirenden und Adoptirten, sondern mit einer bestimmten Zahl von Verwandten des Adoptivvaters (s. Stölzel, preuß. Eheschließuugsrecht S. 20 Nr. 3 und die Zusammenstellung für Baiern am Schluß der Motive unter III. 7c). Das preußische Landrecht beschränkt das Ehehinderniß auf den Adoptirenden und Adoptirten, so lange die Adoption dauert (Th. II Tit. 1 §. 13). Der Code kennt das Verbot wieder in ausgedehnterem Maße (Art. 348), ebenso das sächs. Gesetzbuch (§. 1614); im österreichischen Gesetzbuch dagegen ist es gänzlich beseitigt.

Der Entwurf hat als passend erscheinenden Mittelweg den Satz des preußischen Landrechts aufgenommen. Es erregt Anstoß, zwischen Personen, zwischen welchen ein dem natürlichen Eltern- und Kindesverhältniß möglichst entsprechendes Verhältniß besteht, während der Dauer dieses Verhältnisses eine Ehe zu gestatten. Die Zulässigkeit der Lösung des Adoptionsverhältnisses giebt das Mittel an die Hand, in vorkommenden Fällen die Ehe zu ermöglichen. Schon deshalb kann unbedenklich die Dispensation ausgeschlossen werden. Nach rheinischem Recht gilt die Adoption für unwiderruflich (s. Zachariä, franz. Civilrecht §. 559), und das daraus hergeleitete Erforderniß für indispensabel. Eine Aenderung dieses Rechtszustandes erscheint nicht geboten."

Während somit dieses Ehehinderniß, das der sog. gesetzlichen Verwandtschaft (cognationis legalis), für einen erheblichen Theil des Deutschen Reichs beschränkt wird, vgl. außer den früheren Citaten noch sächs. b. Ges.B. §. 1614, bad. Landr. Art. 348 (s. dazu bad. Ges. v. 9. Dez. 1875 §. 1 Nr. 2), 343ª, Lang, württemb. Personenr. S. 198; wegen Lübeck, wo das gemeine Recht neben dem Ges. v. 29. Okt. 1863 §. 2 Nr. 2 (betr. die Eheverbote wegen zu naher Verwandtschaft), Samml. d. lübeck. Verordn. 30, 203, in Geltung geblieben ist, s. Stölzel: Stdesb. 1879 S. 104 gegen v. Sicherer S. 206 — das goth. Eheges. §. 2 lit. e, die altenb. Eheordn. §. 35, die anhalt.-dessauische V. v. 27. Juni 1823 §. 8 stimmen mit dem vom Reichsgesetze adoptirten Grundsatz des preuß. A. L.R. überein — wird es allerdings freilich in einem kleinen Theil, so in Schleswig-Holstein, wo es bisher im Allgemeinen nicht sicher nachweisbar war und nur für die früher dänischen Bezirke, wenn auch nicht einmal unbestritten, Anerkennung hatte, s. Falck, schlesw.-holstein. Pr.R. 4, 344, 345; Stölzel, preuß. Eheschließungsr. S. 20, 54, 57, und im Stdesb. 1879 S. 104, zweifellos als bestehend festgestellt.

Einen Unterschied zwischen arrogatio, adoptio plena und minus plena macht das Reichsgesetz nicht, vgl. auch die Motive in Anm. 99 zu §. 31. Das Ehehinderniß entsteht also aus jeder Art der Adoption und damit sind die früher in dieser Beziehung obwaltenden Kontroversen, s. Richter-

5. zwischen einem wegen Ehebruchs Geschiedenen [20]) und seinem Mitschuldigen [20a]).

Dove-Kahl, Kirchenr. S. 1098, 1099; Bartels a. a. O. S. 152 ff.; Lang a. a. O. S. 198, beseitigt.

Das Ehehinderniß besteht aber nicht zwischen dem Annehmenden und den nicht an Kindesstatt angenommenen Descendenten des Adoptivkindes.

[19]) **dieses Rechtsverhältniß besteht.** Wegen der Nichtauflösbarkeit der Adoption nach französischem Recht, welche in dem badischen Landrecht Art. 343ᵃ ausdrücklich ausgesprochen ist, vgl. die Motive in der vor. Anm.; s. auch hess. Z. zu §. 33.

Der Entw. e. bürg. Ges.B. f. d. Deutsche Reich §. 1240: „. . . Es darf jedoch zwischen Personen, von welchen die eine die andere an Kindesstatt angenommen hat, sowie zwischen der ersteren und den Abkömmlingen der letzteren, auch wenn auf diese Abkömmlinge die Annahme an Kindesstatt sich nicht erstreckt hat, solange die Annahme an Kindesstatt besteht, eine Ehe nicht geschlossen werden", ändert das bisherige Recht nur hinsichtlich des im letzten Abs. der vor. Anm. gedachten Punktes, Motive 4, 31.

[20]) **wegen Ehebruchs Geschiedenen.** Vgl. dazu Motive S. 31:

„Nr. 5 betrifft das Ehehinderniß des Ehebruchs. Seit den ältesten Zeiten schwankte die Kirche in Beantwortung der Frage, inwiefern die Ehe zwischen Ehebrechern zu verbieten sei, bis sich im gemeinen katholischen Kirchenrecht und später auch im protestantischen Kirchenrecht der Satz entwickelte, in zwei Fällen bilde der Ehebruch ein trennendes Ehehinderniß, nämlich wenn sich die Ehebrecher auf den Fall des Todes des unschuldigen Gatten die Ehe versprochen oder wenn auch nur ein Theil dem unschuldigen Gatten mit Erfolg nach dem Leben getrachtet hat, Richter-Dove-Kahl, Kirchenr. §. 278; Schulte, Eherecht I §. 35, II §. 9; Herrmann in den Jahrbüchern für deutsche Theologie Bd. V S. 254 ff.; Roth, bair. Civilr. Bd. 1 S. 290; Zusammenstellung der Motive unter Nr. 9.

Nach preuß. Landrechte sollen die wegen Ehebruchs Geschiedenen diejenigen, mit welchen sie Ehebruch getrieben haben, nicht heirathen, desgleichen sollen diejenigen, welche durch verdächtigen Umgang oder sonst gestiftete Mißhelligkeiten Anlaß zur Ehetrennung gegeben haben, die geschiedene Person nicht heirathen, in beiden Fällen vorausgesetzt, daß der Ehebruch, der Umgang oder die Stiftung der Mißhelligkeiten im Scheidungsprozesse gerügt oder als Grund der Scheidung befunden worden ist. Ehebruch oder verdächtiger Umgang, welcher nicht zur gerichtlichen Scheidung geführt hat, weil die Ehe durch den Tod getrennt worden ist, soll die Ehe zwischen den Ehebrechern verhindern, wenn er mit Nachstellungen gegen das Leben des andern Gatten verbunden war (A. L.R. Th. II Tit. 1 §§. 25—28).

Der Code verbietet allgemein dem wegen Ehebruchs geschiedenen schuldigen Gatten die Ehe mit dem Mitschuldigen (Art. 298).

Landrecht und Code scheiden demnach gemeinsam unter den Ehehindernissen denjenigen Ehebruch aus, welcher nicht durch Scheidungserkenntniß festgestellt ist, und dies Verfahren muß dem gemeinen Rechte gegenüber als zweckmäßig erkannt werden, einestheils weil der Ehebruch verziehen sein kann und in diesem Falle kein genügender Grund vorliegt, ihn als Ehehinderniß wirken zu lassen, andern theils weil außerhalb des Scheidungsprozesses der Ehebruch in den seltensten Fällen nachweisbar ist. Nur eine Ausnahme läßt das Landrecht zu: die Feststellung durch das Scheidungserkenntniß soll ersetzt werden, wenn die gerichtliche Scheidung durch den Tod des unschuldigen Gatten unmöglich gemacht, aber der Ehebruch mit Lebensnachstellungen verbunden gewesen ist. Damit nähert sich das Landrecht dem gemeinrechtlichen Verbote der Ehe zwischen dem des Gattenmordes schuldigen Ehegatten und seinem Komplizen bez. zwischen Ehebrechern, von welchen der eine Theil dem unschuldigen Gatten mit Erfolg nach dem Leben getrachtet hat, Schulte, Kirchenr. §§. 151, 157; Richter, Kirchenr. §. 278; Bartels, Ehe- und Verlöbnißrecht in Hannover §. 89. Das sächs. Gesetzbuch §. 1615 erklärt bereits die Verabredung einer Lebensnachstellung als indispensables Ehehinderniß.

Von praktischer Bedeutung dürfte aber dies Eheverbot kaum sein, da Gattenmörder auch im Falle des Erlasses der Todesstrafe regelmäßig eine ihre Wiederverheirathung ausschließende Freiheitsstrafe zu verbüßen haben werden.

Obwohl gewichtige Autoritäten sich für gänzliche Aufhebung des Eheverbots wegen Ehebruchs ausgesprochen haben (s. bes. Herrmann a. a. O.), trägt der Entwurf doch Bedenken, im Widerspruch mit dem innerhalb aller verschiedenenen Rechtsgebiete bestehenden Rechte und dem allgemeinen Rechtsgefühle, die Ehe zwischen Ehebrechern ohne Weiteres frei zu geben. Andererseits hat er sich dafür entschieden, die Dispensation ohne Beschränkung zuzulassen, so daß es dann der Praxis in den einzelnen Bundesstaaten überlassen bleibt, im Anschlusse an das bisher beobachtete Verfahren die Dispensationsbefugnisse mehr oder weniger streng auszuüben. Eine gänzliche Ausschließung der Dispensation empfiehlt sich selbst für die oben erwähnten schwersten Fälle des Ehebruchs (so sächs. Ges.B. §. 1616) nicht, da das ehelose Zusammenleben solcher Ehebrecher durch polizeiliche Mittel erfahrungsmäßig nicht wirksam zu verhindern steht und mit Rücksicht hierauf es unter Umständen immerhin wünschenswerth ist, die Umwandlung des unsittlichen und Anstoß erregenden Zusammenlebens in eine gesetzmäßige Ehe nicht unmöglich zu machen.

Das nach gemeinem protestantischen Eherecht für geschiedene Eheleute gerichtlich auszusprechende Verbot der Wiederverheirathung, welches auch mannigfache partikulargesetzliche Anerkennung gefunden hat, s. Richter, Kirchenrecht §. 288 III; Bartels, hannov. Eherecht S. 360, 361, 365, 370; Roth, bair. Civilr. Bd. 1 S. 290; Stölzel, preuß. Eheschließungsr. S. 55, 59, 60; Hannov. Ges. v. 1. März 1869 §. 27, s. auch Zusammenstellung der Motive unter IV Nr. 3; sächs. Ges.B. §. 1606, soll beseitigt werden, soweit es nicht mit dem Eheverbote wegen Ehebruchs zusammenfällt; ebenso das Verbot des rheinischen Rechtes, nach welchem Geschiedene sich nicht wieder verheirathen dürfen, Code civil Art. 295."

Die Scheidung muß erfolgt sein wegen vollendeten, nicht versuchten Ehebruchs; Stölzel bei Gruchot 21, 335; v. Sicherer S. 209, Stdesb. 1877 S. 149.

Die Scheidung nach §. 673 des preuß. L.R. II 1 („Eben das" — d. h. es wird dem Ehebruche gleichgeachtet — „gilt von unerlaubtem Umgange, wodurch eine dringende Vermuthung der verletzten ehelichen Treue begründet wird") ist im Sinne des Reichsgesetzes eine Scheidung wegen Ehebruchs, denn der Scheidegrund des §. 673 ist kein selbstständiger Grund neben dem Ehebruch, so die Praxis des Reichsgerichts, s. die Urtheile bei Gruchot 24, 496 u. 31, 983; Bolze, Praxis des Reichsger. 2, 297 N. 1143; Blum, Annalen des Reichsger. 3, 544; Bolze a. a. O. 4, 262 N. 853; ferner das Kammergericht, Verf. v. 30. Jan. 1878, Johow, Jahrb. d. preuß. Appellationsger. 8, 21; Stdesb. 1879 S. 10 und das frühere preuß. Ob.Tribun. Entsch. 60, 166 u. Striethorst Archiv 67, 317; Goltdammer Arch. 8, 560; Stölzel bei Gruchot 21, 321 ff.; v. Sicherer S. 208. Dasselbe gilt auch für die anderen Rechtsgebiete, wenn die Scheidung wegen dringender Vermuthung, nicht wegen vollen Beweises des Ehebruchs, vgl. gothaisches Ehegesetz v. 15. Aug. 1834 §. 76 Abs. 2, altenb. Eheordn. v. 13. Mai 1837 §. 196; für das gemeine Recht Bartels S. 312 ff. und überhaupt v. Sicherer S. 208, nicht aber wenn sie blos, vgl. A. L.R. II 1 §§. 674—676 und das gothaische Ehegesetz §. 77, wegen Verdachtes des Ehebruchs ausgesprochen ist.

Mit Rücksicht hierauf und darauf, daß das Reichsgesetz ausdrücklich nur der Scheidung wegen Ehebruchs erwähnt, wird es sich empfehlen, im gerichtlichen Erkenntniß, sei es im Tenor, sei es in den Entscheidungsgründen auszusprechen, daß wegen Ehebruchs geschieden werde, Stölzel a. a. O. S. 345. Gleichgültig ist es, ob der unschuldige Gatte nach der Scheidung verstorben ist.

[20a]) **seinem Mitschuldigen.** Der Mitschuldige ist der, dessen Ehebruch in dem gerichtlichen Scheidungserkenntnisse als Grund der Scheidung festgestellt ist. Das ergiebt der Wortlaut, vgl. auch die Motive in Anm. 20 und Entsch. d. bair. Verwaltungsgerichtshofs v. 30. Nov. 1888, Samml. d. Entsch. desselben 10 (1889) Nr. 47, Arch. f. kath. Kirchenrecht 63, 376. Darum kann das im Erkenntniß festzusetzende Verbot der Wiederverheirathung, s. die angeführten Motive und ferner preuß. A. L.R. II 1 §. 736, künftighin höchstens nur beim Vorliegen der ebengedachten Voraussetzungen

ausgesprochen werden. Richtiger Weise aber ist es zu unterlassen — wie dies ausdrücklich im württemb. Ges. v. 8. Aug. 1875 Art. 33 angeordnet ist —, weil es dem Reichsgesetz gegenüber bedeutungslos ist. Dasselbe kennt kein richterliches Verbot als Ehehinderniß. Ein solches bindet den Standesbeamten nicht über das Gesetz hinaus, und dieser ist auch nicht verpflichtet, die Eheschließung bis zur Beibringung der §. 136 A. L.R. II 1 vorgeschriebenen Erlaubniß zu verweigern, Stölzel bei Gruchot 21, 326; Appellat.Ger. zu Celle in Seuffert, Archiv f. Entscheidungen d. oberst. Gerichtshöfe in d. deutsch. Staaten 31, 307. Das preuß. Ob.Trib. I. Sen. v. 24. Mai 1875, Entsch. 75, 152 und ebenso das Reichsgericht IV. Sen. v. 20. Nov. 1879, Gruchot 24, 496, Stdesb. 1880 S. 41; Bolze, Praxis 6, 264 N. 677, haben daher nicht zutreffender Weise angenommen, daß die Beifügung des Verbots keinen Grund zur Beschwerde giebt. Ist vor dem Inkrafttreten des Gesetzes dem Geschiedenen die Wiederverheirathung in einem Scheidungserkenntniß aus einem andern Grunde untersagt, wie dies z. B. in den gemeinrechtlichen Theilen Preußens mitunter in Betreff des schuldig Erklärten allgemein, im Bereiche des A. L.R. bei der Scheidung der Ehe wegen verdächtigen Umganges oder wegen Stiftung von Mißhelligkeiten hinsichtlich der Ehe mit dem Mitschuldigen geschieht, so cessirt ein solches Verbot. Denn dasselbe ist nichts anderes als eine Deklarirung der gesetzlichen Folgen der Ehescheidung, welche aus dem früheren, nunmehr beseitigten Scheiderechte hervorgingen. Mit der Aufhebung der letzteren müssen daher auch diese lediglich auf dasselbe basirten Konsequenzen entfallen, soweit sie mit den Vorschriften des §. 33 Nr. 5, vgl. auch §. 39 des Reichsgesetzes, in Widerspruch stehen. Um wohlerworbene Privatrechte, in die das neue Gesetz einen Eingriff machen könnte, handelt es sich hier nicht. So auch Stölzel, deutsch. Eheschließungsrecht S. 19 Anm. 2, und im preuß. J.M.Bl. v. 1875 S. 119 ff., 126, v. Sicherer S. 213; die J. für Lippe zu §. 33 Nr. 5, übrigens auch zu §. 35. In Uebereinstimmung mit diesen Ausführungen hat e. R. des preuß. Just.Min. v. 13. Mai 1875, J.M.Bl. S. 118, Stdesb. 1875 S. 98, die Beamten der Staatsanwaltschaft angewiesen, in Ehescheidungsprozessen durch geeignete Anträge darauf hinzuwirken, daß ein Vorbehalt der Erlaubniß zur Wiederverheirathung oder ein Verbot der Wiederverheirathung gerichtsseitig nicht ausgesprochen, jedoch zur Sicherstellung des in §. 33 Nr. 5 des Reichsgesetzes enthaltenen Eheverbotes in Fällen, welche die Trennung der Ehe wegen Ehebruchs mit einer in den Verhandlungen namhaft gemachten Person zum Gegenstande haben, in den Urtheilsgründen der begangene Ehebruch ausdrücklich als Scheidungsgrund bezeichnet und der Name der Person, mit welcher die Ehe gebrochen worden ist, erkennbar gemacht wird. Im Tenor des Urtheils braucht aber der Mitschuldige nicht bezeichnet zu sein, so irriger Weise eine gerichtliche Entscheidung im Stdesb. 1876 S. 278; es genügt, wenn dies in den Entscheidungsgründen geschehen ist, vgl. Stölzel im Stdesb. 1876 S. 334, v. Sicherer S. 215, 216; ferner sächs. V. v. 6. Nov. 1875 §. 8; s.-weimar. Bek. v. 13. Dez. 1875 Nr. 2.

Der Standesbeamte wird also in diesen Fällen sich das Entscheidungsurtheil beibringen lassen müssen und zu prüfen haben, ob die Person des Mitschuldigen in den Gründen desselben festgestellt ist, vgl. auch J. f. S.-Weimar §. 17; f. Schwarzb.-Rudolstadt §. 17; f. Schwarzb.-Sondershausen §. 16.

Zu beachten ist weiter, daß das Eheverbot nur zwischen dem geschiedenen Gatten und dem Mitschuldigen desjenigen Ehebruches, wegen dessen die Ehe des ersteren geschieden ist, besteht. Wenn also im Ehescheidungsverfahren mehrere Fälle des Ehebruchs, und zwar mit verschiedenen Personen festgestellt worden sind, aber nur wegen des einen die Scheidung ausgesprochen ist, so ist die Ehe zwischen dem geschiedenen Gatten und dem Mitschuldigen des anderen Ehebruchs statthaft, so auch v. Sicherer S. 214; Scheurl, Eherecht S. 225.

Endlich ist für den Eintritt des Ehehindernisses erforderlich, daß die Ehe wegen des Ehebruches dem Bande nach geschieden worden ist, war dagegen nach dem früheren Recht oder nach fremdem, zur Anwendung gekommenen Recht eine beständige Scheidung von Tisch und Bett ausgesprochen und ist die Ehe durch Tod des unschuldigen Gatten gelöst worden, so kann der schuldige die Ehe mit dem mitschuldigen Ehebrecher eingehen, weil die Scheidung von Tisch und Bett keine Scheidung dem Bande nach ist, so auch v. Sicherer S. 210.

Im Falle der Nr. 5 ist Dispensation zulässig [21]).

§. 34.

Niemand darf eine neue Ehe schließen [21a]), bevor seine frühere Ehe aufgelöst [22]), für ungültig oder für nichtig erklärt [23]) ist.

Der Entw. e. bürg. Ges.B. f. d. Deutsche Reich §. 1237: „Eine Ehe darf nicht geschlossen werden zwischen demjenigen, dessen Ehe wegen Ehebruches geschieden ist, und demjenigen, mit welchem er des Ehebruches sich schuldig gemacht hat, sofern dieser Ehebruch in dem Scheidungsurtheile als Grund der Scheidung festgestellt ist. — Dispensation ist zulässig", giebt im Wesentlichen das bisherige Recht wieder, s. auch Motive 4, 24.

[21]) **Dispensation zulässig,** s. Anm. 20. Diese ertheilt der Landesherr in Baiern, Württemberg, Hessen, S.-Weimar (nicht, wie Stölzel a. a. O. S. 105 angiebt, das Staatsministerium), Oldenburg, Braunschweig, S.-Meiningen, S.-Altenburg, Anhalt, Schwarzb.-Rudolstadt und Sondershausen, Reuß ält. und j. L.; der Justizminister in Preußen, Baden, Mecklb.-Schwerin, Waldeck, der Minister des Innern in Sachsen, das Ministerium in S.-Coburg-Gotha, Lippe und Elsaß-Lothringen, die Landesregierung in Mecklenb.-Strelitz, die Regierung in Schaumburg-Lippe, der Senat in Lübeck, Bremen und Hamburg. Vgl. zu §. 40.

§. 34. [21a]) **neue Ehe schließen.** Motive S. 32: „§. 33 (nunmehr 34) enthält im wörtlichen Anschlusse an §. 171 des Strafgesetzbuchs das selbstverständliche Verbot der Bigamie für das civilrechtliche Gebiet."

[22]) **aufgelöst** durch Tod bez. Verschollenheitserklärung oder Todeserklärung oder durch rechtskräftige Scheidung.

In Betreff der Wirkung der Verschollenheits- oder Todeserklärung auf die bestehende Ehe kommt das geltende Landesrecht zur Anwendung, vgl. z. B. preuß. A. L.R. II 1 §§. 665—667, 692, hannov. Ges. v. 23. Mai 1848 üb. d. Todeserklärung §. 16 (hann. G.S. I. Abth. S. 143), wonach der Ehegatte des Todterklärten nach rechtskräftig gewordener Todeserklärung eine neue Ehe eingehen kann. Dasselbe gilt in Hamburg, s. Baumeister, hamb. P.R. Bd. 1 S. 35—36 u. Bd. 2 S. 19; in Bremen V. v. 3. Juli 1826 §. 11; Sammlung d. Verordn. u. Proklame 1826 S. 86; in Lübeck V. v. 30. Dez. 1829 §. 8 Abs. 2, Sammlung d. Lübeck. Verordn. 5, 139 ff. und nach der überwiegenden Annahme auch in Württemberg, Lang, württemb. Personenrecht S. 336; Hauber, württemb. Eherecht S. 116, 2. A. S. 33; Stiegele S. 123 N. 149, und in Schleswig-Holstein, Falck, schlesw.-holst. P.R. 4, 480, s. aber andererseits v. Sicherer S. 216; ferner in Elsaß-Lothringen, aber nur für diejenigen Personen, welche an den Kriegen v. 1870 und 1871 theilgenommen haben, Ges. v. 21. Okt. 1873 §. 7 Abs. 2, Ges.Bl. 1873 S. 282; in Oldenburg, wo es jedoch noch einer Erlaubniß zur Wiederverheirathung seitens des Ehegerichts bedarf, Ges. v. 16. Februar 1844 §. 18. Im Königreich Sachsen ist dagegen noch eine besondere Erklärung des Ehegerichts über die Beendigung der Ehe des Zurückgebliebenen und des für todt Erklärten nöthig, s. sächs. bürg. Ges.B. §. 1708.

In andern deutschen Ländern hat die Todeserklärung nicht die erwähnte Wirkung, so in Baiern, s. Roth, bair. Civilrecht 1, 160 (— jedoch mit Ausnahme derjenigen, welche an den Kriegen mit Frankreich in den Jahren 1870 nud 1871 theilgenommen haben, s. Ges. v. 23. Dez. 1873, ausgedehnt durch Ges. v. 27. Juli 1874, G. u. V.Bl. S. 442, auf die seit dem Kriege von 1866 vermißten Personen, Völk S. 103 —); in Kurhessen, s. Roth u. v. Meibom, kurhess. P.R. S. 358; Lippe, s. I. zu §. 34. Hier bedarf es daher erst einer Scheidung wegen böslicher Verlassung, oder wenn dies gesetzlich gestattet ist, wegen bloßer Abwesenheit (so nach 5 Jahren zufolge §. 95 des goth. Ehegesetzes) oder wegen Verschollenheit (s. bad. Landrecht Art. 232a). Vgl. auch Völk S. 103 N. 1; Fitting S. 122; v. Sicherer S. 224 N. 24.

Nach französ. Recht wird die Ehe durch die Abwesenheit des anderen Theiles nicht aufgelöst, vgl. auch Petersen S. 246. Daher darf der Standesbeamte hier nicht zur Abschließung einer neuen Ehe mitwirken, obgleich der Art. 139 des Code civil und des bad. Landrechts (vgl. auch bad. Ges. v. 9. Dez. 1875 §. 2e) nur dem Zurückkehrenden die Anfechtung der etwa geschlossenen Ehe gestattet.

Nach d. Entw. e. bürg. Ges.B. f. d. Deutsche Reich, §§. 1235, 1464 kann der eine Ehegatte nach der Todeserklärung des andern eine neue Ehe eingehen, und es wird durch die Schließung der zweiten die frühere Ehe aufgelöst.

Als Scheidung kommt nur die Scheidung dem Bande nach in Betracht. Das Erkenntniß muß also die Auflösung der Ehe oder die Trennung dem Bande nach aussprechen. Ein Urtheil, das blos auf Trennung von Tisch und Bett geht, begründet nicht die Auflösung der Ehe im Sinne des §. 34. Bei Erkenntnissen aber, welche auf beständige Scheidung von Tisch und Bett lauten, ist die gerichtliche Umwandlung der letzteren in die Auflösung der Ehe nach Maßgabe der §§. 77, 78 des Gesetzes zulässig; vgl. Stölzel i. Stdesb. 1878 S. 139. Erst nach dieser können die Betheiligten eine anderweite Ehe eingehen.

Endlich ist zu beachten, daß die Scheidungserkenntnisse, welche auf Grund des französischen Rechtes ergehen, nur die Statthaftigkeit der Scheidung aussprechen, und daß, um diese selbst zu bewirken, derjenige Theil, welcher sie erlangt hat, sich binnen zwei Monaten vor dem Standesbeamten bei Verlust der Vortheile aus dem Erkenntnisse stellen muß, um nach gehöriger Vorladung des andern Theiles die Ehescheidung aussprechen zu lassen, Code civil Art. 264—266, im Falle der Scheidung auf Grund wechselseitiger Einwilligung haben sogar beide Theile unter dem gleichen Präjudiz binnen 20 Tagen vor dem Standesbeamten zu dem erwähnten Zweck zu erscheinen, a. a. O. Art. 294. D. nach diesen durch die Reichs-C.P.O. §. 582 und Einführungsges. dazu §. 16 Abs. 2 Nr. 5 (Struckmann und Koch, die C.P.O. für d. Deutsche Reich 5. A. S. 653 N. 2 und S. 640; Zachariä, franz. C.R. 3, 138 N. *, s. aber Stdesb. 1881 S. 117) nicht aufgehobenen Bestimmungen erst mit dem Abschluß dieses Verfahrens die Scheidung erfolgt, so bedarf es für solche Fälle der Vorlegung des Auszuges über den standesamtlichen Scheideakt. Eine Aufhebung der Art. 264 ff., 294 des Code civil ist aber erfolgt in Baiern (Pfalz), Ausführungsges. z. C.P.O. v. 23. Febr. 1879, G. u. V.Bl. S. 63, Art. 188, nach welchem die Ehescheidung durch das rechtskräftige Urtheil bewirkt wird; ebenso i. Hessen, Ges. betr. d. Ausführung d. deutsch. C.P.O. v. 4. Juni 1879, Reg.Bl. S. 251, Art. 93; in Elsaß-Lothringen, Ausführungsges. z. C.P.O. v. 8. Juli 1879 §. 11, G.Bl. f. Els.-Lothring. S. 67. Für Baden sind dagegen nur die Sätze 264—266 des bad. Landrechts, nicht Satz 294: „Läßt ein Urtheil die Ehescheidung zu, so sind kraft dessen die Parteien verbunden, sich in den nächsten zwanzig Tagen, von der Eröffnung des Urtheils an zu rechnen, zusammen in Person vor dem Beamten des bürgerlichen Standes zu stellen, um die Ehescheidung eintragen zu lassen. Nach fruchtlosem Verlauf dieser Zeitfrist wird das Urtheil für nicht ergangen angesehen", beseitigt, vgl. Ges. die Einführung d. Reichsjustizgesetze betr. v. 3. März 1879, G. u. V.Bl. S. 91, §. 146; Bek. betr. die Dienstanweis. v. 19. Juli 1879 zu §. 123 ff. ders., a. a. O. S. 533, Stdesb. 1879 S. 189; s. auch Stdesb. 1887 S. 59.

[23]) **für ungültig oder für nichtig erklärt.** Unter ungültig wird eine solche Ehe verstanden, welcher nur ein sog. privates, d. h. auf Antrag des Betheiligten geltend zu machendes Ehehinderniß (z. B. des Irrthums, Zwanges, Betruges) — vgl. auch württemb. Ges. v. 8. Aug. 1875 Art. 11 — bez. auch ein durch Dispensation zu hebendes, unter nichtig eine solche dagegen, der ein von Amtswegen geltend zu machendes sog. öffentliches Ehehinderniß (z. B. der nahen Verwandtschaft) oder ein nicht dispensables entgegensteht.

Die Ungültigkeit oder Nichtigkeit muß durch gerichtliches Erkenntniß festgestellt sein. Es genügt nicht, daß die Ehe blos materiell ungültig oder nichtig ist, abgesehen von dem Fall, daß die Ehe nicht einmal in der gehörigen Form, also bei geltender obligatorischer Civilehe blos vor dem Geistlichen geschlossen ist, Fitting S. 122; v. Sicherer S. 225.

Welche Erkenntnisse sich der Standesbeamte behufs Prüfung des Umstandes, daß die Ehe des wiederheirathenden Nupturienten nicht mehr besteht, beibringen lassen muß, ergiebt sich aus dieser und der Anm. 22. Dabei ist zu beachten, daß auch die Rechtskraft des Erkenntnisses durch das

§. 35.

Frauen [24]) dürfen erst nach Ablauf des zehnten Monats [25]) seit Beendigung der früheren Ehe [26]) eine weitere Ehe schließen.

Zeugniß des betreffenden Gerichtsschreibers, deutsche Reichs-C.P.O. §. 646, dargethan sein muß; vgl. Z. Meiningen §. 52 und f. Lippe zu §. 34.

Die Erkenntnisse sind zu den Sammelakten zu nehmen, B.R.B. §. 9.

§. 35. [24]) **Frauen.** Vgl. Motive S. 32: „§. 34 (jetzt 35) beschränkt die Wartezeit bei zweiter Ehe auf das weibliche Geschlecht. Aus natürlichen, schon im römischen Rechte und in allen neueren Gesetzgebungen anerkannten Gründen ist die Wiederverheirathung von Frauen während einer etwaigen Schwangerschaft zu verhüten. Dies geschieht am einfachsten durch das in Abs. 1 ausgesprochene Verbot mit Zulassung der Dispensation für Fälle, in welchen der Grund der allgemeinen Bestimmung des Abs. 1 nicht zutrifft. — Weitergehende Bestimmungen über eine Trauerzeit der Wittwen (für Preußen s. Stölzel, preuß. Eheschließungsr. die im Register unter „Trauerzeit" bezeichneten Stellen; für Baiern Roth, bair. Civ.R. 1, 290 N. 42 und Zusammenstellung der Motive unter IV 2; sächs. Ges.B. §. 1605) oder über eine Wartezeit Geschiedener (s. z. B. Code Art. 297, schlesw.-holst. Reskript vom 16. Febr. 1775) berühren nicht das Rechts-, sondern das Sittengebiet, und sind deshalb hier nicht aufgenommen."

Für das Gebiet des preuß. Landrechts sind durch diese Vorschrift aufgehoben §§. 19—24 II 1, insbesondere auch §. 21, nach welchem eine Wartezeit im Falle der Scheidung wegen böslicher Verlassung nicht festgesetzt war, vgl. Stölzel im preuß. J.M.Bl. 1878 S. 161 und Stdesb. 1879 S. 48, und Anh. 64 zu §. 20 a. a. O. (dagegen ohne jede nähere Motivirung das Kammergericht bei Johow, Jahrb. d. Kammerger. 1, 23), selbst insoweit, als sie nur nähere Vorschriften über die Ertheilung der Dispensation enthalten, weil das Ehehinderniß einheitlich hat geregelt werden sollen, und das Reichsgesetz die Ausübung des Dispensationsrechtes nicht beschränkt; ferner sind beseitigt außer den in den Motiven bezeichneten Gesetzen u. A. noch goth. Ehegesetz §§. 15, 16; altenb. Eheordn. §§. 38—42; Code civil Art. 228, 295, 297; bad. Landrecht Art. 228, 228a, 296, 297 (s. auch bad. Ges. v. 9. Dez. 1875 §. 1 Nr. 2); meininger V. v. 1. Juni 1837, s. J. für Meiningen §. 57; hamb. Ges. v. 17. Nov. 1865 §. 22; auch das württemberg. Recht, s. Lang a. a. O. S. 372, wird dadurch geändert (wegen der Aufhebung der Min.Verf. v. 6. Okt. 1856 vgl. Allg. Kirchenbl. f. d. ev. Deutschld. 1877 S. 524).

Hinsichtlich der Beseitigung der Verbote der Wiederverheirathung Geschiedener ohne besondere Erlaubniß, s. Anm. 20a zu §. 33.

[25]) **des zehnten Monats.** Die Frist ist kalendermäßig zu berechnen, und zwar von dem Tage ab, mit welchem die frühere Ehe beendet ist, also vom Todestage oder dem Tage der Rechtskraft des Scheide- oder Todeserklärungs-Urtheiles oder im Gebiete des französischen Rechts dem Ausspruch des Standesbeamten über die Scheidung (vgl. Anm. 22 zu §. 34) ab. Vgl. des Weiteren Anm. 49 zu §. 22. Übereinstimmend Fitting S. 123; v. Sicherer S. 228.

[26]) **Beendigung der früheren Ehe.** Die Frage, ob abgesehen von den Fällen der Auflösung der Ehe durch Tod, Todeserklärung oder Scheidung das Ehehinderniß der Wartezeit auch im Fall der Nichtigkeits- oder Ungültigkeits-Erklärung einer Ehe eintritt, wird nach dem Grunde und Zweck des Gesetzes bejaht werden müssen, da solche Ehen auch Rechtswirkungen für die Kinder (die Ehelichkeit derselben) herbeiführen können und also auch für diese Fälle das Bedürfniß hervortritt, die Wiederverheirathung während der Schwangerschaft zu verhüten. Unter „Beendigung" der Ehe sind demnach alle im §. 34 gedachten Fälle begriffen. So auch Fitting S. 123; v. Seyfried S. 103; v. Sicherer S. 227.

Um jeden Zweifel in Betreff dieses Punktes auszuschließen, hat daher auch der Entw. e. bürg. Ges.B. f. d. Deutsche Reich §. 1241 das Verbot dahin gefaßt: „Eine Frau darf vor Ablauf von zehn Monaten von dem Zeitpunkte an, in welchem ihre frühere Ehe aufgelöst oder für ungültig erklärt ist, eine neue Ehe nicht schließen. — Dispensation ist zulässig"; Motive 4, 32.

Dispensation [27]) ist zulässig.

§. 36.

Hinsichtlich der rechtlichen Folgen [28]) einer gegen die Bestimmungen der §§. 28 bis 35 geschlossenen Ehe sind die Vorschriften des Landesrechts maßgebend [29]).

---

[27]) **Dispensation.** Diese ertheilten der Landesherr in Hessen, Oldenburg, Braunschweig, Anhalt und Reuß ä. L., der Justizminister in Baiern, Baden, Meckl.-Schwerin, S.-Weimar, S.-Meiningen, Schwarzb.-Rudolstadt, Schwarzb.-Sondershausen und Waldeck, das Ministerium des Innern in Sachsen und S.-Altenburg, das Ministerium in S.-Coburg-Gotha, Reuß j. L., Lippe und Elsaß-Lothringen, die Landesregierung in Mecklenb.-Strelitz, die Regierung in Schaumburg-Lippe, der Senat in Lübeck und Bremen, die Aufsichtsbehörde (s. Anm. 44 S. 44) in Hamburg, das Amtsgericht in Württemberg und in Preußen, V. v. 13. Jan. 1877, G.S. S. 4 und Allerhöchst. Erl. v. 7. Sept. 1879, J.M.Bl. 1879 S. 366. Ob und wie weit über die Ablehnnng der Dispensation eine Beschwerde zulässig ist, darüber hat das Reichsgesetz nichts angeordnet, vielmehr die näheren Bestimmungen über die Ausübung der Dispensation den Landesregierungen überlassen. Die Frage entscheidet sich also nach diesen, eventuell den allgemein über Beschwerden geltenden partikularrechtlichen Vorschriften, s. auch Stdesb. 1889 S. 218. — So ist in Preußen das Rechtsmittel der Beschwerde nach dem Ausführungsgeſ. z. Ger.V.Gef. v. 24. April 1878 §. 40 an das Landgericht und das der weiteren an das Kammergericht, §. 51 a. a. O. (letzteres verneint Johow, Jahrb. d. Kammerger. 5, 3 und 7, 3, dagegen aber a. a. O. 5, 415), in Württemberg eine formlose, nicht befristete Beschwerde, Stdesb. 1889 S. 218 statthaft. Vgl. zu §. 40.

§. 36. [28]) **rechtlichen Folgen.** Vgl. Motive S. 32: „Die Frage, welche Folge eine mit Nichtbeachtung der Vorschriften dieses Gesetzes abgeschlossene Ehe, sei es hinsichtlich der Gültigkeit der Ehe, sei es in vermögensrechtlicher Hinsicht, haben solle, würde sich einheitlich für das ganze Reich in dem Gesetze nur äußerst schwierig entscheiden lassen. Denn für diese Frage ist einerseits die in den Gebieten der drei großen Rechtssysteme sehr verschiedene allgemeine Theorie von Nichtigkeit, Ungültigkeit und Anfechtbarkeit der Verträge, andererseits das bestehende Güterrecht von bestimmendem Einfluß, auch sprechen dabei prozessualische Einrichtungen, wie die Betheiligung der Staatsanwaltschaft bei Ehestreitigkeiten, sehr erheblich mit. Namentlich ist gegenwärtig nicht der geeignete Zeitpunkt, die wichtige Theorie des preußischen Landrechts von nichtigen und ungültigen Ehen zu reformiren oder sie auf das Reich auszudehnen. Der Entwurf schlägt daher vor, in allen diesen Punkten es beim bisherigen Rechte zu belassen. Dies Verfahren ist unbedenklich, weil alle in dieses Gesetz aufgenommenen Verbote bereits geltendes Recht sind, mithin das letztere auch darüber entschieden haben muß, welche Folgen sich an die Mißachtung der Verbote knüpfen." (Diese Voraussetzung trifft aber nicht vollkommen zu, s. die folg. Anm. Nr. 2a und Nr. 5.) — „In gleicher Weise ist wie schon oben berührt wurde (s. zu §. 28), die Frage nach dem Einflusse des Zwangs, Irrthums und Betrugs auf die Gültigkeit der Ehe zu behandeln."

[29]) **Vorschriften des Landesrechts maßgebend.** In Frage kommt:

1. das Hinderniß der mangelnden Ehemündigkeit, s. §. 28. Dieses ist nach gemeinem Recht ein öffentliches trennendes, macht also die zuwider eingegangene Ehe nichtig, d. h. sie kann von Amtswegen angefochten werden, s. Schulte, Eherecht S. 76; Bartels, hannov. Eher. S. 96; Lang, württemb. Personenrecht S. 195. Jetzt muß diesem Hinderniß in dem Umfang des §. 28 dieselbe Rechtswirkung zukommen. Zu den durch §. 36 aufrecht erhaltenen Vorschriften des Landesrechts wird auch da, wo das katholische Eherecht als staatliches anerkannt ist, der Grundsatz desselben gerechnet werden müssen, daß die Ehe trotz der vorhandenen Eheunmündigkeit gültig ist, wenn der Eheunmündige zur Zeit der Eheeingehung die erforderliche geistige und körperliche Reife besessen hat, Schulte S. 80; Bartels S. 96 N. 1; ferner unter derselben Voraussetzung bei nicht stattgehabter Publikation des Trienter Dekrets über die Eheschließung (Sec. XXIV c. 1 de ref. matr.) und da, wo das protestantische Kirchenrecht als staatliches gilt, auch der Satz, daß die Gültigkeit

der Ehe eintritt, wenn die Geschlechtsvereinigung stattgehabt oder die Ehemündigkeit vor Anfechtung der Ehe durch den Eheunmündigen eingetreten ist, Schulte S. 76 ff.; Bartels S. 273 ff.; v. Sicherer S. 231.

Für das französische und badische Recht, s. Code civil Art. 144, 184—186 und das bad. Landrecht Art. 184 in der Fassung des Ges. v. 9. Dez. 1875 §. 2c, vgl. auch §. 1 Nr. 2, gilt dasselbe (nur daß hier die besonderen Bestimmungen des katholischen und protestantischen Rechts über den Eintritt der Ehe trotz vorhandener Eheunmündigkeit nicht in Betracht kommen), da danach die Anfechtung der ohne die vorgeschriebene Ehemündigkeit eingegangenen Ehe dem Ehegatten selbst, jedem betheiligten Dritten und dem öffentlichen Ministerium gestattet ist. Vgl. auch v. Sicherer S. 232; Scherer i. Zeitschr. f. Kirchenrecht 22, 293.

Das preuß. A. L.R. bezeichnet dagegen die Ehen der nicht Ehemündigen als ungültig. Es versteht unter diesen Ehen solche, welchen zwar von Anfang gesetzliche Hindernisse im Wege stehen, die aber doch in der Folge durch Hebung dieser Hindernisse verbindliche Kraft erlangen können, s. II 1 §§. 934, 970, und gestattet dem Eheunmündigen, bez. dessen Vater oder Vormund, binnen 6 Monaten nach erreichtem Heirathsalter die Geltendmachung der Ungültigkeit, a. a. O. §§. 990, 991. Das nunmehr durch §. 28 des Reichsgesetzes aufgehobene Gesetz betr. das zur Eheschließung erforderliche Lebensalter v. 21. Dez. 1872 hatte hieran nichts geändert.

Nach dem sächs. Ges. v. 5. Nov. 1875 §. 5 kann die Ehe von dem zur Zeit ihrer Schließung noch nicht Ehemündigen, der keine Dispensation erhalten hat, bis zum Ablauf von 6 Monaten nach Eintritt seiner Ehemündigkeit angefochten werden. Nach dem goth. Ehegesetz §§. 2, 3, 22, 23 und der altenb. Eheordn. §§. 4, 44 lit. c, 163 bildet der Mangel des Alters kein trennendes, sondern nur ein aufschiebendes Ehehinderniß.

Dasselbe muß auch für Schleswig-Holstein gelten; hier bestand bis zur Einführung des eben gedachten preuß. Gesetzes ein Ehehinderniß des mangelnden Alters nur indirekt insofern, als der Mangel der Konfirmation, welche mit dem 16. bez. 15. Jahr erfolgt, die Eheschließung hinderte, aber die Uebertretung dieser Vorschrift keine Nichtigkeit der Ehe erzeugte, s. Falck, schlesw.-holst. Privatr. 4, 325. Dagegen allerdings v. Sicherer S. 233 N. 13.

Allerdings kann auch in den Rechtsgebieten, in welchen das Ehehinderniß nicht trennend wirkt, eine Eheschließung vor erreichter Ehemündigkeit dann nichtig sein, wenn es an der nöthigen Willensfähigkeit fehlt, z. B. wegen des Kindesalters oder der Unmündigkeit (s. z. B. A. L.R. I 4 §§. 20, 21).

2. Der Mangel des Konsenses der gesetzlichen Vertreter, namentlich der Eltern. Hinsichtlich der Wirkung dieses Ehehindernisses herrscht in Deutschland die größte Mannigfaltigkeit, und diese ist leider aufrecht erhalten geblieben.

a) Das gemeine katholische Kirchenrecht läßt aus dem Mangel der Einwilligung der Eltern kein Ehehinderniß entstehen, nicht einmal ein aufschiebendes, da den Kindern zwar die sittliche Verpflichtung zur Einholung des Konsenses obliegt, aber der Pfarrer nicht berechtigt ist, beim Fehlen desselben die Assistenz dauernd zu verweigern, s. Schulte, Eherecht S. 322; Bartels, hannov. Eherecht S. 119. Zufolge der Bestimmung des §. 29 in Verbindung mit §. 45 Nr. 2 ist der Mangel des Konsenses zwar ein Ehehinderniß geworden. Aber jedenfalls sind die früheren Folgen der Nichtbeachtung geblieben, d. h. die trotzdem geschlossene Ehe ist gültig. Dies ist der betreffende Rechtszustand in dem größten Theile Baierns, s. Roth, bair. Civ.R. 1, 440, und für die Katholiken Hannovers, s. Bartels a. a. O.

Ein bloß aufschiebendes Hinderniß bildet der fehlende Konsens ferner für die Protestanten und Dissidenten Hannovers mit Ausnahme weniger Gebietstheile (s. unter lit. c); in Kurhessen, s. Bartels S. 132 ff.; Strippelmann, Ehescheidungsrecht, Cassel 1854, S. 392 ff.; Fuchs bei Gruchot 29, 756 N. 14 (gegen Roth u. v. Meibom, kurhess. Privatr. S. 319; Büff, kurhess. Kirchenrecht S. 673; v. Sicherer S. 235, welche bei Minderjährigen den Mangel der väterlichen oder vormundschaftlichen Einwilligung als trennendes Ehehinderniß bezeichnen); in Nassau, Bertram, nassauisch. Pr.R. S. 515; in Württemberg, s. Lang, württemb. Personenrecht S. 215, 216; in Hamburg (so wenigstens nach der Gerichtspraxis), Baumeister, hamb. Pr.R. II 32.

Ferner haben diesen Grundsatz adoptirt goth. Ehegesetz §. 4, 22, 23; altenb. Eheordn. §. 32; und das bremische Gesetz v. 31. Okt. 1875 §. 1, s. Anlagen und Stdesb. 1876 S. 227.

b) Den Gegensatz dazu bilden diejenigen Rechte, welche, wie die Solmser Gerichts- u. Landesordn. v. 1571, das Stadtrecht von Schweinfurt, Weißenburg (im Nordgau), von Regensburg, das ansbacher Provinzialrecht, sowie die Stadtrechte von Kaufbeuern, Kempten und Memmingen, die Ehe für absolut nichtig erklären, s. Roth, bair. Civilr. 1, 440; v. Sicherer S. 235.

c) Von dem Standpunkt eines trennenden, aber nur auf Antrag der Betheiligten geltend zu machenden Ehehindernisses behandelte der Nürnberger Rathserlaß v. 1534 die unkonsentirten Ehen, Roth a. a. O. S. 440; die bayreuther V. v. 1785 (s. v. Sicherer S. 238 N. 31) und die schaumburger Land- und Polizei-Verordnung v. 1615, Schaumb.-Lippische Landes-Verordn. 1, 246. Ebenso können von den gesetzlichen Vertretern, deren Konsens nicht eingeholt worden ist, als nichtig die Ehen der Protestanten und Dissidenten angefochten werden in der Grafschaft Bentheim, in den Herzogthümern Bremen und Verden, im Lande Hadeln, in den Fürstenthümern Calenberg und Göttingen, Lüneburg nebst den Grafschaften Hoya und Diepholz, Grubenhagen und Grafschaft Hohenstein, in der Stadt Hildesheim, dagegen in der Stadt Goslar nur von den Eltern, s. Bartels, hannov. Eherecht S. 126, 127, 128, 131, 133 (wegen der Grafschaft Bentheim und der Stadt Hildesheim aber a. M. v. Sicherer S. 240), während hier der Mangel des vormundschaftlichen Konsenses allein ein aufschiebendes Hinderniß bildet.

Der Grundsatz, daß eine wenigstens ohne Vorwissen der Eltern oder gar ohne Einverständniß derselben eingegangene Ehe von diesen als nichtig angefochten werden kann, muß auch als gemeines protestantisches Kirchenrecht angesehen werden und kommt da für Protestanten zur Geltung, wo es an einer besonderen Vorschrift fehlt, s. Bartels a. a. O. S. 124. Dies gilt aber nicht für den Konsens des Vormundes, der Mangel desselben macht also die Ehe nicht nichtig, sofern dies nicht ausdrücklich partikularrechtlich angeordnet ist, s. den vorigen Absatz. Dasselbe trifft zu beim Mangel des Konsenses der Adoptiveltern, s. a. a. O. S. 122.

Nach dem sächs. Ges. v. 5. Nov. 1875 §. 6 kann eine den §§. 29, 30, 31 des Reichsges. zuwider geschlossene Ehe von der Person, deren Konsens es bedurft hätte, von dem Vormunde mit Genehmigung des Vormundschaftsgerichtes als nichtig angefochten werden, wenn erhebliche Gründe zur Versagung der Einwilligung vorlagen. Ueber die Ausnahmen s. ebendas.

Im Gebiete des französischen Rechts, Code civil Art. 182, 183, kann die ohne Einwilligung der Eltern oder des Familienrathes geschlossene Ehe als nichtig von diesen Betheiligten, aber auch von dem Ehegatten, welcher die Einwilligung nöthig hatte, innerhalb der dort angegebenen Zeiten angefochten werden. Wenn dies indessen nach Art. 151 ff. Code civil auf Töchter, welche das 21. Lebensjahr noch nicht vollendet haben, beschränkt ist, da die Töchter über 21 Jahr blos den acte respectueux vorzunehmen hatten, s. Anm. 84 Nr. 5 zu §. 29 S. 103, so ist diese Ausnahme in Folge der Beseitigung des acte respectueux und der Erhöhung des Ehemündigkeitsalters auf 24 Jahr für Deutschland beseitigt, und daher findet jetzt in allen Fällen der Eheunmündigkeit die Nichtigkeitsklage statt; so auch v. Sicherer S. 238 N. 32. In Uebereinstimmung hiermit hat in Baden, wo die dem Code entsprechenden Artikel des Landrechts aufgehoben sind, s. Anm. 84 a. a. O., das Ges. v. 9. Dez. 1875 §. 2b dem Art. 182 die Fassung gegeben: „Die Heirath, die ohne die Einwilligung der Eltern, des Vormundes oder des Familienrathes, wo diese erforderlich war, geschlossen wird, kann nur von denjenigen, deren Einwilligung erfordert wurde, oder von dem Ehegatten, der sie bedurfte, angefochten werden."

d) Endlich lassen andere Partikularrechte den Mangel des Konsenses bald als trennendes, bald als aufschiebendes Ehehinderniß wirken.

Hierher gehört das preuß. A. L.R. Nach demselben bildet die fehlende Einwilligung des Vaters bei Söhnen, welche sich noch in der väterlichen Gewalt befinden, und bei Töchtern, welche noch nicht großjährig, d. h. 21 Jahre alt sind (s. Erk. des preuß. O.Trib. v. 27. Feb. 1874, Entsch. des

O.Trib. 71, 282), ein vom leiblichen Vater binnen sechs Monaten geltend zu machendes trennendes Hinderniß, bei andern Kindern aber nur ein aufschiebendes, s. II 1 §§. 994—998. Bei vaterlosen minderjährigen Kindern, welche ohne Konsens der Mutter und des Vormundes geheirathet haben, kann die Ehe vom Vormundschaftsgerichte und von dem Minderjährigen noch innerhalb sechs Monaten, von erreichter Großjährigkeit ab, als nichtig angefochten werden, II 1 §§. 978—984, 994, 995, 997, 999. Bei vaterlosen Kindern, welche die Majorennität erreicht haben, ist dagegen die ohne die erforderliche Einwilligung der Mutter, bez. des Vormundes eingegangene Ehe gültig. Vgl. Goldenring bei Gruchot 21, 703 ff.; Stölzel, Zeitschr. f. Kirchenrecht 17, 110.

Den mangelnden Konsens des Adoptivvaters qualifizirt das Gesetzbuch endlich nicht als trennendes Ehehinderniß.

In Schleswig-Holstein bewirkte der Mangel des Konsenses der Eltern oder des Vormundes nur dann die Nichtigkeit der Ehe, wenn die Verlobten die Trauung außerhalb des ordentlichen Trauungsortes hatten vollziehen lassen, s. Verordn. v. 22. Dez. 1786 §§. 8, 9; system. Samml. d. schlesw.-holst. Verordn. 4, 20; Esmarch, schlesw. bürgerl. Recht S. 27, 28. Mit Rücksicht darauf, daß die Ehe jetzt vor dem Standesbeamten geschlossen werden muß und die erwähnte Bestimmung nur den Zweck hat, die heimlich hinter dem Rücken der Eltern und des Vormundes geschlossenen Ehen mit Nichtigkeit zu belegen, wird nunmehr anzunehmen sein, daß nur solche Ehen, die nicht vor dem zuständigen Standesbeamten eingegangen werden, nichtig sind, so auch v. Sicherer S. 245.

In Hannover, und zwar für den ehemaligen Kommunionharz mit den Bergstädten Grund, Zellerfeld, Wildemann und Lautenthal, sowie dem verbliebenen Kommunionharz, ferner im Fürstenthum Hildesheim — dem Geltungsgebiete der Calenbergschen Kirchenordnung von 1569 — bildet der fehlende Konsens des Vaters bei Kindern in väterlicher Gewalt, nicht aber bei andern, und ebensowenig die fehlende Einwilligung der Mutter oder des Vormundes ein trennendes Ehehinderniß, s. Bartels a. a. O. S. 128—131.

Wie die Motive (s. Anm. 28 S. 124) ergeben, sollen auch die für die Verletzung der §§. 28—35 in den Landesgesetzen festgesetzten vermögensrechtlichen Folgen bestehen bleiben. Solche sind gerade partikularrechtlich vielfach für den Abschluß von Ehen ohne Konsens der Eltern häufig vorgeschrieben, indem den letzteren das Recht gewährt ist, den ohne ihre Einwilligung heirathenden Kindern die Ausstattung zu verweigern, so z. B. in Baiern, Württemberg (s. Roth, bair. Civilr. 1, 440; Lang, württemb. Personenr. S. 394), in den thüringischen Staaten (s. Heimbach a. a. O. 1, 334), oder ihnen den Erbtheil, vor Allem den Pflichttheil zu schmälern oder zu entziehen, s. z. B. bair. Landrecht Th. I Kap. 6 §. 4; sächs. b. Ges.B. §. 2576; altenb. Eheordn. §§. 82, 83; Heimbach a. a. O.

Da die betreffenden Vorschriften das Konsensrecht der Eltern in weiterem Umfange als das Reichsgesetz gewähren, s. S. 103 Anm. 84 Nr. 1, 3 zu §. 29, so fragt es sich, ob die erwähnten vermögensrechtlichen Folgen heute noch in dem Falle eintreten, wo das Kind reichsgesetzlich nicht mehr des Konsenses bedarf, aber nach früherem Rechte wegen der Nichteinholung desselben die Strafe verhängt werden konnte.

Diese Frage muß bejaht werden. Das Reichsgesetz regelt lediglich die Voraussetzungen der Eheschließung, nicht aber die auf anderen Gebieten liegenden, rechtlichen Vorschriften. Daraus, daß jetzt der Konsens der Eltern, insoweit er Voraussetzung der ordnungsmäßigen Eheschließung ist, beschränkt worden, folgt noch nicht, daß die sittliche Pflicht der Kinder, auch über die Grenzen des §. 29 hinaus die Einwilligung der Eltern zu ihrer Verheirathung nachzusuchen, hat beseitigt werden sollen. Deshalb haben die erwähnten Strafen, wenngleich sie mit Rücksicht auf die stattgehabte Aenderung des Rechtszustandes jetzt nur für die Verletzung jener sittlichen Pflicht, welche früher eine rechtliche war, Rechtsfolgen festsetzen, immer noch ihre wohlberechtigte Bedeutung. Denn selbst wenn die Tochter den Konsens des Vaters oder der Mutter rechtlich nicht mehr zu fordern verbunden ist, kann den Eltern, welche gute Gründe hatten, ihre Einwilligung zur Ehe zu verweigern, doch nicht zugemuthet werden, die Tochter auch noch auszustatten, und ebenso dürfte es nicht in Zweifel zu ziehen sein, daß in einem solchen Benehmen des Kindes eine seine Pflichttheilsberechtigung beeinflussende Lieblosigkeit gefunden werden kann. Kurz, die rechtliche Nothwendigkeit der Konsenseinholung und die Rechte der Eltern, bei unterlassener Nachsuchung dem Kinde Vermögensvortheile zu entziehen, bedingen sich der Natur der Sache nach nicht in der Art, daß mit der ersteren auch die letzteren fortfallen müßten, vielmehr können diese auch ohne jene bestehen.

So hat auch das preuß. A. L.R. schon bisher die Sache behandelt. Obwohl es das Kind nur verpflichtete, mangels des Vaters den Konsens der Mutter während der Minderjährigkeit, nicht aber später einzuholen, hat es doch der Mutter gleichfalls die Befugniß gewährt, das ohne ihre Einwilligung heirathende großjährige Kind, welches rechtlich derselben nicht bedarf, auf den halben Pflichttheil zu setzen, s. II 1 §. 1000. Es kann daher nicht in Frage gezogen werden, daß sowohl dieses ihr Recht, wie auch die gleiche Befugniß des Vaters in Betreff jedes, bei seinen Lebzeiten ohne seinen Konsens heirathenden Kindes, s. a. a. O. §§. 996, 998, noch heute fortbesteht. Ebenso Stölzel in Zeitschr. f. Kirchenrecht 17, 110; Goldenring bei Gruchot 21, 707; Reichsger. IV. Sen. v. 27. März 1886, Bolze, Praxis des Reichsger. 3, 268 N. 890.

Mandry, civilr. Inhalt rc. S. 514, 515 will dagegen die aufgeworfene Frage je nach Inhalt des Landesrechtes verschieden beantwortet wissen. Wenn ein solches, wie es wohl die Regel sei, davon ausgehe, daß die Eltern ein Recht darauf haben, gefragt zu werden und die Nachtheile der Verletzung dieses elterlichen Rechtes bestimme, so könne die modifizirende Einwirkung des Reichsgesetzes nicht beanstandet werden; wenn dagegen das Landesrecht die Verletzung der sittlichen aus den Familienverhältnissen hervorgehenden Verpflichtung in den Vordergrund stelle und die Nachtheile ohne Rücksicht auf das Recht der Eltern zur Konsensertheilung und die Verletzung desselben festsetze, so sei die entgegengesetzte Folgerung zu ziehen. Er rechnet zu der letzteren Kategorie das gemeine Recht, zu der ersteren dagegen das württemb. Recht (aber gegen Lang, Personenrecht 2 A. §. 78 N. 37 und württemb. Gerichtsblatt 15, 57, 317) und ferner das bairische und preußische Recht (s. aber a. Schl. des vor. Abs.). Ganz abgesehen davon, daß es unter Umständen schwer sein würde, die Landesrechte nach den beiden Kategorieen zu sondern, weil die zu ihrer Unterscheidung aufgestellten Gesichtspunkte sich nicht auseinanderhalten lassen, da das Recht der Eltern, gefragt zu werden, der rechtliche Ausdruck für die erwähnte sittliche Verpflichtung ist, kommt weiter in Betracht, daß das Reichsgesetz die vermögensrechtlichen Wirkungen der Verletzungen des bisherigen Rechts überhaupt nicht hat regeln wollen.

3. Das Ehehinderniß der Verwandtschaft und Schwägerschaft ist in dem Umfange, wie es der §. 33 Nr. 1—3 zuläßt, in allen deutschen Rechtsgebieten ein öffentliches trennendes, also von Amtswegen geltend zu machendes Ehehinderniß, vgl. preuß. A. L.R. II 1 §. 935; Code civil Art. 161, 162, 184; sächs. Ges. v. 5. Nov. 1875 §. 3; bad. Ges. v. 9. Dezbr. 1875 §. 1 Nr. 2, §. 2c; goth. Ehegesetz §. 2 lit. b bis d, §. 23; altenb. Eheordn. §. 4 Nr. 2, §. 6; für das gemeine katholische Eherecht s. Schulte, Eherecht S. 168, 177, 181; für das protestantische s. Richter-Dove-Kahl S. 1089, v. Scheurl, Eherecht S. 195; vgl. weiter Roth, bair. Civilr. Bd. 1 S. 287, 288; Bartels, hannov. Eherecht S. 141 ff., 146, 149; Lang, württemb. Personenr. S. 198, 199; Roth u. v. Meibom, kurhess. Pr.R. S. 315; Bertram, nassauisch. Pr.R. S. 515, 525, 526; Falck, schlesw.-holst. Pr.R. Bd. 4 S. 335, 342; Esmarch, schlesw. bürg. R. S. 22; Baumeister, hamb. Pr.R. Bd. 2 S. 20; Heimbach a. a. O. Bd. 1 S. 144.

4. Das Ehehinderniß der Adoptivverwandtschaft. Die Wirkung desselben ist verschieden normirt:

Ein öffentliches trennendes Ehehinderniß bildet es nach gemeinem Recht, s. Schulte, Eherecht S. 185; Richter-Dove-Kahl, Kirchenrecht S. 1097; v. Scheurl, Eherecht S. 201; Roth, bair. Civilr. 1, 288; Bertram, nassauisch. Pr.R. S. 526; Bartels, hannov. Eherecht S. 153; Lang, württemb. Personenr. S. 198; ferner nach dem sächs. Ges. v. 5. Nov. 1875 §. 3; dem bad. Ges. v. 9. Dez. 1875 §. 2c; dem goth. Ehegesetz §. 2 lit. e und §§. 22, 23; endlich in Lübeck, s. Stölzel i. Stdesb. 1879 S. 105 und in der Kritisch. Vierteljahrsschr. N. F. 2, 273 gegen v. Sicherer S. 248, s. auch Anm. 18 zu §. 33 Nr. 4. Einzelne, so Lang, wollen dies aber auf die adoptio plena und arrogatio, und Bartels für Protestanten in Hannover allein auf die arrogatio beschränken; für die andern Fälle würde, da das Reichsgesetz auch diese verbietet, das Ehehinderniß immer denselben Charakter tragen, v. Sicherer S. 248.

Nach dem preuß. A. L.R. II 1 §§. 969, 985 ist das Ehehinderniß zwar ein trennendes, aber privates, welches von den Betheiligten geltend zu machen ist.

Der Code civil Art. 348 setzt gar keine Folgen fest, und deshalb gilt das Hinderniß hier, wenngleich dies nicht unbestritten ist, nur als aufschiebendes, die Wirkung der geschlossenen Ehe nicht berührendes Impediment, vgl. Zachariä, franz. Civ.R. 3, 72.

Dasselbe gilt nach der altenb. Eheordn. §. 35, vgl. v. Sicherer S. 386, und für Schleswig-Holstein, wo das Ehehinderniß keine sichere Anerkennung gefunden hat (s. Anm. 18 zu §. 33).

5. Das Ehehinderniß des Ehebruchs ist nach gemeinem katholischen Kirchenrecht, Schulte, Eherecht S. 310; ebenso nach evangelischem Kirchenrecht, Richter-Dove-Kahl S. 1105; Roth, bair. Civilr. 1, 290; Lang, württemb. Personenrecht S. 199; Bartels, hannov. Eherecht S. 367, 368; Bertram, nass. P.R. S. 515, 524; Falck, schlesw.-holst. P.R. 4, 345; Büff, kurhess. Kirchenrecht S. 640, 673; ferner nach preuß. Landrecht II 1, §. 937; dem bad. Landrecht Art. 298a in der Fassung des Ges. v. 9. Dez. 1875 §. 2 i und der altenb. Eheordnung §§. 5, 6, ein öffentliches, trennendes.

Nach dem Art. 298 des Code civil hat das Hinderniß aber, wiewohl dies nicht unbestritten ist, nur den Charakter eines aufschiebenden, s. Zachariä, franz. Civ.R. 3, 73 (s. indessen v. Sicherer S. 253). Dasselbe gilt nach dem sächs. Ges. v. 5. Nov. 1875 §. 7 und dem goth. Ehegesetz §§. 13, 22, 23.

Es fragt sich weiter, ob das Ehehinderniß da, wo es als trennendes besteht, nur insoweit diesen Charakter hat, als es früher anerkannt war, oder auch in der ihm durch das Reichsgesetz gegebenen Erweiterung. So ist der Ehebruch nach dem gemeinen katholischen Kirchenrecht nur dann ein Ehehinderniß, wenn die Ehebrecher sich auf den Todesfall des Unschuldigen die Ehe versprochen, oder bei Lebzeiten des Letzteren faktisch abzuschließen versucht, oder endlich ihm behufs Ermöglichung der Ehe nach dem Leben getrachtet haben, und allein unter dieser Voraussetzung hatte er selbstverständlich die dirimirende Wirkung. Gilt dies noch jetzt, falls die Mitschuld auf die vorgeschriebene Weise festgestellt ist (s. Anm. 20a zu §. 33), so daß in anderen, von §. 33 Nr. 5 betroffenen Fällen der Ehebruch nur ein aufschiebendes Ehehinderniß bildet, oder zieht nunmehr der Thatbestand des Ehehindernisses, wie ihn der citirte §. festsetzt, jetzt dieselben Folgen nach sich, welche der nach früherem Rechte als Ehehinderniß qualifizirte Ehebruch hatte? Das letztere wird anzunehmen sein, da das Reichsgesetz in §. 28 ff. den Umfang der einzelnen Ehehindernisse normirt und §. 36 festsetzt, daß die bisherigen Vorschriften des Landesrechts für die Verletzung der §§. 28 ff., d. h. der dort bestimmten Thatbestände der Ehehindernisse gelten sollen, so auch v. Sicherer S. 251 N. 83, dem ich mich jetzt anschließe.

6. Das Ehehinderniß der bestehenden Ehe (s. §. 34 des Ges.) ist überall ein öffentliches, also von Amtswegen geltend zu machendes trennendes Ehehinderniß, indessen hat es nach gemeinem Recht die Voraussetzung, daß die erste Ehe materiell gültig, also nicht nichtig ist. Eine nichtige, wenngleich noch nicht dafür erklärte Ehe begründet das Ehehinderniß nicht, s. Schulte, kathol. Eherecht S. 200; Bartels, hannov. Eherecht S. 365; Lang, württemb. Personenrecht S. 196.

Ebenso behandelt es der Code civil Art. 147, 184, 188, 189, denn da Art. 189 dem einen Ehegatten das Recht gewährt, der Nichtigkeitsklage den Einwand entgegenzusetzen, daß die frühere Ehe nichtig war, so steht der Eheschließung seitens einer Person, welche bereits in einer nichtigen, aber noch nicht aufgelösten Ehe lebt, nur ein aufschiebendes Hinderniß entgegen, s. Zachariä, franz. Civilr. 3, 54, 71; und dasselbe gilt von Baden, wo das Gesetz v. 5. Dez. 1875 §. 1 Nr. 2 und

Dasselbe gilt von dem Einflusse des Zwangs, Irrthums und Betrugs[30]) auf die Gültigkeit der Ehe.

---

§. 2 lit. c den Art. 189 d. bad. Landrechts (Code civil) nicht aufgehoben hat, v. Sicherer S. 254. Daß dieser letztere Art. als prozessualische Vorschrift durch §. 14 Abs. 1 des Einf.Ges. z. Reichs-C.P.O. beseitigt und durch §. 139 der letzteren ersetzt sei, so Scherer in Zeitschr. f. Kirchenrecht 22, 306, ist nur richtig, insoweit er die prozessuale Vorschrift aufweist, daß über den vorgeschützten Einwand der Nichtigkeit der Ehe vorab erkannt werden soll, nicht aber insoweit er den materiellrechtlichen Satz enthält, daß die neuen Ehegatten sich auf die Nichtigkeit der früheren Ehe berufen können, um die Nichtigkeitsklage wegen der neuen zurückzuweisen.

Mit Rücksicht auf die Vorschrift des §. 34, daß eine neue Eheeingehung vor Ungültigkeits- oder Nichtigkeitserklärung der früheren Ehe nicht statthaft ist, kann eine materiell nichtige, aber noch nicht formell für solche erklärte Ehe ebenso, wie nach französischem Rechte, in allen erwähnten Rechtsgebieten nur ein aufschiebendes Ehehinderniß bilden. Allerdings wird die vorzeitige Eingehung der neuen Ehe nach §. 171 des Reichs-Straf-Ges.B. als Bigamie gestraft, aber daraus folgt noch nicht, daß die zweite unter solchen Voraussetzungen geschlossene Ehe aufgelöst werden muß, und das um so weniger, als die Fortsetzung des ehelichen Zusammenlebens nach der Verurtheilung wegen Bigamie in keinem Falle eine anderweitige Anklage wegen dieses Verbrechens rechtfertigt.

Das goth. Ehegesetz bestimmt §. 2: „Ganz verboten sind a) die Ehen der bereits verheiratheten Personen"; die altenb. Eheordn. §. 4: „Die Eingehung einer Ehe wird schlechterdings nicht gestattet 1. denjenigen, welche sich schon in einem ehelichen Verhältnisse befinden."

Auch diese Vorschriften können nur dahin interpretirt werden, daß hier eine gültige, also nicht nichtige Ehe gemeint ist, denn sonst haben die betreffenden Personen nicht im rechtlichen Sinne eine Ehe geschlossen, und ebensowenig sind sie verheirathet oder in einem ehelichen Verhältnisse gewesen (s. auch Heimbach a. a. O. 1, 145 Anm. 1).

Ebenso ist auch der §. 936 preuß. A. L.R. II 1: „Ferner diejenigen" (d. h. es sind nichtig solche Ehen), „bei deren Schließung einer oder beide Theile annoch anderweitig verheirathet waren", zu verstehen (was freilich nicht unbestritten ist, s. Koch, Kommentar z. A. L.R. II 1 §. 942 Anm. 12, und v. Sicherer S. 255), weil bei einer nichtigen Ehe die betreffende Voraussetzung nicht vorliegt, vgl. Bornemann, preuß. Civilr., 2. Aufl. 5, 27.

Die anhalt-dessauische V. v. 27. Juni 1823 §. 13 verlangt dagegen, daß die förmliche Trennung der früheren Ehe nachgewiesen werden müsse.

Denselben Standpunkt hat das sächs. Ges. v. 5. Nov. 1875 §. 3, indem es die dem §. 34 des Reichsges. zuwider geschlossenen Ehen für nichtig erkärt.

7. Das Ehehinderniß der Wartezeit. Dies galt nach dem bisherigen Recht überall nur als aufschiebendes, s. preuß. A. L.R. II 1 §§. 19 ff., 985 ff.; Code civil Art. 228, 296, 297, s. Zachariä, franz. Civilr. 3, 62; goth. Ehegesetz §§. 15, 22; altenb. Eheordn. §§. 38, 40—42, 163; vgl. ferner Richter-Dove-Kahl S. 1004, 1005; Bartels, hannov. Eherecht S. 371; Roth, bair. Civilr. 1, 289; Lang, württemb. Personenrecht S. 214; Büff, kurhess. Kirchenr. S. 637, 673; Bertram, nassauisch. Privatr. S. 515, 517; Falck, schlesw.-holstein. Pr.R. 4, 331. Da, wo die bisherige Frist durch §. 35 des Reichsges. verlängert wird, erhält es insoweit selbstverständlich auch diesen Charakter. Eine ausdrückliche Festsetzung darüber weist das sächs. Ges. v. 9. Nov. 1875 §. 7 auf. In Baden sind die Vorschriften des bad. Landrechts Art. 228, 228a, 296, 297 durch Ges. v. 9. Dez. 1875 §. 1 Nr. 2 beseitigt, aber anderseits ist nicht die Nichtigkeit der Ehe festgesetzt worden. Vgl. auch v. Sicherer S. 256.

30) **Zwangs, Irrthums und Betrugs**, s. Anm. 76 zu §. 28 S. 99.

Auf die nähere Regelung der rechtlichen Folgen von verbotswidrig geschlossenen Ehen durch den Entw. e. bürg. Ges.B. f. d. Deutsche Reich näher einzugehen, würde hier zu weit führen, vgl. §§. 1250—1271 desselben.

§. 37.

Die Eheschließung eines Pflegebefohlenen [31]) mit seinem Vormund [32]) oder dessen Kindern [33]) ist während der Dauer der Vormundschaft [34]) unzulässig [35]).

Ist die Ehe gleichwohl geschlossen, so kann dieselbe als ungültig nicht angefochten werden [36]).

---

§. 37. [31]) **eines Pflegebefohlenen.** Vgl. Motive S. 33: „Der §. 36 (jetzt 37) untersagt die Ehe eines Vormundes oder der Kinder desselben mit dem Pflegebefohlenen, legt jedoch diesem zum Schutz der Vermögensinteressen aufgenommenen Verbote nur die Bedeutung eines aufschiebenden Hindernisses bei. Das römische Recht enthielt die analoge Bestimmung, daß der Vormund sich und seine Kinder vor abgelegter Rechnung nicht mit dem Mündel verheirathen dürfe, und wenn auch diese Bestimmung nicht mehr als Theil des heutigen gemeinen Eherechts gilt, so ist sie doch die Grundlage partikulargesetzlicher Anordnungen gewesen, welche gleich dem römischen Rechte auf die Sicherung des Mündelvermögens abzielen. So verbietet die im größten Theil Hannovers gültige Calenberger Kirchenordnung schlechthin die Ehe zwischen dem Vormunde oder dessen Kindern und dem Mündel (Stölzel, preuß. Eheschließungsrecht S. 39; Roth, bair. Civilr. 1 288 N. 34); die schleswig-holsteinischen Vormünderordnungen verlangen vor der Eheschließung zwischen Vormund und Mündel Rechnungsablage, Bestellung eines Kurators und gerichtliche Bescheinigung darüber, (Stölzel a. a. O. S. 56); für Kurhessen ist vorgeschrieben, daß, wenn der Vormund oder dessen Sohn die Mündel heirathen will, ein anderer Vormund bestellt wird (Stölzel a. a. O. S. 59); nach preuß. Landrecht II 1 §. 14 und nach dem sächs. Gesetzbuch §. 1604 ist Zustimmung des Vormundschaftsrichters erforderlich. Der Code enthält keine entsprechende Bestimmung, gestattet also mit Erlaubniß des Familienraths die Ehe zwischen Vormund und Mündel."

Außer den in den Motiven angeführten Bestimmungen sind weiter beseitigt u. A. goth. Ehegesetz §. 19; altenb. Eheordn. §§. 15, 16; anh.-dess. V. v. 27. Juni 1823 §. 9; das bisherige württemb. Recht, s. Lang, Personenrecht S. 213, und ebenso das nassauische, s. Bertram, nassauisches Pr.R. S. 52.

Unter Pflegebefohlenen ist auch eine Pflegebefohlene zu verstehen, da dieser Fall wenigstens, was den Vormund selbst betrifft, der praktisch häufigste ist.

[32]) **Vormund.** Darunter ist der zu verstehen, welcher die fortwährende Administration des Vermögens des Mündels führt, also nicht der Gegenvormund, s. auch Dernburg, preuß. Vormundschaftsrecht 2. Aufl. S. 206 (vgl. aber dagegen Stölzel i. d. Krit. Vierteljahrsschrift N. F. 2, 277), ebensowenig ein bloßer, für bestimmte Fälle bestellter Pfleger oder Kurator, s. auch preuß. L.R. II 15 §. 1, welcher deshalb in Geltung geblieben ist; a. M. v. Sicherer S. 259.

[33]) **Kindern.** Die ratio legis bedingt die ausdehnende Interpretation, daß unter Kindern auch weitere Descendenten des Vormundes, also Enkel und Enkelinnen, zu verstehen sind. So auch Seyfried S. 107; v. Sicherer S. 259; a. M. Fitting S. 126, weil es sich hier um eine Ausnahmebestimmung handle.

[34]) **während der Dauer der Vormundschaft.** Nach Beendigung derselben ist die Ehe gestattet, selbst wenn der Vormund noch nicht Rechnung gelegt hat, denn der großjährig gewordene Pflegebefohlene kann seine Rechte allein wahrnehmen; war er aber noch nicht großjährig, so bedarf es der Bestellung eines anderen Vormundes, der dann seine Interessen wahrnimmt, s. §. 29 Abs. 1, 2 u. 3. Ebenso v. Sicherer S. 259 u. Fitting S. 126.

[35]) **unzulässig.** Eine Dispensation von dem Eheverbot oder eine Eingehung der Ehe mit vormundschaftlicher Genehmigung, wie letzteres z. B. das preuß. Landrecht zuläßt, gestattet der §. 36 nicht; also kann der Standesbeamte, selbst wenn eine solche Erlaubniß beigebracht ist, nicht das Aufgebot und die Eheschließung vollziehen. Soll das Hinderniß beseitigt werden, so muß der Vormund die Vormundschaft niederlegen.

[36]) **als ungültig nicht angefochten werden.** Das Ehehinderniß ist also nur ein aufschiebendes, wie es dies in den meisten deutschen Staaten (s. oben Anm. 31) bisher schon war. Beseitigt sind

§. 38.

Die Vorschriften, welche die Ehe der Militärpersonen [37]), der Landesbeamten [38])

---

damit namentlich preuß. A. L.R. II 1 §§. 968, 977—979, 984, welche die Anfechtung der Ehe durch einen neu zu bestellenden Vormund, auch durch das Mündel innerhalb 6 Monaten nach erreichter Volljährigkeit gestatten; ebenso der Grundsatz des nassauischen Rechts, daß das Ehehinderniß ein trennendes ist, s. Bertram a. a. O. S. 515; andererseits ist es in den Gebieten des französischen und badischen Rechts (s. Motive in Anm. 31) neu eingeführt.

Der Entw. e. bürg. Ges.B. f. d. Deutsche Reich weist kein dem §. 37 entsprechendes Verbot auf, vielmehr ergiebt sich aus der Verbindung der §. 1651 Nr. 1, §. 1738 Abs. 1 und §. 1259 Nr. 4, §. 1232 Abs. 1, daß die Ehe zwischen dem Mündel und dem Vormunde oder dessen Abkömmlingen statthaft, wenn ein zu diesem Zwecke an Stelle des verhinderten Vormundes bestellter Vertreter, Pfleger, die Einwilligung zur Ehe ertheilt hat, ohne diese letztere aber anfechtbar ist, Motive 4, 12. Aug. 1882, Stdesb. 1882 S. 127).

§. 38. [37]) **Militärpersonen,** und zwar nur die des Friedensstandes, s. §. 40 des Reichsmilitärges. v. 2. Mai 1874 (R.G.Bl. S. 56), welches auch in Baiern trotz des Reservates, s. zu §. 39, zur Anwendung kommt, v. Sicherer S. 295, 334: „Die Militärpersonen des Friedensstandes bedürfen zu ihrer Verheirathung der Genehmigung ihrer Vorgesetzten." Zu diesen gehören nach §. 38 A a. a. O.: „Die Offiziere, Aerzte, Militärbeamten des Friedensstandes vom Tage ihrer Anstellung bis zum Zeitpunkte ihrer Entlassung aus dem Dienste; die Kapitulanten vom Beginn bis zum Ablauf oder bis zur Aufhebung der abgeschlossenen Kapitulation; die Freiwilligen und die ausgehobenen Rekruten von dem Tage, mit welchem ihre Verpflegung durch die Militärverwaltung beginnt, Einjährig-Freiwillige von dem Zeitpunkte ihrer definitiven Einstellung in einen Truppentheil an, sämmtlich bis zum Ablauf des Tages ihrer Entlassung aus dem aktiven Dienste"; ferner aber auch die Invaliden in den Provinzialkompagnieen und in den Invalidenhäusern, Stdesb. 1878 S. 227.

Die Militärpersonen des Beurlaubtenstandes und die zur Disposition gestellten Offiziere, s. Kab. Ordre v. 26. Aug. 1871 (Armee-Verordnungsblatt von 1871 S. 265), vgl. auch §. 15 des Bundesges. betr. die Verpflichtung zum Kriegsdienste v. 9. Nov. 1867 (B.G.Bl. S. 131), selbst die Landwehrbezirks-Kommandeure, Stdesb. 1889 S. 73, bedürfen einer Erlaubniß nicht, ebensowenig die Mannschaften der Ersatz-Reserve, wohl aber die nur vorläufig in die Heimat beurlaubten Rekruten und Freiwilligen, s. §. 60 Nr. 4 des R.Mil.Ges. (eingeschärft i. d. V. d. preuß. Min. d. Inn. v. 23.

Von den Ausführungsbestimmungen geben die J. f. Württemberg §. 13 Nr. 4; f. Baden §. 77; f. Hessen zu §. 38; f. Mecklenb.-Schwerin §. 8; f. Weimar §. 17 Nr. 8; f. Mecklenb.-Strelitz §. 8; f. Oldenburg §. 11 lit. a; f. Meiningen §. 53; B. f. S.-Altenburg §. 10; J. f. Schwarzb.-Rudolstadt §. 17 Nr. 9; f. Schwarzb.-Sondershausen §. 16 Nr. 9; f. Reuß ä. L. §. 9; Reuß j. L. §. 18 u. f. Lippe zu §. 38 entweder die Vorschriften des Reichsmilitärgesetzes wieder oder verweisen auf dieselben.

Näherere Nachweisungen über die zur Ertheilung der Genehmigung zuständigen Personen und Behörden bei v. Erichsen, Führung S. 112 N. 5 u. S. 131 N. 4, und v. Erichsen, Erfordernisse d. Eheschließung S. 42; über Baiern vgl. noch Min.V. v. 27. Jan. 1883, Stdesb. 1883 S. 41.

Des Nachweises der Erfüllung der Militärpflicht oder eines Ausweises über die Militärverhältnisse bedarf es nicht. Wenn eine Regierungsverfügung (Stdesb. 1876 S. 119) die Standesbeamten anweist, die Ehen von Militärpflichtigen vor Ableistung ihrer Dienstpflicht nach Kräften zu verhindern und die betreffenden Personen protokollarisch zu verwarnen, daß durch ihre Verheirathung keine Ansprüche auf Zurückstellung oder Befreiung vom Militärdienste begründet werden, so widerstreitet die erste Anordnung dem Gesetze, da der Standesbeamte weder Ehen zu befördern, noch zu verhindern, sondern blos die Gesetzmäßigkeit der Ehe, bei deren Abschließung er mitwirken soll, zu prüfen hat. Die zweite (eine ähnliche auch in der J. f. Lippe zu §. 45) ist eine gut gemeinte, aber zu weit gehende Bevormundung, deren Ausübung ebenfalls nicht zur Kompetenz des Standesbeamten gehört.

[38]) **der Landesbeamten,** im Gegensatz zu den Reichsbeamten. Für diese verlangt das Reichsgesetz betr. die Rechtsverhältnisse d. Reichsbeamten v. 31. März 1873, R.G.Bl. S. 61, keinen Heirathskonsens, Stdesb. 1879 S. 205, Wohlers S. 72 (betr. die Beamten der Postverwaltung). Aus dem §. 19 desselben läßt sich die Nothwendigkeit eines solchen ebenfalls nicht herleiten. Dieser bestimmt, daß auf die Rechtsverhältnisse der Reichsbeamten die gesetzlichen Vorschriften Anwendung finden, welche an ihren Wohnorten für die aktiven Staatsbeamten gelten. Denn wenn auch das Landrecht des Wohnortes eine Erlaubniß der vorgesetzten Behörde für den Landesbeamten für erforderlich erklärt, so sind die zur Ertheilung derselben berechtigten Landesbehörden den Reichsbeamten nicht vorgesetzt, und das Reichsgesetz selbst hat keine Bestimmung darüber, welche Reichsbehörden zur Konsensertheilung befugt sind, so daß der §. 19 in dieser Hinsicht unausführbar ist, falls man selbst annehmen wollte, daß es sich bei der Heirathsbewilligung um ein Rechtsverhältniß handelt. Jedenfalls ist aber der §. 19, wenn man ihn auch in der gedachten Beziehung für anwendbar erklärt, durch das vorliegende Gesetz, durch §. 38 in Verbindung mit §. 39, aufgehoben. S. auch R. d. preuß. Min. d. Inn. v. 19. April 1875, Stdesb. 1875 S. 89; ebenso Laband, Staatsrecht d. Deutschen Reichs, 2. A., Freiburg 1888, S. 510; G. Meyer, Lehrb. d. deutsch. Staatsrechts, 2. A., Leipzig 1885, S. 424; v. Scheurl, Eherecht S. 180; (und im Ergebniß auch) v. Sicherer S. 261.

Unter Landesbeamten sind, da das Reichsgesetz die bestehenden partikularrechtlichen Vorschriften aufrechterhalten will, alle im öffentlichen Dienste, d. h. des Staates, der Gemeinden und der Kirche angestellten Personen zu verstehen, so auch v. Sicherer S. 262.

In Preußen waren alle Civilbeamten, welche bei der allgemeinen, durch Friedrich d. Gr. errichteten Wittwenkasse receptionsfähig oder nach der Auslegung der Praxis, J.M.Bl. 1867 S. 414 u. Stdesb. 1877 S. 187, receptionspflichtig waren, gehalten, den Konsens ihres vorgesetzten Chefs zur Verheirathung beizubringen (Anh. §. 70 zu §. 146 II 1 A. L.R. und Kab.Ordre v. 17. Juli 1816, G.S. S. 214, modifizirt durch die Kab.Ordre v. 9. Juli 1839, J.M.Bl. S. 302). Durch die Verordn. v. 23. Sept. 1867, betr. die allgemeine Regelung der Staatsdienerverhältnisse in den neu erworbenen Landestheilen, G.S. S. 1619, §§. 1 Nr. 6 und 4, sind diese Anordnungen auch auf die 1866 erworbenen Gebiete ausgedehnt worden, mit der Maßgabe, daß diejenigen Beamten, welche noch Mitglieder einer der in den gedachten Landestheilen vorhandenen Beamten-Wittwenkassen waren, von der Verpflichtung zum Beitritt der allgemeinen Wittwenkasse frei blieben. §. 22 des Ges., betr. die Fürsorge für die Wittwen und Waisen der unmittelbaren Staatsbeamten, v. 22. Mai 1882, G.S. S. 298: „Der Beitritt zur allgemeinen Wittwenverpflegungsanstalt ist den nach §. 1 zur Entrichtung von Wittwen- und Waisengeldbeiträgen verpflichteten Beamten" (eine Pflicht, die allerdings durch das Gesetz v. 28. März 1888, G.S. S. 48, beseitigt ist), „sowie den Beamten des Deutschen Reichs ferner nicht gestattet" hat aber das Beitrittsrecht und die Beitrittspflicht, s. den cit. §. 1, für unmittelbare Staatsbeamte, welche Diensteinkommen oder Wartegeld aus der Staatskasse beziehen und welchen beim Eintritt der Voraussetzungen der Versetzung in den Ruhestand nach Erfüllung der erforderlichen Dienstzeit Pension aus der Staatskasse gebühren würde, sowie für in den Ruhestand versetzte „unmittelbare Staatsbeamte, welche kraft gesetzlichen Anspruchs oder auf Grund des §. 7 des Pensionsgesetzes v. 27. März 1872 (G.S. S. 268) lebenslängliche Pension aus der Staatskasse beziehen", beseitigt, und dasselbe ist durch Art. 3 des Ges. v. 15. Juli 1889, betr. die Fürsorge für die Wittwen und Waisen der Geistlichen d. evang. Landeskirche der 9 älteren Provinzen der Monarchie, G.S. S. 139: „Den Geistlichen der evangelischen Landeskirche ist vom 1. Okt. 1889 ab der Beitritt zur Allgemeinen Wittwenverpflegungsanstalt nicht mehr gestattet", hinsichtlich der Geistlichen der erwähnten Landeskirche geschehen. Damit ist für die gedachten Beamten und ferner für die erwähnten Geistlichen (s. Kab.Ordre v. 10. Dez. 1818 u. v. 27. April 1820, v. Kamptz, Annal. 16, 102; 4, 789) die Nothwendigkeit, dem Standesbeamten den Konsens der vorgesetzten Behörde beizubringen, entfallen, wennschon die Verbindlichkeit, die Genehmigung einzuholen, als Dienstpflicht fortbestehen kann, so auch Förster-Eccius, preuß. Pr.R. 4, 18 N. 32; vgl. auch Stdesb. 1887 S. 75, 147, 164, 165; 1888 S. 154; v. Erichsen, Führung S. 144 N. 1, wo aber das Ges. v. 1888 noch nicht berücksichtigt ist. Für die Geistlichen in den neuen Provinzen, auf welche die früheren altpreußischen Vorschriften ebenfalls angewendet worden sind (s. auch R. v. 20. Mai 1869, M.Bl. f. d. i. V. S. 238; Stdesb. 1879 S. 219), gelten dieselben aber noch jetzt, und ferner haben nach §. 33 der in den neuen Provinzen ebenfalls geltenden Militär-Kirchenordn. v. 12. Feb. 1832 (s. auch G.S. v. 1867 S. 919, 1849 u. v. 1869 S. 77) die evangelischen Militärprediger zu ihrer Verheirathung die Erlaubniß des vorgesetzten Konsistoriums einzuholen.

In Baiern bedürfen alle im Dienste des Staates, der Kirche, einer öffentlichen Korporation oder Stiftung nicht blos auf Ruf und Widerruf verwendeten Personen, deren Anstellung vom König oder von einer Staatsbehörde ausgeht, der dienstlichen Bewilligung, s. Ges. üb. Heimat, Verehelichung und Aufenthalt v. 16. April 1868, Art. 34 Nr. 3 und V. v. 28. Aug. 1868, die dienstliche Verehelichungsbewilligung für Beamte und öffentliche Diener betr., Reg.Bl. S. 1633 ff., auch bei Reger, das Ges. über Heimat u. s. w. S. 101. Unter diese Vorschrift fallen auch die Notare, protestantischen Geistlichen und Volksschullehrer, nicht aber die Advokaten, s. Völk S. 110; Reger S. 46; v. Riedel u. v. Müller, Komment. z. bair. Ges. über Heimat S. 193; ferner auch Gerichtsvollzieher, Stdesb. 1880 S. 229. Die Staatsdienst-Aspiranten und die nur auf Widerruf verwendeten Personen haben vor ihrer Verheirathung eine schriftliche Anzeige von ihrem Vorhaben und ihrer Wahl zu machen, Bek. v. 20. Aug. 1868, Reg.Bl. S. 1609. Die Verehelichungsbewilligung für die Beamten ersetzt aber nicht das nach Art. 33 des erwähnten Gesetzes allgemein erforderliche distriktspolizeiliche Zeugniß (s. zu §. 39). Ist letzteres ausgestellt ohne die vorgeschriebene dienstliche Bewilligung, so ist die abgeschlossene Ehe nicht ungültig, aber der betreffende Beamte kann zur Disziplinaruntersuchung gezogen werden, und es fällt der Pensionsanspruch der Wittwe und Kinder fort; s. Riedel a. a. O. S. 193; v. Sicherer S. 295.

In Württemberg haben die Staatsbeamten, sowie die Angestellten an den Latein- und Realschulen die Heirathserlaubniß ihrer vorgesetzten Behörde einzuholen, Ges. v. 24. Juli 1876, betr. die Rechtsverhältnisse der Staatsbeamten zc. Art. 7, Reg.Bl. 1876 S. 213, jedoch ist der Verwaltung vorbehalten, einzelne Klassen der unter Vorbehalt der Kündigung oder des Widerrufes angestellten Beamten von dieser Verpflichtung zu befreien. In Folge dessen ist die Verf. v. 12. Juli 1880, Stdesb. 1880 S. 166, ergangen. Vgl. ferner auch die Ausführungs-V. v. 30. Dez. 1880, Stdesb. 1881 S. 34.

In S.-Weimar bedürfen nach dem Gesetze v. 8. März 1850 §. 19, Samml. der Gesetze Bd. 10 S. 281, Staatsdiener, Geistliche und Schullehrer der Erlaubniß der vorgesetzten Behörde, s. auch J. f. S.-Weimar §. 17, ferner auch die bei großherzoglichen Behörden behufs Vorbereitung auf den Staatsdienst oder sonst als Hilfsarbeiter beschäftigten Personen (Auditoren, Accessisten, Forstgehilfen, Registratur-Adspiranten, Praktikanten, Expedienten, Hilfsschreiber zc.), Staatsmin.V. v. 3. Mai 1879, G. u. V.Bl. 1879 S. 243, Stdesb. 1879 S. 125; in Mecklenburg-Strelitz einer solchen die Hof- und Civilbeamten (auch die Pensionisten), V. v. 22. März 1854 bei v. Scharenberg und Genzken, Gesetzsamml. 1, 372, Stölzel, deutsch. Eheschließungsr. S. 54; in S.-Meiningen alle Hofdiener, unmittelbare Staatsdiener (nicht Rechtsanwälte und Notare, auch nicht Aerzte, welche nicht Physici sind), die im Vorbereitungsstadium stehenden (Referendare, Forstkandidaten zc.), alle angestellten Subalterndiener, Feldjäger, Geistliche und Lehrer, einschließlich der Predigt- und Schulamtskandidaten, J. f. Meiningen §. 54. Desgleichen ist eine solche Erlaubniß vorgeschrieben durch die Civilstaatsdiener-Gesetze von Coburg-Gotha v. 3. Mai 1852 §. 20, gemeinsch. G.Bl. S. 106, v. Schwzbg.-Sondershausen v. 23. März 1850 §. 19, G.S. S. 49, und V. v. 25. Jan. 1851, G.S. S. 3, so auch J. §. 16 Nr. 9, von Schwzb.-Rudolstadt v. 1. Mai 1850 §. 19, G.S. S. 376, u. J. §. 17, v. Reuß ä. L., s. J. §. 9, v. Reuß j. L. v. 16. Juni 1853 §. 19, G.S. 9, 334, v. Lippe-Schaumburg v. 8. März 1872 §. 16, Landes-Verordn. 11, 204, und Reg.Bek. v. 28. Juli 1853, Landes-Verordn. 14, 395, Stdesb. 1883 S. 169, nach welcher auch provisorisch angestellte Beamte und Lehrer eine derartige Genehmigung einzuholen haben. Ferner bedarf es eines solchen Konsenses für Lehrer und Schulamtskandidaten in S.-Cob.-Gotha, s. Stölzel a. a. O. S. 63, für Geistliche und Volksschullehrer in Schwzb.-Rudolstadt, a. a. O. S. 66, für fürstliche Hof- und Kammerbeamte, Geistliche und Schullehrer

und der Ausländer [39]) von einer Erlaubniß abhängig machen, werden nicht berührt.

---

im Reuß ä. L., a. a. O. S. 70; in Reuß j. L. für öffentliche Lehrer, a. a. O. S. 72; in Schwzb.-Sondershausen stehen den Staatsdienern gleich die in einem öffentlichen Schulamt stehenden Lehrer und die als Superintendenten fungirenden Geistlichen, andere Geistlichen haben die Erlaubniß des Kirchenraths einzuholen, s. a. a. O. S. 68. Vgl. auch die vorhin angef. Instr.

In Baden ist eine Erlaubniß nur nöthig für Diener der evangelischen Kirche, Offiziere und Mannschaften der Gensdarmerie, die Grenzaufseher und Rheinschiffahrtswächter, die Wärter an den großherzoglichen Heil- und Pflegeanstalten, Dienstw. §. 78, s. auch V. v. 12. Mai 1873, Ges. u. V.Bl. S. 53 und Kah, bad. Landrecht S. 69; in S.-Altenburg nur für die Mitglieder der Hof- und Stalldienerschaft und die Gensdarmen, s. V. v. 30. Okt. 1875 §. 10; Ges. v. 8. Okt. 1861, G.S. S. 56 ff.

Eine Erlaubniß für Civilbeamte bedarf es nicht in Elsaß-Lothringen, wo das Reichsbeamtengesetz, s. diese Anm. a. Anfang, durch Ges. v. 23. Dez. 1873 Art. I, Ges.Bl. f. Elsaß-Lothr. S. 479, auf die Landesbeamten, die ein Diensteinkommen aus der Landeskasse beziehen, sowie auf Lehrer und Lehrerinnen an öffentlichen Schulen für anwendbar erklärt ist, im Königreich Sachsen, Schmidt, Vorlesungen üb. d. sächs. Pr.R. 2, 17, 20, in Hessen, vgl. J. zu §. 38, in Oldenburg, s. J. §. 11, ebensowenig in Anhalt und Lippe-Detmold, da die betreffenden Civilstaatsdienst-Gesetze v. 22. Dez. 1875, anh. G.S. 8, 15, und v. 15. Jan. 1850, lipp. G.S. 10, 337, vgl. auch J. für Lippe zu §. 38, eine solche nicht verlangen; endlich nicht in Braunschweig, in Lübeck, Bremen und Hamburg. Im Königreich Sachsen haben aber die als Hülfslehrer verwendeten, noch nicht zu einem ständigen Amt gelangten Schulamtskandidaten nach der V. v. 14. Mai 1856 §. 16 die Genehmigung des Kultusministeriums einzuholen, und in Oldenburg nach d. V. betr. d. Erforderniß der Heiraths-Erlaubniß für Beamte des höheren Dienstes v. 19. März 1885, Ges.Bl. S. 173, Stdesb. 1885 S. 131, diejenigen Beamten, deren Stellen unter Art. 8 §. 1 des Civilstaatsdienergesetzes v. 28. März 1867, Ges.Bl. S. 71, fallen, d. h. solche, für deren Dienststellen eine wissenschaftliche oder eine dieser gleich zu achtende technische Ausbildung erfordert wird, und welchen bei erwiesener Tüchtigkeit und bei Erlangung des zweiten Charakters in der etwa vorgeschriebenen Hauptprüfung die unwiderrufliche Anstellung nach einer dreijährigen Dienstzeit ertheilt werden soll, s. g. Beamte des höheren Dienstes, solange sie widerruflich angestellt sind, die vorgängige Erlaubniß des Staatsministeriums einzuholen, und dies gilt auch für die Kandidaten des höheren Dienstes und diejenigen Beamten des unteren Dienstes, d. h. Beamte in solchen Dienststellen, welche die gedachte Bildung nicht erfordern, sofern sie zugleich Kandidaten des höheren Dienstes sind (vgl. Art. 8 §§. 1, 2 des cit. Gesetzes).

In Mecklenb.-Schwerin ist der Konsens der vorgesetzten Behörde erforderlich für Lehrer an öffentlichen Schulen, welche keine Familienstelle haben, für Amtsdiätare, Stationsjäger, Revierjäger und Gehülfsprediger, s. Stölzel a. a. O. S. 51; in Braunschweig für die Offiziere und Unteroffiziere, Landdragoner und Landjäger des Polizeimilitärs, Ges. v. 28. Juni 1872 Nr. 38 §. 5; Stölzel a. a. O. S. 58.

[39]) **Ausländer.** Dies sind im Sinne des Reichsgesetzes alle Personen, welche nicht die deutsche Reichsangehörigkeit besitzen; vgl. Bundesges. über die Aufhebung der polizeilichen Beschränkungen der Eheschließung v. 4. Mai 1868, Bundesges.Bl. S. 149 §. 4; deutsche Reichsverfassung Art. 3; zu bemerken ist aber, daß das angeführte Bundesgesetz, welches im §. 1 das Erforderniß der obrigkeitlichen Erlaubniß für die Bundesangehörigen beseitigt hat, in Baiern, s. Ges. betr. d. Verfass. d. Deutschen Reichs v. 16. April 1871 (R.G.Bl. S. 63) und Vertrag betr. den Beitritt Baierns 2c. v. 23. Nov. 1870 III §. 1 (R.G.Bl. 1871 S. 18), wegen der dort bestehenden Heimatsgesetzgebung, s. Ges. v. 16. April 1868 Art. 33, wonach ein von der Distriktsverwaltungsbehörde ausgestelltes Zeugniß zur Verheirathung erfordert wird, nicht eingeführt worden ist, so auch Stölzel, deutsch. Eheschließungsr. S. 12, 34; v. Sicherer S. 270. Nicht richtig ist es, die bairischen Unterthanen allgemein deswegen in den anderen deutschen Staaten den Ausländern hinsichtlich der Erfordernisse der Eheschließung gleich zu stellen, so z. B. J. für Mecklenburg-Schwerin und

Mecklenburg-Strelitz §. 8 lit. c; S.-Altenburg, Ausführungs-V. §. 10, oder dies auch nur hinsichtlich der Angehörigen des Königreichs Baiern diesseits des Rheins (mit Rücksicht auf die daselbst für die Angehörigen der Pfalz bestehenden besonderen Vorschriften des cit. Ges. v. 16. April 1868 Art. 38, s. u. zu §. 39) zu thun, so d. württemb. Ausführungs-V. v. 20. Dez. 1875 §. 13 Nr. 6 (nicht aber direkt i. d. V. v. 22. März 1877, Stdesb. 1877 S. 85) und hess. I. zu §. 38 (s. indessen dazu die Min.V. v. 10. März 1877, Stdesb. 1877 S. 130). Vgl. v. Sicherer S. 271, gegen dessen Ausführung aber Stölzel i. d. Krit. Vierteljahrsschrift N. F. 2, 251 ff.

Nach der Uebereinkunft zwischen dem Deutschen Reich und Italien v. 3. Dez. 1874, Centr.Bl. f. d. Deutsche Reich v. 1875 Nr. 10 S. 155, Gesetzgebung des Deutschen Reichs 3, 386, Stdesb. 1875 S. 65, Gesetzgebung des Deutschen Reichs 3, 386, und der ferneren mit Belgien v. 8. Okt. 1875, Centr.Bl. a. a. O. Nr. 16, S. 719, Stdesb. a. a. O. S. 213, sowie nach der Uebereinkunft mit der Schweiz v. 4. Juni 1886, Centr.Bl. S. 232, Stdesb. 1886 S. 162, 241, sind Italiener, Belgier und Schweizer, welche mit Deutschen in Deutschland eine Ehe schließen wollen, wenn sie ihre Staatsangehörigkeit nachgewiesen haben, nicht mehr verpflichtet, durch Vorlegung von Attesten ihrer Heimatsbehörden darzuthun, daß sie ihre Staatsangehörigkeit durch die Eheschließung auf ihre zukünftige Ehefrau und ihre in der Ehe geborenen Kinder übertragen, und daß sie demgemäß nach eingegangener Ehe sammt ihrer vorgedachten Familie von ihrem Heimatsstaate auf Erfordern werden übernommen werden, wohl aber haben sie, falls dies in ihrer Heimat oder an dem Orte der Eheschließung gesetzlich vorgeschrieben ist, eine Bescheinigung ihrer zuständigen Landesbehörde darüber vorzulegen, daß der Abschließung der Ehe nach dem bürgerlichen Rechte ihrer Heimat kein bekanntes Hinderniß entgegensteht.

Diese Vorschriften kommen also in allen deutschen Ländern zur Anwendung und schließen für die genannten Staatsangehörigen die Anwendung der allgemein für Ehen der Ausländer gegebenen Bestimmungen insoweit aus.

1. Was sodann zunächst die in Preußen bestehenden Vorschriften über die Ehen der Ausländer betrifft, so hat das Ges. betr. d. Zulassung von Ausländern zur Eingehung einer Ehe in den königl. preuß. Staaten v. 13. März 1854 §. 1, G.S. S. 123, bestimmt, daß Ausländer, welche in Preußen, sei es mit einer Inländerin, sei es mit einer Ausländerin, eine Ehe schließen wollen (aber nur diese, nicht die inländische Braut, s. Stdesb. 1875 S. 235), außer der Erfüllung der sonstigen gesetzlichen Erfordernisse, welche jetzt das Reichsgesetz ergiebt, noch „durch ein gehörig beglaubigtes Attest der Ortsobrigkeit ihrer Heimat nachweisen" müssen, „daß sie nach dortigen Gesetzen unbeschadet ihrer Staatsangehörigkeit zur Eingehung einer Ehe befugt sind, oder die nach diesen Gesetzen etwa erforderliche Erlaubniß zu der beabsichtigten Ehe erhalten haben". Weiter ermächtigt der §. 2 die Minister der Justiz, der geistlichen Angelegenheiten und des Innern, sowohl in einzelnen Fällen, als auch mit Rücksicht auf die Gesetzgebung einzelner Staaten, für die Angehörigen derselben überhaupt die Beibringung eines solchen Attestes zu erlassen. Dispensationen der letzteren Art, also allgemeine, ein für alle Mal geltende, sind ertheilt worden:

a) für britische, Min.Erl. v. 31. Aug. 1856, } Min.Bl. f. d. i. V. 1856 S. 220;
b) nordamerikanische, }
c) französische, Min.Erl. v. 2. April 1856, a. a. O. S. 59;
d) belgische, Min.Erl. v. 27. April 1869, a. a. O. 1869 S. 120; Cirkul. v. 20. Nov. 1875, a. a. O. 1876 S. 2; Bek. des Staatssekretärs d. Reichsjustizamts v. 22. Mai 1878, J.M.Bl. S. 105; Stdesb. 1878 S. 129;
e) österreichisch-ungarische, mit Ausschluß der in Salzburg, Tirol, Vorarlberg und Krain Heimatsberechtigten, Min.Erl. v. 17. Juni 1869, M.Bl. f. d. i. V. S. 160 u. V. d. M. d. Inn. u. d. Just. v. 18. Feb. 1886, Stdesb. 1886 S. 177;
f) für Angehörige der bairischen Pfalz, Min.Erl. v. 29. Aug. 1871, Just.M.Bl. S. 251, M.Bl. f. d. i. V. S. 251;
g) niederländische, Min.Erl. v. 4. Jan. 1872, Just.M.Bl. S. 2, M.Bl. f. d. i. V. S. 52;
h) schwedisch-norwegische, Min.Erl. v. 5. Mai 1874, M.Bl. f. d. i. V. S. 120;

i) italienische Unterthanen, Min.Erl. v. 21. Juli 1875, Just.M.Bl. S. 195; M.Bl. f. d. i. V. S. 229, Stdesb. 1875 S. 138;

k) Schweizer, Min.Erl. v. 31. Aug. 1886, M.Bl. f. d. i. V. S. 180.

Die den russischen Unterthanen, vgl. Erl. v. 2. März 1871, M.Bl. f. d. i. V. S. 60, zugestandene Befreiung ist durch Erl. v. 16. April 1889, a. a. O. 1889 S. 85, Stdesb. 1889 S. 217, beseitigt und durch Erl. v 29. Nov. 1889, Stdesb. 1890 S. 9 darauf hingewiesen worden, daß auch griechische Unterthanen eines besonderen Dispenses bedürfen.

Eine Ausdehnung des Gesetzes auf die später, d. h. nach 1854 erworbenen Landestheile hat nicht stattgefunden, es sind daher die in diesen bestehenden Vorschriften in Kraft geblieben. Nur die Bestimmung des §. 2 des Gesetzes von 1854 hat man in der Praxis auch auf die erwähnten Gebiete angewendet, was der Min.Erl. v. 12. April 1889, M.Bl. f. d. i. V. S. 118, Stdesb. 193, 194, ausdrücklich billigt, und daher kommen über die Befreiung der Ausländer von der Beibringung der nach §. 1 erforderten Erlaubniß in ganz Preußen gleiche Grundsätze zur Anwendung, nicht aber über die Art des von nicht befreiten Ausländern beizubringenden Erlaubnißscheines, s. Stölzel, deutsches Eheschließungsr. S. 35. In letzterer Beziehung gelten für die in Frage kommenden Landestheile die folgenden Vorschriften:

a) Für Hannover ist durch einen Min.Erl. v. 13. Okt. 1848, Hannov. G.S. v. 1848 Abth. 3 S. 54, vorgeschrieben, daß Ausländer einen Trauschein von Seiten der inländischen Obrigkeit ihres Aufenthaltsortes beibringen müssen.

Ferner sollen in Hannover die ausländischen Juden nur mit obrigkeitlicher Genehmigung zur Eheschließung, und auch dann allein unter der Bedingung zugelassen werden, daß sie eine inländische Jüdin heirathen und eine Bescheinigung der Obrigkeit ihrer Heimat darüber beibringen, daß sie mit ihren Frauen dort werden aufgenommen werden, s. §§. 80—82 des Gesetzes üb. d. Rechtsverhältnisse d. Juden v. 30. Sept. 1842, Hannov. G.S. 1842 I. Abth. S. 223, vgl. auch Bartels, hannov. Eherecht S. 215, 216.

b) In Schleswig-Holstein müssen Ausländer einen Erlaubnißschein der Obrigkeit, in deren Distrikte sie sich aufhalten oder ihren Aufenthalt nehmen wollen, beibringen. Diejenigen aber, welche bereits vor Gestattung ihrer Niederlassung eine glaubhafte Bescheinigung ihrer Heimatsobrigkeit darüber beigebracht haben, daß sie mit ihren Familien jederzeit werden wieder aufgenommen werden, oder deren Niederlassung in der Gemeinde ohne Beibringung eines Wiederannahme-Reverses gestattet worden, haben einen solchen, wenn sie später heirathen wollen, nicht mehr vorzulegen, Patent v. 5. Nov. 1841 §. 5.

c) Im früheren Kurfürstenthum Hessen bedarf der Ausländer einer vom Landrathsamte des Bezirks der erfolgenden Eheschließung für hinlänglich anerkannten Versicherung der zuständigen Behörde seines Heimatsstaates darüber, daß er mit seiner künftigen Familie dahin ohne Weigerung werde aufgenommen werden. Bei Personen von hohem Rang und bekannten vortheilhaften Verhältnissen kann davon unter schriftlicher Zustimmung des Landraths abgesehen werden, s. Staatsminist. Ausschr. v. 20. Nov. 1825, kurhess. G.S. S. 14, und V. v. 28. Nov. 1829 §. 29, daselbst S. 83.

d) In den altwürzburgischen Theilen der Amtsgerichtsbezirke Weihers und Hilders müssen Ausländer eine schriftliche Ermächtigung der Behörde beibringen, solche aber, welche sich in einer Gemeinde des Inlandes ansässig machen, sind wie Inländer zu behandeln, vgl. Weber, Provinzialrechte des Königr. Baierns, 3. Bd. I Th. S. 73, a. M. v. Sicherer S. 276, welcher die in Frage kommende Kirchenordn. v. 30. Juli 1693 Kap. 9 §. 85 lediglich für eine kirchliche Ordnung, nicht für ein staatliches Gesetz erklärt.

e) In den früher großh. hessischen Landestheilen ist, wenn die Ehe für das Ausland geschlossen wird, vor der zuständigen Behörde Urkunde darüber beizubringen, welche einzelne Punkte sie von den diesseitigen Gerichten bescheinigt verlange, um die Heirathserlaubniß ertheilen zu können, und danach richten sich die weiter vorzulegenden Bescheinigungen, s. Hof-Ger.Bek. v. 7. Dez. 1833 II., großh. hess. Reg.-Bl. v. 1834 S. 30.

f) Im früheren Herzogthum Nassau haben Ausländer durch beglaubigtes Attest der Ortsobrigkeit ihrer Heimat nachzuweisen, daß ihrer Ehe kein staatsrechtliches Hinderniß im Wege steht, V. v. 28. Febr. 1852 §. 5, nass. Verord.Bl. S. 73.

2. In Betreff Baierns s. Gesetz vom 16. April 1868 Art. 34 Nr. 4, Art. 39 u. zu §. 39.

3. Im Königreich Sachsen bedarf ein Ausländer, welcher sich mit einer Inländerin oder Ausländerin verheirathen will, der durch die auswärtige Landes- oder Provinzialbehörde beglaubigten Erlaubniß seiner Heimatsbehörde und ferner eines Zeugnisses der Obrigkeit des erwählten künftigen Wohnortes, welches den letzteren bescheinigt und, falls dieser im Inlande liegt, auch darthut, daß ein Revers der Heimatsbehörde vorher dahin beigebracht worden ist, daß diese sich verpflichtet, einen solchen Ausländer und seine Familie nöthigenfalls wieder aufzunehmen, s. Mandat vom 10. Oktob. 1826 §§. 2—3, G.S. S. 231, und V. v. 5. Febr. 1852, G. u. V.Bl. S. 18, auch bei Schreyer, Codex des sächs. Kirchen- und Schulrechts S. 279, 753 (vgl. auch Stdesb. 1890 S. 75). Dispensirt ist von diesen Erfordernissen für österreichische Unterthanen, mit Ausnahme der in Salzburg, Tirol, Vorarlberg und Krain Heimatsberechtigten, für niederländische, schwedisch-norwegische und belgische Staatsangehörige, Ges. u. V.Bl. 1869 S. 144; 1871 S. 359; 1874 S. 43; 1875 S. 407 und Stdesb. 1876 S. 31, 168.

4. In Württemberg können Ausländer, welche sich nicht im Inland niederlassen, mit Ausnahme der Niederländer nur eine Ehe eingehen, wenn sie zuvor eine von dem Oberamt, in dessen Sprengel sie die Eheschließung vornehmen wollen, nach vorgängiger Prüfung der Zeugnisse und Urkunden ausgestellte Erklärung beibringen, daß die nachgesuchte Ehe keinem gesetzlichen Anstand unterliegt, s. Lang, württemb. Personenr. S. 250; Süskind u. Werner, württemb. Ehegesetze Bd. 3 S. 28, Bd. 4 S. 189; Stiegele S. 133 N. 164; v. Sicherer S. 420; J. §. 13.

5. In Baden haben Nichtdeutsche nachzuweisen, daß nach den Gesetzen ihres Landes der beabsichtigten Ehe nichts entgegensteht, und zwar auf Verlangen des Standesbeamten, durch Vorlegung eines darauf gerichteten Zeugnisses ihrer Heimatsbehörde; s. Ges. v. 9. Dez. 1875 §. 24. Bei italienischen, schwedischen, norwegischen, niederländischen und belgischen Unterthanen genügt eine Bescheinigung darüber, daß nach dem bürgerlichen Rechte der Heimat der Ehe kein Hinderniß entgegensteht, s. Dienstw. §§. 80.

6. Großherzogthum Hessen. Die V. v. 21. Mai 1833 (Reg.Bl. S. 229) und v. 17. Febr. 1854 (Reg.Bl. S. 49) bestimmen, daß die Celebration der Ehe eines Ausländers mit einer Inländerin oder Ausländerin in der Provinz Rheinhessen nicht eher stattfinden soll, als bis der Ausländer ein von der kompetenten Obrigkeit seiner Heimat in gehöriger Form ausgestelltes und von der Provinzialdirektion in Mainz, bez. vom Kreisamt, in dessen Bezirk die Trauung stattfinden soll, visirtes Zeugniß beigebracht hat, daß seine Verehelichung zulässig sei und seiner demnächstigen Aufnahme mit seiner Frau in der Heimat kein Hinderniß im Wege stehe. Der Standesbeamte hat das Zeugniß bei seinen Standesakten aufzubewahren. Daß er aber von demselben ausdrücklich im Heirathsakt Erwähnung thut, wie weiter vorgeschrieben ist, erscheint nicht mehr erforderlich. Im übrigen kommen für die Provinzen Starkenburg und Oberhessen die oben S. 137 lit. e gedachten, für die vormals kurhessischen, bez. nassauischen Orte die a. a. O. unter c und f aufgeführten Vorschriften zur Anwendung. In den ehemals frankfurtischen Orten bedürfen Ausländer zur Eheschließung einer obrigkeitlichen Erlaubniß, bez. eines Konsenses ihrer Heimatsbehörde. Niederländer, Schweden, Norweger, Italiener und Belgier haben nur eine Bescheinigung darüber beizubringen, daß der Abschließung der Ehe nach dem bürgerlichen Recht der Heimat kein Hinderniß entgegensteht Vgl. auch J. zu §. 38.

7. In Mecklenburg-Schwerin bedarf es für Ausländer einer vom Ministerium des Innern zur Eheschließung im Großherzogthum ertheilten Erlaubniß, J. §. 8; Stölzel, deutsch. Eheschließungsrecht S. 52 N. 3.

8. In Sachsen-Weimar ist nach dem Gesetze üb. d. Heimatsverhältnisse vom 23. Febr. 1850, S. d. Ges. 10, 235, bei Ausländern, welche, ohne die Niederlassung zu beabsichtigen, im Großherzogthum eine Eheschließung vornehmen wollen, die Beibringung eines Zeugnisses der ausländischen Ortsbehörde darüber erforderlich, daß der einzugehenden Ehe kein Hinderniß entgegensteht, und daß

beide Theile nach ihrer Verheirathung nebst ihren etwaigen Kindern daselbst jeder Zeit werden aufgenommen werden (§. 31). Wenn einer der Nupturienten dem Großherzogthum angehört, die Niederlassung aber außerhalb erfolgen soll, ist das erwähnte Zeugniß und ferner ein Zeugniß des zuständigen Geistlichen des Wohnortes des inländischen Verlobten darüber erforderlich, daß keine kirchlichen (kanonischen) Ehehindernisse der Eheeingehung entgegenstehen (§. 32). Soll die Niederlassung im Großherzogthum erfolgen, so bedarf es nur des Erlaubnißscheines der betreffenden inländischen Gemeindebehörde (§§. 27, 28). Die Beibringung des im §. 32 erforderten Zeugnisses des Geistlichen muß aber fortfallen, da es jetzt nicht mehr darauf ankommt, ob kirchliche Ehehindernisse entgegenstehen (vgl. auch §. 39 des Reichsges.) und das Aufgebot in Betreff des inländischen Verlobten in Verbindung mit der Prüfung des dasselbe anordnenden Standesbeamten ausreicht. Ebenso v. Sicherer S. 422 N. 90. S. auch J. §. 17. Wegen des Fortfalls der Zeugnisse der ausländischen Behörden für die niederländischen, schwedischen, italienischen und belgischen Unterthanen s. d. Minist. Bekanntmachung i. Reg.Bl. 1872 S. 14; 1874 S. 159 ff.; 1875 S. 342 ff., S. 521 ff.

9. Für Mecklenburg-Strelitz gilt dasselbe, wie für Mecklenb.Schwerin, nur ertheilt die Landesregierung die Erlaubniß, V. v. 17. Dez. 1853 §. 1, Scharenberg u. Genzken, Ges. Samml. Abth. 1 S. 371; J. §. 8.

10. In Oldenburg ist eine Bescheinigung der zuständigen Ortspolizeibehörde, daß der Eheschließung in polizeilicher Hinsicht nichts entgegenstehe, erforderlich, Bek. v. 24./30. Juli 1836, Ges.S. 8, 562; J. §. 11.

Im Fürstenthum Lübeck in den früher holsteinschen Landestheilen kommen die unter Nr. 1 lit. b (S. 137) gedachten Bestimmungen zur Anwendung, in den übrigen Theilen des Fürstenthums bedarf es für die Eheschließung eines nicht über sechs Monate alten Trauscheins, welcher in Eutin vom Magistrat, sonst von den Aemtern ertheilt wird. Zur Erwirkung desselben ist der Ortsobrigkeit, gleichviel ob der Ausländer nach der Eheschließung im Fürstenthume zu wohnen beabsichtigt oder nicht, nachzuweisen, daß der Ausländer nach seiner Verheirathung und etwaigen Niederlassung im Fürstenthum sein Heimatsrecht unverändert behält und seiner etwaigen Wiederaufnahme mit Frau und Kind nichts entgegensteht, Ges. Heirathsbeschränkungen betr. v. 15. Aug. 1861 Art. 1 §. 2; Art. 2—3; Art. 4 Nr. 2 lit. a u. b; Verord.Samml. f. d. Fürst. Lübeck 9, 190; Stölzel a. a. O. S. 57; v. Sicherer S. 286.

Im Fürstenthum Birkenfeld haben Ausländer, welche sich dort verheirathen wollen, eine nicht über sechs Monate alte Bescheinigung ihrer ausländischen Civilbehörde dem Standesbeamten darüber beizubringen, daß sie im Auslande das Heimatsrecht besitzen, dasselbe trotz ihrer Verheirathung fortdauert und daß ihrer Wiederaufnahme mit Frau und Kind kein Ehehinderniß entgegensteht, Reg.Bek. v. 19. Mai 1840, Bornstedt, Samml. d. Ges. für Birkenfeld 5, 271 ff.; Stölzel a. a. O. S. 58. Die zu Nr. 8 a. E. gedachten fremden Staatsangehörigen genießen aber in Oldenburg dieselbe Befreiung. J. §. 11.

11. Nach dem braunschweig. Ges. v. 21. Februar 1870 §. 1 III (G. u. V.Samml. S. 223) haben Mannspersonen, welche Bundesausländer sind, die Genehmigung der Behörde des hiesigen Aufenthaltsortes, in den Städten des Magistrats, im übrigen Lande aber der betreffenden herzogl. Kreisdirektion beizubringen. Ferner ist bestehen geblieben die Vorschrift dess. §. Nr. II 3, daß männliche Bundesangehörige der übrigen Bundesstaaten, wenn sie Beamte, Geistliche oder Lehrer sind, den Nachweis liefern müssen, daß Seitens ihrer Vorgesetzten der beabsichtigten Verheirathung Bedenken nicht entgegenstehen, jedoch muß jetzt auch der Nachweis genügen, daß ein Konsens der Vorgesetzten nicht erforderlich ist. Befreit von der Beibringung von Trauerlaubnißscheinen ihrer ausländischen Behörden sind auch hier die zu Nr. 8 a. E. erwähnten ausländischen Staatsangehörigen, Min. Bek. i. d. G. u. V.Samml. 1872 S. 3 ff.; 1874 S. 61 ff.; 1875 S. 295 ff., 477 ff.

12. In Sachsen-Meiningen haben Ausländer ein Zeugniß ihrer Heimatsbehörde darüber beizubringen, daß ihrer Ehe ein gesetzliches Hinderniß nicht entgegensteht, sofern nicht für die Angehörigen einzelner Länder durch besondere Konventionen eine Ausnahme (so für Oesterreicher, Niederländer,

Schweden, Norweger) gemacht ist, Ges. v. 27. Nov. 1875 Art. 11; J. §. 55 Abs. 4. welche zugleich auf die S. 136 angeführten Vereinbarungen des Deutschen Reichs mit Italien und Belgien hinweist.

13. Nach der s.-altenburgischen V. v. 16. Dez. 1851, G.S. S. 133, darf Aufgebot und Trauung eines Ausländers mit einer Inländerin in keinem Falle erfolgen, solange nicht hierzu die Heimatsbehörde des Ausländers ausdrücklich ihre Zustimmung gegeben hat und darüber vorher die nöthige obrigkeitliche Bescheinigung beigebracht worden ist. Die Bescheinigungen sind nur dann für gültig zu erachten, wenn sie von der betreffenden Landes- oder Provinzialbehörde ausgestellt oder beglaubigt sind, V. v. 17. Febr. 1853, G.S. S. 6. Für Angehörige des Königreich Baiern genügt es, wenn die Bescheinigung von der zur Verehelichungsbewilligung zuständigen Polizeibehörde (Bezirksamt, unmittelbarer oder mittelbarer Magistrat) ausgestellt und von der vorgesetzten Kreisregierung beglaubigt ist (Bek. v. 12. Mai 1864). Vgl. Stölzel a. a. O. S. 61. S. auch weiter V. v. 30. Okt. 1875 §. 10. Für niederländische, schwedische, norwegische, italienische u. belgische Unterthanen ist aber laut V. v. 2. Okt. 1871, v. 10. April 1874 u. 16. Nov. 1875, G.S. 1871 S. 119; 1874 S. 51 u. 1875 S. 169, von der Beibringung der Trauerlaubnißscheine dispensirt.

14. Nach der coburg-gothaischen V. v. 30. April 1846 §. 1, Samml. d. Landesgesetze 8, 149, ist durch ein von der ordentlichen Obrigkeit des Bräutigams auszustellendes Attest nachzuweisen, daß der Verehelichung kein bürgerliches oder polizeiliches Hinderniß im Wege steht. Zur Ausstellung desselben ist ein Zeugniß der zuständigen ausländischen Behörde darüber erforderlich, daß der beabsichtigten Ehe kein Hinderniß entgegensteht, und daß beide Theile nach der Verheirathung mit ihren etwaigen Kindern jederzeit in ihrem Heimatsorte werden aufgenommen werden, Ges. üb. d. Heimatsverhältnisse im Herzogth. Coburg v. 22. Febr. 1867 Art. 13, G.S. v. 1855—1867 S. 748; Gemeindeges. f. d. Hzth. Gotha v. 11. Juni 1858 §§. 8, 13, G.S. Bd. 10 S. 258. Von der Beibringung des Zeugnisses der ausländischen Behörde sind niederländische, schwedisch-norwegische, italienische und belgische Staatsangehörige befreit, Stölzel a. a. O. S. 61 und o. S. 136.

15. Nach der anhalt-dessau-köthenschen V. vom 20. März 1850 §. 2 E Nr. 1, G.S. 5, 1745b, Nr. 1, dürfen Ausländer, welche Inländerinnen heirathen wollen, nicht aufgeboten und getraut werden, wenn sie nicht durch ein Zeugniß ihrer Obrigkeit die Befugniß zur Verheirathung dargethan haben. Nach Nr. 2 gelten auch solche Männer als Ausländer, welche sich im Inlande aufhalten, aber keine Staatsangehörige sind, sich nicht definitiv niedergelassen und ihre heimatlichen Verhältnisse nicht aufgegeben haben. Auch diese müssen durch Bescheinigung ihrer kompetenten Obrigkeit darthun, daß von Seiten derselben nicht nur der Verheirathung des Bräutigams an sich, sondern auch bei dessen demnächstiger Rückkehr in die Heimat der dortigen Mitaufnahme der Ehefrau und der in der Ehe erzeugten Kinder nichts im Wege steht. Das erstgedachte Zeugniß ist ebenfalls erforderlich für Anhalt-Bernburg nach dem Ges. v. 8. Okt. 1832 §. 23, G.S. Bd. 3 S. 752, u. d. Bek. v. 17. Okt. 1839 a. a. O. Bd. 6 S. 74. Diese Vorschriften sind für Ausländer im Sinne der Reichsgesetzgebung durch die Bek. v. 22. Juli 1868, G.S. 4, 1217, aufrecht erhalten, Stölzel S. 65. Wegen der Befreiungen gilt das zu Nr. 14 bemerkte, Stölzel S. 65.

16. In Schwarzburg-Rudolstadt haben Ausländer einen Nachweis darüber beizubringen, daß von Seiten der zuständigen Heimatsbehörde nicht nur der Verheirathung des Bräutigams an sich, sondern auch bei dessen Rückkehr in die Heimat der dortigen Mitaufnahme seiner Ehefrau und der etwa in der Ehe erzeugten Kinder nichts im Wege stehe, Ges. üb. d. Landesunterthanenschaft &c. v. 3. April 1846 §. 12, G.S. S. 28; J. §. 17 Nr. 10.

Davon sind jedoch die Niederländer, Schweden und Norweger dispensirt, Bek. v. 1. Aug. 1868, 27. Sept. 1871, 28. Dez. 1871 u. 4. April 1874; wegen der Italiener und Belgier s. J. §. 17 Nr. 10 a. E. und o. S. 136.

17. Nach den schwarzburg-sondershausenschen Ges. v. 15. Febr. 1874, G.S. S. 43, bedarf es für Ausländer der Erlaubniß seitens der zuständigen Heimathsbehörde, wenn nicht etwa dem Ministerium gehörig nachgewiesen ist, daß sie einer solchen nach den Gesetzen ihres Heimatsstaates nicht bedürfen, und daß die Ehefrau und die aus der Ehe hervorgehenden Kinder

von selbst die Staatsangehörigkeit des Ehemannes, bez. Vaters erwerben. S. auch J. §. 16 Nr. 10. Der gedachte Nachweis ist erbracht bezüglich der niederländischen, schwedisch-norwegischen, belgischen, italienischen, britischen und nordamerikanischen Unterthanen, J. §. 10 Nr. 10, G.S. 1872 S. 12; 1874 S. 67; 1878 S. 165; Stdesb. 1878 S. 177.

18. In Waldeck haben Ausländer, welche sich im Auslande niederlassen wollen, von ihrer ausländischen Polizeibehörde einen Erlaubnißschein zur Niederlassung, und wenn sie sich im Inlande niederlassen wollen, ein glaubhaftes Zeugniß der Obrigkeit des betreffenden Ortes darüber beizubringen, daß kein politisches Hinderniß im Wege steht. Außerdem ist, mag der Ausländer sich mit einer Ausländerin oder Inländerin verheirathen, noch die Erlaubniß der waldeckischen Regierung erforderlich, V. v. 2. Nov. 1802, Reg.Bl. v. 1812 S. 179, V. v. 5. Nov. 1826, Reg.Bl. S. 148, u. Bek. v. 31. Jan. 1860, Reg.Bl. S. 8. Niederländische, schwedisch-norwegische, italienische und belgische Staatsangehörige sind von der Beibringung von Erlaubnißscheinen der ausländischen Behörde befreit, Reg.Bl. 1872 S. 4 u. 1874 S. 35; Stölzel a. a. O. S. 69.

19. In Reuß ält. Linie hat der Ausländer eine Aufnahmezusicherung für seine zukünftige Frau und die etwa mit ihr außerehelich erzeugten Kinder seitens seiner zuständigen Heimatsbehörde beizubringen, von Angehörigen der österreich.-ungar. Monarchie (mit Ausnahme der Länder Salzburg, Tirol, Vorarlberg und Krain), von Italienern, Niederländern, Schweden, Norwegern, Belgiern ist dagegen der Nachweis der betreffenden Staatsangehörigkeit durch Zeugniß der zuständigen Heimatsbehörde zu fordern, von einem österr.-ungar. Staatsangehörigen außerdem der Nachweis der persönlichen Fähigkeit zur Eheschließung nach der Gesetzgebung des Heimatlandes, s. J. §. 9 lit. d.

20. Die V. v. 20. Mai 1852 für Reuß jüngere Linie (G.S. Bd. 9 S. 5; auch Allg. Kirchenbl. von 1854 S. 225) bestimmt, daß ausländische Mannspersonen ohne genügende Bescheinigung ihrer Heirathsberechtigung nicht getraut werden dürfen (§. 1), und daß, mag die Verheirathung mit einer Inländerin oder Ausländerin beabsichtigt sein, die Trauung ferner nicht eher erfolgen soll, als bis durch genügende Zeugnisse der kompetenten Heimathsbehörde nachgewiesen ist, daß der beabsichtigen Verheirathung nach den Gesetzen des Staates, dem der Ausländer angehört, ein Hinderniß nicht im Wege steht, und daß derselbe mit der ihm anzutrauenden Ehefrau unweigerlich werde aufgenommen werden (§. 2). Die von den ausländischen Heimathsbehörden ausgestellten Zeugnisse müssen von deren vorgesetzter Behörde legalisirt sein (§. 3). Ausländer, welche gleichzeitig mit ihrer Verheirathung sich im Fürstenthum niederlassen wollen, dürfen erst nach wirklich erfolgter Aufnahme getraut werden und haben sich über diese durch glaubhafte Zeugnisse der inländischen Behörde auszuweisen (§. 4). Die Vorschriften kommen nicht zur Anwendung, soweit, wie für die Niederlande, Schweden, Norwegen, Belgien und Italien, besondere Vereinbarungen bestehen, s. J. §. 19.

21. In Schaumburg-Lippe haben ausländische Personen, wenn nicht durch Vereinbarungen, wie für Niederländer, Norweger, Schweden, Italiener und Belgier, Befreiungen eintreten, zuvörderst die Erlaubniß zur Verheirathung bei der Regierung nachzusuchen, und zwar unter Beifügung einer Bescheinigung der Heimatsobrigkeit des ausländischen Bräutigams darüber, daß der dortigen Aufnahme der Braut kein Hinderniß im Wege steht. Nur Personen, welche wegen ihres Dienstverhältnisses einen Ehekonsens von der vorgesetzten Dienstbehörde erhalten haben, bedürfen der Regierungserlaubniß für die Ehe mit der auswärtigen Braut nicht. Alle ohne die vorgeschriebene Regierungserlaubniß eingegangenen Ehen sind nichtig, s. V. v. 29. Okt. 1841, Landesverordn. 6, 362, und Publikand. v. 17. Jan. 1845 a. a. O. 7, 197; J. §. 9. Die angedrohte Nichtigkeit fällt aber jetzt fort, s. folgende Anm.

22. Die lippische V., d. Heimathsrecht betr., v. 2. März 1841 §. 19, G.S. 8, 539, schreibt vor, daß Ausländer nicht anders getraut werden sollen, als wenn sie eine obrigkeitliche Bescheinigung beibringen, daß ihrer Verheirathung in bürgerlicher Hinsicht kein Hinderniß entgegenstehe, und daß ihre Aufnahme an dem auswärtigen Heimatsorte keinen Anstand erleide; für Ausländerinnen, die sich im Inlande verheirathen, ist aber eine solche Bescheinigung nicht nöthig. Die V. v. 31. Okt. 1854, a. a. O. 11, 239, hält das Erforderniß aufrecht, gleichviel ob der Ausländer eine Inländerin oder

Auf die Rechtsgültigkeit der geschlossenen Ehe [40]) ist der Mangel dieser Erlaubniß ohne Einfluß.

Ein Gleiches [41]) gilt von den Vorschriften, welche vor der Eheschließung eine Nachweisung, Auseinandersetzung oder Sicherstellung des Vermögens [42]) erfordern.

Ausländerin heirathen will. Niederländer und schwedisch-norwegische Staatsangehörige brauchen aber ein solches Zeugniß nicht beizubringen. S. auch J. zu §. 38.

23. Die lübeck. V. v. 29. Febr. 1860, Samml. d. Verordn. 27, 18; auch allg. Kirchenbl. v. 1861 S. 113, bestimmt: „Ausländer, welche in dem hiesigen Freistaate mit einer Inländerin oder Ausländerin eine Ehe schließen wollen, haben neben der Erfüllung der sonstigen gesetzlichen Erfordernisse durch ein gehörig beglaubigtes Attest der Ortsobrigkeit ihrer Heimat nachzuweisen, daß sie nach dortigen Gesetzen zur Eingehung einer Ehe im Auslande befugt sind oder die nach diesen Gesetzen etwa erforderliche Erlaubniß zu der beabsichtigten Ehe erhalten haben, auch durch deren Eingehung ihre auswärtige Staatsangehörigkeit nicht verlieren, sondern mit ihrer künftigen Ehefrau und ehelichen Kindern am Orte ihrer Heimat wieder aufgenommen werden sollen. — Dispensationen von der Beibringung einer solchen Bescheinigung können von dem Senate ertheilt werden.“ Dispensirt sind nach den Dekreten v. 27. April 1857, 13. Dez. 1871, 28. März 1874 und haben nur ihre Staatsangehörigkeit nachzuweisen britische, nordamerikanische, niederländische, schwedisch-norwegische, italienische und belgische Staatsangehörige, Stölzel a. a. O. S. 294.

24. In Bremen bestehen seit Aufhebung d. V. v. 29. März 1854, G.S. S. 89, durch das G. betr. einige eherechtliche Bestimmungen v. 31. Okt. 1875 §. 3, G.S. S. 155, keine die Ausländer gegenüber den Inländern beschränkenden Vorschriften mehr.

25. Für Hamburg vgl. Ges. betr. die Civilstandsregister rc. v. 17. Nov. 1865 §. 25 Abs. 5, Samml. d. Verordn. 23, 290: „Ein Fremder, welcher hier mit einem hiesigen oder nicht hier heimatsberechtigten Frauenzimmer eine Ehe eingehen will, hat den Heirathskonsens seiner Heimatsbehörde beizubringen oder zu bescheinigen, daß es desselben nicht bedarf, sowie ferner die Fortdauer seiner Heimatsberechtigung für sich, seine künftige Ehefrau und eventuelle Descendenz nachzuweisen.“ Von Beibringung dieser Bescheinigungen wird durch die betreffende Aufsichtsbehörde dispensirt, wenn solche notorisch von der ausländischen Regierung nicht ertheilt werden und die Anerkennung der in Hamburg geschlossenen Ehe mit ihren Wirkungen in dem betreffenden Auslande keinem Zweifel unterliegt. Allgemein dispensirt sind Niederländer, Schweden, Norweger und Belgier, s. Stölzel, deutsch. Eheschließungsr. S. 77, 78.

Für das Amt Bergedorf vgl. die mit der unter 23 angeführten lübeckischen V. übereinstimmende Bekanntm. v. 25. April 1860, Samml. d. lübeck. V. S. 148; allg. Kirchenbl. von 1861 S. 114.

Falls Jemand nicht dem Staate, in welchem er die Ehe schließen will, angehört, aber auch nicht in einem andern die Staatsangehörigkeit besitzt — einen solchen Fall s. Stdesb. 1875 S. 133 —, ist er darum nicht unfähig, die Ehe einzugehen, denn rechtsfähig ist jeder, ohne Unterschied. Die Frage, nach welchem Recht zu beurtheilen ist, ob Ehehindernisse entgegenstehen, entscheidet sich nach Maßgabe der u. zu §. 48 zu entwickelnden Grundsätze.

[40]) **Rechtsgültigkeit der geschlossenen Ehe.** Der betreffende Satz, welcher diese Ehehindernisse, wie sie es fast schon ausnahmslos waren, als blos aufschiebende charakterisirt, ist zufolge eines Amendements Reichensperger (Olpe) in das Gesetz gekommen, s. stenogr. Ber. S. 1043 ff., und es sind dadurch die abweichenden Vorschriften einzelner der in der vorigen Note aufgeführten Verordnungen beseitigt, s. oben Nr. 21.

Hinsichtlich der Ehen der Militärpersonen hat das Reichs-Militär-Straf-Ges.B. v. 20. Juni 1872 §. 150 (R.G.Bl. S. 174) schon denselben Grundsatz ausgesprochen.

[41]) **Ein Gleiches.** S. Motive S. 34: „Kein privatrechtlicher Natur, aber von nicht unerheblicher sachlicher Tragweite sind die im Abs. 2 dieses Paragraphen erwähnten Vorschriften über die Nothwendigkeit einer vorgängigen Nachweisung, Auseinandersetzung oder Sicherstellung des Vermögens,

namentlich bei anderweiter Verheirathung verwittweter Personen, welche Kinder erster Ehe haben. Hier greifen so sehr die Güterrechtsverhältnisse des einzelnen Landestheiles ein, daß sich ohne gleichmäßige Umgestaltung dieser Grundlage eine gemeinsame Bestimmung über das zur Eheschließung Erforderliche nicht treffen läßt und daher nur übrig blieb, die einschlagenden Bestimmungen der Landesrechte aufrecht zu erhalten."

Die Worte: „Ein Gleiches", welche sich auf den ersten Satz des Alinea 1 des Paragraphen beziehen sollen, sind jetzt nach der Einschiebung des Reichensperger'schen Amendements (s. Anm. 41) nicht mehr korrekt.

[42]) **Nachweisung, Auseinandersetzung oder Sicherstellung des Vermögens,** gleichviel ob sie eine solche im Interesse der Kinder oder blos im Interesse der Eheleute, also eine Sicherstellung des Vermögens derselben durch Regelung der ehelichen Güterverhältnisse vor der Eheschließung, vgl. z. B. u. unter Nr. 32, fordern, so auch v. Sicherer S. 326. Hierher gehören folgende partikularrechtliche Vorschriften:

1. Preußisches A. L.R. II 1 §. 18: „Sind aus einer vorhergehenden Ehe Kinder vorhanden, welche wegen minderjährigen Alters oder sonst sich selbst nicht vorstehen können: so muß deren gesetzliche Abfindung nachgewiesen, oder doch ein Erlaubnißschein des vormundschaftlichen Gerichts vor der Trauung beigebracht werden"; — eine Vorschrift, welche sich sowohl auf Ehen, die durch Tod, wie auch auf solche, welche durch Scheidung aufgelöst worden sind, bezieht, s. Besch. des Just.Min. v. 19. Juni 1843, Just.M.Bl. S. 156; **Koch**, Kommentar zu §. 18 a. a. O.; Stdesb. 1875 S. 234.

2. In Neuvorpommern und Rügen ist das Aufgebot oder die Eheschließung für den zur ferneren Ehe Schreitenden, wenn seine vorige Ehe unter dem Rechte der Gütergemeinschaft stand, bis zur Beibringung der gerichtlichen Bescheinigung über die Auseinandersetzung mit den Kindern und etwaigen minorennen Miterben auszusetzen, Reg.V.O. v. 22. Mai 1810, Sonnenschmidt, Samml. 2, 49, vgl. weiter Stölzel, deutsch. Eheschließungsr. S. 28.

3. Bezirk des früheren Justizsenats Ehrenbreitstein. Nach der im Bezirk der Bürgermeistereien Dierdorf, Puderbach, Niederwambach, Wissen (links der Sieg), im Kirchspiel Oberlahr und einem Theil des Dorfes Selbach geltenden nassauisch. Katzenellenbogenschen Landordn. IV 6 §. 4 soll einer Wittwe die Eheschließung nicht gestattet werden, sie habe denn ihren Kindern zuvor Vormünder anordnen lassen, auch mit denselben abgetheilt und ein richtiges Inventar gemacht. Ebenso soll es mit der anderweitigen Verehelichung des Wittwers, Abtheilung und Aufrichtung des Inventars, gehalten werden.

Nach der in den Bezirken der Bürgermeistereien Neuwied, Heddesdorf (mit Ausnahme des Dorfes Irlich) und Anhausen geltenden neuwieder Kirchenordnung v. 4. Januar 1707 §. 29, Scotti, Samml. 1, 45, dürfen Wittwer und Wittwen, welche Kinder haben, weder aufgeboten noch kopulirt werden, wenn sie wegen geschehener Inventarerrichtung über die Nachlassenschaft des verlebten Ehegatten und über die bewirkte Abfindung der Vorkinder kein Zeugniß des Gerichtes vorlegen können.

Im Bezirk der Stadt Wetzlar und der Bürgermeistereien Greifenstein, Aßlar, Braunfels und Schöffengrund soll der zur zweiten Ehe schreitende Gatte vor der Eheschließung über die väterliche oder mütterliche Erbportion seiner Kinder ein gerichtliches Inventarium verfertigen lassen und darüber ein gerichtliches Attest beibringen, s. mainzer Landrecht VII §. 7; solms-braunf. V.O. v. 15. Sept. 1772.

Vgl. Stözel, deutsch. Eheschließungsr. S. 28, 29.

4. Im Kreis Siegen des Bezirkes des früheren Appellationsgerichtes Arnsberg gilt die zu 3 erwähnte Vorschrift der nass. katzenell. L.O.

5. Provinz Hannover. In der Stadt Osnabrück hat derjenige Gatte, welcher in statutarischer Gütergemeinschaft gelebt hat, vor Eingehung der zweiten Ehe mit den Kindern erster Ehe die Vermögensabschichtung vorzunehmen, Stölzel a. a. O. S. 29.

In den früher hessischen Landestheilen der gedachten Provinz, s. Stölzel a. a. O., ist bei Eingehung einer weiteren Ehe und beim Vorhandensein minderjähriger Kinder aus früherer Ehe durch Bescheinigung der obervormundschaftlichen Gerichtsbehörde vor dem Aufgebote die Feststellung der aus der früheren Ehe hervorgehenden Vermögensverhältnisse nachzuweisen. Dispensation von der Errichtung eines förmlichen Inventars ertheilt der Landesherr, s. Stölzel a. a. O. S. 30.

6. Dasselbe gilt im früheren Kurfürstenthum Hessen, nur ertheilt hier das Gericht die Dispensation, Stölzel a. a. O. S. 31; Roth u. v. Meibom, kurh. P.R. 1, 319, 470.

7. In den altwürzburgischen Theilen des früheren Appellationsgerichtsbezirkes Kassel kann sich der mit ersteheliche Kindern versehene Ehegatte ohne richterliche Dispensation nicht verheirathen, bevor er entweder abgetheilt oder die Kinder vereinkindschaftet oder wenigstens ein Inventar errichtet hat, s. Stölzel a. a. O. S. 32.

8. In den altmainzischen Theilen desselben Bezirks hat der zur zweiten Ehe schreitende Gatte vorher über die väterliche, bez. mütterliche Erbportion seiner Kinder früherer Ehe ein gerichtliches Inventar anfertigen zu lassen, s. Stölzel a. a. O. S. 32.

9. In den ehemals großherzoglich hessischen Landestheilen der früheren Appellationsgerichtsbezirke Kassel und Wiesbaden müssen verwittwete Personen, die Kinder aus der ersten Ehe haben, die gesetzliche Bevormundung dieser und die Inventarisation nachweisen, s. Stölzel a. a. O. S. 32.

10. Im ehemaligen Herzogthum Nassau bedarf es für eine verwittwete Person, gleichviel ob sie Kinder hat oder nicht, für eine geschiedene Person, welche Kinder hat, ebenso für eine Mutter mit unehelichen Kindern der Beibringung einer gerichtlichen Bescheinigung, daß die Inventarisation, und wenn minderjährige oder dispositionsunfähige Kinder vorhanden sind, daß auch die Bestellung eines aufsehenden Vormundes und die Sicherheitsbestellung erfolgt ist, Bertram, nass. P.R. S. 517; Stölzel a. a. O. S. 32.

11. Im Bezirke des Amtsgerichts Homburg — mit Ausnahme des Amts Rödelheim und des früher hessischen Theils der Ortschaft Niederursel, für diese Gebiete gilt das unter 9 Bemerkte — haben verwittwete Personen nachzuweisen, daß aus der früheren Ehe keine Kinder vorhanden sind, oder daß die gesetzliche Bevormundung und Inventarisation stattgefunden hat, s. Stölzel a. a. O. S. 33.

12. Im Bezirk des früheren Appellationsgerichts zu Frankfurt a. M. hat nach der Praxis die zur ferneren Ehe schreitende Wittwe oder geschiedene Ehefrau, bei Landbewohnern auch der Wittwer oder geschiedene Ehemann, falls Kinder aus früherer Ehe vorhanden sind, die Errichtung eines gerichtlichen Inventars über das Vermögen der Vorehe bei der Obervormundschaft zu erwirken, s. Stölzel a. a. O. S. 33.

13. In Schleswig-Holstein, mit Ausnahme der früher dänischen Landestheile, ist durch Attest des Gerichts seitens des früher Verheiratheten nachzuweisen, daß er mit seinen unmündigen Kindern früherer Ehe abgetheilt hat, s. Falck, schlesw.-holstein. P.R. 4, 330; Stölzel a. a. O. S. 31. In den ehemals dänischen Landestheilen darf sich keine verwittwete Person früher verheirathen, bevor das etwa erforderliche gerichtliche Theilungsverfahren mit den, auch volljährigen Erben des verstorbenen Gatten mindestens begonnen hat. Ist die Theilung nicht gerichtlich vorgenommen worden, so ist der Nachweis der erfolgten Theilung oder die Zustimmung der Erben erforderlich, s. Stölzel a. a. O.

14. In der Stadt Mölln im Herzogthum Lauenburg muß der überlebende Ehegatte, welcher zu einer weiteren Ehe schreiten will, eine Bescheinigung des Amtsgerichts beibringen, daß den Kindern der früheren Ehe wegen Abtheilung oder Ausspruch von Gütern des letzteren Genüge geschehen sei, Stölzel a. a. O. S. 40.

15. In Betreff des rechtsrheinischen Baierns vgl. die Zusammenstellung der Motive S. 53, IV 2: „Personen, welche sich wieder verehelichen wollen, müssen, wenn aus der vorhergehenden Ehe Kinder vorhanden sind, deren gesetzliche Abfindung bezüglich ihrer Vermögensansprüche oder beziehungsweise Vereinkindschaftung nachweisen nach erbacher Recht, rettenberger Landesordnung, öttingenschem Recht, dem Rechte der Städte Augsburg, Kaufbeuern, Kempten, Lindau, Memmingen, Nördlingen, Nürnberg, Dinkelsbühl, Rothenburg,

Weißenburg, Windsheim, Schweinfurt, ferner nach ulmer, nach bayreuther, nach thurnauer, nach coburger, nach ansbacher Recht, nach hohenloheschem Landrecht, nach eichstädter, nach Deutsch-Ordenschem, nach castellschem, nach schwarzenbergischem, nach bamberger Recht, nach dem Rechte des Bisthums Würzburg, nach mainzer, nach fuldaer, nach löwenstein-wertheimschem Recht." Näheres bei Stölzel, deutsch. Eheschließungsr. S. 85 ff., und namentlich bei v. Sicherer S. 304 ff.

16. Im Großherzogthum Hessen kommen, soweit dort nicht französisches Recht gilt, die in der A. zu §. 38 zusammengestellten Vorschriften zur Anwendung; vgl. auch v. Sicherer S. 317.

17. In Mecklenburg-Schwerin ist von Wittwern und Wittwen die Bescheinigung geschehener obervormundschaftlicher Auseinandersetzung mit den minderjährigen Kindern der früheren Ehe beizubringen, s. A. §. 8 u. V. v. 8. Feb. 1771, Ges.Samml. der meckl.-schwer. Lande, 1. Samml. 2. Aufl., Wismar 1865, 2, 5.

18. In Sachsen-Weimar gilt die Vorschrift, daß, wenn der Vater oder die Mutter von noch unter der elterlichen Gewalt stehenden Kindern sich anderweit verheirathen, die außereheliche Mutter mit einem andern als dem außerehelichen Vater des Kindes eine Ehe schließen will, vor dem Aufgebote und der Eheschließung durch Zeugniß des Vormundschaftsgerichts nachzuweisen ist, daß die Bestellung von Vormündern für die Kinder und Sicherheitsleistung für deren Vermögen erfolgt ist, oder daß es im einzelnen Fall dieser Maßnahmen nicht bedarf, s. A. §. 17 u. v. Sicherer S. 318.

19. In Mecklenburg-Strelitz gilt dasselbe wie in Meckl.-Schwerin, A. §. 8, s. unter Nr. 17.

20. In Oldenburg, und zwar im Amte Jever, mit Ausnahme der Gemeinden Sengwarden, Fedderwarden und Accum, und im Fürstenthum Lübeck hat der überlebende Ehegatte, wenn minderjährige Kinder aus voriger Ehe vorhanden, den Nachweis zu führen, daß er mit denselben abgefunden oder Theilung gepflogen habe, s. A. §. 11c.

21. In Braunschweig dürfen Wittwen erst dann eine Ehe schließen, wenn sie sich mit den Kindern früherer Ehe auseinandergesetzt haben und für diese Vormünder bestellt sind, sowie eine Bescheinigung darüber von der Obervormundschaftsbehörde (Amtsgericht) beibringen, s. Stölzel, deutsch. Eheschließungsr. S. 58.

22. In S.-Meiningen ist nach dem Ges. v. 27. Nov. 1875 Art. 12 von Personen, welche Kinder haben, ein gerichtliches Zeugniß, daß die Ordnung der vermögensrechtlichen Verhältnisse der Vorkinder erfolgt, oder daß sie durch die Kinder oder deren Vormünder vorsätzlich oder schuldhaft vereitelt worden, beizubringen; vgl. auch A. §. 56 Abs.

23. Ebenso ist in Altenburg, s. Reskr. v. 10. Mai 1774, 2. Samml. zur L.O. ergangener Gesetze S. 452, und v. 1. Juni 1808, 3. Samml. S. 58, Vormund-Ordn. v. 31. Aug. 1785 §§. 4, 7, Eheordn. v. 13. Mai 1837 §. 87 Nr. 3, darzuthun, daß die Auseinandersetzung mit den Kindern aus voriger Ehe stattgefunden hat oder wenigstens bis zur Feststellung der streitigen Punkte gediehen ist, s. auch V. v. 30. Okt. 1875 §. 11.

24. Das gothaische Ehegesetz §. 17 bestimmt: „Verwittwete oder geschiedene Personen, welche in den vorherigen Ehen leibliche Kinder erzeugt haben, sind auf den Fall der anderweitigen Verheirathung eher nicht aufzubieten, noch weniger aber zu trauen, bis von denselben durch ein glaubhaftes Zeugniß ihrer persönlichen Obrigkeit nachgewiesen worden ist, daß sie sich mit ihren minderjährigen Kindern erster Ehe wegen der Ansprüche auf das Vermögen des verstorbenen Ehegatten gehörig abgefunden haben, oder eine dergleichen Abfindung sich nicht nöthig gemacht habe."

25. Nach der coburger V. v. 30. April 1836 §. 2 und der Deklaration v. 29. Juni 1839, Samml. d. Ges. 8, 150, 192, haben die erwähnten Personen, wenn Kinder aus früherer Ehe leben, ebenfalls durch obrigkeitliches Attest nachzuweisen, daß, im Fall der Verstorbene Vermögen hinterlassen, den Kindern ein Vormund bestellt oder mit ihnen Grundtheilung gehalten ist.

26. In Anhalt-Bernburg, vgl. Patent v. 4. Feb. 1755 und Cirk.V. v. 5. März 1789, G.S. f. Anhalt-Bernburg 1, 38, 172, soll kein Wittwer und keine Wittwe eher proklamirt und

kopulirt werden, als bis ein gerichtliches Zeugniß darüber beigebracht worden ist, daß sie sich mit den aus der vorigen Ehe vorhandenen Kindern vor der kompetenten Obrigkeit wegen des väterlichen bez. mütterlichen Erbtheils gehörig auseinandergesetzt haben.

27. Das dessau-köthensche Gesetz v. 28. März 1850 §. 2 F, G.S. 5, 1746b, verlangt den Nachweis der Befriedigung der Ansprüche am Nachlasse des früheren Gatten, aber nur dann, wenn die Kinder minderjährig sind.

28. In Schwarzburg-Rudolstadt wird nach der Bekanntmachung v. 17. April 1859, G.S. S. 101, erfordert, daß verwittwete und geschiedene Personen, welche sich wieder verheirathen wollen, für den Fall, daß Kinder aus der früheren Ehe leben, vorher durch ein von dem zuständigen Einzelgericht gehörig ausgestelltes Zeugniß nachweisen, daß sie sich mit ihren Kindern aus der vorhergegangenen Ehe rücksichtlich ihrer Vermögensverhältnisse abgefunden, zu dem Ende auch zur Regulirung der künftigen Erbverhältnisse ordentliche Ehepakten errichtet und, was die fürstliche Unterherrschaft betrifft, die in den Statuten vorgesehene Theilbietung mit ihren Kindern vollzogen haben, oder daß eine solche Abfindung und Regulirung im einzelnen Falle sich nicht nöthig gemacht hat, s. auch J. §. 17 Nr. 11.

29. In Schwarzburg-Sondershausen ist, wenn pflegebedürftige (bevormundete) Descendenten vorhanden sind, der gerichtliche Nachweis über die erfolgte Erbtheilung mit denselben beizubringen, Successionsordn. v. 9. Okt. 1829 §§. 144, 145. Wegen der minderjährigen Frauenzimmer, welche beide Eltern oder eins derselben durch Tod verloren haben, vgl. J. §. 16 Nr. 11b.

30. In Reuß ä. L. muß nach der Eheordn. v. 9. Jan. 1771 §. 7 und den Bekanntmachungen v. 10. Sept. 1852, G.S. S. 121, und v. 9. Nov. 1871, G.S. S. 131, jeder Wittwer und jede Wittwe vor anderweiter Verheirathung zuvörderst mit den Kindern erster Ehe wegen ihres mütterlichen oder väterlichen Erbtheils Richtigkeit treffen und vor dem Aufgebot den gerichtlichen Schein darüber vorlegen, s. auch J. §. 9.

31. Für Reuß j. L. ist nach dem Justizmandat v. 29. Nov. 1751 zweiter Anhang Nr. 4, dasselbe wie für Reuß ä. L. bestimmt, s. auch J. §. 18.

32. In Schaumburg-Lippe sollen die dem bäuerlichen Stande angehörigen Bewohner des platten Landes erst zur Eheschließung zugelassen werden, wenn eine Bescheinigung des betreffenden Amtes über die vor demselben stattgehabte s. g. Eheverschreibung beigebracht ist, J. §. 9.

33. In Lippe können nach d. Vormundschaftsordn. v. 1. Juli 1777 §§. 8, 22 Wittwer und Wittwen nicht eher zu einer andern Ehe zugelassen werden, als bis sie eine gerichtliche Bescheinigung ihrer Obrigkeit beigebracht haben, daß sie wegen der mütterlichen und väterlichen, oder auch sonst bisher gemeinschaftlichen Güter mit ihren Kindern Richtigkeit gemacht oder ordnungsmäßige Schichtung vollzogen haben und letzteren Vormünder bestellt worden. Auch die Mutter eines unehelichen Kindes ist, wenn sie einen andern als den Vater des Kindes heirathen will, mit dem Kinde zu schichten verbunden, s. J. zu §. 38.

34. Nach dem lübecker Gesetz v. 20. Juni 1863, Samml. d. Verordn. 33, 124, u. A. auch Allg. Kirchen-Bl. 1864 S. 30, haben Wittwer und Wittwen vor Eingehung einer anderweiten Ehe mit den in früherer Ehe erzeugten oder diesen rechtlich gleichstehenden Kindern, bez. deren erbfähigen Nachkommen wegen der denselben am Nachlasse des verstorbenen Ehegatten zustehenden Ansprüche eine Ausgleichung zu beschaffen, und wenn die Descendenten minderjährig sind, soll der überlebende Ehegatte nicht eher aufgeboten oder zur Eheschließung zugelassen werden, als bis das Protokoll der zuständigen Vormundschaftsbehörde über die stattgehabte Ausgleichung vorliegt.

35. Für Bremen bestimmt die Vormundschaftsordn. v. 19. Juli resp. 7. Aug. 1826 §. 9, Samml. der Verordn. S. 106: „Eine Mutter, die mit ihren Kindern in ungetheilten Gütern lebt, darf nicht zu einer anderweitigen Ehe schreiten, sie habe denn zuvor mit denselben abgetheilt oder zuvor eine Einkindschaft errichtet. Behufs der Theilung, sowie der Einkindschaft hat sie aber von ihrer Absicht zuvor der vormundschaftlichen Behörde die Anzeige zu machen, damit den Kindern Vormünder bestellt werden, um deren Interessen wahrzunehmen"; vgl. auch J. §. 19 lit. c.

36. Für Hamburg s. Ges. v. 17. Nov. 1865 §. 20, Samml. d. Verordn. S. 387: „Keinem

§. 39.

Alle Vorschriften, welche das Recht zur Eheschließung weiter beschränken, als es durch dieses Gesetz geschieht[43]), werden aufgehoben.

Vater und keiner Mutter, die aus einer früheren Ehe unmündige Kinder haben, steht es frei, zur anderweitigen Ehe zu schreiten, bevor mit einem Atteste der zuständigen Vormundschaftsbehörde bescheinigt worden, daß den Pflichten hinsichtlich der Vermögensansprüche der Kinder Genüge geschehen ist. Diese Vorschrift gilt auch für die Wiederverheirathung geschiedener Ehegatten."

Der Entw. e. bürg. Ges.B. f. d. Deutsche Reich will §. 38 Abs. 2 durch folgende Bestimmung ersetzen: „§. 1242. Wer ein minderjähriges oder von ihm selbst bevormundetes eheliches Kind hat, darf eine Ehe erst schließen, nachdem das Vormundschaftsgericht ein Zeugniß darüber ertheilt hat, daß die in den §§. 1548, 1599, dem §. 1623 Abs. 3 und dem §. 1734 bezeichneten Verpflichtungen von ihm erfüllt sind oder ihm nicht obliegen. — Ist im Falle der fortgesetzten Gütergemeinschaft ein antheilsberechtigter Abkömmling des überlebenden Ehegatten minderjährig oder bevormundet, so darf der letztere eine Ehe erst schließen, nachdem das Vormundschaftsgericht ein Zeugniß darüber ertheilt hat, daß die im §. 1404 bezeichneten Verpflichtungen von ihm erfüllt sind, oder ihm nicht obliegen." (Die angeführten §§. lauten, §. 1548: „Der Inhaber der elterlichen Gewalt ist verpflichtet, vor Schließung einer neuen Ehe dem Vormundschaftsgerichte von der beabsichtigten Eheschließung Anzeige zu erstatten, ein Verzeichniß des seiner Verwaltung unterliegenden Vermögens des Kindes einzureichen, und, wenn er und das Kind den anderen Elterntheil beerbt haben, die Auseinandersetzung in Ansehung der Erbschaft herbeizuführen; das Vormundschaftsgericht kann jedoch gestatten, daß die Auseinandersetzung erst zu einer späteren Zeit erfolge"; — §. 1599: „Will der Vater nach der Ehelichkeitserklärung (des Kindes) eine Ehe schließen, so finden, wenn er die elterliche Gewalt über das Kind hat, die Vorschriften der §§. 1548 bis 1552 entsprechende Anwendung"; — §. 1623 Abs. 3: „Will der Annehmende eine Ehe schließen, so finden, wenn er die elterliche Gewalt über das Kind hat, die Vorschriften der §§. 1548 bis 1552 entsprechende Anwendung"; — §. 1404: „Ist ein antheilsberechtigter Abkömmling des überlebenden Ehegatten minderjährig oder bevormundet, so hat der letztere vor Schließung einer neuen Ehe dem Vormundschaftsgerichte von der beabsichtigten Eheschließung Anzeige zu erstatten, ein Verzeichniß des Gesammtgutes der fortgesetzten Gütergemeinschaft einzureichen und unter Auflösung der Gütergemeinschaft die Auseinandersetzung herbeizuführen. Das Vormundschaftsgericht kann jedoch gestatten, daß die Auflösung der Gütergemeinschaft vor der Eheschließung unterbleibe und die Auseinandersetzung erst zu einer späteren Zeit erfolge.") Das Ehehinderniß soll, wie bisher, nur den Charakter eines aufschiebenden behalten, Motive 4, 33.

An Stelle des Abs. 1 des §. 38 des Reichsgesetzes weist der gedachte Entwurf den denselben im Wesentlichen wiedergebenden §. 1243 auf: „Militärpersonen, ingleichen solche Landesbeamte, welche nach den Landesgesetzen eine besondere Erlaubniß zur Eheschließung nachzusuchen haben, dürfen nicht ohne die vorgeschriebene Erlaubniß eine Ehe schließen. Dasselbe gilt von Ausländern in Ansehung der Erlaubniß oder des Zeugnisses, welche nach den Landesgesetzen für die Eheschließung der Ausländer erforderlich sind." S. Motive 4, 33.

§. 39. [43]) **das Recht zur Eheschließung weiter beschränken, als es durch dieses Gesetz geschieht.** Vgl. Motive S. 34: „Die im §. 38 (jetzt §. 39) enthaltene derogatorische Klausel ist eine der wichtigsten Bestimmungen des Entwurfs. Die Bedeutung derselben hinsichtlich der Beschränkung der Eheverbote wegen Verwandtschaft und Schwägerschaft, wegen Adoptivverwandtschaft, wegen gewisser Verbrechen, sowie hinsichtlich des Erfordernisses der Einwilligung der Verwandten in die Eheschließung, hinsichtlich des Verbots der Wiederverheirathung und des Gebots der Wartezeit ist bereits zu den §§. 28, 30, 32 und 34 (jetzt §§. 29, 31, 33, 35) erörtert. Hier mag noch hervorgehoben werden, daß außerdem in Wegfall kommen die in einzelnen Theilen des Bundesgebiets noch bestehenden Ehehindernisse der Verschiedenheit des Glaubensbekenntnisses, des Gelübdes der Ehelosigkeit, der geistlichen Verwandtschaft (zwischen Tauf- und Firmpathen), des Verlöbnisses und des Einspruchs auf Grund eines Verlöbnisses." (Also hat auch der Standesbeamte namentlich wegen des letzteren niemals die Eheschließung auszusetzen, s. Stdesb. 1876 S. 59.)

„Die verfassungsmäßig gewährleisteten Vorbehalte für das Königreich Baiern in Nr. III §. 1 des Versailler Bündnißvertrages v. 23. Nov. 1870 und in Nr. I des Schlußprotokolls von demselben Tage werden durch das gegenwärtige Gesetz selbstverständlich nicht berührt."

Die derogatorische Klausel dieses Paragraphen hebt nicht nur diejenigen Vorschriften des Landesrechts auf, welche das Recht zur Eheschließung im Vergleich mit dem Reichsgesetz beschränken, sondern auch diejenigen, welche es bisher gegenüber dem Reichsgesetz erleichtert haben (vgl. z. B. Anm. 24 Abs. 2 zu §. 35). Das ergiebt sowohl der Wortlaut wie auch der Zweck des Gesetzes, ein möglichst einheitliches Eheschließungsrecht zu schaffen, Stölzel i. preuß. J.M.Bl. 1878 S. 161 u. Stdesb. 1879 S. 48, derselbe bei Gruchot 21, 321 ff.

Ferner ist durch die gedachte Klausel in Verbindung mit den §§. 28—38 in Betreff der Ehehindernisse die Emancipation des staatlichen Rechtes von seiner bisherigen konfessionellen Abhängigkeit in einer Reihe deutscher Staaten (vgl. auch S. 4 ff.) vollzogen.

Von den modernen Kodifikationen hatte das am 1. März 1865 in Kraft getretene sächsische bürgerliche Gesetzbuch auffälliger Weise diesen Standpunkt der Abhängigkeit noch ausdrücklich sanktionirt, vgl.

> §. 1619: „Ehehindernisse, wegen deren Nichtbeachtung die Ehe nach §. 1621 für nichtig zu achten ist, gelten für alle vom Staate anerkannten Religionsgesellschaften.
>
> Bestehen bei einer vom Staate anerkannten anderen Religionsgesellschaft als der evangelisch-lutherischen und reformirten außer diesen Ehehindernissen noch andere, wegen deren Nichtbeachtung die Ehe für nichtig zu erachten ist, so gelten sie für die Mitglieder derselben.
>
> Werden Ehehindernisse, wegen deren nach §§. 1622—1625 blos Aufhebung der denselben zuwider geschlossenen Ehe verlangt werden kann, oder Ehehindernisse, bei welchen Nachsichtsertheilung zulässig ist, von einer vom Staate anerkannten anderen Religionsgesellschaft als der evangelisch-lutherischen und reformirten nicht anerkannt, so gelten sie für die Mitglieder derselben nicht."

Erst das Gesetz v. 20. Juni 1870 üb. die Einführung der bürgerlichen Eheschließung rc. hatte §. 19 Abs. 3 die Anwendbarkeit der Sätze 2 und 3 des §. 1619 für gerichtliche Ehen ausgeschlossen; da aber diese nur stattfinden konnten zwischen Personen, von denen jede einer andern christlichen Religionsgesellschaft angehörte, sofern die beiden zuständigen Geistlichen Trauungen verweigerten, ferner zwischen Verlobten, von denen mindestens einer nicht Mitglied einer vom Staate anerkannten Religionsgesellschaft war, und endlich zwischen Christen und Nichtchristen (s. §§. 6, 16, 17 des Ges.), so galt das konfessionelle Eherecht und der §. 1619 für Ehen solcher Personen, welche derselben anerkannten Religionsgesellschaft außer den protestantischen Konfessionen angehörten, also namentlich für Katholiken und ferner für Personen, welche zwar Mitglieder verschiedener der erwähnten Religionsgesellschaften waren, aber die kirchliche Trauung erlangten, mithin für diesen Fall für Katholiken, welche eine Protestantin heiratheten. Diese Ausnahmen sind nunmehr für Sachsen beseitigt, s. auch Ges. v. 5. Nov. 1875 §. 9, und damit entfallen insbesondere für die dortigen Katholiken, ebenso wie für die Katholiken, sofern in ihrem Lande, wie z. B. in Hannover, in Baiern und Württemberg (s. Bartels, hannov. Eherecht S. 164, und Roth, bair. Civilr. 1, 286, die Zusammenstellung der Motive S. 47, 50), das katholische Eherecht als staatliches Recht anerkannt war:

1. das aus der Taufe, bez. Firmelung hervorgehende Hinderniß der geistlichen Verwandtschaft (s. auch Lang, württemb. Personenrecht S. 187, 198),
2. das durch die Uebernahme der höheren Weihen und
3. durch die Ablegung eines feierlichen oder einfachen Keuschheitsgelübdes (für Mitglieder der Orden oder der religiösen Kongregationen) entstehende Ehehinderniß,

von denen den beiden letzteren allerdings in Württemberg seit dem Gesetze vom 30. Januar 1862 Art. 16 keine bürgerliche Wirksamkeit mehr zugeschrieben wurde, s. Lang a. a. O. S. 197.

Ferner ist beseitigt das aus der Glaubensverschiedenheit hervorgehende Ehehinderniß zwischen Getauften (Christen) und Nichtgetauften (also namentlich Juden), das noch bisher in einzelnen deutschen

Staaten, so in Baiern, s. Roth a. a. O. S. 285, Zusammenstellung der Motive S. 51, in Württemberg, Lang a. a. O. S. 199, und Mecklenburg in Kraft war. — Uebrigens hatte die Partikulargesetzgebung dieses Ehehinderniß schon für einen großen Theil Deutschlands, so in Preußen, in den Ländern des französischen Rechts, im Königreich Sachsen, in Oldenburg, Braunschweig, Sachsen-Weimar, Sachsen-Meiningen, Anhalt-Dessau-Köthen, Hamburg und Lübeck, früher beseitigt, s. o. S. 4 ff.

Eine weitere Folge der gedachten Vorschrift des §. 39 ist die Aufhebung der Wirkung eines bestehenden früheren Verlöbnisses als aufschiebenden, zum Einspruch gegen eine anderweit beabsichtigte Ehe berechtigenden Hindernisses, als welches es noch bisher z. B. in Baiern, s. Roth a. a. O. S. 281, in Württemberg, s. Lang a. a. O. S. 215 und Ges. v. 8. Aug. 1875 Art. 4, in Anhalt, s. revidirte Erläuterungen z. Anh. L.O. Tit V und VI §. 17, und anhalt-dessau-köthensche Dezision I §. 2, G.S. f. Anhalt Bd. 1 S. 147, anerkannt war. Es ist damit das schon in vielen anderen Staaten, so in Preußen, s. Gesetz v. 9. März 1854 §. 31 Abs. 2 (vgl. meinen Kommentar dazu S. 57 Anm. 49); im Königreich Sachsen, sächs. G.B. §§. 1579, 1590 und Siebenhaar, Kommentar zu §. 1590; in den Ländern des französischen Rechts, Code civil Art. 172; in Baden, Ges. v. 21. Dez. 1869 §. 79 und nunmehr Ges. v. 9. Dez. 1875 §. 13; in Oldenburg, s. Ges. v. 19. Dez. 1861 Art. 1 (u. A. im Allg. Kirchenbl. Jahrg. 1862 S. 239); in S.-Altenburg, s. Ges. v. 13. Jan. 1869 §§. 1, 12 (cit. Kirchenbl. Jahrg. 1869 S. 373); in Lübeck, s. Ges. v. 26. Okt. 1863 §. 3 (Samml. d. Verordn. S. 201), bestehende Recht zum Reichsrecht erhoben. Im Anschluß daran haben das Bremer Ges. v. 31. Okt. 1875 (s. Anhang) §. 2 und das hessische G., betr. die Eheverlöbnisse i. d. Provinzen Starkenburg und Oberhessen v. 18. April 1877 Art. 4, Reg.Bl. S. 204, Stdesb. 1877 S. 105, jede Klage auf Eingehung der Ehe aus dem Verlöbniß beseitigt.

Vgl. übrigens noch Stölzel, über d. Verhältniß der neuen Ehegesetzgebung zum Verlöbnißrechte, i. preuß. J.M.Bl. 1877 S. 3.

Zu den weiter beseitigten Ehehindernissen, welche die Motive nicht erwähnen, gehören sodann

1. diejenigen, welche eine rein kirchliche Bedeutung und Beziehung haben, wie z. B. das Ehehinderniß der mangelnden Konfirmation und das der geschlossenen Zeit, s. Richter-Dove-Kahl S. 1132; Lang a. a. O. S. 214;

2. die gesetzlichen Vorschriften, welche schwangeren Frauen als solchen, also auch unverehelichten, die Ehe mit einem andern Manne als dem Schwängerer verbieten, wie sie z. B. in Schleswig-Holstein, s. Falck a. a. O. 4, 347, Stölzel, preuß. Eheschließungsr. S. 56; in Neuvorpommern und Rügen, Stölzel a. a. O. S. 24; in Altenburg, Eheordn. §. 39, — über Württemberg, wo man ein solches Verbot im Wege ausdehnender Interpretation aufgestellt hat, vgl. Lang, a. a. O. S. 215 Anm. 50 — in Geltung waren;

3. das in den Ländern des französischen Rechts geltende Verbot der Wiederverheirathung solcher Personen, deren frühere Ehe geschieden worden ist, s. Code civil und badisches Landrecht Art. 295, s. auch bad. Ges. v. 9. Dez. 1875 §. 1 Nr. 2; so auch v. Sicherer S. 330 Anm. 4.

4. Was das Ehehinderniß der Impotenz betrifft, so kommt für die Beurtheilung darüber, ob dasselbe für aufgehoben anzusehen ist, die Bedeutung der Worte: „das Recht zur Eheschließung beschränken“ in Frage. Eine Beschränkung dieses Rechtes liegt dann vor, wenn einer Person außer den in den §§. 28—38 gedachten Fällen die Eheschließung ganz verboten oder nur unter darüber hinausgehenden Erschwerungen verstattet wird. Demgemäß bilden also alle im öffentlichen Interesse aufgestellten trennenden oder auch aufschiebenden Ehehindernisse Beschränkungen des Rechts zur Eheschließung. Den Charakter eines öffentlichen, trennenden Ehehindernisses hatte aber die Impotenz bei Kastraten und spadones qui utroque teste carent nach katholischem Kirchenrecht; s. Schulte, Eherecht S. 82, das z. B. in Hannover, s. Bartels a. a. O. S. 97, Württemberg, s. Lang a. a. O. S. 194, und Kurhessen, s. Büff, kurhess. Kirchenrecht S. 608, anerkannt war. Deshalb ist es insoweit als Ehehinderniß durch das Reichsgesetz aufgehoben, und aus demselben

Grunde sind es auch die Vorschriften einzelner bairischer Partikularrechte, des schwarzenbergischen Rechts, das mit üblen ansteckenden Krankheiten oder Seuchen behafteten Personen vor ihrer Heilung das Heirathen nicht gestattet, und des castellischen Rechts, welches Personen mit langwierigen, unheilbaren und ansteckenden oder mit einer auf die Nachkommenschaft erblichen Krankheit oder von zum Ehestande untüchtiger Leibes- und Gemüthsbeschaffenheit das Heirathen untersagt, s. Zusammenstellung der Motive S. 48.

Abgesehen von dem eben erwähnten Fall ist die Impotenz nach katholischem Kirchenrecht ferner, falls sie vor der Ehe bestand und eine dauernde, sowie unheilbare ist, ein auf Antrag des einen oder anderen Theiles geltend zu machendes, also privates trennendes Hinderniß, s. Schulte a. a. O. S. 83 und Bartels a. a. O. S. 97, 98, bair. Landrecht Th. I Kap. 6 §. 8 Nr. 6, ferner auch nach protestantischem Kirchenrecht, jedoch nur insoweit, als sie dem anderen Theile nicht vor der Ehe bekannt war und allein von diesem die Nichtigkeit der Ehe geltend gemacht werden kann, s. Richter-Dove-Kahl S. 1081 N. 13 — ebenso z. B. in Kurhessen, s. Büff, kurhess. Kirchenrecht S. 608, 617; in Schleswig-Holstein, s. Falck a. a. O. 4, 326; in Württemberg. s. Lang a. a. O. S. 194 Anm. 5; sächs. G.B. §. 1595; goth. Ehegesetz §. 4. —

Wo die Gesetzgebung dies Ehehinderniß ausdrücklich unter dem Gesichtspunkt eines die Ehe hindernden wesentlichen Irrthums auffaßt, wie das sächs. G.B. und die altenb. Eheordn. §. 178 („Zu den wesentlichen Umständen, in deren Beziehung ein Irrthum vorgekommen sein muß, ist insbesondere ein gesunder Geist und ein von ehehinderlichen Gebrechen und Uebeln (§. 173) freier Körper zu rechnen"), ferner die Praxis in Schleswig-Holstein, s. Falck 4, 326 — auch nach preuß. Landrecht kommt die Impotenz als Ehehinderniß nur unter diesem Gesichtspunkt in Betracht, s. II 1 §§. 39 ff., I 4 §§. 75 ff. —, kann kein Zweifel bestehen, daß das bisherige Recht durch das Reichsgesetz nicht berührt wird. S. §. 28 Abs. 1 und Anm. 76 S. 101; §. 36 Abs. 2.

Gegen die Begründetheit der in der eben besprochenen Gesetzgebung niedergelegten Auffassung ist allerdings in neuerer Zeit Widerspruch erhoben und behauptet worden, daß die vernichtende Wirkung der Impotenz in der Natur der Ehe liege und daher der Wille der Kontrahenten keinen Einfluß darauf ausüben könne, ebensowenig wie die Bedingung, daß die Ehe nicht konsummirt werden solle, bei ihrer Eingehung zulässig sei, s. Schulte a. a. O. S. 93, ähnlich auch Büff a. a. O. S. 618. Wenn aber das Recht die Ehegatten nicht zur Trennung nöthigt, sondern ihnen mit beiderseitigem Willen die Ehe fortzusetzen gestattet, so kann ihm nicht die Anschauung zu Grunde liegen, daß eine Ehe mit einem impotenten Gatten gar keine wirkliche Ehe ist, eine Auffassung, welche sich auch vom ethischen Standpunkte aus nicht rechtfertigen ließe, vielmehr geht das Recht offenbar davon aus, daß die Impotenz eine dem Wesen der Ehe so widersprechende Beschaffenheit ist, daß auf Grund derselben die Ehe als nichtig behandelt werden darf. Hält man dies aber fest, so kann darin, daß die Ehegatten die Impotenz als Nichtigkeitsgrund geltend zu machen befugt sind, keine Beschränkung des Rechts zur Eheschließung gefunden werden. Der Impotente ist an und für sich nicht verhindert, eine Ehe zu schließen, und daß er selbst die eingegangene nach katholischem Kirchenrechte anfechten kann, ist sicher keine Beschränkung für ihn. Ebensowenig liegt aber für ihn eine solche in dem Rechte des andern Ehegatten. Dieser hat die Befugniß, zu verlangen, daß einer der Hauptzwecke der Ehe erfüllt werde, und wenn der Impotente dafür nicht geeignet ist, so ist dies keine Beschränkung des Rechtes des letzteren zur Eheschließung, sondern blos eine natürliche Qualifikation, die ihn zu einer solchen unfähig macht, und welche vom Recht nicht beseitigt werden kann, ohne entgegenstehende Rechte zu beeinträchtigen. Darum ist auch das Ehehinderniß der Impotenz, selbst wenn man es nicht unter den Gesichtspunkt eines wesentlichen Irrthums bringt, nicht für weggefallen zu erachten (entgegengesetzter Auffassung v. Sicherer S. 331, Petersen in Hauser, Ztschr. f. Reichs- u. Landesrecht 2, 236; Sarwey, Württemberg. Arch. 17, 141 ff.), wohl aber die weitere Vorschrift des kanonischen Rechts, daß demjenigen, wegen dessen absoluter Impotenz eine Ehe für nichtig erklärt ist, die Eingehung einer neuen Ehe untersagt werden soll (Schulte a. a. O. S. 93), weil hierin unzweifelhaft eine Beschränkung des Rechts zur Eheschließung liegt.

5. Das Ehehinderniß der Entführung. Hinsichtlich der Fortdauer desselben sind gleich-

falls, wie bei dem eben besprochenen, die verschiedenen Gestaltungen, in denen es vorkommt, zu unterscheiden.

Das katholische Kirchenrecht läßt die Entführung als öffentliches trennendes Ehehinderniß zwischen dem Entführer und der Entführten bis zu dem Zeitpunkt, wo die Entführte von dem Entführer getrennt und an einem sicheren und freien Orte untergebracht worden ist, wirken, s. conc. Trident. Sess. XXIV c. 6 de ref. matr. u. Schulte, Eherecht S. 303, und mit diesem Charakter ist es auch z. B. in den Landestheilen Baierns, wo das bair. Landrecht (Th. I Kap. VI §. 8 Nr. 9), das vorderösterreichische Recht und das österreichische Gesetzbuch von 1811 (§§. 56, 96) gilt, s. die Zusammenstellung der Motive S. 44, ferner für die Katholiken in Hannover, s. Bartels, hannoversches Eherecht S. 107, anerkannt. Insoweit ist das Ehehinderniß durch das Reichsgesetz beseitigt; denn darin, daß der Entführer und die Entführte, solange die letztere nicht von ersterem getrennt ist, nicht berechtigt sein sollen, eine Ehe zu schließen, selbst wenn jeder Zwang auf die Entführte fortfällt, liegt eine dem Reichsgesetz gegenüber nicht mehr haltbare Beschränkung des Rechtes zur Eheschließung. Dasselbe gilt von der Vorschrift des in Baiern geltenden Lindauer und Oettingenschen Rechts (citirte Zusammenstellung a. a. O. S. 44), daß überhaupt zwischen dem Entführer und der Entführten keine Ehe zulässig sei.

Wo aber die Entführung nur ein privates von der Entführten bis zur ertheilten freiwilligen Einwilligung geltend zu machendes Hinderniß bildet, so z. B. in Württemberg, s. ferner sächs. bürgerl. G.B. §. 1594, gothaisches Ehegesetz §. 20, da schließt dasselbe die nach §. 28 Abs. 1 des Reichsgesetzes als nothwendig anerkannte freie Einwilligung aus und ist also in Geltung geblieben.

Endlich kennen einzelne Rechte, so namentlich das preußische, das französische, das schleswig-holsteinische, die Entführung nicht als selbstständiges Ehehinderniß, sie kann vielmehr in diesen Rechtsgebieten nur, sofern ein Zwang vorliegt oder das Konsensrecht der Eltern, bez. des Vormundes verletzt ist, in Betracht kommen. Daß hierin keine Abänderung eingetreten ist, ergeben §§. 28 ff. und 36 Abs. 2 des Reichsgesetzes.

Im Uebrigen vgl. die Anmerkungen zu §§. 28 ff.

Für das Königreich Baiern ist im Anschluß an die zu Anfang dieser Anm. mitgetheilten Motive Abs. 2 noch zu bemerken, daß für dasselbe die nachstehenden Vorschriften des bairischen Gesetzes vom 16. April 1868, G.Bl. 1868 S. 357, auch Stdesb. 1878 S. 108, 116, 123, in Kraft bleiben:

„Voraussetzungen der Verehelichung.

Art. 32. Jeder Angehörige der Landestheile diesseits des Rheins hat unter nachstehenden Voraussetzungen das Recht, sich zu verehelichen.

Art. 33. (in der durch das Ges. v. 23. Febr. 1872 d. Abänderung einiger Bestimmungen des Ges. v. 16. April 1868 betr., G.Bl. v. 1871 u. 1872 S. 214 Nr. 9, abgeänderten Fassung.) Die Verehelichung darf nur erfolgen auf Grund eines von der zuständigen Behörde ausgestellten Zeugnisses (Formular dafür im Stdesb. 1881 S. 2), daß gegen die beabsichtigte Eheschließung kein im gegenwärtigen Gesetz begründetes Hinderniß bestehe.

Eine im Widerspruche mit dieser Bestimmung eingegangene Ehe ist so lange, als die Ausstellung jenes Zeugnisses nicht nachträglich erwirkt wird, bürgerlich ungiltig, es sei denn, daß die Ehe von einem Manne, welcher außerhalb Europa's seinen Wohnsitz hat, am Orte dieses Wohnsitzes oder sonst außerhalb Baierns abgeschlossen wurde und nach den Gesetzen des betreffenden Staats als giltig zu erachten ist.

Zuständig zur Ausstellung des Zeugnisses ist die Distriktsverwaltungsbehörde jener Gemeinde, in welcher der Mann seine Heimat hat.“

(Die erwähnten Behörden sind die Bezirksämter, in den einer Kreisregierung unmittelbar untergeordneten Städten — ein Verzeichniß derselben im Centr.Bl. f. d. Deutsche Reich 1877 S. 334; Gesetzgebung des Deutschen Reichs 3, 387; Stdesb. 1877 S. 153 — aber, und zwar auch in München, die Magistrate, s. v. Riedel-v. Müller a. a. O. S. 189.)

„Art. 34. Die Ausstellung des Zeugnisses ist bedingt:

1. durch den Nachweis, daß der Verehelichung des Mannes die Militärdienstpflicht nicht hindernd im Wege steht;
2. durch die nach Vorschrift des Art. 35 gepflogenen Erhebungen über das Nichtvorhandensein civilrechtlicher Ehehindernisse;
3. durch Beibringung der nach bestehenden Dienstesvorschriften erforderlichen dienstlichen Bewilligung, falls der Mann eine im Dienste des Staates, der Kirche, einer öffentlichen Korporation oder Stiftung verwendete Person ist, deren Anstellung dem Staatsoberhaupte oder einer Staatsbehörde zusteht;

[4. durch Beibringung der Auswanderungsbewilligung, falls die Braut eine Ausländerin und nach den Gesetzen ihres Landes eine Bewilligung zur Auswanderung erforderlich ist; — die Nr. 4 ist durch Art. 12 des zu Art. 33 angef. Ges. beseitigt.]

5. durch das Nichtbestehen eines in Art. 36 begründeten Einspruchs.

Ueberdies hat der Bewerber alle zur Würdigung des Gesuchs erforderlichen Aufschlüsse zu ertheilen und Nachweis über Alter, Stand und Heimat der Braut, sowie ihrer etwa vorhandenen Kinder beizubringen.

Einspruchsrechte.

Art. 35. Wird die Schließung einer Ehe beabsichtigt, so ist dieses durch öffentlichen Anschlag mit dem Beifügen bekannt zu machen, daß jene Personen, welche gegen Schließung dieser Ehe auf Grund civilrechtlicher Bestimmungen Einspruch erheben wollen, ihren Einspruch binnen 10 Tagen bei der Gemeindeverwaltung oder bei der nach Art. 33 zuständigen Distriktsverwaltungsbehörde geltend zu machen haben.

Diese Bekanntmachung ist zu erlassen und während 10 Tagen öffentlich anzuheften:

1. von der Verwaltung jener Gemeinde, in welcher beide Brautleute ihren Aufenthalt haben;
2. wenn die Brautleute sich nicht in derselben Gemeinde aufhalten, von der Verwaltung jeder der beiden Gemeinden, in welcher die Braut oder der Bräutigam ihren Aufenthalt haben.

Die Gemeindeverwaltung hat auf der Bekanntmachungsurkunde zu bestätigen, daß letztere während 10 Tagen in der Gemeinde öffentlich angeheftet war.

Ist die Bekanntmachung in einer Gemeinde der Pfalz oder außerhalb Baierns (s. das zu Art. 33 cit. Ges.) zu erlassen, so genügt die Beobachtung der dort für Aufgebote geltenden Vorschriften.

Wenn ein Betheiligter innerhalb der gesetzlichen Frist einen auf civilrechtliche Bestimmungen sich gründenden Einspruch erhebt und binnen 10 Tagen nach Abgabe der desfallsigen Erklärung nachweist, daß dieser Einspruch bei Gericht geltend gemacht worden ist, so hat die Distriktsverwaltungsbehörde das in Art. 33 vorgeschriebene Zeugniß so lange zu versagen, bis durch Beibringung eines Bescheides des zuständigen Gerichts die legale Beseitigung des erhobenen Einspruchs nachgewiesen wird.

Wurde innerhalb der gesetzlichen Frist kein Einspruch erhoben, ist aber amtsbekannt oder aus bestimmten Gründen wahrscheinlich, daß gleichwohl der beabsichtigten Ehe ein civilrechtliches Verbot hindernd im Wege steht, so hat die Distriktsverwaltungsbehörde binnen längstens drei Tagen nach Empfang der Bekanntmachungsurkunde zu verfügen, daß durch Bestätigung des Stadt- oder Landgerichts, (jetzt des Amtsgerichts Ausführungsg. z. Reichs-Ger.V.G. v. 23. Febr. 1879, G.Bl. S. 273, Art. 15), in dessen Bezirk die zunächst von jenem Eheverbote betroffene Person ihren Wohnsitz hat, das Nichtvorhandensein oder die legale Beseitigung des in Frage stehenden Ehehindernisses nachgewiesen werde, und hat bis zur Beibringung dieses Nachweises das in Art. 33 vorgeschriebene Zeugniß zu verweigern.

Art. 36. Die Gemeinde, in welcher der Mann seine Heimat hat, kann gegen Ausstellung des Verehelichungszeugnisses Einspruch erheben:

1. wenn der Mann wegen Verbrechens oder Vergehens verurtheilt ist und sich weder über Abbüßung noch über Nachlaß der Strafe auszuweisen vermag;
2. wenn und so lange sich derselbe wegen Verbrechens oder Vergehens in Untersuchung befindet;
3. wenn derselbe in den unmittelbar vorhergehenden drei Jahren öffentliche Armenunterstützung beansprucht oder erhalten hat;
4. wenn und so lange derselbe sich mit den der Gemeindekasse oder Armenkasse seiner Heimatgemeinde gegenüber ihm obliegenden Leistungen im Rückstande befindet;
5. wenn und so lange derselbe unter Kuratel steht.

Die Geltendmachung des Einspruchsrechtes steht in Landgemeinden dem Gemeindeausschusse zu. In Gemeinden mit städtischer Verfassung ist der Magistrat befugt, das Nichtvorhandensein gesetzlicher Einspruchsgründe anzuerkennen, wenn dieses vollständig nachgewiesen oder amtsbekannt ist. In zweifelhaften Fällen sowie bei dem Vorhandensein eines unzweifelhaften Einspruchsgrundes haben die Gemeindebevollmächtigten zu beschließen, ob Einspruch erhoben werden soll.

Hat der Mann eine angewiesene Heimat, so steht die Erhebung des Einspruchs dem Fiskalate jenes Regierungsbezirkes zu, in welchem die angewiesene Heimatgemeinde liegt.

Art. 37. Wenn der Gesuchsteller nicht durch eine von der Verwaltung seiner Heimatgemeinde ausgefertigte schriftliche Erklärung sofort nachweist, daß ein im Art. 36 begründetes Einspruchsrecht nicht besteht oder nicht geltend gemacht werden will, so hat die Distriktsverwaltungsbehörde an die Heimatgemeinde von dem Gesuche Mittheilung zu machen unter der Aufforderung, einen etwaigen Einspruch binnen ausschließender Frist von 14 Tagen zu erheben.

Ist der Magistrat der Heimatgemeinde zugleich die Distriktsverwaltungsbehörde, und ist die Zuständigkeit der Gemeindebevollmächtigten nach Art. 36 Abs. II begründet, so wird das Gesuch mit obiger Aufforderung sofort den Gemeindebevollmächtigten zugestellt.

Die Mittheilung und Aufforderung ergeht von Amts wegen an das Kreisfiskalat, wenn der Gesuchsteller eine angewiesene Heimat hat.

Ueber die gesetzliche Zulässigkeit des erhobenen Einspruchs entscheidet die Distriktsverwaltungsbehörde.

Von der getroffenen Entscheidung ist den Betheiligten Kenntniß zu geben.

Die Ausstellung des Verehelichungszeugnisses darf erst dann erfolgen, wenn der Beschluß, welcher einen auf Grund von Art. 36 erhobenen Einspruch zurückweist, die Rechtskraft beschritten hat.

Besondere Bestimmungen hinsichtlich der Pfalz.

Art. 38. Beabsichtigt ein in den Landestheilen diesseits des Rheins heimatberechtigter Mann in der Pfalz eine Ehe zu schließen, so darf diese nur dann als geschlossen erklärt werden, wenn das im Art. 33 vorgeschriebene Zeugniß beigebracht ist.

Will ein in der Pfalz heimatberechtigter Mann in den Landestheilen diesseits des Rheins eine Ehe schließen, so darf die Verehelichung nur erfolgen auf Grund eines von der Distriktsverwaltungsbehörde jener Gemeinde, in welcher der Mann seine wirkliche oder angewiesene Heimat hat, ausgestellten Zeugnisses, daß gegen die beabsichtigte Eheschließung kein gesetzlich begründetes Hinderniß bestehe.

Die Ausstellung dieses Zeugnisses ist bedingt:
1. durch die Beibringung der Art. 34 Abs. I Ziffer 1, 3 [und 4] vorgeschriebenen Nachweise und durch Ertheilung der auf Grund des Art. 34 Abs. II geforderten Aufschlüsse;
2. durch den Nachweis, daß die im Art. 63 des in der Pfalz geltenden Civilgesetzbuchs vorgeschriebenen Aufgebote vorgenommen worden sind, daß in deren Folge kein Einspruch gegen die beabsichtigte Eheschließung erfolgt oder der erhobene Einspruch

rechtsgiltig beseitigt worden und daß seit Vornahme jener Aufgebote noch kein Jahr verflossen ist;

3. durch den Nachweis, daß bei der beabsichtigten Verehelichung den Bestimmungen der Art. 144—164 des genannten Civilgesetzbuchs nicht zuwidergehandelt wird.

Ist den vorstehenden Voraussetzungen Genüge geleistet, so darf die Ausstellung des Verehelichungszeugnisses nicht verweigert werden.

Verehelichungen von Ausländern.

Art. 39. Ausländer, welche auf bayerischem Gebiete, ohne nach Bayern förmlich eingewandert zu sein, eine Ehe schließen wollen, haben der Distriktsverwaltungsbehörde des Ortes, an welchem die Eheschließung erfolgen soll, den Nachweis vorzulegen, daß nach den im Heimatlande des Mannes geltenden Gesetzen diese Eheschließung zulässig ist und dieselben Wirkungen hat, wie wenn sie im Heimatlande selbst erfolgt wäre.

Ist dieser Nachweis geliefert, so hat die Distriktsverwaltungsbehörde ein Zeugniß auszustellen, daß der Eheschließung kein Hinderniß im Wege stehe.

Beschwerderecht.

Art. 40. Gegen die Beschlüsse der Distriktsverwaltungsbehörde können die Betheiligten innerhalb einer Nothfrist von 14 Tagen Beschwerde an die vorgesetzte Kreisregierung, Kammer des Innern, ergreifen, welche nach kollegialer Berathung in zweiter und letzter Instanz zu entscheiden hat, — vorbehaltlich dessen, was in dem Gesetze über den obersten Verwaltungsgerichtshof bestimmt werden wird.

Als Betheiligte sind zu erachten:

1. derjenige, dem die Ausstellung des Zeugnisses verweigert wird;
2. die gesetzlichen Vertreter der Gemeinden oder des Fiskus, wenn ein auf Grund des Art. 36 von ihnen erhobener Einspruch zurückgewiesen wurde;
3. diejenigen Privatpersonen, deren auf Grund des Art. 35 erhobener Einspruch keine Berücksichtigung fand.

Strafbestimmungen.

Art. 41. Angehörige der rechtsrheinischen Landestheile werden, wenn sie außerhalb Bayerns eine Ehe schließen, ohne vorher das im Art. 33 vorgeschriebene Zeugniß erhalten zu haben, mit Geld bis zu funfzig Thalern oder mit Haft bis zu 30 Tagen bestraft."

Die vorstehend mitgetheilten Vorschriften des bairischen Gesetzes sind insoweit in Geltung geblieben, als sie mit den Heimats- und Niederlassungsverhältnissen in Zusammenhang stehende administrativ-polizeiliche Gegenstände des Verehelichungswesens, also namentlich die obrigkeitliche Bewilligung zur Verehelichung regeln, denn in diesem Umfange besteht das im Bündnißvertrage v. 23. Nov. 1870 Nr. III §. 1, R.G.B. S. 18, und im Schlußprotokoll von dems. Tage Nr. I, a. a. O. S. 23, Baiern bewilligte Reservatrecht, s. auch stenogr. Berichte S. 964, 974, 1102. Das Art. 33 des Gesetzes vorgeschriebene Zeugniß ist also in Baiern zur Verehelichung noch erforderlich, ebenso das behufs Erlangung desselben angeordnete Aufgebotsverfahren (vgl. auch §. 74 Abs. 2 des R.G.). Unter den in den Art. 34 Abs. I, Art. 35 Abs. I, V und VI, Art. 38 Abs. III gedachten civilrechtlichen Hindernissen, Verboten und Bestimmungen sind seit dem Tage des Inkrafttretens des Reichsgesetzes, dem 1. Jan. 1876 (s. §. 79 dess.) die Ehehindernisse und Bestimmungen des letzteren, nicht des bisherigen bairischen Rechtes zu verstehen, da das bairische Reservatrecht sich nicht auf die civilrechtliche Regelung der Ehe erstreckt, vgl. auch Min.Entsch. v. 5. Dez. 1875 III Nr. 1 ff.; v. Sicherer S. 472.

Nach den Vorschriften des gedachten bairischen Gesetzes wird ein 10 Tage aushängendes Aufgebot durch die Gemeindeverwaltung erlassen. Dieses ersetzt das von dem Reichsges. §§. 44 ff. vorgeschriebene Aufgebot. Die Vorschrift des §. 74 Abs. 2 ist gerade mit Rücksicht auf die bairische Gesetzgebung aufgenommen worden, vgl. Motive S. 36 und die dort in Bezug genommene Aeußerung des Abgeordneten Dr. Marquardsen in der Sitzung v. 28. März 1874, stenogr. Ber. S. 648. Dieser begründete sein damals mit dem Absatz 2 des §. 74 gleichlautendes Amendement dahin, daß er nur die Aufrechterhaltung eines Zustandes wünsche, der seit sechs Jahren auf Grund der bestehenden Gesetzgebung in Baiern sich vollkommen bewährt habe. „Wenn das betreffende Amendement nicht angenommen würde, so wäre die Folge die, daß wir in Baiern ein doppeltes Aufgebot hätten. Auf Grund der bestehenden Gesetzgebung muß nämlich ein Aufgebot von 10 Tagen stattfinden, welches durchaus civiler Natur ist; lassen Sie nun das Amendement, welches ich vorgeschlagen habe, nicht zu dem Gesetze hinzufügen, so träte auf Grund der §§. 21 ff. (jetzt §§. 44 ff.) noch das Aufgebot vor dem Standesbeamten hinzu. Um dies zu verhindern, habe ich . . . mein Amendement gestellt. Es ändert am Prinzip des Gesetzes gar nichts, es wird uns nur vor einer Unbequemlichkeit schützen, wenn das Gesetz in Baiern zur Anwendung kommt."

Soll nun das bairische Aufgebot das reichsgesetzliche Aufgebot des Standesbeamten vertreten, so muß es, worüber die Fassung und die Motive des §. 74 Abs. 2 keinen Zweifel lassen, dasselbe auch in allen Beziehungen ersetzen, ebenso v. Sicherer S. 435 ff. Demgemäß hat 1. im rechtsrheinischen Baiern für den dort heimatsberechtigten Verlobten, der mit seiner Braut hier Wohnsitz und gewöhnlichen Aufenthalt hat, gar kein Aufgebot durch den Standesbeamten stattzufinden, und es hat auch, falls etwa die gedachten Verlobten ihren Wohnsitz oder Aufenthalt in der Pfalz oder im nichtbairischen Deutschland haben, sofern das bairische Verehelichungszeugniß vorliegt, der außerbairische Standesbeamte kein Aufgebot mehr zu erlassen. A. M. ist W. im Stdesb. 1877 S. 86, welcher die distriktspolizeilichen Verehelichungszeugnisse nicht für geeignet erachtet, die im §. 49 des Reichsges. vorgeschriebenen Bescheinigungen zu ersetzen. Zur Vermeidung von Weiterungen hat die bair. Min.B. v. 17. Mai 1877, Amtsb. d. Staatsm. d. Inn. S. 209, Stdesb. 1877 S. 129, für den Fall, daß der zuständige Standesbeamte (§. 42 des Reichsges.) einem andern nach §. 49 a. a. O. die Ermächtigung zur Eheschließung ertheilt, vorgeschrieben, daß in das Bundesraths-Formular F nach den Worten: „das Aufgebot vorschriftsmäßig" die Bemerkung eingeschaltet wird: „nach Ausweis des vorgelegten distriktspolizeilichen Verehelichungszeugnisses ausgestellt am . . . von dem Bezirksamte (Stadtmagistrat)". Vgl. übrigens noch bair. Min.B. v. 6. Dez. 1879, cit. Amtsb. S. 599; Stdesb. 1880 S. 9; 1879 S. 93; 1889 S. 18; v. Sicherer S. 439; ferner (aber in manchen Punkten nicht richtig) Stdesb. 1877 S. 118, 122, 140. 2. Das zu 1 Gesagte gilt selbst in dem Falle, wo nach §. 46 das Aufgebot in andern Gemeinden, als nach dem bairischen Gesetze zu erlassen wäre; so auch v. Sicherer S. 437; Fitting S. 176. 3. Endlich kann für das von der Gemeindeverwaltung zu erlassende Aufgebot nicht die zweiwöchentliche Frist des Reichsgesetzes §. 46 zur Anwendung kommen. Die gegentheilige Ansicht, s. Weber S. 174 und Stdesb. 1876 S. 35, welche den §. 74 Abs. 2 dahin interpretirt, daß das Aufgebot des Standesbeamten durch ein anderes nur dann ersetzt wird, wenn das letztere zwar von einem andern bürgerlichen Beamten vorgenommen wurde, aber im Uebrigen den Vorschriften des Reichsgesetzes entspricht, verkennt die Bedeutung der Worte: „ein Aufgebot, welches durch andere Beamte vollzogen wird". Damit kann nicht das Aufgebot des Reichsgesetzes, sondern nur ein nach den betreffenden landesgesetzlichen Vorschriften vollzogenes gemeint sein. Der hier vertretenen Ansicht ist auch d. bair. Min.Entsch. v. 5. Dez. 1875 III A 2; d. hess. J. zu §. 74 (u. dazu V. v. 10. März 1877, Stdesb. 1877 S. 130); Völk S. 198, 199; s. auch Stdesb. a. a. O. S. 80, 102. Vgl. ferner zu §. 74 Anm. 19 a. E.

Wenn nun auch der bairische Standesbeamte die Eheschließung auf Grund des vorgelegten Verehelichungszeugnisses ohne weiteres vornehmen kann, so ist er doch befugt, die Eheschließung, falls ihm die Zuständigkeit der Distriktsverwaltungsbehörde, welche das Zeugniß ausgestellt hat, gegründeten Bedenken unterliegt, bis zur Beseitigung derselben zu verweigern. Auch hat er weiter zu prüfen, ob nicht seit der Ausstellung des Zeugnisses wesentliche Veränderungen stattgefunden haben, namentlich, wenn dasselbe schon vor längerer Zeit ertheilt worden ist. Endlich enthebt ihn das Zeugniß, wenn sich Verdacht ergiebt, nicht der Verpflichtung, dem etwaigen Vorhandensein von Ehehindernissen nachzuforschen. S. Völk S. 126; v. Sicherer S. 438; bair. Min.Entsch. III A 5.

Eine Dispensation von gemeindlichem Aufgebot — §. 50 Abs. 1 des Reichsges. bezieht sich nur auf das standesamtliche — kennt das bairische Gesetz nicht, v. Riedel-v. Müller S. 197;

§. 40.

Die Befugniß zur Dispensation von Ehehindernissen[44]) steht nur dem Staate[45]) zu. Ueber die Ausübung dieser Befugniß haben die Landesregierungen[46]) zu bestimmen.

---

v. Sicherer S. 441; a. A. Reger S. 47; Völk S. 162; Fitting S. 179. Die bair. V. v. 15. Dez. 1875 §. 3 ermächtigt die Distriktsverwaltungsbehörde, nur vom reichsgesetzlichen Aufgebot zu dispensiren, und hat nur praktische Bedeutung für die in Baiern eine Ehe schließenden Pfälzer, nichtbairischen Deutschen und die Ausländer, vgl. v. Sicherer S. 443.

Die rechtlichen Folgen einer gegen das bairische Gesetz geschlossenen Ehe betreffend, so ist diese mit Rücksicht auf §. 33 Abs. 2, soweit es sich um das Gebiet des öffentlichen Rechtes, z. B. Heimatsverhältnisse der Ehefrau und Kinder handelt, ungültig und ohne rechtliche Wirkungen, bis das erforderte Zeugniß ausgestellt worden ist.

Ueber die Frage dagegen, ob eine solche Ehe auch in civilrechtlicher Beziehung, also z. B. in Betreff der ehelichen Güterverhältnisse, des Familienstandes der Frau und Kinder für ungültig zu erachten ist, herrscht in Baiern Streit. Sie wird bejaht von v. Riedel-v. Müller a. a. O. S. 186, dagegen verneint von Völk a. a. O. S. 127 ff. Der ersteren Annahme wird beizutreten sein. Das bairische Recht ist insoweit in Geltung geblieben, als es sich um die obrigkeitliche Verwilligung, welche mit den Heimats- und Niederlassungsverhältnissen zusammenhängt, handelt. Es betrachtet das Verehelichungszeugniß als eine zur Gültigkeit der Ehe so wesentliche Formalität, daß eine ohne dieselbe geschlossene Ehe ebenso ungültig ist, wie eine ohne die erforderliche Form eingegangene. Aber wenn das Verehelichungszeugniß nachträglich erwirkt ist, wird die Ehe von Anfang an gültig, v. Sicherer S. 340. Damit wird indessen blos dieser Nichtigkeitsgrund geheilt. Liegen andere, nämlich civilrechtliche Ungültigkeits- oder Nichtigkeitsgründe vor, so sind diese nicht beseitigt, vielmehr bemißt sich ihre Wirkung nach dem Reichs- und sonstigen Recht, nicht nach dem bairischen Ges. v. 1868, v. Sicherer S. 374.

Mit Rücksicht auf Art. 38 ist noch darauf aufmerksam zu machen, daß Männer, welche in der Pfalz heimatsberechtigt sind, selbst wenn sie sich in den Landestheilen diesseits des Rheins aufhalten, die Formalitäten des Abs. II des Art. 38 für den Fall, daß die Ehe in der Pfalz geschlossen werden soll, nicht zu erfüllen brauchen, s. auch v. Riedel-v. Müller S. 207.

Vgl. im Uebrigen über die Eheschließungen der Pfälzer, der Angehörigen anderer deutschen Staaten und der Nichtdeutschen d. Min.Entsch. v. 5. Dez. 1875 III B u. C, u. v. Sicherer S. 342, 278 ff.; wegen der Form der Atteste für Engländer s. Stdesb. 1879 S. 261. Eine Anweisung darüber, wie sich der nichtbairische Standesbeamte der beantragten Eheschließung von Baiern gegenüber zu verhalten hat, bei v. Erichsen, Führung S. 152.

Die dargelegten Besonderheiten des bairischen Rechts sollen übrigens auch nach dem Entw. eines Einführungsges. z. bürg. Ges.B. f. d. Deutsche Reich, vgl. Motive, amtliche Ausgabe, Berlin 1888 S. 140, fortbestehen bleiben.

Darüber, inwieweit die von einzelnen Kirchen und Religionsgesellschaften aufgestellten Ehehindernisse noch Anspruch auf Fortdauer haben, vgl. zu §. 82 und wegen der Eheschließungen im Auslande zu §. 41.

§. 40. [44]) **Ehehindernissen.** Eine Dispensation findet reichsgesetzlich statt: 1. vom Ehemündigkeitsalter (§. 28 Abs. 2), 2. vom Ehehindernisse des Ehebruchs (§. 33) und 3. von dem der Wartezeit (§. 35). Ueber die Dispensation vom Aufgebote s. §. 50.

[45]) **nur dem Staate.** Die Dispensationen der kirchlichen Behörden, welche letzteren bisher in einzelnen Staaten, s. z. B. für die Katholiken Baierns, Hannovers, Württembergs und Sachsens, zur Ertheilung solcher auch mit staatlich rechtsgültiger Wirkung befugt waren, haben eine solche nicht mehr. Die Dispensation kann vielmehr allein von den von den Landesregierungen ermächtigten Behörden ausgehen, und nur solche sind von den Staatsbehörden, namentlich aber auch von den Standesbeamten, anzuerkennen.

Vierter Abschnitt.

Form und Beurkundung der Eheschließung.

§. 41.

Innerhalb des Gebietes des Deutschen Reichs [47]) kann eine Ehe rechtsgültig [48]) nur vor dem Standesbeamten [49]) geschlossen werden.

---

[46]) **Landesregierungen zu bestimmen.** Es sind bisher ergangen für Preußen d. V. v. 24. Febr. 1875, v. 8. Jan. 1876, v. 17. Jan. 1877 u. 7. Sept. 1879, d. Verf. des Justizministers v. 2. März 1875, v. 6. Nov. 1875; für Baiern d. V. v. 15. Dez. 1875 u. Bekanntmachung v. 24. Dez. 1875; für Sachsen V. v. 6. Nov. 1875 §. 7; für Württemberg Ges. v. 8. Aug. 1875 Art. 2; für Baden Ges. v. 9. Dez. 1875 §. 6; Dienstw. §§. 73, 74; für Hessen V. v. 3. Nov. 1875 Art. 12; für Mecklenburg-Schwerin V. v. 14. Aug. 1875 §. 1; für S.-Weimar V. v. 9. Okt. 1875 §. 7; für Mecklenburg-Strelitz V. v. 14. Aug. 1875 §. 1; für Oldenburg V. v. 8. Nov. 1875 Art. 2; für S.-Meiningen Ges. v. 27. Nov. 1875 Art. 4; für S.-Altenburg V. v. 30. Okt. 1875 §. 8; für Anhalt V. v. 8. Okt. 1875 §§. 7, 8; für Schwzb.-Rudolstadt V. v. 15. Okt. 1875 §. 7; für Schwzb.-Sondershausen V. v. 16. Okt. 1875 §. 7; für Waldeck V. v. 8. Jan. 1876; für Reuß ä. L. V. v. 4. Nov. 1875 §. 8; für Reuß j. L. V. v. 16. Okt. 1875 §. 6; für Schaumburg-Lippe V. v. 11. Dez. 1875 §. 2: für Lippe V. v. 20. Nov. 1875 §. 10; für Lübeck Bek. v. 7. Dez. 1875 §. 1; für Bremen V. v. 10. Dez. 1875 §. 3; für Hamburg V. v. 6. Dez. 1875 §. 4; für Elsaß-Lothringen V. v. 22. Nov. 1875, v. 8. Jan. 1876 u. 23. Juli 1879 §§. 1 u. 3 Nr. 3. Nur für Braunschweig und S.-Coburg-Gotha sind bisher keine besonderen Bestimmungen erlassen. Hier muß demnach der Landesherr die Dispensation ertheilen, s. Stölzel S. 103 u. für S.-Coburg-Gotha auch Staatsgrundges. v. 3. Mai 1852 §. 128 (Cob. G.S. v. 1852—1854 S. 39), jedoch ist in Coburg-Gotha das Staatsministerium dazu landesherrlich ermächtigt worden, so nach v. Erichsen, Erfordernisse zu der Eheschließung S. 74.

Die Dispensationsurkunden sind ebenfalls zu den Sammelakten zu nehmen, s. B.R.B. §. 9; bair. Min.Entsch. v. 5. Dez. 1875 Beilage 2; hess. J. zu §. 40.

§. 41. [47]) **Innerhalb des Gebietes des Deutschen Reichs.** Außerhalb desselben entscheidet nach dem gemeinrechtlichen Satze: locus regit actum (Nachweisungen bei v. Sicherer S. 350 Anm.) und nach I 5 §. 111 des preuß. A. L.R. sowie nach dem sächs. Ges. v. 5. Nov. 1875 §. 10 über die zur Rechtsgültigkeit erforderliche Form das dort geltende Recht. Auch der Code civil Art. 170 hat dasselbe Prinzip: „Eine Heirath, welche im Auslande zwischen Inländern oder zwischen Inländern und Ausländern eingegangen wird, ist gültig, wenn sie nach den in jenem Lande hergebrachten Formen abgeschlossen wurde, vorausgesetzt, daß die im 63. Artikel in dem Titel: von den Civilstandsurkunden vorgeschriebenen Aufgebote vorhergegangen sind, und daß der Inländer den im vorhergehenden Hauptstücke (von den zur Eingehung einer Ehe erforderlichen Bedingungen) enthaltenen Verfügungen nicht zuwider gehandelt hat", ebenso das bad. Ges. v. 9. Dez. 1875 §. 23 (vgl. auch Dienstw. §. 26).

Beide Vorschriften machen aber die Modifikation, daß das Aufgebot und zwar jetzt nach den Vorschriften des Reichsgesetzes §§. 42 ff., v. Sicherer S. 449, Fitting S. 141; J. f. Elsaß-Lothringen §. 46 Abs. 2 für den Reichsangehörigen im Deutschen Reiche vollzogen sein muß, und daß derselbe dem Rechte des Inlandes, d. h. jetzt nicht mehr den citirten Bestimmungen, sondern den Vorschriften der §§. 28 ff. unterworfen bleibt. Die letztere Vorschrift ist durch den §. 41 nicht aufgehoben, da dieser nur die Eheschließungen innerhalb des Deutschen Reichs betrifft. Das im §. 85 ausdrücklich aufrecht erhaltene Gesetz, betr. die Eheschließung und die Beurkundung des Personenstandes von Bundesangehörigen im Auslande v. 4. Mai 1870, hat dieselben Grundsätze angenommen, vgl. §. 3 und §. 5.

Unberührt bleibt der Art. 171 des Code civil, daß „in den drei ersten Monaten nach der Rückkehr des Inländers auf das Gebiet des Königreichs" die Urkunde über die im Auslande geschlossene Ehe in das öffentliche Heirathsregister des Orts seines Wohnsitzes eingetragen werden muß, wenn es sich nicht um nach dem Reichsgesetze v. 4. Mai 1870 geschlossene Ehen handelt, so auch v. Sicherer S. 350 Anm.; v. Fitting S. 33, 141; Scherer i. Ztschr. f. Kirchenrecht 22, 306.

Das preuß. Ges., betr. d. Eheschließung evangelischer preuß. Unterthanen in außereuropäisch. Ländern v. 3. Apr. 1854 (G.S. S. 469), nach welchem diese eine Ehe vor einem dazu ermächtigten preußischen Konsul abschließen können, wird ebenfalls durch das Reichsgesetz nicht betroffen.

Beseitigt sind dagegen solche Bestimmungen, welche die Eheschließung im Auslande von besonderer, z. B. landesherrlicher Erlaubniß abhängig machen, also namentlich die Vorschrift des württemb. Rechts, daß eine bürgerliche Ehe im Auslande mit Ausnahme der Fälle des mehrfach gedachten Reichsgesetzes v. 4. Mai 1870 nur gültig mit landesherrlicher Erlaubniß geschlossen werden kann (Lang, württemb. Personenr. S. 249 u. Suppl. dazu S. 39), zwar nicht auf Grund des §. 41, aber wohl des §. 39 des Gesetzes. Vgl. auch Stiegele S. 136.

[48]) **rechtsgültig.** Dadurch wird ausgedrückt, daß eine nach den Vorschriften des Kirchenrechtes gültige Ehe nicht als rechtsgültig, andererseits aber eine dem §. 41 gemäß geschlossene als rechtsgültig sowohl dem Staate wie auch Jedermann, mithin auch den Kirchen und Religionsgesellschaften gegenüber zu betrachten ist, s. stenogr. Bericht S. 1054. Das Amendement Moufang, welches statt: „Ehe rechtsgültig" die inkorrekte Fassung: „bürgerlich gültige Ehe" setzen wollte und die Möglichkeit gewährte, eine von der bürgerlichen Ehe verschiedene, kirchlich rechtsgültige Ehe zu statuiren, ist vom Reichstage abgelehnt worden, s. a. a. O. S. 1047, 1055.

[49]) **nur vor dem Standesbeamten.** Damit ist die s. g. obligatorische Civilehe als einzig bindende Eheschließungsform innerhalb des Gebietes des Deutschen Reiches anerkannt, und es sind alle anderen nach den Landesgesetzen früher statthaften Eheschließungsformen beseitigt. Der Rechtssatz gilt nicht nur für die Ehen, welche im Deutschen Reich zwischen Inländern, sondern auch für solche, welche zwischen Inländern und Ausländern, ja blos zwischen Ausländern geschlossen werden, selbst dann, wenn die ausländische Gesetzgebung für die Gültigkeit der Ehen der Ausländer eine andere Form, z. B. die kirchliche, verlangt. Der deutsche Richter kann solche Ehen immer nur für gültig erklären, wenn sie in der Form des Reichsgesetzes eingegangen sind, so auch v. Sicherer S. 346; v. Bar, Theorie und Praxis des internationalen Privatrechts, Hannover 1889, 1 436, welcher letztere auf die mit dieser Regelung verbundenen Mißstände hinweist, (anscheinend a. A. Stocquart i. d. Revue de droit international, Bruxelles et Leipzig (1888) 20, 267). Selbst wenn die Ehe zwischen Ausländern innerhalb des Deutschen Reichs vor einem diplomatischen Agenten oder Konsul ihres Heimatsstaates geschlossen ist, ändert dies an der Nichtigkeit der Ehe nichts, so v. Seyfried S. 125. Das Gesetz selbst macht von dem Grundsatz des §. 41 nur eine später zu besprechende Ausnahme im §. 75, nicht für die hier fraglichen Fälle, und aus den völkerrechtlichen Regeln über die Exterritorialität läßt sich eine weitere (so irrigerweise Stdesb. 1887 S. 226) nicht herleiten. Abgesehen davon, daß diese den Konsuln als solchen nicht zukommt, geht dieselbe auch bei den eigentlichen diplomatischen Agenten nicht so weit, daß deren Amtsresidenz als solche exterritorial wird, dem eigenen Territorium völlig gleichsteht und für dieselbe das heimische Recht unter Ausschluß des inländischen gilt, Heffter, Völkerrecht 6. A. Berlin 1873 S. 89; v. Bar a. a. O. 1, 466; Entsch. des sächs. Minist. Stdesb. 1886 S. 50; des Hamburger Amtsgerichts Stdesb. 1887 S. 218, vgl. auch a. a. O. S. 234. Gleichgültig ist es dabei, ob der ausländische Agent nach seinem heimischen Recht zur Vollziehung von Eheschließungen ermächtigt ist, anders Stdesb. 1887 S. 233, und daß das Deutsche Reich die von seinen diplomatischen Agenten nach Maßgabe des Reichsgesetzes v. 4. Mai 1870, B.G.Bl. S. 599, die bisher vollzogenen Eheschließungen als gültig anerkennt, weil §. 41 in dieser Beziehung keine Gegenseitigkeit gewährt, s. auch v. Bar S. 463. Das letztere kann nur auf dem Wege völkerrechtlicher Verträge erfolgen, und so hat sich auch das Reich in den Verträgen mit S. Salvador v. 13. Juni 1870, R.G.Bl. 1872 S. 352, Art. VIII, ferner mit Costarica v. 18. Mai 1870 bez. v. 21. Nov. 1876, R.G.B. 1877 S. 13, 28 Art. IX (vgl. aber über die unklare Fassung

§. 42.

Zuständig ist der Standesbeamte, in dessen Bezirk einer der Verlobten seinen Wohnsitz [50]) hat oder sich gewöhnlich aufhält [51]). Unter mehreren zuständigen Standesbeamten [52]) haben die Verlobten die Wahl.

---

dieses Artikels v. Sicherer S. 346 N. 2) verpflichtet, derartige Ehen anzuerkennen, während in dem Vertrage mit den Hawaiischen Inseln v. 25. März 1879, bez. 10. Febr. 1880, R.G.Bl. 1880 S. 121, Stdesb. 1880 S. 149, erklärt ist, daß sich bei Ehen, die von Deutschen in Hawai und von Angehörigen Hawais in Deutschland geschlossen werden, die Form der Eheschließung nach den Gesetzen des Landes, in welchem die Ehe geschlossen wird, bestimmt und diese Ehen auch im Heimatlande als gültig betrachtet werden, falls kein nach dem Rechte des letzteren geltendes materielles Erforderniß der Eheschließung vorliegt oder umgangen ist.

Nur die eine Ausnahme ist auf Grund des Völkerrechts anzuerkennen, daß diejenigen Personen, welche selbst das Recht der Exterritorialität, wie fremde Souveräne, Gesandte, besitzen, wenn sie unter einander eine Ehe schließen, nicht dem §. 41 unterworfen sind, s. Erl. des preuß. M. d. Inn. (im Einvernehmen mit dem Reichsjustizamt und dem preuß. Justizminister) v. 30. Mai 1879, Stdesb. 1887 S. 128; v. Sicherer S. 5.

Der Entw. e. bürgl. G.B. f. d. Deutsche Reich will den §. 41 durch folgende Vorschrift, §. 1245 ersetzen: „Die Ehe kann nur vor einem Standesbeamten geschlossen werden. — Wenn ein Standesbeamter außerhalb seines Amtsbezirkes oder bei der Schließung seiner eigenen Ehe als Standesbeamter handelt, so gilt er nicht als Standesbeamter.“ Vgl. dazu Motive 4, 35.

§. 42. [50]) **Wohnsitz.** Es entscheidet also dieser, mithin nicht die Heimats- oder Ortsangehörigkeit (wegen Baierns vgl. jedoch oben S. 151 ff.). Unter dem Wohnsitz (Domizil) ist der Ort zu verstehen, welchen Jemand dauernd zu seinem bleibenden Aufenthalte, zum Sitze seines Haushaltes, zum Mittelpunkte seiner Geschäfte und seiner Thätigkeit gewählt hat. Es müssen also zusammentreffen die eben gedachten faktischen Umstände und die Absicht, dauernd an dem fraglichen Orte bleiben zu wollen, vgl. Stölzel i. Stdesb. 1876 S. 231. Dies gilt sowohl in den Ländern des gemeinen Rechts, vgl. württemb. J. §. 14 (s. dazu Stdesb. 1876 S. 184); hess. J. zu §. 42, wie auch in denen des preuß. und franz., vgl. preuß. Allg. Ger.Ordn. I 2 §. 10 („Die Absicht, seinen beständigen Wohnsitz an einem Orte nehmen zu wollen, kann sowohl ausdrücklich als durch Handlungen oder Thatsachen geäußert werden.“), §. 11 („Für eine solche stillschweigende Äußerung ist es zu achten, wenn Jemand an einem gewissen Orte ein Amt, welches seine beständige Gegenwart daselbst erfordert, übernimmt, Handel oder Gewerbe daselbst zu treiben anfängt, oder sich daselbst Alles, was zu einer eingerichteten Wirthschaft gehört, anschafft.“); Code civil und bad. Landrecht Art. 102 ff. Möglich ist es auch, daß Jemand einen doppelten Wohnsitz hat, s. preuß. Ger.O. a. a. O. §. 15 („Wer an zwei verschiedenen Orten völlig eingerichtete Wirthschaften hat, und abwechselnd bald an dem einen, bald an dem andern Orte sich aufhält, oder Gewerbe treibt, muß die Gerichte beider Orte als seinen persönlichen Gerichtsstand anerkennen“, d. h. hat einen doppelten Wohnsitz). Das bloße Verlassen des Wohnsitzes, selbst auf längere Zeit, zur Besorgung auswärtiger Geschäfte, aus Gesundheitsrücksichten u. s. w., beseitigt denselben noch nicht, wenn damit nicht zugleich die Absicht, den früheren Hausstand aufzugeben, verbunden ist.

Personen, welche der Gewalt eines Andern unterworfen sind, können nicht selbstständig einen Wohnsitz wählen. Daher haben Ehefrauen den Wohnsitz ihrer Ehemänner und behalten diesen auch nach Auflösung der Ehe so lange, als sie nicht einen neuen genommen haben, vgl. preuß. A. G.O. a. a. O. §§. 88, 90; Code civil und bad. Landrecht Art. 108. Der Wohnsitz der Kinder in väterlicher Gewalt ist der ihres Vaters; preuß. A. G.O. a. a. O. §§. 17 ff.; Code civil und bad. Landrecht Art. 108; unehelicher Kinder der ihrer Mutter nach gemeinem und preuß. Recht, s. A. G.O. a. a. O §. 21. Wenn minderjährige Kinder unter Vormundschaft stehen oder Großjährige unter solche gestellt werden, so bestimmt sich ihr Wohnsitz nach dem früheren Domizil des Vaters, bez. der unehelichen Mutter, bei Großjährigen nach ihrem vorher gewählten Domizil, nach dem Code civil und b a d. Landrecht Art. 108 hat aber der Minderjährige und der interdizirte Großjährige den Wohnsitz seines Vormundes. Das Gesinde hat, wenn es großjährig ist und nicht mehr in väterlicher Gewalt steht, den Wohnsitz seiner Herrschaft, sonst das nach den angegebenen Regeln sich bestimmende Domizil, s. p r e u ß. A. G.O. a. a. O. §. 13; Code civil und b a d. Landrecht Art. 109. Jedoch wird für das g e m e i n e Recht auch vielfach angenommen, daß stets der Wohnsitz der Herrschaft über das Domizil des Gesindes entscheidet, s. W e tz e l l, Syst. des ordentlichen Civilprozesses S. 440.

Das nach Art. 111 des Code civil und des b a d. Landrechts erwählte Domizil kann unter dem im §. 42 gedachten Wohnsitze nicht verstanden werden. Dies ergiebt der Zweck der §§. 42 und 44. Nach diesen soll die Eheschließung und das Aufgebot an solchen Orten erfolgen, wo die Verlobten und ihre Verhältnisse bekannt sind, damit etwaige Ehehindernisse zur Anzeige kommen können. Ueberdies kam der erwählte Wohnsitz auch bisher schon nach französischem Rechte, s. Code civil Art. 74, für Eheschließung und Aufgebot nicht in Frage.

Hat ein Verlobter einen doppelten Wohnsitz, so ist der Standesbeamte eines jeden der beiden Domizile zuständig.

Für Deutsche, welche sich im Ausland befinden und dort das Recht der Exterritorialität genießen, sowie für die im Ausland angestellten Beamten des Reichs oder eines deutschen Bundesstaates wird analog die Vorschrift des R.Civ.Pr. §. 16 zur Anwendung gebracht werden müssen, nach welcher sie in Ansehung des Gerichtsstandes den früheren Wohnsitz im Heimatsstaate behalten; in Ermangelung eines solchen aber die Hauptstadt des Heimatsstaates als ihr Wohnsitz gilt, s. auch Stdesb. 1877 S. 238, wie denn auch der Entw. e. bürg. Ges.B. f. d. Deutsche Reich §. 38 die betreffenden Domizile für alle privatrechtlichen Verhältnisse dieser Personen als maßgebend hinstellt.

[51]) **sich gewöhnlich aufhält.** Unter dem dem Wohnsitz entgegengesetzten Aufenthaltsort ist das rein thatsächliche Verhältniß des längeren Verweilens an einem bestimmten Orte ohne den sog. animus remanendi, also ohne die Absicht, dort dauernd zu bleiben und den Mittelpunkt seiner häuslichen und ökonomischen Verhältnisse fixiren zu wollen, gemeint. Weil es sich hierbei um ein reines Faktum handelt, können auch Minderjährige, Kinder in väterlicher Gewalt u. s. w. einen gewöhnlichen Aufenthaltsort haben, und an diesem die Ehe eingehen.

Das „gewöhnlich" setzt aber immer eine längere Zeit und einen Zweck, der eine gewisse Dauer für seine Erfüllung bedingt, voraus. Ein Kaufmann, welcher an dem Orte seiner Zweigniederlassung behufs der Geschäfte derselben mehrere Wochen oder Monate, ein Gelehrter, welcher dieselbe Zeit zum Behufe von Studien in den Bibliotheken verweilt, hat an dem betreffenden Ort seinen gewöhnlichen Aufenthalt, nicht aber Kunstreiter, Seiltänzer (über diese s. auch Stdesb. 1887 S. 265), welche blos einen oder ein paar Tage hindurch Vorstellungen geben.

Eine bestimmte Frist, wie lange der Aufenthalt gedauert haben muß, damit der betreffende Ort als gewöhnlicher Aufenthaltsort gelten könne, ist nicht vorgeschrieben, und es ist daher die Bestimmung des Art. 74 des Code civil, insoweit sie anordnet, daß man in Beziehung auf die Ehe seinen Wohnsitz in einer Gemeinde nach sechsmonatlichem Wohnen in derselben erlangt, aufgehoben (so auch h e s s. Z. zu §. 42), s. auch v. S i c h e r e r S. 354 N. 8. Die Entscheidung darüber, in welchen Fällen ein gewöhnlicher Aufenthaltsort vorliegt, ist dem Standesbeamten überlassen. Bei dieser wird es wesentlich darauf ankommen, ob der Zweck des Aufenthaltsortes ein rein vorübergehender ist oder nicht und derselbe so lange gewährt hat, daß die Verhältnisse des Betreffenden haben bekannt werden können.

Derjenige, welcher im rechtlichen Sinne Vagabund ist, d. h. weder einen Wohnsitz noch einen gewöhnlichen Aufenthaltsort hat, kann also keine Ehe in Deutschland schließen, es sei denn, daß er sich erst längere Zeit an einem bestimmten Orte aufgehalten hat, ebenso v. S i c h e r e r S. 352.

Das eine oder andere der in Abs. 1 gedachten Zuständigkeitsmomente, W o h n s i t z oder gewöhnlicher Aufenthaltsort, muß zur Zeit der E h e s c h l i e ß u n g, nicht blos zur Zeit der Anordnung des A u f g e b o t s vorliegen, denn §. 42 handelt von der ersteren. Ein Wechsel des Wohnsitzes oder des gewöhnlichen Aufenthaltsortes zwischen beiden Zeitpunkten würde auch die Zuständigkeit des Standesbeamten für die Eheschließung ändern, v. S i c h e r e r S. 352; F i t t i n g S. 144.

Eine nach den Vorschriften dieses Gesetzes geschlossene Ehe kann nicht aus dem Grunde angefochten werden, weil der Standesbeamte nicht der zuständige gewesen ist [53]).

§. 43.

Auf schriftliche Ermächtigung [54]) des zuständigen Standesbeamten darf die Eheschließung auch vor dem Standesbeamten [55]) eines anderen Orts [56]) stattfinden [57]).

---

[52]) **zuständigen Standesbeamten.** Falls die Verlobten einen verschiedenen Wohnsitz haben und jeder außerdem einen von diesem verschiedenen gewöhnlichen Aufenthaltsort, sind mithin vier, und wenn jeder ein doppeltes Domizil besitzt, sogar sechs Standesbeamte zuständig, unter denen die Wahl offen bleibt.

[53]) **nicht der zuständige gewesen ist.** Diese Vorschrift entspricht dem Grundsatze des evangelischen Kirchenrechts und beseitigt die für das Gebiet des französischen Rechts bestehenden Zweifel, ob die Inkompetenz des Standesbeamten die Nichtigkeit der Ehe nach sich zieht, s. Zachariä, franz. Civilr. 3, 22. Der nicht zuständige Standesbeamte, welcher bei dem Abschlusse der Ehe mitwirkt, wird aber disziplinarisch bestraft werden können und müssen; vgl. auch §. 69.

Die Vorschrift kann nicht so ausgelegt werden, daß eine Ehe gültig ist, wenn sie nur vor Jemand, der überhaupt Standesbeamter ist, eingegangen wird. Zur Gültigkeit bedarf es außerdem noch, daß der Standesbeamte, welcher nicht zuständig war, in seinem eigenen Bezirke oder doch als berechtigter Stellvertreter (s. §§. 3, 4) eines andern in dessen Bezirk fungirt hat, denn sonst gilt er für den betreffenden Fall als Privatmann, nicht als Standesbeamter, s. Petersen i. Zeitschr. f. Reichs- u. Landesrecht 3, 6 u. o. Anm. 3 zu §. 15. Daher ist in dem Stdesb. 1875 S. 221 mitgetheilten Falle, wo der Standesbeamte des Bezirks P auf Aufforderung des Standesbeamten des Bezirks D im Amtslokal des letzteren eine Eheschließung vollzogen hatte, die Ehe nicht gültig zu Stande gekommen. So auch Völk S. 148; Beschl. des Kammergerichts v. 5. April 1882, Johow, Jahrb. d. Kammerger. 4, 349; vgl. ferner O. Fischer, die Ungültigkeit der Ehe, Jena 1890, S. 37 ff.

Nach der jetzt herrschenden Doktrin würde, weil diese den Abschluß der Ehe in der gesetzlichen Form verlangt, auch bei unverschuldetem Irrthum des einen oder beider Verlobten, in den im vor. Abs. gedachten Fällen keine Putativehe vorliegen, O. Fischer bei Gruchot 25, 69, und auch der Entw. e. bürg. Ges.B. f. d. Deutsche Reich §§. 1258, 1562, s. Motive 4, 61, hat diesen Standpunkt festgehalten, obwohl dieselben Gründe, welche für die Annahme einer solchen im Fall der unverschuldeten Unkenntniß von trennenden Ehehindernissen sprechen, auch auf den hier fraglichen Fall passen, und schon jetzt mindestens nach gemeinem Recht das Vorliegen einer Putativehe angenommen werden kann, Fischer a. a. O. S. 85 ff., welcher die Frage auch nach den wichtigsten Partikularrechten behandelt; vgl. auch noch O. Fischer, die Ungültigkeit der Ehe, Jena 1890.

Der Entw. e. bürg. Ges.B. f. d. Deutsche Reich §. 1246 ersetzt den §. 42 durch folgende Fassung: „Die Eheschließung soll vor dem zuständigen Standesbeamten erfolgen. — Zuständig ist derjenige Standesbeamte, in dessen Bezirke einer der Verlobten seinen Wohnsitz hat oder sich gewöhnlich aufhält. — In Ermangelung eines solchen Standesbeamten wird, wenn beide Verlobte oder auch einer derselben Deutsche sind, der zuständige Standesbeamte von der obersten Aufsichtsbehörde des nur Bundesstaates bestimmt, welchem im ersten Falle einer der Verlobten und im letzten Falle der Deutsche Verlobte angehört. — Unter mehreren zuständigen Standesbeamten haben die Verlobten die Wahl"; vgl. Motive 4, 38.

§. 43. [54]) **schriftliche Ermächtigung.** Sie steht den bisher bei der kirchlichen Eheeingehungsform üblichen sogen. Dimissorialien gleich. In diesem Falle hat natürlich der ermächtigte Standesbeamte die Eheschließung in das Heirathsregister einzutragen, vgl. §§. 52 und 54. Deshalb muß die Ermächtigung mit allen nach §. 54 des Reichsges. erforderlichen Angaben versehen sein, obwohl sie das Formular F des Bundesraths nicht vollständig wiedergiebt, s. die Anordnungen i. Stdesb. 1877 S. 88, 129 u. 1882 S. 87 für Preußen, Baiern und Sachsen, für Mecklenburg

§. 44.

Der Eheschließung soll ein Aufgebot [58]) vorhergehen.

Für die Anordnung desselben ist jeder Standesbeamte zuständig [59]), vor welchem nach §. 42 Abs. 1 [60]) die Ehe geschlossen werden kann.

---

a. a. O. 1876 S. 179; vgl. auch v. Erichsen, Führung S. 190 u. Stdesb. 1876 S. 178, 185, 257, 297. Uebrigens bedarf dieser außer der Ermächtigung auch noch der Bescheinigung des §. 49, welche füglich mit ersterer verbunden werden kann. Vgl. das Formular F und F 1 zur B.R.B. §. 5; ferner den Gebührentarif Nr. I u. Nr. II 2. S. auch bad. Dienstw. §. 121; J. f. Meiningen §. 68; v. Erichsen, Führung S. 188 ff.

[55]) **Standesbeamten,** d. h. einem Standesbeamten im Deutschen Reich, nicht einem mit standesamtlichen Geschäften betrauten diplomatischen Vertreter oder Konsul, denn ein solcher ist kein Standesbeamter, und nach dem Ges. v. 4. Mai 1870 liegt für diesen Fall gar kein Bedürfniß zu einer Ermächtigung vor, s. auch Stdesb. 1877 S. 246.

[56]) **anderen Orts.** Hierunter ist nur ein überhaupt nach §. 42 nicht zuständiger Standesbeamter gemeint, da ein an sich zuständiger der Ermächtigung, welche die Zuständigkeit gewähren soll, nicht bedarf, so auch hess. J. zu §. 43; Stdesb. 1876 S. 81. Der zuständige, welcher das Aufgebot nicht vollzogen hat, hat also, wenn er die Eheschließung vornehmen soll, keine Ermächtigung entgegenzunehmen, sondern es muß ihm die Bescheinigung des §. 49 beigebracht werden.

[57]) **stattfinden.** Wenn ein Standesbeamter ohne eine schriftliche Ermächtigung oder auf Grund einer nicht von dem zuständigen Standesbeamten ertheilten Ermächtigung die Eheschließung vorgenommen hat, ist die Ehe deswegen nicht nichtig, denn auch für diese Fälle kommt der Grundsatz des §. 42 Abs. 1 zur Anwendung, so Völk S. 150 N. 4; Fitting S. 146.

Der Entw. e. bürg. Ges.B. f. d. Deutsche Reich giebt den §. 43 in folgender Fassung (§. 1247) wieder: „Auf Grund einer schriftlichen Ermächtigung des zuständigen Standesbeamten darf die Eheschließung auch vor dem Standesbeamten eines anderen Bezirkes erfolgen.

§. 44. [58]) **Aufgebot.** Dasselbe hat den Zweck, neben den sonst vom Standesbeamten nach §. 45 zu machenden Feststellungen, etwaige Ehehindernisse zu ermitteln, nicht aber die Bedeutung, die Geltendmachung von Ehehindernissen nach der Eheeingehung auszuschließen.

Da das Aufgebot nach dem Reichsgesetz unter den Vorschriften „über Form der Eheschließung" geregelt wird und keine materielle Voraussetzung der gültigen Ehe, sondern nur der ordnungsmäßigen Vornahme der Eheschließung bildet (unrichtig daher das Erk. des Appell.Ger. Celle in Seuffert Archiv 32, 3: „das Aufgebot gehört nicht zu den Förmlichkeiten der Ehe"), so gelten die Vorschriften des Eheschließungsortes, also bei Ehen, welche innerhalb des Deutschen Reichs geschlossen werden, des Reichsgesetzes, so auch von Sicherer S. 350; vgl. übrigens noch Anm. 49 zu §. 41 und wegen des französischen und badischen Rechts Anm. 47 zu §. 41. Die Fälle, in denen das Aufgebot unterlassen werden kann, ergiebt §. 50.

Das Formular s. unter E und E 1 der B.R.B. §. 5.

Von der Beantragung des Aufgebots ist nach d. meckl.-schwer. u. meckl.-strel. J. §. 8, nach der J. für Reuß ält. L. §. 10 und der J. für Reuß j. L. §. 33 dem Pfarrer, bez. den Pfarrern der Verlobten vom Standesbeamten, wenn deren Parochie seinem Bezirk angehört, Mittheilung zu machen.

[59]) **Standesbeamte zuständig.** Im einzelnen Falle also der zuständige Standesbeamte, vor welchem die Verlobten die Ehe zu schließen beabsichtigen, oder den dieselben um Erlaß des Aufgebots ersuchen. Dieser hat auch die Aufgebotspapiere aufzubewahren. S. Stdesb. 1875 S. 179; 1878 S. 86; vgl. auch §. 49.

[60]) **§. 42 Abs. 1.** Dadurch hat klargestellt werden sollen, daß der blos von dem zuständigen Standesbeamten Ermächtigte keine Befugniß zur Anordnung des Aufgebots besitzt. So auch hess. J. zu §. 44.

Der Entw. e. bürg. Ges.B. f. d. Deutsche Reich enthält keine Vorschriften über das Aufgebot,

§. 45.

Vor Anordnung des Aufgebots [61]) sind dem Standesbeamten (§. 44) die zur Eheschließung gesetzlich nothwendigen Erfordernisse [62]) als vorhanden nachzuweisen [63]).

Insbesondere haben die Verlobten in beglaubigter Form [64]) beizubringen [65]):

1. ihre Geburtsurkunden [66]),
2. die zustimmende Erklärung derjenigen, deren Einwilligung nach dem Gesetze erforderlich ist [67]).

---

s. Motive 4, 9, dagegen bestimmt Art. 28 §. 44 des Entw. des Einführungsges. dazu: „Der Eheschließung soll ein Aufgebot vorangehen. — Für die Anordnung desselben ist jeder Standesbeamte zuständig, vor welchem nach dem §. 1246 des Bürgerlichen Gesetzbuches (s. Anm. 49 a. E. zu §. 41) die Ehe geschlossen werden kann."

[61]) **des Aufgebots.** Zusammenstellungen darüber, was der Standesbeamte vor Anordnung des Aufgebots zu beobachten hat, bei Fitting S. 170; Stölzel, deutsch. Eheschließungsrecht S. 107; v. Erichsen, Führung S. 109; v. Erichsen, Erfordernisse d. Eheschließung S. 89 ff.; s. auch bad. Dienstw. §§. 95, 96, 98, 99; J. für Meiningen §. 59 u. die Oberpräsidial-Verf. v. 1. Okt. 1877 für Hessen-Nassau Stdesb. 1877 S. 241.

§. 45. [62]) **Erfordernisse,** nicht blos die reichsgesetzlichen (so Stdesb. 1880 S. 4), sondern auch die vom Reichsgesetz aufrecht erhaltenen partikularrechtlichen, vgl. Stdesb. 1880 S. 35. Vgl. den dritten Abschnitt des Ges. (S. 99 ff.).

[63]) **nachzuweisen.** Berufen sich die Verlobten zum Nachweise einzelner Erfordernisse, z. B. des Todes des früheren Ehegatten, auf das vom Standesbeamten geführte Register, so hat derselbe für die Einsichtnahme keine Gebühren zu liquidiren, denn diese sind nur für die Vorlegung an andere Personen, nicht für die Benutzung durch den Standesbeamten selbst festgesetzt, s. auch Stdesb. 1875 S. 205.

[64]) **in beglaubigter Form.** Da die Art der Beglaubigung nicht vorgeschrieben ist, so bedarf es einer gerichtlichen oder notariellen Beglaubigung für die Heirathskonsense nicht, vielmehr genügt die Attestirung durch einen öffentlichen Beamten, Ortsvorsteher, Polizeiverwalter rc. oder auch durch einen andern Standesbeamten, Stdesb. 1878 S. 175, v. Erichsen, Führung S. 111 N. 8, nicht blos denjenigen, welcher das Aufgebot angeordnet hat, so Stdesb. 1879 S. 72 ff.; v. Sicherer S. 498 N. 5, denn der Ortsvorsteher hat an sich kraft seines Amtes keine Zuständigkeit, Einwilligungen von Eltern zu Eheschließungen der Kinder zu beurkunden. Dazu sind an sich blos die Gerichte und Notare als Urkundsbehörden für Rechtsakte und Rechtsgeschäfte befugt. Entweder muß man also das Recht zur Beglaubigung auf diese allein einschränken oder es jedem öffentlichen Beamten zugestehen. Bei Geburtsurkunden ist diese Beglaubigung aber nur für die Abschriften derselben nöthig, denn die früheren Taufscheine und die jetzigen Auszüge aus den Standesregistern über Geburten sind schon an und für sich öffentliche Urkunden.

Wegen der Zurückgabe der beigebrachten Urkunden, B.R.B. §. 9, s. o. S. 53 Anm. 70 Nr. 6.

[65]) **beizubringen.** Persönliches Erscheinen ist demnach außer dem Falle des Abs. 4 des Paragraphen nicht erforderlich, s. auch Stdesb. 1876 S. 141.

Jedoch muß genügend konstatirt sein, daß der Antrag auf Anordnung des Aufgebots auch wirklich dem Willen der Verlobten entspricht, z. B. durch Schreiben derselben oder durch vom dritten Besteller des Aufgebots überreichte schriftliche Erklärungen. So auch die württemb. J. §. 14; hess. J. zu §. 45; J. f. Meiningen §. 58; für Bremen §. 17; bad. Dienstw. §. 95; oldenb. J. §. 9. Die beiden letzteren verlangen Beglaubigung der schriftlichen Erklärungen. Vgl. Stdesb. 1875 S. 210; 1877 S. 116, 117. Keinesfalls bedarf es aber stets eines gemeinsamen Antrags beider Verlobten, wennschon der Standesbeamte festzustellen hat, daß derjenige, welcher den Antrag macht, im Einverständniß des anderen handelt, Stdesb. 1876 S. 325; 1879 S. 56, 77.

[66]) **Geburtsurkunden.** Darunter sind auch die für die Angehörigen der privilegirten Kirchen bis zum Inkrafttreten des Gesetzes ausgestellten Taufscheine zu verstehen.

Der Beamte kann die Beibringung dieser Urkunden erlassen, wenn ihm die Thatsachen, welche durch dieselben festgestellt werden sollen, persönlich bekannt [68]) oder sonst glaubhaft nachgewiesen sind [69]). Auch kann er von unbedeutenden Abweichungen in den Urkunden, beispielsweise von einer verschiedenen Schreibart der Namen oder einer Verschiedenheit der Vornamen absehen [70]), wenn in anderer Weise die Persönlichkeit der Betheiligten festgestellt wird.

Der Beamte [71]) ist berechtigt, den Verlobten die eidesstattliche Versicherung über die Richtigkeit der Thatsachen abzunehmen [72]), welche durch die vorliegenden Urkunden oder die sonst beigebrachten Beweismittel ihm nicht als hinreichend festgestellt erscheinen [73]).

---

[67]) **nach dem Gesetze erforderlich ist,** vgl. §§. 29—32, 38. Die Erlaubniß der Eltern wird durch das auf die Klage (§. 32) erlassene Urtheil ersetzt. Wenn die erforderliche Erlaubniß vorgelegt war, die Kraft des erlassenen Aufgebots aber nach §. 51 des Reichsges. erloschen ist, so bedarf es zwar nicht stets der Beibringung einer nochmaligen Einwilligung, wohl aber hat sich der Standesbeamte zu vergewissern, ob die früher gegebene Erlaubniß nicht etwa in der Zwischenzeit widerrufen worden ist, vgl. Stdesb. 1877 S. 254 und o. Anm. 97 zu §. 29.

[68]) **bekannt.** Eine Pflicht, sich zur Verhütung von Bigamie das Nichtbestehen einer Ehe stets durch Urkunden oder eidesstattliche Versicherung nachweisen zu lassen, besteht für den Standesbeamten nicht, Erk. des Reichsgerichts III. Straffen. v. 14. Nov. 1887, Entsch. in Strafsachen 16, 386; Oppenhoff, Rechtssprechung des Reichsger. 9, 604.

[69]) **nachgewiesen sind,** so z. B. durch die vorgelegten Militärpapiere die Namen, sowie der Ort und der Tag der Geburt, Stdesb. 1876 S. 325. Ueber die Benutzung von Stammtafeln s. Stdesb. 1875 S. 238 und überhaupt Stölzel i. Stdesb. 1877 S. 134.

[70]) **absehen,** vgl. Stdesb. 1877 S. 37. Wenn ein falscher Vorname in das Aufgebot aufgenommen ist, wird also dasselbe darum allein noch nicht wiederholt zu werden brauchen, vielmehr kommt es darauf an, ob sich trotzdem noch genügend erkennen läßt, um welche Person es sich handelt.

[71]) **Beamte,** der Standesbeamte, nicht etwa das Gericht, an welches sich ein Verlobter deswegen wendet, Stdesb. 1888 S. 138.

[72]) **abzunehmen.** Vgl. dazu hess. J. zu §. 45; oldenb. J. §. 10; J. f. Meiningen §. 60.

[73]) **festgestellt erscheinen.** Bei der dem Standesbeamten zur Pflicht gemachten Prüfung über die Zulässigkeit des Aufgebots und der Eheschließung hat man nach dem Vorgange des Reichsgesetzes v. 4. Mai 1870 §. 3 und zur Vermeidung lästiger Weitläufigkeiten dem Standesbeamten die möglichste Freiheit gewähren wollen. Eine zweckmäßig gehandhabte Aufsicht bietet gegen mögliche Ausschreitungen genügende Sicherheit.

Die Abnahme der eidesstattlichen Versicherung setzt aber stets voraus, daß überhaupt Beweisurkunden, welche einen Anhalt geben, vorliegen, ohne solche ist sie nicht zulässig, s. Stdesb. 1875 S. 114, 167; J. f. Hessen zu §. 45; f. Meiningen §. 60 u. f. Lippe zu §. 45.

Die Aufnahme eines Protokolls über die der Anordnung des Aufgebots vorangehenden Verhandlungen, welche weder durch das Reichsges. noch die B.R.V. vorgeschrieben ist, ordnen an die J. für Hessen und Lippe zu §. 45; S.-Weimar §. 16; Oldenburg § 9; Meiningen §. 58; Schwzb.-Rudolstadt §. 16; Schwzb.-Sondershausen §. 15; Reuß j. L. §. 14; für Preußen ist dies schon mit Bezug auf das frühere Gesetz v. 9. März 1874 durch die Min.Reskr. v. 8. Juni und 13. Nov. 1874 geschehen, Stdesb. 1875 S. 5, 114, 167; M.Bl. f. d. i. V. S. 141. Zu einer geordneten Geschäftsführung erscheint die Aufnahme des Protokolls auch da nothwendig, wo sie nicht speziell vorgeschrieben ist. S. Stdesb. 1876 S. 59; v. Erichsen, Erfordernisse d. Eheschließung S. 90. Formulare dafür als Beilage zur hess. u. oldenb. J., im Stdesb. 1875 S. 151, 170, 184, 207; 1878 S. 1; bei v. Erichsen, Führung S. 107.

§. 46.

Das Aufgebot ist bekannt zu machen:

1. in der Gemeinde [74]) oder in den Gemeinden, woselbst die Verlobten ihren Wohnsitz [75]) haben;
2. wenn einer der Verlobten seinen gewöhnlichen Aufenthalt außerhalb seines gegenwärtigen Wohnsitzes hat, auch in der Gemeinde seines jetzigen Aufenthalts [76]);
3. wenn einer der Verlobten seinen Wohnsitz [77]) innerhalb der letzten sechs Monate gewechselt hat, auch in der Gemeinde seines früheren Wohnsitzes [80]).

Die von den Verlobten in Gemäßheit dieses Paragraphen beizubringenden Urkunden und vom Standesbeamten aufzunehmenden Verhandlungen sind zu besonderen Sammelakten zu nehmen. Vgl. B.R.B. §. 9. Beseitigt sind durch diese Vorschrift die Art. 70—73 des Code civil, so auch hess. J. zu §. 45.

Wegen Ablehnung der Anordnung des Aufgebotes steht den Betheiligten die Beschwerde nach Maßgabe des §. 11 Abs. 3 zu.

Nach d. B.R.B. §. 13 hat der Standesbeamte den Verlobten auf deren Verlangen eine Bescheinigung darüber, daß das Aufgebot angeordnet worden ist, kostenfrei zu ertheilen, wiederholt in d. bad. Dienstanw. §. 101 und der J. für Hessen zu §. 46, Meiningen §. 61, Reuß j. L. §. 15 und Lippe zu §. 46; s. übrigens noch Anm. 58 zu §. 44.

Der ursprüngliche Entwurf enthielt noch den weiteren Absatz: „Die Landesregierungen können die Anordnung des Aufgebots von einer Genehmigung der Aufsichtsbehörde abhängig machen" und die Motive S. 35 bemerken, daß dieser auf Wunsch derjenigen Bundesstaaten, welche, wie Baden und Hessen (außer der Provinz Rheinhessen), eine Vorprüfung der Eheerfordernisse durch die Gerichte eintreten ließen, hinzugefügt ist. Der Reichstag hat aber den Zusatz gestrichen, s. stenogr. Ber. S. 1058 ff.

Der Entw. e. Einführungsg. z. bürg. Ges.B. f. d. Deutsche Reich Art. 28 läßt diesen §. unverändert.

§. 20. [74]) **Gemeinde,** d. h. des kommunalen Bezirks. Ob, wenn das Aufgebot in verschiedenen Gemeinden bekannt zu machen ist, diese zu demselben Standesbezirk gehören oder nicht, ist gleichgültig, denn auf den Standesbezirk kommt nichts an; Stdesb. 1875 S. 154; 1876 S. 108, 116.

[75]) **Wohnsitz,** s. §. 42 Anm. 50. Auf den Wohnsitz des Verlobten kommt es an, daher kann die Bekanntmachung in einer mit der Wohnsitzgemeinde zu einer Bürgermeisterei vereinigten Gemeinde nicht in derjenigen vereinigten Gemeinde, in welcher der Bürgermeister seinen Amtssitz, nicht aber der Verlobte sein Domizil hat, erfolgen, Erl. d. preuß. M. d. Inn. v. 23. Juni 1883, Stdesb. 1883 S. 220.

[76]) **jetzigen Aufenthalts.** Wer blos einen gewöhnlichen Aufenthalt hat, braucht nur in der Gemeinde dieses Ortes aufgeboten zu werden. In den Anm. 52 zu §. 42 vorausgesetzten Fällen wird also das Aufgebot an vier bez. sechs Orten vorgenommen werden müssen. Ein siebenter und achter kann hinzutreten, wenn jeder der Verlobten innerhalb der letzten 6 Monate seinen Wohnsitz gewechselt und erst nachher das doppelte Domizil begründet hat.

Wie die Vorschrift des Abs. 1 und 2 ergiebt, entscheidet aber lediglich der Wohnsitz und der Aufenthalt zur Zeit des Erlasses des Aufgebotes. Wird ein oder das andere nachher gewechselt, so bedarf es nicht etwa noch eines nachträglichen Aufgebotes an dem neuen Domizil oder Aufenthaltsort, so auch v. Sicherer S. 365, a. M. Fitting S. 164.

[77]) **Wohnsitz,** nicht aber den gewöhnlichen Aufenthalt. Im letzteren Falle braucht das Aufgebot nur an dem gegenwärtigen gewöhnlichen Aufenthaltsort vollzogen zu werden. Vgl. hess. J. zu §. 46; v. Sicherer S. 364.

Die Bekanntmachung hat die Vor- und Familiennamen, den Stand oder das Gewerbe und den Wohnort [81]) der Verlobten und ihrer Eltern zu enthalten [82]).

Sie ist während zweier Wochen [83]) an dem Raths- oder Gemeindehause, oder an der sonstigen, zu Bekanntmachungen der Gemeindebehörde bestimmten Stelle [84]) auszuhängen [85]).

---

[80]) **früheren Wohnsitzes.** Haben die Verlobten vorher keinen Wohnsitz gehabt, so genügt die Bekanntmachung an dem gegenwärtigen, so auch v. Sicherer S. 363. Wenn der Wohnsitz in den letzten sechs Monaten mehrfach gewechselt hat, so bedarf es einer Bekanntmachung in den Gemeinden aller dieser Domizile, so Fitting S. 164, nicht, vielmehr nur in der des vorletzten Wohnsitzes, denn der frühere, gewechselte Wohnsitz ist derjenige, welchen man vor dem letzten, d. h. dem gegenwärtigen innegehabt hat, und das Reichsges. spricht nicht von den Gemeinden der früheren Wohnsitze, sondern des früheren Wohnsitzes, ebenso v. Sicherer S. 363. In dem Fall, daß die Verlobten ihren Wohnsitz innerhalb der letzten sechs Monate ganz aufgegeben und nur einen gewöhnlichen Aufenthaltsort haben, hat die Bekanntmachung nicht, wie die hess. J. zu §. 46; Völk S. 157 N. 5; Fitting S. 165, an dem Aufenthaltsort und dem früheren Wohnsitz, sondern nur an dem ersteren zu erfolgen, denn das Gesetz verlangt beides nur beim Wechsel des Wohnsitzes, nicht bei der Vertauschung eines solchen mit einem gewöhnlichen Aufenthaltsort, vgl. auch v. Sicherer S. 364.

[81]) **Wohnort.** Damit wird sowohl der Wohnsitz, wie der gewöhnliche Aufenthaltsort bezeichnet.

[82]) **enthalten.** Daß die Bekanntmachung auch die Absicht der Verlobten, sich ehelichen zu wollen, ausdrücken muß, ergiebt sich daraus, daß diese ein Aufgebot sein soll.

Durch diese Vorschriften in Verbindung mit §§. 42, 43 entfallen die Art. 63, 165—168 des Code civil, s. auch hess. J. zu §. 46 u. Scherer i. Zeitschr. f. Kirchenrecht 22, 306.

[83]) **zweier Wochen.** Das Aufgebot muß demnach volle 14 Tage hinter einander aushängen. Der Tag der Anheftung und der Tag der Abnahme ist also in die Frist nicht miteinzurechnen, s. Anm. zum Bundesrath-Form. E 1, das in Uebereinstimmung mit dem Reichsjustizamt u. dem Justizminister erlassene R. des preuß. Ministers d. Inn. v. 14. Okt. 1877, M.Bl. f. d. i. V. S. 274, Stdesb. 1877 S. 234; sächs. Min. V. v. 13. März 1876, Stdesb. 1876 S. 149 u. 1877 S. 39; J. für Bremen §. 20; mecklenburg-schwer. Bek. v. 2. Juli 1876, Reg.Bl. S. 117; Stdesb. 1876 S. 335; hess. Revisionsbemerkungen Stdesb. 1877 S. 33; Fitting S. 165; Stiegele S. 149; v. Seyfried S. 136, Stdesb. 1876 S. 148; 1877 S. 102; 1888 S. 58, wogegen Völk S. 159, weil nicht nach Stunden, sondern nach Tagen zu rechnen sei, nur verlangt, daß jeder Wochentag zweimal in der Frist enthalten sein muß, und ein am Sonntag ausgehändigtes Aufgebot blos bis zum zweiten Sonnabend angeheftet wissen will, also entweder den Tag der Anheftung oder den der Abnahme für voll mitzählt. Falls der Aushang abgerissen oder beschädigt oder zu früh abgenommen wird, wird er sobald als möglich zu erneuern und die Frist um die Zahl der Tage, an welchen das Aufgebot nicht ausgehangen hat, zu verlängern sein, so auch J. f. Lippe zu §. 46, vgl. auch Stdesb. 1876 S. 5, 118. Läßt sich die Zahl der Tage, während welcher das Aufgebot angeschlagen war, nicht feststellen, so wird es nochmals die ganze Zeit hindurch auszuhängen sein, so auch v. Sicherer S. 369; Völk S. 158 — ebenso Stiegele a. a. O. S. 149 — ist dagegen der Ansicht, daß es nur einer Erneuerung des Aufgebots, nicht aber der Verlängerung der ursprünglichen Frist bedarf. Das ist aber nicht richtig, denn der Aushang soll nach der Absicht des Gesetzes Jedermann auf 14 Tage sichtlich bleiben. Die Berufung auf den §. 771 des Reichs-C.C.Entw. paßt nicht, weil dieser es gerade für nöthig findet, ausdrücklich festzusetzen, daß die Entfernung der öffentlichen Bekanntmachung auf die Gültigkeit keinen Einfluß hat.

[84]) **Stelle.** Daher giebt es nur Aushängekasten für die Gemeinden, nicht für die Standesamtsbezirke, s. Stdesb. 1875 S. 154, 179. Vgl. auch V. f. S.-Altenburg v. 30. Okt. 1875 §. 12; J. f. Reuß j. L. §. 17; andererseits aber §. 7. d. hamburg. V. v. 6. Dez. 1875 und dazu Stdesb. 1880 S. 180.

[85]) **auszuhängen.** Wenn die Verlobten in verschiedenen Gemeinden ihren Wohnsitz oder neben dem Domizil noch einen davon verschiedenen gewöhnlichen Aufenthaltsort oder einen doppelten Wohnsitz haben oder endlich ein Wechsel des Wohnsitzes seitens des einen oder anderen innerhalb der letzten sechs Monate stattgefunden hat, so tritt die Nothwendigkeit ein, daß der das Aufgebot anordnende Standesbeamte dasselbe auch außerhalb der Gemeinde seines Amtssitzes durch Aushang bekannt machen lassen muß. Ueber sein Verhalten dabei ist in Preußen aus Anlaß des mit dem §. 46 im Wesentlichen gleichlautenden §. 29 des Ges. v. 9. März 1874 viel gestritten worden (s. Stdesb. 1875 S. 23, 33, 154). Es läßt sich der Vorschrift des Gesetzes erstens in folgender Weise (s. auch v. Sicherer S. 367) genügen:

Der Standesbeamte, welcher das Aufgebot anordnet, hat die nöthige Anzahl von Exemplaren des Aufgebots an alle übrigen Standesbeamten zu schicken, in deren Bezirken das Aufgebot erfolgen soll, damit diese die Aushängung — selbstverständlich durch Ersuchen der betreffenden Gemeindebehörde, an deren Hause nach §. 46 Abs. 3 der Aushang gemacht werden muß — besorgen. Die Gemeindebehörde stellt das Exemplar nach Bescheinigung des erfolgten Aushanges dem Standesbeamten ihres Bezirkes wieder zu, und dieser sendet es dann an den anordnenden Standesbeamten zurück, indem er zugleich letzterem Mittheilung über etwa ihm angezeigte oder bekannt gewordene Ehehindernisse macht.

Ein solches Verfahren hat den Vortheil, daß Ehehindernisse bei dem Standesbeamten des Aufgebotsortes, nicht bei dem vielleicht entfernt wohnenden Standesbeamten, welcher das Aufgebot angeordnet hat, angezeigt werden können. Allerdings entsteht der Nachtheil, daß der anordnende Standesbeamte sich vor Erlaß der Ersuchungs- oder Requisitionsschreiben darüber Kenntniß verschaffen muß, zu welchem Standesamtsbezirk die betreffende Gemeinde gehört, in der das Aufgebot ausgehängt werden soll. Diesen Schwierigkeiten läßt sich aber durch ein genaues Verzeichniß der Standesämter des Deutschen Reichs abhelfen.

Dieses Verfahren haben auch die Motive des preußischen Gesetzes, das hier dem Reichsgesetze zu Grunde liegt, im Auge, indem sie (s. Drucksachen des Hauses der Abgeordneten 12. Legisl.Per. I. Session 1873–1874 Nr. 84 S. 30) bemerken: „Sobald nach Entscheidung des zuständigen Beamten dem Erlaß des Aufgebots nichts entgegensteht, hat er das hierzu Erforderliche nöthigenfalls im Wege der Requisition an diejenigen Standesbeamten, in deren Bezirk es noch ebenfalls einer Bekanntmachung bedarf, nach näherer, im Wege der Instruktion zu ertheilender Anweisung zu veranlassen."

Zweitens kann aber auch der Standesbeamte die Aufgebotsexemplare direkt an die Gemeindebehörden der Aufgebotsorte übersenden und sie sich von diesen mit den Attesten über die erfolgte Aushängung zurückschicken lassen.

Die direkte Requisition der Gemeindebehörden, welche das Wesentliche dieses Verfahrens bildet, hat den Vorzug einer schnelleren Erledigung, sie zwingt aber diejenigen, welche Ehehindernisse anzeigen wollen, sich deswegen an den vielleicht meilenweit entfernten Standesbeamten zu wenden, da die Gemeindebehörde, welche das Aufgebot aushängen läßt, mit der Entgegennahme desfallsiger Anzeigen nichts zu thun hat. Bei diesem Verfahren entsteht also der Nachtheil, daß Ehehindernisse viel schwerer zur Anzeige kommen werden, sowie der weitere, daß vielleicht schriftliche ungenügende oder nicht vollkommen verständliche Anzeigen erfolgen, deren Inhalt der anordnende Standesbeamte erst durch weitere Requisition seines Kollegen am Aufgebotsorte näher aufklären lassen muß.

Dem Zweck des Aufgebots, der Ermittelung von Ehehindernissen, dient das erstgedachte Verfahren besser. Allerdings muß zugegeben werden, daß das Gesetz das andere ebenfalls nicht ausschließt; denn damit läßt sich das, was es vorschreibt, auch erreichen. Jedenfalls kann hinsichtlich der Frage, was gesetzlich statthaft ist, nicht daraus argumentirt werden, daß das Gesetz nicht ausdrücklich den Gemeindebehörden die Pflicht auferlegt, den Requisitionen des Standesbeamten nachzukommen und den vorschriftsmäßigen Aushang zu attestiren. Eine derartige Verbindlichkeit folgt daraus, daß sie nach dem Gesetze das Aufgebotsexemplar an der unter ihrer Disposition oder mindestens unter ihrer Kontrole stehenden Stelle aushängen lassen müssen, und daß, falls nicht etwa dem Standesbeamten die direkte

§. 47.

Ist einer der Orte, an welchem nach §. 46 das Aufgebot bekannt zu machen ist, im Auslande[86]) belegen, so ist an Stelle des an diesem Orte zu bewirkenden

---

Verfügung über die betreffende Stelle zusteht oder gestattet wird (dies ist in Frankfurt a. M. geschehen, s. Stdesb. 1876 S. 129; 1877 S. 32), auch nur der Gemeindevorstand den vorschriftsmäßigen Aushang attestiren kann, wie denn auch die B.R.V. §. 15 angeordnet hat, daß die Gemeindebehörden dem Ersuchen der Standesbeamten Folge zu leisten verpflichtet sind. Die B.R.R. hat keine Entscheidung darüber, wie zu verfahren ist, getroffen, die Formulare E und E 1 lassen schließen, daß die Gemeindebehörde direkt ersucht werden soll; dagegen spricht aber der §. 10 Nr. 3, welcher dem Standesbeamten die Führung eines Verzeichnisses der auf Ersuchen eines andern Standesbeamten verkündeten Aufgebote zur Pflicht macht.

Das ersterwähnte Verfahren (Requisition des Standesbeamten) ordnen an die bad. Dienstw. §§. 102, 103; die direkte Requisition der Gemeindebehörden dagegen d. J. f. Württemb. §. 14; Hessen zu §. 46 (dazu Stdesb. 1877 S. 33); S.-Weimar §. 18; Meiningen §. 62 Abs. 3; Schwzb.-Rudolstadt §. 18; Schwzb.-Sondershausen §. 17; Lippe zu §. 46. Für das Königr. Sachsen s. Stdesb. 1876 S. 136, 137; Stdesb. 1877 S. 114. Zweifel lassen d. J. für Meckl.-Schwerin u. -Strelitz §. 9, sowie für Reuß ä. L. §. 12.

Für Preußen ist durch d. Min.R. v. 15. März 1875, M.Bl. f. d. i. V. S. 63, Stdesb. 1875 S. 82, vgl. auch R. d. Min. d. Inn. v. 21. Febr. 1877, Stdesb. 1877 S. 60, u. v. 18. März 1879, Stdesb. 1879 S. 87, das letztgedachte Verfahren vorgeschrieben, und dafür hat sich auch die überwiegende Meinung unter den Standesbeamten selbst erklärt, s. Stdesb. 1875 S. 210, 226; 1876 S. 117; 1877 S. 233; v. Erichsen, Führung S. 115. Jedenfalls erscheint es da, wo es an besonderen instruktionellen Vorschriften fehlt, zweckmäßig, wenn der Standesbeamte der in seinem Lande herrschenden Praxis folgt.

Die Wahl zwischen beiden Verfahrungsweisen läßt dem Standesbeamten d. J. f. Reuß j. L. in dem Zusatze des Nachtrages v. 14. März 1876 frei.

In allen Fällen, in denen Gemeindebehörden um Bewirkung des Aushanges ersucht sind, bleibt dem ersuchenden Standesbeamten die Verfügung über denselben. Wenn er vor Ablauf der Aushängefrist den Aushang, auch ohne Gründe, zurückfordert, hat die Gemeindebehörde seinem Ersuchen zu entsprechen, Stdesb. 1877 S. 15, denn nicht diese letztere, sondern der Standesbeamte hat darüber zu befinden, ob der Aushang nicht etwa, z. B. wegen Zurücktritt eines Verlobten, Stdesb. 1876 S. 266, wegen bekannt gewordener Ehehindernisse u. s. w., entfernt werden muß.

Daß die Standesbeamten ein Verzeichniß über die von ihnen angeordneten und ferner über die auf Ersuchen eines andern Standesbeamten bekannt gemachten Aufgebote führen, bestimmt, wie schon bemerkt, §. 10 Nr. 3 d. B.R.V. Auch empfiehlt es sich, daß, wie die J. f. S.-Weimar, Schwzb.-Rudolstadt §. 18, Schwzb.-Sondershausen §. 17 vorschreiben, die Standesbeamten eine Kontrole über die Erledigung der von ihnen erlassenen Aufgebotsrequisitionen führen; vgl. v. Erichsen, Führung S. 115.

§. 47. [86]) **Auslande,** d. h. nicht innerhalb des Deutschen Reiches, weil in letzterem das Aufgebot überall durch Standesbeamte vollzogen werden kann. Als Ausland im Sinne des Reichsgesetzes, vgl. Reichsverfassung Art. 1, müssen auch die deutschen Schutzgebiete betrachtet werden, Pann, d. Recht d. deutschen Schutzherrlichkeit, Wien 1887, S. 17; G. Meyer, d. staatsrechtl. Stellung d. deutsch. Schutzgebiete, Leipzig 1888, S. 68.

In Baiern kommt aber, da Baiern im Sinne der Reichsverfassung nicht Ausland ist und auch die nichtbairischen Deutschen dort nicht als Ausländer betrachtet werden können, der die Ausländer betreffende Art. 39 des Ges. v. 26. April 1868 (s. o. S. 154) nicht zur Anwendung, s. die Min.Entsch. v. 19. Aug. 1872, Reg.Bl. S. 2033, auch bei Reger S. 103. Wenn diese letztere noch verfügt, daß „die Trauung eines nichtbairischen Reichsangehörigen erst dann vorzunehmen sei, wenn der betreffende Mann bei der Distriktsverwaltungsbehörde des Ortes, an welchem die Ehe-

Aushanges die Bekanntmachung [87]) auf Kosten des Antragstellers einmal in ein Blatt einzurücken [88]), welches an dem ausländischen Orte erscheint oder verbreitet ist [89]). Die Eheschließung ist nicht vor Ablauf zweier Wochen nach dem Tage der Ausgabe [90]) der betreffenden Nummer des Blattes zulässig [91]).

Es bedarf dieser Einrückung nicht, wenn eine Bescheinigung der betreffenden

---

schließung erfolgen soll, den Besitz des deutschen Indigenats, sowie das Nichtobwalten militärdienstlicher Hindernisse nachgewiesen und eine schriftliche Bescheinigung jener Behörde darüber, daß dies geschehen sei, beigebracht hat", so hat dies jetzt gegenüber dem Reichsgesetz keinen Raum mehr, vielmehr hat in einem solchen Fall der Standesbeamte das Aufgebot nach den Vorschriften des gedachten Gesetzes zu vollziehen und nur vorher festzustellen, ob dem keine Hindernisse entgegenstehen, Min.Entschl. v. 5. Dez. 1875 III B, b; v. Riedel-v. Müller S. 208; Reger S. 59; v. Sicherer S. 271 N. 38.

87) **Bekanntmachung,** die dem vorgeschriebenen Aufgebots-Formular des Bundesraths E, in welchem aber selbstverständlich der Schlußsatz zu ändern ist, entsprechen muß, vgl. auch Stdesb. 1878 S. 141; v. Erichsen, Führung S. 166, 193.

88) **einzurücken.** Ob der Standesbeamte oder die Betheiligten die Einrückung besorgen sollen, erhellt nicht deutlich aus dem Wortlaut. Dafür, daß dies der Standesbeamte zu thun hat, spricht der Umstand, daß derselbe nach dem Zusammenhange der Vorschriften als die das Aufgebot bewirkende Person erscheint und es ferner ausdrücklich heißt: „auf Kosten des Antragstellers". Durch ein solches Verfahren kann es auch allein verhindert werden, daß der Betheiligte ein möglichst wenig verbreitetes Blatt aussucht, um das Bekanntwerden von Ehehindernissen zu erschweren. Die Kosten wird der Antragsteller vorzuschießen haben. S. auch J. f. Württemberg §. 14; Hessen zu §. 47; S.-Weimar §. 19; Meiningen §. 66; Schwzb.-Rudolstadt §. 19; Schwzb.-Sondershausen §. 18; Reuß ä. L. §. 12. Vgl. auch v. Sicherer S. 370; v. Erichsen, Führung S. 166.

89) **verbreitet ist.** Danach ist es nicht nöthig, daß das Blatt am ausländischen Ort erscheint. Es genügt, daß es dort verbreitet ist. Ob dies der Fall, hat der Standesbeamte seinerseits auf Grund gewissenhafter Prüfung zu ermessen. Gleichgültig ist es ferner, ob das Blatt in deutscher oder in einer fremden Sprache erscheint, B. des preuß. M. d. Inn. (im Einverständniß mit dem Reichsjustizamt und dem Justizminister) v. 2. Nov. 1880, Stdesb. 1880 S. 245; 1889 S. 66; Wohlers S. 89.

90) **Tage der Ausgabe.** Dieser ergiebt sich durch das Datum des Belagsblattes, welches zum Beweis der erfolgten Einrückung beizubringen ist, so Völk S. 160 N. 3; Stiegele S. 151 u. 202, jedoch ist dabei zu beachten, daß einzelne Zeitungen ihre Nummern vor dem Datum, vielfach den Abend vorher ausgeben. Steht dies z. B. durch Ankündigungen auf dem Blatte selbst fest, so ist zwar nicht das Datum der Nummer mit dem Tage der Ausgabe identisch, jedoch läßt sich dieser letztere durch das Datum der Nummer feststellen. Bestehen Zweifel, so wird der Standesbeamte eine Bescheinigung der ausländischen Ortsbehörde über die frühere Ausgabe einzuholen haben, vgl. v. Sicherer S. 371; v. Erichsen, Führung S. 160.

Ist nur ein an einem ausländischen Ort verbreitetes Blatt gewählt worden, so kommt es auf den Tag der Ausgabe an dem erstgedachten Ort, also dem Verbreitungsort, an, v. Sicherer S. 371.

Das Blatt ist zu den Sammelakten zu nehmen.

91) **zulässig.** Wenn im Stdesb. 1877 S. 103 diese Vorschrift, um die Gelegenheit für etwaige Einwendungen zu geben, dahin ausgelegt wird, daß vor der Eheschließung von Ausgabe des Blattes ab nicht nur der Zeitraum von zwei Wochen, sondern auch noch die Zeit, welche die Beförderung eines Briefes von dem betreffenden Ort in Anspruch nimmt, verstrichen sein muß, so widerspricht dies direkt dem Wortlaut. Es genügt der Ablauf der gesetzlich vorgeschriebenen Frist, sofern der Standesbeamte das Belagsblatt (nicht etwa einen bloßen das Aufgebot enthaltenen Ausschnitt) bereits in Händen hat.

ausländischen Ortsbehörde [92]) dahin beigebracht wird, daß ihr von dem Bestehen eines Ehehindernisses nichts bekannt sei [93]).

§. 48.

Kommen Ehehindernisse [94]) zur Kenntniß des Standesbeamten, so hat er die Eheschließung [95]) abzulehnen.

---

[92]) **ausländischen Ortsbehörde.** Damit ist die Kommunal- oder Polizeibehörde des ausländischen Orts gemeint, nicht aber (so Stdesb. 1877 S. 164) ein deutscher Konsul, da dieser für Deutschland keine ausländische Behörde ist.

[93]) **nichts bekannt sei.** Der §. 47 stellt in Abs. 1 und 2 zwei verschiedene Arten der Bekanntmachung zur Verfügung. Eine Vermischung des Verfahrens darf aber nicht stattfinden. Es ist also unzulässig, daß der ausländische Standesbeamte das Aufgebot nach Abs. 1 in die Zeitung einrückt und auf Grund seiner Bekanntmachung bescheinigt, daß keine Ehehindernisse bekannt geworden sind, vgl. die die Schweiz betreffenden Mittheilungen i. Stdesb. 1876 S. 248, 280, 288.

Für Fälle, in denen wegen der Schwierigkeit und der Langsamkeit des Verkehrs nach Ländern in anderen Welttheilen die Beobachtung des §. 47 sich nur unter großem Zeitverlust oder vielleicht gar nicht, weil in dem Lande keine Zeitungen erscheinen oder verbreitet sind, ermöglichen läßt, bietet die Dispensation nach §. 50 einen Ausweg.

§. 48. [94]) **Ehehindernisse.** Das Reichsgesetz hat die Ehehindernisse (s. oben S. 99 ff.) zwar sehr vereinfacht, aber doch noch immerhin in Deutschland gewisse Verschiedenheiten bestehen lassen (s. §. 29 Abs. 4 u. 5, §. 38, 40), ferner kann der Standesbeamte auch in die Lage kommen, eine Ehe zwischen Inländern und Ausländern, oder zwischen zwei Ausländern abzuschließen.

Mit Rücksicht hierauf entsteht die Frage, welches Recht in Betreff der Ehehindernisse entscheidet, wenn die Verlobten verschiedenen Rechten unterworfen sind. Während eine vor Allem von der nordamerikanischen Jurisprudenz vertretene Ansicht, welche das Recht des Eheschließungsortes maßgebend sein läßt, vgl. die Nachweisungen bei v. Sicherer S. 130, 131 u. v. Bar, internationales Privatrecht 1, 440 ff., auf dem Kontinent uud namentlich in Deutschland kaum mehr Anhänger aufweist, v. Bar S. 441 (s. allerdings eine auf diesem Boden stehende Entscheidung des Berliner Landgerichts im Stdesb. 1883 S. 25, gegen welche sich der a. a. O. mitgetheilte Erl. des Min. d. Inn. u. Justizministers v. 25. Dez. 1882 richtet), betrachtete man namentlich in früherer Zeit in Deutschland das Recht des Wohnsitzes der Verlobten, so z. B. v. Savigny, System des röm. Rechts 8, 93; Stobbe, Hdbch. d. deutsch. Privatrechts 1, 180; Bartels S. 80; Stölzel, deutsch. Eheschließungsrecht S. 2; v. Erichsen, Ehehindernisse S. 2, als das Entscheidende. Später hat sich daneben die Auffassung immer mehr geltend gemacht, daß die Staatsangehörigkeit, nicht das Domizil das bestimmende Moment sei, Schäffner, Entwicklg. d. internationalen Privatrechts, Frankfurt a. M. 1841, S. 128; Reyscher i. Arch. f. prakt. Rechtswissenschaft 2, 112; Roßhirt i. Arch. f. d. civilistische Praxis 46, 394; Stdesb. 1876 S. 303; weitere Nachweisungen bei v. Sicherer S. 135 Anm. 20, und den Anhängern dieser Ansicht ist auch v. Bar 1, 181, 440 zuzuzählen, wenn er die Gesetze desjenigen Staates zur Anwendung gebracht wissen will, in welchem Jemand das unzerreißbare Recht des Aufenthaltes, das Wohnrecht erlangt habe, da er damit nur den wesentlichen Inhalt der Staatsangehörigkeit zu kennzeichnen bezweckt, während er in der 1. Aufl. Hannover 1862 S. 83 das Recht, unter welchem die Person den Wohnsitz und auch zugleich das Wohnrecht, also die Staatsangehörigkeit in Verbindung mit dem Domizil als das Entscheidende bezeichnet hat (eine Auffassung, welcher das App.Ger. zu Celle bei Gruchot 21, 121 u. Seuffert, Archiv 32, 1 gefolgt ist).

Gesetzlich ist die Frage entschieden, und zwar zu Gunsten des Rechtes des Wohnsitzes in Preußen (A. L.R. Einl. §. 32, v. Bar 2. A. 1, 266); dagegen zu Gunsten der Staatsangehörigkeit nach dem Code civil Art. 3, 170, nach bad. Recht s. bad. Landrecht Satz 3 u. Ges. v. 9. Dez. 1875 §. 23 und nach dem sächs. bürg. Ges.B. §. 13 („Eingehung und Auflösung der Ehe werden nach den Gesetzen des Staates beurtheilt, dessen Unterthan der Ehemann ist", aufrechterhalten durch das Ges. v. 5. Nov. 1875 §. 10), und diese Auffassung liegt auch dem bair. Ges. v. 16. April 1868 Art. 32—34, 39, o. S. 151 zu Grunde, s. v. Sicherer S. 137 Anm. Ferner sind die auf völkerrechtlichen Vereinbarungen oder auf gesetzlicher Anordnung beruhenden Bestimmungen über die Eheschließung zwischen Inländern und Ausländern für das Reich oder für die einzelnen Bundesstaaten, s. o. S. 136 ff., von dieser Anschauung beherrscht, und endlich hat diese auch in der Wissenschaft immer mehr Anhänger gefunden, so daß sie heute als die überwiegende Meinung betrachtet werden kann, vgl. v. Sicherer S. 137 ff.; v. Bar 1, 271, 445. Gehören die betreffenden Personen einem Staate an, in welchem, wie z. B. in Preußen, noch verschiedene Gesetzgebungen neben einander gelten, dann muß allerdings noch als weiteres Moment neben der Staatsangehörigkeit das Domizil herangezogen werden, um zu bestimmen, welche der verschiedenen Gesetzgebungen zur Anwendung kommt, v. Sicherer S. 139; v. Bar 1, 275.

Immerhin ist aber noch zu beachten, daß wenngleich das Recht des Eheschließungsortes nicht entscheidet, der Standesbeamte seine Mitwirkung nicht zu solchen Ehen bieten darf, welche im Inlande gegen Verbotsgesetze desselben von absolut zwingender Natur geschlossen werden sollen, also gegen Verbote verstoßen, welche nach dem inländischen Recht nicht einmal durch Dispensation zu heben sind, vgl. v. Sicherer S. 131, 132. Dafür sind im Deutschen Reich zu nehmen: das Eheverbot der nahen Verwandtschaft und Schwägerschaft, ferner das Verbot der weiteren Ehe vor Lösung der früheren, ferner der mangelnden freien Einwilligung und der mangelnden Ehemündigkeit, diese indessen blos im Sinne der erforderlichen geistigen Reife überhaupt, v. Bar 1, 449, nicht im Sinne des im Reichsgesetze bestimmten Ehemündigkeitsalters genommen, vgl. auch Stölzel S. 16 ff., wogegen v. Bar a. a. O. die Nothwendigkeit der freien Einwilligung nicht verlangt, andererseits aber das Ehehinderniß der Wartezeit als absolutes Verbotsgesetz behandelt, obwohl es nach deutschem Recht diesen Charakter, wie schon die Möglichkeit der Dispensation zeigt (§. 35), nicht besitzt.

Endlich fragt es sich, ob, wenn die Ehegesetzgebung der Verlobten, welche nicht demselben Staate angehören oder nicht denselben Wohnsitz haben, in den beiderseitigen Staaten oder an den beiden Domizilen verschieden ist, lediglich das Recht des Mannes oder das Recht beider Theile entscheidet, so daß im ersteren Fall die Ehe schon dann ausgeschlossen ist, wenn das Ehehinderniß auch nur nach dem Rechte eines der Verlobten obwaltet. Früher hat man von dem Standpunkt der obengedachten Wohnsitztheorie vielfach, s. die Nachweisungen bei v. Sicherer S. 132, lediglich das Recht des Mannes maßgebend sein lassen, weil er das Haupt der Familie sei. Diese Ansicht ist aber unrichtig, denn vor der Eheschließung hat der Mann die erwähnte Stellung noch nicht, und es handelt sich bei der Frage erst um die Vorbedingung der Vertretung der Frau durch den Mann. Mit Rücksicht hierauf hat in neuerer Zeit die richtige Ansicht, daß es auf das Recht beider Theile ankomme, immer mehr Anhänger gefunden, vgl. Stobbe, deutsch. Privatrecht 1, 204; Stölzel, Eheschließgsr. S. 3; v. Sicherer S. 133 N. 15 und die dort citirten. Dieselbe Auffassung wird von denjenigen vertreten, welche nicht das Recht des Domizils, sondern das der Staatsangehörigkeit entscheiden lassen, so z. B. v. Sicherer S. 132, 133, während v. Bar 1, 452 nur in Betreff derjenigen Ehehindernisse, welche auf den Schutz des Individuums und seiner Rechte gerichtet erscheinen (wie das des Alters, des Irrthums, Zwangs und der Impotenz des Ehemannes), auch zugleich das Recht der Staatsangehörigkeit der Frau, aber in Betreff solcher, welche mit Rücksicht auf das Wohl der Familien oder des Staates selbst eingeführt sind (wie das Ehehinderniß der Verwandtschaft und der konfessionellen Verschiedenheit), allein das Recht der Staatsangehörigkeit des Mannes entscheiden läßt, weil diese allein für den Staat in Betracht kommen, welchem der Mann angehört, eine Ansicht, welche, ganz abgesehen davon, daß die Scheidung der Ehehindernisse nach diesem Gesichtspunkt zu Zweifeln Anlaß bietet (wie z. B. beim Ehehindernisse der Wartezeit), deshalb nicht zutrifft, weil die Ehegatten nach Abschluß der Ehe ihr Domizil in dem Staate, in welchem die Frau bisher die Staatsangehörigkeit hatte, nehmen können. Über das sächs. bürg. Ges.B. §. 13, welches allein die Staatsangehörigkeit des Mannes für maßgebend erklärt, s. o. S. 170.

Nach den gedachten Gesichtspunkten entscheidet sich auch die Frage, ob und von welchem Staat in den hier fraglichen Fällen die Dispensation zu ertheilen ist. Je nachdem man das Recht des Wohnortes oder der Staatsangehörigkeit für maßgebend erklärt, bestimmt sich dies nach dem Rechte des ersteren oder der letzteren, s. Stölzel a. a. O. S. 99; v. Sicherer S. 345; v. Bar 1, 459.

Hat sonach der Standesbeamte in dem gedachten Umfange auch das ausländische Recht zu berücksichtigen, so besteht doch für ihn keine Verpflichtung, sich für jeden einzelnen Fall, wo es zur Anwendung kommt, um Erlangung der ihm fehlenden Kenntniß desselben besonders zu bemühen. Vielmehr ist es, falls der Standesbeamte eine solche nicht besitzt, Sache der Verlobten oder derjenigen, welche auf Grund des fremden Rechtes Ehehindernisse anzeigen, den Standesbeamten darüber die nöthigen Beweise, also z. B. Atteste von Gerichtsbehörden, Advokaten u. s. w. beizubringen. Endlich haben die oben S. 136 ff. mitgetheilten Vorschriften über die Ehen von Ausländern u. A. auch den Zweck, die Schließung von nichtigen Ehen derselben zu verhindern.

Eine Zusammenstellung des Rechtes der bedeutenderen fremden Staaten bei Stölzel a. a. O. S. 113 ff., bei A. Garnier, internationales Eheschließungsrecht in Form von Aufzeichnungen betr. die Eheschließung von Ausländern in der Schweiz, Bern 1885; vgl. auch v. Erichsen, Erfordernisse S. 19; über Rußland Stdesb. 1878 S. 110; 1880 S. 33; über England Stdesb. 1878 S. 117; über Schweden a. a. O. S. 229.

[95]) **Eheschließung.** Wenn nach erlassenem Aufgebot Ehehindernisse zur Kenntniß des Standesbeamten kommen, so ist die Eheschließung auszusetzen, oder falls ein anderer Standesbeamter diese vornehmen soll, die Ertheilung der nach §. 49 vorgeschriebenen Bescheinigung zu verweigern. Indessen wird auch derjenige Standesbeamte, welcher das Aufgebot nicht angeordnet hat, aber diese, weil er gesetzlich zur Eheschließung zuständig ist, oder kraft Ermächtigung (§. 49) vollziehen soll, ihm zur Kenntniß gekommene Ehehindernisse nicht unberücksichtigt lassen dürfen und auch trotz der eben gedachten Bescheinigung die Eheschließung abzulehnen haben. Denn dies liegt in der Natur der Sache, und der §. 48 bezieht sich auf jeden Standesbeamten, so auch Fitting S. 168 u. v. Sicherer S. 372. Der weitere Verlauf ist der, daß entweder Dispens von dem Ehehinderniß beigebracht und die Ehe abgeschlossen wird, oder daß das Ehehinderniß bestehen und sonach auch die Eheschließung ausgesetzt bleibt. Gegen eine etwaige irrthümliche Beurtheilung des Standesbeamten schützt die Beschwerde an die ihm vorgesetzten Behörden im sonst vorgeschriebenen Instanzenzuge. S. auch §. 11 Abs. 3.

Mit Rücksicht darauf, daß das Reichsgesetz dritten Personen kein Recht gewährt, eine richterliche Entscheidung über das Vorhandensein von Ehehindernissen und die Aussetzung der Eheschließung durch den Standesbeamten herbeizuführen, entsteht die Frage, ob die Vorschriften des Code civil Art. 172—176, welche dem bisherigen Ehegatten und bestimmten Verwandten ein solches Recht einräumen, noch in Geltung geblieben sind; v. Sicherer S. 372 u. Fitting S. 168 bejahen es, insoweit als durch dieses Einspruchsrecht reichsgesetzlich anerkannte Ehehindernisse geltend gemacht werden, weil die betreffenden Vorschriften nicht das Recht der Eheschließung weiter, als es das Reichsgesetz zuläßt, beschränken (§. 34), vielmehr nur ein Verfahren für die Feststellung gesetzlich obwaltender Ehehindernisse feststellen, und auch das bair. Ges. zur Ausführung d. Reichs-C.P.O. v. 23. Febr. 1879, G. u. V.Bl. S. 63, steht auf diesem Standpunkt, wenn es §. 173 verordnet: „Gesuche um Aufhebung eines Einspruchs (Opposition) gegen eine Heirath (Art. 172 bis 176, 179 des pfälzischen Civilgesetzbuches) sind im Wege der Klage gegen diejenigen, welche den Einspruch erheben, vorzubringen" (ebenso wenigstens anscheinend auch die J. für Elsaß-Lothringen §. 52). Mit Stölzel i. Stdesb. 1877 S. 22 u. Scherer, Zeitschr. f. Kirchenrecht 22, 290 ist aber anzunehmen, daß die gedachten Artikel beseitigt sind, denn nach §. 48 hat der Standesbeamte seinerseits selbstständig zu prüfen, ob Ehehindernisse obwalten, und das Reichsgesetz hat ihn darin nicht von irgend welcher gerichtlichen Entscheidung abhängig gemacht, namentlich nicht in der Art, daß er die Eheschließung blos deswegen abzulehnen verpflichtet wäre, weil, sei es mit oder ohne Grund, ein Einspruch beim Gericht erhoben ist. Auf diesem Standpunkt steht auch die hess. J. zu §. 48 (hinsichtlich dieser freilich a. A. v. Sicherer S. 372 Anm. 3, s. aber Stölzel a. a. O.). Deshalb erscheint auch

§. 49.

Soll die Ehe vor einem anderen Standesbeamten als demjenigen geschlossen werden, welcher das Aufgebot angeordnet hat[96]), so hat der letztere eine Bescheinigung[97]) dahin auszustellen, daß und wann das Aufgebot vorschriftsmäßig erfolgt ist und daß Ehehindernisse nicht zu seiner Kenntniß gekommen[98]) sind.

§. 50.

Die Befugniß zur Dispensation von dem Aufgebot steht nur dem Staate[99]) zu. Ueber die Ausübung dieser Befugniß haben die Landesregierungen[1]) zu bestimmen.

---

die Neuregelung des Einspruchsrechts in dem bad. Ges. v. 9. Dez. 1875 §§. 14 ff. (bad. Dienstw. §. 112) und im bairischen Ges. v. 1879 mit dem Reichsgesetz nicht vereinbar.

Nur die Vorschriften des bair. Ges. v. 16. April 1868 Art. 35 ff., s. o. S. 152, sind in Folge des bairischen Reservates in Kraft geblieben, Stölzel a. a. O.

§. 49. [96]) **welcher das Aufgebot angeordnet hat,** s. Anm. 59 u. 60 zu §. 44. Dieser hat auch die Aufgebotsanzeige zu bewahren, Stdesb. 1878 S. 179.

[97]) **Bescheinigung.** Diese ist kostenfrei, s. den angehängten Gebührentarif Nr. 1. Vgl. auch B.R.B. §. 13. Die in Preußen und Sachsen für die Bescheinigung vorgeschriebenen Formulare im Stdesb. 1878 S. 181 u. 257 vgl. auch v. Erichsen, Führung S. 191.

[98]) **nicht zu seiner Kenntniß gekommen.** Sind Ehehindernisse ermittelt, so wird darüber ebenfalls den Parteien Mittheilung zu machen sein.

Bringen letztere dem Standesbeamten, vor welchem die Ehe geschlossen werden soll, die vorgeschriebene Bescheinigung nicht bei, so darf dieser die Eheschließung nicht vornehmen. Die Bescheinigung ist zu den Sammelakten des die Ehe schließenden Standesbeamten zu nehmen, s. B.R.B. §. 9.

§. 50. [99]) **nur dem Staate,** s. §. 40 Anm. 45.

[1]) **die Landesregierungen.** Daß die Regierungen auch das Recht haben, gewissen Behörden die Befugniß zur Abkürzung der Aufgebotsfrist beizulegen, unterliegt keinem Zweifel, da in dem weitergehenden Recht, das Aufgebot ganz zu erlassen, diese geringere Befugniß mit enthalten ist. Aus demselben Grunde sind auch die zur Dispensation berechtigten Behörden befugt, selbst ohne besondere Ermächtigung eine Abkürzung der Aufgebotsfrist zu gewähren oder von dem Aufgebot in einigen der mehreren gesetzlich bezeichneten Orte zu dispensiren.

Nach den zu §. 40 angeführten partikularstaatlichen Bestimmungen ertheilen die Dispensation der Landesherr in Braunschweig und Reuß ä. L.; in S.-Cob.-Gotha statt des Landesherrn das Staatsministerium, v. Erichsen, Erfordernisse S. 124; der Senat in Bremen; der Minister des Innern, bez. die Minister. Abthlg. des Innern in Preußen (jedoch hier bei obwaltender Lebensgefahr der Vorsitzende der Aufsichtsbehörde, s. S. 48 Anm. 60), in Sachsen, in S.-Altenburg und in Waldeck (hier mit derselben Ausnahme wie in Preußen für die Aufsichtsbehörde); der Justizminister, bez. die Justizabthlg. des Minist. in Baden, Hessen, Meckl.-Schwerin, S.-Weimar, S.-Meiningen, Schwzb.-Rudolst., Schwzb.-Sondershausen; das Ministerium in Reuß j. L.; die Landesregierung in Meckl.-Strelitz; die Regierung, Abth. d. Innern in Anhalt; die Regierung in Schaumburg-Lippe; die höhere Verwaltungsbehörde in Oldenburg (S. 30 Anm. 3a); die Aufsichtsbehörde (Regierung, bez. Verwaltungsamt) in Lippe, s. S. 43 Anm. 44 u. S. 48 Anm. 60; die Aufsichtsbehörde in Hamburg (s. S. 43 Anm. 44); das Land- und Stadtamt als Aufsichtsbehörde in Lübeck; das Landgericht des Amtssitzes des zuständigen Standesbeamten in Württemberg; die Distriktsverwaltungsbehörde des Amtssitzes des zuständigen Standesbeamten in Baiern rechts des Rheins, in München jedoch der Magistrat, dagegen in der bair. Pfalz der Staatsanwalt desjenigen Landgerichts, in dessen Sprengel die Eheschließung erfolgen soll; in Elsaß-Lothringen der erste Staatsanwalt

Wird eine lebensgefährliche Krankheit, welche einen Aufschub der Eheschließung nicht gestattet, ärztlich bescheinigt, so kann der Standesbeamte (§. 42 Abs. 1 [2]) auch ohne Aufgebot die Eheschließung vornehmen[3]).

§. 51.

Das Aufgebot verliert seine Kraft, wenn seit dessen Vollziehung [4]) sechs Monate [5]) verstrichen sind, ohne daß die Ehe geschlossen worden ist [6]).

---

des Landgerichtsbezirks, in dem die Ehe geschlossen werden soll, vgl. J. f. Elsaß-Lothringen §. 46.

Besondere Vorschriften über die Abkürzung der Aufgebotsfrist bestehen in Preußen, wo der Vorsitzende der Aufsichtsbehörde, in Anhalt, wo die Regierung, Abtheilung des Innern, und in Waldeck, wo die Aufsichtsbehörde dazu kompetent ist.

Zuständig zur Dispensation vom Aufgebot oder zum Erlaß einzelner dasselbe betreffender Ehehindernisse ist diejenige staatliche Behörde, in deren Bezirk nach §. 42 Abs. 1 des Reichsges. die Ehe geschlossen werden soll, dagegen kommt es nicht auf die Orte an, an welchen das Aufgebot bekannt zu machen ist, so auch v. Sicherer S. 376, Stölzel, deutsch. Eheschließungsr. S. 100; s. auch Anm. 58 Abs. 2 zu §. 44; vgl. ferner württemb. Ges. v. 8. Aug. 1875 Art. 2. Ueber die Behandlung der Dispensationsgesuche s. v. Erichsen, Führung S. 146, 194.

[2]) **Standesbeamte (§. 42 Abs. 1),** also nicht der nach §. 43 ermächtigte Standesbeamte, s. §. 44 Anm. 60. So auch die J. f. Württemberg zu §. 14. A. M. Stiegele S. 153. Er übersieht aber, daß nur nach Anordnung des Aufgebots ermächtigt werden darf, und daß allein der Standesbeamte, welcher das Aufgebot vorzunehmen in der Lage ist, davon absehen kann, nicht aber derjenige, welcher nach der Vornahme des Aufgebotes erst die Ermächtigung zur Ehevollziehung erhält, und welchem die nach §. 49 erforderliche Bescheinigung dazu beizubringen ist. Ein Bedürfniß zur Ermächtigung für die Eheschließung seitens des zuständigen Standesbeamten nach Erlaß des Aufgebotes durch diesen liegt kaum vor, weil die Ermächtigung in diesen Fällen regelmäßig zu spät an den nicht zuständigen Standesbeamten gelangen würde.

Die mit Unterlassung des Aufgebots in andern als den im §. 50 gedachten Ausnahmefällen erfolgte Eheschließung ist nicht nichtig. Dies war bisher geltendes gemeines, preußisches und französisches Recht, s. Richter-Dove-Kahl S. 962, 1128, 1134; A. L.R. II 1 §. 154 u. Petersen a. a. O. S. 259 — wegen der Ausnahme, die der Code civil Art. 170 ergiebt, s. Anm. 47 zu §. 41, v. Sicherer S. 357 N. 6 — und das Reichsgesetz hat keine entgegengesetzte Vorschrift. Es wird der bisherige Rechtssatz daher um so mehr festgehalten werden müssen, als das Aufgebot nur den Zweck hat, Ehehindernisse zu ermitteln, und diese auch nach der Eheschließung immer noch geltend gemacht werden können. So auch Völk S. 164 u. v. Sicherer S. 357. Wenn das bad. Ges. v. 9. Dez. 1875 §. 2 lit. b jede Ehe als nichtig anfechten läßt, welche mit Verletzung der hinsichtlich der Offenkundigkeit gegebenen Vorschriften geschlossen worden ist, und die Gesetzes-Motive dazu auch die über das Aufgebot rechnen, v. Seyfried S. 146, 147, so widerspricht dies dem Reichsgesetz, vgl. auch v. Sicherer a. a. O. Wegen der Strafe, welche den Standesbeamten bei Unterlassung des Aufgebots trifft, vgl. u. §. 69.

Wegen der Anwendbarkeit des §. 50 in Baiern s. unten zu §. 74.

[3]) **vornehmen.** Der Entw. e. Einführungsges. z. bürg. Ges.B. f. d. Deutsche Reich Art. 28 wiederholt den §. 50, nur mit der Abänderung, daß er das Citat: (§. 42 Abs. 1) in: (§. 1246 des Bürgerlichen Gesetzbuches) ändert.

§. 51. [4]) **Vollziehung.** Diese ist vollendet mit dem Ablauf der §. 46 Schlußabs. festgesetzten Frist von zwei Wochen, und falls das Aufgebot in mehreren Gemeinden durch Aushang zu bewirken ist, mit dem Ablauf der gedachten Frist für den am spätesten bewirkten Aushang, so auch v. Sicherer S. 376; Stdesb. 1880 S. 249, nicht mit dem Ablauf der Frist für den zuerst gemachten Aushang, so Fitting S. 175, welcher übersieht, daß das Reichsgesetz nur ein einziges, durch Aushang in verschiedenen Gemeinden zu vollziehendes Aufgebot, nicht aber verschiedene selbstständige Aufgebote für jede einzelne Gemeinde

§. 52.

Die Eheschließung [7]) erfolgt [8]) in Gegenwart von zwei Zeugen [9]) durch

(s. §§. 44, 46) kennt. Ob bei dem Aufgebote durch Bekanntmachung in einem öffentlichen Blatt die Vollziehung mit dem Tage der Ausgabe der Nummer oder erst mit Ablauf von zwei Wochen nach demselben als erfolgt zu betrachten ist, darüber herrscht Streit. Das erstere nehmen die württemb. J. §. 14 und d. J. für Lippe zu §. 51; ferner Völk S. 165, das letztere die hess. J. zu §. 51; Stiegele S. 153; v. Sicherer S. 376, 377 u. v. Erichsen S. 116 N. f. u. S. 173 an. Die erstere Ansicht erscheint die richtigere, denn die Ausgabe des Blattes mit der einmaligen Einrückung ersetzt den nach §. 46 vorgeschriebenen 14tägigen Aushang, nicht aber vertritt dieselbe, so v. Sicherer a. a. O., blos die Stelle des eben erst angehefteten Aushangsexemplares.

Daß auch die Bescheinigung der ausländischen Ortsbehörde durch Zeitablauf ihre Kraft verliert, muß, trotzdem, daß das Gesetz in dieser Beziehung schweigt, angenommen werden, da sie nach §. 47 Abs. 2 das Aufgebot ersetzt und sich die Verhältnisse der Verlobten nach ihrer Ausstellung, ebenso gut wie nach stattgehabtem Aufgebot ändern können, so die hess. J. zu §. 51 Abs. 2 und die J. für Meiningen §. 69; Völk S. 165; Fitting S. 173; v. Sicherer S. 378. Die Frist läuft in diesem Fall von der Ausstellung der Bescheinigung ab.

[5]) **sechs Monate.** Diese sind kalendermäßig zu berechnen, s. Anm. 49 zu §. 22. Der erste Tag der Frist ist derjenige Tag, welcher dem Tage des Abschlusses der Vollziehung des Aufgebotes folgt, s. die vor. Anm.

Die sechsmonatliche Frist tritt an Stelle der einjährigen des Code civil Art. 65.

[6]) **Ehe geschlossen worden ist.** Soll dies später doch geschehen, so bedarf es eines neuen Aufgebotes nach Maßgabe der §§. 44—50. Wenn aber der Antrag auf Eheschließung nach der Vollziehung des Aufgebots zurückgezogen und noch vor Ablauf der sechsmonatlichen Frist erneuert worden war, ist die Wiederholung des Aufgebotes nicht nöthig, denn durch die Zurückziehung des Antrages wird das erfolgte Aufgebot nicht beseitigt, Stdesb. 1877 S. 142.

War von dem Aufgebot dispensirt und sind seit der Zustellung der Dispensation an die Verlobten sechs Monate verflossen, so wird das Aufgebot von Neuem zu vollziehen sein, denn dieselbe war nur für das erste Aufgebot, welches in Folge des Ablaufs der Frist außer Kraft getreten wäre, ertheilt und ebenso wie nach dem statthaften ersten kraftlos gewordenen Aufgebot von dem nothwendig gewordenen zweiten dispensirt werden müßte, muß, da sich die Verhältnisse in der Zwischenzeit geändert haben können, in dem hier fraglichen Fall ein weiteres Aufgebot oder eine neue Dispensation erfolgen, so auch v. Sicherer S. 378 u. v. Erichsen S. 173.

§. 52. [7]) **Eheschließung.** Die Motive S. 35 bemerken hierzu: „§. 51 (jetzt §. 52) erklärt die durch das Bundesgesetz vom 4. Mai 1870 §. 7 (B.G.Bl. S. 599) für die Deutschen im Auslande vorgeschriebene Form der Eheschließung auch für das Inland als maßgebend, weil es unzuträglich wäre, hier zwei verschiedene Formen zuzulassen, und weil die Rücksicht auf die Fassung des §. 337 des Strafgesetzbuchs, welche zu der im preußischen Gesetze v. 9. März 1874 §. 35 beliebten Form führte, für die Reichsgesetzgebung, welche in der Lage ist, den §. 337 sachentsprechend zu erläutern, nicht entscheiden kann" (vgl. u. §. 67).

Diese Form entspricht auch im Wesentlichen der u. A. durch Code civil Art. 75 vorgeschriebenen.

[8]) **erfolgt.** Der Ort ist das Amtslokal des Standesbeamten, sei es das allgemeine für alle Geschäfte, sei es das besondere für Eheschließungen allein bestimmte, wie in Baiern, s. Min.Entsch. v. 5. Dez. 1875 III D Nr. 2, und Hessen, V. v. 3. Nov. 1875 Art. 6. Dies setzt das Gesetz voraus, auch ergiebt es sich daraus, daß die Amtshandlungen des Standesbeamten gebührenfrei sind, und dieses Prinzip nur dann gerechtfertigt erscheint, wenn dieselben im Amtslokale statthaben, s. auch J. f. Württemb. §. 1 und die nachfolgenden Citate. Nur wenn der eine oder andere Theil durch Krankheit, Gebrechen oder andere erhebliche und dringende Gründe am Erscheinen im Amtslokale verhindert ist, kann die Eheschließung in einem Privathause vorgenommen werden, so auch die bair. Entsch. a. a. O. Nr. 2; J. f. Württemb. §. 1; bad. Dienstw. §. 115; J. f. S.-Weimar

die an die Verlobten[10]) einzeln und nach einander gerichtete Frage des Standesbeamten:

ob sie erklären, daß sie die Ehe mit einander eingehen wollen[11]),

durch die bejahende Antwort der Verlobten und den hierauf erfolgenden Ausspruch

---

§. 2; Oldenb. §. 12; Meining. §. 2; Schwzb.-Rudolstadt §. 2; Reuß j. L. §. 21; Lippe Nr. II; für Elsaß-Lothringen §. 9; — für Preußen s. Min.Erk. v. 2. Febr. 1875 (Stdesb. 1875 S. 65, s. ferner a. a. O. S. 69, 168). Das Amtiren in Privathäusern wird auf die Fälle dringender Nothwendigkeit um so mehr zu beschränken sein, als, da der Standesbeamte das Hauptheirathsregister behufs Bewirkung der Eintragung mitzunehmen hat, dadurch der Uebelstand herbeigeführt wird, daß dasselbe aus dem Amtslokale entfernt werden muß. Deshalb können auch trotz des §. 83 des Ges. die Landesregierungen nicht für einzelne Fälle, in denen gar kein dringender Grund für das Amtiren außerhalb des Standesamtslokales vorliegt, wie z. B. blos wegen des vornehmen Standes der Verlobten, die Standesbeamten anweisen, die Eheschließung in Privathäusern vorzunehmen, ebensowenig wie sie berechtigt wären, dies allgemein für alle Fälle vorzuschreiben (über einen Fall dieser Art in Baden s. Stdesb. 1886 S. 268, 275). Zu rigoros sind d. J. f. Meckl.-Schwerin und Strelitz §. 6, f. Reuß ält. Lin. §. 7 und Schaumb.-Lippe §. 6, welche als Ausnahmefall allein eine ärztlich bescheinigte Krankheit voraussetzen.

Die Beförderungskosten und Auslagen, welche dem Standesbeamten in solchen Fällen entstehen, müssen ihm ersetzt werden, denn er ist nicht verpflichtet, für seine Thätigkeit besondere Kosten aufzuwenden. Diäten billigen ihm zu die bad. Dienstw. §. 30 u. die J. für Lippe Nr. II. Alle diese Kosten gehören unter der Voraussetzung, daß die Parteien im Amtslokale zu erscheinen verhindert sind, zu den sächlichen Kosten der Standesbuchführung, die gebührenfrei sein soll, und fallen daher den Gemeinden zur Last, so auch J. f. Reuß j. L. §. 21; vgl. auch Stdesb. 1875. S. 69. Die Lippische J. Nr. II legt sie aber den Parteien, falls diese nicht arm sind, auf.

Tag und Stunde der Eheschließung hat der Standesbeamte mit den Verlobten zu vereinbaren, nach d. bad. Dienstw. §. 114 u. J. f. Meiningen §. 70 haben diese letzteren sie zu bestimmen, wozu aber der Vorbehalt zu machen ist, daß diese Bestimmung mit der sonstigen Geschäftsführung des Standesbeamten vereinbar sein muß. Nach d. bad. Dienstw. §. 114, der J. f. Hessen zu §. 12, f. Oldenburg §. 12, Reuß ält. L. §. 7, Lippe II sollen dazu für die Regel nur die Werktage benutzt, auch können bestimmte Werktage nach der bair. Min.Entsch. a. a. O. Nr. 1 u. J. f. Lippe II festgesetzt werden, nach d. J. für Meckl.-Schwerin u. Strelitz §. 8, f. Oldenburg §. 12 und Schaumburg-Lippe §. 6 indessen nur mit Genehmigung der Aufsichtsbehörde. Bei Festsetzung der Stunde soll nach d. bad. Dienstw. u. d. J. f. Hessen und Meiningen a. a. O. darauf gesehen werden, daß die religiösen Feierlichkeiten der Eheschließung noch an demselben Tage statthaben können; nach d. J. f. Meckl.-Schwerin u. Strelitz, f. Oldenburg, Reuß ält. L. u. Schaumb.-Lippe a. a. O. sind für die Regel die Vormittagsstunden zu wählen.

[9]) **von zwei Zeugen,** s. §. 53.

[10]) **an die Verlobten,** also persönlich an diese. Dadurch ist die Statthaftigkeit der Eingehung der Ehe durch Bevollmächtigte ausgeschlossen, wie dies auch ausdrücklich der Vorbehalt in §. 72 ergiebt. Selbst eine landesherrliche Erlaubniß könnte, weil sie gegen das Reichsgesetz verstoßen würde, dies nicht ermöglichen, so auch v. Sicherer S. 382 N. 9.

[11]) **eingehen wollen.** Da diese Erklärung absolut wesentlich ist und das Gesetz eine solche als unbedingte erfordert, ist die nach katholischem Kirchenrecht statthafte Eingehung unter einer Bedingung, welche übrigens nach protestantischem Eherecht nicht zulässig war, s. Schulte, Eherecht S. 132; Bartels, hannov. Eherecht S. 162, beseitigt; vgl. Petersen a. a. O. S. 11; v. Sicherer S. 382.

Eine bejahende Antwort braucht aber nicht durch Worte, sie kann auch z. B. von Stummen durch Zeichen, welche eine Bejahung ausdrücken, abgegeben werden.

des Standesbeamten [12]), daß er sie nunmehr kraft des Gesetzes für rechtmäßig verbundene Eheleute erkläre [13]).

---

[12]) **des Standesbeamten.** Diesen Ausspruch hat der Standesbeamte sofort nach der Erklärung der Verlobten, also noch vor dem Niederschreiben der Urkunde zu thun.

Wegen der Vornahme von Eheschließungen der Verwandten des Standesbeamten s. o. Anm. 72 zu §. 13, und darüber, daß der Standesbeamte bei seiner eigenen Eheschließung nicht als solcher in amtlicher Eigenschaft mitzuwirken fähig ist, ebendaselbst und Petersen i. Zeitschr. f. Reichs- u. Landesrecht 3, 9.

[13]) **Eheleute erkläre.** Erst mit diesem Ausspruch des Standesbeamten, welcher den Zweck hat, die Uebereinstimmung der beiderseitig auf die Eheschließung gerichteten Erklärungen zu konstatiren, tritt die Ehe rechtlich in das Dasein, und erst von diesem Zeitpunkt ab beginnen ihre rechtlichen Folgen, so auch v. Sicherer S. 383; Petersen a. a. O. S. 10. Dagegen läßt R. Schröder, Zeitschr. f. d. gebildete Welt 2, 137, schon mit der Erklärung der Brautleute die Ehe zu Stande kommen und legt der Erklärung des Standesbeamten allein den Charakter einer amtlichen Beglaubigung bei, indem er sich dafür auf die Geschichte der Civilehe beruft, welche zeige, daß dies der Wille des Gesetzgebers sei. Der Wille des letzteren ist aber klar und deutlich dahin ausgesprochen, daß die Eheschließung auf Grund des erklärten Willens der Verlobten durch den hinzutretenden Ausspruch des kraft Gesetzes dazu ermächtigten Standesbeamten vollendet wird. Eine Ehe kommt daher nicht zu Stande, wenn einer der Verlobten nach Erklärung des Eheschließungswillens vor dem Ausspruch des Standesbeamten, vom Schlage getroffen, todt zusammenstürzt, oder wenn einer der Verlobten die schon abgegebene Eheschließungserklärung, ehe der Standesbeamte seinen Ausspruch gethan hat, zurückzieht, da der Eheschließungswille, bis der letztere erfolgt, fortdauern muß, so auch Petersen a. a. O. S. 10, 11.

Die im §. 52 vorgeschriebenen Worte können zwar nicht in der Art für wesentlich oder sakramental angesehen werden, daß jede, auch die kleinste Abweichung von ihnen das Zustandekommen der Ehe hindert, wohl aber muß es als wesentlich angesehen werden, daß der Standesbeamte durch Befragen der Verlobten eine Erklärung des Eheschließungswillens derselben herbeiführt, und daß er, wenn diese Erklärungen abgegeben sind, einen besonderen Ausspruch thut, welcher seinem Inhalte nach als eine direkt und ausdrücklich auf die Herbeiführung der Ehe gerichtete Erklärung aufgefaßt werden kann, vgl. auch Mandry S. 509. Der Entw. e. bürg. Ges.B. f. d. Deutsche Reich will den §. 52 durch folgende Vorschriften ersetzen: „§. 1248. Zur Eheschließung ist erforderlich, daß die Verlobten vor dem Standesbeamten bei gleichzeitiger Anwesenheit persönlich und in Gegenwart von zwei Zeugen den Willen der Eheschließung erklären, und daß hierauf die Ehe von dem Standesbeamten für geschlossen erklärt wird. — Die Erklärungen können nicht unter Beifügung einer Bedingung oder Zeitbestimmung erfolgen." — „§. 1249. Der Standesbeamte soll bei der Eheschließung an die Verlobten einzeln und nach einander die Frage richten: ob sie erklären, daß sie die Ehe mit einander eingehen wollen, und, nachdem diese Frage von den Verlobten bejaht ist, aussprechen, daß er kraft des Gesetzes sie nunmehr für rechtmäßig verbundene Eheleute erkläre." (Vgl. Motive 4, 39 ff.) Dadurch, daß §. 1249 das, was der §. 52 des Reichsgesetzes vorschreibt, lediglich als instruktionell hinstellt, also als nicht wesentlich betrachtet, entkleidet er den Akt jeder festen Form, denn nach §. 1248 braucht nicht einmal mehr dasjenige, was vorher nach §. 52 als wesentlich bezeichnet ist, erfüllt zu sein, insbesondere beseitigt er den bisher absolut nothwendigen, die Vollendung der Eheschließung scharf zum Ausdruck bringenden besonderen Ausspruch des Standesbeamten und schafft in dieser Hinsicht einer großen Zahl von Zweifeln Raum (vgl. P. Hinschius i. Arch. f. d. civilistische Praxis 74, 60). Genügt z. B. nach der Abgabe des Eheschließungswillens durch die Verlobten die Erklärung des Standesbeamten: „Da Sie nunmehr Eheleute sind, werde ich Ihnen das Protokoll vorlesen und bitte Sie, dasselbe zu unterzeichnen"? Ist die Ehe zu Stande gekommen, wenn der Standesbeamte gesagt hat: „Sie sind jetzt Eheleute, und ich erkläre Ihre Ehe für rechtsgültig geschlossen," und wenn, nachdem er den Satz beendet hat, plötzlich einer der Verlobten stirbt?

§. 53.

Als Zeugen sollen [14]) nur Großjährige [15]) zugezogen werden. Verwandtschaft und Schwägerschaft zwischen den Betheiligten und den Zeugen, oder zwischen den Zeugen unter einander steht deren Zuziehung nicht entgegen [16]).

Die Vornahme etwaiger weiterer Ceremonien, namentlich solcher, welche, wie z. B. das Wechseln der Ringe, an die kirchliche Trauung erinnern, wird der Standesbeamte zu unterlassen haben, v. Seyfried S. 144; v. Sicherer S. 386; Stdesb. 1875 S. 93. S. ferner V. des preuß. Min. d. Inn. v. 1. März 1887, Stdesb. 1887 S. 66; die I. für Hessen zu §. 52.

Nach d. I. f. Reuß jüng. L. §. 33 soll der Standesbeamte sofort nach der Eheschließung dem Pfarrer derjenigen Parochie seines Bezirkes, welcher die Brautleute angehören, Mittheilung machen. Nach der hess. Min.V. v. 12. Jan. 1876, Stdesb. 1876 S. 107, hat, wenn eine Eheschließung außerhalb des Wohnortes der Ehegatten erfolgt, der betreffende Standesbeamte dem Standesbeamten des Domizils einen Auszug der Eintragung zu übersenden. Mit dem letzteren ist ebenso wie mit den übersandten Auszügen aus den Geburtsregistern eines andern Standesbeamten zu verfahren, s. Anm. 21 zu §. 17.

§. 53. [14]) **sollen**, s. Anm. 18 zu §. 54.

[15]) **Großjährige**, welchen auch die für großjährig erklärten Personen gleichgestellt werden müssen, s. Stdesb. 1877 S. 175, s. oben Anm. 87 zu §. 29.

Männliches Geschlecht wird nicht erfordert, ebensowenig Indigenat, I. für Hessen zu §. 52 u. 53, dagegen müssen die Personen die natürlichen und gesetzlich vorgeschriebenen allgemeinen Eigenschaften von Zeugen haben. In ersterer Beziehung sind ausgeschlossen Wahn- und Blödsinnige, vorübergehend des Gebrauchs ihrer Verstandeskräfte Beraubte (z. B. Betrunkene), Taube, Taubstumme und Blinde, weil bei ihnen ihre Wahrnehmungsfähigkeit, also die Fähigkeit zum Zeugniß fehlt, so I. f. Württemberg §. 15; f. Hessen zu §§. 52 u. 53 und f. Meiningen §. 73. Die Zuziehung solcher Zeugen würde die Eheschließung nichtig machen, vgl. Petersen a. a. O. S. 13; Völk S. 172; v. Sicherer S. 382 (a. M. Stdesb. 1877 S. 118), weil der §. 53 die Voraussetzungen der Zeugenqualität nicht erschöpfend angiebt und deshalb auf die allgemeinen nothwendigen Erfordernisse der Zeugen zurückgegriffen werden muß.

In der zuletztgedachten Beziehung kommen diejenigen Personen in Betracht, denen die bürgerlichen Ehrenrechte, sei es für immer, sei es auf Zeit aberkannt sind, vgl. Reichs-Str.Ges.B. §§. 32, 34. Zweifellos ist, daß die für die Eheschließung erforderten Zeugen Solennitätszeugen sind, da aber andererseits der cit. §. 34 Nr. 5 mit dem Verluste der bürgerlichen Ehrenrechte nur die Unfähigkeit verbindet, Zeuge bei Aufnahme von Urkunden zu sein, so nehmen Völk S. 172; Stiegele S. 157; Stdesb. 1877 S. 118 an, daß solche als Zeugen bei der Eheschließung, aber nicht bei der Beurkundung derselben im Heirathsregister zugezogen werden können. Aber die Zeugen der Eheschließung werden zugleich zur Aufnahme der Heirathsurkunde zugezogen, und deshalb wird man sie auch von dem Eheschließungsakt fern zu halten haben, so auch v. Sicherer S. 380, 381; und die I. für Württemberg §. 15; Hessen zu §§. 52 u. 53; Meiningen §. 73 und Lippe zu §. 53. Ihre Zuziehung zu demselben macht aber nach v. Sicherer S. 381 die Eheschließung nicht nichtig, während er bei ihrer Zuziehung zur Beurkundung derselben über die Beweiskraft des Heirathsregisters das freie richterliche Ermessen nach §. 15 des Reichsgesetzes entscheiden läßt. Dagegen nimmt Mandry S. 80, 81, mit Rücksicht darauf, daß §. 34 Nr. 5 Reichs-Str.Ges.B. auf der Anschauung beruhe, daß der der Ehrenrechte Verlustige unwürdig zu öffentlichen Funktionen sei, an, daß sich die Unfähigkeit auch auf mündliche Rechtsakte erstrecke, und demgemäß muß konsequenterweise Nichtigkeit der Eheschließung angenommen werden. Das erscheint, wenngleich diese Auffassung zu praktischen Inkonvenienzen führen kann, weil es dem Standesbeamten nicht immer möglich sein wird, zu ermitteln, ob sich die Zeugen im Besitze der bürgerlichen Ehrenrechte befinden, zutreffend, denn wenn man daran festhalten muß, daß die hier fraglichen Zeugen Solennitätszeugen sind, so kann man den der bürgerlichen Ehrenrechte Verlustigen nicht bei schriftlichen Rechtsakten ausschließen, ihn dagegen

§. 54.

Die Eintragung in das Heirathsregister soll enthalten:

1. Vor- und Familiennamen, Religion, Alter [17]), Stand oder Gewerbe, Geburts- und Wohnort der Eheschließenden;
2. Vor- und Familiennamen, Stand oder Gewerbe und Wohnort ihrer Eltern;
3. Vor- und Familiennamen, Alter [18]), Stand oder Gewerbe und Wohnort der zugezogenen Zeugen;
4. die Erklärung der Eheschließenden;
5. den Ausspruch des Standesbeamten [19]).

---

bei mündlichen zulassen. Der Entw. e. bürg. Ges.B. f. d. Deutsche Reich entscheidet sich für die Gültigkeit der Ehe, indem er den §. 53 durch den Abs. 2 des §. 1249 dahin ersetzen will: „Als Zeugen sollen bei der Eheschließung Personen, welchen die bürgerlichen Ehrenrechte aberkannt sind, während der für den Verlust dieser Rechte im Urtheile bestimmten Zeit, sowie Minderjährige nicht zugezogen werden. Personen, welche mit einem der Verlobten, dem Standesbeamten oder mit einander verwandt oder verschwägert sind, dürfen als Zeugen zugezogen werden.

[16]) **nicht entgegen.** Wenngleich das Gesetz nicht vorschreibt, daß die Eheschließung öffentlich, d. h. unter Zulassung von Unbetheiligten erfolgen soll, steht doch nichts entgegen, daß der Standesbeamte auf Verlangen der Verlobten auch etwaigen nicht als Zeugen fungirenden Verwandten und Freunden dem Akt beizuwohnen gestattet, Stdesb. 1877 S. 23.

§. 54. [17]) **Alter,** und zwar die Zahl der Jahre in Buchstaben; das Alter ist insofern wesentlich (s. §. 13 des Ges.), als sich danach die Fähigkeit zur Eheschließung bestimmt.

[18]) **Alter,** auch hier gilt das in der vorigen Anmerkung Gesagte, denn der Zeuge soll großjährig sein, s. §. 53.

Daß die Zuziehung minderjähriger Zeugen die Ehe nicht nichtig macht, hat für das gleichlautende preußische Gesetz (s. §. 36) ein Min.R. v. 16. Juli 1875 (Stdesb. 1875 S. 137) angenommen. Dasselbe muß auch nach dem Reichsgesetz gelten. Anderer Ansicht ist Völk S. 173, weil das Gesetz positiv ein bestimmtes Alter der Solennitätszeugen vorschreibt und die Zuziehung von Zeugen, wenn die vorgeschriebenen Eigenschaften als unwesentlich angesehen werden, selbst nicht mehr wesentlich erscheinen würde. Was den ersten Grund anlangt, so fragt es sich indessen gerade, ob die Großjährigkeit und die sonstigen Eigenschaften absolut wesentliche Erfordernisse sind. Dies ist zu verneinen, weil nur der §. 52, aber nicht der §. 53 die wesentlichen Förmlichkeiten aufzählt. Sodann gebraucht der letztere nicht das imperative, absolut nothwendige Erfordernisse bei Strafe der Nichtigkeit anordnende: „Müssen“, sondern das instruktionelle: „Sollen“ in Uebereinstimmung mit dem Sprachgebrauch dieses Reichsgesetzes (s. §. 44) und der neuen Prozeßgesetze, vgl. Begründung des Entwurfes e. C.P.O. zu §. 4 S. 22. Ebensowenig ist auch der zweite Grund zutreffend. Daraus, daß man bestimmte Eigenschaften der Zeugen für unwesentlich erklärt, folgt noch nicht, daß die Zuziehung der Zeugen es selbst ist. Auch bei der Anwesenheit eines minderjährigen Zeugen ist die vorgeschriebene Oeffentlichkeit immer noch gewahrt. Wenn Völk endlich meint, daß bei der Annahme der hier vertretenen Ansicht eine Formlosigkeit möglich werden würde, welche der Gesetzgeber nicht gewollt hat, so ist dem gegenüber darauf hinzuweisen, daß es zunächst Pflicht des Standesbeamten ist, Zeugen mit den vorgeschriebenen Erfordernissen zuzuziehen, und daß, wenn dies in einzelnen Ausnahmefällen nicht geschehen, immer noch mindestens eine vor einem öffentlichen Beamten stattgehabte Verhandlung erforderlich ist, also von einer Formlosigkeit keine Rede sein kann. Der hier vertretenen Auffassung Petersen a. a. O. S. 14; v. Sicherer S. 380; Mandry S. 509.

[19]) **Standesbeamten.** Die Eintragung in das Heirathsregister mit dem vorgeschriebenen Inhalt dient nur zur Beurkundung der erfolgten Eheschließung, die rechtliche Wirkung der Ehe ist dadurch nicht bedingt, und die letztere besteht also selbst, wenn gar keine Eintragung stattgefunden hat.

Ueber die erfolgte Eheschließung ist den Eheleuten sofort eine Bescheinigung auszustellen [20]).

Daher kann auch die erfolgte Eheschließung, d. h. die Beobachtung der nach §. 52 nothwendigen Erfordernisse durch alle sonstigen statthaften Beweismittel dargethan werden. Der kirchliche Trauschein beweist sie aber nicht, denn wenn auch die kirchliche Trauung der Eheschließung vor dem Standesbeamten nachfolgen soll, so ist es doch immer möglich, daß der Geistliche diese Vorschrift unbeachtet gelassen hat. Auf die Eintragung finden ferner die Bestimmungen des §. 13 Anwendung, also ist die Heirathsurkunde auch von den Eheschließenden und Zeugen zu unterschreiben. Die Braut wird dabei schon mit dem Namen des Bräutigams zu unterzeichnen haben, denn da vorher der Ausspruch des Standesbeamten (s. §. 52) erfolgt ist, so ist sie schon Ehefrau und hat als solche den Namen ihres Ehemannes zu führen, s. bremer Z. §. 26 und das Formular B 1 zur B.R.B.; ebenso v. Sicherer S. 387. Weigert sich die Braut, dies zu thun, weil sie nur mit ihrem Mädchennamen unterschreiben will, so kann der Standesbeamte die in §. 68 Abs. 3 erwähnten Zwangsmittel gegen sie anwenden, s. auch Stdesb. 1883 S. 83.

Das Gesetz setzt voraus, daß die Beurkundung der Eheschließung sofort nach derselben erfolgt. Für wesentlich ist dies nicht erklärt und darum ist, falls dies aus besonderen Gründen, z. B. wegen plötzlich eintretender Krankheit eines der Eheschließenden, nicht erfolgen kann, eine spätere Beurkundung — ein Beispiel bei v. Erichsen, Führung S. 174 — nicht unzulässig und entbehrt nicht der Beweiskraft (s. §. 15). Wenn aber die Beurkundung nicht mehr von dem dabei amtirenden Standesbeamten (z. B. wegen seines Todes) vorgenommen werden oder nicht mehr mit den früher betheiligten Personen, weil einer der Ehegatten gestorben ist, verhandelt werden kann, so muß es den Interessenten überlassen bleiben, die Eheschließung nöthigenfalls auf andere Art als durch eine Heirathsurkunde zu beweisen, s. auch Anm. 80 zu §. 13. Wenn v. Erichsen, Führung S. 176 bemerkt, daß im Falle des Todes des Standesbeamten der Amtsnachfolger desselben die Beurkundung einer von den Betheiligten abzugebenden Erklärung über den früheren Hergang herbeiführen könne, und dafür (S. 177) ein in den Vordruck des Heirathsregisters unter Durchstreichung desselben eingetragenes Beispiel bietet, so gehört eine solche Eintragung nicht in das betreffende Register. Nach §. 54 in Verbindung mit §. 13 ist sie keine Beurkundung der Eheschließung, da diese von dem später beurkundenden Standesbeamten nicht vorgenommen worden ist. Dasselbe gilt bei einem vor der Beurkundung eingetretenen Tode der Eheleute, weil ein Todter nicht mehr als handelnd und erklärend aufgeführt werden kann. Nimmt der Standesbeamte derartige Verhandlungen auf, so haben sie nicht die im §. 15 gedachte Beweiskraft.

[20]) **Bescheinigung auszustellen,** damit die Ehegatten gleich dem Geistlichen, welchen sie etwa um Vollziehung der kirchlichen Trauung angehen, die stattgefundene Eheschließung nachweisen können (s. §. 67). Vgl. B.R.B. §. 5. Nur dazu, nicht zu anderen Zwecken (z. B. nicht als Legitimationspapier) soll sie dienen. Es ist deshalb nicht unzulässig, daß die die Formulare liefernde Gemeinde (wie z. B. Berlin, Stdesb. 1876 S. 312) auf dieselben einen Vermerk: „Nur gültig zum Zweck der kirchlichen Trauung" drucken läßt. Vgl. noch zu §. 67 Anm. 81.

Die Bescheinigung ist kein Auszug, d. h. keine beglaubigte Abschrift der aufgenommenen, in das Register eingeschriebenen Eheschließungsverhandlung, sondern nur ein kurzes Certifikat, s. das Formular D und D 1 zur B.R.B.

Für ihre Ertheilung dürfen keine Gebühren erhoben werden, s. den angehängten Gebühren-Tarif Nr. 1.

Aus der Stellung dieser Vorschrift im §. 54 ergiebt sich, daß der Standesbeamte die Bescheinigung bis nach Fertigstellung der Eintragung zurückhalten kann, sie also nicht gleich nach der Vollziehung der Eheschließung auszuhändigen braucht, s. auch Stdesb. 1883 S. 82.

Die Ertheilung auf Grund des Abs. 2 des §. hat aber nur einmal, nach der Z. f. Meiningen §. 75 indessen auf Verlangen für jeden Ehegatten besonders, zu erfolgen, nicht so oft es die Interessenten, z. B. zur Ersparung der Kosten einer förmlichen Heirathsurkunde, verlangen, Stdesb. 1875 S. 209, 210.

§. 55.

Ist eine Ehe für aufgelöst [21]), ungültig oder nichtig erklärt worden [22]), so ist dies [23]) am Rande [23a]) der über die Eheschließung bewirkten Eintragung zu vermerken [24]).

Die landesgesetzlichen Vorschriften [24a]), nach welchen es zur Trennung einer Ehe einer besonderen Erklärung und Beurkundung vor dem Standesbeamten bedarf, werden hierdurch nicht berührt.

Periodische (mindestens monatliche) Mittheilungen über die stattgehabten Eheschließungen der Mitglieder von Kirchengemeinden an die Pfarrer der Pfarreien des Bezirks schreibt vor die J. f. Reuß ä. L. §. 13.

§. 55. [21]) **für aufgelöst.** Hier handelt es sich im Gegensatz zu der Vorschrift des §. 34 nur um die Auflösung durch Ehescheidung, nicht durch den Tod. S. auch folgende Anmerkung.

[22]) **nichtig erklärt worden,** s. oben S. 122 Anm. 23.

Das betreffende rechtskräftige Erkenntniß muß stets vorgelegt werden und ist zu den Sammelakten zu nehmen, B.R.B. §. 9.

[23]) **dies,** d. h. die Auflösung der Ehe, also nicht der Scheidungsgrund, Stdesb. 1890 S. 67.

[23a]) **am Rande,** nach Maßgabe des §. 13 Abs. 4 und §. 14 Abs. 3, vgl. Formular B 1 zur B.R.B.

[24]) **zu vermerken.** Auf wessen Antrag, ist nicht gesagt und konnte mit Rücksicht auf die Vorschriften des französischen Rechts, s. Abs. 2 dieses §. und oben S. 122 Anm. 23, nicht allgemein bestimmt werden. Die Motive S. 35 bemerken aber: „Sache der Ausführungsbestimmung wird es dann sein, für die nichtrheinischen Landestheile den in Abs. 1 des §. 32 des Reichstags-Entwurfes enthaltenen (weggelassenen) Satz zum Ausdruck zu bringen, daß dem Ehegerichte oder der Staatsanwaltschaft von Amtswegen obliege, den Vermerk der Ehetrennung am Rande der Heirathsurkunde zu veranlassen." Die B.R.B. §. 14 bestimmt demgemäß, daß, wo die Staatsanwaltschaft in Ehesachen mitzuwirken hat, diese, sonst das Ehegericht, eine mit der Bescheinigung der Rechtskraft versehene Ausfertigung des Urtheils dem Standesbeamten, vor welchem die Ehe geschlossen ist, zu übersenden hat. Das erstere war in der bair. Just.Min.Bek. v. 20. Juli 1876, Stdesb. 1876 S. 251, und in der bad. Dienstw. §§. 124, 125, das letztere z. B. in Sachsen, s. B. v. 6. Nov. 1875 §. 9; hess. J. zu §. 55; J. für Schwzb.-Rudolstadt §. 23 angeordnet. Nach der Reichs-C.P.O. §. 569 ist aber die Staatsanwaltschaft in ganz Deutschland zur Mitwirkung in Ehesachen befugt, und damit fällt ihr überall die im cit. §. 14 gedachte Funktion zu, gleichviel, ob sie thatsächlich in einem Eheprozeß mitgewirkt hat oder nicht, so die Verfügungen für Lippe und Schaumburg-Lippe v. 12. Sept. 1879, bez. v. 1. Okt. 1879, Ges.S. S. 817; Landesverordn. S. 813; Stdesb. 1879 S. 245; über Baden s. jetzt die den §. 124 d. Dienstw. ändernde Bek. v. 14. Juli 1879, G. u. B.Bl. S. 533; Stdesb. 1879 S. 189; s. ferner Stdesb. 1890 S. 42 N. 27. Nichts über die zusendende Behörde hatten die J. für S.-Weimar §. 23 und Schwzb.-Sondershausen bestimmt.

Die Motive lassen zugleich erkennen, daß es keinen Unterschied macht, wenn die Requisition an den Standesbeamten eines anderen Bundesstaates als desjenigen, dessen Gericht die Auflösung oder Nichtigkeit der Ehe ausgesprochen hat, ergeht. Dies entsprach dem Gesetze, welches schon damals, wie später die jetzt geltenden Reichsjustizgesetze von 1877 in Betreff der Gerichtsorganisation und des gerichtlichen Verfahrens, so hinsichtlich der Standesbuchführung und der Eheschließung ganz Deutschland als ein einheitliches Gebiet auffaßte und zwischen den einzelnen Bundesstaaten nicht mehr unterschied.

Uebrigens wird der Vermerk auch auf Antrag eines Betheiligten gemacht werden können, wenn derselbe die Auflösung oder Nichtigkeit der Ehe nachweist, so auch v. Sicherer S. 389. Letzteres schließt das Gesetz nicht aus, und es kann dies trotz des §. 14 der B.R.B. von praktischer Bedeutung werden, wenn die Trennung der in Deutschland geschlossenen Ehe im Auslande erfolgt ist.

Die Frage aber, ob der Standesbeamte ohne Weiteres eine derartige Eintragung auf Grund des Urtheils eines außerdeutschen Gerichtes vornehmen kann, wird verneint werden müssen.

Fünfter Abschnitt.

Beurkundung der Sterbefälle.

§. 56.

Jeder Sterbefall[25]) ist spätestens am nächstfolgenden Wochentage[26]) dem Standesbeamten des Bezirks, in welchem der Tod erfolgt ist[27]), anzuzeigen.

Eine solche stellt sich als eine besondere Art der Vollstreckung des die Nichtigkeit oder Ehescheidung aussprechenden Urtheils dar. Ob das ausländische Erkenntniß im Inlande vollstreckungsfähig ist oder nicht, das zu untersuchen, gehört nicht zur Kompetenz des Standesbeamten. Vielmehr wird die Partei, welche den Vermerk eingetragen haben will, erst die Vollstreckbarkeits-Erklärung des Urtheils in Gemäßheit der §§. 660 ff. d. C.P.O. herbeizuführen haben, v. Weinrich in Zeitschr. f. Kirchenrecht 20, 306; Franke in Zeitschr. f. deutschen Civilprozeß 9, 96.

Wegen der durch landesherrliches Reskript ausgesprochenen Ehescheidungen vgl. u. zu §. 76.

[24a]) **landesgesetzlichen Vorschriften.** Hiermit sind die Vorschriften des französischen Rechts gemeint, s. oben S. 120 Anm. 22. Nach denselben ist unter Durchstreichung des Vordruckes die betreffende Verhandlung in das Heirathsregister zu schreiben und am Rande der Heirathsurkunde ein Vermerk darüber zu machen, Fitting S. 189; v. Sicherer S. 390. Es kann aber auch die Verhandlung gleich als Randprotokoll zur Heirathsurkunde aufgenommen und dadurch der Randvermerk ersetzt werden, v. Sicherer S. 391. Befindet sich die Eintragung der Eheschließung in dem Heirathsregister eines anderen Standesbeamten, so wird der Vermerk auf Requisition des die Ehescheidungserklärung aufnehmenden Standesbeamten einzutragen sein, vgl. B.R.B. §. 14 Abs. 2.

§. 56. [25]) **Sterbefall,** d. h. der physische Tod eines Menschen, gleichviel, ob der Leichnam des Verstorbenen vorhanden oder (z. B. durch eine Explosion) vernichtet ist, nicht aber die Todes- oder Verschollenheits-Erklärung, v. Sicherer S. 393; Fitting S. 109; Stdesb. 1879 S. 11 ff.; v. Erichsen S. 228 N. *. Wegen der Eintragung todtgeborener Kinder s. o. §. 23.

[26]) **Wochentage.** Der Entwurf enthielt blos das Wort „Tag". Mit der Annahme des betreffenden Amendements v. Seydewitz hat nur die Verpflichtung, auch die Anzeige am Sonntage zu machen, beseitigt werden sollen. Uebrigens ist das Wort: „Wochentag" absichtlich im Gegensatz zu „Werktag" gewählt worden, um klar zu stellen, daß an Feiertagen, welche auf einen Wochentag fallen, die Anmeldungen zu geschehen haben, s. stenogr. Bericht S. 1067. Vgl. auch J. f. Württemb. §. 16; Hessen zu §. 56; Meiningen §. 77; Reuß j. L. §. 24; Lippe zu §. 56; Elsaß-Lothringen §. 60. Gleichgültig ist es dabei, ob die betreffenden Festtage in der Woche hinsichtlich ihrer Feier nach dem Landesgesetz den Sonntagen gleich zu achten sind, Erk. des preuß. Ober-Tribunals Straf-S. II. Abth. v. 27. Sept. 1877, Oppenhoff, Rechtsprechung 18, 605.

[27]) **der Tod erfolgt ist.** Auf das Domizil des Verstorbenen kommt es also nicht an (vgl. hierzu den Fall Stdesb. 1886 S. 25). Die hess. V. v. 21. Jan. 1876, Stdesb. 1876 S. 107, u. die lippische Nachtrags-J. v. 22. März 1877, G.S. S. 9, Stdesb. 1877 S. 91, schreiben, wenn der Tod außerhalb des Domizils erfolgt ist, Mittheilung an den Standesbeamten des letzteren vor, s. o. Anm. 21 zu §. 17.

Wird eine Leiche gefunden, so ist der Standesbeamte des Fundortes zuständig, weil anzunehmen ist, daß auch an diesem der Tod erfolgt ist, Stdesb. 1875 S. 140; Völk S. 179; Fitting S. 143; v. Sicherer S. 393. Wenn die Leiche auf der Grenze zwischen zwei Standesamtsbezirken so liegt, daß der Körper beide berührt, so entscheidet die Lage des Kopfes, Stdesb. 1875 S. 185; bei Sterbefällen in Eisenbahnzügen oder auf Binnengewässer befahrenden Dampfschiffen der Ort, an welchem die Leiche aus dem Zuge oder Schiff entfernt wird; v. Sicherer S. 393; Stdesb. 1877 S. 63, 247; v. Erichsen, Führung S. 200. Wegen der Sterbefälle auf dem Bodensee s. Anm. 21 zu §. 17 und über die mangelnde Beweiskraft der Eintragungen durch einen nicht zuständigen Standesbeamten ebendaselbst u. Stdesb. 1886 S. 25.

§. 57.

Zu der Anzeige verpflichtet [28]) ist das Familienhaupt [29]), und wenn ein solches nicht vorhanden oder an der Anzeige behindert ist, derjenige, in dessen Wohnung oder Behausung [30]) der Sterbefall sich ereignet hat [31]).

Nach der sächs. V. v. 3. Jan. 1876, G. u. V.Bl.S. 5, Stdesb. 1876 S. 89 haben die Standesbeamten über den Tod der ohne Leibeserben in ihrem Bezirke versterbenden nichtsächsischen Unterthanen kostenfrei innerhalb vier Wochen eine Sterbeurkunde auszufertigen und der Aufsichtsbehörde einzusenden, welche dieselbe nach der Legalisirung der Unterschrift des Standesbeamten unter Beifügung der ihr sonst bekannten Umstände dem Ministerium des Innern behufs ihrer Weiterbeförderung zu übermitteln hat. Sterbeurkunden von Ausländern d. h. von Nichtdeutschen soll der den Todesfall beurkundende Standesbeamte nach d. bad. Dienstw. §. 133 durch das Amtsgericht an das Ministerium des großh. Hauses, der Justiz und des Auswärtigen, nach d. weimar. V. v. 17. Febr. 1877, Reg.Bl. S. 20, Stdesb. 1877 S. 61, und d. braunschw. V. v. 12. Juni 1877, G. u. V.Bl. S. 243, Stdesb. 1877 S. 146, an das auswärtige Amt in Berlin, nach d. anhalt. V. v. 17. März 1877, G.S. S. 3, und coburg.=goth. V. v. 24. Okt. 1877 §. 3, G.S. S. 190, Stdesb. 1877 S. 249, an das Staatsministerium und nach d. meckl.-schwerin. V. v. 23. April 1877, Reg.Bl. S. 57, Stdesb. 1877 S. 104 durch die Obrigkeit an das auswärtige Ministerium übersenden, während d. V. d. preuß. Min. d. Inn. v. 30. Juni 1876, M.Bl. f. d. i. V. S. 146 vorschreibt, daß es der Einsendung von Anzeigen über Todesfälle von Ausländern durch die Standesbeamten nicht mehr bedarf.

§. 57. [28]) **verpflichtet.** Diese Verpflichtung wird nicht durch die bloße Möglichkeit oder Wahrscheinlichkeit einer amtlichen Ermittelung über den Todesfall, sondern nur durch die wirkliche Veranstaltung einer solchen innerhalb der Anzeigefrist beseitigt, Anw. d. meckl.-schwerin. Civilstandskommission v. 1875 N. 11, Stdesb. 1876 S. 325.

[29]) **Familienhaupt,** gleichviel ob der Sterbefall in der Wohnung oder in der Behausung desselben sich ereignet oder nicht. Das Familienhaupt ist der Ehemann, bez. Vater, beim Tode des ersteren die Ehefrau, bez. Mutter, so auch die hess. J. zu §. 57, diese aber nicht, wenn der Ehemann oder Vater blos an der Anzeige behindert ist, weil sie dadurch nicht zum Familienhaupt wird, v. Sicherer S. 394, a. M. Fitting S. 194, welcher der Ehefrau für den Fall der Abwesenheit oder Geisteskrankheit die Anzeigepflicht in erster Linie auferlegt. Die Pflicht des Familienhauptes kann sich naturgemäß nur auf die zur Familie gehörigen Glieder, also auf die Frau und Kinder erstrecken, bezieht sich aber nicht auf die Dienstboten, denn diese gehören wohl zur Hausgenossenschaft, sind aber nicht Glieder der Familie.

[30]) **Behausung,** d. h. der Raum, welchen Jemand regelmäßig für seine eigenen Zwecke, wenngleich nicht als Wohnung benutzt, also auch die Zelte und Aufenthaltsräume in Fahrzeugen der wandernden Schaubudenbesitzer und Kunstreitergesellschaften, v. Sicherer S. 395; v. Erichsen, Führung S. 205, nicht aber, a. M. v. Sicherer S. 394 N. 11, die Lohnkutsche oder Droschke, in welcher ein Fahrgast stirbt, da diese dem Kutscher nur zur Beförderung Anderer, nicht als eigene Behausung dient. Deshalb ist der Hauswirth, in dessen Haus ein Todesfall erfolgt, nicht als solcher zur Anzeige verpflichtet, denn die vermietheten Räume gehören zwar zu seinem Hause, nicht aber zu seiner Behausung, ebensowenig die Mitbewohner desselben Hauses, wie die hess. J. zu §. 57 allerdings annimmt, wohl aber der Inhaber der Wohnung, in welcher Dienstboten, Gewerbegehilfen, Aftermiether oder Verwandte oder sich dort aufhaltende Fremde, der Inhaber einer Fabrik, in deren Räumen Arbeiter oder andere Personen sterben, V. d. preuß. Min. d. Inn. v. 29. Okt. 1885, M.Bl. f. d. i. V. S. 219; Wohlers S. 103.

Die Eisenbahnzüge, Eisenbahnhöfe und Dampfschiffe können weder als Behausungen der Bahnbeamten oder des Schiffspersonals, letztere wenigstens nicht, soweit es sich um Fahrgäste handelt, noch mit Rücksicht auf §. 58 Abs. 1 und §. 20 als den Entbindungs=, Hebammen-, Kranken-, Gefangenen=Anstalten ähnliche Anstalten betrachtet werden. Deshalb ist bei Sterbefällen, welche sich in solchen Räumen

§. 58.

Die §§. 19 bis 21 [32]) kommen auch in Beziehung auf die Anzeige der Sterbefälle [33]) zur Anwendung.

Findet eine amtliche Ermittelung [34]) über den Todesfall statt, so erfolgt die Eintragung auf Grund der schriftlichen Mittheilung [35]) der zuständigen Behörde [36]).

---

ereignen, das Dienst- und Beamtenpersonal nicht anzeigepflichtig, vielmehr nur das Familienhaupt, so auch v. Sicherer S. 395 N. 11.

[31]) **ereignet hat.** Fehlt es an einem Familienhaupt oder an einem Inhaber der Behausung, so ist kein zur Anzeige Verpflichteter vorhanden. Für S.-Weimar hat die Min.Bek. v. 11. Sept. 1876, Reg.Bl. S. 194, Stdesb. 1876 S. 292, bestimmt, daß, wenn einzelstehende Personen in ihren Wohnungen an einer gewöhnlichen Krankheit sterben, stets eine amtliche Ermittelung durch die Ortspolizeibehörde, durch Besichtigung der Leiche und Befragen der Personen, welche über den Sterbefall und die gewöhnlichen Verhältnisse des Verstorbenen unterrichtet sind, wie Krankenwärter, Verwandte, Nachbarn u. s. w., und die Erstattung einer schriftlichen Anzeige nach §. 58 Abs. 2 erfolgen soll.

Nach der bad. Dienstw. §. 128 soll dem Standesbeamten gleichzeitig mit der Anzeige der Sterbeschein des Leichenbeschauers vorgelegt werden.

§. 58. [32]) **§§. 19 bis 21.** Danach ist jeder, welcher aus eigener Wissenschaft Kenntniß von dem Todesfall hat — im Augenblick des Todes braucht er aber nicht gegenwärtig gewesen zu sein — zur Anzeige berechtigt; Stdesb. 1877 S. 182, s. auch Anm. 27 zu §. 19.

[33]) **Sterbefälle.** Bei Bedenken gegen die Richtigkeit der Anzeige ist der Standesbeamte befugt, sich mit der Polizeibehörde in Einvernehmen zu setzen und vor der Eintragung die Resultate der etwa veranlaßten amtlichen Ermittelungen abzuwarten.

[34]) **amtliche Ermittelung.** Eine solche wird stets zu veranlassen sein, wenn zwar der Todesfall wahrscheinlich, aber nicht mit Sicherheit festgestellt werden kann, z. B. bei Personen, welche unter Umständen, unter denen nur ein Unglücksfall vermuthet werden kann, z. B. beim Baden, vermißt werden, Stdesb. 1877 S. 123, weiter in den Fällen des §. 60. Vgl. ferner die sächs. V. d. Einführung e. veränderten Formulars zu den Anzeigen über Unglücksfälle und Selbstmorde betr. v. 25. Aug. 1877, G. u. V.Bl. S. 284, Stdesb. 1877 S. 219.

[35]) **schriftlichen Mittheilung.** Diese hat der Standesbeamte zu seinen Sammelakten zu nehmen, B.R.V. §. 9 und ist weder befugt noch verpflichtet, sie an Dritte auszuhändigen, Beschl. d. preuß. M. d. Inn. v. 7. Jan. 1879, M.Bl. f. d. i. V. S. 49; Stdesb. 1879 S. 79.

[36]) **zuständigen Behörde.** In einem solchen Falle darf die Eintragung nicht auf Grund der Anzeige des Verpflichteten erfolgen, vielmehr muß die betreffende Mittheilung abgewartet werden, so J. für Württemb. §. 16, s. auch Anm. 81 S. 61. Auch ist die Behörde verbunden, dem Standesbeamten die zur Eintragung erforderlichen Daten anzugeben und, falls sie es nach der Lage der Sache nicht kann, dies wenigstens mitzutheilen, so V. d. preuß. M. d. Inn. v. 9. Juni 1878, Stdesb. 1878 S. 146, und die meckl.-schwerinsche Min.Bek. v. 14. März 1877, Reg.Bl. S. 31, Stdesb. 1877 S. 83; auch bleibt sie verpflichtet, alles dasjenige, was ihr später bekannt wird, dem Standesbeamten nachträglich anzugeben. Ob die Mittheilung blos aus Versehen oder wegen mangelnder Kunde der Verhältnisse unvollständig ist, hat der Standesbeamte auf dem Korrespondenzwege mit der Behörde festzustellen, Stdesb. 1875 S. 144; 1877 S. 7, 87.

Spätere Ergänzungen sind als Berichtigungen nach Maßgabe der §§. 65 ff. einzutragen. Vgl. auch bair. Min.Entsch. v. 5. Dez. 1875 IV Nr. 2.

Die zuständige Behörde ist diejenige, welche die Ermittelung geleitet hat, also, wenn eine gerichtliche Untersuchung stattgefunden, das Gericht; war nur der Staatsanwalt mit der Sache befaßt, dieser; endlich, wenn kein Anlaß vorgelegen, die Mitwirkung der Justiz in Anspruch zu nehmen, die Polizeibehörde, vgl. auch bair. Min.Entsch. v. 5. Dez. 1875 IV Nr. 3; bad. Dienstw. §. 130;

J. f. Hessen zu §. 58; Reuß ä. L. V. v. 29. Sept. 1879 §. 8, G.S. S. 255, Stdesb. 1879 S. 238; J. f. Reuß j. L. §. 23 u. Min.Bek. v. 31. Aug. 1879 §. 8, Amts- u. V.Bl. S. 258, Stdesb. 1879 S. 238; u. J. f. Lippe zu §. 58; vgl. ferner d. braunschw. Cirk. R. v. 15. Juni 1878, G. u. V.Bl. S. 177; Stdesb. 1878 S. 153, nach welchem die Behörde, welche den Beerdigungsschein auszustellen hat, die Anzeige erstattet. Nach den preuß. Min.Verf. v. 21. Juni und 4. Juli 1875, Stdesb. 1875 S. 113, 126, u. v. 4. Mai 1878, J.M.Bl. S. 75, sollen aber die von andern Behörden als der Ortspolizei ermittelten Ergebnisse stets dieser mitgetheilt werden und letztere die Anzeige an den Standesbeamten machen. Ebenso d. Min.Bek. f. S.-Weimar v. 15. Jan. 1876, Stdesb. 1876 S. 90; d. Min.Ausschr. f. Meiningen v. 8. März 1883, Stdesb. 1883 S. 73; d. schwarzb.-rudolst. V. v. 10. Jan. 1879, G.S. S. 22 u. Stdesb. 1879 S. 39, u. d. schwarzb.-sondershaus. V. v. 2. Mai 1876, G.S. S. 117.

Sind die Funktionen der Ortspolizeibehörde und des Standesbeamten in einer Hand vereinigt, so ändert dies nichts, nur sind die Akten über die Ermittelung des Todesfalles von denen des Standesamtes sorgfältig auseinanderzuhalten, Stdesb. 1875 S. 167, 187; J. f. Lippe zu §. 60.

Nach einem mit Rücksicht auf das preußische Gesetz erlassenen Reskr. des Kriegsministers v. 11. Sept. 1874, Stdesb. 1875 S. 182, hat a) hinsichtlich der in Lazarethen verstorbenen Militärpersonen der Chef-Arzt oder statt dessen die etwaige Lazarethkommission, als Anstaltsvorsteher im Sinne der §§. 20, 58, die Anzeige zu erstatten, b) hinsichtlich der in Kasernen und ähnlichen Dienstgebäuden, sowie in Bivouaks stattgehabten Sterbefälle der nächste mit Disziplinarstrafgewalt versehene Vorgesetzte des Verstorbenen, weil, sofern dieser nicht als Anstaltsvorsteher betrachtet werden kann, doch das Erforderniß des §. 58 Abs. 2 regelmäßig vorliegen wird, aber nach d. Kriegsmin.Erlassen v. 26. Juni u. 18. Aug. 1884, Stdesb. 1885 S. 109 bei Selbstmorden und etwaigen Unglücksfällen das zur Ermittelung berufene Militärgericht, bez. das in Ermangelung eines solchen durch den nächsten vorgesetzten Militärbefehlshaber ersuchte Civilgericht, und endlich c) hinsichtlich der in Bürgerquartieren vorkommenden Fälle, insofern der Abs. 2 des §. 58 vorliegt, der zu b erwähnte Vorgesetzte und bei außerhalb der Garnison kommandirten Militärpersonen der am Sterbeorte etwa vorhandene Garnisonälteste. Ueber Baiern s. o. Anm. 30 zu §. 20. Nach d. württemb. Kriegsminister.Bek. v. 8. Jan. 1876, Reg.Bl. S. 48; Stdesb. 1876 S. 103, hat a) in Betreff der in Kasernen und ähnlichen Dienstgebäuden vorkommenden Fälle der nächste mit Disciplinarstrafbefugniß versehene Vorgesetzte des Verstorbenen, bez. des Familienhauptes; b) hinsichtlich der in Lazarethen Verstorbenen der Chefarzt, bez. die Lazareth-Kommission; c) bezüglich der in Bivouaks und in Bürgerquartieren eintretenden Fälle unter der in Abs. 2 des §. 58 gedachten Voraussetzung ebenfalls der nächste mit Disciplinarstrafgewalt versehene Vorgesetzte, event. bei außerhalb der Garnison Kommandirten der am Sterbeort etwa vorhandene Garnisonsälteste die schriftliche Anzeige zu machen, und nach d. Kriegsmin.V. v. 13. April 1882, Stdesb. 1882 S. 125, in Fällen, in denen die Annahme gerechtfertigt erscheint, daß Militärpersonen des aktiven Dienststandes eines nicht natürlichen Todes gestorben sind, der mit der Gerichtsbarkeit über den Verstorbenen ausgestattete, zur Veranlassung der amtlichen Erhebungen berufene Militärbefehlshaber. In Sachsen liegt die Anzeigepflicht dem am Orte befindlichen Garnisonsverwaltungsbeamten auf Grund der Mittheilung der nächsten, dem Verstorbenen vorgesetzten Kommandobehörde, und in Ermangelung von Beamten der erstgedachten Art dem militärischen Kasernen-Vorsteher ob, v. Erichsen, Führung S. 224. Ueber Lippe s. d. J. zu §. 58. Bei Gefangenen, welche in Gefangenen-Anstalten sterben oder welche hingerichtet worden sind (s. Stdesb. 1890 S. 130), haben die Vorsteher der letzteren dem Standesbeamten die nöthigen Mittheilungen zu machen. Deshalb sollen in Preußen die Gefangenen bei ihrer Aufnahme in die Anstalt über die im §. 59 erwähnten Personalien vernommen werden, R. d. Min. d. Inn. v. 1. März 1876, Stdesb. 1876 S. 195; R. d. Just.Min. v. 19. Juli 1876, J.Min.Bl. S. 141.

§. 59.

Die Eintragung des Sterbefalles soll enthalten:

1. Vor- und Familiennamen, Stand oder Gewerbe und Wohnort des Anzeigenden;
2. Ort, Tag und Stunde des erfolgten Todes [37]);
3. Vor- und Familiennamen, Religion [38]), Alter [39]), Stand oder Gewerbe, Wohnort und Geburtsort des Verstorbenen;
4. Vor- und Familiennamen seines Ehegatten [40]), oder Vermerk, daß der Verstorbene ledig [41]) gewesen sei;
5. Vor- und Familiennamen, Stand oder Gewerbe und Wohnort der Eltern des Verstorbenen [42]).

Soweit diese Verhältnisse unbekannt sind [43]), ist dies bei der Eintragung [44]) zu vermerken.

---

§. 59. [37]) **Tag und Stunde des erfolgten Todes.** Diese Zahlen sind wesentlich, also mit Buchstaben zu schreiben, s. §. 13 u. Anm. 74 zu §. 13. Die Eintragung der Todesursache ist nicht vorgeschrieben, hat also zu unterbleiben, Stdesb. 1875 S. 167.

[38]) **Religion.** Bei Kindern, welche vor der Taufe oder der Aufnahme in eine Religionsgesellschaft verstorben sind, wird der Raum vor dem Worte: Religion im Formular C nach §. 13 zur B.R.B. durch einen Strich auszufüllen sein, s. Stdesb. 1876 S. 105. D. R. d. preuß. Min. d. Inn. v. 4. Nov. 1881, bei Wohlers S. 108 zu 3, bestimmt dagegen, daß der Standesbeamte die Eintragung nach den Angaben des Anzeigenden, also dahin zu machen habe, daß der Verstorbene keiner oder noch keiner Religionsgemeinschaft angehört habe, daß es sich aber empfiehlt, bei einer Anzeige, daß das verstorbene Kind christlicher Eltern ungetauft gestorben sei, oder bei einem solchen Ergebniß einer etwa angestellten Untersuchung unter Durchstreichung des Wortes: Religion den Grund der Durchstreichung durch einen Zusatz am Schlusse der Eintragung etwa dahin: „verstorben sei, und zwar ungetauft" kenntlich zu machen; vgl. das Beispiel bei v. Erichsen, Führung S. 214.

[39]) **Alter.** Die Angabe nach Jahren ohne die der Monate und Tage genügt, s. Formular C zur B.R.B. u. Stdesb. 1875 S. 179.

[40]) **Ehegatten.** Ist der Verstorbene mehrere Male verheirathet gewesen, so wird nur der letzte Ehegatte einzutragen sein, Stdesb. 1876 S. 135, v. Erichsen, Führung S. 205, anders ohne Grund für verstorbene Frauen Stdesb. 1877 S. 123.

[41]) **ledig.** Bei Kindern oder Personen, welche in einem derartig jugendlichen Alter verstorben sind, daß die Möglichkeit einer Verheirathung ausgeschlossen ist, ist eine Angabe darüber nicht erforderlich, weil sich dies hier von selbst versteht, Stdesb. 1875 S. 231; 1876 S. 135, 264, 265; gem. Erl. der preuß. Min. d. Inn. u. d. Justiz v. 31. Aug. 1877, M.Bl. f. d. i. V. S. 273, Stdesb. 1877 S. 209 u. 1883 S. 2.

[42]) **Verstorbenen.** Daß der Verstorbene ein uneheliches Kind war, ist nicht besonders kenntlich zu machen, Stdesb. 1877 S. 226, 227.

[43]) **unbekannt sind.** Zunächst wird der Standesbeamte sich die möglichst vollständige Ermittelung der Daten angelegen sein lassen müssen und nur dann, wenn innerhalb der gesetzlichen Frist eine solche sich nicht erzielen läßt, die Beurkundung im Register unter Beachtung der Vorschrift des Abs. 2 dieses §. vornehmen. Ist dies aber geschehen, so hat er nichtsdestoweniger die Anzeigepflichtigen zu der ferneren Ergänzung der Todesfallsanzeige anzuhalten. Die später ermittelten Verhältnisse können dann aber allein auf dem Wege des Berechtigungsverfahrens (§§. 65 ff.) eingetragen werden, Stdesb. 1875 S. 109, 113; bair. Min.Erl. v. 5. Dez. 1875 IV Nr. 2. A. M. die mecklenb.-schwerin. Civilstandskommission 1875 Nr. 12, Stdesb. 1876 S. 325.

Wenn sich die Identität des Verstorbenen, bez. der gefundenen Leiche nicht feststellen läßt, so ist die Eintragung unter Durchstreichung des Vordrucks am Rande vorzunehmen, dabei aber für etwaige

§. 60.

Ohne Genehmigung der Ortspolizeibehörde [45]) darf keine Beerdigung [46]) vor der Eintragung des Sterbefalles in das Sterberegister stattfinden. Ist die Beerdigung

---

Nachträge möglichst Raum zu lassen, J. f. Lippe zu §. 59; bair. Min.Erl. v. 5. Dez. 1875 IV. Nr. 4; vgl. auch B.R.B. §. 8 u. v. Erichsen, Führung S. 220, 222.

[44]) **Eintragung.** Ueber jede Eintragung eines Sterbefalls ist den Betheiligten nach dem Gebührentarif I (vgl. dazu auch die betr. Anm.) auf ihr Verlangen eine Bescheinigung zu ertheilen. Daß diese von Amtswegen erfolgen soll, schreiben vor die bair. Min.Erl. v. 5. Dez. 1875 IV. Nr 5; d. sächs. V. v. 6. Nov. 1875 §. 21; d. J. f. Mecklenb.-Schwerin §. 7; S.-Weimar §. 13; Mecklenb.-Strelitz §. 7; Meiningen §. 78; Altenburg. V. v. 30. Okt. 1875 §. 13; J. f. Schwzb.-Rudolstadt §. 13; Schwzb.-Sondersh. §. 12; Reuß ä. L. §. 8; Reuß j. L. §. 22; Schaumburg-Lippe §. 7; Lippe zu §. 60.

In Württemberg ist nach d. J. §. 16 vom Standesbeamten dem Leichenschauer sofort eine Bescheinigung über die Eintragung zuzustellen (die V. betr. die Leichenschau u. das Begräbniß v. 24. Jan. 1882, Stdesb. 1882 S. 60, erwähnt nichts darüber, ohne freilich diese Vorschrift zu beseitigen), in Hessen, falls der Standesbeamte nicht mit den Funktionen der Ortspolizeibehörde betraut ist, der letzteren sofort nach vollzogener Eintragung davon Mittheilung zu machen, V. v. 3. Nov. 1875 Art. 15.

Die Eintragung kann auch erfolgen, wenn die Leiche nicht aufgefunden ist, sofern nur der Tod (z. B. ein durch Ertrinken erfolgter) sicher konstatirt ist, s. Stdesb. 1876 S. 129, vgl. auch o. Anm. 25 zu §. 56.

§. 60. [45]) **Ohne Genehmigung der Ortspolizeibehörde,** damit unwahre Beurkundungen vermieden werden, eine Vorschrift, durch welche Code civil Art. 77, nach welchem der Standesbeamte diese Genehmigung zu geben hatte, aufgehoben ist, Stdesb. 1878 S. 200; Scherer i. Zeitschr. f. Kirchenrecht 22, 305.

Ueber die Ortspolizeibehörden in Sachsen u. S.-Altenburg s. V. v. 6. Nov. 1875 §. 3, bez. v. 30. Okt. 1875 §. 4.

Vgl. ferner bad. Dienstw. §. 132 und hess. V. v. 3. Nov. 1875 Art. 14.

Von der Ertheilung der Genehmigung hat die Ortspolizeibehörde nach der sächs. V. v. 6. Nov. 1875 §. 21, d. meckl.-schwerin. v. 14. Aug. 1875 §. 13, d. s.-weimar. v. 9. Okt. 1875 §. 14, d. meckl.-strelitz. v. 14. Aug. 1875 §. 13, d. oldenb. v. 8. Nov. 1875 Art. 13, d. s.-meining. G. v. 27. Nov. 1875 Art. 7, d. s.-altenb. V. v. 30. Okt. 1875 §. 13, d. s.-cob.-goth. v. 1. Nov. 1875 §. 13, d. anhaltischen V. v. 7. März 1878, d. Beerdigung von Leichen vor Eintragung des Sterbefalles betr. §. 2, G.S. S. 13, Stdesb. 1878 S. 73, d. schwzb.-rudolst. v. 15. Okt. 1875 §. 14, d. schwzb.-sondersh. v. 16. Okt. 1875 §. 13, d. V. f. Reuß ä. L. v. 4. Nov. 1875 §. 15 (vgl. auch Reg.V. v. 3. Juni 1876, d. Ertheilung v. Beerdigungsscheinen betr., G.S. S. 7, Stdesb. 1876 S. 205), f. Reuß j. L. v. 16. Okt. 1875 §. 12 und f. Schaumb.-Lippe v. 11. Dez. 1875 §. 12 dem kompetenten Standesbeamten sofort Mittheilung zu machen.

[46]) **Beerdigung.** Derjenige, welcher dieselbe auf dem Begräbnißplatze anzuordnen hat, muß sich daher entweder die Bescheinigung über die stattgehabte Eintragung des Sterbefalles (s. Anm. 44 zu §. 59) oder die Genehmigung der Ortspolizeibehörde vorlegen lassen. Vgl. auch s.-altenb. V. v. 30. Okt. 1875 §. 13; J. f. Lippe zu §. 60; s. ferner Stdesb. 1875 S. 272.

Die besonderen polizeilichen Vorschriften über die Voraussetzungen, unter denen eine Beerdigung erfolgen darf, werden (vgl. z. B. für Berlin Stdesb. 1878 S. 253; für Württemberg die Anm. 44 cit. V. v. 24. Jan. 1882, die Anm. 45 angeführte V. für Reuß ä. L. v. 3. Juni 1876 und das brem. Ges. v. 31. Okt. 1875, Stdesb. 1876 S. 227) durch das Gesetz nicht beseitigt. Vgl. die ang. s.-altenb. V. §. 13 u. Stdesb. 1875 S. 177; 1876 S. 335. Diese müssen daher auch neben der Bestimmung des §. 60 beachtet werden.

dieser Vorschrift entgegen geschehen, so darf die Eintragung des Sterbefalles nur mit Genehmigung der Aufsichtsbehörde [47]) nach Ermittelung des Sachverhaltes [48]) erfolgen [49]).

Sechster Abschnitt [50]).

Beurkundung des Personenstandes der auf See befindlichen Personen [51]).

§. 61.

Geburten und Sterbefälle, welche sich auf Seeschiffen [52]) während der Reise [53]) ereignen, sind nach den Vorschriften dieses Gesetzes spätestens am nächstfolgenden

---

Vgl. ferner §. 367 d. R.Str.G.B.: „Mit Geldstrafe bis zu funfzig Thalern oder mit Haft wird bestraft: 1) wer ohne Vorwissen der Behörde einen Leichnam beerdigt oder bei Seite schafft . . . . 2) wer den polizeilichen Anordnungen über vorzeitige Beerdigungen entgegenhandelt."

Von diesen Vorschriften werden aber nur diejenigen Personen betroffen, welche entweder eine Beerdigung anordnen oder dieselbe vollziehen, also nicht die Geistlichen, welche blos vor der Eintragung des Todesfalls, bez. der Ertheilung der polizeilichen Genehmigung bei der Beerdigung amtiren.

[47]) **Aufsichtsbehörde,** s. §. 11 u. Anm. 60 u. 61 dazu, s. S. 48, 49. Bei ertheilter Genehmigung der Ortsbehörde bedarf es behufs der Ermöglichung einer verspäteten Eintragung des Sterbefalles der Genehmigung der Aufsichtsbehörde nicht, Stdesb. 1877 S. 63; v. Sicherer S. 398.

[48]) **Ermittelung des Sachverhaltes.** Diese ist durch die Aufsichtsbehörde zu veranlassen, falls nicht etwa schon gerichtliche oder polizeiliche Ermittelungen, z. B. wegen Verdachts einer begangenen strafbaren Handlung, im Gange sind. Die Kosten dafür gehören entweder zu den sächlichen Kosten der Standesbuchführung, oder sie fallen dem Polizei-, bez. Kriminalfonds zur Last. Demjenigen, der die Anzeige unterlassen hat, können sie mangels einer besonderen Vorschrift im Gesetze nicht aufgebürdet werden, so auch v. Sicherer S. 398; a. M. Stiegele S. 165, der hier den §. 27 Abs. 2 analogisch anwenden will, und Fitting S. 200, welcher sie demjenigen auflegt, der die vorschriftswidrige Beerdigung verursacht hat.

[49]) **erfolgen.** In diesen Fällen wird am Schlusse der Eintragung hinzuzufügen sein: „die Eintragung erfolgt, da die Beerdigung bereits ohne Genehmigung der Ortspolizeibehörde stattgefunden, mit Genehmigung der Aufsichtsbehörde, ertheilt am (Datum)", s. hess. I. zu §. 60 und I. für Meiningen §. 81.

[50]) **Sechster Abschnitt.** Vgl. hierzu die „Anweisung in Betreff der Beurkundung von Geburten und Sterbefällen auf Seeschiffen während der Reise" (Privatarbeit) i. Stdesb. 1876 S. 309; im Handbuch für die deutsche Handelsmarine 1880 S. 11; 1881 S. 12 und in Gesetzgebung d. Deutsch. Reichs 3, 389.

[51]) **auf See befindlichen Personen.** Diese Vorschriften wiederholen und ergänzen zum Theil den Art. 487 des Allgem. Deutschen Handels-Ges.B. und die §§. 52 u. 53 d. deutsch. Seemannsordn. v. 27. Dez. 1872, Reichs-G.Bl. S. 409.

Auf Schiffe der kaiserlichen Marine beziehen sich die Vorschriften dieses Abschnittes nicht, s. §. 71 des Gesetzes.

§. 61. [52]) **Seeschiffen,** d. h. die im Art. 432 des Allg. D. Handels-G.B.; §§. 1 u. 2 d. Ges. üb. d. Nationalität d. Kauffahrteischiffe ꝛc. v. 25. Okt. 1867, Bundes-G.Bl. S. 25, und §. 1 d. Seemannsordn. bezeichneten Schiffe, d. h. diejenigen, welche zum Erwerbe durch die Seefahrt bestimmt sind, die Kauffahrteischiffe im Sprachgebrauch der Reichsgesetze, ferner auch, da §. 61 schlechthin von Segelschiffen spricht, andere Seeschiffe, welche weder zur Marine gehörig noch Kauffahrteischiffe sind, z. B. Dampf- und Segelschiffe, deren sich der Eigenthümer für sich und seine Familie zu Seereisen bedient, Lewis, d. deutsche Seerecht, Leipzig 1877, 1, 1. 2; v. Sicherer S. 400. Nicht unter die Vorschriften der §§. 61 ff. fallen Geburts- und Sterbefälle, welche sich auf den blos Binnen-

Tage nach der Geburt oder dem Todesfall von dem Schiffer, unter Zuziehung von zwei Schiffsoffizieren oder anderen glaubhaften Personen, in dem Tagebuch [54]) zu beurkunden [55]). Bei Sterbefällen ist zugleich die muthmaßliche Ursache des Todes zu vermerken.

§. 62.

Der Schiffer hat zwei von ihm beglaubigte Abschriften der Urkunden demjenigen Seemannsamte [56]), bei dem es zuerst geschehen kann, zu übergeben. Eine dieser

---

gewässer befahrenden Dampf- und anderen Schiffen ereignen, ebensowenig Sterbefälle auf bloßen Fischerböten (diese sind keine Seeschiffe), welche in See gehen, Stdesb. 1876 S. 341; 1879 S. 257; 1881 S. 136; über die Beurkundung in diesen Fällen s. Anm. 21 zu §. 17 u. Anm. 27 zu §. 56.

[53]) **Reise,** wenn sich auch das Seeschiff, z. B. bei der Abfahrt aus dem Hafen oder bei der Einfahrt in denselben in einem Binnengewässer befindet, v. Sicherer S. 400; Stdesb. 1876 S. 341; 1879 S. 257. Insoweit geht §. 61 weiter als die Ueberschrift des Abschnitts, welche blos der „auf See befindlichen Personen" gedenkt. Andererseits ist diese letztere aber wieder weiter, denn sie bezieht sich zugleich auf Sterbefälle, welche durch Stürzen über Bord oder durch Umschlagen eines in das Meer herabgelassenen Bootes erfolgen, während §. 61 nur die Fälle erwähnt, welche sich auf dem Schiff ereignen. Unbedenklich kann man ihn aber mit Rücksicht auf die Ueberschrift auch auf die erstgedachten Fälle anwenden, v. Sicherer S. 400, Stdesb. 1879 S. 257; 1882 S. 68, 93.

[54]) **Tagebuch** oder Schiffsjournal, s. Allg. D. Handels-G.B. Art. 486, 487.

[55]) **beurkunden.** In Betreff des Inhalts dieser Beurkundung kommt der §. 52 der Seemannsordn., welcher nur Vorschriften über die Eintragungen von Sterbefällen enthält, nicht mehr zur Anwendung, vielmehr sind jetzt maßgebend der §. 59 dieses Ges. für die Beurkundung der Sterbefälle und §. 22 für die der Geburtsfälle, in Betreff welcher letzteren die Seemannsordn. keine Bestimmungen aufweist, in Verbindung mit den allgemeinen, alle Eintragungen betreffenden Vorschriften der §§. 13 ff., v. Sicherer S. 401; Stdesb. 1876 S. 310.

Da der Schiffer, bez. der ihn vertretende Steuermann (§. 63) zwei Schiffsoffiziere oder andere glaubhafte Personen zur Beurkundung zuziehen soll, er also nicht allein, wie der Standesbeamte, die gesetzliche Fähigkeit zur Beurkundung hat, so kann derjenige, welcher die Anzeige eines Geburts- oder Sterbefalles macht, nicht als Zeuge zugezogen werden, so auch v. Sicherer S. 401. Daher ist es unrichtig, wenn die Musterbeispiele im Stdesb. 1876 S. 311 davon ausgehen, daß der Anzeigende zugleich als Urkundszeuge fungiren kann.

v. Sicherer S. 401, 402 nimmt an, daß die Beurkundung der Anerkennung eines unehelichen Kindes durch den auf dem Schiffe befindlichen Vater, bez. soweit es sich um eine dem Gebiet des französischen oder badischen Rechts angehörige Mutter handelt, auch von dem Schiffer in Verbindung mit der Geburt oder als Randvermerk eingetragen werden kann. Das erscheint aber nicht richtig, da das Gesetz dem Schiffer nur die Befugniß zur Beurkundung von Geburts- und Sterbefällen giebt und deshalb der §. 24, welcher nur vom Standesbeamten handelt, hier nicht anwendbar ist.

Auf Schiffen, auf welchen nach Art. 489 des Allg. Deutsch. Handels-G.B. kein Tagebuch geführt zu werden braucht, vgl. Lewis, d. deutsch. Seerecht 1, 90, (wie namentlich auf kleineren Küstenfahrern) ist Beurkundung der Geburts- und Sterbefälle ausgeschlossen, denn das Reichsgesetz kennt eine solche nur in der Form des §. 61, und das Tagebuch kann, weil es dem Standesregister entspricht und das Gesetz eine Beurkundung auf losen Blättern nicht kennt, nicht für etwas Unwesentliches angesehen werden, so auch v. Sicherer S. 403. Hier bleibt nichts übrig, als bei Todesfällen die Beurkundung des Sterbefalles dem Standesbeamten zuzuweisen, in dessen Bezirk die Leiche aus dem Schiffe entfernt wird, s. o. Anm. 27 zu §. 56. Für Beurkundungen der Geburtsfälle besteht aber gar keine Möglichkeit. Denn das Auskunftsmittel, auf welches v. Sicherer S. 403, 404 hinweist, daß der Standesbeamte des Bezirks, in welchem das Schiff zuerst anlegt, die Eintragung vornehmen soll, hat im Gesetz keinen Anhalt (s. §§. 17, 56).

§. 62. [56]) **Seemannsamte.** Dies sind innerhalb des Deutschen Reichs die Musterungsbehörden

Abschriften ist bei dem Seemannsamte aufzubewahren, die andere ist demjenigen Standesbeamten, in dessen Bezirk die Eltern des Kindes, beziehungsweise der Verstorbene ihren Wohnsitz [57]) haben oder zuletzt gehabt haben, behufs der Eintragung [58]) in das Register zuzufertigen.

§. 63.

Ist der Schiffer verstorben oder verhindert, so hat der Steuermann die in den §§. 61 und 62 dem Schiffer auferlegten Verpflichtungen zu erfüllen.

§. 64.

Sobald das Schiff in den inländischen Hafen eingelaufen ist, in welchem es seine Fahrt beendet, ist das Tagebuch der für den Standesbeamten des Hafenorts zuständigen Aufsichtsbehörde [59]) vorzulegen.

Diese hat beglaubigte Abschrift der in das Tagebuch eingetragenen Standesurkunde dem Standesbeamten, in dessen Register der Fall gehört (§. 62), behufs Kontrolirung der Eintragungen [60]) zuzustellen.

---

und im Ausland die Konsulate des Deutschen Reichs, §. 4 d. Seemannsordn., vgl. Lewis, deutsch. Seerecht 1, 138.

[57]) **Wohnsitz,** s. Anm. 50 zu §. 42. — Vgl. ferner hess. I. zu §§. 61—64. Wenn die Eltern des Kindes oder der Verstorbene keinen Wohnsitz im Deutschen Reiche haben oder gehabt haben, so fällt die Eintragung in die deutschen Standesregister fort, obschon der Schiffer derartige Geburts- und Sterbefälle im Tagebuch beurkunden muß, Stdesb. 1879 S. 256.

[58]) **behufs der Eintragung,** s. Anm. 82 zu §. 13. Vgl. ferner B.R.V. §. 8; bad. Dienstw. §. 22. Ein Beispiel bei v. Erichsen, Führung S. 231.

§. 64. [59]) **Aufsichtsbehörde,** s. §. 11 und Anm. 60 u. 61 dazu. Für Meckl.-Schwerin vgl. Min.Bek. v. 5. Jan. 1876.

[60]) **behufs Kontrolirung der Eintragungen.** Mit Rücksicht auf die Anwendung des §. 62 und des §. 63 über die Uebersendung von beglaubigten Abschriften der Eintragungen in das Tagebuch auf den Standesbeamten ergeben sich die Fragen, welche rechtliche Bedeutung die Eintragungen im Schiffsjournal und im Standesregister haben, und wie das Verhältniß der beiden Arten von Eintragungen zu einander bei etwaigen Abweichungen zu bemessen ist.

In ersterer Beziehung wird im Stdesb. 1879 S. 255 die Auffassung vertreten, daß die Eintragung im Standesregister das Wesentliche ist, sich mithin als die beweiskräftige Beurkundung darstellt, dagegen der Tagebuch-Eintrag nur ein Ersatzmittel für die mündliche Anzeige bildet, und die Verhandlungen vor dem Schiffer nur die Bedeutung eines Vorbereitungsverfahrens für die standesamtliche Beurkundung haben. Demnach liegt die Hauptbesonderheit der Vorschriften des §. 61 darin, daß der Standesbeamte des Wohnorts, nicht der nach der allgemeinen Regel kompetente Standesbeamte des Orts der Geburt oder des Todesfalls, für den zuständigen erklärt wird. Diese Auffassung, von welcher auch die im Vernehmen mit dem Reichsjustizamt und dem Justizminister erlassenen Verfügungen des preuß. Ministers des Inn. v. 31. Okt. 1879 u. v. 13. Jan. 1882, Min.Bl. f. d. i. V. 1880 S. 3 u. 1882 S. 41, Stdesb. 1879 S. 262 u. 1882 S. 93 ausgehen, erscheint unrichtig. Sie beruht auf der falschen Voraussetzung, daß nach dem Reichsgesetz die Beurkundung im Standesregister allein maßgebend und daß der Schiffer kein vom Staate bestellter Standesbeamter ist, sowie daß der §. 1 von diesen Grundsätzen keine Ausnahme, weil er nicht auf die §§. 61 ff. hinweise, zulasse. In letzterer Hinsicht ist zunächst übersehen, daß der hier fragliche Abschn. 6 sich schon durch die Ueberschrift als eine Ausnahmebestimmung von den allgemeinen Regeln kennzeichnet, es also einer Verweisung darauf im §. 1 nicht bedurfte. §. 61 weist dem Schiffer die Aufgabe zu, die Geburts- und Todesfälle zu beurkunden. Die Thätigkeit des Standesbeamten wird ebenfalls als eine Beurkundung (§. 1) charakterisirt. Der Schluß, daß damit der Schiffer dem letzteren gleichgestellt worden ist, er mithin durch §. 61 zu gewissen standesamtlichen Funktionen ermächtigt wird, erscheint demnach an sich schon unabweisbar. Ferner ist es ausgeschlossen, da das Gesetz standesamtliche Beurkundungen auf schriftliche Anzeige mehrfach erwähnt, s. §§. 20, 58, den Tagebuch-Eintrag, welcher im Gesetz als Beurkundung bezeichnet wird, als schriftliche Anzeige aufzufassen, um so mehr, als nach §. 62 beglaubigte Abschriften der Urkunden, also der Geburts- oder Sterbe-Urkunde im Tagebuch an das Seemannsamt, bez. den Standesbeamten des Wohnorts übersendet werden sollen und auch hier das Wort: Urkunde nicht als Anzeige gedeutet werden kann. Endlich hat der Standesbeamte die Urkunde des Schiffers in seine Register einzutragen (§. 62). Daß er, was vom Standpunkt der zurückgewiesenen Auffassung konsequent ist, die Richtigkeit der Urkunde zu prüfen (s. Stdesb. 1879 S. 256), also auch bei festgestellter Unrichtigkeit etwas anderes, als die Urkunde ergiebt, in das Standesregister einzutragen befugt wäre, dafür liefert der §. 62 nicht den mindesten Anhalt. Demnach tritt in den Fällen des §. 61 die Eintragung im Tagebuch an Stelle der Eintragung im Standesregister. Erstere ist die beweiskräftige Urkunde (vgl. §. 15), sie wird nur noch der leichteren Zugänglichkeit wegen in das Standesregister ein- und übertragen, und soll etwas daran, sei es bei der Eintragung oder später, geändert werden, so bedarf es des Berichtigungsverfahrens (§§. 65 ff.).

Was die zweite Frage betrifft, so hat §. 64 den Zweck, für den Fall, daß die im §. 62 angeordnete Uebersendung unterblieben oder nicht ordnungsmäßig erfolgt sein sollte, die Möglichkeit einer Nachholung des Versäumten oder einer Berichtigung zu gewähren (vgl. auch J. f. Lippe zu §. 64). Stimmt die übersandte beglaubigte Abschrift nicht mit der auf Grund des §. 62 gemachten Abschrift überein, so wird das Berichtigungsverfahren (§§. 65 ff.) einzuleiten sein.

Endlich kommt noch in Frage, ob die Vorschriften des Abschn. 6 für die Beurkundung der auf der See und während der Reise eingetretenen Geburts- und Sterbefälle der Art ausschließlich und allein maßgebend sind, daß sie nur in der dort gedachten Form beurkundet werden dürfen, oder ob auch in Betreff ihrer eine den allgemeinen Regeln entsprechende, standesamtliche Beurkundung vorgenommen werden kann; also z. B. in dem Falle, daß ein Fahrgast eines überseeischen Dampfers beim Einlaufen in den Hafen auf dem Schiffe stirbt, der Standesbeamte des Hafenorts (§. 56) auf mündliche Anzeige des Begleiters des Verstorbenen den Sterbefall eintragen darf. Da das Reichsgesetz in §§. 61 ff. nicht die nach den allgemeinen Regeln in Konkurrenz mit dem Schiffer begründete Zuständigkeit ausschließt und offenbar nur wegen der Ermangelung einer regelmäßigen Standesbuchführung die Standesvorschriften der §§. 61 ff. aufgestellt hat, so wird man den an sich zuständigen Standesbeamten auch für berechtigt erachten müssen, in solchen Fällen die Beurkundung vorzunehmen. Damit ist freilich die Möglichkeit gegeben, daß, wenn auch der Schiffer denselben Geburts- oder Todesfall im Tagebuch beurkundet hat, die Beurkundung nochmals in dasselbe Standesregister oder, wenn der Wohnort von dem Hafenort verschieden, in das des ersteren eingetragen wird. Wenn aber die Eintragungen beide Mal richtig sind, schadet dies nichts. Sind sie dagegen von einander abweichend, so kann durch das Berichtigungsverfahren (§§. 65 ff.) geholfen werden. Jedenfalls werden derartige Fälle praktisch sehr selten vorkommen, denn wenn der Schiffer den Fall beurkundet hat, hat kein Betheiligter ein Interesse, ihn nochmals durch den Standesbeamten eintragen zu lassen.

Aus den vorstehenden Ausführungen ergiebt sich zugleich weiter, daß, wenn der Schiffer die Beurkundung eines Geburts- oder Sterbefalls verabsäumt hat, der Standesbeamte, welcher nach den allgemeinen Regeln zuständig ist, einen solchen immer beurkunden kann. Darüber hinaus nehmen indessen die oben gedachten preußischen Minist.-Verfügungen, indem sie von der vorhin erwähnten irrigen Auffassung über die Bedeutung der Beurkundung des Schiffers ausgehen, an, daß der §. 62 die Zuständigkeit des Standesbeamten des Wohnsitzes für alle Geburts- und Sterbefälle, welche sich während einer Reise zur See ereignen, begründe, und die Unterlassung der vorläufigen (?) Beurkundung im Tagebuch des Schiffers die an sich vorhandene Zuständigkeit nicht beseitigen könne. Damit ist allerdings dem praktischen Bedürfniß genügt, aber das Gesetz bietet für diese Ansicht keine Stütze, denn der §. 62 giebt dem Standesbeamten des Wohnsitzes nicht das Recht, auf mündliche Anzeige eine Eintragung zu machen, sondern nur die Befugniß, eine schon durch den Schiffer gemachte Beurkundung in sein Register einzutragen.

Siebenter Abschnitt.

Berichtigung der Standesregister[61].

§. 65.

Die Berichtigung einer Eintragung[62]) in dem Standesregister kann nur auf Grund gerichtlicher Anordnung[63]) erfolgen[64]). Sie geschieht durch Beischreibung eines Vermerks am Rande der zu berichtigenden Eintragung[65]).

---

§. 65. [61]) **Berichtigung der Standesregister.** Der Begriff der Berichtigung, welchen das Reichsgesetz selbst nicht ausdrücklich bestimmt hat, läßt sich nur dadurch feststellen, daß man von der gewöhnlichen Bedeutung des Wortes ausgeht und zugleich ermittelt, in welchen Fällen das Gesetz ein anderes Verfahren, als das §§. 65 ff. vorgeschriebene, s. g. Berichtigungsverfahren, d. h. die Aenderung oder Ergänzung der bewirkten Eintragungen durch den Standesbeamten ohne vorgängige Anordnung durch das Gericht zuläßt. In dieser Hinsicht kommt in Betracht:

1. Nach §. 13 Abs. 4 (vgl. Anm. 85 zu §. 13) kann der Standesbeamte Aenderungen, Verbesserungen, Zusätze und Löschungen bis zur Abschließung der Eintragung durch seine Unterschrift ohne Weiteres vornehmen, s. sächs. V. v. 6. Nov. 1875 §. 17; I. f. Württemb. §. 3; bad. Dienstw. §. 135 Nr. 1; f. Hessen zu §. 13 u. §. 65; Lippe Nr. VII. Wenn dagegen die I. f. Meckl.-Schwerin u. Strelitz §. 3, S.-Weimar §. 7, Oldenburg §. 5, Schwzb.-Rudolstadt §. 7, Schwzb.-Sondershausen §. 6, Reuß ä. L. §. 3, welche übrigens durch spätere Nachträge, s. nachher, geändert sind, das letztere Verfahren bis zur stattgehabten Entlassung der Betheiligten zulassen, so ist dies nicht korrekt. Mit dem Vollzuge der Eintragung durch Unterschrift des Standesbeamten ist diese fixirt und die Verhandlung geschlossen. Die noch zufällige längere Anwesenheit der Betheiligten ändert daran nichts und giebt nicht das Recht, noch Modifikationen vorzunehmen, d. h. in der That eine neue Verhandlung zu eröffnen, welche sich nicht einmal als solche in der Eintragung kundgiebt.

Es fallen also die zuerst gedachten Aenderungen nicht unter den Begriff der Berichtigung, s. B. d. preuß. Min. d. Inn. u. d. Justiz i. Einverständniß mit dem Reichsjustizamt v. 13. Juni 1878, M.Bl. f. d. i. V. S. 114, Stdesb. 1878 S. 154; Kammergericht, Stdesb. 1879 S. 17; Appell.Ger. Dresden, Stdesb. 1879 S. 271, vgl. auch a. a. O. S. 48; v. Sicherer S. 405; v. Erichsen, Führung S. 56.

2. Ebensowenig können für Berichtigungen solche nachträgliche Eintragungen erachtet werden, welche der Standesbeamte nach ausdrücklicher Bestimmung des Gesetzes ohne Weiteres zu machen befugt ist, wie die in §. 22 Abs. 3, vgl. Anm. 49 dazu, die in §. 26 u. §. 55 gedachten, cit. V. v. 13. Juni 1878, Kammergericht a. a. O.

Von diesem Standpunkt aus ergiebt sich, daß Berichtigung jede Veränderung im Wortlaut einer selbstständigen Eintragung oder einer Eintragung am Rande ist, welche durch die Unterschrift des Standesbeamten bereits ihren Abschluß gefunden hat, sofern es sich nicht um die unter 2 gedachten Ergänzungen handelt, so v. Sicherer S. 405; v. Erichsen, Führung S. 56; cit. preuß. R. v. 13. Juni 1878. Demnach liegt eine Berichtigung vor:

a) wenn die Abänderung einer Eintragung erfolgt, welche zur Zeit ihrer Bewirkung dem thatsächlichen Sachverhalt nicht entspricht (hierüber herrscht, da dies mit der gewöhnlichen Bedeutung des Wortes harmonirt, Einverständniß), vgl. z. B. preuß. Min.Erl. v. 12. Dez. 1875, M.Bl. f. d. i. V. S. 276; Stdesb. 1876 S. 5; cit. preuß. Min.Erl. v. 13. Juni 1878; hess. I. zu §. 65; mein. I. §. 82; App.Ger. Hamm, Johow, Jahrb. d. preuß. App. 5, 24; Völk S. 186; Stiegele S. 168; v. Seyfried S. 169; Stdesb. 1878 S. 174;

b) wenn eine Aenderung von Schreib- und anderen Fehlern, hess. I. zu §§. 65; I. für Meiningen §. 82 erfolgt und

c) wenn Ergänzungen einer unvollständigen Eintragung, namentlich die nachträgliche Eintragung solcher Verhältnisse, welche bei der ersten Eintragung als unbekannte bezeichnet waren, s. z. B. S. 81 Anm. 41 u. S. 186 Anm. 48, vorgenommen werden. Ueber diesen Punkt herrscht Streit. Der durch die cit. preuß. V. v. 13. Juni 1878 zurückgenommene Erl. v. 4. Juni 1875, Stdesb. 1875 S. 113; die J. für Lippe §. 65; das App.Ger. Hamm a. a. O.; d. Amtsgerichtsinstruktion v. 1878 (Meiningen), Stdesb. 1880 S. 206, rechnen derartige Ergänzungen oder Vervollständigungen nicht zu den Berichtigungen. Wenn man sich hierbei namentlich auf die Zulassung der unter 2 gedachten Ergänzungen beruft und darauf einen Unterschied zwischen Berichtigung und Vervollständigungen gründen will, so namentlich das App.Ger. Hamm a. a. O., so ist dabei übersehen, daß die erst-erwähnten Ergänzungen (nachträgliche Eintragung erst später ertheilter Vornamen, der späteren Feststellung der Abstammung eines Kindes und der späteren Scheidung und Nichtigkeits- oder Ungültigkeits-Erklärung einer Ehe) nicht Vervollständigungen einer unvollständig bewirkten Eintragung sind, sondern nachträgliche Beurkundungen von Thatsachen, welche zur Zeit der ersten Eintragung sich noch nicht ereignet hatten, also auch nicht durch Eintragung bewirkt werden konnten, s. vor allem v. Sicherer S. 407. Ferner können die erwähnten Eintragungen (abgesehen von dem ersten Fall) stets nur auf Grund öffentlicher Urkunden erfolgen, und deshalb ist für sie keine gerichtliche Mitwirkung angezeigt, welche bei der Einfachheit des ersten Falles ebenfalls nicht erforderlich erscheint, während die Glaubwürdigkeit der Standesregister, falls dem Standesbeamten allein eine Abänderung der abgeschlossenen Eintragungen in anderen Beziehungen gestattet wäre, eine wesentliche Beeinträchtigung erleiden müßte, und das um so mehr, als die nachträgliche Ergänzung oder Vervollständigung, z. B. die Feststellung des Todestages, die Rechte Dritter in erheblicher Weise beeinflussen kann. Abgesehen davon wird man auch behaupten können, daß in den hier fraglichen Fällen stets insofern eine Berichtigung der Eintragung stattfindet, als der Umstand, daß die betreffenden Verhältnisse als unbekannte bezeichnet sind, nicht mehr zutrifft und in dieser Beziehung die Unrichtiges beurkundende Eintragung rektifizirt wird. Für die hier vertheidigte Ansicht die bair. Min.Entsch. v. 5. Dez. 1875 IV Nr. 5; d. cit. preuß. V. v. 13. Juni 1878; Kammergericht, Stdesb. 1879 S. 19; das App.Ger. Dresden, Stdesb. 1877 S. 44; ferner J. für S.-Weimar v. 17. Mai 1876, Stdesb. 1876 S. 205; Reuß ä. L. v. 2. Juni 1876, Stdesb. S. 205; Reuß j. L. v. 14. März 1876, Stdesb. 1876 S. 186; Schaumburg-Lippe v. 18. März 1876, Stdesb. 1876 S. 161; ferner (wenigstens müssen so verstanden werden) die sächs. V. v. 6. Nov. 1875 §. 17 Abs. 2; württemb. V. v. 20. Dez. 1875 §. 3 Abs. 9 und d. J. für Hessen zu §. 13 u. §§. 65, 66; endlich auch die kaiserliche V. v. 20. Jan. 1879 (s. Anlage 1) §. 15. Sie ist also die überwiegende, hat aber gerade bei den preußischen Oberlandesgerichten keine allseitige Billigung erfahren, denn während sie das Kammergericht, die Oberlandesgerichte zu Posen, Kiel, Kassel u. Frankfurt a. M. angenommen haben, haben sich die zu Königsberg, Marienwerder, Celle, Stettin, Naumburg und Berlin, Wohlers S. 118, im entgegengesetzten Sinne ausgesprochen. Vgl. noch den das Material zusammenstellenden Aufsatz i. Stdesb. 1883 S. 141, 147.

Selbstverständlich ist es, daß das Berichtigungsverfahren auch Anwendung findet, wenn eine schriftliche Mittheilung einer Behörde (§. 20 u. 58 Abs. 2) zu einer Ergänzung Veranlassung giebt, V. d. preuß. Min. d. Inn. u. d. Justiz v. 13. Aug. 1878, Just.M.Bl. S. 151; Stdesb. 1878 S. 230.

Aus den dargelegten Gründen erscheint es endlich unhaltbar, wenn man außer den Ergänzungen einer unvollständigen Eintragung die gesetzmäßige und ordnungsmäßige Vervollständigung, J. für Meiningen §. 83, der früher schon mehrfach erwähnte zurückgezogene preuß. Min.Erl. v. 12. Dez. 1875, M.Bl. f. d. i. V. S. 276; Stdesb. 1876 S. 5; Völk S. 186 ff., oder die Ergänzung von bloßen Omissionen, z. B. die nachträgliche Vermerkung der Feststellung der Identität der Erstattung der Anzeige auf Grund eigener Wissenschaft, so die Amtsgerichtsinstruktion v. 1878 (Meiningen), Stdesb. 1880 S. 206; ein nicht benanntes Kreisgericht, Stdesb. 1878 S. 233; das App.Ger. zu Hamm, Johow, Jahrb. 5, 24; Stdesb. 1878 S. 159, 174; Stdesb. 1879 S. 234, dem Berichtigungsverfahren entziehen will. Dagegen auch die meckl.-schwer. Civilstands-Kom-

§. 66.

Für das Berichtigungsverfahren gelten, insoweit die Landesgesetze [66]) nicht ein Anderes bestimmen, die nachstehenden Vorschriften.

---

mission V. v. 28. Juni 1879 S. 158; das Leipziger App.Ger., Stdesb. 1877 S. 44, d. preuß. O.Tribunal-Erk. v. 11. Okt. 1875, Stdesb. S. 250; s. auch Stdesb. 1878 S. 76 u. 1879 S. 48.

Die Löschung einer Eintragung im Register des unzuständigen Standesbeamten kann, wenn der hier aufgestellte Begriff der Berichtigung festgehalten wird, im Berichtigungsverfahren erfolgen, nicht aber die Bewirkung der gelöschten Eintragung im Register des zuständigen Beamten, App.Ger. zu Dresden, Stdesb. 1879 S. 270, denn das Berichtigungsverfahren hat reichsgesetzlich diesen Zweck nicht, ebensowenig wie es geeignet ist, Förmlichkeiten, welche zu beobachten waren, nachzuholen oder den Mangel der standesamtlichen Eigenschaft der als Standesbeamte handelnden Personen zu heilen, v. Sicherer S. 409, 410.

Auf die Kirchenbücher, welche früher als Standesregister gedient haben, beziehen sich die §§. 65 ff. selbstverständlich nicht, E. d. preuß. Min. d. Inn. v. 12. April 1877, M.Bl. f. d. i. V. S. 102.

Der Beschluß des Kammergerichts v. 21. Jan. 1884, Johow, Jahrb. d. Kammerger. 4, 348, welcher ausspricht, daß die Bezeichnung „evangelisch" in Preußen sowohl die lutherischen als die reformirten Glaubensgenossen umfaßt, und daß daher regelmäßig kein Grund zu einer Berichtigung des Standesregisters vorliegt, wenn ein Reformirter darin als „evangelisch" bezeichnet ist, verkennt, daß die Kab.Ordre v. 3. April 1821, P. Hinschius, preuß. Kirchenrecht S. 21 N. 48, die Bezeichnung: evangelisch nur an Stelle des Wortes protestantisch vorschreibt, und daß nicht alle reformirten Gemeinden der evangelischen (unirten Landeskirche) der altpreußischen Monarchie beigetreten sind, a. a. O. S. 24, daß also bei einem nicht unirten Reformirten in Altpreußen die Bezeichnung: evangelisch das Religionsbekenntniß nicht korrekt angiebt.

[62]) **Eintragung,** d. h. einer abgeschlossenen, s. die vor. Anm.

[63]) **gerichtlicher Anordnung,** aber einer einfachen Verfügung, und zwar in allen Fällen, nicht also durch die Aufsichtsbehörde, wenn es sich um Ergänzung unvollständiger Eintragungen handelt, bair. Min.V. v. 27. März 1886, Stdesb. 1886 S. 97; App.Ger. Leipzig, Stdesb. 1877 S. 45.

Wenn auch die Berichtigung nur durch das Gericht angeordnet werden darf, so ist doch allein der Standesbeamte sie einzutragen berechtigt, nicht das Gericht selbst, s. Stdesb. 1876 S. 145. In dem bei demselben etwa aufbewahrten Nebenregister kann die Nachtragung der Berichtigung ebenfalls erst erfolgen, wenn der Standesbeamte die beglaubigte Abschrift über die Eintragung im Hauptregister eingesendet hat, s. §§. 13, 14.

[64]) **erfolgen.** Die Anordnung ist dem Standesbeamten direkt durch das betreffende Gericht, nicht durch die Aufsichtsbehörde zu übermitteln. Das letztere hätte ausdrücklich durch das Gesetz bestimmt werden müssen, um so mehr als auch sonst (s. §. 11) die Gerichte direkte Anweisungen an die Standesbeamten zu erlassen haben, also denselben vorgesetzte Behörde sind, Johow, Jahrb. d. Kammerger. 4, 345.

[65]) **der zu berichtigenden Eintragung** auf Grund der vom Gerichte zu übersendenden, in Bezug zu nehmenden Verfügung, bez. des rechtskräftig gewordenen Urtheils. Vgl. §. 13. Abs. 4. Ein Beispiel giebt das Formular C 3 zur B.R.V.

Unter Eintragung ist auch ein Berichtigungsvermerk, welcher seinerseits wieder berichtigt wird, zu verstehen.

Die betreffenden gerichtlichen Anordnungen sind zu den Sammelakten zu nehmen, s. B.R.V. §. 9.

§. 66. [66]) **Landesgesetze.** Dadurch ist aufrecht erhalten: Code civil Art. 99: „Wird auf Berichtigung einer Civilstandsurkunde angetragen, so hat das zuständige Gericht auf den Antrag des Königlichen Oberprokurators (jetzt des Staatsanwaltes) und unter Vorbehalt der Berufung hierüber zu erkennen. Insofern es die Umstände erfordern, sollen die betheiligten Personen hierzu vorgeladen werden."

Das preuß. Ges. v. 9. März 1874 §. 48 Abs. 2 ist aber durch den §. 66 beseitigt oder viel-

Die Aufsichtsbehörde [67]) hat, wenn ein Antrag [68]) auf Berichtigung gestellt wird, oder wenn sie eine solche von Amtswegen für erforderlich erachtet [69]), die Betheiligten [70]) zu hören [71]) und geeignetenfalls eine Aufforderung durch ein öffentliches Blatt zu erlassen. Die abgeschlossenen Verhandlungen hat sie demnächst dem

---

mehr ersetzt, denn der erstere ordnet für das Berichtigungsverfahren nichts Anderes an, als das Reichsgesetz und stimmt mit demselben überein, abgesehen von der materiell ebenfalls unerheblichen Abweichung, daß statt der Worte: „Gerichte erster Instanz" es im preuß. Ges. heißt: „im §. 7 bezeichneten Gericht".

Besondere Vorschriften darüber enthalten die hess. V. v. 3. Dez. 1875 Art. 6 ff.; das bair. Ges. z. Ausführung d. Reichs-P.O. v. 23. Febr. 1879, G. u. V.Bl. S. 63 Art. 172. („An Stelle des Art. 99 des pfälz. Civilgesetzb. und der Art. 855—858 d. pfälz. Civilproc.O. treten nachstehende Bestimmungen. — Das Verfahren bei Anträgen auf Berichtigung einer Eintragung im Standesregister richtet sich nach §. 66 Abs. 2 und 3 des Reichsges. v. 6. Febr. 1875 über die Beurkundung des Personenstandes und die Eheschließung. Die Art. 163—168 des gegenwärtigen Gesetzes finden entsprechende Anwendung. — Der Antrag auf Berichtigung kann bei dem Standesbeamten schriftlich oder zu Protokoll angebracht werden. — Die Entscheidung erfolgt durch das Landgericht.") Vgl. auch bad. Dienstw. §§. 135, 138, 142, 144.

[67]) **Aufsichtsbehörde,** s. §. 11 u. Anm. 60 u. 61 dazu.

[68]) **Antrag.** Das Recht der Beantragung ist durch das Gesetz nicht beschränkt, auch nicht einmal auf verwandtschaftliches oder persönliches Interesse, gegen Fitting S. 206, welcher mindestens ein moralisches Interesse fordert, und gegen v. Seyfried S. 170, welcher anscheinend das Recht auf die Betheiligten beschränkt, s. v. Sicherer S. 410. Letzterer bemerkt mit Recht, daß das Gesetz keine Einschränkung macht.

[69]) **erforderlich erachtet.** Die Berichtigung kann bei dem Standesbeamten oder der Aufsichtsbehörde (s. §. 11 Anm. 60 u. 61) beantragt oder von Amtswegen (nicht aber im Gebiete des französischen Rechts, s. die Anm. 66, v. Sicherer S. 417), sei es von der letzteren, sei es von dem Standesbeamten in Angriff genommen werden, v. Sicherer S. 411. Der Standesbeamte hat aber, wenn die Initiative von ihm ausgeht oder die Berichtigung bei ihm beantragt ist, stets erst an die Aufsichtsbehörde zu berichten, da nur diese das Verfahren einleiten darf. So auch I. für Lippe zu §. 66. Ist ein Antrag von einem Dritten gestellt, so muß die Aufsichtsbehörde nach dem Wortlaut des Gesetzes das Berichtigungsverfahren einleiten und die Entscheidung des Gerichtes herbeiführen, selbst wenn sie ihrerseits den Fehler für völlig unerheblich erachtet, v. Sicherer S. 411.

[70]) **die Betheiligten.** Dies sind diejenigen Personen, welche die zu berichtigende Eintragung unmittelbar betrifft, sowie diejenigen Personen, welche die Anzeige erstattet haben, und solche, auf deren Rechte die beabsichtigte Berichtigung einwirkt, z. B. diejenigen Verwandten, welche bei stattfindender Aenderung des Todestages, falls Intestaterbfolge eingetreten ist, in Folge dessen nicht mehr als erbberechtigt erscheinen würden, übereinstimmend v. Sicherer S. 411; Stiegele S. 163 N. 264.

Handelt es sich um bloße indifferente Wortlautauslassungen, also solche, welche nicht die Bezeichnung der Personen, die Jahre und sonstige wesentliche Angaben betreffen, so werden diejenigen, welche die Eintragung betrifft, nicht zugezogen zu werden brauchen. In solchen Fällen wird das Interesse derselben nicht berührt, es handelt sich hier vielmehr nur um Herstellung formeller Korrektheit der Eintragung.

[71]) **zu hören.** Daß die Aufsichtsbehörde den Standesbeamten mit der Vernehmung der Betheiligten beauftragt, ist nicht ausgeschlossen. Der Zweck der Vorschrift ist nur der, die Entscheidung über eine so wichtige Maßregel nicht dem Standesbeamten allein zu überlassen. Vgl. f. S.-Weimar Min.V. v. 26. März 1876, Stdesb. 1876 S. 149. Auch kann der Standesbeamte gegen die Auskunftspersonen nach §. 68 Abs. 3 vorgehen, V. d. preuß. M. d. Inn. v. 22. März 1879, Wohlers S. 119.

Gerichte erster Instanz[72]) vorzulegen[73]). Dieses kann noch weitere thatsächliche Aufklärungen veranlassen[74]) und geeignetenfalls[75]) den Antragsteller auf den Prozeßweg verweisen[76])

---

[72]) **Gericht erster Instanz,** s. S. 50 Anm. 67. Zuständig ist dasjenige Gericht, in dessen Bezirk sich der Amtssitz des Standesbeamten befindet. Das Gericht entscheidet auf kollegialische Berathung, wenn es ein Kollegialgericht ist.

[73]) **vorzulegen,** und zwar unter Stellung bestimmter Anträge, falls das Berichtigungsverfahren von Amtswegen eingeleitet worden ist. Das Gericht hat diese seinerseits nicht auf Grund der Verhandlungen zu formuliren, Stdesb. 1875 S. 192.

[74]) **veranlassen** durch einen Richterkommissar oder die Aufsichtsbehörde des Standesbeamten oder diesen letzteren selbst. Vgl. dazu noch Stdesb. 1875 S. 191.

Was die Kosten des Berichtigungsverfahrens betrifft, so ist für Preußen durch Erl. d. Min. d. Inn. v. 4. Nov. 1887, M.Bl. f. d. i. V. S. 260; Stdesb. 1888 S. 34, vgl. auch S. 274 angeordnet, daß die bei den Behörden entstehenden Kosten von den Betheiligten nicht einzuziehen sind. Das entspricht dem Grundsatz, daß die Führung der Standesregister, zu welcher auch ihre Berichtigung gehört, kosten= und stempelfrei erfolgt (§. 16). Demgemäß ist es nicht mit dem Reichsgesetz vereinbar, daß die bair. Min.Bek. v. 8. Mai 1876 II f., Stdesb. 1876 S. 176, die Anträge und Verhandlungen im Berichtigungsverfahren nicht nur, wenn die Berichtigung durch Verschulden, sondern auch durch Antrag eines Interessenten veranlaßt wird, für stempel= und taxpflichtig erklärt, wohl aber wenn nach der weimar. Min.Bek. v. 11. Sept. 1876, Stdesb. 1876 S. 301, keine Befreiung der Betheiligten von Erstattung der den Behörden entstandenen baaren Verläge einzutreten hat.

Reisekosten, welche dem Standesbeamten durch die Vorladung vor das mit dem Berichtigungsverfahren befaßte Gericht entstehen, hat dieser nur zu tragen, wenn er die Berichtigung verschuldet, sonst gehören sie zu den sächlichen Kosten der Standesregisterführung (§. 8), so für Preußen Erlaß des Min. d. Inn. v. 21. Nov. 1876, Wohlers S. 23, s. auch Stdesb. 1877 S. 10.

[75]) **geeignetenfalls,** d. h. wenn entweder die betreffenden Ermittelungen kein ausreichendes Resultat ergeben oder die Anordnung der Berichtigung im Wege der einfachen Verfügung wegen schwer wiegender rechtlicher Folgen nicht angemessen erscheint. Vgl. auch die folg. Anm.

[76]) **Prozeßweg verweisen.** Ist die Statthaftigkeit des Prozeßweges nach Maßgabe des geltenden, materiellen Rechtes zu beurtheilen, oder gewährt das Gesetz selbst für alle Fälle, wo die Berichtigung der Standesregister nicht im Wege der Verfügung erfolgen kann, eine Klage gegen den widersprechenden Betheiligten dahin, daß er für schuldig erachtet werde, sich die betreffende Berichtigung gefallen zu lassen?

Das Letztere ist anzunehmen. So auch Völk S. 190. (Dagegen Stiegele S. 170, v. Sicherer S. 415; Mandry S. 118.) Der Prozeßweg ist in den vorausgesetzten Fällen nichts als ein mit mehr Garantien ausgestattetes Verfahren. So gut das Verfahren vor der Aufsichtsbehörde des Standesbeamten, welches mit einer gerichtlichen Verfügung abschließt, in allen Fällen ohne Vorhandensein eines durch das sonstige materielle Recht gewährten Grundes unzweifelhaft zulässig ist, ebenso gut muß auch der Prozeßweg, weil er sich nur als eine besondere Art des Berichtigungsverfahrens darstellt, stets dann, wenn der Richter den Weg der einfachen Dekretur abgelehnt hat, beschritten werden können. Das materielle Fundament dafür bietet der §. 65, welcher jedem Betheiligten ein Recht auf Berichtigung der ihn berührenden Eintragungen zuspricht, und man kann diese Ansicht nicht damit ablehnen, daß man das Wort: „geeignetenfalls" (so v. Sicherer a. a. O.) als gleichbedeutend mit dem Ausdruck: „wenn der Fall für den Prozeßweg geeignet ist" (das wäre doch eine sehr ungeschickte Fassung für: wenn der Prozeßweg statthaft ist) auffaßt, da das geeignetenfalls vielmehr nur so viel bedeuten kann, als wenn das Gericht im Wege der nichtstreitigen Gerichtsbarkeit nicht zum Ziel zu gelangen hofft. Bei den Verhandlungen des preußischen Abgeordnetenhauses über den gleichlautenden §. 48 ist allerdings von mehreren Abgeordneten die entgegengesetzte Ansicht vertreten worden, s. stenogr. Ber. des Abg.=Hauses 12. Legisl.=Per. I. Sess. 1873—1874 S. 487, 661. Indessen abgesehen von dem schon hervorgehobenen Momente, welches diese Auffassung

Im Uebrigen finden die für Sachen der nichtstreitigen Gerichtsbarkeit[77]) geltenden Vorschriften Anwendung.

---

als innerlich unbegründet erscheinen läßt, beseitigt sie auch in allen bedenklichen Fällen die Möglichkeit, die Standesregister zu berichtigen, und führt also zu einem Zustande der Unsicherheit des rechtlichen Verkehrs, welche man gerade durch das Berichtigungsverfahren hat vermeiden wollen. Der Antrag ist dahin zu richten, daß der Widersprechende schuldig sei, sich die beantragte Berichtigung gefallen zu lassen.

Wenn der Prozeßweg durch das materielle Recht gegeben ist, z. B. die Statusklage im Fall einer nicht richtigen Eintragung des Geburtsfalles des Kindes, oder die Erbschaftsklage bei Eintragung eines unrichtigen Todestages (s. S. 195 Anm. 70), so wird der Berechtigte zwischen dem Berichtigungsverfahren und dem Prozeßwege wählen können, ja auch sein Ziel gleichzeitig auf beiden Wegen verfolgen können (a. M. freilich v. Sicherer S. 414), wennschon das Gericht das Berichtigungsverfahren bis zur Entscheidung des Prozesses auszusetzen befugt, nicht aber verpflichtet (so v. Seyfried S. 170) ist. Keinesfalls ist aber das vorherige Betreten des Berichtigungsverfahrens und Ablehnung des Berichtigungsantrages in den hier fraglichen Fällen Voraussetzung für den Klageweg, so auch Mandry S. 119 N. 17, im Gegentheil kann mit Rücksicht auf R.C.P.Ordn. §. 231, da die Feststellungsklage von dem Vorliegen eines rechtlichen Interesses an der alsbaldigen richterlichen Entscheidung abhängig ist, gerade das Vorhandensein einer dem Kläger präjudizirenden Eintragung im Standesregister das gedachte Interesse darthun.

Wie bei der Klage auf Grund des §. 66 das Urtheil (s. Abs. 2 a. E.) nicht ohne Weiteres eingetragen werden kann, so wird dies auch bei den Urtheilen auf Klagen aus dem materiellen Rechte, z. B. bei dem Urtheil, welches einem anderen Erben die Intestaterbschaft zuspricht, als demjenigen, welcher sie auf Grund eines im Standesregister eingetragenen falschen Todestages in Besitz genommen hat, weil im Prozeß der richtige Todestag festgestellt ist, der Fall sein. Hier muß der Kläger dann das Berichtigungsverfahren oder die Aufnahme des etwa ausgesetzten Verfahrens beantragen, und das Berichtigungsgericht hat das Urtheil und die Prozeßverhandlungen als Material für die Frage, ob die Berichtigung anzuordnen ist oder nicht, zu benutzen.

Ueber die Beweiskraft der Berichtigungen sagt das Gesetz nichts. Den Abs. 5 des §. 48 des preußischen Gesetzes lautend: „Eine durch Verfügung angeordnete Berichtigung kann solchen Betheiligten, welche derselben nicht zugestimmt haben, nicht entgegengesetzt werden," hat man, s. Motive S. 33, nicht aufgenommen, „weil er zu der irrigen Meinung Veranlassung geben könnte, als beabsichtige man, den Standesregistern eine andere Bedeutung als die eines Beweismittels beizulegen".

Demgemäß gilt jetzt auch für die berichtigten Stellen der Grundsatz des §. 15, denn ein im vorgeschriebenen Verfahren berichtigtes Standesregister ist ebenfalls ein ordnungsmäßig geführtes, so Völk S. 190; Fitting S. 208; Stiegele S. 171 u. 272; v. Sicherer S. 443. Derjenige, welcher die Berichtigung gegen sich nicht gelten lassen will, wird ebenso gut wie sonst gegen die auf einseitige Anzeige des Betheiligten vorgenommene Eintragung den offen gelassenen Gegenbeweis zu führen haben, welcher allerdings der freien richterlichen Beurtheilung unterliegt. Hieraus ergiebt sich auch, daß, falls das Gericht eine Berichtigung trotz des Widerspruches eines Betheiligten ohne vorgängigen Prozeßweg angeordnet hat, der Widersprechende befugt ist, seinerseits Klage auf Löschung oder Aenderung der angeordneten Berichtigung zu erheben, damit ihm nicht für die Zukunft ein Präjudiz geschaffen wird (dagegen v. Sicherer S. 414 von dem von ihm eingenommenen Standpunkt aus). Der Grundsatz des Code civil Art. 100, welchen das neue bad. Ges. v. 9. Dez. 1875 §. 28 freilich wiederholt hat, daß das Berichtigungsurtheil, bez. die Berichtigung denjenigen, welche weder als Antragsteller noch als Betheiligte zugezogen waren, nicht entgegengesetzt werden kann, ist beseitigt, weil er der Berichtigung die Bedeutung eines Beweismittels abspricht, so auch v. Sicherer S. 443 Anm. 33.

[77]) **nichtstreitigen Gerichtsbarkeit,** s. S. 51 Anm. 69.

Achter Abschnitt.

Schlußbestimmungen.

§. 67.

Ein Geistlicher [78]) oder anderer Religionsdiener [79]), welcher zu den religiösen Feierlichkeiten [80]) einer Eheschließung schreitet, bevor ihm nachgewiesen worden ist,

---

§. 67. [78]) **Ein Geistlicher.** Dadurch ist der §. 337 des Reichs-Straf-Gesetzbuches abgeändert, und zwar deshalb, weil die Strafbestimmung sich an die im §. 52 vorgeschriebene Form der Eheschließung, für welche eine Heirathsurkunde nicht mehr wesentlich ist, s. S. 179 Anm. 19, anlehnen mußte, vgl. auch Motive S. 36. Die Vorschrift ist zur Durchführung des Prinzips der obligatorischen Civilehe und zur Verhütung der Schließung nichtiger Ehen gegeben.

[79]) **Geistlicher oder anderer Religionsdiener,** s. S. 33 Anm. 14.

[80]) **religiösen Feierlichkeiten.** Darunter sind der Absicht des Gesetzes nach alle Handlungen zu verstehen, welche eine Kirche oder Religionsgesellschaft nach ihrem Rechte als wesentlich für die Eheeingehung betrachtet, mithin auch die durch das tridentinische Konzil Sess. XXIV c. 1 de reform. matrim. vorgeschriebene Konsenserklärung der Ehegatten vor dem kompetenten Pfarrer und zwei oder drei Zeugen. So bemerkte auch der Bundesbevollmächtigte Justizminister Leonhardt (stenog. Ber. S. 1077): „daß die verbündeten Regierungen es als zweifellos ansehen, daß ein katholischer Priester, der freiwillig Assistenz leistet, als ein solcher anzusehen ist, welcher zu einer religiösen Feierlichkeit schreitet und demgemäß strafbar ist." Vgl. Fitting S. 205; v. Sicherer S. 419. Wenn letzterer S. 420 auch darunter die eine Eheschließung blos begleitenden religiösen Feierlichkeiten, welche für dieselbe nicht wesentlich sind, z. B. in der katholischen Kirche die priesterliche Benediktion, begreift, so muß dem entgegengehalten werden, daß „die religiösen Feierlichkeiten einer Eheschließung" nur diejenigen sind, welche diese letztere bewirken, nicht sie blos begleiten. Ebensowenig trifft es zu, daß für die Bestrafung solcher Handlungen der Grund des Gesetzes, d. h. die Verhütung, daß die Verlobten in den Glauben versetzt werden, in einer ehelichen Verbindung zu leben, spreche, denn die Verlobten können in solchen Fällen vom Standpunkt des Rechts ihrer Kirche oder Religionsgesellschaft aus niemals annehmen, daß sie eine kirchlich gültige Ehe geschlossen haben.

Nicht strafbar ist der Erlaß des Aufgebots, welches keine religiöse Feierlichkeit der Eheschließung bildet und dessen Vollziehung vor der standesamtlichen Ehe nirgends im Gesetz verboten ist, Fitting S. 210; Stiegele S. 173 N. 277; v. Seyfried S. 193.

Darüber, ob der eine Ehegatte dem andern gegenüber die Pflicht hat, nach eingegangener Civilehe noch die kirchliche Trauung oder eine sonstige religiöse Feierlichkeit vollziehen zu lassen, und welche Folgen eintreten, wenn der erstere sich weigert, bestimmt das Gesetz nichts.

In der französischen Gerichtspraxis und Jurisprudenz — die Gesetzgebung weist keine ausdrücklichen Vorschriften auf — sind die rechtlichen Folgen einer solchen Weigerung wiederholt erörtert worden. Eine Meinung hat angenommen, daß diese als injure grave (Art. 231 des Code civil) einen Scheidungsgrund bilde und somit die séparation de corps verlangt werden dürfe, s. Demolombe, cours de code civil, tome 4 no. 390 (vgl. auch das belgische Urth. i. Arch. f. kathol. Kirchenrecht 62, 337), weil der renitente Ehegatte sein ausdrücklich oder stillschweigend gegebenes Versprechen breche und den andern zwinge, in einem Zustande zu leben, der nach dessen Ansicht ein Konkubinat sei. Dagegen ist aber mit Recht eingewendet worden, daß eine Beleidigung ohne einen animus injuriandi, welcher hier fehle, nicht denkbar sei, und daß der sich weigernde Ehegatte nur eine andere Anschauungsweise als der zweite habe; Thierret in der revue de législation von 1846 tome 2 p. 170; Zachariä a. a. O. 3, 106 N. 8; v. Brünneck, i. Gruchot, Beiträge 33, 778 ff. Weitere Nachweisungen bei Sirey, les codes annotés, par P. Gilbert, 4 tirage, supplément, Paris 1871, zu art. 229, 230 p. 33 no. 7 und 8. Ferner hat man behauptet, daß die Weigerung einen Nichtigkeitsgrund ausmache. Der Weigernde habe fraudulöser Weise einen Irrthum über wesentliche moralische

Qualitäten seiner Person bei dem Andern hervorgerufen und dadurch denselben verleitet, die Ehe zu schließen, Marcadé, éléments du droit civil français zu art. 180 des Code Nr. 5. Dagegen Demolombe a. a. O.; s. ferner Sirey a. a. O. zu art. 180 p. 24 no. 14 u. zu art. 214 p. 23 no. 22; Zachariä, französ. Civ.R. 3, 62 N. 3 a. E.; Petersen, in Zeitschr. f. Reichs- u. Landesrecht 2, 244; v. Brünneck S. 773; Hirschel, i. Arch. f. kath. Kirchenrecht 40, 200.

Was die Entscheidung der betreffenden Fragen nach gemeinem und preußischem Recht betrifft, so giebt die Weigerung des einen Ehegatten dem andern weder ein Recht, die kirchliche Trauung zu erzwingen, noch eine Scheidungs- oder Nichtigkeitsklage anzustellen. Eine Klage auf Vollziehung der kirchlichen Trauung, d. h. auf Zwangstrauung, ist selbst, wenn die Nachsuchung der ersteren vorher versprochen wäre, unstatthaft, denn die Beobachtung kirchlicher Pflichten kann nicht im Rechtswege verfolgt werden. Eine solche Klage ist ebensowenig denkbar wie eine Klage darauf, daß der andere Ehegatte regelmäßig Sonntags in die Kirche gehe, vgl. auch v. Brünneck S. 776 ff.; v. Sicherer S. 489 (anscheinend a. A. Dernburg, preuß. Privatrecht 3. A. 3, 38: „Waren jedoch die Ehegatten ausdrücklich oder stillschweigend übereingekommen, daß sich die kirchliche Trauung an die Eheschließung vor dem Standesbeamten anschließe, so ist jeder Ehegatte als verbunden anzusehen, dem desfallsigen Verlangen des andern Ehegatten unmittelbar Folge zu geben"). Unter die im gemeinen Recht, sei es im katholischen, sei es im protestantischen Kirchenrecht, anerkannten Scheidungsgründe fällt die Weigerung auch nicht, vgl. Schulte, kathol. Eherecht S. 430 ff.; Richter-Dove-Kahl §. 287; Bartels, Ehe S. 301, 335; Büff, kurhess. Kirchenr. S. 674; Falck, schleswig-holstein. Pr.R. 4, 482; Lang, Personenr. S. 344 ff., ebensowenig unter diejenigen, welche einzelne neue Partikulargesetzgebungen, s. z. B. sächs. bürg. Ges.B. §§. 1712 ff. und altenb. Eheordn. §§. 194 ff., aufstellen.

Als grobe und widerrechtliche Kränkung der Ehre, wegen deren nach preuß. A. L.R. II 1 §. 700 und nach dem gothaischen Ehegesetz §. 98 die Scheidung verlangt werden kann, läßt sich die gedachte Weigerung ebenfalls nicht auffassen, so auch v. Brünneck S. 778 ff.

Auch der andere Gesichtspunkt, welchen die französische Jurisprudenz aufgestellt hat, die Nichtigkeit der Ehe wegen Irrthums in Eigenschaften des andern Kontrahenten, ist unberechtigt. Daß eine Person die Nachsuchung der kirchlichen Trauung verweigert, ist eine Handlung, aber keine Eigenschaft der Person. Eine solche Handlung kann allerdings die Folge einer bestimmten Eigenschaft sein, aber die Verweigerung der kirchlichen Trauung deutet jedenfalls nicht auf einen sittlichen Mangel hin, welcher das Wesen der Ehe insoweit gefährdet, daß die Versagung der Annullation zugleich ein Zwang zur Verzichtleistung auf ein wesentliches Moment der Ehe sein würde. Deshalb ist eine Nichtigkeitsklage da, wo protestantisches Eherecht gilt (Richter-Dove-Kahl §. 270; Büff a. a. O. S. 614; Lang, württemb. Personenr. S. 210), unstatthaft, und dieser Grundsatz muß auch nach dem preuß. A. L.R. II 1, 38—40, dem sächs. bürg. Ges.B. §§. 1595, 1596, dem gothaisch. Ehegesetz §. 135 und der altenb. Eheordn. §. 177 ff. gelten, vgl. auch v. Brünneck S. 773. Nach dem katholischen Kirchenrecht kann von einer Nichtigkeit der Ehe vollends keine Rede sein, da nach demselben allein der error qualitatis in personam redundans, d. h. der Irrthum über eine solche Eigenschaft, bei deren Wegfall sich der Mitkontrahent als eine ganz andere Person darstellen würde, ein Ehehinderniß begründet.

Eine Ausnahme wird für das protestantische Kirchenrecht (Richter-Dove-Kahl §. 270), das preuß. A. L.R. und das sächs. Ges.B. nur dann zu machen sein, wenn der sich weigernde Theil den andern allein dadurch zum Abschluß der Ehe bewogen hat, daß er ihm betrüglich vorgespiegelt, er werde sich kirchlich trauen lassen, so auch v. Brünneck S. 771, nicht für das katholische Kirchenrecht, weil dieses den Betrug nicht als selbstständigen Nichtigkeitsgrund anerkennt, vielmehr nur die Qualität des durch den Betrug erzeugten Irrthums entscheidend sein läßt.

Vollends unhaltbar ist der katholischerseits, so v. Hirschel i. Archiv f. kathol. Kirchenrecht 40, 208, 213 ff., geltend gemachte Gesichtspunkt, daß die Ehe in dem erwähnten Falle als nichtig zu behandeln sei, weil es sich insofern um einen gegen die guten Sitten abgeschlossenen Vertrag handele, als in Frankreich nach allgemeiner Anschauung das Zusammenleben in einer bloßen Civilehe allgemein zwar nicht für ein durch das bürgerliche Gesetz verbotenes, aber als ein irreligiöses und darum herabwürdigendes Verhalten gelte, und weil in Deutschland mit Rücksicht auf §. 82 des Reichsgesetzes der andere Gatte in Folge der Verweigerung der kirchlichen Trauung ebenfalls zu einer den Vertrag nichtig machenden unsittlichen Handlung verpflichtet werde. Das Gleiche gilt von der Behauptung von Vering, Lehrbuch des Kirchenrechts, 2. A. Freiburg i. Br. 1881, S. 871, daß die Verweigerung der kirchlichen Eheschließung seitens eines Ehegatten die Nichtigkeit des bürgerlichen Aktes nach sich ziehen müsse, weil die wesentliche Voraussetzung, unter welcher der Civilakt vorgenommen wurde, nämlich die Voraussetzung, daß die kirchliche Eheschließung folgen werde, nicht eintrete.

Was die erstgedachte Ausführung betrifft, so liegt darin eine Verwechselung des unsittlichen Verhaltens eines der Kontrahenten mit dem Vertrage selbst. Dieser, die Civilehe, ist nach staatlichem Recht nichts irgendwie Unsittliches, und wenn sich Hirschel auf diesen Standpunkt stellt, so geht er dabei von der Anschauung der katholischen Kirche aus, daß die Civilehe nach katholischem Kirchenrecht da, wo das Tridentinum gilt, keine Ehe, sondern nur ein Konkubinat ist.

Gegen Vering, welcher von derselben Anschauung beherrscht wird, ist zu bemerken, daß weder das staatliche noch das katholische Kirchenrecht den Mangel von wesentlichen Voraussetzungen schlechthin als Nichtigkeit wirken lassen, und daß weiter die kirchliche Eheeingehung nach staatlichem Rechte auch nicht einmal als eine solche wesentliche Voraussetzung gilt, der §. 82 (s. darüber unten) vielmehr nur kirchliche, mit kirchlichen, keineswegs mit staatlichen Mitteln erzwingbare civilrechtliche Verpflichtungen im Auge hat.

Endlich fragt es sich, ob der Ehegatte, welchem von dem anderen vor der Eheschließung die Beobachtung der von der katholischen Kirche vorgeschriebenen Eheeingehungsform oder die Einholung der seitens der evangelischen Kirche geforderten kirchlichen Trauung versprochen worden ist, nach geschlossener Civilehe das Zusammenleben mit diesem letzteren und die Konsummation der Ehe so lange zu verweigern befugt ist, bis die kirchliche Form erfüllt ist, oder ob der letztere trotz der Nichterfüllung seines Versprechens gegen den die Herstellung des ehelichen Lebens bis dahin hartnäckig verweigernden Gatten die Ehescheidungsklage wegen böslicher Verlassung anzustellen berechtigt ist. Das Oberlandesgericht zu Breslau hat i. J. 1882 im letzteren Sinne entschieden, Arch. f. kathol. Kirchenrecht 62, 335 und juristische Rundschau f. d. kathol. Deutschland, Frankfurt a. M. 1882, 1, 93, weil die Weigerung des ehelichen Zusammenlebens wegen der Nichterfüllung der kirchlichen Eheschließungsform keinen unter den §. 724 A. L.R. II 1 fallenden, die faktische Trennung rechtfertigenden Grund bildet. v. Brünneck a. a. O. S. 784 ff., welcher davon ausgeht, daß die Kirchengesetze für den seiner Kirche treu ergebenen Ehegatten denselben Anspruch auf Beachtung wie die staatlichen haben, S. 794, nimmt, soweit es sich blos um das eheliche Zusammenleben (ohne Geschlechtsverkehr) handelt, denselben Standpunkt ein, indem er ausführt, daß ein solches vor der kirchlichen Eheschließung oder Trauung keine Verletzung einer kirchlichen Pflicht enthalte und der die faktische Gemeinschaft ablehnende Gatte sich daher nicht einmal auf Gewissensbedenken berufen könne, S. 789, 792, dagegen erachtet er die Weigerung der ehelichen Beiwohnung insofern für gerechtfertigt, also für einen gegenüber der Klage wegen böslicher Verlassung durchgreifenden Einwand, als die kirchliche Eingehungsform oder die kirchliche Trauung der betreffenden Ehe kirchlicherseits nicht zu verweigern ist, S. 795 ff., wobei er sich insoweit der Auffassung Dernburgs, preuß. Privatrecht 3. A. 3, 28 N. 28, daß das Verlangen einer Konsummation der Ehe vor der in Aussicht genommenen kirchlichen Trauung contra bonos mores sei, anschließt.

Ganz abgesehen davon, ob die Unterscheidung v. Brünnecks hinsichtlich des bloßen Zusammenlebens und der Geschlechtsgemeinschaft vom Standpunkt des Kirchenrechts, namentlich des katholischen, zutreffend ist, erscheint der Ausgangspunkt seiner Ausführung, daß die Kirchengesetze für den Ehegatten dieselbe Bedeutung wie die staatlichen haben, nicht richtig genommen. Es handelt sich nicht darum, inwieweit sich der Einzelne an die Kirchengesetze gebunden erachtet, sondern darum, welche rechtliche Bedeutung diese letzteren gegenüber den staatlichen Gesetzen haben. Hat der Civil-Ehe-Akt die rechtliche Bedeutung, die Ehe mit allen ihren Folgen zu begründen, so kann ein abweichendes Kirchengesetz nicht die Kraft beanspruchen, diese in irgend einer Art wieder zu hemmen oder zu beseitigen, und es ist kein Ehegatte berechtigt, sich auf dasselbe zu berufen. Aus diesem Grunde kann es bei

daß die Ehe vor dem Standesbeamten geschlossen sei[81]), wird mit Geldstrafe bis zu dreihundert Mark oder mit Gefängniß bis zu drei Monaten bestraft[82]).

---

dem Nichtvorliegen eines Versprechens der kirchlichen Trauung gar nicht zweifelhaft sein, daß der die eheliche Gemeinschaft bis zur Vornahme der letzteren weigernde Gatte sich der böslichen Verlassung schuldig macht. Es fragt sich aber weiter, ob etwa die Abgabe eines ausdrücklichen Versprechens für den Ehegatten, welchem es gegeben ist, besondere Rechte begründet. Schon o. S. 199 ist dargelegt, daß ein solches Versprechen civilrechtlich keine Bedeutung hat. Fehlt ihm aber diese, so kann es auch nicht als Einwand gegen die Behauptung der böslichen Verlassung für das Civilrecht in Betracht kommen und das Versprechen indirekt mit civilrechtlicher Wirkung ausstatten, d. h. es darf nicht auf diese Weise staatlicher Rechtszwang zur Erfüllung der kirchlichen Eheeingehungsform geübt werden, vielmehr muß es nach §. 82 der Kirche überlassen bleiben, allein mit ihren kirchlichen Mitteln gegen den die Erfüllung seines Versprechens weigernden Theil einzuschreiten.

Ein nicht konfessionelles Eherecht kann nicht dadurch, daß den kirchenrechtlich geforderten Pflichten, selbst wenn ihre Erfüllung ausdrücklich versprochen worden ist, civilrechtliche Bedeutung beigelegt wird, wieder seines Charakters entkleidet werden. Es mag hart erscheinen, wenn man in solchen Fällen bei Klagen wegen böslicher Verlassung die Berufung auf die kirchlichen Pflichten nicht durchgreifen läßt, aber liegt die Sache irgend wie anders, wenn ein Katholik, welcher eine Civilehe mit seiner Nichte schließt, vor der Eheeingehung verspricht, die erforderliche kirchliche Dispensation wegen des verbotenen Verwandtschaftsgrades nachzusuchen, und die Frau, weil dies nicht geschehen ist, das Zusammenwohnen und die eheliche Gemeinschaft mit ihm weigert? Würde man hier auch geneigt sein, die Klage wegen böslicher Verlassung zurückzuweisen? Ueberdies versagt das Princip völlig, wenn die Ehegatten verschiedenen Kirchen angehören und beide widersprechende Anforderungen an dieselben stellen. Man setze den Fall: Ein evangelischer Bräutigam verspricht seiner katholischen Braut, nach geschlossener Civilehe die katholische Eingehungsform zu beobachten und die katholische Trauung nachzusuchen. Da er aber seinerseits das Verlangen stellt, daß die Ehe auch protestantisch getraut wird, so fordert der angegangene katholische Pfarrer der jetzt bestehenden Praxis gemäß einen Verzicht auf die protestantische Trauung. Der evangelische Gatte, welcher nicht gesonnen ist, einen solchen abzugeben, unterläßt nunmehr jede weitere Bemühung um Ermöglichung der katholischen Eheeingehungsform, in Folge dessen weigert sich aber jetzt die katholische Frau, mit ihm in die eheliche Gemeinschaft zu treten. Für diesen Fall ist es absolut unmöglich, die Frage, ob die Frau sich der böslichen Verlassung schuldig gemacht hat, nach dem Grundsatz zu entscheiden, daß für den kirchlich gesinnten Ehegatten die Forderungen seiner Kirche dieselbe Bedeutung wie die der weltlichen Gesetze haben, denn beide Theile können sich hier für ihr Verhalten auf die Vorschriften ihrer Kirchen berufen. Gerade dieser Fall zeigt recht deutlich, daß man mit der Hereinziehung der kirchlichen Normen dem Zweck des Reichspersonenstandsgesetzes, die Kollisionen des konfessionellen Eherechts zu vermeiden und zu beseitigen, direkt zuwiderhandelt.

[81]) **geschlossen sei.** Dieser Nachweis wird durch die §. 54 Abs. 2 erwähnte Bescheinigung geführt, jedoch ist der Geistliche auch gegen Strafe geschützt, wenn er sich auf andere Weise den Nachweis hat erbringen lassen. Völk S. 191; Fitting S. 210; Stiegele S. 173 N. 276; Oppenhoff, Strafgesetzbuch f. d. Deutsche Reich zu §. 337 Nr. 3 verlangen dagegen einen urkundlichen Nachweis. Davon steht im §. 67 aber nichts, und auch das Reichsgericht, I Straf-Sen. v. 27. Mai 1881, Entscheidungen in Strafsachen 4, 233; Oppenhoff, Rechtsprechung 3, 336; Arch. f. kathol. Kirchenrecht 47, 75 hat angenommen, daß es im persönlichen Ermessen des Geistlichen stehe, ob und wodurch er sich den Beweis des stattgehabten Eheabschlusses führen lassen wolle. Deshalb hat der Geistliche kein Recht auf Zurückbehaltung der Bescheinigung, so Porsch, jurist. Rundschau f. d. kath. Deutschland 1, 78, denn diese gehört den Verlobten, und der Geistliche kann sich zu seiner Sicherung beglaubigte Abschrift zurückbehalten.

Nach dem Wortlaut des §. 67 liegt der Thatbestand des Vergehens schon dann vor, wenn trotz vorher erfolgter Eheschließung vor dem Standesbeamten dem Geistlichen kein Nachweis darüber erbracht ist, v. Sicherer S. 421 und die bei ihm Angeführten. Dem Zweck des Gesetzes würde

§. 68.

Wer den in den §§. 17 bis 20, 22 bis 24, 56 bis 58 vorgeschriebenen Anzeigepflichten nicht nachkommt[83]), wird mit Geldstrafe bis zu einhundertfünfzig Mark oder mit Haft bestraft[84]). Die Strafverfolgung tritt nicht ein, wenn die Anzeige, obwohl nicht von den zunächst Verpflichteten, doch rechtzeitig gemacht worden ist.

Die bezeichnete Strafe trifft auch den Schiffer oder Steuermann, welcher den Vorschriften der §§. 61 bis 64 zuwiderhandelt.

Die Standesbeamten sind außerdem befugt, die zu Anzeigen oder zu sonstigen Handlungen[85]) auf Grund dieses Gesetzes Verpflichteten hierzu durch Geldstrafen

---

indessen eine Bestrafung des Geistlichen nicht entsprechen, da dasselbe nur die kirchliche Eingehung der Ehe vor der standesamtlichen Eheschließung zu hindern bezweckt.

[82]) **bestraft.** Eine Bestrafung kann nur im Falle des Vorsatzes, nicht bei bloßer Fahrlässigkeit eintreten, s. das i. vor. Anm. cit. Erkenntniß des Reichsgerichts.

Eine Ausnahme muß eintreten, der Geistliche oder Religionsdiener kann also nicht bestraft werden, wenn es sich um die Vollziehung der religiösen Feierlichkeiten für eine Ehe handelt, auf welche der §. 41 keine Anwendung findet, also um eine solche, welche im Auslande, z. B. vor einem nichtdeutschen Standesbeamten geschlossen ist. Hier hat der Geistliche nur zu prüfen, ob eine Ehe überhaupt rechtsgültig geschlossen ist, Reichsgericht II. Strafsenat v. 11. November 1887, Entsch. in Strafsachen 16, 336; Oppenhoff, Rechtsprechung 9, 598; Stdesb. 1888 S. 41.

Vgl. ferner noch zu §. 75.

§. 68. [83]) **nicht nachkommt,** d. h. die Anzeige gar nicht oder nicht rechtzeitig oder nicht ordnungsmäßig, z. B. wo es erforderlich ist, nicht in Person oder nicht in amtlicher Form macht. Vgl. J. für Hessen zu §. 68; S.-Weimar §. 24; Meiningen §. 84; Schwzb.-Rudolstadt §. 24; Schwzb.-Sondershausen §. 23; s. auch v. Sicherer S. 422.

[84]) **mit Haft bestraft.** Das Zuwiderhandeln bildet eine Uebertretung (R.Str.G. §. 1). Es kommen daher die allgemeinen für solche geltenden Vorschriften des Strafgesetzbuches zur Anwendung.

Zuständig zur Verhängung der Strafen sind ebenfalls die Behörden, welche diese für Uebertretungen nach der Gesetzgebung des einzelnen Landes festzusetzen haben, und es bestimmt sich danach auch, ob dies im Wege eines Strafbefehls durch die Polizeibehörde oder nur durch das Gericht erfolgen kann. Vgl. hess. V. v. 3. Nov. 1875 Art. 17 (über Württemberg vgl. Miller i. Stdesb. 1877 S. 4). Besondere Vorschriften darüber im sächs. Ges. v. 5. Nov. 1875 §. 11 Abs. 2 und d. sächs. V. v. 6. Nov. 1875 §. 5, ferner der meckl.-schwerin. u. -strelitz. V. v. 14. Aug. 1875 §. 15. Der Standesbeamte selbst darf die Strafe nicht verhängen, s. J. für Meiningen §. 84; Stdesb. 1875 S. 190, 191, er hat nur an die betreffende Behörde (Polizei, Polizeianwalt, Gericht) die zur Bestrafung erforderliche Anzeige (ein Formular dafür bei v. Erichsen, Führung S. 19) zu machen, und zwar gleichviel, ob nach seiner Meinung die Erfüllung der Anzeigepflicht aus entschuldbaren oder nicht entschuldbaren Gründen unterlassen worden ist, denn über die Strafbarkeit zu befinden, ist nicht Sache des Standesbeamten, sondern des Gerichts, so richtig v. Erichsen, Führung S. 80 und Stdesb. 1888 S. 266 gegen die abweichende Ansicht daselbst S. 259. Besondere Vorschriften über die Behörde, an welche die Anzeige zu erstatten, in den J. für Reuß ä. L. §. 16; Lippe zu §. 68; Hessen a. a. O. und Oldenburg §. 16; letztere beide bestimmen als solche die Aufsichtsbehörde.

Ist eine Bestrafung durch das Gericht oder die Polizeibehörde wegen nicht erfolgter Anzeige erfolgt, so kann bei Renitenz des Verurtheilten nicht eine wiederholte Bestrafung stattfinden, vielmehr nur das Zwangsverfahren nach Abs. 3 eintreten, s. auch Stdesb. 1888 S. 259, 266.

[85]) **sonstigen Handlungen.** Auch diejenigen Personen, welche der Standesbeamte behufs der ihm obliegenden Pflicht zur Feststellung der Richtigkeit der Anzeigen (s. §§. 21, 58) citirt, können mit

anzuhalten[86]), welche für jeden einzelnen Fall den Betrag von fünfzehn Mark nicht übersteigen dürfen[87]).

§. 69.

Ein Standesbeamter, welcher unter Außerachtlassung der in diesem Gesetze[88])

---

solchen Strafen belegt werden, wenn sie nicht erscheinen oder die Auskunftsertheilung ablehnen, so auch hess. I. zu §. 68 u. d. I. für Meiningen §. 85; v. Sicherer S. 424. Die Beibringung der für das Aufgebot erforderlichen Papiere, so v. Seyfried S. 186, gehört aber nicht zu den erzwingbaren Handlungen, v. Sicherer S. 424 N. 4, denn es ist Niemand verpflichtet, auch selbst wenn er das Aufgebot nachgesucht hat, sich aufbieten zu lassen oder gar zu heirathen. Ihre Nichtbeibringung kann also nur als Verzicht auf das Aufgebot betrachtet werden und berechtigt den Standesbeamten, die Anordnung des Aufgebots zu verweigern.

[86]) **anzuhalten.** Falls die Handlung nach erfolgter Androhung der Strafe innerhalb der bestimmten Frist nicht vorgenommen wird, hat in diesem Falle — aber auch nur in diesem, nicht wegen einer verspäteten Anzeige, Stdesb. 1888 S. 50, s. auch S. 202 Anm. 84 — der Standesbeamte die Strafe selbst festzusetzen, vgl. z. B. sächs. V. v. 6. Nov. 1875 §. 6. Nach d. I. f. Elsaß-Lothringen §. 2 ist in allen solchen Fällen Anzeige an den Ersten Staatsanwalt beim Landgericht zu machen. Formulare für die Androhung und Festsetzung dieser Strafen geben die erwähnte V. Anlage II und die hess. I. zu §. 68, ferner v. Erichsen, Führung S. 78 ff. Nähere Vorschriften über die Beschwerde gegen derartige Verfügungen der Standesbeamten (die Beschwerde-Instanzen und Fristen) enthalten die I. f. Württemb. §. 17; das bad. Ges. v. 9. Dez. 1875 §. 4, s. auch bad. Dienstw. §§. 145—147; d. hess. V. v. 3. Nov. 1875 Art. 18; d. V. f. Meckl.-Schwerin u. -Strelitz v. 14. Aug. 1875 §. 15; Reuß ä. L. v. 4. Nov. 1875 §. 7; Schaumb.-Lippe v. 11. Dez. 1875 §. 14 und Lippe v. 20. Nov. 1875 §. 9. Wo derartige Vorschriften nicht bestehen, ist aber die Beschwerde an die Aufsichtsbehörde immer statthaft.

[87]) **nicht übersteigen dürfen,** d. h. für jeden Fall, welcher zu der Androhung und Verhängung Anlaß gegeben hat, mithin kann bei erneuerter Weigerung eine weitere Geldstrafe angedroht und verhängt werden, selbst dann, wenn die mehreren Geldstrafen zusammen sich auf mehr als 15 Mark belaufen, so hess. I. zu §. 68; v. Sicherer S. 424. Nach Fitting S. 213; v. Seyfried S. 188 soll dagegen für jeden einzelnen Fall, welcher zu einer Anzeige verpflichtet, der erwähnte Betrag nicht überschritten werden. Es kann aber hier, wie im §. 11, s. Anm. 64 dazu, nur der einzelne Fall der Verhängung gemeint sein. Dafür spricht der Wortlaut, nach welchem sich „Fall" auf „anhalten" bezieht, und auch der Grund des Gesetzes, da gegen fortgesetzte Renitenz der Höchstbetrag von 15 Mark ein durchaus unzureichendes Zwangsmittel wäre.

Die Exekution auf die verwirkten Strafen kann dagegen der Standesbeamte, weil ihm diese Befugniß nicht gesetzlich gewährt ist, nicht selbst vollstrecken, vielmehr steht diese den Gemeinden, in deren Kassen die Strafen nach §. 70 fließen, zu, und daher sind ihnen die erforderlichen Mittheilungen vom Standesbeamten zu machen, für Preußen s. Stdesb. 1875 S. 167, 190, vgl. ferner sächs. V. v. 6. Nov. 1875 §. 6; I. f. Württemb. §. 17; hess. V. v. 3. Nov. 1875 Art. 18, lippische V. v. 20. Nov. 1875 §. 6, wenn nicht anderweite besondere Bestimmungen darüber getroffen sind, vgl. meckl.-schwerin. u. -strelitz. V. v. 14. Aug. 1875 §. 15; I. f. S.-Weimar §. 24; Schwzb.-Rudolstadt §. 24; V. v. 11. Dez. 1875 f. Schaumburg-Lippe §. 14.

Mangels einer besonderen Vorschrift wird aber eine Umwandlung der Geldstrafe in Haft nicht statthaft sein, so auch Erl. des preuß. Min. d. Inn. im Einverständniß mit d. Justizmin. v. 24. Okt. 1875, M.Bl. f. d. i. V. S. 268; Stdesb. 1875 S. 198; vgl. ferner Stdesb. 1878 S. 25, 143.

Andere Zwangsmittel als Geldstrafen, z. B. zwangsweise Sistirung, darf aber der Standesbeamte, selbst wenn er zugleich Polizeibeamter ist, nicht anwenden, da ihm solche gesetzlich nicht gewährt sind, E. d. preuß. Min. d. Inn. v. 26. Sept. 1878, Wohlers S. 121.

Wegen der Straflisten s. zu §. 16 Anm. 3 S. 75.

§. 68. [88]) **in diesem Gesetze,** d. h. nicht blos der durch dasselbe selbst gegebenen, sondern auch der darin in Bezug genommenen Vorschriften. Die Motive S. 36 bemerken gleichfalls, daß der

gegebenen Vorschriften eine Eheschließung [99]) vollzieht [1]), wird mit Geldstrafe bis zu sechshundert Mark bestraft [2]).

§. 70.

Gebühren [3]) und Geldstrafen [4]), welche in Gemäßheit dieses Gesetzes [5]) zur

---

§. zur Verhütung ungesetzmäßiger Eheschließungen Pflichtwidrigkeiten der Standesbeamten mit Geldstrafe bedroht, und das Reichsgesetz selbst unterscheidet §§. 45, 48 nicht zwischen den in ihm selbst festgesetzten oder in Bezug genommenen Erfordernissen der Eheschließung, so auch Stiegele S. 174 N. 282. A. M. v. Sicherer S. 425, und das Reichsger. III. Strafsen. v. 24. Juni 1882, Entsch. in Strafsachen 7, 8; Oppenhoff, Rechtsprechung 4, 618; indessen haben sich die vereinigten Senate des Reichsgerichts in der Entsch. v. 13. Nov. 1886, Entsch. in Strafsachen 15, 47; Oppenhoff 8, 705; Stdesb. 1887 S. 96 im Sinne der hier vertretenen Meinung entschieden.

[99]) **Eheschließung.** Der Erlaß des Aufgebotes unter der gedachten Voraussetzung ist also nicht strafbar.

[1]) **vollzieht,** d. h. den im §. 52 gedachten Ausspruch thut. Darin liegt die Vollziehung der Eheschließung. Die bloße Entgegennahme der Erklärungen der Eheschließenden ist noch nicht strafbar, denn darin könnte höchstens ein Versuch der Verletzung des §. 69 liegen, dieser wird aber, weil es sich hier um ein Vergehen handelt, nicht bestraft, s. Reichs-Str.G.B. §§. 1, 59. Strafbar ist der Standesbeamte selbst dann, wenn sein Stellvertreter das Aufgebot angeordnet hat, und er seinerseits eine unzulässige Eheschließung vollzieht, denn nur der nach §§. 43, 49 ermächtigte Standesbeamte ist von eigener Verantwortlichkeit durch das Gesetz befreit, Entsch. d. Reichsger. II. Strafsen. v. 11. Nov. 1887, Entsch. in Strafsachen 16, 321; Oppenhoff, Rechtsprechung 9, 598; Stdesb. 1888 S. 49.

Ob das Amtiren aus bloßer Fahrlässigkeit der Bestrafung aus §. 69 unterliegt, kann zweifelhaft erscheinen. Nach den allgemeinen Grundsätzen des deutschen Strafrechts wird Fahrlässigkeit nur dann bestraft, wenn dies ausdrücklich angedroht ist, s. Berner, Strafrecht 15. Aufl. S. 125; v. Liszt, Strafrecht 3. Aufl. S. 175. Indessen bedeutet das Wort: „Außerachtlassung" jede Pflichtwidrigkeit, vgl. Motive S. 36, und umfaßt also die Fahrlässigkeit. So ist auch die Vorschrift bei den Reichstagsverhandlungen allgemein aufgefaßt worden, s. stenog. Ber. S. 1081, ferner dafür J. für Hessen zu §. 69, preuß. Ob.Tribunal v. 3. April 1879, Entsch. 83, 341; Oppenhoff, Rechtsprechung des Ob.Tribunals 20, 180; Reichsger. II. Strafsen. v. 14. Juni 1881, Entsch. 4, 57, II. v. 20. Jan. 1882, a. a. O. 5, 340, Oppenhoff, Rechtsprechung des Reichsger. in Strafsachen 4, 57; II. v. 11. Nov. 1887, s. vor. Abs. und III. v. 14. Nov. 1887, Entsch. 16, 386; Oppenhoff 9, 604; Stdesb. 1888 S. 42, nach welchem aber entschuldbare Unkenntniß und verzeihliche Mißverständnisse in Betreff des in Frage kommenden bürgerlichen und öffentlichen Rechts die Fahrlässigkeit ausschließen, vgl. auch Beschl. d. Ob.Landger. München v. 1889, Stdesb. 1889 S. 225; Völk S. 194; Stiegele S. 174.

[2]) **bestraft.** Durch diese Vorschriften entfallen die früheren Strafbestimmungen einzelner Landesgesetze, so z. B. Code civil Art. 156, 192; bairisches Ges. v. 16. April 1868 Art. 42 II; Einführungsges. d. Reichs-Str.G.B. in Elsaß-Lothringen v. 30. Aug. 1871 Art. IX Nr. 2 u. 3, G.Bl. f. Els.-Lothr. S. 255, weil diese dasselbe Vergehen bedrohen; nicht aber Reichs-Str.G.B. §. 338, ebensowenig wie §§. 271, 348, 349.

§. 70. [3]) **Gebühren,** also auch die nach §. 16 von den Gerichten eingezogenen (s. S. 68 Anm. 11), denn diese gelangen ebenfalls auf Grund dieses Gesetzes zur Hebung.

[4]) **Geldstrafen,** d. h. diejenigen, welche auf Grund des §. 11 Abs. 2 und der §§. 67—69 erhoben werden, einschließlich der gerichtlich erkannten, und zwar in den aus mehreren Standesamtsbezirken zusammengesetzten, der Gesammtheit dieser Gemeinden (ebenso wie diese Gesammtheit nach §. 9 die Kosten der Standesamtsverwaltung nach dem Maßstabe der Seelenzahl unter sich zu vertheilen und aufzubringen hat), E. d. preuß. Min. d. Inn. im Einverständniß mit dem Justizmin. v. 30. Juni 1882, M.Bl. f. d. i. V. S. 138; Wohlers S. 122; Stdesb. 1882 S. 114; vgl. dazu auch Stdesb. 1886 S. 17. Daß die Geldstrafen an die Gemeinden fallen, bestimmen in Ueber-

Erhebung gelangen, fließen, insoweit die Landesgesetze [6]) nicht ein Anderes bestimmen, den Gemeinden zu, welche die sächlichen Kosten der Standesämter (§§. 8, 9) zu tragen haben.

§. 71.

In welcher Weise die Verrichtungen der Standesbeamten in Bezug auf solche Militärpersonen wahrzunehmen sind, welche ihr Standquartier nicht innerhalb des Deutschen Reichs, oder dasselbe nach eingetretener Mobilmachung verlassen haben [7]), oder welche sich auf den in Dienst gestellten Schiffen oder anderen Fahrzeugen der Marine befinden, wird durch Kaiserliche Verordnung [8]) bestimmt.

§. 72.

Für die Landesherren und die Mitglieder der landesherrlichen Familien, sowie der Fürstlichen Familie Hohenzollern erfolgt die Ernennung des Standesbeamten und die Bestimmung über die Art der Führung und Aufbewahrung der Standesregister durch Anordnung des Landesherrn [9]).

---

einstimmung mit dem Reichsgesetz d. württemb. Min.Erl. v. 28. März 1881, Stdesb. 1881 S. 90; die bad. Dienstw. §. 152; hess. V. v. 3. Nov. 1875 Art. 17; J. f. S.-Weimar §. 25; f. Meiningen §. 86; anhalt. V. v. 8. Okt. 1875 §. 14; J. f. Schwzb.-Rudolstadt §. 25; Schwzb.-Sondershausen §. 24; Reuß ä. L. §. 14; Reuß j. L. §§. 30, 31; lippische V. v. 20. Nov. 1875 §. 6. Nach der J. für Reuß j. L. §. 31 sollen, wenn der Standesamtsbezirk aus mehreren Gemeinden besteht, die Strafen zur Kasse derjenigen fließen, in welcher der Bestrafte wohnt, während sie sonst nach Maßgabe des in Anm. 12 Abs. 2 zu §. 16 (S. 68) Bemerkten zu vertheilen sind.

[5]) **dieses Gesetzes,** s. die vor. Anm. 3 u. 4.

[6]) **Landesgesetze.** Es sollte der Landesgesetzgebung offen bleiben, hierin eine Aenderung eintreten zu lassen, s. Motive S. 36. Die letzteren setzen übrigens zu Unrecht eine vollkommene Uebereinstimmung der Regel des §. 70 mit dem §. 50 des preußischen Gesetzes voraus. Der §. 50 spricht nur von Geldstrafen, nicht aber auch von Gebühren, und läßt es zweifelhaft, ob diese in Preußen den Gemeinden nach §. 12 auch dann zufallen, wenn sie an die Gerichte (s. Anm. 4) gezahlt waren. Für Preußen enthält also die Vorschrift eine Deklaration der §§. 50 und 12 des früheren Gesetzes. s. übrigens für Preußen außer den Anführungen in Anm. 4 noch die V. d. App.Ger. zu Wiesbaden, Johow, Jahrb. d. preuß. App.Ger. 6, 18 u. Stdesb. 1877 S. 135.

Die landesgesetzlichen Vorschriften, welche eine Ausnahme von der Regel des §. 70 festsetzen, s. o. in Anm. 12 und 13 zu §. 16 (S. 68).

§. 71. [7]) **verlassen haben.** Solange die Militärpersonen im Inlande in Garnison liegen und eine Mobilmachung nicht eingetreten ist, erfolgt die Beurkundung ihres Personenstandes nach den Vorschriften dieses Gesetzes.

[8]) **Kaiserliche Verordnung.** S. d. V. v. 20. Jan. 1879, R.G.Bl. S. 5, u. v. 4. Nov. 1875, R.G.Bl. S. 313, unten in den Anlagen Nr. 1 und 2.

§. 72. [9]) **Landesherrn.** Besondere Bestimmungen sind auf Grund dieses §. erlassen in Baiern, V. v. 18. Juni 1876, G. u. V.Bl. S. 384; Stdesb. 1876 S. 227, nach welcher der Staatsminister des Königlichen Hauses und des Aeußeren, bez. dessen Stellvertreter (vgl. noch dazu das königl. bair. Familienstatut v. 5. Aug. 1819, Reg.Bl. 1821 S. 5, auch bei Weber S. 169); in Baden, V. v. 27. Juli 1885, Stdesb. 1885 S. 173, wodurch die frühere V. v. 17. Jan. 1876, Stdesb. 1876 S. 101, beseitigt und der Präsident des Staatsministeriums in seiner Eigenschaft als Minister des großherzogl. Hauses; für Hessen, V. v. 14. März 1876, Reg.Bl. Nr. 16 S. 197; Stdesb. 1876 S. 147, wonach der Präsident des Gesammtministeriums; für Oldenburg die Staatsmin.Bek. v. 8. Nov. 1875, G.Bl. S. 669, i. Stdesb. 1875 S. 272, wonach der Vor-

In Betreff der Stellvertretung der Verlobten [10]) und in Betreff des Aufgebots [11]) entscheidet die Observanz.

Im Uebrigen werden in Ansehung der Mitglieder dieser Häuser die auf Hausgesetzen oder Observanz beruhenden Bestimmungen über die Erfordernisse der Eheschließung [12]) und über die Gerichtsbarkeit in Ehesachen [13]) nicht berührt.

---

stand des Departements des großh. Hauses im Staatsministerium zum Standesbeamten bestimmt ist; für S.-Altenburg, Erlaß v. 16. Dez. 1875, G.S. S. 183, wonach der Hausminister; für Lippe V. v. 31. Dez. 1875, G.S. S. 497, Stdesb. 1876 S. 68, wonach der Vorstand des Kabinetsministeriums die Geschäfte des Standesbeamten für die betreffenden fürstlichen Häuser versieht.

Vgl. ferner von den allgemeinen Ausführungsbestimmungen d. s.-weimar. V. v. 9. Okt. 1875 §. 1; d. s.-meining. V. v. 26. Okt. 1875 Art. 1; d. s.-cob.-goth. V. v. 1. Nov. 1875 §. 1; d. anhalt. V. v. 8. Okt. 1875 §. 6; d. schwarzb.-rudolst. V. v. 15. Okt. 1875 §. 1; d. schwzb.-sondersh. V. v. 16. Okt. 1875 §. 1; d. V. f. Reuß ä. L. v. 4. Nov. 1875 §. 1 u. f. Reuß j. L. v. 16. Okt. 1875 §. 1.

Für Preußen sind besondere Bestimmungen nicht veröffentlicht worden. Seit 1878 hat aber der Minister des Königl. Hauses stets in vorkommenden Fällen als Standesbeamter fungirt.

Der Abs. 1 gewährt 1. den Landesherren das Recht, für ihre Familien einen Standesbeamten zu ernennen. Daraus folgt, daß der Standesbeamte für den bestimmten Personenkreis, nicht für einen bestimmten Ort, also an allen Orten des Reiches und des Auslandes, soweit das Recht der Exterritorialität besteht, unter Ausschluß der anderen Standesbeamten (mit Unrecht bezweifelt Stdesb. 1877 S. 253) fungirt, so auch v. Sicherer S. 429. Die Mitglieder der fürstlichen Häuser sind also ihrer Person nach selbst in den Theilen Deutschlands, in denen sie nicht die Landesherrlichkeit besitzen, von der gewöhnlichen Standesbuchführung eximirt, eine Konsequenz, deren Richtigkeit sich darin zeigt, daß das Privilegium auch der fürstlich Hohenzollernschen Familie, welcher die Landesherrlichkeit nicht mehr zusteht, gebührt. 2. Nach dem cit. Abs. ist ferner dem Landesherrn die Bestimmung über die Art der Führung und Aufbewahrung der Standesregister überlassen. Er kann demnach die Geltung der betreffenden Vorschriften des Reichsgesetzes ausschließen, insbesondere auch die Vorschriften über das Berichtigungsverfahren, §§. 65, 66, s. cit. bair. V. §. 6; cit. bad. V. §. 10; cit. hess. V. §. 69, nicht aber die der §§. 1 und 12, nach welchen die Beurkundung der Geburten, Heirathen und Sterbefälle durch Eintragung in die dazu bestimmten Register erfolgen und drei Standesregister, das Geburts-, Heiraths- und Sterberegister, geführt werden müssen, so auch v. Sicherer S. 430; vgl. ferner cit. bair. V. §§. 3, 4; cit. bad. V. §§. 3, 4; cit. hess. V. §. 3.

[10]) **Stellvertretung der Verlobten**, eine Ausnahme von der Regel des §. 52 (s. S. 176 Anm. 10), welche nach dem Eherecht der gedachten Familien längst üblich war, s. Zöpfl, Grundsätze des gemeinen deutschen Staatsrechts, 5. Aufl. 1, 602; Heffter, die Sonderrechte der souveränen ꝛc. Häuser Deutschlands S. 97; vgl. auch die cit. bad. V. §. 8.

[11]) **Aufgebots.** So ist ein solches z. B. nach d. cit. bad. V. §. 7 nicht erforderlich.

[12]) **Erfordernisse der Eheschließung.** Nach den meisten Hausgesetzen, auch nach den Verfassungsurkunden mancher Bundesstaaten wird eine förmliche, urkundlich ertheilte Einwilligung des Souveräns oder Chefs des Hauses zu den Ehen der Prinzen oder Prinzessinnen des letzteren erfordert, widrigenfalls die aus denselben entsprungene Descendenz nicht successionsfähig ist und diese ebenso wie der angeheirathete Gatte keinen Anspruch auf Rang, Titel und Wappen des regierenden Hauses hat, s. z. B. das bair. Familienstatut (Anm. 9) Tit. II §§. 1—3 nnd die cit. bad. V. §. 6; nach einzelnen tritt auch sogar Nichtigkeit der Ehe ein, s. Zöpfl a. a. O. S. 598 ff.; Heffter a. a. O. S. 95; vgl. ferner oldenb. Hausgesetz v. 1. Sept. 1872 Art. 8, G.Bl. 22, 385; mecklenb. Hausgesetz v. 23. Juni 1821 §. 5; waldeck. Hausgesetz v. 22. April 1857 §§. 8, 10, 11, Reg. Bl. S. 54. Diese Vorschriften sind also in Kraft geblieben und bilden eine Ausnahme des §. 39.

§. 73.

Den mit der Führung der Standesregister oder Kirchenbücher bisher betraut gewesenen Behörden und Beamten verbleibt die Berechtigung und Verpflichtung, über die bis zur Wirksamkeit dieses Gesetzes eingetragenen [14]) Geburten, Heirathen und Sterbefälle Zeugnisse zu ertheilen [15]).

§. 74.

Unberührt bleiben die landesgesetzlichen Vorschriften [16]), welche

---

Nach einzelnen Hausgesetzen werden die regierenden Herren oder auch die Prinzen schon mit vollendetem 18. oder 19. Lebensjahr großjährig, Heffter, Standesrechte S. 257, 261, 303; v. Sicherer S. 431 Anm. 7 u. 8. Wenn letzterer S. 432 mit Rücksicht darauf, daß die Ehemündigkeit nur einen einzelnen, der Regel nach in einem früheren Lebensalter gegebenen Bestandtheil der vollen Verfügungsfähigkeit über die eigene Person, welche mit der Großjährigkeit eintritt, bilde, die betreffenden Personen mit der Großjährigkeit auch die Ehemündigkeit erlangen läßt, so wird dieser Auffassung zuzustimmen sein, da man unmöglich dem vollkommen Handlungsfähigen, dem Großjährigen, das Recht der Eheschließung absprechen kann, welches dem Minderjährigen allgemein vor der Erlangung der Großjährigkeit gewährt wird.

[18]) **Gerichtsbarkeit in Ehesachen,** d. h. das Recht des regierenden Herrn, ein besonderes Gericht zu berufen oder einzusetzen oder ein Schiedsgericht zu bestellen und die erlassenen Urtheile zu bestätigen. Vgl. z. B. bair. Familienstatut (Anm. 53) Tit. X §§. 2 ff.; sächs. Hausgesetz v. 30. Dez. 1837 §. 77, G. u. V.Bl. 1838 S. 70; württemb. Hausgesetz v. 8. Juni 1828 Art. 65, Reg.Bl. 1828 S. 587; waldeck. Hausgesetz v. 22. April 1857 §. 50, Reg.Bl. S. 62; Zöpfl a. a. O. S. 759 N. 11.

§. 73. [14]) **eingetragenen,** vgl. §. 81.

[15]) **Zeugnisse zu ertheilen.** Die bisherigen Standesbeamten (Geistliche, Religionsdiener, Gerichte) sind auch nach dem Inkrafttreten des Gesetzes noch berechtigt und (auch so weit sie es früher waren, bad. Min.Erl. v. 14. Sept. 1877, Allg. Kirchenbl. f. d. evang. Deutschland 1877 S. 799) verpflichtet, über die von ihnen bis dahin beurkundeten Geburten, Heirathen und Sterbefälle Atteste zu ertheilen und die bisher statthaften Gebühren — nach einer Verfügung des General-Prokurators zu Köln v. 27. Jan. 1876 hinsichtlich der früheren Standesregister in der Rheinprovinz allerdings die Gebühren nach dem jetzigen Tarif, Stdesb. 1878 S. 84 — dafür zu erheben. S. auch anhalt. V. v. 8. Okt. 1875 §. 13; J. f. Hessen zu §. 73.

Die von ihnen geführten Kirchenbücher und Register werden also nicht an die Standesbeamten abgegeben. Vgl. bad. Ges. v. 9. Dez. 1875 §. 9, bad. Dienstw. §. 33; s. altenb. V. v. 30. Okt. 1875 §. 16; schwzb.-sondersh. Min.Bek. v. 19. Jan. 1876 (G.S. S. 35; Stdesb. v. 1876 S. 122).

Die von den bisherigen Beamten für die Militärstammrollen zu liefernden Geburtslisten sind von ihnen über die bis zur Wirksamkeit des Reichsgesetzes eingetragenen Geburten ebenfalls in der bisherigen Weise weiter einzuliefern, s. Stdesb. von 1875 S. 181; meckl.-schwerin. Publ. v. 15. Nov. 1875 (Reg.Bl. amtl. Beilage S. 220). Vgl. auch o. Anm. 65 Nr. 2 zu S. 63.

S. ferner zu §. 73 d. hamb. V. v. 6. Dez. 1875 §. 8.

§. 74. [16]) **landesgesetzlichen Vorschriften.** Damit ist aufrecht erhalten §. 54 des preuß. Ges. v. 9. März 1874, lautend: „Ein besonderes Gesetz wird die Vorbedingungen, die Quelle und das Maaß der Entschädigung derjenigen Geistlichen und Kirchendiener bestimmen, welche nachweislich in Folge des gegenwärtigen Gesetzes einen Ausfall in ihrem Einkommen erleiden. — Bis zum Erlaß dieses Gesetzes erhalten die zur Zeit der Emanation des vorliegenden Gesetzes im Amte befindlichen Geistlichen und Kirchendiener für den nachweislichen Ausfall an Gebühren eine von dem Minister der geistlichen, Unterrichts- und Medizinalangelegenheiten und dem Finanzminister festzusetzende Entschädigung aus der Staatskasse."

1. Geistlichen und Kirchendienern aus Anlaß der Einführung der bürgerlichen Standesregister und der bürgerlichen Form der Eheschließung einen Anspruch auf Entschädigung gewähren;
2. bestimmten Personen[17]) die Pflicht zu Anzeigen von Geburts- und Todesfällen auferlegen[18]).

Wo die Zulässigkeit der Ehe nach den bestehenden Landesgesetzen von einem Aufgebote abhängig ist, welches durch andere bürgerliche Beamte als die Standesbeamten[19]) vollzogen wird, vertritt dieses die Stelle des von den Standesbeamten anzuordnenden Aufgebots.

Dazu ist zu bemerken:

1. daß das Wort Quelle nichts anderes ausdrücken soll als Fonds, und daß die Frage, ob diese Fonds von den Staatskassen, dem Patronate oder der Gemeinde aufzubringen sind, der späteren gesetzlichen Regelung vorbehalten bleibt, stenog. Ber. des preuß. Herrenh. Sitz.-Per. 1873—1874 S. 218;

2. daß blos die Geistlichen und Kirchendiener der vollprivilegirten Kirchen, und zwar nur diese persönlich, nicht aber die Kirchen oder ihre Kassen die gedachte Entschädigung erhalten, vgl. auch stenog. Ber. des Reichstags S. 1082, nach denen die Einschaltung des Wortes: „Kirchenkassen" in Nr. 1 des §. 74 des Reichsges. abgelehnt worden ist;

3. daß durch Abs. 2 nicht den darin erwähnten Ministern die Vollmacht ertheilt worden ist, die Entschädigung aus der Staatskasse in der Weise festzusetzen, daß dem Landtage nichts anderes als die Bewilligung der fraglichen Summe übrig bleibt, daß vielmehr der Kultusminister Namens der Staatsregierung ausdrücklich erklärt hat, daß letztere „je nach dem ihr vorliegenden Material, den Satz begründet, den sie in den Staatshaushaltsetat aufnimmt, und dann mit der Landesvertretung, die ja auch durch dieses Gesetz gebunden ist, den erwiesenen Ausfall zu bewilligen, über die Höhe des Betrages sich zu vereinigen hat", stenogr. Ber. des Abgeordn.-Hauses S. 1242, s. auch S. 1239. Vgl. auch die Min.Erl. v. 19. Dez. 1874, v. 18. Mai 1875, v. 8. Sept. 1876, a. a. O. 1876 S. 722; v. 28. Febr., 14. Mai u. 2. Okt. 1879, kirchl. Ges. u. V.Bl. 1879 S. 91, 94, 242; v. 11. Febr. 1881, a. a. O. 1881 S. 34 (s. auch Stdesb. 1879 S. 149), in Allg. Kirch.Bl. f. d. evang. Deutschland 1875 S. 262, 570.

Auch das sächs. Ges. v. 22. Mai 1876, G. u. V.Bl. S. 251; Stdesb. 1876 S. 228, Allg. Kirch.Bl. 1878 S. 557, und lippische V. v. 20. Nov. 1875, G.S. S. 460, Allg. Kirch.Bl. 1877 S. 322, sowie das diese V. aufhebende Ges. v. 12. Sept. 1877, G.S. S. 83; Stdesb. 1877 S. 218, gewähren den Geistlichen und Kirchendienern für den Ausfall an Gebühren, welchen sie in Folge des Reichsges. erleiden, aus der Landeskasse Entschädigung; vgl. ferner meckl.-schwer. V. v. 13. März 1876, Reg.Bl. Nr. 7 S. 43, Allg. Kirch.Bl. 1877 S. 126; schwzb.-rudolst. V. v. 21. Dez. 1875, G.S. S. 283, Allg. Kirch.Bl. 1876 S. 310; Erl. f. Lauenburg V. v. 18. März 1876, offiz. Wochenbl. Nr. 9 S. 78, und überhaupt noch Richter-Dove-Kahl, Kirchenrecht S. 893 ff.

[17]) **bestimmten Personen.** Mit Rücksicht hierauf bemerken die Motive S. 36: „Jedoch ist in Nr. 2 das Wort „periodisch" (das sich im Reichstagsentwurf vorfand) auf den Wunsch einzelner Bundesregierungen gestrichen worden, weil diese die Einrichtung der Anzeige von Bevormundungsfällen durch andere Personen als die Standesbeamten beibehalten wissen wollten."

[18]) **auferlegen.** Vgl. hierzu sächs. V. v. 6. Nov. 1875 §§. 19, 20; meckl.-schwer. V. v. 14. Aug. 1875 §. 17; s.-weimar. V. v. 9. Okt. 1875 §. 16; meckl.-strel. V. v. 14. Aug. 1875 §. 17; s.-meining. G. v. 27. Nov. 1875 Art. 17; s.-altenb. V. v. 30. Okt. 1875 §. 17; s.-cob.-goth. V. v. 1. Nov. 1875 §. 15; schwzb.-rudolst. V. v. 15. Okt. 1875 §. 15; schwzb.-sondersh. V. v. 16. Okt. 1875 §. 15; V. f. Reuß ält. L. v. 4. Nov. 1875 §. 17; f. Reuß j. L. V. v. 16. Okt. 1876 §. 13; f. Schaumb.-Lippe v. 11. Dez. 1875 §. 15. Der

§. 75.

Innerhalb solcher Grenzpfarreien[20]), deren Bezirk sich in das Ausland erstreckt, bleibt das bestehende Recht für die Beurkundung derjenigen Geburten und Sterbefälle, sowie für die Form und Beurkundung derjenigen Eheschließungen maßgebend, für welche ein Standesbeamter nach den Vorschriften dieses Gesetzes nicht zuständig[21]), dagegen nach dem bestehenden Recht die Zuständigkeit des Geistlichen[22]) begründet ist.

---

§. 17 des hamb. Ges. v. 17. Nov. 1875, welcher den Geburtshelfern und Hebammen die Pflicht zur wöchentlichen Anzeige der ihnen vorgekommenen Geburten auferlegt, ist in Geltung geblieben, s. Bek. des Senats v. 13. Dez. 1875, G.S. S. 95.

[19]) **durch andere bürgerliche Beamte als die Standesbeamten**; die betreffende Ausnahme ist im Interesse Baierns aufgenommen, Motive S. 36. Vgl. über das dort nothwendige Aufgebot, welches das der §§. 44 ff. ersetzt, oben S. 154 ff. Aus dem dort Gesagten ergiebt sich, daß, soweit der gedachte bairische Vorbehalt und die mit diesem zusammenhängende bairische Standesgesetzgebung nicht reicht, auch in Baiern das Aufgebot gemäß der Vorschriften des Reichsgesetzes zu vollziehen ist, d. h. in den Fällen, daß ein in der Pfalz heimatberechtigter Baier oder nichtbairischer Deutscher oder ein Ausländer eine Ehe schließen will, v. Sicherer S. 444.

§. 75. [20]) **Grenzpfarreien.** Vgl. Motive S. 36: „Der Paragraph enthält eine Ausnahmebestimmung, welche durch das an der Reichsgrenze, namentlich gegen Oesterreich, vorkommende eigenthümliche Verhältniß einer Einpfarrung ausländischer Gemeinden in eine inländische Pfarrkirche geboten ist. Die solchergestalt eingepfarrten Ausländer haben das Recht, zur Vollziehung ihrer kirchlichen Trauungsakte die inländische Pfarrkirche zu benutzen. Um dem Bedürfnisse Genüge zu schaffen, mußte daher die Zuständigkeit der Geistlichen in diesen besonderen Fällen aufrecht erhalten werden, auch war es erforderlich, gegenüber der Bestimmung des §. 1 diese Geistlichen ausdrücklich zur Beurkundung des Personenstandes solcher ausländischer Parochien für ferner zuständig zu erklären."

[21]) **nicht zuständig.** Die Inkompetenz des Standesbeamten und damit die Zuständigkeit des Geistlichen, sofern diese sonst begründet ist, liegt vor, wenn der Geburtsfall und der Sterbefall in dem nichtdeutschen Theile der Parochie erfolgt ist, und zwar selbst dann, wenn die Mutter bez. der Verstorbene in dem deutschen Theile domizilirt ist, denn auf den Wohnsitz kommt es dabei nicht an, s. §§. 17 u. 56; so auch v. Sicherer S. 445.

Bei Eheschließungen kann der Geistliche die Trauung, ohne daß die Civilehe vorherzugehen braucht, nur dann vornehmen, wenn für keinen der Verlobten ein Wohnsitz oder ein gewöhnlicher Aufenthaltsort in dem deutschen Sprengel seiner Pfarrei oder sonst in einem deutschen Standesamtsbezirk begründet ist. Sowie nur einer derselben auch blos einen derartigen gewöhnlichen Aufenthaltsort hat, ist die Kompetenz des Standesbeamten vorhanden, s. §. 42. Ebenso v. Sicherer S. 440.

[22]) **Geistlichen.** Darunter ist nur der Geistliche der vollprivilegirten Kirchen zu verstehen. Das ergiebt der Sprachgebrauch des Gesetzes, der die Geistlichen von den andern Religionsdienern unterscheidet, s. §. 3 Abs. 3 u. §. 67, vgl. ferner S. 33 Anm. 14. Auch lag nach den thatsächlichen Verhältnissen nur für diese das Bedürfniß zu einer Ausnahme vor.

Daß der Geistliche, welcher auf Grund dieser Ausnahmebestimmung die Trauung ohne die vorher stattgehabte Schließung der Civilehe vornimmt, nicht der Strafbestimmung des §. 67 verfällt, hat weder in diesem ganz allgemein gefaßten §., noch hier einen klaren Ausdruck gefunden, indessen ergiebt der Zweck der Vorschrift des §. 67, daß die vorherige Vornahme der religiösen Feierlichkeiten allein dann hat unter Strafe gestellt werden sollen, wenn der Civilakt für die Rechtsgültigkeit der Ehe nothwendig ist, so auch Fitting S. 210; v. Sicherer S. 422. Hier findet ein solcher überhaupt nicht statt, weil er nicht vorgenommen werden kann, und es hieße dem Gesetzgeber, der unter solchen Voraussetzungen dem Geistlichen die Befugniß zur Trauung gewährt, etwas geradezu Widersinniges zumuthen, wenn man annehmen wollte, daß nichtsdestoweniger die Vollziehung der erlaubten kirchlichen Eheschließung als Vergehen hätte bestraft werden sollen.

Im Geltungsgebiet des preußischen Gesetzes vom 9. März 1874 ist unter dem bestehenden Recht dasjenige Recht zu verstehen, welches vor dem Inkrafttreten jenes Gesetzes maßgebend war [23]).

§. 76.

In streitigen Ehe- und Verlöbnißsachen [24]) sind die bürgerlichen Gerichte [25]) ausschließlich [26]) zuständig. Eine geistliche [27]) oder eine durch die Zugehörigkeit zu einem Glaubensbekenntniß bedingte Gerichtsbarkeit [28]) findet nicht statt.

Lediglich aus diesen Erwägungen hat man im Reichstage auch von einem Amendement zur Klarstellung dieser Auffassung abgesehen. Man nahm an, daß kein Staatsanwalt oder Strafrichter die Vorschrift des §. 67 auf den Fall des §. 75 anwenden werde.

[23]) **maßgebend war.** Vgl. Motive S. 37: „Mit Rücksicht darauf, daß das preußische Gesetz v. 9. März 1874 innerhalb seines Geltungsgebietes den Zweifel aufkommen läßt, ob die Eheschließung und die Beurkundung vor dem inländischen Geistlichen, soweit ausländische Parochien in Frage stehen, unstatthaft sei, bedurfte es eines besonderen erläuternden Zusatzes."

§. 76. [24]) **In streitigen Ehe- und Verlöbnißsachen.** Vgl. dazu Motive S. 37: „§. 75 (jetzt §. 76) wiederholt den in §. 44 Abs. 2 des Reichstagsentwurfes ausgesprochenen Gedanken, welcher, auch soweit er Verlöbnißsachen betrifft, eine nothwendige Folge der Einführung der bürgerlichen Ehe und des bürgerlichen Eheschließungsrechtes ist."

Zu den streitigen Ehe- und Verlöbnißsachen gehören solche Prozesse, welche sich auf die Eingehung und Aufhebung, die Nichtigkeit und Ungültigkeit der Ehe und der Verlöbnisse, sowie die Wiederherstellung des ehelichen Lebens beziehen, also auch die im §. 32 bezeichneten Klagen, s. ferner S. 113 Anm. 9. Der Begriff der Ehesachen ist also hier ein weiterer als im §. 568 d. Reichs-C.P.O., nach welchem nur die Rechtsstreitigkeiten betreffend die Trennung, Ungültigkeit oder Nichtigkeit einer Ehe oder die Herstellung des ehelichen Lebens zu den Ehesachen gerechnet werden. Blos für die letzteren finden die Vorschriften der §§. 568 ff., nicht aber für die andern nach §. 76 als Ehesachen zu betrachtenden Streitigkeiten Anwendung.

[25]) **bürgerlichen Gerichte,** d. h. die ordentlichen staatlichen Gerichte, vgl. Reichs-Ger.Verf.Ges. §. 12.

[26]) **ausschließlich.** Nur die Entscheidung dieser staatlichen Gerichte hat eine rechtliche Wirksamkeit, namentlich für das Gebiet des Staates.

[27]) **geistliche.** Die geistliche Gerichtsbarkeit, d. h. eine solche, welche bisher mit staatlich anerkannter Wirksamkeit und unter Ausschluß der staatlichen Gerichte geübt wurde, ist damit beseitigt, so die katholische geistliche Gerichtsbarkeit, welche sich noch in folgenden Staaten erhalten hatte:

1. In Baiern diesseits des Rheins entschieden bis zum Inkrafttreten des Reichsgesetzes die bischöflichen (erzbischöflichen) Konsistorien in Ehesachen der Katholiken, s. bair. Konkordat Art. 12 lit. c, Verfassungsurk. Beil. II §. 64 lit. d, ferner auch bei gemischten Ehen, wenn der Verklagte zur Zeit der Klageanstellung Katholik war, vgl. Silbernagl, Verfassung und Verwaltung sämmtlicher Religionsgenossenschaften in Baiern, 1. Aufl., Landshut 1870, S. 208, 223 ff.; v. Sicherer, über Ehe und Ehegerichtsbarkeit in Baiern S. 24 ff.; Ges. v. 2. Mai 1868 Art. 18 (s. S. 6 Anm. 6); Weber S. 57, 85. Vgl. ferner §. 78 dies. Ges.

2. In Sachsen wurden die Verlöbniß- und Ehestreitigkeiten der Katholiken in den Kreislanden von dem katholisch-geistlichen Konsistorium in Dresden und in der Oberlausitz von dem Konsistorium des Domstiftes St. Petri zu Bautzen, in zweiter Instanz von dem Apostolischen Vikariatsgericht in Dresden entschieden, während die Streitigkeiten in gemischten Ehen in den Kreislanden den Civilgerichten, in der Oberlausitz aber, falls der Verklagte katholisch war, dem Domstift zu Bautzen zugewiesen waren, s. Ges. v. 28. Jan. 1835 über d. privilegirten Gerichsstände §§. 55, 62, G. u. V.Bl. S. 75, u. V. v. 28. März 1835 §. 35, a. a. O. S. 212, Mandat, die Ausübung der kath.-geistl.

Gerichtsbarkeit rc. betr., v. 19. Febr. 1827 §§. 4 ff., 37, und dazu Schreyer, Codex des sächs. Kirchen- und Schulrechts S. 285 Anm. 28 u. S. 287 Anm. 42; durch das Ges. v. 5. Nov. 1875 §. 12 waren in erster Instanz die Bezirksappellationsgerichte und das schönburgische Ehegericht zu Glaucha für zuständig erklärt worden.

3. In Württemberg wurden die Verlöbniß- und Ehestreitigkeiten der Katholiken von dem bischöflichen Ordinariate entschieden, sofern es sich nicht um eine Noth-Civilehe oder um die Zulässigkeit oder Ungültigkeit der Ehe nach einem von dem Kirchenrecht abweichenden Staatsgesetz handelte, s. Ges. betr. die Regelung des Verh. der Staatsgewalt z. kath. Kirche v. 30. Jan. 1862 Art. 8—10 u. Ges. v. 1. Mai 1855 Art. 13, vgl. Golther, d. Staat u. die kath. Kirche i. Württemberg, Stuttgart 1874, S. 338 ff.; Lang, württemb. Personenr. S. 337 ff. Nach dem Ges. v. 8. Aug. 1875 Art. 12, 38 war die Civilkammer des Kreisgerichtshofes, in dessen Sprengel der Ehemann seinen allgemeinen Gerichtsstand hat, zuständig.

4. In Hessen entschied in Ehestreitigkeiten der Katholiken in den Provinzen Oberhessen und Starkenburg das bischöfliche Offizialat zu Mainz, jedoch nur insoweit, als es sich um die Scheidung der Ehe vom Bande aus den nach katholischem Kirchenrecht zulässigen Gründen handelte, s. Zimmermann in Dove und Friedberg, Zeitschr. f. K.R. 7, 405 ff.

5. In Oldenburg bildete das Offizialat zu Vechta den Gerichtshof für die Ehe- und Verlöbnißsachen der Katholiken, s. V. zur Regulirung der Diözesan-Angelegenheiten rc. v. 5. April 1831 §§. 3 u. 4; Vertrag v. 5. Jan. 1830 §. 16 Nr. 2; ferner bei gemischten Ehen, wenn der Beklagte Katholik war, Normativ v. 5. April 1831 §. 48; die bürgerlich eingegangenen Ehen standen aber unter der Civiljurisdiktion, s. Ges. v. 31. Mai 1855 Art. 26. Vgl. auch V. v. 8. Nov. 1875 Art. 16.

6. In S.-Weimar gehörten Klagen auf lebenslängliche Scheidung von Tisch und Bett zwischen Katholiken und Klagen auf Nichtigkeit ihrer Ehen, wenn diese auf ein nicht landesgesetzlich anerkanntes Ehehinderniß gestützt wurden, vor die bischöfliche Behörde, deren Entscheidung aber der landesherrlichen Bestätigung bedurfte, s. Ges. v. 7. Okt. 1823 üb. kath Kirchen- und Schulangelegenheiten §. 48. Ehestreitigkeiten bei gemischten Ehen wurden von dem weltlichen Richter entschieden.

Die Gerichtsbarkeit protestantischer Konsistorien in Ehe- und Verlöbnißsachen war bereits früher in fast allen deutschen Staaten beseitigt worden, s. Richter-Dove, Kirchenrecht 7. Aufl. S. 644, wozu aber zu bemerken ist, daß auch in Reuß älterer wie jüngerer Linie schon durch das Ges. v. 1. Sept. 1868 §. 11 (G.S. S. 281) bez. v. 28. April 1863 §. 4 (G.S. Bd. 13 S. 505) die Ehegerichtsbarkeit auf die Kreisgerichte übertragen war. Sie bestand zur Zeit des Erlasses des Reichsgesetzes nur noch in Lippe-Detmold, s. Ges. v. 12. April 1859 §. 2 (G.S. Bd. 12 S. 181) und wurde in Folge dessen auch hier aufgehoben, s. V. v. 20. Nov. 1875 §. 13.

[28]) **eine durch die Zugehörigkeit zu einem Glaubensbekenntniß bedingte Gerichtsbarkeit.** Die Motive S. 37 erklären, daß dieser Zusatz „namentlich die Aufhebung der beiden in Baiern nach Art. 17 des Ges. vom 2. Mai 1868 (s. S. 6 Anm. 6) für Protestanten und Dissidenten bestehenden bürgerlichen Sondergerichte in Ansbach und Bayreuth bezweckt". An diesen Gerichten durften nur protestantische Richter nach §. 74 des Gesetzes v. 10. Nov. 1861 (G.Bl. S. 243, s. auch Silbernagl a. a. O. S. 248, 315) fungiren. Allein für die Juden waren in Baiern die Bezirksgerichte schon früher die Ehegerichte, s. a. a. O. S. 327.

Wie der Wortlaut des Gesetzes und die Exemplifikation der Motive auf die bairischen Einrichtungen ergiebt, hat jede Ausübung der Ehegerichtsbarkeit, welche mit Rücksicht auf die Konfession der streitenden Theile nach konfessionellen Rücksichten geregelt ist, beseitigt werden sollen. Demgemäß influirt der §. 76 auch weiter:

1. auf das Königreich Sachsen, denn hier traten bei Ehestreitigkeiten unter Protestanten dem dafür kompetenten Appellationsgericht zwei evangelische, bei Ehestreitigkeiten zwischen Protestanten und Katholiken zwei evangelische und zwei katholische Geistliche als stimmberechtigte Mitglieder hinzu, s. §. 55 des Ges. v. 28. Jan. 1835;

2. auf Württemberg. Auch hier gehörten zwei geistliche Beisitzer mit vollem Stimmrechte zu den protestantischen Ehegerichten, s. Hauber a. a. O. S. 32, welche bei den Kreisgerichtshöfen bestanden, vgl. Ges. betr. die Gerichtsverfassung v. 13. März 1868 Art. 11 u. 16 (Reg.Bl. S. 65).

Gegenüber dem §. 76 spricht §. 15 Abs. 2 des Reichs=Ger.Verf.Ges.: „Die Ausübung einer geistlichen Gerichtsbarkeit in weltlichen Angelegenheiten ist ohne bürgerliche Wirkung. Dies gilt insbesondere bei Ehe= und Verlöbnißsachen", nichts Neues aus. Abgesehen davon, daß er die Ausübung der geistlichen Gerichtsbarkeit mit bürgerlicher Wirkung auch für andere Sachen als die hier in Frage stehenden ausschließt, bildet er aber eine neue Schranke für eine etwaige Wiederherstellung der geistlichen Gerichtsbarkeit mit dem früheren Charakter, denn eine solche würde nur dann statthaft sein, wenn er sowohl, wie auch §. 76 wieder beseitigt würden. Endlich ist er korrekter gefaßt als §. 76. Denn das Verhandeln und Entscheiden in Ehestreitigkeiten hat den geistlichen Gerichten (praktisch kommen nur die katholisch=gerichtlichen in Frage) nicht untersagt sein sollen. Sie können fortamtiren und thun dies auch, und der Staat hindert die Katholiken nicht, ihre Ehesachen dort anzubringen und die gefällten Entscheidungen zu befolgen. Nur haben die Verhandlungen und Entscheidungen für das staatliche und bürgerliche Gebiet keine rechtliche Bedeutung und rechtliche Wirkung, s. stenogr. Ber. des Reichstages S. 1083 ff., vgl. auch v. Sicherer S. 447.

Aus Anlaß des §. 76 entsteht noch die Frage, ob derselbe die Statthaftigkeit der Ehescheidung durch landesherrliches Reskript beseitigt hat. Diese Art der Scheidung, welche das protestantische Kirchenrecht entwickelt hat, stand beim Erlaß des Reichsgesetzes noch in manchen Ländern in Geltung, so in Hannover, s. Bartels a. a. O. S. 350; in Kurhessen, s. Büff a. a. O. S. 686; in Schleswig=Holstein, s. Falck a. a. O. 4, 488; im rechtsrheinischen Hessen, Curtmann i. Arch. f. praktische Rechtswissenschaft III Folge 3 (1883) S. 29; in Braunschweig, Ges. v. 23. Juni 1879, G. u. V.Bl. S. 173; Stdesb. 1879 S. 173 (s. auch Dedekind, d. protest. Ehescheidungsrecht, Braunschweig 1872 S. 259 ff.); in Coburg=Gotha, s. gothaisches Ehegesetz §. 138; in Altenburg, s. Eheordn. §. 288; in S.=Weimar, Meiningen, Schwrzb.=Sondershausen, Ges. v. 30. Aug. 1845 §. 43; in Reuß älterer und jüngerer Linie, s. Ges. v. 1. Sept. 1868 §. 8, G.S. für Reuß ä. L. S. 281; in Anhalt=Dessau=Köthen, vgl. Heimbach a. a. O. 1, 158, und in Mecklenburg, Wasserschleben, d. Ehescheidungsrecht kraft landesherrlicher Machtvollkommenheit, Gießen 1877, S. 2; für Mecklenb.=Strelitz s. V. v. 31. Okt. 1861 §. I Nr. 4, Anz. f. G. u. Staatsverw. S. 227.

Die gedachte Befugniß ist auf das oberstbischöfliche Recht des Landesherrn, also auf das landesherrliche Kirchenregiment gegründet worden, und darum erklärt es sich, daß sie zunächst nur für die Ehen der Protestanten und höchstens auch für gemischte Ehen, so in Mecklenburg, Wasserschleben, d. Ehescheidungsrecht kraft landesherrlicher Machtvollkommenheit, 2. Beitrag, Berlin 1880, S. 22, — galten doch die in den protestantischen Territorien geduldeten Katholiken nach früherer Auffassung dem jus episcopale, dem oberstbischöflichen Recht, des protestantischen Landesherrn gleichfalls unterworfen — gehandhabt worden ist, Richter, Beiträge z. Geschichte des Ehescheidungsrechts, Berlin 1858, S. 81 ff.; Wasserschleben, 1. Beitrag S. 1 ff.; Zimmermann in Zeitschr. für Kirchenrecht 14, 261 ff. Später haben aber in einzelnen Territorien, so vor Allem in Kurhessen, Roth u. v. Meibom 1, 350, und in Braunschweig, Dedekind S. 272, 283, die Landesherrn auch die Ehen Andersgläubiger (von Katholiken und Juden) geschieden, da man seit dem 17., namentlich aber seit dem 18. Jahrhundert die betreffende Befugniß auch auf die landesherrliche Macht, mithin auf die Souveränität, zurückgeführt hat, Stölzel, Kritische Vierteljahrsschrift 20, 235; Zimmermann a. a. O. S. 267; Buchka i. Zeitschr. f. Kirchenrecht 16, 261 (für Mecklenburg=Schwerin). Das Institut hat wesentlich dem Zweck gedient, in denjenigen Fällen, in welchen die zuständigen Ehegerichte, also meistens die Konsistorien, nach dem strengen Recht nicht zu scheiden befugt waren, bei vorliegenden Billigkeitsgründen eine Ehescheidung zu ermöglichen, wennschon der Landesherr eine solche auch in Fällen, wo sie nach dem bestehenden Recht zulässig war, ebenfalls, z. B. zur Vermeidung eines skandalösen Scheidungsprozesses, aussprechen konnte. Während früher derartige Scheidungen mehrfach selbst auf einseitigen Antrag eines Ehegatten, namentlich bei Wahnsinn des anderen Theiles, von den Landesherren verfügt worden sind, so in Hannover, Bartels S. 350; in Schleswig-Holstein, Stölzel, Zeitschr. f. Kirchenrecht 18, 50; in Coburg, Wasserschleben 1. Beitrag S. 10, und in Mecklenburg, Wasserschleben 2. B. S. 22, hat man andererseits doch überwiegend und vor Allem in neuerer Zeit den beiderseitigen Antrag der betheiligten Ehegatten erfordert, so in Kurhessen, Roth u. v. Meibom 1, 349; in Hessen-Darmstadt, Altenburg, Reuß j. L., Wasserschleben 1. B. S. 722; cit. altenburg. Eheordn. §. 288, und in Braunschweig, Dedekind S. 261, und die neueren mit Rücksicht auf das Reichsgesetz erlassenen Ordnungen; V. f. S.-Weimar v. 9. Okt. 1875 §. 15; cit. Braunschweig. Ges. v. 23. Juni 1879 §. 7; G. f. Meiningen v. 27. Nov. 1875 Art. 8; V. f. Coburg-Gotha v. 1. Nov. 1875 §. 14; f. Schwarzb.-Sondershausen v. 16. Okt. 1875 §. 14 und für Reuß j. L. v. 4. Nov. 1875 §. 16 halten ausdrücklich an dieser Voraussetzung fest.

Was die obengedachte Frage betrifft, so stehen Wasserschleben 1. Beitrag S. 38 ff. und 2. Beitrag S. 24 ff., v. Sicherer S. 452, v. Seel in den Blättern für Rechtsanwendung 42, 149 ff., ferner ein Artikel i. Stdesb. 1889, S. 163, 172, 179, 187 auf dem von mir in der 2. Aufl. dieses Kommentars S. 200 eingenommenen Standpunkt, daß die landesherrliche Scheidung ein Richterspruch, Ausübung der Gerichtsbarkeit sei, und daß demgemäß, soweit das Recht dazu auf das oberstbischöfliche Recht gegründet, durch Satz 2 des §. 76, soweit es als Ausfluß der landesherrlichen Gewalt betrachtet worden sei, dagegen durch Satz 1 des gedachten §. aufgehoben worden ist. Andererseits wird von Stölzel, Kritische Vierteljahrsschrift 20, 233; in Gruchot, Beiträge 24, 782 ff. und in Zeitschr. für Kirchenrecht 18, 50 ff., und von Dove in Herzog, Real-Encyklopädie für protestantische Theologie, 2. Aufl. 13, 499, der uneingeschränkte Fortbestand des gedachten Rechtes, welches sie in Uebereinstimmung mit v. Scheurl in Zeitschr. f. Kirchenrecht 17, 201 ff. als landesherrliches Dispensationsrecht auffassen, behauptet, und derselben Ansicht scheint Hauser, Zeitschr. für Reichs- und Landesrecht 3, 212 ff. zu sein. Eine Mittelmeinung, dahin gehend, daß das Recht, soweit es aus der Kirchengewalt des protestantischen Landesherrn herrührt, mit dem §. 76 und der Tendenz des Reichsgesetzes unvereinbar, soweit es dagegen als schlechthin landesherrliches Recht geübt worden sei, nicht aufgehoben sei, vertheidigt v. Scheurl, d. gemeine deutsche Eherecht S. 334, und eine weitere, daß das landesherrliche Scheiderecht, soweit es sich um die Trennung der Ehe auf beiderseitigen Antrag handele, weil in diesem Fall keine streitige Rechtssache vorliege, auf Grund des §. 16 Nr. 5 des Einführungsgesetzes z. Reichs-C.P.O. in Geltung geblieben sei, vertreten Zimmermann in Zeitschr. für Kirchenrecht 14, 276, 277; Buchka a. a. O. 16, 241 ff.; Friedberg, Kirchenrecht, 3. Aufl., S. 428 N. 92; Richter-Dove-Kahl, Kirchenrecht S. 1138 N. 28; vgl. auch Stdesb. 1889 S. 187. Ich muß jetzt die von Stölzel, Zimmermann, Buchka und v. Weinrich in Zeitschr. für Kirchenrecht 20, 309 ff. erhobenen Einwendungen gegen die früher von mir vertretene Auffassung, daß die Handhabung des landesherrlichen Scheiderechts Ausübung einer aus der oberstbischöflichen oder aus der landesherrlichen Macht fließenden Gerichtsbarkeit ist, für die Fälle, in denen eine landesherrliche Scheidung ohne einen nach dem geltenden Recht vorliegenden Scheidegrund erfolgt, anerkennen. Aber andererseits halte ich es ebensowenig für begründet, die landesherrliche Scheidung rechtlich als Dispensation von dem vorhandenen Ehebande aufzufassen. Dispensation ist die Aufhebung der Wirksamkeit eines Rechtssatzes für einen bestimmten Einzelfall, s. P. Hinschius, Kirchenrecht 3, 789 ff.; v. Sicherer S. 452; Wasserschleben, 1. Beitrag S. 39 u. 2. Beitrag S. 79, sie hat also nur negativen Charakter und vermag die einmal durch Wirkung von Rechtssätzen auf bestimmte Thatbestände begründeten Rechtsverhältnisse nicht zu beseitigen. Wenn der Landesherr eine Ehe, trotzdem daß das geltende Recht nur Ehebruch und bösliche Verlassung als Scheidegründe anerkennt, wegen unüberwindlicher Abneigung der Ehegatten scheiden will, so kann eine Dispensation von dem Rechtssatz, daß die Scheidung allein wegen der beiden gedachten Gründe statthaft ist, niemals die Scheidung herbeiführen, vielmehr muß dazu ein rechtsvernichtender Akt, die Beseitigung des bestehenden Ehebandes, treten. Ein Richterspruch ist dieser Akt nicht, so v. Sicherer S. 453, denn der Richter hat nur das bestehende Recht

§. 77 [29]).

Wenn nach dem bisherigen Rechte [30]) auf beständige Trennung der Ehegatten von Tisch und Bett [31]) zu erkennen sein würde, ist fortan die Auflösung des Bandes der Ehe auszusprechen [32]).

---

auf die vorhandenen Thatbestände anzuwenden, nicht aber die Macht, vorhandene Rechtsverhältnisse entgegen dem bestehenden Recht zu vernichten. Eine derartige Macht besitzt blos der Gesetzgeber, P. Hinschius a. a. O. S. 825 ff., und demnach muß das landesherrliche Scheiderecht als ein Ausfluß der Gesetzgebungsgewalt, sei es der kirchlichen, sei es der staatlichen, aufgefaßt werden. Hieraus ergiebt sich, daß dasselbe an und für sich durch den §. 76, abgesehen von einer noch zu erwähnenden Ausnahme, nicht berührt wird, also auch dadurch nicht aufgehoben worden ist. Vielmehr hängt die Entscheidung über seinen Fortbestand von der Entscheidung der Frage ab, ob dem Landesherrn trotz der Beschränkung der Ausübung der kirchlichen Gesetzgebung durch die Rechte der synodalen Organe, der staatlichen Gesetzgebung durch die der Volksvertretung für diesen Spezialfall, als besonderes Vorrecht der Krone ein alleiniges Gesetzgebungsrecht verblieben ist. Ohne daß hier näher darauf eingegangen werden kann, wird man die Frage, sofern nicht etwa besondere positive Vorschriften bestehen oder ein gegentheiliges Gewohnheitsrecht, wie dies für die vorhin gedachten, an dem landesherrlichen Scheiderecht festhaltenden Staaten anscheinend der Fall ist, nachgewiesen werden kann, zu verneinen haben, ein Ergebniß, zu welchem auch die Vertreter der Dispensationstheorie, weil es sich mit dem Dispensationsrecht ebenso verhält, s. P. Hinschius bei v. Stengel, Wörterbuch d. deutsch. Verwaltungsrechts, Freiburg i. Br. 1890, S. 278 (§§. 2 u. 4), gleichfalls gelangen müssen und auch gelangen, vgl. z. B. Stölzel in der Krit. Vierteljahrsschrift a. a. O. S. 235. So auch v. Weinrich a. a. O. S. 313, welcher freilich, ohne zu berücksichtigen, daß die oberstbischöfliche Gewalt des Landesherrn jetzt durch die Synoden beschränkt ist, das landesherrliche Scheiderecht als Ausfluß der Souveränität beseitigt, aber als Ausfluß des oberstbischöflichen Rechts für Ehen der Protestanten bei beiderseitigem Antrag fortbestehen läßt.

Dagegen hindert der §. 76 eine Ausübung des landesherrlichen Scheiderechts in denjenigen Fällen, in denen die Gerichte nach dem bestehenden Recht zu scheiden befugt sind. Diese sind ausdrücklich vor dieselben gewiesen, und der Landesherr kann weder gegenüber dem §. 76, noch gegenüber den §§. 1, 12, 16 des Reichsger.Verf.Ges. und dem §. 568 der Reichs-Civ.Proz. diese Sachen den Gerichten entziehen, so auch Friedberg a. a. O. S. 428 N. 92 und v. Weinrich a. a. O. S. 314, 315.

Die neueren oben angeführten Ordnungen schreiben in Folge ihrer Bejahung des Fortbestandes des landesherrlichen Scheiderechts vor, daß in solchen Fällen das Ehegericht eine beglaubigte Abschrift des landesherrlichen Erlasses nebst einer Bescheinigung über den Tag der Eröffnung an die Betheiligten dem Standesbeamten, vor welchem die Ehe geschlossen werden soll, behufs Eintragung des durch §. 55 angeordneten Vermerkes übersenden soll.

§. 77. [29]) Dieser §. ist in Preußen bereits v. 1. März 1875 ab in Kraft getreten, s. S. 99 Anm. 75.

[30]) **nach dem bisherigen Rechte.** Vgl. Motive S. 37: „Das katholisch-kirchliche Eherecht erkennt im Falle des Ehebruchs dem unschuldigen Ehegatten das Recht zu, die gänzliche Aufhebung der ehelichen Gemeinschaft zu verlangen. Es bezeichnet jedoch diese Aufhebnng der Ehe mit dem Namen einer beständigen Scheidung von Tisch und Bett, um sich nicht durch Zulassung einer Scheidung der Ehe mit seinem dogmatischen Lehrsatze von der Unauflöslichkeit der Ehe in Widerspruch zu setzen (v. Schulte, Kirchenrecht, 3. Aufl., §§. 161—163; Richter-Dove §. 286). Im Eingange der Motive (S. 30) ist bereits ausgeführt, daß nach Einführung der bürgerlichen Eheschließungsform kirchliche Satzungen auf diesem Gebiete des bürgerlichen Rechtes eine Anerkennung von Seiten des Staates nicht ferner beanspruchen können. Hieraus folgt zunächst, daß dies lediglich in dem dogmatischen Lehrsatze einer Konfession beruhende Hinderniß der Scheidung vom Bande für die weltliche Gesetzgebung keinen Grund abgeben darf, die Möglichkeit einer Ehescheidung auszuschließen."

[31]) **beständige Trennung der Ehegatten von Tisch und Bett.** Diese Ausschließung der sog.

Ist vor dem Tage, an welchem dieses Gesetz in Kraft tritt [33]), auf beständige

---

separatio perpetua beseitigt das bisher für die Katholiken, namentlich in Baiern, s. Silbernagl a. a. O. S. 222; in Württemberg, s. Lang a. a. O. S. 345; in Sachsen, s. bürg. G.B. §§. 1766, 1767, 1769 (vgl. auch sächs. Ges. v. 5. Nov. 1875 §. 9); in der Provinz Hannover, s. Bartels a. a. O. S. 299, geltende katholische Kirchenrecht, weiter die Vorschriften einzelner Partikulargesetze, welche der erkannten lebenslänglichen Trennung von Tisch und Bett unter katholischen Ehegatten oder bei gemischten Ehen für den protestantischen Theil die bürgerlichen Wirkungen der Ehescheidung beilegen, so preuß. A. L.R. II 1 §. 734 und s.-weimar. Ges. v. 7. Okt. 1823 §. 48, dazu Stdesb. 1877 S. 84; vgl. Stölzel, Wiederverheirathung eines von Tisch und Bett getrennten Ehegatten (Erweiterung einer Abhandlung im Stdesb. 1876 S. 190, 196, 206), Berlin 1876, S. 54 ff., ferner aber auch die nach dem Code civil (bez. dem Ges. für Elsaß-Lothringen betr. die Wiedereinführung der Ehescheidung v. 27. Nov. 1873, G.Bl. S. 297) und dem bad. Landrecht Art. 306 bis 311 (s. jetzt bad. Ges. v. 9. Dez. 1875 §. 1 Nr. 2) gestattete séparation de corps. Letztere kann nämlich von dem Unschuldigen aus allen den Gründen, aus denen er die Scheidung vom Bande zu verlangen berechtigt wäre, statt dieser letzteren beantragt werden. Der andere Ehegatte hat allerdings, sofern die séparation nicht wegen Ehebruchs ausgesprochen ist, nach dreijähriger Trennung das Recht, diese in eine Scheidung vom Bande umwandeln zu lassen, wenn der frühere Kläger nicht sofort in die Aufhebung der Trennung willigt. Indessen handelt es sich hier um eine beständige Trennung, weil sie mangels des betreffenden Antrags auf die Lebensdauer wirkt, und ferner zur Schonung des Gewissens der Katholiken als Ersatz der kanonischen beständigen Scheidung von Tisch und Bett zugelassen worden ist, s. Zachariä a. a. O. 3, 155.

Soll nicht mehr auf beständige Scheidung von Tisch und Bett, sondern in den Fällen, wo diese bisher zulässig war, auf Scheidung dem Bande nach erkannt werden, so können auch Klagen auf erstere nicht mehr gerichtet werden. Es sind also derartige Klageanträge durch Urtheil zurückzuweisen, nicht aber kann ohne den Willen des Klägers statt der beantragten Scheidung von Tisch und Bett eine solche dem Bande nach im Urtheil ausgesprochen werden, weil daraus, daß er blos die beständige Scheidung von Tisch und Bett verlangt, noch nicht folgt, daß er auch die Trennung des Ehebandes beansprucht.

Die Vorschriften des bisherigen Rechts dagegen, welche eine zeitweise Scheidung von Tisch und Bett oder auf unbestimmte Zeit zulassen, s. preuß. A. L.R. II 1 §§. 724, 733; sächs. bürg. Ges.B. §§. 1753 ff.; Code civil und bad. Landrecht Art. 259; vgl. ferner Richter-Dove-Kahl S. 1187, bleiben in Geltung, Hauser i. Zeitschr. f. Reichs- und Landesrecht 3, 210; v. Sicherer S. 475; Stdesb. 1876 S. 285 (Erk. d. Ob.Trib. zu Stuttgart).

[32]) **auszusprechen.** Dies gilt auch für den Fall, daß Ausländer im Deutschen Reich klagen und daß durch Landesgesetz, wie z. B. durch sächs. bürg. G.B. §. 13 und sächs. Ges. v. 4. März 1819 §. 3; Ges. v. Reuß ä. L. v. 3. Mai 1879 §. 20, die Auflösung der Ehe dem im Heimatlande des Ehemannes geltenden Recht unterstellt ist, wennschon letzteres nur im gegebenen Fall die beständige Trennung von Tisch und Bett zuläßt. Die betreffenden landesgesetzlichen Vorschriften sind insoweit dem Reichsgesetz gegenüber ungültig, so Reichsger. II. Sen. v. 4. Jan. 1881, Entsch. i. Civilsachen 3, 27, u. Blum, Annalen des Reichsger. 3, 208, u. Ob.Landesger. Jena i. Stdesb. 1886 S. 273, und daran hat auch das Reichsgericht mit Recht gegenüber den Einwendungen von Bähr in v. Ihering, Jahrb. für Dogmatik 21, 390, und Friedberg, Kirchenrecht, 3. Aufl., S. 414 N. 43 festgehalten, II. Sen. v. 22. April 1884, Entsch. 11, 29; Bolze, Praxis des Reichsgerichts 2, 303 N. 1166; vgl. auch v. Weinrich i. Zeitschr. f. Kirchenrecht 20, 303. Namentlich fällt, abgesehen von dem Wortlaut und dem Zweck des §. zu Gunsten der Auffassung des Reichsgerichts in das Gewicht, daß der Reichs-Civ.Proz. keinen Gerichtsstand und kein Verfahren für eine Klage auf immerwährende Scheidung kennt, s. §§. 568, 592.

[33]) **Tage, an welchem dieses Gesetz in Kraft tritt.** Der Entwurf enthielt den von der jetzigen Fassung abweichenden Absatz:

Trennung von Tisch und Bett erkannt worden [34]), so kann [34a]), wenn eine Wieder-

„Ist vor dem Tage, an welchem dieses Gesetz in Geltung tritt, auf beständige Trennung von Tisch und Bett erkannt worden, so erlangt, wenn sich die getrennten Ehegatten nicht wieder vereinigt haben, das Erkenntniß mit jenem Tage die Kraft einer das Band der Ehe auflösenden Entscheidung";

welcher in den Motiven S. 37 damit begründet war: „Aus gleichem Grunde müssen aber weiter die vor dem Inkrafttreten des Gesetzes ergangenen Erkenntnisse auf beständige Trennung von Tisch und Bett die Kraft von Scheidungserkenntnissen erlangen. Dem entsprechend ist bereits bei Erlaß des preuß. A. L.R. (Th. II Tit. 1 §§. 733, 734) und neuerdings für Elsaß-Lothringen in dem Ges. v. 27. Nov. 1873 §. 3. (Ges.Bl. S. 297) verfahren worden; auch beruht die Eingangs dieser Erläuterungen erwähnte Resolution des preußischen Abgeordnetenhauses (S. 20) auf gleichen Erwägungen."

Die Fassung des Absatzes erlitt aber im Reichstage, s. stenogr. Ber. S. 1084 ff., so lebhafte Anfechtung, daß er bei der zweiten Berathung ganz gestrichen wurde. Bei der dritten ist der jetzige Absatz 2 durch Amendement des Abg. Dr. Marquardsen u. Gen. hinzugefügt worden, a. a. O. S. 1252 ff.

Vgl. über den Tag des Inkrafttretens o. S. 214 Anm. 29, ferner wegen Baiern §. 78 und im Uebrigen §. 79.

[34]) **beständige Trennung von Tisch und Bett erkannt worden.** Gemeint sind hier Erkenntnisse der frühern Ehegerichte, selbst der katholischen oder protestantisch-geistlichen Gerichte, sofern letztere bürgerliche und staatliche Wirkungen nach dem geltenden Landrecht hatten (s. o. S. 210 Anm. 27), andererseits aber von den auf beständige Trennung lautenden Urtheilen nicht diejenigen, welchen nach dem Partikularrecht, s. Anm. 31, ohne Weiteres die Wirkung einer Scheidung dem Bande nach beigelegt war, denn für diese, Stölzel, Stdesb. 1878 S. 130 ff., 138 ff., bedurfte es einer Umwandlung nicht. Ja da, wo wie in Baiern und Sachsen, bürg. G.B. §. 1769, bei gemischter Ehe die beständige Trennung von Tisch und Bett für den Protestanten die rechtliche Wirkung der Scheidung hatte, ist nur dem katholischen Theil das Recht zur Beantragung der Umwandelung gegeben, vgl. v. Sicherer S. 475, 478, 479.

Auf ausländische Urtheile, welche eine beständige Trennung von Tisch und Bett aussprechen, bezieht sich die Vorschrift nicht, denn der §. hat nur eine Uebergangsbestimmung für das deutsche Recht geben wollen und gegeben. Wenn Stölzel, Wiederverheirathung S. 52 ff., seine entgegengesetzte Auffassung darauf stützt, daß für ausländische Ehegatten, welche sich dem deutschen Recht nach der immerwährenden Trennung (durch Begründung des Wohnsitzes oder Naturalisation) unterwerfen, der §. 77 deshalb Anwendung finden müsse, weil sie ebenfalls getrennt seien, ehe das Reichsgesetz für sie in Kraft getreten sei, so wird hier dem Begriff des Inkrafttretens eines Gesetzes eine völlig andere Bedeutung als die gewöhnliche und die im §. 77 gebrauchte untergeschoben. Während sich v. Bar, internationales Privatrecht 1, 458, dieser Meinung ohne nähere Begründung anschließt, treten für die hier vertheidigte Ansicht ein v. Sicherer S. 477; Friedberg, Kirchenrecht S. 414 N. 43; v. Weinrich, Zeitschr. f. Kirchenrecht 20, 307, u. Rassow bei Gruchot 21, 148. Derjenige, welcher ein solches Urtheil im Auslande erstritten hat, wird später im Deutschen Reich, sofern die Zuständigkeit der deutschen Gerichte nach §. 568 R.C.P. begründet worden ist, eine Klage auf Scheidung dem Bande nach erheben können, und daher wird die Rechtskraft des früheren Urtheils nur entgegenstehen, wenn das Gericht des deutschen Staates die von den ausländischen Gerichten gefällten Urtheile in Ehesachen als bindend anzuerkennen verpflichtet ist. So v. Sicherer S. 478, hinsichtlich der Einrede der Rechtskraft abweichend v. Weinrich und zum Theil auch Friedberg a. a. O.

Vollends kann davon keine Rede sein, daß Ehegatten, welchen von einem zuständigen außerdeutschen Gerichte (österreichischen auf Grund der §§. 103 ff. des österr. allg. bürg. Gesetzb.) die beständige Trennung von Tisch und Bett auf beiderseitiges Verlangen (ohne Urtheil) gestattet worden ist, auf Grund dieser Gestattung bei einem deutschen Gericht die Auflösung des Bandes der Ehe beantragen,

vereinigung der getrennten Ehegatten nicht stattgefunden hat, jeder derselben [35]) auf Grund des ergangenen Urtheils [36]) die Auflösung des Bandes der Ehe [37]) im ordentlichen Prozeßverfahren beantragen [38]).

Reichsger. II Sen. v. 1. Juni 1883, Entscheidungen in Civilsachen 9, 98; Blum, Annalen 8, 155, denn §. 77 setzt ein Erkenntniß voraus.

Weiter geht die Vorschrift davon aus, daß das betreffende Erkenntniß vor dem Inkrafttreten des §. 77 ergangen ist, und es ist ein ungerechtfertigter Schluß von Stölzel, Wiederverheirathung S. 53, wenn er daraus, daß dem vor dem Inkrafttreten des Gesetzes gesetzmäßig getrennten Ehegatten ein Mittel gewährt ist, nachträglich die Scheidung zu erlangen, folgert, daß ihnen dieses Recht auch zustehen müsse, wenn ein deutsches Gericht unter der Geltung des §. 77 trotz des Verbots desselben rechtswidrig blos auf Trennung von Tisch und Bett statt auf Scheidung erkannt habe. Für solche Fälle bieten die Rechtsmittel zur Anfechtung gesetzwidriger Urtheile die geeignete Abhülfe.

[34a]) **kann.** Aus der Entstehungsgeschichte, sowie aus dem Abs. 2 des §. ergiebt sich endlich, daß eine nur auf Lebenszeit ausgesprochene Scheidung von Tisch und Bett oder eine séparation de corps an und für sich ohne Umwandlung nicht die Bedeutung der Scheidung vom Bande hat. Es ist daher nicht richtig, wenn v. Holtzendorff, Rechtsfall der Fürstin Bibesco, München 1876, S. 15 ff. behauptet, daß nach den Regeln des deutschen Rechts die séparation de corps ohne Weiteres der vollständigen Lösung der Ehe gleich zu achten ist, wie dies auch in der von ihm citirten Stelle in Schulte, Eherecht S. 596, nicht gesagt ist. Eine im Auslande erfolgte Scheidung der Ehe auf Lebenszeit von Tisch und Bett oder séparation de corps, welche für die nach Deutschland später eingewanderten Ausländer früher von ihrem kompetenten Gericht ausgesprochen ist, begründet daher das Ehehinderniß des §. 34, vgl. auch Stdesb. 1877 S. 84.

[35]) **jeder derselben,** auch der früher für schuldig erklärte, s. stenogr. Ber. S. 1252. Der unschuldige kann einen solchen Antrag also durch seinen Widerspruch nicht hindern.

[36]) **ergangenen Urtheils.** Da man den Grundsatz des Abs. 1 auch für die schon vor Erlaß des Gesetzes ausgesprochenen beständigen Scheidungen von Tisch und Bett hat zur Wirksamkeit bringen wollen, so folgt daraus, daß das Gericht hier nur eine formelle Umwandlung zu vollziehen haben wird, sowie es festgestellt hat, daß die Voraussetzungen des §. vorliegen. Eine Prüfung des früheren Urtheils seiner materiellen Begründetheit nach ist ausgeschlossen. Statthaft ist nur die Einrede, daß vor der Erhebung der Klage eine Wiedervereinigung der Ehegatten erfolgt ist, v. Sicherer S. 479.

[37]) **Auflösung des Bandes der Ehe.** Durch den rechtskräftigen Beschluß des Gerichts ist dann die Scheidung dem Bande nach erfolgt. Vgl. hierzu auch d. württemb. Ges. v. 8. Aug. 1875 Art. 8, 9, 37. Für das Gebiet des französischen Rechts wird es aber dazu nach dem früher Bemerkten (s. S. 122 Anm. 22) noch der Erklärung vor dem Standesbeamten, im Gebiet des badischen Rechts der Eintragung in das Heirathsregister bedürfen. Dafür, daß man diesen Rechtszustand hat ändern wollen, liegt nicht der mindeste Anhalt vor, s. auch stenogr. Ber. S. 1087. Wird die erforderliche Erklärung vor dem Standesbeamten innerhalb der festgesetzten Zeit unterlassen, so ist die Wirkung der früher ausgesprochenen séparation de corps nicht erloschen, nur die Umwandlung ist nicht zum Effekt gelangt. So auch v. Sicherer S. 479; Fitting S. 227 ff.

[38]) **beantragen.** Der §. 77 im Zusammenhalt mit §. 76 ergiebt, daß das Reichsgesetz das geltende Ehescheidungsrecht mit Ausnahme des einen im §. 77 besonders geregelten Punktes (der Unzulässigkeit der beständigen Trennung von Tisch und Bett) nicht berührt hat, daß also das frühere Recht in dieser Beziehung in Geltung geblieben ist.

Haben somit in denjenigen Ländern, in denen das katholische Eherecht für die Katholiken auch als staatlich gültiges Recht anerkannt war und früher die geistlichen Gerichte, s. S. 215 Anm. 31, nach demselben entschieden, jetzt auch die staatlichen Gerichte dasselbe noch als geltend anzuwenden, vgl. auch v. Sicherer S. 455 ff., so fragt es sich, ob gegenüber dem Reichsgesetz noch gemäß dem katholischen Kirchenrecht

1. die Auflösung der Ehe in dem Fall, daß von zwei nicht getauften Ehegatten der eine sich

christlich taufen läßt, durch die anderweite Eheschließung des letzteren dann, wenn der ungläubig Gebliebene ihm nicht weiter beiwohnen oder die ungehinderte Ausübung der christlichen Religion gestatten will, Schulte, Eherecht S. 201 ff.,

2. ferner eine Auflösung der nicht durch eheliche Beiwohnung konsummirten Ehe durch Eintritt des einen Gatten auch wider Willen des andern in einen geistlichen approbirten Orden und Ablegung der definitiven Profeß in demselben (durch Ablegung des s. g. feierlichen Keuschheitsgelübdes), Schulte a. a. O. S. 419 ff., endlich

3. eine Auflösung der nicht konsummirten Ehe durch s. g. Dispensation des Papstes, Schulte a. a. O. S. 426 ff.,

statthaft ist.

Vorweg ist zu bemerken, daß diese Fragen nur dann praktisch werden können, wenn die vor dem Standesbeamten geschlossene Ehe auch zugleich in der durch das katholische Kirchenrecht erforderten Form eingegangen ist, denn andernfalls (z. B. wenn da, wo das Trienter Ehedekret über die Nothwendigkeit der Eheeingehung vor dem zuständigen Pfarrer und vor zwei Zeugen publicirt ist, blos eine Ehe vor dem Standesbeamten eingegangen ist) liegt keine kirchlich gültige Ehe vor, und die Trennung ist den Ehegatten nach katholischem Kirchenrecht ohne weiteres erlaubt, während die Ehe nach staatlichem Recht rechtsgültig ist, und eine Auflösung in den gedachten Fällen nach dem kirchlichen Recht gar nicht in Frage kommen kann.

Was zunächst den Fall 1 betrifft, so ist derselbe, darüber herrscht jetzt Uebereinstimmung, v. Scheurl, Eherecht S. 277 u. Zeitschr. f. Kirchenrecht 19, 358; Friedberg, Kirchenrecht 3. A. S. 410 N. 10; Richter-Dove-Kahl S. 1172 durch §. 34 beseitigt. Denn das kanonische Recht läßt die Auflösung der früheren Ehe erst durch die Eingehung und mit dem Momente der letzteren eintreten, während nach §. 34 ein neue Ehe niemals vor der Auflösung der früheren gestattet ist. Nach Reichsrecht kann also die neue Ehe, welche die frühere aufhebt, gar nicht ermöglicht werden. Dieses Ergebniß, welches blos mit Rücksicht auf den §. 34 gewonnen ist, stimmt auch prinzipiell mit dem Reichsrecht überein, denn es würde eine arge Inkonsequenz sein, wenn in dem gedachten Fall die Religionsänderung einen Scheidegrund bilden sollte, während das Reichsrecht die Religionsverschiedenheit nicht als ein Ehehinderniß betrachtet.

Was 2. die Auflösung der nicht konsummirten Ehe durch die Ablegung des feierlichen Keuschheitsgelübdes betrifft, so nehmen v. Sicherer S. 450, 451; Hauser, Zeitschr. für Reichs- und Landesrecht 3, 211; v. Scheurl, Eherecht S. 280 an, daß dieselbe noch fortbesteht, weil hier die Ehe unmittelbar durch Rechtssatz, nicht durch Richterspruch geschieden wurde, und v. Scheurl geht sogar so weit, daß er den Standesbeamten für verpflichtet erklärt, den anderen Gatten zu einer neuen Ehe zuzulassen, sobald ihm durch Zeugniß des betreffenden Klosteroberen die Aufnahme des ersten Ehegatten in das Kloster nachgewiesen ist. Kann man nun auch nicht mit v. Seel, Blätter für Rechtsanwendung 42, 130 ff. die Beseitigung dieses Auflösungsgrundes darauf stützen, daß, da das Ordensgelübde nicht mehr die gültige Eheschließung hindere, s. o. S. 148 Anm. 43, es noch viel weniger die Kraft besitzen könne, eine gültige Ehe aufzulösen, weil der Gesetzgeber diese Konsequenz nicht gezogen hat, s. v. Sicherer S. 451 N. 6, so kommt doch in Betracht, daß im Gegensatz zu dem katholischen Eherecht, welches die Ehe erst durch die Konsummation vollwirksam und unauflöslich werden läßt, das Reichsrecht diese Wirkung schon mit der standesamtlichen Eheschließung eintreten läßt, und daß es sich bei der kanonischen Auflösung gar nicht um eine Ehescheidung im eigentlichen Sinne handelt, so Friedberg a. a. O.; vgl. auch v. Weinrich a. a. O. S. 299.

Aus dem letzteren Grunde muß auch der Fortbestand des Auflösungsrechts des Papstes durch Dispensation verneint werden, so auch Friedberg a. a. O., v. Weinrich S. 299, 301. Im Ergebniß stimmen ferner v. Sicherer S. 448; v. Scheurl S. 285 und v. Seel a. a. O. theilweise auch Hauser a. a. O. (über, dessen abweichende Ansicht s. v. Sicherer S. 449 N. 5) überein. Letztere beide gründen dies darauf, daß die Dispensation von Ehehindernissen mit bürgerlicher Wirkung nach §. 40 nur dem Staate zustehe, und daß, wenn die päpstliche Dispensation nicht einmal das Zustandekommen einer staatlich gültigen Ehe ermöglichen könne, sie noch viel weniger im

§. 78.

Ehestreitigkeiten, welche in Bayern[40]) vor dem Tage, an welchem dieses

---

Stande sei ihre Auflösung herbeizuführen; v. Sicherer führt dagegen die Auflösung auf päpstlichen Richterspruch zurück. Die s. g. päpstliche Dispensation ist aber weder das eine noch das andere, sondern die Vernichtung der rechtsgültigen Ehe durch einen gesetzgeberischen Akt des Papstes, s. P. Hinschius, Kirchenrecht 3, 791, 827.

Da das konfessionelle Scheiderecht da, wo ein solches noch bestanden hat, durch das Reichsgesetz nicht beseitigt worden ist, so fragt es sich, welches der verschiedenen konfessionellen Rechte bei der Scheidung gemischter Ehen zur Anwendung zu bringen ist. Das württemb. Ges. v. 8. Aug. 1875 Art. 5 hat die Frage durch die Bestimmung abgeschnitten, daß für die Ehen zwischen Angehörigen verschiedener Konfessionen und zwischen Dissidenten die Grundsätze des protestantischen Ehescheidungsrechtes zur Anwendung kommen sollen, ein Grundsatz, welcher früher schon in Braunschweig, s. Dedekind a. a. O. S. 280 ff., und in Schleswig-Holstein, vgl. v. Sicherer S. 460 N. 32 u. S. 471, zur Anwendung gebracht ist. Im Uebrigen ist die Frage nach wie vor (vgl. die Litteratur v. Sicherer S. 463 N. 32) streitig geblieben. Ein näheres Eingehen darauf würde zu weit aus dem Rahmen dieses Kommentars hinausführen. Es mag deshalb nur bemerkt werden, daß einzelne das Recht des Klägers, so Petersen in Zeitschr. f. Reichs- und Landrecht 2, 424; Hauser a. a. O. 3, 214; v. Weinrich a. a. O. S. 332, andere das des Beklagten (Entsch. bei Hauser a. a. O. S. 87, und der durch das Ges. v. 5. Nov. 1875 §. 9 aufgehobene §. 1769 des bürg. sächs. G.B.) entscheiden lassen, oder es soll nach einer dritten Meinung jeder Theil die Scheidung beantragen können, wenn der Anspruch nach den Grundsätzen seiner Konfession gerechtfertigt ist, so das Reichsgericht I. Sen. v. 7. Juni 1884, Entsch. 12, 235, und Blum, Annalen 10, 493 (vgl. dazu Weinrich a. a. O. S. 330 N. 70 u. Friedberg a. a. O. S. 376 N. 43), oder es wird die Scheidung nur dann für zulässig erklärt, wenn sie nach dem Rechte des Beklagten und nach dem des Klägers statthaft erscheint, so daß es sich nach dem Rechte des Beklagten bemesse, ob ein zur Scheidung genügender Grund gegeben sei, dagegen nach dem Rechte des Klägers, ob der betreffende Grund geltend gemacht werden könne, so v. Sicherer S. 467 und Richter-Dove-Kahl S. 1211; während endlich v. Scheurl, Eherecht S. 25 ff., in allen Fällen das protestantische Eherecht angewendet wissen will (dagegen Richter-Dove-Kahl S. 1211; Friedberg a. a. O.; v. Weinrich a. a. O. S. 332).

§. 78. [40]) in Bayern. Vgl. Motive S. 37:

„Eine Uebergangsbestimmung, welche vorsieht, wie es mit den am Einführungstage rechtshängigen Ehestreitigkeiten gehalten werden sollte, ist im Königreich Baiern unerläßlich. Die Verschiedenheit zwischen dem Verfahren vor geistlichen Gerichten und dem für die bürgerlichen Gerichte in Aussicht genommenen mündlichen Verfahren ist so groß, daß auf die Ueberweisung der Prozesse an die bürgerlichen Gerichte in dem Stande, an welchem sie sich am Einführungstage befinden, verzichtet werden müßte. Der Zwang zur Erhebung neuer Klagen würde die Streittheile mit erheblicher Kosteneinbuße belasten und diese Kostenbelastung überdies in denjenigen Fällen als eine nutzlose empfinden lassen, in welchen die Parteien bei dem Spruche des geistlichen Richters sich beruhigen wollen. Die für Baiern eingestellte Vorschrift folgt daher dem Vorgange des dem Reichstage vorliegenden Entwurfes eines Einführungsgesetzes zur deutschen Civilprozeßordnung — §. 15 — und läßt die rechtshängigen Prozesse von dem mit der Sache befaßten Richter entscheiden.

Im Anschlusse an den 1. Absatz deckt Absatz 2 die in §. 76 (jetzt §. 77) Absatz 2 nicht begriffenen Fälle, in welchen eine vor dem Einführungstage rechtshängig gewordene Ehestreitigkeit erst nach dem Einführungstermine zur rechtskräftigen Entscheidung gelangt. Außerdem wahrt dieser Absatz für das Königreich Baiern eine bis auf den Anfang des Jahrhunderts zurückführende Rechtsübung, vermöge welcher der von einem katholischen Ehetheile von Tisch und Bett getrennte protestantische Ehetheil die Auflösung des Bandes der Ehe nur kraft einer besonderen und ausdrücklichen gerichtlichen Entscheidung geltend machen kann. — Kgl. Verordnung v. 28. Juli 1818. — Zur Herbeiführung eines solchen

Gesetz daselbst in Kraft tritt, durch Zustellung des Beschlusses über Zulässigkeit der Klage anhängig geworden sind, werden von dem mit der Sache befaßten Gericht[41]) bis zur rechtskräftigen Entscheidung nach Maßgabe der bisher geltenden Gesetze durchgeführt.

Daselbst kann die Auflösung der Ehe auf Grund eines die beständige Trennung von Tisch und Bett verfügenden Urtheils[42]) geltend gemacht werden[43]), nachdem das Gericht auf Anrufen eines Ehegatten in dem nach Artikel 675 Absatz 1 und 2[44]) der Prozeßordnung in bürgerlichen Rechtsstreitigkeiten vom 29. April 1869 vorgesehenen Verfahren die Auflösung des Bandes der Ehe ausgesprochen hat.

* Das Verfahren in streitigen Ehesachen[45]) richtet sich in Bayern in den rechtsrheinischen Gebietstheilen nach den Bestimmungen des Hauptstückes XXVI.[46]) der genannten Prozeßordnung, in der Pfalz nach den Bestimmungen des Artikels 69 des Gesetzes über die Einführung dieser Prozeßordnung[47]). *

§. 79.

Dieses Gesetz tritt mit dem 1. Januar 1876 in Kraft. Es bleibt den Landes-

---

Erkenntnisses bietet Art. 675 der bairischen Civilprozeßordnung ein möglichst einfaches Verfahren, dessen Erhaltung um so dringender geboten erscheint, als es die Standesbeamten im Hinblick auf die Mannigfaltigkeit der aufrecht bleibenden eherechtlichen Bestimmungen der Entscheidung überhebt, ob eine Ehe für aufgelöst erachtet werden dürfe oder nicht.

Der Schlußsatz beabsichtigt, ein der bestehenden Gerichtsverfassung entsprechendes Verfahren in Ehestreitigkeiten vor den bürgerlichen Gerichten in den rechtsrheinischen Gebietstheilen des Königreichs Baiern einzuführen und das zur Zeit bestehende Verfahren in dem linksrheinischen Gebietstheile des Königreichs zu erhalten."

[41]) **von dem mit der Sache befaßten Gericht;** dies waren in Baiern die S. 210 Anm. 27 erwähnten Gerichte.

[42]) **die beständige Trennung von Tisch und Bett verfügenden Urtheils,** welches in einer schon beim Inkrafttreten des Gesetzes rechtshängigen Sache, aber erst nach diesem Termin ergangen oder rechtskräftig geworden ist, s. auch die Anm. 40 angeführten Motive.

[43]) **geltend gemacht werden** nach Maßgabe des §. 77 Abs. 2 von beiden Theilen.

[44]) **Artikel 675 Absatz 1 und 2.** Dieser lautete: „Sucht der protestantische Ehetheil in dem in Art. 2 der Verordnung v. 28. Juli 1818 vorgesehenen Falle die Auflösung der Ehe bei dem protestantischen Ehegerichte nach, so ist bei diesem die Sache in dem für die Bezirksgerichte vorgeschriebenen Verfahren einzuleiten und zu verhandeln und finden die Bestimmungen der Art. 656 bis 674 keine Anwendung. — Das protestantische Ehegericht hat seiner Entscheidung die bei dem katholischen festgestellten Thatsachen zu Grunde zu legen."

Der Art. 2 d. V. v. 28. Juli 1818 (Ges.Bl. S. 474) bestimmte: „Würde hingegen die Klage bei der katholischen geistlichen Behörde angebracht und von derselben auf Scheidung von Tisch und Bett erkannt, so steht dem protest. Ehegerichte frei, in Ansehung des protest. Ehetheils, wenn dieser die Auflösung der Ehe nachsuchen würde, auf dessen Beschwerde zu beschließen, was es dem protest. Eherechte in dieser Hinsicht gemäß finden wird."

[45]) **Das Verfahren in streitigen Ehesachen.** Der mit diesen Worten beginnende Absatz 3 ist durch das Einführungsgesetz z. Reichs-C.P.O. v. 30. Jan. 1877 §. 13 Nr. 6 ausdrücklich aufgehoben.

[46]) **Hauptstückes XXVI,** welches in den Art. 655—681 vom „Verfahren bei den protestantischen Ehegerichten in den Landestheilen diesseits des Rheins" handelt.

[47]) **Gesetzes über die Einführung dieser Prozeßordnung** v. 29. April 1869, Ges.Bl. Nr. 62.

regierungen überlassen, das ganze Gesetz oder auch den dritten Abschnitt und §. 77 im Verordnungswege [48]) früher einzuführen [49]).

§. 80.

Die vor dem Tage, an welchem dieses Gesetz in Kraft tritt, nach den Vorschriften des bisherigen Rechts ergangenen Aufgebote [50]) behalten ihre Wirksamkeit.

§. 81.

Auf Geburts- und Sterbefälle [51]), welche sich vor dem Tage, an welchem dieses Gesetz in Kraft tritt, ereignet haben, an diesem Tage aber noch nicht eingetragen sind, findet das gegenwärtige Gesetz [52]) mit der Maßgabe Anwendung,

---

§. 79. [48]) **im Verordnungswege,** also ohne Konkurrenz der Landesvertretung.

[49]) **früher einzuführen.** Von der zweiten gewährten Befugniß ist in Preußen Gebrauch gemacht worden, s. S. 99 Anm. 75 u. S. 214 Anm. 29.

§. 80. [50]) **ergangenen Aufgebote.** Vgl. Motive S. 38: „Der Abs. 2 (jetzt §. 80) will vermeiden, daß in Folge des gegenwärtigen Gesetzes ein Zwischenraum von 14 Tagen nach dem Einführungstermin eintrete, innerhalb dessen Eheschließungen nur mit Dispensation stattfinden können. Ein vor dem Einführungstermin ergangenes Aufgebot soll deshalb seine Wirksamkeit über den Einführungstermin hinaus erstrecken und mit dem Inkrafttreten des neuen Gesetzes seine Bedeutung nicht verlieren." Dies gilt sowohl für die bisher auch bürgerlich gültigen kirchlichen Aufgebote, als für die vom Standesbeamten erlassenen. Wo diese letzteren in der Art ergingen, daß sie eine bestimmte Zeit lang ausgehängt wurden, s. z. B. preuß. Ges. v. 9. März 1874 §. 29; bad. Ges. v. 21. Dez. 1869 §. 72, trat keine Schwierigkeit ein. Die Aufgebote brauchten hier blos die nach dem früheren Recht vorgeschriebene Frist, wenngleich das Ende derselben in die Herrschaft des Reichsgesetzes fiel, affigirt zu bleiben. Nach dem Code civil Art. 63 hatte aber der Standesbeamte die Verkündigung an zwei auf einander folgenden Sonntagen vor der Thür des Gemeindehauses zu erlassen, und der Auszug der Verkündungsurkunde sollte dann an die Thüre des Gemeindehauses angeheftet werden, sowie daselbst von der einen Verkündigung bis zur andern angeschlagen bleiben. Ein Recht, die zweite Verkündigung nach dem Inkrafttreten des Gesetzes vorzunehmen, wenngleich die erste vorher erfolgt war, hatte der Standesbeamte auf Grund des §. 80 nicht, denn dieser legt nur dem vorher ergangenen Aufgebote Wirksamkeit bei. Die erste Verkündigung konnte also in diesem Falle keine Wirksamkeit äußern. Ganz dasselbe mußte von dem kirchlichen Aufgebote gelten, wenn es vor dem Inkrafttreten des Gesetzes nicht schon, wie fast überall vorgeschrieben, dreimal publizirt oder nicht von dem zweiten und dritten Aufgebot durch die kirchlichen Behörden dispensirt worden war. Diese älteren Formen des Aufgebots ließen sich nicht mit der neuen kombiniren, weil sie noch eine besondere Thätigkeit des Aufbietenden erforderten, während die letztere nach der Aushängung nur einen Fristablauf verlangte. Ferner würden derartige erst begonnene Aufgebote auch nicht zur Eheschließung an dem Tage, wo das Gesetz in Kraft trat, hingereicht haben. So ist der §. 80 auch im Reichstage aufgefaßt worden, s. stenogr. Ber. S. 1094, 1095. Vgl. ferner J. f. Hessen u. Lippe zu §. 80; f. Bremen Bek. v. 12. Dez. 1875, G.Bl. S. 317 u. Stdesb. 1876 S. 243.

§. 81. [51]) **Auf Geburts- und Sterbefälle.** Der §. beruht auf einem Amendement Wölfel, s. stenogr. Ber. S. 1094 ff. Vgl. hierzu ferner lippische V. v. 20. Nov. 1875 §. 12.

Ob der Geburts- oder Sterbefall erst kürzere oder längere Zeit vor dem Inkrafttreten des Gesetzes erfolgt ist, ist gleichgültig, vgl. Stdesb. 1889 S. 252. Ueber die Nothwendigkeit der Genehmigung der Aufsichtsbehörde s. §. 27.

[52]) **das gegenwärtige Gesetz,** also in allen seinen Bestimmungen, deshalb kann ein Geburtsfall, welcher sich vor 20 Jahren ereignet hat und in Bezug auf welchen weder eine nach §§. 18, 19, 20 Anzeigeverpflichteter oder Anzeigeberechtigter vorhanden ist, nicht auf Grund etwa amtlich angestellter Ermittelungen mit Genehmigung der Aufsichtsbehörde, so Stdesb. 1880 S. 130, ein-

daß der Lauf der vorgeschriebenen Anzeigefristen[53]) mit dem Tage beginnt, an welchem dieses Gesetz in Kraft tritt.

Ein Gleiches[54]) gilt für den Fall, daß auch nur die Vornamen eines Kindes an diesem Tage noch nicht eingetragen sind[55]).

§. 82.

Die kirchlichen Verpflichtungen[56]) in Beziehung auf Taufe und Trauung[57]) werden durch dieses Gesetz nicht berührt[58]).

---

getragen werden. Ein solches Verfahren kennt das Gesetz nicht. Der Grundsatz gilt auch in Betreff der §§. 68 u. 70.

53) **Anzeigefristen.** S. §§. 17, 23, 24, 56.

54) **Ein Gleiches.** Hier ist allein eine Anzeigeverhandlung über die Vornamen in das Standesregister einzutragen. Dagegen Stiegele S. 187. Er meint, gestützt auf die Worte: „Ein Gleiches", daß hier zugleich eine vollständige Geburtsanzeige einzutragen ist, ebenso Stölzel i. d. Krit. Vierteljahrsschr. N. F. 2, 243. Durch die Worte wird aber nur bestimmt, daß das Gesetz, und zwar in seiner entsprechenden Bestimmung Anwendung finden soll, und daß diese dahin lediglich im Abs. 2 gegeben ist, daß eine vollständige Geburtsanzeige gemacht werden soll, so Stölzel a. a. O., das ist eben die Streitfrage, aber nicht durch das Gesetz gesagt. Auch setzt die Bestimmung voraus, daß die Geburt schon in einem früheren Register bekundet ist, sie braucht also nicht noch einmal eingetragen zu werden. Ueber die Frist vgl. §. 22 Abs. 3.

55) **eingetragen sind.** Nur die im §. 81 gedachten Eintragungen können in die auf Grund des Reichsgesetzes geführten Standesregister eingetragen werden. Daraus folgt, daß alle anderen Eintragungen, namentlich Anerkennung unehelicher Kinder, und andere, welche als Randvermerk zu machen wären, falls die Geburt, der Sterbefall oder die Eheschließung in den jetzt vorgeschriebenen Standesregistern eingetragen wären, wenn dies nicht der Fall ist, in dieselben nicht aufgenommen werden können, vgl. hierzu Stdesb. 1878 S. 205, 226. Das darf nur von denjenigen geschehen, welche die früheren Standesregister, namentlich die Kirchenbücher zu führen hatten, so auch V. d. preuß. Kult.Min. v. 21. Juni 1875, Stdesb. 1879 S. 3, s. auch Stdesb. 1882 S. 103. Dieselbe Beweiskraft, welche die früheren Register oder Kirchenbücher in Betreff der Eintragungen vor Einführung der gegenwärtigen Register gehabt und behalten haben (vgl. auch §. 73), kommt indessen solchen unter der Herrschaft des Reichsgesetzes nachträglich vorgenommenen Eintragungen mit Rücksicht auf §§. 1, 15 desselben nicht mehr zu.

§. 82. 56) **Die kirchlichen Verpflichtungen.** Vgl. Motive S. 39: „Die Uebertragung der Beurkundung des Personenstandes auf vom Staate bestellte Beamte und die Einführung einer bürgerlichen Form der Eheschließung erfolgt aus Gründen, welche sich gegenüber den bestehenden Verhältnissen aus der Pflicht des Staates, die rechtlichen Beziehungen seiner Angehörigen zu ordnen und möglichst sicherzustellen, mit zwingender Nothwendigkeit ergeben. Das Band, welches die Einzelnen mit ihrer Kirche verbindet, zu lockern und insbesondere die Verpflichtung zur Taufe und kirchlichen Trauung zu alteriren, kann nicht in der Absicht liegen, da der Staat unverkennbar ein eigenes hohes Interesse hat, dieses Band ungeschwächt zu erhalten und die den kirchlichen Verpflichtungen entsprechenden Sitten und Gewöhnungen zu konserviren. Diesem Gedanken giebt der §. Ausdruck. Das Bedürfniß zu einer entsprechenden Bestimmung bestätigen die Erscheinungen, welche in Preußen in Folge des preußischen Civilehegesetzes zu Tage getreten sind. Obgleich die preußische Staatsregierung sowohl in den Motiven zu dem gedachten Gesetze als bei den bezüglichen Verhandlungen in den Häusern des Landtages wiederholt zu erkennen gegeben hat, daß sie die religiösen Verpflichtungen hinsichtlich der Taufe und Trauung nicht zu beeinträchtigen gedenke, indem sie die Aufhebung des in dem preußischen allgemeinen Landrechte vorgesehenen Taufzwanges und die Einführung einer bürgerlichen Eheschließungsform anstrebe, vielmehr nach wie vor darauf hohen Werth legen müsse, daß von der Taufe kein Kind christlicher Eltern fern gehalten werde und daß womöglich Jeder, der in die rechtliche Gemeinschaft der Ehe eintrete, auch diese Gemeinschaft — wie es in den gedachten Motiven ausgedrückt wird — „mit dem sittlichen Geiste und der ernsten Weihe erfülle, für welche die religiöse Handlung und die mit derselben verbundenen Segnungen Ausdruck und Quelle bilden sollen“, so sind dessenungeachtet selbst in der Presse und in öffentlichen Versammlungen dem Gesetze andere Motive untergeschoben und vielfach Behauptungen dahin aufgestellt worden, daß der Staatsregierung die Vollziehung der religiösen Akte nicht allein gleichgültig sei, sondern daß dieselbe mit dem Gesetze den Zweck verfolge, eine Entfremdung gegen die Kirche herbeizuführen und zu fördern. Man hat sich sogar nicht gescheut, den Landleuten vorzureden, daß das Gesetz Taufe wie Trauung verbiete, und insbesondere auf diese Weise die Bevölkerung mehrerer Ortschaften im Regierungsbezirke Königsberg zu Unruhen angereizt. Um solchen Mißdeutungen und Agitationen vorzubeugen, empfiehlt sich die Aufnahme der in Vorschlag gebrachten Bestimmungen, und zwar um so mehr, als dieselbe zugleich eine Richtschnur für das Verhalten der Standesbeamten bildet, von deren Seite bisher in Preußen auch nicht immer mit der wünschenswerthen Vorsicht verfahren worden ist.“

Die Motive, sowie der Zweck des Gesetzes überhaupt ergeben, daß es sich hier nur um die Verpflichtungen handelt, welche dem Einzelnen als Mitglied einer bestimmten Kirche oder Religionsgesellschaft letzterer gegenüber obliegen, also diese auch nur mit den den betreffenden Gemeinschaften zustehenden und statthaften geistlichen Mitteln, nicht aber mit Hülfe des staatlichen Zwanges realisiren können, s. auch stenogr. Ber. S. 1096, 1098. Ueber solche Verpflichtungen hatte das Gesetz, welches nur das staatliche Recht regelt, nicht zu disponiren, und in der That hat es auch nicht darüber verfügt, vielmehr allein eine Verwahrung gegen Mißdeutungen ausgesprochen, ja selbst die Durchführung der kirchlichen Verpflichtungen mit staatlichen Mitteln, sofern dadurch nur nicht ein Zwang in der Richtung geübt wird, daß behufs der Ermöglichung der Eintragung von Geburts- und Sterbefällen und der Erlangung von Urkunden darüber oder behufs Eingehung einer gültigen Ehe die kirchliche Verpflichtung erfüllt werden muß, so auch v. Sicherer S. 486, 487, nicht berührt. Vgl. ferner die Reichstagsverhandlungen v. 31. Jan. 1876, stenogr. Ber. 2. Legisl.Per. III Sess. 1875/1876 2, 1032 ff.; Stdesb. 1876 S. 174 ff.

Wenn Sohm, das Recht der Eheschließung, Weimar 1875 S. 287 ff., dem §. 82 den Sinn beilegt, daß die bürgerliche Handlung eine für die thatsächliche Seite der Ehe der Ergänzung fähige und bedürftige Eheschließungshandlung sei, und die kirchliche Trauung fortbestehen solle als die Uebergabe der Braut an den Bräutigam, als die altdeutsche traditio puellae, und damit als Herbeiführung der ehelichen Gemeinschaft, d. h. des Beginnes der Thatsächlichkeit der Ehe, so ist dabei übersehen, daß Trauung nach der in neuerer Zeit hergebrachten Auffassung, welche also auch nur die des Reichsgesetzes sein kann, die kirchliche Einsegnung der Ehe bedeutet, nicht das, was der Verfasser darunter verstehen will, und daß nach dem Reichsgesetze für das staatliche Gebiet die Eheschließung vor dem Standesbeamten die vollen Rechtswirkungen erzeugt; vgl. auch Friedberg, Verlobung und Trauung, Leipzig 1876 S. 73 ff. Sohm hat auch in der späteren Schrift: Trauung u. Verlobung, Weimar 1876 S. 135 seine Auffassung dahin geändert, daß die Trauung nur auf dem ethischen, nicht auf dem rechtlichen Gebiete dem Civilakte gegenüber trete. In wesentlicher Uebereinstimmung damit bemerkt v. Scheurl, Entwicklung des kirchlichen Eheschließungsrechts, Erlangen 1877 S. 157, daß die Kirche ihren in wesentlich unveränderter Form beizubehaltenden Trauakt als rein religiöse Ergänzung des Civilakts zu behandeln und dadurch darzuthun habe, daß die Eheschließung durch eine nur privatrechtliche Handlung in religiöser Beziehung zu vervollständigen sei, vgl. auch v. Scheurl, Eherecht S. 103. Eine eingehende Würdigung dieser Ansicht, s. auch noch Sohm, die obligatorische Civilehe und ihre Aufhebung, Weimar 1880, und anderer, s. Cramer, d. kirchliche Trauung, Berlin 1875; Dieckhoff, d. kirchliche Trauung, Rostock 1878; Blumstengel, die Trauung i. evang. Deutschland, Weimar 1879; Bierling i. d. Zeitschr. für Kirchenrecht 16, 288; Buchka a. a. O. 17, 432; Kahl a. a. O. 18, 205, ist hier nicht möglich. Was meine Auffassung betrifft, so ist diese folgende: Die evangelische Kirche erkennt die Ehe als ein Stück bürgerlicher Ordnung an und nicht minder, daß die rechtliche Regelung derselben dem Staate gebührt, sie kann daher ein Verhältniß, welches rechtlich nicht Ehe ist, auch nicht als eine solche behandeln, muß aber auch andererseits eine Ehe, welche gemäß dem staatlichen Recht geschlossen ist, als voll wirksame, wenngleich nicht als christliche oder kirchlich legitimirte Ehe betrachten. Daraus folgt weiter, daß von dem Standpunkt der evangelischen Kirche aus die bürgerlich geschlossene Ehe keiner rechtlichen Ergänzung durch einen kirchlichen Akt bedarf und ein solcher, d. h. die Trauung, eine derartige Bedeutung nicht beanspruchen kann. Vor dem Standesbeamten erklären die Verlobten ihren Willen, die Ehe mit allen denjenigen Rechten und Pflichten (auch sittlicher Natur) einzugehen, welche die Staatsordnung mit dem Begriff der Ehe verbindet. Aber der staatliche Begriff deckt sich nicht völlig mit dem Begriff der evangelischen Kirche von der Ehe. Zu der spezifisch christlichen Ehe und den dadurch bedingten Rechten und Pflichten steht die Eheschließung vor dem Standesbeamten in keiner Beziehung. In dieser Richtung bleibt also für die evangelische Kirche trotz der Anerkennung der Rechtsgültigkeit der in staatlicher Form geschlossenen Ehe eine Ergänzung des Civilakts dahin übrig, daß der Thatsache Ausdruck gegeben wird, daß die Ehe auch als eine christliche, den Anforderungen der evangelischen Kirche entsprechende geschlossen ist und geführt werden soll: diese Ergänzung findet der Civilakt in der Trauung.

Die Trauung ist daher nicht die Form, welche die Civilehe zur christlichen Ehe macht, oder gar die Eingehungsform für die christliche Ehe — nach evangelischer Auffassung kann es eine solche Form überhaupt nicht geben —, vielmehr liegt ihr Wesen darin, daß sie einmal einen religiösen Inhalt, andererseits aber zugleich eine bestimmte rechtliche Bedeutung hat. Was den religiösen Inhalt betrifft, so bekennen die Eheleute, ihre Ehe in Gemäßheit des göttlichen Wortes und der Ordnungen der Kirche geschlossen zu haben, sie danach führen und nicht anders als danach lösen zu wollen, und andererseits bezeugt der trauende Geistliche die göttliche Zusammenfügung der betreffenden Ehe und knüpft daran unter Gebet und Segen die göttlichen Verheißungen über den christlichen Ehestand. Die kirchenrechtliche Bedeutung der Trauung ist die feierliche Anerkennung, daß eine geschlossene Ehe auch den kirchlichen Anschauungen entspricht, eine Anerkennung, welche jedes Mitglied der Kirche als solches nachzusuchen hat, weil es kraft seiner kirchlichen Mitgliedschaft verpflichtet ist, nur eine den Ordnungen der Kirche entsprechende Ehe zu schließen, vgl. hierzu Kahl, Zeitschr. f. Kirchenrecht 18, 295 ff., insbesondere S. 307, 322, 340; auch Richter-Dove-Kahl S. 1139 ff.

Mit Rücksicht hierauf war durch die Einführung des Reichspersonenstandes für die evangelischen Kirchen in den deutschen Staaten die Nothwendigkeit gegeben, eine Aenderung des bisherigen Rechtes vorzunehmen, da es von nun an für dieselben keine Ehe-, sondern nur Trauungs-Hindernisse geben, und das kirchliche Aufgebot neben seiner Bedeutung als Fürbitte blos noch den Zweck, Hinderungsgründe der Trauung, nicht mehr Ehehindernisse zu ermitteln, erfüllen konnte. Die hierher gehörigen Ordnungen sind folgende: Altpreußen, Kirchengesetz v. 27. Juli 1880, kirchl. G. u. V.Bl. S. 109, Allg. Kirchenbl. 1880 S. 665; Hannover (luther. Kirche), K.G. v. 6. Juli 1876, preuß. G.S. S. 278; Stdesb. 1876 S. 243; Allg. K.Bl. 1876 S. 611; Konsistorialbezirk Cassel (Kurhessen), K.G. v. 27. Mai 1889, Allg. K.Bl. 1889 S. 562; Konsistorialbezirk Wiesbaden, K.G. v. 10. Dez. 1884, a. a. O. 1885 S. 112; Schleswig-Holstein, K.G. v. 25. Mai 1830, Chalybäus, Samml. d. Vorschriften betr. d. schlesw.-holstein. Kirchenrecht, Kiel 1883, S. 348; Baiern, V. v. 16. Mai 1879 S. 422, Allg. K.Bl. 1879 S. 422 (s. auch 1883 S. 575); Sachsen, V. v. 22. Juni 1881, a. a. O. S. 505 (vgl. auch 1877 S. 129; 1887 S. 188, 198); Württemberg, K.G. v. 23. Nov. 1875, a. a. O. 1876 S. 58; Hessen, K.G. v. 24. Dez. 1875 u. K.G. v. 17. Nov. 1883, a. a. O. 1876 S. 353 u. 1884 S. 100; Mecklenburg-Schwerin, V. v. 4. Nov. 1875, a. a. O. 1877 S. 68; S.-Weimar, G. v. 5. Jan. 1879, a. a. O. 1880 S. 233 (s. auch 1883 S. 525); Mecklenburg-Strelitz, V. v. 10. Dez. 1875, a. a. O. 1877 S. 68; Oldenburg, Ausschr. des Ob.Kirchenraths v. 4. Dez. 1875, a. a. O. 1876 S. 739 (u. 1877 S. 511, 512); Braunschweig, K.G. v. 6. Dez. 1875, a. a. O. 1876 S. 689; S.-Meiningen, V. v. 15. Dez. 1875, a. a. O. 1877 S. 46; S.-Altenburg, V. v. 26. Nov. 1875, a. a. O. 1876 S. 163; S.-Coburg-Gotha, Erl. v. 24. Nov. 1875, a. a. O. 1877 S. 17; Anhalt, V. v. 17. Dez. 1875, a. a. O. 1876 S. 293; Schwarzb.-Rudolstadt, Trauungsordn. v. 17. Aug. 1882, a. a. O. 1883 S. 164; Waldeck, K.G. v. 31. Okt. 1885, a. a. O. 1886 S. 14; Reuß ä. L., V. v. 28. Dez. 1875, a. a. O. 1876 S. 211 (s. auch 1883 S. 312); Reuß j. L., Min.Erl. v. 13. Nov. 1875, a. a. O. 1877 S. 731; Lippe, Konsist.Ausschr. v. 18. Dez. 1875, a. a. O. 1877

S. 377; Lübeck, Senats-Anordn. v. 1. Dez. 1875, a. a. O. 1876 S. 225; Hamburg, Trauungsform. v. 1. Jan. 1876, a. a. O. 1879 S. 13. Das für Baden in Betracht kommende Kirchengesetz datirt schon v. 20. Jan. 1870, a. a. O. 1870 S. 33, da es in Folge der hier schon 1869 erfolgten Einführung der obligatorischen Civilehe (s. o. S. 6) erlassen worden ist.

Weiter hat die durch das Reichsgesetz erfolgte Aenderung auch für die evangelischen Kirche die Veranlassung geboten, die kirchlichen Pflichten nicht nur in Bezug auf die Trauung, sondern auch in Bezug auf die Taufe und Konfirmation, und die Zucht- und Strafmittel für ihre Verletzung näher zu regeln, vgl. für Altpreußen, K.G. v. 30. Juli 1880, kirchl. Ges. u. V.Bl. S. 116, Allg. Kirch.Bl. 1880 S. 671; Hannover, cit. K.G. v. 6. Juli 1876 §. 8 ff.; Schleswig-Holstein, K.G. v. 31. Mai 1880, Allg. K.Bl. 1881 S. 613; Baiern, cit. V. v. 16. Mai 1879 §§. 20 ff.; Sachsen, K.G. v. 1. Dez. 1876, a. a. O. 1877 S. 136; Baden, Erl. des Oberkirchenraths v. 29. Nov. 1881, a. a. O. S. 269; Hessen, K.G. v. 17. Nov. 1883, a. a. O. 1884 S. 100; Mecklenburg-Schwerin, Cirk.V. v. 4. Nov. 1875, a. a. O. 1877 S. 68, 85; S.-Weimar K.G. v. 9. Dez. 1882, a. a. O. 1883 S. 167; Mecklenburg-Strelitz, V. v. 10. Dez. 1875, a. a. O. 1877 S. 68, 85; Oldenburg, cit. Ausschr. d. Ob.Kirchenraths v. 4. Dez. 1875 VII, VIII; Braunschweig, K.G. v. 14. März 1889, a. a. O. 1889 S. 532; Reuß ä. L., cit. Kons.V. v. 28. Dez. 1875; Lippe, cit. Kons.Ausschr. v. 18. Dez. 1875.

Die katholische Kirche, welche dem Staate die Befugniß abspricht, die Eheschließung, die Ehehindernisse und die Ehescheidung gesetzlich zu normiren, hat dagegen an ihrem Rechte festgehalten. Von ihrem Standpunkt aus bleibt also der Katholik noch immer verpflichtet, die von ihr aufgestellten Ehehindernisse zu beachten, die Ehe in der kirchlich vorgeschriebenen Form, also da, wo das Trienter Ehedekret in der Pfarrei publizirt ist, vor dem zuständigen Pfarrer und zwei Zeugen einzugehen, sich nur in den kirchlicherseits zugelassenen Fällen scheiden zu lassen und die Nichtigkeit und Scheidung der Ehe bei dem geistlichen Gerichte nachzusuchen (s. Anm. 27 u. 28 zu §. 76), wennschon vom staatlichen Standpunkt aus es sich dabei lediglich um innerhalb des Gewissensgebietes liegende Verpflichtungen handelt. Was insbesondere die Civilehe betrifft, so gilt diese in der katholischen Kirche dann, wenn wegen der Publikation des Trienter Ehedekrets und der Bindung der Verlobten durch dasselbe die Ehe in der Form desselben geschlossen werden muß, nicht als eine kirchlich gültige Ehe, sondern nur als Konkubinat, Hirschel i. Arch. f. kath. Kirchenrecht 40, 251; Swientek a. a. O. 45, 314. Wenn dagegen das gedachte Dekret nicht zur Anwendung kommt, also in Gemäßheit des früheren kanonischen Rechts die Ehe durch bloßen Konsens geschlossen werden kann, wird die Civilehe als kirchlich gültige Ehe betrachtet, jedoch nach der überwiegenden Ansicht nur dann, wenn sie von beiden Theilen in der Absicht, nicht blos eine bürgerliche, sondern auch im Sinne der Kirche eine christliche Ehe zu schließen, eingegangen ist, Hirschel a. a. O. S. 220, 240, 245, 248, 251; Bellesheim a. a. O. 40, 292 ff.; Vering, Kirchenrecht, 2. A., S. 871; Friedberg, Kirchenrecht S. 402; Richter-Dove-Kahl S. 1126; v. Scheurl, Eherecht S. 100; Hübler, Eheschließung u. gemischte Ehen in Preußen, Berlin 1883, S. 6.

[87]) **Trauung.** Der §. 82 bezieht sich lediglich auf die Verpflichtungen des Einzelnen gegenüber seiner Kirche. Etwas Neues setzt er in dieser Beziehung nicht fest. Insbesondere kann also auf ihn nicht ein rechtlicher Anspruch des einen Ehegatten, nach geschlossener Civilehe von dem anderen unter allen Umständen die Vornahme der kirchlichen Eheschließungsform oder der Trauung zu verlangen, gegründet werden.

[88]) **nicht berührt.** Die Vorschrift des §. 82 soll nach der sächs. V. v. 6. Nov. 1875 §. 10 vom Standesbeamten den Betheiligten bei Anmeldungen von Geburten und Eheschließungen vorgehalten und Alles vermieden werden, was zu der Auffassung Anlaß geben könnte, daß die Betheiligten der Erfüllung jener Verpflichtungen überhoben seien. Das letztere ordnen ferner an d. J. f. Hessen zu §. 53; S.-Weimar §. 21; Schwzb.-Rudolstadt §. 21; Schwzb.-Sondershausen §. 20; Reuß ä. L. §. 13; Reuß j. L. §. 20; f. Schaumb.-Lippe §. 11 und Lippe zu §. 82.

§. 83.

Die zur Ausführung dieses Gesetzes erforderlichen Bestimmungen werden, soweit dieselben nicht durch eine vom Bundesrathe [40]) erlassene Ausführungsverordnung getroffen werden, von den einzelnen Landesregierungen [41]) erlassen.

§. 84.

Welche Behörden in jedem Bundesstaate unter der Bezeichnung: höhere Verwaltungsbehörde [42]), untere Verwaltungsbehörde [43]), Gemeindebehörde [44]), Gemeindevorstand [45]), Gericht erster Instanz [46]) zu verstehen sind, wird von der Zentralbehörde [47]) des Bundesstaates bekannt gemacht.

§. 85.

Durch dieses Gesetz [48]) werden die Bestimmungen des Gesetzes vom 4. Mai 1870, betreffend die Eheschließung und die Beurkundung des Personenstandes von Reichsangehörigen im Auslande, nicht berührt.

Der Reichskanzler kann einem diplomatischen Vertreter oder einem Konsul des Deutschen Reichs die allgemeine Ermächtigung zur Vornahme von Eheschließungen und zur Beurkundung der Geburten, Heirathen und Sterbefälle, wie für Reichsangehörige, so auch für Schutzgenossen [49]) ertheilen. Diese Vorschrift tritt mit dem 1. März 1875 in Kraft.

Urkundlich unter Unserer Höchsteigenhändigen Unterschrift und beigedrucktem Kaiserlichen Insiegel.

Gegeben Berlin, den 6. Februar 1875.

(L. S.) Wilhelm.

Fürst v. Bismarck.

---

§. 83. [40]) **Bundesrathe,** s. die Anlagen S. 231.

[41]) **Landesregierungen.** Diese sind ebenfalls in den Anlagen mitgetheilt.

§. 84. [42]) **höhere Verwaltungsbehörde,** s. §. 2, §. 3 Abs. 2, §§. 4, 5, 6, §. 7 Abs. 3, 4, §. 11.

[43]) **untere Verwaltungsbehörde,** s. §. 7 Abs. 3, §. 11.

[44]) **Gemeindebehörde,** s. §. 4 Abs. 2.

[45]) **Gemeindevorstand,** s. §. 4 Abs. 2, 4.

[46]) **Gericht erster Instanz,** s. §. 11 Abs. 3, §. 14 Abs. 2, §. 66 Abs. 2.

[47]) **Zentralbehörde,** s. Anm. 53 zu §. 8.

§. 85. [48]) **durch dieses Gesetz.** Der §. beruht auf einem Amendement Dr. Oppenheim, s. stenogr. Ber. S. 1101, 1257. Der erste Absatz ist überflüssig, er versteht sich von selbst, s. §. 41. Ebenso der zweite, s. Ges. v. 4. Mai 1870 (unter den Anlagen Nr. 4), nur mit Ausnahme der Bestimmung hinsichtlich der Schutzgenossen; dies ist das einzige Neue, was der §. anordnet.

[49]) **Schutzgenossen.** Ueber den Begriff der Schutzgenossen vgl. Instruktion betr. die Ertheilung des von den Kaiserl. deutschen Konsularbehörden zu gewährenden Schutzes im türkischen Reich mit Einschluß von Egypten, Rumänien und Serbien, sowie in China und Japan v. 1. Mai 1872, König, Handbuch d. deutsch. Konsularwesens 2. Aufl. 1879, S. 470 ff., die Gesetzgebung d. Deutschen Reichs, Berlin u. Leipzig (J. Guttentag), 4, 839:

„§. 1. Die Schutzgenossen zerfallen in: 1. Reichsangehörige, 2. Angehörige solcher Staaten, welchen durch Staatsverträge oder sonstige Verabredungen mit dem deutschen Reiche oder einem der zu demselben gehörigen Staaten der Schutz der deutschen Konsularbehörden für ihre Nationalen zugesagt ist, 3. Personen, welche, ohne ein bestimmtes Anrecht auf den deutschen Schutz zu haben, denselben vergünstigungsweise erhalten (de facto Unterthanen). §. 2. Die Reichsangehörigen, welche

Gebührentarif.

I. Gebührenfrei [50]) sind die nach §§. 49 und 54 oder zum Zwecke der Taufe oder der Beerdigung [51]) ertheilten Bescheinigungen [52]).

---

in dem Konsularbezirke wohnen, sind verpflichtet, unter dem deutschen Schutz zu stehen. Die im §. 1 No. 2 und 3 bezeichneten Personen werden nur auf ihren Antrag in den Schutz aufgenommen. §. 3. Als de facto Unterthanen können den deutschen Schutz erhalten: 1. Personen, welche einem der zu dem Deutschen Reiche gehörigen Staaten angehört haben, desgleichen Abkömmlinge solcher Personen; 2. Deutsche, welche den Schutz nicht auf Grund von Staatsverträgen in Anspruch nehmen können; 3. die Dragomans, Kawassen, Jassakdschis und sonstigen Unterbeamten der Gesandtschaften und Konsularbehörden; 4. Familien der unter No. 3 bezeichneten Personen, desgleichen Individuen, welche früher ein solches Amt bekleidet haben"; ferner

Instruktion z. Ausführung d. Ges. über die Konsulargerichtsbarkeit v. 10. Juli 1879, vom 10. Sept. 1879, Centralbl. f. d. Deutsche Reich S. 575, Gesetzgebung d. Deutschen Reichs 4, 826, zu §. 1: „Als Schutzgenossen im Sinne dieses Gesetzes gelten diejenigen Personen, welche zwar keine Reichsangehörige sind, aber unter deutschem Schutze stehen, sogenannte Schutzgenossen im engeren Sinne. Vgl. die Instruktion, betreffend die Ertheilung des von den Kaiserlich deutschen Konsularbehörden zu gewährenden Schutzes im türkischen Reiche rc. vom 1. Mai 1872 (s. o.), deren Bestimmungen hiermit auf alle Länder ausgedehnt werden, in welchen die Konsulargerichtsbarkeit ausgeübt wird."

Was die Eheschließungen der Schutzgenossen betrifft, so bemerkt v. Sicherer S. 443, daß diese, wenn die letzteren einem bestimmten Staate nicht angehören, nach dem vorliegenden Reichsgesetz beurtheilt werden müßten und sich demnach eine erhebliche Lücke insofern ergebe, als nach §. 36 über die rechtlichen Folgen einer gegen die Bestimmungen der §§. 28 bis 35 geschlossenen Ehe die Vorschriften des Landesrechtes entscheiden sollen. Hiergegen hat aber Stölzel im preuß. Just.Min.Bl. 1879 S. 27, im Stdesb. 1879 S. 106 und in d. Krit. Vierteljahrsschrift N. F. 2, 274 mit Recht darauf hingewiesen, daß nur bei den unter Nr. 3 zu 1 u. 3 der Instruktion v. 1. Mai 1872 (s. vor. Anm.) Genannten die Staatsangehörigkeit möglicherweise fehlen könne, und daß, da nach dem Ges. v. 4. Mai 1870 §. 3 die Erfordernisse der Eheeingehung nach den Gesetzen der Heimat der Verlobten sich bemessen, an eine Anwendung des deutschen Reichsrechts auf die gedachten Schutzgenossen keine Rede sein könne.

[50]) **Gebührenfrei,** ebenso stempelfrei, s. S. 68 Anm. 10, vgl. auch hess. G. v. 3. Dez. 1875 Art. 8; meckl.-schwer. V. v. 14. Aug. 1875 §. 18.

[51]) **der Taufe oder der Beerdigung.** Das Gesetz selbst legt den Standesbeamten keine Pflicht auf, zu den gedachten beiden Zwecken (§§. 22 u. 60) Bescheinigungen zu ertheilen. Diese folgt aber indirekt aus der obengedachten Vorschrift, sowie aus dem §. 60. So auch V. des preuß. Min. d. Inn. v. 12. Dez. 1876, Stdesb. 1877 S. 1, Wohlers a. a. O. S. 139. Vgl. o. S. 85 Anm. 51 u. S. 187 Anm. 44; ferner J. für Reuß j. L. §. 29 u. Lippe zu §. 17. Die Bescheinigung zum Zweck der Taufe sichert die Uebereinstimmung des in das Kirchenbuch zu machenden Vermerkes, namentlich der Namen mit der Geburtsurkunde in dem Standesregister.

[52]) **Bescheinigungen.** Für diese gilt das zu §. 54 Anm. 20 Bemerkte. Die Formulare dazu brauchen daher auch nicht kostenfrei vom Staate geliefert zu werden (s. §. 8), so auch Reskr. d. preuß. Min. d. Innern u. d. Just. v. 4. Dez. 1874, Min.Bl. f. d. i. Verw. S. 281; Stdesb. 1875 S. 43, vgl. ferner o. S. 47 Anm. 52 u. 54. Ein Recht, diese Bescheinigungen zu fordern, haben nur die Betheiligten, nicht die Geistlichen, s. d. Anm. 51 cit. V. v. 12. Dez. 1876.

Ferner sind gebührenfrei zu ertheilen alle Registerauszüge in Unfallversicherungsangelegenheiten, Reichs-Unfallversicherungsgesetz v. 6. Juli 1884 §. 102, R.G.Bl. S. 107, und für die Zwecke der Invaliditäts- und Altersversicherung, Reichsges. betr. die Invaliditäts- und Altersversicherung v. 22. Juni 1889 §. 140, R.G.Bl. S. 138.

Wegen der Postporti s. o. S. 46.

II. An Gebühren kommen zum Ansatz:

1. für Vorlegung [53]) der Register zur Einsicht, und zwar für jeden Jahrgang . . . . . eine halbe Mark, für mehrere Jahrgänge zusammen jedoch höchstens . . . . ein und eine halbe Mark,

2. für die schriftliche Ermächtigung nach §. 43 und für jeden beglaubigten Auszug aus den Registern mit Einschluß der Schreibgebühren [54]) eine halbe Mark.

Bezieht sich der Auszug auf mehrere Eintragungen und erfordert derselbe das Nachschlagen von mehr als einem Jahrgange der Register, für jeden weiter nachzuschlagenden Jahrgang [55]) noch . . . . eine halbe Mark, jedoch zusammen höchstens . . . . . . zwei Mark.

---

[53]) **Vorlegung.** Diese braucht selbstverständlich nur während der Dienststunden gestattet zu werden. Auch ist der Standesbeamte befugt, wenn sich Jemand zu oft in seinem Lokale zur Einsicht einfindet und dies den Verdacht erregt, daß dieselbe nur zum Vorwand benutzt wird, die Gründe dafür sich angeben zu lassen und nöthigenfalls den Aufenthalt im Amtslokale zu beschränken.

Die Gebühren dürfen aber nicht gefordert werden, wenn der Standesbeamte, z. B. in Folge des Gesuches um Vornahme des Aufgebots oder der Eheschließung, in den Registern selbst nachschlägt, Stdesb. 1887 S. 171.

Endlich ist nach d. B.R.B. §. 11 den Geistlichen und Religionsdienern (also nicht den Küstern) die Einsicht der Register kostenfrei zu gestatten.

[54]) **mit Einschluß der Schreibgebühren** und des erforderlich gewesenen Nachschlagens in den Registern, Stdesb. 1877 S. 169.

[55]) **nachzuschlagenden Jahrgang,** aber nur wenn sich der Auszug auf mehrere, nicht blos auf eine Eintragung bezieht, Stdesb. 1878 S. 81.

Anlagen.

I. Ausführungsverordnungen für das Deutsche Reich.

1. Verordnung, betreffend die Verrichtungen der Standesbeamten in Bezug auf solche Militärpersonen, welche ihr Standquartier nach eingetretener Mobilmachung verlassen haben. Vom 20. Januar 1879 (Reichs-Ges.Bl. S. 5).

Erster Abschnitt.

Beurkundung im Allgemeinen.

§. 1. Die Beurkundung des Personenstandes in Bezug auf solche Militärpersonen, welche ihr Standquartier nach eingetretener Mobilmachung verlassen haben, erfolgt durch die auf Grund der allgemeinen gesetzlichen Bestimmungen vom Staate bestellten Standesbeamten mittelst Eintragung in die dazu bestimmten Register.

§. 2. Als Militärpersonen gelten im Sinne dieser Verordnung für die Dauer einer Mobilmachung außer den zum Heere gehörenden Militärpersonen alle diejenigen Personen, welche sich in irgend einem Dienst- oder Vertragsverhältnisse bei dem Heere befinden oder sonst sich bei demselben aufhalten oder ihm folgen, einschließlich von Kriegsgefangenen.

Zweiter Abschnitt.

Beurkundung der Geburten.

§. 3. Für die Beurkundung von Geburten, welche sich innerhalb des Gebiets des Deutschen Reichs ereignen, sind die allgemeinen gesetzlichen Bestimmungen maßgebend.

§. 4. Bei Geburten außerhalb des Gebiets des Deutschen Reichs geschieht die Anzeige an den zuständigen Standesbeamten durch den Kommandeur oder Vorstand derjenigen Behörde oder den Kommandeur derjenigen Truppe, bei welcher sich die Mutter bei ihrer Niederkunft aufhält, bezw. vor ihrer Niederkunft zuletzt aufgehalten hat.

Dem betreffenden Kommandeur oder Vorstand ist die Geburt durch diejenige Person anzuzeigen, welche nach §. 18 des Gesetzes zur Anzeige an den Standesbeamten verpflichtet sein würde, wenn die Geburt innerhalb des Gebiets des Deutschen Reichs sich ereignet hätte. Die Anzeige erfolgt entweder unmittelbar oder durch Vermittelung des nächsten mit Disziplinarstrafgewalt versehenen militärischen Vorgesetzten.

§. 5. Für die Beurkundung der im §. 4 dieser Verordnung bezeichneten Geburten ist derjenige Standesbeamte zuständig, in dessen Bezirk die Mutter ihren bisherigen Wohnsitz gehabt hat, und wenn ein Wohnsitz derselben im Inlande nicht bekannt ist, der Standesbeamte desjenigen Bezirks, in welchem dieselbe geboren ist.

§. 6. Für den Inhalt der Geburtsanzeigen ist der §. 22 des Gesetzes maßgebend.

Dritter Abschnitt.

Form und Beurkundung der Eheschließung.

§. 7. Eheschließungen von Militärpersonen, welche ihr Standquartier nach eingetretener Mobilmachung verlassen haben, erfolgen innerhalb des Gebiets des Deutschen Reichs nach den allgemeinen gesetzlichen Bestimmungen.

Außer den im §. 42 des Gesetzes genannten zuständigen Standesbeamten ist auch derjenige Standesbeamte zuständig, in dessen Bezirk der Verlobte seinen augenblicklichen dienstlichen Aufenthalt hat.

§. 8. Die Divisions-Kommandeure, sowie die mit höheren oder gleichen Befugnissen ausgerüsteten Militärbefehlshaber sind ermächtigt, für Eheschließungen der ihnen untergebenen Militärpersonen, wenn dieselben außerhalb des Gebiets des Deutschen Reichs erfolgen, die Verrichtungen der Standesbeamten — unter Beachtung des §. 3 Absatz 3 des Gesetzes — einem oberen Militärbeamten als Stellvertreter des zuständigen Standesbeamten (§. 11) zu übertragen.

§. 9. Vor der Eheschließung haben die Verlobten dem Beamten (§. 8) die Dispensation von dem Aufgebot (§. 50 des Gesetzes) oder eine Bescheinigung des zuständigen Standesbeamten (§. 11) des Inhalts vorzulegen, daß und wann das Aufgebot vorschriftsmäßig erfolgt ist und daß Ehehindernisse nicht zu seiner Kenntniß gekommen sind.

Wird eine lebensgefährliche Krankheit, welche einen Aufschub der Eheschließung nicht gestattet, ärztlich bescheinigt, so kann der Beamte (§. 8) auch ohne Aufgebot die Eheschließung vornehmen.

§. 10. Ueber eine auf Grund des §. 8 dieser Verordnung vollzogene Eheschließung wird eine Urkunde aufgenommen, welche die im §. 54 des Gesetzes bestimmten Angaben enthalten soll und auf welche die Vorschriften des §. 13 Absatz 2 und 4 des Gesetzes entsprechende Anwendung finden.

Der Militärbefehlshaber, welcher den Stellvertreter bestellt hat, hat diese Bestellung auf der Urkunde zu bescheinigen.

Die Urkunde ist demnächst dem zuständigen Standesbeamten und, wenn mehrere zuständige Standesbeamte vorhanden sind, einem derselben behufs der Eintragung in das Heirathsregister zu übersenden. Eine Abschrift derselben wird bei der Militärbehörde aufbewahrt.

§. 11. Für die Eintragung einer nach Maßgabe des §. 8 dieser Verordnung erfolgten Eheschließung ist derjenige Standesbeamte zuständig, in dessen Bezirk einer der Verlobten seinen bisherigen Wohnsitz oder seinen gewöhnlichen Aufenthaltsort gehabt hat, und wenn ein Wohnsitz oder gewöhnlicher Aufenthaltsort derselben im Inlande nicht bekannt ist, der Standesbeamte, in dessen Bezirk einer der Verlobten geboren ist.

Vierter Abschnitt.

Beurkundung der Sterbefälle.

§. 12. Bei Sterbefällen von Militärpersonen, welche ihr Standquartier nach eingetretener Mobilmachung verlassen haben, macht es hinsichtlich der Art und Weise der Beurkundung keinen Unterschied, ob diese Sterbefälle innerhalb oder außerhalb des Gebiets des Deutschen Reichs erfolgen.

Für die Beurkundung derselben ist derjenige Standesbeamte zuständig, in dessen Bezirk der Verstorbene seinen letzten Wohnsitz gehabt hat, und wenn ein Wohnsitz desselben im Inlande nicht bekannt ist, der Standesbeamte desjenigen Bezirks, in welchem der Verstorbene geboren ist.

§. 13. Die Eintragung in das Sterberegister erfolgt auf Grund einer schriftlichen dienstlich beglaubigten Anzeige.

Diese Anzeige soll außer den im §. 59 des Gesetzes aufgeführten Angaben einen Vermerk über die Todesursache enthalten. Die Sterbeanzeige ist — unter Berücksichtigung der obwaltenden kriegerischen Verhältnisse — zu erstatten, sobald der Sterbefall und die Persönlichkeit des Verstorbenen durch dienstliche Ermittelung festgestellt ist.

§. 14. Die Anzeige der Sterbefälle geschieht:

a) hinsichtlich derjenigen Militärpersonen, welche zu einer Behörde gehören, durch den Kommandeur oder Vorstand der Behörde;

b) hinsichtlich derjenigen Militärpersonen, welche zu einer Truppe gehören, durch den Regiments-Kommandeur oder den in gleichem Verhältniß stehenden Befehlshaber der Truppe oder durch den Kommandeur des betreffenden Ersatztruppentheils.

Die Verpflichtung zu solcher Anzeige erstreckt sich auf die Sterbefälle sämmtlicher im §. 2 dieser Verordnung genannten Militärpersonen, insoweit ein für die Beurkundung des Sterbefalles zuständiger deutscher Standesbeamter vorhanden ist.

Fünfter Abschnitt.

Schlußbestimmungen.

§. 15. Ist eine erstattete Anzeige zu berichtigen, weil als unbekannt eingetragene Verhältnisse (§. 59 Absatz 2 des Gesetzes) später bekannt geworden sind, oder weil nach späterer dienstlicher Ermittelung die frühere Anzeige als dem Sachverhalte nicht entsprechend sich darstellt, so ist dem zuständigen Standesbeamten nachträgliche Anzeige zu erstatten.

Diese Anzeige ist von dem Standesbeamten der Aufsichtsbehörde behufs Veranlassung der Berichtigung der geschehenen Eintragung vorzulegen.

§. 16. Sobald die Militärpersonen in ihr Standquartier zurückgekehrt sind, oder nachdem die Truppe oder Behörde, zu welcher sie gehörten, demobil geworden oder aufgelöst ist, kommen die allgemeinen gesetzlichen Bestimmungen zur Anwendung.

§. 17. Insoweit die vorstehende Verordnung nicht ausdrücklich Abweichungen festsetzt, bleiben für die sonstigen Verrichtungen der Standesbeamten in Bezug auf Militärpersonen, welche ihr Standquartier nach eingetretener Mobilmachung verlassen haben, lediglich die allgemeinen gesetzlichen Bestimmungen maßgebend.

Urkundlich unter Unserer Höchsteigenhändigen Unterschrift und beigedrucktem Kaiserlichen Insiegel ꝛc.

2. Verordnung, betreffend die Beurkundung von Sterbefällen solcher Militärpersonen, welche sich an Bord der in Dienst gestellten Schiffe oder anderen Fahrzeuge der Marine befinden. Vom 4. November 1875 (Reichs-Ges.Bl. S. 313).

Wir **Wilhelm**, von Gottes Gnaden Deutscher Kaiser, König von Preußen ꝛc. verordnen auf Grund des §. 71 des Gesetzes über die Beurkundung des Personenstandes und die Eheschließung vom 6. Februar 1875 (Reichs-Gesetzbl. S. 23) im Namen des Deutschen Reichs, was folgt:

Sterbefälle von Militärpersonen auf den in Dienst gestellten Schiffen oder anderen Fahrzeugen der Kaiserlichen Marine sind von dem zuständigen Marine-Stations-Kommando unter Uebersendung der darüber von dem Kommando des Schiffs oder Fahrzeugs aufgenommenen Urkunden dem Standesbeamten, in dessen Bezirk der Verstorbene seinen letzten Wohnsitz gehabt hat, anzuzeigen und auf Grund dieser Anzeige in das Sterberegister einzutragen.

Urkundlich ꝛc.

3. Ausführungsverordnung des Bundesraths zum Gesetze über die Beurkundung des Personenstandes ꝛc. vom 6. Februar 1875. (Central-Blatt für das Deutsche Reich *No.* 28 S. 386.)

Auf Grund des Gesetzes über die Beurkundung des Personenstandes und die Eheschließung vom 6. Februar 1875 §. 83 (Reichs-Gesetzbl. S. 39) hat der Bundesrath die nachstehende Ausführungs-Verordnung erlassen:

§. 1. Die Standesbeamten haben die drei im §. 12 des Gesetzes vom 6. Febr. 1875 vorgeschriebenen Standesregister nach den Formularen A. B. C., und zwar:

1. das Geburtsregister nach dem Formular A.,
2. das Heirathsregister nach dem Formular B.,
3. das Sterberegister nach dem Formular C.

zu führen.

Die Formulare sind für Format und Gestalt der Standesregister maßgebend. Von jedem Blatte ist die Vor- und Rückseite zu bedrucken.

§. 2. Die Formulare zu den Nebenregistern (§. 14 des Gesetzes) sind im Vordruck am Schlusse mit folgendem Beglaubigungsvermerk zu versehen:

Die Uebereinstimmung mit dem Hauptregister beglaubigt

. . . . am . . . . ten . . . . 18 . . .

Der Standesbeamte

. . . .

§. 2. Muß das für einen größeren Standesamtsbezirk angelegte Register in mehrere Theile zerlegt werden, so ist bei dem Abschlusse eines Theils ausdrücklich auf den folgenden hinzuweisen.

§. 4. Für Format und Gestalt der Registerauszüge (§§. 8, 15 Abs. 2 des Gesetzes) sind die Formulare A. a., B. b., C. c. maßgebend.

§. 5. Ueber die erfolgte Eheschließung ist die in §. 54 Abs. 2 des Gesetzes vorgeschriebene Bescheinigung nach Formular D. auszustellen.

Das Aufgebot, welches nach §. 44 des Gesetzes der Eheschließung vorhergehen soll, ist nach Formular E. anzuordnen.

Die Ermächtigung des zuständigen Standesbeamten zur Eheschließung vor dem Standesbeamten eines anderen Orts (§. 43 des Gesetzes) nebst der in diesem Fall auszustellenden Bescheinigung (§. 49 des Gesetzes) ist nach Formular F. zu ertheilen.

§. 6. Die Formulare D. E. F. sind unter den nach §. 8 des Gesetzes den Gemeinden kostenfrei zu liefernden Formularen nicht begriffen.

§. 7. Um eine nähere Anweisung für die richtige Benutzung der Vordrucke in den Formularen A. bis F. den Standesbeamten an die Hand zu geben, sind denselben, sowie ihren Stellvertretern, je zwei der Muster folgender Akte mitzutheilen:

A. der Eintragung in das Geburtsregister (A.) auf Grund
der Anzeige des ehelichen Vaters, A. 1.,
der Anzeige der bei der Niederkunft zugegen gewesenen Hebamme, A. 2.,
der Anzeige einer anderen bei der Niederkunft zugegen gewesenen Person, A. 3.

A. 1. enthält zugleich ein Beispiel für die Eintragung der nachträglichen Anzeige der Vornamen des Kindes (§. 22 Abs. 3 des Gesetzes) und giebt mit dem Vermerk: „In Vertretung N. N." die Anleitung, in welcher Weise in Fällen der Verhinderung des Standesbeamten dessen Stellvertreter seine Eintragung zu unterzeichnen hat;

A. 3. giebt ein Beispiel für die Eintragung eines Geburtsfalles auf Grund der Genehmigung der Aufsichtsbehörde (§. 27 des Gesetzes), sowie für die gleichzeitig vor dem Standesbeamten erklärte Anerkennung eines unehelichen Kindes (§. 25 des Gesetzes);

A. 4. bietet ein Beispiel für einen auf Grund des §. 26 des Gesetzes einzutragenden Randvermerk;

B. der Eintragung in das Heirathsregister (B.), B. 1.,

B. 1. gewährt zugleich ein Beispiel für die Eintragung eines Randvermerks nach Maßgabe des §. 55 des Gesetzes;

C. der Eintragung in das Sterberegister (C.) auf Grund

der Anzeige der Ehefrau des Verstorbenen C. 1.,

der Anzeige des Vaters des Verstorbenen C. 2.,

der Anzeige einer Person, in deren Behausung sich der Sterbefall ereignet hat, C. 3.

C. 3. enthält zugleich die Eintragung der Berichtigung einer Eintragung in das Standesregister (§. 65 des Gesetzes);

in den Fällen des §. 23 des Gesetzes ist der nicht passende Theil des Vordrucks zu durchstreichen, und die Eintragung, wie C. 4. ergiebt, am Rande zu bewirken;

D. der Bescheinigung über die erfolgte Eheschließung (D.), D. 1.;

E. der Bescheinigung des Aufgebots (E.), E. 1.;

F. der standesamtlichen Ermächtigung und Bescheinigung des Aufgebots (F.), F. 1.

§. 8. In den Fällen, in welchen die Eintragung eines Geburts- oder Sterbefalles auf Grund einer schriftlichen Anzeige oder Mittheilung einer Behörde erfolgt (§§. 20, 24, 58, 62 des Gesetzes), ist der Vordruck ganz zu durchstreichen, und die Eintragung am Rande unter ausdrücklicher Bezugnahme auf die erfolgte Anzeige oder Mittheilung vorzunehmen. In diesen Fällen, sowie im Falle des §. 23 des Gesetzes dürfen bei Ertheilung von Registerauszügen die für die letzteren bestimmten Formulare nicht benutzt werden.

§. 9. Die Standesbeamten sind verpflichtet, als Beilage zu den Registern Sammelakten, nach Jahrgängen geordnet, und zwar für jedes Register besonders, anzulegen, und in dieselben alle ihnen zugestellten schriftlichen Anträge, Anzeigen, Urkunden, Mittheilungen, Verfügungen, insbesondere die der Aufsichtsbehörde und der Gerichte (§§. 20, 24—28, 33, 35, 38, 43, 45, 48—50, 55, 58, 60, 62—65 des Gesetzes), desgleichen die von ihnen in Gemäßheit der §§. 21, 25, 45—47, 58, 68 aufgenommenen Verhandlungen und getroffenen Anordnungen aufzunehmen.

§. 10. Außerdem haben die Standesbeamten:

1. zu jedem der drei Register ein alphabetisches, das Auffinden der einzelnen Eintragung ermöglichendes Namensverzeichniß,
2. eine Kontrole über die nachträglich zu machenden Anzeigen der Vornamen des Kindes (§. 22 Abs. 3 des Gesetzes),
3. ein Verzeichniß der von ihnen angeordneten oder auf Ersuchen eines andern Standesbeamten verkündeten Aufgebote,
4. ein Verzeichniß über die zu erhebenden und erhobenen Gebühren (§. 16 des Gesetzes) zu führen.

§. 11. Geistlichen und andern Religionsdienern ist die Einsicht der Register kostenfrei zu gestatten.

§. 12. Die Standesregister sind in deutscher Sprache zu führen.

Die Bestimmungen des für Elsaß-Lothringen erlassenen Gesetzes vom 31. März 1872, betreffend die amtliche Geschäftssprache daselbst (Gesetzbl. für Elsaß-Lothringen S. 159) werden hierdurch nicht berührt.

§. 13. Auf Verlangen der Verlobten ist denselben von dem Standesbeamten eine Bescheinigung über das angeordnete Aufgebot kostenfrei zu ertheilen.

§. 14. Ist eine Ehe getrennt, für ungültig oder nichtig erklärt, so hat die Staatsanwaltschaft, und insoweit dieselbe in Ehesachen nicht mitzuwirken hat, das Ehegericht eine mit der Bescheinigung der Rechtskraft versehene Ausfertigung des Urtheils dem Standesbeamten, vor welchem die Ehe geschlossen ist, zu übersenden.

In denjenigen Rechtsgebieten, in welchen es zur Trennung einer Ehe einer besonderen Erklärung und Beurkundung vor dem Standesbeamten bedarf (§. 55 Abs. 2 des Gesetzes), hat derjenige Standesbeamte, welcher die Trennung ausgesprochen hat, eine beglaubigte Abschrift der von ihm dieserhalb aufgenommenen Verhandlung dem Standesbeamten, vor welchem die Ehe geschlossen ist, zuzustellen.

Dem Ersuchen eines Standesbeamten sind andere Standesbeamte, sowie Gemeinde- und Ortspolizeibehörden Folge zu leisten verpflichtet.

Berlin, den 22. Juni 1875.

Der Reichskanzler.
In Vertretung:
Delbrück.

A.

Nr. . . . . . .

. . . . am . . . . 18 . .

Vor dem unterzeichneten Standesbeamten erschien heute, der Persönlichkeit nach . . . .
. . . . kannt
. . . .
wohnhaft zu . . . .
. . . . Religion, und zeigte an, daß von der
. . . .
. . . . Religion,
wohnhaft . . . .
. . . .
zu . . . .
am . . . . ten . . . . des Jahres
tausend acht hundert . . . . zig und . . . . s
um . . . . Uhr ein Kind . . . . . lichen
Geschlechts geboren worden sei, welches . . . . . Vornamen
. . . . erhalten habe
. . . .
. . . .

Vorgelesen, genehmigt und . . . .
. . . .
. . . .

Der Standesbeamte.

. . . .
. . . .

A. 1.

Nr. *1080.*

Berlin, am 26. *September* 1876.

Vor dem unterzeichneten Standesbeamten erschien heute, der Persönlichkeit nach *durch den von Person bekannten Portier August Neumann* anerkannt, *der Bäcker*) Carl Eduard Schulze*
wohnhaft zu *Berlin in der Annen-Strasse No. 17.*
evangelischer Religion, und zeigte an, daß von der *Henriette Schulze, geborenen Schmidt, seiner Ehefrau,*
evangelischer Religion,
wohnhaft *bei ihm*
zu *Berlin in seiner Wohnung*
am *drei und zwanzigsten September* des Jahres
tausend acht hundert *siebenzig* und *sechs* *Nachmittags*
um *sieben drei viertel* Uhr ein Kind *männlichen*
Geschlechts geboren worden sei, welches *einen*
Vornamen *noch nicht* erhalten habe.

Vorgelesen, genehmigt und *wegen Schreibensunkunde von dem Anzeigenden mit seinem Handzeichen versehen.*

† † †

Der Standesbeamte.
In Vertretung, N. N.

Berlin, den 25. *October* 1876.

Vor dem unterzeichneten Standesbeamten erschien heute, der Persönlichkeit nach bekannt, der Bäcker Carl Eduard Schulze zu Berlin, wohnhaft in der Annen-Strasse No. 17, und zeigte an, dass dem von seiner Ehefrau am 23. September d. J. geborenen Kinde die Vornamen Carl Theodor Anton beigelegt worden seien.

Vorgelesen, genehmigt und wegen Schreibensunkunde von dem Anzeigenden mit seinem Handzeichen versehen.

† † †

Der Standesbeamte.
N.

*) Anm. Es ist stets Stand oder Gewerbe des Anzeigenden und der Eltern des Kindes anzugeben.

A. 2.

Nr. *1081.*

Berlin, am 26. *September* 1876.

Vor dem unterzeichneten Standesbeamten erschien heute, der Persönlichkeit nach ——— *bekannt*,

die Hebamme Frau Emilie Habermann, geb. Engel ———
wohnhaft zu *Berlin in der Annen-Strasse No.* 11 ———
——— Religion*), und zeigte an, daß von der *Amalie Hergenbach geb. Schneider, evangelischer Religion, Ehefrau des Schlächters**) Ludwig August Hergenbach*, ——— *evangelischer* Religion, wohnhaft *bei ihrem Ehemanne zu Berlin in der N . . . -Strasse No.* 79. ———
zu *Berlin in der Wohnung ihres Ehemannes* ———
am ——— *fünfundzwanzigsten September* des Jahres tausend acht hundert *siebenzig* und *sechs* ——— *Nachmittags* um ——— *sieben drei viertel* Uhr ein Kind ——— *männlichen* Geschlechts geboren worden sei, welches ——— *die* Vornamen *Hermann August* ——— erhalten habe.

*Die Frau Habermann erklärte, dass sie bei der Niederkunft der Ehefrau Hergenbach zugegen gewesen sei.***)* ———

Vorgelesen, genehmigt und *unterschrieben*

Emilie Habermann.

Der Standesbeamte.

N. N.

*) Anm. Nur die Religion der Eltern braucht angegeben zu werden.

**) Anm. Es ist stets Stand oder Gewerbe des Anzeigenden und der Eltern des Kindes anzugeben.

***) In den Fällen des §. 18 Nr. 2—4 des Gesetzes vom 6. Februar 1875 ist zu bemerken, daß der Anzeigende bei der Niederkunft zugegen gewesen ist.

A. 3.

Nr. *1082.*

Berlin, am 26. *September* 1876.

Vor dem unterzeichneten Standesbeamten erschien heute, der Persönlichkeit nach ——— *bekannt*,

der Weber) Herrmann Philipp Naumann* ———
wohnhaft zu *Berlin in der M . . . .-Strasse No.* 20. ———
——— Religion, und zeigte an, daß von der *unverehelichten Fabrikarbeiterin Amalie Schmidt*, ——— *evangelischer* Religion, wohnhaft *in der A . . . .-Strasse No.* 10. ———
zu *Berlin in ihrer Wohnung* ———
am ——— *drei und zwanzigsten Mai* ——— des Jahres tausend acht hundert *siebenzig* und *sechs* ——— *Nachmittags* um ——— *sieben drei viertel* Uhr ein Kind ——— *männlichen* Geschlechts geboren worden sei, welches ——— *den* Vornamen *Eduard* ——— erhalten habe.

*Der Naumann erklärte, dass er bei der Niederkunft der Amalie Schmidt zugegen gewesen sei**) und dass er hiermit das vorgedachte Kind als von ihm erzeugt anerkenne.*

Zu der vorstehenden Eintragung ist die Genehmigung der Aufsichtsbehörde unter dem 17. September 1876 ertheilt.

Vorgelesen, genehmigt und *unterschrieben*

Herrmann Philipp Naumann.

Der Standesbeamte.

N. N.

*) Es ist stets Stand und Gewerbe des Anzeigenden und der Eltern des Kindes anzugeben.

**) In den Fällen des §. 18 Nr. 2—4 des Gesetzes vom 6. Februar 1875 ist zu bemerken, daß der Anzeigende bei der Niederkunft zugegen gewesen ist.

A. 4.

Randvermerk.

No. 1084.

Berlin, am 1. Februar 1877.

Vor dem unterzeichneten Standesbeamten erschien heute, der Persönlichkeit nach bekannt, der Rentier Hermann Lemcke, wohnhaft zu Berlin in der L....-Strasse No. 16, evangelischer Religion, und überreichte eine Ausfertigung der vor dem Kreisgerichte) zu R.... am 6. Januar 1877 aufgenommenen Urkunde, Inhalts deren er das von der unverehelichten Johanna Müller am 23. Juni vorigen Jahres geborene Kind als von ihm erzeugt anerkannt hat.*

Vorgelesen, genehmigt und unterschrieben.

Der Standesbeamte.

N.

*) oder statt: „*Kreisgerichte*" „*Notar N. N.*"

B.

Nr. . . . . . .

. . . . am . . . . ten

. . . . . . tausend acht hundert . . . . zig und . . .

Vor dem unterzeichneten Standesbeamten erschienen heute zum Zwecke der Eheschließung:

1\. der . . . .
der Persönlichkeit nach . . . .
. . . . kannt,
. . . . Religion, geboren den . . . .
. . . . des Jahres tausend acht hundert
. . . . zu
. . . . , wohnhaft zu . . . .

Sohn de . . . .
. . . . wohnhaft
zu . . . .

2\. die . . . .
der Persönlichkeit nach . . . .
. . . . kannt,

. . . . Religion, geboren den . . . .
. . . . des Jahres tausend acht hundert
. . . . zu . . . .
. . . . , wohnhaft zu . . . .

Tochter de . . . .
. . . . wohnhaft
zu . . . .

Als Zeugen waren zugezogen und erschienen:

3. d . . . .
der Persönlichkeit nach . . . .
. . . .
. . . . kannt,
. . . . Jahre alt, wohnhaft zu . . . .
. . . .

4. d . . . .
der Persönlichkeit nach . . . .
. . . . kannt,
. . . . Jahre alt, wohnhaft zu . . . .
. . . .

In Gegenwart der Zeugen richtete der Standesbeamte an die Verlobten einzeln und nach einander die Frage:

ob sie erklären, daß sie die Ehe mit einander eingehen wollen.

Die Verlobten beantworteten diese Frage bejahend und erfolgte hierauf der Ausspruch des Standesbeamten, daß er sie nunmehr kraft des Gesetzes für rechtmäßig verbundene Eheleute erkläre.

Vorgelesen, genehmigt und . . . .
. . . .
. . . .
. . . .

Der Standesbeamte.

. . . .
. . . .
. . . .

B. 1.

No. 538.

Durch rechtskräftiges Urtheil des Königlichen Stadtgerichts zu Berlin vom 13. October 1878 ist die Ehe zwischen dem Julius Schneider und der Hermine Schneider geb. Neuberg aufgelöst worden.

Berlin, 5. Januar 1879.

Der Standesbeamte.

In Vertretung

N.

Nr. *538.*

Berlin, am ———— *drei und zwanzigsten December* ——— tausend acht hundert *siebenzig* und *sechs*.

Vor dem unterzeichneten Standesbeamten erschienen heute zum Zwecke der Eheschließung:

1. der *Schmiedemeister Julius Schneider*, ————
der Persönlichkeit nach *durch den von Person bekannten Sekretär Philipp Mentke* ———— *aner*kannt,
———— *evangelischer* Religion, geboren den *drei und zwanzigsten September* ———— des Jahres tausend acht hundert *vierzig und sechs* ———— zu *Potsdam*; ————
————, wohnhaft zu *Berlin in der A . . .-Strasse No. 37*, ————
Sohn des *Hausbesitzers Eduard Schneider und dessen Ehefrau Anna geb. Müller*, ———— wohnhaft zu *Potsdam*; ————

2. die *Hermine Neuberg*, ————
der Persönlichkeit nach *durch den p. Menthe* ————
———— *aner*kannt,
———— *evangelischer* Religion, geboren den *ein und dreissigsten Mai* ———— des Jahres tausend acht hundert *fünfzig und vier* ———— zu *Schöneberg bei Berlin* ————

————————, wohnhaft zu *Berlin*,————

Tochter des *verstorbenen Tischlermeisters Hermann Neuberg und der verstorbenen Ehefrau desselben Marie geb. Schmidt, zuletzt* —— wohnhaft zu *Danzig*.——

Anm. Es ist in allen Fällen Wohnort, Stand oder Gewerbe der Verlobten, der Eltern der Verlobten, sowie der Zeugen anzugeben.

Als Zeugen waren zugezogen und erschienen:

3. der *Tischler Hermann Rautenberg*,——
der Persönlichkeit nach ——
——bekannt,
sechs und zwanzig—— Jahre alt, wohnhaft zu *Berlin in der neuen A . . .-Strasse No. 8*;——

4. die *Antonie Liebau, Schneiderin*,——
der Persönlichkeit nach *durch den p. Menthe*——
——*aner*kannt,
——*zwei und zwanzig* Jahre alt, wohnhaft zu *Berlin in der verlängerten A . . .-Strasse No. 3*.——

In Gegenwart der Zeugen richtete der Standesbeamte an die Verlobten einzeln und nach einander die Frage:

ob sie erklären, daß sie die Ehe mit einander eingehen wollen.

Die Verlobten beantworteten diese Frage bejahend und erfolgte hierauf der Ausspruch des Standesbeamten, daß er sie nunmehr kraft des Gesetzes für rechtmäßig verbundene Eheleute erkläre.

Vorgelesen, genehmigt und *von der Antonie Liebau wegen Schreibensunkunde mit ihrem Handzeichen versehen, von den anderen Erschienenen unterschrieben*.——

Julius Schneider. Hermine Schneider geb. Neuberg.

Hermann Rautenberg. † † †

Der Standesbeamte.

In Vertretung. N.

Zusatz im Nebenregister.

Die Uebereinstimmung mit dem Hauptregister beglaubigt.

Berlin, am ——*23ten December*—— 1876.

Der Standesbeamte.

N. N.

C.

Nr. . . . . . .

. . . . am . . . . 18 .

Vor dem unterzeichneten Standesbeamten erschien heute, der Persönlichkeit nach . . . .
. . . . kannt,
. . . .
wohnhaft zu . . . .
und zeigte an, daß . . . .
. . . . alt . . . . Religion,
wohnhaft zu . . . .
geboren zu . . . .
. . . .
. . . . . . de . . . .
. . . .
zu . . . .
am . . . . ten . . . .
des Jahres tausend acht hundert . . . . zig und . . .
. . . . s um . . . . Uhr
verstorben sei . . . .

Vorgelesen, genehmigt und . . . .
. . . .
. . . .

Der Standesbeamte.

. . . .

Nr. *48.* C. 1.

Berlin, am 6. *Januar* 1876.

Vor dem unterzeichneten Standesbeamten erschien heute, der Persönlichkeit nach — bekannt,

Frau Antonie Emilie Starke

wohnhaft zu *Berlin in der A . . . .-Strasse No.* 18

und zeigte an, daß *ihr Ehemann, der Kaufmann Eduard Herrmann Starke,*

36 *Jahre* alt *evangelischer* Religion,

wohnhaft zu *Berlin in der A . . . .-Strasse No.* 18,

geboren zu *Angermünde*

Sohn des *Kaufmanns Emanuel Starke und dessen Ehefrau Marie, geb. Löwenthal zu Potsdam,*

zu *Berlin*

am *fünf*ten *Januar*

des Jahres tausend acht hundert *sieben*zig und *sechs*

Vormittags um *acht ein halb* Uhr

verstorben sei.

Vorgelesen, genehmigt und *unterschrieben*

Emilie Starke.

Der Standesbeamte.

N. N.

C. 2. Nr. *49.*

Berlin, am 6. *Januar* 1876.

Vor dem unterzeichneten Standesbeamten erschien heute, der Persönlichkeit nach — bekannt,

der Regierungsrath Gustav Oerthel

wohnhaft zu *Berlin in der A . . . .-Strasse No.* 9,

und zeigte an, daß *Anton Emil Oerthel, Gymnasiast,*

18 *Jahre* alt, *evangelischer* Religion,

wohnhaft zu *Berlin in der A . . . .-Strasse No.* 9,

geboren zu *Magdeburg, ledigen Standes,*

Sohn des *Anzeigenden und seiner Ehefrau Louise, geb. Heidenreich,*

zu *Berlin*

am *fünf*ten *Januar*

des Jahres tausend acht hundert *sieben*zig und *sechs*

Nachts um *zwei ein halb* Uhr

verstorben sei.

Vorgelesen, genehmigt und *unterschrieben*

Gustav Oerthel.

Der Standesbeamte.

N. N.

No. 50.

Gemäss Verfügung des Königlichen Stadtgerichts zu Berlin vom 10. September 1876 wird berichtigend bemerkt, dass der Schneider Hermann Lehrmann bereits am vierten Januar 1876 Nachmittags um $6^1/_2$ Uhr verstorben ist.

Berlin, 16. September 1876.

Der Standesbeamte.

In Vertretung.

N.

Nr. 50. C. 3.

Berlin, am 6. Januar 1876.

Vor dem unterzeichneten Standesbeamten erschien heute, der Persönlichkeit nach durch den von Person bekannten Sekretär Carl Hanke anerkannt, der Fuhrherr Emil Heinrich Hetzel wohnhaft zu Berlin in der R . . . .-Strasse No. 37, und zeigte an, daß der Schneider Hermann Lehrmann 40 Jahre alt evangelischer Religion, wohnhaft zu Stettin, geboren zu (unbekannt), zuletzt verheirathet gewesen mit der verstorbenen Antonie geb. Riebe, Sohn des Schlossers Philipp Lehrmann und dessen Ehefrau Rosalie geb. Tiemann zu Stettin, zu Berlin in des Anzeigenden Behausung am fünften Januar des Jahres tausend acht hundert siebenzig und sechs Nachmittags um sechs ein halb Uhr verstorben sei.

Vorgelesen, genehmigt und unterschrieben

Heinrich Hetzel.

Der Standesbeamte.

N. N.

C. 4. Nr. 51.

Berlin, am 6. Januar 1876.

Vor dem unterzeichneten Standesbeamten erschien heute, der Persönlichkeit nach bekannt, die Hebamme Wittwe Ida Friedemann geb. Janke, wohnhaft zu Berlin in der N . . . .-Strasse No. 17., und zeigte an, daß ⌈ . . . . alt . . . . Religion, wohnhaft zu geboren zu . . . . . be . . . . . . zu . . . . . am . . . . . ten des Jahres tausend acht hundert . . zig und . . . . 6 um . . . . . Uhr verstorben sei. . .

Vorgelesen, genehmigt und

Der Standesbeamte.

⌈ von Louise Naumann geb. Müller, evangelischer Religion, in der Wohnung ihres Ehemannes, des Hutmachers Robert Naumann, evangelischer Religion, zu Berlin in der A . . .-Strasse No. 67, am fünften Januar dieses Jahres Nachmittags um drei Uhr ein Kind weiblichen Geschlechts geboren und dass dieses Kind in der Geburt verstorben sei.

Die Frau Friedemann erklärte, dass sie bei der Niederkunft der Frau Louise Naumann zugegen gewesen sei.

(Nebenstehend 19 Zeilen gestrichen.)

Vorgelesen, genehmigt und unterschrieben

Ida Friedemann.

Der Standesbeamte.

N. N.

D.

Bescheinigung der Eheschließung.

Zwischen dem . . . .
wohnhaft zu . . . .
und der . . . .
. . . . . . wohnhaft zu . . . .
. . . .
ist vor dem unterzeichneten Standesbeamten heute die Ehe geschlossen worden.
. . . . am . . ten . . . . 18 . .

Der Standesbeamte.

(Siegel.)

D. 1.

Bescheinigung der Eheschließung.

Zwischen dem *Schlosser Herrmann Philipp Naumann*
wohnhaft zu *Berlin*
und der *Anna Catharina Reinhardt*
wohnhaft zu *Luckenwalde*

ist vor dem unterzeichneten Standesbeamten heute die Ehe geschlossen worden.
Berlin, am *6ten Februar* 1876.

Der Standesbeamte.
N.

(Siegel.)

E.

Aufgebot.

Es wird zur allgemeinen Kenntniß gebracht, daß
1. der . . . .
. . . .
wohnhaft zu . . . .
Sohn de . . . .
. . . .
2. und die . . . .
. . . .
wohnhaft zu . . . .
Tochter de . . . .
. . . .
die Ehe mit einander eingehen wollen.
Die Bekanntmachung des Aufgebots hat in de . . . .
. . . . zu geschehen.
. . . . am . . ten . . . . 18 . .

Der Standesbeamte.

Ausgehängt am . . . . hause zu . . . .
am . . ten 18
Abgenommen am . . ten 18
. . . . am . . ten . . . . 18 . .

E. 1.

Aufgebot.

Es wird zur allgemeinen Kenntniß gebracht, daß
1. der *Tischler Hermann Ludwig Starke*

wohnhaft zu *Berlin, früher wohnhaft zu Rathenau,* *)
Sohn des *Maurermeisters Anton Philipp Starke und dessen Ehefrau Emilie Louise geb. Pelkmann* *beide wohnhaft***) *zu Rathenau*
2. und die *Auguste Antonie Neubauer,*

wohnhaft zu *Neustadt-Eberswalde,*
Tochter des *Schlossermeisters Theodor Wilhelm Neubauer, wohnhaft zu Neustadt-Eberswalde und der verstorbenen Ehefrau desselben Dorothea geb. Heymann*

die Ehe mit einander eingehen wollen.

Die Bekanntmachung des Aufgebots hat in den *Gemeinden Berlin, Rathenau und Neustadt. Eberswalde* zu geschehen.

Berlin, am 26ten *Februar* 1876.

Der Standesbeamte.
N.

Ausgehängt am *Rath*hause zu *Neustadt-Eberswalde* am 1ten *März* 1876.

Abgenommen am 16ten *März* 1876.***)

Neustadt-Eberswalde, am 16ten *März* 1876.

(Siegel.) *Der Bürgermeister.*
N.

*) Vergl. Ges. v. 6. Februar 1875 §. 46 Nr. 3.
**) Es ist stets der Wohnort der Eltern der Verlobten anzugeben.
***) Zwischen dem Tage des Aushangs und der Abnahme müssen 14 volle Kalendertage liegen.

F.

Standesamtliche Ermächtigung.

Der unterzeichnete Standesbeamte des . . . . Standesamts zu . . . .
. . . .
ertheilt hierdurch die Ermächtigung, daß die Ehe zwischen
1. dem . . . .
wohnhaft zu . . . .
Sohn de . . . .
. . . .
2. und der . . . .
wohnhaft zu . . . .
Tochter de . . . .
. . . .
vor dem Standesbeamten zu . . . .
geschlossen werde.

Zugleich bescheinigt der unterzeichnete Standesbeamte, daß das Aufgebot vorschriftsmäßig . . . .

. . . .

erfolgt ist und daß Ehehindernisse nicht zu seiner Kenntniß gekommen sind.

. . . . am . . ten . . . . 18 . .

Der Standesbeamte.

F. 1.[1])

Standesamtliche Ermächtigung.

Der unterzeichnete Standesbeamte des *Königlich Preussischen* ———— Standesamts zu *Berlin* ————

ertheilt hierdurch die Ermächtigung, daß die Ehe zwischen

1. dem *Kaufmann Carl Anton Scholz*, ————
wohnhaft zu *Berlin*, ————
Sohn des *Rentiers Herrmann Eduard Scholz und dessen Ehefrau Emilie geb. Schaumann, beide wohnhaft zu Berlin* ————

2. und der *Auguste Caroline Gerber, Lehrerin*, ————
wohnhaft zu *Berlin*, ————
Sohn des *Kaufmanns Ludwig Emil Gerber und dessen Ehefrau Therese geb. Heidenreich, beide wohnhaft zu Potsdam*, ————

vor dem Standesbeamten zu *Potsdam* ————
geschlossen werde.

Zugleich bescheinigt der unterzeichnete Standesbeamte, daß das Aufgebot vorschriftsmäßig *durch Aushang an dem Rathhause zu Berlin vom* 2ten *bis* 17ten *Dezember* 1876 ————

erfolgt ist und daß Ehehindernisse nicht zu seiner Kenntniß gekommen sind.

Berlin, am ———— 17ten *Dezember* ———— 1876.

Der Standesbeamte.

N.

(Siegel.)

———

1) Vgl. hierzu den Kommentar Anm. 54 zu §. 43.

A. a.

Geburtsurkunde.

Nr. . . . .

. . . . am . . . . 18 . .

Vor dem unterzeichneten Standesbeamten erschien heute, der Persönlichkeit nach . . . . kannt

. . . .

wohnhaft zu . . . .

. . . . Religion, und zeigte an, daß von der

. . . .

. . . . Religion,

wohnhaft . . . .
. . . .
zu . . . .
am . . . . ten . . . . des Jahres
tausend acht hundert . . . zig und . . . . s
um . . . . Uhr ein Kind . . . lichen
Geschlechts geboren worden sei, welches . . . Vornamen
. . . . erhalten habe
. . . .

Vorgelesen, genehmigt und . . . .
. . . .

Der Standesbeamte.

. . . .
Daß vorstehender Auszug mit dem Geburts-Haupt-Register des Standesamts zu . . . .
. . . . gleichlautend ist, wird hiermit bestätigt.
. . . . am . . ten . . . . 18 . . .

Der Standesbeamte.

(Siegel.)

B. b.

Heirathsurkunde.

Nr. . . . .

. . . . am . . . . ten
. . . . . . tausend acht hundert . . zig und . . .

Vor dem unterzeichneten Standesbeamten erschienen heute zum Zwecke der Eheschließung:

1. der . . . .
der Persönlichkeit nach . . . .
. . . . kannt,
. . . . Religion, geboren den . . . .
. . . . des Jahres tausend acht hundert
. . . . zu . . . .
. . . . , wohnhaft zu . . . .
. . . .
Sohn de . . . .
. . . . wohnhaft
zu . . . .

2. die . . . .
der Persönlichkeit nach . . . .
. . . . kannt,
. . . . Religion, geboren den . . . .
. . . . des Jahres tausend acht hundert
. . . . zu . . . .
. . . . , wohnhaft zu . . . .
. . . .
Tochter de . . . .
. . . . wohnhaft
zu . . . .

Als Zeugen waren zugegen und erschienen:

3. d . . . .
der Persönlichkeit nach . . . .
. . . . kannt,
. . . . Jahre alt, wohnhaft zu . . . . . .
. . . .
d . . . .

der Persönlichkeit nach . . . .
. . . . kannt,
. . . . Jahre alt, wohnhaft zu . . . . .
. . . .

In Gegenwart der Zeugen richtete der Standesbeamte an die Verlobten einzeln und nach einander die Frage:

ob sie erklären, daß sie die Ehe mit einander eingehen wollen.

Die Verlobten beantworteten diese Frage bejahend und erfolgte hierauf der Ausspruch des Standesbeamten, daß er sie nunmehr kraft des Gesetzes für rechtmäßig verbundene Eheleute erkläre.

Vorgelesen, genehmigt und . . . .
. . . .
. . . .

Der Standesbeamte.

. . . .

Daß vorstehender Auszug mit dem Heiraths-Haupt-Register des Standesamts zu . . . .
gleichlautend ist, wird hiermit bestätigt.
. . . . am . . . ten . . . . . . 18 . .

Der Standesbeamte.

. . . .

(Siegel.)

C. c.

Sterbeurkunde.

Nr. . . . .

. . . . am . . . . 18 . .

Vor dem unterzeichneten Standesbeamten erschien heute, der Persönlichkeit nach . . . .
. . . . kannt,
. . . .
wohnhaft zu . . . .
und zeigte an, daß . . . .
. . . .
. . . . alt . . . . Religion,
wohnhaft zu . . . .
geboren zu . . . .
. . . .
. . . . de . . . .
. . . .
zu . . . .
am . . . . ten . . . .
des Jahres tausend acht hundert . . . . zig und . . . .
. . . . s um . . . . Uhr
verstorben sei . . . .

Vorgelesen, genehmigt und . . . .
. . . .
. . . .

Der Standesbeamte.

. . . .

Daß vorstehender Auszug mit dem Sterbe-Haupt-Register des Standesamts zu . . . .
. . . . gleichlautend ist, wird hiermit bestätigt.
. . . . am . . . ten . . . . . . 18 . .

Der Standesbeamte.

. . . .

(Siegel.)

4. Gesetz, betreffend die Eheschließung und die Beurkundung des Personenstandes von Bundesangehörigen im Auslande [2]). Vom 4. Mai 1870 [3]). (Bundes-Ges.Bl. S. 599.)

Wir **Wilhelm,** von Gottes Gnaden König von Preußen rc. verordnen im Namen des Norddeutschen Bundes, nach erfolgter Zustimmung des Bundesrathes und des Reichstages, was folgt:

I. Allgemeine Bestimmungen.

§. 1. Der Bundeskanzler kann einem diplomatischen Vertreter des Bundes für das ganze Gebiet des Staates, bei dessen Hofe oder Regierung derselbe beglaubigt ist, und einem Bundeskonsul für dessen Amtsbezirk die allgemeine Ermächtigung ertheilen, bürgerlich gültige Eheschließungen von Bundesangehörigen vorzunehmen, und die Geburten, Heirathen und Sterbefälle von Bundesangehörigen zu beurkunden.

§. 2. Die zur Eheschließung und zur Beurkundung des Personenstandes ermächtigten Beamten (§. 1) haben über die Beurkundung der Geburten, Heirathen und Sterbefälle getrennte Register zu führen. Die vorkommenden Fälle sind in protokollarischer Form unter fortlaufender Nummer in die Register einzutragen. Jedes Register wird in zwei gleichlautenden Originalen nach einem Formulare geführt, welches von dem Bundeskanzler vorgeschrieben wird. Das Formular soll für alle Beamten ein übereinstimmendes sein.

Am Jahresschlusse hat der Beamte die Register abzuschließen und das eine Exemplar derselben dem Bundeskanzler einzusenden. Gleichzeitig hat er den Regierungen der einzelnen Bundesstaaten aus den Registern einen Auszug der Fälle mitzutheilen, welche Angehörige derselben betreffen.

Wenn im Laufe des Jahres in ein Register eine Eintragung nicht erfolgt ist, so hat der Beamte eine amtliche Bescheinigung hierüber am Jahresschlusse dem Bundeskanzler einzusenden.

II. Eheschließung und Beurkundung derselben.

§. 3. Der Schließung der Ehe muß das Aufgebot vorangehen. Vor Beginn desselben sind dem Beamten die zur Eingehung einer Ehe nach den Gesetzen der Heimath der Verlobten nothwendigen Erfordernisse als vorhanden nachzuweisen. Insbesondere haben die Verlobten in beglaubigter Form beizubringen:

1) ihre Geburtsurkunden;
2) die zustimmende Erklärung derjenigen Personen, deren Einwilligung nach den Gesetzen der Heimath der Verlobten erforderlich ist.

Der Beamte kann die Beibringung dieser Urkunden erlassen, wenn ihm die Thatsachen, welche durch dieselben festgestellt werden sollen, persönlich bekannt oder auf andere Weise glaubhaft nachgewiesen sind.

Auch kann er von unbedeutenden Abweichungen in den Urkunden, beispielsweise von einer verschiedenen Schreibart der Namen, oder einer Verschiedenheit der Vornamen absehen, wenn in anderer Weise die Identität der Betheiligten festgestellt wird.

---

[2]) Vgl. S. 6 Anm. 2 u. Anm. 48 zu §. 85.

[3]) Vgl. hierzu Gesetz, betr. die Rechtsverhältnisse der deutschen Schutzgebiete v. 17. April 1886 (R.G.Bl. S. 75) §. 4:

„Das Gesetz, betreffend die Eheschließung und die Beurkundung des Personenstandes von Reichsangehörigen im Auslande, vom 4. Mai 1870 (Bundes-Gesetzbl. S. 599) findet für die Schutzgebiete mit der Maßgabe Anwendung, daß dasselbe durch Kaiserliche Verordnung auch auf andere Personen, als auf Reichsangehörige ausgedehnt werden kann und an Stelle des Bundeskonsuls der von dem Reichskanzler zur Eheschließung und zur Beurkundung des Personenstandes ermächtigte Beamte tritt."

In Folge dessen ist das Gedachte eingeführt worden:

1. in den Schutzgebieten von Kamerun und Togo bezüglich aller Personen, welche nicht Eingeborene sind — („der Gouverneur von Kamerun bestimmt, vorbehaltlich der Genehmigung des Reichskanzlers, wer als Eingeborener im Sinne dieser Verordnung anzusehen ist") — vom 1. Juli 1886 ab durch Kais. V. v. 21. April 1886, R.G.Bl. S. 128;
2. in dem Schutzgebiete der Neu-Guinea-Kompagnie ebenfalls bezüglich aller Personen, welche nicht Eingeborene sind (d. h. nach der Verf. des Reichskanzlers v. 1. Nov. 1886, Ctdesb. 1886 S. 249, für alle anderen Personen als die Angehörigen der im Schutzgebiet heimischen und anderer farbigen Stämme), vom 1. Sept. 1886 ab durch Kais. V. v. 5. Juni 1886, R.G.Bl. S. 187, §. 10;
3. in den Schutzgebieten der Marschall-, Brown- und Providence-Inseln ebenfalls bezüglich aller Personen, welche nicht Eingeborene sind (das bestimmt der Reichskanzler) vom 1. Dez. 1886 ab durch Kais. V. v. 13. Sept. 1886, R.G.Bl. S. 291, §. 10 (vgl. auch §. 2);
4. in den zum Schutzgebiet der Neu-Guinea-Kompagnie gehörigen Salomon-Inseln für alle Personen, welche nicht Eingeborene sind (s. unter Nr. 2), vom 1. April 1888 ab durch Kais. V. v. 1. März 1888, R.G.Bl. S. 63.

Der Beamte ist berechtigt, den Verlobten die eidesstattliche Versicherung über die Richtigkeit der Thatsachen abzunehmen, welche durch die vorliegenden Urkunden oder die sonst beigebrachten Beweismittel ihm nicht als hinreichend festgestellt erscheinen.

§. 4. Das Aufgebot geschieht durch eine Bekanntmachung des Beamten, welche die Vornamen, die Familiennamen, das Alter, den Stand oder das Gewerbe und den Wohnort der Verlobten und ihrer Eltern enthalten muß. Diese Bekanntmachung muß an der Thüre oder an einer in die Augen fallenden Stelle vor oder in der Kanzlei des Beamten eine Woche hindurch ausgehängt bleiben. Erscheint an dem Amtssitze des Beamten eine Zeitung, so ist die Bekanntmachung außerdem einmal darin einzurücken, und die Eheschließung nicht vor Ablauf des dritten Tages von dem Tage an zulässig, an welchem das die Bekanntmachung enthaltende Blatt ausgegeben ist. Unter mehreren an dem bezeichneten Orte erscheinenden Zeitungen hat der Beamte die Wahl.

§. 5. Wenn eine der aufzubietenden Personen innerhalb der letzten sechs Monate ihren Wohnsitz außerhalb des Amtsbereichs (§. 1.) des Beamten gehabt hat, so muß die Bekanntmachung des Aufgebots auch an dem früheren Wohnsitze nach den dort geltenden Vorschriften erfolgen, oder ein gehörig beglaubigtes Zeugniß der Obrigkeit des früheren Wohnortes darüber beigebracht werden, daß daselbst Ehehindernisse in Betreff der einzugehenden Ehe nicht bekannt seien.

§. 6. Der Beamte kann aus besonders dringenden Gründen von dem Aufgebote (§§. 4. und 5.) ganz dispensiren.

§. 7. Die Schließung der Ehe erfolgt in Gegenwart von zwei Zeugen durch die an die Verlobten einzeln und nach einander gerichtete feierliche Frage des Beamten:

ob sie erklären, daß sie die Ehe mit dem gegenwärtigen anderen Theile eingehen wollen,

und durch die bejahende Antwort der Verlobten und durch den hierauf erfolgenden Ausspruch des Beamten,

daß er sie nunmehr kraft des Gesetzes für rechtmäßig verbundene Eheleute erkläre.

§. 8. Die Ehe erlangt mit dem Abschlusse vor dem Beamten bürgerliche Gültigkeit.

§. 9. Die über die geschlossene Ehe in die Register einzutragende Urkunde (Heiraths-Urkunde) muß enthalten:

1) Vor- und Familiennamen, Staatsangehörigkeit, Alter, Stand oder Gewerbe, Geburts- und Wohnort der die Ehe eingehenden Personen;
2) Vor- und Familiennamen, Alter, Stand oder Gewerbe und Wohnort ihrer Eltern;
3) Vor- und Familiennamen, Alter, Stand oder Gewerbe und Wohnort der zugezogenen Zeugen;
4) die auf Befragen des Beamten abgegebene Erklärung der Verlobten, sowie die erfolgte Verkündigung ihrer Verbindung;
5) die Unterschrift der anwesenden Personen;

§. 10. Die vorstehenden Bestimmungen über die Eheschließung (§§. 3—9.) finden auch Anwendung, wenn nicht beide Verlobte, sondern nur einer derselben ein Bundesangehöriger ist.

III. Geburtsurkunden.

§. 11. Die Eintragung der Geburt eines Kindes in die Register kann von dem Beamten nur vorgenommen werden, nachdem sich derselbe durch Vernehmung des Vaters des Kindes oder anderer Personen die Ueberzeugung von der Richtigkeit der einzutragenden Thatsachen verschafft hat.

Diese Eintragung muß enthalten:

1) den Ort, den Tag und die Stunde der Geburt;
2) das Geschlecht des Kindes;
3) die ihm beigelegten Vornamen;
4) Vor- und Familiennamen, Staatsangehörigkeit, Stand oder Gewerbe, sowie den Wohnort der Eltern und zweier bei der Eintragung zuzuziehender Zeugen;
5) die Unterschrift des Vaters, wenn er anwesend ist, und der vorgedachten Zeugen.

IV. Urkunden über Sterbefälle.

§. 12. Die Eintragung eines Todesfalles in die Register erfolgt auf Grund der Erklärung zweier Zeugen. Sie muß enthalten:

1) Vor- und Familiennamen des Verstorbenen, dessen Staatsangehörigkeit, Alter, Stand oder Gewerbe, Wohn- und Geburtsort;
2) Vor- und Familiennamen seines Ehegatten;
3) Vor- und Familiennamen, Staatsangehörigkeit, Stand oder Gewerbe und Wohnort der Eltern des Verstorbenen;
4) Ort, Tag und Stunde des erfolgten Todes,

soweit diese Verhältnisse bekannt sind;

5) Vor- und Familiennamen, Alter, Stand oder Gewerbe und Wohnort der Zeugen, welche die Erklärung abgeben, und, wenn es Verwandte des Verstorbenen sind, den Grad ihrer Verwandtschaft;
6) Unterschrift der Zeugen.

V. Schlußbestimmungen.

§. 13. Insoweit durch die Gesetze eines Bundesstaates den diplomatischen Vertretern und Konsuln in Ansehung der Eheschließungen, sowie der Beurkundung der Geburten, Heirathen und Sterbefälle der Angehörigen dieses Staates von einer besonderen Ermächtigung nicht abhängige oder ausgedehntere Befugnisse, als die im gegenwärtigen Gesetze bestimmten, beigelegt sind oder künftig beigelegt werden, stehen diese Befugnisse für die bezeichneten Angehörigen auch den diplomatischen Vertretern des Bundes und den Bundeskonsuln zu.

§. 14. Auf die Gebühren, welche für die durch das gegenwärtige Gesetz den Beamten des Bundes überwiesenen Geschäfte und insbesondere für die Ausfertigungen und Abschriften aus den Personenstands-Registern zu erheben sind, findet der §. 38. des Bundesgesetzes, betreffend die Organisation der Bundeskonsulate, sowie die Amtsrechte und Pflichten der Bundeskonsuln, vom 8. November 1867. (Bundesgesetzbl. S. 137.) Anwendung.

Urkundlich unter Unserer Höchsteigenhändigen Unterschrift und beigedrucktem Bundes-Insiegel.

Gegeben u. s. w.

5. Gesetz[4]) über die Aufhebung der polizeilichen Beschränkungen der Eheschließung. Vom 4. Mai 1868. (Bundes-Ges.Bl. S. 149.)

Wir **Wilhelm**, von Gottes Gnaden König von Preußen &c. verordnen im Namen des Norddeutschen Bundes, nach erfolgter Zustimmung des Bundesrathes und des Reichstages, was folgt:

§. 1. Bundesangehörige bedürfen zur Eingehung einer Ehe oder zu der damit verbundenen Gründung eines eigenen Haushaltes weder des Besitzes, noch des Erwerbes einer Gemeindeangehörigkeit (Gemeindemitgliedschaft) oder des Einwohnerrechtes, noch der Genehmigung der Gemeinde (Gutsherrschaft) oder des Armenverbandes, noch einer obrigkeitlichen Erlaubniß.

Insbesondere darf die Befugniß zur Verehelichung nicht beschränkt werden wegen Mangels eines bestimmten, die Großjährigkeit übersteigenden Alters oder des Nachweises einer Wohnung, eines hinreichenden Vermögens oder Erwerbes, wegen erlittener Bestrafung, bösen Rufes, vorhandener oder zu befürchtender Verarmung, bezogener Unterstützung oder aus anderen polizeilichen Gründen. Auch darf von der ortsfremden Braut ein Zuzugsgeld oder eine sonstige Abgabe nicht erhoben werden.

§. 2. Die polizeilichen Beschränkungen der Befugniß zur Eheschließung, welche in Ansehung der Ehen zwischen Juden und für die Angehörigen einzelner bürgerlichen Berufsstände bestehen, werden aufgehoben.

Die Bestimmungen über die Genehmigung der Eheschließung der Militairpersonen, Beamten, Geistlichen und Lehrer durch die Vorgesetzten werden hiervon nicht betroffen.

§. 3. Die für Geistliche und Civilstandsbeamte bestehenden Verbote, bei der Schließung einer Ehe ohne vorherige Beibringung einer obrigkeitlichen Bescheinigung amtlich mitzuwirken, bleiben in Beziehung auf Bundesangehörige nur soweit in Kraft, als diese Bescheinigung das Vorhandensein der durch dieses Gesetz nicht berührten Voraussetzungen der Eheschließung oder die im §. 2. Alinea 2. erwähnten Bestimmungen zum Gegenstande hat.

§. 4. Die Vorschriften der Landesgesetze über die Zulassung von Ausländern zur Eingehung einer Ehe finden auf Bundesangehörige keine Anwendung.

§. 5. Die Bestimmungen des bürgerlichen Eherechtes werden durch dieses Gesetz nicht berührt.

§. 6. Dieses Gesetz tritt am 1. Juli d. J. in Kraft.

Urkundlich &c.

II. Ausführungsverordnungen für die einzelnen Staaten.

Königreich Preußen.

6. Verordnung, betreffend die Einführung des dritten Abschnitts und des §. 77. des Reichsgesetzes vom 6. Febr. 1875. über die Beurkundung des Personenstandes und die Eheschließung. Vom 14. Febr. 1875. (Ges.Samml. S. 93.)

Wir **Wilhelm** &c. verordnen auf Grund des §. 79. des Reichsgesetzes vom 6. Februar 1875. (Reichs-Gesetzbl. S. 23), für den Umfang der Monarchie, was folgt:

§. 1. Der dritte Abschnitt und der §. 77. des Reichsgesetzes vom 6. Februar 1875., betreffend die Beurkundung des Personenstandes und die Eheschließung, werden mit dem 1. März 1875. eingeführt.

§. 2. Der Justizminister ist mit der Ausführung dieser Verordnung beauftragt.

Urkundlich &c.

---

[4]) S. S. 135 Anm. 39.

7. Verordnung, betr. die Ausübung der Befugniß zur Dispensation von Ehehindernissen. Vom 24. Febr. 1875. (Ges.Samml. S. 97.)

Wir **Wilhelm** 2c. verordnen auf Grund des §. 40. des Reichsgesetzes vom 6. Februar 1875. (Reichs-Gesetzbl. S. 23.), für den Umfang der Monarchie, was folgt:

§. 1. Die Dispensation vom gesetzlichen Alter der Ehemündigkeit, vom Verbote der Ehe zwischen einem wegen Ehebruchs Geschiedenen und seinem Mitschuldigen, sowie von dem Verbote, nach welchem Frauen vor Ablauf des zehnten Monats seit Beendigung ihrer früheren Ehe eine weitere Ehe nicht schließen dürfen[5]), ertheilt der Justizminister.

§. 2. Diese Verordnung tritt mit dem 1. März 1875. in Kraft.

§. 3. Der Justizminister ist mit der Ausführung dieser Verordnung beauftragt.

Urkundlich 2c.

8. Verordnung, betr. die Ausübung der Befugniß zur Dispensation von der Vorschrift des §. 35. des Reichsgesetzes vom 6. Februar 1875. Vom 17. Januar 1877. (Ges.Samml. S. 4.)

Wir **Wilhelm** 2c. verordnen auf Grund des §. 40 des Reichsgesetzes vom 6. Februar 1875. (Reichs-Gesetzbl. S. 23) für den Umfang der Monarchie, was folgt:

§. 1. Die Dispensation von dem Verbote, nach welchem Frauen vor Ablauf des zehnten Monats seit Beendigung ihrer früheren Ehe eine weitere Ehe nicht schließen dürfen, ertheilen fortan:

1) im Geltungsbereiche der Verordnung vom 2. Januar 1849. die Kreisgerichte, und zwar innerhalb des Bezirks der Kreisgerichtsdeputationen und Kommissionen die letzteren,

2) im Gebiete des Appellationsgerichtshofs zu Cöln die Friedensgerichte,

3) im Gebiete des Appellationsgerichts zu Frankfurt a. M. das Stadtamt und das Landjustizamt[6]),

4) in den übrigen Gebieten die Amtsgerichte.

§. 2. Diese Verordnung tritt mit dem 1. Februar 1877. in Kraft.

§. 3. Der Justizminister ist mit der Ausführung dieser Verordnung beauftragt.

9. Allerhöchster Erlaß vom 7. Sept. 1879, betr. die Ausübung der Befugniß zur Dispensation von der Vorschrift des §. 35 des Reichsgesetzes v. 6. Febr. 1875. (Just.Min.Bl. S. 366.)

Auf Ihren Bericht v. 28. Aug. d. J. bestimme Ich, daß die Dispensation von dem Verbote, nach welchem Frauen vor Ablauf des zehnten Monats seit Beendigung ihrer früheren Ehe eine weitere Ehe nicht schließen dürfen, vom Tage des Inkrafttretens des deutschen Gerichtsverfassungsgesetzes an im ganzen Umfange der Monarchie von den Amtsgerichten zu ertheilen ist.

10. Allgemeine Verfügung des Justizministers vom 2. März 1875, betreffend die bei Eheschließungen erforderlichen Dispensation. (Just.Min.Bl. S. 63.)

Auf Grund der Allerhöchsten Verordnung vom 24. Febr. 1875 wird bestimmt:

§. 1. Gesuche um Dispensation von den Erfordernissen der Ehemündigkeit und der Wartezeit (§§. 28, 35 des Reichsgesetzes vom 6. Febr. 1875) sind zu überreichen:

1) im Geltungsbereiche der Verordnung v. 2. Jan. 1849 bei den Kreisgerichten, und zwar innerhalb des Bezirks der Kreisgerichtsdeputationen und Kommissionen bei den letzteren;

2) im Gebiete des Appellationsgerichtshofes zu Köln bei den Friedensgerichten;

3) im Gebiete des Appellationsgerichtes zu Frankfurt a. M. bei dem Stadtamt und dem Justizamt[7]);

4) in den übrigen Landestheilen bei den Amtsgerichten.

§. 2. Gesuche um Dispensation von dem Verbote der Ehe des wegen Ehebruchs Geschiedenen mit seinem Mitschuldigen (§. 33 des Reichsgesetzes v. 6. Febr. 1875) sind bei denjenigen Behörden zu überreichen, bei welchen der Ehescheidungsprozeß in erster Instanz anhängig war, wenn diese Behörden aber dem Justizminister nicht untergeben sind, bei den für die Bittsteller zur Zeit zuständigen Ehegerichten erster Instanz.

11. Allgemeine Verfügung des Justizministers v. 6. Novbr. 1875, betreffend die bei Eheschließungen erforderlichen Dispensationen. (a. a. O. S. 234.)

---

[5]) Das gesperrt Gedruckte fällt fort, s. die folgende Nr. 8.

[6]) Das gesperrt Gedruckte ist beseitigt, s. die folgende Nr. 9.

[7]) Jetzt in allen Fällen bei den Amtsgerichten, s. Nr. 9.

Zur Ergänzung der allgemeinen Verfügung vom 2. März d. J. wird bestimmt:

1) Die Justizbehörden, denen die Berichterstattung über die Dispensationsgesuche obliegt, haben in geeigneter Weise dahin zu wirken, daß die Vorschrift des §. 1 der allgemeinen Verfügung v. 2. März d. J. befolgt werde.

Unmittelbar bei dem Justizminister eingereichte Gesuche werden der Behörde, bei welcher dieselben zu überweisen gewesen wären, ohne Verfügung zugestellt, und sind sodann mit dem vorgeschriebenen gutachtlichen Berichte an den Justizminister wieder einzusenden.

2) Die thatsächlichen Angaben der Gesuche sind soweit festzustellen, daß eine bestimmte gutachtliche Aeußerung für oder gegen das Gesuch erfolgen kann.

Ist eine Dispensation von dem Erfordernisse der Ehemündigkeit oder der Wartezeit in Frage, so ist der Tag der Geburt des Ehemündigen oder der Tag des Todes des Ehemannes durch eine Bescheinigung der berichtenden Behörde oder durch Beifügung beglaubigter Auszüge aus den Standesregistern nachzuweisen.

Handelt es sich um Dispensation vom Verbote der Ehe wegen Ehebruchs, so sind dem Berichte die Akten des Ehescheidungsprozesses beizufügen.

Aerztliche oder Hebammenatteste, durch welche das Nichtvorhandensein einer Schwangerschaft nachgewiesen werden soll, sind den Berichten in beglaubigter Form beizufügen.

12. Verordnung, betreffend die Ausübung der Befugniß zur Dispensation vom Aufgebote. Vom 8. Januar 1876. (Ges.Samml. S. 3.)

Wir **Wilhelm** 2c. verordnen auf Grund des §. 50. Absatz 1. des Reichsgesetzes vom 6. Februar 1875. (Reichs-Gesetzbl. S. 23.), für den Umfang der Monarchie, was folgt:

§. 1. Eine Befreiung vom Aufgebote kann in allen Fällen durch den Minister des Innern erfolgen; in dringenden Fällen kann der Vorsitzende der Aufsichtsbehörde eine Abkürzung der für die Bekanntmachung bestimmten Fristen (§§. 46. 47. des Reichsgesetzes vom 6. Februar 1875.) gestatten und bei vorhandener Lebensgefahr von dem Aufgebote ganz entbinden.

§. 2. Diese Verordnung tritt sofort in Kraft.

§. 3. Der Minister des Innern ist mit der Ausführung dieser Verordnung beauftragt.

13. Bekanntmachung der Ministerien des Innern und der Justiz vom 1. Dezember 1875 [8]). (Min.Bl. f. die inn. Verw. S. 275 u. Justiz-Min.Bl. S. 271.)

In Ausführung des §. 84 des mit dem 1. Jan. 1876 seinem ganzen Umfange nach in Kraft tretenden Reichsgesetzes vom 6. Febr. d. J., betreffend die Beurkundung des Personenstandes und die Eheschließung (Reichsgesetzblatt S. 23), wird hierdurch Folgendes bekannt gemacht:

1) Die höhere Verwaltungsbehörde, welcher nach §§. 2—6 des Reichsgesetzes die Bildung der Standesamtsbezirke, die Bestellung der Standesbeamten und stellvertretenden Standesbeamten, sowie die Ertheilung der im §. 4 Abs. 1 und 2 erwähnten Genehmigung zusteht, ist, entsprechend dem preußischen Gesetze vom 9. März v. J. §§. 2 ff., der Oberpräsident.

2) Die untere respektive höhere Verwaltungsbehörde, welche nach §. 7 des Reichsgesetzes die dem Standesbeamten von Außengemeinden zu gewährende Vergütung festzusetzen, beziehungsweise über Beschwerden gegen die Festsetzung zu entscheiden hat, ist, entsprechend dem §. 5 des preußischen Gesetzes vom 9. März, der Kreisausschuß respektive das Verwaltungsgericht, und da, wo solche nicht bestehen, die Bezirksregierung (Landdrostei) respektive der Oberpräsident.

3) Die untere respektive höhere Verwaltungsbehörde, welche nach §. 11 des Reichsgesetzes die Aufsicht über die Amtsführung der Standesbeamten auszuüben hat (insoweit die Landesgesetze nicht andere Aufsichtsbehörden bestimmen, wie dies für den Bezirk des Appellationsgerichtshofes zu Köln und für das Gebiet der früheren Freien Stadt Frankfurt der Fall ist), ist

a. in den Landgemeinden des Geltungsbereiches der Kreisordnung v. 13. Dezbr. 1872, entsprechend dem §. 7 des Gesetzes v. 9. März 1874, der Kreisausschuß respektive das Verwaltungsgericht,

b. außerhalb des Geltungsbereiches der Kreisordnung, sowie in den Stadtgemeinden — entsprechend demselben §. 7 — die für die Aufsicht in Gemeindeangelegenheiten zuständige Behörde.

4) Vorsteher der Gemeinde im Sinne des §. 4 Abs. 1 des Reichsgesetzes ist in Gemeinden mit kollegialischem Vorstande der Bürgermeister als der Vorsitzende des letzteren.

5) Als die Gemeindebehörde, welche nach §. 4 Abs. 2 des Reichsgesetzes die Anstellung besonderer Standesbeamten beschließen kann, ist diejenige Gemeindebehörde (beziehungsweise diejenigen Gemeindebehörden) zu betrachten, welche nach Lage der in den einzelnen Landestheilen geltenden Kommunalgesetzgebungen über die Einrichtung neuer Gemeindeämter (§. 4 cit. in fine) zu beschließen haben.

---

8) Wegen der Modifikationen dieser Bekanntmachung s. Nr. 14.

6) Gemeindevorstand (§. 4 cit. Abs. 2) ist in Gemeinden mit kollegialischem Vorstande der Magistrat (Stadtrath, Gemeinderath), in anderen Gemeinden der Bürgermeister (Schultheiß, Ortsvorsteher 2c.).

7) . . . .[9]).

8) . . . .[9]).

14. Gesetz über die Zuständigkeit der Verwaltungs- und Verwaltungsgerichtsbehörden. Vom 1. August 1883[10]). (Ges.Samml. S. 237.)

§. 154. Die staatliche Aufsicht über die Amtsführung der Standesbeamten wird in den Landgemeinden und Gutsbezirken von dem Landrath als Vorsitzenden des Kreisausschusses, in höherer Instanz von dem Regierungspräsidenten und Minister des Innern, in den Stadtgemeinden von dem Regierungspräsidenten, in höherer Instanz von dem Oberpräsidenten und dem Minister des Innern, im Stadtkreise Berlin von dem Oberpräsidenten und in höherer Instanz von dem Minister des Innern geführt.

In dem Bezirke des Oberlandesgerichts zu Cöln bewendet es bei den dieserhalb zur Zeit bestehenden Vorschriften[11]).

Die Festsetzung der Entschädigung für die Wahrnehmung der Geschäfte des Standesbeamten in den Fällen des §. 7 Absatz 2 des Reichsgesetzes vom 6. Februar 1875 (§. 5 Absatz 1 des Gesetzes vom 8. März 1874) erfolgt in den Stadtgemeinden durch die Gemeindevertretung, für die Landgemeinden durch Beschluß des Kreisausschusses. Beschwerden über die Festsetzung sind in beiden Fällen innerhalb zwei Wochen bei dem Bezirksausschusse anzubringen. Der Beschluß des Bezirksausschusses ist endgültig.

15. Bekanntmachung der Minister der Justiz und des Innern vom 1. Juli 1879, betr. die Ausführung des Reichsgesetzes vom 6. Februar 1875 über die Beurkundung des Personenstandes und die Eheschließung. (Min.Bl. f. die inn. Verw. S. 146 u. Justiz-Min.Bl. S. 154.)

Im Anschluß an unsere Bekanntmachung vom 1. December 1875 (Minist.Bl. für die innere Verwaltung S. 215; Just.Min.Bl. S. 271) wird hierdurch mit Rücksicht auf die am 1. Oktober d. J. eintretende anderweitige Organisation der Gerichte Folgendes bestimmt.

a. Als Gericht erster Instanz, wenn wegen Ablehnung der Vornahme einer Amtshandlung des Standesbeamten Beschwerde geführt wird, oder wenn die Berichtigung einer Eintragung erfolgen soll (§§. 11, 66 des Reichsgesetzes), ist zuständig das Landgericht, in dessen Bezirk der Standesbeamte seinen Wohnsitz hat.

b. Als Gericht erster Instanz, welches die Nebenregister aufzubewahren hat (§. 14 Abs. 2 des Reichsgesetzes) ist zuständig im Bezirke des Oberlandesgerichts zu Cöln das Landgericht, in den übrigen Theilen der Monarchie das Amtsgericht,
innerhalb dessen der Standesamtsbezirk liegt; wenn aber der letztere mehreren Gerichtsbezirken angehört, dasjenige Gericht, welches der Justizminister in Uebereinstimmung mit dem Minister des Innern bezeichnet.

c. Die zu a. und b. den Landgerichten zugewiesenen Angelegenheiten werden von den Civilkammern erledigt.

Zugleich wird darauf hingewiesen, daß nach Maßgabe der §§. 58, 107 Abs. 2 des Ausführungsgesetzes zum Gerichtsverfassungsgesetze vom 24. April 1878 (Ges.Samml. S. 230), des §. 11 Abs. 1 des Reichsgesetzes vom 6. Februar 1875 und der Nr. 3 unserer Eingangs erwähnten Bekanntmachung die Behörde, welche die Aufsicht über die Standesbeamten auszuüben hat, vom 1. Oktober d. J. ab im Bezirke des jetzigen Appellationsgerichtshofes zu Cöln die Staatsanwaltschaft, im Bezirke des jetzigen Appellationsgerichts zu Frankfurt a. M. die für die Aufsicht in Gemeindeangelegenheiten zuständige Behörde ist.

---

9) Beseitigt, s. Nr. 15.

10) Dieses Gesetz ist jetzt für die ganze preußische Monarchie in Kraft getreten, s. Landesverwaltungsgesetz v. 30. Juli 1883, G.S. S. 175; Kreisordnung für Hannover v. 6. Mai 1884, G.S. S. 182, §. 120; für Hessen-Nassau v. 7. Juni 1885, G.S. S. 193, §. 114; für Westfalen v. 31. Juli 1886, G.S. S. 217, §. 102; für Schleswig-Holstein v. 26. Mai 1888, G.S. S. 139, §. 155 und Ges. üb. die allg. Landesverwaltung u. die Zuständigkeit 2c. in der Provinz Posen v. 19. Mai 1889 (G.S. S. 108) Art. I.

11) S. o. Nr. 13 zu 3 und u. Nr. 15 a. E.

Königreich Baiern[12]).

16. Königl. Allerhöchste Verordnung, den Vollzug des §. 84 des Reichsgesetzes v. 6. Febr. 1875 über die Beurkundung des Personenstandes und die Eheschließung in Bayern betreffend. Vom 14. Okt. 1875 (Ges. u. Verordn.Bl. Nr. 49 S. 623).

Ludwig II. von Gottes Gnaden König von Bayern ꝛc. ꝛc. Wir finden Uns bewogen, zum Vollzuge des §. 84 des Reichsgesetzes über die Beurkundung des Personenstandes und die Eheschließung v. 6. Febr. 1875 zu verordnen, was folgt:

§. 1. Die hinsichtlich der Bildung der Standesamtsbezirke und der Bestellung der Standesbeamten (§§. 2—6 des Gesetzes) den höheren Verwaltungsbehörden übertragenen Befugnisse werden von den Kreisregierungen, Kammern des Innern, ausgeübt.

§. 2. Die Gemeindebehörden, welche nach §. 4 Absatz 2 des Gesetzes die Anstellung besonderer Standesbeamten beschließen können, sind:

1. in den Landestheilen rechts des Rheines
   a) in den Gemeinden mit magistratischer Verfassung die Magistrate mit Zustimmung der Gemeindebevollmächtigten,
   b) in den übrigen Gemeinden die Gemeindeausschüsse;
2. in der Pfalz die Gemeinderäthe.

§. 3. Unter dem Gemeindevorstande, welcher nach §. 4 Absatz 2 des Gesetzes die nach Beschluß der Gemeindebehörde anzustellenden besonderen Standesbeamten zu ernennen hat, ist

1. in den Landestheilen rechts des Rheines
   a) in den Gemeinden mit magistratischer Verfassung der Magistrat,
   b) in den übrigen Gemeinden der Gemeindeausschuß;
2. in der Pfalz der Gemeinderath

zu verstehen.

§. 4. Als die nach §. 7 Abs. 3 des Gesetzes zur Festsetzung der Entschädigung des Standesbeamten zuständigen unteren Verwaltungsbehörden haben die Distriktsverwaltungsbehörden zu gelten.

Die zur Entscheidung über Beschwerden gegen solche Festsetzungen zuständigen höheren Verwaltungsbehörden sind die Kreisregierungen, Kammern des Innern.

§. 5. Die Aufsicht über die Amtsführung der Standesbeamten (§. 11 des Gesetzes) wird in den Landestheilen rechts des Rheines von den Distriktsverwaltungsbehörden — in München von dem Magistrate — als unteren Verwaltungsbehörden, in höherer Instanz von den Kreisregierungen, Kammern des Innern, geübt. In den einer Kreisregierung unmittelbar untergeordneten Städten wird jedoch, insoweit daselbst nicht nach §. 4 Abs. 2 des Gesetzes besondere Standesbeamte und Stellvertreter aufgestellt sind, diese Aufsicht von den Kreisregierungen, Kammern des Innern, in höherer Instanz von dem Staatsministerium des Innern geführt.

Hinsichtlich der Aufsicht über die Amtsführung der Standesbeamten in der Pfalz sind die desfallsigen gesetzlichen Bestimmungen maßgebend.

§. 6. I n d e n L a n d e s t h e i l e n r e c h t s d e s R h e i n e s g i l t in den Fällen des §. 11 Abs. 3, §. 14 Abs. 2 und §. 66 Abs. 2 des Gesetzes als Gericht erster Instanz d a s E i n z e l n g e r i c h t, in dessen Bezirk der Standesbeamte seinen Amtssitz hat. I m R e g i e r u n g s b e z i r k e d e r P f a l z s i n d d e s f a l l s d i e e i n s c h l ä g i g e n g e s e t z l i c h e n B e s t i m m u n g e n m a ß g e b e n d[13]).

---

[12]) Vgl. außer den abgedruckten Bestimmungen noch 1. die Entschließung des Staatsministeriums des Innern v. 13. Dez. 1875 (Amtsbl. d. Staatsminist. des Innern Nr. 54 S. 713; Stdesb. 1876 S. 3), betr. die Anzeige von Geburten und Sterbefällen in öffentlichen Entbindungsanstalten und die an die Civilgerichte diesseits des Rheins zu erstattenden Todesanzeigen; 2. die Entschließung desselb. v. 23. Dez. 1875 (a. a. O. Nr. 58 S. 735; Stdesb. 1876 S. 65), betr. die Lieferung der statistischen Nachweise über die Geburten, Eheschließungen und Sterbefälle durch die Standesbeamten; 3. Allerhöchste Verordn., die Führung der standesamtlichen Geschäfte im Königl. Hause betreffend, v. 18. Juli 1876 (G. u. V.Bl. S. 385; Stdesb. 1876 S. 227); 4. Entschl. des Staatsministeriums v. 12. April 1884 (Stdesb. 1884 S. 91), den Austausch von Civilstandsakten mit Italien betr.

[13]) Das gesperrt Gedruckte fällt fort. Es muß jetzt heißen: In den Fällen des §. 11 Abs. 3, §. 14 Abs. 2 u. §. 66 Abs. 2 gilt als Gericht erster Instanz das A m t s g e r i c h t, Ausführungsges. z. Reichsger.Verf.Ges. v. 23. Februar 1879, G. u. V.Bl. S. 273 Art. 15: „Die Amtsgerichte sind zuständig für alle nicht zur ordentlichen streitigen Gerichtsbarkeit gehörenden Angelegenheiten, welche bisher zur Zuständigkeit der Stadt- und Landgerichte gehört haben oder den Amtsgerichten durch besondere gesetzliche Bestimmungen zugewiesen sind".

17. Königl. Allerhöchste Verordnung, die Ausübung der Befugniß zur Dispensation von Ehehindernissen und vom Aufgebote betreffend. Vom 15. Dezember 1875 (a. a. O. Nr. 64 S. 779).

Ludwig II. von Gottes Gnaden König von Bayern rc. rc. Wir finden Uns bewogen, auf Grund der §§. 40 und 50 des Reichsgesetzes über die Beurkundung des Personenstandes und die Eheschließung vom 6. Februar 1875 zu verordnen, was folgt:

§. 1. Die Dispensation von dem gesetzlichen Alter der Ehemündigkeit, sowie die Dispensation von dem Verbote der Ehe zwischen einem wegen Ehebruchs Geschiedenen und seinem Mitschuldigen (§. 28 und §. 33 Nr. 5 des Reichsgesetzes) bleibt Unserer Allerhöchsten Entscheidung, nach Vernehmung Unseres Staatsministeriums der Justiz, vorbehalten.

§. 2. Die Dispensation von der gesetzlichen Vorschrift, nach welcher Frauen erst nach Ablauf des zehnten Monats seit Beendigung der früheren Ehe eine weitere Ehe schließen dürfen (§. 35 des Reichsgesetzes), wird von Unserem Staatsministerium der Justiz ertheilt.

§. 3. Die Dispensation vom Aufgebote (§. 50 Abs. 1 des Reichsgesetzes) steht in den Landestheilen rechts des Rheins der Distriktsverwaltungsbehörde des Ortes — in München dem Magistrate — zu, an welchem der zuständige Standesbeamte (§. 45 Abs. 1, §. 44 Abs. 2 des Reichsgesetzes) seinen Amtsitz hat.

Im Regierungsbezirke der Pfalz wird die Befugniß zur Dispensation vom Aufgebote durch den Staatsanwalt an demjenigen Bezirksgerichte[18a]) ausgeübt, in dessen Sprengel die Eheschließung erfolgen soll.

§. 4. Gegenwärtige Verordnung tritt mit dem 1. Januar 1876 in Kraft.

18. Bekanntmachung der Staatsministerien der Justiz und des Innern, den Vollzug des Reichsgesetzes vom 6. Febr. 1875 über die Beurkundung des Personenstandes und die Eheschließung betr. Vom 24. Dezbr. 1875 (a. a. O. Nr. 67 S. 871).

Zum Vollzuge der Allerhöchsten Verordnung vom 15. lf. Mts. über die Ausübung der Befugniß zur Dispensation von Ehehindernissen und vom Aufgebote (Gesetz- und Verordnungsblatt S. 779 bis 780) werden folgende Anordnungen erlassen:

I. Für die Landestheile rechts des Rheins:

1) Gesuche um Dispensation von den Erfordernissen der Ehemündigkeit und der Wartezeit (§§. 28 und 35 des Reichsgesetzes vom 6. Febr. 1875) sind bei dem Stadt- oder Landgerichte[13b]) einzureichen, in dessen Bezirk der um Dispens nachsuchende Verlobte seinen Wohnsitz hat oder sich gewöhnlich aufhält.

Das Gericht hat die Gesuche zu instruiren und mit gutachtlicher Aeußerung dem Staatsanwalte bei dem vorgesetzten Bezirksgerichte mitzutheilen.

Findet der Staatsanwalt, daß ein Gesuch nicht gehörig instruirt ist, so kann er die als nothwendig erachteten weiteren Erhebungen entweder selbst pflegen oder bei dem Stadt- oder Landgerichte beantragen. Das Gericht ist verpflichtet, diesem Ansinnen, soferne nicht gesetzliche Bedenken entgegenstehen, sofort zu entsprechen.

Die gehörig instruirten Gesuche bringt der Staatsanwalt mit gutachtlicher Aeußerung dem Oberstaatsanwalte behufs der Einbeförderung an das Staatsministerium der Justiz in Vorlage.

2) Gesuche um Dispensation von dem Verbote der Ehe des wegen Ehebruchs Geschiedenen mit seinem Mitschuldigen (§. 33 des Reichsgesetzes) sind bei dem Staatsanwalte desjenigen Bezirksgerichts[13c]) einzureichen, bei welchem der Ehescheidungsprozeß in erster Instanz anhängig war.

Der Staatsanwalt hat die Gesuche zu instruiren und mit gutachtlicher Aeußerung dem Oberstaatsanwalte vorzulegen, welcher, wenn er die gepflogene Instruktion für ausreichend erachtet, die staatsanwaltschaftliche Vorlage unter Beifügung seines Gutachtens dem Staatsministerium der Justiz einsendet.

3) Gesuche um Dispensation vom Aufgebote sind bei der nach §. 3 Abs. 1 der Allerhöchsten Verordnung vom 15. lf. Mts. zuständigen Distriktsverwaltungsbehörde schriftlich oder mündlich zu stellen und zu begründen.

II. Im Regierungsbezirke der Pfalz

richtet sich die Einreichung und Behandlung der Dispensationsgesuche nach den für derartige Gesuche bisher geltenden Vorschriften.

[13a]) Jetzt: Landgerichte, s. das vor. Anm. cit. Ges. Art. 28.
[13b]) Jetzt: Amtsgerichte, s. Anm. 13.
[c]) S. Anm. 13a.

19. Entschließung des Staatsministeriums des Innern vom 19. Oktbr. 1875, Vollzug des Reichsgesetzes vom 6. Febr. 1875 rc. betr. (Amtsbl. des Staatsminist. des Innern Nr. 42 S. 509.)

Nach §. 1 der Allerhöchsten Verordnung vom 14. Oktbr. 1875 „den Vollzug des §. 84 des Reichsgesetzes vom 6. Febr. 1875 über die Beurkundung des Personenstandes und die Eheschließung in Bayern betr." — Gesetz- und Verordnungsblatt Nr. 49 S. 623 ff. — werden die hinsichtlich der Bildung der Standesamtsbezirke den höheren Verwaltungsbehörden übertragenen Befugnisse von den Kreisregierungen, Kammern des Innern, ausgeübt.

Bei der Bildung und Abgränzung der Standesamtsbezirke ist zunächst zu berücksichtigen, daß die Betheiligten, welche nach §§. 19, 52 und 58 des bezeichneten Gesetzes persönlich vor dem Standesbeamten zu erscheinen haben, thunlichst wenig belästigt werden sollen und daß es insbesondere für dieselben wünschenswerth erscheint, unmittelbar nach der Eheschließung vor dem Standesbeamten die kirchliche Trauung vollziehen zu lassen.

Die Standesamtsbezirke dürfen hiernach keine zu große räumliche Ausdehnung erhalten, es werden vielmehr in der Regel die politischen Gemeinden je einen Standesamtsbezirk zu bilden haben, soferne dieselben nicht zu klein sind.

Die Seelenzahl der Gemeinden an sich und allein kann jedoch nicht maßgebend sein, und ist vielmehr auch darauf zu sehen, daß in den zu bildenden Standesamtsbezirken in dauernder Weise geeignete Kräfte zur Verfügung stehen und daß hinreichend befähigte Persönlichkeiten für die Funktionen der Standesbeamten und deren Stellvertreter vorhanden sind; denn die Abgränzung der Standesbezirke soll auf die Dauer berechnet und eine möglichst definitive werden.

Im Uebrigen kann auch ein augenblicklicher Mangel an brauchbaren Persönlichkeiten nicht maßgebend sein, nachdem es nicht nothwendig ist, daß die Einträge in die Standesregister durch den Standesbeamten eigenhändig vorgenommen werden, es vielmehr genügt, wenn die einzelnen Akte von demselben nur unterzeichnet werden.

Hiernach werden folgende Direktiven ertheilt:

1. Bei Bildung der Standesamtsbezirke ist von dem Grundsatze auszugehen, daß in der Regel jede politische Gemeinde einen Standesamtsbezirk für sich bildet.

2. Mehrere kleinere, nahe bei einander gelegenen Gemeinden, oder solche, welche seither schon einen gemeinsamen Pfarrsprengel gebildet haben, können zu einem Standesamtsbezirke vereinigt werden.

3. Auch größere Gemeinden haben in der Regel je einen einzigen Standesamtsbezirk zu bilden, jedoch ist deren Theilung in mehrere Standesamtsbezirke zulässig, soferne die Gemeinde die Aufstellung besonderer Standesbeamten nach §. 4 Abs. 2 und 3 des Gesetzes beschließt und sich zu deren Bezahlung verpflichtet.

4. Die Erstreckung eines Standesamtsbezirkes über mehrere Gemeinden verschiedener Distrikts-verwaltungs- und Einzelngerichts-Bezirke ist thunlichst zu vermeiden.

5. Alle von dem Gemeindeverbande ausgeschlossenen Markungen sind einem bestimmten Standesamtsbezirke zuzutheilen.

6. Ueber die Bildung der Standesamtsbezirke sind die Distriktsverwaltungsbehörden gutachtlich zu vernehmen.

7. Bezüglich der Standesamtsbezirke der Pfalz hat es bei der seitherigen Eintheilung zu verbleiben und sind ohne triftige Gründe Abänderungen nicht vorzunehmen.

Hiernach haben die k. Regierungen, Kammern des Innern, sofort das Weitere zu verfügen und bis zum 15. November lf. Js. nach dem anruhenden Formulare anzuzeigen, welche kombinirte Standesamtsbezirke gebildet, sodann welche größere Gemeinden etwa in mehrere Standesamtsbezirke getheilt worden sind.

Verzeichniß der kombinirten Standesamtsbezirke im Regierungsbezirke.

Fortl. Nr.	Distrikts-Verwaltungs-Behörde	Standesamts-Bezirk	Bestandtheile des Standesamtsbezirks	Seelenzahl	Entfernung vom Amtssitze des Standesbeamten Stunden	Pfarrei, zu welcher die Bestandtheile des Standesamts-Bezirkes gehören	Bemerkungen
1.	Bezirksamt E.	U.	Gemeinde U. " B. " W.	519 149 140 808	— 1/4 1/4	U.	Im Bezirksamte befinden sich außerdem . . . Standesamtsbezirke, deren Grenzen mit jenen der politischen Gemeinden zusammenfallen.

20. Entschließung des Staatsministeriums des Innern vom 5. Dezbr. 1875, Vollzug des Reichsgesetzes vom 6. Febr. 1875 2c. betr. (a. a. O. Nr. 51 S. 675).

Nachdem das Reichsgesetz vom 6. Febr. 1875 über die Beurkundung des Personenstandes und die Eheschließung mit dem 1. Jan. 1876 in Bayern in Wirksamkeit tritt, erscheint es nothwendig, daß sich die Standesbeamten und deren Stellvertreter bis dahin mit den gesetzlichen und verordnungsmäßigen Bestimmungen, durch welche ihre Thätigkeit festgestellt und geregelt wird, insbesondere mit dem Eingangs bezeichneten Gesetze und der Ausführungsverordnung des Bundesrathes vom 22. Juni 1875 genau bekannt machen.

Die Standesbeamten und deren Stellvertreter sind deshalb hierauf geeignet aufmerksam zu machen, die Vorstände der k. Bezirksämter aber haben solche außerdem noch vor Beginn ihrer Thätigkeit bei Amt und gelegentlich der Abhaltung der auswärtigen Amtstage zu versammeln und sie bezüglich der von ihnen zu beachtenden wesentlichen Vorschriften eingehend und faßlich zu belehren.

Zu diesem Behufe wird insbesondere auf nachstehende Bestimmungen hingewiesen:

I.

Registerführung im Allgemeinen.

1) Nach §. 12 des Gesetzes hat jeder Standesbeamte für seinen ganzen Bezirk drei Register, und zwar:
   a) ein Geburtsregister,
   b) ein Heirathsregister und
   c) ein Sterberegister,

sodann nach §. 14 Abs. 1 zu jedem dieser drei Register ein Nebenregister zu führen.

Die Register werden den Standesbeamten gebunden behändigt; zu den Nebenregistern erhalten dieselben die erforderlichen Formulare, welche in entsprechender Anzahl in Heften mit Aktendeckeln zu sammeln und am Schlusse des Jahres ungebunden den Gerichten zu übergeben sind, woselbst sie aufbewahrt und seinerzeit in angemessene Bände gebunden werden.

Die Aktendeckel sind mit der Ueberschrift:

Nebenregister zu dem Geburts-, (Heiraths- Sterbe-) Register des Standesamtes N. für das Jahr 187 .

zu versehen.

2) Korrekturen durch Ausstreichen und Ueberschreiben oder durch Rasuren sind in den Standesregistern eben so unstatthaft, als Abkürzungen irgend welcher Art.

3) Wenn sich beim Niederschreiben eines Registereintrages ein Schreibfehler eingeschlichen hat oder sonst eine Unrichtigkeit ergiebt, weil entweder die Erschienenen unrichtige oder unvollständige Angaben gemacht haben, oder weil der Standesbeamte Erstere mißverstanden hat, so ist zu unterscheiden, ob der Standesbeamte die Eintragung durch seine Unterschrift bereits vollzogen hat, oder nicht.

Ist die Eintragung durch die Unterschrift des Standesbeamten noch nicht abgeschlossen, so darf zwar in der Eintragung selbst nichts verändert, dagegen kann eine die Unrichtigkeit verbessernde Bemerkung am Rande beigefügt werden, welche sowohl von den Erschienenen als dem Standesbeamten besonders zu vollziehen, d. i. zu unterschreiben ist.

Hatte dagegen der Standesbeamte die Eintragung bereits unterschriftlich vollzogen wenn die Unrichtigkeit entdeckt wird, so kann die Berichtigung nur nach Maßgabe der §§. 65 und 66 des Gesetzes auf gerichtliche Anordnung erfolgen. Die Standesbeamten haben sich deshalb, bevor sie die Eintragungen unterzeichnen, wiederholt in eingehender und verlässiger Weise zu überzeugen, daß die Urkunde allen thatsächlichen Verhältnissen entspricht, damit häufige und umständliche Berichtigungen möglichst vermieden werden.

4) Entsprechen in einem gegebenen Falle die gedruckten Worte des Formulars nicht, so sind solche zu durchstreichen (zu löschen); es ist aber in diesem Falle am Rande zu vermerken, daß und wie viele Worte oder Zeilen gelöscht wurden, und auch diese Bemerkung von den Erschienenen und dem Standesbeamten zu unterzeichnen. (Vergl. Beilage C. 4 zur Ausführungsverordnung des Bundesrathes v. 22. Juni 1875.)

Dieses hat auch zu geschehen, wenn Zusätze am Rande nothwendig geworden sind.

5) Ist einer Eintragung ein Zusatz, eine Abänderung oder eine Berichtigung auf gerichtliche Anordnung beizufügen und hiezu weder am Rande, noch auf der Blattseite der Eintragung genügender Raum, so ist auf die nächstfolgende Seite des Registers hinüberzuschreiben.

Ist auch dies nicht möglich, weil dort bereits eine andere Eintragung eingeschrieben ist, so ist an der betreffenden Stelle ein Blatt in das Register einzuheften, mit diesem durch ein Siegel zu verbinden, und auf dieses Blatt, welches mit der Nummer der zu berichtigenden Eintragung zu versehen ist, neben derselben der Vermerk zu schreiben.

6) Insoweit die punktirten Zwischenräume des Vordruckes der Register nicht beschrieben werden, sind solche sogleich bei der Eintragung zu durchstreichen.

7) Die wesentlichen Zahlenangaben — Jahreszahl, Tag und Stunde der Geburt, der Eheschließung und des Todes 2c. — sind mit Buchstaben zu schreiben. Die Tageszeit ist immer durch die Ausdrücke „Vormittags" und „Nachmittags" zu bestimmen.

8) Die Vornamen der Anmeldenden, der Eltern eines gebornen Kindes, der Verlobten und deren Eltern, sowie der Eltern Verstorbener sind genau zu ermitteln und einzutragen.

9) Von besonderer Wichtigkeit ist der in §. 13 Ziff. 3 des Gesetzes vorgeschriebene Vermerk, daß und auf welche Weise der Standesbeamte sich die Ueberzeugung von der Persönlichkeit der Erschienenen verschafft hat.

Es ist deshalb ausdrücklich anzuführen, ob der Erschienene dem Standesbeamten persönlich bekannt ist, oder von welcher dem Standesbeamten bekannten Persönlichkeit die Person des Erschienenen anerkannt wurde.

Im ersten Falle hat der Eintrag zu lauten:

„Vor dem 2c. erschien heute der Persönlichkeit nach bekannt der N. N.",

im zweiten Falle dagegen:

„Vor dem 2c. erschien heute der Persönlichkeit nach durch den von Person bekannten M. M. anerkannt der N. N."

10) Die wörtliche Einrückung der dem Standesbeamten zugehenden schriftlichen Anzeigen ist nicht geboten, nachdem dieselben manches Ueberflüssige enthalten können und ihre Fassung bisweilen zur wörtlichen Uebertragung in die Register nicht geeignet ist. Es genügt deshalb, die Eintragung des Nothwendigen und Wesentlichen unter ausdrücklicher Bezugnahme auf die erfolgte schriftliche Anzeige vorzunehmen.

Der nicht benützte Vordruck der Formulare ist zu löschen, d. i. zu durchstreichen.

11) Oeffentliche Urkunden, welche den Standesbeamten zur Randeintragung zugehen, sind möglichst wörtlich in die Register aufzunehmen.

12) Die Eintragung in das Nebenregister hat an demselben Tage stattzufinden, an welchem die Verhandlung in das Hauptregister aufgenommen wurde.

13) Wenn das Register eines Jahres in mehrere Theile zerlegt werden muß, so ist bei dem Abschlusse eines Theiles in nachstehender Weise auf den folgenden zu verweisen:

„Vorstehender erster (zweiter) Band des Geburtsregisters für das Jahr 187 . — enthaltend sechshundert Eintragungen — wird unter Hinweisung auf den zweiten (dritten 2c.) Band abgeschlossen.

. . . . . den . . ten . . . . . 187 .
Der Standesbeamte.
N. N."

Der zweite und jeder folgende Theil eines Registers sind nicht mit der Nummer 1, sondern mit der auf die letzte Nummer des vorhergehenden Theiles folgenden Nummer zu beginnen.

14) Der Abschluß der Haupt- und Nebenregister hat sofort nach Ablauf des Kalenderjahres zu erfolgen, wenn in Folge dessen auch beispielsweise Geburtsfälle, die sich an den letzten Tagen des Monats Dezember ergeben haben, nach dem Abschlusse in das Geburtsregister des folgenden Jahres eingetragen werden müssen.

Das Standesregister soll nämlich nur die sämmtlichen in demselben Kalenderjahre vorgekommenen Standesakte enthalten; als solche sind aber nicht die Geburts- und Sterbefälle, die sich in dem Kalenderjahre ergeben haben, zu betrachten, sondern die Anzeigen, welche über diese Fälle von den Standesbeamten aufgenommen worden sind.

Hiernach würde freilich der Standesbeamte, der ein vollständiges Verzeichniß der in einem Kalenderjahre vorgekommenen Geburtsfälle herstellen sollte, das Geburtsregister der nächstfolgenden Jahre durchgehen müssen.

Zur Beseitigung dieses Mißstandes sind Nachträge zu den für jedes Jahr zu führenden alphabetischen Registern anzulegen und in diesen Nachträgen die erst im darauffolgenden Jahre oder später angezeigten, der Zeit nach in den betreffenden Jahrgang gehörigen Fälle unter Angabe des Jahrganges und der Nummer der Eintragung zu verzeichnen.

15) Bei Berechnung der beim Abschlusse der Standesregister zu vermerkenden Zahl der Eintragungen sind nur diese, nicht aber auch die Randeintragungen zu solchen zu zählen.

16) Der Abschluß der Register muß hinter der letzten eingetragenen Urkunde, nicht dem letzten in dem Bande enthaltenen Formulare, erfolgen, so daß keine unausgefüllten Formulare vor dem Abschlusse stehen.

17) Eintragungen, welche nach Einreichung der Nebenregister bei Gericht im Hauptregister gemacht wurden, können in die bei Gericht hinterlegten Nebenregister nur auf Veranlassung der Aufsichtsbehörde nachgetragen werden; die Standesbeamten haben daher gleichzeitig

mit diesen nachträglichen Eintragungen beglaubigte Abschriften derselben den Aufsichtsbehörden mitzutheilen.

II.
Geburtsregister.

1) Welche Anstalten zu den öffentlichen im Sinne des §. 20 des Gesetzes zu rechnen sind, wird besonders bekannt gegeben werden.
2) Wenn ein Kind todtgeboren oder in der Geburt verstorben ist, so erfolgt die Eintragung nur im Sterberegister, wobei insbesondere auch die Religion der Eltern anzugeben ist. Hat dagegen das Kind, wenn auch nur kurze Zeit, gelebt, so ist die Eintragung in das Geburts- und Sterberegister zu machen.
3) Wenn Jemand gleichzeitig mit der Anzeige der Geburt vor dem Standesbeamten ein uneheliches Kind persönlich anerkennt, so kann dieses am Schlusse der Eintragung bemerkt werden.

   Erfolgt diese Anerkennung nicht gleichzeitig mit der Anzeige der Geburt, so ist solche als Randzusatz einzutragen und dieser von dem Standesbeamten und dem die Vaterschaft Anerkennenden zu vollziehen.
4) Den Standesbeamten liegt die Verpflichtung ob, sämmtliche bei ihnen angezeigte Geburten unehelicher Kinder den zuständigen Pflegschaftsgerichten alsbald mitzutheilen und in jenen Fällen, in welchen der Vorname des Kindes noch nicht festgestellt war, denselben den Gerichten nachträglich bekannt zu geben, sobald er angezeigt worden ist.

   Wird in das Geburtsregister die Anerkennung eines unehelichen Kindes eingetragen, so ist dem Gerichte hierüber beglaubigter Auszug mitzutheilen.
5) Wird die Vaterschaft zu einem unehelichen Kinde anerkannt, dessen Geburt in die vor Geltung des Reichsgesetzes vom 6. Februar 1875 (1. Januar 1876) geführten Civilstandsregister (Matrikel) eingetragen ist, so ist den Verwahrern dieser Register von der Anerkennung Mittheilung zu machen.

III.
Heirathsregister und Eheschließung.

Bezüglich der Eheschließungen haben die Standesbeamten ihr Augenmerk vorzüglich darauf zu richten, daß nicht eine ungiltige Ehe geschlossen wird. Sie haben daher nicht nur die gesetzlichen Formalitäten auf das Genaueste zu beobachten, sondern auch sorgfältig zu prüfen, ob die Voraussetzungen zur Eheschließung gegeben sind.

Hiebei ist zu unterscheiden, ob der Bräutigam

A) den rechtsrheinischen bayerischen Landestheilen, oder
B) einem andern Theile des Deutschen Reichs, oder
C) dem Auslande angehört.

Zu A) Ist der Bräutigam im rechtsrheinischen Bayern heimatberechtigt, so kann derselbe eine bürgerlich gültige Ehe vor dem Standesbeamten erst dann schließen, wenn er ein von der Distriktsverwaltungsbehörde seiner Heimat nach Artikel 33 des Gesetzes vom $\frac{\text{16. April 1868}}{\text{23. Februar 1872}}$ über Heimat, Verehelichung und Aufenthalt ausgestelltes Verehelichungszeugniß besitzt.

Die Standesbeamten, und zwar sowohl jene rechts des Rheins, als auch jene in der Pfalz, haben sich also in allen diesen Fällen das vorgeschriebene Verehelichungszeugniß vorlegen zu lassen.

Die Ausstellung des Verehelichungszeugnisses ist durch die Erfüllung der gesetzlichen Vorbedingungen bedingt und hat in der seitherigen Weise zu erfolgen; es ist jedoch Seitens der Distriktsverwaltungsbehörden Nachstehendes zu beachten:

1) die civilrechtlichen Voraussetzungen der Eheschließung haben durch das Reichsgesetz vom 6. Februar 1875 eine neue Regelung erfahren. Die Behörden haben demnach zwar auch ferner keine förmliche Untersuchung über das Nichtvorhandensein civilrechtlicher Ehehindernisse zu pflegen, gleichwohl aber ist es veranlaßt, daß wenigstens das Vorhandensein der positiven Voraussetzungen der Eheschließung geprüft werde.

   Die Distriktsverwaltungsbehörden haben sich daher

   a) zum Nachweise der Ehemündigkeit (§. 28 des Reichsgesetzes vom 6. Februar 1875) die in §. 45 bezeichneten Geburtsurkunden oder den Nachweis der erlangten Dispensation,
   b) bei der Verehelichung von Personen, welche der Einwilligung des Vaters, der Mutter, der Adoptiveltern, des Vormundes und beziehungsweise der Vormundschaftsbehörde bedürfen (§§. 29—31 a. a. O.), die zustimmende Erklärung derselben, beziehungsweise das die Zustimmung ergänzende richterliche Erkenntniß (§. 32 a. a. O.) oder gegebenen Falles die betreffenden Sterbeurkunden vorlegen zu lassen.

c) Die Distriktsverwaltungsbehörden haben ferner feststellen zu lassen, daß die Brautleute in keinem der in §. 33 Ziff. 1 mit 4 und §. 37 des Gesetzes bezeichneten Verhältnisse zu einander stehen.

d) Bei Personen, welche bereits eine frühere Ehe eingegangen haben, ist der Nachweis des erfolgten Ablebens des anderen Ehetheils oder der stattgehabten Ehetrennung, und gegebenen Falles der Auseinandersetzung und Sicherstellung des Vermögens (§§. 34 und 38 Abs. 2 a. a. O.), ferner

e) bei Wittwen oder geschiedenen Frauen (§. 35) veranlaßten Falles der Nachweis erlangter Dispensation erforderlich.

2) Die der Ausstellung des Verehelichungszeugnisses vorhergehende öffentliche Bekanntmachung des Verehelichungsvorhabens hat in der bisherigen Weise zu geschehen.

3) Werden die Nachweise über die civilrechtlichen Erfordernisse der Eheschließung (Ziff. 1 lit. a bis e) nicht erbracht, oder werden Ehehindernisse von Dritten geltend gemacht, oder erlangt die Distriktsverwaltungsbehörde von einem solchen in anderer Weise Kunde, so hat dieselbe nach Vorschrift des Art. 35 Abs. 6 des Gesetzes vom $\frac{\text{16. April 1868}}{\text{23. Februar 1872}}$ über Heimat, Verehelichung und Aufenthalt zu verfahren. Hierbei wird übrigens insbesondere auf die Bestimmung in §. 39 des Reichsgesetzes vom 6. Februar 1875 hingewiesen.

4) Sind dagegen die civilrechtlichen Erfordernisse zur Eheschließung als erfüllt nachgewiesen und ist auch den übrigen Voraussetzungen des Art. 34 des Gesetzes vom $\frac{\text{16. April 1868}}{\text{23. Februar 1872}}$ genügt, so ist das Verehelichungszeugniß ungesäumt auszufertigen und unter Rückgabe der übergebenen, vor dem Standesbeamten benöthigten Urkunden an die Betheiligten hinauszugeben, oder an den von diesen bezeichneten Standesbeamten zu übersenden.

Beigefügt wird hier, daß für die Militärpersonen (Art. 34 Z. 1 a. a. O.) nunmehr die §§. 40 und 60 Ziff. 4 des Reichsmilitärgesetzes vom 2. Mai 1874 maßgebend sind und daß Ziff. 4 des Art. 34 a. a. O. durch den Art. 12 des Gesetzes vom 23. Februar 1872 „die Abänderung einiger Bestimmungen des Gesetzes vom 16. April 1868 über Heimat, Verehelichung und Aufenthalt betreffend" beseitigt worden ist.

5) Das für einen in den Landestheilen rechts des Rheins heimatsberechtigten Mann ausgestellte distriktspolizeiliche Zeugniß soll die Gewähr leisten, daß den gesetzlichen Voraussetzungen der Eheschließung vor dem Standesbeamten genügt ist. Die Vorlage dieses Zeugnisses enthebt jedoch den Standesbeamten nicht der Verpflichtung, der Sache näher auf den Grund zu sehen, wenn sich Verdacht ergibt, daß gleichwohl Ehehindernisse obwalten.

Zu B) a) Wenn der Bräutigam in der Pfalz heimatberechtigt ist und in den Landestheilen rechts des Rheins eine Ehe schließen will, so ist hierzu das in Art. 38 Abs. 2 des Gesetzes vom $\frac{\text{16. April 1868}}{\text{23. Februar 1872}}$ vorgeschriebene Zeugniß erforderlich[14]).

b) Will ein in der Pfalz heimatberechtigter Mann in der Pfalz, oder ein einem andern Deutschen Staate angehöriger Mann in Bayern eine Ehe schließen, so hat sich das Verfahren der Standesbeamten ausschließlich nach den Vorschriften des Reichsgesetzes vom 6. Februar 1875 zu richten. Es hat daher, wenn nicht Dispensation nach §. 50 Abs. 1 ertheilt ist, oder wenn nicht der Fall des Art. 50 Abs. 2 vorliegt, das Aufgebot nach Maßgabe dieses Gesetzes zu erfolgen, vor Erlassung des Aufgebotes hat der Standesbeamte die Nachweise über die Erfüllung der zur Eheschließung gesetzlich vorgeschriebenen Erfordernisse erbringen zu lassen und die Vorlage der nothwendigen Urkunden, insbesondere auch die dienstliche Bewilligung für Beamte, Bedienstete und Militärpersonen, zu verlangen.

Zu C) Die Eheschließung eines Nichtdeutschen vor einem Standesbeamten setzt unter allen Umständen die Beibringung des in Art. 39 Abs. 2 des Gesetzes vom $\frac{\text{16. April 1868}}{\text{23. Februar 1872}}$ über Heimat, Verehelichung und Aufenthalt bezeichneten Zeugnisses der Distriktsverwaltungsbehörde und das vorgängige Aufgebot durch den Standesbeamten voraus.

Der in Art. 39 Abs. 1 a. a. O. verlangte Nachweis soll zunächst darthun, daß Ausländer durch die Eheschließung ihre Staatsangehörigkeit auf ihre zukünftige Ehefrau und ihre in der Ehe geborenen Kinder übertragen und daß sie demgemäß nach eingegangener Ehe sammt ihrer Familie von ihrem Heimatsstaate auf Erfordern wieder werden übernommen werden.

Die Beibringung von solchen Nachweisen ist dann nicht nothwendig, wenn durch ministerielle Erklärungen u. dgl. bekannt gegeben worden ist, daß die Eheschließungen von Ausländern in Bayern

14) Vgl. noch Entsch. d. Staatsmin. des Inn. v. 31. März 1884, Eheschließungen in den Landestheilen rechts des Rheins seitens in der Pfalz heimatberechtigter Männer betr., Stdesb. 1884 S. 89.

dieselbe Wirkung und die nemliche Folge haben, wie wenn diese Ehe im ausländischen Heimatstaate des Mannes abgeschlossen worden wäre. Dies ist z. B. der Fall

a) bezüglich der Niederländischen Staatsangehörigen nach M.E. vom 19. März 1871 Nr. 1905,
b) bezüglich der Schwedisch-Norwegischen Staatsangehörigen nach M.E. v. 3. Juli 1874 Nr. 7596 (Amtsblatt des St.M. d. J. S. 349),
c) bezüglich der Italiener nach Uebereinkunft vom 3. Dezember 1874 (Minist.Amtsblatt vom Jahre 1875 S. 478).
d) bezüglich der Belgier nach Uebereinkunft vom 8. Oktober 1875 (Minist.Amtsblatt S. 645) und
e) bezüglich der Franzosen nach dem in Frankreich geltenden Civilgesetzbuche.

Was endlich die weiteren Voraussetzungen der Eheschließung von Ausländern betrifft, so haben die Distriktsverwaltungsbehörden den Nachweis zu verlangen, daß nach den im Heimatlande des Mannes geltenden Gesetzen diese Eheschließung zulässig ist.

D) Im Uebrigen wird bemerkt:

1) Es ist gestattet, für die Vornahme von Eheschließungen ein für allemal einen oder mehrere Wochentage festzusetzen und öffentlich bekannt zu machen. In dringenden Fällen muß jedoch die Eheschließung auch an anderen Tagen vorgenommen werden.
2) Die Eheschließungen sollen in einem der Würde und Wichtigkeit der Handlung entsprechenden, ständig hiezu bestimmten Lokale vorgenommen werden. Eheschließungen außerhalb des Amtslokales des Standesbeamten sind nur dann zulässig, wenn einer der Verlobten am Erscheinen in demselben durch Krankheit rc. verhindert ist, oder ein besonderer Ausnahmefall vorliegt.

   Jedenfalls ist Vorsorge zu treffen, daß in derselben Räumlichkeit nicht gleichzeitig andere Geschäfte und Verhandlungen vorgenommen werden.
3) Der Standesbeamte hat bei Eheschließungen in angemessener Kleidung, und wenn derselbe zugleich ein Gemeindebeamter ist, in Amtstracht oder mit dem Dienstzeichen zu erscheinen.
4) Die Eheschließung findet, soweit der Raum es gestattet, in der Regel öffentlich statt. Personen, welche durch ihr Verhalten oder in sonstiger Weise die Handlung stören oder der Würde derselben Eintrag bereiten könnten, sind zu entfernen.
5) Verwandtschaft des Standesbeamten mit den Verlobten oder einem derselben steht der Mitwirkung des Ersteren bei der Eheschließung nicht entgegen.

IV.

Sterberegister.

1) Die Todesursache ist in der Eintragung nicht zu erwähnen.
2) Sollen Thatsachen, welche erst nach der Eintragung ermittelt worden und geeignet sind, die Eintragung zu ergänzen oder zu verbessern, im Register vermerkt werden, so kann solches nur auf gerichtliche Anordnung geschehen.
3) Findet eine amtliche Ermittelung über den Todesfall statt, wie dies geschieht, wenn der Todesfall durch einen Unglücksfall, durch Selbstmord oder durch eine strafbare Handlung herbeigeführt wurde, bei Auffinden der Leichen unbekannter Personen und bei verschollenen Personen, so hat die Eintragung in das Sterberegister auf Grund der schriftlichen Mittheilung der zuständigen Behörde und unter ausdrücklicher Bezugnahme auf dieselbe zu erfolgen.
4) Bei Eintragung der Sterbefälle von Personen, deren Identität nicht festgestellt werden konnte, ist der Vordruck des Registers zu durchstreichen und der Eintrag am Rande zu bewirken, hierbei aber auf Raumersparung zu sehen, damit für die möglicherweise später, nach etwa erfolgter Feststellung der Identität der Person, erforderliche Vervollständigung des Eintrags Raum bleibt.
5) Nach §. 60 des Gesetzes darf ohne Genehmigung der Ortspolizeibehörde keine Beerdigung vor der Eintragung des Sterbefalles in das Sterberegister stattfinden. Es sind deshalb, auch wenn sie nicht verlangt worden, Bescheinigungen über die vollzogene Eintragung zum Zwecke der Beerdigung auszustellen und den Anzeigenden zu behändigen, damit den Betheiligten wiederholte Gänge erspart werden.

   Diese Bescheinigungen sind aber jedenfalls nicht in der Form von Sterbeurkunden auszustellen.

V.

Sonstige Bestimmungen.

1) Die Fristen für die Anzeigen der Geburten (§. 17—20 des Gesetzes), für die nachträgliche Angabe der Vornamen eines Kindes (§. 22), bezüglich der todtgeborenen oder in der Geburt verstorbenen Kinder (§. 23), hinsichtlich aufgefundener neugeborner Kinder (§. 24), endlich der Sterbefälle (§. 56—58) sind genauestens einzuhalten.

Zuwiderhandlungen haben die Standesbeamten nach §. 68 des Gesetzes zu begegnen, und wenn die Anzeige nicht rechtzeitig erstattet wird, Strafeinschreitung zu veranlassen.

2) Der Standesbeamte hat gewissenhaft darauf zu sehen, daß keine Unrichtigkeiten in die Register eingetragen werden (§. 21 des Gesetzes). Derselbe hat deshalb darauf zu dringen, daß mündliche und schriftliche Anzeigen, insofern sie unvollständig sind, ergänzt werden, und Anzeigen, an deren Richtigkeit er zu zweifeln Grund hat, in jeder möglichen Weise richtig gestellt werden.

3) Ist eine Geburt außerhalb des Wohnortes der Eltern oder der unehelichen Mutter, eine Eheschließung außerhalb des Wohnortes der Ehegatten, ein Todesfall außerhalb des Wohnortes der Verstorbenen erfolgt, so ist dem Standesbeamten des Wohnortes beglaubigte Abschrift der betreffenden Eintragung zu übermitteln.

Eine Uebertragung des Eintrags in das Register des Standesbeamten des Wohnortes hat nicht stattzufinden.

Die übermittelten Abschriften sind in den zu dem betreffenden Register gehörigen Sammelakten des einschlägigen Jahrgangs zu verwahren und in dem alphabetischen Namenregister entsprechende Vormerkung zu machen. Gleiches hat zu geschehen, wenn dem Standesbeamten des Wohnortes derlei Abschriften von anderen Behörden, insbesondere auch ausländischen, übermittelt werden.

4) Das Amtslokal des Standesbeamten muß täglich während einer bestimmten im Amtsbezirke vorher bekannt gemachten Zeit dem Publikum zugänglich sein.

Insbesondere hat der Standesbeamte auch an Sonn- und Feiertagen während einer den örtlichen Verhältnissen angemessenen Zeit im Amtslokale anwesend zu sein, da es unter allen Umständen nothwendig ist, den Betheiligten zur Erledigung dringlicher Geschäfte auch an solchen Tagen Gelegenheit zu geben, und überdies die Anzeige von Todesfällen unter Umständen nur an Sonn- oder Feiertagen rechtzeitig erfolgen kann.

5) Die Standesakte müssen unter allen Umständen in Gegenwart des Standesbeamten aufgenommen werden, wenn er sich auch zum Niederschreiben derselben eines Schreibgehilfen bedient. Es ist deshalb nicht zulässig, daß der Standesbeamte die Verhandlungen in seiner Abwesenheit im Amtslokale aufnehmen läßt und solche sodann vollzieht, er muß vielmehr von Anfang an der Verhandlung anwohnen.

6) Nachdem in den meisten Fällen der Standesbeamte zugleich die Stelle des Bürgermeisters bekleiden wird, ist strenge darauf zu sehen, daß die Register, Akten, Verzeichnisse ꝛc. des Standesamtes nicht mit den Akten, Büchern, Registern ꝛc. des Bürgermeisters oder der Gemeindeverwaltung vermische, beide vielmehr durchweg auseinander gehalten werden.

7) Die in §. 9 der Ausführungsverordnung des Bundesrathes vom 22. Juni 1875 vorgeschriebenen Sammelakten sind nach Anleitung der Beilagen Nr. 1 mit 3 anzulegen und zweckmäßig mit einem Inhaltsverzeichnisse zu versehen.

8) Zu den ebendaselbst unter §. 10 angeordneten alphabetischen Registern und Verzeichnissen liegen Formulare in den Beilagen Nr. 4 mit 9 an.

Bemerkt wird hierzu, daß die alphabetischen Register zweckmäßig auf eine längere Reihe von Jahren, insbesondere für kleinere Standesämter, angelegt werden; für größere Standesämter aber wird es sich empfehlen, die während des Jahres geführten nur als provisorische zu betrachten und am Schlusse desselben streng alphabetisch geordnete Register daraus zu fertigen, um das Aufsuchen der einzelnen Urkunden zu erleichtern.

Beilage 1.

Sammelakt

zu dem

Geburts-Register

des

Standesamtes N.

Jahrgang 1876.

Enthaltend in chronologischer Ordnung:

a. **Schriftliche Anträge, Anzeigen, Urkunden, Mittheilungen, Verfügungen, insbesondere der Aufsichtsbehörde und der Gerichte:**

1) Schriftliche Geburtsanzeigen . . . . §. 20
2) Anzeige von Findlingen . . . . §. 24
3) Anerkennung unehelicher Kinder . . . . §. 25
4) Legitimation, Adoption ꝛc. . . . . §. 26
5) Eintragung verspäteter Anzeigen . . . . §. 27
6) Berichtigung auf gerichtliche Anordnung . . . . §. 65

b. **Verhandlungen und Anordnungen der Standesbeamten:**

1) Erforschung der Richtigkeit der Anzeigen . . . . §. 21
2) Anerkennung unehelicher Kinder . . . . §. 25

Beilage 2.

Sammelakt

zu dem

Heiraths-Register

des

Standesamtes N.

Jahrgang 1876.

Enthaltend in chronologischer Ordnung:

a. **Schriftliche Anträge, Anzeigen, Urkunden, Mittheilungen, Verfügungen, insbesondere der Aufsichtsbehörde und der Gerichte:**

1) Ehemündigkeit und Konsens . . . . §. 28
2) Ehehindernisse wegen Verwandtschaft, Schwägerschaft, Wahlverwandtschaft und Ehebruchs . . . . §. 33
3) Wartezeit bei Wittwen und geschiedenen Frauen . . . . §. 35
4) Verehelichung der Militärpersonen, Landesbeamten und Ausländer. Vermögensauseinandersetzung . . . . §. 38
5) Delegation anderer Standesbeamten . . . . §. 43
6) Aufgebot, Geburtsurkunde, Konsense . . . . §. 45
7) Ablehnung der Eheschließung beim Bekanntwerden von Ehehindernissen . . . . §. 48
8) Bescheinigung des Aufgebotes an anderen Orten, als jenem der Eheschließung . . §. 49
9) Dispensation vom Aufgebote; Erlaß desselben bei lebensgefährlichen Krankheiten . §. 50
10) Erkenntnisse über Auflösung, Ungiltigkeit und Nichtigkeit der Ehe . . . . . . §. 55
11) Berichtigung auf gerichtliche Anordnung . . . . §. 65

b. **Verhandlungen und Anordnungen der Standesbeamten:**

1) Prüfung der Erfordernisse der Eheschließung . . . . §. 45
2) Aufgebot, Ort, Art, Zeit und Inhalt . . . . §. 46
3) Bekanntmachung des Aufgebots im Auslande . . . . §. 47

Beilage 3.

Sammelakt
zu dem
Sterbe-Register
des
Standesamtes N.
Jahrgang 1876.

Enthaltend in chronologischer Ordnung:

a. **Schriftliche Anträge, Anzeigen, Urkunden, Mittheilungen, Verfügungen, insbesondere der Aufsichtsbehörde und der Gerichte:**
   1) Anzeige von Sterbefällen . . . . §. 58
   2) Genehmigung der Aufsichtsbehörde zur Eintragung von Sterbefällen . . . . . §. 60
   3) Berichtigung auf gerichtliche Anordnung . . . . §. 65

b. **Verhandlungen und Anordnungen der Standesbeamten:**
   1) Erforschung der Richtigkeit der Anzeigen . . . . §§. 21, 58
   2) Strafen wegen versäumter Anzeige, Zwangsstrafen gegen Säumige . . . . . §. 68

Beilage 4.

Alphabetisches Verzeichniß
zu dem
Geburts-Register
des
Standesamtes N.
Umfassend die Jahrgänge 1876—1886.

Fortl. Nr.	Der Gebornen: Name und Vorname	Der Gebornen: Wohnort	Eingetragen im Register: Jahrgg.	Eingetragen im Register: Nr.	Bemerkungen
		1876			
1.	Adam Johann	Hollerbach	1876	1.	Legitimirt durch nachfolgende Ehe. — Sammelakt und Heirathsregister 1879 Nr. 3.
2.	Arnold Kaspar	Hollerbach	"	4.	
3.	Agatz Martin	Mainbach	"	8.	
4.	Auer Michael	Hollerbach	"	10.	
5.	Ammon Carl	Mayerhofen	—	—	Mittheilung des Standesamts Aindling, Bez.=Amts Aichach, im Sammelakt.
6.	Adam Christoph	Schönbach	—	—	Nachtrag aus 1877 Nr. 1.
		1877			
1.	Adam Christoph	Schönbach	1877	1.	

Beilage 5.

Alphabetisches-Verzeichniß zu dem Heiraths-Register des Standesamtes N.

Umfassend die Jahrgänge 1876—1886.

Fortl. Nr.	Name und Vorname		Stand des Mannes	Wohnort	Eingetragen im Register		Bemerkungen
	des Mannes	der Frau			Jahrgg.	Nr.	
		18	76				
1.	Schmitt Michael	Johanner Anna	Maurer	R.	1876	15	

Bemerkung. Der Name des Mannes ist für die alphabetische Ordnung maßgebend.

Beilage 6.

Alphabetisches Register zu dem Sterbe-Register des Standesamtes N.

Umfassend die Jahrgänge 1876—1886.

Fortl. Nr.	Des Verstorbenen		Eingetragen im Register		Bemerkungen
	Name und Vorname	Wohnort	Jahrgg.	Nr.	
		1876			
1.	Popp Andreas	H.	1876	2	

Beilage 7.

Kontrole

über die nachträglich zu machenden Anzeigen der Vornamen der Kinder.
(§. 22 Abs. 3 des Gesetzes.)

Standesamt N.

Fortl. Nr.	Name und Vorname, Stand oder Gewerbe, Wohnort des zur Anzeige Verpflichteten	Die Eintragung der Geburt ist erfolgt					Die Anzeige der Vornamen						Bemerkungen über etwaige Erzwingung der Anzeige (§. 68) ꝛc.
		im Register		auf Anmeldung am			soll erfolgen bis zum			ist erfolgt am			
		Jahrgg.	Nr.	Tag	Monat	Jahr	Tag	Monat	Jahr	Tag	Monat	Jahr	
1.	Falk Anton, Schneider zu M.	1876	8	15.	Jan.	1876	12.	März	1876	15.	Febr.	1876	

Beilage 8.

Verzeichniß

der von dem Standesbeamten des Standesamtsbezirks N.

verkündeten Aufgebote.

Fortl. Nr.	Der Sammel-Akten Folium	Name, Vorname, Stand und Wohnort		Das Aufgebot erfolgte auf							Bemerkungen
				eigene Veranlassung am			Requisition des Standesbeamten				
		des Bräutigams	der Braut	Tag	Monat	Jahr	zu N. Bez.-Amts O.	am			
								Tag	Monat	Jahr	

Beilage 9.

Verzeichniß
über die von dem Standesamte N.
erhobenen Gebühren und Strafen.

Fortl. Nr.	Name und Wohnort des Zahlungspflichtigen	Anfall der Gebühr oder Strafe am	Anlaß der Gebühr oder Strafe	Größe der Gebühr oder Strafe		Gezahlt am	
				Mk.	Pf.		

Königreich Sachsen.

21. Gesetz, einige Abänderungen des Bürgerlichen Gesetzbuchs und damit in Zusammenhang stehende Bestimmungen enthaltend; vom 5. November 1875. (Ges.= u. Verordn.Bl. Stck. 12 S. 349.)

Wir, **Albert**, von Gottes Gnaden König von Sachsen rc. rc. rc. verordnen aus Anlaß des Reichsgesetzes über die Beurkundung des Personenstandes und die Eheschließung vom 6. Februar 1875 (S. 23 fg. des Reichs=Gesetzblattes vom Jahre 1875) mit Zustimmung Unserer getreuen Stände, was folgt:

§. 1. Das Verlöbniß fordert zu seiner Giltigkeit, daß diejenigen Personen einwilligen, deren Einwilligung es zur Eheschließung bedarf.

Bedarf es bei keinem der das Verlöbniß schließenden Theile der Einwilligung des ehelichen Vaters oder der Mutter und tritt auch nicht der in §. 31 Satz 1 des Reichsgesetzes vom 6. Februar 1875 angegebene Fall ein, so ist das Verlöbniß nur giltig, wenn es in Gegenwart von zwei Zeugen oder vor Gericht geschlossen worden ist.

§. 2. Ein Verlöbniß, welchem ein gesetzliches Hinderniß entgegensteht, hat die rechtliche Wirkung eines giltigen Verlöbnisses für den Verlobten, welcher das Hinderniß nicht kennt, so lange dies der Fall ist.

§. 3. Ehen, welche gegen die Vorschriften in §. 33 unter 1 bis 4 und in §. 34 des Reichsgesetzes vom 6. Februar 1875 geschlossen werden, sind nichtig, wenn sie der Richter dafür erklärt. Der Richter hat amtswegen einzuschreiten und kann im Falle dringender Wahrscheinlichkeit des Nichtigkeitsgrundes die Trennung der Ehegatten schon vor der Nichtigkeitserklärung verfügen; auch können die Ehegatten, nachdem sie das ihrer Ehe entgegenstehende Hinderniß erfahren haben, das eheliche Zusammenleben einstellen.

§. 4. Wird die Ehe mit einer des Vernunftgebrauchs beraubten Person geschlossen, so kann der Vormund dieser Person die Ehe anfechten.

Rücksichtlich der Anfechtung durch die Person selbst, welche des Vernunftgebrauchs beraubt war, nach Beseitigung dieses Zustandes bewendet es bei der Vorschrift in §. 1624 des Bürgerlichen Gesetzbuchs.

§. 5. Ist die Ehe mit einer Person, welche zur Zeit der Eheschließung die Ehemündigkeit noch nicht erreicht gehabt, geschlossen worden, ohne daß Dispensation ertheilt war, so kann dieser Ehegatte bis zum Ablaufe von sechs Monaten nach Eintritt seiner Ehemündigkeit die Ehe anfechten.

§. 6. Eine Ehe, welche ohne die nach §§. 29, 30 und 31 des Reichsgesetzes vom 6. Februar 1875 erforderliche Einwilligung dritter Personen geschlossen worden ist, kann von derjenigen Person, deren Einwilligung es bedurft hätte, von dem Vormunde mit Genehmigung der Vormundschaftsbehörde, angefochten werden, wenn erhebliche Gründe zur Verweigerung der Einwilligung vorliegen.

Die Anfechtung findet jedoch nicht statt, wenn die Ehe von dem zur Anfechtung Berechtigten ausdrücklich oder stillschweigend gutgeheißen worden ist, oder wenn von dem Zeitpunkte an, wo derselbe

Kenntniß von der Eheschließung erlangte, sechs Monate verflossen sind, oder wenn der Ehegatte, welcher der Einwilligung des Dritten bedurft hätte, das Lebensjahr vollendet hat, mit dessen Vollendung das Erforderniß der Einwilligung nach §. 29 Abs. 1 des gedachten Reichsgesetzes wegfällt.

§. 7. Werden die in §. 33 unter 5 und §. 35 Abs. 1 des Reichsgesetzes vom 6. Februar 1875 gedachten Eheverbote umgangen, so hat dies eine Nichtigkeit der Ehe nicht zur Folge. Es sind jedoch in diesen Fällen die schuldigen Ehegatten mit Geldstrafe bis zu Dreihundert Mark zu belegen.

§. 8. Eine vor dem Inkrafttreten des Reichsgesetzes vom 6. Februar 1875 eingegangene Ehe kann aus einem Grunde, welcher nach demselben nicht als solcher gilt, künftig weder für nichtig erklärt, noch in Folge Anfechtung aufgehoben werden, noch eine Bestrafung der schuldigen Ehegatten nach sich ziehen.

§. 9. Die Bestimmungen in §§. 1619, 1745, 1766, 1769 und 1770 des Bürgerlichen Gesetzbuchs werden, soweit sie nicht mit dem Inkrafttreten des Reichsgesetzes vom 6. Februar 1875 von selbst zur Erledigung kommen, und zwar auch in Bezug auf bereits bestehende Ehen hiermit aufgehoben.

§. 10. Die bei Eheschließungen zu beobachtende Form wird nach den Gesetzen des Ortes beurtheilt, an welchem die Eheschließung vorgenommen wird.

In Betreff der sonstigen Voraussetzungen einer giltigen Ehe und in Betreff der Auflösung der Ehe bewendet es bei der Bestimmung in §. 13 des Bürgerlichen Gesetzbuchs.

§. 11. Die Untersuchung und Aburtheilung der in §. 7 dieses Gesetzes und in §§. 67, 69 des Reichsgesetzes vom 6. Februar 1875 erwähnten Vergehen gehört vor den Einzelrichter[15]).

Die in §. 68 Abs. 1 desselben Reichsgesetzes erwähnten Uebertretungen werden als Verwaltungsstrafsachen nach Maßgabe des Gesetzes, das Verfahren in Verwaltungsstrafsachen betreffend, vom 22. April 1873 (S. 291 fg. des Ges. und Verordn.Bl. vom Jahre 1873) behandelt.

§. 12. Die nach §. 76 des Reichsgesetzes vom 6. Februar 1875 in streitigen Ehesachen zuständigen bürgerlichen Gerichte sind in erster Instanz ausschließlich die Bezirksappellationsgerichte und das Schönburgsche Ehegericht zu Glauchau[16]). Geistliche sind nicht zuzuziehen.

Die bei anderen Behörden anhängigen, am 1. Jan. 1876 noch nicht beendigten Ehestreitigkeiten sind zur Fortstellung an die nach Vorstehendem zuständigen Gerichte abzugeben.

§. 13. Gegenwärtiges Gesetz tritt mit dem 1. Jan. 1876 in Wirksamkeit.

Urkundlich ꝛc.

22. Verordnung der Ministerien des Innern und der Justiz, die Ausführung des Reichsgesetzes über die Beurkundung des Personenstandes und die Eheschließung vom 6. Februar 1875 betreffend; vom 6. November 1875 (a. a. O. Stck. 12 S. 351).

Zur Ausführung des mit dem 1. Januar 1876 in Kraft tretenden Reichsgesetzes über die Beurkundung des Personenstandes und die Eheschließung vom 6. Februar 1875 (S. 23 fg. des Reichs-Gesetzblattes vom Jahre 1875) wird unter Bezugnahme auf die zu diesem Zwecke bereits ergangene, nebst Beilagen nachstehend unter I[17]) abgedruckte Verordnung des Bundesraths vom 22. Juni 1875 (S. 386 fg. des Centralblattes für das Deutsche Reich vom Jahre 1875) hierdurch ferner Folgendes verordnet:

§. 1. Die Bildung der Standesamtsbezirke, sowie die Bestellung der Standesbeamten und ihrer Stellvertreter erfolgt, soweit nicht in §. 4 des Reichsgesetzes etwas Anderes bestimmt ist, durch die Kreishauptmannschaften.

Die Kreishauptmannschaften sind außerdem in allen Fällen zuständig, in welchen das Reichsgesetz die Entschließung der höheren Verwaltungsbehörde überweist.

Entscheidungen über Beschwerden nach §. 7 Abs. 3 des Reichsgesetzes werden unter Mitwirkung des Kreisausschusses ertheilt.

§. 2. Aufsichtsbehörde des Standesbeamten im Sinne der Bestimmungen in §§. 11, 14, 27, 60, 66 des Reichsgesetzes ist in den Städten, in welchen die Revidirte Städteordnung eingeführt ist, der Stadtrath, im Uebrigen die Amtshauptmannschaft.

Festsetzungen nach §. 7 Abs. 3 des Reichsgesetzes erfolgen durch die Amtshauptmannschaft unter Mitwirkung des Bezirksausschusses.

---

15) Jetzt das Amtsgericht, vgl. Ausführungsges. v. 1. März 1879, G. u. V.Bl. S. 53 §. 13: „Die nach den Gesetzen begründete Zuständigkeit der Gerichtsämter geht für alle Angelegenheiten der Rechtspflege und Justizverwaltung, in Betreff deren nicht das Ger.Verf.Ges. v. 27. Januar, die C.P.O. v. 30. Jan., die Str.Proz.O. v. 1. Febr. und die Konk.O. v. 10. Febr. 1877 und die zu diesen Gesetzen gehörigen Einführungsgesetze andere Bestimmung treffen, auf die Amtsgerichte über." Durch §. 1 des cit. Gesetzes sind die Gerichtsämter aufgehoben worden.

16) Jetzt die Landgerichte, nachdem §. 1 des in d. vor. Anm. cit. Ges. v. 1. März 1879 diese Gerichte aufgehoben hat, vgl. §. 13 a. a. O. u. Reichs-C.P.O. §. 568.

17) S. o. S. 231.

Die in §. 3 Abs. 1 des Reichsgesetzes vorgesehene Befugniß der Aufsichtsbehörde, die interimistische Besorgung der Geschäfte eines Standesamts einem benachbarten Standesbeamten oder dessen Stellvertreter zu übertragen, wird dann, wenn das Standesamt einer Stadt betheiligt ist, in welcher die Revidirte Städteordnung gilt, von der Kreishauptmannschaft, im Uebrigen von der Amtshauptmannschaft ausgeübt.

§. 3. Gemeindebehörde (§. 4 des Reichsgesetzes) ist in den Städten, in welchen die Revidirte Städteordnung eingeführt ist, der Stadtrath, welcher sich mit den Stadtverordneten zu vernehmen hat, in den übrigen Städten der Stadtgemeinderath, auf dem Lande der Gemeinderath.

Das in §. 4 Abs. 2 und 4 des Reichsgesetzes dem „Gemeindevorstande" übertragene Befugniß wird in den Städten, in welchen die Revidirte Städteordnung eingeführt ist, von dem Stadtrathe, in den übrigen Städten vom Stadtgemeinderathe, auf dem Lande vom Gemeinderathe ausgeübt.

Ortspolizeibehörde (§§. 24 und 60 des Reichsgesetzes und §. 5 dieser Verordnung) ist in den Städten, in welchen die Revidirte Städteordnung eingeführt ist, der Stadtrath, in den übrigen Städten der Bürgermeister, auf dem Lande der Gemeindevorstand, innerhalb selbstständiger Gutsbezirke der Gutsvorsteher.

In denjenigen Städten, in welchen eine besondere Sicherheitspolizei besteht, ist die in §. 24 des Reichsgesetzes vorgeschriebene Anzeige an diese Behörde zu richten, und es liegt dieser die weitere, in §. 24 geordnete ortspolizeiliche Thätigkeit ob.

§. 4. Die nach §. 11 Abs. 3 des Reichsgesetzes beantragte Anweisung eines Standesbeamten zu der Vornahme einer Amtshandlung, sowie die Anordnung wegen Berichtigung einer Eintragung im Standesregister (§§. 65 und 66 des Reichsgesetzes) steht dem Gerichtsamte, in Städten, in welchen ein Bezirksgericht seinen Sitz hat, der gerichtsamtlichen Abtheilung desselben[18]) zu.

Denselben Gerichten liegt die Aufbewahrung der in §. 14 des Reichsgesetzes gedachten Nebenregister ob.

§. 5. Der Erlaß vorläufiger Strafverfügung auf Grund der Bestimmung in §. 68 Abs. 1 des Reichsgesetzes, beziehentlich die Entschließung wegen Abgabe der Anzeige an das Gericht steht zunächst den Ortspolizeibehörden zu.

Erachtet der Bürgermeister einer Stadt, in welcher die Städteordnung für mittlere und kleine Städte eingeführt ist, der Gemeindevorstand oder Gutsvorsteher die Auferlegung einer höheren Strafe für angezeigt, als diejenige ist, welche er selbst nach dem ihm gesetzlich zustehenden Strafbefugnisse verfügen kann, so hat er die Sache zur Entschließung an die Amtshauptmannschaft abzugeben.

§. 6. Darüber, ob eine von dem Standesbeamten auf Grund von §. 68 Abs. 3 des Reichsgesetzes als Zwangsmittel angedrohte Strafe verwirkt ist, entscheidet der Standesbeamte. Die Einziehung verwirkter Strafen dieser Art liegt, vorbehältlich der Bestimmung in §. 3 des Gesetzes A über Competenzverhältnisse zwischen Justiz- und Verwaltungsbehörden vom 28. Januar 1835 (S. 55 des Gesetz und Verordnungsblattes vom Jahre 1835) und in §. 17 des Gesetzes, das Verfahren bei Vollstreckung gerichtlicher Entscheidungen 2c. betreffend, vom 28. Februar 1838 (S. 78 des Gesetz und Verordnungsblattes vom Jahre 1838) der Gemeindebehörde (Stadtrath, Bürgermeister, Gemeindevorstand) desjenigen Ortes ob, an welchem das Standesamt seinen Sitz hat.

In den Fällen des §. 68 Abs. 3 des Reichsgesetzes haben die Standesbeamten das unter II angefügte Formular zum Anhalten zu nehmen.

§. 7. Die Ertheilung der Dispensationen von Ehehindernissen und vom Aufgebote (§§. 28, 33 Punkt 5, 35, 50 des Reichsgesetzes) steht dem Ministerium des Innern zu.

Das Dispensationsgesuch ist von dem Standesbeamten der Aufsichtsbehörde vorzulegen, welche dasselbe nach Vornahme der erforderlichen Erörterungen unter Beifügung ihres Gutachtens dem Ministerium des Innern zur Entschließung einberichtet.

§. 8. In jedem Erkenntnisse, durch welches eine Ehe wegen Ehebruch geschieden wird, ist die Person, mit welcher der Ehebruch begangen worden, dafern dieselbe ermittelt ist, namhaft zu machen.

§. 9. Die Ehegerichte haben jedes Urtheil, durch welches eine bei dem Standesbeamten geschlossene Ehe für aufgelöst, ungiltig oder nichtig erklärt wird, in einer mit dem Zeugnisse über die eingetretene Rechtskraft und die Zeit ihres Eintritts versehenen beglaubigten Abschrift dem Standesbeamten kostenfrei zuzufertigen.

§. 10. Den Standesbeamten und ihren Stellvertretern steht das Befugniß zur Protokollaufnahme im Sinne des Gesetzes vom 20. Mai 1867 (S. 131 fg. des Ges.- und Verordn.Bl. vom Jahre 1867) zu.

Dieselben werden vor der Eröffnung ihrer amtlichen Thätigkeit von der Aufsichtsbehörde in Pflicht genommen. Haben sie bereits einen Diensteid geleistet, so sind sie bei der Verpflichtung auf diesen Eid zu verweisen. Ist dies nicht der Fall, so ist die Verpflichtung unter Anwendung der Eidesformel in der Beifuge B zu der Verordnung, die Verpflichtung der Civilstaatsdiener und anderer in öffentlichen Funktionen stehenden Personen betreffend, vom

[18]) Jetzt dem Amtsgerichte, s. Anm. 15.

2. November 1837, mit Einschaltung der daselbst in der Anmerkung b auf Zeile 3 und 4 zu lesenden Worte (S. 101 des Ges.- u. Verordn.Bl. vom Jahre 1837)[19]) vorzunehmen.

Bei der Verpflichtung sind die Standesbeamten zugleich anzuweisen, daß sie bei Anmeldung von Geburten und bei Eheschließungen die Betheiligten unter Vorbehalt der Bestimmung in §. 82 des Reichsgesetzes und auf die bestehenden kirchlichen Verpflichtungen in Beziehung auf Taufe und Trauung aufmerksam zu machen und Alles zu vermeiden haben, was jenen zu der Auffassung Anlaß geben könnte, daß sie der Erfüllung dieser kirchlichen Verpflichtungen überhoben seien.

§. 11. Die Abgrenzung der Standesamtsbezirke und die Bestellung der Standesbeamten und ihrer Stellvertreter ist noch vor Schluß dieses Jahres von den Aufsichtsbehörden durch die Amtsblätter öffentlich bekannt zu machen.

§. 12. Die Standesbeamten haben unter Berücksichtigung des Bedürfnisses und der örtlichen Verhältnisse in der Regel bestimmte Geschäftsstunden einzuhalten.

Für die Eheschließungen können ein für alle Mal bestimmte Tage festgesetzt werden.

Die eingeführte Geschäftszeit ist unter Angabe des standesamtlichen Geschäftlokals in geeigneter Weise bekannt zu machen.

In dringenden Fällen haben sich die Standesbeamten auch außerhalb der eingeführten Geschäftszeit der Vornahme von Amtshandlungen zu unterziehen.

§. 13. Die Dienstsiegel, deren sich die Standesbeamten bei Ertheilung von Bescheinigungen und Auszügen aus den Registern zu bedienen haben, müssen das Königlich Sächsische Landeswappen und die Umschrift

„K. Sächs. Standesamt . . . . . ., Amtsh. . . . ."

enthalten.

Zerfällt eine Gemeinde in mehrere Standesamtsbezirke, so ist in der Umschrift die besondere Bezeichnung der einzelnen Bezirke hinzuzufügen.

Bei den Standesämtern der Städte Dresden, Leipzig und Chemnitz fällt die Angabe der Amtshauptmannschaft auf dem Siegel hinweg.

§. 14. Die Register und Formulare zu den Registerauszügen (§§. 8, 12 fg. des Reichsgesetzes) werden den Standesbeamten durch Vermittelung der Aufsichtsbehörde unentgeltlich verabfolgt. Das Nähere über die Lieferung und den Bezug wird der letzteren durch besondere Verordnung mitgetheilt.

Für die in §§. 5 und 6 der Ausführungsverordnung des Bundesraths vom 22. Juni 1875 (Beilage I) gedachten und für einige andere häufiger wiederkehrende Ausfertigungen wird den Aufsichtsbehörden zur weiteren Abgabe an die Standesbeamten ebenfalls eine ausreichende Anzahl von Formularexemplaren kostenfrei zugestellt, welche nach Format, Inhalt und Druck als Muster zu dienen haben. Der künftige Bezug dieser nach §. 8 des Reichsgesetzes nicht auf Kosten der Staatskasse, sondern auf Kosten der Gemeinden zu beschaffenden Formulare ist Sache der Standesbeamten, welche sich deshalb nach den von der Aufsichtsbehörde zu treffenden Anordnungen oder Einrichtungen zu achten haben.

§. 15. Für die Anlegung und Führung der in §. 10 der Ausführungsverordnung des Bundesraths vom 22. Juni 1875 (Beilage I) erwähnten Verzeichnisse haben die Aufsichtsbehörden den Standesbeamten die nöthige Anleitung zu geben.

Es können hierbei die in den Anlagen IV, V, VI und VII enthaltenen Schemata benutzt werden.

§. 16. Die Register, Akten und sonstigen Schriftstücke der Standesämter sind nebst dem Dienstsiegel sicher aufzubewahren.

Wird die Zurückgabe von Urkunden, welche als Unterlagen für die Einträge in die Standesregister dienen, von den Betheiligten erbeten und zulässig befunden, so ist beglaubigte Abschrift dieser Schriftstücke bei den Sammelakten des Standesamts zurückzubehalten. Es kann dafür, sowie für die Herausgabe beglaubigter Abschriften von Urkunden, welche bei den Sammelakten bleiben, eine Kopialiengebühr bis zur Höhe von einer halben Mark erhoben werden.

Von der Einrichtung dieser, sowie der in §. 16 Abs. 2 des Reichsgesetzes gedachten Gebühren sind Diejenigen befreit, welche ein Zeugniß ihrer Ortsbehörde über ihr Unvermögen zur Kostenentrichtung beibringen.

§. 17. Die Standesbeamten haben die Einträge in die Register deutlich und korrekt zu bewirken.

In Randbemerkungen über Zusätze, Löschungen oder Abänderungen, welche vom Standesbeamten vor dem Abschlusse des betreffenden Eintragungsaktes bewirkt werden, ist behufs der Feststellung, daß nicht eine Berichtigung im Sinne der Vorschriften in §§. 65 und 66 des Reichsgesetzes vorliege, der Umstand, daß der Zusatz oder die Löschung oder die Abänderung noch während der Einschreibung des Falles und in Gegenwart der Betheiligten erfolgt ist, ausdrücklich zu bezeugen.

---

[19]) Jetzt nach der V. die Verpflichtung der Staatsdiener 2c. betr., v. 20. Febr. 1879, G. u. V.Bl. S. 53, Stdesb. 1879 S. 109, durch welche die V. v. 2. Nov. 1837 aufgehoben ist.

§. 18. Die in §. 14 des Reichsgesetzes vorgeschriebene Einreichung der Nebenregister an die Aufsichtsbehörde hat längstens acht Tage nach Schluß des Kalenderjahrs zu erfolgen.

§. 19. Die auf Landesgesetz beruhende Verpflichtung der Hebammen, dafür zu sorgen, daß alle Geburten, zu welchen sie gerufen werden, rechtzeitig und in vorschriftsmäßiger Vollständigkeit bei der Kirche (dem Kirchner oder Pfarrer) angezeigt werden (§. 16 der Hebammenordnung vom 8. Mai 1872, S. 296 des Ges.= und Verordn.Bl. vom Jahre 1872), bleibt neben der durch das Reichsgesetz (§. 18,2) den Hebammen auferlegten Verpflichtung zur Anzeige der Geburten bei dem Standesbeamten bestehen.

§. 20. Ebenso bewendet es bei der seitherigen Verpflichtung der Aerzte und verpflichteten Leichenfrauen zu Ausstellung und Ablieferung der Leichenbestattungsscheine an die Pfarrämter, wie solche in dem Gesetze, die Leichenbestattungen und die Einrichtung des Leichendienstes betreffend, vom 20. Juli 1850 (S. 183 fg. des Ges.= und Verordn.Bl. vom Jahre 1850), in der Ausführungsverordnung zu diesem Gesetze vom nämlichen Tage und in der ihr unter A beigefügten Instruktion für die Leichenfrauen, sowie in der Verordnung, die Statistik der Todesursachen betreffend, vom 13. Okt. 1871 (S. 240 fg. des Ges.= und Verordn.Bl. vom Jahre 1871) bestimmt sind, ingleichen bei den von den Leichenfrauen nach der Verordnung vom 26. Juni 1873 (S. 477 des Ges.= und Verordn.Bl. vom Jahre 1873) zu erstattenden besonderen Todesanzeigen an die Ortsgerichtspersonen.

Die Leichenfrauen haben aber nunmehr auch dafür zu sorgen, daß die in §§. 56 fg. vorgeschriebene Anzeige des Sterbefalls beim Standesbeamten rechtzeitig bewirkt wird.

§. 21. Für die Bescheinigungen des Standesbeamten über die erfolgte Eintragung eines Sterbefalls in das Standesregister (§. 60 des Reichsgesetzes) enthält Anlage III ein Schema.

Die Ortspolizeibehörde, welche vor der Eintragung des Sterbefalls in das Sterberegister die Genehmigung zur Beerdigung nach §. 60 des Reichsgesetzes ertheilt hat, ist verpflichtet, dem Standesbeamten hiervon ohne Verzug Mittheilung zu machen.

Im Uebrigen haben die Polizeibehörden von denjenigen Anzeigen, die sie nach §. 9 der Verordnung, die Aufhebung von Todten und Scheintodten 2c. betreffend, vom 21. September 1874 (S. 314 des Ges.= und Verordn.Bl. vom Jahre 1874) zu erstatten haben, neben dem an das betreffende Pfarramt auch ferner abzuliefernden Duplikat gleichzeitig ein zweites Duplikat an den Standesbeamten abzugeben.

§. 22. Alle standesamtlichen Registerauszüge und Bescheinigungen sind stempelfrei.

II.

Da Sie *die Vornamen ihres/r am* . . . . *zu* . . . . *geborenen* . . . . *dem unterzeichneten Standesbeamten seither nicht angezeigt* haben, so werden Sie hierdurch aufgefordert, *diese Anzeige* bei Vermeidung einer Geldstrafe von . . Mark nunmehr *innerhalb der nächsten acht Tage und längstens bis zum* . . . . . . *Monats zu bewirken.*

Wenn Sie dieser Verfügung nicht rechtzeitig nachkommen, werde ich den obigen Betrag von Ihnen einziehen lassen und Sie zu der *unterlassenen Anzeige* fernerweit durch Androhung einer höheren Geldstrafe anhalten.

. . . . , den . . . .

Der Standesbeamte.

N. N.

An

. . . .

zu

. . . .

III.

Giltig zum Zwecke der Beerdigung.

In das Sterberegister des unterzeichneten Standesbeamten ist heute unter Nr. . . . eingetragen worden, daß . . . .

wohnhaft . . . . alt,

am . . . . 187 . um . . . Uhr . . mittags verstorben ist.

. . . . , den . . . . 187 . .

Der Standesbeamte.

N. N.

IV.
Alphabetisches Repertorium zum Geburtsregister.

1. Name des Geborenen.	2. Nummer und Jahrgang des Geburts-Registers.	3. Stand der Eltern.	4. (Ort und) Wohnung. (Straße und Hausnummer.)	5. Bemerkungen. *)
		A.		
Ackermann, *Friedrich August.*	4/1876	*Schuhmacher.*	*Neudorf*, *Strassenhäuser*, *No.* 7.	† *No.* 46/1876.

*) Wenn der Eingetragene stirbt, so wird in die 5. Spalte die Nummer und der Jahrgang des Sterberegisters eingetragen. Durch diese Einrichtung wird die Anfertigung der für die Kontrole der Militärpflicht erforderlichen Auszüge wesentlich erleichtert.

V.
Alphabetisches Repertorium zum Sterberegister.

1. Name des Gestorbenen.	2. Nummer und Jahrgang des Sterberegisters.	3. Stand.	4. (Ort und) Wohnung. (Straße, Hausnummer.)
		M.	
Müller, *Carl August.*	15/1876.	*Schneider.*	*Cat. No.* 42.
Mittag, *Robert.*	21/1876.	*Kind.*	*Bergstrasse No.* 25.
Meissner, *Johanne Friedericke.*	36/1876.	*Ehefrau.*	*Cunnersdorf*, *Cat. No.* 6.

VI.
Alphabetisches Repertorium zum Heirathsregister.

1. Name und Stand des Mannes.	2. Ort und Wohnung.	3. Nummer und Jahrgang des Heirathsregisters.
	S.	
Schulze, *Johann Friedrich*, *Werkführer.*	*Plauen*, *Anger No.* 10.	16/1876

VII.
Aufgebotsliste.

1. Laufende Nummer.	2. Datum der Aushängung der Bekanntmachung.	3. Verlobte. a. Name.	b. Stand.	c. (Ort und) Wohnung.	4. Orte, an welchen das Aufgebot stattfinden muß.	5. Nummer des Heiraths-Registers.*)
			1876.			
1.	6. *Januar.*	*Herrmann, Carl Heinrich.*	*Lehrer.*	*Schönfeld,*	*Schönfeld und Neustadt.*	2/1876.
		Fritzsche, Johanne.	*Lehrers-Tochter.*	*Neustadt. Cat. No. 20.*		

*) Diese Spalte wird nach erfolgter Eheschließung ausgefüllt.

Königreich Württemberg.

23. Gesetz zur Ausführung des Reichsgesetzes vom 5. Februar 1875, betreffend die Beurkundung des Personenstandes und die Eheschließung. Vom 8. August 1875. Reg.Bl. Nr. 30 S. 463.)

Karl, von Gottes Gnaden König von Württemberg.

Zur Ausführung des Reichsgesetzes vom 6. Februar 1875, betreffend die Beurkundung des Personenstandes und die Eheschließung (Reichsgesetzblatt S. 23), verordnen und verfügen Wir, nach Anhörung Unseres Geheimenraths und unter Zustimmung Unserer getreuen Stände, was folgt:

Art. 1. Die Aufsicht über die Amtsführung der Standesbeamten wird unter der Oberaufsicht der höheren Justizbehörden (Gesetz über die Gerichtsverfassung vom 13. März 1868 Art. 29) von den Oberamtsgerichten[20]) ausgeübt.

Auch sind die Oberamtsgerichte[20]) die Gerichte erster Instanz im Sinne des §. 11 Abs. 3, §. 14 Abs. 2 und §. 66 Abs. 2 des Reichsgesetzes.

Art. 2. Die Dispensation von der Eheunmündigkeit und von dem Ehehindernisse des Ehebruchs (Reichsgesetz §. 28, §. 33 Nr. 5) ist dem Könige vorbehalten.

Die Dispensation von der Wartezeit und von dem Aufgebot (Reichsgesetz §. 35, §. 50 Abs. 1) kommt den Oberamtsgerichten, und zwar demjenigen Oberamtsgerichte zu, in dessen Bezirk der zuständige Standesbeamte (Reichsgesetz §. 42 Abs. 1, §. 44 Abs. 2) seinen Amtsitz hat.

Art. 3. Aufgehoben[21]).

Art. 4. Aus Eheverlöbnissen kann nicht auf Eingehung der Ehe geklagt werden.

Die gerichtliche Aufhebung von Eheverlöbnissen findet nicht mehr statt.

Die gesetzlichen Vorschriften über die vermögensrechtlichen Folgen des Bruchs eines Eheverlöbnisses bleiben unberührt.

Art. 5. Für die Beurtheilung von Rechtsstreitigkeiten, welche die Trennung, Ungiltigkeit oder Nichtigkeit einer Ehe, oder die Herstellung des ehelichen Lebens zum Gegenstande haben (Ehestreitigkeiten), bleiben unter den näheren Bestimmungen des Reichsgesetzes und des gegenwärtigen Gesetzes

[20]) Muß jetzt heißen: von den Amtsgerichten, Ausführungsges. z. Reichs-Ger.Verf.Ges. v. 24. Jan. 1879, Reg.Bl. S. 3, Art. 2. „Auf die Amtsgerichte gehen alle diejenigen Obliegenheiten über, welche außerhalb des Gebiets der ordentlichen Gerichtsbarkeit zur Zuständigkeit der Oberamtsgerichte gehören.

[21]) Durch Ges. z. Ausführg. d. Reichs-C.P.O. v. 18. Aug. 1879, Reg.Bl. S. 173, Art. 34.

und bis zur Erlassung weiterer gesetzlicher Vorschriften über solche Ehestreitigkeiten, diejenigen Rechtsgrundsätze maßgebend, welche im Falle der Eheschließung durch kirchliche Trauung bisher zur Anwendung zu bringen gewesen wären.

Ehestreitigkeiten bei Ehen zwischen Angehörigen verschiedener Glaubensbekenntnisse oder zwischen Personen, welche nicht einer vom Staate als öffentliche Körperschaft anerkannten Kirche angehören, sind nach den für Ehesachen der Protestanten geltenden Rechtsgrundsätzen zu beurtheilen.

Art. 6. Die in der Ehegerichtsordnung Theil II Cap. 13 §. 4 bestimmte Vermuthungsfrist von sieben Jahren wird auf die Dauer von zwei Jahren abgemindert.

Art. 7. Die Verhängung von Geldstrafen oder von Haft zur Erzwingung der Herstellung des ehelichen Lebens (sogenannte Zwangsgrade) findet nicht mehr statt.

Wenn ein Ehegatte mindestens ein Jahr lang nach eingetretener Rechtskraft des Urtheils, welches ihn zur Herstellung des ehelichen Lebens verurtheilt, die eheliche Gemeinschaft oder die eheliche Pflicht verweigert hat, so kann der Andere die Ehescheidung wegen Quasidesertion verlangen.

Art. 8. Nachdem in den von der Ehe- und Ehegerichtsordnung Theil II Cap. 10 §. 1 vorgesehenen Fällen auf zeitliche Trennung der Ehegatten zu Tisch und Bett für bestimmte Zeit erkannt worden ist und solche während dieser Zeit stattgehabt hat, kann auf den Antrag des unschuldigen Theils, anstatt der nach bisherigem Rechte begründeten weiteren zeitlichen Trennung, die Scheidung der Ehe dem Bande nach ausgesprochen werden, wenn in Folge der demselben von Seiten des andern Gatten zugefügten schweren Unbilden ernstliche Gefährdung seiner Person bei fernerem Zusammenleben dringend zu besorgen oder aus gleichem Grunde mit hoher Sicherheit vorauszusehen wäre, daß ihm fortgesetzt eine schlechte und pflichtwidrige, mit der Ehe durchaus unvereinbare Behandlung von Seiten des andern Gatten bevorstände.

Art. 9. Die Vorschriften der Art. 6—8 finden nur auf solche Ehestreitigkeiten Anwendung, welche nach den für Ehesachen der Protestanten geltenden Rechtsgrundsätzen zu beurtheilen sind.

Art. 10 bis Art. 32 aufgehoben [22].

Art. 33. (Abs. aufgehoben.) [23]

Eine Erlaubniß zur Wiederverehelichung oder ein Verbot derselben wird in den Ehescheidungsurtheilen nicht mehr ausgesprochen.

Urtheile, durch welche Ehen als nichtig oder ungiltig erklärt oder geschieden werden, treten unmittelbar in Wirksamkeit, ohne daß es der Vollziehung einer rituellen Form bedürfe.

Art. 34. Aufgehoben [23].

Art. 35. Für die Ertheilung einer Dispensation wird im Falle des §. 28 Abs. 2 und des §. 33 letzter Satz des Reichsgesetzes eine Sportel von 30 Mark, im Falle des §. 50 Abs. 1 desselben eine Sportel von 10—30 Mark angesetzt.

Art. 36. Das gegenwärtige Gesetz tritt am 1. Januar 1876 in Kraft.

Art. 37. In denjenigen Ehestreitigkeiten, in welchen vor dem 1. Januar 1876 auf die erhobene Klage eine das Verfahren einleitende Verfügung des erkennenden Gerichts erlassen worden ist, kann jede Partei die Fortsetzung des Rechtsstreits im neuen Verfahren bei dem nunmehr zuständigen Gerichte beantragen.

Der den Parteien eröffnete Beschluß eines bisher zuständigen Ehegerichtes, durch welchen auf Zwangsgrade erkannt worden ist, steht in seiner rechtlichen Wirkung (vgl. Art. 7 Abs. 2) dem rechtskräftigen Urtheil auf Herstellung des ehelichen Lebens gleich.

In denjenigen Ehestreitigkeiten, in welchen vor dem 1. Januar 1876 eine einleitende Verfügung des erkennenden Gerichts noch nicht ergangen ist, insbesondere in denjenigen, welche am 1. Januar 1876 noch bei den ehegerichtlichen Unterbehörden schweben, bleibt den Parteien überlassen, die geeignete Klage bei dem nunmehr zuständigen Gerichte zu erheben.

In den einen und andern Fällen (Abs. 1, 3) ist jede Partei berechtigt, die Ergebnisse der früher vorgenommenen Verhandlungen und Beweiserhebungen in dem neuen Verfahren zu benutzen, auch kann die Anwendung der Art. 15—17 in dem neuen Verfahren, wenn ein Sühneversuch in dem früheren Verfahren stattgehabt hat, durch Verfügung des Gerichtsvorstandes (Art. 18 Abs. 2) erlassen und durch das Urtheil, welches im neuen Verfahren ergeht, auch über die Kosten des früheren Verfahrens entschieden werden.

Art. 38. Mit dem Eintritt der Wirksamkeit der neuen Gesetzgebung treten alle entgegenstehenden Gesetze und Verordnungen, insbesondere

das Landrecht IV 2 §. 3;

die Ehe- und Ehegerichtsordnung von 1687, Theil I Cap. 1—5, C. 6 §§. 1, 2, C. 7—9; Theil II Cap. 1—7, C. 8 §§. 1—6, 8—9, C. 9 §§. 2—4, C. 10 §. 2, C. 12 §§. 1, 2, 4, C. 13 §. 5, §. 6 verba „und zwar entweder selbst oder durch einen Defensorem, so in diesem Falle zugelassen ist", §§. 10, 12, C. 14 §§. 1—5, C. 15, 16; Theil III und IV;

---

[22]) S. die vor. Anm.

[23]) S. Anm. 21.

das Ges. vom 24. März 1798, betreffend die Gestattung der Ehe bei einigen zuvor verbotenen Verwandtschafts- rc. Graden u. s. w.;
der Normalerlaß des K. Justizministeriums vom 16. Mai 1814, gemischter Religionsverwandten Ehescheidung betreffend;
die K. Verordnung vom 18. Mai 1818, betreffend die Beiziehung eines katholischen Geistlichen bei amtlicher Untersuchung der Zwistigkeiten zwischen Eheleuten und Verlobten, wenn der eine Theil dem evangelischen, der andere Theil dem katholischen Glaubensbekenntnisse zugethan ist;
der §. 44 Abs. 9 des IV. Organisationsedikts vom 31. Dezember 1818;
der §. 8 der Justiznovelle vom 15. September 1822;
die K. Verordnung vom 4. April 1825, betreffend die Ueberweisung der Ehesachen an die Oberamtsgerichte;
der §. 13 der K. Verordnung vom 23. August 1825 über den Wirkungskreis und den Geschäftsgang der gemeinschaftlichen Oberämter;
der Art. 33 des Gesetzes vom 25. April 1828 in Betreff der öffentlichen Verhältnisse der israelitischen Glaubensgenossen;
der Tarif zum allgemeinen Sportelgesetz vom 23. Juni 1828, Positionen: Aufgebot, Ehesachen Nr. 3, 4, Heirathserlaubniß, Taufe, Taufpathen, Trauung;
das Gesetz vom 1. Mai 1855, betreffend einige Abänderungen des bestehenden Eherechts;
die Art. 8, 9 des Gesetzes vom 30. Januar 1862, betreffend die Regelung des Verhältnisses der Staatsgewalt zur katholischen Kirche, der Art. 8 jedoch nur, soweit derselbe sich auf die Gerichtsbarkeit bezieht;
der Art. 3 des Gesetzes vom 13. August 1864, betreffend die bürgerlichen Verhältnisse der israelitischen Glaubensgenossen, soweit derselbe die Gerichtsbarkeit, die Gerichtsbesetzung und den Versöhnungsversuch betrifft;
die Art. 11 Abs. 3 Nr. 2, 16, 20 Abs. 2 Nr. 2 des Gesetzes über die Gerichtsverfassung vom 13. März 1868;
der Art. 5 der Civilprozeßordnung vom 3. April 1868

außer Kraft.

Unsere Minister der Justiz, des Innern und des Kirchen- und Schulwesens sind mit der Vollziehung dieses Gesetzes beauftragt.

24. Bekanntmachung der Ministerien der Justiz und des Innern, in Betreff der Vollziehung des Reichsgesetzes vom 6. Februar 1875, betreffend die Beurkundung des Personenstandes und die Eheschließung. Vom 15. September 1875 (Reg.Bl. Nr. 32 S. 527).

Zur Vollziehung des §. 84 des Reichsgesetzes vom 6. Februar 1875 (Reg.Bl. S. 23 ff.) wird hiemit, unter Hinweisung auf den Art. 1 des Ausführungsgesetzes vom 8. August 1875 (Reg.Bl. S. 463) das Nachstehende weiter verfügt:

1) Die in den §§. 2—6 des Reichsgesetzes der „höheren Verwaltungsbehörde“ zugewiesenen Geschäfte werden unter der Aufsicht der Ministerien der Justiz und des Innern, an welche in Anstandsfällen zu berichten ist, von den Civilkammern der Kreisgerichtshöfe[23a]) und den Kreisregierungen gemeinschaftlich erledigt.

2) Im Sinne des §. 4 Abs. 2 und 4 des Reichsgesetzes sind:
Gemeindebehörden der Gemeinderath und Bürgerausschuß,
Gemeindevorstand der Gemeinderath.

3) Die Vollziehung der §§. 7—9 des Reichsgesetzes liegt den Oberämtern und Kreisregierungen als den Gemeindeaufsichtsbehörden unter der Oberaufsicht des Ministeriums des Innern ob.

Die Oberämter bilden die „untere Verwaltungsbehörde“, die Kreisregierungen die „höhere Verwaltungsbehörde“ im Sinne des §. 7 Abs. 3 des Reichsgesetzes.

Die Versehung der Gemeinden mit den Registern und Formularen zu den Registerauszügen (Reichsgesetz §. 8) wird durch das Ministerium des Innern erfolgen.

25. Nachtrag zu der in Nro. 30 des Regierungsblatts veröffentlichten Ausführungsverordnung des Bundesraths zu dem Ges. über die Beurkundung des Personenstandes und die Eheschließung vom 6. Februar 1875 (a. a. O. Nr. 32 S. 522).

In Gemäßheit der Ziff. 3 Abs. 3 der vorstehenden Ministerialbekanntmachung werden die Formulare zu den Standesregistern und Registerauszügen in der von dem Bundesrath festgestellten Form und Gestalt von dem K. Ministerium des Innern verabfolgt werden. Der Abdruck der Formulare in der Nr. 30 des Regierungsblatts ist nur für den Wortlaut maßgebend.

[23a]) Jetzt: der Landgerichte, s. das Anm. 20 cit. Ges. Art. 6 u. 7 (vgl. S. 277 N. 27).

26. Verfügung der Ministerien der Justiz und des Innern, betreffend die Ausführung des Reichsgesetzes vom 6. Februar 1875 über die Beurkundung des Personenstandes und die Eheschließung. Vom 20. Dezember 1875 (a. a. O. Nr. 38 S. 585) [24].

Zur Ausführung des Reichsgesetzes vom 6. Februar 1875 über die Beurkundung des Personenstandes und die Eheschließung (Reichsgesetzblatt S. 23) werden unter Hinweisung auf die Ausführungsverordnung des Bundesraths vom 22. Juni 1875 (Reg.Bl. S. 473), das Ausführungsgesetz vom 8. August 1875 (Reg.Bl. S. 463) und die Ministerialbekanntmachung vom 15. September d. J. (Reg.Bl. S. 521), die nachfolgenden näheren Vorschriften ertheilt.

§. 1. (§§. 1, 3, 8 des Reichsgesetzes.) Die Amtslokale des Standesbeamten sind von den Gemeinden zu stellen und zu unterhalten. Den Gemeinden liegt es ob, diese Amtslokale mit dem erforderlichen Mobiliar auszustatten, für Heizung, Beleuchtung und Bedienung zu sorgen, sowie die Kanzleibedürfnisse, zu welchen insbesondere das Dienstsiegel gehört, zu beschaffen.

Die Standesbeamten haben ihre Amtsverrichtungen im Amtslokale vorzunehmen. Eine Ausnahme gilt für Eheschließungen, welche, wenn eine erhebliche Verhinderung eines der Eheschließenden, vor dem Standesbeamten in dessen Amtslokal zu erscheinen, glaubhaft gemacht ist, auch außerhalb desselben an geeigneter Stelle vorgenommen werden können.

Die Standesbeamten haben bestimmte Geschäftsstunden, während welcher sie an Wochentagen des Vor- und Nachmittags im Amtslokal anwesend ist, im Voraus festzusetzen. Auch für dringende Fälle an Sonntagen ist eine Geschäftsstunde im Voraus festzusetzen. Die Geschäftsstunden sind an dem Eingang zu dem Amtslokal bekannt zu geben.

Die Stellvertreter der Standesbeamten haben nur in Thätigkeit zu treten, wenn der Standesbeamte seinem Amte obzuliegen verhindert ist. Jedoch wird den Standesbeamten empfohlen, die Bewirkung von Eintragungen, welche ihre eigenen nächsten Familienangehörigen betreffen, den Stellvertretern zu überlassen.

§. 2. (§§. 12, 14 des Reichsgesetzes.) Die Geburtsregister, Heirathsregister und Sterberegister sind unter Verwendung der Formularbogen A, B, C in drei getrennten mit Umschlag versehenen Heften anzulegen und auf dem Umschlag durch Ueberschrift als Geburtshauptregister, Heirathshauptregister, Sterbehauptregister unter Beifügung der Benennung des betreffenden Standesamtsbezirks und des Jahrgangs zu bezeichnen.

In gleicher Weise sind die drei Nebenregister anzulegen, für welche diejenigen Formularbogen zu verwenden sind, welche je am Schlusse der Eintragungen den Beglaubigungsvermerk enthalten:

Die Uebereinstimmung mit dem Hauptregister beglaubigt

. . . . . . am . . . ten . . . . 18 . .

Der Standesbeamte

. . . .

Den Nebenregistern ist auf dem Umschlag die Ueberschrift

„Geburtsnebenregister, Heirathsnebenregister, Sterbenebenregister"

unter Beifügung der Benennung des Standesamtsbezirks und des Jahrgangs zu geben.

Wenn ein Standesamtsbezirk aus mehreren Gemeinden gebildet wird, so ist für sämmtliche zu dem Bezirke gehörige Gemeinden nur ein Geburtsregister, ein Heirathsregister, ein Sterberegister im Haupt- und Nebenexemplare zu führen.

Die Eintragungen in den Haupt- und Nebenregistern [25]) sind von dem Standesbeamten eigenhändig zu schreiben. Die Verwendung von Gehülfen zur Fertigung solcher Einträge ist unstatthaft.

Die Standesregister und die auf dieselben bezüglichen Sammelakten (§. 9 der Ausführungsverordnung des Bundesraths) sind von den sonstigen Akten der Gemeinderegistratur getrennt zu halten.

§. 3. (§§. 13, 65, 66 des Reichsgesetzes.) Die Eintragungen in die Standesregister erfolgen in der Regel nur auf mündliche Anzeige oder Erklärung der zu diesem Behuf vor dem Standesbeamten erschienenen Personen. Die Fälle, in welchen auf schriftliche Anzeige eine Eintragung vorzunehmen ist, bestimmen die §§. 20, 24, 58, 62 des Reichsgesetzes. (Zu vgl. übrigens §. 66 des Gesetzes und §. 14 der Ausführungsverordnung des Bundesraths. Musterformulare C 3, B 1.) Insoweit ein solcher Ausnahmefall nicht vorliegt, sind schriftliche Anzeigen unter Hinweisung auf die Nothwendigkeit der mündlichen Anzeige zurückzuweisen.

Als wesentliche Zahlenangaben (Gesetz §. 13 Abs. 1) sind jedenfalls die in den §§. 13 Nr. 1, 22 Nr. 2, 59 Nr. 2, 54 Nr. 1 und 3 des Gesetzes erwähnten zu betrachten.

---

[24]) Im Kommentar als Instruktion (J.) citirt.

[25]) Das gesperrt Gedruckte ist beseitigt durch V. d. Min. d. Justiz u. d. Innern v. 21. August 1876, Reg.Bl. S. 365; Stdesb. 1876 S. 267: „Da man in Abänderung der Min.V. v. 20. Dez. 1875 in §. 2 Abs. 5 die Verwendung von Gehilfen zum Schreiben der Einträge in die Nebenregister gestattet haben will, so wird solches andurch unter dem Anfügen bekannt gemacht, daß die Verpflichtung der Standesbeamten: die Einträge in die Nebenregister eigenhändig zu beglaubigen, hierdurch nicht berührt wird.

Zur Bezeichnung des Tags der Eintragung (Gesetz §. 13 Nr. 1) gehört auch die Angabe der Jahreszahl.

Die vor dem Standesbeamten erschienenen Personen (Gesetz §. 13 Nr. 2) sind mit Vor- und Zunamen, Stand oder Gewerbe, Religion und Wohnort, in größeren Städten auch mit Straße und Nummer der Wohnung zu bezeichnen.

Bei denjenigen Erschienenen, welche dem Standesbeamten persönlich bekannt sind, genügt es in den Formularen nach den vorgedruckten Worten „der Persönlichkeit nach" und vor dem vorgedruckten Worte „kannt" die Silbe „be" einzutragen, die vorpunktirten freibleibenden Linien aber im Uebrigen mit einem Striche auszufüllen. Ist eine erschienene Person dem Standesbeamten nicht bekannt, so muß solche regelmäßig von einer dem Standesbeamten bekannten Person als diejenige Person, als welche sie bezeichnet, anerkannt werden und sind alsdann nach den vorgedruckten Worten „der Persönlichkeit nach" die Worte

durch den von Person bekannten X (folgt Vor- und Zuname, Stand oder Gewerbe der bekannten Person) anerkannt

einzutragen. Ist die Anerkennung eines Erschienenen durch eine dritte Person nicht möglich oder nach Lage der Sache nicht geeignet, dem Standesbeamten genügende Ueberzeugung zu verschaffen, so kann derselbe die Vorlage von Urkunden verlangen, aus deren Besitz und Inhalt die Persönlichkeit des Erschienenen entnommen werden kann. Wird diese Persönlichkeit hierdurch ausreichend nachgewiesen, so ist in der Eintragung unter Anführung der vorgelegten Urkunden ausdrücklich zu bemerken, daß der Betreffende auf Grund der vorgelegten Urkunden anerkannt sei. Eine Eintragung dahin lautend, daß der Erschienene dem Standesbeamten unbekannt sei, ist unter allen Umständen unstatthaft.

Ist eine erschienene Person taub, stumm oder taubstumm oder der deutschen Sprache nicht mächtig, so hat der Standesbeamte einen Dolmetscher, welcher sich mit jener zu verständigen vermag, beizuziehen und auf die gewissenhafte Erfüllung seiner Obliegenheiten mittelst Handgelübdes an Eidesstatt zu verpflichten. In gleicher Weise ist Blinden ein Beistand beizugeben. Der Dolmetscher oder Beistand ist als solcher in der Eintragung namhaft zu machen und hat dieselbe mitzuunterzeichnen.

Hat die Eintragung vollständig stattgefunden, so muß dieselbe (Gesetz §. 13 Nr. 4) den Erschienenen vorgelesen und von den letzteren genehmigt, auch daß dies geschehen, von dem Standesbeamten vermerkt werden. (Vgl. Vordruck der Formulare „vorgelesen, genehmigt".) Jede Eintragung ist von den Erschienenen zu unterschreiben. Erfolgt die Unterschrift, dann hat der Standesbeamte nach den vorgedruckten Worten „Vorgelesen, genehmigt und" lediglich das Wort „unterschrieben" beizufügen. Kann der Erschienene wegen Schreibensunkunde nur sein Handzeichen beifügen, so ist hievon nach Anleitung des Musterformulars A 1 am Ende Erwähnung zu thun. Ist endlich der Erschienene verhindert, ein Handzeichen beizufügen, so ist dies nach den vorgedruckten Worten „Vorgelesen, genehmigt und" ebenfalls zu vermerken, z. B. bei einem Blinden mit den Worten:

„wegen Blindheit von X weder unterschrieben noch mit einem Handzeichen versehen, dagegen von dem Beistand Y unterschrieben."

Erst nach der Unterschrift des Erschienenen hat der Standesbeamte seine Unterschrift unmittelbar unter den vorgedruckten Worten

„der Standesbeamte"

beizufügen. Der Stellvertreter des Standesbeamten hat seiner Unterschrift die Worte „In Vertretung" vorzusetzen. (Musterformular A 1.)

Ergiebt sich bei Vornahme einer Eintragung die Nothwendigkeit eines Zusatzes, einer Löschung oder Abänderung, so ist solche am Rande zu vermerken, nicht aber in den Text der Eintragnng selbst hineinzukorrigiren. Solche Randvermerke sind gleich der Eintragung selbst besonders zu vollziehen, d. h. mit der Bemerkung „Vorgelesen, genehmigt und unterschrieben", sowie mit der Unterschrift der Erschienenen und des Standesbeamten zu versehen. Auch ist die Vornahme von Korrekturen in der angegebenen Weise nur insolange gestattet, als nicht der Akt der Eintragung durch die Unterschrift des Standesbeamten bereits abgeschlossen ist. Von diesem Zeitpunkt an können erforderliche Berichtigungen jeder Art, gleichviel ob der Standesbeamte von Amtswegen eine solche als nothwendig erachtet, oder ein Betheiligter deren Vornahme beantragt, nur auf dem in den §§. 65, 66 des Gesetzes vorgezeichneten Wege, auf Grund gerichtlicher Anordnung erfolgen. Der Standesbeamte hat daher im ersteren Fall an das Oberamtsgericht[26]) zu berichten, im letzteren Fall den Antragsteller an das Oberamtsgericht[26]) zu verweisen, in allen Fällen dessen Weisung abzuwarten. (Musterformular C 3.) Rasuren in den Eintragungen und Randvermerken sind durchaus verboten.

Bei schriftlichen Anzeigen in den Fällen der §§. 20, 24, 58, 62 des Gesetzes ist nach §. 13 Abs. 3 desselben und §. 8 der Ausführungsverordnung des Bundesraths zu verfahren. Auf die diesfälligen Eintragungen finden insbesondere auch die Vorschriften des Absatzes 9 des gegenwärtigen Paragraphen Anwendung.

---

[26]) Jetzt Amtsgericht, s. Anm. 20.

§. 4. (§. 14 des Reichsgesetzes.) Die Nebenregister sind mit dem entsprechenden Hauptregister wörtlich gleichlautend zu führen; nur die Unterschriften der Erschienenen sind in Abschrift beizufügen. Den Einträgen in die Nebenregister, welche an demselben Tage mit der entsprechenden Eintragung in das Hauptregister vorzunehmen sind, ist in dem die Uebereinstimmung mit dem Hauptregister beglaubigenden Vermerk das Datum des letzteren beizufügen (Musterformular B 1 am Ende).

Der Abschluß eines jeden Haupt- und Nebenregisters hat nach Ablauf des Kalenderjahres, und zwar unmittelbar hinter der letzten Eintragung des betreffenden Kalenderjahres mit den Worten zu erfolgen:

„Vorstehendes Geburts- (Heiraths-, Sterbe-) Haupt- (Neben-) Register für das Jahr 187 . enthaltend (Zahlenangabe) Eintragungen wird hiemit abgeschlossen.

. . . . der . . ten . . . . . . 187 .

Der Standesbeamte

X.

Bei Berechnung der Zahl der Eintragungen sind jedoch nur die Zahl der Haupteintragungen, nicht die denselben etwa beigefügten Randvermerke zu zählen.

§. 5. (§. 16 des Reichsgesetzes.) Der Grundsatz, daß die Führung der Standesregister und die darauf bezüglichen Verhandlungen kostenfrei zu erfolgen haben (§. 16 Abs. 1 des Gesetzes), bezieht sich nicht auf baare Auslagen der Standesbeamten. Insbesondere sind Portokosten einschließlich der Kosten der erforderlichen Retourbriefe von den Betheiligten vorzulegen.

Weitere als die nach §. 16 Abs. 2 des Gesetzes und dem angehängten Gebührentarif zulässigen Gebühren dürfen nicht erhoben werden; auch ist den Standesbeamten die Annahme von Geschenken durch den §. 331 des Strafgesetzbuchs für das deutsche Reich untersagt.

Die zulässigen Gebühren sind durch die Standesbeamten sofort von denjenigen, welche ihre Dienste in Anspruch nehmen, zu erheben. Wofern nicht etwa der Bezug dieser Gebühren einem Standesbeamten mit Genehmigung der Gemeindeaufsichtsbehörde überlassen worden ist, liegt die Verrechnung derselben für die Gemeindekassen (§. 70 des Gesetzes) den Gemeindepflegern, in den aus mehreren Gemeinden gebildeten Standesamtsbezirken dem Gemeindepfleger am Amtssitze des Standesbeamten, ob, welchen die erhobenen Gebühren unter Vorlegung des Gebührenverzeichnisses (Ausführungsverordnung des Bundesraths §. 10 Nr. 4) von Woche zu Woche abzuliefern sind.

§. 6. (§. 18 des Reichsgesetzes.) Da die in den Nrn. 1—5 des §. 18 des Gesetzes genannten Personen nur in der genannten Reihenfolge zur Anzeige verpflichtet sind, so ist zur Vermeidung ungenügender Anzeigen darauf zu achten, daß bei dem Vorhandensein eines in früherer Reihe Verpflichteten, z. B. des ehelichen Vaters, die Anzeige diesem, und nicht von einem in späterer Reihe Verpflichteten, z. B. einer andern bei der Niederkunft zugegen gewesenen Person erstattet werde.

In den Fällen des §. 18 Nr. 2—4 ist in der Eintragung zu bemerken, daß der Anzeigende bei der Niederkunft zugegen gewesen sei (Musterformulare A 2, A 3, C 4).

§. 7. (§. 19 des Reichsgesetzes.) Wird die Anzeige nicht von dem Verpflichteten selbst, sondern von einer andern aus eigener Wissenschaft unterrichteten und hienach zur Anzeige berechtigten Person erstattet, so hat der Standesbeamte sich darüber, ob die anzeigende Person auch wirklich aus eigener Wissenschaft unterrichtet sei, zu vergewissern und am Ende der betreffenden Eintragung zu vermerken, daß und wie die anzeigende Person aus eigener Wissenschaft unterrichtet sei (Musterformular A 3).

§. 8. (§. 20 des Reichsgesetzes.) Zu den öffentlichen Anstalten im Sinne des §. 20 des Gesetzes gehören nur die Anstalten des Staates und der öffentlichen Korporationen. Im Uebrigen ist auf den §. 3 Abs. 10 oben zu verweisen.

§. 9. (§. 21 des Reichsgesetzes.) Die Standesbeamten sind befugt, Personen, welche über die erfolgte Geburt und die Familienverhältnisse Auskunft zu geben vermögen, auch wenn sie nicht zu den im §. 18 des Gesetzes genannten Anzeigepflichtigen gehören, zu vernehmen, und zu diesem Behuf ihre Strafgewalt (§. 68 Abs. 3 des Gesetzes) anzuwenden. Auswärtige Auskunftspersonen können im Wege der Requisition der Gemeinde- oder Ortspolizeibehörden vernommen werden (§. 15 der Ausführungsverordnung des Bundesraths).

§. 10. (§§. 22, 23 des Reichsgesetzes.) Kinder, welche nicht schon in der Geburt, sondern erst nach erfolgter Geburt verstorben sind, müssen ohne Rücksicht darauf, wie lange sie gelebt haben, in das Geburts- und in das Sterberegister eingetragen werden. Im Uebrigen sind zu vergleichen Formular A und Musterformulare A 1—4 (§. 7 der Ausführungsverordnung des Bundesraths).

§. 11. (§. 25 des Reichsgesetzes.) Die Eintragung der Anerkennung eines unehelichen Kindes kann nur auf mündliche Anzeige erfolgen: sie erfolgt entweder als Bestandtheil der Eintragung des Geburtsfalls, wenn die Anerkennung bei der Anzeige des letzteren geschieht (Musterformular A 3), oder als Randvermerk, wenn erst nach geschehener Eintragung des Geburtsfalls vor dem Standesbeamten die Anerkennung erklärt oder eine über dieselbe gerichtlich oder notariell aufgenommene Urkunde vorgelegt wird (Musterformular A 4). Eine solche Urkunde ist zu den Sammelakten zu nehmen (§. 9 der Ausführungsverordnung des Bundesraths).

§. 12. (§. 26 des Reichsgesetzes.) Die Feststellung der Abstammung eines Kindes nach eingetragenem Geburtsfall erfolgt durch rechtskräftiges richterliches Urtheil. Die Vornahme des Vermerks setzt daher die Vorlegung eines die Abstammung des Kindes feststellenden, mit dem Zeugniß der Rechtskraft versehenen Urtheils voraus.

Soll die Legitimation eines unehelichen Kindes durch nachfolgende Ehe der Eltern vermerkt werden, so muß die Heirath der Eltern durch eine Heirathsurkunde, bei den vor dem 1. Januar 1876 geschlossenen Ehen durch Trauschein, und die Abstammung des Kindes von diesen Eltern bezüglich der Mutter durch das Geburtsregister, bezüglich des Vaters durch dessen Anerkenntniß in den in §. 25 des Gesetzes bezeichneten Formen erbracht sein.

Die Legitimation unehelicher Kinder durch Reskript erfolgt bei Adeligen durch K. Entschließung, bei Bürgerlichen durch Dekret der Civilkammer des betreffenden Kreisgerichtshofs[27]).

Annahmen an Kindesstatt bedürfen der Bestätigung des zuständigen Gerichts (Oberamtsgericht, bei Eremten I. Klasse Civilkammer des Kreisgerichtshofs[28]). Einkindschaftsverträge gehören nicht hieher.

Dagegen können rechtskräftige Urtheile, durch welche als unehelich eingetragene Kinder für legitim oder als ehelich eingetragene Kinder als illegitim, oder Ehen, aus welchen die als ehelich eingetragenen Kinder entsprossen sind, mit Wirkung auf den Stand der Kinder als nichtig oder ungültig erklärt werden, Anlaß zur Eintragung eines Randvermerks bilden.

Die Eintragung von Vermerken im Sinne des §. 26 erfolgt nur auf mündlichen Antrag. Anhaltspunkte für die Abfassung des Vermerks giebt das Musterformular A 4.

§. 13. (§§. 28—40 des Reichsgesetzes.) Die Ehehindernisse, welche die Standesbeamten zu beachten haben (Gesetz §§. 45, 69), enthält der dritte Abschnitt des Reichsgesetzes. Indem bezüglich der Dispensationsfälle insbesondere auf den Art. 2 des Ausführungsgesetzes vom 8. August 1875 verwiesen wird, ist im Einzelnen Folgendes zu bemerken:

1. Die Bestimmung des §. 29 Abs. 4 des Gesetzes kommt in Württemberg nicht in Anwendung. Vielmehr unterliegen vaterlose Minderjährige stets einer Vormundschaft und es muß, wenn eine solche nicht bestellt oder der bestellte Vormund abgegangen ist, die Bestellung, beziehungsweise erneuerte Bestellung abgewartet werden.

2. Die Zustimmung der Vormundschaftsbehörde (Gesetz §. 29 Abs. 5) ist nicht erforderlich.

3. Der zweite Satz des §. 31 des Gesetzes kommt in Württemberg nicht zur Anwendung. Uebrigens gehören hierher nur förmliche gerichtlich bestätigte Adoptionsverträge.

4. Die Militärpersonen des Friedensstandes (Reichsmilitärgesetz vom 2. Mai 1874 §§. 40, 38 A, Reichsgesetzblatt S. 55, 56) bedürfen zu ihrer Verheirathung der Genehmigung ihrer Vorgesetzten. Die vorläufig in die Heimat beurlaubten Rekruten und Freiwilligen bedürfen zur Verheirathung der Genehmigung der Militärbehörde (Reichsmilitärgesetz §. 60 Nr. 4, Reichsgesetzblatt S. 61).

5. Württembergische Staatsdiener, jedoch mit Ausnahme der im Reg.Blatt von 1822 S. 290 bezeichneten niederen Offizianten, Hofdiener, Kirchen- und Schuldiener bedürfen zur Eheschließung der Erlaubniß der vorgesetzten Dienstbehörde.

6. Ausländer, welche im Königreiche eine Ehe eingehen wollen, bedürfen der Erlaubniß des Oberamts, in dessen Amtsbezirk die Eheschließung stattfinden soll (Reg.Blatt 1857 S. 1). Als Ausländer sind in dieser Beziehung nur die Angehörigen der außerdeutschen Staaten, sowie der rechtsrheinischen Provinzen des Königreichs Bayern zu betrachten.

§. 14. (§§. 44—51 des Reichsgesetzes.) Unter „Wohnsitz" (§. 42 des Gesetzes) ist der Ort zu verstehen, an welchem Jemand seinen Aufenthalt in der Absicht genommen hat, denselben bleibend zum Sitze seines Haushalts und zum Mittelpunkt seines Verkehrs zu machen. Durch den Wegzug in der Absicht, nicht zurückzukehren, fällt der bisherige Wohnsitz fort, auch wenn ein neuer Wohnsitz nicht begründet worden ist. Bis zur Begründung eines eigenen Wohnsitzes theilen eheliche Kinder den Wohnsitz des Vaters, uneheliche den der Mutter. Der „gewöhnliche Aufenthalt" wird durch das thatsächliche Verhältniß des längeren Verweilens an einem Orte, ohne die Absicht, dauernd daselbst zu bleiben und denselben zum Mittelpunkt seiner Verhältnisse zu machen, bestimmt. Einen solchen Aufenthaltsort können daher auch Minderjährige, Hauskinder haben.

Ein zur Eheschließung nicht zuständiger Standesbeamter kann durch einen zuständigen Standesbeamten nur zur Eheschließung, nicht zur Vornahme des Aufgebots ermächtigt werden (§§. 43, 44 des Gesetzes). Da vielmehr der ermächtigte, an sich nicht zuständige Standesbeamte nach §. 49 des Gesetzes außer der Ermächtigung zur Vornahme der Eheschließung auch noch einer Bescheinigung über den Vollzug des Aufgebots und das Nichtvorhandensein von Ehehindernissen bedarf, so ist zweckmäßig, wie auch in den Formularen F und F 1 angedeutet wird, diese Bescheinigung mit jener Ermächtigung zu verbinden.

Den Standesbeamten sind vor Anordnung des Aufgebots die durch den dritten Abschnitt des Reichgesetzes vorgeschriebenen und die in dem §. 13 der gegenwärtigen Verfügung bezeichneten Erforder-

---

[27]) Ausführungsges. z. Reichs-Gerichts-V.G. v. 24. Jan. 1879, Reg.Bl. S. 3, Art. 7: „Auf die Landgerichte gehen alle Obliegenheiten über, welche außerhalb des Gebiets der ordentlichen streitigen Gerichtsbarkeit zur Zuständigkeit der Kreisgerichtshöfe gehören."

[28]) Des Amtsgerichts, s. Anm. 20.

nisse nachzuweisen. Das persönliche Erscheinen der Verlobten zu diesem Behuf ist nicht unbedingt erforderlich. Jedenfalls muß aber genügend nachgewiesen sein, daß der Antrag auf Anordnung des Aufgebots auch wirklich dem Willen der Verlobten entspricht.

Die Standesbeamten haben zu prüfen, wessen Einwilligung nach dem Gesetz erforderlich ist, und sich, wenn es sich darum handelt, ob eine zur Zustimmung berechtigt gewesene Person weggefallen sei, hierüber Nachweis liefern zu lassen. Die zustimmende Erklärung, welche in den geeigneten Fällen (Gesetz §. 32) durch die richterliche Ergänzung der versagten Einwilligung ersetzt wird, kann schriftlich in beglaubigter Form oder mündlich vor dem Standesbeamten erfolgen. Im ersteren Fall ist die beigebrachte Urkunde, im letzteren das aufzunehmende Protokoll den Sammelakten beizulegen (zu vgl. §. 9 der Ausführungsverordnung des Bundesraths).

Die Bekanntmachung des Aufgebots durch Aushängen an der zu Bekanntmachungen der Gemeindebehörden bestimmten Stelle ist Obliegenheit der Gemeindebehörde. Die Bescheinigung des erfolgten Aushangs ist daher stets von dem Ortsvorsteher als solchem zu unterzeichnen (Musterformular E 1). Ersuchen um Vollziehung des Aushangs in anderen Gemeinden sind an die Ortsbehörden zu richten, welche denselben Folge zu leisten haben (§. 15 der Ausführungsverordnung des Bundesraths). Das Aufgebot muß volle 14 Tage ausgehängt sein. Es ist darauf zu achten, daß der Aushang gegen äußere Eingriffe geschützt bleibt und ohne Schwierigkeit gelesen werden kann.

Im Sinne des §. 47 des Gesetzes sind im Auslande belegen alle Orte außerhalb des deutschen Reichsgebiets. Die Auswahl des betreffenden Blattes steht den Standesbeamten zu. Die Kosten sind von dem Antragsteller vorzulegen. Die Einrückung des Aufgebots erfolgt nach dem Muster des Formulars E unter Weglassung der Bescheinigung am Schlusse. Als Bescheinigung dient das zu liefernde Belegblatt der betreffenden Zeitungsnummer, welches zu den Sammelakten zu nehmen ist.

Die Dispensation vom Aufgebot (§. 50 des Gesetzes) steht dem Oberamtsgericht[29]) zu, in dessen Bezirk der zuständige Standesbeamte seinen Amtssitz hat (Ausführungsgesetz vom 8. August 1875 Art. 2). Die Eheschließung ohne Aufgebot in den durch §. 50 Abs. 2 des Gesetzes bezeichneten Nothfällen vorzunehmen, ist nur dem zuständigen Standesbeamten (Gesetz §. 42 Abs. 1), nicht einem durch den zuständigen Standesbeamten zur Vornahme der Eheschließung blos ermächtigten Standesbeamten gestattet.

Die sechsmonatliche Frist des §. 51 des Gesetzes ist kalendermäßig zu berechnen; sie beginnt mit dem Ablauf der zwei Wochen, während welcher das Aufgebot auszuhängen war, in den Fällen des §. 47 des Gesetzes mit der Ausgabe der betreffenden Nummer des Zeitungsblattes oder mit dem Datum der die Einrückung ersetzenden Bescheinigung.

§. 15. (§§. 52—55 des Reichsgesetzes.) Die Eheschließungen sind in den der Würde und Wichtigkeit der Handlung entsprechenden Formen vorzunehmen. Die Standesbeamten haben hiebei in angemessener Kleidung zu erscheinen und es ist Vorkehr zu treffen, daß nicht gleichzeitig andere Geschäfte und Verhandlungen in derselben Räumlichkeit vorgenommen werden.

Die beizuziehenden Zeugen müssen die natürlichen und gesetzlich vorgeschriebenen allgemeinen Eigenschaften von Zeugen haben. Ausgeschlossen sind daher dauernd oder vorübergehend des Gebrauchs der Verstandeskräfte beraubte Personen, Taube, Taubstumme, Blinde; ebenso diejenigen, welchen die bürgerlichen Ehrenrechte aberkannt worden sind, für die in dem betreffenden Urtheil festgesetzte Zeitdauer.

§. 16. (§§. 56—60 des Reichsgesetzes.) Der §. 56 des Gesetzes befreit von der Verpflichtung, die Anzeige auch an Sonntagen zu machen, schließt aber nicht aus, daß Anzeigen an Sonntagen gemacht werden. Feiertage, welche auf einen Wochentag fallen, gelten als Wochentage.

Der §. 9 gegenwärtiger Verfügung findet auch auf Todesfälle Anwendung.

In den Fällen des §. 58 Abs. 2 ist die schriftliche Mittheilung der mit der Ermittelung über den Todesfall befaßten Behörde (Untersuchungsgericht, Polizeibehörde, Staatsanwalt) abzuwarten.

Die Eintragung der Sterbefälle erfolgt nach Formular C (Musterformular C. 1). Können nicht alle Verhältnisse von dem Anzeigenden angegeben werden (z. B. Stand, Gewerbe, Wohnort der Eltern), so ist in der Eintragung an der betreffenden Stelle die Bemerkung

„unbekannt"

aufzunehmen.

Die polizeilichen Vorschriften über die Voraussetzungen, unter welchen Beerdigungen vorgenommen werden dürfen (Regierungsblatt 1842 S. 522, 523), werden durch das Gesetz nicht berührt. Nach erfolgter Eintragung in das Sterberegister hat der Standesbeamte gebührenfrei eine dem Leichenschauer zu behändigende Bescheinigung nach folgendem Muster:

Bescheinigung
des Sterbefalleintrags

In das Sterberegister des unterzeichneten Standesbeamten ist heute der Tod der am 31.

---

[29]) Jetzt Amtsgericht, s. Anm. 20.

vorigen Monats dahier verstorbenen Caroline Röthling geb. Müller, Ehefrau des Hutmachers Daniel Röthling in Eßlingen, eingetragen worden.

Stuttgart den 1. April 1876.

Der Standesbeamte.

(Siegel.) N.

auszustellen. In Fällen des zweiten Satzes des §. 60 des Gesetzes ist an das Oberamtsgericht [30]) zu berichten und dessen Weisung abzuwarten.

§. 17. (§§. 68—70 des Reichsgesetzes.) Gegen die gemäß §. 68 Absatz 3 des Gesetzes erlassenen Strafverfügungen der Standesbeamten findet Beschwerde bei den vorgesetzten Oberamtsgerichten nach Maßgabe der §§. 13—15, 16 Nr. 1, 17, 19—23 des Gesetzes vom 26. Juni 1821 (Regierungsblatt S. 373—375) Statt.

Die Erhebung und Berechnung der erkannten Geldstrafen liegt den Gemeindepflegern, in den aus mehreren Gemeinden gebildeten Standesamtsbezirken dem Gemeindepfleger am Amtssitze des Standesbeamten, ob, welchen die von den Standesbeamten zu führenden Strafverzeichnisse von Vierteljahr zu Vierteljahr zur Einsicht vorzulegen sind.

§. 18. (§. 81 des Reichsgesetzes.) Das Gesetz findet Anwendung nicht blos auf die nach dem 31. Dezember 1875 eingetretenen Geburts- und Sterbefälle, sondern auch auf diejenigen Geburts- und Sterbefälle, welche vor dem 1. Januar 1876 eingetreten, aber nicht in die bisherigen Register (Kirchenbücher, Geburts- und Sterberegister der bürgerlich Getrauten) eingetragen worden sind, auf die vor dem 1. Januar 1875 eingetretenen Geburtsfälle auch dann, wenn nur die Vornamen des Kindes bis zu diesem Zeitpunkt noch nicht eingetragen waren.

§. 19. Die Standesbeamten werden angewiesen, in allen zweifelhaften Fällen sich zum Behuf geeigneter Anleitung an die Aufsichtsbehörde (Oberamtsgericht) [30]) zu wenden. — Von dieser Anweisung werden dieselben insbesondere dann Gebrauch zu machen veranlaßt sein, wenn es sich um Eintragungen auf Grund von außerhalb des Königreichs aufgenommenen Urkunden oder erlassenen Urtheilen (§§. 25, 26, 55 des Gesetzes) oder um Eheschließungen von Ausländern (Nichtdeutschen), beziehungsweise auch — insofern die Anwendung der §§. 29 Abs. 4, 5; 30, 31, 38 Abs. 1 (Landesbeamte), Abs. 2 in Frage steht, von Angehörigen anderer deutscher Bundesstaaten handelt.

Eintragungen auf Grund von Urtheilen außerdeutscher Gerichte dürfen jedenfalls nur nach (ober)amtsgerichtlicher [30]) Anordnung vorgenommen werden.

Großherzogthum Baden.

27. Gesetz zum Vollzuge der Einführung des Reichsgesetzes vom 6. Februar 1875 über die Beurkundung des Personenstandes und die Eheschließung. Vom 9. Dezember 1875 (Ges. u. Verordn.Bl. Nr. XXXIV S. 355) [31]).

Friedrich, von Gottes Gnaden Großherzog von Baden rc.

Zur Ausführung des Reichsgesetzes über die Beurkundung des Personenstandes und die Eheschließung haben Wir mit Zustimmung Unserer getreuen Stände beschlossen und verordnen, wie folgt:

Aufhebung von Landesgesetzen.

§. 1. Mit Einführung des Reichsgesetzes vom 6. Februar 1875 über die Beurkundung des Personenstandes und die Eheschließung treten im Großherzogthum Baden außer Wirksamkeit:

1. das Gesetz vom 21. Dezember 1869 über die Beurkundung des bürgerlichen Standes und die Förmlichkeiten bei Schließung der Ehen;
2. die Sätze 144 bis 159, 161 bis 164 b, 189 a, 190 a, 228, 228 a, 295 bis 298, 306 bis 311, 348 Absatz 2 (nebst Unterabtheilungen) des badischen Landrechtes;
3. die von dem Verfahren bei der Klage auf Trennung von Tisch und Bett handelnden Vorschriften des ersten Abschnittes 38. Titels der bürgerlichen Prozeßordnung vom 18. März 1864;
4. die Bestimmungen der Artikel 12, 13, 14 des badischen Einführungsgesetzes v. 6. August 1862 zum deutschen Handelsgesetzbuche, soweit sie über die Eintragung der Urtheile auf Trennung von Tisch und Bett in die Handelsregister verordnen;
5. die Ziffer 1 des §. 44 des Polizeistrafgesetzbuches vom 31. Oktober 1863;
6. die Bestimmung unter lit. f des §. 5 des rechtspolizeilichen Gebührentarifs vom 21. Juni 1874.

---

[30]) Jetzt Amtsgericht, s. Anm. 20.

[31]) Vgl. außer den abgedruckten Bestimmungen die Verordn., die Standesbuchführung für die Mitglieder des Großherzoglichen Hauses und deren Eheschließung betr., v. 27. Juli 1885, Stdesb. 1885 S. 173; vgl. o. S. 205 N. 9.

Aenderungen von Landesgesetzen.

§. 2. Die nachbenannten Sätze des badischen Landrechtes werden dahin abgeändert:

a. L.R.S. 160 erhält folgende Fassung:

„Wurde nach dem Tode des Vaters eine Vormundschaft bestellt, so bedürfen minderjährige Kinder außer der Einwilligung der Mutter in die Ehe auch diejenige des vom Familienrathe ermächtigten Vormundes.

Sind beide Eltern gestorben oder zur Abgabe einer Erklärung dauernd außer Stande, oder ist ihr Aufenthalt dauernd unbekannt, so können Söhne oder Töchter, so lange sie nicht ein und zwanzig Jahre alt sind, nicht heirathen, ohne daß der Vormund mit Ermächtigung des Familienraths die Eheeinwilligung ertheilte."

b. Im L.R.S. 182 wird das Wort „Großeltern" gestrichen und an dessen Stelle gesetzt: „des Vormundes".

c. L.R.S. 184 soll künftig lauten:

„Jede den Verfügungen des §. 28 Absatz 2, §. 33 Ziffer 1, 2, 3, 4 und 34 des Reichsgesetzes über die Beurkundung des Personenstandes und die Eheschließung zuwiderlaufende Ehe kann sowohl von den Ehegatten selbst, als von Jedem, der dabei betheiligt ist, und so auch von dem Staatsanwalte angefochten werden, jene ausgenommen, wovon der Satz 139 handelt."

d. In L.R.S. 186 werden die Worte: „Großeltern" durch die Worte: „der Vormund" ersetzt.

e. In L.R.S. 264 die Worte: „nach vorhergegangener gehöriger Vorrufung des anderen Theiles" gestrichen.

f. L.R.S. 278 soll lauten:

„In keinem Falle soll die wechselseitige Einwilligung der Ehegatten hinreichen, so lange sie nicht von ihren Eltern nach der Vorschrift des §. 29 des Reichsgesetzes v. 6. Februar 1875 genehmigt ist."

g. Ferner sollen gestrichen werden die Worte:

in L.R.S. 283 Ziffer 3
„oder andern lebenden Voreltern"
„Enkel oder Enkelin"
„und Großeltern",

in L.R.S. 283 a
„oder Großeltern".

Statt der Worte:
„daß die übrigen todt seien"
ist zu setzen:
„daß der andere Elterntheil todt sei".

Weiter sind zu streichen:
in L.R.S. 285 die Worte:
„oder andere lebende Voreltern"
in L.R.S. 289 die Worte:
„oder der übrigen lebenden Voreltern der Ehegatten, wenn die Eltern früher gestorben sind".

h. An die Stelle des L.R.S. 191 tritt folgende Bestimmung:

„Jede Heirath, welche mit Verletzung hinsichtlich der Offenkundigkeit der Ehe gegebener Vorschriften geschlossen worden ist, kann als nichtig (L.R.S. 6 k.) von den Ehegatten selbst, von ihren Eltern, ihren Voreltern und von Allen, deren anerfallenes wirkliches Recht davon abhängt, sowie auch von dem Staatsanwalt angefochten werden."

Dieselben Personen können die Ungiltigkeit einer nicht vor einem Standesbeamten geschlossenen Ehe (§. 41 des Reichsgesetzes vom 6. Februar 1875) geltend machen.

i. In L.R.S. 298 a wird der Eingang so gefaßt:

„Jede dem §. 33 Ziffer 5 des Reichsgesetzes vom 6. Februar 1875 über die Beurkundung des Personenstandes und die Eheschließung zuwiderlaufende Ehe".

§. 3. Die Anführung der Artt. 148—153 des badischen Civilgesetzbuches in Art. 14 unter Ziff. II des Gesetzes vom 23. Dezember 1871 (den Vollzug der Einführung des deutschen Reichsstrafgesetzbuches im Großherzogthum Baden betreffend) wird gestrichen.

Aufsichtsbehörden.

§. 4. Die Aufsicht auf die Dienstführung der Standesbeamten (§. 11 Abs. 1 und 2 des Reichsgesetzes über die Beurkundung des Personenstandes und die Eheschließung) wird von den Amtsgerichten, in der höheren Instanz von den denselben vorgesetzten Gerichtshöfen geübt.

Dieselben Behörden erkennen über die Anträge, die Standesbeamten zur Vornahme von Amtshandlungen anzuhalten (§. 11 Abs. 3 des angeführten Reichsgesetzes) und über die Berichtigung der Standesregister (§. 65, 66 des angeführten Reichsgesetzes).

Beschwerden gegen die Standesbeamten wegen der von ihnen in Gemäßheit des §. 68 letzter Absatz des angeführten Reichsgesetzes erkannten Geldstrafen gehören vor das Amtsgericht. Sie sind innerhalb 8 Tagen auszuführen.

Klage auf Ergänzung der Eheeinwilligung.

§. 5. Die Klage auf richterliche Ergänzung, welche im Falle der Versagung der Einwilligung zur Eheschließung großjährigen Kindern zusteht (§. 32 des Reichsgesetzes über die Beurkundung des Personenstandes und die Eheschließung), ist bei demjenigen Amtsgerichte anzubringen, bei welchem der die Bewilligung Verweigernde den allgemeinen Gerichtsstand hat.

Das Verfahren richtet sich nach den für die Angelegenheiten der freiwilligen Gerichtsbarkeit geltenden Vorschriften.

Befugniß zur Dispensation von Eheverboten.

§. 6. Die Dispensation vom gesetzlichen Alter der Ehemündigkeit, vom Verbote der Ehe zwischen einem wegen Ehebruchs Geschiedenen und seinem Mitschuldigen, von dem Verbote, nach welchem Frauen vor Ablauf des zehnten Monats seit Beendigung ihrer früheren Ehe eine weitere Ehe nicht schließen dürfen, sowie von dem Aufgebote ertheilt das Justizministerium.

Unfähigkeit des Standesbeamten.

§. 7. Den Standesbeamten ist verboten, Standesbeurkundungen aufzunehmen, welche sie selbst, ihre Ehefrauen, ihre Eltern oder ihre Kinder betreffen.

Beweiskraft von Abschriften.

§. 8. Die bei den Amtsgerichten verwahrten Abschriften von Standesbüchern, welche vor dem 1. Februar 1870 geführt wurden, haben, wenn sie von dem Standesbeamten oder dem Amtsgerichte beglaubigt sind, die Beweiskraft von Urschriften, sofern nicht dargethan wird, daß sie mit diesen nicht übereinstimmen.

Benützung der Kirchenbücher.

§. 9. Die Staatsbehörden sind berechtigt, die Vorlage der vor dem Jahre 1810 geführten Kirchenbücher, sowie der von dieser Zeit an bis zum 1. Februar 1870 geführten Standes- und Kirchenbücher zu den Zwecken der Rechtspflege oder Verwaltung zu verlangen. Geistliche, welche die Vorlage solcher Standes- und Kirchenbücher verweigern, können an Geld bis zum Betrage von einhundert Mark bestraft werden.

Bei fortgesetzter Weigerung sind die Amtsgerichte berechtigt, die Bücher an dem Verwahrungsorte zu erheben, um sie in der erforderlichen Weise zu benützen.

Die Staatsbehörden sind verpflichtet, diese Bücher nach deren Benützung alsbald wieder zurückzustellen.

Zulassung anderer Beweismittel des Personenstandes.

§. 10. Wenn hergestellt ist, daß die Register nicht geführt wurden, daß sie ganz oder theilweise zerstört oder verloren sind, oder daß eine Unterbrechung in deren Führung eingetreten ist, so können die Thatsachen des bürgerlichen Standes auf jede andere Art bewiesen werden.

Ausländische Standesurkunden.

§. 11. Jede Urkunde des bürgerlichen Standes, sie mag Inländer oder Ausländer betreffen, die im Auslande gefertigt worden ist, soll volle Beweiskraft haben, wenn sie in der dort landüblichen Form abgefaßt ist.

Beweis unehelicher Abstammung.

§. 12. Abs. 1 aufgehoben [32]).

Der letzte Absatz des L.R.S. 341 ist aufgehoben.

Eheverlöbniß.

§. 13. Aus dem Eheverlöbniß findet eine Klage nicht statt.

Eheeinsprachen.

§. 14. Der Vater, bei Abgang des Vaters die Mutter, kann wider die Heirath ihrer Kinder Einsprachen einlegen aus allen Gründen, welche der Eingehung der Ehe nach dem Gesetze entgegenstehen.

---

[32]) Ges. die Einführung d. Reichsjustizgesetze betr., v. 3. März 1879 (G. u. V.Bl. S. 91), §. 145 No. 13.

Die gleiche Befugniß hat hinsichtlich der Ehe des Mündels der Vormund mit Ermächtigung des Familienrathes.

§. 15. In Ermangelung der Eltern kann der Großvater oder die Großmutter, der Bruder oder die Schwester, der Oheim oder die Muhme, oder ein Geschwisterkind, wenn sie großjährig sind, jedoch nur in folgenden zwei Fällen, Einsprache einlegen:

1. wenn für einen minderjährigen Verlobten die nach dem Gesetze erforderliche Einwilligung der Obervormundschaft nicht erwirkt worden ist;
2. wenn die Einsprache sich auf den Wahnsinn oder die Gemüthsschwäche eines der künftigen Ehegatten gründet.

§. 16. Zur Einsprache gegen den Abschluß einer Ehe ist ferner die Person berechtigt, welche mit einem der Verlobten verheirathet ist.

§. 17. Der Staatsanwalt kann Einsprache einlegen aus allen Gründen, welche der Eingehung der Ehe nach dem Gesetze entgegenstehen.

§. 18. Die Einsprachen gegen eine Heirath müssen von den Einsprechenden selbst oder ihren mit besonderen und öffentlichen Vollmachten versehenen Gewalthabern erhoben werden.

Sie sollen die Eigenschaft, welche dem Einsprechenden das Recht gibt, sie einzulegen, und den Grund der Einsprache enthalten.

§. 19. Die Einsprache ist bei dem Amtsgerichte zu erheben, in dessen Bezirke einer der Verlobten seinen Wohnsitz hat oder sich gewöhnlich aufhält.

Die Anmeldung der Einsprache kann auch vor dem Standesbeamten geschehen, welcher zur Eheschließung zuständig ist. Solche Einsprachen sind von dem Standesbeamten unverzüglich dem Amtsgerichte vorzulegen.

§. 20. Für das Verfahren in Einsprachssachen sind die für Angelegenheiten der freiwilligen Gerichtsbarkeit bestehenden Vorschriften maßgebend.

Gegen die gerichtliche Entscheidung steht die Beschwerdeführung an das Appellationsgericht dem Einsprechenden und den Verlobten zu; sie ist innerhalb 8 Tagen auszuführen.

§. 21. Wird die Einsprache verworfen, so können die Einsprechenden, welche nicht Ahnen sind, zur Entschädigung angehalten werden.

§. 22. Von jeder Einsprache und von jedem Erkenntnisse über eine Einsprache muß den Betheiligten unverzüglich Kenntniß gegeben werden.

Ebenso sind die Standesbeamten, welche zur Vornahme der Eheschließung zuständig sind, von jeder Einsprache und von jedem rechtskräftig gewordenen Erkenntnisse darüber oder deren sonstiger Erledigung unverzüglich zu benachrichtigen.

Eheschließung im Auslande.

§. 23. Ehen, welche im Auslande (Artt. 2, 3 der Verfassung des Deutschen Reiches) von Angehörigen des badischen Staates unter sich oder mit Angehörigen anderer Deutschen Staaten oder mit Ausländern (Nichtdeutschen) geschlossen werden, können nach der in jenem Lande vorgeschriebenen Form giltig eingegangen werden.

Badische Verlobte haben das Aufgebot auch im Großherzogthum Baden nach den in den §§. 44 bis 46 des Reichsgesetzes vom 6. Februar 1875 über die Beurkundung des Personenstandes und die Eheschließung gegebenen Vorschriften und, soferne sie Wohnsitz und Aufenthalt im Auslande haben, am Orte des letzten ständigen Aufenthaltes im Großherzogthum zu erwirken.

Der badische Staatsangehörige bleibt auch im Auslande den Vorschriften der §§. 28—35 des angeführten Reichsgesetzes vom 6. Februar 1875 unterworfen.

Ehen der Ausländer im Inlande.

§. 24. Nichtdeutsche, welche im Großherzogthum eine Ehe schließen wollen, sind verpflichtet, nachzuweisen, daß nach den Gesetzen ihres Landes der beabsichtigten Ehe nichts im Wege steht. Der Standesbeamte kann die Vorlage eines Zeugnisses verlangen, worin dieses von der zuständigen Heimathsbehörde beurkundet ist.

Berichtigung der Standesregister.

§. 25. Die Amtsgerichte sind verpflichtet, den Zustand der Register in dem Zeitpunkte der Hinterlegung (§. 14 Abs. 2 des Reichsgesetzes über die Beurkundung des Personenstandes und die Eheschließung) zu prüfen und nach Beschaffenheit der Umstände die Verbesserung der wahrgenommenen Mängel oder eine Mittheilung an die Betheiligten zu veranlassen oder dienstpolizeilich einzuschreiten (§. 11 Abs. 2 des angeführten Reichsgesetzes).

§. 26. Ist das eine der Register, das Haupt- oder das Nebenregister, ganz oder theilweise zerstört oder verloren, während das andere sich erhalten hat, so läßt das Amtsgericht die mangelnde Urschrift durch eine von ihm beglaubigte Abschrift ersetzen.

§. 27. Wenn die Register nicht geführt worden, wenn deren Führung unterbrochen wurde, wenn Haupt- oder Nebenregister ganz oder theilweise zerstört oder verloren sind, kann vom Amtsgerichte angeordnet werden, daß die fehlenden Beurkundungen wieder hergestellt oder durch Kundbarkeitsscheine ersetzt werden, welche die Erklärung von vier eidlich vernommenen Zeugen enthalten.

§. 28. Die Berichtigung einer Eintragung in dem Standesregister kann Betheiligten, welche dieselbe weder beantragt haben, noch dabei gehört worden sind, nicht entgegengesetzt werden.

§. 29. Aufgehoben [33]).

§. 30. Neben den Stempelgebühren (§§. 1, 4 des Verwaltungssportelgesetzes vom 21. Juni 1874) und Sporteln (§§. 13—17 desselben Gesetzes) sind an Taxen zu erheben für die Ertheilung der Dispensation

vom gesetzlichen Alter der Ehemündigkeit	
bei Männern	100 — 200 Mk.
bei Frauenspersonen	20 — 100 Mk.
vom Verbote der Ehe zwischen einem wegen Ehebruchs Geschiedenen und seinem Mitschuldigen	100—1000 Mk.
von der Ausharrungszeit der Frauen	20 — 100 Mk.
vom Aufgebote	2 — 100 Mk.

Die Taxbestimmungen in §. 38 unter Ziff. 30 des Verwaltungssportelgesetzes sind aufgehoben.

§. 31. Die Gebühren für Vorlegung der bei den Amtsgerichten verwahrten Register zur Einsicht (Tarif II. 1), für beglaubigte Auszüge aus ebendiesen Registern (Tarif II. 2), und die Stempelgebühren, Sporteln und Taxen, welche für Entscheidungen der Aufsichtsbehörden und des Justizministeriums zu entrichten sind, fließen in die Staatskasse.

Schlußbestimmungen.

§. 32. Dieses Gesetz tritt für das Großherzogthum Baden gleichzeitig mit dem Reichsgesetze vom 6. Februar 1875 über die Beurkundung des Personenstandes und die Eheschließung am 1. Januar 1876 in Wirksamkeit.

Das Ministerium des Großherzoglichen Hauses, der Justiz und des Auswärtigen und das Ministerium des Innern sind mit den zum Vollzuge dieses Gesetzes erforderlichen Anordnungen beauftragt.

Gegeben rc.

28. Bekanntmachung des Ministeriums des Großherzoglichen Hauses, der Justiz und des Auswärtigen, den Vollzug der Einführung des Reichsgesetzes über die Beurkundung des Personenstandes und die Eheschließung betreffend. Vom 18. Dezbr. 1875 (a. a. O. Nr. XXXVII S. 375).

Seine Königliche Hoheit der Großherzog haben mit Allerhöchster Staatsministerialentschließung, d. d. Karlsruhe den 16. Dezbr. 1875, auf den im Einverständniß mit dem Ministerium des Innern gestellten unterthänigsten Antrag des Ministeriums des Großherzoglichen Hauses, der Justiz und des Auswärtigen, zum Vollzug der Einführung des Reichsgesetzes vom 6. Februar 1875 über die Beurkundung des Personenstandes und die Eheschließung die anliegende Dienstweisung für die Standesbeamten zu genehmigen geruht.

Dieselbe wird demgemäß zur allgemeinen Nachachtung verkündet.

29. Bekanntmachung des Großherzoglichen Ministeriums der Justiz, des Kultus und des Unterrichts, die Abänderung der Dienstweisung für die Standesbeamten betreffend. Vom 11. Dezember 1886 (a. a. O. 1887 No. II S. 15).

Seine Königliche Hoheit der Großherzog haben mit Allerhöchster Staatsministerialentschließung, d. d. Karlsruhe den 29. Dezember 1886, die nachstehenden Aenderungen der Dienstweisung für die Standesbeamten vom 18. Dezember 1875 (G. u. V.Bl. Nr. XXXVII) gnädigst zu genehmigen geruht.

[33]) Durch Ges. die Einführung d. Reichsgerichtskostengesetzes betr. v. 22. Febr. 1879, G. u. V.Bl. S. 179, §. 25. An Stelle des §. 29 sind getreten §§. 7, 9 des cit. Gesetzes.

30. Dienstweisung für die Standesbeamten[34]).

Großherzoglich badische Vollzugsvorschriften zum Reichsgesetze vom 6. Februar 1875, über die Beurkundung des Personenstandes und die Eheschließung.

Erster Abschnitt.
Allgemeine Bestimmungen.

I. Standesamtsbezirke und Standesbeamte.

§. 1. Jede Gemeinde bildet einen Standesamtsbezirk. Die Nebenorte zusammengesetzter Gemeinden gehören zu dem Bezirke der Hauptgemeinde.

Kolonien, Weiler und Höfe, welche keiner Ortsgemarkung angehören, werden dem Standesamtsbezirke derjenigen Gemeinde zugetheilt, der sie gegenwärtig in polizeilicher Hinsicht oder in Hinsicht auf die Standesbuchführung überwiesen sind.

Das Justizministerium ist ermächtigt, diese Bildung der Standesamtsbezirke für einzelne Gemeinden, Kolonien, Weiler und Höfe zu ändern.

§. 2. Beamter des bürgerlichen Standes ist in den Städten, auf welche das Gesetz vom 24. Juni 1874 über die Verfassung und Verwaltung der Stadtgemeinden Anwendung findet, der Oberbürgermeister, in den übrigen Gemeinden der Bürgermeister.

In den Gemeinden, welche zwei Bürgermeister oder einen Oberbürgermeister und Beigeordnete haben, hat der Gemeinderath zu bestimmen, welcher derselben ordentlicher Weise das Standesamt verwaltet.

§. 3. Der Ortsvorsteher kann die Geschäfte des Standesbeamten einem anderen Gemeindebeamten mit dessen Zustimmung übertragen.

Die Gemeinde kann die Aufstellung eines besonderen Standesbeamten beschließen, welchen alsdann der Gemeinderath ernennt.

Im einen wie im anderen Falle ist die Genehmigung der Aufstellung Seitens des Justizministeriums erforderlich.

Bis diese Genehmigungen erfolgen, hat der regelmäßige Standesbeamte (Dienstweisung §. 2) die Geschäfte des Standesamtes zu besorgen.

§. 4. Stellvertreter der regelmäßigen Standesbeamten sind die diensältesten Gemeinderäthe, beziehungsweise (in Städten) die Bürgermeister und die Beigeordneten. Der Ortsvorsteher kann auch die Stellvertretung, vorbehaltlich der Genehmigung des Justizministeriums, einem anderen Gemeindebeamten mit dessen Zustimmung übertragen.

Wenn der Ortsvorsteher das Standesamt einem anderen Gemeindebeamten überträgt (D.W. §. 3) und wenn ein besonderer Standesbeamter bestellt wird (D.W. §. 3 Abs. 2), ernennt der Gemeinderath, vorbehaltlich der Genehmigung des Justizministeriums, den Stellvertreter.

§. 5. Für den Fall vorübergehender Behinderung oder gleichzeitiger Erledigung des Amtes des Standesbeamten und der Stellvertreter ist das Amtsgericht ermächtigt, die einstweilige Beurkundung des Personenstandes einem benachbarten Standesbeamten oder Stellvertreter zu übertragen.

§. 6. Wer als Stellvertreter des Standesbeamten zu einer Amtshandlung berufen wird, ist verpflichtet, in der von ihm aufgenommenen Urkunde dieser seiner Eigenschaft Erwähnung zu thun.

§. 7. Dem dienstlichen Ersuchen eines Standesbeamten sind andere Standesbeamte, sowie Gemeinde- und Ortspolizeibehörden Folge zu leisten verpflichtet.

§. 8. Die Einträge in die Register und die Auszüge aus solchen können unter Leitung und Verantwortlichkeit des Standesbeamten durch den Rathschreiber oder durch einen anderen ständigen Gehilfen — im Falle der Verhinderung durch Stellvertreter derselben — niedergeschrieben werden.

§. 9. Den Standesbeamten ist verboten, Standesbeurkundungen aufzunehmen, welche sie selbst, ihre Ehefrauen, ihre Eltern oder ihre Kinder betreffen.

Für dieselben haben in Fällen dieser Art deren Stellvertreter (D.W. §. 4) zu handeln.

§. 10. Die Aufsicht auf die Dienstführung der Standesbeamten (§. 11 Abs. 1 und 2 des Reichsgesetzes über die Beurkundung des Personenstandes und die Eheschließung) wird von den Amtsgerichten, in der höheren Instanz von den denselben vorgesetzten Gerichtshöfen geführt.

Dieselben Behörden erkennen über die Anträge, die Standesbeamten zur Vornahme von Amtshandlungen anzuhalten (§. 11 Abs. 3 des angef. Reichsgesetzes) und über die Berichtigung der Standesregister (§. 65, 66 des angef. Reichsgesetzes).

§. 11. Bei den Amtsgerichten, welchen Gerichtsnotare als besondere Beamte für Ausübung der freiwilligen Gerichtsbarkeit beigegeben sind, können diesen die nach Gesetz und Dienstweisung den Amtsgerichten zukommenden Geschäfte übetragen werden.

Den richterlichen Beamten vorbehalten bleiben jedoch die in D.W. §§. 5, 10, 12, 33, 69, 87,

---

[34]) Die folgende Dienstweisung ist mit diesen Abänderungen in der durch die Bekanntmachung des Ministeriums der Justiz, des Kultus und des Unterrichts vom 31. Dezember 1886 (G. u. V.Bl. 1887 Nr. II S. 20) veröffentlichten Fassung abgedruckt.

112, 145 und 149 bezeichneten Geschäfte, die Befugnisse des §. 138 Abs. 2 D.W., sowie auf Grund der Ermittelungen der Gerichtsnotare die Entschließung in den Fällen der D.W. §§. 138 und 139.

§. 12. Die etwa erforderliche Entschädigung der nach D.W. §§. 3, 4 von den Gemeinden bestellten Standesbeamten fällt der Gemeinde zur Last.

Die Festsetzung erfolgt nach Anhörung des Gemeinderathes durch die Amtsgerichte im Benehmen mit den Bezirksämtern; über Beschwerden entscheidet endgiltig im Benehmen mit dem Ministerium des Innern das Justizministerium.

Bestellt das Justizministerium andere Personen zu Standesbeamten oder zu Stellvertretern, so fällt die etwa zu gewährende Entschädigung der Staatskasse zur Last.

§. 13. Die sächlichen Kosten werden in allen Fällen von den Gemeinden getragen; die Register und die Formulare zu allen Registerauszügen werden jedoch den Gemeinden von dem Justizministerium kostenfrei geliefert.

II. Führung der Standesregister.

§. 14. Von jedem Standesbeamten sind die drei im §. 12 des Reichsgesetzes vom 6. Februar 1875 vorgeschriebenen Standesregister nach den Formularen A. B. C. und zwar

1. das Geburtsregister nach dem Formular A.
2. das Heirathsregister nach dem Formular B.
3. das Sterberegister nach dem Formular C.

in deutscher Sprache zu führen.

§. 15. Die Standesurkunden müssen in die Sammlungen der Vordrucke eingetragen werden, welche den Standesbeamten durch das Justizministerium zugestellt werden.

Auf 15. September jeden Jahres haben die Standesbeamten den Amtsgerichten, auf 1. Oktober die Amtsgerichte dem Justizministerium den muthmaßlichen Bedarf an Vordrucken für das folgende Jahr anzuzeigen.

Die gleiche Anzeige ist zu machen, wenn im Laufe des Jahres sich die Vermuthung ergibt, daß der dem Standesbeamten zur Verfügung gestellte Vorrath an Vordrucken dem Bedürfnisse des Jahres nicht genügen werde.

§. 16. Muß wegen der Größe des Standesamtsbezirks oder wegen Ueberschreitung des regelmäßigen Bedarfs (D.W. §. 15 l. Abs.) das Register des Jahres in mehrere Theile zerlegt werden, so ist bei dem Abschlusse eines Theiles ausdrücklich auf den nachfolgenden hinzuweisen.

Die Reihenfolge der Ordnungszahlen der Einträge in dem Register darf in solchen Fällen nicht unterbrochen werden.

§. 17. Die Eintragungen in die Register dürfen nichts weiter enthalten, als das, was durch das Reichsgesetz vom 6. Februar 1875 und durch Landesgesetze vorgeschrieben ist.

§. 18. Sie geschehen ununterbrochen in der Reihenfolge der Vordrucke, unter im Anfange jeden Jahres in jedem Register neu beginnenden, fortlaufenden Ordnungszahlen.

In den Fällen, in welchen die Eintragung eines Geburts- oder Sterbefalles auf Grund einer schriftlichen Anzeige oder Mittheilung einer Behörde erfolgt (§§. 22 Abs. 2, 51, 60, 129 d. D.W.), ist der Vordruck ganz zu durchstreichen und die Eintragung am Rande unter ausdrücklicher Bezugnahme auf die erfolgte Anzeige oder Mittheilung vorzunehmen.

In diesen Fällen, sowie im Falle des §. 59 der D.W. dürfen bei Ertheilung von Registerauszügen die für die letzteren bestimmten Formulare (§. 46 der D.W.) nicht benützt werden.

§. 19. Die Eintragungen in die Standesregister sollen ohne Abkürzungen und Zwischenräume niedergeschrieben werden.

Wenn Zwischenräume nicht vermieden werden können, insbesondere wenn bei Ausfüllung der Vordrucke zwischen den gedruckten Worten des Formulars und den vorgeschriebenen Worten Stellen leer bleiben, sind die Lücken durch Striche auszufüllen.

§. 20. Die wesentlichen Zahlenangaben, namentlich Jahr, Tag und Stunde der zu beurkundenden Geburten und Sterbefälle, das Alter der Eheschließenden und der Zeugen, sind mit Buchstaben zu schreiben.

§. 21. (Lautend wie §. 13 Abs. 2 des Reichsges.)

§. 22. Die auf schriftliche Anzeige oder Mittheilung einer Behörde erfolgenden Eintragungen von Geburts- und Sterbefällen sind unter Angabe von Ort und Tag der Eintragung nach Anleitung des §. 18 der D.W. am Rande der Register zu bewirken und durch die Unterschrift des Standesbeamten zu vollziehen.

In gleicher Weise sind die Abschriften der Personenstandesurkunden einzutragen, welche dem Standesbeamten hinsichtlich der auf See vorgekommenen Geburten und Sterbefälle übersendet werden. (§. 62 des Reichsgesetzes vom 6. Februar 1875.)

§. 23. Ergiebt sich bezüglich einer Eintragung, bevor dieselbe durch den Standesbeamten unterschriftlich vollzogen und damit abgeschlossen ist, die Nothwendigkeit eines Zusatzes, eine Löschung oder Abänderung, so darf zwar in der Eintragung selbst Nichts verändert werden, dagegen ist am Rande eine die Eintragung berichtigende oder ergänzende Bemerkung hinzuzufügen. Solche Randvermerke sind gleich der Eintragung selbst besonders zu vollziehen, d. h. mit dem Vermerk über die erfolgte Vorlesung und Genehmigung und mit der Unterschrift der Erschienenen und des Standesbeamten zu versehen. Auch ist darin zu bezeugen, daß der Zusatz, die Löschung oder Abänderung der unterschriftlichen Vollziehung der Eintragung durch den Standesbeamten erfolgt sei.

Nach erfolgtem Abschluß der Eintragung durch die Unterschrift des Standesbeamten können erforderliche Berichtigungen jeder Art, gleichviel, ob der Standesbeamte dieselben von Amtswegen für nothwendig hält oder ob sie ein Berechtigter beantragt, und gleichviel auch, ob der zu berichtigende Fehler von größerer oder geringerer, von sachlicher oder nur formeller Bedeutung ist, nur auf Grund gerichtlicher Anordnung erfolgen (vgl. D.W. §§. 134 ff.).

§. 24. (Abs. 1 lautend wie §. 14 Abs. 1 des Reichsges.)

Die Beglaubigung geschieht durch Ausfüllung und Unterzeichnung des Beglaubigungsvermerkes, welcher den Formularen für die Nebenregister beigedruckt ist.

Der Standesbeamte hat ferner die Geburten, Heirathen und Sterbefälle, sowie sonstige in die Standesregister einzutragende Thatsachen gleichzeitig mit dem Eintrag in diese durch die Schreibgehilfen in die vom statistischen Bureau durch Vermittelung der Amtsgerichte auszugebenden Tabellen vormerken zu lassen. Am 1. Januar, 1. April, 1. Juli und 1. Oktober sind sodann die in den drei vorhergehenden Monaten geführten Tabellen dem Amtsgericht einzusenden.

§. 25. Nach Ablauf des Kalenderjahres hat der Standesbeamte jedes Haupt- und jedes Nebenregister unter Vermerkung der Zahl der darin enthaltenen Eintragungen abzuschließen.

Er ist verpflichtet, gleichzeitig jedem Register ein Verzeichniß beizufügen, welches die Namen derjenigen, auf welche die Einträge sich beziehen, in alphabetischer Reihenfolge, und die Ordnungszahlen enthält, unter welchen sie in das Register eingetragen sind.

§. 26. Die Hauptregister sind bei den Büchern der Gemeinde zu verwahren, die Nebenregister in den ersten 14 Tagen des Januar jeden Jahres dem Amtsgerichte einzureichen, welches dieselben prüft und aufbewahrt.

Eintragungen, welche nach Einreichung des Nebenregisters in dem Hauptregister gemacht werden, sind gleichzeitig dem Amtsgerichte in beglaubigter Abschrift mitzutheilen. Das letztere hat dafür zu sorgen, daß diese Eintragungen dem Nebenregister beigeschrieben werden.

§. 27. Die Standesbeamten sind verpflichtet, als Beilage zu den Registern Sammelakten, nach Jahrgängen geordnet, und zwar für jedes Register besonders, anzulegen, und in dieselben alle ihnen zugestellten schriftlichen Anträge, Anzeigen, Urkunden, Mittheilungen, Verfügungen, insbesondere diejenigen der Aufsichtsbehörde und der Gerichte (§§. 20, 24—28, 33, 35, 38, 43, 45, 48—50, 55, 58, 60, 62—65 des Gesetzes), desgleichen die von ihnen in Gemäßheit der §§. 21, 25, 45—47, 58, 68 aufgenommenen Verhandlungen und getroffenen Anordnungen aufzunehmen.

§. 28. Die Beilagen jedes Registers sind mit besonderen, unter sich fortlaufenden und für jedes Jahr in neuer Folge beginnenden Ordnungszahlen zu bezeichnen.

§. 29. (Lautend wie §. 16 Abs. 1 des Reichsges.)

§. 30. Nimmt der Standesbeamte in Folge der D.W. §. 115 die Eheschließung auf Verlangen der Verlobten in einem Privathause vor, so hat er dafür von ihnen die in §§. 1, 3 der Verordnung vom 30. November 1874 über den Gebührenbezug der Gemeindebeamten — Ges.-Bl. Nr. LVIII. — bezeichneten Tagsgebühren zu beziehen.

III. Beweis der Thatsachen des bürgerlichen Standes.

§. 31. (Abs. 1 lautend wie §. 15 Abs. 1 des Reichsges.)

Dieselbe Beweiskraft haben die Auszüge, welche als gleichlautend mit dem Haupt- oder Nebenregister bestätigt und mit der Unterschrift und dem Dienstsiegel des Standesbeamten oder des zuständigen Amtsgerichtes versehen sind.

(Abs. 3 lautend wie §. 15 Abs. 3 a. a. O.)

§. 32. Die bei den Amtsgerichten verwahrten Abschriften von Standesbüchern, welche vor dem 1. Februar 1870 geführt wurden, haben, wenn sie von dem Standesbeamten oder dem Amtsgerichte beglaubigt sind, die Beweiskraft von Urschriften, sofern nicht dargethan wird, daß sie mit diesen nicht übereinstimmen.

§. 33. Die Staatsbehörden sind berechtigt, die Vorlage der vor dem Jahre 1810 geführten Standesbücher, sowie der von dieser Zeit an bis zum 1. Februar 1870 geführten Standes- und Kirchenbücher zu den Zwecken der Rechtspflege oder Verwaltung zu verlangen.

Geistliche, welche die Vorlage solcher Standes- und Kirchenbücher verweigern, können an Geld bis zum Betrage von einhundert Mark bestraft werden. Bei fortgesetzter Weigerung sind die Amtsgerichte berechtigt, die Bücher an dem Verwahrungsorte zu erheben, um sie in der erforderlichen Weise zu benützen.

Die Staatsbehörden sind verpflichtet, diese Bücher nach deren Benützung alsbald wieder zurückzustellen.

§. 34. Wenn hergestellt ist, daß die Register nicht geführt wurden, daß sie ganz oder theilweise zerstört oder verloren sind, oder daß eine Unterbrechung in deren Führung eingetreten ist, so können die Thatsachen des bürgerlichen Standes auf jede andere Art bewiesen werden.

§. 35. Jede Urkunde des bürgerlichen Standes, sie mag Inländer oder Ausländer betreffen, die im Auslande gefertigt worden ist, soll volle Beweiskraft haben, wenn sie in der dort landüblichen Form abgefaßt ist.

§. 36. Die im Auslande (Reichsauslande) über den bürgerlichen Stand von Inländern gefertigten Urkunden, welche den Standesbeamten von den Betheiligten selbst oder von ausländischen Behörden übersendet werden, sind den Sammelakten (D.W. §. 27) anzuschließen.

Sind diese Urkunden in fremder Sprache abgefaßt, so ist eine Uebersetzung beizufügen, welche ein vom Standesbeamten oder auf dessen Antrag vom Amtsgericht bezeichneter Dolmetscher fertiget.

In das alphabetische Namensverzeichniß (D.W. §. 25 Abs. 2) sind unter Verweisung auf die Ordnungszahl der Beilage (D.W. §. 28) auch die Namen der Personen aufzunehmen, auf welche diese ausländischen Urkunden sich beziehen.

§. 37. (Lautend wie §. 16 Abs. 2 erster Satz des Reichsges.)

§. 38. (Lautend wie §. 16 Abs. 2 zweiter Satz des Reichsges.)

Geistlichen und andern Religionsdienern ist die Einsicht der Register kostenfrei zu gestatten.

§. 39. Die Auszüge aus den Registern sollen enthalten:

1. eine genaue Abschrift der Urkunde, wie sie sich im Register vorfindet, einschließlich der Ordnungszahl und der ihr beigesetzten Unterschriften;
2. die zu der Eintragung gehörigen Ergänzungen und Berichtigungen;
3. die Beurkundung, daß die Abschrift mit der Urschrift (dem Haupt- oder Nebenregister) gleichlautend sei;
4. die Unterschrift des Standesbeamten, in den Fällen der D.W. §§. 43, 44 des Gerichtsnotars;
5. das Dienstsiegel der Standesbeamten oder beziehungsweise des Amtsgerichts.

§. 40. Zu den Auszügen aus den Registern sind die Formulare A. a., B. b. und C. c. zu verwenden, welche den Standesbeamten vom Justizministerium kostenfrei geliefert werden, von den Gerichtsnotaren aus den für die Bestreitung der Kanzleibedürfnisse bewilligten Mitteln zu bestreiten sind.

§. 41. Den Standesbeamten liegt die Fertigung ob:

1. der Auszüge aus den Standesregistern des jeweils laufenden Jahres;
2. der Auszüge aus den bei den Gemeinden verwahrten Registern anderer Jahre, soweit sie durch D.W. §. 43 nicht den Gerichtsnotaren übertragen ist;
3. der Auszüge aus den bei ihnen verwahrten Abschriften der von den Geistlichen für den Monat Januar 1870 geführten Standesbücher.

§. 42. Die Standesbeamten sind insbesondere verpflichtet:

a. dem Ortsschulrathe der Gemeinde spätestens am 15. März jeden Jahres einen Auszug zuzustellen, in welchem alle im Geburtsregister eingetragenen, noch lebenden (d. i. in den Büchern des nämlichen Standesbeamten nicht als gestorben bezeichneten) Kinder aufzunehmen sind, welche in der Zeit vom 24. April des vorigen bis mit dem 23. April des laufenden Jahres das sechste Lebensjahr zurücklegen;
b. auf den 15. Januar jeden Jahres dem Gemeinderathe einen Auszug aus dem Geburtsregister des um siebzehn Jahr zurückliegenden Kalenderjahres, enthaltend alle Eintragungen der Geburtsfälle von Kindern männlichen Geschlechts zu übergeben. Dieser Auszug ist nach Ziffer II der Verordnung Großh. Ministeriums des Innern vom 28. Oktober 1875, die Ersatzordnung betreffend (Beilage zum Gesetz- und Verordnungsblatt 1875 S. 161, in deren neuer Fassung vom 1. Oktober 1886 (Ges. u. Verord.Bl. S. 451) einzurichten;
c. auf den 15. Januar jeden Jahres die in Ziffer III der unter b. genannten Verordnung vom 28. Oktober 1875 bezeichneten Zusammenstellungen aus dem Sterberegister hinsichtlich derjenigen Gestorbenen, die in der Gemeinde geboren sind, dem Gemeinderathe, hinsichtlich der übrigen Gestorbenen dem Bezirksamte vorzulegen.

Die Aufstellung dieser Listen geschieht unentgeltlich.

§. 43. Die Amtsgerichte fertigen Auszüge aus den bei denselben verwahrten Registern:

1. wenn sie den vor dem 1. Februar 1870 geführten Büchern zu entnehmen sind;
2. wenn das von der Gemeinde zu verwahrende Register, aus welchem der Auszug verlangt wird, verloren oder zerstört ist;
3. wenn eine einzelne Beurkundung, welche im Register der Gemeinde fehlt, im Register des Amtsgerichtes sich vorfindet;
4. wenn die Einträge in beiden Registern nicht gleich lauten.

Die unter Ziffer 2 und 3 angeführten Thatsachen müssen vom Standesbeamten bestätigt sein, die Verschiedenheit unter Ziffer 4 muß aus dem von dem Standesbeamten gefertigten Auszuge hervorgehen.

In den unter Ziffer 2 und 4 erwähnten Fällen ist im Auszuge des Amtsgerichts der Grund anzugeben, aus welchem den Auszug es ertheilt.

Zu schriftlichen Gesuchen an die Amtsgerichte um Fertigung von Auszügen sind Stempelmarken nicht zu verwenden; mündliche Gesuche solcher Art bleiben sportelfrei.

§. 44. Geburtszeugnisse, welche von Militärpflichtigen bei der Anmeldung zur Rekrutirungsstammrolle vorzulegen sind (§. 23 Ziffer 4 der Ersatzordnung[34a]) und Ziffer IV der bei D.W. §. 42[b] erwähnten Verordnung vom 28. Oktober 1875) werden von den Standesbeamten (§. 41) und von den Amtsgerichten kostenfrei ertheilt.

§. 45. Die Gebühren, welche in Gemäßheit des Reichsgesetzes vom 6. Februar 1875 zur Erhebung gelangen, fließen der Gemeinde zu; ausgenommen sind die Gebühren für Vorlegung der bei den Amtsgerichten verwahrten Register (Tarif II 1), für beglaubigte Auszüge aus eben diesen Registern (Tarif II 2), sowie die Stempelgebühren, Sporteln und Taxen, welche für Entscheidungen der Aufsichtsbehörden und des Justizministeriums zu entrichten sind; diese Beträge fallen in die Staatskasse.

§. 46. Die Standesbeamten haben ein Verzeichniß über die von ihnen zu erhebenden und erhobenen Gebühren (D.W. §. 37 Tarif II) zu führen, welches unter fortlaufenden Ordnungszahlen enthält:

1. die Veranlassung (den Grund) des einzelnen Gebührenansatzes,
2. den Betrag der angesetzten Gebühr,
3. den Namen, Stand und Wohnort des Zahlungspflichtigen,
4. die geleistete Zahlung,
5. Bemerkungen.

Am Schlusse je eines Vierteljahres ist ein die vergangenen drei Monate umfassender Auszug aus dem Gebührenverzeichnisse dem Gemeinderathe mitzutheilen, damit er die angesetzten Gebühren in Einnahme weise.

In gleicher Weise haben die Geistlichen zu verfahren, wenn sie nach §. 73 des Reichsgesetzes vom 6. Februar 1875 über die Beurkundung des Personenstandes und die Eheschließung Zeugnisse ertheilen sollten.

§. 47. Der Ansatz und die Erhebung der nach Dienstweisung §. 45 in die Staatskasse fallenden Gebühren geschieht in Gemäßheit der über Ansatz und Erhebung der Kosten bei den betreffenden Behörden bestehenden allgemeinen Vorschriften.

Zweiter Abschnitt.

Beurkundung der Geburten.

§. 48. Lautend wie §. 17 des Reichsges.
§. 49. L. w. §. 18 des Reichsges.
§. 50. L. w. §. 19 des Reichsges.
§. 51. L. w. §. 20 des Reichsges.
§. 52. L. w. §. 21 des Reichsges.
§. 53. L. w. §. 22 Abs. 1 des Reichsges.
§. 54. Ist die Geburt außerehelich erfolgt, so soll in der Geburtsbeurkundung

1. der Name des Vaters angegeben werden, wenn die Vaterschaft von dem miterschienenen Vater ausdrücklich zugestanden ist,
2. der Name der Mutter aber, so oft er von dem Anzeigenden dem Standesbeamten mitgetheilt wird.

Wenn bei der Anzeige einer unehelichen Geburt die Anerkennung des Kindes Seitens der Mutter unterbleibt, so ist der Standesbeamte verpflichtet, dem Amtsgerichte den Thatbestand anzuzeigen, damit ein Vormund für das Kind bestellt werde.

§. 55. L. w. §. 22 Abs. 2 d. Reichsges.
§. 56. L. w. §. 22 Abs. 3 Satz 1 d. Reichsges.

Die nachträgliche Anzeige hat in der Regel mündlich zu geschehen; die schriftliche Anzeige genügt nur in den Ausnahmefällen der D.W. §. 51.

Die Eintragung dieser Vornamen erfolgt am Rande der ersten Eintragung.

§. 57. Die Standesbeamten haben darüber zu wachen, daß fehlende Anzeigen nachgeholt werden; die Säumigen sind nöthigenfalls durch Strafen (D.W. §§. 145—146) dazu anzuhalten; bei fortgesetzter Versäumniß ist deren Bestrafung nach D.W. §. 147 zu veranlassen.

§. 58. Die Standesbeamten sind verpflichtet, über die nachträglich zu machenden Anzeigen der Vornamen ein Verzeichniß zu führen, welches unter fortlaufenden Ordnungszahlen enthalten muß:

1. die Nummer des unvollständigen Eintrages im Geburtsregister,
2. den Tag der Geburt des Kindes,
3. den Tag des Ablaufes der zweimonatlichen Anzeigefrist,
4. die Strafandrohungen wegen unterlassener Anzeige der Vornamen,
5. unter „Bemerkungen" die Zeit und die Art der Erledigung.

[34a]) Vgl. jetzt: Wehrordnung vom 22. November 1888 §. 25 Ziff. 5.

Eine Abschrift des Verzeichnisses muß am Schlusse des Jahres mit dem Nebenregister (D.W. §. 26) dem Amtsgerichte vorgelegt werden.

§. 59. Wenn ein Kind todt geboren[35]) oder in der Geburt verstorben ist, so muß die Anzeige spätestens am nächstfolgenden Tage geschehen. Die Eintragung ist alsdann mit dem in §. 55 D.W. unter Nr. 1 bis 3 und 5 angegebenen Inhalte nur im Sterberegister zu machen.

§. 60. L. w. §. 24 d Reichsges.

§. 61. L. w. §. 25 d. Reichsges.

§. 62. Wenn sich Jemand vor dem Standesbeamten als Vater eines Kindes bekennt, mit dessen Mutter er in dem durch §. 175 des Reichsstrafgesetzbuches bezeichneten Verwandtschafts- oder Schwägerschaftsverhältnisse steht, und ebenso, wenn zur Zeit der unterstellbaren Empfängniß die Mutter des Kindes oder der anerkennende Vater mit einer anderen Person verheirathet war, so hat der Standesbeamte die Beurkundung der Anerkennung zu verweigern.

§. 63. Abs. 1 l. w. §. 25 Abs. 1 d. Reichsges.

Ist die Geburt in dem Register eines früheren Jahres oder in dem Register eines anderen Standesamtsbezirkes eingetragen, so muß eine beglaubigte Abschrift des Vermerkes im ersten Falle dem vorgesetzten Amtsgerichte, im zweiten Falle dem betreffenden Standesbeamten mitgetheilt werden, damit sie dem Nebenregister und beziehungsweise den Registern jener anderen Gemeinde beigeschrieben werde.

§. 64. Wenn die Anzeige eines Geburtsfalles über 3 Monate verzögert wird, so darf die Eintragung nur mit Genehmigung des Amtsgerichts nach Ermittelung des Sachverhalts (D.W. §. 140) erfolgen.

Die Kosten der Ermittelung des Sachverhalts sind von Demjenigen zu tragen, welcher die rechtzeitige Anzeige versäumt hat.

Dritter Abschnitt.

Eheschließung.

I. Erfordernisse der Eheschließung.

§. 65. Der Standesbeamte, welcher um Anordnung des Eheaufgebotes angegangen wird (D.W. §. 95), ist verpflichtet, in erster Reihe seine Zuständigkeit (D.W. §. 94 Abs. 2) und sodann nach Anleitung der folgenden §§. weiter zu untersuchen, ob die gesetzlichen Voraussetzungen zur Eingehung einer rechtsgiltigen Ehe vorhanden sind, insbesondere

1. ob beide Verlobte in die Ehe einwilligen, D.W. §. 66;
2. ob sie ehemündig sind, und, wenn dies nicht der Fall wäre, ob sie deshalb Nachsicht erlangt haben, D.W. §§. 66, 73;
3. ob der Vater, oder die Mutter, oder wo dies nöthig ist, der Vormund und der Familienrath der beabsichtigten Ehe zustimmen, beziehungsweise ob die etwa fehlende Zustimmung der Eltern ergänzt worden ist, D.W. §§. 67—69;
4. ob die Verlobten nicht in dem Grade mit einander verwandt oder verschwägert und nicht durch Anwünschung in das Verhältniß getreten sind, wodurch die Ehe zwischen ihnen eine verbotene wird, D.W. §. 70 Ziff. 1—4;
5. ob keines der Verlobten in einer bestehenden Ehe lebt, D.W. §. 71;
6. wenn eine frühere Ehe eines der Verlobten durch Scheidung aufgelöst ward, ob nicht eine Verurtheilung wegen gemeinschaftlichen Ehebruchs gegen die Verlobten ausgesprochen, oder — wenn eine solche Verurtheilung erfolgt wäre — ob hierwegen Nachsicht ertheilt worden ist, D.W. §. 70 Ziff. 5;

---

[35]) Vgl. Erl. des Min. d. Justiz, V. v. 26. Aug. 1888, Stdesb. 1888 S. 249: Das großh. Min. d. Innern hat durch Erlaß v. 14. Mai Nr. 14357 zur Beseitigung entstandener Zweifel die Absätze 2 und 3 der Dienstweisung für Hebammen durch nachstehende Bestimmung ersetzt:

„Ist ein Kind totgeboren, so hat die Anzeige spätestens am nächstfolgenden Tage zu geschehen. Die Anzeige unterbleibt jedoch bezüglich derjenigen Totgeburten, welche vor der 28. Schwangerschaftswoche erfolgen (Totgeburten, bei denen die Länge des Kindes nicht größer als 33 cm ist); diese Totgeburten sind bei dem Standesbeamten nicht anzuzeigen, aber gleichwohl in das Tagebuch einzutragen."

Dementsprechend werden die Leichenbeschauer durch die großh. Bezirksärzte belehrt werden. — Das diesseitige Ministerium theilt die Anschauung, daß die Vorschrift der Anzeige beim Standesbeamten und der Eintragung in das Standesregister — welcher alle sonstigen Geburten unterworfen sind — sich auf vor der 28. Schwangerschaftswoche tot Geborene nicht erstrecke, erachtet hiernach die in der Literatur vertretene gegenteilige Ansicht nicht für zutreffend. — Die großh. Amtsgerichte werden beauftragt, hiervon die Standesbeamten in geeigneter Weise zu verständigen.

7. ob eine frühere Ehe der verlobten Frauensperson nicht vor weniger als zehn Monaten beendiget, und ob Nachsicht hierwegen zugelassen worden ist, D.W. §§. 72, 73.
8. ob der Verlobte nicht der Vormund der Braut oder ein Kind des Vormundes der Braut ist, D.W. §. 75.

§. 66. L. w. §. 28 d. Reichsges.

§. 67. Eheliche Kinder bedürfen zur Eheschließung, so lange der Sohn das fünfundzwanzigste, die Tochter das vierundzwanzigste Lebensjahr nicht vollendet hat:

1. der Einwilligung des Vaters;
2. nach dem Tode des Vaters: der Einwilligung der Mutter und — wenn eine Vormundschaft bestellt ist — der Einwilligung des vom Familienrathe ermächtigten Vormundes;
3. nach dem Tode beider Eltern: die Minderjährigen der Einwilligung des mit Ermächtigung des Familienrathes handelnden Vormundes.

Dem Tode des Vaters oder der Mutter steht es gleich, wenn dieselben zur Abgabe einer Erklärung dauernd außer Stande sind, oder ihr Aufenthalt dauernd unbekannt ist.

§. 68. L. w. §. 30 d. Reichsges.

§. 69. Im Falle der Versagung der Einwilligung zur Eheschließung steht großjährigen Kindern die Klage auf richterliche Ergänzung zu.

Die Klage ist bei demjenigen Amtsgerichte anzubringen, bei welchem der die Bewilligung Verweigernde den allgemeinen Gerichtsstand hat.

Das Verfahren richtet sich nach den für die Angelegenheiten der freiwilligen Gerichtsbarkeit geltenden Vorschriften.

§. 70. L. w. §. 33 d. Reichsges.

§. 71. L. w. §. 34 d. Reichsges.

§. 72. L. w. §. 35 d. Reichsges.

§. 73. Die Dispensation vom gesetzlichen Alter der Ehemündigkeit (D.W. §. 66 Abs. 2), vom Verbote der Ehe zwischen einem wegen Ehebruchs Geschiedenen und seinem Mitschuldigen (D.W. §. 70 Ziff. 5), und von dem Verbote, nach welchem Frauen vor Ablauf des zehnten Monats seit Beendigung ihrer früheren Ehe eine weitere Ehe nicht schließen dürfen (D.W. §. 72), ertheilt das Justizministerium.

§. 74. Die Gesuche um Dispensation müssen die Thatsachen enthalten, auf welche sie gegründet werden.

Die Standesbeamten, an welche solche Bitten gerichtet werden, haben dieselben nach Ermittelung des Sachverhaltes dem Amtsgerichte vorzulegen, welches sie entweder sofort oder nach Vornahme nöthiger Ergänzungen zur Entscheidung an das Justizministerium sendet.

§. 75. L. w. §. 37 d. Reichsges.

§. 76. Wenn der Verlobte dem Militärstande angehört oder als Beamter im öffentlichen Dienste steht, hat der Standesbeamte weiter zu prüfen, ob die zur Eheeingehung etwa erforderliche Genehmigung der Vorgesetzten ertheilt worden seie.

Der Verlobte ist verpflichtet, die erlangte dienstliche Einwilligung urkundlich nachzuweisen.

§. 77. Als Militärpersonen des Friedensstandes bedürfen zu ihrer Verheirathung der Genehmigung ihrer Vorgesetzten:

1. die Offiziere, Aerzte und Militärbeamten des Friedensstandes vom Tage ihrer Anstellung bis zum Zeitpunkte der Entlassung aus dem Dienste;
2. die Kapitulanten vom Beginn bis zum Ablauf oder bis zur Aufhebung der abgeschlossenen Kapitulation;
3. die Freiwilligen und die ausgehobenen Rekruten von dem Tage, mit welchem ihre Verpflegung durch die Militärverwaltung beginnt, Einjährig-Freiwillige von dem Zeitpunkte ihrer definitiven Einstellung in einem Truppentheile an, sämmtlich bis zum Ablauf des Tages ihrer Entlassung aus dem aktiven Dienste.

Auch die vorläufig in die Heimath beurlaubten Rekruten und Freiwilligen bedürfen zur Verheirathung der Genehmigung des Landwehrbezirkskommandeurs.

§. 78. Von den im öffentlichen Dienste des Großherzogthums Angestellten bedürfen die dienstpolizeiliche Erlaubniß zur Verehelichung nur

die Diener der evangelischen Kirche,
die Offiziere und Mannschaften der Gendarmerie,
die Grenzaufseher und Rheinschifffahrtswächter,
die Wärter an den Großherzoglichen Heil- und Pflegeanstalten.

§. 79. Den Vorschriften der §§. 66—72 der D.W. sind badische Staatsangehörige, welche im Auslande die Ehe eingehen, und Nichtdeutsche, welche im Großherzogthum sich verehelichen, ebenfalls unterworfen.

§. 80. Nichtdeutsche, welche im Großherzogthum eine Ehe schließen wollen, sind verpflichtet, nachzuweisen, daß nach den Gesetzen ihres Landes der beabsichtigten Ehe nichts im Wege steht. Der

Standesbeamte kann die Vorlage eines Zeugnisses verlangen, worin dieses von der zuständigen Heimathsbehörde beurkundet ist.

Die vorstehende Bestimmung findet auf die Angehörigen solcher Staaten keine Anwendung, bezüglich deren vermöge getroffenen Uebereinkommens auf die Beibringung von Trauerlaubnißscheinen verzichtet ist (dermalen die Niederlande, Schweden und Norwegen, Italien, Belgien, die Schweiz). Für sie genügt, sofern sie ihre Staatsangehörigkeit dargethan haben, der Nachweis, daß der Abschließung der Ehe nach dem bürgerlichen Rechte ihrer Heimath kein Hinderniß entgegensteht. Der Standesbeamte kann, wenn ihm hierüber genügende Kenntniß mangelt, die Vorlage einer Bescheinigung der zuständigen Landesbehörde, worin dies bezeugt ist, verlangen.

§. 81. Männliche bayerische Staatsangehörige, welche in den bayerischen Landestheilen rechts des Rheins heimathberechtigt sind, haben, um die Ehe in Baden schließen zu können, neben den durch die Dienstweisung §§. 65, 76, 77 erforderten Nachweisungen weiter ein Zeugniß der heimischen Distriktsverwaltungsbehörde darüber vorzulegen, daß gegen die beabsichtigte Eheschließung kein in den Kön. bayerischen Gesetzen über Heimath, Verehelichung und Aufenthalt vom 16. April 1868 und bez. 23. Febr. 1872 begründetes Hinderniß bestehe (Verehelichungszeugniß).

II. Einsprachen gegen die Ehe.

§. 82. Der Vater, bei Abgang des Vaters die Mutter, kann wider die Heirath ihrer Kinder Einsprache einlegen aus allen Gründen, welche der Eingehung der Ehe nach dem Gesetze entgegenstehen.

Die gleiche Befugniß hat hinsichtlich der Ehe des Mündels der Vormund mit Ermächtigung des Familienraths.

§. 83. In Ermangelung der Eltern kann der Großvater oder die Großmutter, der Bruder oder die Schwester, der Oheim oder die Muhme, oder ein Geschwisterkind, wenn sie großjährig sind, jedoch nur in folgenden zwei Fällen, Einsprache einlegen:

1. wenn für einen minderjährigen Verlobten die nach dem Gesetze erforderliche Einwilligung der Obervormundschaft nicht erwirkt worden ist;
2. wenn die Einsprache sich auf den Wahnsinn oder die Gemüthsschwäche eines der künftigen Ehegatten gründet.

§. 84. Zur Einsprache gegen den Abschluß einer Ehe ist ferner die Person berechtigt, welche mit einem der Verlobten verheirathet ist.

Aus dem Verlöbniß findet eine Klage nicht statt. Dasselbe gibt auch kein Recht der Einsprache gegen die Ehe des Verlobten mit einer anderen Partei.

§. 85. Der Staatsanwalt kann Einsprache einlegen aus allen Gründen, welche der Eingehung der Ehe nach dem Gesetze entgegenstehen.

§. 86. Die Einsprachen gegen eine Heirath müssen von den Einsprechenden selbst oder ihren mit besonderen und öffentlichen Vollmachten versehenen Gewalthabern erhoben werden.

Sie sollen die Eigenschaft, welche dem Einsprechenden das Recht gibt, sie einzulegen, und den Grund der Einsprache enthalten.

§. 87. Die Einsprache ist bei dem Amtsgerichte zu erheben, in dessen Bezirke einer der Verlobten seinen Wohnsitz hat oder sich gewöhnlich aufhält.

Die Anmeldung der Einsprache kann auch vor dem Standesbeamten geschehen, welcher zur Eheschließung zuständig ist. Solche Einsprachen sind von dem Standesbeamten unverzüglich dem Amtsgerichte vorzulegen.

§. 88. Für das Verfahren in Einsprachssachen sind die für Angelegenheiten der freiwilligen Gerichtsbarkeit bestehenden Vorschriften maßgebend.

Gegen die gerichtliche Entscheidung steht die Beschwerdeführung an das Appellationsgericht dem Einsprechenden und den Verlobten zu; sie ist innerhalb 8 Tagen auszuführen.

§. 89. Wird die Einsprache verworfen, so können die Einsprechenden, welche nicht Ahnen sind, zur Entschädigung angehalten werden.

§. 90. Von jeder Einsprache und von jedem Erkenntnisse über eine Einsprache muß den Betheiligten unverzüglich Kenntniß gegeben werden.

Ebenso sind die Standesbeamten, welche zur Vornahme der Eheschließung zuständig sind, von jeder Einsprache und von jedem rechtskräftig gewordenen Erkenntnisse darüber oder deren sonstiger Erledigung unverzüglich zu benachrichtigen.

Vierter Abschnitt.

Form und Beurkundung der Eheschließung.

§. 91. L. w. §. 41 d. Reichsges.

§. 92. L. w. §. 42 d. Reichsges.

§. 93. Auf schriftliche Ermächtigung des zuständigen Standesbeamten darf die Eheschließung auch vor dem Standesbeamten eines anderen Ortes stattfinden.

Die Ermächtigung dazu nebst der nach D.W. §. 107 erforderlichen Bescheinigung ist unter Benützung des Formulars F zu ertheilen.

§. 94. Der Eheschließung soll ein Aufgebot vorhergehen.

Badische Staatsangehörige haben das Aufgebot im Großherzogthum auch dann zu erwirken, wenn sie außerhalb des Deutschen Reichs eine Ehe eingehen wollen (vgl. D.W. §§. 79 u. 126).

Für die Anordnung desselben ist jeder Standesbeamte, vor welchem nach D.W. §. 92 Abs. 1 die Ehe geschlossen werden kann, und im Falle des Absatz 2, sofern die Verlobten Wohnsitz und Aufenthalt im Auslande haben, der Standesbeamte am Orte des letzten ständigen Aufenthaltes im Großherzogthum zuständig.

§. 95. Verlobte, welche das Aufgebot der Ehe erlangen wollen, haben die Anordnung desselben bei dem zuständigen Standesbeamten (D.W. §. 94) in der Person oder schriftlich in beglaubigter Form zu beantragen.

In dem Gesuche sollen angegeben werden:

1) Vor- und Familiennamen, Religion, Alter, Stand oder Gewerbe, der Geburts- und Wohnort der Verlobten,
2) Vor- und Familiennamen, Stand oder Gewerbe und Wohnort ihrer Eltern,
3) der Ort, wo sich die Verlobten gewöhnlich aufhalten und, wenn der eine oder der andere von ihnen den Wohnsitz innerhalb der letzten sechs Monate gewechselt hat, der frühere Wohnsitz,
4) die Gemeinde, in welcher die Ehe geschlossen werden soll.

Der Standesbeamte kann verlangen, daß ihm die unter Ziffer 1 bis 3 erwähnten Thatsachen urkundlich nachgewiesen werden.

§. 96. Außerdem sind vor Anordnung des Aufgebotes dem Standesbeamten (D.W. §. 94) die zur Eheschließung gesetzlich nothwendigen Erfordernisse (D.W. §. 65) als vorhanden nachzuweisen.

Insbesondere haben die Verlobten in beglaubigter Form beizubringen:

1) ihre Geburtsurkunden;
2) die zustimmende Erklärung derjenigen, deren Einwilligung nach dem Gesetze erforderlich ist.

§. 97. Der Beamte kann die Beibringung dieser Urkunde erlassen, wenn ihm die Thatsachen, welche durch dieselben festgestellt werden sollen, persönlich bekannt oder sonst glaubhaft nachgewiesen sind. Auch kann er von unbedeutenden Abweichungen in den Urkunden, beispielsweise von einer verschiedenen Schreibart der Namen oder einer Verschiedenheit der Vornamen absehen, wenn in anderer Weise die Persönlichkeit der Betheiligten festgestellt wird.

Der Beamte ist berechtigt, den Verlobten die eidesstattliche Versicherung über die Richtigkeit der Thatsachen abzunehmen, welche durch die vorliegenden Urkunden oder die sonst beigebrachten Beweismittel ihm nicht als hinreichend festgestellt erscheinen.

§. 98. Wenn der Bräutigam das zwanzigste, die Braut das sechszehnte Lebensjahr nicht vollendet haben,

wenn einer der Verlobten Mitschuldiger ist des Ehebruchs, wegen dessen eine frühere Ehe des anderen Theiles geschieden wurde,

wenn die Braut die neue Ehe eingehen will, ehe zehn Monate seit Beendigung der früheren Ehe abgelaufen sind,

muß in schriftlicher Fertigung die Verfügung des Justizministeriums vorgelegt werden, durch welche die in diesen Fällen erforderliche Dispensation ertheilt worden ist.

§. 99. Durch Urkunden in beglaubigter Form ist die Erlaubniß nachzuweisen, welche der Bräutigam wegen seiner Eigenschaft als Militärperson nach D.W. §. 77, oder als öffentlicher Diener nach D.W. §. 76 bedarf, oder welche die Verlobten als Ausländer nach D.W. §. 80 oder als Angehörige des Königreichs Bayern nach D.W. §. 81 beizubringen verpflichtet sind.

§. 100. Hegt der Standesbeamte Zweifel an seiner Zuständigkeit, oder wurden die gesetzlichen Erfordernisse der Eheschließung in genügender Weise nicht nachgewiesen, so muß das Aufgebot verweigert und diese Entschließung den Verlobten unter Angabe der Gründe eröffnet werden.

Andernfalls ist das Aufgebot in der aus dem Formular E ersichtlichen Form anzuordnen. Dasselbe muß die Vor- und Familiennamen, den Stand oder das Gewerbe und den Wohnort der Verlobten, sowie ihrer Eltern, ferner die Anführung, daß die Verlobten die Ehe mit einander eingehen wollen, und endlich die Bezeichnung der Gemeinden enthalten, in welchen das Aufgebot bekannt zu machen ist.

In den Fällen der D.W. §. 81 ist jedoch die Anordnung des Aufgebots von der Vorlegung des vorgeschriebenen Verehelichungszeugnisses nicht abhängig zu machen; es genügt, daß das letztere vor der Eheschließung selbst vorgelegt werde.

§. 101. Auf Verlangen der Verlobten ist denselben von dem Standesbeamten die Bescheinigung darüber zu ertheilen, daß ein Aufgebot des im Absatz 2 des vorhergehenden Paragraphen bezeichneten Inhaltes angeordnet worden sei.

§. 102. L. w. §. 46 Abs. 1 des Reichsges.

§. 103. Der Standesbeamte, welcher das Aufgebot anordnet (D.W. §. 100 Abs. 2), ist verpflichtet, dafür zu sorgen, daß dasselbe in allen im vorhergehenden Paragraphen genannten Gemeinden verkündet werde.

Demzufolge hat er das Aufgebot:

a. in seinem Bezirke auszuhängen (D.W. §. 104);

b. den Standesbeamten der übrigen im §. 102 genannten inländischen Gemeinden mit dem Ersuchen mitzutheilen, die Bekanntmachung zu vollziehen und den Vollzug ihm anzuzeigen (D.W. §. 105);

c. in das betreffende ausländische Blatt einrücken zu lassen, wenn die Bekanntmachung an einem Orte des Auslandes geschehen muß (D.W. §. 106).

§. 104. Die Bekanntmachung des Aufgebotes im Inlande geschieht in der Weise, daß während zweier Wochen die Ausfertigung des Aufgebots an dem Raths- oder Gemeindehause oder an der sonstigen zu Bekanntmachungen der Gemeindebehörden bestimmten Stelle ausgehängt wird.

Daß und wann das Aufgebot ausgehängt und abgenommen worden ist, muß von dem zuständigen Gemeindebeamten in der auf Formular E angegebenen Weise bescheiniget werden.

§. 105. Geschah die Bekanntmachung in Folge eines Ersuchens des anordnenden Standesbeamten (D.W. §. 103), so hat der ersuchte Beamte die Ausfertigung des Aufgebotes mit der Bescheinigung der Bekanntmachung (D.W. §. 104 Abs. 2) und mit der weiteren Beurkundung:

welche Ehehindernisse angezeigt oder sonst bekannt worden seien, beziehungsweise:

daß weder das eine noch das andere der Fall gewesen sei,

an den ersuchenden Beamten zurückzusenden.

§. 106. Ist der Ort, an welchem nach D.W. §. 102 das Aufgebot bekannt zu machen ist, im Auslande belegen, so ist an Stelle des an diesem Orte zu bewirkenden Aushanges die Bekanntmachung auf Kosten des Antragstellers einmal in ein Blatt einzurücken, welches an dem ausländischen Orte erscheint oder verbreitet ist. Die Eheschließung ist nicht vor dem Ablauf zweier Wochen nach dem Tage der Ausgabe der betreffenden Nummer des Blattes zulässig.

Abs. 2 l. w. §. 47 Abs. 2 des Reichsges.

§. 107 [36]). Soll die Ehe vor einem anderen Standesbeamten als demjenigen geschlossen werden, welcher das Aufgebot angeordnet hat, so hat der letztere nach Anleitung des Formulars F eine Bescheinigung darüber:

daß und wann das Aufgebot vorschriftgemäß erfolgt ist,

welche Ehehindernisse angezeigt, oder ihm sonst zur Kenntniß gekommen sind,

beziehungsweise:

daß ihm Ehehindernisse nicht bekannt geworden sind,

dem mit der Eheschließung betrauten Standesbeamten zu übersenden.

Im Falle des §. 94 Abs. 2 hat der Standesbeamte dem Verlobten, welcher das Aufgebot erwirkt hat, die Bescheinigung zu ertheilen und ist diese, wenn dem Standesbeamten Ehehindernisse nicht bekannt geworden sind, unter Beurkundung des erfolgten Aufgebotes dahin auszustellen:

daß der Abschließung der Ehe nach dem bürgerlichen Rechte des Großherzogthums kein bekanntes Hinderniß entgegensteht.

§. 108. Dispensation vom Aufgebot ertheilt das Justizministerium.

Das Aufgebot unterbleibt, oder es wird die für die öffentliche Bekanntmachung desselben vom Gesetze verordnete Frist (D.W. §. 104, 106) abgekürzt, je nachdem das eine oder das andere in der Nachsichtsbewilligung zugelassen ist.

§. 109. L. w. §. 50 Abs. 2 d. Reichsges.

§. 110. Die Standesbeamten sind verpflichtet, Verzeichnisse der von ihnen angeordneten und der auf Requisition verkündeten Aufgebote zu führen.

Die Verzeichnisse müssen unter fortlaufenden Ordnungszahlen die Namen, Stand und Wohnort der Eheschließenden enthalten und außerdem angeben:

das erste Verzeichniß:

die Namen der Gemeinden, in denen das Aufgebot bekannt zu machen ist (D.W. §. 102),

die Zeit, innerhalb welcher das Aufgebot in der Gemeinde des anordnenden Standesbeamten ausgehängt war (D.W. §. 104),

den Tag der Absendung der Ersuchsschreiben (D.W. §. 103),

den Tag der Einkunft der Bescheinigungen (D.W. §. 105),

den Namen und den Tag der Ausgabe des ausländischen Blattes, in welches das Aufgebot eingerückt worden ist (D.W. §. 106),

die Ordnungszahl der Eheschließung im Eheregister (D.W. §. 119);

das zweite Verzeichniß:

den Namen der Gemeinde, deren Standesbeamter um die Vornahme des Aufgebotes ersuchte (D.W. §. 103),

---

[36]) Vgl. hierzu Entschl. des großh. Justizministeriums v. 30. Dezbr. 1887 an die großh. Amtsgerichte, betr. die Verwahrung der Eheaufgebotsakten und die Ausstellung der Aufgebotsbescheinigungen, Stdesb. 1888 S. 33.

den Tag der Einkunft des Ersuchschreibens (D.W. §. 103),
den Tag des Abgangs der Bescheinigung (D.W. §. 105),
die Zeit, innerhalb welcher das Aufgebot ausgehängt war.

§. 111. Der Standesbeamte muß die Eheschließung ablehnen:

1. wenn er zu deren Vornahme gesetzlich nicht zuständig ist, D.W. §. 92, 93;
2. wenn nicht aus allen Gemeinden, in welchen nach D.W. §. 102 das Aufgebot bekannt zu machen war, Aufgebotsbescheinigungen (D.W. §§. 104, 105) vorliegen, und die fehlenden Bescheinigungen nicht nachträglich beigebracht werden können;
3. wenn seit der Vollziehung des Aufgebots sechs Monate verstrichen sind, ohne daß die Ehe geschlossen worden ist;
4. wenn Ehehindernisse zur Kenntniß des Standesbeamten kommen.

§. 112. Werden Ehehindernisse im Wege der Einsprache gegen die Ehe (D.W. §§. 82 ff.) dem Standesbeamten angemeldet, so sind die Schriftstücke, welche darauf sich beziehen, unverzüglich dem Amtsgerichte behufs weiterer Behandlung vorzulegen. Den Verlobten muß von der Erhebung der Einsprache Kenntniß gegeben werden.

Nach Erhebung einer Einsprache darf die Eheschließung nur auf Grund des rechtskräftigen richterlichen Erkenntnisses vorgenommen werden, daß die Einsprache verworfen werde.

§. 113. Werden Ehehindernisse auf anderem Wege als dem der Einsprache zur Kenntniß des Standesbeamten gebracht, so hat der Standesbeamte die Richtigkeit der angezeigten Thatsachen zu untersuchen und je nach dem Befunde zu entscheiden:

ob — weil das Hinderniß nachgewiesen — die Eheschließung abzulehnen,
oder — weil Dispensation zulässig — die Erwirkung derselben den Verlobten aufzuerlegen,
oder — weil das angezeigte Hinderniß in Wirklichkeit nicht vorhanden — die Eheschließung vorzunehmen seie.

§. 114. Wenn keiner der Gründe vorliegt, welche den Standesbeamten verpflichten, die Eheschließung zu verweigern (D.W. §. 111) und wenn die etwa vorhandenen Hindernisse auf gesetzlichem Wege beseitigt sind (D.W. §§. 112, 113), hat der Standesbeamte an dem von den Verlobten zu bestimmenden Tage die Eheschließung vorzunehmen.

An den Sonn- und gebotenen Feiertagen sollen — dringliche Fälle ausgenommen — Eheschließungen nicht vollzogen werden.

Die Stunde der Eheschließung ist, wenn thunlich, so festzusetzen, daß die religiöse Feierlichkeit der Eheschließung am gleichen Tage stattfinden kann.

§. 115. Die Eheschließung ist in den Geschäftsräumen des Standesbeamten vorzunehmen, es wäre denn, daß Umstände, die nicht vermieden werden können, den Vollzug in einem Privathause nothwendig machten.

§. 116. L. w. §. 52 d. Reichsges.

§. 117. L. w. §. 53 d. Reichsges.

§. 118. Jede Heirath, die mit Verletzung hinsichtlich der Offenkundigkeit der Ehe gegebener Vorschriften geschlossen worden ist, kann als nichtig (L.R. S. 6 k) von den Ehegatten selbst, von ihren Eltern, ihren Voreltern und von Allen, deren anerfallenes wirkliches Recht davon abhängt, sowie auch von dem Staatsanwalt angefochten werden.

Dieselben Personen können die Ungiltigkeit einer nicht vor einem Standesbeamten geschlossenen Ehe (§. 41 des Reichsgesetzes vom 6. Februar 1875 über die Beurkundung des Personenstandes und die Eheschließung) geltend machen.

§. 119. Unmittelbar nach der Eheschließung muß die Eintragung in das Heirathsregister vollzogen werden.

Sie soll enthalten:

1. Vor- und Familiennamen, Religion, Alter, Stand oder Gewerbe, Geburts- und Wohnort der Eheschließenden;
2. Vor- und Familiennamen, Stand oder Gewerbe und Wohnort ihrer Eltern;
3. Vor- und Familiennamen, Alter, Stand oder Gewerbe und Wohnort der zugezogenen Zeugen;
4. die Erklärung der Eheschließenden;
5. den Ausspruch des Standesbeamten.

Ueber die erfolgte Eheschließung ist den Eheleuten sofort eine Bescheinigung nach Anleitung des Formular D auszustellen.

§. 120. Wenn die Verlobten die Absicht kundgeben, in der Heirathsurkunde natürliche Kinder anzuerkennen, so hat der Standesbeamte diese Erklärung dem Eintrage in das Heirathsregister (D.W. §. 119) beizufügen. In dem Beisatze muß ausgedrückt sein: der Name, das Alter, der Geburtsort des Kindes und die Erklärung beider Eheschließenden, daß sie das Kind anerkennen.

Gleichzeitig ist die Anerkennung am Rande der über den Geburtsfall vorgenommenen Eintragung zu vermerken. Ist die Geburt in dem Register eines früheren Jahres oder in dem Register eines anderen Standesamtsbezirkes eingetragen, so hat der Standesbeamte nach Anleitung des §. 63 Abs. 2 der D.W. zu verfahren.

§. 121. Der Standesbeamte, welcher die Eheschließung kraft einer schriftlichen Ermächtigung (D.W. §. 93) vorgenommen hat, ist verpflichtet, einen beglaubigten Auszug des Registereintrages dem Standesbeamten, welcher ihm die Ermächtigung zur Eheschließung ertheilt hat, zu übersenden, damit sie dieser den Sammelakten zum Heirathsregister anschließe.

§. 122. Abs. 1 l. w. §. 55 Abs. 1 des Reichsges.

Wenn die Ehe in dem Heirathsregister des Standesbeamten nicht beurkundet ist, so sind die gerichtlichen Urtheile, welche deren Scheidung, Ungiltigkeit oder Nichtigkeit aussprechen, in die laufenden Heirathsregister einzutragen. Von dieser Eintragung muß dem Standesbeamten, vor welchem die Eheschließung erfolgte, Nachricht gegeben werden, damit er die Vormerkung am Rande des Ehescheines vollziehe.

§. 123[37]). Die Gerichtshöfe sind angewiesen, in allen Fällen, in denen sie die Scheidung einer Ehe auf wechselseitige Einwilligung zulassen, die Parteien zu belehren, daß derartige Scheidungsurtheile in die Heirathsregister eingetragen werden müssen (L.R. S. 294).

Zugleich ist den Parteien, um ihnen den entsprechenden Antrag an den Standesbeamten zu ermöglichen, eine besondere weitere mit der Bescheinigung der Rechtskraft versehene Ausfertigung des Urtheils behändigen zu lassen.

§. 124[37]). Die Staatsanwälte werden beauftragt, von den Urtheilen, welche die Scheidung einer Ehe aus bestimmter Ursache oder die Ungiltigkeit einer Ehe aussprechen, nachdem sie rechtskräftig geworden sind, beziehungsweise welche im letzten Rechtszuge ergangen sind, Ausfertigungen dem Standesbeamten mit dem Antrage auf Eintragung in das Heirathsregister zu übersenden.

§. 125[37]). Der Randvermerk oder die Eintragung der Urtheile (D.W. §. 122 Abs. 1 und 2) wird vollzogen:

a. wenn die Scheidung auf wechselseitige Einwilligung zugelassen wurde: auf den gemeinsam und in Person von beiden Ehegatten gestellten Antrag (L.R. S. 294),

b. wenn die Ehe aus bestimmter Ursache geschieden wurde und wenn das Urtheil die Ehe für ungiltig erklärte: von Amtswegen nach Empfang der Urtheilsausfertigung (D.W. §. 124).

§. 126. Ehen, welche im Auslande (Art. 2, 3 der Verfassung des Deutschen Reiches) von Angehörigen des badischen Staates unter sich oder mit Angehörigen anderer deutscher Staaten oder mit Ausländern (Nichtdeutschen) geschlossen werden, können nach der in jenem Lande vorgeschriebenen Form giltig eingegangen werden.

Badische Verlobte haben das Aufgebot auch im Großherzogthum Baden nach den in §§. 44 bis 46 des Reichsgesetzes vom 6. Febr. 1875 über die Beurkundung des Personenstandes und die Eheschließung gegebenen Vorschriften und, sofern sie Wohnsitz und Aufenthalt im Auslande haben, am Orte des letzten ständigen Aufenthaltes im Großherzogthum zu erwirken.

Fünfter Abschnitt.

Beurkundung der Sterbefälle.

§. 127. (Lautend wie §. 56 des Reichsges.)

§. 128. (Abs. 1 lautend wie §. 57 des Reichsges.)

Gleichzeitig mit der Anzeige des Sterbefalles soll der Sterbschein des Leichenschauers dem Standesbeamten vorgelegt werden. Für die weitere Behandlung des Sterbscheines sind die §§. 4 und 16 der Verordnung Großherzoglichen Ministeriums des Innern vom 16. Dezember 1875 — die sanitätspolizeilichen Maßregeln in Bezug auf Leichen und Begräbnißstätten betreffend (Gesetzes- und Verordnungsblatt Nr. XXXVI) — maßgebend.

§. 129. Die Dienstweisungs-Paragraphen 50, 51, 52 kommen auch in Beziehung auf die Anzeige der Sterbefälle zur Anwendung.

§. 130. Findet eine amtliche Ermittelung über den Todesfall statt, so erfolgt die Eintragung auf Grund der schriftlichen Mittheilung der zuständigen Behörde.

In diesen Fällen ist die Eintragung nach Anleitung der D.W. §. 18 Abs. 2, §. 22 zu vollziehen.

§. 131. (Lautend wie §. 59 des Reichsges.)

§. 132. Die Ausstellung des Erlaubnißscheines zur Beerdigung erfolgt nach Anleitung der §§. 5 und folg. der Verordnung Großherzoglichen Ministeriums des Innern vom 17. Dezbr. d. J. — die sanitätspolizeilichen Maßregeln in Bezug auf Leichen und Begräbnißstätten betreffend. (Gesetzes- und Verordnungsblatt Nr. XXXVI.)

Ohne Genehmigung der Ortspolizeibehörde darf keine Beerdigung vor der Eintragung des Sterbefalles in das Sterberegister stattfinden. Ist die Beerdigung dieser Vorschrift entgegen geschehen,

---

[37]) Die Fassung dieser §§. beruht auf der Minist.Bek. v. 19. Juli 1879, G. u. V.Bl. S. 533, Stdesb. 1879, S. 189.

so darf die Eintragung des Sterbefalles nur mit Genehmigung des Amtsgerichtes nach Ermittelung des Sachverhaltes erfolgen.

§. 133. Wenn ein Ausländer (Nichtdeutscher) im Inlande stirbt, so hat der Standesbeamte durch Vermittelung des Amtsgerichtes einen Registerauszug (D.W. §. 39) dem Staatsministerium behufs der Uebermittelung an die Heimathsbehörde unverzüglich vorzulegen.

Diesen Registerauszügen muß das Heimathland und der ausländische Wohnort, bezw. Heimathsort des Verstorbenen und — sofern dies bekannt — der Bezirk (die Provinz) beigefügt werden, in welchem der letztere Ort gelegen ist.

Das Amtsgericht hat vor der Vorlage an das Staatsministerium die Echtheit der Unterschrift und des Siegels des Standesbeamten zu beglaubigen.

Sechster Abschnitt.

Berichtigung der Standesbücher.

§. 134. (Lautend wie §. 65 Satz 1 des Reichsges.)

§. 135. Der Standesbeamte ist verpflichtet, dem Amtsgerichte Anzeige zu machen:

1. wenn er nach dem Vollzuge einer Eintragung eine Unrichtigkeit in derselben wahrnimmt;
2. wenn von Betheiligten die Berichtigung einer Eintragung verlangt wird;
3. wenn eine Geburt nach Ablauf einer Woche seit der Niederkunft, ein Sterbefall nach der Beerdigung angezeigt wird;
4. wenn das Haupt- oder das Nebenregister ganz oder theilweise zerstört oder verloren ist;
5. wenn die Register nicht geführt wurden, deren Führung unterbrochen wurde, beide Register (das Haupt- und das Nebenregister) ganz oder theilweise zerstört oder verloren sind.

Den Anzeigen ist im Falle der Ziffer 1 und 2 eine beglaubigte Abschrift des zu berichtigenden Eintrages, in den anderen Fällen des Paragraphen die Angabe der Thatsachen beizufügen, welche die Verspätung (Ziff. 3) oder das Fehlen von Registern (Ziffer 4 und 5) veranlaßt haben.

§. 136. Von dem Augenblicke des Verlustes eines oder beider Register an (D.W. §. 135 Ziff. 4 und 5) bis zum Eintreffen der neuen Sammlung von Vordrucken, deren Mittheilung das Amtsgericht bei dem Justizministerium beantragen wird, hat der Standesbeamte die Eintragungen in Ergänzungsregister niederzuschreiben.

Dem ersten Eintrage muß die Angabe der Thatsache vorangehen, welche die Führung des Ergänzungsregisters nothwendig machte.

Beim Jahresabschlusse (D.W. §. 25 Abs. 1) ist auch der Ergänzungsregister zu erwähnen und auf ihren Inhalt bei Fertigung des Namensverzeichnisses (D.W. §. 25 Abs. 2) Bedacht zu nehmen.

§. 137. Der Gerichtsnotar, welcher den Zustand der Register im Zeitpunkte der Hinterlegung (D.W. §. 26) prüft, veranlaßt nach Beschaffenheit der Umstände die Verbesserung der wahrgenommenen Mängel, oder eine Mittheilung an die Betheiligten, oder dienstpolizeiliches Einschreiten gegen den Standesbeamten.

§. 138. Das Amtsgericht hat, wenn ein Antrag auf Berichtigung gestellt wird oder wenn es eine solche von Amtswegen für erforderlich erachtet, vor der zu erlassenden Verfügung (§. 142) die Betheiligten zu hören und geeignetenfalls eine Aufforderung durch ein öffentliches Blatt zu erlassen.

Es kann auch weitere Erklärungen veranlassen und geeignetenfalls den Antrag selber auf den Prozeßweg verweisen.

§. 139. Wenn das Haupt- und das Nebenregister nicht geführt oder ganz oder theilweise zerstört oder verloren wurden, so müssen die Umstände, welche die Unterbrechung der Registerführung oder den Verlust der Register verursacht haben, ferner der Zeitraum, aus welchem die Einträge fehlen, und die Personen, für welche sie zu fertigen gewesen sind, von dem Amtsgerichte vor der Entschließung über die zu erlassenden Anordnungen (§§. 142 und 143) erhoben werden.

§. 140. Wird dem Amtsgericht angezeigt, daß ein Geburtsfall verspätet angemeldet (D.W. §. 24) oder eine Beerdigung vorzeitig vorgenommen (D.W. §. 132) worden sei, so hat es — so weit dies nicht schon vom Standesbeamten geschehen ist — den Sachverhalt zu ermitteln und, wenn Zweifel gegen die Richtigkeit der Anzeige oder in Bezug auf die Persönlichkeit sich nicht ergeben, die nachträgliche Eintragung zu genehmigen.

§. 141. Ist das eine der Register — das Haupt- oder das Nebenregister — ganz oder theilweise zerstört oder verloren, während das andere sich erhalten hat, so läßt nach Ermittelung des Sachverhaltes das Amtsgericht die mangelnde Urschrift durch eine von ihm zu beglaubigende Abschrift ersetzen.

§. 142. Auf das Berichtigungsverfahren und die darin zu erlassenden gerichtlichen Verfügungen finden, vorbehaltlich der in D.W. §§. 138 und 139 enthaltenen Bestimmungen, die für Sachen der nicht streitigen Gerichtsbarkeit geltenden Vorschriften Anwendung.

§. 143. Wenn die Register nicht geführt wurden, wenn deren Führung unterbrochen wurde, wenn Haupt- und Nebenregister ganz oder theilweise zerstört oder verloren sind, kann vom

Amtsrichter angeordnet werden, daß die fehlenden Beurkundungen wieder hergestellt oder durch Kundbarkeitsscheine ersetzt werden, welche die Erklärung von vier eidlich vernommenen Zeugen enthalten.

§. 144. Der Eintrag der Berichtigung in die Register darf nur auf die Vorlage einer Ausfertigung der Berichtigungsverfügung oder des Berichtigungserkenntnisses geschehen.

Die Berichtigung geschieht durch Beischreibung eines Vermerks am Rande der zu berichtigenden Urkunde.

Siebenter Abschnitt.

Strafbestimmungen.

§. 145. Die Standesbeamten sind befugt, die zu Anzeigen oder zu sonstigen Handlungen auf Grund des Reichsgesetzes vom 6. Februar 1875 über die Beurkundung des Personenstandes Verpflichteten hiezu durch Geldstrafen anzuhalten, welche für jeden einzelnen Fall den Betrag von fünfzehn Mark nicht übersteigen dürfen.

Die Beschwerden gegen die Standesbeamten wegen der von ihnen erkannten Geldstrafen gehören vor die Amtsgerichte. Sie sind innerhalb acht Tagen auszuführen.

§. 146. In Anwendung dieses Zwangsmittels (D.W. §. 145) hat der Standesbeamte den Anzeigepflichtigen gegen Bescheinigung Befehle zustellen zu lassen, welche enthalten:

1. die Bezeichnung der Anzeige oder sonstigen Handlung, welche unterlassen worden ist, und der Gesetzesstelle, welche die Anzeige vorschreibt;
2. den Ausspruch, daß wegen Nichterfüllung dieser Pflicht eine Geldstrafe des anzugebenden Betrages verwirkt seie;
3. die Belehrung, daß die Strafe vollzugsreif seie, wenn nicht binnen acht Tagen die Beschwerde an das Amtsgericht ausgeführt werde;
4. nach Erschöpfnng des höchsten in D.W. §. 145 bezeichneten Strafmaßes die Androhung, daß behufs weiterer Bestrafung die Anzeige an die Bezirkspolizeibehörde werde erstattet werden, wenn die versäumte Handlung nicht binnen acht Tagen nachgeholt würde.

§. 147. Hält der Standesbeamte eine höhere Strafe als von fünfzehn Mark für begründet oder ist trotz eines Strafbefehls (D.W. §. 146) die unterlassene Anzeige oder sonstige Handlung nicht nachgeholt worden, so ist der Bezirkspolizeibehörde Anzeige zu machen.

§. 148. Wer den in §§. 17 bis 20, 22 bis 24, 56 bis 58 des Reichsgesetzes vom 6. Februar 1875 über die Beurkundung des Personenstandes und die Eheschließung vorgeschriebenen Anzeigepflichten nicht nachkommt, wird mit Geldstrafe bis zu einhundert fünfzig Mark oder mit Haft bestraft. Die Strafverfolgung tritt nicht ein, wenn die Anzeige, obwohl nicht von den zunächst Verpflichteten, doch rechtzeitig gemacht worden ist.

§. 149. Die Amtsgerichte sind befugt, gegen die Standesbeamten Warnungen, Verweise und Geldstrafen zu verhängen. Letztere dürfen für jeden einzelnen Fall den Betrag von einhundert Mark nicht übersteigen.

§. 150. Ein Standesbeamter, welcher unter Außerachtlassung der in dem Reichsgesetze vom 6. Februar 1875 über die Beurkundung des Personenstandes und die Eheschließung gegebenen Vorschriften eine Eheschließung vollzieht, wird mit Geldstrafe bis zu sechshundert Mark bestraft.

§. 151. (Lautend wie §. 67 des Reichsges.)

§. 52. Geldstrafen, welche in Gemäßheit der D.W. §§. 145, 148, 149, 150, 151 zur Erhebung gelangen, fließen den Gemeinden zu, welche die sächlichen Kosten zu tragen haben.

§. 153. Der Standesbeamte ist verpflichtet, von jeder durch ihn verhängten Geldstrafe (D.W. §§. 145, 146) dem Gemeinderathe zum Einzuge des Betrages sofortige Anzeige zu erstatten.

Dabei sind die Vor- und Familiennamen, Stand oder Gewerbe und Wohnort der Zahlungspflichtigen, der Grund des Ansatzes der Strafe und deren Betrag genau zu bezeichnen.

§. 154. Die von den Bezirksämtern und Gerichten in den Fällen der D.W. §§. 148, 149, 150, 151 erkannten Geldstrafen werden nach Anleitung der für die Erhebung von Geldstrafen der betreffenden Behörden bestehenden allgemeinen Vorschriften erhoben.

Gleichzeitig mit Anordnung der Erhebung ist von dieser die empfangsberechtigte Gemeinde (§. 152) und, sofern die Anordnung von einem Gerichte ausgeht, das Bezirksamt in Kenntniß zu setzen.

Achter Abschnitt.

Schlußbestimmungen.

§. 155. Diese Dienstweisung tritt mit dem 1. Januar 1876 in Kraft.

Die vor diesem Tage nach den Vorschriften des bisherigen Rechts ergangenen Aufgebote behalten ihre Wirksamkeit.

Auf Geburts- und Sterbefälle, welche sich vor dem 1. Januar 1876 ereignet haben, an diesem Tage aber noch nicht eingetragen sind, findet das Reichsgesetz vom 6. Februar 1875 über die

Beurkundung des Personenstandes und die Eheschließung mit der Maßgabe Anwendung, daß der Lauf der vorgeschriebenen Anzeigefristen mit dem 1. Januar 1876 beginnt.

Ein Gleiches gilt für den Fall, daß auch nur die Vornamen eines Kindes an diesem Tage noch nicht eingetragen sind.

§. 155a. Die in dieser Dienstweisung vorgeschriebenen Vormerkungen am Rande früherer Registereinträge (D.W. §§. 63, 120 Absatz 2, 122 u. 144) geschehen, sofern letztere vor dem 1. Februar 1870 erfolgt sind, in den bei den Amtsgerichten verwahrten Standesbüchern. Die zum Zwecke der Vormerkung vorgeschriebenen Mittheilungen an den Standesbeamten haben in diesen Fällen an die Amtsgerichte zu erfolgen.

§. 156. Am 1. Januar 1876 treten außer Wirksamkeit:

die landesherrliche Verordnung vom 5. Januar 1870, Gesetzes- und Verordnungsblatt Nr. I, den Vollzug des Gesetzes vom 21. Dezbr. 1869 über die Beurkundungen des bürgerlichen Standes und über die Förmlichkeiten bei Schließung der Ehen betreffend;

die landesherrliche Verordnung vom 17. Oktober 1874, Gesetzes- und Verordnungsblatt Nr. XLVI, die Gebühren der bürgerlichen Standesbeamten betreffend;

§. 3 Ziffer 3 der mit landesherrlicher Ermächtigung erlassenen Verordnung vom 30. November 1874, Gesetzes- und Verordnungsblatt Nr. LVIII, den Gebührenbezug der Gemeindebeamten und Gemeindediener betreffend.

Gebührentarif.

I. Gebührenfrei sind die nach §§ 107 und 119 der D.W. oder zum Zwecke der Taufe oder der Beerdigung ertheilten Bescheinigungen.

II. (Lautend wie Nr. II des Gebührentarifs zum Reichsges.)

Großherzogthum Hessen [38]).

31. Verordnung, die Ausführung des Reichsgesetz über die Beurkundung des Personenstandes und die Eheschließung vom 6. Februar 1875 betreffend. Vom 3. November 1875. (Reg.Bl. Nr. 52 S. 563.)

Ludwig III. von Gottes Gnaden Großherzog von Hessen und bei Rhein rc. rc.

Wir haben zur Ausführung des Reichsgesetzes vom 6. Februar 1875, die Beurkundung des Personenstandes und die Eheschließung betreffend, auf Grund der §§. 83 und 84 des genannten rc. Gesetzes und im Anschluß an die vom Bundesrathe am 22. Juni 1875 erlassene rc. Ausführungsverordnung, verordnet und verordnen hiermit wie folgt:

Art. 1. Jede Gemeinde bildet in der Regel einen Standesamtsbezirk.

Werden ausnahmsweise Standesamtsbezirke aus mehreren Gemeinden gebildet, so ist hierbei thunlichst die bestehende Vereinigung mehrerer Gemeinden unter einem gemeinschaftlichen Bürgermeister (Bürgermeisterei) zu Grund zu legen.

Besondere Gemarkungen, welche nicht zu einer Gemeinde gehören, werden in Ansehung der Standesbuchführung denjenigen Gemeinden zugewiesen, welchen sie in polizeilicher Hinsicht zugetheilt sind.

Art. 2. Die Geschäfte eines Standesbeamten sind, sofern nicht durch Unser Ministerium der Justiz ein besonderer Beamte für dieselben bestellt wird, von den Bürgermeistern und als deren Stellvertretern von den Beigeordneten wahrzunehmen.

Besteht eine Bürgermeisterei aus mehreren Gemeinden und werden diese Gemeinden nicht zu einem Standesamtsbezirk vereinigt, so ist der Bürgermeister Standesbeamte derjenigen Gemeinde, in welcher er wohnt. In den übrigen, zu einer Bürgermeisterei gehörigen Gemeinden haben die daselbst wohnenden Beigeordneten das Standesamt zu bekleiden, wenn nicht Unser Ministerium der Justiz für einzelne Gemeinden eine andere Bestimmung trifft.

Unter gleichem Vorbehalte ist in denjenigen Gemeinden, in welchen der Beigeordnete das Standesamt bekleidet, das im Dienste älteste Gemeindemitglied und bei gleichem Dienstalter das an Jahren älteste Gemeinderathsmitglied Stellvertreter des Standesbeamten.

---

[38]) Vgl. noch Bekanntm. des Min. d. Justiz v. 22. Dez. 1875, d. Bildung der Standesamtsbezirke betr. (Reg.Bl. Nr. 62 S. 840); Verfügung des Min. d. Justiz v. 21. Febr. 1876, die Mittheilung von Registerauszügen an die Standesbeamten des Wohnortes betr. (Stdesb. 1876 S. 108); Anleitung der Ministerien d. Innern und der Justiz zur Aufstellung und Einlieferung der statistischen Nachweise über die Geburten, Eheschließungen und Sterbefälle v. 15. Dez. 1875; Verordn., die Führung der standesamtlichen Geschäfte für das Großherzogl. Haus betr., v. 14. März 1876 (Reg.Bl. Nr. 16 S. 197); Ausschr. d. Min. d. Justiz, betr. die alphabetischen Namensverzeichnisse, Familienregister und die Sammelakten der Standesämter, an d. großh. Standesbeamten, v. 10. Juli 1876, Stdesb. 1876 S. 259.

Art. 3. Jeder Ortsgerichtsvorsteher und jedes Ortsgerichtsmitglied ist verpflichtet, das Amt eines Standesbeamten oder eines Stellvertreters in der Gemeinde seines Wohnortes zu übernehmen, wenn ihm solches von Unserem Ministerium der Justiz übertragen wird.

Art. 4. Ist ein Standesamtsbezirk aus mehreren Gemeinden gebildet, dann erfolgt die Festsetzung der auf Grund des §. 7 Abs. 2 des Reichsgesetzes in Anspruch genommenen Entschädigung, sowie die Repartition dieser Entschädigung und des Betrags der sächlichen Kosten (§. 9 des Reichsgesetzes) durch das Kreisamt im Einvernehmen mit der Aufsichtsbehörde.

Art. 5. Die Standesbeamten und deren Stellvertreter werden vor ihrem Amtsantritte kostenfrei von den Amtsgerichten [39]) ihres Bezirks eidlich in Pflicht genommen.

Art. 6. Die Amtslokale der Standesbeamten sind von den Gemeinden zu stellen und zu unterhalten (§. 8 des Reichsgesetzes). Den Gemeinden liegt es zugleich ob, die Amtslokale der Standesbeamten mit den erforderlichen Mobilien auszustatten, für Heizung, Beleuchtung und Bedienung zu sorgen, sowie die Bureaubedürfnisse zu stellen, zu welchen insbesondere auch die Beschaffung eines Dienstsiegels gehört.

Für die Vornahme von Eheschließungen ist von den Gemeinden ein entsprechendes Lokal in den Gemeinde- oder Schulhäusern einzuräumen.

Art. 7 [40]). Die Aufsicht über die Amtsführung der Standesbeamten (§. 11 des Reichsgesetzes vom 6. Februar 1875) wird unter der Oberaufsicht Unseres Ministeriums des Innern und der Justiz in erster Instanz von den Amtsgerichten, in oberer Instanz von den Landgerichten ausgeübt.

Art. 8. In allen Fällen, in welchen die Aufsichtsbehörde der unteren Instanz in Gemäßheit des §. 11 Abs. 2 des Reichsgesetzes gegen einen Standesbeamten einen Verweis oder eine Geldstrafe verhängt, ist derselbe berechtigt, hiergegen bei der Aufsichtsbehörde oberer Instanz binnen einer unerstrecklichen Frist von 14 Tagen, vom Tage der Eröffnung der Strafverfügung an gerechnet, mittelst schriftlicher Eingabe auf stempelfreiem Papier Beschwerde zu erheben. Die Aufsichtsbehörde oberer Instanz entscheidet endgiltig.

Von allen gegen Standesbeamte auf Grund des §. 11 Abs. 2 des Reichsgesetzes endgiltig erkannten Strafen haben die betreffenden Aufsichtsbehörden Unserem Ministerium der Justiz Kenntniß zu geben.

Art. 9. Die in §. 14 Abs. 2 des Reichsgesetzes vorgeschriebene Einreichung der Nebenregister hat innerhalb der ersten acht Tage des Monats Januar jeden Jahres an die Aufsichtsbehörde unterer Instanz stattzufinden.

Die Aufsichtsbehörde unterer Instanz hat die eingereichten Nebenregister nach vorgenommener Prüfung innerhalb 4 Wochen vom Tage der Einreichung gerechnet mit ihren etwaigen Bemerkungen der Aufsichtsbehörde oberer Instanz vorzulegen, von welcher letzteren über das Gesammtergebniß der vorgenommenen Prüfung an Unser Ministerium der Justiz zu berichten ist.

Die Aufsichtsbehörde oberer Instanz hat überdies alljährlich eine Revision des Hauptregisters bei den einzelnen Standesämtern zu veranlassen und ist hierbei insbesondere auch die Uebereinstimmung des Hauptregisters mit den Nebenregistern einer Prüfung zu unterziehen.

Die Aufbewahrung der geprüften Nebenregister hat in den Registraturen der Amtsgerichte zu erfolgen.

Eintragungen in die Nebenregister, welche nach Einreichung der Nebenregister an die Aufsichtsbehörde erforderlich werden (§ 14 Abs. 3 des Reichsgesetzes), sind von den Amtsgerichten [41]) vorzunehmen.

Art. 10. Die zuständigen Gerichtsbeamten für Ertheilung von Auszügen aus den Nebenregistern (§. 15 Abs. 2 des Reichsgesetzes) sind die Amtsgerichte [41]).

Art. 11. Sind die vor dem Standesbeamten erscheinenden Personen taub, stumm oder taubstumm, so hat der Standesbeamte nöthigenfalls aus der Zahl der Personen, welche sich am besten mit den Erschienenen verständigen können, einen Dolmetscher zu ernennen.

Ein Dolmetscher ist überdies von dem Standesbeamten in dem Falle beizuziehen, wenn die Erschienenen der deutschen Sprache unkundig sind und der Standesbeamte der fremden Sprache nicht mächtig ist.

Der ernannte Dolmetscher ist von dem Standesbeamten mittelst Handgelübdes an Eidesstatt darauf zu verpflichten, daß er die ihm übertragenen Verrichtungen treu und gewissenhaft ausführen wolle.

Art. 12. Die Dispensation von der Eheunmündigkeit (§. 28), dem Ehehindernisse des Ehebruchs (§. 33 No. 5) und der Wartezeit (§. 35 des Reichsgesetzes) bleibt Uns vorbehalten.

---

[39]) Verordn. z. Ausführung d. deutsch. Ger.Verf.Ges. vom 14. Mai 1879, Reg.Bl. S. 197, §. 14 Abs. 2. Der Artikel 7 der Verordnung vom 3. November 1875 die Ausführung des Reichsgesetzes 2c. betr. ist aufgehoben. Die Art. 5, 9 und 10 dieser Verordnung erleiden die Veränderung, daß

1) an die Stelle der dort bezeichneten Stadt-, Land- und Friedensgerichte die Amtsgerichte treten,
2) die Nebenregister in den Registraturen der Amtsgerichte aufzubewahren und
3) zur Vornahme von Eintragungen in die Nebenregister (§ 14 Abs. 3 des Reichsgesetzes) sowie zur Ertheilung von Auszügen aus den Nebenregistern die Amtsgerichte zuständig sind.

[40]) In der Fassung des Abs. 1 der in der vor. Anm. cit. Verordnung wiedergegeben.

[41]) S. Anm. 39.

Die Dispensation vom dem Aufgebote (§. 50 Abs. 1 des Reichsgesetzes) hat Unser Ministerium der Justiz zu ertheilen.

In den Fällen des Abs. 1 kommen Stempeltaxen von 30 Mark, in dem Falle des Abs. 2 Stempeltaxen von 10 Mark zur Anwendung.

Das in der Provinz Rheinhessen geltende Arrêté vom 20. Prairial XI ist aufgehoben.

Art. 13. Die von Uns gestatteten Namensveränderungen sind in den Geburtsregistern und eintretendenfalls in den Heirathsregistern am Rande der betreffenden Eintragung zu vermerken.

Art. 14. Keine Beerdigung darf erfolgen, ohne eine von der Ortspolizeibehörde schriftlich ertheilte Genehmigung.

Die Ortspolizeibehörde darf diese Genehmigung erst dann ertheilen, nachdem:

1) ihr ein von einem Arzte oder Wundarzte oder von den verpflichteten Leichenbeschauern des Orts vorschriftsmäßig ausgestelltes Zeugniß über das erfolgte Ableben der betreffenden Person (Todeszeugniß) übergeben worden ist;

2) die Eintragung des Sterbefalls von dem Standesbeamten in das Sterberegister stattgefunden hat. Vor Eintragung des Sterbefalls in das Sterberegister darf die Genehmigung zur Beerdigung von der Ortspolizeibehörde ausnahmsweise nur in dringenden Fällen ertheilt werden, in welchen nach den besonderen Umständen des Falles die Beerdigung keinerlei Aufschub erleiden kann.

Art. 15. In denjenigen Gemeinden, in welchen der Standesbeamte nicht zugleich auch mit Handhabung der Lokalpolizei betraut ist, hat derselbe der Ortspolizeibehörde sofort nach vollzogener Eintragung des Sterbefalles schriftlich Mittheilung von derselben zu machen.

Ingleichen ist in solchen Gemeinden die Ortspolizeibehörde, wenn sie ausnahmsweise vor erfolgter Eintragung des Sterbefalles die Genehmigung zur Vornahme der Beerdigung ertheilt hat, verpflichtet, dem Standesbeamten der Gemeinde von der ertheilten Genehmigung sofort schriftliche Mittheilung zu machen.

Art. 16. In den Provinzen Starkenburg und Oberhessen haben die Ortsgerichtsvorsteher auch in Zukunft die in Art. 12 des Edikts vom 16. Oktober 1852, die Organisation der Ortsgerichte in den Provinzen Starkenburg und Oberhessen betreffend, vorgeschriebenen Sterbfalls-Anzeigen an die Stadt- und Landgerichte[41a]) zu erstatten.

Ist das Amt eines Ortsgerichtsvorstehers und eines Standesbeamten nicht in einer Person vereinigt, dann sind die Standesbeamten verpflichtet, dem Obergerichtsvorsteher der betreffenden Gemeinde von jedem bei ihnen zur Anzeige gelangenden Sterbefalle innerhalb 24 Stunden Mittheilung zu machen.

In der Provinz Rheinhessen haben die Standesbeamten die ihnen seither gesetzlich obliegenden Anzeigen zu erstatten.

Art. 17. Die Zuständigkeit zur Erkennung der in den §§. 68 Abs. 1 und 69 des Reichsgesetzes angedrohten Strafen, sowie das Verfahren richtet sich nach den allgemeinen für Uebertretungen bezw. Vergehen geltenden strafprozessualischen Vorschriften.

Die erkannten Geldstrafen sind mit dem Anfügen zur Erhebung zu überweisen, daß die betreffende Gemeinde bezugsberechtigt sei.

Von allen gegen Standesbeamte auf Grund des §. 69 rechtskräftig erkannten Strafen haben die Gerichte bezw. in der Provinz Rheinhessen die Beamten des öffentlichen Ministeriums Unserem Ministerium der Justiz Kenntniß zu geben.

Art. 18. Gegen Strafverfügungen, welche die Standesbeamten zu dem Zwecke erlassen, um die zu Anzeigen oder zu sonstigen Handlungen auf Grund des Reichsgesetzes Verpflichteten hierzu anzuhalten (§. 68 Abs. 3 des Reichsgesetzes), kann der Bestrafte binnen einer unerstrecklichen Frist von 14 Tagen Beschwerde verfolgen. Die Beschwerde ist schriftlich oder mündlich bei dem Standesbeamten anzuzeigen, welcher sie binnen 8 Tagen mit seinen etwaigen Bemerkungen der Aufsichtsbehörde unterer Instanz einzureichen hat.

Die Aufsichtsbehörde unterer Instanz entscheidet über die eingereichte Beschwerde endgiltig.

Die angesetzten Geldstrafen werden auf Grund der dem Gemeindeeinnehmer in schriftlicher Ausfertigung zu übergebenden Strafverfügung des Standesbeamten nach den Regeln über die Einziehung der Gemeindeeinkünfte erhoben und beigetrieben.

Art. 19. Ist in einer Gemeinde das Amt eines Bürgermeisters oder Beigeordneten und eines Standesbeamten nicht in derselben Person vereinigt, dann ist der Standesbeamte verpflichtet, dem Bürgermeister oder Beigeordneten die Einsichtnahme der Standesregister gebührenfrei zu gestatten, sowie die im amtlichen Interesse erforderlichen Aufzeichnungen zu dessen Verfügung bereit zu halten.

Art. 20. Unser Ministerium der Justiz ist mit dem Erlaß einer allgemeinen Instruktion für die Standesbeamten beauftragt.

Art. 21. Gegenwärtige Verordnung tritt mit dem 1. Januar 1876 in Kraft.

32. Instruktion des Ministeriums der Justiz für die Standesbeamten. Vom 9. November 1875. (Reg.Bl. Nr. 52 S. 609.)

41a) Jetzt: Amtsgerichte, s. Anm. 39.

Die Vorschriften, welche die Standesbeamten bei Wahrnehmung der ihnen übertragenen Amtsverrichtungen zu befolgen haben, sind in dem Reichsgesetze über die Beurkundung des Personenstandes und die Eheschließung vom 6. Februar 1875, in der Ausführungsverordnung des Bundesraths zu diesem Reichsgesetze vom 22. Juni 1875, in dem noch zu erlassenden Großherzoglich Hessischen Ausführungsgesetze, sowie in der Großherzoglich Hessischen Ausführungsverordnung vom 3. November d. J. enthalten.

Zur näheren Erläuterung und Anweisung wird den Standesbeamten im Anschlusse an die einzelnen Paragraphen des Reichsgesetzes nachstehende Instruktion unter dem Anfügen ertheilt, daß sie sich in allen zweifelhaften Fällen behufs geeigneter Anleitung an die ihnen vorgesetzten Aufsichtsbehörden zu wenden haben.

Erster Abschnitt.

Allgemeine Bestimmungen.

Zu den §§. 1—11 werden die Standesbeamten auf den Inhalt der Hessischen Ausführungsverordnung vom 3. Nov. 1875 Art. 1—8 verwiesen.

Zu §. 12. Die drei in §. 12 genannten Register (Geburtsregister, Heirathsregister und Sterberegister) sind nach dem muthmaßlichen Jahresbedarfe unter Verwendung der Formularbogen A, B und C in drei getrennten, mit steifem Umschlage (in größeren Standesamtsbezirken mit provisorischem Einbande) versehenen Heften anzulegen und auf dem Umschlage durch Ueberschrift als Geburts-Haupt-Register, Heiraths-Haupt-Register, Sterbe-Haupt-Register unter Beifügung der Benennung des betreffenden Standesamtsbezirks und des Jahrganges zu bezeichnen.

In gleicher Weise sind die drei Nebenregister anzulegen, für welche diejenigen Formularbogen A, B und C zu verwenden sind, welche am Schlusse der jedesmaligen Eintragung im Vordruck den Beglaubigungsvermerk enthalten:

„Die Uebereinstimmung mit dem Hauptregister beglaubigt
. . . . . . am ten 18 . .
Der Standesbeamte.
. . . ."

Den Nebenregistern ist auf dem Umschlage die Ueberschrift: „Geburts-Neben-Register, Heiraths-Neben-Register und Sterbe-Neben-Register" unter Beifügung der Benennung des Standesamtsbezirks und des Jahrganges zu geben.

In größeren Standesamtsbezirken sind die Haupt- und Nebenregister nach dem Schlusse jeden Jahrgangs mit solidem Einband zu versehen; in kleineren Standesamtsbezirken können mehrere Jahrgänge in einen Band gebunden werden, wobei die einzelnen Jahrgänge, welche der Band enthält, durch Ueberschrift anzugeben und innerhalb des Bandes durch je ein, nur mit der Bezeichnung des betreffenden Jahrganges zu überschreibendes weißes Blatt von einander zu sondern sind.

Wenn ein Standesamtsbezirk aus mehreren Gemeinden gebildet wird, so ist für sämmtliche zu dem Bezirke gehörigen Gemeinden nur ein Geburts-, ein Heiraths- und ein Sterberegister im Haupt- und Nebenexemplare zu führen.

Ueber die Geschäftsvertheilung zwischen dem Standesbeamten und dem Stellvertreter hat der erstere zu bestimmen.

Die Standesbeamten haben ihre Amtsverrichtungen in ihren Geschäftslokalen wahrzunehmen, mit Ausnahme der Eheschließungen, welche regelsweise in den durch Art. 6 der Hessischen Ausführungsverordnung vom 3. November 1875 erwähnten besonderen Lokalen vorzunehmen sind.

Von jedem Standesbeamten sind unter Genehmigung der Aufsichtsbehörde bestimmte Geschäftsstunden zum Voraus festzusetzen, an welchen er an Wochentagen Vor- und Nachmittags in seinem Geschäftslokale anwesend sein muß. Für dringende Fälle ist auch an Sonntagen eine Geschäftsstunde zum Voraus festzusetzen. Diese Geschäftsstunden sind den in dem betreffenden Standesamtsbezirke bestehenden Lebensverhältnissen entsprechend anzuberaumen und an dem Gemeindehause oder in Ermangelung eines solchen an dem Eingange zu dem Geschäftslokale des Standesbeamten bekannt zu geben.

Bei den Eheschließungen insbesondere ist thunlichst darauf Bedacht zu nehmen, daß durch die Zeit ihrer Vornahme der hinsichtlich der kirchlichen Trauungen bestehenden Sitte jedes Ortes Seitens des Standesbeamten kein Hinderniß bereitet wird. Finden hiernach die kirchlichen Trauungen an Sonntagen oder Feiertagen statt, dann ist der Standesbeamte in kleineren Standesamtsbezirken verpflichtet, die Eheschließungen auch an Sonn- oder Feiertagen nach dem Schlusse des Gottesdienstes vorzunehmen. In größeren Standesamtsbezirken können die Eheschließungen an Sonn- und Feiertagen dagegen nur ausnahmsweise auf besonderen Wunsch der Verlobten stattfinden und haben die Standesbeamten in solchen Bezirken überdies darauf Bedacht zu nehmen, daß an jedem Wochentage eine Vormittagsstunde zur Vornahme der Eheschließungen zum Voraus bestimmt und hierdurch die mißständige Anhäufung solcher Akte auf einen oder zwei Wochentage vermieden wird.

Die Standesregister und die auf die Standesregister bezüglichen Akten haben die Standesbeamten von sonstigen, in ihrer Stellung als Bürgermeister oder Ortsgerichtsvorsteher von ihnen aufbewahrten Akten getrennt zu halten.

Bei der hohen Wichtigkeit und Bedeutung der Standesregister sind die Standesbeamten ganz insbesondere verpflichtet, für sichere Aufbewahrung der ihnen anvertrauten Urkunden die größte Sorgfalt zu verwenden.

Zu §. 13. Die Aufnahme der Standesakte hat in Gegenwart des Standesbeamten stattzufinden, und es darf die gestattete Zuziehung einer Schreibhülfe nicht dazu führen, daß die Anzeigen, Verhandlungen &c. in Abwesenheit des Standesbeamten von seinem Schreibgehülfen entgegengenommen und eingetragen, von dem Standesbeamten selber aber erst nachträglich durch seine Unterschrift vollzogen werden.

Die Eintragungen sind mit deutlicher, lesbarer Handschrift vorzunehmen.

Die verwendete Tinte muß von guter, dauerhafter Qualität sein; ebenso das Papier auch derjenigen Formularien, welche den Standesbeamten auf Kosten der Gemeinden geliefert werden.

Auf saubere, correcte Buchführung und Reinerhaltung der Register ist mit größter Sorgfalt Bedacht zu nehmen.

Abkürzungen sind nicht gestattet.

Für den Inhalt der Eintragungen sind die vorgedruckten Formulare und Musterformulare maßgebend. (Vgl. §§. 1, 2, 7 A, B und C der Ausführungsverordnung des Bundesraths.)

Unvermeidliche Zwischenräume, welche dadurch entstehen, daß die in den Formularen vorpunktirten Linien durch die Eintragung nicht vollständig in Anspruch genommen werden, sind durch Striche auszufüllen.

Die wesentlichen Zahlenangaben sind mit Buchstaben zu schreiben und nicht mit Ziffern.

Das Gesetz bestimmt nicht, welche Zahlenangabe wesentlich sei. Es darf indessen als unzweifelhaft erachtet werden, daß als solche wesentliche Zahlenangaben jedenfalls die in den §§. 22 Nr. 2 und 59 Nr. 2 (Tag und Stunde der Geburt und des Todes), §. 54 in Verbindung mit §. 13 Nr. 1 (Tag der Eheschließung), §. 54 Nr. 1 (Alter der Eheschließenden) und §. 54 Nr. 3 in Verbindung mit §. 53 (Alter der Zeugen) erwähnten zu betrachten sind, wie dies auch in den Musterformularen A. 1, A. 2, A. 3, B., C. 1, 2, 3, 4 angedeutet ist.

Da überdies die Verordnung vom 27. November 1832 (Reg.Bl. von 1832 S. 879) vorschreibt, daß die Nummern gleichnamiger Personen in öffentlichen Urkunden mit Buchstaben geschrieben werden müssen, so haben die Standesbeamten diese Vorschrift auch bei Vornahme der Eintragungen in die Standesregister zu beobachten.

Bei Vornahme einer Eintragung ist zunächst die Nummer in der Reihenfolge der Einträge auszufüllen.

Es folgt hierauf das Datum nach Maßgabe des Vordrucks. Hierbei ist, wenn gleich §. 13 Nr. 1 des Reichsgesetzes dies nicht ausdrücklich erwähnt, auch das Jahr der Eintragung jedes Mal beizufügen.

Die vor dem Standesbeamten erschienenen Personen (§. 13 Nr. 2) sind mit Vor- und Zunamen, Stand oder Gewerbe und Religion, unter Beifügung des Wohnortes (in größeren Städten auch der Straße und Straßennummer) genau zu bezeichnen.

Nach §. 13 Nr. 3 ist der Standesbeamte verpflichtet, bei jeder Eintragung zu vermerken, daß und auf welche Weise er sich die Ueberzeugung von der Persönlichkeit der Erschienenen verschafft habe:

a) Bei solchen Erschienenen, welche dem Standesbeamten persönlich bekannt sind, genügt es zu dem Ende, wenn der Standesbeamte in den Formularen nach den vorgedruckten Worten „der Persönlichkeit nach" und vor dem vorgedruckten Worte „kannt" die Sylbe „be" einträgt, die vorpunktirten, frei bleibenden Linien aber im Uebrigen mit einem Striche ausfüllt.

b) Ist die erschienene Person dem Standesbeamten dagegen nicht bekannt, dann muß dieselbe regelsweise von einer dem Standesbeamten bekannten Person als diejenige Person vor dem Standesbeamten anerkannt werden, als welche sie sich bezeichnet, und hat der Standesbeamte in solchen Fällen nach den vorgedruckten Worte „der Persönlichkeit nach" die Worte einzutragen:

> durch den von Person bekannten X (folgt nun Vor- und Zuname, sowie Stand oder Gewerbe der bekannten Person) anerkannt.

c) Es ist aber endlich auch möglich, daß die Anerkennung eines Erschienenen durch eine dritte Person nicht möglich ist oder daß nach Lage der Sache dem Standesbeamten hierdurch keine genügende Ueberzeugung verschafft wird. In solchen Fällen kann der Standesbeamte unter Umständen die Vorlage von Urkunden verlangen, aus deren Besitz und Inhalt sich über die Persönlichkeit des Erschienenen die weiteren Schlüsse ziehen lassen. Es ist indessen selbstverständlich, daß der Standesbeamte gerade hierbei mit besonderer Sorgfalt verfahren muß und die alleinige Thatsache des Besitzes solcher Urkunden, Legitimationspapiere &c. Seitens des Erschienenen nicht ohne Weiteres als genügenden Beweis für die Persönlichkeit desselben erachten darf. Sollte aber durch solche Urkunden die Ueberzeugung von der Persönlichkeit des Erschienenen in ausreichender Weise begründet werden, dann ist in der Eintragung unter Namhaftmachung der vorgelegten Urkunden ausdrücklich zu bemerken, daß der Betreffende auf Grund der vorgelegten Urkunden anerkannt sei.

Eine Eintragung dahin lautend: daß der Erschienene dem Standesbeamten „unbekannt“ sei, ist unter allen Umständen unstatthaft.

Der Standesbeamte hat gewissenhaft darauf zu achten, daß die von ihm vorzunehmenden Eintragungen den Anzeigen oder Erklärungen der vor ihm erscheinenden Personen auch genau entsprechen, und er wird zu der Eintragung selbst nicht eher schreiten, als bis der Inhalt derselben in allen durch das Gesetz vorgeschriebenen Richtungen auch genügend feststeht.

Sind die Erschienenen taub, stumm oder taubstumm, dann ist nach der Vorschrift des Art. 11 der Hessischen Ausführungsverordnung zu verfahren.

Blinden ist auf ihr Verlangen, oder wenn es nach Lage des Falls als zweckmäßig erscheint, ein mittelst Handgelübdes an Eidesstatt zu verpflichtender Beistand zu ernennen.

Wird ein Dolmetscher oder Beistand zugezogen, dann hat derselbe die betreffenden Eintragungen mit zu unterzeichnen.

Um nachträgliche Abänderungen und Korrekturen zu vermeiden, empfiehlt es sich, namentlich in der ersten Zeit der Amtführung, auf besonderen Hülfsblättern die thatsächlichen Angaben der Erschienenen zuvörderst zu notiren und erst dann, wenn dieselben, nach Anleitung des betreffenden Formulars erschöpfend und nach Bestätigung der Erschienenen richtig auf dem Hülfsblatte notirt sind, die Eintragung in das Register selber vorzunehmen.

Hat die Eintragung vollständig stattgefunden, dann muß dieselbe nach der Vorschrift des §. 13 Nr. 4 von dem Standesbeamten den Erschienenen vorgelesen und von den letzteren genehmigt, auch daß dies geschehen, von dem Standesbeamten vermerkt werden. Sämmtliche Formularien enthalten im Vordrucke die Worte „Vorgelesen, genehmigt“.

Jede Eintragung ist von den Erschienenen zu unterschreiben. Können die Erschienenen nicht unterschreiben oder sind sie aus irgend welchem Grunde verhindert zu unterschreiben, dann haben sie ihr Handzeichen beizufügen oder es ist der Grund anzugeben, aus welchem sie dieses nicht konnten. (§. 13 Nr. 5.)

Erfolgt die Unterschrift, dann hat der Standesbeamte nach den vorgedruckten Worten „Vorgelesen, genehmigt und“ lediglich das Wort „unterschrieben“ beizufügen. Kann der Erschienene wegen Schreibensunkunde nur sein Handzeichen beifügen, dann ist hiervon nach Anleitung des Musterformulars A. 1 am Ende ausdrückliche Erwähnung zu thun. Ist endlich der Erschienene verhindert, ein Handzeichen beizufügen, dann ist dies nach den vorgedruckten Worten „Vorgelesen, genehmigt und“ ebenfalls zu vermerken, z. B. bei einem Blinden mit den Worten: „wegen Blindheit weder unterschrieben noch mit einem Handzeichen versehen“.

Erst nachdem in der angegebenen Weise die Unterschrift der Erschienenen ihre Erledigung gefunden hat, ist von dem Standesbeamten unmittelbar unter den vorgedruckten Worten „der Standesbeamte“ „die eigene Unterschrift“ beizufügen.

In allen Fällen, in welchen der Stellvertreter des Standesbeamten eine Eintragung vornimmt, hat er vor seine Unterschrift die Worte:

„In Vertretung“

zu schreiben, wie dies auch in dem Musterformulare A. 1 angedeutet ist (§. 13 Nr. 6).

Mit dieser Unterschrift, bei deren Vornahme die Verwendung einer Schreibhülfe selbstverständlich ausgeschlossen ist, wird die Eintragnng vollzogen und kann dieselbe nach erfolgter Unterschrift von den Standesbeamten ohne hinzukommende Ermächtigung des Gerichtes nicht mehr abgeändert werden.

Bei schriftlichen Anzeigen in den Fällen der §§. 20, 24, 58 und 62 des Reichsgesetzes ist zunächst der Vordruck in den Registern zu streichen und der Strich am Rande, unter Angabe der Zahl der gestrichenen Zeilen zu beglaubigen. (In welcher Weise dieser Strich und die Beglaubigung stattzufinden haben, dies läßt sich aus dem Musterformular C. 4 entnehmen.) Hierauf ist der Inhalt der schriftlichen Anzeige am Rande unter Wahrung der Vorschrift des §. 13 vorletzter Absatz einzutragen. (Vergl. auch §. 8 der Ausführungsverordnung des Bundesraths.) Bei der schriftlichen Anzeige eines in einer öffentlichen Entbindungsanstalt eingetretenen Geburtsfalles würde hiernach z. B. der Eintrag in folgender Weise stattzufinden haben:

Mainz, am 24. November 1876.

Nach schriftlicher Anzeige des Dr. W. L., Vorstehers der öffentlichen Entbindungsanstalt dahier, gelegen in der Mstraße Nr. 100, ist daselbst von der unverehelichten Fabrikarbeiterin A. S., evangelischer Religion, wohnhaft in Griesheim, am drei und zwanzigsten Mai des Jahres Tausend acht Hundert siebenzig und sechs, Nachmittags um sieben drei viertel Uhr ein Kind männlichen Geschlechts geboren worden, welchem die Vornamen Eduard Friedrich gegeben worden sind.

Der Standesbeamte.
N. N.

Ergiebt sich bei Vornahme der Eintragungen die Nothwendigkeit eines Zusatzes, einer

Löschung oder Abänderung, so sind dieselben am Rande zu vermerken (§. 13 letzter Absatz) und nicht etwa in den Text der Eintragung selber hinein zu korrigiren.

Bei Vornahme solcher Randvermerke hat der Standesbeamte darauf zu achten, daß der als Rand freigelassene Raum der Formulare nur mit möglichster Sparsamkeit benutzt wird, damit auch für später etwa erforderlich werdende Randvermerke (z. B. im Falle des §. 22 Abs. 3) noch genügender Raum übrig bleibt.

Die Randvermerke des §. 13 letzter Absatz sind überdies gleich der Eintragung selbst besonders zu vollziehen, d. h. mit der Bemerkung „Vorgelesen, genehmigt und unterschrieben" sowie mit der Unterschrift der Erschienenen und des Standesbeamten zu versehen.

Auch ist von dem Standesbeamten mit aller Strenge und Gewissenhaftigkeit daran festzuhalten, daß die Vornahme von Korrekturen in der angegebenen Weise nur in solange gestattet ist, als der Akt der Eintragung noch nicht abgeschlossen ist. Ist dagegen dieser Abschluß durch die Unterschrift des Standesbeamten erfolgt, dann können erforderlich werdende Berichtigungen jeder Art nur auf dem im siebenten Abschnitte §§. 65 und 66 des Reichsgesetzes vorgezeichneten Wege, auf Grund gerichtlicher Anordnung erfolgen.

Die Vornahme von Rasuren in den Eintragungen oder Randvermerken ist unter keinen Umständen gestattet.

Zu §. 14. Das Nebenregister ist mit dem entsprechenden Hauptregister wörtlich übereinstimmend zu führen; nur sind die Unterschriften der Erschienenen nicht im Original, sondern in Abschrift beizufügen; auch sind bloße Korrekturen, die bei Vornahme der Eintragung und vor deren Vollziehung durch die Unterschrift des Standesbeamten im Hauptregister stattgefunden haben, nicht in das Nebenregister zu übertragen.

Der Eintrag in die Nebenregister hat überdies an demselben Tage stattzufinden, an welchem der betreffende Eintrag in das Hauptregister erfolgt ist. Zum Nachweise der Befolgung dieser gesetzlichen Bestimmung hat der Standesbeamte, wie dies in §. 2 der Ausführungsverordnung des Bundesraths vorgeschrieben und in den Formularen für die Nebenregister durch Vordruck angedeutet ist, dem die Uebereinstimmung mit dem Hauptregister beglaubigenden Vermerk jedesmal das Datum beizufügen, unter welchem der Beglaubigungsvermerk erfolgt. (Vergl. auch Musterformular B. 1 am Ende.)

In die mit dem Ablaufe des Kalenderjahres abzuschließenden Register (§. 14 Abs. 2) sind nur die Standesakte dieses Kalenderjahres und nicht auch noch solche Geburts- und Sterbefälle einzutragen, welche noch vor dem Ablaufe des Kalenderjahres erfolgt sind, aber erst nach dessen Ablauf zur Anzeige gelangen. Um jedoch die Uebersicht über die in einem einzelnen Jahrgange stattgehabten Geburts- und Sterbefälle dem Standesbeamten zu erleichtern, werden dieselben angewiesen, Nachträge zu den für jeden Jahrgang zu fertigenden alphabetischen Namensverzeichnissen (vergl. §. 10 Nr. 1 der Ausführungsverordnung des Bundesraths) anzulegen und in diesen Nachträgen die erst nach Ablauf des Kalenderjahres angezeigten, aber innerhalb des abgelaufenen Kalenderjahres erfolgten Geburts- und Sterbefälle unter Verweisung auf Jahrgang und Nr. der betreffenden Eintragung aufzunehmen.

Der Abschluß jedes Haupt- und Nebenregisters hat nach Ablauf des Kalenderjahres und zwar unmittelbar hinter der letzten Eintragung des betreffenden Kalenderjahres mit den Worten zu erfolgen:

Vorstehendes Geburts- (Heiraths- oder Sterbe-) Haupt- (Neben-) Register für das Jahr 187 enthaltend (Zahlenangabe) Eintragungen wird hiermit abgeschlossen.

. . . . den . . ten . . . . 187 . .

Der Standesbeamte:

X

Ist in größeren Standesamtsbezirken ein Register in mehrere Theile zerlegt, dann ist der Abschlußvermerk jedem einzelnen Theile nach dessen im Laufe des Kalenderjahres erfolgenden Schlusse unter Verweisung auf den folgenden Theil beizufügen (vergl. §. 3 der Ausführungsverordnung des Bundesraths) und hat dahin zu lauten:

Vorstehender Band I des Geburts- (Heiraths-, Sterbe-) Haupt- (Neben-) Registers für das Jahr 187 enthaltend (Zahlenangabe) Eintragungen wird unter Hinweisung auf Bd. II hiermit abgeschlossen.

. . . . den . . ten . . . . 187 . .

Der Standesbeamte:

X.

Bei Berechnung der Zahl der Eintragungen sind übrigens nur die Haupteintragungen, nicht aber die den Haupteintragungen etwa beigefügten Randvermerke mitzuzählen.

Zu jedem der 3 Register hat der Standesbeamte nach der Vorschrift des §. 10 Nr. 1 der Ausführungsverordnung des Bundesraths ein alphabetisches, das Auffinden der einzelnen Eintragungungen ermöglichendes Namensverzeichniß zu führen.

Die Standesbeamten werden überdies angewiesen, alphabetische Namensverzeichnisse anzulegen, welche eine größere Anzahl von Registerjahrgängen und zwar mindestens 10 Jahre umfassen.

Zur Erleichterung im Nachsuchen der eine bestimmte Person betr. Registereinträge empfiehlt es sich, wenn aus einem Register auf den betr. Eintrag der andern Register verwiesen wird. Die Verweisung hat in diesem Falle am Rande, am unteren Ende der Seite stattzufinden. Bei den Verweisungen bezeichnet der Buchstabe G. Geburtsregister, H. Heirathsregister, St. Sterberegister und würde diesen Buchstaben nur die Jahreszahl des betr. Jahrgangs und die Nummer der Eintragung (bei mehrbändigen Registern auch die Nummer des Bandes) beizufügen sein, z. B. G. 1876. Nr. 1000. II.

Gleichzeitig mit den Nebenregistern — innerhalb der ersten acht Tage des Monats Januar des Jahres nach Vorschrift der Hessischen Ausführungsverordnung Art. 9 — sind der Aufsichtsbehörde auch die alphabetischen Namensverzeichnisse in Abschrift einzureichen.

Die in §. 14 Absatz 3 vorgeschriebene abschriftliche Mittheilung der nach Einreichung der Nebenregister im Hauptregister erfolgten Eintragungen hat an die Aufsichtsbehörde in jedem einzelnen Falle innerhalb 24 Stunden nach vollzogener Eintragung im Hauptregister stattzufinden.

Zu §. 15. Jeder Auszug aus einem Hauptregister muß mit der Unterschrift und dem Dienstsiegel des Standesbeamten versehen sein.

Für Format und Gestalt der Registerauszüge (§§. 8, 15 Abs. 2 des Reichsgesetzes) sind im Uebrigen die Formulare A. a, B. b, C. c maßgebend (§. 4 der Ausführungsverordnung des Bundesraths).

Zu §. 16. Die Führung der Standesregister und die darauf bezüglichen Verhandlungen erfolgen kosten- und stempelfrei.

Baare Auslagen der Standesbeamten sind hierunter nicht begriffen. Insbesondere sind Portokosten, die aufgewendet werden müssen, von den Betheiligten vorzulegen, so zwar, daß auch die Portokosten etwa erforderlicher Retourbriefe zum Voraus gedeckt sind und in Postmarken der brieflichen Sendung beigelegt werden können.

Der am Schlusse des Reichsgesetzes abgedruckte Gebührentarif ist in den Amtslokalen der Standesbeamten in beglaubigter Abschrift an einer für Jedermann sichtbaren Stelle aufzuhängen.

Weitere Gebühren dürfen nicht in Anspruch genommen werden; auch ist den Standesbeamten die Annahme von irgend welchen Geschenken, bei Meidung der in §. 331 des Reichsstrafgesetzbuchs angedrohten Strafe, untersagt.

Die Gebührenfreiheit der im amtlichen Interesse zu gewährenden Einsicht der Register und zu ertheilenden Auszüge findet auch auf ausländische — nicht deutsche — Behörden Anwendung.

Angebliches Unvermögen der Betheiligten ist durch ein beglaubigtes Zeugniß der Ortsbehörde nachzuweisen.

Geistlichen und anderen Religionsdienern ist nach §. 11 der Ausführungsverordnung des Bundesraths die Einsicht der Register kostenfrei zu gestatten.

Zur gegenseitigen Geschäftserleichterung werden übrigens die Standesbeamten auf Wunsch der Geistlichen oder anderer Religionsdiener zugleich auch kurz gefaßte Notizen über Geburts- und Sterbefälle, sowie über die angeordneten Aufgebote an zum Voraus bestimmten Tagesstunden zu deren Verfügung bereit halten.

Zweiter Abschnitt.

Beurkundung der Geburten.

Zu §. 17. Da §. 17 des Reichsgesetzes die Anzeige der Geburt eines Kindes innerhalb einer Woche vorschreibt, so muß diese Anzeige spätestens am 7. Tage nach der Geburt, den Tag der letzteren nicht mitgerechnet, erfolgen. Sonn- und Feiertage hemmen den Lauf dieser Frist nicht, sondern werden mitgezählt.

Handelt es sich um Eintragungen, welche die eigene Familie des Standesbeamten betreffen, dann empfiehlt es sich, dieselben durch den Stellvertreter vornehmen zu lassen.

Zu §. 18. Die unter Nr. 1—5 des §. 18 aufgeführten Personen sind in der dort erwähnten Reihenfolge zur Anzeige verpflichtet. Eine Verpflichtung der später Genannten tritt erst dann ein, wenn ein früher genannter Verpflichteter nicht vorhanden oder an der Erstattung der Anzeige verhindert ist.

Die Standesbeamten haben zur Vermeidung von ungenügenden Anzeigen thunlichst dahin zu wirken, daß bei dem Vorhandensein eines früher genannten Verpflichteten, z. B. des ehelichen Vaters, die Anzeigen von diesem und nicht von einem später genannten Verpflichteten, z. B. einer anderen bei der Niederkunft zugegen gewesenen Person, erstattet werden.

In den Fällen des §. 18 Nr. 2 bis 4 hat der Standesbeamte in der Eintragung stets zu bemerken, daß der Anzeigende bei der Niederkunft zugegen gewesen sei, wie dies auch in den Musterformularen A. 2, A. 3 und C. 4 hervorgehoben ist.

Zu §. 19. Alle Anzeigen sind mündlich von dem Verpflichteten selbst zu erstatten, mit alleiniger Ausnahme der in den §§. 20, 24 und 62 des Reichsgesetzes vorgesehenen Fälle. Wenn nicht einer dieser Ausnahmsfälle vorliegt, sind darum alle schriftlichen Anzeigen unter Hinweisung auf die Vorschrift des § 19 und unter dem Verlangen einer mündlichen Anzeige zurückzuweisen.

Wird die Anzeige nicht von dem Verpflichteten selbst, sondern von einer anderen, aus eigener Wissenschaft unterrichteten und hiernach in Gemäßheit des §. 19 zur Anzeige berechtigten Person erstattet, dann ist es Pflicht des Standesbeamten, sich darüber zu vergewissern, ob die anzeigende Person auch wirklich aus eigener Wissenschaft genügend unterrichtet sei. Er hat überdies am Ende der betreffenden Eintragung ausdrücklich zu vermerken, daß und wie die anzeigende Person aus eigener Wissenschaft unterrichtet sei.

Zu §. 20. Ueber die Form, in welcher schriftliche Anzeigen einzutragen sind, siehe diese Instruktion zu §. 13 und § 8 der Ausführungsverordnung des Bundesraths.

Der Standesbeamte hat sich bei schriftlicher Anzeige zu verlässigen, daß die Anzeige von dem Vorsteher der Anstalt oder von den zuständigen Beamten auch wirklich erstattet ist und in Zweifelsfällen die Beidrückung eines Dienstsiegels zu verlangen.

Zu den öffentlichen Anstalten im Sinne des §. 20 gehören übrigens nicht allein Staats-, Provinzial-, Kreis- und Gemeindeanstalten, sondern alle Anstalten der im §. 20 bezeichneten Gattung, welche Korporationsrechte besitzen und mit einem zur Vertretung der Anstalt nach Außen berechtigten Vorstand versehen sind.

Zu §. 21. Zur Erfüllung der in §. 21 dem Standesbeamten auferlegten Verpflichtung, sich von der Richtigkeit einer Anzeige, wenn er dieselbe zu bezweifeln Anlaß hat, in geeigneter Weise Ueberzeugung zu verschaffen, ist der Standesbeamte befugt, nach Lage des Falles solche Personen zu vernehmen, welche über den zweifelhaften Inhalt der Anzeige Auskunft ertheilen können.

Zu §. 22. Bei Eintragung eines Geburtsfalles hat sich der Standesbeamte an das Formular A beziehungsweise die Musterformulare A. 1 — A. 4 zu halten.

Bei unehelichen Kindern ist nur der Name der Mutter einzutragen.

Zwillings- oder Mehrgeburten sind nicht etwa unter einer Nummer des Geburtsregisters einzutragen, sondern es sind für jede Mehrgeburt so viele selbständige Einträge auf hintereinanderfolgenden Blättern des Geburtsregisters zu machen, als Geburten stattgefunden haben. Dabei ist die Zeitfolge der verschiedenen Geburten in der Weise anzugeben, daß z. B. bei einer Zwillingsgeburt nicht nur die Stunden, sondern auch die Bruchtheile von Stunden oder die Minuten zu vermerken sind, an welchen das zuerst und das zuletzt geborne Kind zur Welt kam.

Können die Anzeigenden über die Zeitfolge der Geburten eine genaue Angabe nicht machen und ist hierüber auch durch Vernehmung der bei der Niederkunft zugegen gewesenen Personen keine Gewißheit zu erzielen, so ist dies in der Eintragung zu vermerken.

Zur Namengebung sind berechtigt der Vater, bei vaterlosen Kindern die Mutter, nach deren Ableben der Vormund; im Falle des §. 24 die Ortspolizeibehörde.

Als Vornamen können nur solche Namen eingetragen werden, die als solche auch üblich sind; für Rheinhessen werden die Bestimmungen des Gesetzes vom 11. Germ. XI durch das Reichsgesetz nicht berührt.

Ueber die Form, in welcher die nachträgliche Anzeige der Vornamen eines Kindes einzutragen ist, vergleiche Musterformular A. 1.

Zu §. 23. Todtgeborene oder in der Geburt verstorbene Kinder sind nur in dem Sterberegister einzutragen. Ein Kind, welches dagegen nicht innerhalb der Geburtswege, sondern erst nach erfolgter Geburt verstorben ist, muß, wenn es auch noch so kurz gelebt hat, in das Geburts- und in das Sterberegister eingetragen werden.

Der Standesbeamte hat die größte Sorgfalt darauf zu verwenden, um in den Fällen des §. 23 den wirklichen Sachverhalt durch Befragung der anzeigenden Personen zu ermitteln und hiernächst in die Eintragung aufzunehmen, ob das Kind todtgeboren, oder ob es in der Geburt verstorben ist.

Bei Vornahme der Eintragung ist, der Vorschrift des §. 7 der Ausführungsverordnung des Bundesraths entsprechend, der nicht passende Theil des Vordrucks zu durchstreichen und der Eintrag nach Anleitung des Musterformulars C 4 am Rande zu bewirken.

Zu §. 24. Da eine mündliche Erstattung der Anzeige hier nicht vorgeschrieben ist, so muß eine schriftliche Anzeige der Ortspolizeibehörde an den Standesbeamten für genügend erachtet werden. Für die Namengebung hat die Ortspolizeibehörde Sorge zu tragen.

Zu §. 25. Das Reichsgesetz spricht allgemein von der Anerkennung eines unehelichen Kindes, ohne des Vaters oder der Mutter zu erwähnen. Dies ist mit Rücksicht auf das Rheinische Recht geschehen (C. civ. Art. 336), welches eine Anerkennung des unehelichen Kindes auch durch die Mutter kennt. Nach dem in den Provinzen Starkenburg und Oberhessen geltenden gemeinen Recht kommt dagegen nur die Anerkennung eines unehelichen Kindes durch den Vater in Betracht und bedarf es keiner Anerkennung durch die außereheliche Mutter, um dem Kinde alle ihm zukommenden Rechte gegen dieselbe zu sichern.

Erfolgt nun die Anerkennung sofort bei Anzeige des Geburtsfalls, dann muß sie als Bestandtheil des Geburtsfallsanzeige eingetragen werden, wie dies aus Formular A. 3 vorletzter Absatz zu ersehen ist; erfolgt dagegen die Anerkennung erst nach geschehener Eintragung des Geburtsfalles, dann ist dieselbe als Randvermerk einzutragen, wie sich dies aus dem Musterformular A. 4 ergiebt.

Ist die Anerkennung in einer gerichtlich oder notariell aufgenommenen Urkunde erfolgt, dann ist dieselbe ebenfalls als Randvermerk unter näherer Bezeichnung der Urkunde einzutragen. Die Urkunde selbst ist der Vorschrift des §. 9 der Ausführungsverordnung des Bundesraths entsprechend zu den Sammelakten zu nehmen.

Zu §. 26. Die Feststellung der Abstammung eines Kindes nach erfolgter Eintragung des Geburtsfalles kann regelsweise nur durch richterliches Urtheil erfolgen. Es muß daher, wenn auf Antrag eines Betheiligten eine Randvermerkung bewerkstelligt werden soll, ein solches, gehörig beglaubigtes, mit der Bescheinigung der Rechtskraft versehenes Urtheil vorgelegt werden.

Die Legitimation eines Kindes, d. h. der Rechtsakt, durch welchen uneheliche Kinder in das Verhältniß der ehelichen treten, kann entweder dadurch geschehen, daß sich Vater und Mutter eines unehelichen Kindes heirathen oder (in den Provinzen Starkenburg und Oberhessen) daß dasselbe durch Allerhöchste Verfügung Sr. Königlichen Hoheit des Großherzogs für legitimirt erklärt wird. Es ist daher, um die Legitimation eines Kindes durch nachträgliche Heirath eintragen zu können, erforderlich, daß außer der Verehelichung der Eltern auch die Thatsache erwiesen wird, daß das betreffende uneheliche Kind ein Kind der betreffenden Eltern ist. Der Erweis der letzterwähnten Thatsache kann durch Anerkenntniß des Vaters vor dem Standesbeamten, vor dem Notar oder vor Gericht und hinsichtlich der Mutter durch eine Geburtsurkunde erbracht werden.

In der Provinz Rheinhessen können uneheliche Kinder, mit Ausnahme der in Blutschande oder Ehebruch erzeugten, durch die nachfolgende Ehe ihrer Eltern dann legitimirt werden, wenn diese sie entweder sie vor ihrer Heirath gesetzlich anerkannt haben oder in der Heirathsurkunde selbst anerkennen. Da nach der Bestimmung des Rheinischen Rechtes die Anerkennung des Vaters ohne die Anzeige und das Zugeständniß der Mutter nur in Rücksicht des Vaters Wirkung hat, so bedarf es hier auch des Nachweises einer Anerkennung durch die Mutter.

Legitimationen durch Allerhöchste Verfügung Seiner Königlichen Hoheit des Großherzogs können nur auf Vorlage eines Reskriptes des Großherzoglichen Ministeriums der Justiz eingetragen werden, durch welches die betreffende Allerhöchste Verfügung den Betheiligten mitgetheilt wird.

Annahme an Kindesstatt, sowie Veränderungen, welche die Standesrechte eines Kindes in anderer Weise erleiden, können auf Vorlage von in Allerhöchstem Auftrage Seiner Königlichen Hoheit des Großherzogs erlassenen Reskripten des Großherzoglichen Ministeriums der Justiz, bez. wenn die Annahme an Kindesstatt durch gerichtlichen Akt erfolgt, auf Grund einer gerichtlichen Verfügung erfolgen.

In sämmtlichen Fällen, welche der §. 26 erwähnt, kann übrigens der Eintrag nur auf Antrag eines Betheiligten, z. B. des Vaters des Kindes, des Vormundes 2c. erfolgen.

In allen zweifelhaften Fällen wird den Standesbeamten empfohlen, sich vor stattfindendem Eintrage mit der Aufsichtsbehörde in Benehmen zu setzen. Der Vermerk, welcher in solchen Fällen am Rande der über den Geburtsfall aufgenommenen Eintragung zu erfolgen hat, ist in ähnlicher Weise wie der Vermerk in dem Musterformular A. 4 zu fassen, so zwar, daß die Thatsache, durch welche die Veränderung in den Standesrechten des Kindes stattfindet, der Namen der Betheiligten, welche den Antrag auf Eintragung stellen, und die öffentliche Urkunde, durch welche der Vorgang nachgewiesen wird, erwähnt werden. Der Fall einer Legitimation durch nachfolgende Ehe würde hiernach beispielsweise wie folgt am Rande des Geburtseintrags zu vermerken sein.

Mainz, am 8. Februar 1876.

Vor dem unterzeichneten Standesbeamten erschien heute, der Persönlichkeit nach bekannt, der Kaufmann L. M., wohnhaft zu Offenbach in der L.=Straße Nr. 8, evangelischer Religion, überreichte eine von dem Standesbeamten in Offenbach ausgestellte Bescheinigung der Eheschließung d. d Offenbach am 6. Februar 1876, Inhalts deren zwischen dem Kaufmann L. M., wohnhaft zu Offenbach, und der Anna Reichenwalde, wohnhaft zu Offenbach, am genannten Tage die Ehe geschlossen worden ist, und erklärte, daß er das von der Anna Reichenwalde am 6. Mai 1875 dahier geborene Kind als von ihm erzeugt anerkenne.

Vorgelesen, genehmigt und unterschrieben.

Der Standesbeamte:

N.

Wenngleich durch Namensveränderungen, welche von Sr. Königlichen Hoheit dem Großherzog gestattet werden, eine Aenderung in den Standesrechten einer Person nicht herbeigeführt wird, so ist es doch zur Vermeidung von Irrthümern und Zweifeln hinsichtlich der Identität einzelner Personen für zweckmäßig erachtet worden, in den Geburts= und Heirathsregistern solche Namensveränderungen eintragen zu lassen (Art. 13 der Hessischen Ausführungsverordnung). Die Namensveränderungen werden auf Weisung der Aufsichtsbehörde am Rande der betr. Eintragung unter Bezugnahme auf die erlassene Allerhöchste Verfügung vermerkt.

Zu §. 27. In welcher Weise die ertheilte Genehmigung der Aufsichtsbehörde im Falle einer verspäteten Anzeige des Geburtsfalles einzutragen ist, ergiebt sich aus dem Musterformular A. 3 a. E.

Die Frist von 3 Monaten ist kalendermäßig zu berechnen und läuft also beispielsweise bei einer am 2. Februar erfolgten Geburt am 2. Mai ab. Fehlt der entsprechende Kalendertag in dem letzten Monate der Frist, so endigt die Frist mit dem Ablaufe des letzten Tages dieses Monats (z. B. bei einer am 30. November erfolgten Geburt am 28. oder 29. Februar).

Die Kosten der Ermittelung des Sachverhaltes sind durch die Aufsichtsbehörde einzuziehen.

Dritter Abschnitt.

Erfordernisse der Eheschließung.

Zu §. 28. Indem zur Eheschließung die Einwilligung der Eheschließenden erfordert wird, soll damit zunächst ausgedrückt werden, daß die Eheschließenden diese Einwilligung nur in Selbstperson, und nicht durch dritte Beauftragte erklären können.

Weiter ergiebt sich aber aus dem Erfordernisse der Einwilligung, daß der Standesbeamte zur Eheschließung nicht schreiten darf, wenn er Grund hat zur Annahme, daß beide Verlobten oder auch nur einer derselben nicht mit freiem Willen oder vollem Bewußtsein ihre Zustimmung zu der Eheschließung ertheilen würden. Sollte daher der Standesbeamte sich überzeugt halten, daß die Verlobten oder einer derselben geistesgestört oder trunken seien oder daß durch Betrug, Zwang oder Irrthum eine freie Willenserklärung ausgeschlossen sei, dann hat er die Eheschließung abzulehnen.

Die Ehemündigkeit — d. h. bei dem männlichen Geschlecht das vollendete zwanzigste, bei dem weiblichen Geschlecht das vollendete sechszehnte Lebensjahr — ist durch die in beglaubigter Form beizubringende Geburtsurkunde nachzuweisen. (§. 45 Nr. 1.)

Ergibt sich hieraus, daß die Verlobten nicht beide ehemündig sind, so ist die Eheschließung abzulehnen.

Eine etwaige Dispensation kann nach Art. 12 der Hessischen Ausführungsverordnung nur von Seiner Königlichen Hoheit dem Großherzoge ertheilt werden und ist durch die Vorlage eines diese Verfügung mittheilenden Reskripts des Großherzoglichen Ministeriums der Justiz darzuthun.

Zu §. 29. Es versteht sich von selbst, daß die Einwilligung der in §. 29 erwähnten Personen dem Standesbeamten in glaubhafter Form nachgewiesen werden muß; ebenso der Tod des Vaters bezw. der Mutter durch Sterbeurkunde. Nach Lage des Falles wird der Standesbeamte von der ihm in §. 45 Absatz 3 gewährten Befugniß der Abnahme eidesstattlicher Versicherung Gebrauch machen können; dies jedoch nur äußersten Falles, wenn durch die vorgelegten Urkunden und sonst beigebrachten Beweismittel die behauptete Einwilligung ihm nicht als hinreichend festgestellt erscheint.

Sind Vater oder Mutter dauernd zur Abgabe einer Erklärung außer Stande (z. B. in Folge von Geisteskrankheit) oder ist ihr Aufenthalt dauernd unbekannt, so ist ebenso zu verfahren, als wären sie todt. Die Frage, ob eine derartige dauernde Verhinderung vorliege, ist der Beurtheilung des Standesbeamten überlassen, der bei blos vorübergehenden Verhinderungen deren Beseitigung abwarten wird.

§. 29 Absatz 4 schreibt vor, daß eine Einwilligung des Vormundes für diejenigen Minderjährigen nicht erforderlich sei, welche nach Landesrecht einer Vormundschaft nicht unterliegen. Inwiefern hiernach in den verschiedenen Gebietstheilen des Großherzogthums die Einwilligung eines Vormundes zur Eheschließung erforderlich ist oder nicht, ergiebt sich aus nachfolgender Zusammenstellung:

1) Provinzen Starkenburg und Oberhessen.

Minderjährige unterliegen nach dem Ableben des Vaters keiner besonderen Vormundschaft, in solange ihre rechte Mutter noch am Leben ist und den Wittwenstuhl nicht verrückt oder sonst zur Ausübung der elterlichen Rechte unfähig wird. Es genügt darum unter den angegebenen Verhältnissen für Minderjährige zur Eheschließung die Einwilligung der Mutter.

Schreitet die Wittwe dagegen zur weiteren Ehe, dann wird für die minderjährigen Kinder ein Vormund bestellt und es ist für Eheschließungen der minderjährigen Kinder in diesem Falle die Einwilligung der Mutter und des Vormundes erforderlich. (§§. 18—20 des Contractenreglements vom 21. Februar 1770, Spamer'sche Sammlung Seite 61 und 62. Ober-Appellations-Gerichts-Präjudizien Nr. 33 und 45.)

In denjenigen Orten der Provinz Starkenburg, in welchen das Erbacher Landrecht gilt*), erleidet die letzterwähnte Bestimmung keine Anwendung und es findet, wenn

*) Erbacher Landrecht gilt in den Orten der Landgerichts-Bezirke Beerfelden und Michelstadt; ferner im Landgerichts-Bezirk Höchst in: Affhöllerbach, Angelhof, Annelsbach, Arn-

die Wittwe zur zweiten Ehe schreitet und zwischen ihr, ihrem zweiten Ehemanne und ihren Kindern erster Ehe ein Einkindschaftsvertrag abgeschlossen wird, die Ernennung eines Vormunds für die minderjährigen Kinder erster Ehe nicht statt (Erbacher Landrecht. Ausgabe von Beck und Lauteren §. 31 Anmerkung a und §. 42); es ist daher für die Eheschließung der Kinder erster Ehe an den gedachten Orten und in dem angegebenen Falle nur die Einwilligung der Mutter erforderlich.

Für die vormals Kurhessischen Orte**) gilt die Vorschrift: daß Minderjährige stets einer Vormundschaft unterliegen. In den gedachten Orten ist daher für die Eheschließungen minderjähriger vaterloser Kinder, neben der Einwilligung der Mutter, stets auch die des Vormundes erforderlich.

Für die vormals Nassauischen***) Orte gilt die Vorschrift: daß vaterlose Minderjährige, deren Mutter sich am Leben befindet, keiner Vormundschaft unterliegen, sondern nur der elterlichen Gewalt der Mutter, welche bei ehelichen Kindern nach des Vaters Tod, ohne als Vormund zu gelten, dieselben kraft jener Gewalt zu vertreten hat. Bei Eingehung einer zweiten Ehe einer Wittwe ist ein blos aufsehender Vormund für die Kinder zu bestellen, dessen Einwilligung zu einer Verheirathung der minderjährigen Kinder (neben der Einwilligung der Mutter) nicht erforderlich ist. (Nassauisches Gewohnheitsrecht und Gesetz vom 15. Mai 1851 §. 16 und 17, Verordnung vom 31. Mai 1854.)

Für die vormals Frankfurtischen Orte****) gilt die Vorschrift: daß für die vaterlosen minderjährigen Kinder einer Wittwe erst nach deren Ueberschreiten zur zweiten Ehe ein Vormund ernannt wird, für deren Eheschließungen alsdann neben der Einwilligung der Mutter auch diejenige des Vormundes erfordert wird.

2) Provinz Rheinhessen.

In der Provinz Rheinhessen ist die Frau nach dem Tode ihres Mannes von Rechtswegen Vormund der in der Ehe erzeugten Kinder (Code civ. Art. 390) und es genügt darum nach dem Tode des Vaters regelsweise die Einwilligung der Mutter zur Eheschließung ihrer minderjährigen Kinder.

Wenn jedoch die überlebende Mutter diese Vormundschaft nicht annimmt, dann muß sie von dem Familienrathe einen Vormund ernennen lassen (Code civ. Artikel 394) und ist darum, wenn eine solche Ernennung stattgefunden hat, neben der Einwilligung der Mutter die Einwilligung des Vormundes erforderlich.

Gleiches ist dann der Fall, wenn die Mutter zur zweiten Ehe schreitet und sie wegen unterlassener Berufung des Familienraths die Vormundschaft verliert oder der zusammenberufene Familienrath ihr die Vormundschaft nicht beläßt (Code civ. Artikel 396).

Nach §. 29 Absatz 5 bestimmt sich nach Landesrecht, inwiefern die Wirksamkeit einer Vormundschaftsbehörde oder eines Familienrathes stattfindet.

Eine solche landesrechtliche Bestimmung besteht im Großherzogthum nur für die Provinz Rheinhessen. In dieser Provinz können nämlich, wenn beide Eltern verstorben oder dauernd zur Abgabe einer Erklärung außer Stande sind, oder wenn ihr Aufenthalt dauernd unbekannt ist, deren minderjährige Kinder nicht ohne die Einwilligung des Familienraths eine Ehe schließen. Dies gilt auch für emancipirte Minderjährige. (Code civ. Art. 160.)

Zu §. 30. Uneheliche Kinder bedürfen nach der Vorschrift dieses §. bis zum entscheidenden Jahre der Zustimmung der Mutter und, wenn sie minderjährig sind und einen Vormund haben, auch des Vormundes, niemals aber der Zustimmung des Vaters, auch wenn er das uneheliche Kind anerkannt haben sollte.

---

heiter Hof, Balsbach, Birkert Breuberger Seits, Böllstein, Breitenbach, Breitenbrunn, Breuberg, Brunnthal, Dusenbach, Etzen-Gesäß, Forstel, Fürstengrund, Gumpersberg, Haingrund, Hembach, Hengmantel, Höllerbach, Hainstadt, Höchst, Hummetroth. Hardt, (Hof), Kannengießer Heckenhof, Kilsbach, Kirch-Brombach, König, Lützel-Wiebelsbach, Mühlhausen, Mümling-Grumbach, Neustadt, Ohrenbach, Nieder-Kinzig, Ober-Kinzig, Pfirschbach, Rai-Breitenbach, Raibach, Rimhorn, Rosenbach, Sandbach, Seckmauern, Schaafhof, Stierbach, Wallbach, Wolfen (Hof); im Landgerichtsbezirk Fürth: Bockenrod, Erzbach, Frohnhofen, Groß-Gumpen, Laudenau, Lützel-Rimbach, Münschbach, Ober-Klein-Gumpen, Ober-Ostern, Reichelsheim, Reichenberg, Rimbach, Rohrbach, Unter-Mengelbach, Unter-Ostern, Unter-Hiltersklingen, Winterkasten, Zotzenbach; im Landgerichts-Bezirk Zwingenberg: Elmshausen, Gadernheim, Gronau, Hohenstein, Lautern, Raidelbach, Reichenbach, Schönberg, Wilmshausen, Zell; im Landgerichts-Bezirk Hirschhorn: Rothenberg mit Kortelshütte und Ober-Hainbrunn. (cf. Zimmermann, die Sonderrechte der Provinzen Starkenburg und Oberhessen S. 19 und 48.)

**) Vormals kurhessische Orte: Bau-Nauheim, Dorheim, Schwalheim, Rödgen, Massenheim, Trais a. d. Lumda, Ohmes, Ruhlkirchen, Seibelsdorf, Vockenrode, Rumpenheim.

***) Vormals Nassauische Orte: Reichelsheim, Dorn-Assenheim, Harheim.

****) Vormals Frankfurtische Orte: Dortelweil und Nieder-Erlenbach.

In der Provinz Rheinhessen insbesondere bedürfen uneheliche minderjährige Kinder zur Eheschließung der Einwilligung der Mutter. Ist die Mutter verstorben oder ist dieselbe zur Abgabe einer Erklärung dauernd außer Stande oder ihr Aufenthalt dauernd unbekannt, so können uneheliche minderjährige Kinder nur mit Einwilligung ihres Vormundes oder, wenn sie keinen allgemeinen Vormund haben, nur mit Einwilligung eines ihnen für diesen Zweck zu gebenden besonderen Vormundes eine Ehe eingehen. (C. civ. Artikel 159. Zachariä, Handbuch des französischen Civilrechts Band III §. 467.)

Zu §. 31. Der erste Satz des §. 31 gilt in den Provinzen Starkenburg und Oberhessen für alle Adoptivkinder.

Im Geltungsbereiche des Rheinischen Rechtes (Provinz Rheinhessen) werden dagegen durch eine Annahme an Kindesstatt die Rechte der väterlichen Gewalt nicht begründet (Artikel 348 rc. C. civ.) und kommen daher hier auch bei Adoptivkindern die Vorschriften des §. 29 (Einwilligung der leiblichen Eltern) in Anwendung.

Zu §. 32. Wird minderjährigen Kindern die erforderliche Einwilligung zur Eheschließung nicht ertheilt, dann muß die Eheschließung unterbleiben.

Großjährigen Kindern steht dagegen die Klage auf richterliche Ergänzung zu. Wird eine solche Klage erhoben, dann hat der Standesbeamte die Eheschließung so lange abzulehnen, bis ihm ein die Ergänzung aussprechendes, mit Bescheinigung der Rechtskraft versehenes, Urtheil des competenten Gerichts vorgelegt wird.

Zu §. 33. Das Gesetz verbietet die Ehe zwischen Verwandten in auf- und absteigender Linie, also die Ehe von Eltern, Großeltern rc. mit ihren Kindern, Enkeln rc.

Es ist ferner verboten die Ehe zwischen vollbürtigen Geschwistern, d. h. solchen, die beide Eltern gemeinsam, und zwischen halbbürtigen Geschwistern, d. h. solchen, die nur den Vater oder die Mutter gemeinsam haben.

Verboten ist weiter die Ehe zwischen Stiefeltern und Stiefkindern jeden Grades, d. h. zwischen dem einen Ehegatten und den Kindern oder Enkeln des andern Ehegatten, sowie zwischen Schwiegereltern und Schwiegerkindern jeden Grades, d. h. zwischen dem einen Ehegatten und den Eltern oder Großeltern des andern Ehegatten.

Es ist dabei kein Unterschied, ob das Verwandtschafts- oder Schwägerschaftsverhältniß auf ehelicher oder außerehelicher Geburt beruht und es kann darum z. B. der Ehemann nicht die außereheliche Tochter seiner verstorbenen Frau heirathen. Es ist ebenso einerlei, ob die Ehe, durch welche die Stief- oder Schwiegerverbindung begründet wird, noch besteht oder nicht, so daß auch nach der etwa durch Scheidung erwirkten Auflösung der Ehe die geschiedene Ehefrau nicht den aus der ersten Ehe ihres abgeschiedenen Mannes herrührenden Stiefsohn heirathen kann.

Da in der Provinz Rheinhessen nach dem dort geltenden rheinischen Recht die Adoption ein unwiderrufliches Verhältniß begründet, so kann in dieser Provinz zwischen Personen, von welchen eine die andere an Kindesstatt angenommen hat, niemals eine Ehe geschlossen werden.

Die im Falle der pos. 5 des §. 33 (Verbot der Ehe zwischen einem wegen Ehebruchs Geschiedenen und seinen Mitschuldigen) für zuläsig erklärte Dispensation kann im Großherzogthum nur von Seiner Königlichen Hoheit dem Großherzoge ertheilt werden (Hess. Ausf.-Verordnung Artikel 12) und hat daher der Standesbeamte die Eheschließung zwischen einem wegen Ehebruchs Geschiedenen und seinem Mitschuldigen insolange abzulehnen, bis ihm ein die Eintheilung der Allerhöchsten Dispensation bestätigendes Reskript des Großherzoglichen Ministeriums der Justiz vorgelegt wird.

Zu §. 34. Die Auflösung einer Ehe kann durch Tod oder durch Scheidung, die Ungültigkeits- oder Nichtigkeitserklärung einer Ehe durch gerichtliches Erkenntniß erfolgen.

Ein Ehegatte, welcher eine neue Ehe eingeht, bevor seine Ehe aufgelöst, für ungültig oder nichtig erklärt worden ist, ingleichen eine unverheirathete Person, welche mit einem Ehegatten, wissend, daß er verheirathet ist, eine Ehe eingeht, wird nach §. 171 des Reichsstrafgesetzbuchs mit Zuchthaus bis zu fünf Jahren bestraft.

Die Standesbeamten haben sich den Nachweis, daß eine frühere Ehe nicht mehr besteht, von den Verlobten erbringen zu lassen und, wenn ein solcher Nachweis in zureichender Weise nicht erbracht wird, die Eheschließung abzulehnen. (Vergl. diese Instruktion zu §. 55, sowie §. 14 der Ausf.-Verordnung des Bundesraths.)

Zu §. 35. §. 35 soll die Wiederverheirathung von Frauen während einer etwaigen Schwangerschaft aus früherer Ehe verhüten.

Etwaige Dispensation kann nur von Seiner Königlichen Hoheit dem Großherzog ertheilt werden (Hess. Ausf.-Verordnung Artikel 12).

Zu §. 36. Ohne Rücksichtsnahme auf die, zur Cognition des Standesbeamten nicht gehörigen, rechtlichen Folgen einer gegen die Bestimmungen der §§. 28—35 geschlossenen Ehe hat derselbe diese Bestimmungen auf das Gewissenhafteste zu beobachten und in allen Fällen, in welchen er die Ueberzeugung gewinnt, daß durch Zwang, Irrthum oder Betrug die zur Eheschließung erforderliche freie Einwilligung der Eheschließenden (s. §. 28) ausgeschlossen sei, die Eheschließung abzulehnen.

Die Außerachtlassung der in diesem Gesetze für die Eheschließung gegebenen Vorschriften wird nach §. 69 des Reichsgesetzes mit Geldstrafe bis zu 600 Mark bestraft.

Zu §. 37. Auch hier hat der Standesbeamte das gesetzliche Verbot (der Eheschließung eines Pflegebefohlenen mit seinem Vormund oder dessen Kindern während der Dauer der Vormundschaft) strenge zu befolgen und darf sich nicht etwa dadurch zu einer Nichtbeachtung desselben verleiten lassen, daß eine gegen das Verbot des §. 37 gleichwohl geschlossene Ehe nicht als ungiltig angefochten werden kann.

Zu §. 38. Die Vorschriften, welche die Ehe der Militärpersonen betreffen, und welche nach der Bestimmung des §. 38 unberührt bleiben, d. h. von dem Standesbeamten beachtet werden müssen, sind folgende:

Die Militärpersonen des Friedensstandes bedürfen zu ihrer Verheirathung die Genehmigung ihrer Vorgesetzten (§. 40 des Reichs-Militärgesetzes vom 2. Mai 1874. Reichsgesetzblatt Seite 56).

Die vorläufig in die Heimath beurlaubten Rekruten und Freiwilligen bedürfen zur Verheirathung der Genehmigung der Militärbehörde (§. 60 Nr. 4 desselben Gesetzes; Reichsgesetzblatt Seite 61).

Zu den Militärpersonen des Friedensstandes gehören (ohne Rücksicht auf thatsächlichen Kriegszustand):

1) Die Offiziere, Aerzte, Militärbeamten des Friedensstandes vom Tage ihrer Anstellung bis zum Zeitpunkte ihrer Entlassung aus dem Dienste;

2) die Kapitulanten vom Beginn bis zum Ablauf oder bis zur Aufhebung der abgeschlossenen Kapitulation;

3) die Freiwilligen und die ausgehobenen Rekruten von dem Tage, mit welchem ihre Verpflegung durch die Militärverwaltung beginnt, Einjährig-Freiwillige von dem Zeitpunkt ihrer definitiven Einstellung in einen Truppentheil an, sämmtlich bis zum Ablauf des Tages ihrer Entlassung aus dem aktiven Dienste (§. 38 des Reichs-Militärgesetzes vom 2. Mai 1874, Reichsgesetzblatt Seite 55, 56).

Hessische Landesbeamten bedürfen zu ihrer Verehelichung im Großherzogthum einer Erlaubniß ebensowenig wie Reichsbeamte.

Bei der Eheschließung eines nicht hessischen Landesbeamten hat der Standesbeamte sich dagegen jedes Mal ein Zeugniß der zuständigen Heimathsbehörde darüber vorlegen zu lassen: ob derselbe nach den in seiner Heimath giltigen gesetzlichen Bestimmungen der Erlaubniß seiner vorgesetzten Behörde und welcher vorgesetzten Behörde bedürfe. Im Bejahungsfalle darf der Standesbeamte nicht eher zur Eheschließung schreiten, als bis ihm der von der zuständigen Behörde ertheilte Erlaubnißschein vorgelegt wird.

Bezüglich der Ehen von Ausländern gelten in den verschiedenen Gebietstheilen des Großherzogthums die nachfolgenden Bestimmungen:

Ausländer in dem hier fraglichen Sinne sind alle Nichtdeutschen und von Deutschen die Angehörigen des rechtsrheinischen Bayerns (s. Bundesgesetz vom 4. Mai 1868, B.G.Bl. S. 149 §. 1; Hess. Reg.-Blatt Nr. 63 von 1870 S. 742). Dieses Gesetz ist in Bayern nicht eingeführt, es gilt dort vielmehr die Bestimmung des bayerischen Gesetzes vom 16. April 1868 Artikel 32 ꝛc., wonach die Verehelichung nur auf Grund eines von der zuständigen Behörde ausgestellten Zeugnisses erfolgen darf, daß gegen die beabsichtigte Eheschließung kein im gegenwärtigen Gesetz begründetes Hinderniß bestehe[42]. Zuständig zur Ausstellung des Zeugnisses ist die Distriktsverwaltungsbehörde jener Gemeinde, in welcher der Mann seine Heimath hat. Eine im Widerspruch mit jener Bestimmung eingegangene Ehe ist so lange bürgerlich ungiltig, als die Ausstellung eines Zeugnisses nicht nachträglich erwirkt wurde.

1) Provinzen Starkenburg und Oberhessen.

Ausländer haben vor der Eheschließung ein schriftliches Zeugniß ihrer Ortsobrigkeit beizubringen, daß der beabsichtigten Ehe — sei dies eine Ehe zwischen Ausländern oder zwischen einer ausländischen und einer inländischen Person — kein Hinderniß im Wege stehe und daß den wegen Schließung einer giltigen Ehe bestehenden gesetzlichen Vorschriften von ihnen Genüge geschehen sei. (Verordnung vom 27. Juli 1810, Eigenbrodt, Handbuch der Gr. Hess. Verordnungen Band III. S. 352, 353. Sammlung Gr. Hess. Verordnungen, erschienen im Verlage der Invaliden-Anstalt, Heft II. 1809, 1810. S. 161 und 162.)

Für die vormals Kurhessischen Orte gilt die Vorschrift:

daß der Ausländer, welcher zur Ehe schreiten will, durch einen gehörigen, von dem Kreisamte für hinreichend erklärten Heimathschein darthun müsse, daß derselbe mit seiner

---

[42] Vgl. hierzu noch V. des Minist. des Innern, betr. . . . insbesondere die Eheschließungen Kön. Bayerischer Staatsangehöriger in anderen deutschen Staaten, sowie die Bekanntmachung der Aufgebote im rechtsrheinischen Bayern, v. 10. März 1877, Stdesb. 1877 S. 130.

Familie demnächst in den Staat, welchem er angehört, unweigerlich wieder werde aufgenommen werden, wovon nur bei auswärtigen Personen von hohem Rang und bekannten vortheilhaften Einkommens- oder Vermögensverhältnissen, unter schriftlicher Zustimmung des Kreisamtes, eine Ausnahme gemacht werden darf. (Staats-Min. Ausschreiben vom 20. November 1825. Kurhessische Gesetz-Sammlung S. 14. Verordnung vom 28. Dezember 1829, das. S. 83 ꝛc. §. 32.)

Für die vormals Nassauischen Orte gilt die Vorschrift:

daß keinem Angehörigen eines auswärtigen Staates die Verheirathung, sei es mit einer Inländerin oder Ausländerin, ohne Consens der Heimathsbehörde desselben gestattet ist. (Verordnung vom 28. Februar 1852, Nass. Verordnungs-Blatt S. 74, §. 5.)

Für die vormals Frankfurtischen Orte gilt die Vorschrift:

daß Ausländer zur Eheschließung einer obrigkeitlichen Erlaubniß bezw. eines Consenses ihrer Heimathsbehörde bedürfen. (Verordnung vom 24. Dezember 1772; Böhmer, Kirchenbuchführung der freien Stadt Frankfurt 1848, S. 235; Bender, Frankfurter Privatrecht, S. 38 ꝛc.)

2) Provinz Rheinhessen.

Die Eheschließung eines Ausländers mit einer Inländerin oder eines Ausländers mit einer Ausländerin kann nicht eher stattfinden, als bis der Ausländer von der kompetenten Obrigkeit seiner Heimath ein in gehöriger Form ausgestelltes und von der Provinzial-Direction in Mainz, bezw. dem Kreisamte, in dessen Bezirk die Trauung stattfinden soll, visirtes Zeugniß darüber beigebracht hat, daß seine Verehelichung zulässig sei und daß seiner demnächstigen Aufnahme mit seiner Frau in seiner Heimath kein Hinderniß im Wege stehe. (Verordnung vom 21. Mai 1833, Reg.-Bl. S. 229 und Verordnung vom 17. Februar 1854, Reg.-Bl. S. 49.)

Die erwähnten, die Ehen von Ausländern betreffenden, Vorschriften erleiden in den drei Provinzen des Großherzogthums und in sämmtlichen Orten derselben insofern eine durch Vereinbarung bezw. Staatsverträge der deutschen Reichsregierung mit den betreffenden Staaten herbeigeführte Ausnahme, als:

Niederländer, Schweden, Norweger, Italiener und Belgier, welche mit Deutschen in Deutschland eine Ehe abschließen wollen, wenn sie ihre Staatsangehörigkeit nachgewiesen haben, nicht verpflichtet sind, durch Vorlegung von Attesten ihrer bezüglichen Heimathsbehörden darzuthun, daß sie ihre Staatsangehörigkeit durch die Eheschließung auf ihre zukünftige Ehefrau und ihre in der Ehe geborenen Kinder übertragen und das sie demgemäß nach eingegangener Ehe sammt ihrer vorgedachten Familie von ihrem Heimathsstaate auf Erfordern wieder würden übernommen werden.

Dagegen sind auch die Angehörigen der erwähnten Staaten verpflichtet, eine Bescheinigung ihrer zuständigen Landesbehörde darüber vorzulegen, daß der Abschließung der Ehe nach dem bürgerlichen Rechte ihrer Heimath kein Hinderniß entgegenstehe. (Vertrag mit Italien s. Centralblatt für das Deutsche Reich 1875 Nr. 10 S. 155, 156.)

Bezüglich des Erfordernisses der Nachweisung, Auseinandersetzung oder Sicherstellung des Vermögens gelten in den verschiedenen Gebietstheilen des Großherzogthums folgende Bestimmungen:

1) Provinzen Starkenburg und Oberhessen.

a) Die Brautleute haben vor der Eheschließung ein Zeugniß des zuständigen Gerichts vorzulegen, daß sie Ehepakten errichtet oder daß sie in Ansehung ihrer Vermögensverhältnisse sich den Normen des Landrechts unterworfen haben, daher ihrer Verehelichung in dieser Beziehung ein civilrechtliches Hinderniß nicht im Wege stehe. (Verordnung v. 30. Sept. 1723 und 12. Nov. 1733. Sammlung von Spamer Nr. 149 S. 34. Bekanntmachung Großherzogl. Ministeriums des Innern und der Justiz vom 23. Juli 1831, Reg.Bl. von 1831 Nr. 51 S. 424. Instruktion für die Ortsgerichte §. 21, Reg.Bl. von 1852 Nr. 54 S. 465 ꝛc.)[48]

In Wimpfen und Kürnbach insbesondere muß vor Abschluß der Ehe das sogenannte Inbringens-Inventar durch das Gericht oder den Notar errichtet werden und haben daher die Verlobten vor Schließung der Ehe gerichtliches Zeugniß dahin gehend beizubringen: daß in dieser Beziehung dem Abschluß der Ehe ein civilrechtliches Hinderniß nicht im Wege stehe.

b) Nach Art. 15 pos. 1 c. 2 des Pfandrechtsgesetzes v. 15. Sept. 1858 haben die Kinder einen gesetzlichen Hypothektitel wegen ihres in der gesetzlichen Verwaltung und Nutznießung

---

[48]) Verf. d. Minist. des Innern und der Justiz an die Amtsgerichte in den Provinzen Starkenburg und Oberhessen, betr. die Ausfertigung gerichtlicher Heirathsbescheinigungen vom 10. Februar 1882, Stdesb. 1882 S. 52, durch welche folgendes Musterformular für Heirathsbescheinigungen vorgeschrieben wird:

oder nur in der gesetzlichen Verwaltung Eines Elterntheils stehenden beweglichen Vermögens auf die verhypothecirbaren Vermögensgegenstände dieses Elterntheils, sofern die Ehe durch Tod oder Scheidung aufgelöst ist 2c., desgleichen wegen ihres beweglichen Vermögens auf die verhypothecirbaren Vermögensgegenstände ihres Stiefvaters, wenn die Mutter sich wieder verheirathet und sie oder der Stiefvater das Vermögen der Kinder verwaltet. Nach Artikel 17 desselben Gesetzes hat das Vormundschaftsgericht die beiden erwähnten Hypothektitel der Kinder, insoferne solche noch minderjährig, oder geisteskrank sind oder unter Curatel stehen, u. A. dann eintragen zu lassen, wenn der Elterntheil zur zweiten Ehe schreitet. Will nun aber ein Elterntheil zur zweiten Ehe schreiten, so muß er die Einschreibung des gesetzlichen Hypothektitels seiner Kinder bei dem Landgericht beantragen und letzteres hat sofort wegen Feststellung der zu versichernden Summen und Bezeichnung der Unterpfandsgegenstände das Erforderliche zu verfügen und eine Hypothekurkunde auszufertigen. Die Bescheinigung, daß hinsichtlich der privatrechtlichen Verhältnisse der Vollziehung der Ehe kein Hinderniß im Wege stehe, darf von dem betreffenden Landgericht nicht eher ertheilt werden, als bis ihm der Elterntheil, welcher zur zweiten Ehe schreiten will, nachgewiesen hat, daß der Hypothektitel im Hypothekenbuche eingeschrieben worden ist.

Will hiernach ein Wittwer oder eine Wittwe, welche aus früherer Ehe Kinder haben, zur zweiten Ehe schreiten, so darf diese Ehe von dem Standesbeamten nicht eher geschlossen werden, als bis gerichtliches Zeugniß vorgelegt ist, daß bezüglich des Vermögens der Kinder erster Ehe das gesetzlich Erforderliche gewahrt sei und in dieser Beziehung der Eheschließung kein privatrechtliches Hinderniß im Wege stehe. (Pfandrechtsgesetz v. 15. Sept. 1858, Reg.Bl. Nr. 35 S. 452; Instruktion, das Hypothekenwesen betr., Reg.Bl. von 1861 Nr. 42 S. 385 2c. §§. 15 und 16 pos. I.)

Für die vormals kurhessischen Orte gilt in dieser Beziehung die Vorschrift:

daß bei Eingehung einer zweiten oder weiteren Ehe und beim Vorhandensein minderjähriger Kinder aus früherer Ehe durch eine Bescheinigung der obervormundschaftlichen Gerichtsbehörde vor dem Aufgebote die vorschriftsmäßige Feststellung der aus der früheren Ehe hervorgehenden Vermögensverhältnisse nachzuweisen sei. Dispensation von der Errichtung eines förmlichen Inventars erfolgt durch das ordentliche Gericht. (Edikt v. 18. Febr. 1734 §. 10, Verordn. v. 26. Jan. 1751, Reg. und Cons.-Ausschreiben v. 19. April 1854.)

Für die vormals Nassauischen Orte gilt die Vorschrift:

daß eine verwittwete Person, sie mag Kinder haben oder nicht, und eine geschiedene Person, welche Kinder hat, nicht zur zweiten Ehe schreiten darf, bevor die vorgeschriebene Inventarisation stattgefunden hat. Sind minderjährige oder sonst dispositionsunfähige Kinder vorhanden, so darf die Eingehung der Ehe nicht stattfinden, bevor die Bestellung eines aufsehenden Vormundes, Inventarisation und Cautionsleistung bewirkt ist. Dieses gilt auch für Mütter unehelicher Kinder. (Nass. Edikt v. 16. Nov. 1804, Verordn. v. 22. Febr. 1826 und 31. Mai 1854.)

Für die vormals Frankfurtischen Orte gilt die Vorschrift:

daß die zur weiteren Ehe schreitende Wittwe oder geschiedene Ehefrau, bei Landbewohnern auch der Wittwer oder geschiedene Ehemann, wenn Kinder erster Ehe vorhanden sind, zuvor die Errichtung eines gerichtlichen Inventars über das Vermögen der Vorehe bei der Obervormundschaft zu erwirken haben. (Praxis auf Grund der Frankfurter Reformation III Titel 4. 6, VII Tit. 2 §. 10.)

Die Standesbeamten der vormals Kurhessischen, Nassauischen und Frankfurter Orte dürfen daher in Fällen der erwähnten Art nicht eher zur Eheschließung schreiten, als bis ihnen ein von dem kompetenten Gericht ausgestelltes Zeugniß vorgelegt wird, daß wegen Ueberschreitung zur weiteren Ehe die gesetzlichen

---

Den Verlobten

1. . . . .

2. . . . .

wird hierdurch Bescheinigung ertheilt (Unzutreffendes ist auszustreichen):

daß sie Ehepakten errichtet;

daß sie sich in Ansehung ihres Vermögens den Bestimmungen des Landrechtes unterworfen haben;

daß bezüglich der Kinder . . . . . . Ehe des Bräutigams . . . der Braut das Erforderliche gewahrt und in diei . . . Beziehung . . . ihrer Eheschließung ein civilrechtliches Hinderniß nicht entgegenstehe.

. . . ten . . . . . 18 . .

Großherzogliches Amtsgericht.

Erfordernisse gewahrt seien und insoferne der beabsichtigten Ehe kein privatrechtliches Hinderniß im Wege stehe.

2) Provinz Rheinhessen.

In der Provinz Rheinhessen sind von dem Standesbeamten in der hier fraglichen Beziehung besondere Vorschriften nicht zu wahren.

Zu §. 39. Die Folge der Bestimmung des §. 39 ist die, daß der Standesbeamte, um die gesetzliche Zulässigkeit einer angesonnenen Eheschließung zu prüfen, sich lediglich an die Vorschriften des Reichsgesetzes vom 6. Febr. 1875 zu halten und Einsprüche, welche sich auf andere, in diesem Gesetze nicht vorgesehene, Gründe stützen, nicht zu beachten hat.

Zu §. 40. Ueber die Dispensationsbefugniß vergl. Hess. Ausf.=Verordnung Art. 12. Für die urkundlich beizubringenden Dispensationen sind nach Maßgabe der Vorschrift des §. 9 der Ausf.Verordnung des Bundesraths besondere Sammelakten anzulegen.

Für Rheinhessen sind die Bestimmungen des Arrêté vom 20. Prairial XI, wonach — Artikel 5 — die ertheilten Dispensationen in ein hierzu besonderes bestimmtes Register auf der Bezirksgerichtskanzlei eingeschrieben werden und der Partie eine dem Stempel und der Einregistrirung unterliegende Abschrift der Dispensentscheidung zu ertheilen ist, aufgehoben.

Vierter Abschnitt.

Form und Beurkundung der Eheschließung.

Zu §. 41. §. 41 entscheidet nur darüber, in welcher Weise innerhalb des Gebietes des Deutschen Reiches eine Ehe rechtsgiltig geschlossen werden kann, und er trifft diese Entscheidung dahin, daß dies nur vor dem Standesbeamten geschehen könne. Es gilt diese Entscheidung ebensowohl für die von Inländern als auch für die von Ausländern in Deutschland zu schließenden Ehen.

Zu §. 42. Die Motive zu dem Entwurfe des Reichsgesetzes bemerken zu diesem §., daß die Ehe da geschlossen werden soll, „wo die Verlobten bekannt sind, weil am ehesten an diesen Orten das Bekanntwerden etwaiger Ehehindernisse zu erwarten ist. Diese Orte sind nach der Natur der Verhältnisse: der Ort des Wohnsitzes und der des gewöhnlichen Aufenthaltes". Unter Wohnsitz (domicilium) versteht man denjenigen Ort, an welchem eine Person ihren Aufenthalt in der Absicht genommen hat, diesen Ort dauernd zum Sitze ihres Haushaltes und zum Mittelpunkte ihres geselligen bezw. geschäftlichen Verkehrs zu machen. Um das Domizil wirklich zu begründen, muß mit einer solchen Absicht die Thatsache des Aufenthalts zusammentreffen.

Das Gesetz nennt neben dem Bezirk des Wohnsitzes den Standesamtsbezirk, in welchem sich einer der Verlobten „gewöhnlich aufhält". Was unter gewöhnlichem Aufenthalt zu verstehen sei, ist durch das Gesetz absichtlich nicht näher erläutert und damit die Frage, ob ein gewöhnlicher Aufenthalt vorhanden sei, dem Standesbeamten im einzelnen Falle zur Entscheidung überlassen. Die Standesbeamten haben diese Entscheidung nach vernünftigem Ermessen zu treffen. Die Vorschrift des rheinischen Rechtes (Art. 74 C. civ.), insofern dieselbe für die Zuständigkeit zur Eheschließung regelmäßig einen Aufenthalt von 6 Monaten verlangt, ist aufgehoben.

Wie unbeschränkt hiernach auch der Standesbeamte bei Prüfung der Frage ist, ob Jemand einen „gewöhnlichen Aufenthalt" in seinem Bezirke habe, so ist es doch selbstverständlich, daß er hierbei auf das Gewissenhafteste zu Werke zu gehen hat und es würde ein Standesbeamter, der einen Aufenthalt von nur wenig Tagen als einen „gewöhnlichen" erachten und darauf hin seine Zuständigkeit zur Eheschließung für begründet halten wollte, sich schwerer Verantwortung und Strafe aussetzen, vor welchen ihn auch die Bestimmung des §. 42 Absatz 2 nicht zu schützen vermöchte, wonach die von ihm trotz offenbarer Nichtzuständigkeit geschlossene Ehe aus diesem Grunde nicht angefochten werden könnte.

Zu §. 43. Zuständig zur Eheschließung ist nach §. 42 der Standesbeamte, in dessen Bezirk eines der Verlobten seinen Wohnsitz hat oder sich gewöhnlich aufhält. Ein nach der Bestimmung des §. 42 nicht zuständiger Standesbeamte darf die Eheschließung nur auf schriftliche Ermächtigung eines zuständigen Standesbeamten vornehmen.

In welcher Form diese schriftliche Ermächtigung zu ertheilen ist, darüber siehe die Formulare F. und F. 1 der Ausführungsverordnung des Bundesraths. Da übrigens der ermächtigte (an sich nicht zuständige) Standesbeamte nach der Vorschrift des §. 49 außer der schriftlichen Ermächtigung zur Vornahme der Eheschließung auch noch einer Bescheinigung über den Vollzug des Aufgebots und das Nichtvorhandensein von Ehehindernissen bedarf, so ist diese Bescheinigung mit jener Ermächtigung zweckgemäß zu verbinden, wie dies auch in den Formularen F. und F. 1 angedeutet ist.

Die Bescheinigung des §. 49 ist gebührenfrei zu ertheilen (Gebührentarif Nr. 1); für die Ermächtigung des §. 43 kommt dagegen eine Gebühr von einer halben Mark zum Ansatz (Gebührentarif Nr. II. 2).

Zu §. 44. Das Aufgebot hat den Zweck, etwaige Ehehindernisse zu ermitteln. Die Form desselben ist aus Formular E. und E. 1 zu ersehen.

Zuständig zur Anordnung des Aufgebots ist jeder Standesbeamte, vor welchem nach §. 42 Absatz 1 die Ehe geschlossen werden kann, d. h. derjenige Standesbeamte, in dessen Bezirk eines der Verlobten seinen Wohnsitz hat oder sich gewöhnlich aufhält. Es liegt in der Wahl der Verlobten, welchen unter mehreren zuständigen Standesbeamten sie um Anordnung des Aufgebots ersuchen wollen. Ein nach Maßgabe des §. 43 zur Eheschließung von dem zuständigen Standesbeamten ermächtigter Standesbeamter ist zur Anordnung des Aufgebots nicht zuständig.

Ueber die Vollziehung des Aufgebots in Bayern s. diese Instruktion zu §. 74.

Zu §. 45. Den Standesbeamten sind vor Anordnung des Aufgebots die zur Eheschließung gesetzlich nothwendigen Erfordernisse nachzuweisen. Diese gesetzlichen Erfordernisse sind:

1) die durch das Reichsgesetz vom 6. Febr. 1875 im dritten Abschnitt (Erfordernisse der Eheschließung) §§. 28—40 vorgeschriebenen Erfordernisse;

2) diejenigen Bestimmungen, welche zu den §§. 29 und 38 dieser Instruktion ꝛc. einzeln aufgeführt sind.

Ein persönliches Erscheinen der Verlobten ist dabei nicht unbedingt vorgeschrieben; jedoch empfiehlt sich dasselbe als zweckmäßig, damit etwaige Lücken in dem Nachweise der Erfordernisse durch mündliches Benehmen mit den Verlobten sofort beseitigt werden können. Unter allen Umständen muß aber, wenn die Verlobten ausnahmsweise nicht persönlich von dem Standesbeamten erscheinen, vor Anordnung des Aufgebots außer allem Zweifel stehen, daß etwaige schriftliche oder durch Dritte übermachte Anträge auf Anordnung des Aufgebotes auch in Wahrheit dem ernstlichen Willen der Verlobten entsprechen, und der Standesbeamte wird in allen desfallsigen Zweifelsfällen das persönliche Erscheinen der Verlobten erfordern.

Was insbesondere die beizubringenden Geburtsurkunden betrifft, so haben die Standesbeamten die Bestimmung des §. 73 des Reichsgesetzes zu beachten, der den mit der Führung der Standesregister oder Kirchenbücher bisher betraut gewesenen Behörden und Beamten, also auch den Geistlichen, die Berechtigung und die Verpflichtung überläßt, über die bis zur Wirksamkeit dieses Gesetzes (1. Januar 1876) eingetragenen Geburten Zeugnisse zu ertheilen.

Was die zustimmende Erklärung Derjenigen betrifft, deren Einwilligung nach dem Gesetze erforderlich ist (vgl. §. 29—32, 38 des Reichsgesetzes), so hat der Standesbeamte vor allen Dingen zu prüfen, wessen Einwilligung nach dem Gesetze erforderlich ist, und in dem Falle, wenn die zunächst zur Einwilligung Berechtigten nach dem Vorbringen der Verlobten mit dem Tode abgegangen sein sollten, sich den eingetretenen Sterbefall durch die Sterbeurkunde oder sonst in glaubhafter Weise nachweisen zu lassen, wenn ihm nicht der Sterbefall persönlich bekannt sein sollte. Die zustimmende Erklärung kann eben sowohl schriftlich in beglaubigter Form, als mündlich, durch persönliches Erscheinen der zur Ertheilung der Zustimmung Berechtigten erfolgen.

Ueber die der Anordnung des Aufgebots vorausgehenden Verhandlungen hat der Standesbeamte nach Anleitung des am Schlusse dieser Instruktion abgedruckten Formulars G. ein Protokoll aufzunehmen, welches den Erschienenen vorzulesen, zu genehmigen, sowie von ihnen und dem Standesbeamten zu unterzeichnen ist.

Die Ausübung der im letzten Absatz des §. 45 den Standesbeamten eingeräumten Befugniß der Abnahme eidlicher Versicherung über die Richtigkeit nicht hinreichend festgestellter Thatsachen setzt unbedingt voraus, daß urkundliche oder sonstige Beweismittel für die betreffende Thatsache überhaupt beigebracht sind. Ueberdies wird den Standesbeamten hierbei die Beobachtung der größten Gewissenhaftigkeit und Vorsicht zur Pflicht gemacht und ist in allen Fällen, in welchen die Versicherung an Eidesstatt als ein zuverlässiges Mittel zur ausreichenden Ergänzung der beigebrachten unzulänglichen Beweismittel nach ihrer Ueberzeugung nicht betrachtet werden kann, von der Ausübung dieser Befugniß abzusehen. Dies wird namentlich in solchen Fällen zu geschehen haben, in welchen die betreffenden Verlobten eidesunfähig sind.

Die Versicherung an Eidesstatt ist unter Vorausschickung der Worte: „ich versichere an Eidesstatt, daß ꝛc." in die Hand des Standesbeamten zu leisten.

Sämmtliche von den Verlobten beigebrachten Urkunden sind mit dem über die Aufgebotsverhandlung errichteten Protokolle von den Standesbeamten zu den Sammelakten zu nehmen. (§. 9 der Ausf.-Verordnung des Bundesraths.)

Für die rheinhessischen Standesbeamten wird noch insbesondere darauf hingewiesen, daß die Vorschriften der Art. 70—73 C civ. aufgehoben sind, insofern in diesen Artikeln unbedingt die Vorlage der Geburtsurkunde oder als deren Ersatz Notaritätsakte verlangt werden. Ebenso kommt das Staatsraths-Gutachten vom 19. März 1808 nicht mehr in Anwendung, es treten an seine Stelle vielmehr die Bestimmungen des §. 45.

Zu §. 46. Aus demselben Grunde, aus welchem in §. 42 zur Schließung der Ehe der Standesbeamte für zuständig erklärt wird, in dessen Bezirk eines der Verlobten seinen Wohnsitz hat oder sich gewöhnlich aufhält (erleichtertes Bekanntwerden etwaiger Ehehindernisse), soll auch das die Erforschung der Ehehindernisse bezweckende Aufgebot in der bezw. den Gemeinden bekannt gemacht werden, in welchen die Verlobten (und zwar ein Jedes derselben) ihren Wohnsitz haben, oder wenn sie ihren gewöhnlichen Aufenthalt außerhalb ihres gegenwärtigen Wohnsitzes haben, auch in der Gemeinde des jetzigen (gewöhnlichen) Aufenthalts.

Dazu kommt aber noch die Bestimmung des §. 46 pos. 3, wonach, wenn eines der Verlobten seinen Wohnsitz innerhalb der letzten 6 Monate gewechselt hat, sei es, daß es sich einen anderen Wohnsitz oder einen anderen gewöhnlichen Aufenthalt gewählt hat, das Aufgebot auch in der Gemeinde seines früheren Wohnsitzes bekannt gemacht werden muß und dieses zwar aus dem Grunde, weil verhütet werden soll, daß Verlobte durch Wechsel ihres Wohnsitzes das Bekanntwerden von Ehehindernissen vereiteln.

Das Gesetz enthält eine gleiche Vorschrift nicht für den Fall, wenn einer der Verlobten gar keinen Wohnsitz hat und innerhalb der letzten 6 Monate nur seinen gewöhnlichen Aufenthalt wechselt. Die Standesbeamten werden daher in solchen Fällen die Frage, ob der betreffende Verlobte an dem neu gewählten Aufenthaltsorte in Wirklichkeit seinen „gewöhnlichen Aufenthalt" und nicht etwa blos einen zur Verdeckung von Ehehindernissen gewählten außergewöhnlichen Aufenthalt habe, mit ganz besonderer Vorsicht prüfen und — was durch §. 46 des Reichsgesetzes nicht ausgeschlossen ist — zur Vermeidung nichtiger oder ungiltiger Ehen in bedenklichen Fällen das Aufgebot auch in der oder in den Gemeinden des dem dermaligen vorausgegangenen früheren Aufenthaltsortes anordnen.

Ueber Formular und Inhalt eines Aufgebots vgl. Formular E. und E. 1 der Ausf.-Verordnung des Bundesraths.

Nach der Vorschrift des §. 9 der Ausf.-Verordnung des Bundesraths sind über die Aufgebote Sammelakten anzulegen; §. 10 dieser Verordnung schreibt überdies vor, daß die Standesbeamten ein Verzeichniß der von ihnen angeordneten oder auf Ersuchen eines anderen Standesbeamten verkündeten Aufgebote zu führen haben.

Auf Verlangen der Verlobten ist denselben von dem Standesbeamten eine Bescheinigung über das angeordnete Aufgebot kostenfrei zu ertheilen. (§. 13 der Ausf.-Verordnung des Bundesraths.)

Diese Bescheinigung hat dahin zu lauten:

Dem . . . .
und der . . . .
(Name, Stand und Wohnort der Verlobten),
wird hiermit Bescheinigung ertheilt, daß das Aufgebot der von ihnen beabsichtigten Eheschließung am (Datum) von mir angeordnet worden ist.
Datum.

Der Standesbeamte.
(Unterschrift.)

Da die Bekanntmachung des Aufgebots an der zu Bekanntmachungen der Gemeindebehörde bestimmten Stelle am Raths- oder Gemeindehause auszuhängen ist und die Gemeindebehörde über diese Stelle allein zu verfügen hat, so hat der Aushang des Aufgebots auch nur durch die Gemeindebehörde, den Bürgermeister oder Beigeordneten, zu erfolgen.

Die Anordnung des Aufgebots ist stets von dem Standesbeamten als solchem, die Bescheinigung des erfolgten Aushangs stets von dem Bürgermeister als solchem zu unterzeichnen, wie dies auch in dem Musterformular E. 1 angedeutet ist.

Ersuchen um Vollziehung des Aushanges sind stets an die Gemeindevorstände (Bürgermeister ꝛc. oder deren gesetzliche Stellvertreter) zu richten. Die Gemeindebehörden sind nach §. 15 der Ausf.-Verordnung des Bundesraths verpflichtet, diesem Ersuchen Folge zu leisten. Der Aushängebogen des Aufgebots ist ausgefüllt und mit der Unterschrift des Standesbeamten versehen, dem Bürgermeister ꝛc. oder dessen gesetzlichen Stellvertreter zuzustellen. Ist das Aufgebot an mehreren Orten bekannt zu machen, dann ist für jede Gemeinde, in welcher das Aufgebot bekannt gemacht werden soll, der Aushang auszufüllen und zu übersenden.

Die Standesbeamten haben innerhalb ihres Standesamtsbezirks, wenn erforderlich durch Mittheilung an die Aufsichtsbehörde, darauf zu halten, daß der Aushang des Aufgebots in gegen äußere Eingriffe geschützten Behältern und überdies an einer Stelle erfolgt, an welcher die Aufgebote von dem Publikum ohne Schwierigkeit gelesen werden können.

Die in Rheinhessen für Militärpersonen und Dienstboten seither an ihrem Heimathsorte vorgeschriebenen Aufgebote sind in Zukunft nicht mehr unbedingt erforderlich. Doch sind die Standesbeamten in solchen Fällen, in welchen sie dies für rathsam erachten, befugt, Bekanntmachung des Aufgebots auch in den Heimathsorten der Militärpersonen und Dienstboten anzuordnen. Die Vorschriften der Art. 63, 165—168 C. civ. sind durch die Bestimmungen des gegenwärtigen Gesetzes aufgehoben.

Zu §. 47. Bei der Bekanntmachung eines Aufgebots im Auslande, d. h. außerhalb des Deutschen Reichsgebietes, hat der Standesbeamte für die Einrückung der Bekanntmachung in dem betreffenden im Auslande erscheinenden oder dort verbreiteten Blatte Sorge zu tragen. Die hierdurch erwachsenden Kosten sind von dem Antragsteller an den Standesbeamten zu bezahlen bezw. vorzulegen.

Der Standesbeamte ist bei der Auswahl des betreffenden Blattes nicht an die etwaigen Vorschläge des Antragstellers gebunden, er hat vielmehr darauf zu achten, daß ein Blatt für die Einrückung gewählt wird, welches das Bekanntwerden des Aufgebots an dem betreffenden ausländischen Orte durch seine Verbreitung thunlichst sichert.

Die Einrückung des Aufgebots erfolgt nach dem Muster des Formulars E. unter Weglassung der Bescheinigung am Schlusse dieses Formulars.

Die Thatsache des erfolgten Abdrucks ist dem Standesbeamten durch die Vorlage derjenigen Nr. des Blattes nachzuweisen, welche den Abdruck enthält, und ist dieses Blatt zu den betreffenden Sammelakten zu nehmen.

Ueber das angeordnete Aufgebot ist auch in solchen Fällen nach Maßgabe der Bestimmung des §. 13 der Ausf.-Verordnung des Bundesraths den Verlobten auf ihr Verlangen von dem Standesbeamten eine Bescheinigung kostenfrei zu ertheilen.

Ueber Aufgebote, die im Königreich Bayern zu vollziehen sind, s. unten §. 74.

Zu §. 48. Welche Thatsachen als Ehehindernisse zu betrachten sind, bei deren Vorhandensein der Standesbeamte die Eheschließung abzulehnen hat, ergiebt sich aus den §§. 28 und ff. des Reichsgesetzes. Insbesondere sind hier auch die landesgesetzlichen Vorschriften zu beachten, welche bezüglich der erforderlichen Einwilligung zur Eheschließung und nach §. 38 des Reichsgesetzes für die Ehe der Militärpersonen, Landesbeamten und Ausländer, sowie hinsichtlich der Erfordernisse einer Nachweisung, Auseinandersetzung oder Sicherstellung des Vermögens neben den reichsgesetzlichen Bestimmungen noch in Kraft bleiben (s. diese Instruktion zu §§. 29 und 38).

Für die rheinhessischen Standesbeamten ist hier insbesondere darauf hinzuweisen, daß das Reichsgesetz die Vorschriften der Artt. 66 rc. und 172 rc. C. civ. nicht kennt. Gleichviel also, auf welchem Wege die gesetzlichen Ehehindernisse zur Kenntniß des Standesbeamten gelangen, ob im Wege der Opposition oder sonstwie, er hat sie zu beachten und bei vorliegendem Nachweis die Eheschließung abzulehnen.

Zu §. 49. Wenn die Ehe von einem anderen Standesbeamten als demjenigen geschlossen werden soll, welcher das Aufgebot angeordnet hat (§. 44 Absatz 2), so ist hierzu für den anderen Standesbeamten die in §. 49 vorgeschriebene Bescheinigung erforderlich, durch welche er verlässigt wird, daß das Aufgebot vorschriftsmäßig erfolgt ist und Ehehindernisse nicht zur Anzeige gelangt sind.

Sollte der andere Standesbeamte nach Maßgabe der Bestimmung des §. 42 an sich nicht zuständig sein, d. h. sollte keiner der Verlobten in seinem Bezirk Wohnsitz oder gewöhnlichen Aufenthalt haben, dann bedarf derselbe, um die Ehe schließen zu können, außer der Bescheinigung des §. 49 auch noch der Ermächtigung des §. 43.

Für einen nach den Bestimmungen des §. 42 zuständigen Standesbeamten bedarf es dagegen zur Vornahme der Eheschließung nicht der Ermächtigung des §. 43; es genügt vielmehr die Bescheinigung des §. 49.

Ueber die Form, in welcher die in §. 49 erwähnte Bescheinigung zu ertheilen ist, s. Formular F. und F. 1 am Ende, wobei in Gemäßheit des oben Erörterten zu bemerken ist, daß in denjenigen Fällen, in welchen die Ehe vor einem an sich zuständigen Standesbeamten geschlossen werden soll, von dem Formular F. kein Gebrauch zu machen ist, der Standesbeamte, welcher das Aufgebot angeordnet hat, vielmehr nur die am Schlusse des Formulars F. aufgenommene Bescheinigung zu ertheilen hat.

Nach der ausdrücklichen Vorschrift des Gebührentarifs im Anhange des Reichsgesetzes unter I. ist diese Bescheinigung gebührenfrei zu ertheilen.

Der die Ehe schließende Standesbeamte hat die Bescheinigung zu seinen Sammelakten zu nehmen. (Ausf.-Verordnung des Bundesraths §. 9; Instruktion zu §. 43.)

Zu §. 50. Die Dispensation vom Aufgebot kann nur von dem Ministerium der Justiz ertheilt werden (Hess. Ausf.-Verordnung Art. 12.)

Die Dispensationsurkunde ist dem Standesbeamten vorzulegen und von diesem zu den Sammelakten zu nehmen.

Bei Ausübung der in §. 50 Abs. 2 dem Standesbeamten ertheilten Befugniß, die Eheschließung in dem Falle ohne Aufgebot vorzunehmen, wenn eine lebensgefährliche Krankheit ärztlich bescheinigt wird, welche einen Aufschub der Eheschließung nicht gestattet, haben die Standesbeamten mit aller Vorsicht und Gewissenhaftigkeit zu verfahren, insbesondere genau zu prüfen, ob Derjenige, welcher die Bescheinigung ausgestellt hat, auch wirklicher Arzt ist und ob die Bescheinigung nach ihrem Inhalt als genügend erscheint.

Unter keinen Umständen ist aber außer Beachtung zu lassen, daß die im §. 50 Abs. 2 erwähnte Befugniß zur Eheschließung ohne vorheriges Aufgebot im Falle lebensgefährlicher Krankheit nur dem in §. 42 Absatz 1 (auf welchen §. 50 ausdrücklich hinweist) erwähnten Standesbeamten d. h. dem Standesbeamten, ertheilt ist, in dessen Bezirk einer der Verlobten seinen Wohnsitz hat oder sich gewöhnlich aufhält. Einem Standesbeamten, der nur mit Ermächtigung des zuständigen Standesbeamten die Ehe schließt (§. 43), ist diese außerordentliche Befugniß nicht eingeräumt und er dürfte selbst mit Ermächtigung des zuständigen Standesbeamten in solchem Falle nicht die Eheschließung vornehmen.

Zu §. 51. Da die Vollziehung des Aufgebots erst dann stattgefunden hat, wenn es nach §. 46 Abs. 3 während zweier Wochen ausgehängt war oder im Falle des §. 47 zwei Wochen nach dem Tage der Ausgabe der betreffenden Nummer des Blattes abgelaufen sind, so beginnt die kalendermäßig zu berechnende Frist von 6 Monaten, nach deren Verstreichung das Aufgebot seine Kraft verliert, am Tage nach dem Ablauf der zwei Wochen und es muß, wenn die Ehe erst nach Ablauf jener Frist geschlossen werden soll, ein neues Aufgebot angeordnet werden.

Die in §. 47 Abs. 2 zugelassene Bescheinigung einer ausländischen Ortsbehörde, daß ihr von dem Bestehen eines Ehehindernisses nichts bekannt sei, vertritt die Einrückung in ein öffentliches Blatt und es muß darum auch diese Bescheinigung neuerdings ausgestellt werden, wenn seit ihrer Ertheilung 6 Monate verstrichen sind, ohne daß die Ehe geschlossen wurde.

Zu §. 52 und 53. Bei Vornahme einer Eheschließung haben sich die Standesbeamten genau an die Vorschriften des §. 52 zu halten. Es ist daher vor allen Dingen erforderlich, daß die Verlobten persönlich — nicht etwa Bevollmächtigte derselben — vor dem Standesbeamten erscheinen, damit er die in dem Gesetze vorgeschriebene Frage an sie richten und die von ihnen zu ertheilende Antwort entgegennehmen kann.

Außer den Verlobten selbst müssen zwei Zeugen bei dem Akte der Eheschließung zugegen sein.

Als solche Zeugen können nach der Vorschrift des §. 53 nur großjährige, d. h. 21 Jahre alte Personen zugezogen werden; dagegen macht das Gesetz keinen Unterschied, ob sie (nach ihrem Heimathsrechte großjährige) Ausländer oder Inländer, und ob männlichen oder weiblichen Geschlechtes sind. Selbstverständlich müssen die Zeugen die natürlichen und gesetzlich vorgeschriebenen allgemeinen Eigenschaften von Zeugen haben, d. h. sie dürfen weder dauernd noch vorübergehend des Gebrauchs ihrer Verstandeskräfte beraubt, nicht taub, taubstumm oder blind sein. Auch dürfen ihnen zur fraglichen Zeit die bürgerlichen Ehrenrechte nicht aberkannt sein (§. 34 Nr. 5 des Reichsstrafgesetzbuchs).

Bei Vornahme der Eheschließung hat der Standesbeamte die in §. 52 angegebene Frage an jeden der Verlobten einzeln zu richten, die Antwort eines jeden derselben entgegenzunehmen und, nachdem Beide bejahend geantwortet haben, den Ausspruch zu thun, daß er die vor ihm erschienenen Verlobten nunmehr kraft des Gesetzes für rechtmäßig verbundene Eheleute erkläre.

Der Standesbeamte hat bei der Vornahme dieser Handlung darauf zu achten, daß eine rechtmäßige Verbindung der Eheleute nur dadurch zu Stande kommt, daß die im Gesetze gegebene Vorschrift in allen ihren einzelnen Theilen von ihm erfüllt wird. Er hat überdies, da nach der erklärten Absicht des Gesetzes (§. 82 des Reichsgesetzes) die kirchlichen Verpflichtungen in Beziehung auf die Trauung durch das Gesetz nicht berührt werden, Alles zu vermeiden, was als eine Nachahmung kirchlicher Gebräuche erscheinen oder sonstwie die Verlobten von der nachfolgenden Vornahme der kirchlichen Trauung abhalten könnte. In letzterer Beziehung sind die Standesbeamten vielmehr verpflichtet, in allen Fällen, in welchen ihnen durch die Verlobten hierzu Veranlassung gegeben wird, auf die Vorschrift des §. 82 ausdrücklich zu verweisen.

Zu §. 54. Bei der Eintragung in das Heirathsregister hat der Standesbeamte neben den Vorschriften des §. 54 auch diejenigen des §. 13 zu befolgen, wie dies auch aus den Formularen B. und B. 1 des Näheren hervorgeht.

Unmittelbar nach der vollzogenen Eintragung in das Heirathsregister hat der Standesbeamte den Eheleuten eine Bescheinigung der Eheschließung nach Vorschrift des Formulars D., D. 1 auszustellen.

Diese Bescheinigung ist nach Vorschrift der Nr. 1 des Gebührentarifs zum Reichsgesetze gebührenfrei zu ertheilen.

Zu §. 55. Zum Nachweise, daß eine Ehe für ungültig oder nichtig erklärt worden sei, ist den Standesbeamten ein mit der Bescheinigung der Rechtskraft versehenes gerichtliches Erkenntniß vorzulegen. §. 14 der Ausf.-Verordnung des Bundesraths weist die Gerichte zur Uebersendung einer Ausfertigung des Urtheils an die Standesbeamten ausdrücklich an und das Formular B. 1 enthält eine Anleitung, in welcher Form der vorgeschriebene Vermerk am Rande der über die Eheschließung bewirkten Eintragung zu erfolgen hat. In den Provinzen Starkenburg und Oberhessen gilt dies auch für die durch Scheidung erfolgende Auflösung der Ehe.

In der Provinz Rheinhessen dagegen kommen die Bestimmungen des Abs. 2 des §. 55 in Anwendung[43a]. Nach Rheinischem Rechte erkennen nämlich nicht die Gerichte auf Trennung der Ehe, sie sprechen vielmehr nur deren Zulässigkeit aus und es erfolgt hierauf die Trennung auf Antrag eines oder beider Theile durch den Standesbeamten; welcher eine Beurkundung über diesen Akt in besonderem, zu den Sammelakten zu legendem Protokolle aufzunehmen und einen Vermerk am Rande der betreffenden Heirathsurkunde zu machen hat. In §. 14 Abs. 2 der Ausf.-Verordnung des Bundesraths ist die Vorschrift enthalten, daß derjenige Standesbeamte, welcher die Trennung ausgesprochen hat, eine beglaubigte Abschrift der von ihm dieserhalb aufgenommenen Verhandlung dem Standesbeamten, vor welchem die Ehe geschlossen ist, zuzustellen hat.

[43a]) S. aber jetzt o. S. 122 Anm. 22.

Fünfter Abschnitt.
Beurkundung der Sterbefälle.

Zu §. 56. Da das Gesetz die Pflicht zur Anzeige eines Sterbefalles spätestens auf den „nächstfolgenden Wochentag“ verlegt (nicht „innerhalb einer Woche“, wie bei Geburtsfällen, §. 17, oder „am nächstfolgenden Tage“, wie bei todtgeborenen oder in der Geburt verstorbenen Kindern, §. 23 des Reichsgesetzes), so ist damit für Sterbefälle die Anzeigepflicht am Sonntage, nicht aber auch an Feiertagen, welche auf einen Wochentagen fallen, beseitigt. Ein Verbot der Anzeige am Sonntage ist jedoch hierin nicht enthalten.

Die Anzeige ist überdies nach der Vorschrift des §. 56 dem Standesbeamten des Bezirks, in welchem der Tod erfolgt ist, und nicht etwa dem hiervon möglicher Weise verschiedenen Standesbeamten des Wohnorts des Verstorbenen zu machen.

Zu §. 57. Unter dem zur Anzeige eines Sterbefalls in erster Linie verpflichteten „Familienhaupt“ ist der männliche Vorsteher einer Familie zu verstehen; nach dessen Tod ist die überlebende Wittwe als Familienhaupt anzeigepflichtig.

Ist kein Familienhaupt vorhanden oder ist dasselbe an der Anzeige behindert, dann geht die Anzeigepflicht auf Denjenigen über, in dessen Wohnung oder Behausung der Sterbefall sich ereignet hat. Es sind hiernach, wenn kein Familienhaupt vorhanden ist, in erster Linie die Mitbewohner einer und derselben Wohnung im engeren Sinne, in zweiter Linie die Mitbewohner eines und desselben Hauses zur Anzeige verpflichtet.

Zu §. 58. Die §§. 19—21, welche nach §. 58 auch in Beziehung auf die Anzeige der Sterbefälle zur Anwendung kommen, betreffen die Verpflichtung zur mündlichen beziehungsweise schriftlichen Anzeige, sowie die Verpflichtung des Standesbeamten, sich von der Richtigkeit der Anzeige, wenn er dieselbe zu bezweifeln Anlaß hat, in geeigneter Weise Ueberzeugung zu verschaffen.

Absatz 2 des §. 58 läßt die Eintragung auf Grund der schriftlichen Mittheilung der zuständigen Behörde erfolgen, wenn eine amtliche Ermittelung über den Todesfall stattfindet, d. h. bereits stattfindet oder stattgefunden hat.

Die zuständige Behörde, deren schriftliche Mittheilung der Eintragung zu Grunde gelegt werden muß, ist diejenige Behörde, welche mit der amtlichen Ermittelung des Todesfalls befaßt ist, d. h. je nach der Verschiedenheit der Fälle, das Gericht, der Staatsprokurator[43b]) oder die Polizeibehörde.

Einer besonderen Ermächtigung des Gerichtes zur Vornahme einer derartigen Eintragung bedarf es für den Standesbeamten nicht und es hat darum auch in der Provinz Rheinhessen der Art. 19 des Dekretes vom 3. Januar 1813 über die Bergwerkspolizei insofern in Zukunft keine Anwendung zu finden.

Zu §. 59. Bei Eintragung eines Sterbefalls haben sich die Standesbeamten streng an das Formular C. (C. 1) zu halten.

Danach sind insbesondere Tag und Stunde des erfolgten Todes auch hier mit Buchstaben zu schreiben.

Sollten bei Erstattung der Sterbefallsanzeige nicht alle Verhältnisse von dem Anzeigenden sicher angegeben werden können, z. B. Namen, Stand, Gewerbe oder Wohnort der Eltern, dann ist in der Eintragung an der betreffenden Stelle die Bemerkung „unbekannt“ aufzunehmen.

Zu §. 60. Durch den §. 60 wird als gesetzliche Regel aufgestellt, daß Niemand beerdigt werden darf, dessen Sterbefall nicht vorher in das Sterberegister eingetragen ist. Eine gesetzlich gestattete Ausnahme von dieser Regel kann nur dann stattfinden, wenn die Ortspolizeibehörde hierzu ihre Genehmigung ertheilt.

Sollte diesen Vorschriften zuwider trotzdem eine Beerdigung vor erfolgter Eintragung des Sterbefalles und ohne desfallsige Genehmigung der Ortspolizeibehörde erfolgt sein, dann dürfen die Standesbeamten die Eintragung eines solchen Sterbefalles nicht ohne Weiteres vornehmen. Sie sind vielmehr verpflichtet, der Aufsichtsbehörde, d. h. den Stadt- und Landgerichten, in Rheinhessen den Friedensrichtern[43c]), sofortige berichtliche Anzeige zu machen. Die Aufsichtsbehörde hat hierauf den Sachverhalt, d. h. die Gründe zu ermitteln, aus welchen die Beerdigung ungesetzlicher Weise vor Eintragung des Sterbefalles stattgefunden hat, und es haben die Standesbeamten die Eintragung insolange zu unterlassen, bis ihnen von der Aufsichtsbehörde schriftliche Weisung ertheilt wird.

Die Erlaubniß zur Vornahme von Beerdigungen ist nicht von den Standesbeamten, sondern in Gemäßheit des Art. 14 der Hess. Ausf.-Verordnung von den Ortspolizeibehörden zu ertheilen und es sind die Standesbeamten, wenn sie nicht gleichzeitig in der betreffenden Gemeinde mit der Handhabung der Lokalpolizei betraut sind, nach der Vorschrift des Art. 15 der Hess. Ausf.-Verordnung nur verpflichtet, von der erfolgten Eintragung jedes

[43b]) Jetzt: Staatsanwalt.
[43c]) Jetzt: Amtsgerichten, s. o. Anm. 39.

Sterbefalles der Ortspolizeibehörde sofort nach vollzogener Eintragung schriftliche Mittheilung zu machen.

Die Ortspolizeibehörden ihrerseits sind für solche Gemeinden in Art. 15 angewiesen, wenn sie ausnahmsweise von der ihnen zustehenden Befugniß, die Beerdigung in dringenden Fällen vor Eintragung des Sterbefalles zu gestatten, Gebrauch machen, den Standesbeamten von der ertheilten Genehmigung sofort schriftliche Mittheilung zu machen. Bei dem Vorhandensein einer solchen Genehmigung bedarf es einer weiteren Mitwirkung der Aufsichtsbehörde zur Vornahme der Eintragung nicht. Der Standesbeamte hat vielmehr, wenn die Sterbefallsanzeige erfolgt, dieselbe ohne Weiteres einzutragen, oder wenn die Sterbefallsanzeige noch nicht erfolgt ist, die Anzeigepflichtigen, wenn nöthig, mittelst Geldstrafen (§. 68 Abs. 3) zur alsbaldigen Erstattung der Anzeige anzuhalten.

In allen Fällen, in welchen die Eintragung des Sterbefalls erst nach erfolgter Genehmigung der Aufsichtsbehörde erfolgt, haben die Standesbeamten am Schlusse der Eintragung die Bemerkung beizufügen:

> Die Eintragung erfolgt, da die Beerdigung bereits ohne Genehmigung der Ortspolizeibehörde stattgefunden, mit Genehmigung der Aufsichtsbehörde, ertheilt am (Datum).

In den Provinzen Starkenburg und Oberhessen haben nach Art. 16 der Hess. Ausf.-Verordnung die Standesbeamten, insofern sie gleichzeitig Ortsgerichtsvorsteher der betreffenden Gemeinde sind, den Gerichten die in Art. 12 des Ediktes vom 16. Oktober 1852, die Organisation der Ortsgerichte betr., vorgeschriebenen Sterbefallsanzeigen zu machen. Ist das Amt eines Standesbeamten und eines Ortsgerichtsvorstehers nicht in derselben Person vereinigt, dann haben die Standesbeamten dem Ortsgerichtsvorsteher der betreffenden Gemeinde von jedem bei ihnen zur Anzeige gelangten Sterbefall innerhalb 24 Stunden Mittheilung zu machen.

In der Provinz Rheinhessen haben die Standesbeamten die ihnen seither gesetzlich obliegenden Anzeigen auch in Zukunft zu erstatten.

Sechster Abschnitt.

Beurkundung des Personenstandes der auf See befindlichen Personen.

Zu §§. 61—64. Wenn den Standesbeamten die Abschrift der Urkunde in Betreff eines auf einem Seeschiffe stattgehabten Geburts- oder Sterbefalls von einem Seemannsamte übersendet wird (§. 62 des Reichsgesetzes) und es ergibt sich, daß die Eltern des Kindes bezw. des Verstorbenen ihren Wohnsitz innerhalb des betreffenden Standesamtsbezirks nicht haben oder zuletzt nicht gehabt haben, dann hat der Standesbeamte die übersendete Abschrift dem ihm bekannten Standesbeamten des Wohnsitzes zu übersenden und davon dem Seemannsamte schriftliche Mittheilung zu machen oder, wenn ihm der Wohnsitz nicht bekannt ist, die Abschrift an die obere Aufsichtsbehörde der Provinz zur weiteren Veranlassung einzusenden.

Siebenter Abschnitt.

Berichtigung der Standesregister.

Zu §§. 65, 66. Unter Berichtigung einer Eintragung in dem Standesregister ist jede Abänderung zu verstehen, die an einer durch die Unterschrift des Standesbeamten vollzogenen Eintragung aus dem Grunde vorgenommen werden soll, weil der Inhalt der Eintragung zur Zeit ihrer Vornahme dem wirklichen Sachverhalt nicht entspricht. Würde z. B. nach vollzogener Eintragung eines Geburtsfalles ein Anzeigepflichtiger vor dem Standesbeamten erscheinen und ihm erklären, daß er als Stunde der Geburt irrigerweise 12 Uhr angegeben, während das Kind in Wirklichkeit um 1 Uhr geboren sei, so würde dies eine Berichtigung der Eintragung enthalten, und der Standesbeamte könnte diese Berichtigung nicht ohne Weiteres vornehmen, es bedürfte hierzu vielmehr der vorgängigen, im §. 65 vorgeschriebenen gerichtlichen Anordnung.

Die Berichtigung unterscheidet sich hiernach wesentlich von den Zusätzen, Löschungen oder Abänderungen, welche nach §. 13 letzter Absatz am Rande zu vermerken und gleich der Eintragung selbst besonders zu vollziehen sind. Denn die Berichtigung begreift jede Veränderung in sich, die an einer von Anfang angeblich unrichtigen Eintragung nach dem durch die Unterschrift des Standesbeamten vollzogenen Abschlusse derselben vorgenommen werden soll. Die Zusätze, Löschungen und Abänderungen des §. 13 haben dagegen nur den Fall im Auge, wenn bei Vornahme der Eintragung und ehe noch die Eintragung durch die Unterschrift des Standesbeamten vollzogen ist, Aenderungen oder Verbesserungen des Eintrags nothwendig werden (s. oben zu §. 13 a. E.).

Diese — Veränderungen vor dem Abschlusse der Eintragung — können von dem Standesbeamten ohne Weiteres vorgenommen werden, wenn er sich von der Unrichtigkeit der Eintragung überzeugt hat. Jene — Veränderungen nach dem durch Unterschrift vollzogenen Abschlusse der Eintragung — bedürfen dagegen, wie bemerkt, der vorgängigen gerichtlichen Anordnung.

Der Grund zu der verschiedenen Behandlung der beiden erwähnten Gattungen von Veränderungen liegt darin, daß das Gesetz eine von dem Standesbeamten einmal vollzogene Eintragung im Hinblick auf ihre Wichtigkeit und Beweiskraft gegen jede von dem Standesbeamten einseitig, ohne vorherige gerichtliche Sachuntersuchung vorgenommene Abänderung sicher stellen will. Mag darum die im einzelnen Falle in Frage stehende Berichtigung anscheinend noch so geringfügig und noch so unzweifelhaft nothwendig sein (z. B. nur die Verbesserung eines offenbaren Schreibfehlers betreffen) — so sind die Standesbeamten gleichwohl in ihrem Gewissen gebunden, die von ihnen vollzogenen Einträge bis nach erfolgter Anordnung des Gerichts unangetastet zu lassen.

Mit welchem Inhalte der Vermerk einer Berichtigung am Rande der zu berichtigenden Eintragung stattzufinden habe, das haben die Standesbeamten aus der ihnen von dem zuständigen Gerichte zuzufertigenden Anordnung zu entnehmen.

Ein Muster für die Form der Eintragung enthält das Formular C. 3. Die betreffende Verfügung des Gerichtes ist nach Vorschrift des §. 9 der Ausf.-Verordnung des Bundesraths zu den Sammelakten zu nehmen.

Achter Abschnitt.

Schlußbestimmungen.

Zu §. 68. Nach der Bestimmung des §. 68 Abs. 1 wird mit Geldstrafe bis zu 150 M. oder mit Haft Derjenige gestraft, der, obwohl hierzu verpflichtet:

1) die Geburt eines Kindes gar nicht oder nicht rechtzeitig oder nicht ordnungsgemäß anzeigt (§§. 17—20);

2) wer die nachträgliche Anzeige der Vornamen eines Kindes binnen 2 Monaten nach der Geburt unterläßt (§. 22);

3) wer die Anzeige eines todtgeborenen oder in der Geburt verstorbenen Kindes nicht spätestens am nächstfolgenden Tage bei dem Standesbeamten macht (§. 23 des Reichsgesetzes);

4) wer die Anzeige von der Auffindung eines neugeborenen Kindes nicht spätestens am nächstfolgenden Tage bei der Ortspolizeibehörde macht (§. 24 des Reichsgesetzes);

5) wer einen Sterbefall nicht spätestens am nächstfolgenden Wochentage dem Standesbeamten des Bezirks, in welchem der Tod erfolgt ist, anzeigt oder diese Anzeige nicht ordnungsgemäß erstattet (§§. 56—58 des Reichsgesetzes).

Die Standesbeamten sind verpflichtet, über die genaue Befolgung der gesetzlich vorgeschriebenen Anzeigepflichten zu wachen und, wo denselben zuwider gehandelt wird, der Aufsichtsbehörde entsprechende Anzeige zu machen. Die Erkennung der angedrohten Strafen hat in Fällen dieser Art nicht von dem Standesbeamten, sondern von dem zuständigen Gerichte stattzufinden (Art. 17 der Hess. Ausf.-Verordnung).

Neben dieser, den Gerichten vorbehaltenen Strafbefugniß, sind die Standesbeamten nach §. 68 Abs. 3 berechtigt, die zu Anzeigen oder zu sonstigen Handlungen auf Grund des Reichsgesetzes Verpflichteten hierzu durch Geldstrafen anzuhalten, welche für jeden einzelnen Fall den Betrag von 15 M. nicht übersteigen dürfen.

Zu den „sonstigen Handlungen", zu welchen bestimmte Personen auf Grund des Reichsgesetzes verpflichtet sein können, gehört namentlich auch die Pflicht des Erscheinens vor dem Standesbeamten und der Auskunftsertheilung, wenn dieser sie auf Grund der §§. 21 oder 58 des Reichsgesetzes in Anspruch nimmt.

Es versteht sich dabei von selbst, daß der Standesbeamte die Strafe nicht eher wirklich verhängt, als bis die betreffende zur Anzeige oder sonstigen Handlungen verpflichtete Person der desfallsigen unter Strafandrohung erlassenen Aufforderung des Standesbeamten nachzukommen sich weigert.

Bei Androhung der Geldstrafen oder bei Erkennung derselben (vergl. Art. 18 der Hess. Ausf.-Verordnung) haben sich die Standesbeamten der nachstehenden Formulare zu bedienen:

Aufforderung.

Herr (folgt der Name) wird hiermit auf Grund der §§. 68 Abs. 3 und . . . . . (folgt nunmehr der §., dessen Befolgung in Anspruch genommen wird, z. B. §. 17, wenn die Geburtsanzeige nicht innerhalb einer Woche stattgefunden hat) des Reichsgesetzes vom 6. Februar 1875 bei Meidung einer Geldstrafe von . . . . Mark (es können für jeden Weigerungsfall bis zu 15 Mark angedroht werden) aufgefordert (folgt nun der Inhalt der Aufforderung, z. B. die Geburt seines Kindes) im Laufe des heutigen Tages anzuzeigen.

(Ort und Datum.) Der Standesbeamte:
(Unterschrift.)

Strafverfügung.

Nachdem (Name) der am (Datum) an ihn ergangenen Aufforderung zur (folgt nun der Zweck der Aufforderung) innerhalb der vorbestimmten Frist nicht nachgekommen ist, wird derselbe auf Grund des §. 68 Abs. 3 des Reichsgesetzes vom 6. Februar 1875 hiermit in eine Geldstrafe von (Summe) genommen. Die Strafe ist binnen 8 Tagen an den Gemeinderechner (Name) zu bezahlen.

Etwaige Beschwerde gegen diese Strafverfügung ist binnen unerstrecklicher Frist von 14 Tagen beim Unterzeichneten schriftlich oder mündlich anzuzeigen.

(Ort und Datum.) Der Standesbeamte:

(Unterschrift.)

Zu §. 69. Da der §. 69 zwischen vorsätzlicher und aus Fahrlässigkeit erfolgter Außerachtlassung der für die Eheschließung gegebenen Vorschriften nicht unterscheidet, so haben die Standesbeamten zur Vermeidung der von den Gerichten zu erkennenden, in §. 69 angedrohten Geldstrafe, die bis zu 600 Mark betragen kann, bei Eheschließungen mit der größten Sorgfalt und Gewissenhaftigkeit zu verfahren (s. auch Art. 17 der Hess. Ausf.-Verordnung).

Zu §. 73. In den Provinzen Starkenburg und Oberhessen verbleiben die Kirchenbücher den Geistlichen, bezw. die Judenmatrikel den Bürgermeistern, welche sie bis zu dem Tage zu führen haben, an welchem das Reichsgesetz in Kraft tritt, zur Verwahrung; sie sind zugleich berechtigt und verpflichtet, über die bis zu dem genannten Tage eingetragenen Geburten, Heirathen und Sterbefälle Zeugnisse zu ertheilen.

In der Provinz Rheinhessen verbleiben die Standesregister, welche bis zum 31. Dezember 1875 geführt werden, in den Registraturen der Bürgermeister, welchen bis zum 31. Dezember 1875 die Wahrung des Geschäftes eines Standesbeamten obliegt. Wird in der Provinz Rheinhessen ein Standesbeamter ernannt, der nicht zugleich das Bürgermeisteramt bekleidet, dann verbleibt die Berechtigung und Verpflichtung, über die bis zum 31. Dezember 1875 eingetragenen Geburten, Heirathen und Sterbefälle Zeugnisse zu ertheilen, dem Bürgermeister, welcher auch die bis dahin geführten Standesregister aufzubewahren hat. Die vom 1. Januar 1876 an geführten Standesregister gehen dagegen in die Verwahrung des jeweiligen Standesbeamten über.

Zu §. 74. Nach den im Königreich Bayern bestehenden landesgesetzlichen Bestimmungen (Königlich Bayerisches Gesetz vom 16. April 1868 Art. 35) wird das Aufgebot, wenn es in dem rechtsrheinischen Bayern zu vollziehen ist, von der Verwaltung der Gemeinde bekannt gemacht, in welcher beide Brautleute ihren Aufenthalt haben, und wenn die Brautleute sich nicht in derselben Gemeinde aufhalten, von der Verwaltung jeder der beiden Gemeinden, in welcher die Braut oder der Bräutigam ihren Aufenthalt haben. Auf im rechtsrheinischen Bayern zu vollziehende Aufgebote erleidet daher der letzte Absatz des §. 74 Anwendung, insofern das von der Gemeindeverwaltung zu vollziehende Aufgebot das von dem Standesbeamten anzuordnende Aufgebot vertritt.

In der bayerischen Pfalz dagegen erfolgt die Vollziehung des Aufgebots durch die Standesbeamten.

Zu §. 80. §. 80 bezieht sich ebensowohl auf kirchliche als auch auf standesamtliche Aufgebote, die vor dem 1. Januar 1876 ergangen sind, und es behalten hiernach solche Aufgebote ihre Wirksamkeit. Wäre daher am 1. Januar 1876 ein solches Aufgebot nach den Vorschriften des bisherigen Rechtes vollständig vollzogen, und in Rheinhessen die Frist des Art. 64 C. civ. abgelaufen, dann kann die Ehe von dem Standesbeamten bei dem Vorhandensein aller sonstigen Erfordernisse ohne Anordnung eines weiteren Aufgebots geschlossen werden.

Wäre dagegen das Aufgebot nach den Vorschriften des bisherigen Rechtes nicht vollständig vollzogen und würde der Nachweis einer erfolgten Dispensation von dem Aufgebote nicht erbracht, dann muß der Standesbeamte ein neues Aufgebot nach Maßgabe des §. 44 ꝛc. des Reichsgesetzes erlassen und es kann eine Anrechnung der Zeit, welche seit Erlaß des nach dem seitherigen Rechte vollzogenen Aufgebotes verstrichen ist, nicht stattfinden.

Zu §. 81. Geburts- und Sterbefälle, welche sich vor dem 1. Januar 1876 ereignet haben, an diesem Tage aber noch nicht eingetragen sind, weil sie erst nach demselben zur Anzeige gelangen, sind von dem Standesbeamten in die Geburts- und Sterberegister des Jahrgangs 1876 einzutragen. Es gilt für diese Fälle nach der Vorschrift des §. 81 nur die Besonderheit, daß der Lauf der vorgeschriebenen Anzeigefristen, einerlei wann der Geburts- oder Sterbefall stattgefunden hat, erst mit dem 1. Januar 1876 beginnt. Die Wochenschrift für die Anzeige eines am 28. Dezember geborenen Kindes (§. 17 des Reichsgesetzes) läuft daher in solchem Falle erst innerhalb einer Woche vom 1. Januar 1876 an gerechnet, die Frist zur Anzeige eines am 31. Dezember todtgeborenen oder in der Geburt verstorbenen Kindes (§. 23 des Reichsgesetzes), die Frist zur Anzeige eines an demselben Tage gefundenen neugeborenen Kindes (§. 24 des Reichsgesetzes), sowie die Frist zur Anzeige eines am 31. Dezember eingetretenen Sterbefalls am 2. Januar 1876 ab.

Außer dem im Bisherigen Erötterten kommen für die amtliche Thätigkeit der Standesbeamten noch weiter folgende Vorschriften in Betracht:

I. Die mit Führung der Civilstandsregister betrauten Behörden und Personen haben behufs Führung der Rekrutirungs-Stammrollen unentgeltlich zum 15. Januar jeden Jahres zu übersenden:

a) den Vorstehern der Gemeinden oder gleichartigen Verbände einen Auszug aus dem Geburtsregister des um siebenzehn Jahre zurückliegenden Kalenderjahres,

z. B. zum 15. Januar 1877 einen Auszug aus dem Jahre 1860, enthaltend alle Eintragungen der Geburtsfälle von Kindern männlichen Geschlechtes innerhalb der Gemeinde oder des gleichartigen Verbandes;

b) den Civil-Vorsitzenden der Ersatz-Kommission des Bezirks einen Auszug aus dem Sterberegister des letztverflossenen Kalenderjahres, enthaltend die Eintragung von Todesfällen männlicher Personen, welche das 25. Lebensjahr noch nicht vollendet haben.

Insoweit die Führung der Civilstandsregister und der Rekrutirungsstammrollen für einen Bezirk durch eine und dieselbe Behörde erfolgt, kann die Uebertragung der Geburtsfälle, sowie der Sterbefälle im Bezirk gebürtiger Personen aus den Civilstandsregistern in die Rekrutirungsstammrollen unmittelbar und ohne daß es der Fertigung von Auszügen aus den ersteren bedarf, erfolgen.

Ein Auszug, enthaltend die Sterbefälle der nicht im Bezirk gebürtigen Personen ist jedoch auch in diesem Falle dem Civilvorsitzenden der Ersatzkommission des Bezirks zu übersenden (§. 45 Nr. 7 und 10 der Deutschen Wehrordnung[44]), Centralblatt für das Deutsche Reich von 1875 Nr. 41 S. 557 u. 558).

Da übrigens nach §. 73 des Reichsgesetzes den mit Führung der Standesregister oder Kirchenbücher bisher betraut gewesenen Behörden und Beamten die Berechtigung und Verpflichtung verbleibt, über die bis zur Wirksamkeit dieses Gesetzes eingetragenen Geburten Zeugnisse zu ertheilen, so würden die oben unter I. a. erwähnten Auszüge aus den Geburtsregistern von den am 1. Januar 1876 neu eintretenden Standesbeamten zum ersten Male am 15. Januar 1893 aufzustellen sein.

Der unter I. b. erwähnte Auszug aus dem Sterberegister ist dagegen erstmals am 15. Januar 1877 an den Civilvorsitzenden der Ersatzkommission des Bezirks zu übersenden.

II. In die für jede Gemeinde aufzustellenden Impflisten der nach dem Reichsimpfgesetze impfpflichtigen Kinder haben die Standesbeamten die im Laufe des vorigen Jahres in der Gemeinde geborenen Kinder einzutragen, in soweit sie noch am Leben sind. Die Bürgermeistereien, in soweit sie nicht selbst die Geburtsregister führen, sind angewiesen, den Standesbeamten die Impflisten zur Aufstellung zu übermitteln. (§. 6 der Instruktion, betreffend die Ausführung des Reichsimpfgesetzes, vom 8. April 1874; Regierungsblatt 1875 Nr. 25 S. 293.)

III. Ist in einer Gemeinde das Amt eines Bürgermeisters oder Beigeordneten und eines Standesbeamten nicht in derselben Person vereinigt, dann ist der Standesbeamte verpflichtet, dem Bürgermeister oder Beigeordneten die Einsichtnahme der Standesregister gebührenfrei zu gestatten, sowie die im amtlichen Interesse erforderten Aufzeichnungen zu dessen Verfügung bereit zu halten. (Art. 19 der Hess. Ausf.Verordn.)

Welcherlei Aufzeichnungen im amtlichen, insbesondere auch im statistischen Interesse, von den Standesbeamten erfordert werden, darüber wird denselben für jeden einzelnen Fall die erforderliche Anweisung Seitens der zuständigen Behörde ertheilt werden.

G.

Anleitungsformular

für die

Aufgebotsverhandlungen.

Darmstadt, den . ten . . . . . . 187 .

Vor- und Zuname, Stand oder Gewerbe, Religion und Wohnort des oder der Erschienenen, nebst Beifügung des Geburtsjahres und -Tages aus der vorzulegenden Geburtsurkunde.

Vor dem unterzeichneten Standesbeamten erschien . . heute:

1) . . . . der Person nach . . . . kannt, ... Religion, wohnhaft zu . . . . geboren nach vorgelegter Geburtsurkunde am . . . .

Namen, Stand und Wohnort der Eltern.

. . . . Sohn des . . . . und seiner Ehefrau . . . . geborenen . . . . .

und

Erscheint die Braut nicht persönlich vor dem Standesbeamten, dann sind die nebenstehenden Worte zu streichen unter Beglaubigung des Striches.

2) . . . . der Person nach . . . . kannt.

[44]) Jetzt §§. 45 u. 46 Nr. 7 u. 10 der Wehrordnung vom 22. November 1888. Berlin 1888.

. . . . Religion, wohnhaft zu . . . . geboren nach vorgelegter Geburtsurkunde am . . . . Tochter des . . . . und seiner Ehefrau . . . . geborenen . . . .

Namen, Stand und Wohnort der Eltern.

D . . Erschienene . . erklärt . . daß . . die Ehe mit . . . . . eingehen wolle .

Dieser Erklärung fügten sie bei: . . . .

Hier ist anzugeben, ob innerhalb der letzten 6 Monate der Wohnsitz gewechselt worden ist oder nicht, von welchem der Verlobten und im ersteren Falle der Name des früheren Wohnsitzes (§. 46 Nr. 3 des Reichsgesetzes).

daß . . . . Wohnsitz innerhalb der letzten sechs Monate zu . . . . hatte . . . . . .

Hier ist anzugeben, ob die Verlobten bez. welches derselben außerhalb des gegenwärtigen Wohnsitzes einen gewöhnlichen Aufenthalt haben oder nicht (§. 46 Nr. 2) bez. wo?

und daß . . . . außerhalb . . . . gegenwärtigen Wohnsitzes . . . . . gewöhnlichen Aufenthalt . . . . habe,

Hier ist anzugeben, ob bez. welches der beiderseitigen Eltern noch leben; je nachdem unter Erwähnung der Sterbeurkunde.

daß ihre Eltern . . . . lebten. . . . .

Hier ist anzugeben, ob mit Rücksicht auf das Alter des Verlobten nach den Bestimmungen des §. 39 eine Einwilligung erforderlich ist und wessen?

Da der Bräutigam das 25. Lebensjahr . . . . vollendet habe, so bedürfe er zu seiner Verheirathung die Einwilligung . . . . . .

Da die Braut das 24. Lebensjahr . . . . . . vollendet habe, so bedürfe sie zu ihrer Verheirathung die Einwilligung . . . .

Hier ist anzugeben, daß die zustimmende Erklärung derjenigen, deren Einwilligung nach dem Gesetz erforderlich, in beglaubigter Form schriftlich oder mündlich in Selbstperson ertheilt ist.

Die zustimmende Erklärung . . . . wurde . . . .

Hier ist zu erwähnen:

1) die in den Provinzen Starkenburg und Oberhessen erforderlichen Zeugnisse des Gerichtes, daß hinsichtlich der Ehepakten, oder bei dem Eingehen einer zweiten oder weiteren Ehe, daß bezüglich des Vermögens der Kinder erster Ehe das Erforderliche gewahrt sei und insoferne der Eheschließung ein civilrechtliches Hinderniß nicht im Wege stehe. Für die ehemals Kurhessischen, Nassauischen und Frankfurtischen Orte sind die dort üblichen gerichtlichen Zeugnisse zu erwähnen;

2) bei Ausländern das Zeugniß ihrer Ortsbehörde, soweit erforderlich:

3) bei Militärpersonen und nicht hessischen Landesbeamten die Erlaubniß ihrer Vorgesetzten, soweit erforderlich.

Der Standesbeamte hat dies, soweit erforderlich, durch Befragen zu ermitteln.

Es wurden ferner vorgelegt: . . . .

D . . Verlobt . . versichert . . . . auf Befragen, daß ihre beabsichtigte Ehe gegen keines der in den §§. 33—35 des Reichsgesetzes enthaltenen Verbote verstoße und beantragte . . . . . . Anordnung des Aufgebots.

Hiernach ergeht Beschluß: . . . .

1) das Aufgebot wird angeordnet; die Bekanntmachung desselben hat in de . Gemeinde . . . . zu erfolgen.

Hier sind die Gemeinden des Wohnsitzes der beiden Verlobten, bez. die Gemeinden, in welchen die Verlobten außerhalb des gegenwärtigen Wohnsitzes ihren gewöhnlichen Aufenthalt oder endlich auch die Gemeinden aufzunehmen, in welchen die Verlobten innerhalb der letzten 6 Monate ihren Wohnsitz gehabt, denselben aber gewechselt haben.

2) Ersuchen an die Gemeindebehörde in . . . . .
. . . .
. . . .
um Bekanntmachung des Aufgebots.
. . . . . . am . . ten . . . . . 187 .
Der Standesbeamte.
(Unterschrift.)

H.

Anleitungsformular
für die
Vornahme von Eheschließungen.

(Anl. eines Reskriptes Gr. Ministeriums der Justiz vom 6. Dec. 1875.)

Sie sind vor mir, dem Standesbeamten für den Standesamtsbezirk (Namen) erschienen, damit ich in der gesetzlich vorgeschriebenen Form die von Ihnen beabsichtigte Eheschließung in Gegenwart der von Ihnen erwählten Zeugen vornehme. Zu diesem Zwecke hat zunächst ein Jedes von Ihnen zu erklären, ob Sie die Ehe mit einander eingehen wollen?

Ich richte hiernach an Sie (Vornamen und Zunamen des Bräutigams) die Frage: ob Sie erklären, daß Sie mit der hier gegenwärtigen (Vornamen und Zuname der Braut) die Ehe eingehen wollen?

Antwort: (Ja.)

Nunmehr richte ich auch an Sie (Vornamen und Zuname der Braut) die Frage; ob Sie erklären, daß Sie mit dem hier gegenwärtigen (Vornamen und Zuname des Bräutigams) die Ehe eingehen wollen?

Antwort: (Ja.)

Nachdem Sie die von mir gestellten Fragen Beide bejahend beantwortet haben, erkläre ich Sie nunmehr kraft des Gesetzes für rechtmäßig verbundene Eheleute.

33. **Gesetz, die Ausführung des Reichsgesetzes über die Beurkundung des Personenstandes und die Eheschließung vom 6. Februar 1875 betreffend. Vom 3. Dezember 1875. (Reg.Bl. Nr. 57 S. 811.)**

Ludwig III. von Gottes Gnaden Großherzog von Hessen und bei Rhein 2c. 2c. Zur Ausführung des Reichsgesetzes über die Beurkundung des Personenstandes und die Eheschließung vom 6. Februar 1875 haben wir mit Zustimmung Unserer getreuen Stände verordnet und verordnen hiermit wie folgt:

Art. 1. Das Verfahren wegen Anweisung eines Standesbeamten zur Vornahme einer abgelehnten Amtshandlung (§. 11 Abs. 3 des Reichsgesetzes), sowie das Verfahren behufs Berichtigung einer Eintragung in den Standesregistern (§§. 65, 66 des Reichsgesetzes) ist kosten- und stempelfrei, sowie in der Provinz Rheinhessen frei von Einregistrirungs- und Gerichtsschreibergebühren.

Ein Anwaltszwang findet nicht statt.

Art. 2. In den Provinzen Starkenburg und Oberhessen kommen für das Verfahren im Uebrigen die Vorschriften in Anwendung, welche in Sachen der nicht streitigen Gerichtsbarkeit gelten.

Art. 3. In der Provinz Rheinhessen regelt sich das Verfahren nach den in den nachfolgenden Art. 4, 5 und 6 enthaltenen Vorschriften.

Art. 4—6 aufgehoben[45]).

Art 7. Die Einziehung der Kosten im Falle des §. 27 des Reichsgesetzes erfolgt in der Provinz Rheinhessen auf Grund von vollziehbaren Taxen, welche der Friedensrichter[46]) den zum Empfang Berechtigten zu ertheilen befugt ist.

Art. 8. Die nach §§. 49 und 54 des Reichsgesetzes oder zum Zwecke der Taufe oder der Beerdigung ertheilten Bescheinigungen sind stempelfrei.

Art. 9. Gebühren, welche in Gemäßheit des Reichsgesetzes zur Erhebung gelangen, haben die Standesbeamten zu beziehen.

---

[45]) Durch Ges. das Verfahren in Sachen der nichtstreitigen Gerichtsbarkeit betr. v. 5. Juni 1879, Reg.Bl. S. 309, Art. 13. An die Stelle derselben sind für das Verfahren wegen Anweisung eines Standesbeamten zur Vornahme einer Amtshandlung Art. 10, für das Berichtigungsverfahren Art. 11. 12, für beides Art. 14 des cit. Ges. getreten.

[46]) Jetzt: das Amtsgericht, s. S. 299 Anm. 39.

Art. 10. Gegenwärtiges Gesetz tritt mit dem 1. Januar 1876 in Kraft.
Urkundlich Unserer eigenhändigen Unterschrift und beigedrückten Großherzoglichen Siegel.

Großherzogthum Mecklenburg-Schwerin [46a]).

34. Ausführungsverordnung vom 14. August 1875 zum Reichsgesetze über die Beurkundung des Personenstandes und die Eheschließung, vom 6. Februar 1875. Mit Anlagen. (Reg.Bl. Nr. 22 S. 175.)

Friedrich Franz, von Gottes Gnaden Großherzog von Mecklenburg ꝛc.

Zur Ausführung des Reichsgesetzes über die Beurkundung des Personenstandes und die Eheschließung vom 6. Februar 1875 verordnen Wir, nach hausvertragsmäßiger Kommunikation mit des Großherzogs von Mecklenburg-Strelitz Königlicher Hoheit und nach verfassungsmäßiger Berathung mit Unseren getreuen Ständen, auf Grund der §§. 83 und 84 des genannten Reichsgesetzes und im Anschluß an die vom Bundesrathe unter dem 22. Junius 1875 erlassene, hierneben abgedruckte Ausführungsverordnung was folgt:

§. 1. Die landesherrliche Oberaufsicht in Betreff der Ausführung des Reichsgesetzes vom 6. Februar 1875 über die Beurkundung des Personenstandes und die Eheschließung wird von Unserem Ministerium des Innern geübt.

Dispensationen von Ehehindernissen und vom Aufgebot (§§. 28, 33, 35, 50 des Reichsgesetzes) stehen Unserem Justizministerium zu.

Verfügungen an die Gerichte in Betreff des Standesregisterwesens ergehen aus den Ministerien des Innern und der Justiz gemeinschaftlich.

Im Uebrigen verbleibt es bei den Bestimmungen der Verordnung vom 4. April 1853, betr. die Organisation der Ministerien.

§. 2. Unter der in dem Reichsgesetze vom 6. Februar 1875 vorkommenden Bezeichnung:

höhere Verwaltungsbehörde

ist das Ministerium des Innern zu verstehen.

§. 3. Die reichsgesetzlich der unteren Verwaltungsbehörde zugewiesenen Funktionen, insbesondere auch die Aufsicht über die Amtsführung der Standesbeamten in erster Instanz (§. 3 Abs. 1, §. 7 Abs. 3, §. 11 Abs. 1 und 2, §§. 14, 27, 60, 64, §. 66 Abs. 2 des Reichsgesetzes), werden von einer unter dem Namen

Großherzogliche Civilstands-Kommission

von Uns niederzusetzenden Kommission ausgeübt, welche unter dem Ministerium des Innern steht und in der Residenzstadt Schwerin ihren Sitz hat.

§. 4. Die Civilstandskommission kann im Bereiche der ihr angewiesenen Kompetenz nach ihrem Ermessen die Vornahme einzelner Geschäftsakte durch eines ihrer Mitglieder oder durch eine andere Behörde bewirken lassen.

§. 5. Alle Ortsobrigkeiten und Gemeindebehörden sind verpflichtet, den Requisitionen der Civilstandskommission Folge zu geben.

Requisitionen, welche exekutivische Maßregeln zum Gegenstand haben, sind an die Obrigkeiten des Wohnortes, bezw. Aufenthaltsortes der Betheiligten zu richten, ohne Rücksicht auf einen etwaigen privilegirten Gerichtsstand derselben, wogegen, wenn exekutivische Maßregeln gegen Obrigkeiten erforderlich werden, dieselben bei dem Ministerium des Innern zu beantragen sind.

§. 6. In den Städten haben die Magistrate die der Gemeindebehörde, bezw. dem Gemeindevorstande zugewiesenen Funktionen auszuüben; rücksichtlich der sonstigen Gemeinden bestimmt sich dies nach den bestehenden Gemeindeverfassungen.

In den außerhalb der Gemeinden stehenden Gutsbezirken, zu welchen im Sinne dieser Verordnung alle mit einer Gemeindeverfassung nicht versehenen Ortschaften und Wohnplätze gehören, sind die Funktionen der Gemeindebehörde und des Gemeindevorstandes von den betreffenden Ortsobrigkeiten auszuüben.

§. 7 [47]). **Als Gericht erster Instanz in den Fällen des §. 11 Abs. 3, §. 14 Abs. 2 und §. 66 Abs. 2 des Reichsgesetzes** über die Beurkundung des Personenstandes vom

---

[46a]) Vgl. noch Bekanntmachung des Min. d. Innern betr. d. Standesamtsbezirke v. 15. Dez. 1875 (a. a. O. Nr. 30 S. 241 und Anlage A dazu), v. 6. Dez. 1875 betr. die den Standesbeamten zu liefernden Register, Formulare und Siegel (Reg.Bl. v. 1875, amtliche Beilage Nr. 48 S. 229), v. 29. Dez. 1875, betr. den Geschäftsbetrieb der Civilstandskommission (Reg.Bl. v. 1876 Nr. 1 S. 2).

[47]) In der Fassung des §. 62 der V. z. Ausführung d. Ger.Verf.Ges. v. 17. Mai 1879, Reg.Bl. S. 131. Vgl. ferner V. betr. Bestimmungen in Angelegenheiten der nicht streitigen Gerichtsbarkeit v. 23. Juni 1879, Reg.Bl. S. 389, §. 7, nach welchem die Nebenregister bei dem für den Amtssitz des Standesbeamten zuständigen Amtsgericht aufbewahrt werden sollen.

6. Februar 1875 gilt das für den Amtssitz des Standesbeamten zuständige Amtsgericht.

In dem nach §. 11 Abs. 3 oder nach §. 66 des Reichsgesetzes eintretenden gerichtlichen Verfahren sind keine Stempel zu verwenden, und haben die Gerichte keine Gebühren wahrzunehmen, auch Eingaben, welche nicht von Sachwälten unterschrieben sind, entgegenzunehmen.

§. 8. Für die Standesbeamten und Stellvertreter, welche nach §. 4 Abs. 1 und §. 10, resp. nach §. 6 Abs. 2 des Reichsgesetzes auf Grund einer Eigenschaft zu den Standesamtsgeschäften berufen sind, bezw. von Uns bestellt werden, in der sie bereits einen Dienst-, Amts- oder Huldigungs-, bezw. Lehnseid geleistet haben, bedarf es einer besonderen Beeidigung nicht.

In allen übrigen Fällen werden die Standesbeamten und Stellvertreter durch einen schriftlich zu vollziehenden Eid nach dem in der Anlage **A** enthaltenen Formular auf ihr Amt beeidigt.

Unseren Ministerien des Innern und der Justiz bleibt vorbehalten, die amtliche Thätigkeit der Standesbeamten durch eine allgemeine Instruktion zu regeln.

§. 9. Den Standesämtern sollen außer den im §. 8 des Reichsgesetzes bezeichneten Registern und Formularen zu Registerauszügen auch diejenigen Formulare kostenfrei geliefert werden, welche durch die Ausführungsverordnungen und Instruktionen zu dem Reichsgesetze als für alle Standesämter in Unseren Landen verbindlich vorgeschrieben sind.

Auch sollen sie die nach §. 15 des Reichsgesetzes erforderlichen Dienstsiegel bis zum 1. Januar 1876 kostenfrei zugestellt erhalten. Dagegen sind alle übrigen sachlichen Kosten, wohin auch die für den einzelnen Fall erwachsenden Ausgaben an Porto, Botenlohn und dgl. gehören, nach §. 8 und 16 des Reichsgesetzes, vorbehaltlich der Ausnahme in §. 47 desselben, von den Gemeinden (in den ritterschaftlichen Gütern von den Gutsherrschaften) zu tragen.

§. 10. Die Standesamtsbezirke sind unter Beachtung der §§. 2 und 10 des Reichsgesetzes im wesentlichen Anschluß an die bestehenden Parochien nach landesherrlicher Verordnung zu bilden und durch das Reg.Bl. bekannt zu machen.

Ueber die Frage, in wie weit es wünschenswerth oder zweckmäßig sei, mehrere Parochien zu einem Standesamtsbezirke zu vereinigen, bezw. einzelne Parochien in mehrere Bezirke zu zerlegen oder später die eingerichteten Standesamtsbezirke zu verändern, sind die Obrigkeiten in diesen Parochien zu hören. Auch sollen die betheiligten Obrigkeiten darüber, welche Personen in den Fällen des §. 6 des Reichsgesetzes zu Standesbeamten oder Stellvertretern zu ernennen seien, mit ihren Vorschlägen gehört werden.

§. 11. Einer besonderen Festsetzung der im §. 7 Abs. 2 des Reichsgesetzes vorgesehenen Entschädigung bedarf es nicht, wenn die beanspruchte Entschädigung nicht mehr als 2 Mark jährlich für 25 Seelen beträgt.

§. 12. 1) In den Fällen einer vorübergehenden Behinderung des Standesbeamten und seiner Stellvertreter, oder einer gleichzeitigen Erledigung dieser Aemter hat die Obrigkeit des Ortes, an welchem der Standesbeamte, bezw. dessen Stellvertreter ihren Amtssitz haben oder gehabt haben, ungesäumt der Civilstandskommission Anzeige zu machen, welche in Gemäßheit des §. 3 Abs. 1 des Reichsgesetzes ermächtigt ist, die einstweilige Beurkundung des Personenstandes einem benachbarten Standesbeamten oder Stellvertreter zu übertragen.

2) Jeder Standesbeamte oder Stellvertreter ist verpflichtet, sich auf Erfordern der Civilstandskommission gegen eine von derselben festzusetzende Entschädigung der einstweiligen Beurkundung des Personenstandes in einem benachbarten Bezirke zu unterziehen.

Die Entschädigung fällt dem Standesamtsbezirke nach Maßgabe des §. 9 des Reichsgesetzes zur Last, sofern nicht der Standesbeamte, bezw. der Stellvertreter nach §. 7 Abs. 4 bestellt war.

3) Bis dahin, daß das Standesamt wieder besetzt ist, hat die Obrigkeit des Ortes, an welchem der Standesbeamte seinen Amtssitz hat, bezw. gehabt hat, dafür Sorge zu tragen, daß die aus dem Standesamtsbezirk eingehenden Anzeigen behufs Sicherstellung einer demnächstigen Wiederholung derselben unter kostenfreier Aufnahme einer Registratur durch eine von ihr beauftragte geeignete Persönlichkeit, welche schriftlich zu beeidigen ist, an dem Amtssitze des behinderten Standesbeamten entgegengenommen werden.

§. 13. Die Ortspolizeibehörde, welche vor der Eintragung des Sterbefalls in das Sterberegister die Genehmigung zu einer Beerdigung ertheilt hat (vgl. §. 60 des Reichsgesetzes), ist verpflichtet, dem kompetenten Standesbeamten hiervon ohne Verzug Mittheilung zu machen.

§. 14. Die Nebenregister, welche die Standesbeamten nach Vorschrift des §. 14 Abs. 2 des Reichsgesetzes gleich den Hauptregistern sofort mit Ablauf des Kalenderjahres abzuschließen haben, sind in den ersten 8 Tagen des neuen Jahres von denselben bei der Civilstandskommission einzureichen.

Gleichzeitig mit diesem Nebenregister haben die Standesbeamten aber auch der Civilstandskommission noch ein summarisches Verzeichniß derjenigen Berichtigungen und Nachtragungen einzuliefern, welche zu früheren Jahrgängen während des letzten Jahres in ihrem Hauptregister erfolgt sind, — oder wenn solche Berichtigungen oder Nachtragungen im Laufe des Jahres bei ihnen nicht vorgekommen, darüber eine Vacatbescheinigung mit einzusenden.

Die Civilstandskommission hat die Nebenregister nach erfolgter Prüfung derselben zugleich mit den vorerwähnten Verzeichnissen oder den bezüglichen Vacatbescheinigungen den zuständigen Gerichten zur Aufbewahrung zuzustellen.

§. 15. Wenn von den Standesbeamten eine Geldstrafe erkannt worden ist, so steht dem Betheiligten der Rekurs an die Civilstandskommission, sowie gegen die Entscheidung dieser Behörde der Rekurs an das Ministerium des Innern, in beiden Fällen binnen einer präklusivischen Frist von 14 Tagen, frei. Vernothwendigen sich zur Beitreibung der von den Standesbeamten erkannten Geldstrafen exekutivische Maßregeln, so sind dieselben von dem Standesbeamten bei der betreffenden Ortsobrigkeit, oder wenn sie gegen die Inhaber ortsobrigkeitlicher Rechte gerichtet sind, bei dem Ministerium des Innern zu beantragen.

Für die in den §§. 67 nnd 69 des Reichsgesetzes mit Strafen bedroheten Vergehen sind die Kriminalgerichte[48]) zuständig.

Die Beahndung der Uebertretungen nach §. 68 Abs. 1 gehört vor die Polizeibehörde; sind jedoch die Träger der Ortsobrigkeit selbst zur Verantwortung zu ziehen, so erfolgt die Untersuchung und Aburtheilung durch die Justizkanzlei im Wege des fiskalischen Prozesses[49]).

§. 16. Die nach §. 27 der Revidirten Kollateral-Erbsteuerordnung v. 11. September 1858 bisher den Predigern obliegende Verpflichtung zur Einsendung von Todtenlisten geht mit dem 1. Januar 1876 auf die Standesbeamten mit der Maßgabe über, daß die Standesbeamten alljährlich vor dem 15. Januar den Obrigkeiten der Orte, in welchen sich Sterbefälle ereignet haben und zur Eintragung in die Sterberegister gelangt sind, eine vollständige Liste der betreffenden in dem abgelaufenen Kalenderjahre vorgekommenen Sterbefälle nach dem der Verordnung v. 11. September 1858 sub A anliegenden Formular, jedoch ohne Ausfüllung der Rubrik 3, einzureichen haben. Die Ortsobrigkeiten sind verpflichtet, diese Listen nach Ausfüllung der Rubrik 3 der Landes-Recepturdirektion zu Rostock bis zum 1. Februar einzusenden.

Die nach der landesherrlichen Verordnung vom 10. März 1801 von den Predigern an die Landesgerichte zu machenden Anzeigen von Todesfällen Eximirter sind vom 1. Januar 1876 an durch die Standesbeamten zu machen.

§. 17. An der bestehenden Verpflichtung der Hebammen, von jeder Geburt eines Kindes christlicher Eltern dem zuständigen Pastor Anzeige zu machen, ist durch die ihnen in §. 18 Nr. 2 des Reichsgesetzes vom 6. Februar 1875 auferlegte Anzeigepflicht nichts geändert.

Ebenso bleibt die den bestellten Todtenkleiderinnen und anderen Personen obliegende Verpflichtung zur Anzeige der Todesfälle bei den Ortsobrigkeiten von Bestand.

Auch haben die bisher mit der Führung der Geburtsregister betraut gewesenen Geistlichen und sonstigen Personen nach wie vor die in §. 55 der Militair-Ersatzinstruktion vom 28. März 1868 vorgeschriebenen Geburtslisten so lange aufzustellen und einzureichen, als es sich dabei um die bis zur Wirksamkeit des Reichsgesetzes vom 6. Februar 1875 eingetragenen Geburten handelt.

§. 18. Gleich den Auszügen aus den Standesregistern sind die auf Grund derselben zu ertheilenden Bescheinigungen stempelfrei.

§. 19. Diese Verordnung tritt mit dem 1. Januar 1876 in Kraft.

(Zu §. 8 der Ausführungsverordnung.) Anlage A.

Eidesformular.

Ich . . . . gelobe und schwöre, daß ich das mir anvertrauete Amt eines Standesbeamten (eines Stellvertreters des Standesbeamten) den mir in diesem Amte obliegenden Pflichten gemäß gewissenhaft und treu verwalten will, ohne mich durch Eigennutz, Leidenschaft, Gunst, Feindschaft oder irgend eine sonstige Rücksicht davon abwenden zu lassen, so wahr mir Gott helfe und sein heiliges Wort!

35. Instruktion des Ministeriums des Innern und der Justiz für die Standesbeamten, vom 14. August 1875 (a. a. O. S. 182).

(Mit Formularen a. b. c. d. e)

§. 1. Die Standesbeamten und ihre Stellvertreter haben sich mit den für ihre Thätigkeit normirenden Gesetzen, Verordnungen und Instruktionen, namentlich mit:

dem Reichsgesetz über die Beurkundung des Personenstandes und die Eheschließung vom 6. Februar 1875 (Reichsgesetzblatt von 1875 Nr. 4),

der Ausführungsverordnung des Bundesraths vom 22. Junius 1875 zu diesem Reichsgesetze,

---

[48]) Jetzt die Strafkammer des Landgerichts, cit. V. v. 17. Mai 1879 §. 16.

[49]) Jetzt die Strafkammer des Landgerichts, cit. V. v. 17. Mai 1879 §. 136 in dem durch d. V. z. Ausführung d. Strafprozeßordn. v. 28. Mai 1879, Reg.Bl. S. 333, §§. 86 ff. geordneten Verfahren.

der landesherrlichen Ausführungsverordnung vom heutigen Tage zu dem genannten Reichsgesetze,

sowie der gegenwärtigen Instruktion

vor der Ausübung ihrer Geschäfte genau bekannt zu machen.

Glauben sie näherer Belehrung zu bedürfen, so haben sie sich an die Großherzogliche Civilstandskommission zu Schwerin zu wenden, welche verpflichtet ist, sie, event. nach zuvoriger Anfrage bei dem Ministerium des Innern, mit der erforderlichen Aufklärung und Anleitung zu versehen.

§. 2. Für den gesammten Standesamtsbezirk ist, auch wenn derselbe aus mehreren Gemeinden beziehungsweise Gutsbezirken besteht, allemal nur Ein Geburtsregister, desgleichen nur Ein Heiraths- und Ein Sterberegister zu führen.

Die den Standesämtern zu liefernden Hauptregister werden bei den kleineren Standesamtsbezirken auf den Bedarf für mehrere Jahre berechnet und mit „I. Band" bezeichnet werden. Nachdem das Register für ein Kalenderjahr abgeschlossen ist, erfolgen die Eintragungen für das neue Kalenderjahr in demselben Bande unter von Nr. 1 beginnender neuer Numerirung, bis der Band gefüllt ist.

Bei den Nebenregistern bildet, sofern nicht für größere Standesamtsbezirke der in §. 3 der Ausführungsverordnung des Bundesraths v. 22. Junius 1875 bezeichnete Fall eintritt, allemal jeder Jahrgang für sich einen Band oder ein Heft.

§. 3 [50]). In den Standesregistern dürfen Korrekturen durch Ausstreichen und Ueberschreiben oder durch Rasuren nicht vorkommen. Nur die gedruckten Worte sind, wenn sie nicht passen, zu durchstreichen; es ist alsdann am Rande zu bemerken, daß und wie viele Zeilen gelöscht sind, und ist diese Bemerkung unterschriftlich zu vollziehen.

Wenn sich, bevor die Eintragung durch die Unterschrift des Standesbeamten abgeschlossen ist, Unrichtigkeiten ergeben, so ist eine den Fehler verbessernde Bemerkung am Rande hinzuzufügen und unterschriftlich zu vollziehen, ohne in der Eintragung irgend etwas zu ändern oder zu streichen.

Wird der Fehler erst nach der Vollziehung der Eintragung und Entlassung der Betheiligten bemerkt, so kann eine Berichtigung nur in dem in den §§. 65 und 66 des Reichsgesetzes über die Beurkundnng des Personenstandes und die Eheschließung vom 6. Februar 1875 vorgeschriebenen Wege erfolgen.

§. 4. Eintragungen auf Grund schriftlicher Anzeigen, beziehungsweise Mittheilungen (§§. 20, 27, 58, 62 des Reichsgesetzes vom 6. Februar 1875), für welche der Vordruck des Registers nicht berechnet ist, sind unter Durchstreichung des Vordrucks und mit Bezugnahme auf die schriftliche Anzeige, beziehungsweise Mittheilung am Rande zu bewirken.

Enthält die schriftliche Anzeige eines in einer Anstalt vorgekommenen Geburts-, beziehungsweise Sterbefalles die Thatsachen, welche nach Vorschrift des Gesetzes einzutragen sind, nicht vollständig, so hat der Standesbeamte zunächst die Vervollständigung der Angaben zu verlangen.

§. 5. Der Standesbeamte kann sich zu Eintragungen in die Register oder zur Anfertigung von Auszügen aus denselben auf seine Kosten einer Schreibhülfe bedienen. Eintragungen auf Grund mündlicher Anzeigen dürfen aber immer nur in Gegenwart des Standesbeamten geschehen.

§. 6. Eheschließungen sind nur an Wochentagen, welche nicht als kirchliche Festtage gefeiert werden, und in den Vormittagsstunden vorzunehmen. Ausgenommen sind die Fälle des §. 50 Abs. 2 des Reichsgesetzes, sowie auch, was die Vornahme der Eheschließung in Nachmittagsstunden betrifft, allgemein die Fälle, wo wegen ärztlich bescheinigter Krankheit der Standesbeamte sich veranlaßt findet, die Eheschließung außerhalb seiner Wohnung, beziehungsweise des Geschäftslokals vorzunehmen. Im Uebrigen ist es dem Standesbeamten nur gestattet, auf ausreichend motivirten schriftlichen Antrag der Verlobten eine Ausnahme von der Beschränkung der Eheschließung auf die Vormittagsstunden zuzulassen.

Mit Genehmigung der Aufsichtsbehörde kann die Vornahme von Eheschließungen für die regelmäßigen Fälle auf einige bestimmte Wochentage beschränkt werden.

§. 7. Der Standesbeamte hat über jede auf mündliche Anzeige erfolgte Eintragung eines Geburtsfalles dem Anzeigenden sofort kostenfrei eine Bescheinigung nach dem Formular a auszustellen, dessen untere Hälfte den Zweck hat, bei Kindern christlicher Eltern die Uebereinstimmung der nachträglich angezeigten Vornamen mit den Taufnamen durch ein pfarramtliches Attest zu sichern. Sind die Vornamen des Kindes gleichzeitig mit eingetragen, so geschieht die Ausstellung der Bescheinigung nach dem Formular b [51]).

---

[50]) So sind die ursprünglichen Worte: die Betheiligten entlassen sind, durch die Bekanntmachung der Ministerien des Innern und der Justiz betr. die Abänderung des §. 3 ꝛc. vom 22. Mai 1876, Reg.Bl. Nr. 13 S. 78, geändert worden.

[51]) Zusätzlich zu §. 7 ist durch Bekanntmachung der Ministerien des Innern und der Justiz vom 24. Mai 1880, Reg.Bl. S. 81, Stdesb. 1880 S. 134, bestimmt, daß

in den Fällen der nach Vorschrift der §§. 25 und 26 des Reichsgesetzes vom 6. Februar

Ebenso ist über jede auf mündliche Anzeige erfolgte Eintragung eines Sterbefalles, beziehungsweise eines todtgeborenen oder in der Geburt verstorbenen Kindes sofort dem Anzeigenden kostenfrei eine Bescheinigung nach dem Formular c, beziehungsweise nach dem Formular d auszustellen.

§. 8. Vor Anordnung des Aufgebots hat der Standesbeamte außer den im §. 45 des Reichsgesetzes geforderten Nachweisen insbesondere auch zu verlangen:

a. von Wittwern oder Wittwen die Bescheinigung geschehener obervormundschaftlicher Auseinandersetzung mit den minderjährigen Kindern der vorigen Ehe;

b. von Militärpersonen des Friedensstandes und von vorläufig in die Heimath beurlaubten Rekruten und Freiwilligen (vgl. Reichs-Militärgesetz vom 2. Mai 1874 §. 38 unter A und §. 60 unter 4) den Nachweis der Genehmigung ihrer Vorgesetzten zu ihrer Verheirathung;

c. von Ausländern, d. h. von Personen, welche nicht Bundesangehörige sind, und von Bayerischen Staatsangehörigen die vom Großherzoglichen Ministerium des Innern ertheilte Erlaubniß zur Eheschließung im hiesigen Lande.

Gehören die Verlobten der Parochie an, in welcher der Standesamtsbezirk liegt, so hat der Standesbeamte dem Geistlichen der Parochie unter Benutzung des Formulars e über die Anmeldung zum Aufgebot spätestens gleichzeitig mit der Anordnung desselben Mittheilung zu machen. Dasselbe gilt, wenn nur einer der Verlobten dieser Parochie angehört.

Umfaßt der Standesamtsbezirk mehrere Parochieen, so genügt die Mittheilung an einen Geistlichen einer dieser Parochieen.

Im Uebrigen ist von dem Standesbeamten rücksichtlich der im Reichsgesetz vom 6. Februar d. J. §. 29 und 31 in Bezug genommenen Bestimmungen des Landesrechtes zu beachten, daß nach dem in Mecklenburg geltenden Rechte

1) alle Minderjährigen, deren ehelicher Vater nicht mehr lebt oder wegen Geisteskrankheit handlungsunfähig ist, im Uebrigen einer Vormundschaft unterliegen, jedoch nach dem statutarischen Rechte in Wismar eheliche Kinder, welche mit ihrer verwittweten Mutter in sogenannter fortgesetzter Gütergemeinschaft stehen, einer Vormundschaft nicht unterworfen werden,

2) eine Wirksamkeit der Obervormundschaft in Bezug auf die Eheschließung der Minderjährigen nicht stattfindet, und

3) die Annahme an Kindes statt die Rechte der väterlichen Gewalt nur im Falle einer landesherrlichen Arrogation oder Legitimation und der vor Gericht erfolgten Adoption eines Descendenten begründet, diese Wirkung daher nicht eintritt, wenn der leibliche Vater sein Kind vor Gericht einem Anderen als einem leiblichen Ascendenten desselben in Adoption giebt.

§. 9. Die Aushängung des Aufgebots hat an dem für die Bekanntmachungen der Gemeindebehörde bestimmten Orte, oder, wo ein solcher fehlt, an einem anderen angemessen auszuwählenden Orte zu geschehen, und ist, falls der Standesbeamte für dieselbe nicht selbst als Gemeindevorsteher zuständig ist, durch die Gemeindebehörde zu bewirken.

1875 betr. ꝛc., geschehenen Beurkundung des Anerkenntnisses außerehelicher Erzeugung, bezw. einer Legitimation durch nachfolgende Ehe von den Standesbeamten fortan kostenfreie Bescheinigungen nach Anleitung der hierunter beigefügten beiden Formulare a 1 und b 1 auszustellen sind, welche den Zweck haben, den Betheiligten die Erwirkung eines Vermerks zum kirchlichen Taufregister zu erleichtern.

Formular a 1.

Standesamt . . . . am . . . . . . 18 . .

Zu Nr. . . des Geburtsregisters von 18 . . ist heute vermerkt worden, daß das von der . . . . am . . . . 18 . . zu . . . . . . geborene Kind . . . lichen Geschlechts durch den . . . . zu . . . . als von ihm erzeugt anerkannt worden ist.

Der Standesbeamte.

. . . .

Formular b 1.

Standesamt . . . . am . . . . . . 18 . .

Zu Nr. . . des Geburtsregisterts von 18 . . ist heute vermerkt worden, daß das von der . . . . am . . . . 18 . . zu . . . . . . geborene und von dem . . . . zu . . . . . . als von ihm erzeugt anerkannte Kind . . . lichen Geschlechts durch die von seinen Erzeugern geschlossene Ehe legitimirt worden ist.

Der Standesbeamte

. . . .

Bei einer etwaigen vorläufigen Bestimmung des Termins für die Eheschließung ist in Fällen, wo der Aushang des Aufgebots auswärts erfolgen muß, ein nicht zu naher Termin in Aussicht zu nehmen, damit nicht aus dem Mangel eines rechtzeitigen Eingangs der Aushangsbescheinigungen Verlegenheiten für die Betheiligten entstehen.

§. 10. Die Eheschließung hat der Standesbeamte genau nach dem durch die Ausführungsverordnung des Bundesraths vom 22. Junius 1875 vorgeschriebenen Formular B vorzunehmen und Alles zu vermeiden, was bei den Betheiligten gegenüber dem §. 82 des Gesetzes irrige Auffassungen, insbesondere die Meinung hervorrufen kann, als sei mit Einführung der bürgerlichen Eheschließung die kirchliche Kopulation überflüssig geworden.

Der Standesbeamte hat daher nach Aufnahme des einleitenden Theils der im Formular B vorgezeichneten Verhandlung und nachdem die Verlobten die in Gegenwart der Zeugen vom Standesbeamten an sie einzeln und nach einander gerichtete Frage:

ob sie die Ehe mit einander eingehen wollen,

bejahend beantwortet haben, sich auf den Ausspruch zu beschränken:

daß er sie nunmehr kraft des Gesetzes für rechtmäßig verbundene Eheleute erkläre,

und sodann ohne Weiteres die Beurkundung des vorgenommenen Aktes zum Abschluß zu bringen, und den Eheleuten die im letzten Satze des §. 54 des Gesetzes vorgeschriebene Bescheinigung nach dem Formular D der Ausführungsverordnung des Bundesrathes vom 22. Junius 1875 auszustellen.

(Zu §. 7 der Instruktion.) a.

Standesamt . . . . am . . . . 18 . .

Das von der . . . .

. . . .

am . . . . 18 . . um . . . . Uhr . . . .

zu . . . .

geborene Kind . . . . lichen Geschlechts ist heute unter No. . . . . des Geburtsregisters ohne Vornamen eingetragen.

Der Standesbeamte.
N. N.

Ich bescheinige hierdurch, daß dem obenbezeichneten Kinde bei der von mir heute vollzogenen heiligen Taufe die Vornamen:

. . . .

beigelegt worden sind.

(Ort und Datum) . . . .

(Unterschrift des Geistlichen) . . . .

b.

Standesamt . . . . am . . . . 18 . .

Das von der . . . .

. . . .

am . . . . 18 . . um . . . . Uhr . . . .

zu . . . .

geborene Kind . . . . lichen Geschlechts ist heute unter No. . . . . des Geburtsregisters mit den Vornamen: . . . .

. . . .

eingetragen.

Der Standesbeamte.
N. N.

c.

Standesamt . . . . am . . . . 18 . .

D . . . .

ist als am . . . . 18 . . um . . . . Uhr . . . .

zu . . . .

verstorben unter No. . . . . . des Sterberegisters heute eingetragen.

Der Standesbeamte.
N. N.

d.

Standesamt . . . . am . . . . 18 . .

Das von der . . . .

. . . .

am . . . . 18 . . um . . . . Uhr . . . .

zu . . . .
geborene Kind . . . . lichen Geschlechts ist als todtgeboren unter No. . . . . . .
des Sterberegisters heute eingetragen.

Der Standesbeamte.
N. N.

(Zu §. 8 der Instruktion.)

Standesamt . . . . am . . . . 18 . .
Der . . . .
zu . . . .
hat sich zur Ehe mit der . . . .
. . . .
zu . . . .
gemeldet.

Der Standesbeamte.
N. N.

36. Bekanntmachung des Ministeriums des Innern vom 15. Dezember 1875 betr. die Civilstandskommission (a. a. O. Nr. 30 S. 242).

Zu Mitgliedern der, in Gemäßheit des §. 3 der Ausführungsverordnung vom 14. August d. J. zum Reichsgesetze vom 6. Februar d. J. über die Beurkundung des Personenstandes und die Eheschließung landesherrlich bestellten

Civilstands-Kommission

sind

der Ministerialrath Dr. Dippe, zugleich als Vorsitzender,
der Ministerialrath Schröder
und
der Ministerialrath Burchard,

sämmtlich hieselbst, Allerhöchst ernannt worden.

37. Bekanntmachung des Ministeriums des Innern vom 5. Januar 1876 betr. die Bestimmungen des §. 64 des Reichsgesetzes 2c. (Reg.Bl. Nr. 3 S. 26).

Es wird hierdurch zur allgemeinen Kenntniß gebracht, daß im Interesse einer erleichterten Ausführung der Bestimmungen im §. 64 des Reichsgesetzes vom 6. Februar 1875 rücksichtlich der Beurkundung des Personenstandes der auf See befindlichen Personen

für Warnemünde und Rostock: dem Magistrat zu Rostock, und
für Wismar: dem Magistrat zu Wismar

das generelle Kommissorium ertheilt worden ist, die durch §. 64 jenes Gesetzes der für den Standesbeamten des Hafenortes zuständigen Aufsichtsbehörde zugewiesenen Funktionen an Stelle der Großherzoglichen Civilstandskommission hieselbst auszuüben, resp. nach näherer Bestimmung des betreffenden Magistrats durch das Gewett zu Rostock, beziehungsweise das städtische Konsulat zu Wismar ausüben zu lassen.

Großherzogthum Sachsen-Weimar-Eisenach [52]).

38. Verordnung, die Ausführung des Reichsgesetzes über die Beurkundung des Personenstandes und die Eheschließung vom 6. Februar 1875, betreffend. Vom 9. Oktober 1875 (Reg.Bl. Nr. 29 S. 361).

Wir **Karl Alexander**, von Gottes Gnaden, Großherzog von Sachsen-Weimar-Eisenach 2c. 2c. haben zur Ausführung des Reichsgesetzes über die Beurkundung des Personenstandes und die Eheschließung vom 6. Februar 1875 (Reichsgesetzblatt S. 23 flg.) auf dem Grunde der §§. 83 und 84 des genannten, hierneben abgedruckten Gesetzes und im Anschluß an die gleichfalls hierneben abgedruckte, vom Bundesrathe unterm 22. Juni 1875 erlassene Ausführungsverordnung (Centralblatt für das Deutsche Reich S. 386 flg.) zu verordnen beschlossen und verordnen, was folgt:

§. 1. Für Uns und die Mitglieder Unseres Großherzoglichen Hauses versieht die Geschäfte des Standesbeamten der jedesmalige Chef Unseres Staatsministeriums Departement des Großherzoglichen Hauses. (§. 72 des Reichsgesetzes vom 6. Februar 1875.)

---

[52]) Vgl. noch Bekanntmachung des Staatsministeriums, Departement der Justiz, v. 13. Dezember 1875, die Standesamtsbezirke betr. (a. a. O. Nr. 35 S. 501).

Ueber die Art der Führung und Aufbewahrung der Standesregister Bestimmung zu treffen, bleibt vorbehalten.

§. 2. Im Uebrigen steht die centrale Leitung und die Oberaufsicht in Betreff der Ausführung des Reichsgesetzes vom 6. Februar 1875 über die Beurkundung des Personenstandes und die Eheschließung Unserem Staatsministerium, Departement der Justiz, zu.

§. 3. Die Funktionen der „unteren Verwaltungsbehörde" (§. 3 Abs. 1, §. 7 Abs. 3, §. 11 Abs. 1 und 2, §§. 14, 27, 60, 64, 66 Abs. 2 des Reichsgesetzes) werden den Justizämtern beziehungsweise dem Stadtgerichte[53]) als Organen der Justizverwaltung, jedem in Bezug auf die Standesämter seines Bezirks übertragen.

§. 4. Die in dem Reichsgesetz der „höheren Verwaltungsbehörde" zugewiesenen Funktionen werden einerseits von Unserem Staatsministerium Departement der Justiz, andererseits von den Kreisgerichten, von den letzteren in Bezug auf die Standesämter ihrer resp. Bezirke, wahrgenommen.

Dem Staatsministerium Departement der Justiz steht insbesondere zu:

die Bildung der Standesamtsbezirke (§. 2 des Reichsgesetzes),

die Bestellung der Standesbeamten und deren Stellvertreter (§. 3 Abs. 2, §. 4 Abs. 1, §. 6 Abs. 1 des Reichsgesetzes),

die Ertheilung der Genehmigung zu der durch Gemeindebehörden erfolgten Bestellung von Standesbeamten bezüglich deren Stellvertretern und zur Uebertragung der standesamtlichen Geschäfte Seitens des Gemeindevorstandes an andere Gemeindebeamte (§. 4 Abs. 1 und 2 des Reichsgesetzes),

der Widerruf der erfolgten Bestellung oder Genehmigung zur Bestellung (§. 5 des Reichsgesetzes),

die endgültige Entscheidung über Beschwerden wegen Festsetzung der den Standesbeamten zu gewährenden Entschädigung (§. 7 Abs. 3 des Reichsgesetzes).

Dasselbe ist ermächtigt, die Ausübung dieser Funktionen im Allgemeinen oder im einzelnen Falle den Kreisgerichten[53]) zu übertragen.

Die Aufsicht über die Amtsführung der Standesbeamten in höherer Instanz (§. 11 Abs. 1 und 2 des Reichsgesetzes) wird von den Kreisgerichten als mittleren Justizverwaltungsbehörden ausgeübt, vorbehältlich der dem Staatsministerium Departement der Justiz nach §. 2 zustehenden Oberaufsicht.

§. 5. Unter der in dem Reichsgesetz (§. 4 desselben) gebrauchten Bezeichnung: „Gemeindevorstand" ist die nach der Gesetzgebung des Großherzogthums dieselbe Bezeichnung führende Gemeindebehörde und unter der Bezeichnung: „Gemeindebehörde" ist der Gemeinderath, bezüglich in Gemeinden, welche keinen Gemeinderath besitzen, die Gemeindeversammlung zu verstehen.

§. 6. Als „Gericht erster Instanz" (§. 11 Abs. 3, §. 14 Abs. 2, §. 66 Abs. 2 des Reichsgesetzes) ist der Einzelrichter zuständig, in dessen Bezirk der Standesbeamte seinen Amtssitz hat.

Der Instanzenzug regelt sich nach Maßgabe des §. 14 des Gesetzes über die Zuständigkeit der Gerichte und den Instanzenzug in bürgerlichen Rechtsstreitigkeiten vom 15. März 1850[53]).

§. 7. Die Dispensation von dem Verbote der Ehe zwischen einem wegen Ehebruchs Geschiedenen und seinem Mitschuldigen (§. 33 Nr. 5 des Reichsgesetzes) zu ertheilen, ist Uns selbst vorbehalten.

Dispensation vom gesetzlichen Alter der Ehemündigkeit (§. 28 des Reichsgesetzes), von der gesetzlichen Vorschrift, nach welcher Frauen erst nach Ablauf des zehnten Monats seit Beendigung der früheren Ehe eine weitere Ehe schließen dürfen (§. 35 des Reichsgesetzes), und vom Aufgebot (§. 50 des Reichsgesetzes) ertheilt Unser Staatsministerium Departement der Justiz.

Die Gesuche um Dispensation sind in dem Falle des §. 33 Nr. 5 (Dispensation von dem Verbote der Ehe zwischen einem wegen Ehebruchs Geschiedenen und seinem Mitschuldigen) bei dem Kreisgerichte, bei welchem der Ehescheidungsprozeß in erster Instanz anhängig war, bezüglich, wenn die Ehescheidung von einem nicht dem Großherzogthum angehörigen Gericht ausgesprochen worden ist, bei Unserem Staatsministerium, Departement der Justiz, in den übrigen Fällen aber bei dem betreffenden Justizamte (Stadtgerichte) zu überreichen.

§. 8. Die Standesamtsbezirke, bei deren Bildung auf bestehende Parochialverbände thunlichst Rücksicht zu nehmen ist, sind nach ihrer amtlichen Benennung unter Angabe der einbezirkten Gemeinden durch das Regierungsblatt für Unser Großherzogthum bekannt zu machen.

§. 9. Nach erfolgter Bestellung werden die Standesbeamten und Stellvertreter eines Standesbeamten durch den zuständigen Einzelrichter dahin verpflichtet,

---

[53]) Aendert sich nach Maßgabe des §. 7 des Gesetzes, betr. die zu errichtenden Landesgerichte v. 8. März 1879, Reg.Bl. S. 65: „In allen Angelegenheiten der Rechtspflege und der Justizverwaltung, in Betreff deren nicht durch Reichsgesetz oder durch Landesgesetz ein anderes bestimmt ist, geht die Zuständigkeit der bisherigen Landesgerichte auf die nach Maßgabe dieses Gesetzes bestehenden Landesgerichte, und zwar die der Justizämter und Stadtgerichte auf die Amtsgerichte — die der Kreisgerichte auf die Landgerichte — die des Appellationsgerichtes und des Oberappellationsgerichtes auf das Oberlandesgericht — über."

daß sie das ihnen übertragene Amt eines Standesbeamten (Stellvertreters des Standesbeamten) und alle mit diesem Amte verbundenen Geschäfte nach ihrem besten Wissen und Gewissen vorschriftsmäßig verwalten wollen.

Die Verpflichtung erfolgt mittelst Handschlags an Eides Statt.

Zur Verpflichtung derjenigen Standesbeamten und Stellvertreter eines Standesbeamten, welche nach §. 4 Abs. 1 und §. 6 Abs. 2 des Reichsgesetzes auf Grund einer gemeindeamtlichen Stellung zu dem Standesamte berufen sind, genügt die Hinweisung auf den bei Uebernahme des Gemeindeamtes geleisteten Diensteid.

In dem Falle des §. 1 dieser Verordnung findet eine besondere Verpflichtung der bestellten Standesbeamten nicht Statt.

§. 10. In jedem Orte, in welchem ein Standesbeamter seinen Amtssitz hat, ist am Eingang des Gebäudes, worin das Geschäftslokal des Standesbeamten sich befindet, ein Schild mit der Aufschrift: „Großherzoglich Sächsischer Standesbeamter" anzubringen.

§. 11. Die nach §. 8 des Reichsgesetzes, sowie nach den §§. 1, 2 und 4 der Ausführungsverordnung des Bundesraths vom 22. Juni 1875 den Gemeinden von der Centralbehörde des Bundesstaats kostenfrei zu liefernden Formulare zu den Haupt- und Nebenregistern (A, B und C) und zu den Registerauszügen (Aa, Bb, Cc) werden auf Rechnung der Staatskasse angeschafft und — die Hauptregister in einem der Seelenzahl des einzelnen Standesamtsbezirks entsprechenden, für kleinere Standesamtsbezirke auf eine Mehrzahl von Jahren berechneten Umfange gebunden — vor dem 1. Januar 1876 den Standesbeamten kosten- und portofrei zugefertigt werden.

Auch die in §. 5 der vom Bundesrathe unterm 22. Juni 1875 erlassenen Ausführungsverordnung vorgeschriebenen Formulare für Bescheinigung einer erfolgten Eheschließung, für das Aufgebot und für die Ermächtigung des zuständigen Standesbeamten zur Eheschließung vor dem Standesbeamten eines anderen Orts (D, E und F) sollen den Standesbeamten wenigstens für den Beginn und die erste Zeit ihrer amtlichen Wirksamkeit geliefert werden, und das Gleiche gilt von den nach §. 15 Abs. 2 des Reichsgesetzes erforderlichen Dienstsiegeln. Der für Anschaffung dieser Formulare und der Dienstsiegel erwachsende Aufwand ist jedoch von den die einzelnen Standesamtsbezirke bildenden Gemeinden der Staatskasse antheilig nach Verhältniß zu erstatten. (Vgl. §. 8 des Reichsgesetzes, §. 6 der Ausführungsverordnung des Bundesraths.)

§. 12. Die Festsetzung der nach §. 8 des Reichsgesetzes von den Gemeinden zu tragenden sächlichen Kosten steht in allen Fällen, wo eine solche nöthig wird, dem Justizamte bezüglich Stadtgerichte[53a]) zu.

§. 13. In Fällen vorübergehender Behinderung des Standesbeamten und seiner Stellvertreter oder gleichzeitiger Erledigung dieser Aemter hat die Obrigkeit des Orts, an welchem der Standesbeamte beziehungsweise dessen Stellvertreter ihren Wohnsitz haben oder gehabt haben, dem zuständigen Justizamte bezüglich Stadtgerichte ohne Verzug Anzeige zu machen, damit in Gemäßheit des §. 3 Abs. 1 des Reichsgesetzes die einstweilige Beurkundung des Personenstandes einem benachbarten Standesbeamten oder Stellvertreter übertragen werde.

§. 14. Die Ortspolizeibehörde, welche zu einer Beerdigung vor erfolgter Eintragung des Sterbefalls in das Sterberegister Genehmigung ertheilt hat (§. 60 des Reichsgesetzes), ist verpflichtet, dem zuständigen Standesbeamten hiervon ohne Verzug Mittheilung zu machen.

§. 15. Ist eine Ehe auf übereinstimmendes Ansuchen der Eheleute aus landesherrlicher Machtvollkommenheit getrennt worden, so hat das Ehegericht eine beglaubigte Abschrift des landesherrlichen Erlasses nebst einer Bescheinigung darüber, an welchem Tage die Eröffnung an die Betheiligten erfolgt ist, dem Standesbeamten, vor welchem die Ehe geschlossen ist, zu übersenden. Der Standesbeamte hat hiernach in Gemäßheit des §. 55 des Reichsgesetzes zu verfahren. (Vgl. §. 14 der Ausführungsverordnung des Bundesraths vom 22. Juni 1875.)

§. 16. Insoweit nach bestehenden Vorschriften bestimmten Behörden oder Personen (Gemeindevorständen, Hebammen, Leichenweibern rc.) obliegt, von Geburts- oder Sterbefällen weltlichen oder geistlichen Behörden oder Beamten Anzeige zu erstatten, behält es hierbei auch fernerhin sein Bewenden.

§. 17. Diese Verordnung tritt mit dem 1. Januar 1876 in Kraft.

39. Ministerialbekanntmachung des Staatsministeriums Departement der Justiz vom 13. Dezember 1875 (a. a. O. Nr. 34 S. 469).

Kraft der nach §. 2 der höchsten Verordnung vom 9. Oktober d. J. (Reg.Blatt S. 361) dem unterzeichneten Staatsministerium zustehenden centralen Leitung und Oberaufsicht in Betreff der Ausführung des Reichsgesetzes vom 6. Februar d. J. über die Beurkundung des Personenstandes und die Eheschließung wird hierdurch die unter △ angefügte Instruktion für die Standesbeamten des Großherzogthums ertheilt, nach welcher sich nicht allein sämmtliche Standesbeamten, sondern auch, soweit sie dadurch berührt werden, die mit der Aufsicht über die Standesbeamten betrauten Einzelrichter und bezüglich Kreisgerichte genau zu richten haben.

[53a]) S. vor. Anm.

Hiernächst wird noch Folgendes bestimmt:

1) Behufs der Ueberwachung, daß die Standesbeamten den Vorschriften des Reichsgesetzes vom 6. Februar d. J. und der zu dessen Ausführung erlassenen Verordnungen und Instruktionen pünktlich nachkommen, und behufs der Abstellung und Berichtigung etwaiger in dieser Beziehung hervorgetretener Mängel bezüglich behufs entsprechender Belehrung und Anleitung der Standesbeamten haben die Einzelrichter sich nicht auf Prüfung der nach dem Schlusse des einzelnen Kalenderjahres an sie einzusendenden Standesnebenregister und Verzeichnisse (§. 10 der Instruktion), bezüglich der sonstigen an sie gelangenden Schriftstücke der Standesbeamten (z. B. der beglaubigten Abschriften von Nachtragsvermerken, etwaiger Registerauszüge 2c.) und auf die aus solcher Prüfung sich ergebenden Verfügungen zu beschränken, sondern sie haben von Zeit zu Zeit auch Revisionen der Geschäftsführung der einzelnen Standesbeamten ihres Bezirks im Allgemeinen und an dem Sitze der Standesämter vorzunehmen, zu welchen namentlich die Gelegenheit zu benutzen sein wird, so oft Dienstgeschäfte anderer Art die Anwesenheit des Beamten an dem Sitze eines Standesamts nothwendig gemacht haben und noch Zeit zur Vornahme einer Revision des Standesamts übrig ist. Insbesondere müssen solche Revisionen in dem ersten Jahre der Wirksamkeit des Reichsgesetzes vom 6. Februar d. J. und zwar schon nach Verlauf einiger Monate seit dem Inkrafttreten des gedachten Gesetzes hinsichtlich aller Standesämter stattfinden und sie sind namentlich solchen Standesämtern gegenüber von Zeit zu Zeit zu wiederholen, deren Inhaber sich weniger befähigt und geschickt zur Ausübung der mit dem Amte verbundenen Funktionen gezeigt haben oder welche in Zukunft neu angestellt worden sind.

Die Großherzoglichen Kreisgerichte[53b]) aber werden bei Revisionen der Geschäftsthätigkeit der ihnen unterstellten Einzelgerichte die Wirksamkei dieser Behörden auch in Bezug auf die Ausführung des Reichsgesetzes vom 6. Februar d. J. sorgfältiger Prüfung unterziehen.

2) In jedem gerichtlichen Erkenntnisse, durch welches eine bestehende Ehe wegen Ehebruchs geschieden wird, ist die Person, mit welcher der Ehebruch begangen worden, dafern dieselbe ermittelt ist, namhaft zu machen. (Vgl. §. 33 Nr. 5 des Reichsgesetzes; §. 14 Abs. 1 der Ausführungsverordnung des Bundesraths vom 22. Juni 1875; §. 17 Nr. 4 der Instruktion für die Standesbeamten.)

△

Instruktion

für

die Standesbeamten des Großherzogthums Sachsen.

§. 1. Die Standesbeamten und deren Stellvertreter haben sich mit den ihren amtlichen Wirkungskreis betreffenden Gesetzen, Verordnungen und Instruktionen, insbesondere mit

1) dem Reichsgesetz über die Beurkundung des Personenstandes und die Eheschließung vom 6. Februar 1875 (Reichsgesetzblatt S. 23; Reg.Blatt S. 367),
2) dem zu diesem Reichsgesetze erlassenen Ausführungsverordnungen, nämlich
   a) der Ausführungsverordnung des Bundesraths vom 22. Juni 1875 und den derselben beigefügten Formularen und Mustern (Centralblatt für das Deutsche Reich S. 386 flg.; Reg.Blatt S. 389),
   b) der landesherrlichen Ausführungsverordnung vom 9. Oktober 1875 (Reg.Blatt S. 361) und
3) der gegenwärtigen Instruktion

vor der Ausübung ihrer Geschäfte genau bekannt zu machen.

Jedem Standesbeamten werden einige Exemplare des Reichsgesetzes, der Ausführungsverordnungen und der Instruktion mitgetheilt werden, welche als zum Inventar des Standesamts gehörig sorgfältig aufzubewahren sind.

Glauben die Standesbeamten näherer Belehrung zu bedürfen, so haben sie sich an ihre nächste Aufsichtsbehörde (das Großherzogliche Justizamt oder Stadtgericht) zu wenden, welche sie — eventuell nach vorgängiger Anfrage bei der höheren Aufsichtsbehörde — mit der erforderlichen Anleitung und Aufklärung versehen wird.

Geschäftslokal.

§. 2. Der Standesbeamte hat regelmäßig sämmtliche Amtsgeschäfte in dem Geschäftslokale des Standesamts und, sofern ihm ein besonderes Geschäftslokal von der betreffenden Gemeinde nicht überwiesen ist, in seiner als solches dienenden Privatwohnung zu besorgen.

Außerhalb des Geschäftslokals ist die Vornahme von Standesakten nur in besonderen Ausnahmefällen zulässig. Namentlich dürfen Eheschließungen dann außerhalb des Geschäftslokals erfolgen, wenn einer der Verlobten am Erscheinen im Geschäftslokale durch Krankheit oder andere unabwendbare Ursachen verhindert ist oder wenn sonstige erhebliche Gründe die Vornahme des Eheschließungsaktes außerhalb des Geschäftslokals nothwendig oder angemessen erscheinen lassen.

[53b]) S. S. 333 Anm. 53.

Registerführung im Allgemeinen.

§. 3. Für den gesammten Standesamtsbezirk ist, auch wenn derselbe aus einer Mehrzahl von Gemeinden besteht, nur ein Geburtsregister, desgleichen nur ein Heiraths- und ein Sterberegister zu führen.

Die den Standesämtern zu liefernden Hauptregister sind auf den Bedarf für mehrere Jahre berechnet. Nachdem nach Ablauf eines Kalenderjahres das Hauptregister für dieses abgelaufene Jahr abgeschlossen ist (§. 14 Absatz 2 des Reichsgesetzes; §. 10 dieser Instruktion), erfolgen die Eintragungen für das neue Kalenderjahr unter neuer, mit Nr. 1 beginnender Nummerirung, bis der Band gefüllt ist.

Uebrigens werden den Standesbeamten die Hauptregister zunächst in — mit der gedruckten Bezeichnung des einzelnen Registers versehenen — Mappen von starker Pappe mit Leinwandüberzug und Rücken, in welchen die Formulare auf pergamentenen Riemen eingeheftet sind, geliefert werden. Diese Einrichtung gestattet, daß, wenn die ursprünglich eingehefteten Formularbogen sämmtlich zu Eintragungen benutzt sind, noch weitere Formularbogen nachträglich eingeheftet werden, so lange, als der Band dadurch nicht einen unverhältnißmäßigen, die Handhabung erschwerenden Umfang erhält. Ist Letzteres der Fall, so muß ein neuer (zweiter, dritter 2c.) Band des Registers angelegt werden. Dabei ist jedoch darauf zu sehen, daß jeder einzelne Band mit dem Schluß eines Kalenderjahrganges abschließt, damit nicht Eintragungen, welche in dem nämlichen Kalenderjahre bewirkt worden sind, in verschiedene Bände des Registers gebracht werden. Eine Ausnahme von dieser Regel darf nur Platz greifen, wenn bei großen Standesämtern die Eintragungen in einem Kalenderjahre so zahlreich sein sollten, daß, wenn sie sämmtlich in demselben Bande des Registers Aufnahme fänden, letzterer zu stark und unhandlich würde. In diesem Falle kann ein Jahrgang des Registers auch mehrere Bände umfassen, es ist aber dann der erste 2c. Band, sobald zur Benutzung des zweiten 2c. Bandes übergegangen werden muß, unter Hinweisung auf den letzteren gehörig abzuschließen (§. 3 der Ausführungsverordnung des Bundesraths).

Bei den Nebenregistern, für welche die Formulare den Standesbeamten ungebunden geliefert werden, bildet jeder Jahrgang für sich einen Band oder ein Heft, sofern nicht etwa bei einem einzelnen großen Standesamtsbezirke der vorgedachte, bezüglich in §. 3 der Ausführungsverordnung des Bundesraths vorgesehene Fall eintritt.

Selbstverständlich sind die Register nebst den Akten und Dienstsiegeln in sorgsamster, dritten Personen nicht zugänglicher Weise aufzubewahren. Das Nämliche gilt von den gelieferten Formularen und sind dieselben nur zu dem gesetzlich bestimmten Zwecke zu verwenden.

Bei entstehender Feuersgefahr ist für Rettung des Standesregister die erste Sorge zu tragen.

§. 4. Erscheint vor dem Standesbeamten zum Zweck der Anzeige eines Geburts- oder Sterbefalls, der Bestellung eines Aufgebots u. s. w. eine Person, welche ihm nicht bereits als diejenige, für welche sie sich ausgiebt, bekannt ist, so hat der Standesbeamte sich zunächst von der Identität des Erschienenen Ueberzeugung zu verschaffen und, daß und wie dies geschehen, in der Eintragung zu vermerken. Letztere muß demnach ersehen lassen, ob der Erschienene dem Standesbeamten von Person bekannt gewesen ist oder durch welchen dem Standesbeamten von Person bekannten Zeugen der Erschienene als derjenige, für den er sich ausgegeben hat, anerkannt worden ist (§. 13 Nr. 3 des Reichsgesetzes).

§. 5. Nach erfolgter Anzeige eines Geburts- oder Sterbefalls bezüglich nach erfolgter Eheschließung ist die Eintragung in das betreffende Hauptregister sofort zu bewirken. Ein Aufschub der Eintragung ist nur in dem Falle zulässig und nothwendig, wenn dem Standesbeamten an der Richtigkeit der über einen Geburts- oder Sterbefall erstatteten Anzeige Zweifel beigehen, über deren Grund oder Ungrund erst noch weitere Erörterungen anzustellen sind (§§. 21 und 58 des Reichsgesetzes). In solchem Falle sind die zum Zwecke der fraglichen Erörterung aufgenommenen Protokolle oder sonstigen ergangenen Schriftstücke zu den nach §. 9 der Ausführungsverordnung des Bundesraths von dem Standesbeamten zu führenden Sammelakten zu bringen, nach erfolgter Beseitigung der stattgefundenen Zweifel aber die Eintragung in das Register in Gegenwart der zu diesem Behufe wieder vorzubescheidenden Person, von der die Anzeige gemacht worden war, oder einer anderen zur Anzeige verpflichteten Person ohne weiteren Aufschub zu bewirken.

§. 6. An demselben Tage, an welchem die Eintragung in das Hauptregister stattgefunden hat, ist eine wörtlich genaue Abschrift derselben in das Nebenregister einzutragen und die Uebereinstimmung mit der Beurkundung im Hauptregister durch Ausfüllung und Unterzeichnung des den Formularen für die Nebenregister am Schlusse im Vordruck beigefügten Beglaubigungsvermerks zu bestätigen (§. 14 Abs. 1 des Reichsgesetzes; §. 2 der Ausführungsverordnung).

[54]) Wird später am Rande der ursprünglichen Eintragung im Hauptregister ein Nachtragsvermerk eingetragen, so ist eine Abschrift dieses Nachtragsvermerks gleichfalls an demselben Tage zu der entsprechenden Nummer des Nebenregisters, und zwar auch an deren Rand zu bringen, voraus-

---

[54]) Absatz 2 und 3 in der Abänderung der Minister.-Bek. betr. eine Abänderung des §. 6 2c. vom 12. Juni 1876, Reg.Bl. S. 110.

gesetzt, daß das Nebenregister zu der Zeit, wo der Nachtragsvermerk in das Hauptregister eingetragen wird, noch nicht der Aufsichtsbehörde eingereicht ist. Auch diese Abschrift des Nachtragsvermerks ist als mit der Eintragung im Hauptregister übereinstimmend in der Weise zu beglaubigen, daß unter dieselbe vom Standesbeamten geschrieben wird:

„Die Uebereinstimmung mit dem Hauptregister beglaubigt."

. . . (Ortsnamen) (Datum und Jahreszahl).

Der Standesbeamte.
N. N.

Werden Nachtragsvermerke im Hauptregister am Rande der ursprünglichen Eintragung zu einer Zeit eingetragen, wo der betreffende Jahrgang des Nebenregisters sich nicht mehr in den Händen des Standesbeamten befindet, sondern von ihm bereits an die Aufsichtsbehörde eingesendet ist, so hat der Standesbeamte an demselben Tage, an welchem er die Eintragung des Nachtragsvermerks in dem Hauptregister bewirkt hat, eine wörtlich genaue Abschrift desselben auf einem besonderen Bogen zu fertigen oder fertigen zu lassen, die Uebereinstimmung dieser Abschrift mit der Eintragung im Hauptregister in der angegebenen Weise zu beglaubigen und dieselbe sodann der Aufsichtsbehörde zu überreichen (§. 14 Abs. 3 des Reichsges.).

[55]) Reicht der Raum einer Seite oder eines Blattes im Standesregister nicht aus, um einen erforderlichen Nachtragsvermerk am Rande einzutragen, so kann zu dieser Eintragung die nächstfolgende Seite im Register verwendet werden, vorausgesetzt, daß auf dieser nicht bereits eine Eintragung stattgefunden hat. Die Seite, auf welcher der Nachtragsvermerk eingetragen wird, ist sodann mit der gleichen Nummer zu versehen, wie das vorhergehende Blatt, auf welchem der ursprüngliche Eintrag sich befindet.

Ist die nächstfolgende Seite bereits zur Eintragung eines Geburts-, Eheschließungs- oder Sterbefalls benutzt, so ist an der betreffenden Stelle des Registers, also unmittelbar hinter dem Blatte, welches die ursprüngliche Eintragung enthält, zu welcher der Nachtragsvermerk zu bringen ist, ein Blatt in das Register einzuheften, mit diesem durch das Dienstsiegel zu verbinden und auf dieses mit der Nummer der ursprünglichen Eintragung zu versehendes Blatt der Nachtragsvermerk zu schreiben.

Sollte das Standesregister schon vom Buchbinder eingebunden sein, so empfiehlt es sich, unten an das Registerblatt ein neues Blatt anzuheften und letzteres mit dem ersteren durch das Dienstsiegel zu verbinden. Auch das unten angeheftete Blatt ist mit der gleichen Nummer, wie das Registerblatt zu versehen, als dessen Fortsetzung zu bezeichnen und in den Registerband einzuschlagen.

Zu den in diesen Fällen dem Register neu einzufügenden Blättern ist Registerpapier oder doch sonst ein dauerhaftes und reinliches Papier zu verwenden.

§. 7. In den Standesregistern dürfen Korrekturen durch Ausstreichen und Ueberschreiben oder durch Rasuren durchaus nicht vorkommen. Nur der Vordruck (die gedruckten Worte der Formulare) ist, wenn und soweit er nicht paßt, zu durchstreichen, es ist alsdann aber am Rande zu vermerken, daß und wie viel Zeilen gelöscht sind, und ist diese Bemerkung unterschriftlich zu vollziehen. (Vergl. §. 8 der Ausführungsverordnung des Bundesraths und das Muster C. 4.)

[56]) Wenn sich, bevor der Standesbeamte eine Eintragung durch seine Unterschrift vollzogen hat, Unrichtigkeiten ergeben, sei es, daß die Erschienenen unrichtige oder unvollständige Angaben gemacht haben, oder daß sie von dem Standesbeamten mißverstanden worden sind, oder daß ein Schreibfehler untergelaufen ist, so ist eine die Eintragung berichtigende oder ergänzende Bemerkung am Rande derselben hinzuzufügen und durch Unterschrift der Erschienenen und des Standesbeamten zu vollziehen, ohne daß in der Eintragung selbst etwas geändert oder gestrichen wird. (Vergl. §. 13 Schlußsatz des Reichsges. v. 6. Febr. 1875.)

Wird der Mangel erst bemerkt, nachdem die Eintragung durch den Standesbeamten bereits unterschriftlich vollzogen ist, so kann eine Berichtigung ohne Unterschied, ob der zu berichtigende Fehler von größerer oder geringerer, von sachlicher oder nur formaler Bedeutung ist, nur auf dem in den §§. 65 und 66 des Reichsgesetzes vorgeschriebenen Wege, also nur auf dem Grunde gerichtlicher Anordnung erfolgen. Der Standesbeamte hat in solchem Falle, wenn er die Berichtigung der Eintragung für nothwendig erachtet, den Sachverhalt der Aufsichtsbehörde berichtlich vorzutragen, welche das weiter Erforderliche veranlassen wird.

[57]) Ebenso wenig, wie Korrekturen, sind Abkürzungen bei den Eintragungen zulässig (§. 13 des Reichsgesetzes) und eine besondere Sorgfalt ist auf richtige, deutliche und vollständige Einschreibung der Vornamen und Familiennamen zu verwenden. Es darf z. B. nicht

---

[55]) Die von hier ab folgenden Absätze sind durch Minist.Bek. v. 16. Januar 1884, betr. Nachtragsvermerke in den Registern, Reg.Bl. S. 18, Stdesb. 1884 S. 34, angeordnete Zusätze.

[56]) Absatz 1 und 3 in der Fassung des Nachtrags vom 17. Mai 1876, Reg.Bl. S. 95.

[57]) Vgl. hierzu Minist.-Bek., die Einschreibung der Namen in die Standesregister betr., v. 5. Juni 1879, Reg.Bl. S. 353; Stdesb. 1879 S. 158.

blos „Hermann Kaiser" statt „Hermann August Friedrich Eduard Kaiser", nicht „Schmid" statt „Schmitt" oder „Schmidt", „Beyer" statt „Baier", „Keyser" statt „Kaiser" 2c., sondern es muß jeder Name genau so geschrieben werden, wie derselbe von der betreffenden Person geführt wird. Auch ist zur Bezeichnung des weiblichen Geschlechts dem Familiennamen nicht die Sylbe in anzuhängen (z. B. nicht „Marie Schmidtin" statt „Marie Schmidt").

Die punktirten Zwischenräume in den Formularen sind, wenn sie nicht beschrieben worden, alsbald bei der Eintragung durch Striche auszufüllen und die wesentlichen Zahlenangaben mit Buchstaben zu schreiben (§. 13 Abs. 1 des Reichsgesetzes).

§. 8. Eintragungen auf Grund schriftlicher Anzeigen und Mittheilungen (§§. 20, 27, 58, 62 des Reichsgesetzes), für welche der Vordruck der Registerformulare nicht berechnet ist, sind unter Durchstreichung des Vordrucks und mit Bezugnahme auf die nach der Behörde oder den Beamten, von denen sie ausgegangen ist, und nach Ort und Datum näher zu bezeichnende schriftliche Anzeige oder Mittheilung am Rande des Registerformulars zu bewirken. Ebenso muß der Vordruck durchstrichen und die Eintragung am Rande bewirkt werden, wenn in Gemäßheit des §. 23 des Reichsgesetzes die Anzeige der Geburt eines todtgeborenen oder in der Geburt verstorbenen Kindes im Sterberegister einzutragen ist. Dabei ist jedesmal anzugeben, wie viel Zeilen des Vordrucks gestrichen worden sind. (§. 8 der Ausführungsverordnung des Bundesraths; Muster C. 4.) Bei allen Eintragungen am Rande des Formulars ist übrigens mit thunlichster Raumersparniß zu verfahren, damit für etwaige Nachtragsvermerke Platz bleibt.

Enthält die schriftliche Mittheilung über einen in einer Anstalt vorgekommenen Geburts- oder Sterbefall die Thatsachen nicht vollständig, welche nach Vorschrift des Gesetzes einzutragen sind, so hat der Standesbeamte zunächst die Vervollständigung der Thatsachen zu verlangen.

§. 9. Der Standesbeamte kann zu Eintragungen in die Register oder zur Ausfertigung von Registerauszügen und Bescheinigungen, sowie zu protokollarischen Niederschriften sich einer Schreibhülfe bedienen. Eintragungen auf Grund mündlicher Anzeigen dürfen aber nur in Gegenwart des Standesbeamten geschehen. Auch sind selbstverständlich alle Eintragungen, Ausfertigungen und Niederschriften, welche der Standesbeamte durch einen Schreibgehülfen hat bewirken lassen, von ihm durch eigenhändige Namensunterschrift zu vollziehen.

§. 10. Die in §. 14 Abs. 2 des Reichsgesetzes vorgeschriebene Abschließung der Register nach Ablauf des Kalenderjahrs ist für jedes der drei Hauptregister und für jedes der drei Nebenregister sofort nach Ablauf des Kalenderjahrs, also am ersten Tage des neuen Jahres in der Art zu bewirken, daß die Zahl der im Laufe des verflossenen Jahres stattgefundenen Eintragungen unmittelbar nach der letzten Eintragung unter Hinzufügung des Datums und des Namens des Standesbeamten, jedoch ohne Beidruck des Dienstsiegels angegeben wird. Nachstehendes Schema veranschaulicht die Art der Abschließung:

> Vorstehendes Haupt- (Neben-) Exemplar des Geburts- (Heiraths-, Sterbe-) Registers für das Jahr Eintausend achthundert siebenzig und (sechs), enthaltend (fünf und achtzig) Eintragungen, wird hiermit abgeschlossen.

X. am 1. Januar 187(7).

Der Standesbeamte.
N.

Entscheidend für die Frage, in welchen Jahrgang der Register eine Eintragung gehört, ist die Zeit der Aufnahme des Standesakts, nicht die Zeit, zu welcher die einzutragende Thatsache sich ereignet hat. Beispielsweise ist also eine am 27. Dez. 1876 erfolgte Geburt, welche am 1. Jan. 1877 dem Standesbeamten angezeigt wird, nicht in das Register für das Kalenderjahr 1876, sondern in das Register für das Jahr 1877 einzutragen. Eine Ausnahme von dieser Regel findet selbstverständlich Statt rücksichtlich derjenigen nachträglichen bezüglichen ergänzenden Eintragungen, welche nach §. 13 Schlußsatz, §. 22 Schlußsatz, §. 26, §. 55, §. 65 des Reichsgesetzes am Rande einer früheren Eintragung zu vermerken sind, z. B. die nachträgliche Eintragung der Vornamen eines Kindes, wenn dieselben dem Standesbeamten erst im Januar 1877 angegeben werden, während der Geburtsfall schon im Dezember 1876 ohne die Vornamen des Kindes eingetragen worden ist.

[58]) Der Standesbeamte hat die abgeschlossenen Nebenregister für das verflossene Kalenderjahr in der Zeit vom 1. bis spätestens zum 15. März des jedesmaligen neuen Kalenderjahrs der zuständigen Aufsichtsbehörde zu überreichen. Sind vor dieser Ueberreichung nachträgliche Randvermerke in die Hauptregister einzutragen gewesen, so hat der Standesbeamte beglaubigte Abschrift dieser Randvermerke vorschriftsmäßig zu den noch in seinen Händen befindlichen Nebenregistern zu bringen, so daß die letzteren bis zum Tage ihrer Ueberreichung an die Aufsichtsbehörde mit den Hauptregistern vollständig übereinstimmen.

Gleichzeitig mit den Nebenregistern haben die Standesbeamten aber auch noch ein summari-

---

[58]) Diese beiden Absätze in der Fassung des Nachtrags v. 23. Juli 1877, Reg.Bl. S. 153; Stdesb. 1877 S. 182.

sches Verzeichniß derjenigen Berichtigungen und Nachtragsvermerke, welche in frühere Jahrgänge der Hauptregister während des letzten Kalenderjahrs eingetragen worden sind, der Aufsichtsbehörde einzureichen. Waren solche nachträgliche Eintragungen in frühere Jahrgänge eines Hauptregisters im Laufe des letztverflossenen Jahres bei dem Standesamte nicht vorgekommen, so ist hierüber ein Vacatschein auszufertigen und mit den Nebenregistern einzusenden.

Das Justizamt (Stadtgericht)[59]), welches in seiner doppelten Eigenschaft als untere Verwaltungsbehörde und als Gericht erster Instanz (§§. 3 und 6 der landesherrlichen Ausführungsverordnung vom 9. Okt. 1875) die der einen, wie der anderen Behörde reichsgesetzlich überwiesenen Funktionen auszuüben hat, wird durch sorgfältige Vergleichung des eingesendeten summarischen Verzeichnisses mit den in Frage kommenden früheren Jahrgängen der in seiner Verwahrung befindlichen Nebenregister prüfen, ob sämmtliche nach Einreichung der Nebenregister in den Hauptregistern gemachte Eintragungen der Vorschrift in §. 14 Abs. 3 des Reichsgesetzes entsprechend ihm in beglaubigter Abschrift mitgetheilt und den Nebenregistern beigeschrieben worden sind, und, falls sich in dieser Beziehung Unterlassungen ergeben, die zur Ergänzung der Nebenregister und beziehungsweise von Aufsichtswegen erforderlichen Verfügungen ungesäumt treffen[60]).

Alphabetische Namensverzeichnisse.

§. 11. Die alphabetischen Namensverzeichnisse, welche die Standesbeamten zu jedem der drei Register nach Vorschrift des §. 10 Nr. 1 der vom Bundesrathe erlassenen Ausführungsverordnung zu führen haben, sind baldigst anzulegen und stets auf dem Laufenden zu erhalten. Es wird sich empfehlen, dieselben auf einen längeren Zeitraum — bei kleineren Standesämtern etwa auf zehn Jahre — einzurichten. Dieser Instruktion sind zwei Muster eines alphabetischen Namensverzeichnisses unter I und II beigefügt. Für kleinere Standesämter wird sich mehr die Benutzung des Musters II empfehlen, welches alle drei Standesregister (das Geburts-, Heiraths- und Sterberegister) zusammen umfaßt.

Bei der Führung der Namensverzeichnisse nach den Mustern ist Folgendes zu beachten:

In der für die „Namen" bestimmten Spalte ist der Familienname der betreffenden Personen zuerst, hinter demselben sind die Vornamen, und zwar vollständig anzugeben. Betrifft der im Register eingetragene Standesakt eine Person, welche keine Vornamen hat, z. B. ein todtgeborenes oder in der Geburt bezw. vor Empfang der Vornamen verstorbenes Kind (vergl. §. 22 Schlußsatz und §. 23 des Reichsgesetzes), so ist der Name des Vaters und bei unehelichen oder nach des Vaters Tode geborenen Kindern der Name der Mutter mit einem jenen Umstand kürzlich andeutenden Zusatze anzugeben. (Vergl. in dem Muster II den Fall unter Nr. 5.) Ist der Name ganz unbekannt, z. B. wenn ein Leichnam, dessen Identität nicht festzustellen gewesen, im Bezirke des Standesamts aufgefunden und der Sterbefall demzufolge im Sterberegister eingetragen worden ist, so ist der Fall unter dem Buchstaben U mit der Bezeichnung: „Unbekannter" im Namensregister aufzuführen.

Ehefrauen, geschiedene Frauen und Wittwen sind sowohl unter dem Zunamen (Familiennamen) ihrer Geburt, als unter dem der Ehemänner in dem Namensverzeichniß aufzuführen. In gleicher Weise ist, wenn eine Person z. B. in Folge von Legitimation oder Annahme an Kindesstatt den Familiennamen gewechselt hat, neben dem früheren auch der neue Name unter dem betreffenden Buchstaben des Verzeichnisses einzutragen.

Wenn der Bezirk eines Standesamts verschiedene Ortschaften umfaßt, oder der in das Register eingetragene Standesakt Personen betrifft, welche außerhalb des Standesamtsbezirks wohnen, so empfiehlt sich, in dem Namensverzeichniß neben dem Namen auch den Wohnort anzugeben.

Registerauszüge.

§. 12. Bei Ertheilung beglaubigter Auszüge aus einem Standesregister an Betheiligte ist streng darauf zu halten, daß der Auszug (die Geburts-, Heiraths- oder Sterbe-Urkunde) die betreffende Eintragung nebst allen zu derselben später gebrachten Zusätzen, Ergänzungen und Berichtigungen vollständig und wortgetreu enthalte. (§. 16 Abs. 2 und 3 des Reichsgesetzes.)

Während der Regel nach für solche Registerauszüge die der Ausführungsverordnung des Bundesraths beigefügten Formulare Aa, Bb und Cc zu benutzen sind, ist von deren Benutzung dann Abstand zu nehmen, wenn nach Maßgabe des §. 8 der allegirten Ausführungsverordnung und des §. 8 gegenwärtiger Instruktion der Vordruck des Registerformulars, weil einer der in den §§. 20, 23, 24, 58 und 62 des Reichsgesetzes bezeichneten Fälle vorlag, ganz oder theilweise durchstrichen und die Eintragung ganz oder theilweise am Rande des Formulars bewirkt worden ist. In solchen Fällen hat der Standesbeamte ohne Benutzung eines Formulars eine Abschrift der Eintragung zu fertigen

---

[59]) Jetzt Amtsgericht, s. o. S. 333 Anm. 53.

[60]) Vgl. hierzu Bekanntm. betr. Einsendung und Aufbewahrung der Nebenregister v. 13. März 1877, Reg.Bl. S. 33; Stdesb. 1877 S. 85.

und dieselbe in der vorgeschriebenen Form als mit dem betreffenden Hauptregister gleichlautend zu beglaubigen.

Einfache Atteste über Geburts- und Sterbefälle, Aufgebote und Eheschließungen.

§. 13. Der Standesbeamte hat auf Antrag der Betheiligten

1) über die Anordnung eines Aufgebots,

und auch ohne Antrag der Betheiligten

2) über jede auf mündliche Anzeige erfolgte Eintragung eines Geburtsfalls,
3) über jede auf mündliche Anzeige bewirkte Eintragung eines Sterbefalls,
4) über jede Eheschließung

eine einfache Bescheinigung kostenfrei auszufertigen und den Betheiligten sofort auszuhändigen (vergl. Nr. I des dem Reichsgesetze angehängten Gebührentarifs; §. 54 Schlußsatz und §. 60 des Reichsgesetzes; §. 13 der Ausführungsverordnung des Bundesraths).

Zu diesen einfachen Attesten dürfen aber die den Standesämtern vom Staate gelieferten Formulare zu Registerauszügen (Geburtsurkunde Aa, Heirathsurkunde Bb, Sterbeurkunde Cc) unter keinen Umständen benutzt werden. Vielmehr ist die Bescheinigung der Eheschließung nach dem der Ausführungsverordnung des Bundesraths beigefügten Formulare D und die Bescheinigungen der Eintragung von Geburts- und Sterbefällen, sowie der Anordnungen von Aufgeboten sind in der Form zu ertheilen, welche die gegenwärtiger Instruktion unter III, IV und V beigefügten Muster ergeben.

Vornamen neugeborener Kinder.

§. 14. Damit das immerhin mögliche Vorkommen des bedenklichen Mißstandes thunlichst vermieden werde, daß die Eintragung neugeborener Kinder christlicher Eltern in das Geburtsregister unter anderen Vornamen erfolgt, als diesen Kindern in der heiligen Taufe beigelegt sind, hat der Standesbeamte, so oft Geburtsfälle oder die Vornamen von Kindern, welche zur Zeit der Eintragung der Geburt noch nicht feststanden, bei ihm zur Eintragung angezeigt werden, durch sorgfältige Befragung der Erschienenen zu erforschen, ob das Kind bereits getauft ist oder nicht, und im ersteren Falle, wenn nicht etwa schon aus einem vorgelegten pfarramtlichen Taufzeugniß die Uebereinstimmung der dem Kinde in der Taufe beigelegten mit den zur Eintragung in das Geburtsregister angezeigten Vornamen ersehen werden kann, das Vorhandensein dieser Uebereinstimmung thunlichst zu konstatiren, auch, falls sie mangeln sollte, auf deren Herstellung, bevor die Eintragung in das Geburtsregister bewirkt wird, durch Belehrung über die schweren Nachtheile, die eine Verschiedenheit der dem Kinde in der Taufe beigelegten und der in dem Geburtsregister eingetragenen Namen für dasselbe in Zukunft unter Umständen zur Folge haben kann, bezüglich in sonst geeigneter Weise mit Nachdruck hinzuwirken, in dem Falle aber, wenn das Kind noch ungetauft ist, die Erschienenen zu bedeuten, daß die ihnen nach §. 13 der gegenwärtigen Instruktion unaufgefordert auszustellende Bescheinigung der erfolgten Eintragung in das Geburtsregister vorzugsweise dazu bestimmt sei, bei Bestellung des Taufaktes dem zuständigen Geistlichen vorgelegt zu werden.

Aufgebot.

§. 15. Anlangend die Eheschließungen, so hat der Standesbeamte, wenn das Aufgebot bei ihm beantragt wird, zunächst zu prüfen, ob er zur Anordnung des Aufgebots zuständig sei. Nach §. 42 Abs. 1 und §. 44 Abs. 2 des Reichsgesetzes ist diese Zuständigkeit nur dann vorhanden, wenn von dem verlobten Paare wenigstens der eine Theil in dem Bezirke, für den der Standesbeamte bestellt ist, seinen Wohnsitz hat oder sich gewöhnlich aufhält. Liegt diese Voraussetzung nicht vor, so hat der Standesbeamte die Anordnung des Aufgebots abzulehnen.

§. 16. Ueber die Bestellung des Aufgebots und etwaige spätere hierauf sich beziehende Verhandlungen hat der Standesbeamte protokollarische Niederschriften aufzunehmen, welche insbesondere über die nach §. 45 des Reichsgesetzes von dem Standesbeamten vor Anordnung des Aufgebots festzustellenden Thatsachen (vgl. den folgenden §) z. B. über die vor dem Standesbeamten persönlich erklärte Einwilligung der Eltern oder des Vormundes zur Eheschließung oder über die hierüber beigebrachten Urkunden, sowie eventuell über die abgegebenen eidesstattlichen Versicherungen die erforderliche Auskunft enthalten und von den erschienenen Betheiligten, sowie von dem Standesbeamten unterschriftlich zu vollziehen sind.

Voraussetzungen des Aufgebots.

§. 17. Vor Anordnung des Aufgebots hat der Standesbeamte auf dem in §. 45 des Reichsgesetzes vorgeschriebenen Wege insbesondere folgende Thatsachen festzustellen:

1) Vor- und Familiennamen, Religion, Alter, Stand oder Gewerbe, Geburts- und Wohnort der Verlobten, sowie Vor- und Familiennamen, Stand oder Gewerbe und Wohnort ihrer Eltern (§. 54 Nr. 1 und 2 des Reichsgesetzes),
2) die Einwilligung beider Theile in die Anordnung des Aufgebots (§. 28 des Reichsgesetzes),
3) die Ehemündigkeit der Verlobten, d. h. daß der Bräutigam das zwanzigste, die Braut das

sechszehnte Lebensjahr vollendet hat, oder, daß von dem gesetzlichen Alter der Ehemündigkeit Dispensation ertheilt worden ist (§. 28 des Reichsgesetzes).

Für Angehörige des Großherzogthums wird diese Dispensation von dem unterzeichneten Staatsministerium ertheilt (§. 7 der landesherrlichen Ausführungsverordnung vom 9. Oktober 1875);

4) wenn der Verlobte das fünf und zwanzigste oder die Verlobte das vier und zwanzigste Lebensjahr noch nicht vollendet hat, die erfolgte Ertheilung der nach §§. 29, 30 und 31 des Reichsgesetzes in diesem Falle erforderlichen elterlichen bezüglich vormundschaftlichen Einwilligung zur Eheschließung.

Nach den angezogenen reichsgesetzlichen Bestimmungen bedarf es für den verlobten Theil, welcher das 25. bezw. das 24. Lebensjahr noch nicht vollendet hat, zur Eheschließung

a) wenn derselbe ein eheliches (bezüglich durch nachfolgende Ehe oder landesfürstliches Reskript legitimirtes) oder wenn ein an Kindesstatt angenommenes Kind ist, der Einwilligung des Vaters bezüglich des Wahlvaters; wenn der Vater bezüglich Wahlvater aber verstorben oder zur Abgabe einer Erklärung dauernd außer Stande (z. B. wegen Wahnsinns) oder sein Aufenthalt dauernd unbekannt ist, der Einwilligung der Mutter und, sofern der verlobte Theil wegen minderjährigen Alters unter Vormundschaft steht, neben der Einwilligung der Mutter auch noch der Einwilligung des Vormunds,

b) wenn der verlobte Theil ein uneheliches (auch nicht durch nachfolgende Ehe oder landesfürstliches Reskript legitimirtes) Kind ist, der Einwilligung der Mutter und, sofern er wegen minderjährigen Alters unter Vormundschaft steht, neben der Einwilligung der Mutter noch der des Vormunds.

Wenn aber

c) in den unter a und b erwähnten Fällen auch die Mutter verstorben oder zur Abgabe einer Erklärung dauernd außer Stande oder ihr Aufenthalt dauernd unbekannt ist, so bedarf es zur Eheschließung der Einwilligung dritter Personen überhaupt nicht, der verlobte Theil müßte denn wegen Minderjährigkeit unter Vormundschaft stehen, welchenfalls die Einwilligung des Vormunds beigebracht werden muß.

Selbstverständlich muß aber, ehe das an sich vorhandene Erforderniß der Einwilligung einer bestimmten Person (des Vaters, der Mutter ꝛc.) wegen deren Todes oder eines dem Tode gesetzlich gleichgestellten Verhältnisses als beseitigt erachtet werden kann, der Tod oder das demselben gleichstehende Verhältniß nach Maßgabe der Vorschriften in §. 45 des Reichsgesetzes glaubhaft nachgewiesen sein.

Rücksichtlich des Erfordernisses der vormundschaftlichen Einwilligung ist noch Folgendes zu beachten:

a) Minderjährige unterliegen im Großherzogthum Sachsen einer Vormundschaft wegen ihres minderjährigen Alters dann nicht, wenn und so lange sie nach Maßgabe der Bestimmungen in §§. 1 bis 3, 16 und 19 des Gesetzes über die elterliche Gewalt und das Vormundschaftswesen vom 27. März 1872 (Reg.Bl. S. 101) in der elterlichen Gewalt ihres Vaters (bezüglich Wahlvaters) oder ihrer Mutter (bezüglich Wahlmutter) stehen, oder, wenn sie eine gültige Ehe eingegangen sind, sollte dieselbe auch durch den Tod des anderen Ehegatten oder durch Scheidung wieder getrennt sein (§§. 20 und 71 des angezogenen Gesetzes). Für dem Großherzogthum angehörige vaterlose Minderjährige, welche unter der elterlichen Gewalt ihrer Mutter (bezüglich Wahlmutter) stehen oder bereits verheirathet gewesen sind, ist mithin der Nachweis der Einwilligung des Vormunds zur Eheschließung nicht erforderlich. Für vaterlose Minderjährige, welche Angehörige eines andern Staates sind, ist dagegen die Einwilligung des Vormunds zu erfordern, sofern nicht glaubhaft nachgewiesen ist, daß sie nach dem Rechte ihres Landes einer Vormundschaft nicht unterliegen.

b) Der §. 29 des Reichsgesetzes bestimmt in seinem Schlußsatz, daß, inwiefern die Wirksamkeit einer Vormundschaftsbehörde oder eines Familienrathes (bei der Einwilliguug zur Eheschließung) stattfinde, sich nach Landesrecht bestimme. Nach dem im Großherzogthum Sachsen geltenden Rechte bedürfen nun bevormundete Minderjährige der Zustimmung der Obervormundschaft (des Vormundschaftsgerichts) neben der des Vormunds zur Eheschließung nicht, und es ist daher auch für im Großherzogthume bevormundete Minderjährige der Nachweis dieser Zustimmung nicht zu erfordern. Bei Eheschließungen von Bevormundeten dagegen, deren Vormundschaft nach einem anderen, als dem im Großherzogthum geltenden Rechte geführt wird, hat der Standesbeamte dieses andere Recht zu berücksichtigen. Wenn daher ein außerhalb des Großherzogthums unter Vormundschaft stehender Minderjähriger sich verehelichen will, so muß vor Anordnung des Aufgebots der Nachweis erbracht sein, entweder, daß sowohl der Vormund als das Vormundschaftsgericht (bezüglich der Familienrath) die Einwilligung zur Eheschließung ertheilt haben, oder, daß der Minderjährige nach dem betreffenden Landesrechte einer Einwilligung der Vormundschaftsbehörde (bezüglich eines Familienrathes) neben der des Vormundes oder einer Einwilligung des Vormundes neben der der Vormundschaftsbehörde (des Familienrathes) zur Eheschließung nicht bedarf.

Ohne daß der Nachweis der nach Obigem erforderlichen elterlichen und bezüglich vormundschaftlichen Einwilligung erbracht ist, darf das Aufgebot nur dann angeordnet werden, wenn durch behördliche Zeugnisse oder in sonst glaubhafter Weise nachgewiesen worden ist, daß die versagte Einwilligung zur Eheschließung durch rechtskräftiges richterliches Erkenntniß oder auch, was speziell die versagte Einwilligung des Vormundes anbetrifft, durch Dekret der obervormundschaftlichen Behörde ergänzt worden sei (§. 32 des Reichsgesetzes; §. 3 des Gesetzes vom 2. November 1848, die Form und Wirkung der Eheverlöbnisse betreffend, und §§. 101 und 102 des Gesetzes über die elterliche Gewalt und das Vormundschaftswesen vom 27. März 1872 in Verbindung mit §. 29 Schlußsatz des Reichsgesetzes).

Ferner hat der Standesbeamte vor Anordnung des Aufgebots festzustellen:

5) daß zwischen den Verlobten keines der in §. 33 des Reichsgesetzes unter Nr. 1 bis 5 aufgeführten Verhältnisse obwaltet, welches die Ehe zu einer verbotenen machen würde.

Insbesondere wird dem Standesbeamten, wenn die Verlobten oder der eine oder der andere Theil bereits früher in einer Ehe gestanden haben, welche durch richterliches Erkenntniß geschieden worden ist, durch Vorlegung des Erkenntnisses im Original oder in beglaubigter Abschrift oder durch Zeugniß des zuständigen Ehegerichts oder in sonst glaubhafter Weise der Nachweis erbracht werden müssen, daß auf Trennung der Ehe nicht wegen eines Ehebruchs erkannt worden ist, hinsichtlich dessen der andere verlobte Theil Mitschuldiger ist, oder daß, wenn Letzteres gleichwohl der Fall sein sollte, Dispensation von der Vorschrift in §. 33 Nr. 5 des Reichsgesetzes ertheilt worden ist. Diese Dispensation kann für Angehörige des Großherzogthums nur von dem Landesherrn ertheilt werden (§. 7 der landesherrlichen Ausführungsverordnung vom 9. Oktober 1875).

6) Daß beide Verlobte sich im ehelosen Stande befinden (§. 34 des Reichsgesetzes).

Hiernach ist von Wittwern oder Wittwen der Tod ihres verstorbenen Ehegatten, von geschiedenen Personen die Ehetrennung, dafern dem Standesbeamten diese Umstände nicht sonst genugsam bekannt sind, überhaupt aber von Verlobten der ehelose Stand im Fall eines in dieser Beziehung obwaltenden Zweifels — namentlich wenn eine verlobte Person dem Standesbeamten ganz unbekannt ist, sich längere Zeit im fernen Ausland aufgehalten hat u. s. w. — durch behördliches Zeugniß oder in sonst glaubhafter Weise, eventuell durch eidesstattliche Versicherung nachzuweisen, bevor das Aufgebot erfolgen kann.

7) Wenn die Verlobte eine Wittwe oder geschiedene Frau ist, daß seit Beendigung der früheren Ehe der zehnte Monat abgelaufen oder daß Dispensation von der Wartezeit ertheilt worden ist (§. 35 des Reichsgesetzes).

Für Angehörige des Großherzogthums ertheilt diese Dispensation das unterzeichnete Staatsministerium (§. 7 der Verordnung vom 9. Oktober 1875).

8) Daß der eine verlobte Theil nicht Vormund des anderen verlobten Theils, noch ein Kind dieses Vormunds ist (§. 37 des Reichsgesetzes).

9) Für Militärpersonen und Landesbeamte die erfolgte Ertheilung der zur Eheschließung erforderlichen Erlaubniß ihrer amtlich Vorgesetzten (§. 38 Abs. 1 des Reichsgesetzes).

Hierzu mag Folgendes bemerkt werden:

Anlangend die Militärpersonen des Deutschen Reichsheeres, so bedürfen zu ihrer Verheirathung der Genehmigung ihrer Vorgesetzten die Militärpersonen des Friedensstandes (Offiziere, Aerzte und Militärbeamte des Friedensstandes — Kapitulanten — Freiwillige und ausgehobene Rekruten), so lange sie zum aktiven Heere gehören (§. 38 A und §. 40 des Reichs-Militärgesetzes vom 2. Mai 1874; Reichs-Gesetzblatt S. 45 f.), Rekruten und Freiwillige auch, wenn sie vorläufig in die Heimath beurlaubt sind (§. 56 Nr. 2 und §. 60 Nr. 4 desselben Gesetzes), nicht aber die übrigen zum Beurlaubtenstande und zur Ersatzreserve gehörigen Militärpersonen.

Was die Beamten anbetrifft, so bedürfen die im Großherzogthum angestellten Staatsdiener, Geistlichen und Schullehrer zu ihrer Verheirathung der Genehmigung ihrer vorgesetzten Dienstbehörde (§. 28 des Gesetzes über die Heimathsverhältnisse vom 23. Februar 1850; §. 19 des Gesetzes über den Civilstaatsdienst vom 8. März 1850; §. 1 lit. b des Gesetzes vom 6. März 1868, die Erleichterung der Eheschließungen betreffend).

Von Beamten anderer Länder hat der Standesbeamte im Zweifelsfalle den Nachweis, daß sie die erforderliche Erlaubniß ihrer Vorgesetzten zur Eheschließung erhalten haben oder daß sie einer solchen nicht bedürfen, zu erfordern.

Beamte des Deutschen Reichs (§. 1 des Reichsbeamtengesetzes vom 31. März 1873, Reichsgesetzblatt S. 61) bedürfen, so weit sie nicht zu den obengenannten Militärpersonen gehören, einer dienstlichen Erlaubniß zu ihrer Verehelichung nicht.

10) 1. Der Standesbeamte hat von allen männlichen Ausländern (also von allen dem Deutschen Reiche nicht Angehörigen), welche im Großherzogthum eine Ehe schließen wollen, vor Anordnung des Aufgebots sich den in §. 2 Ziffer 2 des angezogenen Gesetzes vom 11. d. M.[62]) vorgeschriebenen urkundlichen Nachweis erbringen zu lassen, ausgenommen

a) von Niederländischen und Schwedisch-Norwegischen Staatsangehörigen, welche — die genügende Feststellung ihrer Staatsangehörigkeit vorausgesetzt — jenen Nachweis zu erbringen nach den in der Ministerialbekanntmachung vom 30. Dezember 1871 (Reg.Blatt S. 150) erwähnten Vereinbarungen nicht verpflichtet sind,

b) von Italienischen und Belgischen Staatsangehörigen, welche nur den Nachweis ihrer Staatsangehörigkeit und eine — selbstverständlich gehörig legalisirte (beglaubigte) — Bescheinigung ihrer zuständigen Landesbehörde vorzulegen haben, daß der Abschließung der Ehe nach dem bürgerlichen Rechte ihrer Heimath kein bekanntes Hinderniß entgegenstehe[63]).

2. Wenn männliche Angehörige der rechtsrheinischen Gebietstheile des Königreichs Bayern im Großherzogthum eine Ehe schließen wollen, so hat der Standesbeamte nach wie vor in Gemäßheit der Ministerial-Bekanntmachung vom 8. Juli 1877 (Reg.Bl. S. 143 II)[64]) zu verfahren, bei deren Inhalt es sein Bewenden behält.

3. Bei entstehenden Zweifeln, ob ein von einem Ausländer beigebrachtes Zeugniß seiner Heimathsbehörde den gesetzlichen Anforderungen genüge oder bei vorliegenden Gesuchen eines Ausländers ihm die Beibringung der nach dem Gesetze erforderlichen Nachweisungen zu erlassen, wird der Standesbeamte bei der vorgesetzten Aufsichtsbehörde, beziehungsweise durch diese bei dem Staatsministerium Instruktion für sein Verhalten und Bescheidung einholen.

11) Daß den Vorschriften, welche vor der Eheschließung eine Nachweisung, Auseinandersetzung oder Sicherstellung des Vermögens erfordern, genügt sei (§. 38 Abs. 2 des Reichsgesetzes).

In einzelnen Theilen des Großherzogthums wird, wenn ein verlobter Theil bereits in einer Ehe gestanden hat, aus welcher Kinder vorhanden sind, der Nachweis der Abfindung mit den Kindern aus früherer Ehe vor der Eheschließung verlangt. Für das gesammte Großherzogthum aber gilt die Vorschrift, daß, wenn der Vater oder die Mutter von Kindern, welche noch unter der elterlichen Gewalt stehen, sich anderweit verheirathen wollen, bezüglich wenn die Mutter eines unter ihrer elterlichen Gewalt stehenden unehelichen Kindes sich mit einem anderen, als dem außerehelichen Vater des Kindes verheirathen will, Aufgebot und Eheschließung nicht eher vorgenommen werden dürfen, bis die Bestellung von Vormündern für die Kinder und die erfolgte Sicherheitsleistung für deren Vermögen, oder daß es im

---

[61]) In der Fassung der Minist.-Bekanntm., betr. Nachträge zur Instruktion 2c., vom 12. März 1878, Reg.Bl. S. 43, Stdesb. 1878 S. 98.

[62]) d. h. das Ges., die Eheschließungen männlicher Angehöriger der rechtsrheinischen Gebietstheile des Königreichs Bayern und männlicher Ausländer betr. (s. unten Nr. 40).

[63]) Durch den Nachtrag v. 22. Juli 1886, Reg.Bl.S. 241, Stdesb. 1886 S. 194, ist in Betreff der Schweizer bestimmt, daß von ihnen neben dem Nachweis der Staatsangehörigkeit und der im Reichsgesetz §. 28 ff. vorgeschriebenen Erfordernisse nur noch ein Zeugniß nach §. 2 des Ges. v. 11. März 1878 dafür zu fordern ist, daß der Ehe nach dem bürgerlichen Rechte der Heimath kein bekanntes Hinderniß entgegenstehe.

[64]) Auch Stdesb. 1877 S. 161. Der wesentliche Inhalt lautet: „Auch hat das Kön. Bayerische Staatsministerium durch Verfügung vom 17. Mai d. J. . . . die Distriktsverwaltungen angewiesen, diesen (d. h. den Verehelichungs-) Zeugnissen auf Verlangen der Betheiligten die ausdrückliche Bestätigung beizufügen, daß und wann das Aufgebot nach Vorschrift des Bayerischen Gesetzes v. 16. April 1868, bez. 23. Februar 1872 über Heimath 2c. im Zusammenhang mit §. 74 Abs. 2 des Reichsges. v. 6. Februar 1875 2c. erfolgt ist und daß Ehehindernisse nicht zur Kenntniß der Behörde gekommen sind. — Es kann deshalb nach Beibringung des von der zuständigen Bayerischen Distrikts-Verwaltungsbehörde ausgestellten Verehelichungszeugnisses die Ehe eines männlichen Angehörigen der rechtsrheinischen Bayerischen Landestheile vor einem zuständigen Standesbeamten des Großherzogthums geschlossen werden, ohne daß die Anordnung eines Aufgebots nach Maßgabe der §§. 44 Abs. 2, 46 und 47 des Reichsgesetzes v. 6. Februar 1876 Seitens des Standesbeamten vorher erfolgt ist. — Nur in dem Falle würde selbstverständlich die Eheschließung überhaupt nicht, bez. nicht ohne vorgängige Anordnung eines (nochmaligen) Aufgebots vorgenommen werden dürfen, wenn ungeachtet des vorliegenden Verehelichungs-Zeugnisses der Bayerischen Distrikts-Verwaltungsbehörde gesetzlich begründete Ehehindernisse zur Kenntniß des Standesbeamten gekommen sein sollten, bez. wenn seit der Vollziehung des dem Verehelichungs-Zeugnisse zu Grunde liegenden Aufgebots ein Zeitraum von sechs Monaten verstrichen wäre (§. 51 des Reichsgesetzes v. 6. Februar 1875)."

einzelnen Fall dieser Maßnahmen nicht bedarf, durch Zeugniß des Vormundschaftsgerichts dem für die Eheschließung zuständigen Beamten nachgewiesen ist (§. 28 des Gesetzes über die Heimathsverhältnisse vom 23. Februar 1850; §. 1 lit. b des Gesetzes über Erleichterung der Eheschließungen vom 6. März 1868; §. 15 des Gesetzes über die elterliche Gewalt und das Vormundschaftswesen vom 27. März 1872; §§. 15 und 16 der Ausführungsverordnung zu diesem Gesetze vom 7. Juni 1872. Reg.-Blatt S. 138). Nach dem Landesrechte anderer deutscher und ausländischer Staaten sind theils die gleichen, theils noch weitergehende, theils beschränktere Sicherungsmaßregeln vorgeschrieben und es fehlen auch derartige Vorschriften ganz. Von Verlobten, welche dem Großherzogthume nicht angehören, wird der Standesbeamte daher den Nachweis zu erfordern haben, daß den Vorschriften ihres Landes, welche vor der Eheschließung eine Nachweisung, Auseinandersetzung oder Sicherstellung des Vermögens erfordern, genügt sei oder daß nach dem am Wohnorte der Verlobten geltenden Rechte derartige Vorschriften nicht bestehen bezüglich auf die betreffende Eheschließung keine Anwendung finden, während von Angehörigen des Großherzogthums nur in den oben gedachten Fällen, wo Kinder aus früheren Ehen bezüglich uneheliche Kinder vorhanden sind, der durch gerichtliches Zeugniß zu erbringende Nachweis, daß den gesetzlichen Erfordernissen wegen Abfindung, bezüglich Bevormundung und Sicherstellung der Kinder entsprochen sei, zu verlangen ist.

Bekanntmachung des Aufgebots.

§. 18. Wegen der Bekanntmachung des Aufgebots (§. 46 des Reichsgesetzes) hat der Standesbeamte, insofern dieselbe nicht etwa im einzelnen Falle ausschließlich in derjenigen Gemeinde zu erfolgen hat, für welche der Standesbeamte selbst Gemeindevorstand ist, die Vorstände derjenigen Gemeinden, in denen das Aufgebot bekannt gemacht werden muß, unmittelbar, nicht also durch Vermittelung des Standesbeamten, zu dessen Bezirke die fragliche Gemeinde gehört, zu requiriren unter Uebersendung eines nach dem Formulare E (Muster E 1) ausgefertigten und vollzogenen Aufgebotsexemplars.

Die requirirten Gemeindevorstände sind verpflichtet, für alsbaldige Aushängung des Aufgebots an dem Raths- oder Gemeindehause oder der sonstigen für Bekanntmachungen der Gemeindebehörde bestimmten Stelle, sowie für dessen Abnahme unmittelbar nach Ablauf des für den Aushang gesetzlich vorgeschriebenen Zeitraums von zwei Wochen Sorge zu tragen, und das Aufgebotsexemplar sodann nach gehörig bewirkter Ausfertigung, Unterzeichnung und Untersiegelung der demselben im Vordruck beigefügten Bescheinigung des Aushangs (Formular E am Schlusse) ohne Verzug an den requirirenden Standesbeamten zurückzusenden.

Behufs der Kontrole, daß die Zurücksendung rechtzeitig erfolgt, hat der Standesbeamte eine entsprechende Frist zu notiren, und nach deren Ablauf die nicht inzwischen erfolgte Zurücksendung des Aufgebotsexemplars bei dem requirirten Ortsvorstande in Erinnerung zu bringen.

Sollte übrigens ein Standesbeamter von einem anderen Standesbeamten des Großherzogthums oder eines anderen Staats um Bekanntmachung eines Aufgebots in einer zu seinem Bezirke gehörigen Gemeinde ersucht werden, so darf er diese Requisition nicht etwa ablehnen, sondern hat seinerseits die Bekanntmachung vorzunehmen bezüglich solche bei dem Vorstande der betreffenden Gemeinde zu beantragen.

Jedes von ihm angeordnete oder auf Ersuchen eines anderen Standesbeamten verkündete Aufgebot hat der Standesbeamte sofort in das nach §. 10 Nr. 3 der Ausführungsverordnung des Bundesraths zu führende Verzeichniß einzutragen. In demselben ist zugleich die Zeit zu bemerken, zu welcher die Bekanntmachung des Aufgebots angeordnet und der Standesbeamte von der Ausführung benachrichtigt worden ist. Das Verzeichniß der Aufgebote kann nach dem Muster der Anlage VI angelegt werden.

§. 19. Wenn die Bekanntmachung des Aufgebots, weil einer der Orte, an welchen sie nach §. 46 des Reichsgesetzes zu erfolgen hat, im Auslande, d. h. außerhalb des Deutschen Reichsgebiets belegen und die in §. 47 Abs. 2 desselben Gesetzes nachgelassene Bescheinigung nicht beigebracht ist, in ein an dem betreffenden ausländischen Orte erscheinendes oder verbreitetes Blatt nach Vorschrift des allegirten §. 47 eingerückt werden muß, so darf der Standesbeamte von dem in diesem Falle zur Bezahlung der erwachsenden Auslagen an Portis, Insertionsgebühren rc. verpflichteten Antragsteller einen dem voraussichtlichen Betrag der Auslagen entsprechenden Kostenvorschuß beanspruchen und bis zu dessen Erlegung die Bekanntmachung des Aufgebots beanstanden.

§. 20. Bei einer etwaigen vorläufigen Bestimmung des Tags, an welchem die Eheschließung erfolgen soll, ist in Fällen, wo die Bekanntmachung des Aufgebots in einer oder mehreren auswärtigen Gemeinden stattfinden muß, ein nicht zu naher Termin für die Eheschließung in Aussicht zu nehmen, damit nicht aus dem etwaigen Mangel rechtzeitigen Eingangs der Ausgangsbescheinigungen Verlegenheiten für die Betheiligten entstehen.

Eheschließungsakt.

§. 21. Die Eheschließung hat der Standesbeamte genau nach dem durch die Ausführungsverordnung des Bundesraths vorgeschriebenen Formular B vorzunehmen und Alles zu vermeiden, was bei den Betheiligten gegenüber dem §. 82 des Reichsgesetzes irrige Auffassungen, insbesondere die

Meinung herrufen kann, als sei mit Einführung der bürgerlichen Eheschließung die kirchliche Trauung überflüssig geworden.

Der Standesbeamte hat daher nach Aufnahme des einleitenden Theiles der in dem Formular B vorgezeichneten Verhandlung und, nachdem die Verlobten die in Gegenwart der Zeugen von dem Standesbeamten an sie einzeln und nach einander gerichtete Frage:

ob sie erklären, daß sie die Ehe miteinander eingehen wollen,

bejahend beantwortet haben, sich auf den Ausspruch zu beschränken,

daß er sie nunmehr kraft des Gesetzes für rechtmäßig verbundene Eheleute erkläre,

sodann ohne Weiteres die Beurkundung des vorgenommenen Eheschließungsakts zum Abschluß zu bringen und den Eheleuten die im letzten Satze des §. 54 des Reichsgesetzes vorgeschriebene Bescheinigung nach dem Formulare D der Ausführungsverordnung des Bundesraths auszustellen [65]).

Zeugen der Eheschließung.

§. 22. Bei der Eheschließung hat der Standesbeamte genau darauf zu achten, daß die zu dem Akte zu ziehenden zwei Zeugen großjährig sind (§§. 52 und 53 des Reichsgesetzes). Bei obwaltendem Zweifel, ob die Zeugen das 21. Lebensjahr vollendet haben, ist daher das Alter derselben zunächst festzustellen, und, wenn der eine oder andere Zeuge minderjährig sein sollte, auf dessen Ersatz durch einen anderen großjährigen Zeugen Bedacht zu nehmen.

Wie übrigens nach §. 53 des Reichsgesetzes Verwandtschaft und Schwägerschaft zwischen den Verlobten und den Zeugen oder zwischen den Zeugen untereinander deren Zuziehung zu dem Akte der Eheschließung nicht entgegensteht, so bildet auch die Verwandtschaft oder Verschwägerung des Standesbeamten mit den Verlobten kein Hinderniß für dessen amtliche Wirksamkeit bei der Eheschließung.

Eintragung der Ehescheidung.

§. 23. Wird dem Standesbeamten, in dessen Heirathsregister eine Eheschließung beurkundet ist, eine mit der Bescheinigung der Rechtskraft versehene Ausfertigung eines gerichtlichen Urtheils, durch welches die fragliche Ehe getrennt, für ungültig oder nichtig erklärt ist, oder beglaubigte Abschrift eines die Scheidung der Ehe aus landesherrlicher Machtvollkommenheit aussprechenden landesherrlichen Erlasses von der zuständigen Behörde mitgetheilt (§. 14 der Ausführungsverordnung des Bundesraths; §. 15 der landespolizeilichen Ausführungsverordnung vom 9. Oktober 1875), so hat der Standesbeamte die Thatsache, daß die Ehe für aufgelöst oder ungültig oder nichtig erklärt worden ist, mit Bezugnahme auf das gerichtliche Scheidungsurtheil bezüglich auf den landesherrlichen Erlaß, am Rande der die Eheschließung beurkundenden Eintragung im Heirathsregister zu vermerken (vergl. den Nachtragsvermerk in dem Muster B 1), die ihm mitgetheilte behördliche Ausfertigung aber zu den betreffenden Sammelakten (§. 9 der Ausführungsverordnung des Bundesraths) zu nehmen.

Strafen und Zwangsmaßregeln.

§. 24. Werden die eine Eintragung in die Standesregister erfordernden Thatsachen dem Standesbeamten nicht innerhalb der in den §§. 17 bis 20, 22 bis 24, 56 und 58 beziehungsweise in §. 81 des Reichsgesetzes vorgeschriebenen Fristen, mithin

a) ein Geburtsfall nicht innerhalb einer Woche oder, wenn das Kind todtgeboren oder in der Geburt verstorben ist, am nächstfolgenden Tage, die Vornamen eines Neugeborenen nicht längstens binnen zwei Monaten nach der Geburt, bezüglich in dem Fall des §. 81 des Reichsgesetzes nach dem 1. Januar 1876,

b) ein Sterbefall nicht an dem auf den Todestag, bezüglich in dem Falle des §. 81 an dem auf den 1. Januar 1876 nächstfolgenden Wochentage

dem Standesbeamten angezeigt, so hat derselbe von dieser Uebertretung der gesetzlichen Vorschrift, sobald er davon Kenntniß erhält, unnachsichtlich der Ortspolizeibehörde behufs Anforderung der gesetzlichen Strafe oder Abgabe der Sache an den zuständigen Beamten der Staatsanwaltschaft Anzeige zu erstatten. (§. 68 Absatz 1 des Reichsgesetzes; Art. 4 des Gesetzes vom 20. März 1850, die Einführung eines Strafgesetzbuchs und einer Strafprozeßordnung betr.; §. 5 des Gesetzes vom 25. März 1862, das Verfahren bei Vollstreckung rc. der wegen Zuwiderhandlungen gegen Spezialgesetze verwirkten Geldstrafen betreffend.)

Unbeschadet dieser Anzeige hat der Standesbeamte außerdem die säumigen Verpflichteten — beispielsweise also bei verzögerter Anzeige eines Geburtsfalls den Vater des Kindes, wenn dieser aber nicht vorhanden, oder an Erstattung der Anzeige verhindert ist, die bei der Geburt zugegen gewesene Hebamme, eventuell den dabei zugegen gewesenen Arzt u. s. w. (§. 18 des Reichsgesetzes) — durch

---

[65]) Die Min.-Bekannt., betr. Nachträge zur Instruktion rc. v. 18. März 1878 II, Reg.-Bl. S. 44, Stdesb. 1878 S. 98, ordnet an, daß die Eheschließungen regelmäßig am Vormittage zu einer Tagesstunde vorgenommen werden sollen, welche es den Eheschließenden ermöglicht, die kirchliche Trauung noch an demselben Tage nachfolgen zu lassen."

Androhung von Geldstrafen innerhalb des durch §. 68 Abs. 3 des Reichsgesetzes bestimmten Maßes dazu anzuhalten, daß sie binnen einer zu diesem Zwecke zu bestimmenden kurzen Frist ihrer diesfallsigen Verpflichtung nachkommen, wenn aber letzteres nicht pünktlich geschieht, die angedrohte Strafe durch schriftliche Verfügung gegen den Schuldigen auszusprechen, demselben auch unter Androhung weiterer Strafe die Erfüllung seiner Obliegenheiten aufzugeben. Wird die verhängte Geldstrafe nicht freiwillig binnen einer dem Zahlungspflichtigen zu diesem Behufe zu setzenden Frist an den Standesbeamten oder nach dessen Anordnung an die Kasse der betreffenden Gemeinde erlegt, so ist das zuständige Einzelgericht wegen deren exekutivischer Beiziehung anzugehen.

Zur Ueberwachung, daß die bei der Anzeige des Geburtsfalls noch nicht bestimmten Vornamen eines vorläufig ohne Vornamen im Geburtsregister eingetragenen Kindes rechtzeitig, mithin spätestens binnen zwei Monaten nach der Geburt zur nachträglichen Eintragung angezeigt oder, wenn dies nicht geschieht, gegen den säumigen Verpflichteten die gesetzlichen Zwangsmaßregeln und Strafen in Anwendung gebracht werden, dient dem Standesbeamten die in §. 10 Nr. 2 der Ausführungsverordnung des Bundesraths vorgeschriebene schriftliche Kontrole, deren genaue Führung hiermit eingeschärft wird.

Gebühren und Auslagen.

§. 25. Da die Führung der Standesregister und der darauf bezüglichen Verhandlungen nach §. 16 des Reichgesetzes zwar im Allgemeinen kostenfrei erfolgen soll, gleichwohl aber für bestimmte spezielle Handlungen des Standesbeamten, nämlich für

a) die Vorlegung der Register an Betheiligte zur Einsichtnahme,
b) die schriftliche Ermächtigung des zuständigen Standesbeamten zur Eheschließung vor dem Standesbeamten eines anderen Orts,
c) die Ertheilung beglaubigter Registerauszüge

die in Nr. II des dem Reichsgesetze angehängten Tarifs bestimmten Gebühren zu erheben, auch in dem Falle des §. 47 des Reichsgesetzes die Kosten der Bekanntmachung des Aufgebots von dem Antragsteller zu tragen sind, da ferner nach §. 70 des Reichsgesetzes die zur Erhebung gelangenden Gebühren und Geldstrafen den Gemeinden des Standesamtsbezirks zufließen, umgekehrt aber auch von diesen Gemeinden nach §§. 8 und 9 des Reichsgesetzes die sächlichen Kosten des Standesamts übernommen werden müssen, so hat der Standesbeamte nicht allein das in §. 10 Nr. 4 der Ausführungsverordnung des Bundesraths vorgeschriebene Verzeichniß über die zu erhebenden und von ihm erhobenen Gebühren zu führen, sondern er wird auch die von ihm nach §. 68 Abs. 3 des Gesetzes erkannten, bezüglich an ihn erlegten Geldstrafen, ingleichen die von ihm in Standesamts-Angelegenheiten gemachten Auslagen, soweit sie nicht von Betheiligten erstattet worden sind, verzeichnen und sich hierüber — mindestens alljährlich — mit den Gemeinden seines Bezirks berechnen und auseinandersetzen müssen. Das Nähere in dieser Beziehung bleibt der Uebereinkunft des Standesbeamten mit den Gemeinden seines Bezirks und, da nöthig, der Regelung durch die nächste Aufsichtsbehörde vorbehalten.

Lieferung des Materials für die Statistik der Bevölkerungsbewegung.

§. 26. Die Standesbeamten sind verpflichtet, das Material für die Statistik der Geburts-, Eheschließungs- und Sterbefälle zu liefern, und zwar nach Maßgabe der nachstehenden Vorschriften:

1) Gleichzeitig mit der Eintragung in die Standesregister haben die Standesbeamten die eingetragenen Geburten, Eheschließungen und Sterbefälle noch in besondere, in tabellarischer Form zu führende Verzeichnisse einzutragen.

2) Solcher Verzeichnisse bestehen drei:

a) ein Verzeichniß der Geborenen . (Formular A)
b) „ „ „ Eheschließungen („ B)
c) „ „ „ Gestorbenen . („ C).

Die Formulare hierzu werden den Standesbeamten durch deren nächste Aufsichtsbehörden alljährlich zugefertigt werden.

3) Das Material zur Ausfüllung der Verzeichnisse hat der Standesbeamte aus den Einträgen der Standesregister selbst zu entnehmen. Soweit die letzteren aber für einzelne Spalten des Verzeichnisses keine Auskunft geben, hat der Standesbeamte gleichzeitig mit der Vornahme der auf den Eintrag in das Standesbuch bezüglichen Arbeiten durch Befragung der betreffenden Personen oder auf sonst geeignete Weise sich die zu dem gedachten Zwecke erforderlichen Notizen alsbald in jedem einzelnen Falle zu verschaffen.

4) Die Ausfüllung der Verzeichnisse geschieht durch genauen Eintrag des nach der Vorschrift unter Ziffer 3 für jeden einzelnen Fall gewonnenen Materials in die zutreffenden Spalten des Formulars.

Ueber die Art und Weise, wie die einzelnen Spalten auszufüllen sind, ist auf den Formularen das Erforderliche zur näheren Erläuterung abgedruckt.

Todtgeborene Kinder sind sowohl in das Verzeichniß der Geborenen, als auch in das der Gestorbenen einzutragen*).

5) In Standesamtsbezirken, welche mehrere politische Gemeinden umfassen, sind die drei Verzeichnisse für jede Gemeinde besonders aufzustellen.

6) Am Jahresschluß hat der Standesbeamte die drei Verzeichnisse abzuschließen und dieselben bis spätestens zum 15. Januar des folgenden Jahres an das vorgesetzte Großherzogliche Justizamt bezüglich Stadtgericht einzusenden.

7) Die Großherzoglichen Justizämter (das Stadtgericht)[65a]) sammeln die Verzeichnisse ihres Bezirks und senden dieselben — und zwar die Verzeichnisse jeder Klasse (A B C) in besonderem Umschlag, mit Aufschrift versehen — bis zum 1. März an das Großherzogliche Staatsministerium, Departement des Aeußern und Innern ein, welches über deren weitere Prüfung, Zusammenstellung und Verwendung, auch für die Seitens des Bundesraths vorgeschriebenen Arbeiten, das Erforderliche veranlassen wird.

Die Standesbeamten bezüglich die ihnen in Standesamts-Angelegenheiten vorgesetzten Bezirksbehörden sind verpflichtet, denjenigen Anordnungen, welche behufs Prüfung, Richtigstellung und Ergänzung der eingesendeten Verzeichnisse von dem Großherzoglichen Staatsministerium, Departement des Aeußern und Innern oder von den Seitens desselben hierzu beauftragten Behörden und Beamten getroffen werden, sorgfältig und mit thunlicher Beschleunigung zu entsprechen.

I. Muster eines alphabetischen Namensverzeichnisses zu einem einzelnen Standesregister (Geburts-, Heiraths- oder Sterberegister).

a. Zum Geburtsregister.

Laufende Nr.	Familien- und Vornamen.	Register- Jahrgang.	Register- Nr.	Bemerkungen
	A.			
1.	*Adler*, Johann Heinrich Adelbert in G	1876.	2.	Siehe Sterbereg. Jahrg. 1876 Nr. 8.
2.	*Albrecht*, Auguste Wilhelmine in G	1876.	10.	
	b. Zum Heirathsregister.			
	A.			
1.	*Adelung*, Karl Eduard Franz in W	1876.	3.	S. Sterbereg. 1876/11.
2.	*Adelung*, Marie Dorothee geb. *Lüder* in W	"	3.	S. Sterbereg. 1881/15.
	c. Zum Sterberegister.			
	A.			
1.	*Adler*, Johann Heinrich Adelbert in G	1876.	8.	S. Geburtsreg. 1876/2.
2.	*Arler*, todtgeb. Kind weibl. Geschl. der ledigen Marie Christine Arler in H	1876.	13.	

*) Anmerkung: Diese Vorschrift bezieht sich selbstverständlich nur auf die Eintragung todtgeborener Kinder in die statistischen Verzeichnisse. Denn was die Eintragung todtgeborener oder in der Geburt verstorbener Kinder in das Standesregister anbetrifft, so ist die Eintragung mit dem in §. 22 des Reichsgesetzes unter Nr. 1 bis 3 und 5 angegebenen Inhalte nach §. 23 desselben Gesetzes ausschließlich im Sterberegister zu machen. Hat übrigens das Kind nach der Geburt — wenn auch nur kurze Zeit — gelebt und ist dann erst verstorben, so ist der Geburtsfall als solcher im Geburtsregister, der Sterbefall im Sterberegister einzutragen, weil dann der im §. 23 des Reichsgesetzes vorausgesetzte Fall nicht vorliegt.

[65a]) Jetzt: Amtsgerichte, s. o. S. 333 Anm. 53.

II. Muster eines alle drei Standesregister zugleich umfassenden alphabetischen Namensregisters.

Laufende Nr.	Familien- und Vornamen.	Jahrgang und Nummer des			Bemerkungen.
		Geburts-Reg.	Heiraths-Reg.	Sterbe-Reg.	
	A.				
1.	*Adler*, Johann Heinrich Adelbert in G	1876. Nr. 2.	—	1876. Nr. 8.	
2.	*Adelung*, Karl Eduard Franz in W	—	1876. Nr. 3.	1876. Nr. 11.	
3.	*Adelung*, Marie Dorothea geb. *Lüder*, in W	—	1876. Nr. 3.	1881. Nr. 15.	
4.	*Albrecht*, Auguste Wilhelmine in G	1876. Nr. 10.	—	—	
5.	*Arler*, todtgeb. K. weibl. Geschl. der ledigen Marie Christine Arler in H	—	—	1876. Nr. 13.	

III. Muster für Bescheinigungen der Eintragung von Geburtsfällen.

1.

Das von der *verehelichten Marie Rosine Adler geb. Kehr*, *Ehefrau des Schmiedemeisters Wilhelm Friedrich Adler in G.* . . . .
am 23. *Januar* 1876 um *drei* Uhr *Vor*mittags zu *G.* . . . .
geborene Kind *männ*lichen Geschlechts ist heute *mit den* Vornamen *Johann Heinrich Adalbert* . . .
. . . .
unter Nr. 2 des Geburts-Registers eingetragen.

W . . . . am 25. *Januar* 1876.

(Siegel.)

Der Standesbeamte.

N.

2.

Das von der *ledigen Sophie Christine Unger in K.* . . . .
. . . .
am 7. *September* 1876 um *neun* Uhr *Nach*mittags zu *W* . . . .
geborene Kind *weib*lichen Geschlechts ist heute *ohne* . . Vornamen . . . .
. . . .
unter Nr. 125 des Geburts-Registers eingetragen.

W . . . . am 9. *November* 1876.

(Siegel.)

Der Standesbeamte.

N.

IV. Muster für Bescheinigungen der Eintragung von Sterbefällen (zum Zweck der Beerdigung).

1.

Der *Landwirth Karl Eduard Franz Adelung* in *W.* . . . .
ist als am *fünften November* 1879 um *sieben* Uhr *Nach*mittags zu *H* . . . .
verstorben unter Nr. 11 des Sterbe-Registers heute eingetragen.

W . . . . am 6. *November* 1876.

(Siegel.) **Der Standesbeamte.**

N.

2.

Das von der *ledigen Marie Christine Arler* in *H* . . . .
am 15. *Oktober* 1876 um *acht* Uhr *Vor*mittags zu *H* . . . .
geborene Kind *weib*lichen Geschlechts ist als todtgeboren unter Nr. 13 des Sterbe-Registers heute eingetragen.

W . . . . am 16. *Oktober* 1876.

(Siegel.) **Der Standesbeamte.**

N.

V. Muster für die Bescheinigung eines angeordneten Aufgebots[65b]).

Es wollen

1) der *Landwirth Karl Eduard Franz Adelung* . . . .
. . . .
geboren am 12. *November* 1854 . . . .
wohnhaft zu *W* . . . ., früher wohnhaft zu *K* . . . .
Sohn des *Landwirths Karl August Adelung und dessen Ehefrau Marie Louise geb. Pechmann*, wohnhaft zu *K* . . . .

und

2) die *Marie Dorothea Lüder* . . . .
. . . .
geboren am 18. *Februar* 1856 . . . .
wohnhaft zu *T* . . . .
Tochter *der verwittweten Anna Katharina Lüder geb. Kahle*, wohnhaft zu *T* . . . .
und deren in T . . . . *verstorbenen Ehemanns des Schneidermeisters Friedrich Gustav Hermann Lüder*

die Ehe miteinander eingehen und ist die Bekanntmachung des Aufgebots in den Gemeinden *W* . . . ., *K* . . . . *und T* . . . .
angeordnet worden.

W . . . . am 15. *Juni* 1876.

(Siegel.) **Der Standesbeamte.**

N.

65b) In der durch die Minist.Bekanntm. v. 17. Januar 1887, Stdesb. 1887 S. 90, geänderten Fassung.

VI. Muster für ein Verzeichniß der von dem Standesbeamten angeordneten oder auf Ersuchen eines anderen Standesbeamten verkündigten Aufgebote.

1.	2.	3.	4.	5.	6.	7.
Laufende Nr.	Name und Wohnort der Verlobten.	Orte, an welchen das Aufgebot bekannt gemacht werden muß.	Datum der Anordnung des Aushangs.	Datum der erhaltenen Nachricht von dem erfolgten Aushange.	Nummer des Heiraths-Registers *).	Bemerkungen.
			1876.			
1.	*Behr*, Konstantin Friedrich in Weimar und *Warling*, Marie Dorothea aus Arnstadt, jetzt in Oberweimar.	Weimar, Kranichfeld **) Arnstadt und Oberweimar ***).	6. Mai.	21. Mai. 24. " 4. Juni. 23. Mai.	15.	Am 28. Mai Erinnerung des Gemeindevorstehers in Arnstadt an die Requisitions-Erledigung.
2.	*Kruse*, Theodor Ludwig in Chemnitz und *Stephani*, Louise Marie aus Weimar, jetzt in Chemnitz.	Chemnitz und Weimar.	19. Dez.	3. Januar. 1877.	—	Auf Antrag des Standesamtes in Chemnitz vom 17. 19. Dez. 1876 das Aufgebot ausgehängt, am 3. Jan. 1877 abgenommen und mit Bescheinigung versehen an das Standesamt Chemnitz gesendet.

*) Die Spalte 6 wird nach erfolgter Eheschließung ausgefüllt.

**) In Kranichfeld deshalb, weil der Verlobte Behr früher (innerhalb der letzten sechs Monate) in Kranichfeld gewohnt hat. §. 46 Nr. 3 des Reichsgesetzes.

***) In Oberweimar, weil die in Arnstadt wohnhafte Warling sich in Oberweimar jetzt gewöhnlich aufhält. §. 46 Nr. 2 des Reichsgesetzes.

40. Gesetz, die Eheschließungen männlicher Angehöriger der rechtsrheinischen Gebietstheile des Königreichs Bayern und männlicher Ausländer betreffend. Vom 11. März 1878. (Reg.Bl. S. 41.)

Wir **Carl Alexander**, von Gottes Gnaden Großherzog von Sachsen-Weimar-Eisenach ꝛc. verordnen mit Zustimmung des getreuen Landtags was folgt:

§. 1. Die Beibringung der Erlaubniß einer inländischen Gemeindebehörde zur Eheschließung (Taufschein) ist fortan in keinem Falle mehr erforderlich. Die entgegenstehenden Vorschriften im 3. Abschnitt des Gesetzes über die Heimathsverhältnisse vom 23. Februar 1850 sind, soweit sie bisher noch in Geltung waren, aufgehoben.

§. 2. Eine Eheschließung zwischen Verlobten, von denen der männliche Theil Angehöriger der rechtsrheinischen Gebietstheile des Königreichs Bayern oder nicht Angehöriger des Deutschen Reichs (Ausländer) ist, darf im Großherzogthum nur erfolgen, nachdem dem Standesbeamten neben dem Nachweis der sonstigen in dem Reichsgesetze über die Beurkundung des Personenstandes und die Eheschließung vom 6. Februar 1875 vorgeschriebenen Erfordernisse noch besonders nachgewiesen worden ist,

1) hinsichtlich des Angehörigen der rechtsrheinischen Gebietstheile des Königreichs Bayern durch Zeugniß der Königlich Bayrischen Distrikts-Verwaltungs-Behörde seiner Heimathsgemeinde, daß gegen die beabsichtigte Eheschließung ein in der Gesetzgebung des Königreichs Bayern begründetes Hinderniß nicht bestehe;

2) hinsichtlich des **Ausländers** durch gehörig beglaubigtes Zeugniß der zuständigen Behörde seines Heimathsstaats, daß der Eingehung der beabsichtigten Ehe nach dem bürgerlichen Rechte seiner Heimath kein Hinderniß entgegenstehe, sowie daß er seine Staatsangehörigkeit durch die Eheschließung auf seine zukünftige Ehefrau und seine in der Ehe gebornen Kinder übertragen und demgemäß nach eingegangener Ehe sammt seiner vorgedachten Familie von seinem Heimathsstaate auf Erfordern wieder werde übernommen werden.

§. 3. Soweit nach bestehenden Staatsverträgen von den Angehörigen bestimmter auswärtiger Staaten der in §. 2 vorgeschriebene Nachweis nicht oder nicht in vollem Umfange erfordert werden soll, behält es hierbei sein Bewenden.

Auch ist unser Staats-Ministerium ermächtigt, sowohl in einzelnen Fällen, als mit Rücksicht auf die Gesetzgebung einzelner Staaten für deren Angehörige überhaupt die Beibringung des bezeichneten Nachweises zu erlassen.

Urkundlich 2c.

Großherzogthum Mecklenburg-Strelitz [66]).

41. Ausführungsverordnung vom 14. August 1875 zum Reichsgesetze über die **Beurkundung des Personenstandes und die Eheschließung**, vom 6. Februar 1875. (Offiziell. Anzeiger f. Gesetzgeb. und Staatsverwaltg. Nr. 32 S. 165.)

Friedrich Wilhelm, von Gottes Gnaden Großherzog von Mecklenburg 2c. 2c.

Zur Ausführung des Reichsgesetzes über die Beurkundung des Personenstandes und die Eheschließung vom 6. Februar 1875 verordnen Wir nach hausvertragsmäßiger Kommunikation mit des Großherzogs von Mecklenburg-Schwerin Königlicher Hoheit und nach verfassungsmäßiger Berathung mit Unseren getreuen Ständen, auf Grund der §§. 83 und 84 des genannten Reichsgesetzes und im Anschluß an die vom Bundesrathe unter dem 22. Juni 1875 erlassene, hierneben abgedruckte Ausführungsverordnung, was folgt:

§. 1. Die Landesherrliche Oberaufsicht in Betreff der Ausführung des Reichsgesetzes vom 6. Februar 1875 über die Beurkundung des Personenstandes und die Eheschließung wird von Unserer Landesregierung geübt.

Dispensationen von Ehehindernissen und vom Aufgebot (§§. 28, 33, 35, 50 des Reichsgesetzes) stehen Unserer Landesregierung zu.

Verfügungen an die Gerichte in Betreff des Standesregisterwesens ergehen aus Unserer Landesregierung.

§. 2. Unter der in dem Reichsgesetze vom 6. Februar 1875 vorkommenden Bezeichnung:

höhere Verwaltungsbehörde.

ist Unsere Landesregierung zu verstehen.

§. 3. Die reichsgesetzlich der unteren Verwaltungsbehörde zugewiesenen Funktionen, insbesondere auch die Aufsicht über die Amtsführung der Standesbeamten in erster Instanz (§. 3 Abs. 1, §. 7 Abs. 3, §. 11 Abs. 1 und 2, §§. 14, 27, 60, 64, §. 66 Abs. 2 des Reichsgesetzes) werden von einer unter dem Namen

Großherzogliche Civilstands-Kommission

von Uns niederzusetzenden Kommission ausgeübt, welche unter Unserer Landesregierung steht und in der Residenzstadt Neustrelitz ihren Sitz hat.

§. 4 lautend wie §. 4 der großh. mecklenb.-schwerinschen Ausführungsverordnung vom 14. August 1875 (s. o. S. 326).

§. 5. Alle Ortsobrigkeiten und Gemeindebehörden sind verpflichtet, den Requisitionen der Civilstandskommission Folge zu geben.

Requisitionen, welche exekutivische Maßregeln zum Gegenstand haben, sind an die Obrigkeiten des Wohnortes, beziehungsweise Aufenthaltsortes der Betheiligten zu richten, ohne Rücksicht auf einen etwaigen privilegirten Gerichtsstand derselben, wogegen, wenn exekutivische Maßregeln gegen Obrigkeiten erforderlich werden, dieselben bei Unserer Landesregierung zu beantragen sind.

§. 6 l. w. §. 6 der zu §. 4 angeführten Verordn.

§. 7 [67]). Als Gericht erster Instanz in den Fällen des §. 11 Abs. 3, §. 14 Abs. 2 und §. 66 Abs. 2 des Reichsgesetzes über die Beurkundung des Personenstandes vom 6. Februar 1875 gilt das für den Amtssitz des Standesbeamten zuständige Amtsgericht.

---

[66]) Vgl. noch die großherzogl. Verordn. v. 20. Dezbr. 1875 betr. d. Bildung der Standesamtsbezirke (a. a. O. Nr. 40 S. 247).

[67]) In der Fassung der V. z. Ausführung d. Ger.Verf.Ges. v. 17. Mai 1879, Offiz. Anzeiger S. 167 §. 56.

In dem nach §. 11 Abs. 3 oder nach §. 66 des Reichsgesetzes eintretenden gerichtlichen Verfahren hat das Gericht keine Gebühren wahrzunehmen, auch Eingaben, welche nicht von Sachwälten unterschrieben sind, entgegenzunehmen.

§. 8 Abs. 1 u. 2 wie §. 8 Abs. 1 u. 2 a. a. O.

Unserer Landesregierung bleibt vorbehalten, die amtliche Thätigkeit der Standesbeamten durch eine allgemeine Instruktion zu regeln.

§. 9 l. w. §. 9 a. a. O.

§. 10. Die Standesamtsbezirke sind unter Beachtung der §§. 2 und 10 des Reichsgesetzes im wesentlichen Anschluß an die bestehenden Parochieen nach Landesherrlicher Verordnung zu bilden und durch den Offiziellen Anzeiger bekannt zu machen.

Abs. 2 l. wie §. 10 Abs. 2 a. a. O.

§. 11 l. w. §. 11 a. a. O.

§. 12 l. w. §. 12 a. a. O.

§. 13 l. w. §. 13 a. a. O.

§. 14 Abs. 1 u. 2 l. w. §. 14 Abs. 1 u. 2 a. a. O.

Die Civilstandskommission hat die Nebenregister nach erfolgter Prüfung derselben zugleich mit den vorerwähnten Verzeichnissen oder den bezüglichen Vacatbescheinigungen Unserer Justizkanzlei[67a]) zur Aufbewahrung zuzustellen.

§. 15. Wenn von den Standesbeamten eine Geldstrafe erkannt worden ist, so steht dem Betheiligten der Rekurs an die Civilstandskommission, sowie gegen die Entscheidung dieser Behörde der Rekurs an Unsere Landesregierung, in beiden Fällen binnen einer präklusivischen Frist von 14 Tagen, frei. Vernothwendigen sich zur Beitreibung der von den Standesbeamten erkannten Geldstrafen exekutivische Maßregeln, so sind dieselben von dem Standesbeamten bei der betreffenden Ortsobrigkeit — in den Städten bei den Magistraten — oder wenn sie gegen die Inhaber ortsobrigkeitlicher Rechte gerichtet sind, bei Unserer Landesregierung zu beantragen.

Abs. 2 u. 3 l. w. Abs. 2 u. 3 des §. 15 a. a. O.

§. 16. Die nach der Landesherrlichen Verordnung vom 6. Januar 1841 von den Predigern an die Justizkanzlei zu machenden Anzeigen von Todesfällen Eximirter sind vom 1. Januar 1876 an durch die Standesbeamten zu machen.

§. 17 l. w. §. 17 a. a. O.

§. 18. Diese Verordnung tritt mit dem 1. Januar 1876 in Kraft.

Anlage A. Eidesformular l. w. d. Anlage A z. d. cit. meckl.-schwerin. Verordn.

42. Instruktion der Landesregierung für die Standesbeamten. Vom 14. August 1875 (a. a. O. Nr. 32 S. 173).

(Mit Formularen a. b. c. d. e.)

§. 1 lautend wie §. 1 der meckl.-schwerin. Instr.[68]) (o. S. 328).

§. 2 l. w. §. 2 a. a. O.

§. 3 l. w. §. 3 a. a. O. in der Fassung vom 22. Mai 1876[69]).

§. 4 l. w. §. 4 a. a. O.

§. 5 l. w. §. 5 a. a. O.

§. 6 l. w. §. 6 a. a. O.

§. 7 l. w. §. 7 a. a. O.[69a]).

§. 8. Vor Anordnung des Aufgebots hat der Standesbeamte außer den im §. 45 des Reichsgesetzes geforderten Nachweisen insbesondere auch zu verlangen:

a. von Wittwern und Wittwen die Bescheinigung geschehener obervormundschaftlicher Auseinandersetzung mit den minderjährigen Kindern der vorigen Ehe;
b. von Militärpersonen des Friedensstandes und von vorläufig in die Heimath beurlaubten Rekruten und Freiwilligen (vgl. Reichsmilitärgesetz vom 2. Mai 1874 §. 38 unter A und §. 60 unter 4) den Nachweis der Genehmigung ihrer Vorgesetzten zu ihrer Verheirathung;
c. von Ausländern, d. h. von Personen, welche nicht Bundesangehörige sind, und von Bayerischen Staatsangehörigen die von der Großherzoglichen Landesregierung ertheilte Erlaubniß zur Eheschließung im hiesigen Lande.

Gehören die Verlobten der Parochie an, in welcher der Standesamtsbezirk liegt, so hat der Standesbeamte dem Geistlichen der Parochie unter Benutzung des Formulars e über die Anmeldung

---

[67a]) Vgl. vor. Anm.

[68]) Nur: „Neustrelitz" statt: Schwerin, und „der Landesregierung" statt: dem Ministerium des Innern.

[69]) Nach der Bekanntm. d. Landesregierung v. 22. Mai 1876, Offizieller Anzeiger Nr. 14 S. 68.

[69a]) Vgl. den durch Bekanntm. v. 24. Mai 1880, Offizieller Anzeiger S. 127, angeordneten Zusatz (wörtlich dem zu Anm. 51 mitgetheilten entsprechend).

zum Aufgebot spätestens gleichzeitig mit der Anordnung desselben Mittheilung zu machen. Dasselbe gilt, wenn nur einer der Verlobten dieser Parochie angehört.

Umfaßt der Standesamtsbezirk mehrere Parochieen, so genügt die Mittheilung an einen Geistlichen einer dieser Parochieen.

Im Uebrigen ist von dem Standesbeamten rücksichtlich der im Reichsgesetz vom 6. Februar d. J. §. 29 und 31 in Bezug genommenen Bestimmungen des Landesrechtes zu beachten, daß nach dem in Mecklenburg geltenden Rechte

1. alle Minderjährigen, deren ehelicher Vater nicht mehr lebt oder wegen Geisteskrankheit handlungsunfähig ist, einer Vormundschaft unterliegen,
2. eine Wirksamkeit der Obervormundschaft in Bezug auf die Eheschließung der Minderjährigen nicht stattfindet, und
3. die Annahme an Kindes Statt die Rechte der väterlichen Gewalt nur im Falle einer Landesherrlichen Arrogation oder Legitimation und der vor Gericht erfolgten Adoption eines Descendenten begründet, diese Wirkung daher nicht eintritt, wenn der leibliche Vater sein Kind vor Gericht einem Anderen als einem leiblichen Ascendenten desselben in Adoption giebt.

§. 9 l. w. §. 9 a. a. O.

§. 10 l. w. §. 10 a. a. O.

Formulare a bis e l. w. die Formulare zu der citirt. Instr. S. 331, 332.

43. Bekanntmachung der Landesregierung, betreffend die großh. Civilstandskommission vom 14. Dezember 1875 (a. a. O. Nr. 40 S. 248).

Unter Bezugnahme auf den §. 3 der Ausführungsverordnung vom 14. August d. J. zum Reichsgesetze über die Beurkundung des Personenstandes und die Eheschließung wird hierdurch zur öffentlichen Kenntniß gebracht, daß die in der Residenzstadt Neustrelitz niederzusetzende Großherzogliche Civilstandskommission aus einem Vorstande und einem Sekretär bestehen soll, und daß

1. zum Vorstande dieser Kommission der Justizkanzleidirektor von Malschitzki,
2. zum Sekretär derselben der Regierungssekretär Meyer

bestellt sind.

Großherzogthum Oldenburg [70]).

44. Verordnung für das Großherzogthum, betreffend die Ausführung des Reichsgesetzes vom 6. Februar 1875 über die Beurkundung des Personenstandes und die Eheschließung. Vom 8. November 1875. (Ges.Bl. f. d. Großherzogthum Oldenburg Bd. 23 Stück 68 S. 663, u. G.Bl. f. Birkenfeld Bd. 7 Nr. 110 S. 693.)

Wir **Nicolaus Friedrich Peter**, von Gottes Gnaden Großherzog von Oldenburg rc. rc. verordnen zur Ausführung des hierneben als Anlage A. abgedruckten, mit dem 1. Januar 1876 ins Leben tretenden Reichsgesetzes vom 6. Februar 1875, betreffend die Beurkundung des Personenstandes und die Eheschließung, und im Anschluß an die vom Bundesrath unter dem 22. Juni 1875 erlassene, hierneben als Anlage B. abgedruckte Ausführungsverordnung, was folgt:

Art. 1. Die Oberaufsicht in Betreff der Ausführung des Reichsgesetzes vom 6. Februar 1875, betreffend die Beurkundung des Personenstandes und die Eheschließung, wird in Gemäßheit Art. 4 des Gesetzes vom 5. Dezember 1868, betreffend die Organisation des Staatsministeriums und einiger denselben untergeordneter Behörden, von Unserem Staatsministerium, Departement der Justiz, geübt.

Art. 2. Dispensationen von Ehehindernissen bleiben Unserer Entscheidung vorbehalten.

Ueber die Dispensationen vom Aufgebot haben die höheren Verwaltungsbehörden zu entscheiden. Die Gesuche um Dispensation sind bei der unteren Aufsichtsbehörde zu stellen und von letzterer mit gutachtlichem Bericht der höheren Verwaltungsbehörde vorzulegen.

Art. 3. 1) Unter der in dem Reichsgesetze vom 6. Februar 1875 vorkommenden Bezeichnung „höhere Verwaltungsbehörde“ sollen verstanden werden:

a. im Herzogthum und im Fürstenthum Birkenfeld: das Staatsministerium, Departement der Justiz,
b. im Fürstenthum Lübeck: die Regierung.

2) Unter der Bezeichnung: „untere Verwaltungsbehörde“ sollen verstanden werden:

a. im Herzogthum: die Verwaltungsämter und die Magistrate der Städte erster Klasse,

---

[70]) Vgl. noch Bekanntmachung des Staatsministeriums v. 8. Nov. 1875, betr. die Führung des Familienstands-Registers des Großherzoglichen Hauses (a. a. O. S. 669).

b. im Fürstenthum Lübeck: die Verwaltungsämter und der Magistrat der Stadt Eutin,
c. im Fürstenthum Birkenfeld: die Regierung.

Werden in einer der unter a. und b. bezeichneten Städte die Geschäfte des Standesbeamten durch den Bürgermeister selbst wahrgenommen, so tritt als Aufsichtsbehörde an die Stelle des Stadtmagistrats das gleichnamige Verwaltungsamt.

3) Unter der Gemeindebehörde (§. 4 Abs. 2) ist die Gemeindevertretung zu verstehen.

Art. 4. Als Gericht erster Instanz tritt in den Fällen des §. 11 Abs. 3, §. 14 Abs. 2 und §. 66 Abs. 2 des Reichsgesetzes vom 6. Februar 1875 das Amtsgericht des Standesamtsbezirks ein.

Bestehen bei einem Amtsgerichte mehrere Abtheilungen, so gelten hinsichtlich der Geschäftsvertheilung die für die Akte der nichtstreitigen Gerichtsbarkeit dieserhalb getroffenen Bestimmungen.

Art. 5. Die Standesamtsbezirke im Herzogthum und im Fürstenthum Lübeck sind im wesentlichen Anschluß an die zur Zeit bestehenden Gemeindebezirke zu bilden. Ueber die Vereinigung mehrerer Gemeindebezirke zu Einem Standesamtsbezirke, über die Zerlegung von Gemeindebezirken in mehrere Standesamtsbezirke, sowie über eine Veränderung der Grenzen der Standesamtsbezirke sind die Vertretungen der betreffenden Gemeinden zu hören.

Im Fürstenthum Birkenfeld bilden die Bürgermeistereibezirke die Standesamtsbezirke, jedoch können diejenigen Bürgermeistereibezirke, deren Verwaltung Einem Bürgermeister übertragen ist, zu Einem Standesamtsbezirke vereinigt werden.

Art. 6. Im Fürstenthum Birkenfeld verbleibt es bei der bisherigen Einrichtung (Reichsgesetz §. 6 Abs. 3), wonach der Bürgermeister die Geschäfte des Standesbeamten wahrzunehmen und als Vertreter des Standesbeamten der Schöffe derjenigen Gemeinde, in welcher der Standesbeamte seinen Wohnsitz hat, und eventuell einer der Beisitzer dieser Gemeinde zu bestellen ist.

Art. 7. Diejenigen Standesbeamten und diejenigen Vertreter derselben, welche als Staats- oder Gemeindebeamte einen Diensteid bisher nicht abgeleistet haben, haben vor ihrem Dienstantritte vor der Aufsichtsbehörde

> Treue dem Großherzoge, gewissenhafte Beobachtung der Staatsverfassung und der Gesetze und die treue Wahrnehmung der ihnen übertragenen dienstlichen Obliegenheiten

eidlich zu geloben.

Art. 8. Die untere Aufsichtsbehörde hat für ihren Bezirk

a. die Bildung der Standesamtsbezirke,
b. Namen und Wohnort der Standesbeamten und deren Vertreter,
c. im Falle des Artikels 7 die geschehene Verpflichtung öffentlich bekannt zu machen.

Das Amtslokal des Standesbeamten ist durch ein Schild mit der Aufschrift

Standesamt N. N.

zu bezeichnen.

Art. 9. Die amtliche Thätigkeit der Standesbeamten wird durch die unter C. beigefügte allgemeine Dienstanweisung geregelt.

Insoweit diese Dienstanweisung über die Geschäftsstunden Vorschriften nicht enthält, können dieselben nach Anhörung der Gemeindevertretung durch die untere Aufsichtsbehörde festgesetzt werden. Diese Bestimmungen sind zur öffentlichen Kenntniß zu bringen. Für die ländlichen, insbesondere die kleineren Gemeinden genügt es in der Regel, wenn der Standesbeamte in oder bei seiner Wohnung zu bestimmten Stunden anzutreffen ist oder bei etwaiger Entfernung vom Hause durch die Hausgenossen herbeigerufen werden kann, bei weiterer Entfernung oder länger andauernder Abwesenheit der Stellvertreter benachrichtigt und Vorsorge getroffen wird, daß die Betheiligten an diesen gewiesen werden.

Art. 10. Die Standesbeamten sind verpflichtet, in denjenigen Fällen, in welchen in Folge eines Sterbefalles oder der Geburt eines unehelichen Kindes die Anordnung einer Vormundschaft erforderlich wird, davon dem zuständigen Amtsgerichte Anzeige zu machen.

Diese Anzeige hat zu erfolgen innerhalb 8 Tagen, nachdem der Fall eingetreten.

Art. 11. Die Vorschrift des Gesetzes für das Herzogthum Oldenburg vom 16. Juli 1868, des Gesetzes für das Fürstenthum Lübeck vom 20. Juli 1868 und des Gesetzes für das Fürstenthum Birkenfeld vom 20. Juli 1868, betreffend die Erhebung einer Abgabe von Erbschaften, Vermächtnissen und Schenkungen, wonach die Civilstandesbeamten verpflichtet sind, allmonatlich eine vollständige Liste der in dem letztverflossenen Monat Verstorbenen ihres Bezirks an das Amt bezw. im Fürstenthum Birkenfeld an die Regierung, im Fürstenthum Lübeck an das Amt resp. den Stadtmagistrat einzusenden, bezw. schriftlich anzuzeigen, falls ein Todesfall in ihrem Bezirk nicht vorgekommen ist (Art. 10 §. 2), bleibt bestehen.

Art. 12. Die Standesbeamten sind verpflichtet, die für die Zwecke der Reichs- und Landesstatistik erforderlichen Nachweise über Eheschließungen, Geburten und Sterbefälle zu liefern.

Die dazu erforderlichen Formulare werden Seitens des Staates unentgeltlich geliefert.

Ueber die Ausfüllung der Formulare soll nähere Anweisung ertheilt werden.

Art. 13. Die Ortspolizeibehörde, welche vor der Eintragung des Sterbefalles in das Sterberegister die Genehmigung zu einer Beerdigung ertheilt hat (§. 60 des Reichsgesetzes), ist verpflichtet, dem zuständigen Standesbeamten hiervon ohne Verzug Mittheilung zu machen.

Art. 14. An den bisherigen Vorschriften über die sichere Aufbewahrung, gehörige Erhaltung und die Berichtigung der Kirchenbücher, welche bis zum 1. Januar 1876 als Civilstandsregister gedient haben, wird nichts geändert.

Art. 15. Die im §. 55 Ziff. 1 der Militär-Ersatz-Instruktion vom 26. März 1868 vorgeschriebenen Geburtslisten sind im Herzogthum Oldenburg und im Fürstenthum Lübeck von den Geistlichen noch so lange aufzustellen und einzureichen, als es sich dabei um die bis zur Wirksamkeit des Reichsgesetzes vom 6. Februar 1875 eingetragenen Geburtsfälle handelt.

Art. 16. In Gemäßheit §. 76 des Reichsgesetzes geht die Zuständigkeit des Gerichtshofes des Offizialats zu Vechta, soweit es sich um streitige Ehe- und Verlöbnißsachen handelt, mit dem 1. Januar 1876 auf die ordentlichen bürgerlichen Gerichte über und kommen für dieselben die Vorschriften des Gesetzes vom 7. Juni 1858, betreffend die Aufhebung der Klage auf Eingehung der Ehe, sowie die Gerichtsbarkeit und den Prozeß in Ehe- und Verlöbnißsachen, sowie die Bestimmungen der Art. 1—3 der Verordnung vom 9. Oktober 1858, betreffend die Einführung verschiedener, die Rechtspflege betreffender Gesetze, mit der Aenderung, daß an die Stelle des 1. November 1858 der 1. Januar 1876 tritt, zur Anwendung.

C.

45. Dienstanweisung für die Standesbeamten. (Beilage zu dem S. 354 citirt. Stück d. Ges.Bl. S. 65 ff.) [71])

§. 1. Die Standesbeamten und ihre Stellvertreter haben sich mit den ihre amtliche Thätigkeit regelnden Gesetzen, Verordnungen und Instruktionen, insbesondere mit

dem Reichsgesetze über die Beurkundung des Personenstandes und die Eheschließung vom 6. Februar 1875,
der Ausführungsverordnung des Bundesraths vom 22. Juni 1875,
der Landesherrlichen Ausführungsverordnung vom heutigen Tage,
der Anleitung zur Ausfüllung der zu statistischen Zwecken dienenden Zählblättchen,
sowie dieser Dienstanweisung

vor der Ausführung ihrer Geschäfte genau bekannt zu machen.

Stoßen ihnen in Betreff der Auslegung oder Anwendung der ihnen ertheilten Vorschriften Bedenken auf, so haben sie sich an die ihnen vorgesetzte untere Aufsichtsbehörde zu wenden, welche verpflichtet ist, sie, eventuell nach zuvoriger Anfrage bei der oberen Verwaltungsbehörde, mit der erforderlichen Aufklärung und Anleitung zu versehen.

§. 2. Jedem Standesbeamten und jedem Stellvertreter desselben wird ein Exemplar der im §. 1 bezeichneten Gesetze und Verfügungen mitgetheilt werden. Dies Exemplar ist als Dienstexemplar zu bezeichnen, sorgfältig aufzubewahren und dem Nachfolger im Amte demnächst zu überliefern.

§. 3. Für den gesammten Standesamtsbezirk ist, auch wenn derselbe aus mehreren Gemeinden besteht, nur Ein Geburts-, Ein Heiraths-, und Ein Sterberegister zu führen.

§. 4. Bei den Eintragungen, der Ausfertigung von Auszügen u. s. w. sind die vom Bundesrathe und dem Staatsministerium aufgestellten Musterformulare, von denen den Standesbeamten ein gebundenes Exemplar als Dienstexemplar zugehen wird, sorgfältig zu beachten.

§. 5. In den Standesregistern dürfen Korrekturen durch Ausstreichen und Ueberschreiben oder durch Rasuren nicht vorgenommen werden. Nur die gedruckten Worte dürfen, wenn sie nicht passen, durchstrichen werden; es ist alsdann aber am Rande zu bemerken, daß und wie viele Zeilen gelöscht sind, und ist diese Bemerkung unterschriftlich zu vollziehen.

Wenn sich, bevor die Eintragung durch den Standesbeamten vollzogen ist [72]), Unrichtigkeiten ergeben, so ist eine den Fehler verbessernde Bemerkung am Rande hinzuzufügen und unterschriftlich zu vollziehen, ohne in der Eintragung irgend etwas zu ändern oder zu streichen.

Wird der Fehler erst, nachdem die Eintragung durch den Standesbeamten unterschriftlich vollzogen ist [73]), bemerkt, so kann eine Berichtigung nur auf dem in den §§. 65 und 66 des Reichsgesetzes vorgeschriebenen Wege erfolgen.

[71]) Vgl. hierzu auch die Verfügung des Staatsministeriums, Departements der Justiz, vom 27. Oktober 1888, die Geschäftsführung der Standesämter betr., Stdesb. 1889 S. 161.

[72]) Das gesperrt Gedruckte ist nach der Staatsminister.Bek. v. 22. April 1876 (G.Bl. f. d. Großhzgth. S. 229 u. f. Birkenfeld Bd 8 S. 105; Stdesb. 1876 S. 171) an Stelle des ursprünglichen Textes: „Betheiligten entlassen sind“ zu setzen.

[73]) So sind durch die cit. Bekanntm. die Worte: „nach der Vollziehung der Eintragung und der Entlassung der Betheiligten bemerkt“, geändert.

§. 6. Eintragungen auf Grund schriftlicher Anzeigen oder Mittheilungen (Reichsgesetz §§. 20, 24, 58, 62), für welche der Vordruck des Registers nicht berechnet ist, sind unter Durchstreichung des Vordrucks und mit Bezugnahme auf die schriftliche Anzeige oder Mittheilung am Rande zu bewirken.

Enthält die schriftliche Anzeige eines in einer Anstalt vorgekommenen Geburts- oder Sterbefalles die Thatsachen, welche nach Vorschrift des Gesetzes einzutragen sind, nicht vollständig, so hat der Standesbeamte zunächst die Vervollständigung der Angaben zu verlangen.

§. 7. Nach erfolgter Eintragung in die Register (A. B. C.) hat der Standesbeamte sofort den darauf bezüglichen Vermerk in das alphabetische Namensverzeichniß einzutragen, und zwar sind aufzunehmen:

bei Eheschließungen: die Geburtsnamen beider Eheleute,

bei Sterbefällen von Ehefrauen und Wittwen: auch der von denselben vor der Verheirathung geführte Familienname.

§. 8. Der Standesbeamte kann sich zu Eintragungen in die Register oder zur Anfertigung von Auszügen aus denselben auf seine Kosten einer Schreibhülfe bedienen, doch hat er selbstverständlich jede Eintragung durch eigenhändige Unterschrift zu vollziehen. Eintragungen auf Grund mündlicher Anzeige dürfen aber nur in Gegenwart des Standesbeamten geschehen.

§. 9. Für die mündlich gestellten Anträge auf Erlassung eines Aufgebots dient das unter K mitgetheilte Formular.

Ist nur einer der Brautleute erschienen, so ist das Formular hiernach zu ändern.

Für die Prüfung der schriftlich oder durch einen Dritten erfolgenden Anträge auf Erlassung des Aufgebotes wird das Formular als Richtschnur dienen können.

Sind die Brautleute, oder ist einer derselben nicht persönlich erschienen, so ist der Nachweis, daß der nicht erschienene Theil mit der Erlassung des Aufgebotes einverstanden sei, in beglaubigter Form beizubringen (Reichsgesetz §. 28, 45). Auf diesen Nachweis finden die Vorschriften des §. 45 des Reichsgesetzes Anwendung.

§. 10. Macht der Beamte von der im §. 45 Abs. 4 des Reichsgesetzes ihm ertheilten Befugniß, den Verlobten eine eidesstattliche Versicherung abzunehmen, Gebrauch, so findet dieselbe in der Form statt, daß auf die Frage des Beamten:

Versichern Sie an Eidesstatt als wahr, daß . . . ?

die Antwort ertheilt wird:

Ja, das versichere ich als wahr an Eidesstatt.

Der Beamte kann zur Bekräftigung der Versicherung einen Handschlag entgegennehmen. Der Versicherung an Eidesstatt hat, wenn nicht ein richtiges Verständniß ohne dies vorausgesetzt werden kann, eine Erinnerung an die Heiligkeit des Eides und die Strafen der Abgabe einer falschen Versicherung an Eidesstatt (Strafgesetzbuch §. 156 und 163) voranzugehen.

Ueber die Abnahme der eidesstattlichen Versicherung ist stets ein protokollarischer Vermerk, welcher die versicherte Thatsache genau bezeichnet, aufzunehmen.

§. 11. Bei Anordnung des Aufgebots hat der Standesbeamte außer den im §. 45 des Reichsgesetzes geforderten Nachweisen zu verlangen:

a) von Militärpersonen des Friedensstandes und von vorläufig in die Heimath beurlaubten Rekruten und Freiwilligen (vergl. Reichsmilitärgesetz vom 2. Mai 1874 §. 38 A und §. 60 Ziff. 4) den Nachweis der Genehmigung ihrer Vorgesetzten zu ihrer Verheirathung,

b) von Ausländern, d. h. von Personen, welche nicht Reichsangehörige sind, eine Bescheinigung der zuständigen Ortspolizeibehörde, daß der Eheschließung in polizeilicher Hinsicht nichts entgegenstehe,

c) im Amte Jever, mit Ausnahme der Gemeinden Sengwarden, Fedderwarden und Accum, und im Fürstenthum Lübeck[74]) bei der Wiederverheirathung des überlebenden Ehegatten, wenn minderjährige Kinder aus voriger Ehe vorhanden, den Nachweis, daß der Ueberlebende mit den Kindern erster Ehe sich abgefunden oder Theilung gepflogen habe,

d) im Fürstenthum Birkenfeld für diejenigen ehelichen Söhne und Töchter, welche noch nicht 21 Jahre alt sind, in den Fällen, wo keiner von den Eltern oder Großeltern am Leben ist oder dieselben alle[75]) verhindert sind ihren Willen zu äußern, den Nachweis der Einwilligung des Familienrathes.

§. 12. Eheschließungen sind, soweit nicht dringende Gründe, insbesondere der Fall des §. 50 Abs. 2 des Gesetzes eine Ausnahme rechtfertigen, nur an Werktagen und in den Vormittagsstunden vorzunehmen.

Die Beurkundung des Aktes erfolgt regelmäßig in dem Geschäftszimmer des Standesbeamten.

---

[74]) Die gesperrt gedruckten Worte kommen nach d. Bek. des Staatsministeriums v. 20. Februar 1882, G.Bl. S. 209; Stdesb. 1882 S. 59, in Wegfall.

[75]) Die gesperrt gedruckten Worte kommen nach d. Bek. des Staatsministeriums v. 23. November 1878, Ges.Bl. S. 649; Stdesb. 1879 S. 2, in Wegfall.

Machen besondere Gründe die Vornahme des Geschäftes außerhalb des Geschäftslokals erforderlich, so können dazu die Nachmittagsstunden benutzt werden.

Mit Genehmigung der Aufsichtsbehörde kann die Vornahme von Eheschließungen für die regelmäßigen Fälle auf bestimmte Wochentage beschränkt werden.

§. 13. Die Eheschließung hat der Standesbeamte genau nach dem Formular B. vorzunehmen. Nach Aufnahme des einleitenden Theiles der in diesem Formular vorgezeichneten Verhandlung hat er sich darauf zu beschränken, in Gegenwart der Zeugen an die Verlobten einzeln und nach einander die Frage zu richten:

„Wollen Sie die Ehe mit N. N. eingehen?"

und nachdem diese Frage von beiden Theilen bejaht worden, auszusprechen:

„daß er sie nunmehr kraft des Gesetzes für rechtmäßig verbundene Eheleute erkläre".

Sodann ist ohne Weiteres die Beurkundung des vorgenommenen Aktes zum Abschluß zu bringen und den Eheleuten eine Bescheinigung nach Formular D. auszustellen.

§. 14. Wird ein Sterbefall, welcher die Bevormundung minderjähriger Kinder erforderlich macht, oder wird eine uneheliche Geburt angemeldet, so hat der Standesbeamte dem Amtsgerichte seines Bezirks darüber Anzeige nach Formular N. und O. zu erstatten [76].

Diese Anzeigen sind, soweit deren Mittheilung durch die Post erfolgt, auf dem Couvert als „portopflichtige Dienstsache" zu bezeichnen, mit dem Dienstsiegel zu verschließen und unfrankirt zu übersenden.

§. 15. Wird die Anzeige eines Geburtsfalles über drei Monate verzögert (Reichsgesetz §. 27), so hat der Standesbeamte darüber, sowie über die weitere Ermittelung des Sachverhalts eine schriftliche Verhandlung aufzunehmen und dieselbe der Aufsichtsbehörde vorzulegen.

§. 16. In den Fällen des §. 68 Abs. 1, 2 des Reichsgesetzes hat der Standesbeamte von den Uebertretungen der Aufsichtsbehörde Anzeige zu machen, welche wegen der Strafverfolgung das weiter Erforderliche zu veranlassen hat.

K.

(Oldenb. Formular.)

Protokoll. . . . . den ten 187

Vor dem unterzeichneten Standesbeamten erschien heute:

1) der

wohnhaft
staatsangehörig in
geboren am
Sohn de

Derselbe gab an, daß er gegenwärtig seinen Wohnsitz zu
habe, innerhalb der letzten 6 Monate zu
gehabt habe und sich gewöhnlich zu
aufhalte.

2) die

wohnhaft
staatsangehörig in
geboren am
Tochter de

Dieselbe gab gleichfalls an, daß sie zur Zeit ihren Wohnsitz zu
habe, während der letzten 6
Monate zu gehabt habe und sich
gewöhnlich zu aufhalte.

Demnächst erkärten beide Erschienenen, daß sie die Ehe mit einander eingehen wollten, und beantragten, das zuvor erforderliche zweiwöchentliche Aufgebot anzuordnen und die Bekanntmachung des letzteren in den vorgeschriebenen Gemeinden und durch die vorgeschriebenen Blätter zu veranlassen. Die Eheschließung selbst soll nach dem Wunsche der Verlobten in stattfinden.

Die Erschienenen erklärten ferner:

Da der Bräutigam das 25. Lebensjahr bereits (noch nicht) vollendet habe, so bedürfe er zu seiner Verheirathung der Einwilligung de

[76]) Vgl. noch Staatsmin.Bek. v. 30. Dezember 1876 Ges.Bl. S. 389, u. v. 6. Januar 1879, Ges.Bl. S. 10.

Vaters (Mutter, Vormundes, Vormundschaftsbehörde, Familienraths) nicht

Jedoch (Ebenso) bedürfe die Braut, da sie das 24. Lebensjahr nicht (bereits) vollendet habe, der Einwilligung ihres Vaters (Mutter, Vormundes, Vormundschaftsbehörde, Familienraths)

Auf Befragen wurde ferner erklärt: Die Verlobten

1) seien weder in aufsteigender, noch in absteigender Linie mit einander verwandt; ständen

2) nicht im Verhältniß voll- oder halbbürtiger Geschwister, noch

3) im Verhältniß von Stiefeltern und Stiefkindern, Schwiegereltern und Schwiegerkindern irgend welchen Grades zu einander,

und zwar zu 1 bis 3 weder auf Grund ehelicher oder außerehelicher Geburt, weder auf Grund noch bestehender oder früherer Stief- oder Schwiegerverbindung;

4) seien zur Zeit nicht von einander an Kindesstatt angenommen;

5) nicht wegen Ehebruchs geschieden und nicht mitschuldig an geschiedener Ehe des andern Theils;

6) ständen gegenwärtig nicht in einem rechtsgültigen Eheverhältnisse, wobei insbesondere noch die Braut bemerkte, daß sie auch bis vor 10 Monaten in keinem rechtsgültigen Eheverhältnisse gestanden habe;

7) daß der Bräutigam weder der Vormund der Verlobten, noch ein Sohn des Vormundes der Braut sei; daß

8) früher der Bräutigam die Braut verheirathet gewesen, weshalb (jedoch) für beide Theile (ersteren, letztere,) eine Nachweisung, Sicherstellung oder Auseinandersetzung des Vermögens mit Kindern aus früherer Ehe nicht (zwar) in Frage komme;

9) daß auch der Fall der erforderlichen Beibringung einer Erlaubniß zur Eheschließung wegen der Eigenschaft de Verlobten als Militärperson, Landesbeamter und beziehentlich Ausländer nicht (zwar) vorliege

Behufs Nachweises der zu ihrer Eheschließung gesetzlich nothwendigen Erfordernisse seien die Verlobten bereit, die erforderlichen Urkunden in beglaubigter Form beizubringen, auch die Richtigkeit der etwa nicht hinreichend nachgewiesenen Thatsachen gemäß §. 45 des Gesetzes durch eidesstattliche Versicherung zu bekräftigen.

Es wurden sodann folgende Urkunden übergeben — nachstehende eidesstattliche Versicherungen abgegeben —:

L.

(Oldenb. Formular.)

An

den . . . .

Da Sie d

dem unterzeichneten Standesbeamten bis jetzt nicht angezeigt haben, obgleich Sie nach §. *) des Reichs-Gesetzes über die Beurkundung des Personenstandes und die Eheschließung vom 6. Februar 1875 dazu verpflichtet sind, so fordere ich Sie auf Grund des §. 68 des vorgedachten Gesetzes hiermit auf, bei Vermeidung einer Geldstrafe von Mark dieser Ihrer Verpflichtung spätestens binnen Tagen nachzukommen.

Leisten Sie dieser Aufforderung nicht pünktlich Folge, so wird der obige Betrag im Wege der Zwangsvollstreckung Seitens der Gemeinde-Behörde zu Gunsten der Gemeinde-Kasse von Ihnen eingezogen und Ihnen außerdem behufs Erzwingung Ihrer gesetzlichen Anzeigepflicht eine fernerweite und erhöhte Geldstrafe angedroht werden.

, den ten 187

Der Standesbeamte.

*) Hier ist der für den betr. Fall zutreffende §. des Gesetzes (§. 18, 20, 22, 24, 57, 58) einzutragen.

M.
(Oldenb. Formular.)

Standesamt.

. . . . den ten 187

An

d . . . .

. . .

. . . .

Hierdurch ersuche ich ergebenst, die anliegende Bekanntmachung über das Aufgebot zwischen

dem . . . .

wohnhaft . . . .

und

der . . . .

wohnhaft . . . .

in Gemäßheit des §. 46 des Reichs-Gesetzes vom 6. Februar 1875 während zweier Wochen durch Aushang sofort daselbst bekannt zu machen, die Bescheinigung des stattgehabten Aushangs vermittelst Siegel und Unterschrift auf der Bekanntmachung zu veranlassen und die Letztere, mit dem Vermerke: „Portopflichtige Dienstsache" versehen, unter amtlichem Verschluß demnächst hierher zurückzusenden.

Der Standesbeamte.

N.
(Oldenb. Formular.

An
das Großherzogliche Amtsgericht
zu
. . . .

D . . . .
wohnhaft . . . .
ist am . . . . ten . . . . 187 zu . . . . mit Hinterlassung von minderjährigen Kinde verstorben.

Behufs der einzuleitenden Bevormundung diese Kinde zeige ich dies hiermit an. Der Vater / Die Mutter de selben ist . . . . am Leben.

. . . . den . . . . ten 187

Der Standesbeamte.

O.
(Oldenb. Formular.)

An
das Großherzogliche Amtsgericht
in
. . . .

Die . . . .
wohnhaft . . . .
Tochter d . . . .
hat am . . . . ten . . . . 187 zu . . . .
ein uneheliches Kind . . . . . lichen Geschlechts geboren, welches die Namen . . . . .
. . . .
erhalten hat. Behufs der einzuleitenden Bevormundung des Kindes zeige ich dies hiermit an.

. . . . den . . . . ten 187

Der Standesbeamte.

Herzogthum Braunschweig.

46. Bekanntmachung des Herzogl. Staatsministeriums vom 9. September 1875 zur Ausführung des Reichsgesetzes über die Beurkundung des Personenstandes und die Eheschließung vom 6. Februar d. J. (Ges. u. Verordn.-Samml. v. 1875 Nr. 74 S. 315.)

Nachdem der Bundesrath die demselben im §. 83 des Reichsgesetzes über die Beurkundung des Personenstandes und die Eheschließung vom 6. Februar d. J. vorbehaltene Ausführungsverordnung unter dem 22. Juni d. J. erlassen hat, wird solche hierdurch in der Anlage zu allgemeiner öffentlicher Kenntniß gebracht.

Zugleich machen Wir auf Grund des §. 84 des angezogenen Reichsgesetzes bekannt, daß

1. als „Aufsichtsbehörde", „nächste Aufsichtsbehörde" und „untere Verwaltungsbehörde" die betreffende Herzogl. Kreisdirektion,
als „höhere Verwaltungsbehörde" das Departement des Innern des Herzogl. Staatsministeriums,
als „Centralbehörde" das Herzogl. Staatsministerium fungirt;
2. unter „Gemeindebehörde" im §. 4 leg. cit. in den Städten der Magistrat unter Mitwirkung der Stadtverordneten, in den Landgemeinden der Gemeinderath, unter „Gemeindevorstand" ebendaselbst in den Städten der Magistrat, in den Landgemeinden wiederum der Gemeinderath zu verstehen, und
3. als „Gericht erster Instanz" (§§. 11, 14 und 66 leg. cit.) das betreffende Herzogl. Amtsgericht resp. Stadtgericht[76]) zuständig ist.

Da das Reichsgesetz vom 6. Februar d. J. am 1. Januar 1876 in Kraft tritt, so sind alle Einrichtungen zur Ausführung desselben so zeitig zu treffen, daß von dem bezeichneten Tage (einschließlich) an die Standesbeamten in Funktion treten und die Beurkundung der Geburten, Eheschließungen und Sterbefälle durch dieselben erfolgt.

Herzogthum Sachsen-Meiningen[77]).

47. Verordnung vom 26. Oktober 1875, enthaltend einige Bestimmungen zur Ausführung des Reichsgesetzes über die Beurkundung des Personenstands und die Eheschließung vom 6. Februar d. J., insbesondere die der Justizabtheilung des Herzogl. Staatsministeriums zu überweisenden Geschäfte betreffend (Samml. d. landesh. Verordn. Bd. 20 S. 223).

Wir **Georg**, von Gottes Gnaden Herzog zu Sachsen-Meiningen ꝛc.

Um zur Ausführung des Reichsgesetzes vom 6. Februar 1875 über die Beurkundung des Personenstandes und die Eheschließung die erforderlichen Einrichtungen rechtzeitig einzuleiten, verordnen Wir, was folgt:

Art. 1. Insoweit es sich nicht um die Standesbuchführung für Uns und die Mitglieder Unseres Herzoglichen Hauses handelt, welche der jedesmalige Vorstand Unseres Staatsministeriums zu besorgen hat, übertragen Wir die Leitung und Oberaufsicht in Betreff der Ausführung des Reichsgesetzes vom 6. Februar 1875 über die Beurkundung des Personenstandes und die Eheschließung Unserer Ministerialabtheilung der Justiz.

Art. 2. Der Ministerialabtheilung der Justiz steht insbesondere zu:
die Bildung der Standesamtsbezirke (§. 2 des Reichsgesetzes), die Bestellung der Standesbeamten und deren Stellvertreter (§. 3 Abs. 2, §. 4 Abs. 1, §. 6 Abs. 1 des Reichsges.), die Ertheilung der Genehmigung zu der durch Gemeindebehörden erfolgten Bestellung von Standesbeamten, bezüglich deren Stellvertretern und zur Uebertragung der standesamtlichen Geschäfte Seitens des Gemeindevorstands an andere Gemeindebeamte (§. 4 Abs. 1 des Reichsgesetzes), der Widerruf der erfolgten Bestellung oder Genehmigung zur Bestellung (§. 5 des Reichsgesetzes).

Ueberhaupt sind alle in dem Reichsgesetz „der höheren Verwaltungsbehörde" zugewiesenen Funktionen von der Ministerialabtheilung der Justiz wahrzunehmen.

Art. 3. Unter der in dem Reichsgesetz (§. 4 desselben) gebrauchten Bezeichnung „Gemeindevorstand" ist der Magistrat, Bürgermeister, Schultheiß oder Gemarkungsvertreter und unter der Bezeichnung „Gemeindebehörde" in den Städten der Gemeindevorstand und der Gemeinderath, in den Dörfern der Schultheiß und der Gemeindeausschuß, bezüglich in Gemeinden, welche keinen Ausschuß haben, die Gemeindeversammlung zu verstehen.

Art. 4. Die Standesamtsbezirke sind nach ihrer amtlichen Benennung bezüglich unter Angabe der dazu gewiesenen Gemeinden durch das Regierungsblatt bekannt zu machen.

Art. 5. In jedem Orte, in welchem ein Standesbeamter seinen Sitz hat, ist am Eingang des

---

[76]) Jetzt Amtsgericht, s. Ausführungsges. z. deutsch. Ger.Verf.Ges. v. 1. April 1879, §. 20 Nr. 8: „Endlich haben die Amtsgerichte bis zum etwaigen Erlaß anderer Bestimmung in Gemäßheit der Bekanntmachung v. 9. Sept. 1875 ꝛc. die in den §§. 11, 14 und 66 des Reichsgesetzes v. 6. Februar 1875 ꝛc. den Gerichten erster Instanz übertragenen Geschäfte zu besorgen."

[77]) Vgl. Bekanntmachung des Staatsministeriums, Abtheilung der Justiz, die Standesamtsbezirke betr., v. 8. Dez. 1875 (a. a. O. S. 1293).

Gebäudes, worin das Geschäftslokal des Standesbeamten sich befindet, ein Schild mit der Aufschrift: „Herzoglich Sachsen-Meining. Standesbeamter" anzubringen.

Art. 6. Die weiter zur Ausführung des Reichsgesetzes noch nöthigen Bestimmungen bleiben vorbehalten.

Die vorstehende Verordnung ist mit dem 1. Januar 1876 in Vollzug zu setzen.

48. Gesetz vom 27. November 1875, betreffend die Ausführung des Reichsgesetzes vom 6. Februar 1875 über die Beurkundung des Personenstands und die Eheschließung (a. a. O. Bd. 20 S. 225).

Wir **Georg**, von Gottes Gnaden Herzog zu Sachsen-Meiningen rc.
haben zur Ausführung des hierneben abgedruckten Reichsgesetzes vom 6. Februar 1875 über die Beurkundung des Personenstandes und die Eheschließung, sowie im Anschluß an die gleichfalls hierneben abgedruckte, vom Bundesrath unterm 22. Juni 1875 erlassene Ausführungsverordnung, und zugleich von der Erwägung ausgehend, daß es sich bei diesem Anlaß empfiehlt, zur Erleichterung der Geschäftsführung der Standesbeamten einige aus der Partikulargesetzgebung sich ergebenden Rechtsunsicherheiten zu beseitigen, mit Beirath und Zustimmung des Landtags zu verordnen beschlossen und verordnen, was folgt:

Art. 1. Die Aufsicht über die Amtsführung der Standesbeamten, sowie die sonstigen Funktionen der im Reichsgesetz erwähnten „unteren Verwaltungsbehörde", Aufsichtsbehörde resp. „nächsten Aufsichtsbehörde" (§. 3 Abs. 1, §. 7 Abs. 3, §. 11 Abs. 1 und 2, §§. 14 Abs. 2 und 3, 27, 60, 66 Abs. 2 des Reichsgesetzes) sind von den Einzelrichtern für freiwillige Gerichtsbarkeit in Bezug auf die Standesämter ihres Bezirks unter der Oberaufsicht der Ministerialabtheilung der Justiz (Verordnung vom 26. Oktober d. J.) wahrzunehmen.

Art. 2. Die Ministerialabtheilung der Justiz ist ermächtigt, die Ausübung der ihr als höherer Verwaltungsbehörde (Verordnung vom 26. Oktober d. J.) zukommenden Funktionen in einzelnen Fällen den Kreisgerichten zu übertragen.

Art. 3. **Als Gericht erster Instanz** (§. 11 Abs. 3, §. 14 Abs. 2, §. 66 Abs. 2 des Reichsgesetzes) ist der Einzelrichter für freiwillige Gerichtsbarkeit[77a]) zuständig, in dessen Bezirk der Standesbeamte seinen Wohnsitz hat.

Art. 4. Gesuche um Dispensation von Ehehindernissen und vom Aufgebot (§. 28, §. 33 Nr. 5, §. 35, §. 50 des Reichsgesetzes) sind behufs der berichtlichen Vorlage an die Ministerialabtheilung der Justiz bei dem Einzelrichter (Art. 1), und insofern im Falle des §. 33 Nr. 5 des Reichsgesetzes der Ehescheidungsprozeß bei einem inländischen Kreisgericht anhängig war, bei letzterem anzubringen.

Die Dispensation von dem Verbote der Ehe zwischen einem wegen Ehebruchs Geschiedenen und seinem Mitschuldigen behalten Wir Uns vor.

Zur Dispensation in den Fällen des §. 28, 35 und 50 des Reichsgesetzes ist die Ministerialabtheilung der Justiz zuständig.

Art. 5. Die Festsetzung der nach §. 8 des Reichsgesetzes von den Gemeinden zu tragenden sächlichen Kosten steht, wo eine solche nöthig wird, dem Einzelrichter (Art. 1) zu.

Art. 6. In Fällen vorübergehender Behinderung des Standesbeamten und seiner Stellvertreter oder gleichzeitiger Erledigung dieser Aemter hat der Gemeindevorstand (Art. 3 der Verordnung vom 26. Oktober 1875) des Orts, an welchem der Standesbeamte beziehungsweise dessen Stellvertreter ihren Wohnsitz haben, dem zuständigen Einzelrichter (Art. 1) ohne Verzug Anzeige zu machen, damit in Gemäßheit des §. 3 Abs. 1 des Reichsgesetzes die einstweilige Beurkundung des Personenstandes einem benachbarten Standesbeamten oder Stellvertreter übertragen werde.

Art. 7. Die Ortspolizeibehörde, welche zu einer Beerdigung vor erfolgter Eintragung des Sterbefalls in das Sterberegister Genehmigung ertheilt hat (§. 60 des Reichsgesetzes), ist verpflichtet, dem zuständigen Standesbeamten hiervon ohne Verzug Mittheilung zu machen.

Art. 8. Ist eine Ehe auf übereinstimmendes Ansuchen der Eheleute aus landesherrlicher Machtvollkommenheit getrennt worden, so hat das Ehegericht eine beglaubigte Abschrift des landesherrlichen Erlasses nebst einer Bescheinigung darüber, an welchem Tage die Eröffnung oder Behändigung an die Betheiligten erfolgt ist, dem Standesbeamten, vor welchem die Ehe geschlossen ist, zu übersenden.

[77a]) Jetzt das Amtsgericht, Ges. v. 16. Dezember 1878, betr. die Ausführungsbestimmungen z. deutsch. Gerichtsverfassungsges., Samml. d. V. S. 43 §. 7: „Die Gerichtsbarkeit in den Angelegenheiten, welche zu der ordentlichen streitigen Gerichtsbarkeit nicht gehören, geht, soweit nicht ein Anderes gesetzlich bestimmt ist, von den bisherigen Einzelrichtern auf die Amtsgerichte, von den bisherigen Kreisgerichten auf die Landgerichte und von dem Appellationsgerichte, sowie Oberappellationsgerichte auf das Oberlandesgericht über"; §. 16: „Die Amtsgerichte sind, soweit nicht ein Anderes gesetzlich bestimmt ist, zuständig für alle Angelegenheiten, welche bisher durch Einzelrichter zu erledigen waren"; vgl. auch §. 23 a. E.

Der Standesbeamte hat hiernach in Gemäßheit des §. 55 des Reichsgesetzes zu verfahren. (Vergl. §. 14 der Ausführungsverordnung des Bundesraths vom 22. Juni 1875.)

Zu §. 29 Abs. 5 des Reichsgesetzes.

Art. 9. Zur Ehe einer minderjährigen Person ist die Einwilligung des Vormundschaftsgerichts erforderlich.

Zu §. 31 des Reichsgesetzes.

Art. 10. Durch die in einem Einkindschaftsvertrag erfolgte Bestellung des Verlobten zum rechten Vater der Vorkinder der Verlobten wird eine väterliche Gewalt des Ersteren begründet.

Zu §. 38 Abs. 1 des Reichsgesetzes.

Art. 11. Ausländer männlichen Geschlechts haben vor der Eheschließung ein Zeugniß ihrer Heimathsbehörde darüber beizubringen, daß ihrer Ehe ein gesetzliches Hinderniß nicht entgegensteht.

Auf die Eheschließung der Angehörigen solcher Länder, mit denen wegen Wegfalls von Trauerlaubnißscheinen besondere Konventionen bestehen (Ausschreiben vom 17. Juni 1869, 12. Dezember 1871, 28. März 1874) oder noch abgeschlossen werden, findet obige Vorschrift keine Anwendung.

Zu §. 38 Abs. 2 des Reichsgesetzes.

Art. 12. Vor der Eheschließung solcher Personen, welche bereits Kinder haben, ist die Beibringung gerichtlichen Zeugnisses über stattgehabte Ordnung der vermögensrechtlichen Verhältnisse der Vorkinder oder darüber, daß eine derartige Ordnung durch die Kinder oder deren Vormünder vorsätzlich oder schuldhaft vereitelt worden, erforderlich.

Art. 13. Der oberen Verwaltungsbehörde (Art. 2) bleibt vorbehalten, in Bezug auf Nachweisungen und Zusammenstellungen zu statistischen und anderen Zwecken besondere Anordnungen an die Standesbeamten ergehen zu lassen.

Art. 14. Durch den Einzelrichter[78]) (Art. 1) sind die Standesbeamten und Stellvertreter eines Standesbeamten nach ihrer Bestellung dahin zu verpflichten:

daß sie das ihnen übertragene Amt eines Standesbeamten (Stellvertreters des Standesbeamten) und alle mit diesem Amte verbundenen Geschäfte nach ihrem besten Wissen und Gewissen vorschriftsmäßig verwalten wollen.

Die Verpflichtung erfolgt mittelst Handgelöbnisses (Art. 3 des Gesetzes vom 24. Juni 1850).

Zur Verpflichtung derjenigen Standesbeamten und Stellvertreter eines Standesbeamten, welche nach §. 4 Abs. 1 und §. 6 Abs. 2 des Reichsgesetzes auf Grund einer gemeindeamtlichen Stellung zu dem Standesamte berufen sind, genügt die Hinweisung auf die bei Uebernahme des Gemeindeamts stattgefundene Verpflichtung.

Art. 15. Die vorstehenden Bestimmungen finden auf den für Uns und Unser Herzogliches Haus bestellten Standesbeamten (Verordnung vom 26. Oktober d. J.) keine Anwendung.

Art. 16. Die nach §. 8 des Reichsgesetzes, sowie nach den §§. 1, 2 und 4 der Ausführungsverordnung des Bundesraths vom 22. Juni 1875 den Gemeinden von der Centralbehörde des Bundesstaats kostenfrei zu liefernden Formulare zu den Haupt- und Nebenregistern (A, B, C) und zu den Registerauszügen (Aa, Bb, Cc) werden auf Rechnung der Staatskasse angeschafft und — die Hauptregister in einem der Seelenzahl des einzelnen Standesamtsbezirks entsprechenden, für kleinere Standesamtsbezirke auf eine Mehrzahl von Jahren berechneten Umfange gebunden — vor dem 1. Januar 1876 den Standesbeamten kostenfrei zugefertigt werden.

Auch die in §. 5 der vom Bundesrathe unterm 22. Juni 1875 erlassenen Ausführungsverordnung vorgeschriebenen Formulare für Bescheinigung einer erfolgten Eheschließung, für das Aufgebot und für die Ermächtigung des zuständigen Standesbeamten zur Eheschließung vor dem Standesbeamten eines anderen Orts (D, E und F) sollen den Standesbeamten wenigstens für den Beginn und die erste Zeit ihrer amtlichen Wirksamkeit geliefert werden, und das Gleiche gilt von den nach §. 15 Abs. 2 des Reichsgesetzes erforderlichen Dienstsiegeln. Der für Anschaffung dieser Formulare und der Dienstsiegel erwachsende Aufwand ist jedoch von den die einzelnen Standesamtsbezirke bildenden Gemeinden der Staatskasse antheilig nach Verhältniß zu erstatten. — (Vergl. §. 8 des Reichsgesetzes, §. 6 der Ausführungsverordnung des Bundesraths.)

Art. 17. Insoweit nach bestehenden Vorschriften bestimmten Behörden oder Personen (Gemeindevorständen, Hebammen, Todtenbeschauern rc.) obliegt, von Geburts- oder Sterbefällen weltlichen oder geistlichen Behörden oder Beamten Anzeige zu erstatten, wird daran durch gegenwärtiges Gesetz nichts geändert.

Art. 18. Dieses Gesetz tritt mit dem 1. Januar 1876 in Kraft.

49. Ausschreiben des Staatsministeriums, Abtheilung der Justiz, betreffend die Instruktion für die Standesbeamten. Vom 26. Februar 1876. (Samml. d. Ausschreiben d. landesh. Oberbehörden Bd. 6 Nr. 32 S. 343.)

[78]) Jetzt: das Amtsgericht, s. vor. Anm.

Kraft der nach Art. 1 der höchsten Verordnung vom 26. Oktober v. J. (Verordn.-Samml. Bd. XX Nr. 57 S. 223) dem unterzeichneten Staatsministerium, Abtheilung der Justiz, zustehenden Leitung und Oberaufsicht im Betreffe der Ausführung des Reichsgesetzes vom 6. Februar v. J. über die Beurkundung des Personenstandes und die Eheschließung wird hierdurch die angefügte Instruktion für die Standesbeamten des Herzogthums ertheilt, nach welcher sich nicht allein die sämmtlichen Standesbeamten, sondern auch, soweit sie dadurch berührt werden, die mit der Aufsicht über die Standesbeamten beauftragten Einzelrichter für freiwillige Gerichtsbarkeit zu richten haben.

Instruktion

für die Standesbeamten des Herzogthums Sachsen-Meiningen.

Rechtsbestimmungen.

§. 1. Die Standesbeamten und deren Stellvertreter haben sich mit den ihren amtlichen Wirkungskreis betreffenden Gesetzen, Verordnungen und Instruktionen, insbesondere mit 1) dem Reichsgesetze vom 6. Februar 1875 über die Beurkundung des Personenstandes und die Eheschließung (R.G.Bl. 1875 S. 23; V.O.S. Bd. XX S. 230), 2) den zu diesem Reichsgesetze erlassenen Ausführungsbestimmungen, nämlich a) der Ausführungsverordnung des Bundesraths vom 22. Juni 1875 (V.O.S. Bd. XX S. 239), b) der landesherrlichen Ausführungsverordnung vom 26. Oktober 1875 (V.O.S. Bd. XX S. 223), und c) dem landesherrlichen Ausführungsgesetze vom 27. November 1875 (V.O.S. Bd. XX S. 225), sowie 3) der gegenwärtigen Instruktion bekannt zu machen.

Diese Gesetze u. s. w. sind von jedem Standesbeamten, als zum Inventar des Standesamts gehörig, und zwar geheftet aufzubewahren.

Allgemeine Verfügungen der Oberaufsichts- und Aufsichtsbehörden in standesamtlichen Angelegenheiten werden regelmäßig durch das Regierungsblatt veröffentlicht. Jeder Standesbeamte ist daher verpflichtet, zeitig Einsicht von den Regierungsblättern zu nehmen, und sofern dieselben nicht als Inventar des Standesamts gesammelt und aufbewahrt werden, die betreffenden Verfügungen nach ihrem wesentlichen Inhalte zu den Allgemeinen Sammelakten zu notiren.

In allen Fällen, in welchen ein Standesbeamter näherer Belehrung zu bedürfen glaubt, hat er sich an die nächste Aufsichtsbehörde, den Einzelrichter für freiwillige Gerichtsbarkeit, zu wenden, welcher — eventuell nach vorgängiger berichtlicher Anfrage bei der höheren Aufsichtsbehörde — ihn mit der erforderlichen Auskunft, Aufklärung und Anleitung versehen wird.

Amtslokal.

§. 2. Der Standesbeamte hat regelmäßig sämmtliche Amtsgeschäfte in dem Geschäftslokale des Standesamts, und zwar, sofern ein besonderes Geschäftslokal ihm von der betreffenden Gemeinde nicht überwiesen oder von ihm selbst nicht beschafft ist, in seiner als solches dienenden Privatwohnung zu besorgen.

Die Ueberweisung eines besonderen Geschäftslokals kann auch für einzelne Standesamtsakte, wie Eheschließungen erfolgen, für welchen letzteren Akt sich vielen Orts namentlich das Gemeindelokal empfehlen wird.

Der Standesbeamte wird bei seinem amtlichen Verkehre mit Personen stets, und ganz besonders bei dem Akte der Eheschließung, darauf sehen, daß sein Lokal den Anforderungen, welche der Ernst und die Würde des Amts an dasselbe stellt, entspricht, namentlich also, daß das Lokal zur Zeit solcher standesamtlicher Verhandlungen und Beurkundungen nicht von dritten Unbetheiligten, wie Familiengliedern, sonstigen Hausangehörigen u. s. w. besucht ist.

Außerhalb des Geschäftslokals ist die Vornahme von Standesamtsakten nur in besonderen Ausnahmefällen zulässig. Namentlich dürfen Eheschließungen nur dann außerhalb des Geschäftslokals vorgenommen werden, wenn einer der Verlobten durch Krankheit, körperliche Gebrechen oder andere unabwendbare Ursachen am Erscheinen in diesem Lokale verhindert ist.

§. 3. Der Stellvertreter kann Standesamtsakte eben so wohl in dem Geschäftslokale des Standesbeamten, wie auch in seiner eigenen, dann als Geschäftslokal dienenden Privatwohnung vornehmen. Das Standesamtsschild aber hat stets am Eingange des Gebäudes, worin das Geschäftslokal des Standesbeamten sich befindet, zu verbleiben.

§. 4. Wenn das Geschäftslokal eines Standesbeamten oder Stellvertreters nicht in dem auf dem Stempel benannten Standesamts-Bezirksorte sich befindet, so ist bei Ausfertigung standesamtlicher Registerauszüge und Bescheinigungen vor dem Datum der Ort des Geschäftssitzes anzugeben, der Namensunterschrift aber der Bezirksort beizufügen („der Standesbeamte des Bezirks N.“).

Geschäftsstunden.

§. 5. Der Standesbeamte kann mit Genehmigung der Aufsichtsbehörde bestimmte Geschäftsstunden zum Voraus festsetzen, an welchen er in seinem Geschäftslokale anwesend sein muß. Diese

Geschäftsstunden sind den in dem betreffenden Standesamtsbezirke bestehenden Lebensverhältnissen entsprechend zu wählen und durch Anschlag unter dem Standesamtsschilde öffentlich bekannt zu geben. Für dringliche Fälle jedoch muß der Standesbeamte auch außerhalb dieser Stunden sich geschäftsbereit finden lassen.

Auch an Sonntagen (vergl. §. 23 des Reichsges.) und Feiertagen (vergl. §. 56 des Reichsges.) hat derselbe mindestens eine Geschäftsstunde abzuhalten, welche nicht in die ortsübliche Zeit des Gottesdienstes verlegt werden darf.

Stellvertreter.

§. 6. Der Stellvertreter des Standesbeamten hat seine Unterschrift stets mit einem, seine Eigenschaft bezeichnenden Zusatze zu begleiten („N. N., Stellvertreter", oder „In Vertretung", vergl. Musterformular A 1).

Verwandtschaftliche Beziehungen zu den Betheiligten.

§. 7. Bei standesamtlichen Beurkundungen in Beziehung auf Geburts- oder Sterbefälle, welche in der eigenen Familie des Standesbeamten vorkommen, oder mit welchen private Interessen des Standesbeamten in Berührung kommen, empfiehlt sich die Ueberlassung des betreffenden Aktes an den Stellvertreter.

Aufbewahrung der Register &c.

§. 8. Die Register nebst den Akten und dem Dienstsiegel sind in sorgsamster, dritten Personen nicht zugänglicher Weise und an thunlichst feuersicherem Orte aufzubewahren. Bei entstehender Feuersgefahr ist für Rettung der Standesregister vorzugsweise Sorge zu tragen.

Der Standesbeamte hat Fürsorge zu treffen, daß in seiner Behinderung dem Stellvertreter die Register, Formulare, Akten und Siegel zugänglich sind.

Registerführung im Allgemeinen.

(§§. 12, 13 des Reichsgesetzes.)

§. 9. Für den gesammten Standesamtsbezirk ist, auch wenn derselbe aus einer Mehrzahl von Gemeinden besteht, nur Ein Geburtsregister, Ein Heirathsregister und Ein Sterberegister zu führen.

§. 10. Die den Standesämtern in Einbänden von starker Pappe, mit Leinwandrücken und Leinwanddecken gelieferten und künftig zu liefernden Hauptregister sind meistens auf den Bedarf für mehrere Jahre berechnet.

Jedes der drei Hauptregister ist auf dem Umschlage durch Ueberschrift als Geburts-, Heiraths-, Sterbe-Hauptregister, unter Beifügung der Benennung des betreffenden Standesamtsbezirks und des Jahrgangs bez. der Jahrgänge zu bezeichnen.

Nachdem nach Ablauf eines Kalenderjahres jedes Hauptregister für das abgelaufene Kalenderjahr abgeschlossen ist (§. 25 dieser Instruktion), erfolgen die Eintragungen für das neue Kalenderjahr, nach Freilassung nur Eines, mit der Bezeichnung des betreffenden Jahrgangs zu überschreibenden Blattes, unter neuer, mit Nr. 1 beginnender Nummerirung und so fort, bis der Band gefüllt ist.

Ist letzteres der Fall, so muß ein neuer (zweiter, dritter &c.) Band des Registers angelegt werden.

Dabei ist jedoch darauf zu sehen, daß thunlichst jeder einzelne Band mit dem Schlusse eines Kalenderjahrs abschließt, damit nicht Eintragungen, welche in dem nämlichen Kalenderjahre bewirkt sind, in verschiedene Bände des Registers gebracht werden. Eine Ausnahme von dieser Regel wird namentlich Platz greifen, wenn bei größeren Standesamtsbezirken die Eintragungen in einem Kalenderjahre so zahlreich sind, daß bei Aufnahme in denselben Band letzterer zu stark und unhandlich würde. Es ist aber dann der erste Band des Jahrgangs, sobald zur Benutzung des zweiten &c. Bandes übergegangen werden muß, unter Hinweisung auf diesen folgenden Band gehörig abzuschließen (§. 3 der Ausf.V.O. des Bundesr.).

§. 11. Die Nebenregister, für welche die Formulare den Standesbeamten ungebunden geliefert werden, sind, ein jedes gesondert, in Umschlag mit der Aufschrift: „Geburts-Neben-Register", „Heiraths-Neben-Register", Sterbe-Neben-Register" unter Beifügung der Benennung des Standesamtsbezirks und des Jahrgangs zu verwahren.

Regelmäßig bildet jeder Jahrgang für sich einen Band oder ein Heft.

Doch können bei kleineren Standesamtsbezirken mehrere Jahrgänge in Einen Band gebunden werden und ebenso kann bei größeren Standesamtsbezirken Ein Jahrgang in mehrere Bände zerlegt werden (vergl. §. 10 letzter Abs. dies. Instr.).

§. 12. Wenn der Vorrath an Hauptregistern (vergl. §. 10 dies. Instr. Abs. 5), Nebenregistern, Registerauszügen, Formularen &c. zu Ende geht, so hat der Standesbeamte bezüglich der vom Staate zu liefernden Litteralien (Art. 16 des Ausführungsgesetzes vom 27. Nov. 1875) zeitig den muthmaßlichen Bedarf für den Rest des laufenden und für das nächstfolgende Jahr unmittelbar bei dem Staatsministerium, Abtheilung der Justiz anzuzeigen.

§. 13. In die Standesamtsregister darf nur dasjenige aufgenommen werden, was vom Gesetze gefordert wird (vergl. die Muster als Beilagen zur Ausführungsverordnung des Bundesraths); es dürfen daher die Standesbeamten den Beurkundungen weder durch Anmerkungen, noch durch irgend eine andere Art des Ausdrucks etwas Weiteres einrücken, was etwa für die zu fertigenden statistischen Uebersichten (s. §. 89) von Interesse wäre, oder was die Erscheinenden etwa, ohne dazu vom Gesetze aufgefordert zu sein, angeben würden. Es darf also beispielsweise in der Sterbeurkunde (C) nicht erwähnt werden, daß die betreffende Person eines gewaltsamen Todes verstorben sei.

§. 14. Die Eintragungen sind mit deutlicher, lesbarer Handschrift vorzunehmen.

Tinte und Papier müssen von guter, dauerhafter Qualität sein.

Auf saubere, korrekte Buchführung und Reinerhaltung der Register ist mit größter Sorgfalt Bedacht zu nehmen.

In den Standesamtsregistern einschließlich der Randvermerke dürfen Korrekturen durch Ausstreichen und Ueberschreiben oder durch Rasuren durchaus nicht vorkommen. Nur der Vordruck (die gedruckten Worte der Formulare) ist, wenn und soweit er für den vorliegenden Fall nicht paßt, zu durchstreichen, es ist aber alsdann am Rande zu bemerken, daß und wie viele Zeilen gestrichen sind, und ist diese Bemerkung unterschriftlich zu vollziehen. (Vergl. z. B. §. 8 der Ausführungsverordnung des Bundesraths und das Muster C 4). Ebenso sind unvermeidliche Zwischenräume, welche dadurch entstehen, daß die in den Formularen vorgezeichneten (vorpunktirten) Linien durch die Eintragung nicht vollständig in Anspruch genommen werden, alsbald bei dem Eintrage durch Striche auszufüllen.

Um nachträgliche Abänderungen und Korrekturen zu vermeiden, empfiehlt es sich für weniger geschäftsgeübte Standesbeamte, auf besonderen Hülfsblättern die thatsächlichen Angaben der Erschienenen zuvörderst zu notiren und erst dann, wenn dieselben, nach Anleitung des betreffenden Formulars erschöpfend und nach Bestätigung der Erschienenen richtig auf dem Hülfsblatte notirt sind, die Eintragung in das Register selbst vorzunehmen.

§. 15. Bei jeder Eintragung hat der Standesbeamte zu bemerken, daß und auf welche Weise er sich die Ueberzeugung von der Persönlichkeit (Identität) des Erschienenen verschafft habe (§. 13 Z. 3 Reichsges.).

a) Bei solchen Erschienenen, welche dem Standesbeamten persönlich als diejenigen, für welche sie sich ausgeben, bekannt sind, genügt es, wenn der Standesbeamte in den Formularen nach den vorgedruckten Worten „der Persönlichkeit nach" und vor dem vorgedruckten Worte „kannt" die Silbe „be" einträgt (s. Formular A. A 2), die vorpunktirten, freibleibenden Linien aber mit einem Striche ausfüllt;

b) ist die erschienene Person dem Standesbeamten dagegen nicht bekannt, dann muß dieselbe regelmäßig von einer dem Standesbeamten bekannten Person als diejenige Person, als welche sie sich bezeichnet, vor dem Standesbeamten anerkannt werden (s. Formular A 1, B 1);

c) es kann auch vorkommen, daß die Anerkennung eines Erschienenen durch eine dritte Person nicht möglich ist, oder daß nach Lage der Sache dem Standesbeamten durch solche Anerkennung genügende Ueberzeugung nicht verschafft wird. In solchen Fällen kann der Standesbeamte unter Umständen die Vorlage von Urkunden (Legitimationspapieren ꝛc.) verlangen, aus deren Besitz und Inhalt sich über die Persönlichkeit des Erschienenen die weiteren Schlüsse ziehen lassen. Selbstverständlich muß gerade hierbei vom Standesbeamten mit besonderer Vorsicht verfahren werden. Wird durch die Urkunden die Ueberzeugung von der Persönlichkeit des Erschienenen in ausreichender Weise begründet, so ist in der Eintragung unter Namhaftmachung der vorgelegten Urkunden ausdrücklich zu bemerken, daß der Betreffende auf Grund der vorgelegten Urkunden anerkannt sei.

Eine Eintragung, dahin lautend: daß der Erschienene dem Standesbeamten nicht bekannt, unbekannt sei, ist unter allen Umständen unstatthaft.

§. 16. Bei den Eintragungen nach §. 13 des Reichsges. ist neben Ort und Tag der Eintragung, wenn auch §. 13 Ziff. 1 und Absatz 3 dies nicht ausdrücklich erwähnt, stets auch das Jahr der Eintragung beizufügen.

§. 17. Wesentliche Zahlenangaben sollen mit Buchstaben geschrieben werden (§. 13 Abs. 1 Reichsgesetz). Als solche wesentliche Zahlenangaben sind jedenfalls Tag und Stunde der Geburt (vergl. §. 22 Z. 2 R.-G. und Musterformulare A, A 1, A 2, A 3, A 4), Tag der Eheschließung und Alter der Eheschließenden (§. 54 Z. 1 R.-G. und Musterformulare B, B 1), Tag und Stunde des Todes (§. 59 Z. 2 R.-G. und Musterformulare C, C 1, C 2, C 3, C 4) zu betrachten.

§. 18. Ebensowenig wie Korrekturen, sind Abkürzungen bei den Eintragungen zulässig (§. 13 Satz 1 Reichsges.), und besondere Sorgfalt ist auf richtige, deutliche und vollständige Einschreibung der Vornamen und Familiennamen zu verwenden. Es darf also nicht „Friedrich Schmidt" statt „Hermann Friedrich Schmidt", nicht „Schmidt" statt „Schmied", „Schmid" oder „Schmitt", nicht „Kayser" statt „Kaiser" geschrieben werden, sondern es muß jeder Name genau so geschrieben werden, wie derselbe von der betreffenden Person geführt wird. Auch darf nicht zur

Bezeichnung des weiblichen Geschlechts dem Familiennamen die Silbe in angehängt werden, also nicht „Marie Schmidtin" statt „Marie Schmidt".

§. 19. Seine Niederschriften über Anzeigen, Anträge, Erklärungen ꝛc. hat der Standesbeamte gemäß §. 13 Z. 4, 5 des Reichsgesetzes den Erschienenen wieder vorzulesen und nach Genehmigung zur Mitunterschrift vorzulegen, und daß dies geschehen, durch die Worte: „Vorgelesen, genehmigt" zu bezeugen. Ergiebt sich bei Vornahme dieser Eintragung die Nothwendigkeit eines Zusatzes, einer Löschung oder Abänderung, so sind dieselben nicht etwa in den Text der Eintragung selbst hinein zu korrigiren, sondern am Rande zu vermerken (§. 13 letzter Abs. des Reichsgesetzes).

Nachdem hierauf der Eintrag von den Erschienenen unterschrieben, beziehungsweise mit Handzeichen versehen worden, fügt der Standesbeamte den Worten des Vordrucks „Vorgelesen, genehmigt und" nunmehr bei: „unterschrieben" (vergl. Formular A, A 1, A 2); dann erst schließt er das Protokoll durch seine eigene Unterschrift.

Die Randvermerke des §. 13 letzter Absatz sind gleich der Eintragung selbst besonders zu vollziehen, d. h. mit der Bemerkung „vorgelesen, genehmigt und unterschrieben", sowie mit der Unterschrift der Erschienenen und des Standesbeamten zu versehen.

§. 20. Mit der Unterschrift ist der Akt der Eintragung vollständig und abgeschlossen, und es darf nunmehr ohne Genehmigung des Gerichts eine Abänderung des Eintrags unter keinen Umständen erfolgen.

Im Näheren ist hier zu bemerken:

1) Wenn sich vor dem völligen Abschlusse des Aktes Unrichtigkeiten in der Eintragung ergeben, sei es daß die Erschienenen unrichtige oder unvollständige Angaben gemacht haben, oder daß sie von dem Standesbeamten mißverstanden worden sind, oder daß ein Schreibfehler vorgekommen ist, so ist eine die Eintragung berichtigende oder ergänzende Bemerkung am Rande derselben hinzuzufügen und gemäß §. 19 Abs. 4 dieser Instruktion zu vollziehen, also ohne daß in der Eintragung selbst irgend etwas geändert oder gestrichen oder hineinkorrigirt wird.

2) Wird der Mangel erst nach dem völligem Abschlusse des Aktes wahrgenommen, so kann eine Berichtigung, ohne Unterschied, ob der zu berichtigende Fehler von größerer oder geringerer, von sachlicher oder nur formaler Bedeutung ist, nur auf dem im §. 65 und 66 des Reichsgesetzes vorgezeichneten Wege, also nur auf dem Grunde gerichtlicher Anordnung erfolgen. Der Standesbeamte hat in solchem Falle, wenn er die Berichtigung des Eintrags für zweckmäßig oder nothwendig erachtet, den Sachverhalt der Aufsichtsbehörde schriftlich oder mündlich vorzutragen, welche das weiter Erforderliche veranlassen wird.

3) War bei einer Anzeige irgend ein Punkt als zunächst unbekannt ausdrücklich eingetragen, dann kann eine später hierüber zur Aufklärung, Vervollständigung ꝛc. erfolgende Anzeige ohne Einleitung des förmlichen Berichtigungsverfahrens (§. 65, 66 Reichsges.) am Rande protokollirt werden.

4) Ebenso kann in Fällen, wo es sich nicht gerade um einen als unbekannt ausdrücklich im Standesregister bezeichneten Punkt, sondern überhaupt um etwas durch Uebersehen Ausgelassenes handelt, wie z. B. um nachträgliche Konstatirung, daß eine Anzeige auf Grund eigener Wahrnehmung gemacht sei, um nachträgliche Angabe der Namen der Eltern eines Verstorbenen, um die nachträgliche Feststellung der Identität des Anzeigenden (vorausgesetzt nur, daß der Anzeigende nicht in der That ein anderer als derjenige gewesen ist, für den er sich ausgegeben hat), — in welchen Fällen es sich nur um Nachholung einer Versäumung, um eine Vervollständigung, nicht um eine Berichtigung handelt — diese Nachholung ohne förmliches Berichtigungsverfahren mittelst Protokollirung am Rande erfolgen. (Vergl. auch §. 82, 88 dieser Instruktion.)

§. 21. Bei Eintragungen auf Grund schriftlicher Anzeigen in den Fällen der §§. 20, 24, 58 und 62 des Reichsgesetzes ist zunächst der Vordruck der Register-Formulare, weil hierfür nicht berechnet, zu durchstreichen, und der Strich am Rande, unter Angabe der Zahl der gestrichenen Zeilen zu beglaubigen. (Vergl. Musterformular C 4.) Hierauf ist der Inhalt der schriftlichen Anzeige am Rande des Registerformulars unter Benennung der anzeigenden Behörde und Angabe von Ort und Datum der Anzeige gemäß Reichsgesetz §. 13 vorletzter Absatz einzutragen und zu unterschreiben. (Vergl. auch §. 8 der Ausführungs-Verordnung des Bundesraths.) Bei der schriftlichen Anzeige eines in einer öffentlichen Krankenanstalt eingetretenen Geburtsfalls würde hiernach z. B. der Eintrag etwa folgender Maßen zu lauten haben:

Meiningen, am 7. November 1876.

Nach schriftlicher Anzeige des Dr. W. L., Vorstehers des Landkrankenhauses hier, vom 6. November 1878 ist daselbst von der unverehelichten Fabrikarbeiterin A . . . K . . . ., evangelischer Konfession, wohnhaft in M . . . ., am dritten November des Jahres Tausend acht Hundert siebzig und sechs, Nachmittags ein halb vier Uhr ein Kind männlichen Geschlechts geboren worden, welchem die Vornamen Eduard Friedrich gegeben worden sind.

Der Standesbeamte.
N. N.

§. 22. Der Standesbeamte kann zu Eintragungen in die Register oder zur Ausfertigung von Register-Auszügen und Bescheinigungen, sowie zu protokollarischen Niederschriften sich einer (im Mangel besonderer Vereinbarung mit der Gemeinde) auf seine eigenen Kosten zu beschaffenden Schreibhülfe bedienen. Jede Aufnahme der Standesakte aber, also namentlich jede Eintragung auf Grund mündlicher Anzeigen darf nur in Gegenwart des Standesbeamten geschehen, es ist also nicht gestattet, daß solche Anzeigen und Verhandlungen ꝛc. in Abwesenheit des Standesbeamten von seinem Schreibgehülfen entgegengenommen und eingetragen und von dem Standesbeamten selbst erst nachträglich durch seine Unterschrift vollzogen werden. Auch sind selbstverständlich alle Eintragungen, Ausfertigungen und Niederschriften, welche der Standesbeamte durch einen Schreibgehülfen hat bewirken lassen, von ihm gleich eigenhändigen zu vertreten und jedenfalls durch eigene Namensunterschrift zu vollziehen.

§. 23. Nach erfolgter Anzeige eines Geburts- oder Sterbefalls oder nach erfolgter Eheschließung, sobald nur der Inhalt dessen, was einzutragen, in allen durch das Gesetz vorgeschriebenen Richtungen genügend feststeht, ist die Eintragung in das betreffende Hauptregister sofort zu bewirken. Ein Aufschub der Eintragung ist also nur in dem Falle zuläßig und nothwendig, wenn dem Standesbeamten an der Richtigkeit und Vollständigkeit der über einen Geburts- oder Sterbefall erstatteten Anzeige Zweifel beigehen, über deren Grund oder Ungrund erst noch weitere Erörterungen anzustellen sind. (§§. 21, 58 Satz 1 des Reichsgesetzes.) In solchem Falle sind die zum Zwecke der fraglichen Erörterungen aufgenommenen Protokolle oder sonstigen ergangenen Schriftstücke in die nach §. 9 der Ausführungsverordnung des Bundesraths von dem Standesbeamten zu führenden Sammelakten, betreffend Geburtsfälle oder Aufgebote und Eheschließungen oder Sterbefälle zu bringen; nach erfolgter Beseitigung der bestandenen Zweifel und Hebung der bezüglichen Anstände aber ist die Eintragung in das Register in Gegenwart der zu diesem Zwecke wieder vorzubescheidenden Person, von der die Anzeige gemacht worden war, oder einer anderen zur Anzeige verpflichteten Person ohne weiteren Aufschub zu bewirken.

§. 24. Das Nebenregister ist mit dem entsprechenden Hauptregister wörtlich übereinstimmend zu führen; nur sind die Unterschriften der Erschienenen nicht im Original, sondern in Abschrift beizufügen.

Der Eintrag in das Nebenregister hat an demselben Tage statt zu finden, an welchem der betreffende Eintrag in das Hauptregister erfolgt ist.

Zum Nachweise, daß das Nebenregister mit dem Hauptregister wörtlich übereinstimmt und daß der Uebertrag in das erstere an demselben Tage wie der Eintrag in das Hauptregister erfolgt ist, hat der Standesbeamte den den Formularen für die Nebenregister am Schlusse im Vordrucke beigefügten Beglaubigungsvermerk auszufüllen und zu unterzeichnen und diesem Beglaubigungsvermerk jedes Mal das Datum beizufügen. (§. 14 Abs. 1 des Reichsgesetzes; §. 2 der Ausführungs-Verordnung des Bundesraths; Musterformular B 1 am Ende.)

Ebenso ist jeder am Rande der ursprünglichen Eintragung im Hauptregister später gemachte Vermerk noch an demselben Tage auch am Rande der entsprechenden Nummer des Nebenregisters einzutragen, sofern letzteres noch nicht der Aufsichtsbehörde eingereicht ist. Sind aber solche nachträgliche Eintragungen (Vermerke) im Hauptregister erst gemacht worden, nachdem das Nebenregister bereits an die Aufsichtsbehörde eingesendet war (§. 14 Abs. 2 des Reichsgesetzes), so ist von demselben sofort und noch an demselben Tage auf besonderem Bogen eine Abschrift zu fertigen und, nachdem deren Uebereinstimmung mit der Eintragung im Hauptregister beglaubigt ist, der Aufsichtsbehörde zu übersenden. (§. 14 Abs. 3 des Reichsgesetzes.)

§. 25. Die in §. 14 Abs. 2 des Reichsgesetzes vorgeschriebene Abschließung der Register nach Ablauf des Kalenderjahres ist für jedes der drei Hauptregister und für jedes der drei Nebenregister sofort nach Ablauf des Kalenderjahres in der Art zu bewirken, daß die Zahl der im Laufe des verflossenen Jahres stattgefundenen Eintragungen unmittelbar nach der letzten Eintragung, so daß keine unausgefüllten Formulare dazwischen bleiben, unter Hinzufügung des Datums und des Namens des Standesbeamten angegeben wird. Also z. B.:

Vorstehendes Geburts- (Heiraths-, Sterbe) Haupt- (Neben-) Register für das Jahr 1876, enthaltend fünf und achtzig Eintragungen, wird hiermit abgeschlossen.

X., am 1. Januar 1877.

Der Standesbeamte.
N. N.

Ist in größeren Standesamtsbezirken ein Register in mehrere Theile zerlegt, dann ist der Abschlußvermerk jedem einzelnen Theile sogleich nach dessen im Laufe des Kalenderjahres erfolgten Schlusse unter Verweisung auf den folgenden Theil beizufügen; z. B.:

Vorstehender Band I des Geburts- (Heiraths-, Sterbe-) Haupt- (Neben-) Registers für das Jahr 1876, enthaltend fünf und achtzig Eintragungen, wird unter Hinweis auf Bd. II hiermit abgeschlossen.

X., am 1. Oktober 1876.

Der Standesbeamte.
N. N.

§. 26. In die mit dem Ablaufe des Kalenderjahres abzuschließenden Register sind nur die Standesakte dieses Kalenderjahres und nicht auch noch solche Geburts- und Sterbefälle einzutragen, welche noch vor dem Ablaufe des Kalenderjahres erfolgt sind, aber erst nach dessen Ablauf zur Anzeige gelangen. Entscheidend also für die Frage, in welchen Jahrgang der Register eine Eintragung gehört, ist die Zeit der Aufnahme des Standesakts, nicht die Zeit, zu welcher die einzutragende Thatsache sich ereignet hat. Beispielsweise ist eine am 27. Dezember 1876 erfolgte Geburt, welche am 1. Januar 1877 dem Standesbeamten angezeigt wird, nicht in das Register für das Kalenderjahr 1876, sondern in dasjenige für 1877 einzutragen. Anders verhält es sich selbstverständlich rücksichtlich derjenigen nachträglichen beziehungsweise ergänzenden Eintragungen, welche nach §. 13 Schlußsatz, §. 22 Schlußsatz, §. 26, 55, 65 des Reichsgesetzes am Rande einer früheren Eintragung zu vermerken sind, z. B. die nachträgliche Eintragung der Vornamen eines Kindes, wenn dieselben dem Standesbeamten erst 1877 angegeben werden, während der Geburtsfall bereits im Dezember 1876 ohne die Vornamen des Kindes eingetragen worden ist.

§. 27. Die abgeschlossenen Nebenregister sind spätestens bis zum 15. Januar des neuen Kalenderjahres der zuständigen Aufsichtsbehörde zu überreichen.

Gleichzeitig mit den Nebenregistern haben die Standesbeamten noch ein summarisches Verzeichniß derjenigen Berichtigungen und Nachtragsvermerke, welche in frühere Jahrgänge der Hauptregister während des letzten Kalenderjahres eingetragen worden sind, der Aufsichtsbehörde einzureichen. (Vgl. §. 24 letzter Satz dieser Instruktion.) Waren solche nachträgliche Eintragungen in frühere Jahrgänge eines Hauptregisters im Laufe des letztverflossenen Jahres bei dem Standesamt nicht vorgekommen, so ist hierüber ein Vacatschein (Fehlanzeige) auszufertigen und mit den Nebenregistern einzusenden.

Der Einzelrichter wird durch sorgfältige Vergleichung des eingesendeten summarischen Verzeichnisses mit den in Frage kommenden früheren Jahrgängen der in seiner Verwahrung befindlichen Nebenregister prüfen, ob sämmtliche nach Einreichung der Nebenregister in den Hauptregistern gemachte Eintragungen, der Vorschrift in §. 14 Abs. 3 des Reichsgesetzes entsprechend, ihm in beglaubigter Abschrift mitgetheilt und den von ihm verwahrten Nebenregistern beigeschrieben worden sind, und, falls sich in dieser Beziehung Unterlassungen oder Mängel ergeben, die zur Ergänzung der Nebenregister und beziehungsweise von Aufsichtswegen erforderlichen Verfügungen treffen.

§. 28. Die Einsicht in die Register ist gegen Erlegung der gesetzlichen Gebühren (s. Anhang zum Reichsgesetze) Jedem zu gestatten. (§. 16 Abs. 2 des Reichsgesetzes.)

Die den Geistlichen und anderen Religionsdienern in §. 11 der Ausführungsverordnung des Bundesraths nachgelassene kostenfreie Einsicht der Standesregister hat regelmäßig im Amtslokale des Standesbeamten zu geschehen und erstreckt sich nicht auf die zu den Registern gehörigen Akten.

Aktenführung.

§. 29. Bezüglich der Aktenführung wird regelmäßig die Einrichtung folgender Sammelakten genügen:

1) Acta generalia, betreffend die auf die Geschäftsführung bezüglichen allgemeinen Erlasse, Instruktionen und Verfügungen der Aufsichtsbehörden.
2) Acta specialia, betreffend Geburtsfälle.
3) Acta specialia, betreffend Aufgebote und Eheschließungen.
4) Acta specialia, betreffend Sterbefälle.

In diese Spezialakten können dann regelmäßig alle auf die betreffenden Fälle bezüglichen schriftlichen Anzeigen und Korrespondenzen aufgenommen werden. (Ausführungsverordnung des Bundesraths §. 9.)

Eine weitergehende Spezialisirung sowie die Führung noch sonstiger Akten bestimmt sich nach dem Bedürfnisse.

Die Akten sind mit Aufschrift zu versehen, zu heften und zu foliiren.

Ist ein Aktenband wegen seiner Stärke abzuschließen, wobei namentlich darauf, daß der Abschluß mit dem Ende eines Kalenderjahres zusammenfällt, zu sehen ist, so erhält der anschließende Aktenband die gleiche Aufschrift und die fortlaufende Nummer (Band II, III rc.)

Alphabetische Namensverzeichnisse.

§. 30. Die alphabetischen Namensverzeichnisse, welche der Standesbeamte zu jedem der drei Register nach §. 10 Z. 1 der Ausführungsverordnung des Bundesraths zu führen hat, sind stets auf dem Laufenden zu erhalten. Es empfiehlt sich, dieselben auf einen längeren Zeitraum, bei kleineren Standesämtern auf 10 Jahre, einzurichten. Dieselben sollen in folgender, einfacher Form angelegt werden.

Alphabetisches Namensverzeichniß

A. zum Geburtsregister.

Laufende Nr.	Familien- und Vornamen.	Wohnort.	Register Jahrgang	Register Nr.	Bemerkungen.
	A.				
1	Adler, Johann Heinrich	Meiningen	1876	6	s. Sterbereg. 1876 Nr. 22.
2	Arnwald,*	Helba	1876	10	* starb vor Empfang von Vornamen.
3					s. Sterbereg. 1876 Nr. 11.

B. zum Heirathsregister.

Laufende Nr.	Familien- und Vornamen.	Wohnort.	Register Jahrgang	Register Nr.	Bemerkungen.
	D.				
1	Dietmar, Johann Georg	Jüchsen	1876	5	
2	Dörnfeld, Kaspar	Jüchsen	1876	8	s. Sterbereg. 1878 Nr. 2.
3					

C. zum Sterberegister.

Laufende Nr.	Familien- und Vornamen.	Wohnort.	Register Jahrgang	Register Nr.	Bemerkungen.
	B.				
1	Bäring, Karoline	Hildburghausen	1876	24	s. Geburtsreg. 1876 Nr. 5.
2	Boxter, Ernst Friedrich	Wallrabs	1878	3	
3	Bleibtreu,*	Hildburghausen	1878	4	* todtgeboren.

In kleineren Standesamtsbezirken kann auch nur ein, alle drei Standesregister umfassendes Namensverzeichniß geführt werden, und zwar in folgender Form:

Alphabetisches Namensverzeichniß

zum Geburts-, Heiraths- und Sterberegister.

Laufende Nr.	Familien- und Vornamen.	Wohnort.	Jahrgang und Nummer des Geburtsregisters.	Jahrgang und Nummer des Heirathsregisters.	Jahrgang und Nummer des Sterberegisters.	Bemerkungen.
	A.					
1	Adler, Johann Heinrich	Meiningen	1876 Nr. 6.	—	1876 Nr. 22.	
2	Arnwald,*	Helba	1876 Nr. 10.	—	1876 Nr. 11.	* starb vor Empfang von Vornamen.
	B.					
1	Bäring, Karoline	Hildburghausen	1876 Nr. 5.	—	1876 Nr. 24.	
2	Boxter, Ernst Friedrich	Wallrabs	—	—	1878 Nr. 3.	
3	Bleibtreu,*	Hildburghausen	—	—	1878 Nr. 4.	* todtgeboren.
	C.					
	D.					
1	Dietmar, Johann Georg	Jüchsen	—	1876 Nr. 5.	—	
2	Dörnfeld, Kaspar	Jüchsen	—	1876 Nr. 8.	1878 Nr. 2.	

Selbstverständlich kann dies letztere Verzeichniß auch neben den drei gesonderten Verzeichnissen geführt werden.

Hierbei ist noch Folgendes zu beachten: In der für die Namen bestimmten Spalte ist der Familienname zuerst, hinter demselben und durch Komma getrennt, sind die Vornamen und zwar vollständig anzugeben. Betrifft der Standesakt eine Person, welche keine Vornamen hat, z. B. ein todtgeborenes oder in der Geburt oder vor Empfang von Vornamen gestorbenes Kind (§. 22 Schlußsatz, §. 23 Reichsgesetz), so ist dies in der Rubrik „Bemerkungen" anzugeben. Ist der Name ganz unbekannt, z. B. wenn ein Leichnam, dessen Identität nicht festzustellen ist, aufgefunden wird, so hat der Eintrag unter dem Buchstaben U mit der Bezeichnung „Unbekannter" stattzufinden.

Ehefrauen, geschiedene Frauen und Wittwen sind sowohl unter dem Familiennamen (Zunamen) ihrer Geburt, als unter dem Familiennamen der Ehemänner in dem Namensverzeichniß aufzuführen. In gleicher Weise ist, wenn eine Person, z. B. in Folge einer Legitimation, Annahme an Kindesstatt ꝛc. den Familiennamen gewechselt hat, neben dem früheren auch der neue Namen unter dem betreffenden Buchstaben des Verzeichnisses einzutragen.

Erfolgt die Anzeige eines Geburts- oder Sterbefalls erst nach Ablauf desjenigen Jahres, in welchem die Thatsache Statt gefunden hat (s. §. 26 dieser Instruktion), so ist in den Namensverzeichnissen zu den Registern beider Jahrgänge, unter Angabe des Jahrgangs und der Nummer des Registereintrags, desfallsiger Vermerk zu machen.

Registerauszüge und Zeugnisse des Standesbeamten.

(Reichsgesetz §. 15, §. 16 Abs. 3.)

§. 31. Jeder Registerauszug aus einem Hauptregister, also die Geburtsurkunde, Heirathsurkunde und Sterbeurkunde muß die betreffende Eintragung vollständig und wortgetreu, mithin nebst allen zu derselben später gebrachten Zusätzen, Ergänzungen und Berichtigungen enthalten. Für Format und Gestalt der Registerauszüge (§§. 8, 15 Abs. 2 des Reichsgesetzes) sind zwar die Formulare Aa, Bb, Cc dann ausnahmsweise (Ausführungsverordnung des Bundesraths §. 4) nicht maßgebend, wenn der Vordruck des Registerformulars in den im §. 8 der Ausführungsverordnung des Bundesraths bezeichneten Fällen (s. auch §. 21 dieser Instruktion) durchstrichen und die Eintragung am Rande des Formulars bewirkt worden ist, es empfiehlt sich aber doch in solchen Fällen, der nunmehr ohne Benutzung eines Formulars gefertigten beglaubigten Abschrift des Eintrags am oberen Rande der ersten Seite das Wort „Registerauszug" aufzuschreiben, um so den Charakter der Abschrift des Registerauszugs sogleich kenntlich zu machen.

§. 32. Zeugnisse der Standesbeamten über die in den Standesregistern enthaltenen standesamtlichen Beurkundungen sind regelmäßig nur in der Form von Registerauszügen zu ertheilen. Wo dies nicht thunlich, z. B. bei Zusammenstellungen für statistische Zwecke, für Grundbuchszwecke, Militärstammrollen, Impflisten — vergl. §. 89 ꝛc. dieser Instruktion —, ferner bei Beantwortung behördlicher Anfragen über das Alter, Zeit der Verehelichung, des Todes ꝛc. einer Person, bei Bestätigung der Richtigkeit diesfallsiger Angaben auf behördliche Anfragen, da ist doch stets, sofern einzelne Personen genannt werden, für jeden einzelnen Fall der Jahrgang und die Nummer des betreffenden Registers beizufügen.

Ferner haben sich solche Zeugnisse überall auf die einfache Beurkundung der betreffenden Thatsache, wie solche im Register eingetragen, zu beschränken, sie dürfen nichts Weiteres und namentlich nichts, was zugleich eine Beurtheilung in sich schließen würde, enthalten. Es darf also der Standesbeamte z. B. einem Geburtszeugnisse nicht beifügen, daß N. N. das einzige Kind der Eltern gewesen sei; er darf nicht ein Zeugniß dahin ausstellen, daß die N. N.'schen Ehegatten kinderlos geblieben seien, sondern nur, daß in dem Standesregister Jahrgang 18 . . bis Jahrgang 18 . . sich ein Eintrag einer Geburt Seitens der betreffenden Ehegatten nicht finde.

Zeugnisse in anderer Form, als derjenigen der Registerauszüge, also namentlich auch Zeugnisse negativen Inhalts, wie z. B. daß sich eine Beurkundung des und des Inhalts in dem betreffenden Register nicht finde, dürfen an Andere, als an Behörden, also an Private nur mit spezieller Genehmigung der Aufsichtsbehörde ertheilt werden.

Bezüglich der der Unterschrift beizufügenden Ortsbezeichnung s. §. 4 dieser Instruktion.

Beurkundung der Geburten.

§. 33. In den Fällen des §. 18 Z. 2—4 des Reichsgesetzes hat der Standesbeamte in der Eintragung stets zu bemerken, daß die anzeigende Person bei der Niederkunft zugegen gewesen ist, wie dies auch in den Musterformularen A 2, A 3 und C 4 hervorgehoben sich findet.

§. 34. Nach §. 19 des Reichsgesetzes haben alle Anzeigen von Geburtsfällen, außer den in den §§. 20, 24, 62 des Reichsgesetzes vorgesehenen Fällen mündlich zu erfolgen.

Diese Vorschrift erstreckt sich auch auf die etwaige nachträgliche Anzeige der Vornamen (§. 22 Abs. 3 des Reichsgesetzes). Sollte eine mündliche Anzeige wegen inzwischen erfolgten Wegzugs des zur Anzeige Verpflichteten unthunlich geworden sein, so darf sich der Standesbeamte nicht etwa mit schriftlicher Anzeige begnügen, sondern er hat in solchem Falle Erledigung im Wege gerichtlicher Requisition zu veranlassen.

Einfaches Attest über Geburtsanzeige.

§. 35. Im Reichsgesetze wird nicht vorgeschrieben, daß der Standesbeamte über die Eintragung der Geburtsfälle beziehungsweise der Vornamen des Kindes (§. 22 Abs. 3 des Reichsgesetzes) von Amtswegen, also auch ohne ausdrücklichen Antrag der Betheiligten, eine Bescheinigung ausstelle, wie dies hinsichtlich der Heirathsbescheinigung vorgeschrieben ist. Der Standesbeamte hat jedoch den Betheiligten auf Verlangen eine einfache Bescheinigung, nicht mit Benutzung des Formulars zu Registerauszügen Aa, sondern nach folgendem Muster:

Das von der N. N. in X. am 25. März 1876 um neun Uhr Vormittags zu X. geborene Kind männlichen Geschlechts ist heute
mit den Vornamen Johann Heinrich
(beziehungsweise)
ohne Vornamen
unter Nr. 80 des Geburtsregisters eingetragen worden.
Meiningen, am 26. März 1876.
(Siegel.) Der Standesbeamte.
N. N.

kostenfrei auszustellen (s. auch §. 36 Lit. B).

Vornamen neugeborener Kinder.

§. 36. Von großer Wichtigkeit erscheint, das Vorkommen des bedenklichen Mißstandes thunlichst zu vermeiden, daß die Eintragung neugeborener Kinder christlicher Eltern in das Geburtsregister unter anderen Vornamen (sei es auch nur, daß die Reihenfolge der Vornamen eine andere ist) erfolgt, als diesen Kindern in der kirchlichen Taufe (mit welcher nach alter Sitte die Namengebung verbunden zu werden pflegt) beigelegt und somit in die Taufregister der Kirchenbücher eingetragen werden. Um dies zu vermeiden, hat der Standesbeamte, so oft Geburtsfälle oder die Vornamen von Kindern (§. 22 Abs. 3 Reichsges.) bei ihm zur Eintragung angezeigt werden, durch Befragung der Erschienenen zu erforschen, ob das Kind bereits getauft ist oder nicht.

A. Ist das Kind bereits getauft, so wird er — wenn nicht etwa schon aus einem vorgelegten pfarramtlichen Taufzeugnisse die Uebereinstimmung der dem Kinde in der Taufe beigelegten Namen mit den zur Eintragung in das Geburtsregister angezeigten Namen ersehen werden kann — das Vorhandensein dieser Uebereinstimmung, namentlich durch Benehmen mit dem betreffenden Geistlichen thunlichst feststellen, und, falls die Uebereinstimmung mangeln sollte, auf deren Herstellung, bevor die Eintragung in das Geburtsregister bewirkt wird (da eine spätere Berichtigung nur auf dem Wege gerichtlicher Anordnung erfolgen könnte), durch Belehrung über die großen Nachtheile, die eine Verschiedenheit der in das Kirchenbuch und der in das Geburtsregister eingetragenen Namen für das Kind in der Zukunft unter Umständen zur Folge haben kann, beziehungsweise in sonst geeigneter Weise mit Nachdruck hinwirken.

B. Ist aber das Kind noch ungetauft, so wird der Standesbeamte die Erschienenen auf die Wichtigkeit dieser Namensübereinstimmung aufmerksam machen und darauf hinweisen, daß die nach §. 35 dieser Instruktion auszustellende Bescheinigung über die erfolgte Eintragung in das Geburtsregister vorzugsweise dazu bestimmt ist, bei Bestellung des Taufaktes dem zuständigen Geistlichen vorgelegt zu werden. —

Es darf dann auch erwartet werden, daß ebenso Seitens der Geistlichen auf die wünschenswerthe Uebereinstimmung zwischen den Geburtsregistern der Standesbeamten und den Taufregistern der Kirchenbücher hingewirkt werden wird. In dieser Richtung würde sich empfehlen, daß der Geistliche bei Bestellung eines Taufaktes:

1) wenn der Eintrag in das Geburtsregister bereits erfolgt ist, die Vorlegung des nach §. 35 vom Standesbeamten ausgefertigten Attestes fordert, um sich über die etwa bereits gegebenen und eingetragenen Namen Kenntniß zu verschaffen, und
   a) wenn Vornamen bereits im Geburtsregister eingetragen sind, die Uebereinstimmung mit dem Eintrage ins Kirchenbuch zu wahren, beziehungsweise zu veranlassen,
   b) wenn nicht, dem Standesbeamten kurze schriftliche Notiz über die ihm, dem Geistlichen, angegebenen und von ihm eingetragenen Namen zu ertheilen;
2) wenn aber der Eintrag in das Geburtsregister noch nicht erfolgt ist — die kirchliche Taufhandlung kann bekanntlich auch vor der Eintragung des Geburtsfalles in das Standesregister vorgenommen werden —, dann wird der Geistliche wie in dem vorstehend unter 1 b angegebenen Falle verfahren.

Vermeidung gleicher Namen.

§. 37. Um den Nachtheilen, welche leicht daraus entstehen, daß Personen in demselben Orte bei gleichen Familiennamen auch gleiche Vornamen führen, möglichst vorzubeugen, wird der Standesbeamte thunlichst dahin wirken, daß nicht ganz gleiche Vornamen zum Eintrag in das Geburtsregister beantragt werden, welche bereits Personen mit ganz gleichen Familiennamen in dem betreffenden Standesamtsbezirk oder Ort führen. Doch kann auf die Betheiligten, wenn sie sich für diesfallsige

Belehrung nicht zugänglich finden lassen, ein Zwang zu Aenderung der von ihnen beschlossenen Vornamen nicht ausgeübt werden.

Unstatthafte Namen.

§. 38. Sollte der Fall vorkommen, daß ein zur Eintragung angemeldeter Namen dem Anstande zuwider liefe, so hat der Standesbeamte unter vorläufiger Verweigerung des Eintrags den Fall der Aufsichtsbehörde zur weiteren Veranlassung vorzutragen.

§. 39. Die Anzeigen von Geburtsfällen bei Wittwen müssen ersehen lassen, ob das geborene Kind ein nachgeborenes (— als solches gilt das innerhalb der ersten 300 Tage nach dem Tode des Vaters geborene Kind —) oder ein unehelich erzeugtes ist.

Das Gleiche gilt, wenn die Auflösung der Ehe nicht durch den Tod des Ehemannes, sondern durch Scheidung der Ehegatten herbeigeführt worden ist.

Dagegen steht in anderen Fällen, insbesondere bei thatsächlicher längerer Trennung der Ehegatten dem Standesbeamten keine Untersuchung und Entscheidung darüber zu, ob ein neugeborenes Kind als eheliches oder uneheliches zu betrachten ist; vielmehr hat derselbe jedes von einer verheiratheten Frau und jedes von einer Wittwe oder geschiedenen Ehefrau innerhalb der ersten 300 Tage nach Auflösung der Ehe geborene Kind als ehelich zu behandeln, so lange nicht ein rechtskräftiges richterliches Urtheil das Gegentheil festgestellt hat.

Wo irgend in solchen Fällen dem Standesbeamten Zweifel beigehen, wird er sich von der Aufsichtsbehörde Verhaltungsweisung erbitten.

Zu §. 23 des Reichsgesetzes.

§. 40. Der Eintrag nach §. 23 des Reichsgesetzes hat nach Anleitung des Musterformulars C4 am Rande zu erfolgen.

Hatte das Kind auch nur ganz kurze Zeit nach der Geburt gelebt, so hat der Eintrag sowohl im Geburts- wie im Sterberegister zu erfolgen.

§. 41. Wenn ein ohne Angabe der Vornamen eingetragenes Kind während der für die nachträgliche Anzeige der Vornamen bestimmten zweimonatigen Frist verstirbt, die Eltern aber nun erklären, daß noch keine Taufe erfolgt sei und daß sie keinen Namen mehr für das Kind angeben wollen, so ist hiervon im Register Vermerkung zu machen.

Anerkennung eines unehelichen Kindes.

§. 42. Erfolgt die Anerkennung eines unehelichen Kindes Seitens des Vaters sofort bei Anzeige des Geburtsfalls, dann muß sie als Bestandtheil der Geburtsfallanzeige eingetragen werden, wie dies aus Formular A 3, vorletztem Absatz zu ersehen ist. Erfolgt dagegen die Anerkennung erst nach geschehener Eintragung des Geburtsfalls, dann ist dieselbe (s. Musterformular A 4) als Randvermerk einzutragen, und es ist dieser Eintrag von demjenigen, der seine Vaterschaft anerkennt, unterschriftlich zu vollziehen (s. §. 44 am Ende).

Erfolgt die Anerkennung einer Vaterschaft bei Abschluß einer Ehe, so hat der Standesbeamte den entsprechenden Randvermerk in dem Geburtsregister zu machen, und, wenn die Geburt in die Zeit vor dem 1. Januar 1876 fällt, dem Pfarrer, welcher die betreffenden Kirchenbücher in Verwahrung hat, Nachricht hiervon zu geben.

Der Vormundschaftsbehörde ist von allen solchen Anerkenntnissen sogleich Anzeige zu machen.

§. 43. Die Anerkennung eines unehelichen Kindes Seitens des Vaters soll nach §. 25 des Reichsgesetzes in das Geburtsregister nur dann eingetragen werden, wenn dieselbe vor dem Standesbeamten (vgl. vorigen §.) oder in einer gerichtlich oder notariell aufgenommenen Urkunde erklärt ist.

Nach Art. 10 Abs. 3 des Landesgesetzes vom 9. September 1844, betreffend die aus unehelichen Schwächungen entstehenden Privatansprüche und Rechte, „können uneheliche Kinder den Namen des Vaters nur mit dessen Genehmigung erhalten, sowie auch der Namen des Vaters nur unter gleicher Voraussetzung in die Kirchenbücher eingetragen werden darf."

Hiernach wird der Standesbeamte nicht schon auf jedes ihm im Original oder in beglaubigter Abschrift vorgelegte Protokoll oder Erkenntniß hin, welches etwa in einem Alimentationsprozesse ergangen ist und die Vaterschaft einer bestimmten Mannsperson gegenüber einem unehelichen Kinde bekundet, die hiernach als Vater bezeichnete Person in das Register eintragen, z. B. namentlich dann nicht, wenn die Anerkennung der Vaterschaft wegen mangelnder Einlassung auf die Klage zur Strafe Ungehorsams gerichtlich angenommen worden, oder wenn der Beklagte sich vielleicht zur Abschneidung von Prozeßweiterungen ꝛc. zur Zahlung von Alimenten für das Kind bereit erklärt hat oder hierzu verurtheilt worden ist, sondern es wird vom Reichsgesetze hierbei augenscheinlich erfordert, daß der Betreffende die Erklärung der Vaterschaft mit der Absicht, sich gegenüber dem Kinde als Vater zu bekennen und das Personenstandsverhältniß des Kindes festzustellen, abgegeben hat.

Im Zweifelsfalle wird hier der Standesbeamte stets Instruktion von der Aufsichtsbehörde einholen.

Zu §. 26 des Reichsgesetzes.

§. 44. Die Feststellung der Abstammung eines Kindes nach erfolgter Eintragung des Geburtsfalles kann regelmäßig nur durch richterliches Urtheil erfolgen.

Es muß daher, wenn auf Antrag eines Betheiligten eine Randvermerkung bewerkstelligt werden soll, ein solches gehörig beglaubigtes und mit der Bescheinigung der Rechtskraft versehenes Urtheil vorgelegt werden.

Die Legitimation eines Kindes, das heißt der Rechtsakt, wodurch uneheliche Kinder in das Verhältniß der ehelichen treten, kann dadurch geschehen, daß sich der Vater und die Mutter eines unehelichen Kindes heirathen, oder daß das Kind durch landesherrliche Verfügung für legitimirt erklärt wird. Es ist daher, um die Legitimation eines Kindes durch nachträgliche Heirath eintragen zu können, erforderlich, daß außer der Verehelichung der Eltern auch die Thatsache erwiesen wird, daß das betreffende uneheliche Kind ein Kind der betreffenden Eltern ist. Der Beweis der letzterwähnten Thatsache kann durch Anerkenntniß des Vaters gemäß §. 25 des Reichsgesetzes (s. §. 42, 43 dieser Instruktion) und hinsichtlich der Mutter durch eine Geburtsurkunde erbracht werden.

Annahmen an Kindesstatt, sowie Veränderungen, welche die Standesrechte eines Kindes in anderer Weise erleiden, setzen landesherrliche, beziehungsweise gerichtliche Verfügung voraus.

In sämmtlichen Fällen des §. 26 des Reichsges. wird der Standesbeamte, sofern nicht die Sache ganz zweifellos erscheint, sich vor dem Eintrage mit der Aufsichtsbehörde in Benehmen setzen.

Der Randvermerk ist ähnlich wie im Musterformular A 4 zu fassen. In dem Vermerke ist jedes Mal die Thatsache, durch welche die Veränderung in den Standesrechten des Kindes stattfindet, der Namen des oder der Betheiligten, welche den Antrag auf Eintragung stellen, und die öffentliche Urkunde, durch welche der Vorgang nachgewiesen wird, zu erwähnen. Der Fall einer Legitimation durch nachfolgende Ehe würde hiernach beispielsweise folgender Maßen am Rande des Geburtseintrages zu vermerken sein:

Sonneberg, am 8. März 1874.

Vor dem unterzeichneten Standesbeamten erschien heute, der Persönlichkeit nach bekannt, der Kaufmann N. N. hier, evangelischer Religion, überreichte eine von dem Standesbeamten in Schalkau ausgestellte Bescheinigung der Eheschließung d. d. Schalkau, am 6. Februar 1876, Inhalt derer zwischen ihm und der N. N., wohnhaft zu N. N. am genannten Tage die Ehe geschlossen worden ist, und erklärte, daß er das von der N. N. am 6. Mai 1875 dahier geborene Kind als von ihm erzeugt anerkenne.

Vorgelesen, genehmigt und unterschrieben

N. N. Der Standesbeamte.

N. N.

§. 45. Wenn auch durch bloße Namensänderungen, welche selbstverständlich nur mit Genehmigung der Regierung stattfinden können, eine Aenderung in den Standesrechten einer Person nicht herbeigeführt wird, so ist es doch zur Vermeidung von Irrthümern und Zweifeln hinsichtlich der Identität einzelner Personen für zweckmäßig zu erachten, daß der Standesbeamte, so oft er von solchen Namensänderungen Kenntniß erhält, nach eingeholter Genehmigung der Aufsichtsbehörde in den Geburts- und beziehungsweise Heirathsregistern unter Bezugnahme auf die genehmigende Verfügung der Regierung einen Randvermerk macht und ebenso hiernach die Namensverzeichnisse vervollständigt.

Zu §. 27 des Reichsgesetzes.

§. 46. In welcher Weise die ertheilte Genehmigung der Aufsichtsbehörde im Falle einer verspäteten Anzeige des Geburtsfalles einzutragen ist, ergiebt sich aus dem Musterformular A 3 am Ende.

Die Kosten der Ermittelung des Sachverhalts sind durch die Aufsichtsbehörde einzuziehen.

Erfordernisse der Eheschließung.

§. 47. Aus dem Erfordernisse der Einwilligung der Eheschließenden geht hervor, daß der Standesbeamte zur Eheschließung nicht schreiten darf, wenn er Grund zur Annahme hat, daß einer der Verlobten nicht mit freiem Willen und vollem Bewußtsein (wie zufolge Geistesstörung, Trunkenheit) seine Zustimmung zu der Eheschließung ertheilen würde.

Zu §. 29 des Reichsgesetzes.

§. 48. Ehe das an sich vorhandene Erforderniß der Einwilligung einer bestimmten Person (des Vaters, der Mutter 2c.) wegen deren Todes oder eines dem Tode gesetzlich gleichgestellten Verhältnisses als beseitigt erachtet werden kann, muß selbstverständlich der Tod oder das demselben gleichstehende Verhältniß nach Maßgabe der Vorschriften im §. 45 des Reichsgesetzes glaubhaft nachgewiesen oder dem Standesbeamten persönlich bekannt sein.

Zu §§. 29—31.

§. 49. Nach diesen reichsgesetzlichen Bestimmungen und dem Landesgesetz vom 27. November

1875 bedarf es für den verlobten Theil, welcher das 25. beziehungsweise das 24. Lebensjahr noch nicht vollendet hat, zur Eheschließung:

a) wenn derselbe ein eheliches (oder durch nachfolgende Ehe oder landesfürstliches Reskript legitimirtes) oder ein an Kindesstatt angenommenes oder durch Einkindschaftsvertrag in Kindesverhältniß zum Stiefvater getretenes Kind ist, der Einwilligung des Vaters beziehungsweise des Wahl- oder Stiefvaters; wenn derselbe aber verstorben oder zur Abgabe einer Erklärung dauernd (z. B. wegen Geisteskrankheit) außer Stande oder sein Aufenthalt dauernd unbekannt ist, der Einwilligung der Mutter und, sofern der verlobte Theil wegen minderjährigen Alters unter Vormundschaft steht, neben der Einwilligung der Mutter auch noch der Einwilligung des Vormundes und des Vormundschaftsgerichts;

b) wenn der verlobte Theil ein uneheliches (auch nicht durch nachfolgende Ehe oder landesfürstliches Reskript legitimirtes) Kind ist, der Einwilligung der Mutter, und, sofern er wegen minderjährigen Alters unter Vormundschaft steht, neben der Einwilligung der Muter noch der des Vormundes und des Vormundschaftsgerichts.

Wenn aber

c) in den unter a und b erwähnten Fällen auch die Mutter verstorben oder zur Abgabe einer Erklärung dauernd außer Stande oder ihr Aufenthalt dauernd unbekannt ist, so bedarf es zur Eheschließung der Einwilligung dritter Personen überhaupt nicht, außer wenn der verlobte Theil wegen Minderjährigkeit unter Vormundschaft steht, welchen Falls die Einwilligung des Vormunds und des Vormundschaftsgerichts beigebracht werden muß.

Zu §. 32 des Reichsgesetzes.

§. 50. Großjährigen Kindern, welche auf richterliche Ergänzung der Einwilligung zur Eheschließung klagen, darf der Standesbeamte die Eheschließung erst gewähren, wenn ihm das die Ergänzung aussprechende, mit Bescheinigung der Rechtskraft versehene Urtheil des kompetenten Gerichts vorgelegt worden ist.

Zu §. 33 des Reichsgesetzes.

§. 51. Bezüglich der Eheverbote wegen Verwandtschaft oder Schwägerschaft bewirkt es keinen Unterschied, ob das Verwandtschafts- oder Schwägerschaftsverhältniß auf ehelicher oder außerehelicher Geburt beruht; es kann daher z. B. Niemand die außereheliche Tochter seiner verstorbenen Frau heirathen. Ebenso ist hier einerlei, ob die Ehe, durch welche die Stief- oder Schwiegerverbindung begründet wird, noch besteht oder nicht; es kann daher z. B. auch nach der etwa durch Scheidung bewirkten Auflösung der Ehe die geschiedene Ehefrau nicht den aus der ersten Ehe ihres abgeschiedenen Mannes abstammenden Stiefsohn heirathen.

Zu §. 34 des Reichsgesetzes.

§. 52. Der §. 34 fordert, daß beide Verlobte sich zur Zeit im ehelosen Stande befinden (vergl. §. 171 des Reichsstrafgesetzbuchs). Der Nachweis, daß eine frühere Ehe nicht mehr besteht, ist von dem Verlobten zu erbringen; insbesondere wird der Standesbeamte von Personen, die ihm ganz unbekannt sind, sich längere Zeit im fernen Auslande aufgehalten haben ꝛc., den Nachweis des ehelosen Standes fordern (vergl. §. 45 letzt. Abs. des Reichsgesetzes). Gerichtliche Urtheile, welche hier als Beweisstück gebraucht werden sollen, sind im Original oder in beglaubigter Abschrift und mit der Bescheinigung der Rechtskraft versehen, vorzulegen.

Zu §. 38 des Reichsgesetzes.

§. 53. Anlangend die Militärpersonen des deutschen Reichsheers, so hat der Standesbeamte zu beachten:

Die Militärpersonen des Friedensstandes, so lange sie zum aktiven Heere gehören, nämlich:

1) Offiziere, Aerzte und Militärbeamte des Friedensstandes vom Tage ihrer Anstellung bis zum Zeitpunkt ihrer Entlassung aus dem Dienste,

2) Kapitulanten vom Beginn bis zum Ablauf oder bis zur Aufhebung der abgeschlossenen Kapitulation,

3) Freiwillige und ausgehobene Rekruten von dem Tage, mit welchem ihre Verpflegung durch die Militärverwaltung beginnt, Einjährig-Freiwillige von dem Zeitpunkte ihrer definitiven Einstellung in einen Truppentheil an, sämmtlich bis zum Ablauf des Tages ihrer Entlassung aus dem aktiven Dienste,

bedürfen zu ihrer Verheirathung (ohne Rücksicht auf thatsächlichen Kriegszustand) der Genehmigung ihrer Vorgesetzten. (§. 38 Lit. A, §. 40 des Reichsmilitärgesetzes vom 2. Mai 1874.)

Desgleichen bedürfen die vorläufig in die Heimath beurlaubten Rekruten und Freiwilligen zur Verheirathung der Genehmigung der Militärbehörde. (§. 56 Nr. 2, §. 60 Nr. 4 desf. Ges.)

§. 54. Was die Beamten betrifft, so ist von den Hofdienern, den unmittelbaren Staatsdienern (also nicht den Rechtsanwälten und Notaren und nicht den Aerzten, wenn sie nicht Physici sind), den im Vorbereitungsstadium des Staatsdienstes Stehenden, z. B. Referendaren, Forstkandidaten ꝛc., den angestellten Subalterndienern und den Feldjägern, sowie von den Geistlichen und Lehrern einschließlich der Predigtamts- und Schulamts-Kandidaten die Genehmigung der vorgesetzten Dienstbehörde zu erwirken.

Von Beamten anderer Länder hat der Standesbeamte im Zweifelsfalle den Nachweis, daß sie die erforderliche Erlaubniß ihrer Vorgesetzten zur Eheschließung erhalten haben oder daß sie einer solchen nicht bedürfen, zu erfordern.

§. 55. Ausländer im Sinne des §. 38 des Reichsgesetzes sind alle männlichen Personen, welche nicht Angehörige des deutschen Reichs oder[78a]) Angehörige des (rechtsrheinischen) Königreichs Bayern sind.

In Bayern ist nämlich das Bundesgesetz vom 4. Mai 1868 über die Aufhebung der polizeilichen Beschränkungen der Eheschließung nicht eingeführt, es gilt dort vielmehr die Bestimmung des bayerischen Gesetzes vom 16. April 1868 Art. 33, wonach die Verehelichung nur auf Grund eines von der zuständigen Heimathsbehörde ausgestellten Zeugnisses erfolgen darf, daß gegen die beabsichtigte Eheschließung kein gesetzlich begründetes Hinderniß bestehe. Zuständig zur Ausstellung des Zeugnisses ist die Distriktsverwaltungsbehörde jener Gemeinde, in welcher der Mann seine Heimath hat.

Solche Ausländer haben dem Standesbeamten ein Zeugniß ihrer zuständigen Heimathsbehörde darüber vorzulegen, daß gegen ihre beabsichtigte Eheschließung nach den Gesetzen ihres Landes ein begründetes Hinderniß nicht besteht. (Dies Zeugniß enthält dann für den betreffenden Ausländer Seitens seiner Heimathsbehörde die Aufnahmezusicherung für seine künftige Frau und die etwa mit ihr unehelich schon erzeugten Kinder.)

Diese beschränkte Bestimmung kommt nicht zur Anwendung gegenüber Ausländern als Angehörigen solcher Lande, mit welchen besondere Konventionen wegen Wegfalls von Trauerlaubnißscheinen (Art. 11 des Ausführungsgesetzes vom 27. November 1875) bestehen, wie zur Zeit Oesterreich-Ungarn (außer Salzburg, Tirol, Vorarlberg und Krain), Niederlande, Schweden-Norwegen. Ebenso sind zufolge der zwischen der deutschen Reichsregierung und den betreffenden Staaten geschlossenen Staatsverträge Italiener und Belgier, welche mit Deutschen in Deutschland eine Ehe abschließen wollen, sobald sie ihre Staatsangehörigkeit nachgewiesen haben, nicht verpflichtet, durch Vorlegung von Attesten ihrer bezüglichen Heimathsbehörden darzuthun, daß sie ihre Staatsangehörigkeit durch die Eheschließung auf ihre künftige Ehefrau und ihre in der Ehe geborenen beziehungsweise durch die Eheschließung legitimirten Kinder übertragen und daß sie demgemäß nach eingegangener Ehe sammt ihrer vorerwähnten Familie von ihrem Heimathsstaate auf Erfordern wieder übernommen werden würden, wohl aber haben auch diese Ausländer eine Bescheinigung ihrer zuständigen Landesbehörde darüber vorzulegen, daß der Abschließung der Ehe nach dem bürgerlichen Rechte ihrer Heimath kein Hinderniß entgegenstehe. (Vergl. Uebereinkunft mit Italien vom 3. Dezember 1874 im Centralblatt für das Deutsche Reich 1875, S. 155.)

Zu §. 38 Absatz 2 des Reichsgesetzes.

§. 56. In dieser Hinsicht hat der Standesbeamte vor der Eheschließung solcher Personen, welche bereits Kinder haben (einerlei ob eheliche oder uneheliche, ob Kinder nur aus der nächstvorhergehenden, oder auch aus einer früheren Ehe), stets die Beibringung eines gerichtlichen Zeugnisses über die Ordnung der vermögensrechtlichen Verhältnisse der Vorkinder nach Maßgabe des Art. 12 des Ausführungsgesetzes vom 27. November 1875 zu fordern und bei sich ergebenden Zweifeln den Einzelrichter für freiwillige Gerichtsbarkeit behufs näherer Informirung anzugehen.

Von Verlobten, welche dem Herzogthum nicht angehören, wird der Standesbeamte den gerichtlichen Nachweis zu erfordern haben, daß den Vorschriften ihres Landes, welche vor der Eheschließung eine Nachweisung, Auseinandersetzung oder Sicherstellung des Vermögens erfordern, genügt sei, oder daß nach dem am Wohnorte der Verlobten geltenden Rechte derartige Vorschriften nicht bestehen beziehungsweise auf die betreffende Eheschließung keine Anwendung finden.

Zu §. 39 des Reichsgesetzes.

§. 57. Hiernach besteht die durch die Verordnung vom 1. Juni 1837 für die Wiederverehelichung von Wittwern geordnete sechsmonatliche Trauerzeit nicht mehr.

Aufgebot.

§. 58. Bei Beantragung eines Aufgebots hat der Standesbeamte vor Allem seine Zuständigkeit (§. 44, 42 des Reichsgesetzes) zu prüfen.

Ein nach Maßgabe des §. 43 des Reichsgesetzes zur Eheschließung von dem zuständigen Standesbeamten ermächtigter Standesbeamte ist zur Anordnung des Aufgebots nicht zuständig.

[78a]) So ist der ursprüngliche Wortlaut: „und nicht" durch die Bekanntmachung v. 2. August 1876, Reg.Bl. S. 825, Stdesb. S. 292, berichtigt.

Ueber die der Anordnung des Aufgebots vorausgehenden Verhandlungen hat der Standesbeamte in jedem Falle ein Protokoll aufzunehmen, welches insbesondere über die nach §. 45 des Reichsgesetzes von dem Standesbeamten festzustellenden Thatsachen die erforderliche Auskunft enthalten muß, und von den erschienenen Betheiligten wie von dem Standesbeamten selbst unterschriftlich zu vollziehen ist.

Ein persönliches Erscheinen der Verlobten ist dabei nicht unbedingt vorgeschrieben, jedoch empfiehlt sich dasselbe als zweckmäßig; jedenfalls muß der Standesbeamte, wenn ausnahmsweise nicht die Verlobten, wenigstens der Eine Theil, persönlich erschienen sind, darüber, daß der gestellte Antrag dem ernstlichen Willen der Verlobten entspricht, ganz außer Zweifel gesetzt sein; andern Falls ist auf dem persönlichen Erscheinen zu bestehen.

Die zustimmenden Erklärungen der Eltern oder des Vormundes (§. 29—31 Reichsgesetzes) können eben sowohl schriftlich in beglaubigter Form, als mündlich durch persönliches Erscheinen der zur Ertheilung der Zustimmung Berechtigten erfolgen.

§. 59. Die Punkte, auf welche hier der Standesbeamte hauptsächlich die Aufmerksamkeit zu richten hat, seien in Folgendem nochmals kurz zusammengestellt:

1) Vor- und Familiennamen, Religion, Alter, Stand oder Gewerbe, Geburts- und Wohnort der Verlobten, sowie Vor- und Familiennamen, Stand oder Gewerbe und Wohnort ihrer Eltern (§. 54 Nr. 1, 2 Reichsgesetzes).
2) Die Einwilligung beider Verlobten in die Anordnung des Aufgebots (§. 28 des Reichsgesetzes und §. 47 dieser Instruktion).
3) Die Ehemündigkeit der Verlobten (§. 28 des Reichsgesetzes).
4) Wenn der Verlobte das 25. oder die Verlobte das 24. Lebensjahr noch nicht vollendet hat, beziehungsweise wenn elternlose Verlobte noch minderjährig sind, die erfolgte Ertheilung der elterlichen bez. vormundschaftlichen und obervormundschaftlichen Einwilligung (§§. 29—31 des Reichsgesetzes und §. 49 dieser Instruktion).
5) Daß zwischen den Verlobten keines der im §. 33 des Reichsgesetzes Nr. 1—5 aufgeführten Verwandtschafts-, Schwägerschafts- u. s. w. Verhältnisse obwaltet (s. §. 51 dieser Instruktion).
6) Daß beide Verlobte sich im ehelosen Stande befinden (§. 34 des Reichsgesetzes und §. 52 dieser Instruktion).
7) Daß, wenn die Verlobte eine Wittwe oder geschiedene Frau ist, seit Beendigung der früheren Ehe volle 10 Monate abgelaufen sind (§. 35 des Reichsgesetzes).
8) Daß nicht der eine verlobte Theil Vormund des anderen verlobten Theils oder ein Kind dieses Vormunds ist (§. 37 des Reichsgesetzes).
9) Für Beamte und Militärpersonen die erfolgte Ertheilung der dienstlichen Erlaubniß (§. 38 des Reichsgesetzes und §§. 53, 54 dieser Instruktion).
10) Für Ausländer das Zeugniß der Heimathsbehörde, daß der Eheschließung ein gesetzliches Hinderniß nicht entgegenstehe (§. 38 des Reichsgesetzes und §. 55 dieser Instruktion).
11) Für Personen, welche bereits Kinder haben, die Beibringung gerichtlichen Zeugnisses über stattgehabte Ordnung der vermögensrechtlichen Verhältnisse der Vorkinder (§. 38 Abs. 2 des Reichsgesetzes und Art. 12 des Landesgesetzes vom 27. November 1875 und §. 56 dieser Instruktion).

Zu §. 45 Abs. 3 und 4 des Reichsgesetzes.

§. 60. Die Ausübung der im letzten Absatz des §. 45 den Standesbeamten eingeräumten Befugniß der Abnahme eidlicher Versicherung über die Richtigkeit nicht hinreichend festgestellter Thatsachen setzt regelmäßig voraus, daß urkundliche oder sonstige Beweismittel für die betreffende Thatsache überhaupt beigebracht sind. Ueberdies wird hierbei den Standesbeamten die Beobachtung der größten Gewissenhaftigkeit und Vorsicht zur Pflicht gemacht, und ist in allen Fällen, in welchen die Versicherung an Eidesstatt als ein zuverlässiges Mittel zur ausreichenden Ergänzung der beigebrachten unzulänglichen Beweismittel nach ihrer Ueberzeugung nicht betrachtet werden kann, von der Ausübung dieser Befugniß abzusehen.

Zu beachten ist, daß die Eidesmündigkeit in allen Fällen erst mit dem zurückgelegten achtzehnten Lebensjahre eintritt.

Die eidesstattliche Versicherung erfolgt gemäß dem Gesetze vom 24. Juni 1850, die Eidesleistungen und die Versicherungen an Eidesstatt betreffend, in der Form, daß der Angelobende, indem er dem Standesbeamten mit der rechten Hand den Handschlag giebt,

a. entweder als Eingang des zu Versichernden (— dies letztere ist vom Standesbeamten wörtlich vorzusagen und von dem Gelobenden wörtlich nachzusprechen —) die Betheuerungsformel nachspricht: „Ich versichere, so wahr mir Gott helfe! daß“ u. s. w. (hier folgt das zu Versichernde),
b. oder, nachdem der Standesbeamte ihm das zu Versichernde wörtlich vorgelesen hat, die Betheuerungsformel nachspricht: „Ich versichere es, so wahr mir Gott helfe!“ Diese letztere

Form ist namentlich da anzuwenden, wo das wörtliche Nachsprechen des zu Versichernden wegen großen Umfangs nicht angemessen erscheint.

Der eidesstattlichen Versicherung kann mit Rücksicht auf den Bildungsstand des Versichernden ein Hinweis auf die gesetzlichen Strafen einer falschen eidesstattlichen Versicherung (§. 156 des Reichsstrafgesetzbuchs) vorausgeschickt werden. Auch ist das, was versichert werden soll, wenn es nicht schon als genügend bekannt und verstanden vorausgesetzt werden kann, vorerst deutlich vorzulesen und zu erläutern. Die Abnahme der eidesstattlichen Versicherung soll mit der Würde und Feierlichkeit geschehen, welche der Ernst und die Wichtigkeit der Handlung erfordern. Bei der Handlung erheben sich sämmtliche Anwesende.

Das betreffende Protokoll ist von dem eidesstattlich Versichernden nach erfolgter Vorlesung und Genehmigung zu unterzeichnen.

§. 61. Mit Rücksicht auf die kirchliche Trauung hat der Standesbeamte den Verlobten auf ihren Wunsch eine Bescheinigung über das angeordnete Aufgebot und zwar kostenfrei auszufertigen; (§. 13 der Ausführungsverordnung des Bundesraths) etwa nach folgendem Muster:

Bescheinigung eines angeordneten Aufgebots.

Es wollen

1) der Landwirth N. N., wohnhaft zu X., Sohn des Landwirths N. N. und dessen Ehefrau N. N. geb. N. N., wohnhaft zu X.

und

2) Marie Dorothea N., wohnhaft zu X., Tochter des Rentier N. N. und dessen Ehefrau N. N. geb. N. N., wohnhaft zu X.

die Ehe mit einander eingehen und ist die Bekanntmachung des Aufgebots in den Gemeinden W. und K. angeordnet worden.

Saalfeld, den 15. Juni 1876. Der Standesbeamte.
(Siegel.) N.

Bekanntmachung des Aufgebots.

§. 62. Da die Bekanntmachung des Aufgebots an der zu Bekanntmachungen der Gemeindebehörde bestimmten Stelle auszuhängen ist (Reichsgesetz §. 46), und über diese Stelle die Gemeindebehörde allein zu verfügen hat, so muß die Aushängung des Aufgebots durch die Gemeindebehörde erfolgen. Ist also der Standesbeamte nicht gleichzeitig Gemeindevorstand, so hat er die Aushängung durch Vermittelung des Letzteren zu bewirken.

Es ist also die Anordnung des Aufgebots stets von dem Standesbeamten als solchem, die Bescheinigung des erfolgten Aushangs und der Abnahme des Aufgebots stets von dem Gemeindevorstand als solchem zu unterzeichnen. (Vgl. Musterformular E. 1.)

Ersuchen um Vollziehung des Aushangs sind von dem Standesbeamten direkt an die Gemeindevorstände (Bürgermeister, Schultheißen rc. rc.) der Gemeinden, in denen das Aufgebot bekannt gemacht werden muß, zu richten, also nicht etwa durch Vermittelung des Standesbeamten, zu dessen Bezirke die fragliche Gemeinde gehört. Mit diesem Ersuchungsschreiben ist der Aushängebogen des Aufgebots (Formular E., Muster E. 1) ausgefüllt und durch Unterschrift des Standesbeamten vollzogen, dem Gemeindevorstande beziehungsweise den mehreren Gemeindevorständen zu übersenden.

Die so requirirten Gemeindebehörden haben nach §. 15 der Ausführungsverordnung des Bundesraths dem Ersuchen Folge zu geben, also für alsbaldige Aushängung und rechtzeitige Abnahme der Bekanntmachung Sorge zu tragen und sodann das Aufgebotsexemplar nach gehörig bewirkter Ausfertigung, Unterzeichnung und Untersiegelung der demselben im Vordrucke beigefügten Bescheinigung des Aushangs (Formular E am Schlusse) ohne Verzug an den requirirenden Standesbeamten zurückzusenden.

Wird ein Standesbeamter von einem anderen Standesbeamten um Bekanntmachung eines Aufgebots in einer zu seinem Bezirke gehörigen Gemeinde ersucht, so hat er ohne nähere Prüfung des Vorliegens der Aufgebotserfordernisse die Bekanntmachung vorzunehmen, beziehungsweise solche bei dem Vorstande der betreffenden Gemeinde zu beantragen.

§. 63. Nach §. 74 Abs. 2 des Reichsgesetzes soll, wo die Zulässigkeit der Ehe nach den bestehenden Landesgesetzen von einem Aufgebote abhängig ist, welches durch andere bürgerliche Beamte als die Standesbeamten vollzogen wird, dieses die Stelle des von dem Standesbeamten anzuordnenden Aufgebots vertreten.

Ein solches Landesgesetz besteht im Königreich Bayern, woselbst (Gesetz vom 16. April 1868 Art. 35), außer in der bayerischen Pfalz, das Aufgebot von der Verwaltung der Gemeinde, in welcher beide Brautleute ihren Aufenthalt haben, und wenn die Brautleute sich nicht in derselben Gemeinde aufhalten, von der Verwaltung jeder der beiden Gemeinden, in welcher die Braut oder der Bräutigam ihren Aufenthalt haben, öffentlich bekannt zu machen ist.

§. 64. Die Aushängung der Bekanntmachung soll in gegen äußere Angriffe und Verletzungen geschützten Behältern (z. B. mit Drahtgittern versehenen verschlossenen Kästen) erfolgen.

§. 65. Jedes von ihm angeordnete oder auf Ersuchen eines anderen Standesbeamten verkündete Aufgebot hat der Standesbeamte sofort in das nach §. 10 Nr. 3 der Ausführungsverordnung des Bundesraths zu führende Verzeichniß einzutraeng. Dasselbe kann nach folgendem Muster angelegt werden:

Verzeichniß der von dem Standesbeamten angeordneten oder auf Ersuchen eines anderen Standesbeamten verkündigten Aufgebote.

1.	2.	3.	4.			5.				6.
Lfde. Nr.	Namen und Wohnort beider Verlobten	Orte, an welchen das Aufgebot bekannt gemacht werden muß.	Das Aufgebot erfolgt auf							Bemerkungen.
			diesseitige Veranlassung			Requisition des Standesbeamten				
			am Tag	am Monat	am Jahr	zu (Ort u. Kreis)	Tag	Monat	Jahr	
1	Bäring, Johann, in Meiningen und Schmidt, Katharine, in Maßfeld	Meiningen, Maßfeld	6.	Mai	1876	—	—	—	—	abgenommen am 21. Mai
2	Müller, Eduard Karl, aus Ostheim, jetzt in Meiningen, und Willing, Elisabetha, aus Hildburghausen	Ostheim, Meiningen, Hildburghausen	10.	Mai	1876	—	—	—	—	Wegen Rückgangs der Verlobung auf Antrag der Verlobten am 12. Mai abgenommen.
3	Kruse, Ludwig, in Chemnitz und Schulze, Friederike Louise, aus Meiningen, jetzt in Chemnitz	Chemnitz, Meiningen	—	—	—	Chemnitz in Sachsen	19.	Dezbr.	1876	Abgenommen am 3. Januar 1877 und dem Standesbeamten in Chemnitz mit Bescheinigung versehen übersendet.

§. 66. Die durch Aufgebote veranlaßten Postporti und die Kosten für Einrückung der Bekanntmachung in ein ausländisches Blatt (§. 47 des Reichsgesetzes) sind von denjenigen, welche das Aufgebot beantragt haben, zu tragen, und ist der Standesbeamte befugt, einen dem voraussichtlichen Betrag der Insertionskosten entsprechenden Kostenvorschuß zu beanspruchen.

Zu §. 47 des Reichsgesetzes.

§. 67. Die Einrückung des Aufgebots in ein ausländisches Blatt erfolgt nach dem Muster des Formulars E unter Weglassung der Bescheinigung am Schlusse dieses Formulars.

Die Thatsache des erfolgten Abdrucks ist dem Standesbeamten durch die Vorlage der betreffenden Nummer des Blattes nachzuweisen. Dies Blatt ist zu den Sammelakten zu nehmen.

Zu §. 49 des Reichsgesetzes.

§. 68. Hierbei ist zu unterscheiden:

1) Entweder der andere Standesbeamte, vor dem die Ehe geschlossen werden soll, ist an sich (nach §. 42 des Reichsgesetzes) für die Eheschließung nicht zuständig; dann ist bezüglich der Form, in welcher die in §. 49 des Reichsgesetzes erwähnte Bescheinigung zu ertheilen ist, Formular F und F 1 (s. am Ende) maßgebend.

Es wird also dann die Bescheinigung (§. 49) mit der Ermächtigung (§. 43) verbunden.

2) Oder der andere Standesbeamte ist an sich schon zuständig, dann bedarf es nur der am Schlusse des Formulars F aufgenommenen Bescheinigung; dieselbe kann etwa in folgender Form ertheilt werden:

Bescheinigung des erfolgten Aufgebotes.

Es wollen

1) der Landwirth N. N., wohnhaft zu X., Sohn des Landwirths N. N. und dessen Ehefrau N. N. geb. N. N., wohnhaft zu X.,

und

2) Maria Dorothea N., wohnhaft zu X., Tochter des Rentier N. N. und dessen Ehefrau N. N. geb. N. N., wohnhaft zu X.,

die Ehe mit einander eingehen, und ist die Bekanntmachung des Aufgebots vorschriftsmäßig durch Aushang an dem Rathhause (der Gemeindetafel) zu X. vom 2. bis 17. Dezember 1876 erfolgt, ohne daß Ehehindernisse zur Kenntniß des unterzeichneten Standesbeamten gekommen sind.

M., am 17. Dezember 1876.

(Siegel.) Der Standesbeamte.
N.

Diese Bescheinigung ist gebührenfrei zu ertheilen.

Zu §. 51 des Reichsgesetzes.

§. 69. Die in §. 47 Abs. 2 zugelassene Bescheinigung einer ausländischen Ortsbehörde, daß ihr von dem Bestehen eines Ehehindernisses nichts bekannt sei, vertritt die Einrückung in ein öffentliches Blatt und es muß darum diese Bescheinigung von Neuem ausgestellt werden, wenn seit ihrer Ertheilung 6 Monate verstrichen sind, ohne daß die Ehe geschlossen wurde.

Eheschließung.

§. 70. Die Wahl des Tages, an welchem nach Erfüllung der Aufgebotserfordernisse die Eheschließung erfolgen soll, steht den Betheiligten zu.

Der Standesbeamte hat hierbei thunlichst darauf Bedacht zu nehmen, daß durch die Zeit der Vornahme der Eheschließung der hinsichtlich der kirchlichen Trauungen bestehenden Sitte jedes Orts seinerseits kein Hinderniß bereitet wird, und muß daher auf Verlangen der Betheiligten auch an Sonn- und Feiertagen nach dem Schlusse des Gottesdienstes Eheschließungen vornehmen.

Bei einer etwaigen vorläufigen Bestimmung des Tages, an welchem die Eheschließung erfolgen soll, ist in Fällen, wo die Bekanntmachung des Aufgebots in einer oder mehreren auswärtigen Gemeinden stattfinden muß, ein nicht zu naher Termin für die Eheschließung in Aussicht zu nehmen, damit nicht aus dem etwaigen Mangel rechtzeitigen Eingangs der Aushangsbescheinigungen Verlegenheiten für die Betheiligten entstehen.

Zu §. 52 des Reichsgesetzes.

§. 71. Der Standesbeamte hat sich bei dem Akte der Eheschließung zu vergegenwärtigen, daß eine rechtmäßige Verbindung der Eheleute nur dadurch zu Stande kommt, daß die im Gesetze gegebenen Vorschriften sämmtlich in allen ihren einzelnen Theilen von ihm erfüllt werden. Er wird daher die vorgeschriebene Frage stets einzeln an jeden der Verlobten richten, die Antwort eines jeden derselben einzeln entgegennehmen, und, nachdem Beide bejahend geantwortet haben, sich auf den Ausspruch beschränken, daß er die gegenwärtigen beiden Verlobten nunmehr kraft des Gesetzes für rechtmäßig verbundene Eheleute erkläre.

§. 72. Hierbei wird der Standesbeamte Alles vermeiden, was bei den Betheiligten gegenüber dem §. 82 des Reichsgesetzes irrige Auffassungen, insbesondere die Meinung hervorrufen könnte, als sei mit dieser bürgerlichen Eheschließung die kirchliche Trauung ersetzt oder überflüssig geworden.

Zeugen der Eheschließung (§. 53).

§. 73. Die zwei zuzuziehenden Zeugen müssen großjährig sein, d. h. das 21. Lebensjahr zurückgelegt haben. Selbstverständlich müssen sie auch die natürlichen und gesetzlich vorgeschriebenen allgemeinen Eigenschaften von Zeugen haben, dürfen also nicht geisteskrank, trunken, blind, taub, taubstumm sein, auch dürfen denselben nicht zur fraglichen Zeit die bürgerlichen Ehrenrechte aberkannt sein (§. 34 Nr. 5 des Reichsstrafgesetzbuchs).

Die Zeugen werden regelmäßig von den Betheiligten gewählt, und nur, wenn diese nicht wählen, von dem Standesbeamten berufen.

§. 74. Es steht nichts entgegen, daß bei der Handlung der Eheschließung auch Angehörige und Freunde der Verlobten zugegen sind.

§. 75. Die in §. 54 des Reichsgesetzes am Ende erwähnte Bescheinigung ist sofort nach der vollzogenen Eintragung in das Heirathsregister nach Formular D. Muster D. 1 den nunmehrigen Eheleuten gebührenfrei, und zwar auf Verlangen jedem Gatten besonders auszustellen.

Eintragung der Ehescheidung.

§. 76. Wird dem Standesbeamten, in dessen Heirathsregister eine Eheschließung beurkundet ist, eine mit der Bescheinigung der Rechtskraft versehene Ausfertigung eines gerichtlichen Urtheils, durch welches die betreffende Ehe getrennt, für ungültig oder nichtig erklärt ist, oder gerichtlich beziehungsweise notariell beglaubigte Abschrift eines die Scheidung der Ehe aus landesherrlicher Machtvollkommenheit aussprechenden landesherrlichen Erlasses von der zuständigen Behörde mitgetheilt (§. 14 der Ausführungsverordnung des Bundesraths; Art. 8 des Gesetzes vom 27. November 1875), so hat der Standesbeamte diese Thatsache, daß die Ehe für aufgelöst oder ungültig oder nichtig erklärt worden ist, mit Bezugnahme auf das gerichtliche Scheidungsurtheil beziehungsweise auf den landesherrlichen Erlaß, am Rande der die Eheschließung beurkundenden Eintragung im Heirathsregister zu vermerken (vergl. den Nachtragsvermerk in Muster B 1).

Beurkundung der Sterbefälle.

§. 77. Da nach §. 56 die Anzeige eines Sterbefalls spätestens am „nächstfolgenden Wochentag" erfolgen soll, so ist damit die Anzeigepflicht zwar für Sonntage, nicht aber auch für Feiertage, welche auf einen Wochentag fallen, beseitigt. Ein Verbot der Anzeige am Sonntage ist übrigens hierin nicht enthalten.

Die Anzeige ist dem Standesbeamten des Standesamtsbezirks, in welchem der Tod erfolgt ist, zu machen. Der Wohnort des Verstorbenen oder der Ort, wo die Beerdigung erfolgt, kommt also hierbei nicht in Betracht.

§. 78. Ueber jede auf mündliche Anzeige bewirkte Eintragung eines Sterbefalls hat der Standesbeamte mit Rücksicht auf die Bestimmung des §. 60 Satz 1 des Reichsgesetzes dem Anzeigenden sofort eine Bescheinigung gebührenfrei auszustellen. Zu diesem Atteste darf nicht das Formular zu Registerauszug Cc benutzt werden, vielmehr ist etwa folgende Form zu wählen:

Bescheinigung der Eintragung eines Sterbefalls.

(Zum Zwecke der Beerdigung.)

Der Landwirth N. N. in W. ist als am fünften November 1876 um sieben Uhr Nachmittags zu H. verstorben unter Nr. 11 des Sterberegisters heute eingetragen worden.

M . . ., am 6. November 1876.

(Siegel.)

Der Standesbeamte.
N.

Oder:

Das von der ledigen N. N. in H. am 15. Oktober um acht Uhr Vormittags zu H. geborene Kind weiblichen Geschlechts ist als todtgeboren unter Nr. 13 des Sterberegisters heute eingetragen worden.

W . . ., am 16. Oktober 1876.

(Siegel.)

Der Standesbeamte.
N.

Zu §. 58 des Reichsgesetzes.

§. 79 [78b]. Die zuständige Behörde für die schriftliche Mittheilung des Sterbefalls an den Standesbeamten ist in allen Fällen die betreffende Polizeibehörde.

[78b]) Absatz 1 und 2 in der Fassung des Staatsministerial-Ausschreibens v. 8. März 1883, Stdesb. 1883 S. 73.

Wenn in den Fällen des §. 157 der Strafprozeßordnung eine amtliche Ermittelung über einen Todesfall durch die Staatsanwaltschaft oder das Amtsgericht stattgefunden und Verhältnisse ergeben hat, welche nach §. 59 des Reichsgesetzes in den Standesregistern bei der Eintragung des Sterbefalles zu bemerken sind, so hat die Staatsanwaltschaft oder das Amtsgericht bei Mittheilung des Beerdigungsscheines der Ortspolizeibehörde über jene Verhältnisse Kenntniß zu geben.

Die Eintragung des Sterbefalls erfolgt dann in Uebereinstimmung mit der schriftlichen Mittheilung der zuständigen Behörde, unter Durchstreichung des Vordrucks, am Rande des Registers (s. §. 21 dieser Instruktion).

Zu §. 59 des Reichsgesetzes.

§. 80. Tag und Stunde des erfolgten Todes sind mit Buchstaben zu schreiben (s. §. 17 dieser Instruktion).

Zu §. 60 Satz 2 des Reichsgesetzes.

§. 81. Im Falle des §. 60 Satz 2 ist am Schlusse der Eintragung die Bemerkung beizufügen:

Die Eintragung erfolgt, da die Beerdigung bereits ohne Genehmigung der Ortspolizeibehörde stattgefunden, mit Genehmigung der Aufsichtsbehörde, ertheilt am .... (Datum).

Berichtigung der Standesregister.

(§§. 65, 66 des Reichsgesetzes.)

§. 82. Unter Berichtigung einer Eintragung in dem Standesregister ist jede Abänderung zu verstehen, die an einer durch die Unterschrift des Standesbeamten vollzogenen Eintragung aus dem Grunde vorgenommen werden soll, weil der Inhalt der Eintragung zur Zeit ihrer Vornahme dem wirklichen Sachverhalt nicht entspricht. Es sind also Berichtigungen solche Eintragungen, durch welche andere, als die eingetragenen Thatsachen beurkundet, beziehungsweise durch welche die eingetragenen Thatsachen als von Anfang an unrichtig beurkundet werden sollen; z. B. wenn ein Anzeigepflichtiger beim Standesbeamten meldet, daß er in seiner vor einer Stunde gemachten Anzeige als Stunde der Geburt irrigerweise 12 Uhr angegeben habe, insofern doch das Kind in Wirklichkeit um 1 Uhr geboren sei. Diese Berichtigung kann nur auf Grund gerichtlicher Anordnung erfolgen.

Der Grund zu dieser Vorschrift des §. 65 des Reichsgesetzes liegt darin, daß das Gesetz eine von dem Standesbeamten einmal vollzogene Eintragung im Hinblicke auf ihre Wichtigkeit und Beweiskraft nun gegen jede von dem Standesbeamten einseitig, ohne vorherige gerichtliche Sachuntersuchung vorgenommene Abänderung sicher stellen will. Mag darum die im einzelnen Falle in Frage stehende Berichtigung anscheinend noch so geringfügig und noch so unzweifelhaft nothwendig sein (z. B. nur die Verbesserung eines offenbaren Schreibfehlers betreffen), so ist der Standesbeamte gleichwohl in seinem Gewissen gebunden, den von ihm vollzogenen Eintrag bis nach erfolgter Anordnung des Gerichts unangetastet zu lassen.

Mit welchem Inhalte der Vermerk einer Berichtigung am Rande des zu berichtigenden Eintrags stattzufinden habe, das haben die Standesbeamten aus der ihnen von dem zuständigen Gerichte zuzufertigenden Anordnung zu entnehmen.

Ein Muster für die Form der Eintragung enthält das Formular C 3. Die betreffende Verfügung des Gerichts ist nach Vorschrift des §. 9 der Ausführungsverordnung des Bundesraths zu den Sammelakten zu nehmen.

§. 83. Die Berichtigung unterscheidet sich hiernach

1) von Eintragungen, welche nur eine gesetzmäßige oder ordnungsmäßige Vervollständigung der Thatsachen bezwecken. Solche Vervollständigungen sind von der Aufsichtsbehörde anzuordnen. Die Entscheidung der allerdings leicht zweifelhaften Frage, ob im einzelnen Falle es sich um eine Berichtigung oder um eine bloße Vervollständigung handelt, steht dem Gerichte zu;
2) wesentlich von den Zusätzen, Löschungen oder Abänderungen, welche nach §. 13 letzter Absatz des Reichsgesetzes am Rande zu vermerken und gleich der Eintragung selbst besonders zu vollziehen sind. Denn hier handelt es sich um Aenderungen oder Verbesserungen bei Vornahme der Eintragung, und ehe noch der Akt der Eintragung völlig abgeschlossen ist. (Vergleiche §. 20 dieser Instruktion.)

Straf- und Zwangsmaßregeln.

(§. 68 Reichsgesetz.)

§. 84. Nach der Bestimmung des §. 68 Absatz 1 des Reichsgesetzes soll mit Geldstrafe bis zu 150 M. oder mit Haft bestraft werden, wer, obwohl gesetzlich hierzu verpflichtet,

1) einen Geburtsfall gar nicht oder nicht rechtzeitig (innerhalb einer Woche) oder nicht ordnungsgemäß anzeigt (§§. 17—20 des Reichsgesetzes),

2) wer die nachträgliche Anzeige der Vornamen eines Kindes binnen 2 Monaten nach der Geburt unterläßt (§. 22),
3) wer die Anzeige eines todtgeborenen oder in der Geburt verstorbenen Kindes nicht spätestens am nächstfolgenden Tage bei dem Standesbeamten macht (§. 23),
4) wer die Anzeige von der Auffindung eines neugeborenen Kindes nicht spätestens am nächstfolgenden Tage bei der Ortspolizeibehörde macht (§. 24),
5) wer einen Sterbefall nicht spätestens am nächstfolgenden Wochentage dem Standesbeamten des Bezirks, in welchem der Tod erfolgt ist, anzeigt oder diese Anzeige nicht ordnungsgemäß erstattet (§§. 56—58).

Diese Strafen sind nicht von dem Standesbeamten, sondern von dem zuständigen Gerichte auszusprechen. Der Standesbeamte hat die entsprechende Anzeige der Aufsichtsbehörde behufs Veranlassung des Weiteren zu machen.

§. 85. Neben dieser den Gerichten vorbehaltenen Strafbefugniß sind die Standesbeamten nach §. 68 Absatz 3 des Reichsgesetzes berechtigt, die zu Anzeigen oder zu sonstigen Handlungen (z. B. Auskunftsertheilung nach §. 21, 58 Satz 1 des Reichsgesetzes) Verpflichteten durch Strafen hierzu anzuhalten.

Der Standesbeamte wird eine solche Strafe nicht eher wirklich verhängen, als bis die betreffende zur Anzeige oder zu sonstigen Handlungen verpflichtete Person der desfallsigen unter Strafandrohung erlassenen Aufforderung des Standesbeamten nachzukommen sich weigert.

Wird die verhängte Geldstrafe von dem Zahlungspflichtigen nicht binnen einer demselben hierfür zu setzenden Frist gezahlt, so erstattet der Standesbeamte der Aufsichtsbehörde Anzeige zur Veranlassung des Weiteren. Die Aufforderung und die Strafverfügung können etwa folgende Fassung erhalten:

Aufforderung.

Standesamt N. N., den 10. Mai 1876.
An Herrn (Frau) N. N.

Sie haben bis jetzt unterlassen, dem hiesigen Standesamte . . . . anzuzeigen, wozu Sie nach §. . . . des Reichsgesetzes vom 6. Februar 1875 verpflichtet sind.

Auf Grund des §. 68 Abs. 3 dieses Gesetzes fordere ich Sie deshalb auf, dieser Verpflichtung binnen längstens . . . Tagen bei Vermeidung einer Geldstrafe von . . Mark nachzukommen.

Der Standesbeamte.
N. N.

Strafverfügung.

Standesamt N. N., den 16. Mai 1876.
An Herrn (Frau) N. N.

Da Sie der diesseitigen Aufforderung vom 10. Mai d. J., die unterlassene Anzeige . . . . betreffend, bis jetzt nicht nachgekommen sind, so wird die angedrohte Ordnungsstrafe von . . . Mark hiermit gegen Sie festgesetzt, und haben Sie dieselbe binnen längstens acht Tagen anher bei Vermeidung der Exekution einzuzahlen.

Der Standesbeamte.
N. N.

Gebühren und Auslagen.

§. 86. Die Führung der Standesregister und die darauf bezüglichen Verhandlungen erfolgen kostenfrei (Reichsges. §. 16).

Baare Auslagen jedoch sind hierunter nicht begriffen; insbesondere sind Portokosten, welche aufgewendet werden müssen, von den Betheiligten zu tragen und beziehungsweise vorzuschießen. Vergl. ferner Reichsgesetz §. 27 Abs. 2, §. 47 und §. 66 dieser Instruktion.

In den durch den Gebührentarif — siehe Anhang II zum Reichsgesetze vom 6. Februar 1875 — bestimmten Fällen ist dem Standesbeamten der Ansatz von bestimmten Gebühren vorgeschrieben.

Diese Gebühren ebenso wie die Geldstrafen — sowohl die vom Gerichte (§. 68 Satz 1 und Abs. 2) erkannten Geldstrafen wie die vom Standesbeamten (§. 68 Abs. 3 des Reichsges.) erkannten Zwangsstrafen — sollen in die Kassen der Gemeinden des Standesamtsbezirks fließen, welchen nach §§. 8 und 9 des Reichsgesetzes anderer Seits auch die Tragung der sächlichen Kosten des Standesamts obliegt. (Uebrigens steht in Ansehung dieser Gebühren nichts entgegen, daß solche durch besondere Vereinbarung zwischen der Gemeinde und dem Standesbeamten dem Letzteren nach erfolgter Abrechnung überlassen werden.)

Der Standesbeamte hat demnach ein genaues Verzeichniß über alle angefallenen Gebühren (auch wenn dieselben ihm überlassen sind) nach §. 10 Nr. 4 der Ausführungsverordnung des Bundesraths, ferner über die sämmtlichen angefallenen Geld- und Zwangsstrafen (bezüglich deren übrigens auch die direkte Einzahlung an die Gemeindekasse anstatt zunächst an den Standesbeamten verfügt werden kann) sowie über alle Auslagen (Einnahme und Ausgabe) und Kosten bei der Verwaltung des Standesamts zu führen, und sich hierüber zu bestimmten Fristen, etwa vierteljährlich, mindestens alljährlich, mit den Gemeinden seines Bezirks zu berechnen und auseinander zu setzen.

Das Nähere in dieser Beziehung bleibt der Uebereinkunft des Standesbeamten mit den Gemeinden seines Bezirks und, wenn nöthig, der Regelung durch die nächste Aufsichtsbehörde vorbehalten.

Umfaßt der Bezirk mehrere Gemeinden, so ist der Einnahmebetrag nach Maßgabe der Beitragspflicht zu den sächlichen Kosten (Reichsgesetz §§. 9, 70) zu vertheilen.

Behauptet ein zur Zahlung von Gebühren oder Auslagen, wie Porti, Verpflichteter, daß sein Vermögen und Erwerb nicht ausreicht, um ohne Beschränkung des nothwendigsten Lebensunterhaltes diese Kosten zu bestreiten, so hat er, sofern solches nicht ortskundig ist, ein behördliches Zeugniß darüber beizubringen, welches dem Kostenverzeichnisse des Standesbeamten beizufügen ist und als Niederschlagsbeleg gilt.

Entschädigung der Standesbeamten.

§. 87. Was die den Standesbeamten zu gewährende Entschädigung der persönlichen Mühewaltung anlangt, so haben die zu Standesbeamten oder deren Stellvertretern bestellten Gemeindebeamten, soviel ihre eigene Gemeinde anlangt, sich mit der Gemeindevertretung zu benehmen; falls auf diesem Wege eine Vereinbarung nicht zu Stande kommt, hat die Entscheidung der Aufsichtsbehörde und eventuell der oberen Aufsichtsbehörde einzutreten. Ebenso ist zwischen anderen Standesbeamten bez. Stellvertretern als den Gemeindebeamten einer- und anderen zu dem Standesamtsbezirk vereinigten Gemeinden anderer-Seits eine bestimmte Vereinbarung über die persönliche Entschädigung zu treffen.

Hat der Einzelrichter diese Entschädigung festzustellen, so ist für jeden Eintragungsfall und die damit in Verbindung stehenden Geschäfte einschließlich der Kopialien regelmäßig 1 Mark als Maximalsatz anzunehmen. Zweckmäßig erscheint jedoch für alle Fälle die Vereinbarung von Pauschvergütungen. Für die entsprechende Bemessung derselben dürfte ein Maßstab zu Grunde zu legen sein, wonach dem Standesbeamten auf je 25 Seelen des Standesamtsbezirks etwa 2 Mark jährlich, oder — was im großen Durchschnitte zu demselben Ergebnisse führt — für jeden der nach statistischen Erfahrungen in dem betreffenden Standesamtsbezirke, hingesehen auf dessen Seelenzahl im Laufe des Jahres voraussichtlich vorkommenden Beurkundungsfälle eine durchschnittliche Entschädigung von einer Mark (— dem Stellvertreter regelmäßig etwa ¼ dieses Betrags —) zu Theil wird. Die Entschädigung ist aus der Gemeindekasse zu gewähren. Neben dieser Entschädigung oder auch mit gänzlicher oder theilweiser Einrechnung in dieselbe können dem Standesbeamten auch die Gebühren gemäß dem Gebührentarif (s. Anhang zum Reichsgesetze und vorigen §. dieser Instruktion), nicht aber auch die anfallenden Geld- oder Zwangsstrafen (Reichsges. §. 68) überlassen werden.

Niemals darf der Standesbeamte für seine standesamtliche Thätigkeit außer den gesetzlich bestimmten Gebühren eine Vergütung irgend welcher Art, Geschenke und dergl. annehmen (vergl. §. 331 des Reichsstrafgesetzbuchs).

Ueberträgt der Standesbeamte, abgesehen von den Fällen wirklicher Behinderung, einen Theil der Geschäfte seinem Stellvertreter, so hat er sich, sofern nicht diesfallsige Vereinbarung mit der Gemeinde stattfindet, wegen der hierfür aus seiner eigenen Entschädigung zu leistenden Vergütung mit dem Stellvertreter zu verständigen.

Insinuationen standesamtlicher Verfügungen.

§. 88. Der Standesbeamte kann seine Verfügungen im Allgemeinen auf jedem für die Insinuation gemeindebehördlicher Erlasse zulässigen Wege den Adressaten zugehen lassen, daher hierzu namentlich auch die Post benutzen. Bei der Behändigung von wichtigeren (präjudiziellen) Verfügungen, wie namentlich Strafandrohungen und Strafmandaten (Reichsges. §. 68 Abs. 3) ist darauf zu sehen, daß ein Empfangsschein des Adressaten (wenn die Zustellung durch die Post geschieht, Postbehändigungsschein) zu den standesamtlichen Akten gelangt. Wohnt in solchen Fällen der Adressate im Ort, und ist der Standesbeamte nicht zugleich Gemeindebeamter, so wird derselbe den Gemeindevorstand um Anordnung der Behändigung und Mittheilung des Empfangsscheines des Adressaten ersuchen. Empfehlenswerther erscheint wohl zur Vereinfachung der Geschäfte, daß wegen Benutzung der Dienste des Gemeindedieners für die Behändigung standesamtlicher Verfügungen ein für alle Mal ein bestimmtes Abkommen mit der Gemeinde (vergl. §. 8 Reichsgesetz) getroffen werde.

Besondere Pflichten des Standesbeamten.

§. 89. Bezüglich der Verpflichtung der Standesbeamten zu Lieferung von Material für die Statistik der Bevölkerungsbewegung wird auf das Ausschreiben (Nr. 26) des Herzogl. Staatsministeriums, Abtheilungen der Justiz und des Innern, vom 22. Dezember 1875, betreffend die Bevölkerungsstatistik (s. Regierungsblatt Nr. 9, vom 12. Januar 1876) verwiesen, worin Anweisung über die Aufstellung von Uebersichten über Geburten, Eheschließungen und Sterbefälle ertheilt ist.

§. 90. In Beziehung auf die Mitwirkung der Standesbeamten bei Aufstellung der Rekrutirungsstammrollen wird auf das Ausschreiben (Nr. 24) des Herzogl. Staatsministeriums, Abtheilungen des Innern, der Justiz und für Kirchen- und Schulensachen vom 13. Dezember 1875, betreffend die Rekrutirungsstammrollen (s. Regierungsblatt Nr. 1, vom 3. Januar 1876) verwiesen.

§. 91. In Beziehung auf die Mitwirkung der Standesbeamten bei Aufstellung der Impflisten wird auf das Ausschreiben (Nr. 12) des Herzogl. Staatsministeriums, Abtheilungen des Innern und für Kirchen- und Schulensachen vom 9. März 1875, betreffend die Ausführung des Reichsimpfgesetzes, insbesondere Z. 11 (s. Reg.-Bl. vom 24. März 1875) verwiesen.

§. 92. In dem Gesetze vom 15. Juli 1862, betreffend die Anlegung von Grundbüchern und Hypothekenbüchern (Bd. XV S. 432 VO.-S.) Art. 4 ist bestimmt:

> „diejenigen Veränderungen (nämlich im Eigenthume an Immobilien und einigen ähnlichen dinglichen Rechten), welche sich durch Todesfälle oder an Orten, wo eheliche Gütergemeinschaft besteht, durch Verehelichung ergeben, sind die Ortsvorstände (Magistrate, Bürgermeisterämter, Schultheißen) bei Geldstrafen bis zu 10 fl. alsbald bei dem Gerichte, unter dessen Realgerichtsbarkeit die Besitzungen stehen, anzuzeigen verbunden.
>
> Unter den darüber anzufertigenden Verzeichnissen haben die Pfarrer die Uebereinstimmung der verzeichneten Fälle mit dem Kirchenbuche kostenfrei zu bezeugen.

Diese Verpflichtung der Pfarrer ist mit dem 1. Januar 1876 bezüglich der von da ab in die Standesregister eingetragenen Sterbefälle und Verehelichungen, soweit letztere an Orten, wo eheliche Gütergemeinschaft besteht (wie z. B. in den Städten und Deputationsbezirken Hildburghausen, Heldburg, im Landgerichtsbezirke Eisfeld, in der Stadt Saalfeld) vorkommen, auf die Standesbeamten übergegangen.

§. 93. Wenn ein Kind unehelich oder von einer Wittwe geboren wird, ferner wenn ein Familienvater oder eine Wittwe oder eine Mutter unehelicher Kinder mit Hinterlassung von einem oder mehreren Kindern im minderjährigen Alter verstirbt, so hat der Standesbeamte, in dessen Geburts- oder Sterberegister der Fall eingetragen wird, binnen acht Tagen nach erfolgtem Eintrage dem Einzelrichter für freiwillige Gerichtsbarkeit behufs Kenntnißnahme wegen etwaiger Anordnung einer Vormundschaft Anzeige zu machen.

Für diese Anzeigen können folgende Formulare benutzt werden:

Anzeige eines Geburtsfalls.

Herzogl. Standesamt . . . , den . . . 1876.

An
das Herz. . . . . Gericht
zu . . . .

Die . . . .
Tochter des . . . .
wohnhaft zu . . . .
ist am . . ten . . . . 1876 in . . . .
von einem unehelichen Kinde . . . lichen Geschlechts entbunden worden, welches die Vornamen . . . . erhalten hat.

Behufs der einzuleitenden Bevormundung des Kindes zeige ich dies dem . . . Gericht hierdurch an.

Der Vater der Entbundenen ist . . . . am Leben.

Der Standesbeamte.

Anzeige eines Sterbefalls.

Herzogl. Standesamt . . . den . . . . 1876.

An
das Herz. . . . . Gericht
zu . . . .

Der . . . .
wohnhaft . . . .
ist am . . ten . . . . 1876 zu . . . .
mit Hinterlassung von . . . minderjährigen Kinde . . verstorben.

Behufs der einzuleitenden Bevormundung dies . . Kinde . . zeige ich dies dem . . . . Gericht hiermit an.

Die Ehefrau des Verstorbenen ist . . . . am Leben.

Der Standesbeamte.

Bezüglich der wegen Anerkennung eines unehelichen Kindes an die Vormundschaftsbehörde zu erstattenden Anzeige s. §. 42 dies. Instr.

§. 94. Endlich werden die Standesbeamten darauf aufmerksam gemacht, daß in den Beilagen des Landesgesetzes vom 27. November 1875, betreffend die Ausführung des Reichsgesetzes vom 6. Februar 1875 über die Beurkundung des Personenstandes und die Eheschließung, und zwar in den der Ausführungsverordnung des Bundesraths beigegebenen Formularen sich mehrere Fehler eingeschlichen haben, welche bereits in der Sammlung der landesherrl. Verordn. S. 272 berichtigt sind, aber auch von den Standesbeamten in dem bei ihren Akten befindlichen Exemplare jenes Gesetzes vom 27. November 1875 zu berichtigen sein werden, nämlich:

a) auf Seite 249, Formular C 4, Randbemerkung Zeile 14: „(Nebenstehend 19 Zeilen gestrichen)" anstatt: „(Nebenstehend 26 Druckworte gelöscht)".
b) auf Seite 249 Zeile 10 von unten und Seite 250 Z. 2 von oben: „Bescheinigung der Eheschließung" anstatt: „Bescheinigung einer Eheschließung",
c) auf Seite 250 Zeile 13 von unten und S. 251 Z. 9 von oben ist die Zeile: dem unterzeichneten Standesbeamten ist ein Hinderniß dieser Ehe nicht bekannt" ganz zu streichen,
d) auf Seite 251 Z. 15 von oben „Ausgehängt" anstatt: „Ausgehangen",
e) auf Seite 253 Z. 1 von oben „Aa" anstatt Ab.

Herzogthum Sachsen-Altenburg [79]).

50. Verordnung zur Ausführung des Gesetzes vom 6. Februar 1875 über die Beurkundung des Personenstandes und die Eheschließung vom 30. Oktober 1875 (Ges.Samml. Stck. 10 S. 127).

Wir **Ernst**, von Gottes Gnaden Herzog zu Sachsen ꝛc. verordnen hiermit zur Ausführung des Gesetzes über die Beurkundung des Personenstandes und die Eheschließung vom 6. Februar 1875 (Reichsgesetzblatt 1875 S. 23) in Anschluß an die vom Bundesrathe unterm 22. Juni 1875 erlassene, hierneben abgedruckte Ausführungsverordnung (vgl. Centralblatt des Deutschen Reiches 1875 Nr. 28) was folgt:

Zu den §§. 2 bis 6 des Gesetzes.

§. 1. Die Ausführung des Reichsgesetzes vom 6. Februar 1875 über die Beurkundung des Personenstandes und die Eheschließung, insbesondere die Bildung der Standesamtsbezirke und die Bestellung der Standesbeamten und der Stellvertreter der Standesbeamten nach den Bestimmungen in den §§. 2 bis 6 des Gesetzes steht dem Ministerium, Abtheilung des Innern, zu.

Zu §. 4 des Gesetzes.

§. 2. In §. 4 des Gesetzes ist für die Städte unter „Gemeindebehörde" der Stadtrath unter Mitwirkung des Bürgervorstandes, bezüglich der Stadtgemeinderath, unter „Gemeindevorstand" der Stadtrath zu verstehen.

In den ländlichen Gemeinden ist der Gemeinderath und, wo ein solcher nicht vorhanden, die Gemeindeversammlung sowohl als „Gemeindebehörde" wie als „Gemeindevorstand" im Sinne von §. 4 des Gesetzes anzusehen.

Zu den §§. 7 und 11 des Gesetzes.

§. 3. Die Aufsicht über die Amtsführung der Standesbeamten wird bezüglich der städtischen Standesämter durch die Kreishauptmannschaften, bezüglich der ländlichen Standesämter durch die Gerichtsämter, als untere Verwaltungsbehörden, in höherer Instanz durch das Ministerium, Abtheilung des Innern, geübt.

Diesen Aufsichtsbehörden steht auch die Festsetzung der Entschädigung zu, welche nach §. 7 Abs. 2 des Gesetzes den Standesbeamten von den zum Bezirke ihres Hauptamtes nicht gehörigen Gemeinden zu gewähren ist.

Die in den Fällen des §. 11 Abs. 3, sowie nach den sonstigen Bestimmungen des Gesetzes

---

[79]) Vgl. noch 1. die Bekanntmachung des Ministeriums, Abtheilung des Innern, die Bildung der Standesamtsbezirke betr. vom 22. November 1875 (a. a. O. Stck. 11 S 170), nebst Bek. v. 4. Januar u. 13. Dezember 1876 (G.S. Stck. 2 u. 15 S. 134, 257), v. 10. Januar 1884 (G.S. Stck. 1 S. 1) und 2. den herzogl. Erlaß, die Führung der standesamtlichen Geschäfte für das herzogliche Haus betr., vom 16. Dezember 1875 (a. a. O. Stck. 12 S. 183) nebst Erl. v. 26. März 1879, G.S. Stck. 2 S. 29 (wonach an Stelle des Appellationsgerichts das Landgericht tritt).

kompetenten Gerichte erster Instanz sind die Gerichtsämter und das Stadtgericht zu Altenburg*⁰).

Zu den §§. 24 und 60 des Gesetzes.

§. 4. Die in den Fällen der §§. 24 und 60 des Gesetzes kompetenten Ortspolizeibehörden sind in den Städten die Stadträthe, auf dem platten Lande die Gerichtsämter.

Zu §. 3 des Gesetzes.

§. 5. Nach erfolgter Bestellung sind die Standesbeamten und deren Stellvertreter durch die zuständige nächste Aufsichtsbehörde dahin zu verpflichten,

daß sie das ihnen übertragene Amt eines Standesbeamten (Stellvertreters des Standesbeamten) und alle mit diesem Amte verbundenen Geschäfte nach ihrem besten Wissen und Gewissen vorschriftsmäßig verwalten wollen.

Die Verpflichtung erfolgt mittelst Handschlages an Eides Statt.

Zur Verpflichtung derjenigen Standesbeamten und Stellvertreter eines Standesbeamten, welche nach §. 4 Abs. 1 und §. 6 Abs. 2 des Reichsgesetzes auf Grund einer gemeindeamtlichen Stellung zu dem Standesamte berufen sind, genügt die Hinweisung auf den bei Uebernahme des Gemeindeamtes geleisteten Diensteid.

Zu demselben Paragraphen des Gesetzes.

§. 6. In Fällen vorübergehender Behinderung oder gleichzeitiger Erledigung des Amtes des Standesbeamten und der Stellvertreter hat in Städten der Stadtrath, bei ländlichen Standesämtern der Gemeindevorsteher oder Aelteste des Orts, an welchem der Standesbeamte, beziehungsweise dessen Stellvertreter, ihren Wohnsitz haben oder gehabt haben, — der zuständigen nächsten Aufsichtsbehörde hiervon ohne Verzug Anzeige zu machen, sofern diese Anzeige den Umständen nach nicht durch den Standesbeamten oder dessen Stellvertreter selbst bewirkt werden kann.

Zu §. 8 des Gesetzes.

§. 7. Die nach §. 8 des Reichsgesetzes, sowie nach den §§. 1, 2 und 4 der Ausführungsverordnung des Bundesraths vom 22. Juni 1875 den Gemeinden von der Zentralbehörde des Bundesstaates kostenfrei zu liefernden Formulare zu den Haupt- und Nebenregistern (A, B und C) und zu den Registerauszügen (Aa, Bb, Cc) werden auf Rechnung der Staatskasse angeschafft und vor dem 1. Januar 1876 den Standesbeamten kostenfrei zugefertigt werden.

Auch die in §. 5 der Ausführungsverordnung des Bundesraths vorgeschriebenen Formulare für Bescheinigung einer erfolgten Eheschließung, für das Aufgebot und für die Ermächtigung des zuständigen Standesbeamten zur Eheschließung vor dem Standesbeamten eines andern Orts (D, E und F) sollen den Standesbeamten wenigstens für den Beginn und die erste Zeit ihrer amtlichen Wirksamkeit durch die obere Aufsichtsbehörde geliefert werden; das Gleiche gilt von den erforderlichen Dienstsiegeln und Stempeln.

Der für Anschaffung dieser Formulare und der Dienstsiegel und Stempel erwachsende Aufwand ist jedoch von den die einzelnen Standesamtsbezirke bildenden Gemeinden der Staatskasse antheilig zu erstatten (vgl. §. 8 des Reichsgesetzes und §. 6 der Ausführungsverordnung des Bundesraths).

Zu den §§. 28, 33, 35, 40 und 50 des Gesetzes.

§. 8. Dispensation von der Eheunmündigkeit (§. 28) und von dem Verbot der Ehe zwischen einem wegen Ehebruchs Geschiedenen und seinem Mitschuldigen (§. 33) kann nur von Uns ertheilt werden. Dieselbe wird durch das Ministerium, Abtheilung für Justizangelegenheiten, vermittelt.

Die Befugniß zur Dispensation von der für verwittwete und geschiedene Frauen festgesetzten Wartezeit (§. 35) und zur Dispensation vom Aufgebot (§. 50) steht dem Ministerium, Abtheilung des Innern, zu.

Zu den §§. 29 und 30 des Gesetzes.

§. 9. In den Fällen, in welchen Minderjährige zur Eheschließung der Einwilligung des Vormundes bedürfen, bewendet es bei der Bestimmung in §. 14 der Vormundschaftsordnung (vgl. 3. Samml. S. 151), nach welcher zu dieser Einwilligung auch die Genehmigung der Vormundschaftsbehörde hinzuzutreten hat.

---

*⁰) Jetzt: die Amtsgerichte, s. Ausführungsges. z. deutsch. Ger.V.G. v. 22. März 1879, G.S. S. 9, §. 6: „Die Gerichtsbarkeit der in dem §. 5 als aufgehoben bezeichneten Gerichte in den Angelegenheiten, welche zu der ordentlichen streitigen Gerichtsbarkeit nicht gehören, ingleichen die denselben bisher übertragene Justizverwaltung, geht auf die in Gemäßheit des Gerichtsverfassungsgesetzes zu bildenden Landesgerichte über. Hierbei treten — soweit nicht für einzelne Angelegenheiten gesetzlich ein Anderes bestimmt wird — 1) an Stelle der Gerichtsämter, einschließlich des Stadtgerichts zu Altenburg die Amtsgerichte, 2) an Stelle des Appellationsgerichtes und des Kriminalgerichtes das Landgericht, 3) an Stelle des Ober-Appellationsgerichtes das Ober-Landesgericht.

Zu §. 38 Absatz 1 des Gesetzes.

§. 10. Die Gensdarmen bedürfen auch ferner, wie in der betreffenden Bekanntmachung vom 5. Februar 1838 (Gesetzsammlung 1838 S. 8) bestimmt ist, zu ihrer Verheirathung der Erlaubniß des Ministeriums, Abtheilung des Innern, Mitglieder Unserer Hof- und Stalldienerschaft (vgl. §. 45 der Eheordnung vom 13. Mai 1837) der Erlaubniß Unseres Hofmarschallamtes.

Militärpersonen des Friedensstandes bedürfen zu ihrer Verheirathung der Genehmigung ihrer Vorgesetzten (vgl. Reichsmilitärgesetz vom 2. Mai 1874 §. 38 und 40, Reichsgesetzblatt 1874 S. 56).

Alle Angehörigen des Deutschen Reiches, mit Ausnahme der Angehörigen des Königreichs Baiern, sind im Sinne des Gesetzes als Inländer zu betrachten.

Bezüglich der von Ausländern bei Eingehung einer Ehe im Inlande beizubringenden Bescheinigungen und resp. Erlaubnißscheine bewendet es bei den bestehenden Bestimmungen.

Die Standesbeamten haben zur Vollziehung der Eheschließung eines Ausländers erst dann zu schreiten, wenn ihnen auf Vorlegung der von demselben beigebrachten Bescheinigungen von der Gemeindebehörde (für ein städtisches Standesamt dem Stadtrathe, für ein ländliches Standesamt dem betreffenden Gerichtsamte) eine Bescheinigung dahin abgestellt worden ist, daß der Vollziehung der Eheschließung nach den beigebrachten Bescheinigungen kein Bedenken entgegen steht.

Das Erforderniß dieser Bescheinigung fällt bei städtischen Standesämtern dann weg, wenn der Bürgermeister oder dessen Stellvertreter selbst als Standesbeamter die Vollziehung der Eheschließung vornimmt.

Zu §. 38 Absatz 2 des Gesetzes.

§. 11. Wittwer und Wittwen haben beim Vorhandensein von Kindern aus einer früheren Ehe vor Schließung der Ehe durch obrigkeitliches Zeugniß nachzuweisen, daß der Bestimmung in §. 87 sub 3 der Eheordnung vom 13. Mai 1837 genügt ist.

Zu §. 46 des Gesetzes.

§. 12. In den Dorfschaften ist durch Gemeinderathsbeschluß eine angemessene Stelle zu bestimmen, an welcher die Bekanntmachungen der Aufgebote und sonstige behördliche Bekanntmachungen ausgehängt werden.

Die Aushängung hat in geschlossenen, mit Drahtgitter versehenen Kästen zu erfolgen.

Zu §. 60 des Gesetzes.

§. 13. Zum Zweck der Beerdigung hat der Standesbeamte über die erfolgte Eintragung des Sterbefalles unentgeltlich eine Bescheinigung (Beerdigungsbescheinigung) abzustellen.

Die die Beerdigung besorgenden Personen (Leichendiener, Todtengräber u. s. w.) haben eine Beerdigung nicht eher vorzunehmen, als bis sie durch Vorlegung der Beerdigungsbescheinigung oder sonst über die erfolgte Eintragung des Sterbefalles im Sterberegister oder darüber vergewissert worden sind, daß die Vornahme der Beerdigung vor erfolgter Eintragung des Sterbefalles von der Ortspolizeibehörde genehmigt worden ist.

Die Ortspolizeibehörde, welche zu einer Beerdigung vor erfolgter Eintragung ins Sterberegister Genehmigung ertheilt hat, ist verpflichtet, dem zuständigen Standesbeamten hiervon ohne Verzug Mittheilung zu machen.

Im Uebrigen wird an den polizeilichen Bestimmungen über Zeit, Modalität und Vorbedingungen der Beerdigung nichts geändert.

Zu §. 73 des Gesetzes.

§. 14. Die bisher geführten Kirchenbücher und Kirchenbuchsduplikate sind unmittelbar nach dem letzten im Jahre 1875 bewirkten Eintrage am 1. Januar 1876 mit den Worten:

„Abgeschlossen am 1. Januar 1876"

unter Beifügung der Unterschrift des Kirchenbuchführers, oder, sofern der Pfarrer das Kirchenbuch nicht selbst geführt hat, des Pfarrers und Kirchenbuchführers abzuschließen.

Nach dem 31. Dezember 1875 darf keinerlei Eintrag mehr in dieselben bewirkt werden.

Die Kirchenbücher bleiben in der Verwahrung der Pfarrämter, die Duplikate sind den Gerichten erster Instanz (Gerichtsämter und Stadtgericht Altenburg)[80a]) zur ferneren Aufbewahrung zu übergeben.

Zu §. 74 des Gesetzes.

§. 17. Die verpflichteten Hebammen sind auch ferner verbunden, dem Ortspfarrer von jedem Geburtsfalle, zu welchem sie zugezogen sind, Meldung zu machen (vgl. Verordnung vom 12. Juni 1824, Gesetzsammlung S. 23).

Außerdem sind dieselben, auch wenn sie nach den Bestimmungen in §. 18 des Gesetzes nicht an erster Stelle zur Anzeige des Geburtsfalles bei dem Standesbeamten verbunden sind, resp. nicht nach

---

[80a]) S. vor. Anm.

§. 19 des Gesetzes von dem ehelichen Vater Auftrag zur Anzeige des Geburtsfalles übernehmen, — zum Zweck der Kontrole verpflichtet, den zuständigen Standesbeamten von jedem Geburtsfalle, zu welchem sie bei oder nach der Niederkunft zugezogen werden, in Kenntniß zu setzen.

Bei der Bestimmung, nach welcher die verpflichteten Leichenfrauen jeden Todesfall dem Ortspfarrer und der Ortsobrigkeit (dem Richter, Schulzen, in den Städten der Gerichtsbehörde) zu melden haben (vgl. Dienstanweisung für die Leichenweiber vom 24. April 1857 §. 8, Gesetzsamml. S. 111), ingleichen bei der Anzeigepflicht, welche nach §. 1 der Vormundschaftsordnung (vgl. 3. Samml. S. 135) den Verwandten und sonst dem Verstorbenen nahestehenden Personen gegenüber den Gerichtsbehörden und resp. Gerichtspersonen obliegt, — behält es sein Bewenden.

Sowohl die verpflichteten Hebammen wie die verpflichteten Leichenweiber haben überdies bei allen Geburts- und Sterbefällen, zu welchen sie zugezogen werden, die nach dem Gesetz zu deren Anzeige Verpflichteten auf die ihnen obliegende Anzeigepflicht aufmerksam zu machen und sind von der Behörde, von welcher sie in Pflicht genommen sind oder werden, hierauf besonders hinzuweisen.

Urkundlich haben Wir diese Verordnung eigenhändig vollzogen und Unser Herzogliches Insiegel beidrucken lassen.

Herzogthum Sachsen-Coburg-Gotha.

51. Verordnung, die Ausführung des Reichsgesetzes über die Beurkundung des Personenstandes und die Eheschließung vom 6. Februar 1875 betreffend. Vom 1. November 1875. (Ges.Samml. für das Herzogth. Gotha Nr. 14 S. 131.)

Wir **Ernst,** Herzog zu Sachsen-Coburg und Gotha ꝛc. ꝛc., verordnen zur Ausführung des mit dem 1. Januar 1876 in den Herzogthümern Coburg und Gotha in Kraft tretenden Reichsgesetzes über die Beurkundung des Personenstandes und die Eheschließung vom 6. Februar 1875 (Reichsgesetzblatt S. 23 flg.) auf Grund der §§ 83 und 84 des genannten hierneben abgedruckten Gesetzes und im Anschluß an die gleichfalls hierneben abgedruckte, vom Bundesrathe unterm 22. Juni 1875 erlassene Ausführungsverordnung (Centralblatt für das deutsche Reich S. 386 flg.) was folgt:

§. 1. Für Uns und die Mitglieder Unseres Herzoglichen Hauses versieht die Geschäfte des Standesbeamten der jedesmalige Chef Unseres Staatsministeriums (§. 72 des Reichsgesetzes vom 6. Februar 1875).

Auf diese Geschäfte finden die nachstehenden §§. 2—15 keine Anwendung; vielmehr behalten Wir Uns vor, in dieser Beziehung die weiter nöthigen Bestimmungen zu treffen.

(Zu §. 2 des Gesetzes.)

§. 2. Jeder Gemeindebezirk im Herzogthum Coburg und jeder Heimathsbezirk im Herzogthum Gotha bildet einen Standesamtsbezirk, jedoch mit folgenden Ausnahmen:

A. Im Herzogthum Coburg

bilden die nachstehend unter einer Ziffer genannten Gemeindebezirke je zusammen einen Standesamtsbezirk. 1. Neuses bei Coburg, Bertheldsdorf mit Glend und Beiersdorf mit Haselmühle; 2. Niederfüllbach und Creidlitz mit Hambach; 3. Obersiemau und Birkach a/F.; 4. Esbach, Unterlauter und Unterwohlsbach; 5. Großgarnstadt, Kleingarnstadt, Oberfüllbach und Friesendorf; 6. Scherneck, Haarth, Hohenstein, Meschenbach, Stöppach, Wohlbach und Ziegelsdorf; 7. Wiesenfeld, Herbartsdorf und Kösfeld; 8. Waldsachsen und Neershof mit Neuhof; 9. Seidmannsdorf mit Löbelstein, Rögen und Rohrbach; Grub a/F. und Roth a/F.; 11. Ahorn mit Finkenau und Triebsdorf; Schafhof mit Neuhaus, Schäferhaus und Seemühle; 12. Bauerfeld und Sülzdorf; 13. Brüx, Weimersdorf, Höhn, Rüttmannsdorf, Waltersdorf, Mittelberg, Fischbach und Schönstadt; 14. Neustadt und Ebersdorf bei Neustadt; 15. Thann, Ketschenbach, Haarbrücken; 16. Kemmaten, Wellmersdorf, Birkig, Boderndorf und Horb a/F.; 17. Kipfendorf mit Thierach und Rothenhof; 18. Ahlstadt, Grattstadt, Ottowind und Oettinghausen; 19. Meder mit Birkenmoor, Drosserhausen mit Einzelberg, Kleinwalbur, Miersdorf und Neida; 20. Rodach und Lempertshausen; 21. Roßfeld und Rudelsdorf; 22. Rottenbach und Tremersdorf; 13. Zedersdorf, Bieberbach und Weikenbach; 24. Gestungshausen, Hof a/St., Horb a/St. mit Lochlaithen; 25. Hofstädten mit Sonnefeld und Weischau; 26. Fürth a/B. und Plehsten mit Wiesenmühle; 27. Scheuerfeld und Weidach.

Die Grundstücke, welche keinem Gemeindebezirke angehören, treten bezüglich der standesamtlichen Geschäfte dem Gemeindebezirke hinzu, welchem dieselben in Ausführung des §. 2 des Gesetzes vom 31. Mai 1871 (Gemeinschaftl. Ges.Samml. Nr. 280) zugewiesen sind.

B. Im Herzogthum Gotha

umfaßt der Standesamtsbezirk Wölfis zugleich die Heimathsbezirke Heerda und Tambuchshof.

Die Standesamtsbezirke führen als amtliche Benennung den Namen der Gemeinde, aus welcher sie gebildet sind, bezüglich, wenn sie aus mehreren Gemeinden gebildet sind, den Namen derjenigen Gemeinden, welche unter den vorstehenden Ziffern die erste Stelle einnehmen.

Die Namen der Standesbeamten und ihrer Stellvertreter werden in den Regierungsblättern bekannt gemacht.

§. 3. Die Funktionen der „unteren Verwaltungsbehörde" (§. 3 Abs. 1, §. 7 Abs. 3, §. 11 Abs. 1 und 2, §. 14, 27, 60, 64, 66 Abs. 2 des Reichsgesetzes) werden den Justizämtern, beziehungsweise dem Stadtgerichte[81]), in deren Bezirk der Standesbeamte seinen Amtssitz hat, in ihrer Eigenschaft als Behörden für die Verwaltung der freiwilligen Gerichtsbarkeit übertragen. (Vergl. §. 6.)

§. 4. Die in dem Reichsgesetz der „höheren Verwaltungsbehörde" zugewiesenen Funktionen werden einerseits von Unserem Staatsministerium, andererseits von den Kreisgerichten zu Coburg und Gotha[82]) in Bezug auf die Standesämter ihrer Bezirke, wahrgenommen.

Dem Staatsministerium steht ins Besondere zu:

die Bildung der Standesamtsbezirke (§. 2 des Reichsgesetzes), die Bestellung der Standesbeamten und deren Stellvertreter (§. 3 Abs. 2, §. 4 Abs. 1, §. 6 Abs. 1 des Reichsges.), die Ertheilung der Genehmigung zu der durch Gemeindebehörden erfolgten Bestellung von Standesbeamten, bezüglich deren Stellvertretern, und zur Uebertragung der standesamtlichen Geschäfte Seitens des Gemeindevorstandes an andere Gemeindebeamte (§. 4 Abs. 1 und 2 des Reichsgesetzes), der Widerruf der erfolgten Bestellung oder Genehmigung zur Bestellung (§. 5 des Reichsgesetzes), die endgültige Entscheidung über Beschwerden wegen Festsetzung der den Standesbeamten zu gewährenden Entschädigung (§. 7 Abs. 3 des Reichsgesetzes), die oberste Aufsicht über die Amtsführung der Standesbeamten.

Dasselbe ist ermächtigt, die Ausübung dieser Funktionen im Allgemeinen oder im einzelnen Falle den Kreisgerichten[82]) zu übertragen.

Die übrigen im genannten Reichsgesetz der höheren Verwaltungsbehörde zugewiesenen Geschäfte, insbesondere die Aufsicht über die Amtsführung der Standesbeamten in mittlerer Instanz (§. 11 Abs. 1 und 2 des Reichsgesetzes) werden von den Kreisgerichten[82]) ausgeübt.

§. 5. Unter der im Reichsgesetz gebrauchten Bezeichnung „Gemeindevorstand" ist der Gemeindevorstand im Sinne der Gesetzgebung beider Herzogthümer —, und unter der Bezeichnung „Gemeindebehörde" der Gemeindevorstand unter gemeindeverfassungsmäßiger Mitwirkung des Gemeindeausschusses, bezüglich der Gemeindeversammlung, zu verstehen.

§. 6. Als „Gericht erster Instanz" (§. 11 Abs. 3, §. 14 Abs. 2, §. 66 Abs. 2 des Reichsgesetzes) ist das Justizamt oder Stadtgericht[83]) zuständig, in dessen Bezirk der Standesbeamte seinen Amtssitz hat.

§. 7. Nach erfolgter Bestellung werden die Standesbeamten und Stellvertreter eines Standesbeamten durch die zuständige Gerichtsbehörde dahin verpflichtet,

daß sie das ihnen übertragene Amt eines Standesbeamten (Stellvertreters des Standesbeamten) und alle mit diesem Amte verbundenen Geschäfte nach ihrem besten Wissen und Gewissen vorschriftsmäßig verwalten wollen.

Die Verpflichtung erfolgt mittelst Handschlags an Eides Statt.

Zur Verpflichtung derjenigen Standesbeamten und Stellvertreter eines Standesbeamten, welche nach §. 4 Abs. 1 und §. 6 Abs. 2 des Reichsgesetzes und auf Grund einer gemeindeamtlichen Stellung zu dem Standesamte berufen sind, genügt die Hinweisung auf den bei Uebernahme des Gemeindeamtes geleisteten Diensteid.

§. 8. Jeder Standesbeamte führt ein Dienstsiegel mit dem Herzogl. Wappen und der Unterschrift: der Herzogl. Sächsische Standesbeamte zu . . . .

§. 9. Die Festsetzung der Entschädigung der Standesbeamten und ihrer Stellvertreter für die Führung der standesamtlichen Geschäfte in der Gemeinde, in welcher sie als Gemeindevorsteher fungiren, erfolgt wo nöthig im gemeindegesetzlichen Wege (Coburger Gemeindegesetz vom 22. Februar 1867, Art. 115, Art. 117 Nr. 13, Gothaisches Gemeindegesetz §. 115, 137 Nr. 13).

---

81) Jetzt: den Amtsgerichten, Ausführungs-Ges. z. deutsch. Ger.Verf.Ges. v. 7. April 1879, goth. G.S. S. 63, §. 5: „Die Gerichtsbarkeit in den Angelegenheiten, welche zu der ordentlichen streitigen Gerichtsbarkeit nicht gehören, ingleichen die Geschäfte der Justizverwaltung gehen — soweit nicht dieses Gesetz ein anderes bestimmt — von den bisherigen Justizämtern (Stadtgericht) auf die Amtsgerichte, von den Kreisgerichten, bez. dem Handelsgerichte auf die Landgerichte und von dem Appellations-Gerichte bez. dem Ober-Appellations-Gerichte auf das Oberlandesgericht über." §. 23: „Insoweit nicht Anderes bestimmt ist, entscheiden die Landgerichte in Angelegenheiten, welche zu der ordentlichen streitigen Gerichtsbarkeit nicht gehören, durch die Civilkammern. In Sachen der freiwilligen Gerichtsbarkeit ist die Entscheidung endgültig.

82) Jetzt Landgerichte, s. vor. Anm.

83) Jetzt Amtsgericht, s. Anm. 81.

In allen übrigen Fällen, in denen die gedachte Entschädigung aus Gemeindemitteln zu bestreiten ist, erfolgt wo nöthig deren Festsetzung durch die zuständige Gerichtsaufsichtsbehörde (§. 2) und bei Beschwerden endgültig durch das Staatsministerium (§. 4). In derselben Weise erfolgt die Festsetzung der nach §. 8 des Reichsgesetzes von den Gemeinden zu tragenden sächlichen Kosten.

§. 10. In jedem Orte, in welchem ein Standesbeamter seinen Amtssitz hat, ist am Eingang des Gebäudes, worin das Geschäftslokal des Standesbeamten sich befindet, ein Schild mit der Aufschrift: „Herzogl. Sächs. Standesbeamter" anzubringen.

§. 11. Die nach §. 8 des Reichsgesetzes, sowie nach den §§. 1, 2 und 4 der Ausführungsverordnung des Bundesraths vom 22. Juni 1875 den Gemeinden von der Centralbehörde des Bundesstaats kostenfrei zu liefernden Formulare zu den Haupt- und Nebenregistern (A., B., C.) und zu den Register-Auszügen (Aa., Bb., Cc.) werden auf Rechnung der Staatskasse angeschafft und — die Hauptregister in einem der Seelenzahl des einzelnen Standesamtsbezirks entsprechenden, für kleinere Standesamtsbezirke auf eine Mehrzahl von Jahren berechneten Umfange gebunden — vor dem 1. Januar 1876 den Standesbeamten kosten- und portofrei zugefertigt werden.

Auch die in §. 5 der vom Bundesrathe unterm 22. Juni 1875 erlassenen Ausführungsverordnung vorgeschriebenen Formulare für Bescheinigung einer erfolgten Eheschließung, für das Aufgebot und für die Ermächtigung des zuständigen Standesbeamten zur Eheschließung vor dem Standesbeamten eines anderen Orts (D., E., F.) sollen den Standesbeamten wenigstens für den Beginn und die erste Zeit ihrer amtlichen Wirksamkeit geliefert werden, und das Gleiche gilt von dem erforderlichen Dienstsiegel. Der für Anschaffung dieser Formulare und der Dienstsiegel erwachsende Aufwand ist jedoch von den die einzelnen Standesamtsbezirke bildenden Gemeinden der Staatskasse antheilig nach Verhältniß zu erstatten. — (Vergl. §. 8 des Reichsgesetzes, §. 6 der Ausführungsverordnung des Bundesraths.)

§. 12. In Fällen vorübergehender Behinderung des Standesbeamten und seiner Stellvertreter oder gleichzeitiger Erledigung dieser Aemter hat der die Geschäfte des Gemeindevorstandes führende Beamte des Orts, an welchem der Standesbeamte, beziehungsweise dessen Stellvertreter ihren Wohnsitz haben oder gehabt haben, dem zuständigen Justizamte, bezüglich Stadtgerichte[83a]), ohne Verzug Anzeige zu machen, damit in Gemäßheit des §. 3 Abs. 1 des Reichsgesetzes die einstweilige Beurkundung des Personenstandes einem benachbarten Standesbeamten oder Stellvertreter übertragen werde.

§. 13. Die Ortspolizeibehörde, welche zu einer Beerdigung vor erfolgter Eintragung des Sterbefalls in das Sterberegister Genehmigung ertheilt hat (§. 60 des Reichsgesetzes), ist verpflichtet, dem zuständigen Standesbeamten hiervon ohne Verzug Mittheilung zu machen.

§. 14. Ist eine Ehe auf übereinstimmendes Ansuchen der Eheleute aus landesherrlicher Machtvollkommenheit getrennt worden, so hat das Ehegericht eine beglaubigte Abschrift des landesherrlichen Erlasses nebst einer Bescheinigung darüber, an welchem Tage die Eröffnung an die Betheiligten erfolgt ist, dem Standesbeamten, vor welchem die Ehe geschlossen ist, zu übersenden. Der Standesbeamte hat hiernach in Gemäßheit des §. 55 des Reichsgesetzes zu verfahren. (Vgl. §. 14 der Ausführungsverordnung des Bundesraths vom 22. Juni 1875.)

§. 15. Insoweit nach bestehenden Vorschriften bestimmten Behörden oder Personen (Gemeindevorständen, Hebammen, Leichenfrauen ꝛc.) obliegt, von Geburts- oder Sterbefällen weltlichen oder geistlichen Behörden oder Beamten Anzeige zu erstatten, behält es hierbei auch fernerhin sein Bewenden.

§. 16. Diese Verordnung tritt mit dem 1. Januar 1876 in Kraft.

52. Ministerialverordnung, die weitere Ausführung des Reichsgesetzes über die Beurkundung des Personenstandes ꝛc. betreffend, vom 24. Oktober 1877 (Ges.Samml. für das Herzogth. Coburg Nr. 837 S. 190).

Auf Höchsten Befehl wird zur weiteren Ausführung des Reichsgesetzes über die Beurkundung des Personenstandes ꝛc. im Anschluß an die unterm 1. November 1875 erlassene Ausführungsverordnung — Nr. 327 der gemeinschaftlichen Gesetzsammlung für die Herzogthümer Coburg und Gotha — hierdurch verordnet was folgt:

§. 1. Wenn einem Standesbeamten der Herzogthümer Coburg und Gotha eine Urkunde über einen auswärts erfolgten Geburts-, Heiraths- oder Sterbefall einer Person, welche innerhalb seines Standesbezirks wohnt oder früher gewohnt hat, auf amtlichem Wege zugeht, so hat er diese Urkunde zu seinen Sammelakten (§. 9 der vom Bundesrathe erlassenen Ausf.V. v. 22. Juni 1875), nach Befinden zu einem besonderen Bande derselben zu nehmen und gleichzeitig den Namen der betreffenden außerhalb seines Bezirks geborenen, verehelichten oder verstorbenen Person in das von ihm geführte alphabetische Namensregister in der Weise einzutragen, daß die den Jahrgang und die Nummer des betreffenden Standesregisters bezeichnende Rubrik unausgefüllt bleibt, dagegen in der „Bemerkungen" überschriebenen Rubrik Band und Blattseite der Sammelakten angegeben wird, in denen die Urkunde eingeheftet ist.

In das betreffende Standesregister ist der in der Urkunde bescheinigte Geburts-, Heiraths-

---

[83a]) S. Anm. 81.

oder Sterbefall in der Regel nicht einzutragen. Eine Ausnahme findet nur statt, insofern nach Maßgabe der §§. 62 und 71 des Reichgesetzes ꝛc., bezw. der Kaiserlichen Verordn. v. 4. November 1875 (R.G.Bl. 1875 S. 313) amtliche Anzeigen über Geburten und Sterbefälle, welche sich auf Seeschiffen während der Reise ereignet haben, oder über Sterbefälle von Militärpersonen auf den in Dienst gestellten Schiffen oder anderen Fahrzeugen der Kaiserlichen Marine dem Standesbeamten des Bezirks, in welchem die Eltern des geborenen Kindes, bezw. der Verstorbene ihren Wohnsitz haben oder zuletzt gehabt haben, zugefertigt werden, welchenfalls nach jenen Vorschriften die Eintragung in das Geburts- oder Sterberegister auf Grund der amtlichen Anzeige zu bewirken ist.

Wird seitens eines Betheiligten beglaubigte Abschrift einer nach der Vorschrift in Absatz 1 zu den Sammelakten genommenen Urkunde verlangt, so hat der Standesbeamte den betreffenden Antrag unter Beifügung des die Urkunde enthaltenden Aktenbandes an das zuständige Justizamt (Stadtgericht)[84]) abzugeben. Letzteres hat sodann die verlangte beglaubigte Abschrift gegen Entrichtung der landesgesetzlichen Stempel-, bezw. Sportel-Abgabe zu ertheilen.

§. 2. Wenn innerhalb des Standesamtsbezirks Sterbefälle von Ausländern (Nichtdeutschen) vorkommen und zur Beurkundung im Standesregister gelangen, so hat der Standesbeamte sofort eine Sterbeurkunde (Registerauszug Cc.) kostenfrei auszufertigen und an das ihm vorgesetzte Justizamt (Stadtgericht)[84]) abzugeben. Letzteres hat die Urkunde zu beglaubigen und sodann an das Herzogliche Staatsministerium zur Veranlassung des Weiteren einzusenden.

§. 3. Die bisherigen Bestimmungen über die Ausstellung von Zeugnissen über Geburten, Eheschließungen und Sterbefälle von Nichtstaatsangehörigen durch die Pfarrämter, sowie über die Beglaubigung und weitere Behandlung derartiger pfarramtlicher Zeugnisse, insbesondere die einschlägigen Bestimmungen der für das Herzogthum Gotha unterm 1. Juli 1869 und für das Herzogthum Coburg unterm 15. Juli 1869 erlassenen Verordnung — Gothaische Ges.S. 1869 Nr. 20, Coburger Ges.S. Nr. 689 — werden, insoweit sie nicht bereits in Folge des Reichsgesetzes über die Beurkundung ꝛc. außer Wirksamkeit getreten sind, hiermit aufgehoben.

§. 4. Diese Verordnung tritt mit dem 1. November d. J. in Kraft.

Herzogthum Anhalt[85]).

53. Verordnung vom 8. Oktober 1875, betreffend die Ausführung des Reichs-Gesetzes über die Beurkundung des Personenstandes und die Eheschließung vom 6. Februar 1875 (Ges. Samml. Bd. 7 Nr. 393 S. 285).

Wir, **Friedrich**, von Gottes Gnaden Herzog von Anhalt ꝛc. ꝛc. ꝛc., verordnen zur Ausführung des mit dem 1. Januar 1876 in Kraft tretenden Reichsgesetzes über die Beurkundung des Personenstandes und die Eheschließung im Anschluß an die vom Bundesrathe unter dem 22. Juni d. J. erlassene, sub Anlage A abgedruckte Ausführungsverordnung, was folgt:

§. 1. Die Aufsicht über die Amtsführung der Standesbeamten (§. 11 des Reichsgesetzes) wird von den Kreisdirektionen als Aufsichts- oder unteren Verwaltungsbehörden, in höherer Instanz von der Regierung, Abtheilung des Innern, als der Oberaufsichts- oder höheren Verwaltungsbehörde geübt.

§. 2. Zuständig für die Fälle des §. 11 Abs. 3, §. 14 Abs. 2 und §. 66 Abs. 2 des Reichsgesetzes sind die Kreisgerichte und innerhalb des engeren Sprengels der Kreisgerichts-Kommissionen die letzteren als Gerichte erster Instanz[86]).

Die Beschwerde-Instanz bildet das Oberlandesgericht[87]).

§. 3. Die reichsgesetzlich den Gemeindebehörden zugewiesenen Funktionen sind in den Städten von den Gemeindevorständen, in den Dörfern, selbstständigen Domänen-, Ritterguts- und Forstbezirken von den betreffenden Polizeiverwaltungen auszuüben.

---

[84]) Jetzt: Amtsgericht, s. Anm. 81.

[85]) Vgl. noch Verordnung, die von den Standesbeamten für die Zwecke der Bevölkerungs-Statistik zu liefernden Nachweise über Geburten, Eheschließungen und Sterbefälle betr. v. 1. Dezember 1875 (a. a. O. Nr. 401 S. 365).

[86]) Jetzt: Amtsgerichte, Ausführungsges. z. deutsch. Ger.Verf.Ges. vom 10. Mai 1879 (G.S. Bd. 9 S. 427) §. 16 Abs. 2: „Folgende Angelegenheiten gehören zur Zuständigkeit der Amtsgerichte auch insoweit, als sie bisher durch die Collegialgerichte I. Instanz zu erledigen waren . . . 3. die in den §§. 11, 14, 66 des Reichsgesetzes vom 6. Februar 1875 ꝛc., bez. in der zu dessen Ausführung erlassenen Verordnung Nr. 393 vom 8. Oktober 1875 den Kreisgerichten und Kreisgerichts-Kommissionen zugewiesenen Geschäfte."

[87]) Jetzt: das Landgericht. §. 28 des vor. Anm. cit. Ges. „Das Landgericht ist zuständig für die Verhandlung und Entscheidung über das Rechtsmittel der Beschwerde in den Angelegenheiten, welche nach §§. 16, 18 und 19 dieses Gesetzes zur Zuständigkeit der Amtsgerichte gehören".

§. 4. Der Umfang der einem Standesamtsbezirke zugewiesenen Ortschaft richtet sich nach der Ausdehnung, welche dieselbe als Parochialbezirk, bezw. als Glied eines Parochialverbandes, nach §. 7 des Gesetzes vom 21. Februar 1873, betreffend die Regelung der Parochial-Baulast (Nr. 315 der Anhaltischen Gesetz-Sammlung) hat.

§. 5. Die Standesbeamten und Stellvertreter derselben sind durch die Kreisdirektion nach folgender Norm:

„Ich, N. N., schwöre hiermit, daß ich das mir anvertraute Amt eines Standesbeamten (eines Stellvertreters des Standesbeamten) und alle damit verbundenen Geschäfte nach meinem besten Wissen und Gewissen treu verwalten will, ohne mich durch Gunst, Haß, Furcht, Eigennutz oder irgend eine sonstige Rücksicht davon abwenden zu lassen, so wahr mir Gott helfe und sein heiliges Wort",

auf ihr Amt zu vereidigen, sofern sie in anderer Eigenschaft bisher einen Diensteid nicht geleistet haben.

Die Geschäftsführung der Standesbeamten wird durch eine Instruktion geregelt.

Den Standesbeamten werden die sämmtlichen Formulare, Nachweisungen 2c., deren sie sich bei ihrer Geschäftsführung nach dem Reichsgesetze und der Ausführungs-Verordnung des Bundesraths zu bedienen haben, sowie die erforderlichen Dienstsiegel kostenfrei aus der Staatskasse geliefert.

§. 6. Bezüglich der in Unserem Herzoglichen Hause vorkommenden Standesakte (§. 72 des Reichsgesetzes) hat der Vorsitzende Unserer Hofkammer als Standesbeamter zu fungiren.

Die von demselben aufzunehmenden Urkunden, für welche bezüglich der zu bekundenden Thatsachen die Vorschriften des Reichsgesetzes gleichfalls Anwendung finden, sind in unserem Haus- und Staats-Archiv aufzubewahren.

§. 7. Unserer landesherrlichen Entschließung behalten Wir vor die Ertheilung der Dispensation

1. von den Erfordernissen der Ehemündigkeit (§. 28 des Reichsgesetzes) und der Wartezeit (§. 35 a. a. O.),
2. von dem Verbot der Ehe des wegen Ehebruchs Geschiedenen mit seinem Mitschuldigen (§. 33 a. a. O.).

§. 8. Die Regierung, Abtheilung des Innern, ist befugt, aus dringenden Gründen eine Abkürzung der Frist zum Aufgebot zu gestatten oder vom letzteren gänzlich zu dispensiren.

Diese Erlaubniß oder Dispensation muß in der Heirathsurkunde erwähnt und zu den Belegen des Heiraths-Registers genommen werden.

§. 9. Wird die einstweilige Beurkundung des Personenstandes für den Fall vorübergehender Behinderung des Standesbeamten und seiner Stellvertreter einem benachbarten Standesbeamten oder Stellvertreter übertragen, so kann derselbe eine von der Aufsichtsbehörde festzusetzende, dem vertretenen Standesamtsbezirke nach Maßgabe des §. 9 des Reichsgesetzes zur Last fallende Entschädigung beanspruchen.

§. 10. Die Personenstandsbeamten sind bei Vermeidung einer Ordnungsstrafe von 3 Mrk. für jeden Kontraventionsfall verpflichtet

1. den betreffenden Vormundschaftsbehörden monatlich, und zwar jedesmal bis zum 10. des folgenden Monats Anzeige
   a. von der Geburt jedes unehelichen Kindes,
   b. von Sterbefällen, wo Unmündige konkurriren,

   zu machen;
2. nach Maßgabe des §. 27 des Gesetzes vom 4. Februar 1874, betreffend die Erbschaftssteuer (Nr. 341 der Anhaltischen Ges.Samml.) beziehentlich der Ministerial-Verordnung vom 5. März 1874 (Nr. 347 der Anhaltischen Ges.Samml.) ebenfalls monatlich bis zum 10. des folgenden Monats die sämmtlichen in ihrem Bezirk vorgekommenen Todesfälle der betreffenden Kreiskasse anzuzeigen, sowie
3. in Gemäßheit des §. 4 der Bekanntmachung vom 19. Oktober 1866 (Nr. 122 der Anhaltischen Ges.Samml.) alljährlich die bei ihnen zur Einzahlung gekommenen Beiträge zur Hebammen-Unterstützungs-Kasse an die Verwaltung derselben abzuführen.

Zu den Anzeigen ad 2 sind die Kreiskassen und zu den Einzahlungen ad 3 die Kreisdirektion in Dessau gehalten, die betreffenden Formulare kostenfrei nach Bedarf zu liefern.

§. 11. Die bisher nach den Bestimmungen des Reglements vom 14. Januar 1868 (Nr. 153 der Anhaltischen Ges.Samml.) mit Anfertigung der Geburtslisten für den Zweck der Militär-Aushebung betraut gewesenen Behörden und Beamten, beziehungsweise Geistlichen und israelitischen Gemeindevorstände haben die in §. 55 der Militär-Ersatz-Instruktion vom 26. März 1868 vorgeschriebenen Geburtslisten so lange aufzustellen und einzureichen, als es sich dabei um die bis zur Wirksamkeit des Reichsgesetzes vom 6. Februar 1875 eingetragenen Geburten handelt.

§. 12. Die Standesbeamten sind verpflichtet, die nach der Verordnung zur Ausführung des Impfgesetzes vom 8. Februar 1875 (Nr. 373 der Anhaltischen Ges.Samml.) vorgeschriebene Ausfüllung der Impflisten auf Grund der Geburts- und Sterbe-Register vom Jahre 877 ab zu bewirken; bis dahin verbleibt diese Verpflichtung den bisherigen Registerführern.

§. 13. Ueber die bis zur Wirksamkeit des Reichsgesetzes vom 6. Februar 1875 eingetretenen Geburts-, Heiraths- und Sterbefälle sind die erforderlichen Atteste in der bisherigen Weise gültig zu ertheilen.

§. 14. Die Gebühren und Geldstrafen, welche in Gemäßheit des Reichsgesetzes vom 6. Februar 1875 zur Erhebung gelangen, fließen derjenigen Kasse zu, welche die sächlichen Kosten der Standesämter (§. 8 des Reichsgesetzes) zu bestreiten hat.

§. 15. Diese Verordnung tritt mit dem 1. Januar 1876 in Kraft und werden hiermit alle derselben entgegenstehende Vorschriften aufgehoben.

Fürstenthum Schwarzburg-Rudolstadt.

54. Verordnung vom 15. Oktober 1875, die Ausführung des Reichsgesetzes über die Beurkundung des Personenstandes und die Eheschließung vom 6. Februar 1875 betreffend. (Ges.-Samml. Stck. 11 S. 139)[87a]).

Wir **Georg**, von Gottes Gnaden Fürst zu Schwarzburg rc. verordnen zur Ausführung des Reichsgesetzes über die Beurkundung des Personenstandes und die Eheschließung vom 6. Februar 1875 (Reichsgesetzblatt S. 23 ff.) auf Grund der §§. 83 und 84 desselben, sowie im Anschluß an die Ausführungsverordnung des Bundesrathes vom 22. Juni 1875 (Centralblatt für das deutsche Reich S. 386 ff.), was folgt:

§. 1. Für Uns und die Mitglieder Unseres Fürstlichen Hauses versieht die Geschäfte des Standesbeamten der jedesmalige Chef Unseres Ministeriums (§. 72 des Reichsgesetzes).

Ueber die Art der Führung und Aufbewahrung der Standesregister Bestimmungen zu treffen, bleibt vorbehalten[88]).

§. 2. Im Uebrigen steht die centrale Leitung und die Oberaufsicht in Betreff der Ausführung des Reichsgesetzes vom 6. Februar 1875 Unserem Ministerium (Justizabtheilung) zu.

§. 3. Die Funktionen der „untern Verwaltungsbehörde" (§. 3 Abs. 1, §. 7 Abs. 3, §. 11 Abs. 1 und 2, §§. 14, 27, 60, 64, 66 Abs. 2 des Reichsgesetzes) werden den Justizämtern[89]) als Organen der Justizverwaltung, jedem in Bezug auf die Standesämter seines Bezirkes übertragen.

§. 4. Die in dem Reichsgesetz der „höheren Verwaltungsbehörde" zugewiesenen Funktionen werden einerseits von Unserem Ministerium (Justizabtheilung), andererseits von den Kreisgerichten[90]), von den letzteren in Bezug auf die Standesämter ihrer Bezirke, wahrgenommen.

Dem Ministerium (Justizabtheilung) steht insbesondere zu:

1) die Bildung der Standesamtsbezirke (§. 2 des Reichsgesetzes),
2) die Bestellung der Standesbeamten und deren Stellvertreter (§. 3 Abs. 2, §. 4 Abs. 1, §. 6 Abs. 1 des Reichsgesetzes),
3) die Ertheilung der Genehmigung zu der durch Gemeindebehörden erfolgten Bestellung von Standesbeamten bezüglich deren Stellvertretern und zur Uebertragung der standesamtlichen Geschäfte Seitens des Gemeindevorstandes an andere Gemeindebeamte (§. 4 Abs. 1 und 2 des Reichsgesetzes),
4) der Widerruf der erfolgten Bestellung oder Genehmigung zur Bestellung (§. 5 des Reichsgesetzes),
5) die endgültige Entscheidung über Beschwerden wegen Festsetzung der den Standesbeamten zu gewährenden Entschädigung (§. 7 Abs. 3 des Reichsgesetzes).

Das Ministerium ist ermächtigt, die Ausübung dieser Funktionen im Allgemeinen oder im einzelnen Falle den Kreisgerichten[90]) zu übertragen.

Die Aufsicht über die Amtsführung der Standesbeamten in höherer Instanz (§. 11 Abs. 1 und 2 des Reichsgesetzes) wird von den Kreisgerichten[90]) als mittleren Justizverwaltungsbehörden ausgeübt, vorbehältlich der dem Ministerium (Justizabtheilung) nach §. 2 zustehenden Oberaufsicht.

[87a]) Wegen der Bildung der Standesamtsbezirke s. V. v. 6. Nov. 1875, G.S. S. 244; v. 30. Mai 1877, G.S. S. 27; v. 24. Juli 1879, G.S. S. 249.

[88]) V., betr. die Art der Führung und Aufbewahrung der Standesregister für das Fürstliche Haus, vom 28. Dezember 1883, G.S. 1884 S. 2; Stdesb. 1884 S. 24.

[89]) Jetzt: Amtsgericht, Ges. die Ausführung d. Ger.Verf.Ges. betr. v. 1. März 1879, G.S. S. 27, §. 6: „In allen Angelegenheiten der Rechtspflege und Justizverwaltung, in Betreff deren nicht durch Reichsgesetz oder Landesgesetz ein Anderes bestimmt ist, geht die Zuständigkeit der vorbenannten Landesgerichte auf die in Gemäßheit des Gerichtsverfassungsgesetzes zu bildenden ordentlichen Landesgerichte, und zwar von den bisherigen Justizämtern und der Justiz-Amts-Commission auf die Amtsgerichte, von den Kreisgerichten auf das Landgericht . . . von dem Appellationsgericht und dem Ober-Appellationsgericht auf das Oberlandesgericht über.

[90]) Jetzt: Landgericht, s. vor. Anm.

§. 5. Unter der in dem Reichsgesetz (§. 4 Abs. 2 und 4 desselben) gebrauchten Bezeichnung: „Gemeindevorstand" ist der Bürgermeister bez. Schultheiß, und unter der Bezeichnung: „Gemeindebehörde" ist der Stadtrath bez. Gemeinderath, und in Gemeinden, in denen kein Gemeinderath besteht, die Gemeindeversammlung zu verstehen.

§. 6. Als „Gericht erster Instanz" (§. 11 Abs. 3, §. 14 Abs. 2, §. 66 Abs. 2 des Reichsgesetzes) ist der Einzelrichter (das Justizamt)[92]) zuständig, in dessen Bezirk der Standesbeamte seinen Amtssitz hat.

Der Instanzenzug regelt sich nach Maßgabe des §. 13 des Gesetzes über die Zuständigkeit der Gerichte und über den Instanzenzug in bürgerlichen Rechtsstreitigkeiten vom 1. Mai 1850 (Ges.Samml. S. 352)[93]).

§. 7. Die Dispensation von dem Verbote der Ehe zwischen einem wegen Ehebruchs geschiedenen und seinem Mitschuldigen (§. 33 Nr. 5 des Reichsgesetzes) zu ertheilen, behalten Wir Uns selbst vor.

Dispensation

1) vom gesetzlichen Alter der Ehemündigkeit (§. 28 des Reichsgesetzes),
2) von der gesetzlichen Vorschrift, nach welcher Frauen erst nach Ablauf des zehnten Monats seit Beendigung der früheren Ehe eine weitere Ehe schließen dürfen (§. 35 des Reichsgesetzes), und
3) vom Aufgebot (§. 50 des Reichsgesetzes) ertheilt Unser Ministerium (Justizabtheilung).

Die Gesuche um Dispensation sind in dem Falle des §. 33 Nr. 5 des Reichsgesetzes bei dem Kreisgerichte[94]), bei welchem der Entscheidungsprozeß in erster Instanz anhängig war, bezüglich, wenn die Ehescheidung von einem nicht dem Fürstenthume angehörigen Gericht ausgesprochen worden ist, bei Unserem Ministerium (Justizabtheilung), in den übrigen Fällen aber bei dem betreffenden Justizamte zu überreichen.

§. 8. Die Standesamtsbezirke, bei deren Bildung auf bestehende Parochialverbände thunlichst Rücksicht zu nehmen ist, sind nach ihrer amtlichen Benennung unter Angabe der einbezirkten Gemeinden durch die Gesetzsammlung bekannt zu machen[95]).

§. 9. Nach erfolgter Bestellung werden die Standesbeamten und deren Stellvertreter durch den zuständigen Einzelrichter[92]) dahin eidlich verpflichtet,

> daß sie das ihnen übertragene Amt eines Standesbeamten (Stellvertreters des Standesbeamten) und alle mit diesem Amte verbundenen Geschäfte nach ihrem besten Wissen und Gewissen vorschriftsmäßig verwalten wollen.

Zur Verpflichtung derjenigen Standesbeamten und Stellvertreter eines Standesbeamten, welche nach §. 4 Abs. 1 und §. 6 Abs. 2 des Reichsgesetzes auf Grund einer gemeindeamtlichen Stellung zu dem Standesamte berufen sind, genügt die Hinweisung auf den bei Uebernahme des Gemeindeamtes geleisteten Diensteid.

In dem Falle des §. 1 dieser Verordnung findet eine besondere Verpflichtung des bestellten Standesbeamten nicht Statt.

§. 10. In jedem Orte, in welchem ein Standesbeamter seinen Amtssitz hat, ist am Eingang des Gebäudes, worin das Geschäftslokal des Standesbeamten sich befindet, ein Schild mit der Aufschrift: „Fürstl. Schwarzb. Standesbeamter" anzubringen.

§. 11. Die nach §. 8 des Reichsgesetzes den Gemeinden von dem Ministerium kostenfrei zu liefernden Formulare zu den Haupt- und Nebenregistern und zu den Registerauszügen (Formular A. B. C. und Aa. Bb. Cc. der Ausführungsverordnung des Bundesraths) werden auf Kosten der Hauptlandeskasse angeschafft und — die Hauptregister in einem der Seelenzahl des einzelnen Standesamtsbezirkes entsprechenden, für kleinere Standesamtsbezirke auf eine Mehrzahl von Jahren berechneten Umfange gebunden — vor dem 1. Januar 1876 den Standesbeamten kosten- und portofrei zugefertigt werden.

Die im §. 5 der Ausführungsverordnung des Bundesrathes vorgeschriebenen Formulare D. E. F.

1) für Bescheinigung einer erfolgten Eheschließung,
2) für das Aufgebot und
3) für die Ermächtigung des zuständigen Standesbeamten zur Eheschließung vor dem Standesbeamten eines anderen Orts

sind von den Gemeinden zu beschaffen, desgleichen die nach §. 15 Abs. 2 des Reichsgesetzes erforderlichen Dienstsiegel[95a]). Der dadurch entstehende Aufwand wird, wenn der einzelne Standesamtsbezirk

---

[92]) Jetzt: Amtsgericht, s. Anm. 89.

[93]) Vgl. das zu Anm. 89 cit. Ges. §. 6.

[94]) Jetzt: Landgericht, s. Anm. 89.

[95]) Vgl. Min.Bek., die Zuweisung der einem Gemeinde- oder Gutsbezirke nicht angehörigen Grundbesitzungen zu den Standesamtsbezirken betr. vom 30. Mai 1877, G.S. S. 27; Stdesb. 1877 S. 156.

[95a]) S. dazu die V. v. 6. November 1875, G.S. S. 243.

aus mehreren Gemeinden besteht, von denselben gemeinschaftlich nach Verhältniß der Seelenzahl getragen. (Vergl. §. 8 des Reichsgesetzes, §. 6 der Ausführungsverordnung des Bundesraths.) — Die Bezugsstellen und Preise für Formulare und Siegel, desgleichen die Vorschriften über die Beschaffenheit der Siegel werden von dem Ministerium bekannt gemacht.

§. 12. Die Festsetzung der nach §. 8 des Reichsgesetzes von den Gemeinden zu tragenden sächlichen Kosten steht in allen Fällen, wo eine solche nöthig wird, dem Justizamte[96]) zu.

§. 13. In den Fällen vorübergehender Behinderung des Standesbeamten und seiner Stellvertreter oder gleichzeitiger Erledigung dieser Aemter hat die Gemeindebehörde des Ortes, an welchem der Standesbeamte beziehungsweise dessen Stellvertreter ihren Wohnsitz haben oder gehabt haben, dem zuständigen Justizamte[96]) ohne Verzug Anzeige zu machen, damit in Gemäßheit des §. 3 Abs. 1 des Reichsgesetzes die einstweilige Beurkundung des Personenstandes einem benachbarten Standesbeamten oder Stellvertreter übertragen werde.

§. 14. Die Ortspolizeibehörde, welche zu einer Beerdigung vor erfolgter Eintragung des Sterbefalles in das Sterberegister Genehmigung ertheilt hat (§. 60 des Reichsgesetzes), ist verpflichtet, dem zuständigen Standesbeamten hiervon ohne Verzug Mittheilung zu machen.

§. 15. Insoweit nach bestehenden Vorschriften bestimmten Behörden oder Personen (Gemeindevorständen, Hebammen, Leichenweibern rc.) obliegt, von Geburts- oder Sterbefällen weltlichen oder geistlichen Behörden oder Beamten Anzeige zu erstatten, behält es hierbei auch ferner sein Bewenden.

§. 16. Diese Verordnung tritt mit dem 1. Januar 1876 in Kraft.

55. Ministerialbekanntmachung vom 11. Dezember 1875, die Instruktion für die Standesbeamten betreffend (a. a. O. Stck. 15 S. 249).

Die nachstehend abgedruckte von Seiner Hochfürstlichen Durchlaucht genehmigte Instruktion für die Standesbeamten des Fürstenthums Schwarzburg-Rudolstadt wird andurch bekannt gemacht.

Instruktion
für die Standesbeamten des Fürstenthums Schwarzburg-Rudolstadt.

§. 1. Die Standesbeamten und deren Stellvertreter haben sich mit den ihren amtlichen Wirkungskreis betreffenden Gesetzen, Verordnungen und Instruktionen genau bekannt zu machen, insbesondere mit

1) dem Reichsgesetz über die Beurkundung des Personenstandes und die Eheschließung vom 6. Februar 1875 (Reichs-Gesetz-Blatt S. 23, Gesetzsamml. S. 145);
2) den zu diesem Reichsgesetze erlassenen Ausführungsverordnungen:
   a) der Ausführungsverordnung des Bundesraths vom 22. Juni 1875 und den derselben beigefügten Formularen und Mustern (Central-Blatt für das deutsche Reich, S. 386 flg. — Gesetzsamml. S. 168),
   b) der landesherrlichen Ausführungsverordnung vom 15. Oktober 1875 (Gesetzsamml. S. 139);
3) der gegenwärtigen Instruktion.

Jedem Standesbeamten wird ein Exemplar des Reichsgesetzes, der Ausführungsverordnung und der Instruktion mitgetheilt, welches, als zum Inventar des Standesamtes gehörig, sorgfältig aufzubewahren ist.

Glauben die Standesbeamten näherer Belehrung zu bedürfen, so haben sie sich an ihre nächste Aufsichtsbehörde (das Fürstl. Justizamt — die Fürstl. Justizamtskommission)[96]) zu wenden, welche sie mit der erforderlichen Anleitung und Aufklärung versehen wird.

Geschäftslokal und Geschäftsstunden.

§. 2. Abs. 1 und 2 lautend wie die sachs.-weimar. Instruktion §. 2 (o. S. 335).

Den Standesbeamten wird empfohlen, nach Bedürfniß für ihre tägliche Anwesenheit im Geschäftslokale bestimmte Stunden festzusetzen und selbige zur Kenntniß der Bezirksangehörigen zu bringen.

Register-Führung im Allgemeinen.

§. 3. Für den ganzen Standesamtsbezirk ist, auch wenn derselbe aus mehreren Gemeinden besteht, nur ein Geburtsregister, desgleichen nur ein Heiraths- und ein Sterberegister zu führen.

Die Hauptregister sind — wenigstens bei den kleineren Standesämtern — auf den Bedarf für mehrere Jahre einzurichten. Nachdem nach Ablauf eines Kalenderjahres das Hauptregister für

96) Jetzt: Amtsgericht, s. Anm. 89.

dieses abgelaufene Jahr abgeschlossen ist (§. 14 Absatz 2 des Reichsgesetzes — §. 10 dieser Instruktion) erfolgen die Eintragungen für das neue Kalenderjahr unter neuer, mit Nr. 1 beginnenden Nummerirung, bis der Band gefüllt ist.

Es empfiehlt sich, die Hauptregister in — mit der gedruckten Bezeichnung des einzelnen Registers versehenen — Mappen von starker Pappe mit Leinwandüberzug und Rücken anzulegen, in welchen die Formulare auf pergamentenen Riemen eingeheftet werden. Diese Einrichtung gestattet, daß, wenn die ursprünglich eingehefteten Formularbogen sämmtlich zu Eintragungen benutzt sind, noch weitere Formularbogen nachträglich eingeheftet werden können, so lange, als der Band dadurch nicht einen unverhältnißmäßigen, die Handhabung erschwerenden Umfang erhält. Ist letzteres der Fall, so muß ein neuer (zweiter, dritter 2c.) Band des Registers angelegt werden. Dabei ist jedoch darauf zu sehen, daß jeder einzelne Band mit dem Schluß eines Kalenderjahrganges abschließt, damit nicht Eintragungen, welche in dem nämlichen Kalenderjahre bewirkt worden sind, in verschiedene Bände des Registers gebracht werden. Eine Ausnahme von dieser Regel darf nur Platz greifen, wenn bei großen Standesämtern die Eintragungen in einem Kalenderjahre so zahlreich sein sollten, daß, wenn sie sämmtlich in demselben Bande des Registers Aufnahme fänden, letzterer zu stark und unhandlich würde. In diesem Falle kann ein Jahrgang des Registers auch mehrere Bände umfassen. Es ist aber dann der erste 2c. Band, sobald zur Benutzung des zweiten 2c. Bandes übergegangen werden muß, unter Hinweisung auf den letzteren gehörig abzuschließen. (§. 3 der Ausführungsverordnung des Bundesraths.)

Bei den Nebenregistern bildet jeder Jahrgang für sich einen Band oder ein Heft, sofern nicht etwa bei einem einzelnen großen Standesamtsbezirke der vorgedachte, bezüglich in §. 3 der Ausführungsverordnung des Bundesraths vorgesehene Fall eintritt.

Selbstverständlich sind die Register in sorgsamster Weise aufzubewahren, so daß sie dritten Personen nicht zugänglich sind. Das Nämliche gilt von den gelieferten Formularen. Dieselben sind nur zu dem gesetzlich bestimmten Zwecke zu verwenden.

Bei entstehender Feuersgefahr ist für Rettung der Standesregister die erste Sorge zu tragen.

§. 4 l. wie §. 4 d. cit. Instr.

§. 5. Nach erfolgter Anzeige eines Geburts- oder Sterbefalls, bezüglich nach erfolgter Eheschließung, ist die Eintragung in das betreffende Hauptregister sofort zu bewirken. Ein Aufschub der Eintragung ist nur in dem Falle zulässig und auch nothwendig, wenn dem Standesbeamten an der Richtigkeit der über einen Geburts- oder Sterbefall erstatteten Anzeige Zweifel beigehen, über deren Grund oder Ungrund erst noch weitere Erörterungen anzustellen sind. (§§. 21 und 58 des Reichsgesetzes.) In solchem Falle sind die zum Zwecke der fraglichen Erörterung aufgenommenen Protokolle oder sonstigen ergangenen Schriftstücke zu den nach §. 9 der Ausführungsverordnung des Bundesraths von dem Standesbeamten zu führenden Sammelakten zu bringen. Nach erfolgter Beseitigung der stattgefundenen Zweifel ist die Eintragung in das Register in Gegenwart der zu diesem Behufe wieder vorzubescheidenden Person, von der die Anzeige gemacht worden war, oder einer anderen zur Anzeige verpflichteten Person ohne weiteren Aufschub zu bewirken.

§. 6.[97]) An demselben Tage, an welchem die Eintragung in das Hauptregister stattgefunden hat, ist eine wörtlich genaue Abschrift derselben in das Nebenregister einzutragen und die Uebereinstimmung mit der Beurkundung im Hauptregister durch Ausfüllung und Unterzeichnung des den Formularen für die Nebenregister am Schlusse im Vordrucke beigefügten Beglaubigungsvermerks zu bestätigen. (§. 14 Abs. 1 des Reichsgesetzes; §. 2 der Ausführungsverordnung des Bundesrathes.) Ebenso ist jeder am Rande der ursprünglichen Eintragung später gemachte Vermerk noch an demselben Tage auch am Rande der entsprechenden Nummer des Nebenregisters einzutragen, sofern letzteres noch nicht der Aufsichtsbehörde (dem Justizamte) eingereicht ist. Einer besonderen Beglaubigung der Uebereinstimmung dieser Nachtragsvermerke im Nebenregister mit denen des Hauptregisters bedarf es jedoch nicht, wie das der Ausführungsverordnung des Bundesraths beigefügte Muster B 1 zeigt. Sind aber solche nachträgliche Eintragungen im Hauptregister erst gemacht worden, nachdem das Nebenregister bereits an die Aufsichtsbehörde eingesendet war, so ist von demselben gleichzeitig auf einen besonderen

---

[97]) Vgl. Nachtrag zur Instruktion v. 7. Juni 1876 (G.S. S. 67).

Zum Zweck der Herbeiführung einer übereinstimmenden Regelung der für die Standesbeamten im Wege der Instruktion erlassenen Bestimmungen wird die diesseitige Instruktion v. 11. Dez. 1875 (G.S. S. 249) in den §§. 6 u. 7 dahin abgeändert,

1) daß auch die Uebereinstimmung der Nachtragsvermerke im Nebenregister mit denen des Hauptregisters besonders beglaubigt werden muß (§. 6);
2) daß Berichtigungen der Eintragungen am Rande der letzteren durch den Standesbeamten und mit der Ueberschrift der Erschienenen nur bis zur Vollziehung durch den Standesbeamten zulässig sind (§. 7 Abs. 2). Durch die Unterschrift des Standesbeamten wird die Eintragung abgeschlossen und es können Berichtigungen alsdann nur noch im Wege der §§. 65 und 66 des Reichsgesetzes vom 6. Februar 1875 stattfinden.

Bogen eine Abschrift zu fertigen und, nachdem deren Uebereinstimmung mit der Eintragung im Hauptregister beglaubigt ist, der Aufsichtsbehörde zu überreichen. (§. 14 Absatz 3 des Reichsgesetzes.)

§. 7. [98]) In den Standesregistern dürfen Korrekturen durch Ausstreichen und Ueberschreiben oder durch Rasuren durchaus nicht vorkommen. Nur der Vordruck (die gedruckten Worte der Formulare) ist, wenn und soweit er nicht paßt, zu durchstreichen; es ist alsdann aber am Rande zu bemerken, daß und wie viel Zeilen gelöscht sind; auch ist diese Bemerkung unterschriftlich zu vollziehen. (Vergl. §. 8 der Ausführungsverordnung des Bundesraths und das Muster C 4.)

Wenn sich, bevor die vor dem Standesbeamten Erschienenen entlassen sind, Unrichtigkeiten in der Eintragung ergeben, sei es, daß die Erschienenen unrichtige oder unvollständige Angaben gemacht haben oder daß sie von dem Standesbeamten mißverstanden worden sind oder daß ein Schreibfehler vorgekommen ist, so ist eine die Eintragung berichtigende oder ergänzende Bemerkung am Rande derselben hinzuzufügen und durch Unterschrift der Erschienenen und des Standesbeamten zu vollziehen, ohne daß in der Eintragung selbst irgend etwas geändert oder gestrichen wird. (§. 13 Schlußsatz des Reichsgesetzes.)

Wird der Mangel erst nach Entlassung der Erschienenen wahrgenommen, so kann eine Berichtigung, ohne Unterschied, ob der zu berichtigende Fehler von größerer oder geringerer, von sachlicher oder nur formaler Bedeutung ist, nur auf dem in den §§. 65 und 66 des Reichsgesetzes vorgeschriebenen Wege, also nur auf dem Grunde gerichtlicher Anordnung erfolgen. Der Standesbeamte hat in solchem Falle, wenn er die Berichtigung der Eintragung für nothwendig erachtet, den Sachverhalt dem Justizamte berichtlich vorzutragen, welches das weiter Erforderliche veranlassen wird.

Ebenso wenig, wie Korrekturen, sind Abkürzungen bei den Eintragungen zulässig. Eine besondere Sorgfalt ist auf richtige, deutliche und vollständige Einschreibung der Vornamen und Familiennamen zu verwenden. Es darf z. B. nicht blos „Hermann Kaiser“ statt „Hermann August Friedrich Eduard Kaiser“, nicht „Schmid“ statt „Schmitt“, „Beyer“ statt „Baier“, „Keyser“ statt „Kaiser“ ꝛc. geschrieben werden. Auch ist zur Bezeichnung des weiblichen Geschlechts dem Familiennamen nicht die Sylbe in anzuhängen (z. B. nicht „Marie Schmidtin“ statt „Marie Schmidt“).

Die punktirten Zwischenräume in den Formularen sind, wenn sie nicht beschrieben worden, alsbald bei der Eintragung durch Striche auszufüllen. Die wesentlichen Zahlenangaben sind mit Buchstaben zu schreiben (§. 13 Abs. 1 des Reichsgesetzes).

§. 8 l. wie die zu §. 2 cit. Instr. §. 8.

§. 9 l. wie d. cit. Instr. §. 9.

§. 10 Abs. 1 und 2 l. wie §. 10 Abs. 1 und 2 a. a. O.

Die abgeschlossenen Nebenregister sind spätestens bis zum 15. März [99]) des neuen Kalenderjahres dem Justizamte (der Justizamtskommission) [1]) zu überreichen.

[2]) Sind vor dieser Ueberreichung nachträgliche Randvermerke in die Hauptregister eingetragen gewesen, so hat der Standesbeamte beglaubigte Abschrift dieser Randvermerke vorschriftsmäßig zu den noch in seinen Händen befindlichen Nebenregistern zu bringen, so daß die letzteren bis zum Tage ihrer Ueberreichung an die Aufsichtsbehörde mit den Hauptregistern vollständig übereinstimmen.

Gleichzeitig mit den Nebenregistern haben die Standesbeamten auch noch ein summarisches Verzeichniß derjenigen Berichtigungen und Nachtragsvermerke, welche in frühere Jahrgänge der Hauptregister während des letzten Kalenderjahrs eingetragen worden sind, einzureichen. Waren solche nachträgliche Eintragungen in frühere Jahrgänge eines Hauptregisters im Laufe des letztverflossenen Jahres bei dem Standesamte nicht vorgekommen, so ist hierüber ein Vacatschein auszufertigen und mit den Nebenregistern einzusenden.

Das Justizamt [1]), welches in seiner doppelten Eigenschaft als untere Verwaltungsbehörde und als Gericht erster Instanz (§§. 3 und 6 der landesherrlichen Ausführungsverordnung vom 15. Oktober 1875) die der einen, wie der anderen Behörde reichsgesetzlich überwiesenen Funktionen auszuüben hat, wird durch sorgfältige Vergleichung des eingesendeten summarischen Verzeichnisses mit den in Frage kommenden früheren Jahrgängen der in seiner Verwahrung befindlichen Nebenregister prüfen, ob sämmtliche nach Einreichung der Nebenregister in den Hauptregistern gemachte Eintragungen der Vorschrift in §. 14 Abs. 3 des Reichsgesetzes entsprechend ihm in beglaubigter Abschrift mitgetheilt und den Nebenregistern beigeschrieben worden sind. Ergeben sich in dieser Beziehung Unterlassungen, so sind die zur Ergänzung der Nebenregister und beziehungsweise von Aufsichtswegen erforderlichen Verfügungen ungesäumt zu treffen.

---

[98]) Vgl. die Abänderung in Anm. 97.

[99]) Abänderung durch den ferneren Nachtrag zur Instruktion v. 13. August 1877, §. 3, G.S. S. 71, Stdesb. 1877 S. 194.

[1]) Jetzt: Amtsgericht, s. Anm. 89 auf S. 393.

[2]) Einschaltung des zu Anm. 99 cit. Nachtrages §. 3 Abs. 2.

Alphabetische Namensverzeichnisse.

§. 11 l. wie §. 14 a. a. O.

Register-Auszüge.

§. 12. Bei Ertheilung **beglaubigter Auszüge** aus einem Standesregister ist streng darauf zu halten, daß der Auszug (die Geburts-, Heiraths- und Sterbeurkunde) die betreffende Eintragung **nebst allen zu derselben später gemachten Zusätzen, Ergänzungen und Berichtigungen** vollständig und wortgetreu enthalte. (§. 16 Abs. 2 und 3 des Reichsgesetzes.)

Während der Regel nach für solche Registerauszüge die der Ausführungsverordnung des Bundesraths beigefügten Formulare Aa, Bb und Cc zu benutzen sind, ist von deren Benutzung dann Abstand zu nehmen, wenn nach Maßgabe des § 8 jener Ausführungsverordnung und des §. 8 gegenwärtiger Instruktion der **Vordruck** des Registerformulars, weil einer der in den §§. 20, 23, 24, 58 und 62 des Reichsgesetzes bezeichneten Fälle vorlag, ganz oder theilweise **durchstrichen** und die Eintragung ganz oder theilweise am Rande des Formulars bewirkt worden ist. In solchen Fällen hat der Standesbeamte ohne Benutzung eines Formulars eine Abschrift der Eintragung zu fertigen und dieselbe in der vorgeschriebenen Form als mit dem betreffenden Hauptregister gleichlautend zu beglaubigen.

Einfache Atteste über Geburts- und Sterbefälle, Aufgebote und Eheschließungen.

§. 13 l. wie §. 13 a. a. O.

Vornamen neugeborner Kinder.

§. 14. Damit thunlichst vermieden werde, daß die Eintragung neugeborner Kinder christlicher Eltern in das Geburtsregister unter anderen Vornamen erfolgt, als diesen Kindern in der heiligen Taufe beigelegt sind, hat der Standesbeamte, so oft Geburtsfälle oder die Vornamen von Kindern, welche zur Zeit der Eintragung der Geburt noch nicht feststanden, bei ihm zur Eintragung angezeigt werden, durch sorgfältige Befragung der Erschienenen zu erforschen, ob das Kind bereits getauft ist oder nicht. Im ersteren Falle ist, wenn nicht etwa schon aus einem vorgelegten pfarramtlichen Taufzeugniß die Uebereinstimmung der dem Kinde in der Taufe beigelegten mit den zur Eintragung in das Geburtsregister angezeigten Vornamen ersehen werden kann, das Vorhandensein dieser Uebereinstimmung thunlichst zu konstatiren. Ist eine solche nicht vorhanden, so hat der Standesbeamte auf deren Herstellung, bevor die Eintragung in das Geburtsregister bewirkt wird, durch Belehrung über die schweren Nachtheile, die eine Verschiedenheit der dem Kinde in der Taufe beigelegten und der in dem Geburtsregister eingetragenen Namen für dasselbe in Zukunft unter Umständen zur Folge haben kann, bezüglich in sonst geeigneter Weise mit Nachdruck hinzuwirken. Ist das Kind noch ungetauft, so sind die Erschienenen zu bedeuten, daß die ihnen nach §. 13 der gegenwärtigen Instruktion unaufgefordert auszustellende Bescheinigung der erfolgten Eintragung in das Geburtsregister vorzugsweise dazu bestimmt sei, bei Bestellung des Taufaktes dem zuständigen Geistlichen vorgelegt zu werden.

Aufgebot.

§. 15 l. wie §. 15 a. a. O.

§. 16. Ueber die Bestellung des Aufgebots und etwaige spätere hierauf sich beziehende Verhandlungen hat der Standesbeamte protokollarische Niederschriften aufzunehmen. Diese müssen insbesondere enthalten die erforderliche Auskunft über die nach §. 45 des Reichsgesetzes von dem Standesbeamten vor Anordnung des Aufgebots festzustellenden Thatsachen, z. B. über die vor dem Standesbeamten persönlich erklärte Einwilligung der Eltern oder des Vormundes zur Eheschließung, oder über die hierüber beigebrachten Urkunden, sowie eventuell über die abgegebenen eidesstattlichen Versicherungen. Die Niederschriften sind von den erschienenen Betheiligten, sowie von dem Standesbeamten unterschriftlich zu vollziehen.

Voraussetzungen des Aufgebots.

§. 17. Vor Anordnung des Aufgebots hat der Standesbeamte auf dem in §. 45 des Reichsgesetzes vorgeschriebenen Wege insbesondere folgende Thatsachen festzustellen:

1. Vor- und Familiennamen, Religion, Alter, Stand oder Gewerbe, Geburts- und Wohnort der Verlobten, sowie Vor- und Familiennamen, Stand oder Gewerbe und Wohnort ihrer Eltern (§. 54 Nr. 1 und 2 des Reichsgesetzes),
2. die Einwilligung beider Theile in die Anordnung des Aufgebots (§. 28 des Reichsgesetzes),
3. die **Ehemündigkeit** der Verlobten, d. h. daß der Bräutigam das zwanzigste, die Braut das sechszehnte Lebensjahr vollendet hat, **oder**, daß von dem Erforderniß des gesetzlichen Alters der Ehemündigkeit **Dispensation** ertheilt worden ist (§. 28 des Reichsgesetzes).

Für Angehörige des Fürstenthums wird diese Dispensation von dem unterzeichneten Ministerium ertheilt (§. 7. der landesherrlichen Ausführungsverordnung vom 15. Oktober 1875).

4. Wenn der Verlobte das fünf und zwanzigste oder die Verlobte das vier und zwanzigste Lebensjahr noch nicht vollendet hat, die erfolgte Ertheilung der nach §§. 29, 30 und 31 des Reichsgesetzes in diesem Falle erforderlichen elterlichen bezüglich vormundschaftlichen Einwilligung zur Eheschließung.

Nach den reichsgesetzlichen Bestimmungen bedarf es für den verlobten Theil, welcher das 25. beziehungsweise das 24. Lebensjahr noch nicht vollendet hat, zur Eheschließung

a) wenn derselbe ein eheliches (bezüglich durch nachfolgende Ehe oder landesfürstliches Reskript legitimirtes) oder wenn er ein an Kindesstatt angenommenes Kind ist, der Einwilligung des Vaters, wenn dieser aber verstorben oder zur Abgabe einer Erklärung dauernd außer Stande (z. B. wegen Wahnsinns), oder wenn sein Aufenthalt dauernd unbekannt ist, der Einwilligung der Mutter und, sofern der verlobte Theil wegen minderjährigen Alters unter Vormundschaft steht, neben der Einwilligung der Mutter auch noch der Einwilligung des Vormunds;

b) wenn der verlobte Theil ein uneheliches (auch nicht durch nachfolgende Ehe oder landesfürstliches Reskript legitimirtes) Kind ist, der Einwilligung der Mutter und, sofern er wegen minderjährigen Alters unter Vormundschaft steht, neben der Einwilligung der Mutter noch der des Vormunds;

c) wenn in den unter a und b erwähnten Fällen auch die Mutter verstorben oder zur Abgabe einer Erklärung dauernd außer Stande oder wenn ihr Aufenthalt dauernd unbekannt ist, so bedarf es zur Eheschließung der Einwilligung dritter Personen überhaupt nicht, der verlobte Theil müßte denn wegen Minderjährigkeit unter Vormundschaft stehen, welchenfalls die Einwilligung des Vormunds beigebracht werden muß.

Selbstverständlich muß aber, ehe das an sich vorhandene Erforderniß der Einwilligung einer bestimmten Person (des Vaters, der Mutter 2c.) wegen deren Todes oder eines dem Tode gesetzlich gleichgestellten Verhältnisses als beseitigt erachtet werden kann, der Tod oder das demselben gleichstehende Verhältniß nach Maßgabe der Vorschriften in §. 45 des Reichsgesetzes glaubhaft nachgewiesen sein.

Rücksichtlich des Erfordernisses der vormundschaftlichen Einwilligung ist Folgendes zu beachten.

Nach der Schlußbestimmung der §. 29 des Reichsgesetzes sind die Vorschriften des Landesrechts für die Frage maßgebend, in wiefern die Wirksamkeit einer Vormundschaftsbehörde oder eines Familienrathes bei der Eheschließung eines Minderjährigen Platz greife. Nach §. 3 der Verlöbnißordnung vom 22. April 1774, bestätigt durch §. 31 der Vormundschaftsordnung vom 13. April 1818, ist zur Gültigkeit des Eheversprechens eines Minderjährigen außer der Einwilligung des Vormundes auch die Zustimmung des Vormundschaftsgerichts erforderlich. Die Standesbeamten haben daher von den dem hiesigen Fürstenthum angehörigen Minderjährigen vor Anordnung des Aufgebotes die Beibringung des Nachweises der vormundschaftsgerichtlichen Zustimmung zu verlangen.

Bei Eheschließungen von Bevormundeten, deren Vormundschaft nach einem anderen als dem im Fürstenthume geltenden Rechte geführt wird, ist dieses andere Recht zu berücksichtigen. Wenn daher ein außerhalb des Fürstenthums unter Vormundschaft stehender Minderjähriger sich verehelichen will, so muß vor Anordnuug des Aufgebots der Nachweis erbracht sein, entweder, daß sowohl der Vormnnd als das Vormundschaftsgericht (bezüglich der Familienrath) die Einwilligung zur Eheschließung ertheilt haben, oder, daß der Minderjährige nach dem betreffenden Landesrechte einer Einwilligung der Vormnndschaftsbehörde (bezüglich eines Familienrathes) neben der des Vormundes oder einer Einwilligung des Vormundes neben der der Vormundschaftsbehörde (des Familienraths) zur Eheschließung nicht bedarf.

Ohne daß der Nachweis der nach Obigem erforderlichen elterlichen und bezüglich vormundschaftlichen Einwilligung erbracht ist, darf das Aufgebot nur dann angeordnet werden, wenn durch behördliche Zeugnisse oder in sonst glaubhafter Weise nachgewiesen worden ist, daß die versagte Einwilligung zur Eheschließung durch rechtskräftiges richterliches Erkenntniß oder auch, was speziell die versagte Einwilligung des Vormundes anbetrifft, durch Dekret der obervormundschaftlichen Behörde ergänzt worden sei (§. 32 des Reichsgesetzes).

Ferner hat der Standesbeamte vor Anordnung des Aufgebots festzustellen,

5. daß zwischen den Verlobten keines der in §. 33 des Reichsgesetzes unter Nr. 1 bis 5 aufgeführten Verhältnisse obwaltet, welches die Ehe zu einer verbotenen machen würde.

Haben die Verlobten oder der eine oder andere Theil derselben bereits früher in einer Ehe gestanden, welche durch richterliches Erkenntniß geschieden worden ist, so ist durch Vorlegung des Erkenntnisses im Original oder in beglaubigter Abschrift oder durch Zeugniß des zuständigen Ehegerichts oder in sonst glaubhafter Weise nachzuweisen, daß auf Trennung der Ehe nicht wegen eines Ehebruchs erkannt worden ist, hinsichtlich dessen der andere verlobte Theil Mitschuldiger ist, oder daß, wenn

Letzteres gleichwohl der Fall sein sollte, Dispensation von der Vorschrift in §. 33 Nr. 5 des Reichsgesetzes ertheilt worden ist. Diese Dispensation kann für Angehörige des Fürstenthums nur von dem Landesherrn ertheilt werden (§. 7 der landesherrlichen Ausführungsverordnung vom 15. Oktober 1875).

6. Daß beide Verlobte sich im ehelosen Stande befinden (§. 34 des Reichsgegesetzes).

Hiernach ist von Wittwern oder Wittwen der Tod ihres verstorbenen Ehegatten, von geschiedenen Personen die Ehetrennung, dafern dem Standesbeamten diese Umstände nicht sonst genugsam bekannt sind, überhaupt aber von Verlobten der ehelose Stand im Fall eines in dieser Beziehung obwaltenden Zweifels — namentlich wenn eine verlobte Person dem Standesbeamten ganz unbekannt ist, sich längere Zeit im fernen Auslande aufgehalten hat u. s. w. — durch behördliches Zeugniß oder in sonst glaubhafter Weise, eventuell durch eidesstattliche Versicherung nachzuweisen, bevor das Aufgebot erfolgen kann.

7. Wenn die Verlobte eine Wittwe oder geschiedene Frau ist, daß seit Beendigung der früheren Ehe der zehnte Monat abgelaufen oder daß Dispensation von der Wartezeit ertheilt worden ist (§. 35 des Reichsgesetzes).

Für Angehörige des Fürstenthums ertheilt diese Dispensation das unterzeichnete Ministerium (§. 7 der Verordnung vom 15. Oktober 1875).

8. Daß der eine verlobte Theil nicht Vormund des anderen, noch ein Kind dieses Vormundes ist (§. 37 des Reichsgesetzes).

9. Für Militärpersonen und Landesbeamte die erfolgte Ertheilung der zur Eheschließung erforderlichen Erlaubniß ihrer amtlichen Vorgesetzten (§. 38 Abs. 1 des Reichsgesetzes).

Militärpersonen des deutschen Reichsheeres bedürfen zu ihrer Verheirathung der Genehmigung ihrer Vorgesetzten: die Militärpersonen des Friedensstandes (Offiziere, Aerzte und Militärbeamte des Friedensstandes — Kapitulanten — Freiwillige und ausgehobene Rekruten), so lange sie zum aktiven Heere gehören (§. 38 A und §. 40 des Reichsmilitärgesetzes vom 2. Mai 1874; Reichsgesetzblatt S. 45 flg.), Rekruten und Freiwillige auch, wenn sie vorläufig in die Heimath beurlaubt sind (§. 56 Nr. 2 und §. 60 desselben Gesetzes), nicht aber die übrigen zum Beurlaubtenstande und zur Ersatzreserve gehörigen Militärpersonen.

Die im Fürstenthum angestellten Staatsdiener, Geistlichen und Schullehrer bedürfen zu ihrer Verheirathung der Genehmigung ihrer vorgesetzten Dienstbehörde (§. 19 des Gesetzes über den Civilstaatsdienst vom 1. Mai 1850; §. 13 der Verordnung vom 13. Mai 1853; §. 30 des Gesetzes über die Volksschulen vom 22. März 1861).

Von Beamten anderer Länder hat der Standesbeamte im Zweifelsfalle den Nachweis, daß sie die erforderliche Erlaubniß ihrer Vorgesetzten zur Eheschließung erhalten haben oder daß sie einer solchen nicht bedürfen, zu erfordern.

Beamte des Deutschen Reichs (§. 1 des Reichsbeamtengesetzes vom 31. März 1873, Reichsgesetzblatt S. 61) bedürfen, so weit sie nicht zu den obengenannten Militärpersonen gehören, einer dienstlichen Erlaubniß zu ihrer Verehelichung nicht.

10. Bei (männlichen) Ausländern der Nachweis darüber, daß von Seiten ihrer zuständigen Heimathsbehörde nicht nur der Verheirathung des Bräutigams im hiesigen Fürstenthum an sich, sondern auch bei dessen Rückkehr in die Heimath der dortigen Mitaufnahme seiner Ehefrau und der in der Ehe etwa erzeugten Kinder nichts im Wege stehe (§. 12 des Gesetzes über die Landesunterthanenschaft und das Heimathsrecht vom 3. April 1846).

Diese Vorschrift findet keine Anwendung

a) auf die Angehörigen des Deutschen Reiches mit Ausnahme der nicht zur Pfalz gehörigen Theile des Königreichs Bayern.

[3]) In allen Fällen, wo ein männlicher Angehöriger der rechtsrheinischen Landestheile des Königreichs Bayern — mithin aller Bayerischen Landestheile mit Ausnahme der Rheinpfalz — eine Ehe im hiesigen Fürstenthume einzugehen beabsichtigt, darf der Standesbeamte erst dann die Eheschließung bewirken, wenn zuvor ein Zeugniß der Königl. Bayerischen Distriktsverwaltungsbehörde derjenigen Gemeinde, in welcher der Mann seine Heimath hat, darüber beigebracht ist, daß gegen die beabsichtigte Eheschließung kein in dem Bayerischen Gesetz über Heimath rc. vom 16. April 1868 begründetes Hinderniß besteht.

Unter den Distriktsverwaltungsbehörden in Bayern werden die Magistrate der unmittelbaren (einer Kreisregierung untergeordneten) Städte und in den übrigen Verwaltungsbezirken die Königl. Bezirksämter verstanden.

Da nach Bayerischem Recht der Ausstellung eines solchen Zeugnisses ein öffentliches Aufgebot vorausgehen muß, so bedarf es nach Beibringung des Zeugnisses in Hinblick

[3]) Einschaltung des zu Anm. 99 cit. Nachtrags §. 2.

auf §. 74 Abs. 2 des Reichsges. vom 6. Februar 1875 der Anordnung eines nochmaligen Aufgebots zum Zweck der Eheschließung Seitens des diesseitigen Standesbeamten nur dann, wenn seit Vollziehung des dem Verehelichungszeugnisse zu Grunde liegenden Aufgebotes ein Zeitraum von sechs Monaten verstrichen ist (§. 51 des Reichsges. vom 6. Februar 1875). Die Eheschließung ist aber ungeachtet des beigebrachten Verehelichungszeugnisses abzulehnen, wenn Ehehindernisse zur Kenntniß des Standesbeamten kommen (§. 48 des angef. Reichsges.). Das Verzeichniß der Königl. Bayerischen Behörden, welche zur Zeit zur Ausstellung gültiger Verehelichungszeugnisse berechtigt sind, ist im Centralblatt für das Deutsche Reich (Jahrg. 1877 Nr. 26. S. 335) veröffentlicht. Etwaige Zweifel darüber, ob das vorgelegte Zeugniß von der zuständigen Behörde ausgestellt sei, sind durch Anfrage bei der diesseitigen vorgesetzten Behörde zu lösen.

b) auf die Staatsangehörigen der Niederlande, von Schweden und Norwegen (Bekanntmachungen vom 1. August 1868, 27. September 1871, 28. Dezember 1871 und 4. April 1874).

Die Staatsangehörigen der Königreiche Italien und Belgien haben lediglich den Nachweis ihrer Staatsangehörigkeit, sowie eine Bescheinigung darüber beizubringen, daß der Abschließung ihrer Ehe nach dem bürgerlichen Rechte ihrer Heimath kein Hinderniß entgegensteht (Bekanntmachungen vom 17. März und 16. November 1875).

[3a]) Staatsangehörige des Britischen Reichs, sowie Bürger der Vereinigten Staaten von Nordamerika sind von der Beibringung des Nachweises befreit, daß von Seiten ihrer zuständigen Heimathsbehörde der Verheirathung im Auslande an sich und bei der Rückkehr in die Heimath der Mitaufnahme der Ehefrau und der in der Ehe etwa erzeugten Kinder ein Hinderniß nicht entgegenstehe.

[3a]) Die Legitimation eines britischen Unterthanen in seiner Eigenschaft als solcher kann durch einen Paß des britischen Ministeriums oder eines diplomatischen Agenten der englischen Regierung im Auslande dann geführt werden, wenn in diesem Passe die Eigenschaft als britischer Unterthan ausdrücklich bezeugt ist.

[3a]) In gleicher Weise wird die Eigenschaft als Bürger der Vereinigten Staaten von Nordamerika durch Pässe der Unionsregierung oder ihrer diplomatischen Agenten, welche eine gleiche Bescheinigung enthalten, nachgewiesen.

[3a]) Britische und Nordamerikanische Pässe, welche diese Bescheinigung nicht enthalten, beweisen nicht die Eigenschaft eines Briten resp. eines Bürgers der Vereinigten Staaten.

[4]) Nach den Gesetzen des Russischen Reiches ist die Ehe verboten:

1. zwischen Personen, welche bis zu dem durch die Vorschriften der orthodoxen Kirche bestimmten Grade mit einander verwandt sind;
2. zwischen einem Angehörigen der orthodoxen Kirche und einem Nichtchristen.

Desgleichen ist die Eingehung einer Ehe verboten:

3. denjenigen, welche die Priesterweihe erlangt oder ein Klostergelübde abgelegt haben;
4. denjenigen, welche 80 Jahre alt sind;
5. denjenigen, welche schon dreimal verheirathet waren;
6. denjenigen, welche sich in einer früheren, geschiedenen Ehe der ehelichen Untreue schuldig gemacht haben.

Eine Dispensation steht bezüglich einzelner dieser Ehehindernisse nur den Erzbischöfen zu.

11. Bei verwittweten oder geschiedenen Personen, die durch ein Zeugniß des zuständigen Gerichtes zu führende Nachweisung, daß sie sich mit den Kindern aus der früheren Ehe rücksichtlich ihrer Vermögensverhältnisse abgefunden und zur Regulirung der künftigen Erbverhältnisse ordentliche Ehepakten errichtet, bezüglich die statutarisch vorgesehene Theilbietung mit den Kindern vollzogen haben, oder daß eine solche Abfindung und Regulirung sich nicht nöthig gemacht hat (Art. XVI der Landessuccessionsordnungen vom 1. November 1769; Verordnung vom 17. Mai 1780 [für die Unterherrschaft] und vom 28. Juni 1844 [für die Oberherrschaft], Verordnung vom 17. April 1859).

Bekanntmachung des Aufgebots.

§. 18. Wegen der Bekanntmachung des Aufgebots (§. 46 des Reichsgesetzes) hat der Standesbeamte, insofern dieselbe nicht etwa im einzelnen Falle ausschließlich in derjenigen Gemeinde zu erfolgen hat, für welche der Standesbeamte selbst Gemeindevorstand ist, die Vorstände derjenigen

---

[3a]) Einschaltung des anderweiten Nachtrags zur Instruktion v. 19. Juli 1878, G.S. S. 165, Stdesb. 1878 S. 177 (hier fälschlich Sondershausen zugewiesen).

[4]) Ergänzung des weiteren Nachtrags zur Instruktion v. 30. Januar 1880, G.S. S. 19; Stdesb. 1880 S. 113.

Gemeinden, in denen das Aufgebot bekannt gemacht werden muß, unmittelbar, nicht also durch Vermittelung des Standesbeamten, zu dessen Bezirke die fragliche Gemeinde gehört, zu requiriren unter Uebersendung eines nach dem Formular E (Muster E 1) ausgefertigten und vollzogenen Aufgebotsexemplars.

Die requirirten Gemeindevorstände sind verpflichtet, für alsbaldige Aushängung des Aufgebots an dem Raths- oder Gemeindehause oder der sonstigen für Bekanntmachungen der Gemeindebehörde bestimmten Stelle, sowie für dessen Abnahme unmittelbar nach Ablauf des für den Aushang gesetzlich vorgeschriebenen Zeitraums von zwei Wochen Sorge zu tragen, und das Aufgebotsexemplar sodann nach gehörig bewirkter Ausfertigung, Unterzeichnung und Untersiegelung der demselben im Vordruck beigefügten Bescheinigung des Aushanges (Formular E am Schlusse) ohne Verzug an den requirirenden Standesbeamten zurückzusenden.

Behufs der Kontrole, daß die Zurücksendung rechtzeitig erfolgt, hat der Standesbeamte eine entsprechende Frist zu notiren, und nach deren Ablauf die nicht inzwischen erfolgte Zurücksendung des Aufgebotsexemplars bei dem requirirten Ortsvorstande in Erinnerung zu bringen.

Sollte übrigens ein Standesbeamter von einem anderen Standesbeamten des Fürstenthums oder eines anderen Staats um Bekanntmachung eines Aufgebots in einer zu seinem Bezirke gehörigen Gemeinde ersucht werden, so hat er die Bekanntmachung vorzunehmen bezüglich solche bei dem Vorstande der betreffenden Gemeinde zu beantragen.

Jedes von ihm angeordnete oder auf Ersuchen eines anderen Standesbeamten verkündete Aufgebot hat der Standesbeamte sofort in das nach §. 11 Nr. 3 der Ausführungsverordnung des Bundesraths zu führende Verzeichniß einzutragen. In demselben ist zugleich die Zeit zu bemerken, zu welcher die Bekanntmachung des Aufgebots angeordnet und der Standesbeamte von der Ausführung benachrichtigt worden ist.

§. 19 l. wie §. 19 a. a. O.

§. 20 l. wie §. 20 a. a. O.

Eheschließungsakt.

§. 21 l. wie §. 21 a. a. O.

Zeugen der Eheschließung.

§. 22 l. wie §. 22 a. a. O.

Eintragung der Ehescheidung.

§. 23. Wird dem Standesbeamten, in dessen Heirathsregister eine Eheschließung beurkundet ist, eine mit der Bescheinigung der Rechtskraft versehene Ausfertigung eines gerichtlichen Urtheils, durch welches die fragliche Ehe getrennt, für ungiltig oder nichtig erklärt ist, von dem Ehegerichte mitgetheilt (§. 14 der Ausführungsverordnung des Bundesraths), so hat der Standesbeamte die Thatsache, daß die Ehe für aufgelöst oder ungiltig oder nichtig erklärt worden ist, mit Bezugnahme auf das gerichtliche Scheidungsurtheil am Rande der die Eheschließung beurkundenden Eintragung im Heirathsregister zu vermerken (vergl. den Nachtragsvermerk in dem Muster B 1), die ihm mitgetheilte behördliche Ausfertigung aber zu den betreffenden Sammelakten (§. 9 der Ausführungsverordnung des Bundesraths) zu nehmen.

Strafen und Zwangsmaßregeln.

§. 24. Werden die eine Eintragung in die Standesregister erfordernden Thatsachen nicht innerhalb der in den §§. 17 bis 20, 22 bis 24, 56 und 58 beziehungsweise in §. 81 des Reichsgesetzes vorgeschriebenen Fristen, mithin

a) ein Geburtsfall nicht innerhalb einer Woche oder, wenn das Kind todtgeboren oder in der Geburt verstorben ist, am nächstfolgenden Tage, die Vornamen eines Neugeborenen nicht längstens binnen zwei Monaten nach der Geburt, bezüglich in dem Fall des §. 81 des Reichsgesetzes nach dem 1. Januar 1876,

b) ein Sterbefall nicht an dem auf den Todestag, bezüglich in dem Falle des §. 81 an dem auf den 1. Januar 1876 nächstfolgenden Wochentage

dem Standesbeamten angezeigt, so hat derselbe von dieser Uebertretung der gesetzlichen Vorschrift, sobald er davon Kenntniß erhält, unnachsichtlich entweder der Ortspolizeibehörde behufs Anforderung der gesetzlichen Strafe, bezüglich Abgabe der Sache an die Staatsanwaltschaft, oder auch nach Befinden alsbald dem zuständigen Beamten der Staatsanwaltschaft Anzeige zu erstatten (§. 68 Abs. 1 des Reichsgesetzes).

Außerdem hat der Standesbeamte die säumigen Verpflichteten (beispielsweise also bei verzögerter Anzeige eines Geburtsfalls den Vater des Kindes, wenn dieser aber nicht vorhanden, oder an Erstattung der Anzeige verhindert ist, die bei der Geburt zugegen gewesene Hebamme, eventuell den dabei zugegen gewesenen Arzt u. s. w. (§. 18 des Reichsgesetzes) durch Androhung von Geldstrafen innerhalb des durch §. 68 Abs. 3 des Reichsgesetzes bestimmten Maßes dazu anzuhalten, daß sie binnen einer zu diesem Zweck zu bestimmenden kurzen Frist ihrer Verpflichtung nachkommen. Geschieht letzteres nicht pünktlich, so ist die angedrohte Strafe durch schriftliche Verfügung gegen den Schuldigen auszusprechen, demselben auch unter Androhung weiterer Strafe die Erfüllung seiner Obliegenheit aufzugeben. Wird die verhängte Geldstrafe nicht freiwillig binnen einer dem Zahlungspflichtigen zu diesem Behufe zu setzenden Frist an den Standesbeamten oder nach dessen Anordnung an die Kasse der betreffenden Gemeinde erlegt, so ist das zuständige Einzelgericht wegen deren exekutivischer Beiziehung anzugehen.

Zur Ueberwachung, daß die bei der Anzeige des Geburtsfalles noch nicht bestimmten Vornamen eines vorläufig ohne Vornamen im Geburtsregister eingetragenen Kindes rechtzeitig, mithin spätestens binnen zwei Monaten nach der Geburt zur nachträglichen Eintragung angezeigt oder, wenn dies nicht geschieht, gegen den säumigen Verpflichteten die gesetzlichen Zwangsmaßregeln und Strafen in Anwendung gebracht werden, dient dem Standesbeamten die in §. 10 Nr. 2 der Ausführungsverordnung des Bundesraths vorgeschriebene schriftliche Kontrole, deren genaue Führung hiermit eingeschärft wird.

Gebühren und Auslagen.

§. 25. Die Führung der Standesregister und der darauf bezüglichen Verhandlungen nach §. 16 des Reichsgesetzes haben im Allgemeinen kostenfrei zu erfolgen. Für bestimmte spezielle Handlungen des Standesbeamten, nämlich für

a) die Vorlegung der Register an Betheiligte zur Einsichtnahme,

b) die schriftliche Ermächtigung des zuständigen Standesbeamten zur Eheschließung vor dem Standesbeamten eines anderen Orts,

c) die Ertheilung beglaubigter Registerauszüge

sind die in Nr. II des dem Reichsgesetze angehängten Tarifs bestimmten Gebühren zu erheben.

In dem Falle des §. 47 des Reichsgesetzes sind die Kosten der Bekanntmachung des Aufgebots von dem Antragsteller zu tragen.

Nach §. 70 des Reichsgesetzes fließen die zur Erhebung gelangenden Gebühren und Geldstrafen den Gemeinden des Standesamtsbezirks zu; umgekehrt sind aber auch von diesen Gemeinden nach §§. 8 und 9 des Reichsgesetzes die sächlichen Kosten des Standesamts zu übernehmen. Deshalb hat der Standesbeamte nicht allein das in §. 10 Nr. 4 der Ausführungsverordnung des Bundesraths vorgeschriebene Verzeichniß über die zu erhebenden und von ihm erhobenen Gebühren zu führen, sondern er wird auch die von ihm nach §. 68 Abs. 3 des Gesetzes erkannten, bezüglich an ihn erlegten Geldstrafen, ingleichen die von ihm in Standesamtsangelegenheiten gemachten Auslagen, soweit sie nicht von Betheiligten erstattet worden sind, verzeichnen und sich hierüber — mindestens alljährlich — mit den Gemeinden seines Bezirks berechnen und auseinandersetzen müssen. Das Nähere in dieser Beziehung bleibt der Uebereinkunft des Standesbeamten mit den Gemeinden seines Bezirks und, da nöthig, der Regelung durch die nächste Aufsichtsbehörde vorbehalten.

Lieferung des Materials für die Statistik der Bevölkerungsbewegung.

§. 26. Die Standesbeamten sind verpflichtet, das Material für die Statistik der Geburts-, Eheschließungs- und Sterbefälle zu liefern und zwar nach Maßgabe der nachstehenden Vorschriften:

1. Gleichzeitig mit der Eintragung in die Standesregister haben die Standesbeamten die eingetragenen Geburten, Eheschließungen und Sterbefälle noch in besondere, in tabellarischer Form zu führende Verzeichnisse einzutragen.

2. Solcher Verzeichnisse bestehen drei:

a) ein Verzeichniß der Geborenen,

b) „ „ „ Eheschließungen,

c) „ „ „ Gestorbenen.

Die Formulare hierzu werden den Standesbeamten durch deren nächste Aufsichtsbehörden zugefertigt werden.

3. Das Material zur Ausfüllung der Verzeichnisse hat der Standesbeamte aus den Einträgen der Standesregister selbst zu entnehmen. Soweit die letzteren aber über einzelne Spalten des Verzeichnisses keine Auskunft geben, hat der Standesbeamte gleichzeitig mit der Vornahme der auf den Eintrag in das Standesbuch bezüglichen Arbeiten durch Befragung der betreffenden Personen oder auf sonst geeignete Weise sich die zu dem gedachten Zwecke erforderlichen Notizen alsbald in jedem einzelnen Falle zu verschaffen.

4. Die Ausfüllung der Verzeichnisse geschieht durch genauen Eintrag des nach der Vorschrift unter Ziffer 3 für jeden einzelnen Fall gewonnenen Materials in die zutreffenden Spalten des Formulars.

Ueber die Art und Weise, wie die einzelnen Spalten auszufüllen sind, ist auf den Formularen das Erforderliche zur näheren Erläuterung abgedruckt.

Todtgeborene Kinder sind sowohl in das Verzeichniß der Geborenen, als auch in das der Gestorbenen einzutragen*).

*) Anmerkung: Diese Vorschrift bezieht sich selbstverständlich nur auf die Eintragung todtgeborener Kinder in die statistischen Verzeichnisse. Denn was die Eintragung todtge-

5. In Standesamtsbezirken, welche mehrere politische Gemeinden umfassen, sind die drei Verzeichnisse für jede Gemeinde besonders aufzustellen.

6. Am Jahresschluß hat der Standesbeamte die drei Verzeichnisse abzuschließen und dieselben bis spätestens zum 15. Januar des folgenden Jahres an das vorgesetzte Justizamt (Justizamtskommission) einzusenden.

7. Die Justizämter sammeln die Verzeichnisse ihres Bezirks und senden dieselben — und zwar die Verzeichnisse jeder Klasse in besonderem Umschlag, mit Aufschrift versehen — bis zum 1. März an das Ministerium ein, welches über deren weitere Prüfung, Zusammenstellung und Verwendung, auch für die Seitens des Bundesraths vorgeschriebenen Arbeiten, das Erforderliche veranlassen wird[4a].

Beziehungen der Standesbeamten zu den Geistlichen.

§. 27. Der Standesbeamte hat von jedem angemeldeten Geburtsfalle, ingleichen von jedem Aufgebote und jeder Eheschließung dem Pfarrer derjenigen Parochie seines Bezirks, welcher die Eltern des Kindes, bezüglich die Brautleute angehören, ungesäumt Mittheilung zu machen. Gehören Brautleute zu verschiedenen Parochien innerhalb des Standesamtsbezirks, so sind beide betheiligte Pfarrer zu benachrichtigen[5].

§. 28. Die Standesbeamten sind verpflichtet, dem zuständigen Justizamte von jedem Sterbefalle innerhalb 8 Tagen nach erfolgter Eintragung besondere Anzeige zu erstatten, wenn der Verstorbene entweder

a) als nächsten Erben Seitenverwandte oder

b) Minderjährige oder diesen gleich zu achtende Personen

hinterläßt.

I. Muster eines alphabetischen Namensverzeichnisses zu einem einzelnen Standesregister

(Geburts-, Heiraths- oder Sterberegister).

Lauf. Nr.	Vor- und Familiennamen.	Register		Bemerkungen.
		Jahrgang	Nr.	
	A.			
1.	Adler, Johann Heinrich Adelbert in G	1876	2	Siehe Sterberegist. Jahrg. 1876 Nr. 8.
2.	Albrecht, Auguste Wilhelmine in G	1876	10	

borener oder in der Geburt verstorbener Kinder in das Standesregister anbetrifft, so ist die Eintragung mit dem in §. 22 des Reichsgesetzes unter Nr. 1 bis 3 und 5 angegebenen Inhalte nach §. 23 desselben Gesetzes ausschließlich im Sterberegister zu machen. Hat übrigens das Kind nach der Geburt — wenn auch nur kurze Zeit — gelebt und ist dann erst verstorben, so ist der Geburtsfall als solcher im Geburtsregister, der Sterbefall im Sterberegister einzutragen, weil dann der in §. 23 des Reichsgesetzes vorausgesetzte Fall nicht vorliegt.

[4a]) Der o. S. 401 citirte Nachtrag bestimmt zu §. 26: „Die Nachträge solcher Geburts- und Sterbefälle, welche erst nach Abschluß der Zusammenstellung des Materials für die Statistik der Bevölkerungsbewegung für das betreffende Jahr als noch in dieses gehörig zur Kenntniß kommen, sind demjenigen Jahre, in welchem sie angezeigt werden, anzurechnen und zwar speziell demjenigen Monate des Jahres, in welchem sie sich im betreffenden Vorjahre ereignet haben. Den statistischen Verzeichnissen ist alsdann eine generelle Bemerkung über die Anzahl solcher Fälle zur Erläuterung beizufügen.

[5]) Die Min.Bek. v. 15. Dezember 1886, G.S. S. 214; Stdesb. 1887 S. 8, weist den Standesbeamten ferner an, „von jeder Eintragung in das Geburtsregister, durch welche die Familiennamen eines Kindes in Folge einer Legitimation durch nachfolgende Ehe oder landesherrliches Reskript, in Folge einer Adoption, Arrogation oder sonst eine Veränderung erleiden, fortan auch dem Pfarramte des Geburtsortes zum Zwecke der Berichtigung des Kirchenbuches Mittheilung zu machen".

II. Muster eines alle drei Standesregister zugleich umfassenden alphabetischen Namensregisters.

Lauf. Nr.	Vor- und Familiennamen.	Jahrgang und Nummer des			Bemerkungen.
		Geburts-Reg.	Heiraths-Reg.	Sterbe-Reg.	
	A.				
1.	Adler, Johann Heinrich Adelbert in G	1876 Nr. 2.	—	1876 Nr. 8.	
2.	Adelung, Karl Eduard Franz in W	—	1876 Nr. 3.	1876 Nr. 11.	
3.	Adelung, Marie Dorothea geb. Lüder in W	—	1876 Nr. 3.	1881 Nr. 15.	
4.	Albrecht, Auguste Wilhelmine in G	1876 Nr. 10.			
5.	Arler, todtgeb. K. weiblichen Geschl. der ledigen Marie Christine Arler in H . . .	—	—	1876 Nr. 13.	

III. Muster für die Bescheinigung der Eintragung eines Geburtsfalls.

Das von der verehelichten Rosine Marie Adler geb. Kehr, Ehefrau des Schmiedemeisters Wilhelm Friedrich Adler in G. . . . am 23. Januar 1876 um 4 Uhr Vor-/Nach-mittags geborene Kind männlichen Geschlechts ist heute mit den Vornamen Johann Heinrich Adelbert (oder: ohne Vornamen) unter Nr. 1 des Geburtsregisters eingetragen.

W. . . . . am 25. Januar 1876.

Der Standesbeamte.

N.

IV. Muster für die Bescheinigung der Eintragung eines Sterbefalls.

a.

Der Landwirth Karl Eduard Franz Adelung in W. . . . . ist als am 5. November 1876 um 7 Uhr Nachmittags zu H. . . . . verstorben unter Nr. 11 des Sterberegisters heute eingetragen.

W. . . . . am 6. November 1876.

Der Standesbeamte.

N.

b.

Das von der unverehelichten Marie Christine Arler in H. . . . am 15. Oktober 1876 um 4 Uhr Vormittags zu H. . . . . geborene Kind männ-/weib-lichen Geschlechts ist als todtgeboren unter Nr. 13 des Sterberegisters heute eingetragen.

W. . . . . am 16. Oktober 1876.

Der Standesbeamte.

N.

V. Muster der Bescheinigung eines angeordneten Aufgebots.

Es wollen

1) der Landwirth Karl Eduard Franz Adelung in W. . . . ., Sohn des Landwirths Karl August Adelung und dessen Ehefrau Marie Louise geb. Pechmann zu W . . . .

2) und die Marie Dorothea Lüder in T . . . ., Tochter der verwittweten Anna Katharine Lüder, geb. Kahle in T . . . . und deren verstorbenen Ehemannes, des Schmiedemeisters Friedrich Lüder in T . . . .

die Ehe mit einander eingehen und ist die Bekanntmachung des Aufgebots in den Gemeinden W . . . . und T . . . . angeordnet worden.

W . . . . am 23. Mai 1876.

Der Standesbeamte.
N.

56. Fernerer Nachtrag zur Instruktion für die Standesbeamten. Vom 13. August 1877 (Ges.Samml. Stck. 10 S. 71).

Mit Höchster Genehmigung Serenissimi wird in Erweiterung der Instruktion für die Standesbeamten v. 11. Dezember 1875 (G.S. S. 249) Nachfolgendes bestimmt:

§. 1. Da in verschiedenen Staaten die Vorschrift besteht, daß der Standesbeamte, welcher die Geburt eines Kindes, dessen Eltern außerhalb seines Standesamtsbezirks wohnen, oder die Eheschließung oder das Ableben von außerhalb seines Bezirks wohnenden Personen in das Standesregister eingetragen hatte, einen beglaubigten Registerauszug über den betreffenden Geburts-, Heiraths- oder Sterbefall dem Standesbeamten des Heimaths-, bezügl. Wohnorts der betreffenden Person zu stellen muß, so wird über die Behandlung solcher von außerhalb eingehenden Registerauszüge Folgendes bestimmt:

1) Wenn einem Standesbeamten eine solche Urkunde über einen auswärts erfolgten Geburts-, Heiraths- oder Sterbefall auf amtlichem Wege zugeht, so (das Weitere bis auf wenige Wortänderungen, wie §. 1 Abs. 1 und 2 der s.-cob.-gothaischen Bekanntmachung v. 24. Okt. 1877, s. oben Nr. 52 S. 390, dann folgt):

2) Auf Verlangen eines Betheiligten hat der Standesbeamte von den zu den Sammelakten genommenen Urkunden beglaubigte Abschrift gegen Entrichtung der gesetzlichen Sportel nach §. 26 Ziffer 1 und 6 des Sportelgesetzes (Ministerial-Bekanntmachung vom 6. April 1868, G.S. S. 249) zu ertheilen. Der Beglaubigungsvermerk ist in folgender Weise auszustellen:

„Daß Vorstehendes eine getreue Abschrift der in den Sammelakten des hiesigen Standesamts Bd. . . Bl. . . in Urschrift aufbewahrten (Geburts-, Heiraths-, Sterbe-) Urkunde ist, wird hierdurch bescheinigt.

(Ort) . . . . ., den . . . . . 18 . . .

(Siegel.)

Der Standesbeamte."
(Unterschrift.) [6]

57. Weiterer Nachtrag zur Instruktion für die Standesbeamten vom 23. August 1887 (Ges.Samml. Stck. 6 S. 57).

Mit Höchster Genehmigung Serenissimi wird in weiterer Ergänzung der Instruktion für die Standesbeamten vom 11. Dezember 1875 (Ges.Samml. S. 249) Folgendes bestimmt:

Die Anerkennung eines außerehelich geborenen Kindes (§. 25 des Reichsgesetzes über die Beurkundung des Personenstandes und die Eheschließung vom 6. Februar 1875) kann sowohl in das Geburtsregister als in das Heirathsregister eingetragen werden. Wird die Eintragung zum Geburtsregister beantragt, so ist die Anerkennungserklärung, je nachdem sie bei oder nach Eintragung des Geburtsfalles abgegeben wird, am Schlusse bez. am Rande der Verhandlung über den Geburtsfall zu beurkunden. Erfolgt dagegen die Anerkennung bei der Eheschließung der Eltern, so ist die Erklärung am Schlusse des Eheschließungsprotokolls, und zwar ausschließlich an der durch den Vordruck des Heirathsregisters vor den Worten: „Vorgelesen, genehmigt" gegebenen leeren Stelle, nicht am Rande einzutragen. Zur Aufnahme eines besonderen Protokolls außerhalb der vorgeschriebenen Register ist der Standesbeamte nicht befugt.

Zur Beurkundung der Anerkennungserklärung ist hiernach nur der Standesbeamte, welcher den Geburtsakt beurkundet oder beurkundet hat, oder derjenige zuständig, welcher nachträglich den Heirathsakt der Eltern aufnimmt.

---

[6] Die §§. 2 und 3 des Nachtrags sind zu §. 10 und §. 17 der Instruktion, s. o. S. 397, 400 mitgetheilt.

Fürstenthum Schwarzburg-Sondershausen [7]).

58. Verordnung, die Ausführung des Reichsgesetzes über die Beurkundung des Personenstandes und die Eheschließung vom 6. Februar 1875 betreffend. Vom 16. Oktober 1875. (Ges.-Samml. St. 15 S. 137.)

Wir Günther Friedrich Carl, von Gottes Gnaden Fürst zu Schwarzburg ꝛc. haben zur Ausführung des Reichsgesetzes über die Beurkundung des Personenstandes und die Eheschließung vom 6. Februar 1875 (Reichsgesetzblatt S. 23 f.) auf dem Grunde der §§. 83 und 83 des genannten, hierneben abgedruckten Gesetzes und im Anschluß an die gleichfalls hierneben abgedruckte, vom Bundesrathe unterm 22. Juni 1875 erlassene Ausführungsverordnung (Centralblatt für das deutsche Reich S. 386 f.) zu verordnen beschlossen und verordnen was folgt:

§. 1. Für Uns und die Mitglieder Unseres Fürstl. Hauses versieht die Geschäfte des Standesbeamten der jedesmalige Vorstand der ersten Abtheilung des Fürstl. Ministeriums (§. 72 des Reichsgesetzes vom 6. Februar 1875).

Ueber die Art der Führung und Aufbewahrung der Standesregister Bestimmung zu treffen, bleibt vorbehalten.

§. 2. Im Uebrigen steht die centrale Leitung und die Oberaufsicht in Betreff der Ausführung des Reichsgesetzes vom 6. Februar 1875 über die Beurkundung des Personenstandes und die Eheschließung dem Fürstl. Ministerium, Justizabtheilung, zu.

§. 3 Abs. 1 lautend wie die Schwarzb.-Rudolst. Verordn. v. 15. Oktober 1875 (a. a. O. §. 3, in der jetzigen Fassung) [8]).

Für den örtlichen Bereich dieser Zuständigkeit ist der Amtssitz des Standesbeamten auch in dem Falle maßgebend, wenn ein Standesamtsbezirk aus mehreren, zu verschiedenen Justizamtsbezirken [9]) gehörigen Gemeinden gebildet sein sollte.

§. 4. Die in dem Reichsgesetz der „höheren Verwaltungsbehörde" zugewiesenen Funktionen werden einerseits von dem Fürstl. Ministerium, Justizabtheilung, andererseits von den Kreisgerichten, von den letzteren in Bezug auf die Standesämter ihrer resp. Bezirke, wahrgenommen [10]).

Dem Ministerium, Justizabtheilung, steht insbesondere zu:

die Bildung der Standesamtsbezirke (§. 2 des Reichsgesetzes),

die Bestellung der Standesbeamten und deren Stellvertreter (§. 3 Abs. 2, §. 4 Abs. 1, §. 6 Abs. 1 des Reichsgesetzes),

die Ertheilung der Genehmigung zu der durch Gemeindebehörden erfolgten Bestellung von Standesbeamten bezüglich deren Stellvertretern und zur Uebertragung der standesamtlichen Geschäfte Seitens des Gemeindevorstands an andere Gemeindebeamte (§. 4 Abs. 1 und 2 des Reichsgesetzes),

der Widerruf der erfolgten Bestellung oder Genehmigung zur Bestellung (§. 5 des Reichsgesetzes),

die endgültige Entscheidung über Beschwerden wegen Festsetzung der den Standesbeamten zu gewährenden Entschädigung (§. 7 Abs. 3 des Reichsgesetzes).

Dasselbe ist ermächtigt, die Ausübung dieser Funktionen im Allgemeinen oder im einzelnen Falle den Kreisgerichten zu übertragen.

Die Aufsicht über die Amtsführung der Standesbeamten in höherer

---

[7]) Vergl. hierzu noch Ministerial-Bekanntmachung der Justizabtheilung, die Bildung der Standesamtsbezirke und die Standesamtssiegel betr. v. 27. November 1875 (a. a. O. S. 197), Nachträge dazu vom 11. Dezbr. 1875 (a. a. O. S. 278, auch Stdesb. 1876 S. 41) und vom 21. Januar 1876, G.S. S. 36.

[8]) S. Ausführungsges. z. Ger.Verf.Ges. v. 16. Mai 1879, G.S. S. 89, §. 16: „Die durch die V., die Ausführung des Reichsgesetzes ꝛc. vom 16. Oktober 1875 den Justizämtern als Organen der Justizverwaltung übertragenen Funktionen der „unteren Verwaltungsbehörde" gehen mit den gleichen Zuständigkeiten auf das Amtsgericht über. — Sofern in diesen Angelegenheiten nach §. 4 der citirten Verordnung die Kreisgerichte als höhere Instanz fungiren und die Aufsicht über die Standesbeamten in höherer Instanz auszuüben hatten, geht die Zuständigkeit auf das Ministerium, Justizabtheilung, über." — §. 13: „Die Amtsgerichte sind zuständig, für alle Angelegenheiten der nicht streitigen Gerichtsbarkeit und der Justizverwaltung, deren Bearbeitung und Erledigung bisher den Justizämtern obgelegen hat." — §. 16: „Soweit nicht andere Bestimmungen getroffen sind, gehören zur Zuständigkeit des Landgerichts alle Angelegenheiten, für welche bisher die Kreisgerichte zuständig waren."

[9]) Jetzt: Amtsgerichtsbezirke, s. vor. Anm.

[10]) Das Gesperrte fällt nach §. 16 des Ges. v. 16. Mai 1879, s. Anm. 8, fort.

Instanz (§. 11 Abs. 1 und 2 des Reichsgesetzes) wird von den Kreisgerichten als mittleren Justizverwaltungsbehörden ausgeübt, vorbehältlich der dem Ministerium, Justizabtheilung, nach §. 2 zustehenden Oberaufsicht[11]).

§. 5. Unter der im Reichsgesetze §. 4 Abs. 3 genannten Gemeindebehörde ist in Stadtgemeinden die Stadtverordnetenversammlung, in Landgemeinden der Gemeinderath zu verstehen.

Unter dem daselbst und im letzten Absatze desselben §. 4 genannten Gemeindevorstande ist in Stadtgemeinden der Stadtrath (Magistrat), in Landgemeinden der Gemeindevorstand zu verstehen.

§. 6. Als „Gericht erster Instanz" (§. 11 Abs. 3, §. 14 Abs. 2, §. 66 Abs. 2 des Reichsgesetzes) ist der Einzelrichter[12]) zuständig, in dessen Bezirk der Standesbeamte seinen Amtssitz hat.

Der Instanzenzug regelt sich nach Maßgabe des §. 18 des Gesetzes über die Zuständigkeit der Gerichte und den Instanzenzug in bürgerlichen Rechtsstreitigkeiten vom 5. April 1850[13]).

§. 7. Die Dispensation von dem Verbote der Ehe zwischen einem wegen Ehebruchs Geschiedenen und seinem Mitschuldigen (§. 33 Nr. 5 des Reichsgesetzes) zu ertheilen, ist Uns Selbst vorbehalten.

Dispensation vom gesetzlichen Alter der Ehemündigkeit (§. 28 des Reichsgesetzes), von der gesetzlichen Vorschrift, nach welcher Frauen erst nach Ablauf des zehnten Monats seit Beendigung der früheren Ehe eine weitere Ehe schließen dürfen (§. 35 des Reichsgesetzes), und vom Aufgebot (§. 50 des Reichsgesetzes) ertheilt das Ministerium, Justizabtheilung.

Die Gesuche um Dispensation sind in dem Falle des §. 33 Nr. 5 (Dispensation von dem Verbote der Ehe zwischen einem wegen Ehebruchs Geschiedenen und seinem Mitschuldigen) bei dem Kreisgerichte, bei welchem der Ehescheidungsprozeß in erster Instanz anhängig war, bezüglich, wenn die Ehescheidung von einem nicht dem Fürstenthum angehörigen Gericht ausgesprochen worden ist, bei dem Ministerium, Justizabtheilung, in den übrigen Fällen aber bei dem betreffenden Justizamte[14]) zu überreichen.

§. 8. Die Standesamtsbezirke, bei deren Bildung auf bestehende Parochialverbände thunlichst Rücksicht zu nehmen ist, sind nach ihrer amtlichen Benennung unter Angabe der einbezirkten Gemeinden resp. Gutsbezirke in der Gesetzsammlung und im Regierungsblatte bekannt zu machen.

§. 9. Nach erfolgter Bestellung werden die Standesbeamten und Stellvertreter eines Standesbeamten durch den zuständigen Einzelrichter[14]) dahin verpflichtet,

> daß sie das ihnen übertragene Amt eines Standesbeamten (Stellvertreters des Standesbeamten) und alle mit diesem Amte verbundenen Geschäfte nach ihrem besten Wissen und Gewissen vorschriftsmäßig verwalten wollen.

Die Verpflichtung erfolgt mittelst Handschlags an Eides Statt.

Zur Verpflichtung derjenigen Standesbeamten und Stellvertreter eines Standesbeamten, welche nach §. 4 Abs. 1 und §. 6 Abs. 2 des Reichsgesetzes auf Grund einer gemeindeamtlichen Stellung zu dem Standesamte berufen sind, genügt die Hinweisung auf den bei Uebernahme des Gemeindeamtes geleisteten Diensteid.

In dem Falle des §. 1 dieser Verordnung findet eine besondere Verpflichtung des bestellten Standesbeamten nicht Statt.

§. 10. Die nach §. 8 des Reichsgesetzes, sowie nach den §§. 1, 2 und 4 der Ausführungsverordnung des Bundesraths vom 22. Juni 1875 den Gemeinden von der Centralbehörde des Bundesstaats kostenfrei zu liefernden Formulare zu den Haupt- und Nebenregistern (A, B und C) und zu den Registerauszügen (Aa, Bb, Cc) werden auf Rechnung der Staatskasse angeschafft und — die Hauptregister in einem der Seelenzahl des einzelnen Standesamtsbezirks entsprechenden, für kleinere Standesamtsbezirke auf eine Mehrzahl von Jahren berechneten Umfange — vor dem 1. Januar 1876 den Standesbeamten kosten- und portofrei zugefertigt werden.

Auch die in §. 5 der vom Bundesrathe unterm 22. Juni 1875 erlassenen Ausführungsverordnung vorgeschriebenen Formulare für Bescheinigung einer erfolgten Eheschließung, für das Aufgebot und für die Ermächtigung des zuständigen Standesbeamten zur Eheschließung vor dem Standesbeamten eines anderen Orts (D, E und F) sollen den Standesbeamten wenigstens für den Beginn und die erste Zeit ihrer amtlichen Wirksamkeit geliefert werden, und das Gleiche gilt von den nach §. 15 Abs. 2 des Reichsgesetzes erforderlichen Dienstsiegeln. Der für Anschaffung dieser Formulare und der Dienstsiegel erwachsende Aufwand ist jedoch von den die einzelnen Standesamtsbezirke bildenden Gemeinden der Staatskasse antheilig nach Verhältniß zu erstatten.

(Vergl. §. 8 des Reichsgesetzes, §. 6 der Ausführungsverordnung des Bundesraths.)

§. 11 lautend wie §. 12 a. a. O. (s. zu §. 3).

§. 12. In Fällen vorübergehender Behinderung des Standesbeamten und seiner Stellvertreter oder gleichzeitiger Erledigung dieser Aemter hat die Obrigkeit des Orts, an welchem der Standes-

---

11) Vgl. die vor. Anm.

12) Jetzt das Amtsgericht, s. Anm. 8.

13) S. jetzt das zu Anm. 8 angeführte Gesetz.

14) S. Anm. 12.

beamte beziehungsweise dessen Stellvertreter ihren Wohnsitz haben oder gehabt haben, dem zuständigen Justizamte[15]) ohne Verzug Anzeige zu machen, damit in Gemäßheit des §. 3 Abs. 1 des Reichsgesetzes die einstweilige Beurkundung des Personenstandes einem benachbarten Standesbeamten oder Stellvertreter übertragen werde.

§. 13 lautend wie §. 14 a. a. O.

§. 14. Ist eine Ehe auf übereinstimmendes Ansuchen der Eheleute aus landesherrlicher Machtvollkommenheit getrennt worden, so hat das Ehegericht eine beglaubigte Abschrift des landesherrlichen Erlasses nebst einer Bescheinigung darüber, an welchem Tage die Eröffnung an die Betheiligten erfolgt ist, dem Standesbeamten, vor welchem die Ehe geschlossen ist, zu übersenden. Der Standesbeamte hat hiernach in Gemäßheit des §. 55 des Reichsgesetzes zu verfahren. (Vergl. §. 14 der Ausführungsverordnung des Bundesraths vom 22. Juni 1875.)

§. 15 lautend wie §. 15 a. a. O.

§. 16. Diese Verordnung tritt mit dem 1. Januar 1876 in Kraft.

59. Instruktion für die Standesbeamten des Fürstenthums Schwarzburg-Sondershausen. Vom 10. Dezember 1875 (a. a. O. St. 21 S. 259).

§. 1. Die Standesbeamten und deren Stellvertreter haben sich mit den ihren amtlichen Wirkungskreis betreffenden Gesetzen, Verordnungen und Instruktionen, insbesondere mit

1. dem Reichsgesetz über die Beurkundung des Personenstandes und die Eheschließung vom 6. Februar 1875,
2. den zu diesem Reichsgesetze erlassenen Ausführungsverordnungen, nämlich
   a) der Ausführungsverordnung des Bundesraths vom 22. Juni 1875 und den derselben beigefügten Formularen und Mustern,
   b) der landesherrlichen Ausführungsverordnung vom 16. Oktober 1875
   und
3. der gegenwärtigen Instruktion

genau bekannt zu machen.

Glauben die Standesbeamten näherer Belehrung zu bedürfen, so haben sie sich an ihre nächste Aufsichtsbehörde (das Justizamt) zu wenden, welche sie mit der erforderlichen Anleitung und Aufklärung versehen wird.

Register-Führung im Allgemeinen.

§. 2. Für den gesammten Standesamtsbezirk ist, auch wenn derselbe aus einer Mehrzahl von Gemeinden resp. Gutsbezirken besteht, nur ein Geburtsregister, desgleichen nur ein Heiraths- und ein Sterberegister zu führen.

Die den Standesämtern zu liefernden Hauptregister sind auf den Bedarf für mehrere Jahre berechnet.

Nachdem nach Ablauf eines Kalenderjahres das Hauptregister für dieses abgelaufene Jahr abgeschlossen ist (§. 14 Absatz 2 des Reichsgesetzes; §. 9 dieser Instruktion), erfolgen die Eintragungen für das neue Kalenderjahr unter neuer, mit Nr. 1 beginnender Nummerirung, bis der Band gefüllt ist.

Bei den Nebenregistern, für welche die Formulare den Standesbeamten ungebunden geliefert werden, bildet jeder Jahrgang für sich einen Band oder ein Heft.

Selbstverständlich sind die Register in sorgsamster, dritten Personen nicht zugänglichen Weise aufzubewahren. Das Nämliche gilt von den gelieferten Formularen, und sind dieselben nur zu dem gesetzlich bestimmten Zwecke zu verwenden.

Bei entstehender Feuersgefahr ist für Rettung der Standesregister die erste Sorge zu tragen.

§. 3 l. wie §. 4 der sachs.-weimar. Instr. (o. S. 336).

§. 4. Nach erfolgter Anzeige eines Geburts- oder Sterbefalls bezüglich nach erfolgter Eheschließung ist die Eintragung in das betreffende Hauptregister sofort zu bewirken. Ein Aufschub der Eintragung ist nur in dem Falle zulässig und nothwendig, wenn dem Standesbeamten an der Richtigkeit der über einen Geburts- oder Sterbefall erstatteten Anzeige Zweifel beigehen, über deren Grund oder Ungrund erst weitere Erörterungen anzustellen sind (§§. 21 und 22 des Reichsgesetzes). In solchem Falle sind die zu diesem Zwecke aufgenommenen Protokolle oder sonstigen ergangenen Schriftstücke zu den nach §. 9 der Ausführungsverordnung des Bundesraths von dem Standesbeamten zu führenden Sammelakten zu bringen, nach erfolgter Beseitigung der stattgefundenen Zweifel aber die Eintragung in das Register in Gegenwart der zu diesem Behufe wieder vorzubescheidenden Person, von der die Anzeige gemacht worden war, oder einer anderen zur Anzeige verpflichteten Person ohne weiteren Aufschub zu bewirken.

§. 5. An demselben Tage, an welchem die Eintragung in das Hauptregister stattgefunden hat, ist eine wörtlich genaue Abschrift derselben in das Nebenregister einzutragen und die Ueberein-

[15]) S. Anm. 12.

stimmung mit der Beurkundung im Hauptregister durch Ausfüllung und Unterzeichnung des den Formularen für die Nebenregister am Schlusse im Vordruck beigefügten Beglaubigunsvermerk zu bestätigen (§. 14 Absatz 1 des Reichsgesetzes, §. 2 der Ausführungsverordnung).

Ebenso ist jeder am Rande der ursprünglichen Eintragung später gemachte Vermerk noch an demselben Tage auch am Rande der entsprechenden Nummer des Nebenregisters einzutragen. Sind aber solche nachträgliche Eintragungen im Hauptregister erst gemacht worden, nachdem das Nebenregister bereits an die Aufsichtsbehörde eingesendet war, so ist von denselben gleichzeitig auf einen besonderen Bogen eine Abschrift zu fertigen und, nachdem deren Uebereinstimmung mit der Eintragung im Hauptregister beglaubigt ist, dem Justizamte[16]) zu überreichen (§. 14 Absatz 3 des Reichsgesetzes).

§. 6. In den Standesregistern dürfen Korrekturen durch Ausstreichen und Ueberschreiben oder durch Rasuren nicht vorkommen. Nur der Vordruck (die gedruckten Worte der Formulare) ist, wenn und soweit er nicht paßt, zu durchstreichen, es ist alsdann aber am Rande zu bemerken, daß und wie viel Zeilen gelöscht sind, und ist diese Bemerkung unterschriftlich zu vollziehen.

(Vergl. §§. 7 und 8 der Ausführungsverordnung des Bundesraths und das Muster C 4.)

[16a]) Wenn sich, bevor die vor dem Standesbeamten Erschienenen entlassen sind, Unrichtigkeiten in der Eintragung ergeben, sei es, daß die Erschienenen unrichtige oder unvollständige Angaben gemacht haben, oder daß sie von dem Standesbeamten mißverstanden worden sind, oder daß ein Schreibfehler vorgekommen ist, so ist eine die Eintragung berichtigende oder ergänzende Bemerkung am Rande derselben hinzuzufügen und von den Erschienenen und dem Standesbeamten zu unterschreiben, ohne daß in der Eintragung selbst irgend etwas geändert oder gestrichen wird (§. 13 Schlußsatz des Reichsgesetzes).

[16a]) Wird der Fehler erst nach Entlassung des Erschienenen wahrgenommen, so kann eine Berichtigung nur auf dem in den §§. 65 und 66 des Reichsgesetzes vorgeschriebenen gerichtlichen Wege erfolgen.

Ebensowenig, wie Korrekturen, sind Abkürzungen bei den Eintragungen zulässig, und eine besondere Sorgfalt ist auf richtige, deutliche und vollständige Einschreibung der Namen zu verwenden. Es darf z. B. nicht blos „Hermann Kaiser" statt „Hermann August Friedrich Eduard Kaiser", nicht „Schmid" statt „Schmitt" oder „Schmidt", „Beyer" statt „Baier", „Keyser" statt „Kaiser" rc. (es soll also so, wie der Zuname in der betreffenden Familie geschrieben zu werden pflegt) geschrieben werden. Auch ist zur Bezeichnung des weiblichen Geschlechts dem Familiennamen nicht die Sylbe in anzuhängen (z. B. nicht „Marie Schmidtin" statt „Marie Schmidt").

Die punktirten Zwischenräume in den Formularen sind, wenn sie nicht beschrieben worden, alsbald bei der Eintragung durch Striche auszufüllen und die wesentlichen Zahlenangaben mit Buchstaben zu schreiben (§. 13 Abs. 1 des Reichsgesetzes).

§. 7. Eintragungen auf Grund schriftlicher Anzeigen und Mittheilungen (§§. 20, 27, 58, 62 des Reichsgesetzes), für welche der Vordruck der Registerformulare nicht berechnet ist, sind unter Durchstreichung des Vordrucks und mit Bezugnahme auf die nach der Behörde oder den Beamten, von denen sie ausgegangen ist, und nach Ort und Datum näher zu bezeichnende schriftliche Anzeige oder Mittheilung am Rande des Registerformulars zu bewirken. Ebenso muß der Vordruck durchstrichen und die Eintragung am Rande bewirkt werden, wenn in Gemäßheit des Reichsgesetzes die Anzeige der Geburt eines todtgebornen oder in der Geburt verstorbenen Kindes im Sterberegister einzutragen ist. Dabei ist jedesmal anzugeben, wie viel Zeilen des Vordrucks durchstrichen worden sind. Bei allen Eintragungen am Rande des Formulars ist übrigens mit thunlichster Raumersparniß zu verfahren, damit für etwaige Nachtragsvermerke Platz bleibt.

Enthält die schriftliche Mittheilung über einen in einer Anstalt vorgekommenen Geburts- oder Sterbefall die Thatsachen nicht vollständig, welche nach Vorschrift des Gesetzes einzutragen sind, so hat der Standesbeamte zunächst die Vervollständigung der Thatsachen zu verlangen.

§. 8 l. wie §. 9 a. a. O. (s. zu §. 3).

[16b]) Die Aufsichtsbehörde kann nach ihrem pflichtmäßigen Ermessen, sofern und soweit die Bedürfnisse des Dienstes einerseits und die Rücksichten der Billigkeit gegen den Standesbeamten andererseits, es rechtfertigen und erheischen, ausnahmsweise genehmigen oder anordnen, daß ein Standesbeamter zu gewissen standesamtlichen Schreibereien sich einer Schreibhülfe bediene, ohne die dafür etwa aufzuwendenden Kosten aus seinen Mitteln tragen zu müssen.

[16b]) In diesen Fällen sind die entstehenden nothwendigen Kosten zu den sächlichen Kosten von den betreffenden Gemeinden zu tragenden Kosten zu rechnen.

---

[16]) S. Anm. 8 auf S. 407.

[16a]) Diese beiden Absätze sind durch den Nachtrag zur Instruktion v. 10. Juni 1876, G.S. S. 135, geändert, und zwar lauten jetzt beide Absätze wörtlich wie die Absätze 2 u. 3 des veränderten §. 7 der Instruktion für S.-Weimar (s. o. S. 337), nur heißt es am Schluß des zweiten statt „Aufsichtsbehörde": fürstliches Justizamt, also jetzt Amtsgericht.

[16b]) Dieser Zusatz ist angeordnet durch den Nachtrag zur Instr. v. 9. Januar 1877, G.S. S. 1.

§. 9 Abs. 1 u. 2 l. wie §. 10 Abs. 1 u. 2 a. a. O.
Die abgeschlossenen Nebenregister sind spätestens bis zum 15. Januar des neuen Kalenderjahres dem Justizamte zu überreichen[16a].

Alphabetische Namensverzeichnisse.

§. 10. Zu den alphabetischen Namensverzeichnissen, welche die Standesbeamten zu jedem der drei Register nach Vorschrift des §. 10 Nr. 1 der vom Bundesrathe erlassenen Ausführungsverordnung zu führen haben, werden denselben geeignete Muster mit näherer Anleitung über Anlegung und Führung dieser Verzeichnisse durch die Aufsichtsbehörden mitgetheilt werden.

Register-Auszüge.

§. 11. Bei Ertheilung beglaubigter Auszüge aus einem Standesregister an Betheiligte ist streng darauf zu halten, daß der Auszug (die Geburts-, Heiraths- oder Sterbeurkunde) die betreffende Eintragung nebst allen zu derselben später gebrachten Zusätzen, Ergänzungen und Berichtigungen vollständig und wortgetreu enthalte (§. 16 Abs. 2 und 3 des Reichsgesetzes).

Während der Regel nach für solche Registerauszüge die der Ausführungsverordnung des Bundesraths beigefügten Formulare Aa., Bb. und Cc. zu benutzen sind, ist von deren Benutzung dann Abstand zu nehmen, wenn nach Maßgabe des §. 7 gegenwärtiger Instruktion der Vordruck des Registerformulars, weil einer der in den §§. 20, 23, 24, 58 und 62 des Reichsgesetzes bezeichneten Fälle vorlag, ganz oder theilweise durchstrichen und die Eintragung ganz oder theilweise am Rande des Formulars bewirkt worden ist. In solchen Fällen hat der Standesbeamte ohne Benutzung eines Formulars eine Abschrift der Eintragung zu fertigen und dieselbe in der vorgeschriebenen Form als mit dem betreffenden Hauptregister gleichlautend zu beglaubigen.

Einfache Atteste über Geburts- und Sterbefälle, Aufgebote und Eheschließungen.

§. 12 l. wie §. 13 a. a. O.

Vornamen neugeborener Kinder.

§. 13. Um zu verhüten, daß die Eintragung neugeborener Kinder christlicher Eltern in das Geburtsregister unter anderen Vornamen erfolgt, als diesen Kindern in der heiligen Taufe beigelegt sind, hat der Standesbeamte, so oft Geburtsfälle oder die Vornamen von Kindern, welche zur Zeit der Eintragung der Geburt noch nicht feststanden, bei ihm zur Eintragung angezeigt werden, durch sorgfältige Befragung der Erschienenen zu erforschen, ob das Kind bereits getauft ist oder nicht, und im ersteren Falle, wenn nicht etwa schon aus einem vorgelegten pfarramtlichen Taufzeugniß die Uebereinstimmung der dem Kinde in der Taufe beigelegten mit den zur Eintragung in das Geburtsregister angezeigten Vornamen ersehen werden kann, das Vorhandensein dieser Uebereinstimmung thunlichst zu konstatiren, auch, falls sie mangeln sollte, auf deren Herstellung, bevor die Eintragung in das Geburtsregister bewirkt wird, durch Belehrung über die Nachtheile, die eine Verschiedenheit der dem Kinde in der Taufe beigelegten und der in dem Geburtsregister eingetragenen Namen für dasselbe in Zukunft unter Umständen zur Folge haben kann, bezüglich in sonst geeigneter Weise mit Nachdruck hinzuwirken, in dem Falle aber, wenn das Kind noch ungetauft ist, die Erschienenen zu bedeuten, daß die ihnen nach §. 12 der gegenwärtigen Instruktion unaufgefordert auszustellende Bescheinigung der erfolgten Eintragung in das Geburtsregister bei Bestellung des Taufaktes dem zuständigen Geistlichen vorzulegen sei.

Aufgebot.

§. 14 l. wie §. 15 a. a. O.

§. 15. Ueber die Bestellung des Aufgebots und etwaige spätere hierauf sich beziehende Verhandlungen hat der Standesbeamte protokollarische Niederschriften aufzunehmen, welche insbesondere über die nach §. 45 des Reichsgesetzes von dem Standesbeamten vor Anordnung des Aufgebots festzustellenden Thatsachen (vergl. den folgenden §.), z. B. über die vor dem Standesbeamten persönlich erklärte Einwilligung der Eltern oder des Vormundes zur Eheschließung, oder über die hierüber beigebrachten Urkunden, sowie eventuell über die abgegebenen eidesstattlichen Versicherungen die erforderliche Auskunft enthalten und von den erschienenen Betheiligten, sowie von den Standesbeamten unterschriftlich zu vollziehen sind.

[16a] Durch den zweiten Nachtrag zur Instruktion v. 19. Mai 1877, G.S. S. 28 ist bestimmt: „Daß diese Einsendungsfristen für die Zukunft durch Verfügungen der Aufsichtsbehörden nach Befinden der Zweckmäßigkeit festzusetzen und diesen Verfügungen gemäß von den Standesbeamten, bezw. von den Fürstl. Justizämtern (jetzt Amtsgerichten) einzuhalten sind."

Voraussetzungen des Aufgebots.

§. 18. Vor Anordnung des Aufgebots hat der Standesbeamte auf dem in §. 45 des Reichsgesetzes vorgeschriebenen Wege insbesondere folgende Thatsachen festzustellen:

1. Vor- und Familiennamen, Religion, Alter, Stand oder Gewerbe, Geburts- und Wohnort der Verlobten, sowie Vor- und Familiennamen, Stand oder Gewerbe und Wohnort ihrer Eltern (§. 54 Nr. 1 und 2 des Reichsgesetzes);
2. die Einwilligung beider Theile in die Anordnung des Aufgebots (§. 28 des Reichsgesetzes);
3. die Ehemündigkeit der Verlobten, d. h. daß der Bräutigam das zwanzigste, die Braut das sechszehnte Lebensjahr vollendet hat, oder, daß von dem gesetzlichen Alter der Ehemündigkeit Dispensation ertheilt worden ist (§. 28 des Reichsgesetzes);
4. wenn der Verlobte das fünfundzwanzigste oder die Verlobte das vierundzwanzigste Lebensjahr noch nicht vollendet hat, die erfolgte Ertheilung der nach §§. 29, 30 und 31 des Reichsgesetzes in diesem Fälle erforderlichen elterlichen bezüglich vormundschaftlichen Einwilligung zur Eheschließung.

Nach den angezogenen reichsgesetzlichen Bestimmungen bedarf es für den verlobten Theil, welcher das 25te beziehungsweise das 24te Lebensjahr noch nicht vollendet hat, zur Eheschließung

a) wenn derselbe ein eheliches (bezüglich durch nachfolgende Ehe oder landesfürstliches Reskript legitimirtes) oder wenn er ein an Kindesstatt angenommenes Kind ist, der Einwilligung des Vaters bezüglich des Wahlvaters, wenn der Vater bezüglich Wahlvater aber verstorben oder zur Abgabe einer Erklärung dauernd außer Stande (z. B. wegen Wahnsinns), oder sein Aufenthalt dauernd unbekannt ist, der Einwilligung der Mutter und, sofern der verlobte Theil wegen minderjährigen Alters unter Vormundschaft steht, neben der Einwilligung der Mutter auch noch der Einwilligung des Vormunds:
b) wenn der verlobte Theil ein uneheliches (auch nicht durch nachfolgende Ehe oder landesfürstliches Reskript legitimirtes) Kind ist, der Einwilligung der Mutter und, sofern er wegen minderjährigen Alters unter Vormundschaft steht, neben der Einwilligung der Mutter noch der des Vormunds;

wenn aber

c) in den unter a und b erwähnten Fällen auch die Mutter verstorben oder zur Abgabe einer Erklärung dauernd außer Stande, oder ihr Aufenthalt dauernd unbekannt ist, so bedarf es zur Eheschließung der Einwilligung dritter Personen überhaupt nicht, der verlobte Theil müßte denn wegen Minderjährigkeit unter Vormundschaft stehen, welchenfalls die Einwilligung des Vormunds beigebracht werden muß.

Selbstverständlich muß aber, ehe das an sich vorhandene Erforderniß der Einwilligung einer bestimmten Person (des Vaters, der Mutter ꝛc.) wegen deren Todes oder eines dem Tode gesetzlich gleichgestellten Verhältnisses als beseitigt erachtet werden kann, der Tod oder das demselben gleichstehende Verhältniß nach Maßgabe der Vorschriften in §. 45 des Reichsgesetzes glaubhaft nachgewiesen sein.

Rücksichtlich des Erfordernisses der Einwilligung des Vormundes zur Eheschließung vaterloser Minderjähriger ist darauf hinzuweisen, daß solche Minderjährige im Fürstenthume stets der Vormnndschaft unterliegen, sofern sie nicht im Wege landesherrlicher Gnade für volljährig erklärt worden sein sollten.

Wenn vaterlose Minderjährige, welche Angehörige eines anderen Staats sind, das Aufgebot beantragen, so ist nach dem Rechte des Staats, dem sie angehörigen; zu beurtheilen, ob sie danach einer Vormundschaft unterliegen oder nicht, und ob etwa zu ihrer Eheschließung die Wirksamkeit der Vormundschaftsbehörde oder eines Familienrathes erforderlich ist oder nicht (§. 29 Absatz 4 und 5 des Reichsgesetzes).

In diesem Falle muß daher vor Anordnung des Aufgebots der Nachweis erbracht werden, daß entweder die nach dem maßgebenden Rechte erforderlichen Einwilligungen ertheilt sind, oder daß solche Erfordernisse nach dem betreffenden Landesrechte nicht bestehen.

Ohne daß der Nachweis der nach Obigem erforderlichen elterlichen und bezüglich vormundschaftlichen Einwilligung erbracht ist, darf das Aufgebot nur dann angeordnet werden, wenn durch behördliche Zeugnisse oder in sonst glaubhafter Weise nachgewiesen worden ist, daß die versagte Einwilligung zur Eheschließung durch rechtskräftiges richterliches Erkenntniß ergänzt worden sei (§. 31 des Reichsgesetzes.)

Ferner hat der Standesbeamte vor Anordnung des Aufgebots festzustellen,

5. daß zwischen den Verlobten keines der in §. 33 des Reichsgesetzes unter Nr. 1 bis 5 aufgeführten Verhältnisse obwaltet, welches die Ehe zu einer verbotenen machen würde.

Insbesondere wird dem Standesbeamten, wenn die Verlobten oder der eine oder andere Theil bereits früher in einer Ehe gestanden haben, welche durch richterliches Erkenntniß geschieden worden ist, durch Vorlegung des Erkenntnisses im Original oder in beglaubigter Abschrift oder durch Zeugniß des zuständigen Ehegerichts oder in sonst glaubhafter Weise erbracht werden müssen, daß auf Trennung der Ehe nicht wegen Ehebruchs erkannt worden ist, hinsichtlich dessen der andere verlobte Theil Mitschuldiger ist, oder daß, wenn Letzteres gleichwohl der Fall sein sollte, landesherrliche Dispensation von der Vorschrift in §. 33 Nr. 5 des Reichsgesetzes ertheilt worden ist.

6. daß beide Verlobte sich im ehelosen Stande befinden (§. 34 des Reichsgesetzes).

Hiernach ist von Wittwern oder Wittwen der Tod ihres verstorbenen Ehegatten, von geschiedenen Personen die Ehetrennung, dafern dem Standesbeamten diese Umstände nicht sonst genugsam bekannt sind, überhaupt aber von Verlobten der ehelose Stand im Fall eines in dieser Beziehung obwaltenden Zweifels — namentlich wenn eine verlobte Person dem Standesbeamten ganz unbekannt ist, sich längere Zeit im fernen Auslande aufgehalten hat u. s. w. — durch behördliches Zeugniß oder in sonst beglaubigter Weise, eventuell durch eidesstattliche Versicherung nachzuweisen, bevor das Aufgebot erfolgen kann.

7. Wenn die Verlobte eine Wittwe oder geschiedene Frau ist, daß seit Beendigung der früheren Ehe der zehnte Monat abgelaufen, oder daß Dispensation von der Wartezeit ertheilt worden ist (§. 35 des Reichsgesetzes).

8. daß der eine verlobte Theil nicht Vormund des anderen verlobten Theils noch ein Kind dieses Vormundes ist (§. 37 des Reichsgesetzes).

9. für Militärpersonen und Landesbeamte die erfolgte Ertheilung der zur Eheschließung erforderlichen Erlaubniß ihrer amtlich Vorgesetzten (§. 38 Absatz 1 des Reichsgesetzes).

Hierzu mag Folgendes bemerkt werden:

a) Anlangend die Militärpersonen des deutschen Reichsheeres, so bedürfen zu ihrer Verheirathung und Genehmigung ihrer Vorgesetzten die Militärpersonen des Friedensstandes (Offiziere, Aerzte und Militairbeamte des Friedensstandes — Kapitulanten — Freiwillige und ausgehobene Rekruten), so lange sie zum aktiven Heere gehören (§. 38 A und §. 40 des Reichsmilitairgesetzes vom 2. Mai 1874; Reichsgesetzblatt S. 45 flg.), Rekruten und Freiwillige auch, wenn sie vorläufig in die Heimath beurlaubt sind (§. 56 Nr. 2 und §. 60 Nr. 4 desselben Gesetzes), nicht aber die übrigen zum Beurlaubtenstande und zur Ersatzreserve gehörigen Militärpersonen.

b) Diesseitige Staatsdiener dürfen sich nicht verehelichen, ohne die Erlaubniß der Dienstbehörde eingeholt zu haben.

§. 19 des Gesetzes über den Civilstaatsdienst v. 26. März 1850.

Zuständig zu dieser Erlaubniß ist diejenige Abtheilung des F. Ministeriums, welcher die Aufsicht über den Geschäftskreis, dem der nachsuchende Beamte angehört, zusteht.

Verordnung v. 25. Januar 1851.

c) Gleicher, und zwar vom F. Ministerium, Abth. für Kirchen- und Schulsachen, einzuholender, Erlaubniß bedürfen die in einem öffentlichen Schulamte stehenden Lehrer und die zu Superintendenten ernannten und als solche fungirenden Geistlichen.

Ministerial-Bekanntmachung v. 5. Februar 1856;
Art. 2 der Ausführungsverordnung v. 14. März 1866.

d) Andere, als die unter c. angegebene, Geistliche bedürfen zu ihrer Verheirathung der Erlaubniß des Kirchenraths.

Art. 5 der Ausführungsverordnung v. 14. März 1866.

Von Beamten anderer Länder hat der Standesbeamte im Zweifelsfalle den Nachweis, daß sie die erforderliche Erlaubniß ihrer Vorgesetzten zur Eheschließung erhalten haben oder daß sie einer solchen nicht bedürfen, zu erfordern.

Beamte des deutschen Reichs (§. 1 des Reichsbeamtengesetzes vom 31. März 1873. Reichsgesetzblatt S. 61) bedürfen, soweit sie nicht zu den obengenannten Militärpersonen gehören, einer dienstlichen Erlaubniß zu ihrer Verehelichung nicht.

10. Für Ausländer, d. h. für männliche Personen, welche nicht Angehörige des deutschen Reichs sind, und für männliche Staatsangehörige des Königreichs Bayern[17], die erfolgte Erlaubnißertheilung zur Eheschließung Seitens ihrer zuständigen Heimathsbehörde, sofern nicht gehörig nachgewiesen ist, daß dieselben nach den Gesetzen ihres Heimathsstaates keiner Erlaubniß ihrer Heimathsbehörde zur Eheschließung im Auslande bedürfen, und daß nach diesen Gesetzen die Ehefrau und die aus der Ehe hervorgehenden Kinder von selbst die Staatsangehörigkeit des Ehemanns resp. Vaters erwerben. Dieser Nachweis muß dem F. Ministerium geführt und von ihm als genügend anerkannt

---

[17]) Ueber die Eheschließungen der Angehörigen des Königreichs Bayern trifft der fernere Nachtrag zur Instruktion v. 12. Dezember 1877 zu II, G.S. S. 69 dieselben Bestimmungen, welche in der schwarzb.rudolstädtischen Instruktion §. 17 Nr. 10a Abs. 2, s. o. S. 400, abgedruckt sind.

sein. Der Standesbeamte hat also hierüber einen Nachweis zu verlangen oder eine Anfrage an das Ministerium zu stellen.

Dieser Nachweis ist bereits erbracht bezüglich der Niederländischen, Schwedisch-Norwegischen, Belgischen und Italienischen Staatsangehörigen. Weitere Ausnahmen werden vom Ministerium bekannt gemacht werden.

Gesetz vom 15. Febr. 1874.

Selbstverständlich hat der Standesbeamte im Zweifel, ob ein Verlobter Angehöriger des deutschen Reiches sei, sich desfallsige Nachweisungen erbringen zu lassen.

11. Daß den Vorschriften, welche vor der Eheschließung eine Nachweisung, Auseinandersetzung oder Sicherstellung des Vermögens erfordern, genügt sei (§. 38 des Reichsgesetzes).

In dieser Beziehung ist Folgendes zu beachten:

a) Wenn pflegebedürftige (bevormundete) Kinder oder Enkel vorhanden sind, muß vor Eingehung einer anderen Ehe die Erbtheilung mit denselben bewirkt worden sein.

Successionsordnung v. 8. Oktober 1829 §§. 144 u. 145.

Der Standesbeamte hat also in einem solchen Falle einen gerichtlichen Nachweis über die erfolgte Erbtheilung vor Erlaß des Aufgebots zu verlangen.

b) Wenn ein minderjähriges Frauenzimmer, welches die Eltern oder eines derselben durch den Tod verloren hat oder unehelich geboren ist, eine Ehe eingehen will, so hat der Standesbeamte spätestens zugleich mit dem Erlasse des Aufgebots dem ihr vorgesetzten Fürstlichen Justizamte von der beabsichtigten Eheschließung Anzeige zu machen, damit wegen Sicherstellung des eheweiblichen Vermögens das Erforderliche verfügt werden kann.

Ministerialverordnung v. 3. Juni 1854.

Von Verlobten, welche dem Fürstenthume nicht angehörigen, wird der Standesbeamte den Nachweis erfordern, daß den Vorschriften ihres Landes, welche vor der Eheschließung einer Nachweisung, Auseinandersetzung oder Sicherstellung des Vermögens erfordern, genügt sei, oder daß nach dem am Wohnorte der Verlobten geltenden Rechte derartige Vorschriften nicht bestehen bezüglich auf die betreffende Eheschließung keine Anwendung finden.

Bekanntmachung des Aufgebots.

§. 17. Wegen der Bekanntmachung des Aufgebots (§. 46 des Reichsgesetzes) hat der Standesbeamte, insofern dieselbe nicht etwa im einzelnen Falle ausschließlich in derjenigen Gemeinde zu erfolgen hat, für welche der Standesbeamte selbst Gemeindevorstand ist, die Vorstände derjenigen Gemeinden, in denen das Aufgebot bekannt gemacht werden muß, unmittelbar, nicht also durch Vermittelung des Standesbeamten, zu dessen Bezirke die fragliche Gemeinde gehört, zu requiriren unter Uebersendung eines nach dem Formular E (Muster E 1) ausgefertigten und vollzogenen Aufgebotsexemplars.

Die requirirten Gemeindevorstände sind verpflichtet, für alsbaldige Aushängung des Aufgebots an dem Raths- oder Gemeindehause oder der sonstigen für Bekanntmachungen der Gemeindebehörde bestimmten Stelle, sowie für dessen Abnahme unmittelbar nach Ablauf des für den Aushang gesetzlich vorgeschriebenen Zeitraums von zwei Wochen Sorge zu tragen, und das Aufgebotsexemplar so dann nach gehörig bewirkter Ausfertigung, Unterzeichnung und Untersiegelung der demselben im Vordruck beigefügten Bescheinigung des Aushangs (Formular E am Schlusse) ohne Verzug an den requirirenden Standesbeamten zurückzusenden.

Behufs der Kontrole, daß die Zurücksendung rechtzeitig erfolgt, hat der Standesbeamte eine entsprechende Frist zu notiren und nach deren Ablauf die nicht inzwischen erfolgte Zurücksendung des Aufgebotsexemplares bei dem requirirten Ortsvorstande in Erinnerung zu bringen.

Sollte übrigens ein Standesbeamter von einem anderen Standesbeamten des Fürstenthums oder eines anderen Staats um Bekanntmachung eines Aufgebots in einer zu seinem Bezirke gehörigen Gemeinde ersucht werden, so darf er diese Requisition nicht etwa ablehnen, sondern hat seinerseits die Bekanntmachung vorzunehmen bezüglich solche bei dem Vorstande der betreffenden Gemeinde zu beantragen.

Jedes von ihm angeordnete oder auf Ersuchen eines anderen Standesbeamten verkündete Aufgebot hat der Standesbeamte sofort in das nach §. 10 Nr. 3 der Ausführungsverordnung des Bundesraths zu führende Verzeichniß einzutragen. In demselben ist zugleich die Zeit zu bemerken, zu welcher die Bekanntmachung des Aufgebots angeordnet und der Standesbeamte von der Ausführung benachrichtigt worden ist.

§. 19 l. wie §. 19 a. a. O.

§. 19 l. wie §. 20 a. a. O.

Eheschließungsakt.

§. 20 l. wie §. 21 a. a. O.

Zeugen der Eheschließung.

§. 21 l. wie §. 22 a. a. O.

Eintragung der Ehescheidung.

§. 22. Wird dem Standesbeamten, in dessen Heirathsregister eine Eheschließung beurkundet ist, eine mit der Bescheinigung der Rechtskraft versehene Ausfertigung eines gerichtlichen Urtheils, durch welches die fragliche Ehe getrennt, für ungiltig oder nichtig erklärt ist, oder beglaubigte Abschrift eines die Scheidung der Ehe aus landesherrlicher Machtvollkommenheit aussprechenden landesherrlichen Erlasses von der zuständigen Behörde mitgetheilt (§. 14 der Ausführungsverordnung des Bundesraths; §. 14 der landesherrlichen Ausführungsverordnung vom 16. Okt. 1875), so hat der Standesbeamte die Thatsache, daß die Ehe für aufgelöst oder ungiltig oder nichtig erklärt worden ist, mit Bezugnahme auf das gerichtliche Scheidungsurtheil bezüglich auf den landesherrlichen Erlaß, am Rande der die Eheschließung beurkundenden Eintragung im Heirathsregister zu vermerken (vergl. den Nachtragsvermerk in dem Muster B 1), die ihm mitgetheilte behördliche Ausfertigung aber zu den betreffenden Sammelakten zu nehmen.

Strafen und Zwangsmaßregeln.

§. 23. Werden die eine Eintragung in die Standesregister erfordernden Thatsachen dem Standesbeamten nicht innerhalb der in den §§. 17 bis 20, 22 bis 24, 56 und 58 beziehungsweise in 81 des Reichsgesetzes vorgeschriebenen Fristen, mithin

a) ein Geburtsfall nicht innerhalb einer Woche oder, wenn das Kind todtgeboren oder in der Geburt verstorben ist, am nächstfolgenden Tage, die Vornamen eines Neugeborenen nicht längstens binnen zwei Monaten nach der Geburt, bezüglich in dem Fall des §. 81 des Reichsgesetzes nach dem 1. Januar 1876,

b) ein Sterbefall nicht an dem auf den Todestag, bezüglich in dem Falle des §. 81 an dem auf den 1. Januar 1876 nächstfolgenden Wochentage

dem Standesbeamten angezeigt, so hat derselbe von dieser Uebertretung der gesetzlichen Vorschrift, sobald er davon Kenntniß erhält, entweder der Ortspolizeibehörde behufs Anforderung der gesetzlichen Strafe bezüglich Abgabe der Sache an die Staatsanwaltschaft oder auch nach Befinden alsbald dem zuständigen Beamten der Staatsanwaltschaft Anzeige zu erstatten (§. 68 Absatz 1 des Reichsgesetzes).

Unbeschadet dieser Anzeige hat der Standesbeamte außerdem die säumigen Verpflichteten (beispielsweise also bei verzögerter Anzeige eines Geburtsfalls den Vater des Kindes, wenn dieser aber nicht vorhanden, oder an Erstattung der Anzeige verhindert ist, die bei der Geburt zugegen gewesene Hebamme, eventuell den dabei zugegen gewesenen Arzt u. s. w. (§. 18 des Reichsgesetzes) durch Androhung von Geldstrafen innerhalb des durch §. 68 Absatz 3 des Reichsgesetzes bestimmten Maßes dazu anzuhalten, daß sie binnen einer zu diesem Zweck zu bestimmenden kurzen Frist ihrer desfallsigen Verpflichtung nachkommen, wenn aber letzteres nicht pünktlich geschieht, die angedrohte Strafe durch schriftliche Verfügung gegen den Schuldigen auszusprechen, demselben auch unter Androhung weiterer Strafe die Erfüllung seiner Obliegenheit aufzugeben. Wird die verhängte Geldstrafe nicht freiwillig binnen einer dem Zahlungspflichtigen zu diesem Behufe zu setzenden Frist an den Standesbeamten oder nach dessen Anordnung an die Kasse der betreffenden Gemeinde erlegt, so ist das zuständige Justizamt wegen deren exekutivischer Beiziehung anzugehen.

Zur Ueberwachung, daß die bei der Anzeige des Geburtsfalls noch nicht bestimmten Vornamen eines vorläufig ohne Vornamen im Geburtsregister eingetragenen Kindes rechtzeitig, mithin spätestens binnen zwei Monaten nach der Geburt zur nachträglichen Eintragung angezeigt oder wenn dies nicht geschieht, gegen den säumigen Verpflichteten die gesetzlichen Zwangsmaßregeln und Strafen in Anwendung gebracht werden, dient dem Standesbeamten die in §. 10 Nr. 2 der Ausführungsverordnung des Bundesraths vorgeschriebene schriftliche Kontrole, deren genaue Führung hiermit eingeschärft wird.

Gebühren und Auslagen.

§. 24. Da die Führung der Standesregister und der darauf bezüglichen Verhandlungen nach §. 16 des Reichsgesetzes zwar im Allgemeinen kostenfrei erfolgen soll, gleichwohl aber für bestimmte spezielle Handlungen des Standesbeamten, nämlich für

a) die Vorlegung der Register an Betheiligte zur Einsichtnahme,

b) die schriftliche Ermächtigung des zuständigen Standesbeamten zur Eheschließung vor dem Standesbeamten eines anderen Orts,

c) die Ertheilung beglaubigter Registerauszüge

die in Nr. II des dem Reichsgesetze angehängten Tarifs bestimmten Gebühren zu erheben, auch in dem Falle des §. 47 des Reichsgesetzes die Kosten der Bekanntmachung des Aufgebots von dem Antragsteller zu tragen sind, da ferner nach §. 70 des Reichsgesetzes die zur Erhebung gelangenden Gebühren und Geldstrafen den Gemeinden des Standesamtsbezirks zufließen, umgekehrt aber auch von diesen Gemeinden nach §§. 8 und 9 des Reichsgesetzes die sächlichen Kosten des Standesamts übernommen werden müssen, so hat der Standesbeamte nicht allein das in §. 10 Nr. 4 der Ausführungsverordnung des Bundesraths vorgeschriebene Verzeichniß über die zu erhebenden und von ihm erhobenen Gebühren zu führen, sondern er wird auch die von ihm nach §. 68 Absatz 3 des Gesetzes erkannten, bezüglich an ihn erlegten Geldstrafen, ingleichen die von ihm in Standesamtsangelegenheiten gemachten Auslagen, soweit sie nicht von Betheiligten erstattet worden sind, verzeichnen und sich hierüber — mindestens alljährlich — mit den Gemeinden seines Bezirks berechnen und auseinandersetzen müssen. Das Nähere in dieser Beziehung bleibt der Uebereinkunft des Standesbeamten mit den Gemeinden seines Bezirks und, da nöthig, der Regelung durch die nächste Aufsichtsbehörde vorbehalten.

Lieferung des Materials für die Statistik der Bevölkerungsbewegung.

§. 25. Die Standesbeamten sind verpflichtet, das Material für die Statistik der Geburts-, Eheschließungs- und Sterbefälle zu liefern und zwar nach Maßgabe der nachstehenden Vorschriften:

1. Gleichzeitig mit der Eintragung in die Standesregister haben die Standesbeamten die eingetragenen Geburten, Eheschließungen und Sterbefälle noch in besondere in tabellarischer Form zu führende Verzeichnisse einzutragen.
2. Solcher Verzeichnisse bestehen drei:
   a) ein Verzeichniß der Geborenen,
   b) „ „ „ Eheschließungen,
   c) „ „ „ Gestorbenen.

   Die Formulare hierzu werden den Standesbeamten durch deren nächste Aufsichtsbehörde alljährlich zugefertigt werden.
3) Das Material zur Ausfüllung der Verzeichnisse hat der Standesbeamte aus den Einträgen der Standesregister selbst zu entnehmen. Soweit die letzteren aber über einzelne Spalten des Verzeichnisses keine Auskunft geben, hat der Standesbeamte gleichzeitig mit der Vornahme der auf den Eintrag in das Standesbuch bezüglichen Arbeiten durch Befragung der betreffenden Personen oder auf sonst geeignete Weise sich die zu dem gedachten Zwecke erforderlichen Notizen alsbald in jedem einzelnen Falle zu verschaffen.
4. Die Ausfüllung der Verzeichnisse geschieht durch genauen Eintrag des nach der Vorschrift unter Ziffer 3 für jeden einzelnen Fall gewonnenen Materials in die zutreffenden Spalten des Formulars.

   Ueber die Art und Weise, wie die einzelnen Spalten auszufüllen sind, ist auf den Formularen das Erforderliche zu näheren Erläuterung abgedruckt.

   Todtgeborene Kinder sind sowohl in das Verzeichniß der Gebornen, als auch in das der Gestorbenen einzutragen*).
5. In Standesamtsbezirken, welche mehrere politische Gemeinden umfassen, sind die drei Verzeichnisse für jede Gemeinde besonders aufzustellen.
6. Am Jahresschluß hat der Standesbeamte die drei Verzeichnisse abzuschließen und dieselben bis spätestens zum 15. Januar des folgenden Jahres an das vorgesetzte Fürstliche Justizamt[18]) einzusenden.
7. Die Fürstlichen Justizämter[18]) sammeln die Verzeichnisse ihres Bezirks und senden dieselben — und zwar die Verzeichnisse jeder Klasse in besonderem Umschlag, mit Aufschrift versehen — bis zum 1. März an das Fürstl. Ministerium ein, welches über deren weitere Prüfung, Zusammenstellung und Verwendung, auch für die Seitens des Bundesraths vorgeschriebenen Arbeiten, das Erforderliche veranlassen wird.

Die Standesbeamten sind verpflichtet, denjenigen Anordnungen, welche behufs Prüfung, Richtigstellung und Ergänzung der eingesendeten Verzeichnisse von Seiten der Aufsichtsbehörden getroffen werden, zu entsprechen.

---

*) Diese Vorschrift bezieht sich selbstverständlich nur auf die Eintragung todtgeborner Kinder in die statistischen Verzeichnisse. Denn was die Eintragung todtgeborener oder in der Geburt verstorbener Kinder in das Standesregister anbetrifft, so ist die Eintragung mit dem in §. 22 des Reichsgesetzes unter Nr. 1 bis 3 und 5 angegebenen Inhalte nach §. 23 desselben Gesetzes ausschließlich im Sterberegister zu machen. Hat übrigens das Kind nach der Geburt — wenn auch nur kurze Zeit — gelebt und ist dann erst verstorben, so ist der Geburtsfall als solcher im Geburtsregister, der Sterbefall im Sterberegister einzutragen, weil dann der in §. 23 des Reichsgesetzes vorausgesetzte Fall nicht vorliegt.

[18]) S. o. Anm. 12.

(Zu §. 12 der Instruktion.)

I.

Muster für die Bescheinigung der Eintragung eines Geburtsfalles.

Das von der verehelichten Anna Marie Müller, geb. Adam, Ehefrau des Schneidermeisters Johann Friedrich Müller in B.... am 23. Januar 1876 um 4 Uhr Vor-/Nach-mittags geborene Kind männlichen Geschlechts ist heute
mit den Vornamen Heinrich August
ohne Vornamen
unter Nr. 2 des Geburtsregisters eingetragen.
S......, am 25. Januar 1876.

Der Standesbeamte.
L.....

II.

Muster für die Bescheinigung der Eintragung eines Sterbefalles.

a.

Der Landwirth Carl Eduard Kunze in J.... ist als am 3. März 1876 um 7 Uhr Nachmittags zu S.... verstorben unter Nr. 31 des Sterberegisters heute eingetragen.
S......, am 4. März 1876.

Der Standesbeamte.
L.....

b.

Das von der unverehelichten Christine Charlotte Weidner in J.... am 5. April 1876 um 6 Uhr Vormittags zu J.... geborene Kind weiblichen Geschlechts ist als todtgeboren unter Nr. 40 des Sterberegisters heute eingetragen.
S......, am 6. April 1876.

Der Standesbeamte.
L.....

III.

Muster der Bescheinigung eines angeordneten Aufgebots.

Es wollen
der Schuhmacher Franz Carl Eduard Neuse in B...., Sohn des Landwirths August Neuse daselbst und
die Elisabeth Louise Klein in S...., Tochter der verwittweten Anna Katharine Klein und deren verstorbenen Ehemanns, des Handarbeiters Friedrich Klein daselbst,
die Ehe mit einander eingehen, und ist die Bekanntmachung des Aufgebots in den Gemeinden B.... und S.... angeordnet worden.
S......, am 23. Mai 1876.

Der Standesbeamte.
L.....

60. Fernerer Nachtrag zur Instruktion für die Fürstlichen Standesbeamten vom 10. Dezember 1875. Vom 12. Dezember 1877. (Ges.Samml. Stck. 14 S. 69.)

(Entspricht abgesehen von einigen unbedeutenden Aenderungen in der Fassung dem o. S. 406 unter Nr. 56 mitgetheilten Nachtrag für Schwarzburg-Rudolstadt.)

Fürstenthum Waldeck.

61. Bekanntmachung des Landesdirektors, betreffend die Ausführung des Reichsgesetzes vom 6. Februar 1875 über die Beurkundung des Personenstandes und die Eheschließung. Vom 23. November 1875 (Reg.Bl. Nr. 24 S. 97).

I. In Ausführung des §. 84 des Reichsgesetzes vom 6. Februar 1875 über die Beurkundung des Personenstandes und die Eheschließung wird hiermit bekannt gemacht, daß in dem Fürstenthum Waldeck-Pyrmont zu verstehen ist:

1. unter der höheren resp. unteren Verwaltungsbehörde (§§. 2—7, 11 des Reichsgesetzes) der Landesdirektor beziehentlich der Kreisamtmann,
2. unter dem Gemeindevorsteher (§. 4 Abs. 1 des Reichsgesetzes) der Bürgermeister,
3. unter der Gemeindebehörde (§. 4 Abs. 2 des Reichsgesetzes) der Gemeinderath,
4. unter dem Gemeindevorstand (§. 4 Abs. 2 des Reichsgesetzes) der Gemeindevorstand im Sinne der Gemeindeordnung,
5. unter dem Gerichte erster Instanz
   a. im Sinne des §. 14 Abs. 2 des Reichsgesetzes das Amtsgericht, innerhalb dessen der Standesamtsbezirk liegt, wenn aber der letztere mehreren Gerichtsbezirken angehört, dasjenige Amtsgericht, welches der Landesdirektor in Uebereinstimmung mit dem Appellationsgerichte[19a] bestimmt,
   b. im Sinne der §§. 11, 66 des Reichsgesetzes das Kreisgericht[19b].

II. Die Standesamtsbezirke (§. 2 des Reichsgesetzes) werden in folgender Weise gebildet: (Folgen die betreffenden Angaben nach Kreisen und Gemeinden.)

62. Verordnung, betreffend die Ausübung der Befugniß zur Dispensation von Ehehindernissen und vom Aufgebote in den Fürstenthümern Waldeck und Pyrmont. Vom 8. Januar 1876 (Reg.Bl. Nr. 3 S. 17).

Wir **Wilhelm**, von Gottes Gnaden König von Preußen 2c. verordnen in Gemäßheit des zwischen Preußen und Waldeck-Pyrmont geschlossenen Vertrages vom 18. Juli 1867, betreffend die Uebertragung der Verwaltung der Fürstenthümer Waldeck und Pyrmont an Preußen (Gesetzsammlung für die Königlichen Preußischen Staaten von 1868 S. 1, Fürstlich Waldeckisches Regierungsblatt von 1867 S. 133), auf den Antrag Unseres Staatsministeriums, für das Gebiet der genannten Fürstenthümer was folgt:

§. 1. Die Dispensation vom gesetzlichen Alter der Ehemündigkeit, vom Verbote der Ehe zwischen einem wegen Ehebruchs Geschiedenen und seinem Mitschuldigen, sowie von dem Verbote, nach welchem Frauen vor Ablauf des zehnten Monats seit Beendigung ihrer früheren Ehe eine weitere Ehe nicht schließen dürfen, ertheilt der Justizminister.

§. 2. Eine Befreiung vom Aufgebote kann in allen Fällen durch den Minister des Innern erfolgen; in dringenden Fällen kann die Aufsichtsbehörde eine Abkürzung der für die Bekanntmachung bestimmten Fristen (§§. 46, 47 des Reichsgesetzes vom 6. Februar 1875) gestatten und bei vorhandener Lebensgefahr von dem Aufgebote ganz entbinden.

§. 3. Diese Verordnung tritt sofort in Kraft.

§. 4. Die Minister des Innern und der Justiz sind mit der Ausführung dieser Verordnung beauftragt.

63. Bekanntmachung des Landesdirektors vom 4. April 1876, betr. die Dispensation von Ehehindernissen. (Reg.Bl. Nr. 8 S. 41.)

Nachdem die Dispensation von Ehehindernissen in den Fürstenthümern Waldeck und Pyrmont durch die Verordnung vom 8. Januar d. J. (Reg.Bl. S. 17) dem Preußischen Justizminister übertragen worden ist, hat letzterer bestimmt, daß hinsichtlich der geschäftlichen Behandlung der Dispensationsgesuche dieselben Vorschriften zu befolgen sind, welche in Preußen bestehen.

Es werden daher nachstehend die für Preußen erlassenen bezüglichen Vorschriften[19] zur öffentlichen Kenntniß gebracht.

---

19) S. o. S. 248 Nr. 10 u. 11.

19a) Jetzt: Oberlandesgerichte, s. o. S. 65 Anm. 98.

19b) Jetzt: Landgericht, s. o. S. 53 Anm. 67.

Fürstenthum Reuß Aelterer Linie[20]).

64. Verordnung vom 4. November 1875, die Ausführung des Reichsgesetzes über die Beurkundung des Personenstandes und die Eheschließung vom 6. Februar 1875 betreffend. (Ges.Samml. Nr. 15 S. 145.)

Wir **Heinrich der Zwei und Zwanzigste** von Gottes Gnaden Aelterer Linie souveräner Fürst **Reuß**, Graf und Herr von Plauen, Herr zu Greiz ꝛc. haben zur Ausführung des Reichsgesetzes über die Beurkundung des Personenstandes und die Eheschließung vom 6. Februar 1875 (Reichs-Gesetzblatt S. 23 ff.) auf dem Grunde der §§. 83 und 84 des genannten, hierneben abgedruckten Gesetzes und im Anschluß an die gleichfalls hierneben abgedruckte, vom Bundesrathe unterm 22. Juni 1875 erlassene Ausführungsverordnung (Centralblatt für das Deutsche Reich S. 386 ff.) zu verordnen beschlossen und verordnen was folgt:

§. 1. Für Uns und die Mitglieder Unseres Fürstlichen Hauses versieht die Geschäfte des Standesbeamten der jedesmalige Vorstand Unseres mit den Verwaltungsangelegenheiten Unseres Fürstlichen Hauses betrauten Geheimen Kabinets, beziehungsweise dessen Stellvertreter (§. 72 des Reichsgesetzes vom 6. Februar 1875).

Ueber die Art der Führung und Aufbewahrung der Standesregister Bestimmung zu treffen, bleibt vorbehalten.

§. 2. Im Uebrigen steht die centrale Leitung und die Oberaufsicht in Betreff der Ausführung des Reichsgesetzes vom 6. Februar 1875 über die Beurkundung des Personenstandes und die Eheschließung Unserer Landesregierung zu.

§. 3. Die Funktionen der „unteren Verwaltungsbehörde" („Aufsichtsbehörde"), (§. 3 Abs. 1, §. 7 Abs. 3, §. 11 Abs. 1 und 2, §§. 14, 27, 60, 64, 66 Abs. 2 des Reichsgesetzes) werden den Justizämtern (Einzelrichtern)[21]), als Organen der Justizverwaltung, jedem in Bezug auf die Standesämter seines Bezirks, übertragen.

§. 4. Die in dem Reichsgesetz der „höheren Verwaltungsbehörde" zugewiesenen Funktionen werden von Unserer Landesregierung wahrgenommen.

Dieselbe ist ermächtigt, die Ausübung dieser Funktionen im Allgemeinen oder in einzelnen Fällen dem Kreisgerichte[22]), zu übertragen.

§. 5. Unter der in dem Reichsgesetz (§. 4 desselben) gebrauchten Bezeichnung „Gemeindevorstand" sind die nach der Gesetzgebung des Fürstenthums dieselbe Bezeichnung führende Gemeindebehörde resp. die Vertreter exkommunalisirter Ritter- und Kammergutsgemeinden und unter der Bezeichnung „Gemeindebehörde" ist der Gemeinderath, bezüglich in Gemeinden, welche keinen Gemeinderath besitzen, die Gemeindeversammlung zu verstehen.

§. 6. Als „Gericht erster Instanz" (§. 11 Abs. 3, §. 14 Abs. 2, §. 66 Abs. 2 des Reichsgesetzes) ist der Einzelrichter[23]) zuständig, in dessen Bezirk der Standesbeamte seinen Amtssitz hat.

Der Instanzenzug regelt sich nach Maßgabe des Gesetzes vom 1. September 1868, die Organisation der Justiz- und Verwaltungsbehörden betreffend[24]).

§. 7. Wenn von den Standesbeamten eine Geldstrafe erkannt worden ist (§. 68 al. 3 des Reichsgesetzes), so steht den Betheiligten der Rekurs an das Justizamt (Einzelrichter) binnen einer präklusivischen Frist von 14 Tagen frei.

§. 8. Die Dispensation von Ehehindernissen und vom Aufgebot (§§. 28, 33, 35, 50 des Reichsgesetzes) bleibt Unserer Landesherrlichen Entschließung vorbehalten. Hierauf bezügliche Gesuche sind zum Behuf der Vortragserstattung und der Ausfertigung bei Unserer Landesregierung einzureichen.

§. 9. Die Standesamtsbezirke sind nach ihrer amtlichen Benennung unter Angabe der einbezirkten Gemeinden durch das Amtsblatt und die Gesetzsammlung bekannt zu machen.

---

[20]) Vgl. noch Reg.Bekanntm. v. 7. Nov. 1875, die Abgrenzung der Standesbezirke betr. (a. a. O. Nr. 15 S. 216), und v. 30. Dez. 1887 (a. a. O. 1887 Nr. 14 S. 131).

[21]) Jetzt: Amtsgerichten, Ges. v. 21. Nov. 1878, Aenderungen der bestehenden Gerichtsorganisation betr., G.S. S. 187, §. 3 Abs. 3: „Die Geschäfte der freiwilligen Gerichtsbarkeit und diejenigen Geschäfte der Justizverwaltung, welche jetzt den Justizämtern zustehen, insbesondere die Aufsicht über die Standesämter werden auf die Amtsgerichte übertragen."

[22]) S. das in Anm. 22 angef. Ges. §. 6 Abs. 4: „Die Geschäfte der Justizverwaltung, welche jetzt dem Kreisgericht obliegen, gehen in entsprechender Weise auf das Landgericht über."

[23]) S. Anm. 21.

[24]) S. jetzt das in Anm. 21. angef. Ges. §. 6: „Bezüglich der Angelegenheiten der freiwilligen Gerichtsbarkeit, mögen sie in erster Instanz von den Amtsgerichten oder von beauftragten Mitgliedern der Landgerichte verhandelt und entschieden sein, ist das Landgericht das Berufungsgericht."

§. 10. Nach erfolgter Bestellung werden die Standesbeamten und deren Stellvertreter durch den zuständigen Einzelrichter[25]) dahin verpflichtet,

daß sie das ihnen übertragene Amt eines Standesbeamten (Stellvertreters des Standesbeamten) und alle mit diesem Amte verbundenen Geschäfte nach ihrem besten Wissen und Gewissen vorschriftsmäßig verwalten wollen.

Die Verpflichtung erfolgt mittelst Handschlags an Eides Statt.

Zur Verpflichtung derjenigen Standesbeamten und Stellvertreter eines Standesbeamten, welche nach §. 4 Abs. 1 und §. 6 Abs. 2 des Reichsgesetzes auf Grund einer gemeindeamtlichen Stellung zu dem Standesamte berufen sind, genügt die Hinweisung auf die bei Uebernahme des Gemeindeamtes stattgehabte Verpflichtung.

In dem Falle des §. 1 dieser Verordnung findet eine besondere Verpflichtung des bestellten Standesbeamten nicht Statt.

§. 11. In jedem Orte, in welchem ein Standesbeamter seinen Amtssitz hat, ist am Eingang des Gebäudes, worin das Geschäftslokal des Standesbeamten sich befindet, ein Schild mit der Aufschrift: „Fürstliches Standesamt" anzubringen.

§. 12. Die nach §. 8 des Reichsgesetzes, sowie nach den §§. 1, 2 und 4 der Ausführungsverordnung des Bundesraths vom 22. Juni 1875 den Gemeinden von der Centralbehörde des Bundesstaats kostenfrei zu liefernden Formulare zu den Haupt- und Nebenregistern (A., B. und C.) und zu den Registerauszügen (Aa., Bb., Cc.) werden auf Rechnung der Staatskasse angeschafft und — die Hauptregister in einem der Seelenzahl des einzelnen Standesamtsbezirks entsprechenden, für kleinere Standesamtsbezirke auf eine Mehrzahl von Jahren berechneten Umfange gebunden — vor dem 1. Januar 1876 den Standesbeamten kosten- und portofrei zugefertigt werden.

Auch die in §. 5 der vom Bundesrathe unterm 22. Juni 1875 erlassenen Ausführungsverordnung vorgeschriebenen Formulare für Bescheinigung einer erfolgten Eheschließung, für das Aufgebot und für die Ermächtigung des zuständigen Standesbeamten zur Eheschließung vor dem Standesbeamten eines anderen Orts (D., E. und F.) sollen den Standesbeamten wenigstens für den Beginn und die erste Zeit ihrer amtlichen Wirksamkeit geliefert werden, und das Gleiche gilt von den nach §. 15 Abs. 2 des Reichsgesetzes erforderlichen Dienstsiegeln. Der für Anschaffung dieser Formulare und der Dienstsiegel erwachsende Aufwand ist jedoch von den die einzelnen Standesamtsbezirke bildenden Gemeinden der Staatskasse antheilig nach Verhältniß zu erstatten — (vergl. §. 8 des Reichsgesetzes, §. 6 der Ausführungsverordnung des Bundesraths).

§. 13. Die Festsetzung der nach §. 8 des Reichsgesetzes von den Gemeinden zu tragenden sächlichen Kosten steht in allen Fällen, wo eine solche nöthig wird, dem Justizamte (Einzelrichter[26]) zu.

§. 14. In Fällen vorübergehender Behinderung des Standesbeamten und seines Stellvertreters oder gleichzeitiger Erledigung dieser Aemter hat der Amtsrichter (Amtsschulze) des Orts, an welchem der Standesbeamte bezw. dessen Stellvertreter ihren Wohnsitz haben oder gehabt haben, dem zuständigen Justizamte (Einzelrichter) ohne Verzug Anzeige zu machen, damit in Gemäßheit des §. 3 Abs. 1 des Reichsgesetzes die einstweilige Beurkundung des Personenstandes einem benachbarten Standesbeamten oder Stellvertreter übertragen werde.

§. 15. Die Ortspolizeibehörde, welche zu einer Beerdigung vor erfolgter Eintragung des Sterbefalls in das Sterberegister Genehmigung ertheilt hat (§. 60 des Reichsgesetzes), ist verpflichtet, dem zuständigen Standesbeamten hiervon ohne Verzug Mittheilung zu machen.

§. 16. Ist eine Ehe auf übereinstimmendes Ansuchen der Eheleute aus landesherrlicher Machtvollkommenheit getrennt worden, so hat das Ehegericht eine beglaubigte Abschrift des Landesherrlichen Erlasses nebst einer Bescheinigung darüber, an welchem Tage die Eröffnung an die Betheiligten erfolgt ist, dem Standesbeamten, vor welchem die Ehe geschlossen ist, zu übersenden. Der Standesbeamte hat hiernach in Gemäßheit des §. 55 des Reichsgesetzes zu verfahren. (Vergl. §. 14 der Ausführungsverordnung des Bundesraths vom 22. Juni 1875.)

§. 17. Insoweit nach bestehenden Vorschriften bestimmten Behörden oder Personen (Gemeindevorständen, Hebammen, Leichenweibern rc.) obliegt, von Geburts- oder Sterbefällen weltlichen oder geistlichen Behörden oder Beamten Anzeige zu erstatten, behält es auch fernerhin sein Bewenden.

§. 18. Diese Verordnung tritt mit dem 1. Januar 1876 in Kraft.

64. Instruktion der Landesregierung für die Standesbeamten, vom 5. November 1875 (a. a. O. Nr. 15 S. 203).

§. 1. Die Standesbeamten und ihre Stellvertreter haben sich mit den, ihre Thätigkeit festsetzenden Gesetzen, Verordnungen und Instruktionen, namentlich mit

dem Reichsgesetze über die Beurkundung des Personenstandes und die Eheschließung vom 6. Febr. 1875,

---

[25]) S. Anm. 21.

[26]) S. Anm. 21.

der Ausführungsverordnung des Bundesraths zu diesem Reichsgesetze, vom 22. Juni 1875,

der Landesherrlichen Ausführungsverordnung vom 4. Nov. 1875 zu dem genannten Reichsgesetze

vor dem Beginn ihrer Amtsthätigkeit genau bekannt zu machen.

Glauben sie näherer Belehrung zu bedürfen, so haben sie sich an das als nächste Aufsichtsbehörde ihnen vorgesetzte Fürstliche Justizamt (Einzelrichter) zu wenden, welches verpflichtet ist, sie (event. nach vorheriger Anfrage bei der Fürstlichen Landesregierung) mit der erforderlichen Auskunft und Anleitung zu versehen.

§. 2. Für den gesammten Standesamtsbezirk ist, auch wenn derselbe aus mehreren Gemeinden besteht, stets nur Ein Geburtsregister, desgleichen nur Ein Heiraths- und Ein Sterberegister zu führen, je mit einem Nebenregister.

Die Register sind sofort nach Ablauf des Kalenderjahres abzuschließen und Anzeigen aus dem neuen Kalenderjahr, auch wenn sie Geburten oder Todesfälle aus dem alten Jahre betreffen, in das neue Register einzutragen.

§. 3[27]). In den Standesregistern dürfen Korrekturen durch Ausstreichen und Ueberschreiben oder durch Rasuren nicht vorkommen.

Nur die gedruckten Worte sind, wenn sie nicht passen, leserlich zu durchstreichen. Es ist alsdann am Rande zu bemerken, daß und wie viele Zeilen gelöscht sind, und ist diese Bemerkung unterschriftlich zu vollziehen.

Wenn sich beim Niederschreiben eines Registerauszuges ein Schreibfehler eingeschlichen hat oder sonst eine Unrichtigkeit ergiebt, weil entweder die Erschienenen unrichtige oder unvollständige Angaben gemacht haben, oder weil der Standesbeamte Erstere nicht richtig verstanden hat, so ist zu unterscheiden, ob der Standesbeamte die Eintragung durch seine Unterschrift bereits vollzogen hat oder nicht.

Ist diese Eintragung durch die Unterschrift des Standesbeamten noch nicht abgeschlossen, so darf zwar in der Eintragung selbst nichts verändert, dagegen kann eine die Unrichtigkeit verbessernde Bemerkung am Rande beigefügt werden, welche sowohl von den Erschienenen als dem Standesbeamten besonders zu unterschreiben ist.

Hat dagegen der Standesbeamte die Eintragung bereits unterschriftlich vollzogen, wenn die Unrichtigkeit entdeckt wird, so kann die Berichtigung nur nach Maßgabe der §§. 65 u. 66 des Reichsges. v. 6. Febr. 1875 auf gerichtliche Anordnung erfolgen.

Die Standesbeamten haben sich deshalb, bevor sie die Eintragung unterzeichnen, wiederholt in eingehender und verlässiger Weise zu überzeugen, daß die Urkunde allen thatsächlichen Verhältnissen entspricht, damit häufige und umständliche Berichtigungen möglichst vermieden werden.

§. 4. Eintragungen auf Grund schriftlicher Anzeigen, bezw. Mittheilungen (§§. 20, 27, 58, 62 des Reichsgesetzes vom 6. Febr. 1875), für welche der Vordruck des Registers nicht mitberechnet ist, sind unter Durchstreichung des Vordruckes und mit Bezugnahme auf die schriftliche Anzeige, beziehentlich Mittheilung am Rande zu bewirken.

Enthält die schriftliche Anzeige eines in einer Anstalt vorgekommenen Geburts- bezw. Sterbefalles die Thatsachen, welche nach Vorschrift des Gesetzes einzutragen sind, nicht vollständig, so hat der Standesbeamte zunächst die Vervollständigung der Angaben zu verlangen.

§. 5. Der Standesbeamte kann sich zu Eintragungen in die Register oder zur Anfertigung von Auszügen aus denselben auf seine Kosten einer Schreibhülfe bedienen. Eintragungen auf Grund mündlicher Anzeigen dürfen aber immer nur in Gegenwart des Standesbeamten geschehen. In allen Fällen hat aber der Standesbeamte resp. der Stellvertreter die unterschriftliche Vollziehung der Einträge selbst zu bewirken.

§. 6. Die Beurkundung der Geburten, Eheschließungen und Sterbefälle, welche den Standesbeamten selbst resp. seine Familie angehen, hat derselbe durch den Stellvertreter des Standesbeamten vornehmen zu lassen.

Ist in solchem Falle der Stellvertreter behindert oder abwesend, so ist schleunig bei der Aufsichtsbehörde die Ermächtigung eines benachbarten Standesbeamten oder Stellvertreters zum Eintrag des Falles zu beantragen und nach erfolgter Ermächtigung demselben das Haupt- und Nebenregister zum Eintrag vorzulegen.

§. 7. Eheschließungen sind nur an Wochentagen, welche nicht als kirchliche Festtage gefeiert werden, und in den Vormittagsstunden vorzunehmen. Ausgenommen sind die Fälle des §. 50 Abs. 2 des Reichsgesetzes, sowie auch, was die Vornahme der Eheschließung in Nachmittagsstunden betrifft, allgemein die Fälle, wo wegen ärztlich bescheinigter Krankheit der Standesbeamte sich veranlaßt findet, die Eheschließung außerhalb seiner Wohnung beziehungsweise des Geschäftslokals vorzunehmen.

---

[27]) §. 3. In der Fassung der Abänderungs-Verordnung v. 2. Juni 1878, G.S. S. 6; Stdesb. 1876 S. 205.

Mit Genehmigung der Aufsichtsbehörde kann die Vornahme von Eheschließungen für die regelmäßigen Fälle auf einige bestimmte Wochentage beschränkt werden.

§. 8. Der Standesbeamte hat über jede auf mündliche Anzeige erfolgte Eintragung eines Geburtsfalls dem Anzeigenden sofort kostenfrei eine Bescheinigung nach dem Formular a. auszustellen, dessen untere Hälfte den Zweck hat, bei Kindern christlicher Eltern die Uebereinstimmung der nachträglich angezeigten Vornamen mit den Taufnamen durch ein pfarramtliches Attest zu sichern. Sind die Vornamen des Kindes gleichzeitig mit eingetragen, so geschieht die Ausstellung der Bescheinigung nach dem Formulare b.

Ebenso ist über jede auf mündliche Anzeige erfolgte Eintragung eines Sterbefalls, bezw. eines todtgeborenen oder in der Geburt verstorbenen Kindes sofort dem Anzeigenden eine Bescheinigung nach dem Formular c. bezw. nach dem Formular d. auszustellen.

§. 9. Vor Anordnung des Aufgebots hat der Standesbeamte, außer den in §. 45 des Reichsgesetzes geforderten Nachweisen, insbesondere auch zu verlangen:

a. von Wittwern und Wittwen eine Bescheinigung der zuständigen Gerichtsbehörde, daß dieselben sich mit den Kindern aus voriger Ehe, beziehentlich deren Vormündern, wegen des mütterlichen, bezw. väterlichen Erbes abgetheilt haben. Gehört der oder die verwittwete Verlobte einem anderen Staate an, so ist die Rücksichtnahme auf dieses Verhältniß der betreffenden auswärtigen Behörde zu überlassen;

b. von Militärpersonen des Friedensstandes und von vorläufig in die Heimath beurlaubten Rekruten und Freiwilligen (vergl. Reichsmilitärgesetz vom 2. Mai 1874 §. 38 unter A und §. 60 unter 4) den Nachweis der Genehmigung ihrer Vorgesetzten zu ihrer Verheirathung;

c. von unmittelbaren Staatsdienern, Geistlichen und Lehrern den Nachweis der Genehmigung der Fürstlichen Landesregierung bezw. des Fürstlichen Konsistoriums;

d. von Ausländern, d. h. von Personen, welche nicht Bundesangehörige sind, und von Bayrischen Staatsangehörigen folgende Nachweise:

Gehört der Verlobte dem Königreich Bayern an[28]: a. Angehörige der rechtsrheinischen Landestheile Bayerns haben vor der Verehelichung ein von der Distriktsverwaltungsbehörde derjenigen Gemeinde, in welcher der Bräutigam seine Heimath hat, ausgestelltes Zeugniß darüber beizubringen, daß gegen die beabsichtigte Eheschließung kein im Kön. Bayerischen Gesetze vom 16. April 1868 begründetes Hinderniß besteht. b. Angehörige der Bayerischen Rheinpfalz dagegen bedürfen zum Zweck der Verehelichung keines solchen Zeugnisses, sind vielmehr in dieser Hinsicht den Angehörigen der übrigen Staaten gleichgestellt.

Ist der Verlobte Angehöriger der Oestreich-Ungarischen Monarchie (mit Ausnahme der Länder Salzburg, Tirol, Vorarlberg und Krain), oder eines der Königreiche Italien, Niederlande, Schweden, Norwegen, Belgien, so ist der durch gehörig beglaubigtes Zeugniß der zuständigen Heimathsbehörde zu liefernde Nachweis der betreffenden Staatsangehörigkeit zu erfordern, — von einem Oestreich-Ungarischen Staatsangehörigen außerdem noch der Nachweis der persönlichen Fähigkeit der Eheschließung nach der Gesetzgebung des Heimathslandes.

Gehört dagegen der Verlobte einem der vorstehend ausgenommenen Oestreichischen Länder (Salzburg, Tirol, Vorarlberg und Krain), dem Fürstenthum Liechtenstein oder sonst einem obstehend nicht genannten europäischen Staate an, so hat er die Aufnahmezusicherung für seine künftige Frau und die mit ihr etwa unehelich schon erzeugten Kinder Seitens seiner zuständigen Heimathsbehörde beizubringen.

In Zweifelsfällen hat sich der Standesbeamte um Belehrung an das ihm vorgesetzte Justizamt (Einzelrichter) zu wenden.

§. 10. Gehören die Verlobten einer Parochie an, auf welche der Bezirk des Standesbeamten sich erstreckt, so hat derselbe dem Geistlichen der Parochie unter Benützung des Formulars e über die Anmeldung zum Aufgebot, spätestens gleichzeitig mit der Anordnung desselben, Mittheilung zu machen. Dasselbe gilt, wenn nur einer der Verlobten dieser Parochie angehört.

§. 11. Hinsichtlich der im Reichsgesetze vom 6. Febr. 1875 §§. 29 und 31 in Bezug genommenen Bestimmungen des Landesrechts ist zu beachten, daß nach dem im Fürstenthum geltenden Rechte

1) minderjährige eheliche Kinder in der Regel nur, wenn sie beide Eltern, minderjährige uneheliche Kinder, wenn sie ihre Mutter durch den Tod verloren haben, einer Bevormundung bedürfen;

2) eine Wirksamkeit der Obervormundschaft in Bezug auf die Eheschließung der Minderjährigen nicht Statt findet;

3) die Landesherrlich bestätigte Annahme an Kindesstatt der Regel nach die Rechte der väterlichen Gewalt begründet. Dies ist nur dann nicht der Fall, wenn bei Lebzeiten des leiblichen Vaters das Kind von einem Andern als von einem Verwandten in aufsteigender Linie an Kindesstatt angenommen worden ist. Auch steht bloßen Pflegeeltern die väterliche Gewalt nicht zu.

---

[28] Abänderung der Reg.Bek. v. 10. März 1877, G.S. S. 27; Stdesb. 1877 S. 84.

§. 12. Die Aushängung des Aufgebots hat an dem, für die Bekanntmachung der Gemeindebehörde bestimmten Orte, oder, wo ein solcher fehlt, an einem anderen angemessen auszuwählenden Orte zu geschehen und ist, falls der Standesbeamte für dieselbe nicht als Gemeindevorsteher zuständig ist, durch die Gemeindebehörde zu bewirken.

Bei einer etwaigen vorläufigen Bestimmung des Termins für die Eheschließung ist in Fällen, wo der Aushang des Aufgebots auswärts erfolgen muß, ein nicht zu naher Termin in Aussicht zu nehmen, damit nicht aus dem Mangel eines rechtzeitigen Eingangs der Aushangsbescheinigungen Verlegenheiten für die Betheiligten entstehen.

Die durch Aufgebote veranlaßten Postporti und die Kosten für Einrückung der Bekanntmachung in ein ausländisches Blatt sind von denjenigen, welche das Aufgebot beantragt haben, zu tragen und ist der Standesbeamte befugt, sich die Insertionskosten von denselben vorschießen zu lassen.

§. 13. Die Eheschließung hat der Standesbeamte genau nach dem durch die Ausführungsverordnung des Bundesraths vom 22. Juni 1875 vorgeschriebenen Formular B vorzunehmen und Alles zu vermeiden, was bei den Betheiligten gegenüber dem §. 82 des Gesetzes irrige Auffassungen, insbesondere die Meinung hervorrufen kann, als werde durch die bürgerliche Eheschließung die kirchliche Trauung ersetzt.

Der Standesbeamte hat daher nach Aufnahme des einleitenden Theiles der im Formular B vorgezeichneten Verhandlung und nachdem die Verlobten die in Gegenwart der Zeugen vom Standesbeamten an sie einzeln und nach einander gerichtete Frage:

ob sie die Ehe mit einander eingehen wollen,

bejahend beantwortet haben, sich auf den Ausspruch zu beschränken:

daß er sie nunmehr kraft des Gesetzes für rechtsmäßig verbundene Eheleute erkläre,

und sodann ohne Weiteres die Beurkundung des vorgenommenen Aktes zum Abschluß zu bringen und den Eheleuten die im letzten Satze des §. 54 des Reichsgesetzes vorgeschriebene Bescheinigung nach dem Formular D der Ausführungsverordnung des Bundesraths vom 22. Juni 1875 auszustellen.

Die Standesbeamten haben periodisch, mindestens aber allmonatlich den bei ihrem Bezirk betheiligten Pfarrämtern die im Laufe dieser Periode Statt gehabten Eheschließungen von Gliedern ihrer Kirchgemeinden unter Angabe der Namen und Wohnorte der Eheleute, des Berufs derselben und des Tages der Eheschließung schriftlich mitzutheilen.

§. 14. Ueber die Gebühren, welche nach dem dem Reichsgesetze beigefügten Tarife zur Erhebung gelangen, sowie über die sowohl gerichtlich erkannten und an ihn abgelieferten Geldstrafen, als die vom Standesbeamten auf Grund des §. 68 des Reichsgesetzes ausgesprochenen Zwangsstrafen, hat der Standesbeamte ein genaues Verzeichniß zu führen und die eingegangenen Gelder periodisch (je nach dem Umfang des Bezirks allviertel- oder allhalbjährlich) mit einer Abschrift desselben als Einnahmebeleg an die Gemeindekasse abzuliefern, auch den betreffenden Gemeindevorstand davon schriftlich zu benachrichtigen.

Umfaßt der Bezirk mehrere Gemeinden, so ist der Betrag nach Maßgabe der Beitragspflicht zu den sachlichen Kosten (§. 70) zu vertheilen, und jedem Gemeindevorstand die oben vorgeschriebene Mittheilung zu machen.

Behauptet ein Zahlungspflichtiger, zur Zahlung unvermögend zu sein, und ist dies nicht ortskundig, so hat derselbe ein Zeugniß darüber beizubringen, welches dem Verzeichniß beizufügen ist.

§. 15. Der Standesbeamte hat Fürsorge zu treffen, daß in seiner Behinderung dem Stellvertreter die Register, Formulare, Akten und Siegel zugänglich seien.

§. 16. Diejenigen Personen, welche den in den §§. 17 bis 20, 22 bis 24, 56 bis 58 des Reichsgesetzes vorgeschriebenen Anzeigepflichten nicht nachkommen, hat der Standesbeamte bei der Staatsanwaltschaft nach §. 68 des Gesetzes zur Anzeige zu bringen.

Wegen der nach §. 68 Abs. 3 des Reichsgesetzes vom Standesbeamten ausgesprochenen Zwangsstrafen ist, falls sie nicht innerhalb einer hierzu einzuräumenden Frist erlegt werden, Antrag auf Beitreibung an das Fürstliche Justizamt[29]) zu stellen.

§. 17. Die nach §. 45 der Deutschen Wehrordnung vom 28. September 1875[30]) den mit Führung der Civilstandsregister betrauten Behörden und Personen auferlegte Verpflichtung, unentgeltlich zum 15. Januar jedes Jahres

a. den Vorstehern der Gemeinden oder gleichartigen Verbänden einen Auszug aus dem Geburtsregister des um siebzehn Jahre zurückliegenden Kalenderjahres, enthaltend alle Eintragungen der Geburtsfälle von Kindern männlichen Geschlechts innerhalb der Gemeinde oder des gleichartigen Verbands,

b. [31]) dem Civilvorsitzenden der Ersatzkommission einen Auszug aus dem Sterberegister des letztverflossenen Kalenderjahres, enthaltend die Eintragungen von Todesfällen männlicher Personen, welche das 25. Lebensjahr noch nicht vollendet haben, innerhalb ihres Bezirks,

---

[29]) S. Anm. 21.

[30]) Jetzt §§. 45 u. 46 der Deutschen Wehrordnung v. 22. November 1888.

[31]) Vgl. hierzu Regierungsverordnung v. 18. April 1884, S. 17; Stdesb. 1884 S. 125.

zu übersenden, geht auf die Standesbeamten dergestalt über, daß sie den unter a. gedachten Auszug zum erstenmale zum 15. Januar 1893, den unter b gedachten Auszug zum erstenmal zum 15. Januar 1877 einzureichen haben.

Insoweit die Führung der Civilstandsregister und der Rekrutirungsstammrollen durch eine und dieselbe Person (Gemeindevorsteher zugleich Standesbeamten) erfolgt, kann die Uebertragung der Geburtsfälle sowie der Sterbefälle im Bezirk gebürtiger Personen aus den Civilstandsregistern in die Stammrollen unmittelbar und ohne daß es der Anfertigung von Auszügen aus den ersteren bedarf, erfolgen.

Ein Auszug, enthaltend die Sterbefälle der nicht im Bezirk gebürtigen Personen ist jedoch auch in diesem Falle dem Civilvorsitzenden der Ersatzkommission zu übersenden.

§. 18. Den Standesbeamten liegt ferner ob

1) in Gemäßheit des §. 4 der Regierungsverordnung vom 14. April 1875, die Ausführung des Reichsimpfgesetzes vom 8. April 1874 betreffend, vom Jahr 1877 an alljährlich bis zum 31. Januar den Gemeindevorständen ihres Bezirks die in den betreffenden Gemeindebezirken im vorhergehenden Kalenderjahr geborenen, noch lebenden Kinder in alphabetischer Reihenfolge nach Maßgabe des der gedachten Verordnung (Gesetzsammlung 1875 S. 88) beigefügten Formulars V mit Ausfüllung der Spalten 1 bis 5 in zweifacher Ausfertigung,

2) in Gemäßheit des §. 29. des Gesetzes vom 3. März 1875, die Erbschaftssteuer betreffend, dem Erbschaftssteuerfiskalat periodische — und zwar Seitens der Standesbeamten der Städte alle Monate, Seiten der Standesbeamten auf dem Lande alle Vierteljahre — Auszüge aus den Sterberegistern nach Maßgabe der für diesen Zweck angeordneten Formulare, bei Vermeidung der in gedachtem Paragraph angedrohten Ordnungsstrafe von 5 bis 30 Mark mitzutheilen. Endlich wird

3) den Standesbeamten im Interesse einer allgemeinen Statistik der Bevölkerungsbewegung in Deutschland zur Pflicht gemacht, am Schlusse jedes Jahres aus den von ihnen geführten Registern eine Uebersicht über die in ihren Bezirken vorgekommenen Geburten, Todesfälle und Eheschließungen nach Maßgabe der Formulare f, g und h in doppelten Exemplaren anzufertigen und je eins an die Fürstliche Landesregierung und an das statistische Büreau zu Jena bis zum 31. Januar jedes Jahres einzusenden.

(Zu §. 8 der Instruktion.) **a.**

Standesamt . . . . am . . . . 18 . .

Das von der . . . .

. . . .

am . . . . 18 . . . . um . . . . Uhr . . . . zu

. . . .

geborene Kind . . . . lichen Geschlechts ist heute unter Nr. . . . . des Geburtsregisters ohne Vornamen eingetragen.

Der Standesbeamte.
N. N.

Ich bescheinige hierdurch, daß dem obenbezeichneten Kinde bei der von mir heute vollzogenen heiligen Taufe die Vornamen: . . . .

. . . .

beigelegt worden sind.

(Ort und Datum) . . . .
(Unterschrift des Geistlichen) . . . .

b.

Standesamt . . . . am . . . . 18 . .

Das von der . . . .

. . . .

am . . . . 18 . . um . . . . Uhr . . . .

zu . . . .

geborene Kind . . . . lichen Geschlechts ist heute unter Nr. . . . . des Geburtsregisters mit den Vornamen . . . .

. . . .

eingetragen.

Der Standesbeamte.
N. N.

c.

Standesamt . . . . am . . . . 18 .

D . . . .
ist als am . . . . 18 . . um . . . Uhr . .
zu . . . .
verstorben unter Nr. . . . . . des Sterberegisters heute eingetragen.

Der Standesbeamte.
N. N.

d.

Standesamt . . . . am . . . . . 18 .

Das von der . . . .
. . . .
am . . . . 18 . . um . . . . Uhr . . . .
zu . . . .
geborene Kind . . . . lichen Geschlechts ist als todtgeboren unter Nr. . . . . .
des Sterberegisters heute eingetragen.

Der Standesbeamte.
N. N.

(Zu §. 10 der Instruktion.) e.

Standesamt . . . . am . . . 18 . .

Der . . . .
zu . . . .
hat sich zur Ehe mit der . . . .
. . . .
zu . . . .
gemeldet.

Der Standesbeamte.
N. N.

Auszug aus dem Geburtsregister pro 18 ....

Standesamtsbezirk .... **Politische Gemeinde** ....

Nr. des Geburtsregisters.	Zahl der Geborenen.	Das wievielste Kind dieser Ehe?	Ort der Geburt.	Wohnort des Vaters, bei unehelichen Geburten Wohnort der Mutter.	Zeit der Geburt. Monat.	Zeit der Geburt. Tag.	Zeit der Geburt. Stunde. von Mitternacht bis Mittag.	Zeit der Geburt. Stunde. von Mittag bis Mitternacht.	Das Geborene ist ehelich lebend geboren. m.	Das Geborene ist ehelich lebend geboren. w.	Das Geborene ist ehelich todt geboren. m.	Das Geborene ist ehelich todt geboren. w.	Das Geborene ist unehelich lebend geboren. m.	Das Geborene ist unehelich lebend geboren. w.	Das Geborene ist unehelich todt geboren. m.	Das Geborene ist unehelich todt geboren. w.	Stand, Beruf, Gewerbe, oder Beschäftigung des Vaters, resp. bei unehelichen Kindern Beschäftigung der Mutter.	Religions-Bekenntniß des Vaters.	Religions-Bekenntniß der Mutter.	Alter des Vaters.	Alter der Mutter (bei der Niederkunft).	Bemerkungen (z. B. ob Findling 2c.).
1.	2.	3.	4.	5.	6.	7.	8.	9.	10.	11.	12.	13.	14.	15.	16.	17.	18.	19.	20.	21.	22.	23.

g.

Auszug aus dem Heirathsregister pro 18 ....

Standesamtsbezirk .... **Politische Gemeinde** ....

Nr. des Heirathsregisters.	Zeit der Eheschließung. Monat.	Zeit der Eheschließung. Tag.	Ort der Eheschließung.	Wohnort der Eheleute nach der Eheschließung.	Stand, Beruf oder Gewerbe des Mannes.	Stand, Beruf oder Gewerbe der Frau (wenn sie sich vor der Eheschließung selbstständig ernährte).	Zeit der Geburt des Mannes Jahr.	Zeit der Geburt des Mannes Monat.	Zeit der Geburt des Mannes Tag.	Zeit der Geburt der Frau Jahr.	Zeit der Geburt der Frau Monat.	Zeit der Geburt der Frau Tag.	Bisheriger Familienstand noch nie verheirathet. Mann.	Bisheriger Familienstand noch nie verheirathet. Frau.	Bisheriger Familienstand Wittwer.	Bisheriger Familienstand Wittwe.	Bisheriger Familienstand Geschiedene. Mann.	Bisheriger Familienstand Geschiedene. Frau.	Religionsbekenntniß des Mannes.	Religionsbekenntniß der Frau.	Bisheriger Wohnort des Mannes. Bei ausländischen Orten ist auch der Staat anzugeben.	Bisheriger Wohnort der Frau. Bei ausländischen Orten ist auch der Staat anzugeben.	Die Heirathsurkunde wird durch Namensunterschrift oder Handzeichen vollzogen seitens des Mannes.	Die Heirathsurkunde wird durch Namensunterschrift oder Handzeichen vollzogen seitens der Frau.
1.	2.	3.	4.	5.	6.	7.	8.	9.	10.	11.	12.	13.	14.	15.	16.	17.	18.	19.	20.	21.	22.	23.	24.	25.

h.

Auszug aus dem Sterberegister pro 18 ....

Standesamtsbezirk .... **Politische Gemeinde** ....

Nummer des Sterberegisters.	Ort des Todes.	Wohnort des Gestorbenen.	Zeit des Todes.				Geschlecht.		Zeit der Geburt.			Familienstand.				Kinder unter 5 Jahren.		Religionsbekenntniß.	Stand, Beruf oder Beschäftigung des Verstorbenen, bei nicht erwerbsthätigen Kindern unter 15 Jahren Beruf des Vaters, bei vaterlosen oder unehelichen Beschäftigung der Mutter.	Gewaltsame Todesfälle.		
			Monat.	Tag.	Stunde von Mitternacht bis Mittag.	Stunde von Mittag bis Mitternacht.	männlich.	weiblich.	Jahr.	Monat.	Tag.	ledig.	verheirathet.	verwittwet.	geschieden.	ehelich geboren.	unehelich geboren.			Selbstmord.	Unglücksfall.	zweifelhaft, ob durch Selbstmord oder Unglücksfall.
1.	2.	3.	4.	5.	6.	7.	8.	9.	10.	11.	12.	13.	14.	15.	16.	17.	18.	19.	20.	21.	22.	23.

Fürstenthum Reuß jüngerer Linie.

65. Verordnung vom 16. Oktober 1875, die Ausführung des Reichsgesetzes über die Beurkundung des Personenstandes und die Eheschließung vom 6. Februar 1875 betreffend. (Ges.Samml. Nr. 388 S. 77.)

Wir **Heinrich der Vierzehnte,** von Gottes Gnaden Jüngerer Linie regierender Fürst Reuß, Graf und Herr von Plauen, Herr zu Greiz, Kranichfeld, Gera, Schleiz und Lobenstein rc. rc. verordnen zur Ausführung des Reichsgesetzes über die Beurkundung des Personenstandes und die Eheschließung vom 6. Februar 1875 was folgt:

§. 1. Für den Fürsten und die Mitglieder des Fürstlichen Hauses versieht der Minister die Geschäfte des Standesbeamten.

Ueber die Art der Führung und Aufbewahrung der Standesregister wird demselben nähere Anordnung zugehen.

§. 2. Die in dem Reichsgesetze der „höheren Verwaltungsbehörde" zugewiesenen Funktionen werden von dem Ministerium wahrgenommen. Dasselbe ist ermächtigt, die Ausübung dieser Funktionen in einzelnen Fällen den Kreisgerichten[32] zu übertragen.

§. 3. Die Funktionen der „unteren Verwaltungsbehörde" („Aufsichtsbehörde") im Sinne des Reichsgesetzes werden den Justizämtern[32] als Organen der Justizverwaltung, jedem in Bezug auf die Standesämter seines Bezirks, übertragen.

§. 4. Unter der in dem Reichsgesetze gebrauchten Bezeichnung „Gemeindevorstand" ist die nach der Gesetzgebung des Fürstenthums dieselbe Bezeichnung führende Gemeindebehörde und unter der Bezeichnung „Gemeindebehörde" des Reichsgesetzes ist der Gemeinderath bezüglich in Gemeinden, welche keinen Gemeinderath besitzen, die Gemeindeversammlung zu verstehen.

§. 5. Als „Gericht erster Instanz" im Sinne des Reichsgesetzes ist das Justizamt[32] zuständig, in dessen Bezirk der Standesbeamte seinen Amtssitz hat.

Der Instanzenzug regelt sich nach Maßgabe des §. 11 des Gesetzes über die Zuständigkeit der Gerichte rc. vom 28. April 1863[32].

§. 6. Die Dispensation von dem Verbote der Ehe zwischen einem wegen Ehebruchs Geschiedenen und seinem Mitschuldigen, sowie von dem gesetzlichen Alter der Ehemündigkeit (§. 33 Nr. 5 und §. 28 des Reichsgesetzes) ist dem Fürsten vorbehalten.

Dispensation von der gesetzlichen Vorschrift, nach welcher Frauen erst nach Ablauf des zehnten Monats seit Beendigung der früheren Ehe eine weitere Ehe schließen dürfen, sowie vom Aufgebot (§§. 50 und 35 des Reichsgesetzes) ertheilt das Ministerium.

§. 7. Die Standesamtsbezirke sind nach ihrer amtlichen Benennung unter Angabe der einbezirkten Gemeinden durch das Amts- und Verordnungsblatt bekannt zu machen.

§. 8. Nach erfolgter Bestellung werden die Standesbeamten und deren Stellvertreter durch das zuständige Justizamt dahin verpflichtet,

> daß sie das ihnen übertragene Amt eines Standesbeamten (Stellvertreters des Standesbeamten) und alle mit diesem Amte verbundenen Geschäfte nach ihrem besten Wissen und Gewissen vorschriftsmäßig verwalten wollen.

Die Verpflichtung erfolgt mittelst Handschlags an Eides Statt. Zur Verpflichtung derjenigen Standesbeamten und Stellvertreter, welche nach §. 4 Abs. 1 und §. 6 Abs. 2 des Reichsgesetzes auf Grund einer gemeindeamtlichen Stellung zu dem Standesamte berufen sind, genügt die Hinweisung auf den bei Uebernahme des Gemeindeamtes geleisteten Diensteid.

§. 9. In jedem Orte, in welchem ein Standesbeamter seinen Amtssitz hat, ist am Eingange des Gebäudes, worin das Geschäftslokal des Standesbeamten sich befindet, ein Schild mit der Aufschrift: „Fürstliches Standesamt" anzubringen.

§. 10. Die Festsetzung der nach §. 8 des Reichsgesetzes von den Gemeinden zu tragenden sächlichen Kosten steht in allen Fällen, wo eine solche nöthig wird, dem Justizamte zu.

§. 11. In Fällen vorübergehender Behinderung des Standesbeamten und seiner Stellvertreter, oder gleichzeitiger Erledigung dieser Aemter, hat der Gemeindevorstand des Orts, an welchem der Standesbeamte, beziehungsweise dessen Stellvertreter ihren Wohnsitz haben oder gehabt haben, dem zuständigen Justizamte[33] ohne Verzug Anzeige zu machen, damit in Gemäßheit des §. 3 Abs. 1

---

[32]) Jetzt: das Landgericht und die Amtsgerichte, vgl. Ausführungsges. z. deutsch. Ger.Verf.Ges. v. 22. Februar 1879, G.S. S. 3, §. 6: „In allen Angelegenheiten der Rechtspflege und der Justizverwaltung, in Betreff deren nicht durch Reichsgesetz oder Landesgesetz ein anderes bestimmt ist, geht die Zuständigkeit der bisherigen ordentlichen Landesgerichte auf die nach Maßgabe des deutschen Ger.Verf.Ges. zu errichtenden Landesgerichte über und zwar die der Justizämter auf die Amtsgerichte, der Kreisgerichte auf das Landgericht, die des Appellationsgerichtes und des Oberappellationsgerichtes auf das Oberlandesgericht."

des Reichsgesetzes die einstweilige Beurkundung des Personenstandes einem benachbarten Standesbeamten oder Stellvertreter übertragen werde.

§. 12. Die Ortspolizeibehörde, welche zu einer Beerdigung vor erfolgter Eintragung des Sterbefalls in das Sterberegister Genehmigung ertheilt hat (§. 60 des Reichsgesetzes), ist verpflichtet, dem zuständigen Standesbeamten hiervon ohne Verzug Mittheilung zu machen.

§. 13. Insoweit nach bestehenden Vorschriften bestimmten Behörden oder Personen (Gemeindevorständen, Hebammen, Leichenweibern ꝛc.) obliegt, von Geburts- oder Sterbefällen weltlichen oder geistlichen Behörden oder Beamten Anzeige zu erstatten, behält es hierbei auch fernerhin sein Bewenden.

§. 14. Diese Verordnung tritt mit dem 1. Januar 1876 in Kraft.

66. Instruktion des Ministeriums für die Standesbeamten vom 11. November 1875 (a. a. O. Nr. 390 S. 115).

A. Die Führung der Register im Allgemeinen betreffend.

§. 1. Die Standesbeamten und deren Stellvertreter haben sich mit den für ihre Thätigkei geltenden Gesetzen, Verordnungen und Instruktionen, namentlich

dem Reichsgesetze über die Beurkundung des Personenstandes und die Eheschließung vom 6. Februar 1875,

der Ausführungsverordnung des Bundesraths vom 22. Juni 1875,

der landesherrlichen Ausführungsverordnung vom 16. Oktober 1875

und

der gegenwärtigen Instruktion

genau bekannt zu machen.

Glauben sie näherer Belehrung zu bedürfen, so haben sie sich an das ihnen als nächste Aufsichtsbehörde vorgesetzte Fürstliche Justizamt[33]) zu wenden.

§. 2. Für jeden Standesamtsbezirk ist, auch wenn derselbe aus mehreren Gemeinden besteht, immer nur ein einziges Geburtsregister, desgleichen ein einziges Heirathsregister und ein einziges Sterberegister zu führen.

Die den Standesämtern zu liefernden Hauptregister werden bei den kleinern Standesamtsbezirken auf den Bedarf mehrerer Jahre berechnet werden. Sobald ein solches Register für ein Kalenderjahr abgeschlossen ist, erfolgen die Eintragungen für das neue Kalenderjahr in dem nämlichen Bande unter neuer, von Nr. 1 beginnender Nummerirung, bis der Band gefüllt ist.

Bei den Nebenregistern bildet, sofern nicht für einen größeren Standesamtsbezirk in Gemäßheit der Ausführungsverordnung des Bundesraths §. 3 eine Zerlegung nothwendig wird, jeder Jahrgang stets einen Band oder ein Heft für sich.

§. 3. Der Abschluß der Register hat sofort mit dem Ablaufe des Kalenderjahres zu erfolgen. Entscheidend für die Frage, in die Register welches Jahres eine Eintragung gehört, ist die Zeit der Aufnahme der Anzeigeverhandlung, nicht die Zeit, zu welcher die einzutragende Thatsache stattgefunden hat. Eine am 30. Dezember 1876 erfolgte Geburt, welche am 3. Januar 1877 angemeldet wird, gehört daher nicht in das Register von 1876, sondern in dasjenige von 1877. Ausgeschlossen hiervon sind solche Eintragungen, welche am Rande der Hauptverhandlung gemacht werden, wie die nachträgliche Angabe der Vornamen.

Der Abschluß ist auch bei denjenigen Standesregistern, welche nur ein einziges Jahr umfassen, unmittelbar hinter der letzten eingetragenen Urkunde zu bewirken, so daß keine unausgefüllten Formulare vor dem Abschlusse verbleiben.

Die gehörig abgeschlossenen Nebenregister sind alljährlich bis zum 8. Januar an die Aufsichtsbehörde (das Justizamt)[33]) abzugeben.

§. 4. Zu jedem der drei Register ist nach §. 10 Ziff. 1 der Ausführungsverordnung des Bundesraths ein alphabetisches, das Auffinden der einzelnen Eintragung ermöglichendes Namensverzeichniß anzulegen.

Erfolgt eine Anzeige erst nach Ablauf desjenigen Jahres, in welchem die Thatsache stattgefunden hat (cf. oben §. 3 Abs. 1), so ist in den Namensverzeichnissen zu den Registern beider Jahrgänge, unter Angabe des Jahrganges unter der Nummer des Registereintrags, desfallsiger Vermerk zu machen.

§. 5. In den Standesregistern dürfen Korrekturen durch Ausstreichen und Ueberschreiben oder durch Rasuren nicht vorkommen. Nur die gedruckten Worte sind, wenn sie nicht passen, zu durchstreichen; es ist alsdann aber am Rande zu bemerken, daß und wie viele Zeilen oder Wörter gelöscht sind, und diese Bemerkung unterschriftlich zu vollziehen.

Wenn sich, bevor der Standesbeamte eine Eintragung durch Unterschrift

---

[33]) Amtsgericht, s. vor. Anm.

vollzogen hat[34]), Unrichtigkeiten ergeben, sei es, daß die Erschienenen unrichtige oder unvollständige Angaben gemacht haben, oder daß dieselben vom Standesbeamten mißverstanden worden sind, oder daß sich ein Schreibfehler eingeschlichen hat, so ist sofort eine den Fehler verbessernde Bemerkung am Rande hinzuzufügen und unterschriftlich zu vollziehen, ohne in der Eintragung etwas zu ändern oder zu streichen.

Wird dagegen der Fehler erst nach der Vollziehung der Eintragung[35]) der Betheiligten bemerkt, so kann eine Berichtigung nur auf dem in §§. 65 und 66 des Reichsgesetzes vom 6. Februar 1875 vorgeschriebenen Wege erfolgen.

Zwischenräume im Vordruck des Formulars, die nicht benutzt werden, sind gleich bei der Eintragung durch Striche auszufüllen.

§. 6. Eintragungen auf Grund schriftlicher Anzeigen oder Mittheilungen (§§. 20, 24, 58 des Reichsgesetzes), für welche der Vordruck des Registers nicht berechnet ist, sind unter Durchstreichung des Vordrucks und mit Bezugnahme auf die schriftliche Anzeige oder Mittheilung am Rande zu bewirken.

Enthält die schriftliche Anzeige eines in einer Anstalt vorgekommenen Geburts- oder Sterbefalles die Thatsachen, welche nach Vorschrift des Gesetzes einzutragen sind, nicht vollständig, so hat der Standesbeamte zunächst die Vervollständigung der Angaben zu verlangen.

§. 7. Der Standesbeamte kann sich zu Eintragungen in die Register oder zur Anfertigung von Auszügen aus denselben einer Schreibhülfe bedienen. Eintragungen auf Grund mündlicher Anzeigen dürfen aber immer nur in Gegenwart des Standesbeamten geschehen.

B. Die Führung der Geburtsregister betreffend.

§. 8. Wenn ein Kind todtgeboren oder in der Geburt verstorben ist, erfolgt die Eintragung nur im Sterberegister unter Angabe der Religion der Eltern. Hat dasselbe dagegen, wenn auch nur kurze Zeit gelebt, so ist es sowohl als geboren im Geburtsregister wie als gestorben im Sterberegister einzutragen.

§. 9. Derjenige, welcher vor dem Standesbeamten die Vaterschaft zu einem unehelichen Kinde anerkennt, hat den darauf bezüglichen Randvermerk (§§. 25 und 26 des Gesetzes) zu vollziehen.

Auch haben die Standesbeamten über die Anerkennung der Vaterschaft, welche bei Abschluß der Ehe erfolgt, in die Geburtsregister den entsprechenden Randvermerk zu machen und, wenn die Geburt in die Zeit vor dem 1. Januar 1876 fällt, den Verwahrer der bis dahin geführten pfarramtlichen Register von der Anerkennung der Kinder zu benachrichtigen.

Der vormundschaftlichen Behörde ist von einem derartigen Anerkenntnisse gleichfalls Anzeige zu machen.

§§. 10, 11[36]). Bei Geburtsanzeigen ist außer den Vornamen des Kindes der vollständige Name (Vor- und Familiennamen) der Mutter einzutragen, und wenn letztere verheirathet ist oder verheirathet war, auch der Name ihres Ehemannes beizufügen, was in der Weise zu geschehen hat, daß die Mutter nach Aufführung ihres eigenen Namens als „Ehefrau, bezw. Wittwe oder geschiedene Ehefrau des NN." bezeichnet wird. In Betreff der Wittwen und geschiedenen Ehefrauen erscheint es zweckmäßig, den Todestag des verstorbenen Ehemannes, bezw. den Tag der Fällung oder der Rechtskraft des Scheidungserkenntnisses, sofern die anzeigende Person zuverlässige Angaben darüber zu machen im Stande ist, in der Eintragung mit zu vermerken, z. B. „A.A., Wittwe des am 10. Juli 1875 verstorbenen N.N" oder „A.A., durch rechtskräftiges Erkenntniß vom 4. August 1875 geschiedene Ehefrau des N.N." Eine Verpflichtung, die betreffenden Tage anzugeben, liegt jedoch für den Anzeigenden nicht vor.

Die Untersuchung und Entscheidung der Frage, ob ein Kind als ehelich oder unehelich zu betrachten, und welchen Familiennamen dasselbe zu führen berechtigt sei, gehört nicht zur Kompetenz des Standesbeamten.

§. 12. Im Reichsgesetze wird nicht vorgeschrieben, daß der Standesbeamte über die Eintragung der Geburtsfälle von Amtswegen, also auch ohne ausdrücklichen Antrag der Betheiligten, eine Bescheinigung ausstelle, wie dies hinsichtlich der Heirathsbescheinigung vorgeschrieben ist.

Wenn aber die Eltern des Kindes oder die Personen, welche die Fürsorge für dasselbe übernommen haben, eine Bescheinigung über die Eintragung zum Zwecke der kirchlichen Taufe ausdrücklich verlangen, so ist ihnen dieselbe unentgeltlich auszuhändigen. Diese Bescheinigung hat in einfachster Form zu erfolgen; die vom Staate gelieferten Formulare zu Auszügen aus den Geburtsregistern dürfen dazu in keinem Falle verwendet werden.

Uebrigens ist es durchaus zulässig, daß die Vornahme der kirchlichen Taufhandlung schon vor

---

[34]) Die gesperrten Worte sind durch den Nachtrag vom 14. März 1876 (a. a. O. S. 131; Stdesb. 1876 S. 136) gemachte Aenderungen. Ursprünglich hieß es statt dessen: „bevor die Betheiligten entlassen sind".

[35]) Hier sind nach dem Nachtrage fortgefallen die Worte: „und Entlassung".

[36]) Die im Text mitgetheilte Bestimmung entspricht der durch den Anm. 34 cit. Nachtrag festgestellten Fassung.

der Eintragung des Geburtsfalles in das Standesregister erfolgt; eine desfallsige Bescheinigung des Standesbeamten ist deshalb für den Geistlichen, bevor er tauft, nicht unbedingt nothwendig.

§. 13. Die nachträgliche Anzeige der Vornamen eines Kindes ist nach §. 22 Abs. 3 des Reichsgesetzes am Rande des Geburtsaktes einzutragen.

Befindet sich das Nebenexemplar des Geburtsregisters nicht mehr bei dem Standesbeamten, so hat derselbe in Gemäßheit §. 14 Abs. 3 des Gesetzes der Aufsichtsbehörde (dem Justizamte) behufs entsprechender Ergänzung des Nebenregisters beglaubigte Abschrift des Randeintrags mitzutheilen.

Wenn ein ohne Angabe des Namens eingetragenes Kind während der für die nachträgliche Anzeige der Vornamen bestimmten zweimonatigen Frist verstirbt, die Eltern aber sodann erklären, daß noch keine Taufe erfolgt sei und daß sie keinen Namen mehr für das Kind angeben wollen, so ist hiervon im Register Vermerkung zu machen.

C. Die Vornahme der Aufgebote und der Eheschließungen sowie die Führung der Heirathsregister betreffend.

§. 14. Ueber die Beantragung des Aufgebots und die geschehene Behändigung der Belege ist in jedem Falle eine schriftliche Verhandlung aufzunehmen, in welcher auch die Einwilligungserklärungen der etwa erschienenen Eltern der Brautleute und die etwa erforderlichen eidesstattlichen Versicherungen ihren Platz finden.

§. 15. Da für die Vornahme der kirchlichen Verkündigung der begehrten Trauung ein formeller Nachweis, daß das bürgerliche Aufgebot bereits angeordnet sei, nach dem Gesetze nicht erfordert wird, so hat der Standesbeamte von Amtswegen eine Bescheinigung über das angeordnete Aufgebot nicht zu ertheilen. Den Verlobten ist jedoch auf ihren Wunsch eine solche Bescheinigung auszustellen, wobei das vom Bundesrathe aufgestellte Formular sub E mit einer leichten Fassungsänderung, etwa dahin:

„Die Bekanntmachung des Aufgebots ist (durch Aushang am Rathhause) angeordnet worden."

als Anhalt dienen kann und eine Gebühr nicht erhoben werden darf

§. 16. Die Standesbeamten haben die an andere Standesbeamte zu richtenden Ersuchen wegen Verkündigung des Aufgebots jederzeit zu frankiren und unter Zusicherung der Gegenseitigkeit darauf hinzuwirken, daß auch die eingehenden Rückschreiben des ersuchten Standesbeamten frankirt werden. Die erwachsenden Portoverläge gehören zu dem den Gemeinden zur Last fallenden sachlichen Aufwande.

[37]) Wenn der Aushang eines Aufgebots an einem außerhalb des Standesamtsbezirks gelegenen Orte nöthig ist, so steht dem Standesbeamten frei, sein desfallsiges Ersuchen entweder dem Standesbeamten des betreffenden Ortes zugehen zu lassen (§. 16 der Instruktion) oder der Vereinfachung halber an den Gemeindevorstand daselbst zu richten.

§. 17. Die Aushängung des Aufgebots hat an dem Rath- oder Gemeindehause oder an dem sonstigen für die Bekanntmachungen des Gemeindevorstandes bestimmten Orte zu geschehen und ist, wenn der Standesbeamte nicht gleichzeitig Gemeindevorstand ist, durch Vermittelung des letztern zu bewirken.

Bei einer etwaigen vorläufigen Bestimmung des Termins für die Eheschließung wird in Fällen, wo der Aushang des Aufgebots auswärts erfolgen muß, die Verlegung des Termins auf einen nicht zu nahen Zeitpunkt sich empfehlen, damit nicht aus dem Mangel des rechtzeitigen Eingangs der Aushangsbescheinigungen Verlegenheiten für die Betheiligten entstehen.

§. 18. Vor Anordnung des Aufgebotes hat der Standesbeamte außer den nach §. 45 des Reichsgesetzes erforderlichen Nachweisen insbesondere noch zu verlangen:

a) von Civilstaatsbeamten und öffentlichen Lehrern den Nachweis, daß zur Verehelichung die Erlaubniß der Dienstbehörde eingeholt worden ist (Gesetz über den Civilstaatsdienst vom 16. Juni 1853 §. 19. – Gesetzs. Bd X S. 334),

d) von Militärpersonen des Friedensstandes (Reichsmilitärgesetz vom 2. Mai 1874 §. 38 Litt A.) sowie von vorläufig in die Heimath beurlaubten Rekruten und Freiwilligen (ebendaselbst §. 60 Ziff. 4) den Nachweis über die von Seiten ihrer Vorgesetzten erfolgte Genehmigung der Verheirathung,

c) von Wittwern und Wittwen, welche Kinder aus der bisherigen Ehe haben, ein gerichtliches Zeugniß darüber, daß sie mit diesen wegen deren mütterlichen oder väterlichen Erbtheils Richtigkeit getroffen und sich gehörig abgetheilt haben. (Justizmandat vom 29. November 1751, 2. Anhang Nr. IV.)

Die im Reichsdienste stehenden Civilbeamten bedürfen zu ihrer Verheirathung keiner dienstlichen Erlaubniß

§. 19. In Bezug auf die Eheschließungen von Ausländern, d. i. von Angehörigen des Königreichs

---

[37]) Bestimmung des Nachtrages (s. S. 430 Anm. 34)

Bayern[38], oder außerdeutscher Staaten, gelten nach den landesherrlichen Verordnungen vom 26. Oktober 1822 §. 12 (Gesetzs. Bd. I S. 24) und vom 20. Mai 1852 §§. 2 ff. (Gesetzs. Bd. IX S. 5) folgende Bestimmungen:

a) Keine dem Auslande angehörige Mannsperson darf eher aufgeboten werden, als bis sie entweder den Aufnahmeschein einer inländischen Ortsobrigkeit oder das Zeugniß einer auswärtigen Obrigkeit, daß sie in deren Bezirk schon wohnhaft sei oder mit der künftigen Ehefrau dort werde aufgenommen werden, beigebracht und abgegeben hat.

b) Wenn eine ausländische Mannsperson, welche im Fürstenthume mit einer Inländerin oder Ausländerin eine Ehe schließen will, sich auch über ihre Heimathsberechtigung ausweist, so darf die Eheschließung gleichwohl nicht eher erfolgen, als bis durch genügende Zeugnisse der zuständigen Heimathsbehörde nachgewiesen ist, daß der beabsichtigten Verheirathung nach den Gesetzen des Staates, welchem der betreffende Ausländer angehört, ein Hinderniß nicht im Wege steht und daß derselbe mit seiner künftigen Ehefrau unweigerlich dort werde aufgenommen werden.

c) Die von den ausländischen Heimathsbehörden ausgestellten Zeugnisse müssen gehörig legalisirt sein.

d) Ausländer, welche gleichzeitig mit ihrer Verheirathung sich im Fürstenthume niederlassen wollen, dürfen zum Abschlusse der Ehe erst nach wirklich erfolgter Aufnahme zugelassen werden, und haben sich über letztere durch glaubhafte Zeugnisse der hierländischen Behörde auszuweisen.

e) Standesbeamte, welche diesen Vorschriften zuwiderhandeln, sind mit Fünfzehn Mark und nach Befinden der Umstände, vorzüglich bei Wiederholungsfällen, auch höher zu bestrafen und haben für allen aus ihrer gesetzwidrigen Handlungsweise entstehenden Schaden zu haften.

Die beschränkenden Bestimmungen unter lit. a bis d kommen nicht zur Anwendung, insoweit entgegenstehende Vereinbarungen zwischen dem Deutschen Reiche und den betheiligten Staaten getroffen sind. Derartige Vereinbarungen bestehen bereits mit den Niederlanden (Amts- und Verordnungsblatt von 1872 S. 9), mit Norwegen-Schweden (A.- u. V.Bl. von 1874 S. 75), mit Italien (A.- u. V.Bl. von 1875 S. 183) und mit Belgien (A.- u. V.Bl. von 1875 S. 287).

§. 20. Die Eheschließung hat der Standesbeamte genau nach dem durch die Ausführungsverordnung des Bundesraths vom 22. Juni 1875 vorgeschriebenen Formulare B vorzunehmen und dabei Alles zu vermeiden, was gegenüber dem §. 82 des Reichsgesetzes bei den Betheiligten irrige Auffassungen, insbesondere die Meinung hervorrufen könnte, als seien durch die bürgerliche Eheschließung die kirchlichen Verpflichtungen hinsichtlich der Trauung aufgehoben worden.

Der Standesbeamte hat daher nach Aufnahme des einleitenden Theils der im Formulare B vorgezeichneten Verhandlung und nachdem die Verlobten die in Gegenwart der Zeugen vom Standesbeamten an sie einzeln und nach einander gerichtete Frage:

ob sie die Ehe mit einander eingehen wollen,

bejahend beantwortet haben, sich auf den Ausspruch zu beschränken:

daß er sie nunmehr kraft des Gesetzes für rechtmäßig verbundene Eheleute erkläre,

sodann ohne Weiteres die Beurkundung des vorgenommenen Aktes zum Abschlusse zu bringen und den Eheleuten auch ohne deren Verlangen die in §. 54 Abs. 2 des Reichsgesetzes vorgeschriebene Bescheinigung nach dem Formular D der Ausführungsverordnung des Bundesraths unentgeltlich auszustellen.

§. 21. Außerhalb des Geschäftslokals des Standesbeamten dürfen Eheschließungen nur dann, wenn einer der Verlobten durch Krankheit oder körperliche Gebrechen am Erscheinen in diesem Lokale verhindert ist, oder in sonstigen besondern Ausnahmefällen vorgenommen werden.

Die hierbei etwa erwachsenden Beförderungskosten und sonstigen baaren Auslagen der Standesbeamten gehören zu dem sachlichen Aufwande der Standesämter, dessen Tragung nach der Bestimmung in §. 8 des Reichsgesetzes zu erfolgen hat.

D. Die Führung der Sterberegister betreffend.

§. 22. Da bei Sterbefällen mit Rücksicht auf §. 60 des Reichsgesetzes Bescheinigungen über die geschehene Eintragung zum Zwecke der Beerdigung regelmäßig erforderlich sein werden, so hat der Standesbeamte ein solches unentgeltlich auszustellendes Zeugniß, zu welchem jedoch die vom Staate gelieferten Formulare zu Registerauszügen nicht verwendet werden dürfen, stets sofort auch unaufgefordert dem Anzeigenden mitzugeben, damit den Betheiligten wiederholte Wege erspart bleiben.

§. 23. Wenn eine amtliche Ermittelung über den Todesfall stattfindet, so ist die in §. 58 des Reichsgesetzes vorgeschriebene schriftliche Mittheilung an den Standesbeamten von derjenigen Behörde

---

[38]) Für diese kommen jetzt die Bestimmungen der Minist.Bekanntm. v. 5. März 1877, G. S. 146, Stdesb. 1877 S. 43, in Betracht, welche ebenso lauten wie die Bek. von Reuß ält. Linie v. 10. März 1877, s. o. zu Anm. 28 auf S. 422.

zu bewirken welcher nach der Ministerialbekanntmachung vom 28. September 1863 (Gesetzs. Bd. XIV S. 117) die Ausstellung des Beerdigungsscheines obliegt, also je nach den Umständen von der Ortspolizeibehörde, der Staatsanwaltschaft oder dem Gerichte[39]).

Die Eintragung des Sterbefalles hat in Uebereinstimmung mit der schriftlichen Mittheilung der zuständigen Behörde, unter Durchstreichung des Vordrucks, am Rande des Registers zu geschehen (cf. §. 6 gegenwärtiger Instruktion). Betrifft der Fall eine Leiche, deren Identität nicht feststeht, so ist bei der Eintragung mit möglichster Raumersparniß zu verfahren, damit nach etwa erfolgender Feststellung der Person, welcher die Leiche angehört, für die spätere Vervollständigung des Eintrags der erforderliche Platz übrig bleibt.

E. Den Geschäftsgang, ingleichen die Kosten, Gebühren und Strafen betreffend.

§. 24. Den Standesbeamten wird empfohlen, für ihre tägliche Anwesenheit im Geschäftslokale bestimmte Stunden festzusetzen und selbige zur Kenntniß der Bezirksangehörigen zu bringen.

Da nach §. 23 und 56 des Reichsgesetzes jede Todtgeburt spätestens am nächstfolgenden Tage, auch wenn selbiger auf einen Sonn- oder Feiertag fällt, und jeder Sterbefall spätestens am nächstfolgenden Wochentage, auch wenn derselbe auf einen Feiertag fällt, dem Standesbeamten anzuzeigen ist, ingleichen andere eilbedürftige Angelegenheiten vorkommen können, so hat der Standesbeamte unbedingt auch an Sonn- und Feiertagen eine nach den örtlichen Verhältnissen angemessen zu bestimmende Geschäftsstunde abzuhalten, welche jedoch nicht in die ortsübliche Zeit des Gottesdienstes verlegt werden darf.

§. 25. Wenn das Geschäftslokal eines Standesbeamten nicht in dem auf dem Stempel benannten Bezirksorte sich befindet, so ist bei Aussertigung standesamtlicher Urkunden und Bescheinigungen vor dem Datum der Ort des Geschäftssitzes anzugeben, in der Unterschrift aber der Bezirksort beizufügen („der Standesbeamte des Bezirks N“). Bei Einträgen in die Standesregister hat dieser Zusatz nicht stattzufinden.

§. 26. Die Stellvertreter der Standesbeamten haben ihre Unterschrift stets mit einem ihre Eigenschaft bezeichnenden Zusatze zu begleiten („N. N., Stellvertreter“).

§. 27. Die Standesregister und die Formulare zu Registerauszügen werden den Standesbeamten auf Kosten des Staates geliefert werden; die sonstigen Formulare sind von ihnen selbst für Rechnung der zum Bezirke gehörigen Gemeinden zu beschaffen. Ebenso fallen alle übrigen *sachlichen* Kosten den betheiligten Gemeinden zur Last.

Hinsichtlich des Anspruchs auf Entschädigung der *persönlichen* Mühewaltung haben die zu Standesbeamten oder deren Stellvertretern bestellten Gemeindebeamten, soviel ihre eigene Gemeinde anlangt, sich mit der Gemeindevertretung zu benehmen; falls auf diesem Wege eine Vereinbarung nicht zu Stande kommt, hat die Entscheidung des betreffenden Landrathsamtes und eventuell des Ministeriums einzutreten. Die von den einbezirkten Gemeinden oder aus Staatsmitteln zu leistenden Pauschquanta sollen in der Regel ohne weitere Erörterung bewilligt werden, wenn der Standesbeamte nicht mehr als 75 M. und der Stellvertreter nicht mehr als 15 M. pro 1000 Seelen beansprucht.

§. 28. Ueberträgt der Standesbeamte, abgesehen von den Fällen wirklicher Behinderung, einen Theil der Geschäfte seinem Stellvertreter oder verwendet er, soweit dies statthaft ist, zu den Schreibereien andere geeignete Personen (s. §. 7 gegenwärtiger Instruktion), so liegt ihm ob, wegen der desfalls aus eigenen Mitteln zu gewährenden Vergütung mit den Betreffenden sich zu verständigen.

§. 29. Gebührenfrei sind

a) die Bescheinigungen des Standesbeamten darüber, daß und wann das Aufgebot vorschriftsmäßig erfolgt ist und daß Ehehindernisse nicht zu seiner Kenntniß gekommen sind (§. 49 des Reichsgesetzes),

b) die Bescheinigungen über erfolgte Eheschließungen, welche jedesmal sofort nach Vollzug der Handlung den Eheleuten ausgehändigt werden *müssen* (§. 54 des Reichsgesetzes und §. 20 gegenwärtiger Instruktion),

c) die Bescheinigungen über Geburtsanzeigen und angeordnete Aufgebote, welche *auf Verlangen* der Betheiligten zum Zwecke der Taufe oder der kirchlichen Verkündigung der begehrten Trauung auszustellen sind (§. 12 und §. 15 der Instruktion),

d) die Bescheinigungen über angezeigte Sterbefälle, welche der Standesbeamte *auch unaufgefordert* dem Anzeigenden zum Zwecke der Beerdigung mitzugeben hat (§. 22 der Instruktion).

Dagegen unterliegen die beglaubigten Registerauszüge und sonstigen Zeugnisse dem an das Reichsgesetz angefügten Gebührentarife.

§. 30. Die anfallenden Gebühren sind von dem die Gemeinden treffenden sachlichen Aufwande in Abrechnung zu bringen, so daß blos der darüber hinausgehende Betrag dieses Aufwandes aus

---

[39]) „Oder auch von dem Physikus oder in Verbindung mit der Ortspolizeibehörde requirirten Privatarzt“, Ergänzung durch die Min.Bek. v. 1. Februar 1877, G.S. 145; Stdesb. 1877 S. 93.

Gemeindemitteln aufzubringen, beziehungsweise, wenn der Standesamtsbezirk aus mehreren Gemeinden besteht, auf dieselben nach der Seelenzahl umzulegen ist.

Der Standesbeamte hat am Schlusse jedes Vierteljahres
1) ein Verzeichniß der eingegangenen Gebühren,
2) ein Verzeichniß der etwa noch rückständigen Gebühren,
3) eine Spezifikation der gehabten Verläge
sammt dem überschießenden Einnahmebetrage an den Gemeindevorstand des Bezirksortes abzugeben. Dem Letztern liegt ob, mit Einziehung der Rückstände in Gemäßheit des Gesetzes vom 20. April 1869 (Gesetzs. Bd. XVI S. 23) vorzugehen, die Differenz zwischen den erhobenen Gebühren (einschließlich der unmittelbaren Auslagen des Standesbeamten) auf die Gemeindekasse anzuweisen, beziehungsweise die entsprechende Vertheilung auf die zum Bezirke gehörigen Gemeinden vorzunehmen.

Nach Abgabe des Restverzeichnisses hat der Standesbeamte hinsichtlich der darin aufgeführten Posten sich jeder weitern Erhebung zu enthalten, vielmehr wegen deren Bezahlung die Betheiligten eintretenden Falls an den Gemeindevorstand des Bezirksortes zu verweisen.

§. 31. Die verwirkten Geldstrafen fließen zur Kasse derjenigen Gemeinde, in welcher die Zuwiderhandelnden wohnhaft sind. Der Standesbeamte hat von jedem in seinem Geschäftsbereiche vorkommenden Straffalle alsbald den betreffenden Gemeindevorstand zu benachrichtigen, damit Letzterer in die Lage kommt, in Gemäßheit der Gesetze vom 8. Juni 1864 §. 3 und vom 2. August 1866 §. 3 (Gesetzs. Bd. XIV S. 224, Bd. XV S. 66) die Strafe anzufordern und nach Umständen das weiter Geeignete wahrzunehmen.

Im Falle des dritten Absatzes von §. 68 des Reichsges. hat der Standesbeamte in der dem Gemeindevorstande zu ertheilenden Nachricht gleichzeitig den Betrag der verhängten Geldstrafe mit anzuführen, während er im Falle des ersten Absatzes daselbst zur Festsetzung des Strafbetrages nicht berechtigt ist.

F. Die Beziehungen der Standesbeamten zu den Geistlichen betreffend.

§. 32. Die den Geistlichen und andern Religionsdienern in §. 11 der Ausführungsverordnung des Bundesraths nachgelassene kostenfreie Einsicht der Standesregister ist nur Jenen für ihre Personen, nicht aber auch andern von denselben Beauftragten zu gestatten. Uebrigens hat sich diese Einsichtnahme auf die Standesregister selbst zu beschränken, während die Einsichtnahme von den dazu gehörigen Sammelakten zu versagen ist.

§. 33. Der Standesbeamte hat von jedem angemeldeten Geburtsfall, ingleichen von jedem Aufgebote und jeder Eheschließung dem Pfarrer derjenigen Parochie seines Bezirks, welcher die Eltern des Kindes bezw. die Brautleute angehören, ungesäumt Mittheilung zu machen. Gehören Brautleute zu verschiedenen Parochien innerhalb des Standesamtsbezirks, so sind beide betheiligte Pfarrer zu benachrichtigen.

G. Die sonstigen Obliegenheiten der Standesbeamten betreffend.

§. 34. In Bezug auf Kollateralerbschaftsfälle sind die in der Ministerialverordnung vom 10. April 1860 §§. 1 bis 7 (Gesetzs. Bd. XII S. 343) gegebenen Vorschriften zu beobachten, wie solche unter den durch die neuen Verhältnisse gebotenen Modifikationen in Folgendem zusammengestellt sind:

Von jedem Sterbefalle, in welchem der Verstorbene weder eheliche Abkömmlinge, noch eheliche Eltern oder Voreltern, noch eine eheliche Mutter oder Voreltern Seitens einer solchen, noch auch, wenn es eine Frauensperson ist, uneheliche Abkömmlinge hinterläßt, hat der Standesbeamte, in dessen Sterberegister der Fall eingetragen wird, binnen 8 Tagen nach erfolgtem Eintrage dem Justizamte[40] Anzeige zu machen und in letztere gleichzeitig die Namen der ihm bekannten Erben sowie deren Wohnorte mitaufzunehmen.

[41]) Wegen der Kollateralsteuer (§. 34 der Instruktion) hat der Standesbeamte eine Anzeige an die Gerichtsbehörde auch in dem Falle zu erstatten, wenn ein Verstorbener zwar Voreltern, aber neben diesen zugleich noch Geschwister oder Abkömmlinge verstorbener Geschwister hinterläßt.

Diese Anzeige ist nur dann zu unterlassen, wenn der Verstorbene notorisch gar kein Vermögen hinterläßt.

Ueberdies hat der Standesbeamte bis zum 10. Januar jedes Jahres ein Verzeichniß über die im vorhergegangenen Jahre eingetretenen Sterbefälle der bezeichneten Art, jedoch einschließlich der Fälle notorischer Vermögenslosigkeit, bei dem Justizamte einzureichen.

Derselbe erhält für die Anzeige jedes solchen Sterbefalles, sofern eine Kollateralabgabe zur Erhebung kommt, aus der Allgemeinen Kirchen- und Schulkasse eine Gebühr von ½ bis 1 M., welche ihm als persönliche Vergütung verbleibt, mithin nicht zur Gemeindekasse abzuführen ist.

Das Unterlassen der rechtzeitigen Einreichung der Todesanzeigen oder des Jahresverzeichnisses wird mit Ordnungsstrafen von 3 bis 30 M. belegt.

---

[40]) S. Anm. 32 auf S. 428.

[41]) Die in diesem Absatz enthaltene Vorschrift ist in dem Nachtrage v. 14. März gegeben, s. Anm. 34 S. 430.

§. 35. Wenn ein Familienvater oder eine Wittwe oder eine Mutter unehelicher Kinder mit Hinterlassung eines oder mehrerer Kinder unter 21 Jahren verstirbt, so hat der Standesbeamte, in dessen Sterberegister der Fall eingetragen wird, binnen 8 Tagen nach erfolgtem Eintrage dem Justizamte[41a]) Anzeige zu machen. (cf. §§. 8 ff. der Ministerialverordnung vom 10. April 1860, Gesetzs. Bd. XII S. 344.)

Im Unterlassungsfalle tritt eine Ordnungsstrafe von Fünfzehn Mark ein.

In diese Anzeige ist aufzunehmen:

1) der Taufname jedes Unmündigen,
2) dessen Geburtstag,
3) Vor= und Zuname sowie Wohnort der Eltern,
4) der Todestag derselben,
5) Vor= und Zuname, sowie Wohnort und Geburtstag der bekannten Miterben.

Für den Standesbeamten ist wegen jeder solchen erstatteten Anzeige von der Gerichts= und Vormundschaftsbehörde, notorische Armuthsfälle ausgenommen, eine nach dem Umfange der Anzeige und der Größe des Nachlasses zu bemessende Gebühr von 1 bis 6 M. zu liquidiren und einzuheben, welche dem Standesbeamten als persönliche Vergütung seiner Mühe verbleibt, mithin nicht zur Gemeindekasse abzuliefern ist.

§. 36. Die Standesbeamten haben bis zum 31. Januar jedes Jahres genaue Verzeichnisse derjenigen Kinder, welche während des nächstvorhergehenden Jahres in ihren Bezirken geboren worden und noch am Leben sind, und zwar gesondert für jede Gemeinde, anzufertigen und an die betreffenden Gemeindevorstände auszuhändigen. Die erforderlichen Formulare werden ihnen hierzu von den Landrathsämtern geliefert werden (Ministerialbekanntmachung vom 12. April 1875 §. 4 Abs. 4, Gesetzs. Bd. XVIII S. 48 vergl. mit der Impfordnung vom 20. Januar 1857 §. 7, Gesetzs. Bd. XI S. 244).

§. 37. Die Standesbeamten sind verpflichtet, die Nachweise zu liefern, welche für statistische Zwecke von ihnen erfordert werden. In Bezug auf die Aufstellung dieser Nachweise bleibt besondere Instruktion nebst Zufertigung der nöthigen Formulare vorbehalten.

Fürstenthum Schaumburg=Lippe[42]).

67. Verordnung, die Beurkundung des Personenstandes und die Eheschließung betreffend. Vom 11. Dezember 1875. (Landesverordnungen Jhrg. 1875 Bd. 12 Nr. 13 S. 341.)

Wir **Adolph Georg**, von Gottes Gnaden Regierender Fürst zu Schaumburg=Lippe, Edler Herr zur Lippe, Graf zu Sternberg und Schwalenberg ꝛc. ꝛc. verordnen zur Ausführung des Reichsgesetzes über die Beurkundung des Personenstandes und die Eheschließung vom 6. Februar 1875 auf Grund der §§. 83 und 84 des gedachten Reichsgesetzes und im Anschluß an die vom Bundesrathe erlassene Ausführungsverordnung vom 22. Juni 1875 was folgt:

§. 1. Die im Reichsgesetze vom 6. Februar 1875 über die Beurkundung des Personenstandes und die Eheschließung als höhere Verwaltungsbehörde bezeichnete Stelle ist Unsere Regierung.

§. 2. Dispensationen vom gesetzlichen Alter der Ehemündigkeit, vom Verbot der Ehe zwischen einem wegen Ehebruchs Geschiedenen und seinem Mitschuldigen und von dem Verbot, nach welchem Frauen vor Ablauf des zehnten Monats seit Beendigung ihrer früheren Ehe eine weitere Ehe nicht schließen dürfen, so wie vom Aufgebot (§§. 28, 33, 35 und 50 des Reichsgesetzes) werden von Unserer Regierung ertheilt.

§. 3. Die reichsgesetzlich der untern Verwaltungsbehörde zugewiesenen Funktionen, insbesondere auch die Aufsicht über die Amtsführung der Standesbeamten in erster Instanz (§. 3 Abs. 1, §. 7 Abs. 3, §. 11 Abs. 1 und 2, §§. 14, 27, 60, 64, §. 66 Abs. 2 des Reichsgesetzes) werden auf dem platten Lande den Aemtern und in den Städten Bückeburg und Stadthagen ebenfalls den dortigen Aemtern übertragen, dergestalt, daß solche Funktionen von den jeweiligen ersten Beamten bezw. deren Vertretern auszuüben sind.

§. 4. Die der Gemeindebehörde bezw. dem Gemeindevorstande zugewiesenen Funktionen bestimmen sich in den Landgemeinden nach der Landgemeindeordnung und in den Städten nach der Städteordnung.

§. 5. Gerichte erster Instanz sind in den Fällen des §. 11 Abs. 3, §. 14 Abs. 2 und §. 66 Abs. 2 des Reichsgesetzes vom 6. Februar 1875 die Aemter[43]).

[41a]) S. Anm. 32 auf S. 428.

[42]) Vgl. noch Bekanntmachung der Regierung, die Bildung der Standesbezirke betr., vom 11. Dezember 1875 (a. a. O. S. 355), vom 14. Dezember 1880 und 6. Dezember 1881, a. a. O. Jahrgg. 1880—1884 Bd. 14 S. 33, 156.

[43]) V. betr. die Abänderung des §. 5 d. V. ꝛc. v. 11. Dez. 1875; vom 13. August 1879, Landesverordn. Bd. 13 S. 301: „Wir ꝛc. verordnen mit Rücksicht auf die am 1. Oktober d. J.

§. 6. Für diejenigen Standesbeamten und Stellvertreter, welche auf Grund einer Eigenschaft zu den Standesamtsgeschäften berufen sind bezw. von Unserer Regierung bestellt werden, in welcher sie bereits einen Diensteid geleistet haben, bedarf es einer besonderen Beeidigung nicht.

In allen übrigen Fällen werden die Standesbeamten und Stellvertreter nach dem in der Anlage A enthaltenen Formulare auf ihr Amt beeidigt.

§. 7. Die Standesbeamten haben sich die in der Anlage B angefügte Instruktion zur Richtschnur dienen zu lassen.

§. 8. In dem Falle, in welchem die Standesbeamten außerhalb des Geschäftslokals (§. 6 der Instruktion) Eheschließungen vornehmen, ist denselben an Diäten bezw. Reisekosten der gleiche Betrag zu entrichten, worauf nach dem Diäten- und Reisekostenreglement vom 5. März 1872 die in der III. Klasse daselbst aufgeführten Beamten einen Anspruch haben.

§. 9. Unter Hinweisung auf den §. 10 Abs. 1 der Instruktion wird bestimmt, daß die Ortsvorsteher zur Aushängung des Aufgebots (§. 46 des Reichsgesetzes) und zur Bescheinigung über dessen gehörige Aushängung verpflichtet sind.

§. 10. Bei Bildung der Standesamtsbezirke sollen von Unserer Regierung Unsere von den Gemeindebezirken ausgeschlossenen Grundbesitzungen den ländlichen Standesamtsbezirken, in welchen oder in deren Nähe sie liegen, zugelegt werden.

§. 11. In dem im §. 3 Abs. 1 des Reichsgesetzes gedachten Falle ist jeder Standesbeamte oder Stellvertreter verpflichtet, auf Erfordern der Aufsichtsbehörde gegen eine von derselben festzusetzende Entschädigung der einstweiligen Beurkundung des Personenstandes in einem benachbarten Bezirke sich zu unterziehen.

Die Entschädigung fällt dem Standesamtsbezirke nach Maßgabe des §. 9 des Reichsgesetzes zur Last, sofern nicht der Standesbeamte bezw. der Stellvertreter nach §. 7 Abs. 4 bestellt war.

§. 12. Die Ortspolizeibehörde (worunter auf dem Lande das Amt zu verstehen ist), welche vor der Eintragung des Sterbefalls in das Sterberegister die Genehmigung zu einer Beerdigung ertheilt hat (vergl. §. 60 des Reichsgesetzes), ist verpflichtet, dem kompetenten Standesbeamten hiervon ohne Verzug Mittheilung zu machen.

§. 13. Die Nebenregister, welche die Standesbeamten nach Vorschrift des §. 14 Abs. 2 des Reichsgesetzes gleich den Hauptregistern sofort mit Ablauf des Kalenderjahres abzuschließen haben, sind in den ersten 8 Tagen des neuen Jahres von denselben bei der Aufsichtsbehörde einzureichen.

Gleichzeitig mit diesem Nebenregister haben die Standesbeamten aber auch der Aufsichtsbehörde noch ein summarisches Verzeichniß derjenigen Berichtigungen und Nachtragungen einzuliefern, welche zu früheren Jahrgängen während des letzten Jahres in ihrem Hauptregister erfolgt sind oder, wenn solche Berichtigungen oder Nachtragungen im Laufe des Jahres bei ihnen nicht vorgekommen, darüber eine Vakatbescheinigung miteinzusenden.

Die Aufsichtsbehörde hat die Nebenregister nach erfolgter Prüfung derselben zugleich mit den vorerwähnten Verzeichnissen oder den bezüglichen Vakatbescheinigungen dem zuständigen Gerichte zur Aufbewahrung zuzustellen.

§. 14. Wenn von den Standesbeamten eine Geldstrafe erkannt worden ist, so steht dem Betheiligten der Rekurs an die Aufsichtsbehörde binnen einer präklusivischen Frist von 14 Tagen frei, und es hat bei deren Entscheidung sein Bewenden.

Sind zur Beitreibung der von den Standesbeamten erkannten Geldstrafen exekutivische Maßregeln erforderlich, so sind sie von den Standesbeamten bei der betreffenden Aufsichtsbehörde zu beantragen und von dieser in Vollzug zu bringen.

§. 15. An der bestehenden Verpflichtung der Hebammen, von jeder Geburt eines Kindes christlicher Eltern dem zuständigen Pastor Anzeige zu machen, ist durch die ihnen im §. 18 Nr. 2 des Reichsgesetzes vom 6. Februar 1875 auferlegte Anzeigepflicht nichts geändert.

Ebenso bleibt die angeordnete Verpflichtung der Todtenfrauen, einen jeden Todesfall dem betreffenden Prediger anzuzeigen, bestehen.

Auch haben die bisher mit der Führung der Geburtsregister betraut gewesen Geistlichen und Behörden nach wie vor die im §. 55 der Militärersatzinstruktion vom 26. März 1868 vorgeschriebenen Geburtslisten so lange aufzustellen und einzureichen, als es sich dabei um die bis zur Wirksamkeit des Reichsgesetzes vom 6. Februar 1875 eingetragenen Geburten handelt.

§. 16. Diese Verordnung tritt mit dem 1. Januar 1876 in Kraft.

---

eintretende anderweite Organisation der Gerichte, daß vom gedachten Zeitpunkt ab in den im §. 5 der V. 2c. v. 11. Dezember 1875 bezeichneten Fällen als Gericht erster Instanz an Stelle des Amtes dasjenige Amtsgericht, in welchem der Standesbeamte seinen Amtssitz hat, zuständig ist.

Anlage A
zu §. 6 der Ausführungsverordnung.

Eidesformular.

Ich ꝛc. gelobe und schwöre, daß ich das mir anvertraute Amt eines Standesbeamten (eines Stellvertreters des Standesbeamten) den mir in diesem Amte obliegenden Pflichten gemäß gewissenhaft und treu verwalten will, ohne mich durch Eigennutz, Leidenschaft, Gunst, Feindschaft oder irgend eine sonstige Rücksicht davon abwenden zu lassen, so wahr mir Gott helfe und Sein heiliges Wort!

Anlage B.

68. Instruktion der Regierung für die Standesbeamten. Vom 11. Dezember 1875 (a. a. O. S. 347).

§. 1. Die Standesbeamten und ihre Stellvertreter haben sich mit den ihre Thätigkeit normirenden Gesetzen, Verordnungen und Instruktionen, namentlich mit:

dem Reichsgesetz über die Beurkundung des Personenstandes und die Eheschließung vom 6. Februar 1875 (Reichsgesetzblatt von 1875 Nr. 4),

der Ausführungsverordnung des Bundesraths vom 22. Juni 1875 zu diesem Reichsgesetze, der landesherrlichen Ausführungsverordnung vom heutigen Tage zu dem genannten Reichsgesetze, sowie der gegenwärtigen Instruktion

vor der Ausführung ihrer Geschäfte genau bekannt zu machen.

Glauben sie näherer Belehrung zu bedürfen, so haben sie sich an die betreffende Aufsichtsbehörde zu wenden, welche verpflichtet ist, sie mit der erforderlichen Aufklärung und Anleitung zu versehen.

§. 2. Für den gesammten Standesamtsbezirk ist, auch wenn derselbe aus mehreren Gemeinden beziehungsweise herrschaftlichen Besitzungen besteht, allemal nur Ein Geburtsregister, desgleichen nur Ein Heiraths- und Ein Sterberegister zu führen.

Die den Standesämtern zu liefernden Hauptregister werden auf den Bedarf für mehrere Jahre berechnet und mit „I. Band“ bezeichnet werden. Nachdem das Register für ein Kalenderjahr abgeschlossen ist, erfolgen die Eintragungen für das neue Kalenderjahr in demselben Bande unter von Nr. 1 beginnender neuer Nummerirung, bis der Band gefüllt ist.

Bei den Nebenregistern bildet, sofern nicht für größere Standesamtsbezirke der in §. 3 der Ausführungsverordnung des Bundesraths vom 22. Juni 1875 bezeichnete Fall eintritt, allemal jeder Jahrgang für sich einen Band oder ein Heft.

§. 3. In den Standesregistern dürfen Korrekturen durch Ausstreichen und Ueberschreiben oder durch Rasuren nicht vorkommen. Nur die gedruckten Worte sind, wenn sie nicht passen, zu durchstreichen; es ist alsdann aber am Rande zu bemerken, daß und wie viele Zeilen gelöscht sind, und ist diese Bemerkung unterschriftlich zu vollziehen.

[44]) Wenn sich beim Niederschreiben eines Registereintrages ein Schreibfehler eingeschlichen hat oder sonst eine Unrichtigkeit ergiebt, weil die Erschienenen unrichtige oder unvollständige Angaben gemacht haben, oder weil der Standesbeamte Erstere mißverstanden hat, so ist zu unterscheiden, ob der Standesbeamte die Eintragung durch seine Unterschrift bereits vollzogen hat, oder nicht.

Ist die Eintragung durch die Unterschrift des Standesbeamten noch nicht abgeschlossen, so darf zwar in der Eintragung selbst nichts verändert, dagegen kann eine die Unrichtigkeit verbessernde Bemerkung am Rande beigefügt werden, welche sowohl von den Erschienenen als dem Standesbeamten besonders zu vollziehen, d. h. zu unterschreiben ist.

Hatte dagegen der Standesbeamte die Eintragung bereits unterschriftlich vollzogen, wenn die Unrichtigkeit entdeckt wird, so kann die Berichtigung nur nach Maßgabe der §§. 65 und 66 des Reichsgesetzes vom 6. Februar 1875 auf gerichtliche Anordnung erfolgen. Die Standesbeamten haben sich deshalb, bevor sie die Eintragungen unterzeichnen, wiederholt in eingehender und verlässiger Weise zu überzeugen, daß die Urkunde allen thatsächlichen Verhältnissen entspricht, damit häufige und umständliche Berichtigungen möglichst vermieden werden.

§. 4. Eintragungen auf Grund schriftlicher Anzeigen, beziehungsweise Mittheilungen (§§. 20, 27, 58, 62 des Reichsgesetzes vom 6. Februar 1875), für welche der Vordruck des Registers nicht berechnet ist, sind unter Durchstreichung des Vordrucks und mit Bezugnahme auf die schriftliche Anzeige, beziehungsweise Mittheilung am Rande zu bewirken.

Enthält die schriftliche Anzeige eines in einer Anstalt vorgekommenen Geburts- beziehungsweise Sterbefalles die Thatsachen, welche nach Vorschrift des Gesetzes einzutragen sind, nicht vollständig, so hat der Standesbeamte zunächst die Vervollständigung der Angaben zu verlangen.

§. 5. Der Standesbeamte kann sich zu Eintragungen in die Register oder zur Anfertigung von

---

[44]) Wortlaut nach der V., betr. Abänderung des §. 3 der Instruktion für die Standesbeamten vom 18. März 1876 (Landesv. 12, 410).

Auszügen aus denselben auf seine Kosten einer Schreibhülfe bedienen. Eintragungen auf Grund mündlicher Anzeigen dürfen aber immer nur in Gegenwart des Standesbeamten geschehen.

§. 6. Eheschließungen sind nur an Wochentagen, welche nicht als kirchliche Festtage gefeiert werden, und in den Vormittagsstunden vorzunehmen. Ausgenommen sind die Fälle des §. 50 Abs. 2 des Reichsgesetzes, sowie auch, was die Vornahme der Eheschließung in den Nachmittagsstunden betrifft, allgemein die Fälle, wo wegen ärzlich bescheinigter Krankheit der Standesbeamte sich veranlaßt findet, die Eheschließung außerhalb seiner Wohnung, beziehungsweise des Geschäftslokals vorzunehmen. Im Uebrigen ist es dem Standesbeamten nur gestattet, auf ausreichend motivirten schriftlichen Antrag der Verlobten eine Ausnahme von der Beschränkung der Eheschließung auf die Vormittagsstunden zuzulassen.

Mit Genehmigung der Aufsichtsbehörde kann die Vornahme von Eheschließungen für die regelmäßigen Fälle auf einige bestimmte Wochentage mit Festsetzung bestimmter Geschäftsstunden beschränkt werden.

Beurkundungen von Geburts- und Sterbefällen sind nur in den Vormittagsstunden der Wochentage vorzunehmen. Mit Genehmigung der Aufsichtsbehörde können hierfür ebenfalls bestimmte Geschäftsstunden festgesetzt werden.

§. 7. Der Standesbeamte hat über jede auf mündliche Anzeige erfolgte Eintragung eines Geburtsfalles den Anzeigenden sofort kostenfrei Bescheinigung nach dem Formulare a. auszustellen, dessen untere Hälfte den Zweck hat, bei Kindern christlicher Eltern die Uebereinstimmung der nachträglich angezeigten Vornamen mit den Taufnamen durch ein pfarramtliches Attest zu sichern. Sind die Vornamen des Kindes gleichzeitig mit eingetragen, so geschieht die Ausstellung der Bescheinigung nach dem Formulare b.

Ebenso ist über jede auf mündliche Anzeige erfolgte Eintragung eines Sterbefalles, beziehungsweise eines todtgeborenen oder in der Geburt verstorbenen Kindes sofort dem Anzeigenden kostenfrei eine Bescheinigung nach dem Formular c., beziehungsweise nach dem Formular d auszustellen.

§. 8. Dem Standesbeamten wird zur Pflicht gemacht, Geburts- und Sterbefälle, welche eine Bevormundung nöthig machen, dem zur Einleitung der Vormundschaft zuständigen Gerichte alsbald, nachdem er Kenntniß von solchen Fällen erlangt hat, behufs Einleitung der Vormundschaft anzuzeigen, zu diesem Zwecke die nöthigen Erkundigungen, insbesondere durch Befragen derjenigen Personen, welche ihm die Geburts- und Sterbefälle anzeigen, eintreten zu lassen und über die geschehene Benachrichtigung des betreffenden Gerichts eine Anerkennung in ein dieserhalb zu führendes Notizbuch einzutragen.

§. 9. Vor Anordnung des Aufgebots hat der Standesbeamte nicht allein die im §. 45 des Reichsgesetzes geforderten Nachweise zu verlangen, sondern auch zu beachten:

1. daß zu ihrer Verheirathung alle Fürstlichen Beamten und sämmtliche Lehrer [45]) des landesherrlichen Konsenses bedürfen,
2. daß laut Verordnung vom 29. Okt. 1841 zur Trauung mit Ausländern (Nichtangehörige des Deutschen Reichs) die Erlaubniß der Landesregierung erforderlich ist, daß jedoch auf Grund abgeschlossener Verträge von der Beibringung der Trauererlaubnißscheine niederländische, schwedisch-norwegische, italienische und belgische Staatsangehörige befreit sind,
3. daß die dem bäuerlichen Stande angehörigen Bewohner des platten Landes nach wie vor zur Eheschließung erst dann zugelassen werden dürfen, wenn eine Bescheinigung des betreffenden Amtes über die vor demselben stattgehabte sog. Eheverschreibung (Regelung der Vermögensverhältnisse der Brautleute) beigebracht ist.

§. 10. Die Aushängung des Aufgebots hat an dem für die Bekanntmachungen der Gemeindebehörde bestimmten Orte zu geschehen.

Bei einer etwaigen vorläufigen Bestimmung des Termins für die Eheschließung ist in Fällen, wo der Aushang des Aufgebots auswärts erfolgen muß, ein nicht zu naher Termin in Aussicht zu nehmen, damit nicht aus dem Mangel eines rechtzeitigen Eingangs der Aushangsbescheinigungen Verlegenheiten für die Betheiligten entstehen.

§. 11. Die Eheschließung hat der Standesbeamte genau nach dem durch die Ausführungsverordnung des Bundesraths vom 22. Juni 1875 vorgeschriebenen Formular B. vorzunehmen und Alles zu vermeiden, was bei den Betheiligten gegenüber dem §. 82 des Gesetzes irrige Auffassungen, insbesondere die Meinung hervorrufen kann, als sei mit Einführung der bürgerlichen Eheschließung die kirchliche Kopulation überflüssig geworden.

Der Standesbeamte hat daher nach Aufnahme des einleitenden Theils der im Formular B. vorgezeichneten Verhandlung und nachdem die Verlobten die in Gegenwart der Zeugen vom Standesbeamten an sie einzeln und nach einander gerichtete Frage:

---

[45]) Vgl. hiezu noch das Publikandum v. 13. März 1877, Landesverordn. 12, 446, daß nach den Vorschriften des bayer. Gesetzes über Heimath ꝛc. v. 16. April 1868 die Verehelichung von Angehörigen der rechtsrheinischen Landestheile Baierns nur auf Grund eines von der Distriktsverwaltungsbehörde jener Gemeinde, in welcher der Mann seine Heimath hat, ausgestellten Zeugnisses, daß gegen die beabsichtigte Eheschließung kein in dem bezeichneten Gesetz begründetes Hinderniß bestehe, erfolgen darf.

ob sie die Ehe mit einander eingehen wollen,
bejahend beantwortet haben, sich auf den Ausspruch zu beschränken:
daß er sie nunmehr kraft des Gesetzes für rechtmäßig verbundene Eheleute erkläre,
und sodann ohne Weiteres die Beurkundung des vorgenommenen Aktes zum Abschluß zu bringen, und den Eheleuten die im letzten Satz des §. 54 des Gesetzes vorgeschriebene Bescheinigung nach dem Formular D. der Ausführungsverordnung des Bundesraths vom 22. Juni 1875 auszustellen.

§. 12. An Stelle der bisherigen für die Zwecke der Bevölkerungsstatistik von den Geistlichen aus den Kirchenbüchern gelieferten Nachweise über Geburten, Eheschließungen und Sterbefälle werden vom 1. Januar 1876 an Auszüge aus den durch die Standesbeamten bewirkten Eintragungen in die Standesregister treten.

Zu diesem Behuf haben die Standesbeamten für jeden zur Registrirung gekommenen Geburts-, Heiraths- und Sterbefall ein Zählblättchen nach einem bestimmten Formulare auszufüllen und die gesammelten Zählblättchen vierteljährig an die Regierung einzusenden.

Für die Ausfüllung dieser Zählblättchen, welche ihnen mit einer entsprechenden Instruktion zugestellt werden sollen, erhalten die Standesbeamten eine besondere Entschädigung von 3 M. für je 100 Stück als Erstattung der Kopialien aus der Landeskasse.

Formular.

a.

(Zu §. 7 der Instruktion.)

Standesamt . . . . am . . . . 18 . .
Das von der . . . .
am . . . . 18 . . . um . . . . Uhr . . . . . .
zu . . . .
geborene Kind . . . . lichen Geschlechts ist heute unter No. . . . des Geburtsregisters ohne Vornamen eingetragen.

Der Standesbeamte
N. N.

Ich bescheinige hierdurch, daß dem obenbezeichneten Kinde bei der von mir heute vollzogenen heiligen Taufe die Vornamen . . . .
beigelegt worden sind.
(Ort und Datum) . . . .
(Unterschrift des Geistlichen . . . .

b.

Standesamt . . . . am . . . . 18 . .
Das von der . . . .
am . . . . 18 . . . um . . . . Uhr . . . . . .
zu . . . .
geborene Kind . . . . lichen Geschlechts ist heute unter No. . . . des Geburtsregisters mit den Vornamen . . . . eingetragen.

Der Standesbeamte
N. N.

c.

Standesamt . . . . am . . . . 18 . .
D . . . .
ist als am . . . . 18 . . . um . . . . Uhr . . . . . .
zu . . . .
verstorben unter No. des Sterberegisters heute eingetragen.

Der Standesbeamte
N. N.

d.

Standesamt . . . . am . . . . 18 . .
Das von der . . . .
am . . . . 18 . . . um . . . . Uhr . . . .
zu . . . .
geborene Kind . . . . lichen Geschlechts ist als todtgeboren unter No. . . . des Sterberegisters heute eingetragen.

Der Standesbeamte
N. N.

e.

(Zu §. 8 der Instruktion.)

Standesamt . . . . am . . . . 18 . .
Der . . . .
zu . . . .
hat sich zur Ehe mit der . . . .
zu . . . .
gemeldet.

Der Standesbeamte
N. N.

69. Publikandum der Fürstlichen Regierung, betreffend die Ergänzung der Instruktion für die Standesbeamten, vom 13. Februar 1877 (Landesverordn. Bd. 12 S. 422).

In Ergänzung der Instruktion für die Standesbeamten vom 11. Dezember 1875 wird Nachstehendes bestimmt:

Ist eine Geburt außerhalb des Wohnortes der Eltern oder der unehelichen Mutter, eine Eheschließung außerhalb des Wohnortes der Ehegatten, ein Todesfall außerhalb des Wohnortes des Verstorbenen erfolgt, so ist dem Standesbeamten des Wohnortes beglaubigte Abschrift der betreffenden Eintragung zu übermitteln.

Eine Uebertragung des Eintrags in das Register des Standesbeamten des Wohnorts hat nicht stattzufinden.

Die übermittelten Abschriften sind in den zu dem betreffenden Register gehörigen Sammelakten des einschlägigen Jahrgangs zu verwahren und in dem alphabetischen Namenregister entsprechende Vermerkung zu machen. Gleiches hat zu geschehen, wenn dem Standesbeamten des Wohnortes Abschriften von anderen Behörden, insbesondere auch ausländischen übermittelt werden.

Fürstenthum Lippe[46]).

70. Verordnung zur Ausführung des Reichsgesetzes vom 6. Februar 1875 über die **Beurkundung des Personenstandes und die Eheschließung**, vom 20. November 1875. (Ges.-Samml. Nr. 15 S. 415.)

Von Gottes Gnaden Wir **Paul Friedrich Emil Leopold**, regierender Fürst zur Lippe, Edler Herr und Graf zu Schwalenberg und Sternberg ꝛc. ꝛc. verordnen hiermit zur Ausführung des Reichsgesetzes über die Beurkundung des Personenstandes und die Eheschließung vom 6. Februar 1875 auf Grund der §§. 83 und 84 des gedachten Reichsgesetzes und im Anschlusse an die vom Bundesrathe unterm 22. Juli 1875 erlassene Ausführungsverordnung was folgt:

§. 1. Unter der im Reichsgesetze vom 6. Februar 1875 vorkommenden Bezeichnung „höhere Verwaltungsbehörde" ist Unsere Regierung, unter der Bezeichnung „untere Verwaltungsbehörde" sind die Aemter[47]) und Magisträte zu verstehn.

---

[46]) Vgl. noch 1. Verordnung, die Wahrnehmung der Geschäfte des Standesbeamten für den Fürsten und die Mitglieder des Fürstl. Hauses betr., vom 31. Dez. 1875 (a. a. O. Nr. 21 S. 497) und 2. Bekanntmachung der Regierung, die Bildung der Standesamtsbezirke ꝛc. betr. vom 17. Dez. 1875 (Stdesb. 1876 S. 41).

[47]) Jetzt die Verwaltungsämter, s. Allg. Min.Verfügung, die Zuständigkeit der Verwaltungsbehörden und Gerichte ꝛc. betr., v. 22. September 1879, Ges.Samml. S. 821; Stdesb. 1879 S. 237: „In Folge der mit dem 1. Oktober d. J. eintretenden veränderten Organisation

Unter der Bezeichnung „Gemeindebehörde" im Sinne des Reichsgesetzes sind in den Städten der Magistrat und das Stadtverordneten-Kollegium, in den Bauernschaften die Dorfsversammlungen zu verstehn.

Gemeindevorstand im Sinne des Reichsgesetzes sind die Magisträte und die Dorfsvorsteher.

Als Gericht erster Instanz gilt in den Fällen des §. 11 Abs. 3, §. 14 Abs. 2 und §. 66 Abs. 2 des Reichsgesetzes das Stadtgericht bezw. das Amt[48]), in dessen Bezirk der Standesbeamte seinen Amtssitz hat.

§. 2. Unter der Bezeichnung „Gemeinde" sind die Stadtbezirke und die einzelnen Bauerschaften in den Aemtern zu verstehn.

Den Gemeinden im Sinne des Reichsgesetzes sind die landtagsfähigen Rittergüter und herrschaftlichen Meiereien, den Gemeindevorstehern die Besitzer, Pächter und Administratoren der landtagsfähigen Rittergüter, sowie die Pächter und Administratoren der herrschaftlichen Meiereien gleich zu achten.

§. 3. Die Standesamtsbezirke sind nach ihrer amtlichen Benennung unter Angabe der dazu gehörigen Gemeinden, der Standesbeamten und Stellvertreter durch das Regierungs- und Anzeigeblatt bekannt zu machen.

§. 4. Nach erfolgter Bestellung werden die Standesbeamten und deren Stellvertreter mittelst Handschlags an Eidesstatt dahin verpflichtet, daß sie das ihnen übertragene Amt eines Standesbeamten bezw. Stellvertreters des Standesbeamten und alle mit diesem Amte verbundenen Geschäfte nach ihrem besten Wissen und Gewissen vorschriftsmäßig verwalten wollen.

Die Vornahme der Verpflichtung wird von der Regierung angeordnet.

§. 5. Die Entschädigung der Standesbeamten für ihre Mühewaltung erfolgt nach Maßgabe der Vorschriften im §. 7 des Reichsgesetzes. Der Stellvertreter des Standesbeamten erhält seine Entschädigung aus dem seinem Standesbeamten bewilligten Pauschquantum. Soweit jedoch dem Standesbeamten eine Entschädigung nicht zusteht, hat der Stellvertreter, welcher zur unentgeltlichen Uebernahme der Geschäfte nicht verpflichtet ist, auf selbstständige Entschädigung Anspruch. In den Standesamtsbezirken, welche aus mehreren Gemeinden gebildet sind, ist die Untervertheilung der den Standesbeamten bzw. Stellvertretern zu gewährenden Entschädigung, welche nach §. 9 des Reichsgesetzes auf die einzelnen betheiligten Gemeinden nach dem Maßstabe der Seelenzahl zu vertheilen ist, nach dem Klassensteuerfuße zu bewirken.

Die Entschädigung ist in der Regel nach der durchschnittlich vorkommenden Zahl der Standesakte (Eintragung von Geburten, Heirathen und Sterbefällen in die Standesregister) derart zu bemessen, daß für jeden Standesakt mindestens eine Mark vergütet wird. Hierin ist die Entschädigung für die sonstigen standesamtlichen Geschäfte (Ertheilung von Auszügen, Vorlegung von Registern ꝛc.) einbegriffen.

Die Stellvertreter erhalten in Ermangelung einer anderweiten Vereinbarung für jeden von ihnen vorgenommenen Standesakt eine Mark.

Unter der Liquidation, in welcher die Stellvertreter die von ihnen vorgenommenen Standesakte durch die fortlaufende Nummer zu bezeichnen haben, unter welcher dieselben in die Standesregister eingetragen sind, ist die Vornahme der angegebenen Standesakte durch den Stellvertreter von dem betreffenden Standesbeamten zu bescheinigen.

§. 6. Als sächliche Kosten (§. 8 des Reichsgesetzes) sind diejenigen Ausgaben anzusehen, welche geleistet werden müssen, um die zur ordnungsmäßigen Geschäftsführung der Standesbeamten erforderlichen Einrichtungen zu treffen und die dafür nothwendigen Bedürfnisse zu beschaffen. Hierzu gehören insbesondere: Kosten der Miethe, Einrichtung und Heizung des Geschäftslokals, der Anschaffung und Unterhaltung des sonstigen Inventars (Siegel, Behälter für die anzuschlagenden Bekanntmachungen, Schild ꝛc.), Portokosten (indem die von den Standesbeamten ausgehenden Schreiben zu frankiren sind), Schreibmaterialien, Formulare, soweit solche nicht vom Staate geliefert werden, ferner die Remuneration des dem Standesbeamten zur Verfügung zu stellenden Unterbedienten.

Zur Deckung der sächlichen Kosten fließen den Gemeinden die auf Grund des Reichsgesetzes vom 6. Februar 1875 zur Erhebung kommenden Gebühren und Geldstrafen zu (§. 70 des Reichsgesetzes).

Die vom Standesbeamten auf Grund des §. 68 Abs. 3 des Reichsgesetzes zur Erzwingung

---

der Verwaltungsbehörden und Gerichte sind, von jenem Zeitpunkte an, in den durch die V. v. 20. Nov. 1875 ꝛc. den Aemtern als unteren Verwaltungsbehörden laut §. 1 Abs. 1, §. 7 und §. 10 zugewiesenen Angelegenheiten die nach der Verordn. v. 23. Juli 1879 . . . an die Stelle der bisherigen Aemter tretenden Verwaltungsämter zuständig und als Gerichte erster Instanz gelten in den Fällen des §. 11 Abs. 3, §. 14 Abs. 2 und §. 66 Abs. 3 des Reichsges. ꝛc. statt der im §. 1 Abs. 4 der V. v. 20. Nov. 1875 dafür bestimmten Stadtgerichte und Aemter vom 1. Oktober l. J. an die Amtsgerichte, in deren Bezirk die betreffenden Standesbeamten ihren Amtssitz haben.

[48]) Amtsgericht, s. vor. Anm.

einer Handlung erkannten Geldstrafen sind von dem Rechnungsführer der betreffenden Gemeindekasse, welchem eine Abschrift des die Strafe festsetzenden Bescheides zuzufertigen ist, zu vereinnahmen und erforderlichen Falls exekutivisch beizutreiben. Werden die sächlichen Kosten in einem aus mehreren Gemeinden bestehenden Standesamtsbezirke durch die vorstehenden Einnahmen nicht gedeckt, so ist der fehlende Betrag auf die einzelnen Gemeinden nach dem Maßstabe der Seelenzahl und nach dem Klassensteuerfuße zu vertheilen. Liefern die Gebühren und Strafen einen Ueberschuß, so ist solcher in gleicher Weise zu vertheilen.

Die Verrechnung der Einnahmen und Ausgaben ist von den Magisträten und Aemtern angemessen zu ordnen und zu kontroliren.

§. 7. Die Aufsicht über die Amtsführung der Standesbeamten wird in den Städten und dem Flecken Schwalenberg von der Regierung, in den Amtsbezirken in erster Instanz von den Aemtern[47]), in zweiter Instanz von der Regierung geführt.

§. 8. Gegen die von den Aufsichtsbehörden auf Grund des §. 11 Abs. 2 des Reichsgesetzes vom 6. Februar 1875 gegen die Standesbeamten verhängten Warnungen, Verweise und Geldstrafen ist binnen 14tägiger präklusivischer Frist der Rekurs zulässig, welcher, wenn die Strafverfügung von der untern Verwaltungsbehörde ausgeht, bei der Regierung, und wenn die Strafverfügung von dieser erlassen worden, dem Kabinetsministerium auszuführen ist.

§. 9. Wenn von dem Standesbeamten eine Geldstrafe erkannt ist, so steht dem Betheiligten eine einmalige Rekursbeschwerde an die betreffende Aufsichtsbehörde innerhalb einer präklusivischen Frist von 14 Tagen frei.

§. 10. Dispensationen von Ehehindernissen (§§. 28, 33, 35 des Reichsgesetzes) werden von Unserm Kabinetsministerium, Dispensationen vom Aufgebot (§. 50 des Reichsgesetzes) von den Aufsichtsbehörden (Regierung und Aemtern)[49]) ertheilt.

Für eine Dispensation von Ehehindernissen und Aufgebot ist eine Gebühr von 10—80 M. (einschließlich der Stempelgebühr je nach den Vermögensverhältnissen) zur Landkasse zu entrichten.

§. 11. Die bisher mit der Führung der Geburtsregister betraut gewesenen Geistlichen und sonstigen Personen haben nach wie vor die gesetzlich vorgeschriebenen Geburtslisten so lange aufzustellen und einzureichen, als es sich dabei um die bis zur Wirksamkeit des Reichsgesetzes vom 6. Februar 1875 eingetragenen Geburten handelt.

§. 12. Die Standesbeamten haben das Ableben von vor dem Jahre 1876 geborenen Personen männlichen Geschlechts unter zwanzig Jahren den Geistlichen, in deren Gemeinden die Verstorbenen geboren sind, anzuzeigen.

Die Geistlichen sind verpflichtet, auf Grund dieser Anzeige den Vermerk des Todes an der betreffenden Stelle im Geburtsregister unter Verweisung auf jene Anzeige einzutragen.

§. 13. Die streitigen Ehe- und Verlöbnißsachen, auch die jetzt noch bei Unserm Consistorio anhängigen, gehen nach §. 76 des Reichsgesetzes auf die zuständigen bürgerlichen Gerichte über.

Als zuständiges Gericht gilt in Ehesachen der persönliche Gerichtsstand des Mannes, falls letzterer aber verschollen oder ohne einen andern persönlichen Gerichtsstand innerhalb Deutschlands erworben zu haben abwesend ist, dessen letzter persönlicher Gerichtsstand im Inland.

In Verlöbnißsachen gilt der persönliche Gerichtsstand des verklagten Theils als das zuständige Gericht.

Das Consistorium bleibt nur für die Prediger und Landeskandidaten das zuständige Gericht mit Ausnahme etwaiger sie betreffender Ehe- und Verlöbnißstreitigkeiten.

Für diese Streitigkeiten ist das betreffende Amt bezw. Stadtgericht kompetent unter analoger Anwendung der obigen Bestimmung im Falle der Abwesenheit[50]).

§. 14. Diese Verordnung tritt mit dem 1. Januar 1876 in Kraft.

71. Instruktion der Regierung vom 20. November 1875 zur Ausführung des Reichsgesetzes über die Beurkundung des Personenstandes und die Eheschließung vom 6. Februar 1875 (a. a. O. S. 436).

Zur Ausführung des Reichsgesetzes über die Beurkundung des Personenstandes und die Eheschließung vom 6. Februar 1875 wird den Standesbeamten nachstehende Instruktion ertheilt:

---

[49]) Verwaltungsämtern, s. Anm. 47.

[50]) Jetzt treten die Reichsjustizgesetze in allen diesen Beziehungen ein, C.P.O. §. 568, auch die Anm. 47 cit. Verf.

I. Geschäftslokal.

Das Geschäftslokal der Standesbeamten ist durch einen mit der Inschrift „Fürstlich Lippisches Standesamt“ versehenen, an der Außenseite des betreffenden Gebäudes anzubringenden Anschlag kenntlich zu machen.

Das Geschäftslokal ist von den betheiligten Gemeinden bereit zu stellen. Gast- und Schenkzimmer, desgl. Schulstuben dürfen nicht dazu genommen werden. Das Geschäftslokal ist stets in einem guten Zustande und einer angemessenen Ausstattung zu halten, und darf nur zu dienstlichen Zwecken benutzt werden.

II. Geschäftsstunden.

Die Zahl der abzuhaltenden Geschäftsstunden ist nach dem örtlichen Bedürfnisse abzumessen. An jedem Tage ist indeß mindestens eine Geschäftsstunde innerhalb der Tageszeit von 8 Uhr Vormittags bis 4 Uhr Nachmittags abzuhalten. Amtshandlungen, welche während der Geschäftsstunden begonnen oder vorbereitet sind, müssen ungeachtet des Ablaufs derselben zum Abschlusse gebracht werden. Für die Eintragungen in das Geburts- und Heirathsregister können bestimmte Wochentage ein für allemal bezeichnet werden. Eheschließungen sind nicht an Sonntagen und an Wochentagen, welche als kirchliche Festtage gefeiert werden, vorzunehmen. Ausgenommen sind die Fälle, in welchen eine lebensgefährliche Erkrankung vorliegt. (§ 50 Abs. 2 des Reichsgesetzes.)

Auch an Sonntagen und Festtagen ist eine Geschäftsstunde abzuhalten, weil nach §. 23 des Reichsgesetzes, wenn ein Kind todtgeboren oder in der Geburt verstorben ist, die Anzeige spätestens am nächstfolgenden Tage geschehen muß und es daher den Anzeigepflichtigen nicht gestattet ist, bei dem Eintritt eines oder mehrerer auf einander folgender Sonntage und Festtage die Anzeige um ebenso viel Tage zu verschieben, überdies auch den Betheiligten Gelegenheit zur Erledigung eiliger Geschäfte gegeben werden soll. Diese Geschäftsstunden sind thunlichst in die Zeit unmittelbar nach Beendigung des Hauptgottesdienstes zu verlegen.

Die Feststellung der Geschäftsstunden bedarf der Genehmigung der Aufsichtsbehörde. Sie sind öffentlich bekannt zu machen und auf einem an dem Eingange zum Geschäftslokale anzubringenden Anschlage anzugeben.

Während der Geschäftsstunden müssen sich die Standesbeamten, in Behinderungsfällen deren Stellvertreter, entweder in dem Geschäftslokale selbst, oder doch in Nähe desselben aufhalten. Im letzteren Falle muß in dem Geschäftslokale der jeweilige Aufenthalt des Standesbeamten bezw. des Stellvertreters stets zu erfahren sein.

Die Standesakte müssen unter allen Umständen in Gegenwart des Standesbeamten aufgenommen werden, wenn er sich auch zur Niederschreibung derselben fremder Hülfe bedienen mag. Es ist daher durchaus unzulässig, wenn der Standesbeamte die Verhandlung in seiner Abwesenheit im Bureau aufnehmen läßt und erst zur Vollziehung derselben hinzutritt. Vielmehr muß er von Anfang an der Verhandlung persönlich beiwohnen.

In dringenden Fällen haben die Standesbeamten sich auch außerhalb der Geschäftsstunden der Vornahme von Amtshandlungen zu unterziehen.

Außerhalb des Geschäftslokals dürfen nur Eheschließungen und auch diese nur dann vorgenommen werden, wenn einer der Verlobten durch Krankheit oder körperliche Gebrechen verhindert ist, in dem Geschäftslokale zu erscheinen, oder sonstige ganz besondere Ausnahmefälle vorliegen. Die hierdurch entstehenden Kosten, Beförderungskosten, Diäten und baaren Auslagen der Standesbeamten sind von den betheiligten Personen selbst zu tragen und nur im Armuthsfall derselben auf die Gemeindekassen zu übernehmen. Für die Berechnung dieser Kosten sind die Bestimmungen sub III A b des revidirten Sportelngesetzes vom 15. Juni 1864 (L.V. Bd. XIII S. 586) maßgebend.

III. Dienstsiegel.

Die Standesbeamten haben ein Dienstsiegel zu führen, welches die Lippische Rose mit der Umschrift „Fürstlich Lippisches Standesamt“ hat.

IV. Bekanntmachungen.

Die Bekanntmachungen der Standesbeamten sind in einem verschlossenen mit Drahtgitter versehenen Behälter an dem Rathhause oder an dem sonstigen zu Bekanntmachungen der Gemeindebehörde bestimmten Orte, oder, wo ein solcher fehlt, an einem andern angemessen auszuwählenden Orte auszuhängen, und sind, falls der Standesbeamte für dieselbe nicht selbst als Gemeindevorsteher zuständig ist, durch die Gemeindebehörde zu bewirken. Diese Behälter sind in jeder Gemeinde aufzustellen.

Der Anfangs- und Endtermin des Aushanges ist auf demselben zu bescheinigen.

V. Akten und deren Aufbewahrung.

Die Standesbeamten haben alle ihnen zugehenden Schriftstücke aufzubewahren, wie namentlich die Verfügungen der Aufsichtsbehörden und Gerichte, ferner die auf die Eintragungen bezüglichen

Anzeigen, Protokolle, Urkunden u. s. w. Wird von den Betheiligten eine Zurückgabe der Urkunden verlangt, so ist auf ihre Kosten eine beglaubigte Abschrift zurückzubehalten.

Die nach §. 9 der Ausführungsverordnung des Bundesraths vom 22. Juni 1875 zu jedem der drei Register anzulegenden, nach Jahrgängen geordneten Sammelakten sind auf dem Umschlage als Anlagen des betreffenden Registers und mit der Jahreszahl zu bezeichnen. Auf jedem dieser Schriftstücke, oder, wenn deren mehrere zu einer Eintragung gehören, auf dem um diese zu legenden Umschlag ist die Nummer der Eintragung zu vermerken. Die Ordnung der Anlagen wird durch die Reihenfolge der Eintragungen bestimmt. Ebenso sind alle übrigen Akten, welche denselben Gegenstand betreffen, insbesondere die auf die Amtsführung der Standesbeamten bezüglichen Anweisungen u. s. w. zu je einer Sammelakte zu vereinigen. Alle Sammelakten sind am Schlusse des betreffenden Kalenderjahrs zu heften.

Die Register, Akten u. s. w. sind nebst dem Dienstsiegel innerhalb des Geschäftslokals in einem unter sicheren Verschluß zu haltenden Behälter aufzubewahren, zu welchem sowohl der Standesbeamte als auch dessen Stellvertreter einen Schlüssel führen. Bei entstehender Feuers- oder sonstiger Gefahr haben dieselben vor Allem für die Sicherstellung der Register u. s. w. Sorge zu tragen und sie nach Umständen an einen andern geeigneten Ort zu bringen.

VI. Die von den Standesbeamten neben den Standesregistern zu führenden Verzeichnisse.

Für die nach §. 10 der Ausführungsverordnung des Bundesraths zu führenden Verzeichnisse sind folgende Schemata maßgebend:

Formular I.

Alphabetisches Verzeichniß zum Heiraths- u. s. w. Register.

Standesamt . . . .

Laufende No.	Namen.	Wohnort.	Stand oder Gewerbe.	Jahrgang.	No. der Eintragung.	Bemerkungen.
	A.					
1.	Alber, Ernst	Detmold	Schneider	1856	3.	s. Geburtsreg. Jahrg. 1833. Nr. 1.
2.						s. Sterbereg. Jahrg. 1857. Nr. 4.
3.						
	B.					
1.	Bracht, August	Detmold	Müller	1856	6.	s. Geburtsreg. Jahrg. 1830. Nr. 9.
2.						
3.						

Das Verzeichniß zu jedem der drei Register ist in zwei Exemplaren, und zwar das eine für das Hauptregister, das andere für das Nebenregister zu führen. Das Verzeichniß muß, wie das Schema zeigt, die vollständigen Namen der Geborenen resp. Verheiratheten, Gestorbenen, nach der Ordnung des Anfangsbuchstabens des Familiennamens, Wohnort, Stand oder Gewerbe, Jahrgang und die Nummer der Eintragung enthalten. Bei der Anlegung desselben ist für jeden Anfangsbuchstaben ein verhältnißmäßiger, mit diesem Buchstaben zu überschreibender Raum zu bestimmen. Findet sich der Name einer Person in den andern Registern desselben Standesamts bereits verzeichnet, so empfiehlt es sich bei der späteren Eintragung in ein anderes Register auf die Nummer und den Jahrgang der früheren Eintragung hinzuweisen, wozu die Kolonne „Bemerkungen" benutzt werden kann.

Formular 2.

Kontrole bezüglich der rechtzeitigen nachträglichen Angabe der Vornamen des Kindes, sofern diese zur Zeit der Anzeige noch nicht feststanden.

Standesamt . . . .

Laufende No.	Namen, Stand und Wohnort der Eltern des Kindes.	No des Geburtsregisters.	Tag der Geburt des Kindes.	Geschlecht m.	Geschlecht w.	Anzeige der Vornamen des Kindes.	Angabe der Vornamen des Kindes.	Bemerkungen über Strafandrohung und Strafverfolgung wegen unterlassener Anzeige u. s. w.
1.	Meier, Johann, Kutscher zu Detmold.	3. 1876.	4. Jan. 1876.	m.	—	3. Febr. 1876.	Johann Heinrich	——

Formular 3.

Verzeichniß über die Aufgebote, welche von dem Standesbeamten selbst veranlaßt oder auf Requisition verkündet worden sind.

Standesamt . . . .

Laufende No	Datum der Anmeldung		Namen, Stand und Wohnort der Verlobten, welche das Aufgebot angemeldet haben.	Requisition des Standesbeamten zu	Das Aufgebot ist			Ertheilte Bescheinigung, daß das Aufgebot vorschriftsmäßig erfolgt ist.
	Jahr.	Monat.			erlassen Datum.	ausgehangen Datum.	abgenommen Datum.	
1.	1876	Jan. 3.	Miller, Gustav, Tagelöhner zu Detmold, und Puls, Anna, das.	—	Jan. 3. 1876.	Jan. 3. 1876.	Jan. 18. 1876.	
2.	1876	Jan. 6.	Färber, Wilhelm Friedrich, Kaufmann zu Detmold, und Baumgart, Anna Meta, zu Lemgo.	Lemgo.	Jan. 7. 1876.	Jan. 7. 1876.	Jan. 21. 1876.	Januar 21. 1876.

Formular 4.

Verzeichniß der zu erhebenden und erhobenen Gebühren.

Standesamt . . . .

Laufende No.	Datum.	Namen, Stand und Wohnort des Schuldners.	Gegenstand der Einnahme.	Betrag der Einnahme. Soll M.	Soll Pf.	Ist M.	Ist Pf.	Bemerkungen.
1.	Oktbr. 12. 1876.	Schulze, Karl, Tischler, zu Detmold.	Auszug.	—	50	—	50	
2.	Novbr. 3. 1876.	Ritter, Wilhelm, Bäcker, zu Detmold.	Einsicht des Registers.	1	—	—	—	Wegen Unvermögens des rc. Ritter ist der Gebührenbetrag erlassen.

Die vereinnahmten Beträge sind am Schlusse eines jeden Kalenderjahres an die betreffende Gemeindekasse unter Beifügung eines Auszuges aus der Kostenliste abzuführen, und ist über den richtigen Empfang eine Quittung zu ertheilen.

Außerdem haben die Standesbeamten zu führen eine Liste über diejenigen Sterbefälle, welche eine Bevormundung nöthig machen, und zwar nach folgendem Schema:

Formular 5.

Liste über diejenigen Sterbefälle, welche eine Bevormundung nöthig gemacht haben.

Laufende No.	Name, Vorname sowie Stand und Wohnort des Gestorbenen.	No. des Sterberegisters.	Datum des Todestages. M.	Datum des Todestages. Tag.	Name des Gerichts, an welches die Anzeige gemacht ist.	Tag der Anzeige. M.	Tag der Anzeige. Tag.	Bemerkungen.
			1876			1876		
1.	Schulte, Christiane, Wittwe des Bäckermeisters Anton Schulte zu Schötmar	16.	Juni	17.	Fürstl. Amt zu Schötmar.	Juni	18.	———

Sämmtliche vorstehende Verzeichnisse sind am Schlusse jeden Jahres zu heften und mit einem Umschlage zu versehen.

VII. Die Führung der Standesregister im Allgemeinen.

Zu §. 13 des R.-Ges.

Die Eintragungen erfolgen unter fortlaufenden Nummern und ohne Abkürzungen.

Die Eintragungen sind mit deutlicher Handschrift vorzunehmen und sofort unterschriftlich zu vollziehen.

Unvermeidliche Zwischenräume sind durch Striche auszufüllen, die wesentlichen Zahlenangaben mit Buchstaben zu schreiben. Als wesentliche Zahlenangaben gelten, wie dies die Muster näher ergeben, das Jahr, der Tag und die Stunde der Geburt, des Todesfalles, und bei Eheschließungen das Alter der Verlobten und der Zeugen, sowie das Datum des Aktes.

Reicht der Raum einer Seite oder eines Blattes zur Eintragung nicht aus, so kann dazu die nächstfolgende Seite verwandt werden, welche mit der gleichen Nummer wie die erste zu versehen ist. Ist die nächstfolgende Seite schon zu einer Eintragung benutzt, so empfiehlt es sich, unten an das betreffende Registerblatt ein neues Blatt zu heften und mit dem Dienstsiegel zu befestigen. Das letztere ist mit der gleichen Nummer, wie das Registerblatt zu versehen, als dessen Fortsetzung zu bezeichnen und in den Registerband einzuschlagen.

Korrekturen durch Ausstreichen und Ueberschreiben, oder durch Rasuren dürfen in den Standesregistern unter keinen Umständen vorkommen. Nur die gedruckten Worte sind, wenn sie nicht passen, zu durchstreichen, es ist alsdann aber am Rande zu bemerken, daß und wie viele Wörter gelöscht sind und diese Bemerkung unterschriftlich zu vollziehen. Wenn sich, bevor die Eintragung durch die Unterschrift des Standesbeamten abgeschlossen ist, Unrichtigkeiten ergeben, sei es, daß die Erschienenen unrichtige oder unvollständige Angaben gemacht haben, oder daß diese von dem Standesbeamten mißverstanden sind, oder daß sich ein Schreibfehler eingeschlichen hat, so ist eine den Fehler verbessernde Bemerkung am Rande hinzuzufügen. Es muß jedoch dieser Zusatz unter Beifügung des Datums sowohl von dem Anzeigenden als von dem Standesbeamten gleich der Haupteintragung vollzogen werden. Der Standesbeamte darf diese Verbesserung aber nur so lange vornehmen, als die Eintragung noch nicht durch seine Unterschrift vollzogen ist. Wird der Fehler später bemerkt, so kann eine Berichtigung nur in dem im §. 65 des R.G. vorgeschriebenen Wege erfolgen und kann es in diesem Falle nicht darauf ankommen, ob der zu berichtigende Fehler von größerer oder geringerer Bedeutung ist.

Auf die richtige Niederschreibung der Familiennamen ist besondere Sorgfalt zu verwenden, und jede willkürliche Aenderung in der Schreibart derselben streng zu vermeiden. Die üblichen dem Grundbesitz entnommenen vulgären Namen dürfen nur neben den Familiennamen, mit dem Zusatz: „auch genannt N. N." aufgeführt werden.

Zur Vermeidung von Irrthümern empfiehlt es sich, nicht nur die richtige Schreibart der Familiennamen von den Betheiligten in geeigneter Weise zu erfragen, sondern auch jede Eintragung mit etwaigen in Zusammenhang stehenden früheren Eintragungen zu vergleichen.

Der Standesbeamte hat sich von der Richtigkeit der schriftlichen oder mündlichen Angaben der

Antragsteller und der sonst Betheiligten, wenn er dieselben zu bezweifeln Anlaß hat, in geeigneter Weise zu überzeugen, sowie festzustellen, ob die betreffenden Personen diejenigen sind, für welche sie sich ausgeben. Personen, welche dem Standesbeamten unbekannt sind, haben sich entweder durch ausreichende Urkunden oder durch die Aussagen von mindestens einem dem Standesbeamten bekannten Zeugen über ihre Persönlichkeit auszuweisen. Ganz unzulässig ist es daher, wenn der Standesbeamte in das Register einträgt: Vor dem rc. erschien, der Person nach unbekannt. Im Falle einer Rekognition muß die Eintragung folgendermaßen lauten: Es erschien heute, der Person nach durch den von Person bekannten N. N. anerkannt, der p. p.

Sind die für die Vornahme der Amtshandlung erforderlichen Nachweisungen unvollständig geliefert, so hat der Standesbeamte zunächst deren Vervollständigung zu verlangen. Vermag aber der Anzeigende über die bei der Anzeige in Betracht kommenden wesentlichen Umstände keine Auskunft zu ertheilen, so ist die Eintragung abzulehnen, sofern nur nach Lage des Falles angenommen werden kann, daß der Anzeigende oder eine sonst anzeigepflichtige Person im Stande sei, sich die behufs Erstattung einer vollständigen Anzeige nöthige Information zu verschaffen. Indeß kann der Standesbeamte im äußersten Falle von einer Beibringung der Nachweisungen, welche für die Feststellung der betreffenden Thatsache von keiner wesentlichen Bedeutung sind, absehen. In dem Standesregister ist alsdann die betreffende Thatsache als eine „unbekannte“ zu bezeichnen.

Besondere Vorsicht haben die Standesbeamten anzuwenden, wenn Personen vor ihnen erscheinen, welche des Gebrauchs eines oder mehrerer Sinne entbehren. Die Verhandlungen mit Taubstummen, welche nicht lesen und schreiben können, haben unter Vermittelung eines beeidigten Sachverständigen zu erfolgen. Den Taubstummen indeß, welche lesen und schreiben können, und den Stummen, welche des Schreibens kundig sind, werden die an sie zu richtenden Fragen schriftlich vorgelegt und von denselben schriftlich beantwortet. Taube, welche lesen können, haben die schriftlich an sie zu richtenden Fragen mündlich zu beantworten.

Zu §. 14 des R.-Ges.

Von jeder Eintragung in das Hauptregister ist von dem Standesbeamten an demselben Tage eine von ihm unter Beifügung des Datums zu beglaubigende Abschrift in das Nebenregister einzutragen, um auf diese Weise die stete Uebereinstimmung beider Register zu sichern. Ebenso hat die Aufnahme eines Namens in das alphabetische Register unmittelbar nach der Eintragung desselben in das Register zu erfolgen. Die Eintragung der Abschrift in das Nebenregister braucht nicht von dem Standesbeamten selbst vorgenommen zu werden, doch ist sie von ihm unter Beifügung des Datums eigenhändig zu vollziehen.

Die Standesregister sind sofort nach Ablauf des Kalenderjahrs abzuschließen, also mit dem 31. Dezember Abends des laufenden oder dem 1. Januar des neuen Jahres, weil jedes Jahresregister die in dem betreffenden Kalenderjahre vorgekommenen Standesakte zusammenzufassen hat. Als Standesakte sind aber nicht Geburts- und Sterbefälle als solche, sondern die über solche Fälle von dem Standesbeamten aufzunehmenden Anzeigeverhandlungen zu betrachten. Eine am 30. Dezember 1876 stattgehabte Geburt, welche am 3. Januar 1877 angemeldet wird, gehört also nicht in das Register pro 1876, sondern in dasjenige pro 1877. Ausgeschlossen hiervon sind natürlich solche Eintragungen, welche zur Zeit der Hauptverhandlung gemacht werden, wie die nachträgliche Angabe der Vornamen.

Um die Standesbeamten ohne große Mühe in den Stand zu setzen, eine vollständige Liste der in einem Jahr vorgekommenen Geburts- und Sterbefälle zu liefern, haben dieselben Nachträge zu den für jedes Jahr zu führenden alphabetischen Registern anzulegen, um in diesen Nachträgen die erst später angezeigten, der Zeit nach in den betreffenden Jahrgang gehörigen Fälle unter Angabe des Jahrgangs und der Nummer der Eintragung zu verzeichnen. Selbstverständlich wird ein Eintrag außerdem in den alphabetischen Registern desjenigen Standesregisters, welches die betreffende Anzeigeverhandlung selbst enthält, zu geschehen haben.

Der Abschluß der Standesregister muß unter Angabe der Zahl der darin enthaltenen Eintragungen und Hinzufügung des Datums und Namens des Standesbeamten hinter der letzten eingetragenen Urkunde, nicht auf dem letzten in dem Bande enthaltene Formulare, erfolgen, so daß keine unausgefüllten Formulare vor dem Abschlusse stehen.

In jene Zahl der Eintragungen sind nur die Haupteintragungen aufzunehmen, nicht aber auch die Randeintragungen.

Das Nebenregister ist mit dem zugehörigen alphabetischen Verzeichnisse sogleich nach dem Abschlusse und spätestens bis zum 15. Januar der Aufsichtsbehörde zur Prüfung vorzulegen. Letztere hat dasselbe nach stattgehabter Prüfung dem zuständigen Gerichte zur Aufbewahrung zu übersenden.

Eintragungen, welche nach Einreichung des Nebenregisters in dem Hauptregister gemacht werden, sind gleichzeitig der Aufsichtsbehörde in beglaubigter Abschrift mitzutheilen. Die Letztere hat zu veranlassen, daß diese Eintragungen dem Nebenregister beigeschrieben werden.

Eintragungen, welche auf gerichtliche Anordnung geschehen sind, können in die bei den Gerichten deponirten Nebenregister nur auf Veranlassung der Aufsichtsbehörde nachgetragen werden, an welche sich die Standesbeamten zur Erwirkung dieser Nachträge zu wenden haben.

Zu §. 16 des R.-Ges.

Geistlichen und andern Religionsdienern ist die Einsicht der Register kostenfrei zu gestatten. Diese Einsichtsnahme steht aber nur dem kompetenten Geistlichen, nicht aber andern Bevollmächtigten desselben zu und bezieht sich nur auf Standesregister selbst, nicht aber auf die Sammelakten.

Jeder Auszug einer Eintragung muß auch die zu derselben gehörigen Ergänzungen und Berichtigungen enthalten.

VIII. Von den Geburtsregistern.

Zu §. 17 des R.-Ges.

Jede Geburt eines Kindes ist spätestens am siebenten Tage nach der Geburt, den Tag der letzteren nicht mit eingerechnet, dem Standesbeamten des Bezirks, in welchem die Niederkunft stattgefunden hat, ohne Rücksicht darauf, ob die Eltern oder die Mutter dort ihr Domizil haben oder nicht, anzuzeigen.

Um die Anzeigepflichtigen an die Beobachtung der obigen Frist, sowie der sonstigen im Gesetz (namentlich der der §§. 22 und 56) vorgeschriebenen Fristen zu gewöhnen, haben die Standesbeamten, sobald die ersteren für die Verspätung der Anmeldung keine genügende Entschuldigung vorbringen können, gemäß §. 68, je nachdem die Anzeige noch nicht eingegangen ist, dieselben selbst durch Strafen zur Anzeige anzuhalten, oder wenn die Anzeige nicht rechtzeitig gemacht ist, die Sache wegen der Bestrafung zur gerichtlichen Kognition zu bringen.

Die Taufe kann vor oder nach Eintragung des Geburtsfalles in die Standesregister erfolgen und ist es keineswegs nothwendig, daß dem Geistlichen, bevor er tauft, der Geburtsauszug vorgelegt wird. Verlangen die Betheiligten aber eine Bescheinigung über die erfolgte Eintragung zum Zweck der Taufe, so ist dieselbe von dem Standesbeamten unweigerlich in Form eines einfachen Attestes, nicht als eigentlicher Registerauszug, gebührenfrei zu ertheilen. Zu diesen Bescheinigungen dürfen aber unter keinen Umständen die vom Staate gelieferten Formulare zu Registerauszügen genommen werden.

Zu §. 19 des R.-Ges.

Der Standesbeamte hat auf geeignete Weise sich die Ueberzeugung zu verschaffen, daß der Anzeigende aus eigener Wissenschaft unterrichtet ist; dieses muß besonders dann geschehen, und ist die Glaubwürdigkeit der gemachten Angaben um so sorgfältiger zu prüfen, wenn die Anzeige durch andere als die im §. 18 bezeichneten Personen geschieht. Wenn nämlich die Anmeldung nicht von den zuerst, sondern von später Verpflichteten oder gar von dritten Personen, wie Dienstleuten, Lohndienern rc. gemacht wird, so wird es sich oft ereignen, daß die Anzeigenden über die Personalverhältnisse nicht genügend unterrichtet sind und sich dadurch Irrthümer in die aufzunehmenden Verhandlungen einschleichen. Wird der Irrthum nicht rechtzeitig entdeckt und berichtigt, so können dadurch schwere Nachtheile für einzelne Personen entstehen. Soll aber die falsche Angabe berichtigt werden, so hat ein weitläufiges Verfahren einzutreten. Es liegt also im allseitigen Interesse (auch in dem der Standesbeamten), die Registrirung falscher Angaben möglichst zu vermeiden. Zu diesem Behufe müssen die Standesbeamten für ebenso berechtigt wie verpflichtet gehalten werden, dritte Personen, die die Anmeldung überbringen, ganz zurückzuweisen, sobald sie Grund zur Annahme finden, daß dieselben nicht vollständig oder falsch informirt sind, und in gleicher Weise bei dem Erscheinen von später Verpflichteten Nachfrage zu halten, warum nicht die zuerst Verpflichteten ihrer Anzeigepflicht nachkommen? und event. deren Erscheinen auf dem Standesamte zu verlangen.

Zu §. 20 des R.-Ges.

Der Begriff der öffentlichen Anstalten ist nicht bloß auf diejenigen Anstalten zu beschränken, welche dem Staate oder der Gemeinde gehören, sondern es sind hieher auch zu rechnen die Anstalten der kirchlichen Korporationen, sowie solche, welche eine vom Staate ausdrücklich anerkannte gesonderte (juristische) Persönlichkeit besitzen und mit einem zur Vertretung der Anstalt nach Außen berechtigten Vorstande versehen sind. Die schriftliche Anzeige wird natürlich in denjenigen Formen erfolgen müssen, welche für amtliche Akte des Anstaltsvorstandes vorgeschrieben sind, namentlich auch unter Beidrückung des Dienstsiegels.

Trägt ein Standesbeamter Bedenken, auf Grund einer hiernach für genügend zu erachtenden schriftlichen Anzeige, die Eintragung des Geburtsfalles vorzunehmen, so kann er dazu nach §. 11 des R.Ges. nur durch das Gericht angehalten werden.

Der Umstand, daß die Geburt bloß innerhalb der Mauern der Anstalt sich ereignet hat, ist allein nicht maßgebend, um die Vorschrift des §. 20 eintreten zu lassen. Die Person, welche geboren hat, muß auch in die Anstalt zu dem Zwecke, welchem diese dient, aufgenommen und der leitenden Thätigkeit des Vorstehers unterworfen sein.

Zu §. 21 des R.-Ges.

Um die Richtigkeit der Anzeige festzustellen, ist der Standesbeamte befugt, diejenigen Personen, welche über die erfolgte Geburt und die Familienverhältnisse Auskunft geben können, zu vernehmen, und ihr Erscheinen nöthigenfalls durch Geldstrafen zu erzwingen, wenn auch jene Personen nicht zu den §. 18 aufgezählten Personen gehören.

Den Anzeigepflichtigen kann die Beschaffung eines Nachweises über die erfolgte Eheschließung der Eltern eines neugeborenen Kindes Seitens des Standesbeamten nicht zur Pflicht gemacht werden; da die Geburtsurkunde nicht die Bestimmung hat, als Beweis der erfolgten Eheschließung zu dienen.

Zu §. 22 des R.=Ges.

Die Tageszeit ist immer durch die Ausdrücke: „Vormittags" und „Nachmittags" zu bestimmen.

Tag und Stunde sind als wesentliche Zahlenangaben in Buchstaben auszudrücken.

Bei unehelichen Kindern ist nur der Name der Mutter einzutragen.

Jedes in der Ehe geborene Kind ist als eheliches Kind einzutragen.

Wird die Anzeige von der Hebamme, dem Arzt oder einer andern bei der Niederkunft zugegen gewesenen Person gemacht, so ist bei der Eintragung am Schlusse ausdrücklich hinzuzufügen, daß der Anzeigende bei der Geburt des Kindes gegenwärtig gewesen ist.

Die in das Standesregister eingetragenen Vornamen eines Kindes sind rechtlich allein maßgebend. Die Standesbeamten haben jedoch, um großen Mißständen vorzubeugen, sorgfältig darauf zu achten, daß keine andere Vornamen eingetragen werden, als die bei der etwa bereits vorhergegangenen Taufe dem Kinde beigelegten.

Standen die Vornamen des Kindes zur Zeit der Anzeige noch nicht fest, so sind dieselben nachträglich und längstens binnen zwei Monaten nach der Geburt anzuzeigen. Ihre Eintragung erfolgt am Rande der ersten Eintragung.

Diese Anzeige ist, abgesehen von denjenigen Fällen, in denen nach besonderer Vorschrift des Gesetzes der Geburtsfall selbst schriftlich angezeigt werden darf, mündlich von einer der im §. 18 erwähnten Personen zu machen.

Ist das Nebenregister bereits der Aufsichtsbehörde übergeben, so kommt der §. 14 Abs. 3 zur Anwendung.

Zu §. 23 des R.=Ges.

Wenn ein Kind todtgeboren oder in der Geburt verstorben ist, erfolgt die Eintragung nur im Sterberegister.

Es empfiehlt sich, bei der Eintragung ausdrücklich das Kind als todtgeboren oder als in der Geburt verstorben zu bezeichnen.

Bei Kindern, welche zwar gelebt haben, aber unmittelbar nach der Geburt verstorben sind, ist eine besondere Eintragung im Geburts- und im Sterberegister zu machen.

Zu §. 25. des R.=Ges.

Das Anerkenntniß der Vaterschaft zu einem unehelichen Kinde kann jederzeit vor dem Standesbeamten abgegeben werden.

Zeigt der Vater die Geburt des Kindes selbst an und erkennt er dabei seine Vaterschaft an, so ist das Anerkenntniß in die Eintragung über den Geburtsfall selbst aufzunehmen.

Ist der Geburtsfall schon eingetragen und erfolgt das Anerkenntniß später, so ist dasselbe am Rande der ersten Eintragung vorzumerken. Wenn daher die Anerkennung der Vaterschaft bei Abschluß der Ehe erfolgt, so ist ebenfalls der entsprechende Randvermerk in das Geburtsregister zu machen.

Zu §. 26 des R.=Ges.

Unter „Feststellung der Abstammung eines Kindes" ist vorzugsweise die Anerkennung der Vaterschaft durch richterliches Anerkenntniß gemeint.

Veränderungen in den im Standesregister verzeichneten Vornamen eines Kindes hat der Standesbeamte in das Geburtsregister nicht aufzunehmen.

Zu §. 27 des R.=Ges.

Wenn die Anzeige eines Geburtsfalles über drei Monate verzögert wird, so darf die Eintragung nur mit Genehmigung der Aufsichtsbehörde geschehen.

IX. Von den Erfordernissen der Eheschließung.

Das Reichsgesetz vom 6. Februar 1875 hat so viel wie möglich ein einheitliches Recht hinsichtlich der Erfordernisse der Eheschließung (ein einheitliches materielles Eheschließungsrecht) geschaffen.

Nach demselben sind bei jeder Eheschließung im ganzen Gebiete des Reichs folgende Voraussetzungen nothwendig:

1) Einwilligung der Eheschließenden (§. 28),
2) Ehemündigkeit der Eheschließenden (§. 28),
3) die zustimmende Erklärung gewisser dritter Personen (§§. 29—31),

4) Abwesenheit eines Ehehindernisses (§§. 33–35, 37).

In einzelnen Beziehungen jedoch mußte das bisherige Landesrecht beibehalten werden. Deshalb ist der Standesbeamte nicht in der Lage, seine Belehrung über das, was er bei der Eheschließung zu beobachten hat, lediglich aus dem Reichsgesetz zu entnehmen, er ist vielmehr auf eine Reihe ergänzender landesherrlicher Vorschriften verwiesen, deren Anwendung in zahlreichen Fällen unerläßlich ist. Derselbe kann sich aber nicht darauf beschränken, in denjenigen Fällen, in welchen nach Obigem Landes- (nicht Reichs-) Recht bei der Eheschließung entscheidet, ausschließlich das Landesrecht seines Bezirks anzuwenden, vielmehr tritt an ihn die Forderung heran, bei Eheschließungen ortsfremder Deutschen, soweit nöthig, deren Landesrecht zu berücksichtigen. Die landesrechtlichen Vorschriften, welche hier in Betracht kommen, sind: inwiefern vaterlose Minderjährige einer Vormundschaft nicht unterliegen (§. 29), sowie ferner über die Wirksamkeit einer Vormundschaftsbehörde oder eines Familienrathes bei Ertheilung des Ehekonsenses (§. 29), über die zur Ehe der Landesbeamten und Ausländer erforderliche Erlaubniß (§. 38) und über die vor der Eheschließung erforderliche Nachweisung, Auseinandersetzung oder Sicherstellung des Vermögens (§. 38).

Zu §. 28 des R.-Ges.

Die Möglichkeit der Einwilligung fehlt allen Willensunfähigen, wie Tauben, Wahnsinnigen und Geisteskranken; der Standesbeamte wird sich demnach in jedem einzelnen Falle zu vergewissern haben, ob Umstände, welche die Willensfähigkeit ausschließen, bei den behufs der Eheschließung vor ihm erscheinenden Personen obwalten.

Die Ehemündigkeit des männlichen Geschlechts tritt mit dem vollendeten zwanzigsten Lebensjahre, die des weiblichen Geschlechts mit dem vollendeten sechszehnten Lebensjahre ein.

Für den Standesbeamten ergiebt sich das Alter der Eheschließenden, sofern ihm dasselbe nicht bekannt oder sonst glaubhaft nachgewiesen ist, aus den nach §. 45 beizubringenden Geburtsurkunden.

Zu §. 29 des R.-Ges.

Die zustimmende Erklärung dritter Personen ist in folgenden Fällen erforderlich:

Eheliche und legitimirte Söhne, so lange sie das fünfundzwanzigste, eheliche und legitimirte Töchter, so lange sie das vierundzwanzigste Lebensjahr noch nicht vollendet haben, bedürfen der Einwilligung des Vaters. Einer Einwilligung der Mutter bedarf es daneben nicht.

Vaterlose eheliche und legitimirte Söhne und Töchter, welche das fünfundzwanzigste bezw. vierundzwanzigste Lebensjahr noch nicht vollendet haben, bedürfen der Einwilligung der Mutter, und, wenn sie noch minderjährig sind, auch derjenigen des Vormundes.

Der Tod des Vaters ist durch Beibringung der Todesbescheinigung oder eines rechtskräftigen Todeserklärungsurtheils dem Standesbeamten darzuthun; ebenso muß der Vormund seine Bestellung urkundlich nachweisen.

Großjährig sind diejenigen, welche das 21. Lebensjahr vollendet haben.

Besteht eine Vormundschaft neben der Mutter nicht, weil diese die gesetzliche Vertreterin der Kinder ist, wie solches nach einzelnen Landesrechten vorkommt, so genügt die Einwilligung der Mutter. Eine solche Vorschrift enthält das hiesige Recht: „Wenn Eheleute in Gemeinschaft der Güter leben, wovon im hiesigen Lande nur die in ihm domizilirten Eheleute adligen Standes, wenn auch nur der Ehemann von Adel ist, und diejenigen, welche in errichteten und gerichtlich bestätigten Ehepakten derselben ausdrücklich entsagt haben, ausgenommen sind, so behält der Ueberlebende, er sei Mann oder Frau, die Verwaltung und Nutzung des mit den Kindern der getrennten Ehe gemeinschaftlich besessenen Vermögens, erzieht und steuert sie davon aus, ohne daß es einer Vormundschaftsbestellung bedarf. Nur in den Fällen einer schlechten Haushaltung und Wiederverheirathung eines solchen Witwers oder einer solchen Witwe können die Kinder oder die Blutsfreunde, oder auch die Obrigkeit von Amtswegen eine ordentliche Schichtung veranlassen und verordnen, wozu alsdann auch ordentliche Bevormundung der minderjährigen Kinder geschehen muß. (Vormundschaftsordnung vom 1. Juli 1777 §. 26, 27 und Gütergemeinschaftsordnung vom 27. März 1786 §. 2.)

Dagegen ist die Wirksamkeit einer Vormundschaftsbehörde oder eines Familienrathes bei der Ertheilung des Ehekonsenses nach hiesigem Rechte nicht erforderlich, während andere Landesrechte dieselbe verlangen. Der Standesbeamte muß also bei Eheschließungen von ortsfremden Minderjährigen stets untersuchen, inwiefern nach dem Rechte ihres Wohnorts die eben erwähnte gesetzliche Vorschrift stattfindet.

Kinder, deren beide Eltern verstorben sind, bedürfen, so lange sie minderjährig sind, der Einwilligung des Vormundes.

Dem Tode des Vaters oder der Mutter steht es gleich, wenn dieselben zur Abgabe einer Erklärung dauernd außer Stande sind, oder deren Aufenthalt dauernd unbekannt ist. Eine nur vorübergehende Behinderung der Eltern zur Abgabe der Erklärung und eine nur zeitweilige Unbekanntschaft mit deren Aufenthaltsorte genügt nicht.

Zu §. 30 des R.-Ges.

Auf uneheliche Kinder finden die oben aufgestellten Grundsätze für vaterlose eheliche Kinder ebenfalls Anwendung. Dieselben bedürfen also bis zur Vollendung des 25. bezw. 24. Lebensjahres der

Einwilligung der Mutter, und wenn sie minderjährig sind, der Einwilligung des Vormundes. Nach hiesigem Rechte bedarf es aber keiner Vormundschaftsbestellung, so lange die Mutter lebt oder eine Schichtung nicht erforderlich wird; es genügt also die Einwilligung der Mutter.

Zu §. 31 des R.-Ges.

Bei angenommenen Kindern jeder Art, also auch bei denjenigen, welche nicht in die väterliche Gewalt des Adoptirenden übergehen, tritt an Stelle des Vaters derjenige, welcher an Kindesstatt angenommen hat. Die Einwilligung der Ehefrau desjenigen, welcher an Kindesstatt angenommen hat (Adoptivmutter), oder der leiblichen Eltern ist nicht erforderlich. Ist die Annahme an Kindesstatt wieder aufgehoben, sei es durch Tod des Adoptivvaters, sei es durch Rückgängigmachung der Adoption, so richtet sich die Ertheilung der Einwilligung nach den früher entwickelten Grundsätzen und ist ebenso zu beurtheilen, als wenn keine Annahme an Kindesstatt vorgenommen wäre. Auf das Verhältniß zwischen Pflegeeltern und Pflegekindern finden die angegebenen Bestimmungen keine Anwendung. In dem Gebiete des Rheinischen Rechts ist die Einwilligung nicht von dem Adoptivvater, sondern von den leiblichen Eltern zu ertheilen.

Zu §. 32 des R.-Ges.

Haben diejenigen Personen, deren zustimmende Erklärung zur Eheschließung nach den vorhergehenden Bestimmungen erforderlich ist, solche versagt, so kann deren Einwilligung durch ein rechtskräftiges richterliches Urtheil ersetzt werden. Indeß können nur großjährige Kinder auf eine solche richterliche Ergänzung klagen.

Zu §. 33 des R.-Ges.

Als das wesentlichste Ehehinderniß kommt die Verwandtschaft und die Schwägerschaft in Betracht. Die Ehe ist verboten

1) zwischen Verwandten in auf- und absteigender Linie, als Eltern, Großeltern, Urgroßeltern ꝛc. und Kindern, Enkeln, Großenkeln ꝛc.;
2) zwischen voll- und halbbürtigen Geschwistern. Erstere sind solche, welche beide Eltern, letztere, im gewöhnlichen Leben auch Stiefgeschwister genannt, solche, welche den Vater oder die Mutter gemeinsam haben.

Kinder, welche die Ehegatten beiderseitig in die Ehe gebracht haben — sog. zusammengebrachte Kinder — welche also weder einen gemeinschaftlichen Vater, noch eine gemeinschaftliche Mutter haben, sind nicht mit einander verwandt und können sich heirathen.

3) zwischen Stiefeltern und Stiefkindern, Schwiegereltern und Schwiegerkindern jeden Grades, ohne Unterschied, ob das Verwandtschafts- oder Schwägerschaftsverhältniß auf ehelicher oder außerehelicher Geburt beruht und ob die Ehe, durch welche die Stief- oder Schwiegerverbindung begründet wird, noch besteht oder nicht;
4) zwischen Personen, deren eine die andere an Kindesstatt angenommen hat (Adoptiveltern und Adoptivkindern), so lange das Adoptivverhältniß besteht. Auf Adoptivgeschwister, Pflegeeltern und Pflegekinder findet diese Vorschrift keine Anwendung.
5) Ein ferneres Ehehinderniß bildet der Ehebruch. Die Ehe ist nämlich verboten zwischen einem wegen Ehebruchs Geschiedenen und seinem Mitschuldigen. Dies Ehehinderniß setzt ein Scheidungserkenntniß voraus, in welchem der Ehebruch mit derjenigen Person, mit welcher die neue Ehe eingegangen werden soll, als Grund der Scheidung festgestellt ist. Ist die Ehe durch Tod getrennt, so hindert der Ehebruch die Eheschließung zwischen den Ehebrechern nicht. Ist vor dem 1. Januar 1876 dem Geschiedenen die Wiederverheirathung in einem Scheidungserkenntniß aus einem anderen Grunde untersagt, so äußert dieses Verbot keine Wirkung. Auch können geschiedene Eheleute einander selbst wieder heirathen.

Zu §. 34 des R.-Ges.

Ein ferneres Ehehinderniß bildet das Bestehen einer früheren Ehe. Es darf Niemand eine neue Ehe schließen, bevor seine frühere Ehe aufgelöst, für ungültig oder für nichtig erklärt ist.

Die Auflösung der Ehe kann geschehen entweder durch Tod oder durch gerichtliches Erkenntniß, über welche Thatsachen, soweit dieselben dem Standesbeamten nicht persönlich bekannt sind, demselben der Nachweis geliefert werden muß. Im ersteren Falle ist der Todtenschein, im zweiten Falle das rechtskräftige Erkenntniß beizubringen.

Das Erkenntniß muß auf Scheidung (Auflösung der Ehe) oder auf Trennung de Ehe dem Bande nach lauten. Erkenntnisse, welche auf Trennung von Tisch und Bett lauten, begründen im Sinne obiger Bestimmung keine Auflösung der Ehe; auf Grund solcher Erkenntnisse darf also der Standesbeamte nicht zur Eheschließung schreiten. Wenn die Erkenntnisse auf „beständige Trennung von Tisch und Bett" lauten, ist eine gerichtliche Umwandlung derselben in Erkenntnisse, welche die Auflösung des Bandes der Ehe aussprechen, vor Zulassung zur zweiten Ehe erforderlich.

Die Ungültigkeits- und Nichtigkeitserklärung der Ehe kann nur durch richterliches Erkenntniß erfolgen und ist daher ein solches mit dem Attest der Rechtskraft versehen, dem Standesbeamten vorzulegen.

Zu §. 35 des R.-Ges.

Ein ferneres Ehehinderniß bildet die Trauerzeit der Frauen. Dieselben dürfen erst nach Ablauf des zehnten Monats seit Beendigung der früheren Ehe eine weitere Ehe schließen. Für Männer schreibt das Gesetz keine Trauerzeit vor.

Zu §. 37 des R.-Ges.

Endlich kommt als Ehehinderniß auch noch die Vormundschaft in Betracht. Die Eheschließung eines Pflegebefohlenen mit seinem Vormund oder dessen Kindern ist nämlich während der Dauer der Vormundschaft unzulässig.

Zu §. 38 des R.-Ges.

Militärpersonen des Friedensstandes bedürfen zu ihrer Verheirathung der Genehmigung ihres Vorgesetzten. (Reichsmilitärgesetz vom 2. Mai 1874, R.G.Bl. S. 45.)

Militärpersonen des Friedensstandes sind: 1. die Offiziere, Aerzte und Militärbeamten des Friedensstandes vom Tage ihrer Anstellung bis zum Zeitpunkte ihrer Entlassung aus dem Dienste; 2. die Kapitulanten vom Beginne bis zum Ablauf oder bis zur Aufhebung der abgeschlossenen Kapitulation; 3. die Freiwilligen und die ausgehobenen Rekruten von dem Tage, mit welchem ihre Verpflegung durch die Militärverwaltung beginnt, einjährig Freiwillige von dem Zeitpunkte ihrer definitiven Einstellung in einen Truppentheil an, sämmtlich bis zum Ablauf des Tages ihrer Entlassung aus dem aktiven Dienste.

Die Personen des Beurlaubtenstandes sind hinsichtlich ihrer Verheirathung Beschränkungen nicht unterworfen (§. 61 des R.M.G. von 1874), nur die vorläufig in ihre Heimath beurlaubten Rekruten und Freiwilligen bedürfen zur Verheirathung der Genehmigung der Militärbehörde (§. 60 sub 4 des R.M.G.).

Eine Erlaubniß zur Eheschließung ist für die Beamten des hiesigen Landes nicht erforderlich.

Dagegen wird in vielen andern Bundesstaaten für die Ehe eines Beamten die Erlaubniß der vorgesetzten Behörde gefordert. Es entsteht daher für die Standesbeamten die Verpflichtung, bei Eheschließungen von Beamten eines andern Bundesstaates sich vor dem Aufgebot die Kenntniß zu verschaffen, ob nach dem betreffenden Landesrechte eine Erlaubniß zur Eheschließung für die Beamten nothwendig ist? und bejahenden Falls die erforderliche Nachweisung zu verlangen.

Ausländer dürfen im hiesigen Lande nicht anders eine Ehe schließen, als wenn sie eine obrigkeitliche Bescheinigung beibringen, daß ihrer Verheirathung in bürgerlicher Hinsicht kein Hinderniß entgegensteht, und daß ihre Aufnahme an dem auswärtigen Heimathsorte keinen Anstand erleidet. Für Ausländerinnen ist aber eine solche Bescheinigung nicht nöthig. (Verordnung, das Heimathsrecht betr., vom 2. März 1841 §. 19.)

Ausländer sind im Sinne des Reichsgesetzes alle Personen, welche nicht die deutsche Reichsangehörigkeit besitzen. Die Angehörigen Bayerns sind gegenüber den sonstigen Reichsangehörigen als Ausländer zu betrachten, d. h. in Betreff ihrer ist von dem Standesbeamten nach der obigen Vorschrift zu verfahren[61]).

Niederländische und schwedisch-norwegische Staatsangehörige sind nicht verpflichtet, das oben erwähnte Zeugniß beizubringen, es ist nur die Staatsangehörigkeit des zu trauenden Mannes vollständig zu konstatiren. (Bekanntmachung vom 17. Aug. 1870, L.V. Bd. 15, und Bekanntmachung vom 10. April 1874, G.S. Nr. 6 de 1874.)

Für italienische Staatsangehörige bedarf es im Fall ihrer Verheirathung des Nachweises ihrer Staatsangehörigkeit und einer Bescheinigung ihrer Landesbehörde darüber, daß der Abschließung ihrer Ehe nach dem bürgerlichen Rechte ihrer Heimath kein Hinderniß entgegensteht. (Bekanntmachung vom

---

[61]) Nachtrag zum Abschn. IX §. 38, Abs. 6 der Instruktion vom 28. März 1877, G.S. S. 12, Stdesb. 1877 S. 91: „Da nach dem Kön. Bayer. Ges. über Heimath ꝛc. vom 16. April 1868 die Verehelichung von Angehörigen der rechtsrheinischen Landestheile des Königreichs Bayern nur auf Grund eines von der Distriktsverwaltungsbehörde derjenigen Gemeinde, in welcher der Mann seine Heimath hat, ausgestellten Zeugnisses, daß gegen die beabsichtigte Eheschließung kein in dem bezeichneten Gesetz begründetes Hinderniß bestehe, erfolgen darf und einer im Widerspruch damit eingegangenen Ehe in Bayern die öffentlichrechtliche Wirkung einer gültigen Ehe in Betreff der Staatsangehörigkeit und Heimath versagt wird, so werden die Standesbeamten hierdurch angewiesen, die Vorschrift im Abschn. IX Abs. 6 d. Instr. v. 20. Nov. 1875 ... zu §. 38 des Reichsges.... bezüglich der Eheschließung von Ausländern auch den Angehörigen der rechtsrheinischen Landestheile des Königreichs Bayern gegenüber zur Anwendung zu bringen und demgemäß von diesen vor der Vollziehung der Eheschließung die Beibringung des vorbezeichneten Zeugnisses der betreffenden Kön. Bayr. Distriktsverwaltungsbehörde zu verlangen“.

27. Juli 1875, G.S. Nr. 12 von 1875.) Das Gleiche gilt für belgische Staatsangehörige. (Bekanntmachung vom 17. Nov. 1875, G.S. Nr. 14 von 1875.)

Nach hiesigem Rechte dürfen Witwer und Witwen, welche zur andern Ehe schreiten wollen, nicht eher getraut werden, bis von ihnen eine gerichtliche Bescheinigung ihrer Obrigkeit beigebracht ist, „daß sie wegen der mütterlichen und väterlichen, oder auch sonst bisher gemeinschaftlichen Güter mit ihren Kindern Richtigkeit gemacht, oder ordnungsmäßige Schichtung vollzogen haben, und letzteren wirklich Vormünder bestellt worden". (Vormundschaftsordnung vom 1. Juli 1777 §. 8.)

Auch ist die Mutter eines unehelichen Kindes mit diesem, wenn sie sich mit einem andern als dem Vater des Kindes verheirathen will, zu schichten verbunden. (Gütergemeinschaftsordnung vom 27. März 1786 §. 22. Vergl. auch Verordnung, das Heimathsrecht betr., vom 2. März 1841 §. 17.)

Bei Eheschließungen der Angehörigen anderer Bundesstaaten hat der Standesbeamte nicht die obige gesetzliche Bestimmung, sondern das Recht des Wohnorts der Eheschließenden anzuwenden.

Zu §. 39 des R.-Ges.

Reichsbeamte, mit Ausnahme der Militärpersonen (s. §. 38), bedürfen zu ihrer Verheirathung keiner dienstlichen Genehmigung, indem die Vorschrift des §. 19 des Gesetzes über die Rechtsverhältnisse der Reichsbeamten vom 31. März 1875 durch den §. 39 aufgehoben ist.

Zu §. 40 des R.-Ges.

Dispensation ist zulässig in den Fällen der §§. 28, 33 Nr. 5, 35.

X. Von den Heirathsregistern.

Zu §. 42 des R.-Ges.

Zuständig zur Abschließung einer Ehe ist außer im Falle der im §. 43 erwähnten Ermächtigung nur derjenige Standesbeamte, in dessen Bezirk einer der Verlobten seinen Wohnsitz hat oder sich gewöhnlich aufhält.

Wenn ein Standesbeamter die Vornahme der Eheschließung ablehnen sollte, weil im einzelnen Falle seiner Ansicht nach keiner der Verlobten in seinem Amtsbezirk seinen Wohnsitz oder gewöhnlichen Aufenthalt hat, so kann er nach §. 11 des Reichsges. nur durch das Gericht dazu angewiesen werden.

Die Verwandtschaft eines Standesbeamten mit einem der Verlobten steht dessen Mitwirkung bei der Eheschließung derselben nicht entgegen.

Zu §. 45 des R.-Ges.

Vor Anordnung des Aufgebots sind dem Standesbeamten die zur Eheschließung gesetzlich nothwendigen Erfordernisse als vorhanden nachzuweisen.

Insbesondere haben die Verlobten in beglaubigter Form beizubringen:

1. ihre Geburtsurkunden,
2. die zustimmende Erklärung derjenigen, deren Einwilligung nach dem Gesetze erforderlich ist. Die Einwilligung der Eltern wird durch das auf die bezügliche Klage erlassene rechtskräftige Erkenntniß ersetzt.

Ueber die Bestellung des Aufgebots, die geschehene Beibringung der Nachweise durch die Verlobten und die späteren auf das Aufgebot sich beziehenden Verhandlungen muß ein Protokoll aufgenommen werden, welches insbesondere die nöthige Auskunft über die nach dem Gesetz von dem Standesbeamten festzustellenden Thatsachen sowie eventuell über die abgegebenen eidesstattlichen Versicherungen enthält und von den Betheiligten sowie von dem Standesbeamten unterschriftlich zu vollziehen ist.

Die eidesstattliche Versicherung kann nur da als Auskunftsmittel benutzt werden, wo über die zu erweisenden Thatsachen zwar Urkunden oder sonstige Beweismittel beigebracht sind, wo diese Beweismittel aber die zu erweisende Thatsache nicht hinreichend feststellen, nicht aber da, wo ein Beweismittel überhaupt nicht vorliegt. Es erscheint daher unzulässig, zum Beweise von der Einwilligung der Eltern sich mit der bloßen eidesstattlichen Versicherung des Bräutigams zu begnügen; ebenso ist diese Versicherung allein nicht genügend, die Verschollenheit der Eltern darzuthun.

Personen, welche vor Erfüllung der Militärpflicht die Ehe einzugehen beabsichtigen, sind vor Anordnung des Aufgebots auf die allgemeine Bestimmung hinzuweisen, daß weder Verheirathung, noch die Uebernahme eines Grundstücks von noch lebenden Eltern oder Verwandten, noch die Erwerbung eines Grundstücks durch Kauf oder Heirath von der Ableistung der Militärpflicht befreien kann.

Zu §. 46 des R.-Ges.

Der Aushang der Aufgebotsbekanntmachung muß stets in der Gemeinde oder in den Gemeinden erfolgen, woselbst die Verlobten ihren Wohnsitz haben, nicht in der Gemeinde des Wohnorts des Standesbeamten, falls letztere eine andere ist.

Die Bescheinigung des Aushangs ist, wenn derselbe nicht in der Gemeinde des Wohnorts des Standesbeamten erfolgt ist, von dem Gemeindevorsteher zu ertheilen

Wenn das Aufgebot in einem fremden Gemeindebezirk erfolgen muß, so hat der zur Anordnung des Aufgebots zuständige Standesbeamte, unter Mittheilung des von ihm zu unterschreibenden Aufgebotexemplars, sich nicht an den für diesen Gemeindebezirk zuständigen Standesbeamten, sondern direkt an den betreffenden Gemeindevorstand zu wenden, welcher letztere sodann den Aushang an dem Raths- oder Gemeindehause oder an der sonstigen zu Bekanntmachungen derselben bestimmten Stelle zu besorgen, und unter demselben zu attestiren hat, daß und wie lange das Aufgebot ausgehangen hat. Es ist daher auch das Verzeichniß der auf Requisition verkündeten Aufgebote da, wo der Standesbeamte nicht zugleich Gemeindevorsteher ist, von dem Letztern zu führen.

Das Aufgebot muß volle 14 Tage hinter einander aushängen. Falls der Aushang beschädigt wird, ist er sobald als möglich zu erneuern und die Frist um die Zahl der Tage, an welchen das Aufgebot nicht ausgehangen hat, zu verlängern.

Für die nach §. 13 der Ausführungsverordnung des Bundesraths den Verlobten über das angeordnete Aufgebot kostenfrei zu ertheilende Bescheinigung kann das Formular E mit einer leichten Fassungsänderung etwa dahin: „Die Bekanntmachung des Aufgebots durch Aushang am Hause ist angeordnet", als Anhalt dienen. Die Kosten für die hier in Rede stehenden Formulare gehören zu den sächlichen Kosten.

Zu §. 50 des R.-Ges.

Dispensation vom Aufgebot ist zulässig.

Zu §. 51 des R. Ges.

Die Vollziehung des Aufgebots ist vollendet mit dem Ablauf der im §. 46 festgesetzten Frist von zwei Wochen, bezw. mit Ausgabe der Nummer des im §. 47 bezeichneten Blattes. Die Frist von sechs Monaten beginnt also mit dem nächstfolgenden Tage.

Zu §. 52 des R. Ges.

Auf die Beobachtung der hier vorgeschriebenen Förmlichkeiten ist streng zu halten, da dieselben für die Eheschließung als durchaus wesentlich anzusehen sind.

Zu §. 53 des R. Ges.

Die Zeugen müssen großjährig sein und die natürlichen bezw. gesetzlich vorgeschriebenen allgemeinen Eigenschaften von Zeugen haben. In ersterer Beziehung sind ausgeschlossen Wahn- und Blödsinnige, vorübergehend des Gebrauchs ihrer Verstandeskräfte Beraubte (z. B. Betrunkene), Taube, Taubstumme und Blinde, die eben gedachten drei Kategorien, weil ihre Wahrnehmungsfähigkeit wesentlich beeinträchtigt ist; in letzterer Hinsicht diejenigen, welchen die bürgerlichen Ehrenrechte aberkannt worden sind, für die in dem betreffenden Kriminalurtheil festgesetzte Zeitdauer. (§. 34 Nr. 5 des R.Str.G.B.)

Männliches Geschlecht ist nicht erforderlich.

Zu §. 54 des R.-Ges.

Das Datum der Eheschließung, das Alter der Eheschließenden sowie der Zeugen ist als wesentlich mit Buchstaben zu schreiben.

Die Bescheinigung über die erfolgte Eheschließung ist gebührenfrei.

Zu §. 55 des R. Ges.

In denjenigen Rechtsgebieten, in welchen es zur Trennung einer Ehe einer bestimmten Erklärung und Beurkundung vor dem Standesbeamten bedarf (§. 55 Abs. 2 des Ges.), hat derjenige Standesbeamte, welcher die Trennung ausgesprochen hat, eine beglaubigte Abschrift der von ihm dieserhalb aufgenommenen Verhandlung dem Standesbeamten, vor welchem die Ehe geschlossen ist, zuzustellen.

XI. Von den Sterberegistern.

Zu §. 56 des R.-Ges.

Jeder Sterbefall ist spätestens am nächstfolgenden Wochentage dem Standesbeamten des Bezirks, in welchem der Tod erfolgt ist, anzuzeigen.

Eine Verpflichtung, die Anzeige auch an Sonntagen zu machen, besteht nicht, dagegen muß an Feiertagen, welche nicht auf einen Sonntag, sondern einen Wochentag fallen, die Anmeldung geschehen.

Zu §. 58 des R.-Ges.

Die zu den §§. 19—21 gegebenen Erläuterungen sind auch hier zu beachten.

Die zuständige Behörde ist diejenige, welche die Ermittelung geleitet hat, also wenn eine gerichtliche Untersuchung stattgefunden, das Gericht; ist keine Mitwirkung der Justiz in Anspruch genommen, die Polizeibehörde.

Wegen der Anzeige von Sterbefällen der Militärpersonen gelten folgende Bestimmungen:

a. hinsichtlich der in Lazarethen verstorbenen Militärpersonen hat der Chefarzt oder statt dessen die etwaige Lazarethkommission, als Anstaltsvorsteher im Sinne der §§. 20, 58, die Anzeige zu erstatten;

b. hinsichtlich der in Kasernen und ähnlichen Dienstgebäuden, sowie in Bivouaks stattgehabten Sterbefälle der nächste mit Disziplinarstrafgewalt versehene Vorgesetzte des Verstorbenen, weil, sofern dieser nicht als Anstaltsvorsteher betrachtet werden kann, doch das Erforderniß des §. 58 Abs. 2 regelmäßig vorliegen wird, und endlich

c. hinsichtlich der in Bürgerquartieren vorkommenden Fälle, insofern der Abs. 2 des §. 58 vorliegt, der zu b erwähnte Vorgesetzte und bei außerhalb der Garnison kommandirten Militärpersonen der am Sterbeorte etwa vorhandene Garnisonälteste.

Zu §. 59 des R.-Ges.

Tag und Stunde des erfolgten Todes sind als wesentlich mit Buchstaben zu schreiben.

Die Eintragung des Sterbefalls bezüglich einer aufgefundenen Leiche, deren Identität nicht festgestellt ist, hat in Uebereinstimmung mit der schriftlichen Mittheilung der (Polizei-) Behörde, unter Durchstreichung des Vordrucks, am Rande des Registers zu geschehen, wobei aber mit möglichster Raumersparniß zu verfahren ist, damit spätere Nachträge Platz finden.

Zu §. 60 des R.-Ges.

Ohne Genehmigung der Ortspolizeibehörde (in den Städten des Magistrats, in den Aemtern des Dorfvorstehers) darf keine Beerdigung vor Eintragung des Sterbefalls in das Sterberegister stattfinden. Zuwiderhandlungen sind von dem Standesbeamten sofort zur Anzeige zu bringen. Ueber die erfolgte Eintragung hat der Standesbeamte auch unaufgefordert dem Anzeigenden eine unentgeltlich auszustellende Bescheinigung zu ertheilen, welche aber nicht als eigentlicher Registerauszug, sondern als einfaches Attest auszufertigen ist, und wozu unter keinen Umständen die vom Staate gelieferten Formulare zu Registerauszügen verwendet werden dürfen.

Derjenige, welcher die Aufsicht über den betreffenden Begräbnißplatz führt, und von welchem daher die Anordnung der Beerdigung auf dem Begräbnißplatze ausgehen muß, darf hiernach — abgesehen von dem Ausnahmefalle, in welchem eine besondere Genehmigung der Ortspolizeibehörde zur Vornahme der Beerdigung beigebracht wird — die Beerdigung nur geschehen lassen, wenn ihm vorher die Bescheinigung des Standesbeamten über die Eintragung des Sterbefalles in das Sterberegister vorgelegt worden ist. Derselbe wird, da diese Eintragung den Tag und die Stunde des erfolgten Todes enthalten muß, aus der von dem Standesbeamten ertheilten Bescheinigung ersehen, wann der zu Beerdigende gestorben ist, und daher im Stande sein, darauf zu achten, daß die Beerdigung nicht vor Ablauf der gesetzlich vorgeschriebenen Zeit, von dem nach der Bescheinigung des Standesbeamten angemeldeten Zeitpunkte des eingetretenen Todes ab gerechnet, erfolgt.

Die Ortspolizeibehörde hat von jeder Beerdigung auf kommunalen Todtenhöfen den betreffenden Geistlichen zu benachrichtigen, damit dieser der ihm nach der Verordnung vom 24. März 1855 (L.B. Bd. XI S. 303) obliegenden Verpflichtung nachkommen kann.

Die Funktionen der Ortspolizeibehörde und des Standesbeamten sind, wenn sie sich in einer Person vereinigen, äußerlich scharf zu sondern. Wenn der Standesbeamte in seiner Eigenschaft als Ortspolizeibehörde mit der amtlichen Ermittelung eines Todesfalles befaßt gewesen ist, so gehören die betreffenden Verhandlungen nicht zu den Standesakten, sondern hierhin gehört lediglich die schriftliche Mittheilung, welche das Resultat jener Ermittelungen zusammenfaßt. Ebensowenig steht dem Standesbeamten direkt eine Einwirkung auf die Beerdigung zu, es gehören daher die Atteste der Aerzte ꝛc. nicht zu den standesamtlichen Akten.

Ist die Beerdigung den obigen Vorschriften entgegen geschehen, so darf die Eintragung des Sterbefalles nur mit Genehmigung der Aufsichtsbehörde nach Ermittelung des Sachverhalts erfolgen.

XII. Beurkundung des Personenstandes der auf See befindlichen Personen.

Zu §. 64 des R.-Ges.

Der Standesbeamte hat die beglaubigte Abschrift mit der etwa bereits nach §. 62 gemachten Eintragung zu vergleichen, oder, falls ihm eine Anzeige des betreffenden Seemannsamts noch nicht zugegangen sein sollte, auf Grund dieser Mittheilung das Erforderliche in das betreffende Register einzutragen.

In dem letzteren Falle hat der Standesbeamte der Aufsichtsbehörde behufs näherer Ermittelung des Sachverhalts mitzutheilen, daß eine Anzeige des betreffenden Seemannsamts unterblieben sei.

XIII. Die Berichtigung der Standesregister.

Zu §. 65 des R.-Ges.

Die Berichtigung einer Eintragung in dem Standesregister kann nur auf Grund gerichtlicher Anordnung erfolgen.

Unter Berichtigung ist die Abänderung solcher Eintragungen zu verstehen, welche zur Zeit ihrer Bewirkung dem thatsächlichen Sachverhalt nicht entsprochen haben, also eine wirkliche Unrichtigkeit enthalten. Auch Schreibfehler z. B. in den Namen und Daten gehören hierher. Dagegen gehören die Fälle des §. 22 (Schlußabsatz) und des §. 26 des Gesetzes, betreffend die nachträgliche Anzeige der Vornamen eines Kindes, beziehentlich Vermerke über Veränderungen, welche sich nach Eintragung der Geburt in den Standesrechten eines Kindes ereignen, nicht unter die Bestimmungen dieses §., indem der Standesbeamte durch das Gesetz selbst angewiesen ist, die Eintragung am Rande des Geburtsaktes zu bewirken.

Ebenso dürfen auch später erfolgende Anzeigen über zunächst als unbekannt eingetragene Punkte, nach Analogie der angezogenen §§., ohne Einleitung des förmlichen Berichtigungsverfahrens am Rande protokollirt werden.

Zu §. 66 des R.-Ges.

Die Berichtigung kann von den Betheiligten bei dem Standesbeamten oder der Aufsichtsbehörde beantragt oder von Amtswegen, sei es von der letzteren, sei es von dem Standesbeamten, in Angriff genommen werden. Der Standesbeamte hat aber, wenn die Veranlassung von ihm ausgeht oder die Berichtigung bei ihm beantragt ist, stets erst an die Aufsichtsbehörde zu berichten, da nur diese das Verfahren einleiten darf.

XIV. Zu den Schlußbestimmungen des Reichsgesetzes.

Zu §. 68 des R.-Ges.

In den Fällen des §. 68 Abs. 1. des Reichsgesetzes sind die vorkommenden Uebertretungen von dem Standesbeamten zur Herbeiführung der Bestrafung den Aemtern und Stadtgerichten[51a] anzuzeigen. Der Standesbeamte selbst darf die Strafe nicht verhängen.

Die in dem dritten Abs. des eben angeführten §. 68 dem Standesbeamten beigelegte Strafgewalt berechtigt denselben dagegen, innerhalb der vorgeschriebenen Grenze von fünfzehn Mark im Ganzen für jeden einzelnen Fall Geldstrafen nicht allein anzudrohen, sondern auch im Falle des Ungehorsams durch Strafverfügung selbst zu verhängen.

Die Strafverfügung ist dem Verpflichteten durch den dem Standesbeamten beigegebenen Unterbedienten zuzustellen, und ist der Vermerk der ordnungsmäßigen Insinuation und des Tages derselben zu den Akten zu nehmen.

Zu §. 80 des R.-Ges.

Auf den Nachweis des nach dem bisherigen Rechte gültig erfolgten Aufgebots kann der Standesbeamte ohne Weiteres die Eheschließung vornehmen.

Ist aber das Aufgebot in der von dem bisherigen Rechte geforderten Weise nach dem Inkrafttreten dieses Gesetzes noch nicht erfolgt, also die Proklamation nicht dreimal publizirt oder nicht von dem zweiten und dritten Aufgebot dispensirt, so muß das Aufgebot nach den Bestimmungen des Reichsgesetzes wiederholt werden.

Zu §. 82 des R.-Ges.

Der Standesbeamte hat auf das Sorgfältigste Alles zu vermeiden, was nur irgendwie unter den Betheiligten den Glauben erwecken könnte, daß die jedem Einzelnen seiner Kirche gegenüber obliegende religiöse Verpflichtung hinsichtlich der Taufe und Eheschließung durch dieses Gesetz beseitigt wird.

Bei der Eheschließung hat daher der Standesbeamte, nachdem die Verlobten die in Gegenwart der Zeugen vom Standesbeamten an sie einzeln und nach einander gerichtete Frage: „ob sie die Ehe mit einander eingehen wollen", bejahend beantwortet haben, sich auf den Ausspruch zu beschränken: „daß er sie nunmehr kraft des Gesetzes für rechtmäßig verbundene Eheleute erkläre", und sodann ohne Weiteres die Beurkundung des vorgenommenen Aktes zum Abschluß zu bringen.

XV. Die von den Standesbeamten sonst noch wahrzunehmenden Geschäfte.

Außer den in dem Reichsgesetz vom 6. Febr. 1875 den Standesbeamten auferlegten Pflichten haben dieselben noch folgende Obliegenheiten wahrzunehmen.

A. In Betreff der Anordnung von Vormundschaften.

Die Standesbeamten haben Sterbefälle, welche eine Bevormundung nöthig machen, dem zur Einleitung der Vormundschaft zuständigen Gerichte alsbald, nachdem sie Kenntniß von solchen Fällen erlangen, behufs Einleitung der Vormundschaft anzuzeigen, zu diesem Zwecke auch sogleich die

[51a]) S. o. S. 440 Anm. 47.

nöthigen Erkundigungen, insbesondere durch Befragen derjenigen Personen, welche ihnen die Sterbefälle anzeigen, eintreten zu lassen.

Zuständig zur Anordnung der Vormundschaft ist regelmäßig das Gericht des Wohnorts des Verstorbenen, sofern nicht ein befreiter Gerichtsstand begründet ist (§. 2 des Ges., bürgerl. Rechtsstreitigk. betr., vom 12. April 1859).

Die Standesbeamten haben derartige Anzeigen an die Gerichte unter der Bezeichnung „portopflichtige Dienstsache“ unfrankirt abzulassen. Diese Anzeigen an das Vormundschaftsgericht sind nach folgendem Schema einzureichen:

„Dem Fürstlichen Amte — Stadtgerichte u. s. w. — wird behufs Einleitung der Vormundschaft mitgetheilt:

Nach Inhalt des Sterberegisters für 18 . . . Nr. . . . . ist am . . . ten . . . . 18 . . . N. N. zu . . . . . . gestorben.

. . . . . . den . . . ten . . . . . 18 . .

Der Standesbeamte.“

Ueber diese Benachrichtigung des Gerichts ist eine Notiz in die oben angegebene Liste zu machen.

B. Hinsichtlich der Militärangelegenheiten.

Nach §. 45 der Deutschen Wehrordnung vom 28. September 1875 sub 7 und 10 haben die Standesbeamten bis zum 15. Januar jeden Jahres unentgeltlich nach den ihnen mitzutheilenden Formularen zu übersenden:

a. den Aemtern und Magistraten einen Auszug aus dem Geburtsregister des um siebenzehn Jahre zurückliegenden Kalenderjahrs, enthaltend alle Eintragungen der Geburtsfälle von Kindern männlichen Geschlechts innerhalb der Gemeinde oder des gleichartigen Verbandes,

b. dem Civilvorsitzenden der Ersatzkommission des Bezirks einen Auszug aus dem Sterberegister des letztverflossenen Kalenderjahrs, enthaltend die Eintragungen von Todesfällen männlicher Personen, welche das 25ste Lebensjahr noch nicht vollendet haben, innerhalb ihres Bezirks.

c. Insoweit die Führung der Civilstandsregister und der Rekrutirungsstammrollen für einen Bezirk durch eine und dieselbe Behörde rc. erfolgt, kann die Uebertragung der Geburtsfälle, sowie der Sterbefälle im Bezirk gebürtiger Personen aus den Civilstandsregistern in die Rekrutirungsstammrollen unmittelbar und ohne daß es der Anfertigung von Auszügen aus den ersteren bedarf, erfolgen. Ein Auszug, enthaltend die Sterbefälle der nicht im Bezirk gebürtigen Personen, ist jedoch auch in diesem Falle dem Civilvorsitzenden der Ersatzkommission des Bezirks zu übersenden.

Die Sendungen geschehen unter der Adresse: Frei! Militaria.

C. Hinsichtlich der Impfung.

Die Standesbeamten haben bis zum 15. Januar jeden Jahrs die Listen der im vorhergehenden Jahre geborenen Kinder nach den ihnen mitgetheilten Formularen an die Aemter und Magistrate einzusenden behufs Anfertigung der Impftabellen. Die Sendungen sind als portopflichtige Dienstsache zu bezeichnen.

D. Hinsichtlich der Statistik.

Von den Standesbeamten ist bis zum 1. April jeden Jahrs nach den denselben von der Regierung zu liefernden Formularen eine Zusammenstellung der im verflossenen Kalenderjahr vorgekommenen Geburten, Eheschließungen und Sterbefälle an die Regierung einzuschicken.

E. Hinsichtlich der Erbschaftssteuer.

Die Standesbeamten haben zum Zweck der Erhebung der Erbschaftssteuer von jedem Todesfall nach einem ihnen mitzutheilenden Formulare den Steuerbehörden (Aemtern und Magisträten) Mittheilung zu machen. Die Sendungen sind als portopflichtige Dienstsache zu bezeichnen.

F. Hinsichtlich der Ertheilung von Sterbeurkunden zum Zweck der Ausstellung von Leichenpässen.

Die Standesbeamten sind verpflichtet, auf Verlangen der Distriktsobrigkeit (Amt oder Magistrat) zum Zweck der Ausstellung eines Leichenpasses eine Sterbeurkunde auszustellen. (Verordnung, die Ausstellung von Leichenpässen betr., vom 27. Mai 1859, L.V. Bd. 12 S. 361.)

G. Hinsichtlich der Ausstellung von Sterbeurkunden für im hiesigen Fürstenthum versterbende Ausländer, sowie von Geburtsurkunden für von Ausländerinnen geborene Kinder.

Den Standesbeamten liegt ob, wenn innerhalb ihres Bezirks Unterthanen fremder Staaten (d. h. nicht Lippische Staatsangehörige) versterben, ohne hier Leibeserben zu hinterlassen, innerhalb 4 Wochen nach dem Todesfalle darüber eine Sterbeurkunde auszustellen und dieselbe der Gerichtsbehörde einzureichen.

Ebenso haben auch die Standesbeamten Geburtsurkunden über die im hiesigen Fürstenthume von Ausländerinnen (d. h. nicht Lippischen Staatsangehörigen) geborenen Kindern auszustellen. (Verordnung vom 11. April 1860, L.V. Bd. 12 S. 550.)

H. Hinsichtlich der Erhebung von Gebühren zum Besten des Landhebammenfonds.

Die Standesbeamten haben bei jeder Eheschließung die nach der Verordnung vom 2. Januar 1772 (L.V. Bd. 2 S. 447 u. ff.) zum Besten des Landhebammenfonds bestimmten Gebühren von den Eheschließenden zu erheben und dieselben vierteljährlich unter Beifügung einer von ihnen geführten Gebührenliste an die Landkasse einzusenden. Diese Sendungen sind als portopflichtige Dienstsache zu bezeichnen.

72. Nachtrag zur Instruktion vom 22. März 1877 (Ges.Samml. Nr. 12 S. 9).

(Lautet bis auf einzelne Aenderungen in der Fassung wörtlich wie das schaumburg-lippesche Publikandum v. 13. Februar 1877, Nr. 69, s. o. S. 440.)

Lübeck[52]).

73. Bekanntmachung des Senates, die Ausführung des Reichsgesetzes über die Beurkundung des Personenstandes und die Eheschließung vom 6. Februar 1875 betreffend. Vom 2. Oktober 1875. (Beilage z. amtlichen Theil d. lübeck. Anzeigen 1875 Nr. 134.)

(Publizirt am 7. Oktober 1875.)

Zur Ausführung des mit dem 1. Januar 1876 in Kraft tretenden Reichsgesetzes über die Beurkundung des Personenstandes und die Eheschließung vom 6. Februar 1875 (Reichsgesetzbl. S. 28) hat der Senat, auf Grund der §§. 83 und 84 des Gesetzes, die nachstehenden Bestimmungen zu erlassen beschlossen, welche zugleich mit einem Abdruck des Gesetzes und der dazu unter dem 22. Juni d. Js. vom Bundesrathe erlassenen Ausführungsverordnung hierdurch zur öffentlichen Kenntniß gebracht werden.

§. 1. Die Wahrnehmungen der Centralbehörde (§§. 8 und 84 des Gesetzes) und der höheren Verwaltungsbehörde (§§. 2, 3, 4, 5, 6, 7 und 11 des Gesetzes), sowie die Entscheidung über Dispensationen von Ehehindernissen (§. 40 des Gesetzes) behält der Senat sich vor.

§. 2. Dem Stadt- und Landamte werden die Wahrnehmungen der unteren Verwaltungsbehörde (Aufsichtsbehörde) (§§. 3, 7, 11, 14, 27, 60, 64 und 66 des Gesetzes), sowie die Befugniß zur Dispensation vom Aufgebot (§. 50 des Gesetzes) übertragen.

§. 3. Als Gericht erster Instanz fungirt in den Fällen der §§. 11, 14 und 66 des Gesetzes das Stadt- und Landgericht[53]).

§. 4. Für den Umfang des Lübeckischen Freistaates werden bis auf Weiteres folgende zwölf Standesamtsbezirke gebildet:

I. Standesamtsbezirk Lübeck:

für die Stadt Lübeck und deren Vorstädte, sowie für die Landgemeinden Gothmund, Krempelsdorf, Schönböcken, Strecknitz und Vorwerk.

II. Standesamtsbezirk Travemünde:

für das Städtchen Travemünde und die Landgemeinden Brodten, Gneversdorf, Ivendorf, Rönnau und Teutendorf.

III. Standesamtsbezirk Kücknitz:

für die Landgemeinden Kücknitz, Dummersdorf, Herrenwyk, Pöppendorf und Siems.

IV. Standesamtsbezirk Schlutup:

für die Landgemeinden Schlutup und Israelsdorf.

V. Standesamtsbezirk Curau:

für die Landgemeinden Curau, Dissau, Krumbeck und Malkendorf.

---

[52]) Vgl. noch Bekanntmachung des Senats, die Standesbezirke betr. v. 17. Nov. 1875 (Samml. d. Verordn. S. 260) u. v. 26. Nov. 1878 (a. a. O. S. 111).

[53]) Jetzt Amtsgericht, V. d. Ausführung d. Ger.Verf.Ges. betr. v. 12. Februar 1879, Samml. d. V. S. 17 §. 49: „Von denjenigen Akten der freiwilligen Gerichtsbarkeit, welche bisher von den Gerichten wahrgenommen wurden, werden für die Folge überwiesen: I. dem Amtsgericht . . . 6) die durch das Reichsges. üb. d. Beurkundung ꝛc. §§. 11, 14 und 66 dem Gerichte erster Instanz zugewiesenen Wahrnehmungen“.

VI. Standesamtsbezirk Genin:

für die Landgemeinden Genin, Moisling, Ober-Büssau, Nieder-Büssau, Moorgarten, Niendorf und den Hof Niendorf, Reecke und Vorrade.

VII. Standesamtsbezirk Crummesse:

für die Landgemeinden Crummesse, Beidendorf, Blankensee, Cronsforde und Wulfsdorf.

VIII. Standesamtsbezirk Utecht:

für die Landgemeinden Utecht und Schattin.

IX. Standesamtsbezirk Sierksrade:

für die Landgemeinden Sierksrade und Düchelsdorf.

X Standesamtsbezirk Behlendorf:

für die Landgemeinden Behlendorf, Albsfelde, Giesensdorf, Harmsdorf und Hollenbeck.

XI. Standesamtsbezirk Nusse:

für die Landgemeinden Nusse, Poggensee und Ritzerau.

XII. Standesamtsbezirk Schretstaken:

für die Landgemeinden Groß-Schretstaken, Klein-Schretstaken und Tramm.

Namen und Wohnort der zu ernennenden Standesbeamten und ihrer Stellvertreter werden öffentlich bekannt gemacht werden.

§. 5. Die Standesbeamten und deren Stellvertreter werden, soweit sie nicht bereits den allgemeinen Beamteneid geleistet haben, von der Aufsichtsbehörde auf die gewissenhafte Wahrnehmung der Standesamtsgeschäfte beeidigt.

Von derselben Behörde erhalten die Standesämter die für ihre Amtsführung erforderlichen Register und Formulare, sowie die Dienstsiegel kostenfrei geliefert.

§. 6. Beschwerden gegen Verfügungen der Standesbeamten sind, soweit sie nicht an das Gericht erster Instanz[54]) gewiesen sind (§. 11 des Gesetzes), binnen einer Nothfrist von 14 Tagen bei der Aufsichtsbehörde anzubringen.

Gegen die Verfügungen der unteren Verwaltungsbehörde (Aufsichtsbehörde) steht den Betheiligten, ebenfalls binnen einer Nothfrist von 14 Tagen, die Beschwerdeführung an den Senat zu.

§. 7. Die in den §§. 67 bis 69 des Gesetzes angedrohten Strafen werden, soweit Uebertretungen in Frage kommen (§. 68 Abs. 1 und 2), von den Polizeibehörden, im Uebrigen von den Gerichten erkannt.

§. 8. Vorstehende Anordnungen treten mit dem 1. Jan. 1876 in Wirksamkeit. Von demselben Zeitpunkt ab sind die Bekanntmachung vom 28. Dez. 1864, die Führung der Civilstandsregister beim Stadtamte &c. betreffend, nebst Nachtrag vom 14. Okt. 1874, die Bekanntmachung vom 5. April 1865, die Führung der Geburts- und Sterberegister für die Israeliten in den Landbezirken und in Travemünde, sowie die Heirathsregister für die israelitische Gemeinde betreffend, nebst Nachtrag vom 14. Okt. 1874, die Verordnung vom 28. April 1847, die Trauung proklamirter Brautpaare betreffend, die Verordnung vom 7. Nov. 1863, das kirchliche Aufgebot von Brautpaaren in den Kirchen der Stadt und zu St. Lorenz und die Vollziehung der Trauung betreffend, endlich das Gesetz vom 26. April 1852, die Vollziehung von Civilehen betreffend, sowie alle älteren mit dem Reichsgesetz vom 6. Febr. 1875 in Widerspruch stehenden Bestimmungen aufgehoben.

Bremen.

74. Verordnung, betreffend die Ausführung des Reichsgesetzes vom 6. Februar 1875 über die Beurkundung des Personenstandes und die Eheschließung. Vom 10. Dezember 1875. (Ges.Bl. Nr. 24 S. 261).

Der Senat verordnet auf Grund der §§. 83 und 84, sowie des §. 2 des Reichsgesetzes vom 6. Febr. d. J. über die Beurkundung des Personenstandes und die Eheschließung, welches nebst der

---

[53]) Vgl. die Anm. 53 cit. V. §. 50: „Gegen Verfügungen des Amtsgerichts in den im §. 49 aufgeführten Sachen findet das Rechtsmittel der Beschwerde an das Landgericht statt. Die Beschwerde ist binnen einer durch die Gerichtsferien nicht gehemmten Nothfrist von drei Wochen, nachdem die beschwerende Verfügung dem Betheiligten bekannt geworden, einzulegen. Auf das Verfahren finden die Vorschriften der C.P.O. §§. 532—539 entsprechende Anwendung".

Ausführungsverordnung des Bundesraths vom 22. Juni d. J. in der Anlage abgedruckt ist, hierdurch, was folgt.

§. 1. Die Städte Bremen, Vegesack und Bremerhaven bilden jede für sich einen Standesamtsbezirk. Das Landgebiet zerfällt in folgende Standesamtsbezirke:

1) Bezirk Borgfeld, bestehend aus den Landgemeindebezirken Borgfeld und Katrepel;
2) Bezirk Osthollerland, bestehend aus den Landgemeindebezirken Oberneuland, Rockwinkel Osterholz;
3) Bezirk Westhollerland, bestehend aus den Landgemeinden Horn und Lehe mit Oberblockland, Vahr, Sebalsbrück und Schwachhausen;
4) Landgemeinde Hastedt;
5) Bezirk Walle, bestehend aus den Landgemeindebezirken Walle und Niederblockland;
6) Bezirk Werderland, bestehend aus den Landgemeindebezirken Gröplingen, Oslebshausen[55], Mittelsbüren, Niederbüren, Dungen und Lesumbrok, Burg, Grambke, Grambkermoor, Wasserhorst und Wummesiede;
7) Bezirk Obervieland, bestehend aus den Landgemeindebezirken Arsten, Habenhausen und Neuenland;
8) Landgemeinde Woltmershausen;
9) Bezirk Niedervieland, bestehend aus den Landgemeindebezirken Rablinghausen, Lankenau, Seehausen, Hasenbüren und Strohm;
10) Bezirk Huchtingen, bestehend aus den Landgemeindebezirken Kirchhuchting, Brokhuchting, Mittelshuchting und Grolland.

§. 2. Die höhere Verwaltungsbehörde im Sinne des Reichsgesetzes ist der Senat.

Die untere Verwaltungsbehörde ist für die Stadt Bremen ein Kommissar des Senats, für Vegesack und Bremerhaven der Senatskommissar für die Hafenstädte in Verbindung mit den Aemtern, für das Landgebiet der Landherr.

Die Gemeindebehörde ist in den Hafenstädten der Gemeindeausschuß, in den Landgemeinden der Gemeindeausschuß und in dessen Ermangelung die Gemeindeversammlung.

Der Gemeindevorstand ist in den Hafenstädten der Gemeinderath, in den Landgemeinden der Gemeindevorsteher.

Als Vorsteher der Gemeinde gilt in den Hafenstädten der Vorsitzer des Gemeinderaths.

Das Gericht erster Instanz ist für die Stadt Bremen und das Landgebiet das Untergericht, für die Hafenstädte das zuständige Amt[56]).

§. 3. Die Dispensation von Ehehindernissen und vom Aufgebot steht dem Senate zu.

75. Gesetz, betreffend einige eherechtliche Bestimmungen. Vom 31. Oktober 1875 (a. a. O. Nr. 19 S. 155).

Der Senat verordnet im Einverständniß mit der Bürgerschaft:

§. 1. Wenn eine Ehe ohne die erforderliche elterliche oder vormundschaftliche Einwilligung geschlossen ist, so kann dieselbe als ungültig nicht angefochten werden.

§. 2. Eine Klage auf Eingehung der Ehe oder auf eine an deren Stelle zu leistende Entschädigung, sowie eine Klage auf Schadensersatz wegen Nichterfüllung eines Eheversprechens findet nicht statt.

Die Verabredung einer Konventionalstrafe für den Fall der Nichterfüllung eines Eheversprechens ist nichtig.

§. 3. Die Verordnung vom 21. März 1750, Verlöbnisse betr., die Civilstandsverordnung vom 20. Mai 1816, das Gesetz vom 6. März 1837, die Einsage gegen eine proklamirte Heirath betr., das Gesetz vom 29. März 1854, die Trauungen im Bremischen Staatsgebiet betr., und das Gesetz vom 2. Jan. 1871, die bürgerliche Gültigkeit im Bremischen Staatsgebiet geschlossener Ehen betr., sind aufgehoben.

Das Gesetz vom 27. Juni 1872, die Gebühren der Civilstandsämter betr., findet nur auf Ausfertigungen aus den vor dem 1. Jan. 1876 geführten Civilstandsregistern Anwendung.

§. 4. Dieses Gesetz tritt am 1. Jan. 1876 in Kraft.

76. Instruktion für die bremischen Standesbeamten. Vom 29. Dezember 1875[57]).

§. 1. Die im bremischen Staatsgebiet fungirenden Standesbeamten haben ihr Amt nach Maßgabe

---

[55]) V. v. 28. Dez. 1878, G.S. S. 165.

[56]) Jetzt Amtsgerichte, Ges. betr. d. Ausführ. d. Ger.Verf.Ges. v. 17. Mai 1879, G.Bl. S. 107, §. 71: „Den Amtsgerichten werden zugewiesen . . . 3, alle zur freiwilligen Gerichtsbarkeit . . . gehörigen Geschäfte, namentlich auch . . . die Berichtigung einer Eintragung in die Standesregister nach §§. 65 ff. des Reichsgesetzes vom 6. Februar 1875".

[57]) S. Stdesb. 1876, S. 315, 333, 331.

1) des Reichsgesetzes über die Beurkundung des Personenstandes und die Eheschließung vom 6. Februar d. J.,
2) der vom Bundesrath zu diesem Gesetz erlassenen Ausführungsverordnung vom 22. Juni d. J.,
3) der bremischen Ausführungsverordnung zu demselben Gesetz vom 10. Dezember d. J.,

welche drei Erlasse dieser Instruktion im Abdruck beigefügt sind, sowie in Gemäßheit der gegenwärtigen Instruktion und der etwaigen künftigen Abänderungen und Ergänzungen derselben zu führen. Sie haben daneben die für Beamte im Allgemeinen sowie für Standesbeamte insbesondere geltenden bezw. noch zu erlassenden gesetzlichen Bestimmungen zu beachten.

§. 2. Die sämmtlichen Standesbeamten, mögen sie kraft anderweitigen Amtes die Geschäfte des Standesbeamten wahrnehmen oder vom Senate oder einem Gemeindevorstande zu diesem Amt ernannt sein, haben für ihre Amtsführung den nach §. 2 der bremischen Ausführungsverordnung ihrem Bezirke vorstehenden Senatskommissar — bezw. den Senatskommissar für das stadtbremische Standesamt, den Senatskommissar für die Hafenstädte, den Landherrn — als die ihnen zunächst vorgesetzte Behörde anzusehen oder dessen Weisungen vorbehaltlich der Bestimmung im dritten Absatz des §. 11 des Reichsgesetzes zu befolgen, namentlich auch in zweifelhaften Fällen die Entscheidung dieser Behörden einzuholen.

Gegen die Verfügung dieser Behörden steht den Standesbeamten die Beschwerde beim Senat zu; doch ist der angefochtenen Verfügung bis auf erfolgte anderweitige Bestimmung Folge zu leisten. Die Standesbeamten werden, sofern sie nicht schon anderweitig durch einen Amtseid entsprechend verpflichtet sind, von den gedachten Aufsichtsbehörden auf die gewissenhafte Erfüllung ihrer amtlichen Obliegenheiten beeidigt.

§. 3. Das stadtbremische Standesamt hat die sämmtlichen Standesämter mit den erforderlichen Registern, Formularen und Dienstsiegeln zu versehen. Die übrigen Standesbeamten haben ihren Bedarf an diesen Gegenständen durch Vermittelung ihrer Aufsichtsbehörde bei dem stadtbremischen Standesamt zu requiriren und regelmäßig so zeitig aufzugeben, daß derselbe bei Aufstellung des Jahresbudgets berücksichtigt werden kann.

§. 4. Bis auf Weiteres erstreckt sich die Wirksamkeit des Standesbeamten — abgesehen von dem stadtbremischen Standesbeamten — nur auf die nach dem Reichsgesetz vom 6. Februar d. J. zu führenden, am 1. Januar 1876 zu eröffnenden Standesregister. Es bleibt jedoch vorbehalten, denselben auch die Aufbewahrung der bisherigen Civilstandsregister des betreffenden Bezirks, sowie die Ertheilung von Auszügen aus demselben zu übertragen.

§. 5. Die Standesbeamten in den Städten müssen täglich — mit Ausnahme der Sonn- und Festtage — während der vorgeschriebenen Geschäftsstunden zur Ausführung der ihnen übertragenen Geschäfte bereit sein, im Landgebiet an den von der Aufsichtsbehörde für die einzelnen Standesamtsbezirke festzusetzenden und öffentlich bekannt zu machenden Tagen. In besonders dringenden Fällen haben jedoch die Standesbeamten auch außerhalb der vorgeschriebenen Zeiten, insbesondere auch an Sonn- und Festtagen, Amtshandlungen, namentlich Eheschließungen und Aufgebote, soweit thunlich, vorzunehmen.

§. 6. Jeder Standesbeamte ist für die gehörige Ordnung seines Bureaus, die pünktliche Erledigung und sorgfältige Ausführung der ihm obliegenden Amtshandlungen, insbesondere für strenge Gewissenhaftigkeit bei Führung der Register und Aufnahme von Protokollen und sonstigen Akten verantwortlich.

Er hat dem Publikum die Erfüllung der gesetzlichen Vorschriften über die Führung der Standesregister, soweit dieselben das gestatten, thunlichst zu erleichtern. Amtlich zu seiner Kunde kommende Thatsachen, deren Verlautbarung den Betheiligten nicht erwünscht sein kann, hat er mit angemessener Verschwiegenheit zu behandeln.

Für die Anwendung der besonderen gesetzlichen Vorschriften sind die nachstehenden Bestimmungen maßgebend.

A) In Betreff der allgemeinen Bestimmungen des Reichsgesetzes.

§. 7. Die Ueberzeugung von der Persönlichkeit des Erschienenen (§. 13, 3 des Reichsgesetzes) hat sich der Standesbeamte, falls ihm die Letzteren nicht schon bekannt sind, zuvor thunlichst durch andere dem Erschienenen und ihm bekannte Personen zu verschaffen; doch ist es, falls dies mit zu großen Schwierigkeiten verbunden ist, zulässig, durch geeignete Legitimationspapiere die Persönlichkeit festzustellen. Ein Geburtsschein allein genügt in der Regel nicht für solche Legitimationen, sondern erst dann, wenn mit demselben andere Dokumente, als Bürgerschein, Heimathschein, Zeugnisse u. s. w. vorgelegt werden, deren Uebereinstimmung den Zweifel in Betreff der Persönlichkeit ausschließt. Wird die Identität der Erschienenen in dieser Weise festgestellt, so ist dafür an der betreffenden Stelle der Registereintragung folgende Formel anzuwenden:

„Der Persönlichkeit nach auf Grund der vorgelegten Legitimationspapiere anerkannt".

Durch die Anerkennung einer Person von Seiten einer anderen bei demselben Akte betheiligten Person kann Nachweis der Persönlichkeit nicht erbracht werden.

§. 8. In die Standesregister eines Bezirks dürfen nur diejenigen Geburten, Eheschließungen und Sterbefälle eingetragen werden, welche innerhalb dieses Bezirks erfolgt sind. Eine Eintragung auf Grund einer Bescheinigung über die in dem Bezirk eines anderen Standesbeamten erfolgte Eintragung eines Aktes ist nicht zulässig.

§. 9. Die Niederschrift des aufzunehmenden Aktes kann durch einen geeigneten Hilfsbeamten (Kanzlisten u. s. w.) geschehen; doch hat auch in solchem Falle die Genehmigung der Eintragung (§. 13, 4 des Reichsgesetzes) und die Anerkennung der Unterschriften von Seiten der Erschienenen derselben vor dem Standesbeamten zu geschehen.

§. 10. Die Abschrift der in das Hauptregister gemachten Eintragungen in das Nebenregister (§. 14 des Reichsgesetzes) kann gleichzeitig mit der Niederschrift des ersteren durch einen zweiten Beamten geschehen; der Standesbeamte ist aber verpflichtet, vor Beglaubigung dieser Abschrift in genügender Weise die Ueberzeugung von der Uebereinstimmung derselben mit dem Hauptregister sich zu verschaffen.

B. In Betreff der Geburtsfälle.

§. 11. Der Standesbeamte hat darauf zu achten, daß die zunächst zu einer Anzeige verpflichtete Person (§. 18 des Reichsgesetzes), falls er nicht von deren Verhinderung überzeugt ist, dieser Verpflichtung nachkommt.

§. 12. Als öffentliche Anstalten der im §. 20 des Reichsgesetzes bezeichneten Art sind nur die vom Staate, der Stadt Bremen oder einer anderen Gemeinde des bremischen Staates unterhaltenen, sowie diejenigen derartigen Anstalten anzusehen, welche vom Senate ausdrücklich als öffentliche Anstalten im Sinne der gedachten Gesetzesbestimmung erklärt werden.

Auf Armenhäuser und ähnliche Anstalten findet die Bestimmung des erwähnten §. 20 keine Anwendung.

§. 13. Behufs der nach §. 20 des Reichsgesetzes und §. 10 der Ausführungsverordnung des Bundesraths erforderlichen Kontrole über die nachträglich zu machenden Anzeigen der Vornamen des Kindes haben die Standesbeamten alle ohne Angabe der Vornamen angezeigten Geburtsfälle in ein besonderes, nach einem von der Aufsichtsbehörde genehmigten Schema zu führendes Register einzutragen, in welchem auch die nachträglich erfolgte Anzeige zu vermerken ist.

§. 14. Ueber jede Eintragung eines Geburtsfalles ist dem Anzeigenden auf Verlangen ein Eintragungsschein nach einem von der Aufsichtsbehörde festgestellten Formular unentgeltlich zu ertheilen, welcher lediglich bestimmt ist, dem Prediger bei der Taufhandlung vorgelegt zu werden. Der Eintragungsschein wird durch bloße Beidrückung des Dienstsiegels (ohne Unterschrift) beglaubigt.

§. 15. Auf Grund der nach den §§. 27 und 34 der Medizinalordnung vom 18. September 1871 *) von den Aerzten und Hebeammen den Standesbeamten einzureichenden Aufgaben über die in dem Bezirk erfolgten Geburtsfälle haben dieselben die rechtzeitige Anzeige der Letzteren von Seiten der nach den §§. 18 und 20 des Reichsgesetzes hierzu verpflichteten Personen zu kontroliren. Unterbleibt die vorgeschriebene schriftliche Aufgabe von Seiten des betreffenden Arztes bezw. der Hebeammen, so haben sie dies der Aufsichtsbehörde behufs weiterer Mittheilung an die Medizinalkommission des Senats zu berichten.

§. 16. Jede uneheliche Geburt ist spätestens acht Tage nach erfolgter Eintragung von dem Standesbeamten der für seinen Bezirk zuständigen Polizeibehörde bezw. Polizeidirektion, den Aemtern Vegesack und Bremerhaven, dem Landherrn — nach Maßgabe eines von der Aufsichtsbehörde festgestellten Schemas anzuzeigen.

C) In Betreff der Eheschließungen.

§. 17. Ueber jeden Antrag auf Eheschließung ist vor Anordnung des Aufgebots ein Protokoll nach einem von der Aufsichtsbehörde vorgeschriebenen Formular aufzunehmen, welches die in das Heirathsregister einzutragenden Personalien enthalten und ergeben muß, daß die Vorschriften über die Erfordernisse der Eheschließung (§§. 28—40 des Reichsgesetzes) berücksichtigt sind. Dem Protokoll ist ein Vermerk über die Anordnung des Aufgebots, sowie demnächst über die erfolgte Eheschließung bezw. im Falle des §. 48 des Reichsgesetzes über die Ablehnung des Antrages beizufügen.

Der Antrag ist in der Regel durch wenigstens einen der Verlobten persönlich anzumelden; in besonderen Fällen kann der Standesbeamte ohne solche persönliche Anmeldung die Eheschließung einleiten, wenn ihm auf sonstige Weise die Ueberzeugung von der entsprechenden Absicht der Verlobten

---

*) §. 27. Von allen Geburten, bei welchen ein Arzt gegenwärtig gewesen ist, hat derselbe wöchentlich dem für den Ort der Entbindung zuständigen Civilstandsbeamten eine schriftliche Aufgabe einzureichen, sofern nicht eine zu dieser Aufgabe zunächst verpflichtete Hebeamme zugegen gewesen ist.

§. 34. Wenn bei einer Entbindung Umstände vorliegen, welche eine Gefahr für das Leben der Mutter oder des Kindes besorgen lassen, so ist die Hebeamme verpflichtet, sofort die Herbeirufung eines Arztes zu veranlassen. Die Vorschriften des §. 26 erster Absatz gelten auch für Hebeammen. Die im §. 27 bezeichnete Aufgabepflicht liegt ihnen unbedingt ob.

verschafft wird. Erscheint ihm die letztere zweifelhaft, so kann er die Anwesenheit beider Verlobten behufs Aufnahme der Verhandlung verlangen.

Auf Grund des vorgedachten Protokolls erfolgt die Anordnung des Aufgebots durch den Standesbeamten. Dieselbe kann geschehen, bevor sämmtliche für die Eheschließung erforderlichen Urkunden, insbesondere auch bevor die etwa erforderlichen elterlichen Einwilligungen beigebracht sind, wenn der Standesbeamte keinen Grund hat, deren baldige Beibringung zu bezweifeln.

§. 18. Auf Grund der Bestimmung im 4. Absatz des §. 29 des Reichsgesetzes ist für minderjährige eheliche Kinder nach dem Tode des Vaters, sowie für minderjährige uneheliche Kinder eine vormundschaftliche Einwilligung, so lange die Mutter am Leben ist und mit den Kindern in ungetheilten Gütern lebt, nicht erforderlich.

§. 19. Hinsichtlich der im §. 38 des Reichsgesetzes gedachten Vorschriften ist folgendes zu beachten:

a) Im aktiven Dienst stehende Militärpersonen haben vor der Eheschließung die Erlaubniß ihrer vorgesetzten Militärbehörde zu der beabsichtigten Eheschließung nachzuweisen (vergl. die §§. 40, 60 unter 4, und 61 des Reichsmilitärgesetzes vom 2. Mai 1874 *);

b) Ausländer sind nach denselben Grundsätzen wie Inländer zur Eheschließung zuzulassen, insbesondere ist die Erlaubniß der Heimathsbehörde (Trauschein) auch von Ausländern nicht zu fordern;

c) Frauen, welche zu einer zweiten Ehe schreiten wollen, haben in Gemäßheit des §. 12 der Vormundschaftsordnung**) vor der Eheschließung eine Bescheinigung der Pupillenkommission bezw. der obervormundschaftlichen Behörde ihrer Heimath beizubringen, daß die Vermögensrechte ihrer Kinder aus früherer Ehe gesichert sind oder glaubhaft nachzuweisen, daß Kinder aus einer früheren Ehe nicht vorhanden sind.

§. 20. Bei der im §. 46 des Reichsgesetzes erwähnten Frist von zwei Wochen werden der Tag des Aushangs und der Tag der Abnahme des Aufgebots nicht mitgerechnet.

Die Aufgebote werden in den städtischen Standesamtsbezirken in den dazu geeigneten öffentlichen Blättern regelmäßig bekannt gemacht, soweit durch solche Bekanntmachungen den Standesbeamten Kosten nicht erwachsen. In den ländlichen Standesamtsbezirken hat dasselbe Verfahren einzutreten, sobald die Aufsichtsbehörde es für zweckmäßig erachtet.

§. 21. Einsprachen, welche gegen eine im bremischen Staat beabsichtigte Eheschließung auf Grund eines Eheversprechens oder eines geschlechtlichen Umganges erhoben worden, bleiben in Gemäßheit des §. 2 des Gesetzes vom 31. Oktober d. J. einige eherechtliche Bestimmungen betreffend, unberücksichtigt.

Werden diese oder anderweitige Einsprachen in Veranlassung eines Aufgebots einer außerhalb des bremischen Staats beabsichtigten Eheschließung angemeldet, so ist der Anmeldende an denjenigen Standesbeamten, auf dessen Anordnung das Aufgebot erfolgt ist, zu verweisen. Diesem Standesbeamten ist außerdem von den angemeldeten Einsprachen, sowie sie ein Ehehinderniß betreffen, bei Rücksendung des Aufgebots Mittheilung zu machen.

§. 22. Das nach Nr. 3 des §. 10 der Ausführungsverordnung des Bundesraths von den Standesbeamten zu führende Verzeichniß der Aufgebote ist nach einem von der Aufsichtsbehörde festgestellten Schema zu führen; aus demselben muß der Tag des Aushangs und der Abnahme jedes Aufgebots, sowie bei den auf Ersuchen anderer Standesbeamten verkündeten Aufgeboten, auch die erfolgte Rücksendung der letzteren zu ersehen sein.

§. 23. Die in §. 43 des Reichsgesetzes erwähnte schriftliche Ermächtigung darf erst erfolgen, nachdem die Erfüllung aller Erfordernisse der Eheschließung, einschließlich der Vorschriften über das Aufgebot, sowie der Vorschriften des §. 19 dieser Instruktion, nachgewiesen ist.

§. 24. Anträge auf Dispensation in den Fällen der §§. 28, 33, 35 und 50 des Reichsgesetzes sind, falls der Standesbeamte dieselben für begründet erachtet, der Aufsichtsbehörde behufs der Mittheilung an den Senat vorzulegen; entgegengesetzten Falles sind die Betheiligten, wofern sie ihren Antrag aufrecht erhalten, an den Senat zu verweisen.

In dem Falle des §. 47 ist, wofern die Verlobten bezw. derjenige Theil, dessen Aufenthalt oder

---

*) §. 40. Die Militärpersonen des Friedensstandes bedürfen zu ihrer Verheirathung die Genehmigung ihrer Vorgesetzten.

§. 60. 4) Die vorläufig in die Heimath beurlaubten Rekruten und Freiwilligen bedürfen zur Verheirathung die Genehmigung der Militärbehörde.

§. 61. Im übrigen gelten für die Personen des Beurlaubtenstandes die allgemeinen Landesgesetze und sind dieselben in der Wahl ihres Aufenthaltortes im In- und Auslande, in der Ausübung ihres Gewerbes, rücksichtlich ihrer Verheirathung und ihrer sonstigen bürgerlichen Verhältnisse Beschränkungen nicht unterworfen.

**) §. 12. Kein Civilstandsbeamter darf einer Wittwe, welche Kinder hat, die Erlaubniß zur Proklamation ertheilen, bevor ihm durch einen Bescheid der vormundschaftlichen Behörde bescheinigt worden, daß die Vermögensrechte der Kinder gesichert sind.

Wohnsitz im Auslande (außerhalb des Reichsgebiets) in Frage steht, bereit sind, die eidesstattliche Versicherung abzugeben, daß sie weder verheirathet sind, noch auch eines der in §§. 33—35 und 37 erwähnten Ehehindernisse bei ihnen stattfindet, und nicht etwa der Standesbeamte Anlaß findet, die Glaubwürdigkeit der betreffenden Personen in Zweifel zu ziehen, in der Regel die Dispensation vom Aufgebot bei der Aufsichtsbehörde zu beantragen, welche ermächtigt ist, diese Dispensation, falls sie bei dem Antrage kein Bedenken findet, im Namen des Senats zu ertheilen.

§. 25. Die in §. 51 des Reichsgesetzes gedachte sechsmonatliche Frist ist für diejenigen Aufgebote, welche nach dem bisher giltigen Verfahren vor dem 31. Dezember d. J. erfolgt sind, von dem Tage der erstmaligen Proklamation an zu rechnen.

§. 26. Der Akt der Eheschließung ist auf die durch den §. 52 des Reichsgesetzes und das Formular C zu der Ausführungsverordnung des Bundesraths beschriebene Verhandlung zu beschränken und nicht mit einer weiteren Feierlichkeit zu umkleiden. Der Verlauf der Verhandlung ist daher der folgende: Nachdem der Standesbeamte von der Persönlichkeit der Erschienenen sich überzeugt hat, eröffnet er denselben, daß die gesetzlichen Erfordernisse der Eheschließung erfüllt seien und daher der beabsichtigten Eheschließung nichts mehr im Wege stehe. Er richtet hierauf zunächst an den Bräutigam und, wenn derselbe geantwortet, an die Braut die Frage, ob er (sie) erkläre, daß er (sie) die Ehe mit der (dem) hier gegenwärtigen N. N. eingehen wolle, und erklärt, nachdem von beiden Verlobten die Frage bejaht worden ist, sie nunmehr Kraft des Gesetzes für rechtmäßig verbundene Eheleute, verliest darauf (oder läßt verlesen) die über den Akt aufgenommene Eintragung in das Standesregister und veranlaßt deren Unterzeichnung durch die beiden Eheleute, wobei die Frau mit dem Namen ihres Mannes und ihrem Mädchennamen unterschreibt (N. geb. N.) und durch die Zeugen.

In Betreff des Tages und der Stunden, welche für die Eheschließungen angesetzt werden, ist darauf zu achten, daß für diejenigen Ehepaare, welche eine kirchliche Einsegnung ihrer Ehe stattfinden zu lassen beabsichtigen, die Vornahme dieser Handlung an demselben Tage thunlichst erleichtert wird.

Die erfolgten Eheschließungen sind in derselben Weise und unter derselben Voraussetzung wie die Aufgebote (§. 20 Abs. 2), jedoch mit Angabe der Wohnung der Eheleute, öffentlich bekannt zu machen.

D. In Betreff der Sterbefälle.

§. 27. Die Bestimmungen der §§. 11 und 12 dieser Instruktion finden auch auf das Verfahren bei Sterbefällen Anwendung.

§. 28. Ueber jede Eintragung eines Sterbefalles — mit Ausnahme des in §. 60 des Reichsgesetzes gedachten Falls der Eintragung nach erfolgter Beerdigung — wird dem Anzeigenden ein Eintragungsschein nach einem von der Aufsichtsbehörde festgestellten Formular unentgeltlich ertheilt, welcher als Ausweis bei der Beerdigung zu dienen bestimmt ist. Der Eintragungsschein wird durch bloße Beidrückung des Dienstsiegels (ohne Unterschrift) beglaubigt.

§. 29. Bei Eintragung von Sterbefällen sind die Vorschriften der §§. 5 bis 7 der Vormundschaftsordnung zu beobachten. Die Standesbeamten haben zu diesem Behuf namentlich diejenigen Fälle, in welchen Vormünder zu bestellen sind, in ein nach einem von der Aufsichtsbehörde vorgeschriebenen Schema zu führendes Register einzutragen und die Mittheilung an die Pupillenkommission oder in den Bezirken der Hafenstädte an die dortigen Aemter nach einem von derselben Behörde vorgeschriebenem Formular zu bewirken.

§. 30. Desgleichen haben die Standesbeamten in Gemäßheit der steuergesetzlichen Vorschriften (vgl. §. 20 unter a des Gesetzes über die Steuern für das Jahr 1876 vom 15. Dezember 1875) zur Kontrolle der Erbschaftsabgaben monatlich den in ihrem Bezirk eingetragenen Sterbefälle — mit Ausnahme derjenigen von Minderjährigen, deren leibliche Eltern sich noch am Leben befinden — dem Generalsteueramt nach vorgeschriebenem Formular anzuzeigen und zu diesem Behuf über sämmtliche solche Sterbefälle nach einem von der Aufsichtsbehörde vorgeschriebenen Schema ein Register zu führen, in welchem die erfolgte Mittheilung an das Generalsteueramt zu vermerken ist.

E. Schlußbestimmungen.

§. 31. Kommt einem Standesbeamten zur Kunde, daß eine der in den §§. 17, 20, 22 bis 24, 56 bis 58 des Reichsgesetzes vorgeschriebenen Anzeigen nicht erfolgt oder den Vorschriften der §§. 61 bis 64 zuwidergehandelt ist, so hat er davon auf Grund des §. 68 des Reichsgesetzes der Polizeibehörde seines Bezirkes (§. 16 der Instruktion) behufs der Strafverfolgung schriftlich Anzeige zu machen. Er hat außerdem den Verpflichteten, falls derselbe nicht die verabsäumte Anzeige oder sonstige Handlung binnen kurzer Frist nachholt, unter Androhung einer angemessenen Geldstrafe innerhalb des im §. 68 Absatz 3 des Reichsgesetzes bezeichneten Betrages zur Erfüllung der Verpflichtung binnen anzuberaumender Frist schriftlich aufzufordern, auch, falls diese Frist versäumt wird, die angedrohte Strafe unter Ansetzung einer weiteren Frist mit entsprechender Strafandrohung zu erkennen und deren Beitreibung nöthigenfalls durch die betreffende Polizeibehörde zu bewirken.

§. 32. Ueber die in Gemäßheit des Reichsgesetzes vereinnahmten Gebühren und Geldstrafen und deren Ablieferung ist eine besondere Rechnung zu führen. Diese Rechnung und das mit derselben zu verbindende Verzeichniß der zu erhebenden und erhobenen Gebühren (§. 10, 4 der Ausführungsverordnung des Bundesraths) ist nach erfolgtem Jahresabschluß der Aufsichtsbehörde zur Prüfung vorzulegen.

Die in den Militärangelegenheiten zur Führung der Stammrollen erforderlichen Auszüge sind in Gemäßheit des §. 32 des Reichsmilitärgesetzes vom 2. Mai 1874*) unentgeltlich zu verabfolgen, desgleichen alle von Behörden für dienstliche Zwecke verlangten Registerauszüge und Bescheinigungen.

§. 33. In Betreff des §. 71 des Reichsgesetzes werden die Standesbeamten auf die Kaiserliche Verordnung vom 4. November 1875 (Reichsgesetzblatt S. 313**)) verwiesen.

§. 34. Die Standesbeamten sind befugt, auch abgesehen von den Fällen der §§. 21, 25, 45 bis 47 und 58 und 68 des Reichsgesetzes über die vor ihnen in standesamtlichen Angelegenheiten, insbesondere auch behufs der elterlichen Einwilligung bei den an anderen Orten zu vollziehenden Eheschließungen abgegebenen Erklärungen Verhandlungen aufzunehmen und zu beglaubigen. Für jede Ausfertigung einer solchen Verhandlung, welche nicht zu den durch das Reichsgesetz dem Standesbeamten aufgetragenen Geschäfte gehört, ist, falls die Ausfertigung nicht zu amtlichen Zwecken erfolgt, eine Gebühr von einer halben Mark zu erheben und in derselben Weise wie die auf Grund des Reichsgesetzes erhobenen Gebühren zu verrechnen.

§. 35. Bei den Eintragungen in die Standesregister sind, soweit nicht die Umstände des einzelnen Falls Abweichungen erforderlich machen, die in den Anlagen zu §. 7 der Ausführungsverordnung des Bundesraths (A 1, A 2, A 3, A 4, B 1, C 1, C 2, C 3, C 4, D 1, E 1, F 1) gegebenen Beispiele thunlichst zum Muster zu nehmen.

Hinsichtlich der Schreibweise der Namen ist, was die Zunamen anlangt, die durch Geburtsscheine oder andere geeignete Urkunden beglaubigte Schreibweise in der Regel beizubehalten und zu diesem Behuf bei allen Eintragungen auf Vorzeigungen entsprechender Urkunden thunlichst zu bestehen; jedoch ist, falls verschiedene Schreibungen desselben Namens in den Urkunden vorkommen oder eine andere Schreibweise als die in den Urkunden gebrauchte sich thatsächlich bei den betreffenden Personen in Uebung befindet, die vorzugsweise in Gebrauch befindliche Schreibweise voranzustellen und sind neben derselben die aus den Urkunden sich ergebenden anderen, bezw. früheren Schreibarten des Namens in Klammern beizufügen.

Für Vornamen ist, falls nicht die Anzeigenden auf eine andere Schreibart Gewicht legen, die allgemein heut gebräuchliche Schreibweise zu wählen, namentlich hat letzteres stets bei den Vornamen, welche neugeborenen Kindern beigelegt werden, zu geschehen.

Unehelich geborene Kinder, welche nicht durch nachfolgende Ehe legitimirt sind, führen, so lange nicht von der zuständigen Regierungsbehörde die Beilegung eines anderen Namens erfolgt ist, den Familiennamen der Mutter und sind unter diesem Namen, oder falls sie thatsächlich unter anderem Namen bekannt sind, unter Beifügung des letzteren Namens mit entsprechender Bezeichnung hinter dem Namen der Mutter (z B. Heinrich Meyer, genannt Schmidt) aufzuführen.

Aenderungen der rechtlich geführten Namen, auch der Vornamen, bleiben ausschließlich dem Senat vorbehalten. Die durch einen Senatsbeschluß verfügte Aenderung eines Namens ist auf Vorlegung des Beschlusses am Rande der über die betreffende Person in den Standesregistern vorkommenden Eintragungen nachzutragen

Um Aenderung von Namen nachsuchende Personen sind an die Aufsichtsbehörde (in den Hafenstädten zunächst an die dortigen Aemter) zu verweisen, welche nach Ermittelung des Sachverhalts, wofern sie das Gesuch zur Berücksichtigung geeignet findet, dem Senate berichten wird.

§. 36. Bei den Eintragungen in die Standesregister sind ferner noch, namentlich in Rücksicht auf statistische Zwecke, die folgenden Bestimmungen zu beachten:

a) in den Geburtsregistern ist, wenn ein Kind einer Wittwe oder einer geschiedenen Ehefrau eingetragen wird, der Todestag des verstorbenen Ehemannes, bezw. der Tag der Ehescheidung anzugeben (z. B. „. . . . zeigte an, daß von der Wittwe des am 20. Mai 1875 verstorbenen Schneiders Heinrich Peters [von der früheren Ehefrau des Schneiders Heinrich Peters, deren Ehe am 20. März 1875 gerichtlich geschieden] Amalie geb. Müller, evangelischer Religion, wohnhaft . . . .");

b) bei Mehrlingsgeburten ist eine entsprechende Bezeichnung (Zwilling, Drilling, Vierling) hinzuzufügen, und zwar im Geburtsregister hinter den Worten „erhalten habe", im Sterberegister (bei Todtgeburten) am Schlusse der Eintragung, bezw. bei einer Eintragung nach dem Muster C 4 der Ausführungsverordnung des Bundesraths hinter den Worten „verstorben sei";

c) bei Eheschließenden ist im Heirathsregister hinter den Namen der Eheschließenden, falls nicht schon aus der Bezeichnung derselben (z. B.: „Amalie, geb. Peters, Wittwe von

---

*) §. 32. Die Stammrollen werden auf Grund der Civilstandsregister und der nach §. 31 zu erstattenden Meldungen geführt. Die mit Führung der Civilstandsregister betrauten Behörden und Personen sind verpflichtet, die zur Führung der Stammrollen erforderlichen Auszüge unentgeltlich vorzulegen.

**) Vgl. o. Nr. 2 S. 231.

Heinrich Müller") das Nöthige erhellt, in Klammern das bisherige Verhältniß mit den Bezeichnungen „unverehelicht", „Wittwe", „geschieden" anzugeben;

d. bei sämmtlichen Eintragungen ist unter der Bezeichnung „wohnhaft" der dauernde Aufenthalt anzugeben, nicht derjenige Ort, an welchem die Betreffenden in Veranlassung von Geschäften, Krankheit, Landleben u. s. w. nur vorübergehend zur Zeit der Eintragung sich aufhalten.

§. 37. Die unter Nr. 7 im §. 45 der deutschen Wehrordnung vom 28. September 1875 *) bezeichneten Auszüge sowohl aus den Geburts- als aus den Sterberegistern sind rechtzeitig dem Civilvorsitzenden der Ersatzkommission zu Bremen einzusenden.

§. 38. In den Registereintragungen, Urkunden und Schreiben derjenigen Standesbeamten, zu deren Bezirk mehrere Gemeinden gehören, ist als Ort der Aufstellung des Schriftstücks derjenige Ort zu nennen, in welchem sich das Amtslokal oder Geschäftszimmer des jeweiligen Standesbeamten befindet.

§. 39. Die Bestimmungen der gegenwärtigen Instruktionen finden auf die Stellvertreter der Standesbeamten in Ausübung der Geschäfte der Letzteren gleichmäßig Anwendung. Die Unterschriften der Stellvertreter haben nach dem in Anlage A 1 zur Ausführungsverordnung des Bundesraths gegebenen Muster (wobei indeß die Abkürzung „I. V." bei darunter gesetzter Namensunterschrift gestattet ist) zu erfolgen.

77. Erster Nachtrag zur Instruktion für die Bremischen Standesbeamten vom 29. Dezember 1875, vom 25. Februar 1876[58]).

Unter Bezugnahme auf die Vorschrift im §. 8 der Instruktion für die Bremischen Standesbeamten wird ferner Folgendes bestimmt:

§. 1. Falls dem Standesbeamten — sei es von Seiten anderer Behörden oder von Seiten der Betheiligten — Urkunden

1. über außerhalb des Standesamtsbezirks erfolgte Geburten von Kindern, deren Eltern im Standesamtsbezirk heimathsberechtigt oder wohnhaft sind,
2. über außerhalb des Standesamtsbezirks erfolgte Eheschließungen, bei welchen beide Eheleute oder ein Theil derselben im Standesamtsbezirk heimathberechtigt oder wohnhaft sind,
3. über außerhalb des Standesamtsbezirks erfolgte Sterbefälle von Personen, welche im Standesamtsbezirk heimathberechtigt oder wohnhaft waren,

zugehen, so hat der Standesbeamte die betreffende Urkunde den zu dem Geburts-, Heiraths- oder Sterberegister desjenigen Jahres, in welchem die fragliche Geburts- bezw. die Eheschließung oder der Todesfall stattgefunden hat, angelegten Sammelakten (§. 9 der Ausführungsverordnung des Bundesraths vom 22. Juni 1875) beizufügen und in das alphabetische Namensverzeichniß des betreffenden Registers die geborene oder verstorbene Person, bezw. Eheleute, unter Hinweisung auf die Sammelakten, einzutragen.

§. 2. Die in einer solchen Urkunde über Heimath oder Wohnort der betreffenden Person enthaltenen Angaben sind zum Zweck des im §. 1 vorgeschriebenen Verfahrens ohne Weiteres als maßgebend anzusehen, es sei denn, daß diese Person notorisch ihre Heimath oder ihren Wohnort niemals in dem Standesamtsbezirk gehabt hat. Letzteren Falls ist die Urkunde, wenn die Heimath oder der Wohnort der betreffenden Person bekannt ist und einem anderen Bremischen Standesamtsbezirk angehört, dem Standesbeamten desselben zuzustellen; wenn dagegen dies nicht zutrifft, der Aufsichtsbehörde einzusenden, welche die Rücksendung der Urkunde an diejenige Behörde, von welcher dieselbe ausgestellt worden, veranlassen wird.

§. 3. Auf Verlangen hat der Standesbeamte von solchen Urkunden (§. 1) beglaubigte Abschrift gegen die Gebühr von einer Mark zu ertheilen.

Die Beglaubigung ist nach folgender Formel auszustellen:

Daß Vorstehendes eine getreue Abschrift der in den Sammelakten des hiesigen Standesamts (Jahrgang 18 . .) in Urschrift aufbewahrten Geburtskunde (Sterbeurkunde) ist, wird hierdurch beglaubigt.

. . . ., den 18 . .

(Siegel.)

Der Standesbeamte.
(Unterschrift.)

§. 4. Für die nach §. 37 der Instruktion zum Zweck der Stammrolle auszufertigenden Listen sind neben den in den Geburts- und Sterberegistern enthaltenen Eintragungen auch die nach §. 1 in den Sammelakten zu den betreffenden Registern aufgenommenen Urkunden auszuziehen. In dem Auszuge ist der Ort, an welchem die Geburt oder der Sterbefall erfolgte, anzugeben.

*) (Jetzt kommt in Betracht die Wehrordnung vom 22. November 1880).

[58]) Stdesb. 1877 S. 9.

Wird eine solche Urkunde in die Sammelakten aufgenommen, nachdem die Auszüge aus dem Geburts- bezw. Sterberegister des betreffenden Jahrgangs dem Civilvorsitzenden der Ersatzkommission mitgetheilt worden sind, so ist demselben sofort ein entsprechender Auszug der Urkunde einzusenden.

§. 5. Der Standesbeamte ist verpflichtet, von ihm aufgenommene Urkunden über Geburten von Kindern, deren Eltern in einem anderen deutschen Standesamtsbezirk wohnhaft sind, desgleichen über Sterbefälle von Personen, welche in einem anderen deutschen Standesamtsbezirk wohnhaft waren, dem Standesbeamten des betreffenden Bezirkes mitzutheilen.

78. Zweiter Nachtrag zur Instruktion für die Bremischen Standesbeamten vom 25. Dezember 1875, vom 25. Februar 1876 [59]).

Zur Beseitigung hervorgetretener Zweifel wird hierdurch mit Bezugnahme auf §. 23 des Reichsgesetzes über die Beurkundung des Personenstandes Folgendes bestimmt:

Wird dem Standesbeamten eine Todtgeburt angezeigt, von welcher mit Sicherheit angenommen werden kann, daß dieselbe vor dem 180. Tage der Schwangerschaft erfolgt ist, so hat er die Anzeige nicht zur Eintragung anzunehmen. Stellt sich jedoch bei einer in das Sterberegister eingetragenen Todtgeburt der erwähnte Umstand nachträglich heraus, so behält es bei der Eintragung sein Bewenden.

Mit Rücksicht auf §. 15 der Instruktion wird nachträglich bemerkt, daß die Aerzte und Hebammen angewiesen sind, Todtgeburten der erwähnten Art bei ihren den Standesämtern zu machenden Aufgaben nicht zu berücksichtigen.

Hamburg.

79. Verordnung, betreffend die Ausführung des Reichsgesetzes über die Beurkundung des Personenstandes und die Eheschließung. Vom 6. Dezember 1875 (Ges.Samml. Abth. I Nr. 32).

Der Senat bringt die nachstehenden Bestimmungen Behufs Ausführung des am 1. Januar 1876 in Kraft tretenden Reichsgesetzes vom 6. Februar 1875, über die Beurkundung des Personendes und die Eheschließung, und zwar hinsichtlich des §. 8 in Uebereinstimmung mit der Bürgerschaft, zur öffentlichen Kunde:

I. Behörden.

§. 1. Unter der in dem Reichsgesetze erwähnten „höheren Verwaltungsbehörde" ist der Senat zu verstehen.

§. 2. Als „untere Verwaltungsbehörde" im Sinne des Reichsgesetzes wird unter der Bezeichnung „Aufsichtsbehörde für die Standesämter" eine Behörde gebildet, bestehend aus zwei Mitgliedern des Senats, von denen regelmäßig das eine fungirt, während das andere im Verhinderungsfalle an dessen Stelle tritt.

Dieser Behörde wird ein Bureau mit dem erforderlichen Beamtenpersonal beigegeben.

§. 3. Als Gerichte erster Instanz gelten in den Fällen der §. 11 al. 3, §. 14 al. 2 und §. 66 al. 2 des Reichsgesetzes das Obergericht, und in den Landherrenschaften für Ritzebüttel und für Bergedorf das betreffende Amtsgericht [60]).

§. 4. Dispensationen bei fehlender Ehemündigkeit und von dem Verbote der Ehe zwischen einem wegen Ehebruchs Geschiedenen und seinem Mitschuldigen (§. 28 und §. 33 unter 5 des Reichsgesetzes) werden von dem Senate, Dispensationen von dem Verbote der Wiederverheirathung von Frauen vor Ablauf des zehnten Monats seit Beendigung der früheren Ehe und von dem Aufgebote (§. 35 und §. 50 des Reichsgesetzes) werden von der Aufsichtsbehörde ertheilt.

II. Bildung der Standesamtsbezirke.

§. 5. Für die Stadt, die Vorstadt St. Pauli, die Vororte, sowie für das mit diesen territorial zusammenhängende sonstige Gebiet der Landherrenschaft der Geestlande nebst einigen Theilen der Elbinseln werden die folgenden Standesamtsbezirke gebildet:

---

[59]) Stdesb. 1877 S. 17.

[60]) Jetzt in allen Fällen das Amtsgericht, Ges. betr. die nicht streitige Gerichtsbarkeit v. 25. Juli 1879, G.S. S. 250, §. 6 Abs. 2: „Zur Zuständigkeit der Amtsgerichte gehört ferner die dem Gericht erster Instanz in Standesamtssachen zugewiesene Thätigkeit (Reichsges. v. 6. Februar 1875 §§. 11, 14, 66). . . . — Gegen die Entscheidung der Amtsgerichte in diesen Sachen findet Beschwerde nach den Grundsätzen der C.P.O. statt."

I. Bezirk, bestehend aus der Altstadt, der vormaligen Vorstadt St. Georg, dem Hafen und den zwischen dem Reiherstieg und der Nordelbe belegenen südelbischen Gebietstheilen, nämlich: kleiner Grasbrook, große Veddel, kleine Veddel, Peute, Kalten Hofe, Niedernfeld, Klütjenfeld und Müggenburg.

II. Bezirk, bestehend aus der Neustadt, der Vorstadt St. Pauli und den westlich des Reiherstiegs belegenen südelbischen Gebietstheilen (mit Ausnahme von Finkenwärder und Moorburg), nämlich: Steinwärder, Grevenhof, Ellerholz, Roß, Waltershof und Mühlenwärder.

III. Bezirk, bestehend aus Rotherbaum, Eimsbüttel, Harvestehude, Eppendorf, Winterhude, Uhlenhorst, Barmbeck, Hohenfelde, Borgfelde, Eilbeck, Hamm, Horn und Billwärder Ausschlag, sowie den Gemeinden Groß Borstel, Fuhlsbüttel, Langenhorn, Klein Borstel mit Struckholt, Ohlsdorf und Alsterdorf.

Für jeden dieser Bezirke werden ein Standesbeamter sowie die erforderlichen Stellvertreter, Schreiber und Boten staatsseitig angestellt.

§. 6. Für die im §. 5 nicht erwähnten Theile des Landgebietes werden die folgenden Standesamtsbezirke gebildet:

IV. Bezirk, bestehend aus den Gemeinden Farmsen mit Berne, Volksdorf, Wohldorf und Ohlstedt, Groß Hansdorf und Schmalenbeck.

V. Bezirk, bestehend aus der Gemeinde Moorfleth.

VI. Bezirk, bestehend aus der Gemeinde Billwärder an der Bille.

VII. Bezirk, bestehend aus den Gemeinden Allermöhe und Reitbrook.

VIII. Bezirk, bestehend aus den Gemeinden Ochsenwärder, Tatenberg, Spadenland und Moorwärder.

IX. Bezirk, bestehend aus der Gemeinde Moorburg.

X. Bezirk, bestehend aus der Gemeinde Finkenwärder und der Insel Dradenau.

XI. Bezirk, bestehend aus der Stadt Bergedorf.

XII. Bezirk, bestehend aus der Gemeinde Neuengamme einschließlich West-Krauel und der Gemeinde Ost-Krauel.

XIII. Bezirk, bestehend aus der Gemeinde Kirchwärder, Südertheil.

XIV. Bezirk, bestehend aus der Gemeinde Kirchwärder, Nordertheil.

XV. Bezirk, bestehend aus der Gemeinde Altengamme.

XVI. Bezirk, bestehend aus der Gemeinde Curslack.

XVII. Bezirk, bestehend aus der Gemeinde Geesthacht.

XVIII. Bezirk, bestehend aus dem gesammten Gebiet der Landherrenschaft Ritzebüttel.

Für die Uebernahme des Amtes eines Standesbeamten, bezw. eines Stellvertreters in diesen Bezirken ist, soweit erforderlich, eine angemessene Entschädigung staatsseitig zu vergüten.

§. 7.[61]) Der Aushang der Bekanntmachungen über Aufgebote erfolgt für die Stadt Hamburg, für die Vorstadt St. Pauli und für die Vororte durch die für die betreffenden Bezirke zuständigen Standesbeamten in deren Amtslokalen, für die Landgemeinden und für die Stadt Bergedorf durch die Gemeindevorstände in der Gemeinde oder in den Gemeinden, wo das Aufgebot nach den Bestimmungen des Reichsgesetzes erforderlich wird. Die Bekanntmachungen für die Gemeinden sind an den für die Bekanntmachungen der Gemeindevorstände (in Bergedorf des Magistrats) bestimmten Stellen zu beschaffen.

III. Schlußbestimmung.

§. 8. Mit dem Inkrafttreten des Reichsgesetzes vom 6. Februar 1875 tritt das Civilstandsamt außer Wirksamkeit. Die demselben zur Zeit obliegenden Geschäfte bezüglich des Erwerbs der Staatsangehörigkeit und des Bürgerrechts und bezüglich der Entlassung aus dem Staatsverband gehen an die Aufsichtsbehörde für die Standesämter über.

Diese Behörde hat ferner die nach §. 73 des Reichsgesetzes zu ertheilenden Zeugnisse über die beim Civilstandsamte eingetragenen Geburten, Heirathen und Sterbefälle auszustellen.

Elsaß-Lothringen.

80. Verordnung, betreffend die Ausübung der Befugniß zur Dispensation von Ehehindernissen und vom Aufgebot. Vom 22. November 1875. (Gef.Bl. Nr. 20 S. 192.)

Wir **Wilhelm**, von Gottes Gnaden Deutscher Kaiser, König von Preußen ꝛc. verordnen im Namen des Deutschen Reichs, auf Grund der §§. 40 und 50 des Reichsgesetzes über die Beurkundung des Personenstandes und die Eheschließung vom 6. Februar 1875, für Elsaß-Lothringen, was folgt:

---

[61]) In der Abänderung der Senatsbekanntmachung v. 25. Nov. 1881, G.S. S. 114, Stdesb. 1881 S. 276.

§. 1. Dispensationen auf Grund der §§. 28, 33 und 35 des genannten Reichsgesetzes werden durch den Reichskanzler[62]) ertheilt.

§. 2. Dispensationen von dem Aufgebot (§. 50 des Gesetzes) ertheilt der Oberprokurator[63]) des Landgerichtsbezirks, in welchem die Ehe abgeschlossen werden soll.

§. 3. Diese Verordnung tritt am 1. Januar 1876 in Kraft.

§. 4. Der Reichskanzler wird mit der Ausführung derselben beauftragt.

18. Verordnung, betreffend das Verfahren und die Kosten bei Dispensation von Ehehindernissen und vom Aufgebot. Vom 8. Januar 1876 (a. a. O. Nr. 1 S. 2).

Auf Grund der Allerhöchsten Verordnung vom 22. November 1875, betreffend die Ausübung der Befugniß zur Dispensation von Ehehindernissen und vom Aufgebot (Gesetzbl. für Elsaß-Lothringen S. 192) wird hierdurch bestimmt:

§. 1. Gesuche um Dispensation von Ehehindernissen und vom Aufgebot werden nach Maßgabe der Bestimmungen des Staatsrathsbeschlusses vom 20. Prairial XI. (bulletin des lois III série No 2792) eingereicht und behandelt[64]).

§. 2. Die in Artikel 4 und 5 des genannten Beschlusses bezeichneten Ausfertigungen der Dispensationsurkunden sind in die Sammelakten des Heirathsregisters aufzunehmen (§. 9 der Ausführungsverordnung vom 22. Juni 1875, Centralblatt für das Deutsche Reich S. 386).

§. 3. Dispensationen von Ehehindernissen unterliegen hinsichtlich der Kosten den Bestimmungen in Artikel 55 des Gesetzes vom 28. April 1816 (bulletin des lois VII. série No. 623) und in §. 1 des Gesetzes vom 25. Februar 1872 (Gesetzbl. für Elsaß-Lothringen S. 149). Im Uebrigen regeln sich die Kosten des Dispensationsverfahrens nach den allgemeinen Vorschriften über Stempel-, Registrirungs- und Gerichtsschreiberei-Gebühren.

§. 4. In Bezug auf Verfahren und Kosten (§§. 1—3) werden Dispensationen von dem Ehehindernisse des Ehebruchs den Dispensationen von dem Ehehindernisse der Verwandtschaft, und Dispensationen von dem Ehehindernisse der Wartezeit (§. 35 des Reichsgesetzes vom 6. Februar 1875) den Dispensationen von dem Alter der Ehemündigkeit gleichgestellt.

82. Verfügung des Oberpräsidenten, die Ausführung des §. 84 des Reichsgesetzes über die Beurkundung des Personenstandes ꝛc. vom 6. Februar 1875 betreffend, vom 19. November 1875 (Stdesb. v. 1875 S. 229).

Auf Grund des §. 84 des Reichsgesetzes über die Beurkundung des Personenstandes und die Eheschließung vom 6. Februar 1875 bestimme ich:

Unter „höheren Verwaltungsbehörden" sind die Bezirkspräsidenten, unter „unteren Verwaltungsbehörden" die Kreisdirektoren, unter „Gemeindebehörde" im Sinne des §. 4 Absatz 1 ist der betreffende Gemeinderath, unter „Gemeindevorstand und Gemeindevorsteher" der Bürgermeister bezw. der stellvertretende Beigeordnete zu verstehen.

83. Dienstanweisung für die Standesbeamten vom 17. August 1882, erlassen von dem Kaiserlichen Ministerium für Elsaß-Lothringen, Abtheilung für Justiz und Kultus[65]).

---

[62]) Jetzt: Durch Ministerium, Abtheilung II für Justiz und Kultus, V. v. 13. Juli 1879, §§. 1 u. 3, No. 3, G.Bl. f. Elf.-Lothr. S. 81, u. V. v. 5. Juni 1882, G.Bl. S. 81.

[63]) Muß jetzt heißen: Erste Staatsanwalt, V. betr. die Titel der gerichtlichen Beamten v. 1. Dez. 1879, Ges.Bl. S. 100.

[64]) S. dazu noch Dienstanweisung für die Standesbeamten §§. 42, 44 u. Min.-Verf. v. 15. Juni 1887, Sammlung der Justizverwaltung 11, 244; Stdesb. 1890 S. 99, worin mit Rücksicht auf die Zweifel bei Anwendung der Kostengesetze auf die Verfügungen der Landgerichtspräsidenten betreffend Eintragung der Dispensationen von Ehehindernissen (Art. 5 des Arrêté vom 20. Prairial XI und V. v. 8 Januar 1876 bemerkt wird, „daß bei der lediglich formalen Bedeutung der erwähnten Verfügungen die Voraussetzung, unter welcher §. 1 Abs. 2 des Gesetzes vom 3. April 1880 das Gerichtskostengesetz entsprechende Anwendung finden läßt, für das bezügliche Verfahren nicht gegeben ist, und demnach die Vorschriften der Stempel- und Enregistrementsgesetze für dasselbe in Kraft geblieben sind."

[65]) Sammlung von Gesetzen, Verordnungen ꝛc. betr. die Justizverwaltung in Elsaß-Lothringen. Straßburg 1883, 7, 247 in der Abänderung der Nachträge v. 8. Oktober 1885, a. a. O. 1886. 10, 228 und v. 25. Dezember 1887, a. a. O. 1888. 12, 416, auch Stdesb. 1890, S. 1 ff. Nicht mitgetheilt sind Anlage I (enthaltend den Gebührentarif des Gesetzes, s. o. S. 227), Anlage II (die vom Bundesrath vorgeschriebenen Formulare und Muster (s. o. S. 233) und Anlage III (enthaltend Formulare und Muster betreffend: 1. die Eintragung der Geburtsurkunden gefundener neugeborener Kinder G 1, G 2; 2. Aufgebotsbescheinigungen H, H 1; 3. Eintragungen von Sterbefällen auf Grund

Erster Abschnitt.

Allgemeine Bestimmungen.

§. 1. Die Amtsführung der Standesbeamten unterliegt der staatlichen Beaufsichtigung, welche durch die Ersten Staatsanwälte bei den Landgerichten, in deren Bezirk das Standesamt gelegen ist, und die Vorgesetzten derselben ausgeübt wird.

Diese Behörden sind insbesondere zur Prüfung der Standesregister und Ertheilung von Weisungen an die Standesbeamten bezüglich der Registerführung befugt. Auch die Amtsrichter sind ermächtigt, die Standesregister zu prüfen und die Standesbeamten auf bestimmte Mängel behufs deren Abstellung aufmerksam zu machen.

Im Falle der Verletzung oder Vernachlässigung der Amtspflichten der Standesbeamten können gegen die letzteren Disziplinarstrafen (Warnungen, Verweise, Geldstrafen) verhängt werden. Außerdem wird ein Standesbeamter, welcher unter Außerachtlassung der in dem Gesetze vom 6. Februar 1875 gegebenen Vorschriften (vergl. §§. 39, 52) eine Eheschließung vollzieht, mit Geldstrafe bis zu sechshundert Mark bestraft.

Lehnt der Standesbeamte die Vornahme einer Amtshandlung ab, so kann er dazu auf Antrag der Betheiligten durch das Gericht angewiesen werden.

§. 2. Die Standesbeamten sind befugt, die zu Anzeigen (vergl. §§. 30, 62) oder zu sonstigen Handlungen auf Grund des Gesetzes vom 6. Februar 1875 Verpflichteten hierzu durch Geldstrafen anzuhalten, welche für jeden einzelnen Fall den Betrag von fünfzehn Mark nicht übersteigen dürfen.

Werden Anzeigen verzögert oder nach Ablauf der gesetzlichen Fristen (§§. 29, 32, 60) erstattet, so ist in allen Fällen dem Ersten Staatsanwalt beim Landgericht Mittheilung zu machen, auch wenn der Standesbeamte die Verpflichteten zur Erstattung der Anzeige durch Geldstrafe angehalten hat. Der Festsetzung einer Strafe muß deren Androhung vorhergehen. Androhung und Festsetzung der Strafe erfolgen durch schriftliche Verfügungen, welche dem Adressaten zu behändigen sind. Die Behändigung kann durch einen Gemeindebeamten erfolgen. Behufs Einziehung der Strafe ist von der erfolgten Festsetzung einer solchen dem Rechner derjenigen Gemeinde Nachricht zu geben, in welchem der Standesbeamte seinen Sitz hat.

§. 3. Die Standesbeamten sind befugt, andere Standesbeamte sowie Gemeinde- und Ortspolizeibehörden um Erledigung dienstlicher Angelegenheiten zu ersuchen.

Die Führung der Standesregister und die darauf bezüglichen Verhandlungen erfolgen kosten- und stempelfrei.

Gegen Zahlung der nach dem angehängten Tarife zuläſſigen Gebühren müssen die Standesregister Jedermann zur Einsicht vorgelegt, sowie beglaubigte Auszüge (vergl. §§. 21, 36, 55, 66) aus denselben ertheilt werden. (Anlage 1).

In amtlichem Interesse und bei Unvermögen der Betheiligten ist die Einsicht der Register und die Ertheilung der Auszüge gebührenfrei zu gewähren. Geistlichen und anderen Religionsdienern ist die Einsicht der Register kostenfrei zu gestatten.

§. 5. In die Standesregister sind die Beurkundungen der Geburten, Heirathen und Sterbefälle einzutragen.

Außerdem sind durch Randeintragungen einzuschreiben:

1. In die Geburtsregister:

a) Die Anerkennungen unehelicher Kinder, sofern dieselben vor dem Standesbeamten oder in einer gerichtlich oder notariell aufgenommenen Urkunde erklärt und nicht gemäß §. 33 Abs. 1 in die Geburtsurkunde selbst aufzunehmen sind;
b) die nachträgliche Feststellung der Abstammung eines Kindes, welche nach Eintragung des Geburtsfalles erfolgt und die Veränderung der Standesrechte durch Legitimation, Annahme an Kindes Statt oder in anderer Weise (vergl. §§. 33, 34, 56), sofern diese Vorgänge durch öffentliche Urkunde nachgewiesen werden und ein Betheiligter den Antrag stellt;
c) die der Anzeige des Geburtsfalles nachgehenden Anzeigen der Vornamen (vergl. §. 31);
d) die bewilligten Namensänderungen (vergl. §. 35).

2. In die Heirathsregister:

Die Auflösung, Ungiltig- oder Nichtigerklärung einer Ehe (vergl. §. 58).

3. In alle Register:

Die gerichtlich angeordneten Berichtigungen (vergl. §. 19).

§. 6. Zur Vornahme einer Eintragung ist nur der zuständige Standesbeamte verpflichtet und berechtigt. Dem Standesbeamten liegt es ob, seine Zuständigkeit zu prüfen (vergl. §§. 29, 38, 61).

---

amtlicher Anzeigen und Mittheilungen J 1, J. 2; 4. Eintragung einer Annahme an Kindes Statt K und die durch den Nachtrag v. 8. Oktober 1885 hinzugefügten Muster L 1 und L 2, betreffend die Anerkennung eines unehelichen Kindes. Sie finden sich Stdesb. 1890 S. 58. ff. abgedruckt.

§. 7. Bei Vornahme der Eintragungen in die Standesregister ist die Verwendung eines Schreibgehilfen (Gemeindeschreibers) gestattet; der Standesbeamte muß aber jedenfalls bei der Vorlesung der Eintragung sowie bei der Genehmigung und Unterzeichnung derselben durch die Erschienenen gegenwärtig sein und die Eintragung sofort durch seine Unterschrift vollziehen.

Die Vornahme einer Eintragung außer Gegenwart des Standesbeamten, die nachträgliche Unterzeichnung durch denselben, sowie die Blanko-Unterzeichnung durch die Erschienenen unter nachträglicher Vornahme der Eintragung sind verboten und strafbar (§§. 348, 349 Strafgesetzbuch).

§. 8. Im Falle der Behinderung des Standesbeamten gehen dessen Obliegenheiten auf den Stellvertreter über.

Eintragungen, durch welche eigene Erklärungen des Standesbeamten beurkundet werden sollen oder welche ihn selbst, seine Ehefrau, seine Eltern oder seine Kinder betreffen, sind in jedem Falle durch den Stellvertreter vorzunehmen. Dem Standesbeamten steht es frei, auch anderweite Eintragungen, an deren Vornahme er oder seine Angehörigen ein eigenes Interesse haben, durch den Stellvertreter bewirken zu lassen.

§. 9. Die Vornahme der Eintragungen findet in dem Geschäftsraume des Standesbeamten statt. Nur in dringenden Ausnahmefällen (z. B. Eheschließung bei bescheinigter Krankheit) dürfen die Standesregister zum Zweck der Vornahme einer Eintragung an einen anderen Ort innerhalb des Standesamtsbezirks verbracht werden.

§. 10. Der Standesbeamte kann bestimmte, im Voraus bekannt zu machende Geschäftsstunden festsetzen. Die Geschäftsstunden können für Werktage einerseits und Sonn- und Feiertage andererseits verschieden bestimmt werden. Unverschiebliche Eintragungen (vergl. z. B. §§. 32, 60, 46 Absatz 3) sind auch außerhalb der Geschäftsstunden vorzunehmen. Die Bekanntmachung der Geschäftsstunden erfolgt genügend durch Anschlag am Eingange des Geschäftsraumes.

§. 11. Die auf mündliche Anzeige oder Erklärung erfolgenden Eintragungen sollen enthalten:

1. Den Ort und Tag der Eintragung;
2. die Bezeichnung der Erschienenen; und zwar bei Geburts- und Sterbefällen nur der der Anzeigenden und bei Eheschließungen nur der Eheschließenden und der zugezogenen Zeugen;
3. den Vermerk des Standesbeamten, daß und auf welche Weise er sich die Ueberzeugung von der Persönlichkeit der Erschienenen verschafft hat;
4. den Vermerk, daß die Eintragung den Erschienenen vorgelesen und von denselben genehmigt worden ist;
5. die Unterschrift der Erschienenen (s. oben Nr. 2) und, falls sie schreibensunkundig oder zu schreiben verhindert sind, ihr Handzeichen oder die Angabe des Grundes, aus welchem sie dieses nicht beifügen konnten;
6. die Unterschrift des Standesbeamten.

Sind die Erschienenen dem Standesbeamten bekannt, so hat der betreffende Vermerk zu 3 zu lauten:

„der Persönlichkeit nach bekannt",

andernfalls aber:

„der Persönlichkeit nach durch den von Person bekannten N. N. (Vor- und Familiennamen, Stand oder Gewerbe und Wohnort der bekannten Person) anerkannt."

§. 12. Bei Geburten und Sterbefällen, welche sich in öffentlichen Entbindungs-, Hebammen-, Kranken-, Gefangenen- und ähnlichen Anstalten, sowie in Kasernen ereignen, genügt eine schriftliche Anzeige in amtlicher Form, welche durch den Vorsteher der Anstalt oder den von der zuständigen Behörde ermächtigten Beamten zu erstatten ist.

Die Beurkundung der Geburt eines gefundenen neugeborenen Kindes erfolgt auf Grund der Anzeige der Ortspolizeibehörde.

Findet eine amtliche Ermittelung über einen Todesfall statt, so erfolgt die Eintragung des Sterbefalles auf Grund der schriftlichen Mittheilung der zuständigen Behörde (Staatsanwalt, Untersuchungsrichter, Amtsrichter, Militärgericht).

Geburten und Sterbefälle, welche sich auf Seeschiffen während der Reise ereignen, sind auf Grund der den Standesbeamten durch das Seemannsamt zugehenden Abschriften der stattgehabten Beurkundung einzutragen.

Die auf schriftliche Anzeige erfolgenden Eintragungen sind unter Angabe von Ort und Tag der Eintragung zu bewirken und durch die Unterschrift des Standesbeamten zu vollziehen (wegen der Form vergl. § 16 Absatz 4).

Eine Ueberschreibung (Transskription) auswärts errichteter Standesurkunden findet nicht statt (vergl. §. 27 Abs 2).

§. 13. Mit Tauben und Stummen, welche des Lesens und Schreibens unkundig sind, hat, soweit dies nöthig und möglich, der Standesbeamte schriftlich zu verhandeln. Die aufgenommene Verhandlung ist zum Durchlesen vorzulegen und das Wort „vorgelesen" im Vordruck zu streichen.

Sind diese Personen des Lesens und Schreibens nicht kundig, so ist unter Zuziehung einer Person zu verhandeln, durch deren Vermittelung ein Verständnis möglich wird. Ist eine solche

Person nicht vorhanden und die Verhandlung unbedingt erforderlich (z. B. Eheschließungen von Taubstummen), so hat der Standesbeamte wegen Einholung weiterer Verhaltungsmaßregeln dem Ersten Staatsanwalt zu berichten.

Daß in vorstehender Weise verhandelt worden, ist am Schlusse des Akts anzugeben.

§. 14. Wegen des besonderen Inhalts der Geburtsurkunden vergl. §. 31, der Heirathsurkunden vergl. §. 55, der Sterbeurkunden vergl. §. 64.

§. 15. Der Standesbeamte ist verpflichtet, sich von der Richtigkeit jeder ihm mündlich oder schriftlich erstatteten Anzeige, wenn er dieselbe zu bezweifeln Anlaß hat, in geeigneter Weise Ueberzeugung zu verschaffen.

§. 16. Die Eintragungen in die Standesregister sind unter Benutzung der gelieferten Vordrucke unter fortlaufenden Nummern nach Anleitung der beigefügten Muster zu bewirken.

Insoweit die punktirten Zwischenräume des Vordrucks nicht beschrieben werden, sind dieselben sogleich bei der Eintragung nach Maßgabe der Musterformulare durch Striche auszufüllen.

Entsprechen in einem gegebenen Falle die vorgedruckten Worte nicht, so sind solche, soweit erforderlich, zu durchstreichen und am Rande zu vermerken, daß und wie viele Worte oder Zeilen gelöscht wurden.

In den Fällen, in welchen eine Eintragung auf Grund schriftlicher Anzeige oder Mittheilung einer Behörde erfolgt (vergl. §. 12), ist der Vordruck ganz zu durchstreichen und die Eintragung am Rande unter ausdrücklicher Bezugnahme auf die erfolgte Anzeige oder Mittheilung vorzunehmen.

Zusätze und Abänderungen, sowie Vermerke über Löschungen sind niemals in die Eintragung selbst, auch nicht am Schlusse derselben aufzunehmen, sondern stets nur am Rande zu vermerken.

Die Berichtigung einer Eintragung durch Löschung von Worten oder Zeilen und durch Beifügung von Zusätzen und Abänderungen am Rande ist dem Standesbeamten aus eigener Machtvollkommenheit nur so lange gestattet, als die Eintragung nicht durch die Unterschrift des Standesbeamten vollzogen ist. Von diesem Zeitpunkt an können erforderliche Berichtigungen jeder Art, gleichviel ob der Standesbeamte von Amts wegen eine solche als nothwendig erachtet, oder ein Betheiligter deren Vornahme beantragt, nur auf Grund gerichtlicher Anordnung erfolgen (vergl. §. 19).

Alle Randvermerke sind von dem Standesbeamten und, sofern die Eintragung auf mündliche Anzeige oder Erklärung erfolgt, von den Erschienenen (vergl. §. 11 Nr. 2 u. 5) nach erfolgter Vorlesung und Genehmigung zu unterzeichnen. Die bloße Paraphirung der Randvermerke genügt nicht; unter die Worte: „vorgelesen, genehmigt und unterschrieben“ sind die vollen Unterschriften (vergl. Muster C 4) zu setzen. (Anlage II).

§. 17. Rasuren, Korrekturen und alle Abkürzungen in den Eintragungen sind unstatthaft.

Vordrucke, welche wegen irrthümlichen Ueberschlagens oder aus einem sonstigen Grunde nicht benutzt werden können, sind mittelst Durchstreichung zu löschen; das Zusammenkleben von Blättern ist unstatthaft.

§. 18. Die wesentlichen Zahlenangaben in den Eintragungen sind mit Buchstaben zu schreiben. Wesentlich sind unter allen Umständen Jahreszahl, Tag und Stunde der Geburt und des Todes, bei Eheschließungen Jahreszahl und Tag der Aufnahme der Urkunde, Jahr und Tag der Geburt der Eheschließenden und das Alter der Zeugen.

Welche Zahlenangaben sonst im einzelnen Fall als wesentlich zu erachten sind, bleibt dem pflichtmäßigen Ermessen des Standesbeamten überlassen.

Die Tageszeit ist durch die Ausdrücke „Vormittags“ und „Nachmittags“ zu bestimmen. Die Mittagszeit ist durch die Worte: „Mittags zwölf Uhr“ und die Mitternachtszeit durch die Worte: „in der Nacht vom . . . . zum . . . . . des Jahres . . . . . um zwölf Uhr“ zu bezeichnen.

§. 19. Die auf Grund gerichtlicher Anordnung erfolgende Berichtigung einer Eintragung geschieht durch Beischreibung eines Vermerks am Rande der zu berichtigenden Eintragung.

Der Vermerk ist mit dem Datum und mit der Unterschrift des Standesbeamten zu versehen (vergl. Muster C 3).

§. 20. Behufs besserer Auffindung der einzelnen Eintragung sind am Rande derselben die Namen der Personen, wegen deren die Urkunde errichtet ist — Vor- und Familienname des Kindes (bei Zwillings- oder Mehrgeburten mit dem Zusatz: „Zwillingsgeburt“ beziehungsweise „Mehrgeburt“), der Eheschließenden, des Verstorbenen — anzugeben, auch diese Namen in der Eintragung selbst mit größeren, in die Augen fallenden Buchstaben zu schreiben.

§. 21. Jeder von dem Standesbeamten zu ertheilende Auszug aus dem Standesregister (vergl. im einzelnen §§. 36, 55, 66) muß mit der Eintragung wörtlich übereinstimmen, auch die bei der Aufnahme der Eintragung bewirkten Zusätze, Löschungen oder Abänderungen, welche jedoch als solche nicht kenntlich zu machen sind, sowie die nach Abschluß der Eintragung aufgenommenen besonders kenntlich zu machenden Randvermerke (vergl. §. 5 Abs. 2) enthalten. Jeder Auszug ist als gleichlautend mit dem Register zu bestätigen und mit der Unterschrift und dem Dienstsiegel des Standesamten zu versehen.

In denjenigen Fällen, in welchen die Eintragung eines Geburts- oder Sterbefalles auf Grund einer schriftlichen Anzeige oder Mittheilung einer Behörde erfolgt, dürfen bei Ertheilung von Registerauszügen die für die letzteren bestimmten Formulare nicht benutzt werden.

§. 22. Die Standesbeamten werden ausdrücklich darauf hingewiesen, daß nur die ordnungsmäßig geführten Standesregister diejenigen Thatsachen beweisen, zu deren Beurkundung sie bestimmt und welche in ihnen eingetragen sind, sowie daß die Beweiskraft ordnungswidrig geführter Register von jedem Betheiligten vor Gericht beanstandet werden kann.

§. 23. Jede Eintragung in das Register ist von dem Standesbeamten an demselben Tage durch eine von ihm zu beglaubigende Abschrift in ein Nebenregister einzutragen. Das Ueberschreiben durch einen Schreibgehülfen ist statthaft.

Das Hauptregister und das Nebenregister müssen wörtlich übereinstimmen. Es sind jedoch:

1. die Erschienenen nicht zur Unterzeichnung der Abschrift zu veranlassen, vielmehr auch deren Unterschriften in Abschrift beizufügen.
2. Zusätze, Löschungen oder Abänderungen der Eintragung, welche bei Aufnahme der Eintragung durch den Standesbeamten stattgefunden haben, in der Abschrift als solche nicht kenntlich zu machen, vielmehr ist die Abschrift nach dem richtiggestellten, beziehungsweise vervollständigten Wortlaut der Eintragung zu fertigen.

Randvermerke, welche nach Vollziehung der Eintragung derselben beigefügt werden (vergl. § 16 Abs. 5), sind gleichzeitig in Abschrift in das Nebenregister aufzunehmen.

Eintragungen und Randvermerke, welche nach Einreichung des Nebenregisters (vergl. §. 26 Abs. 2) in dem Hauptregister gemacht werden, sind gleichzeitig dem Ersten Staatsanwalt beim Landgericht in beglaubigter Abschrift mitzutheilen.

Die Führung der Standesregister geschieht, soweit nicht der Gebrauch der französischen Sprache einzelnen Gemeinden durch die zuständigen Behörden gestattet ist, in deutscher Sprache. Die Eintragung von Berichtigungen (§. 19) hat auch da, wo der Gebrauch der französischen Sprache gestattet ist, in deutscher Sprache zu erfolgen, sofern nicht dem Beschlusse oder Urtheile, auf Grund dessen die Berichtigung erfolgt, eine Uebersetzung durch einen vereidigten Uebersetzer beigefügt ist.

[66]) Vornamen, für welche eine deutsche Form besteht, sind in dieser einzutragen. Da, wo der Gebrauch der französischen Sprache gestattet ist, hat jedoch der Standesbeamte auf Verlangen der die Beurkundung veranlassenden Person die französische Form zu gebrauchen.

§. 25. Sofort nach Ablauf des Kalenderjahres, mithin am 1. Januar des folgenden Jahres, hat der Standesbeamte jedes Nebenregister unter der Vermerkung der Zahl der darin enthaltenen Eintragungen unmittelbar hinter der letzten Eintragung abzuschließen mit den Worten:

„Vorstehendes Geburts-, (Heiraths-, Sterbe-,) Haupt-, (Neben-) Register für das Jahr . . . . . enthaltend . . . . Eintragungen, wird hiermit abgeschlossen.

. . . . den 1. Januar 18 . .

Der Standesbeamte:"
(Unterschrift).

Geburts- und Sterbefälle, welche sich in dem abgelaufenen Jahre ereignet haben, aber erst nach Ablauf desselben zur Anzeige kommen, sind in das betreffende Register des neuen Jahres einzutragen. Doch sind diese Fälle in das alphabetische Register (§. 28) auch des Geburtsbezw. Sterbejahres aufzunehmen.

§. 26. Die abgeschlossenen Hauptregister sind in dem Geschäftsraum des Standesbeamten sorgfältig aufzubewahren und nur dem Ersten Staatsanwalt beim Landgericht oder dessen Vorgesetzten auf Verlangen einzusenden.

Die abgeschlossenen Nebenregister sind nebst den gemäß §. 28 Nr. 1—4 zu führenden Verzeichnissen und Kontrolle, sowie mit den Sammelakten (vergl. §. 27) dem Ersten Staatsanwalt beim Landgericht binnen Monatsfrist, also spätestens an dem auf den Abschluß folgenden 31. Januar, vorzulegen.

§. 27. Die Standesbeamten sind verpflichtet, als Beilage zu den Registern, Sammelakten, und zwar für jedes Register und jeden Jahrgang besonders, anzulegen und in denselben alle ihnen zugestellten schriftlichen Anträge, Anzeigen, Urkunden, Mittheilungen, Verfügungen, insbesondere die der Aufsichtsbehörde und der Gerichte, desgleichen die von ihnen aufgenommenen Verhandlungen und getroffenen Anordnungen (vergl. §§. 37, 59, 67) aufzunehmen.

Auch die auswärts errichteten und dem Standesbeamten übersandten Standesurkunden sind in die Sammelakten aufzunehmen und nicht in die Register zu überschreiben; jedoch ist in den alphabetischen Namensverzeichnissen zu den betreffenden Haupt- und Nebenregistern (vergl. §. 28 Nr. 1) Vermerk zu machen.

Die allgemeinen Verfügungen der Aufsichtsbehörde, sowie die Abschriften der alljährlichen

---

[66]) Zusatz des Nachtrags v. 25. Dezember 1887 I, s. Anm. 65.

Revisionsprotokolle sind in einen festen Umschlag zu heften und sorgfältig aufzubewahren. (Generalakten.)

§. 28. Außerdem haben die Standesbeamten zu führen:

1. Zu jedem Register ein alphabetisches, das Auffinden der einzelnen Eintragung ermöglichendes Namensverzeichniß in drei Exemplaren.
   Das eine Exemplar ist am Schlusse des Hauptregisters, das zweite am Schlusse des Nebenregisters einzuheften. Das dritte Exemplar, welches bei dem Landgerichte zur Anfertigung von Dezennaltabellen gebraucht werden soll, ist auf loses Papier in der Weise zu schreiben, daß von jedem Blatt nur eine Seite benutzt wird; dasselbe wird mit dem Nebenregister abgesandt.
2. Eine Kontrolle über die nachträglich zu machenden Anzeigen der Vornamen des Kindes (vergl. §. 31 Abs. 4).
3. Ein Verzeichniß der von ihnen angeordneten oder auf Ersuchen eines anderen Standesbeamten verkündeten Aufgebote (vergl. §§. 46 flg.).
4. Ein Verzeichniß über die zu erhebenden und erhobenen Gebühren (vergl. §. 4).

Wegen der Verpflichtung der Standesbeamten, von Sterbefällen der Steuerbehörde und dem Gericht Mittheilung zu machen und Auszüge für die Rekrutirungs-Stammrolle zu ertheilen, vergl. §§. 68, 69, 70.

Zweiter Abschnitt.

Geburtsregister.

§. 29. Jede Geburt eines Kindes ist innerhalb einer Woche dem Standesbeamten des Bezirks, in welchem die Niederkunft stattgefunden hat oder ein neugeborenes Kind gefunden ist, anzuzeigen. Nur dieser Standesbeamte ist für die Eintragung der Geburt zuständig.

Wenn die Anzeige eines Geburtsfalles über drei Monate verzögert ist, so darf die Eintragung nur mit Genehmigung des Ersten Staatsanwalts beim Landgericht erfolgen.

Daß und wann diese Genehmigung ertheilt worden ist, ist in der Eintragung am Schlusse zu vermerken (vergl. Muster A 3, Anlage II).

Auf Grund einer, nach Ablauf einer Woche, aber noch innerhalb dreier Monate erfolgenden Anzeige darf der Standesbeamte, sofern er keine Bedenken hat, die Eintragung vornehmen, er hat aber jedenfalls dem Ersten Staatsanwalt beim Landgericht von der verspäteten Anzeige Mittheilung zu machen (vgl. §. 2 Abs. 2).

§. 30. Zur Anzeige einer Geburt sind verpflichtet:

1. der eheliche Vater;
2. die bei der Niederkunft zugegen gewesene Hebamme;
3. der dabei zugegen gewesene Arzt;
4. jede andere dabei zugegen gewesene Person;
5. die Mutter, sobald sie dazu im Stande ist;

und zwar in der bezeichneten Reihenfolge.

Die Anzeige ist mündlich von dem Verpflichteten selbst oder durch eine andere aus eigener Wissenschaft unterrichtete Person zu machen.

Wird die Anzeige von einer der im ersten Absatz unter Nr. 2—4 erwähnten Personen oder von einer anderen mit eigener Wissenschaft unterrichteten Person gemacht, so ist in der Eintragung vor den Worten: „Vorgelesen, genehmigt und unterschrieben" zu vermerken, daß der Erschienene bei der Niederkunft zugegen gewesen (vergl. Muster A 2, Anlage II) oder, daß er von der Niederkunft aus eigener Wissenschaft unterrichtet ist.

Wegen schriftlicher Anzeigen und Mittheilungen vergl. §. 12 Abs. 1, 2, 4, §. 16 Abs. 4.

Die Eintragung ist vorzunehmen, wenn die Anzeige, obwohl nicht von dem zunächst Verpflichteten doch rechtzeitig (vergl. §. 29 Abs. 1 und 4) gemacht worden ist.

§. 31. Außer dem für jede Eintragung allgemein vorgeschriebenen Inhalt (vergl. §. 11) soll die Eintragung des Geburtsfalles enthalten:

1. Vor- und Familiennamen, Stand oder Gewerbe und Wohnort des Anzeigenden;
2. Ort, Tag und Stunde der Geburt;
3. Geschlecht des Kindes;
4. Vornamen des Kindes;
5. Vor- und Familiennamen, Religion, Stand oder Gewerbe und Wohnort der Eltern (vergl. Muster A 1 bis A 3, Anlage II), wobei deutlich anzugeben, daß die Eltern Eheleute sind.
   Bei unehelichen Kindern ist nur der Namen der Mutter einzutragen; wegen der Anerkennung unehelicher Kinder vergl. jedoch §. 33.

Bei Zwillings- oder Mehrgeburten ist die Eintragung für jedes Kind besonders und so genau zu bewirken, daß die Zeitfolge der verschiedenen Geburten ersichtlich ist.

Wegen der Zulässigkeit der Wahl der Vornamen wird auf die gesetzlichen Vorschriften verwiesen[67]; wegen der Rechtschreibung der Vornamen gilt die allgemeine Bestimmung in §. 24 Abs. 2.

Es ist statthaft, bei der Anzeige der Geburt die Angabe der Vornamen des Kindes vorzubehalten. Dieselben sind indessen längstens binnen zwei Monaten nach der Geburt anzuzeigen. Ihre Eintragung erfolgt am Rande der ersten Eintragung (vergl. Muster A 1 Anlage II und §. 28 Nr. 2 wegen der zu führenden Kontrolle).

Ist ein neugeborenes Kind gefunden, worüber die Ortspolizeibehörde Anzeige zu machen hat, so soll die nach Durchstreichung des Vordrucks am Rande zu bewirkende Eintragung enthalten die Zeit, den Ort und die Umstände des Auffindens, die Beschaffenheit und die Kennzeichen der bei dem Kinde vorgefundenen Kleider und sonstigen Gegenstände, die körperlichen Merkmale des Kindes, sein vermuthliches Alter, sein Geschlecht, die Behörde, Anstalt oder Person, bei welcher das Kind untergebracht worden, und die Namen, welche ihm beigelegt worden (vergl. Muster G 1, G 2 Anlage III).

Sobald das Kind die Geburt überlebt hat, sollte es auch ganz kurze Zeit nachher verstorben sein, ist die Eintragung im Geburtsregister (und demnächst im Sterberegister, vergl. §§. 60 ff.) zu machen.

§. 33[68]. Die Anerkennung eines unehelichen Kindes ist in die Eintragung des Geburtsfalles aufzunehmen (vergl. Muster A 3), wenn dieselbe gleichzeitig mit der Anzeige des letzteren entweder vor dem Standesbeamten erklärt oder durch eine gerichtlich oder notariell aufgenommene Urkunde nachgewiesen wird.

Zur Aufnahme einer Anerkennung nach Eintragung des Geburtsfalles ist — abgesehen von dem Falle der Anerkennung im Heirathsakte, §. 56 — nur derjenige Standesbeamte befugt, welcher die Geburtsurkunde aufgenommen hat. Die Anerkennungsurkunde ist in diesem Falle am Rande der Geburtsurkunde nach Vorschrift des §. 16 Abs. 7 zu errichten (Muster L 1).

Erfolgt in anderer als der vorerwähnten Weise die Feststellung der Abstammung eines Kindes erst nach der Eintragung des Geburtsfalles oder erleiden die Standesrechte durch Legitimation (§. 56), Annahme an Kindes Statt oder auf andere Art eine Veränderung, so ist dieser Vorgang, sofern er durch öffentliche Urkunden nachgewiesen wird, auf Antrag eines Betheiligten am Rande der über den Geburtsfall vorgenommenen Eintragung nach Maßgabe des §. 16 Abs. 7 zu vermerken (Muster A 4 und L 2). Wegen der außerdem noch erforderlichen besonderen Eintragung der Annahme an Kindes Statt vergl. den folgenden Paragraphen.

In der Randbezeichnung (dem Rubrum) des Geburtsaktes und im alphabetischen Register ist das anerkannte Kind unter dem Familiennamen des Anerkennenden zu führen.

§. 34. Abgesehen von dem im vorstehenden Paragraphen erwähnten Randvermerk bei der Geburtsurkunde der an Kindes Statt angenommenen Person ist die Annahme an Kindes Statt (Adoption) auf Antrag eines oder beider Betheiligten auch in das Geburtsregister desjenigen Ortes einzutragen, in welchem der an Kindes Statt Annehmende (Adoptivvater) seinen Wohnsitz hat (vergl. Muster K, Anlage III).

Die Eintragung geschieht unter Beobachtung der Vorschriften des §. 11 auf Grund des die Annahme an Kindes Statt genehmigenden Beschlusses des Oberlandesgerichts, vorausgesetzt, daß eine Ausfertigung dieses Beschlusses innerhalb drei Monaten nach seiner Fassung dem Standesbeamten vorgelegt wird.

Der Standesbeamte streicht im Geburtsregister unter den laufenden Nummern so viel Vordrucke durch, als er zu der Eintragung, welche am Rande dieser Vordrucke geschieht, bedarf.

Wird die Eintragung einer testamentarischen Annahme an Kindes Statt beantragt, so hat der Standesbeamte wegen seines Verhaltens bei dem Ersten Staatsanwalt anzufragen.

§. 35. Die Eintragung einer bewilligten Namensänderung erfolgt am Rande der Geburtsurkunde und ist in den alphabetischen Namensverzeichnissen zu den Geburtsregistern zu vermerken.

§. 36. Ein Auszug über die Eintragung eines Geburtsfalles ist nur auf Antrag zu ertheilen (vergl. §§. 4, 21).

§. 37. In die Sammelakten zum Geburtsregister sind namentlich aufzunehmen:

1. die darauf bezüglichen Verfügungen der Aufsichtsbehörde und Gerichte;
2. die dem Standesbeamten zugehenden schriftlichen Anzeigen und Mittheilungen betreffend Geburten (vergl. §. 12 Abs. 1, 2, 4);
3. die von dem Standesbeamten etwa erlassenen Verfügungen oder aufgenommenen Verhandlungen, um sich von der Richtigkeit einer Anzeige Ueberzeugung zu verschaffen (vergl. §. 15);
4. die von dem Standesbeamten aufgenommenen Verhandlungen und ihm zugehenden Urkunden, betreffend Anerkennung unehelicher Kinder, sowie Feststellung der Abstammung oder Veränderung der Standesrechte eines Kindes (vergl. §. 33);

---

[67]) Zusatz des Nachtrags v. 25. Dezember 1887 II, s. Anm. 65.

[68]) §. 33 in der Fassung des Nachtrags v. 8. Oktober 1885 I, s. Anm. 65.

5. die von dem Standesbeamten etwa erlassenen Verfügungen, um die zur Anzeige von Geburten Verpflichteten durch Geldstrafen hierzu anzuhalten (vergl. §. 2 Abs. 1).
6. die von auswärts übersandten Geburtsurkunden (vergl. §. 27 Abs. 2).

Dritter Abschnitt.

Heirathsregister.

§. 38. Zuständig zur Beurkundung einer Eheschließung ist der Standesbeamte, in dessen Bezirk einer der Verlobten seinen Wohnsitz hat oder sich gewöhnlich aufhält.

Unter mehreren zuständigen Standesbeamten haben die Verlobten die Wahl.

Die Eheschließung darf auch vor einem an sich nicht zuständigen Standesbeamten stattfinden, wenn der zuständige Standesbeamte (Absatz 1) hierzu schriftlich die Ermächtigung ertheilt. Diese Ermächtigung ist unter Benutzung des Formulars F und Beidrückung des Dienstsiegels nach Anleitung des Musters F 1 (Anlage II) auszustellen. Tag, Jahr und Ort der Geburt der Verlobten sind in die Ermächtigung aufzunehmen. Die Ermächtigung darf nur aus wichtigen Gründen (z. B. wegen Verdachtes einer beabsichtigten Doppelehe) versagt werden.

Die Ertheilung der Ermächtigung berechtigt zur Erhebung einer Gebühr von 50 Pf. (Tarif II 2 Anlage I).

Die vor Ertheilung der Ermächtigung eingereichten Urkunden, aufgenommenen Verhandlungen und getroffenen Anordnungen behält der Standesbeamte bei *seinen* Sammelakten und macht in denselben von der ertheilten Ermächtigung Vormerkung.

Ueber den Fall, daß die Ehe von einem anderen Standesbeamten, als demjenigen, welcher das Aufgebot angeordnet hat, geschlossen werden soll, vergl. §. 50.

§. 39. Der Standesbeamte darf bei Vermeidung einer Geldstrafe bis zu sechshundert Mark (vergl. §. 1 Abs. 2) die Beurkundung einer Eheschließung nur vornehmen, sofern:

1. die zur Eheschließung gesetzlich nothwendigen Erfordernisse als vorhanden nachgewiesen sind (vergl. §§. 40—44);
2. die Eheschließung nach den gesetzlichen Bestimmungen zulässig ist (vergl. §. 45);
3. das gesetzlich vorgeschriebene Aufgebot stattgefunden hat (vergl. §§. 46 flg., Ausnahmen vergl. §. 46 Abs. 2, 4 und 5).

Für Ausländer, d. h. für alle Personen, welche nicht Angehörige des Deutschen Reichs sind, kommen außerdem hinsichtlich der Fähigkeit zur Eheschließung die Gesetze desjenigen Landes, welchem sie angehören, in Betracht[69]. Damit gegen diese Gesetze nicht verstoßen werde, wird den Standesbeamten empfohlen, vor Beurkundung der Eheschließung eines Ausländers oder einer Person, deren Staatsangehörigkeit zweifelhaft ist, von dem Ersten Staatsanwalt Belehrung zu erbitten.

Wird in den gesetzlich statthaften Fällen eine Dispensation (vergl. §§. 42, 44 Nr. 5 und 7, § 46 Abs. 4) ertheilt, so hat der Standesbeamte trotzdem zu prüfen, ob die sonstigen Vorbedingungen für die Eheschließung (vergl. §§. 43—46) vorhanden sind.

§. 40. Die zur Eheschließung gesetzlich nothwendigen Erfordernisse sind:

1. die Einwilligung der Eheschließenden (vergl. §. 41);
2. die Ehemündigkeit der Eheschließenden (vergl. §. 42);
3. in bestimmten Fällen die Einwilligung anderer Personen (vergl. §. 43);
4. daß keines der gesetzlich vorgesehenen Ehehindernisse besteht (vergl. §. 44).

§. 41. Die Einwilligung der Eheschließenden ist vor dem Standesbeamten zu erklären. Derselbe hat sich nöthigenfalls davon zu überzeugen, daß die Erklärung nicht unter dem Einfluß von Zwang, Irrthum oder Betrug erfolgt.

§. 42. Die Ehemündigkeit des männlichen Geschlechts tritt mit dem vollendeten zwanzigsten Lebensjahre, die des weiblichen Geschlechts mit dem vollendeten sechzehnten Lebensjahre ein.

Dispensation ist zulässig. Das Gesuch um Dispensation ist bei dem Ersten Staatsanwalt des Bezirks, in welchem der Gesuchsteller seinen Wohnsitz hat, einzureichen.

Ist einer Person männlichen Geschlechts Dispensation von dem Ehehindernisse der Ehemündigkeit ertheilt, *so ist namentlich noch zu prüfen, ob mit Rücksicht auf die Militärverhältnisse derselben* (vergl. §. 45, Nr. 2 und 3) *die Eheschließung gesetzlich zulässig ist.*

In Ansehung der zur Eheschließung erforderlichen Einwilligung anderer Personen gilt das Nachstehende:

1. Eheliche Kinder bedürfen zur Eheschließung, solange der Sohn das fünfundzwanzigste, die Tochter das vierundzwanzigste Lebensjahr nicht vollendet hat, der Einwilligung des Vaters, nach dem Tode des Vaters der Einwilligung der Mutter, und, wenn sie noch unter Vormundschaft stehen, die Mutter aber nicht Vormünderin ist, außerdem der Einwilligung des Vormundes. Sind beide Eltern verstorben, so bedürfen Minderjährige, auch wenn

[69]) Zusatz des Nachtrages vom 25. Dezember 1887 III., s. Anm. 65.

sie emancipirt sind, der Einwilligung des vor dem zuständigen Amtsrichter zu versammelnden Familienraths.

Dem Tode des Vaters oder der Mutter steht es gleich, wenn dieselben zur Abgabe einer Erklärung dauernd außer Stande sind, oder ihr Aufenthalt dauernd unbekannt ist. Liegt ein solcher Fall vor, was der Standesbeamte selbst durch etwaige Erhebungen festzustellen hat, so bedürfen daher Großjährige auch vor vollendetem fünfundzwanzigsten und beziehungsweise vierundzwanzigsten Lebensjahre der sonst erforderlichen Einwilligung nicht.

2. Auf uneheliche Kinder finden die nach Vorstehendem für eheliche vaterlose Kinder geltenden Bestimmungen Anwendung. Ist die Mutter verstorben oder zur Abgabe einer Erklärung dauernd außer Stande oder ihr Aufenthalt dauernd unbekannt, so bedürfen uneheliche minderjährige Kinder zur Eheschließung der Einwilligung eines Specialvormundes, welcher durch den vor dem zuständigen Amtsrichter zu versammelnden Familienrath zu diesem Zweck ernannt wird.

3. Auf Adoptiv- und Pflegekinder finden die vorstehend unter Nr. 1 und 2 wiedergegebenen Bestimmungen Anwendung. Den Adoptiv- und Pflegeeltern steht die Ertheilung der Einwilligung nicht zu.

Im Falle der Versagung der Einwilligung zur Eheschließung kann dieselbe auf Klage großjähriger Kinder durch das Gericht ergänzt werden. Der Standesbeamte darf die Eheschließung nur nach Vorlegung der betreffenden gerichtlichen Entscheidung und der Bescheinigung der Rechtskraft derselben vornehmen.

§. 44. Die Ehe ist gesetzlich verboten;

1. zwischen Verwandten in auf- und absteigender Linie;
2. zwischen voll- nnd halbbürtigen Geschwistern;
3. zwischen Stiefeltern und Stiefkindern, Schwiegereltern und Schwiegerkindern jeden Grades, ohne Unterschied, ob das Verwandtschafts- oder Schwägerschaftsverhältniß auf ehelicher oder außerehelicher Geburt beruht und ob die Ehe, durch welche die Stief- oder Schwiegerverbindung begründet wird, noch besteht oder nicht;
4. zwischen Personen, deren eine die andere an Kindes Statt angenommen hat, solange dieses Rechtsverhältniß besteht;
5. zwischen einem wegen Ehebruchs Geschiedenen und seinem Mitschuldigen.

   In diesem Falle ist Dispensation zulässig, welche bei dem Ersten Staatsanwalte desjenigen Gerichts nachzusuchen ist, in dessen Bezirk die Ehe geschlossen werden soll.
6. Ferner darf niemand eine neue Ehe schließen, bevor seine frühere Ehe aufgelöst, für ungiltig oder für nichtig erklärt ist.
7. Frauen dürfen erst nach Ablauf des zehnten Monats seit Beendigung der früheren Ehe eine weitere Ehe schließen. — Dispensation ist zulässig und bei dem Ersten Staatsanwalt desjenigen Gerichts nachzusuchen, in dessen Bezirk die Gesuchstellerin wohnt.

§. 45. Gesetzlich unzulässig ist die Eheschließung:

1. eines Pflegebefohlenen mit seinem Vormund oder dessen Kindern während der Dauer der Vormundschaft;
2. der Militärpersonen des Friedensstandes ohne Genehmigung ihrer Vorgesetzten; die Militärpersonen des Friedensstandes sind:
   a. die Offiziere, Militärärzte und Militärbeamten, sowie die Gendarmen vom Tage ihrer Anstellung bis zum Zeitpunkte ihrer Entlassung aus dem Dienste;
   b. die Kapitulanten vom Beginne bis zum Ablaufe oder bis zur Aufhebung der abgeschlossenen Kapitulation;
   c. die Freiwilligen und die ausgehobenen Rekruten von dem Tage, mit welchem ihre Verpflegung durch die Militärverwaltung beginnt, Einjährig-Freiwillige von dem Zeitpunkte ihrer definitiven Einstellung in einen Truppentheil an, sämmtlich bis zum Ablaufe des Tages ihrer Entlassung aus dem aktiven Dienste;
3. der vorläufig in die Heimath beurlaubten und demgemäß in Verpflegung durch die Militärbehörde noch nicht übernommenen Rekruten und Freiwilligen ohne Genehmigung des Landwehrbezirkskommandeurs.

   Es wird den Standesbeamten zur besonderen Pflicht gemacht, so oft junge, im militärpflichtigen Alter stehende Leute die Schließung einer Ehe beabsichtigen, durch sorgfältige Befragung und Erkundigung sich zu vergewissern, daß sie nicht zu den beurlaubten Rekruten oder Freiwilligen gehören, beziehungsweise die Genehmigung besitzen.
4. der männlichen Angehörigen der rechtsrheinischen Landestheile Bayerns ohne ein Zeugniß der zuständigen bayerischen Distriktspolizeibehörde (Bezirksamt, Stadtmagistrat) des Inhalts, daß der Eheschließung nach bayerischem Recht kein Hinderniß entgegensteht. Die Angehörigen der bayerischen Rheinpfalz bedürfen eines solchen Zeugnisses nicht.

§. 46. Jeder Eheschließung innerhalb des Gebiets des Deutschen Reichs soll ein Aufgebot vorhergehen (vergl. Formular und Muster E, E 1 Anlage II). Bezüglich der männlichen Angehörigen der rechtsrheinischen Landestheile Bayerns wird der Nachweis, daß das landesgesetzlich vorgeschriebene Aufgebot stattgefunden hat, durch die Beibringung des von der Distriktspolizeibehörde der Heimath auszustellenden Zeugnisses geführt. Wird dieses Zeugniß vorgelegt, so ist in Elsaß-Lothringen ein Aufgebot nicht mehr anzuordnen.

Auf die Angehörigen Elsaß-Lothringens finden die gesetzlichen Bestimmungen über das Aufgebot auch dann Anwendung, wenn sie die Ehe außerhalb des Gebiets des Deutschen Reichs abschließen wollen.

In diesem Falle, und wenn Angehörige anderer deutscher Gebiete oder Ausländer die Anordnung eines Aufgebots verlangen, ist dasselbe nach den inländischen Vorschriften zu bewirken. Im Zweifelsfalle hat der Standesbeamte von dem zuständigen Ersten Staatsanwalt Verhaltungsmaßregeln einzuholen.

Dispensation vom Aufgebot kann der Erste Staatsanwalt beim Landgericht, in dessen Bezirk die Ehe geschlossen werden soll, ertheilen.

Wird eine lebensgefährliche Krankheit, welche einen Aufschub der Eheschließung nicht gestattet, ärztlich bescheinigt, so kann der zuständige Standesbeamte (vergl. §. 38), auch wenn Dispensation nicht ertheilt ist, die Eheschließung ohne Aufgebot vornehmen.

§. 47. Für Anordnung des Aufgebots ist jeder Standesbeamte zuständig, vor welchem nach §. 38 Abs. 1 die Ehe geschlossen werden kann.

Der Standesbeamte hat das Aufgebot erst dann anzuordnen, wenn die zur Eheschließung gesetzlich nothwendigen Erfordernisse (vergl. §§. 40—44) als vorhanden nachgewiesen sind:

Insbesondere haben die Verlobten in beglaubigter Form beizubringen:

1. ihre Geburtsurkunden,
2. die zustimmende Erklärung derjenigen, deren Einwilligung nach dem Gesetze erforderlich ist.

Der Beamte kann die Beibringung dieser Urkunden erlassen, wenn ihm die Thatsachen, welche durch dieselben festgestellt werden sollen, persönlich bekannt oder sonst glaubhaft nachgewiesen sind. Auch kann er von unbedeutenden Abweichungen in den Urkunden, beispielsweise von einer verschiedenen Schreibart der Namen oder einer Verschiedenheit der Vornamen absehen, wenn in anderer Weise die Persönlichkeit der Betheiligten festgestellt wird.

Erklären Eltern oder Vormünder die nach §. 43 erforderliche Einwilligung persönlich vor dem Standesbeamten, so empfiehlt es sich, auf einem losen Blatt ein Protokoll darüber aufzunehmen, welches von den Erklärenden, sofern dieselben schreibenskundig sind, und von dem Standesbeamten unterschrieben und zu den Sammelakten genommen wird.

Der Beamte ist berechtigt, den Verlobten die eidesstattliche Versicherung über die Richtigkeit der Thatsachen abzunehmen, welche durch die vorliegenden Urkunden oder die sonst beigebrachten Beweismittel ihm nicht als hinreichend festgestellt erscheinen.

Auf Verlangen der Verlobten ist denselben von dem Standesbeamten eine Bescheinigung über das angeordnete Aufgebot zu ertheilen.

§. 48. Das Aufgebot (Formular und Muster E, E 1 Anlage II) ist bekannt zu machen:

1. in der Gemeinde oder in den Gemeinden, woselbst die Verlobten ihren Wohnsitz haben;
2. wenn einer der Verlobten seinen gewöhnlichen Aufenthalt außerhalb seines gegenwärtigen Wohnsitzes hat, auch in der Gemeinde seines jetzigen Aufenthalts;
3. wenn einer der Verlobten seinen Wohnsitz innerhalb der letzten sechs Monate gewechselt hat, auch in der Gemeinde seines früheren Wohnsitzes.

Die Bekanntmachung hat die Vor- und Familiennamen, den Stand oder das Gewerbe und den Wohnort der Verlobten und ihrer Eltern zu enthalten.

Sie ist während zweier Wochen an dem Raths- oder Gemeindehause, oder an der sonstigen, zu Bekanntmachungen der Gemeindebehörde bestimmten Stelle so auszuhängen, daß sie gegen Beschädigung, Wegnahme und Einflüsse der Witterung geschützt ist.

Bei Berechnung dieser Frist darf weder der Tag des Aushangs noch der Tag der Abnahme des Aufgebots mitgezählt werden. Ein z. B. am 1. Februar ausgehängtes Aufgebot ist daher erst am 16. Februar abzunehmen.

Hervorgehoben wird, daß die auf Ersuchen eines andern Standesbeamten verkündeten Aufgebote stets in der Urschrift (Form. E, E 1) sofort nach Ablauf der Aushangsfrist dem ersuchenden Standesbeamten zurückzusenden sind. Die Aushangsbescheinigung ist von dem Standesbeamten unter Beidrückung des Siegels zu unterschreiben.

§. 49. Ist einer der Orte, an welchem nach §. 48 das Aufgebot bekannt zu machen ist, im Auslande, d. h. außerhalb des Gebiets des Deutschen Reichs, belegen, so ist an Stelle des an diesem Orte zu bewirkenden Aushanges die Bekanntmachung auf Kosten des Antragstellers einmal in ein Blatt einzurücken, welches an dem ausländischen Orte erscheint oder verbreitet ist. Die Eheschließung ist nicht vor Ablauf zweier Wochen nach dem Tage der Ausgabe der betreffenden Nummer des Blattes zulässig [70]. Standesbeamten, welche im Zweifel sind, auf welche Weise sie diese Bekanntmachung herbeizuführen haben, wird empfohlen, vom Ersten Staatsanwalt Belehrung zu erbitten.

---

[70] Zusatz des Nachtrages v. 25. Dezember 1887 IV, s. Anm. 65.

Es bedarf dieser Einrückung nicht, wenn eine Bescheinigung der betreffenden ausländischen Ortsbehörde dahin beigebracht wird, daß ihr von dem Bestehen eines Ehehindernisses nichts bekannt sei. [71]) Die Beschaffung derartiger Bescheinigungen ist der Regel nach den Betheiligten, welche diesen Weg vorziehen, zu überlassen; will der Standesbeamte aus besonderen Gründen dabei mitwirken, so darf er nicht mit ausländischen Behörden unmittelbar in Verbindung treten, sondern hat sich an den Ersten Staatsanwalt zu wenden.

[71]) Angehörigen Italiens, der Schweiz, Frankreichs und Belgiens ist zu eröffnen, daß von ihren Heimathsbehörden Bescheinigungen der im Abs. 2 bezeichneten Art ertheilt werden, bezw. daß die im Gebiete des französischen Civilrechts üblichen sog. certificats de non-opposition als solche Bescheinigungen zugelassen werden.

§. 50. Soll die Ehe vor einem anderen Standesbeamten als demjenigen geschlossen werden, welcher das Aufgebot angeordnet hat, so hat der letztere eine gebührenfreie Bescheinigung unter Beidrückung des Dienstsiegels dahin auszustellen, daß und wann das Aufgebot vorschriftsmäßig erfolgt ist und daß Ehehindernisse nicht zu seiner Kenntniß gekommen sind (vergl. Formular und Muster H und H 1, Anlage III).

Die vor Ertheilung der Bescheinigung eingereichten Urkunden, aufgenommenen Verhandlungen und getroffenen Anordnungen behält der Standesbeamte bei seinen Sammelakten und macht in denselben von der ertheilten Bescheinigung Vormerkung.

§. 51. Das Aufgebot verliert seine Kraft, wenn seit dessen Vollziehung sechs Monate verstrichen sind, ohne daß die Ehe geschlossen worden ist.

§. 52. Kommen auf Grund des erlassenen Aufgebots oder anderweit Ehehindernisse zur Kenntniß des Standesbeamten, so hat er die Eheschließung abzulehnen, und zwar auch dann, wenn er zur Eheschließung durch einen anderen Standesbeamten ermächtigt ist (vergl. §. 38) oder wenn die Bescheinigung eines andern Standesbeamten vorliegt, daß Ehehindernisse nicht zu dessen Kenntniß gekommen sind (vergl. §. 49) oder bei männlichen Angehörigen des rechtsrheinischen Bayern das distriktspolizeiliche Zeugniß ausgestellt ist (vergl. §. 45 Nr. 4, §. 46 Abs. 1).

Wird dem Standesbeamten ein auf die Vorschriften der Art. 172 ff. c. c. gestützter Einspruch gegen die Eheschließung (opposition au mariage) zugestellt, so hat der Standesbeamte schleunigst unter Einsendung der erhaltenen Abschrift des Einspruchs dem Ersten Staatsanwalte behufs Erlangung weiterer Anweisung zu berichten.

§. 53. Die Eheschließung erfolgt in Gegenwart von zwei Zeugen durch die an die Verlobten einzeln und nacheinander gerichtete Frage des Standesbeamten:

ob sie erklären, daß sie die Ehe miteinander eingehen wollen,

durch die bejahende Antwort der Verlobten und den hierauf erfolgenden Ausspruch des Standesbeamten, daß er sie nunmehr Kraft des Gesetzes für rechtsmäßig verbundene Eheleute erkläre.

§. 54. Als Zeugen sollen nur Großjährige zugezogen werden.

Verwandtschaft und Schwägerschaft zwischen den Betheiligten oder dem Standesbeamten und den Zeugen oder zwischen den Zeugen untereinander steht deren Zuziehung nicht entgegen.

Die Erwähnung eines derartigen Verhältnisses in der Heirathsurkunde hat zu unterbleiben.

§. 55. Außer dem für jede Eintragung allgemein vorgeschriebenen Inhalt (vergl. §. 11) soll die Eintragung in das Heirathsregister (vergl. Muster B 1 Anlage II) enthalten:

1. Vor- und Familiennamen, Religion, Alter, Stand oder Gewerbe, Geburts- und Wohnort der Eheschließenden;
2. Vor- und Familiennamen, Stand oder Gewerbe und Wohnort ihrer Eltern; auch dann, wenn dieselben verstorben sind;
3. Vor- und Familiennamen, Alter, Stand oder Gewerbe und Wohnort der zugezogenen Zeugen;
4. die Erklärung der Eheschließenden;
5. den Ausspruch des Standesbeamten.

Ueber die erfolgte Eheschließung ist den Eheleuten sofort eine gebührenfreie Bescheinigung auszustellen (vergl. Formular und Muster D, D 1, Anlage II).

§. 56. Die Beurkundung der Anerkennung unehelicher Kinder im Heirathsakte der Eltern ist statthaft. Die Erklärung ist von beiden Eheschließenden abzugeben und kann die Beurkundung zweckmäßig vor den Worten „vorgelesen, genehmigt und . . . ." in folgender Weise gefaßt werden:

„Gleichzeitig erklären die beiden Eheschließenden, daß sie das am . . . .
des Jahres . . . .
zu . . . . geborene und unter Nr. . . . . .
des Geburtsregisters der Gemeinde . . . .
mit Vornamen . . . .
eingetragene Kind als miteinander erzeugt anerkennen."

[71]) S. vor. Anm.

Die Anerkennung von Kindern, welche im Ehebruch erzeugt sind, ist verboten; der Standesbeamte hat daher die Beurkundung einer derartigen Anerkennung abzulehnen.

[72]) Wegen Vermerks der Anerkennung am Rande der Eintragung der Geburt des anerkannten Kindes vergl. §. 33 Abs. 3 (Muster L 2). Es ist die Pflicht des Standesbeamten, bei den Betheiligten auf Stellung des zu dem Vermerk erforderlichen Antrags hinzuwirken. [73]) Ist das anerkannte Kind in einem anderen Standesamtsbezirke Deutschlands geboren, so ist dem Standesbeamten des Geburtsortes unter Uebersendung eines beglaubigten Auszugs der Heirathsurkunde von dem gestellten Antrage Nachricht zu geben.

[74]) In den Sammelakten zum Heirathsregister ist zu erwähnen, daß der Antrag gestellt und der Vermerk eingetragen, beziehungsweise veranlaßt ist. Ist das anerkannte Kind in Frankreich geboren, so ist den Betheiligten zu eröffnen, daß es ihnen überlassen bleibt, auf Grund einer beglaubigten Ausfertigung der Heirathsurkunde die Berichtigung der Geburtsurkunde bei den zuständigen französischen Behörden zu betreiben.

§. 57. Die Erwähnung der Errichtung eines Ehevertrags in der Beurkundung der Eheschließung ist unstatthaft.

§. 58. Ist eine Ehe für aufgelöst, ungiltig oder nichtig erklärt worden, so ist dies am Rande der über die Eheschließung bewirkten Eintragung zu vermerken. Der Vermerk (vergl. Muster I 1) erfolgt auf Grund der dem Standesbeamten zugehenden Urtheilsausfertigung, welche mit der Bescheinigung der Rechtskraft seitens des Gerichtsschreibers versehen sein muß.

Wegen Eintragung des Randvermerks im Nebenregister vergl. §. 23 Abs. 3 und 4.

§. 59. In die Sammelakten zum Heirathsregister sind namentlich aufzunehmen:

1. die darauf bezüglichen Verfügungen der Aufsichtsbehörden und Gerichte;
2. die Aufgebote;
3. die vorgelegten Dispensationen (vergl. §§. 42, 44 Nr. 5 und 7, § 46);
4. die von Militärpersonen vorgelegten Genehmigungen und die von männlichen Angehörigen der rechtsrheinischen Landestheile Bayerns vorgelegten Zeugnisse (vergl. §. 45 Nr. 2, 3, 4);
5. die von andern Standesbeamten zu ertheilenden Ermächtigungen (vergl. §. 38 Abs. 2) und auszustellenden Bescheinigungen (vergl. §. 50);
6. die Geburtsurkunden der Verlobten und die Verhandlungen und Urkunden betreffend die zustimmende Erklärung derjenigen, deren Einwilligung nach dem Gesetz erforderlich ist (vergl. §. 43);
7. die vorgelegten Sterbeurkunden der früheren Ehegatten;
8. die vorgelegten Sterbeurkunden von Eltern der Eheschließenden;
9. die von auswärts übersandten Heirathsurkunden;
10. die Bescheinigungen einer lebensgefährlichen Krankheit, welche einen Aufschub der Eheschließung nicht gestattet (vergl. §. 46 Abs. 5);
11. der Urtheilsausfertigungen, betreffend Auflösung, Ungiltig- oder Nichtigerklärung einer Ehe (vergl. §. 58).

Vierter Abschnitt.

Sterberegister.

§. 60. Jeder Sterbefall ist spätestens am nächstfolgenden Wochentage dem Standesbeamten (vergl. §. 61) anzuzeigen.

Diese Anzeige ist mithin zu erstatten, auch wenn der nächstfolgende Tag ein gesetzlicher Feiertag ist und darf nur, wenn derselbe ein Sonntag ist, bis zum Montag ausgesetzt werden.

Todtgeburten und Sterbefälle von Kindern während der Geburt sind unter allen Umständen am nächstfolgenden Tage anzuzeigen (vergl. §. 32).

§. 61. Zur Vornahme der Eintragung eines Sterbefalls ist nur der Standesbeamte zuständig, in dessen Bezirk der Sterbefall sich ereignet hat oder die Leiche gefunden ist.

§. 62. Zur Anzeige des Sterbefalls verpflichtet ist das Familienhaupt, und wenn ein solches nicht vorhanden oder an der Anzeige behindert ist, derjenige, in dessen Wohnung oder Behausung sich der Sterbefall ereignet hat.

Die Anzeige ist mündlich von dem Verpflichteten selbst oder durch eine andere aus eigener Wissenschaft unterrichtete Person zu machen.

Ist der Anzeigende das Familienhaupt, so ist dies in der Urkunde anzugeben (z. B. dadurch, daß der Verstorbene als die Ehefrau oder der Dienstbote des Anzeigenden bezeichnet wird); geschieht

---

[72]) Fassung des Nachtrages vom 8. Oktober 1885, II, s. Anm. 65.
[73]) Zusatz des Nachtrages vom 25. Dezember 1887, V, s. Anm. 65.
[74]) Fassung des Nachtrages vom 8. Oktober 1885, II, s. Anm. 65.

die Anzeige nicht durch das Familienhaupt, so ist der Grund, aus welchem der Erschienene zur Erstattung der Anzeige verpflichtet oder berechtigt ist, ausdrücklich zu vermerken.

Es ist also entweder nach Anleitung des Musters C 3 (Anlage II) vorzutragen, daß N. N. in des Anzeigenden Wohnung oder Behausung verstorben ist, oder vor den Worten „Vorgelesen, genehmigt, unterschrieben" zu vermerken, daß der Anzeigende von dem Sterbefall aus eigener Wissenschaft unterrichtet ist.

Wegen schriftlicher Anzeigen und Mittheilungen vergl. §. 12 Abs. 1, 3, 4, §. 65.

§. 63. Ohne Genehmigung der Ortspolizeibehörde darf keine Beerdigung vor der Eintragung des Sterbefalles in das Sterberegister stattfinden. Wo der Standesbeamte selbst die Ortspolizeibehörde ist, wird er diese Genehmigung nur in besonders dringenden Fällen und niemals dann zu ertheilen haben, wenn Anhaltspunkte dafür vorhanden sind, daß Jemand eines nicht natürlichen Todes gestorben ist, oder wenn der Leichnam eines Unbekannten gefunden wird.

Ist die Beerdigung ohne die erforderliche Genehmigung vorzeitig geschehen, so darf die Eintragung des Sterbefalles nur mit Genehmigung des Ersten Staatsanwalts beim Landgericht erfolgen.

§. 64. Außer dem für jede Eintragung allgemein vorgeschriebenen Inhalt (vergl. §. 11) soll die Eintragung des Sterbefalles enthalten:

1. Vor- und Familiennamen, Stand oder Gewerbe und Wohnort des Anzeigenden;
2. Ort, Tag und Stunde des erfolgten Todes;
3. Vor- und Familiennamen, Religion, Alter, Stand oder Gewerbe, Wohnort und Geburtsort des Verstorbenen;
4. Vor- und Familiennamen seines Ehegatten oder Vermerk, daß der Verstorbene ledig gewesen sei;
5. Vor- und Familiennamen, Stand oder Gewerbe oder Wohnort der Eltern des Verstorbenen, auch wenn dieselben verstorben sind.

Soweit diese Verhältnisse unbekannt sind, ist dies bei der Eintragung zu vermerken (vergl. Muster C 1, 2, 3, Anlage II).

Anderweitige Angaben, namentlich die Todesursache, sollen in die Eintragung nicht aufgenommen werden. Nur bei Sterbefällen auf Seeschiffen ist die Todesursache aufzunehmen.

§. 65. Hat die Eintragung eines Sterbefalles auf Grund schriftlicher Anzeige oder Mittheilung (vergl. §. 12 Abs. 1, 3, 4) zu geschehen, so ist dieselbe gemäß §. 16 Abs. 4 am Rande des Registers unter Durchstreichung des Vordrucks und nach Anleitung der beigegebenen Muster J 1 und J 2 (Anlage III) zu bewirken, und zwar:

a. für den Fall, daß die Persönlichkeit des Verstorbenen festgestellt ist, nach Muster J 1,
b. für den Fall, daß das nicht geschehen ist, nach Muster J 2.

§. 66. Ein Auszug über die Eintragung eines Sterbefalles ist nur auf Antrag zu ertheilen (vergl. §§. 4, 21).

Von jeder Sterbeurkunde, welche einen Ausländer (Nichtdeutschen) betrifft, ist sofort nach der Errichtung eine kostenfreie Abschrift an den Ersten Staatsanwalt einzusenden.

§. 67. In die Sammelakten zum Sterberegister sind namentlich aufzunehmen:

1. die darauf bezüglichen Verfügungen der Aufsichtsbehörden und Gerichte;
2. die dem Standesbeamten zugehenden schriftlichen Anzeigen und Mittheilungen, betreffend Sterbefälle (vergl. §§. 12, 65);
3. die von dem Standesbeamten etwa erlassenen Verfügungen oder aufgenommenen Verhandlungen, um sich von der Richtigkeit einer Anzeige Ueberzeugung zu verschaffen (vergl. §. 15);
4. die von dem Standesbeamten etwa erlassenen Verfügungen, um die zur Anzeige von Sterbefällen Verpflichteten durch Geldstrafe hierzu anzuhalten (vergl. §. 2 Abs. 1);
5. die von auswärts übersandten Sterbeurkunden (vergl. §. 27 Abs. 2).

Fünfter Abschnitt.

Besondere Verpflichtungen der Standesbeamten.

§. 68. Den Enregistrementseinnehmereien sind bei Vermeidung einer Strafe von 8 Mark vierteljährlich Sterbefallsverzeichnisse zu liefern.

In diese Verzeichnisse sind auch die von auswärts mitgetheilten Sterbefälle aufzunehmen.

§. 69. Alle Sterbefälle, welche zur Siegelanlage von Amts wegen Veranlassung geben, sind binnen 24 Stunden nach der Aufnahme der Sterbeurkunde dem Amtsgericht kostenfrei anzuzeigen.

Eine Siegelung von Amts wegen ist veranlaßt, wenn

1. der Ehegatte des Verstorbenen oder die Erben oder einer derselben am Sterbebette nicht gegenwärtig sind;

2. wenn unter den Erben sich nicht bevormundete Minderjährige oder Entmündigte befinden;
3. wenn der Verstorbene der öffentliche Verwahrer von Urkunden oder Geldern (z. B. Notar) oder Inhaber einer katholischen Pfarrei war.

In gleicher Weise werden die Standesbeamten bezüglich der Sterbefälle verfahren, welche zwar nicht zu einer Siegelanlage von Amts wegen, aber doch zu der Ernennung eines Haupt- oder Gegenvormundes Anlaß geben.

§. 70. Behufs der Anfertigung der Rekrutirungs-Stammrollen haben die Standesbeamten bis zum 15. Januar jedes Jahres die durch §. 32 des Reichs-Militärgesetzes und §. 45 Nr. 7 und 10 der Wehrordnung vorgeschriebenen Auszüge zu ertheilen, beziehungsweise Eintragung in die Stammrollen zu bewirken.

Nachträge.

S. 47. Anm. 50 Z. 2 v. o. hinter: Entsch. 4, 385 hinzuzusetzen: und v. 19. März 1890, Stdesb. 1890. S. 193.

S. 71. Anm. 21 Z. 4 v. u. hinter: Verfahren hinzuzusetzen: Die Auszüge aus den Standesregistern, welche die diplomatischen Vertreter und Konsuln des Reiches auf Grund des Gesetzes v. 4. Mai 1870 §. 2 Abs. 2 (s. S. 245) einzusenden haben, sollen nach d. V. d. Min. d. Inn. v. 31. Mai 1890, M.Bl. f. d. i. V. S. 91, Stdesb. 1890 S. 153, durch Vermittelung der Ober-Präsidenten den Standesbeamten zugefertigt und von diesen bei den Sammelakten aufbewahrt werden.

S. 155. Anm. 43 Z. 26 v. o. hinter: 1889 S. 18 hinzuzufügen: 1890 S. 146.

S. 176. Anm. 11 Abs. 1 a. Schl. hinzuzufügen: Sollte der Standesbeamte nach der Erklärung eines blos bedingten oder zeitlich beschränkten Eheschließungswillens auch nur seitens eines der Verlobten den abschließenden Ausspruch gethan haben, so würde die Ehe immer nichtig sein und von beiden Theilen als nichtig angefochten werden können, weil die wesentliche Form nicht beobachtet worden ist. Vgl. hierzu die freilich das italienische Recht berücksichtigende Schrift: C. Manenti, della inapponibilità delle condizioni ai negozj giuridici ed in ispecie delle condizioni apposte al matrimonio. Siena 1889. p. 186 ff.

S. 183. Anm. 29 Z. 5 v. o. hinter: Fitting S. 194 einzuschalten: u. Stdesb. 1890 S. 154.

S. 283 l. in der Ueberschrift zu Nr. 29: vom 31. statt vom 11.

S. 420 ist die Nr. 64 zur Ueberschrift in: 64a umzuändern.

Alphabetisches Register.

(Die Zahlen bedeuten die Seiten.)

A.

F.

H.

J.

K.

L.

M.

N.

T.

U.

W.

Z.

Frommannsche Buchdruckerei (Hermann Pohle) in Jena — 750